HISTOIRE DE LA RÉVOLUTION

DE 1848

PARIS. — IMPRIMERIE L. POUPART-DAVYL, RUE DU BAC, 30.

DANIEL STERN

HISTOIRE
DE LA
RÉVOLUTION DE 1848

Illustrée par

DE NEUVILLE, GERLIER, LIX, CREPON, GUSTAVE JANET, E. LORSAY, ETC.

PARIS

BOULEVARD MONTMARTRE, 15 — LIBRAIRIE INTERNATIONALE — AU COIN DE LA RUE VIVIENNE

A. LACROIX, VERBOECKHOVEN ET Cⁱᵉ, ÉDITEURS

BUREAU DE VENTE:

A. LE CHEVALIER, LIBRAIRE-ÉDITEUR, 61, RUE RICHELIEU

1869

INTRODUCTION

I

La vie des peuples, comme la vie même du globe où s'accomplissent leurs destinées, n'est qu'une perpétuelle métamorphose. Sans s'arrêter jamais, cette puissance insaisissable que nous appelons la vie opère dans la société, comme elle le fait dans toute la nature, un travail simultané de formation et de dissolution, soumis, malgré les apparences fortuites qu'y produit l'intervention de la liberté humaine, à des lois mystérieuses au sein d'un ordre invariable. Crises violentes de la nature sociale, les révolutions ne font autre chose que précipiter tantôt le travail de dissolution, c'est-à-dire la décadence d'un peuple, tantôt le travail de formation, c'est-à-dire le progrès de ce même peuple dans la civilisation qui lui est propre.

La révolution de 1848, que je me suis proposé de raconter ici, va nous montrer dans un même moment cette double action de deux forces contraires. Essentiellement transformatrice, elle tend à décomposer et à recomposer, à dissoudre et à constituer; elle est critique et organique, ou, pour emprunter les termes par lesquels l'instinct populaire a, dès le premier jour, exprimé son caractère complexe avec sa signification véritable, elle est *politique* et *sociale*. Ses convulsions annoncent tout ensemble l'agonie d'une force épuisée et l'avénement d'une force nouvelle que la société moderne renferme obscurément dans son sein. De là les vagues terreurs et les espérances plus vagues encore que la révolution de 1848 a suscitées dans les esprits. Selon qu'ils étaient plus ou moins frappés par l'un ou par l'autre de ces aspects, selon qu'ils appartenaient plus ou moins intimement au passé ou à l'avenir, à ce qui finissait ou à ce qui allait commencer d'être, on les a vus, en proie à un trouble extraordinaire, signaler dans les moindres faits, ceux-ci les symptômes effrayants d'une ruine complète, ceux-là le présage assuré d'une complète rénovation de l'ordre social. Il n'est pas très-aisé, à cette heure où le pays semble avoir entièrement oublié cet étrange moment de son histoire, de se rendre un compte exact d'une telle confusion d'idées. C'est pourquoi, avant d'entrer dans le récit des événements, avant de suivre le cours rapide d'une révolution si diversement comprise, je crois utile de remonter à son origine, afin de mieux marquer sa nature et de rendre plus sensible cette double action politique et sociale qu'il ne faut pas perdre un seul instant de vue, si l'on veut embrasser dans son ensemble et juger selon les règles d'une saine et calme critique la métamorphose complète qui s'accomplit en France depuis un siècle, et dont la révolution de 1848, bien que ses effets immédiats n'aient point paru répondre à ses promesses, demeure à mes yeux l'une des phases les plus importantes et les plus décisives.

L'état républicain démocratique proclamé le 24 février par l'accord spontané et en quelque sorte involontaire du peuple et de la bourgeoisie (1), n'était point, comme on l'a trop répété, le résultat d'un accident et d'une surprise, d'un coup de main que le hasard avait bien servi. Il était la conséquence naturelle de cette double initiative du dix-huitième siècle, qui conquit à la fois pour les classes lettrées la liberté de penser et pour les classes laborieuses la liberté d'agir. Il était le terme où devait aboutir, dans un temps plus ou moins proche, le mouvement philosophique, critique, rationnel, libéral ou révolutionnaire, comme on voudra le nommer, qui, parti des hauteurs de la société, avait ébranlé une à une toutes les croyances sur lesquelles s'appuyait l'autorité de droit divin dans l'état féodal catholique et monarchique. On le peut considérer en même temps comme la manifestation la plus complète jusqu'ici de ce mouvement instinctif qui, agitant confusément les masses populaires, s'efforce, depuis 1789, de les faire entrer dans l'état démocratique, de procurer par l'association libre des citoyens un ordre égalitaire capable de suppléer l'ancienne hiérarchie féodale, de reconstituer au moyen du suffrage universel l'autorité sur la raison commune, de substituer au droit divin le droit humain, en un mot d'organiser la démocratie.

Ce serait un travail trop étendu et qui m'entraînerait hors de mon sujet, de rechercher par quelle relation secrète, par quelle nécessité cachée les attaques répétées de la philosophie du dix-huitième siècle contre l'institution de l'église chrétienne atteignaient à leur insu l'institution politique ; comment la négation de la révélation, du péché originel, de l'expiation, de la rédemption par les souffrances d'un Dieu entraînaient à des négations de même nature dans l'ordre social, et devaient offenser, jusque dans le principe même de son existence, une société qui n'était pas même imaginable sans la souffrance et la résignation du plus grand nombre. Il serait intéressant, à coup sûr, de montrer comment des hauteurs de la spéculation métaphysique l'esprit des encyclopédistes descendit dans la réalité, pénétra nos assemblées politiques et par suite toutes les classes de la société française ; mais sans rattacher ainsi le mouvement de 1848 à ses causes les plus éloignées, il suffira, pour s'en former une idée juste, d'expliquer ses causes prochaines et de rappeler dans son caractère général le règne du roi Louis-Philippe.

II

L'avénement de la branche cadette des Bourbons, qui, dans l'ordre politique, avait un sens très simple, compris de tous ; le retour à l'esprit libéral et l'influence prépondérante de la classe moyenne sur le gouvernement des affaires politiques, trouvaient la France dans un état social plus difficile à définir et qui échappait encore aux regards du plus grand nombre. Cet état très-récent, mais dont s'inquiétaient déjà les esprits attentifs, était produit par l'accroissement excessif d'une fraction importante des masses populaires qui, par un concours de circonstances en quelque sorte fatal, en était venue à former comme une classe à part, comme une nation dans la nation, et que l'on commençait à désigner sous un nom nouveau : le prolétariat industriel. L'existence de ce prolétariat ne datait pas de loin ; il était né chez nous avec la liberté du commerce et de l'industrie. Pendant de longues années son développement avait été presque insensible, et les décrets de l'Assemblée constituante, qui, en abolissant

---

(1) Je me sers à regret de ces deux termes dans le sens étroit et inexact qu'on leur a donné en 1848, estimant qu'on ne pourrait les remplacer par des termes plus justes sans ôter en quelque sorte l'accent vrai du temps où ils étaient dans toutes les bouches.

les corporations, les jurandes et les maîtrises, avaient détruit une organisation incompatible avec le nouvel ordre social, ne s'étaient fait sentir que par leurs résultats heureux. Sous les guerres de la République, du Consulat et de l'Empire, les bras avaient manqué au travail plutôt que le travail aux bras. Rien n'avait provoqué l'antagonisme du maître et de l'ouvrier, qui trouvaient dans des gains suffisants l'équité naturelle des rapports. Mais à la paix continentale les choses changèrent d'aspect. Avec la sécurité publique et l'accroissement de la population, la vie industrielle prit un essor rapide. De vastes ateliers, des usines immenses s'ouvrirent où, à l'aide de procédés nouveaux et de machines merveilleuses, on multiplia les produits avec une célérité, une économie, une perfection inconnues jusque-là. La prompte fortune des fabricants étonna, éblouit; elle éveilla une émulation désordonnée. Le salaire des ouvriers, porté à un taux énorme par cette émulation des fabricants, attira dans les grands centres manufacturiers une population enlevée aux campagnes et poussa de plus en plus vers la production excessive. La consommation bientôt ne répondit plus à une telle multiplication des produits; la disproportion entre l'offre et la demande devint sensible; l'encombrement se fit; l'équilibre fut rompu. La concurrence étrangère et la concurrence intérieure entre les entrepreneurs, les chefs d'ateliers et les ouvriers amenèrent le chômage en même temps qu'elles nécessitaient la baisse des salaires. Une lutte acharnée s'engagea, et cette lutte eut pour effet une misère d'une espèce nouvelle qui, en frappant une classe très-active, très-intelligente et très-énergique de la population, la poussait convulsivement de la souffrance à la révolte, de la révolte à une souffrance plus grande, et la faisait ainsi descendre jusqu'à la plus irrémédiable détresse.

« Aucune jouissance n'est plus attachée à l'existence de ces classes malheureuses : la faim, les souffrances étouffent en elles toutes les affections morales. Lorsqu'il faut lutter chaque heure pour vivre, toutes les passions se concentrent dans l'égoïsme, chacun oublie la douleur des autres dans la sienne propre, les sentiments de la nature s'émoussent. Un travail constant, opiniâtre, uniforme, abrutit toutes les facultés. *On a honte pour l'espèce humaine de voir à quel degré de dégradation elle peut descendre, à quelle vie inférieure à celle des animaux elle peut se soumettre.* »

Ainsi s'exprime, en parlant de la classe ouvrière, l'un des écrivains les plus véridiques et les plus autorisés de ce siècle, M. de Sismondi (1). Et cette vie *inférieure à celle des animaux*, cet état exceptionnel et en quelque sorte *sous-humain* du prolétariat industriel devenait chaque jour plus haïssable, parce qu'il formait chaque jour un contraste plus sensible avec le niveau ascendant du bien-être général, avec le principe d'égalité qui régnait partout dans la loi française. Les droits du travail, solennellement proclamés dans nos assemblées, le peuple déclaré souverain, ne permettaient plus d'ailleurs de parler au prolétaire de résignation ou d'humilité. L'ironie de l'égalité légale au sein des inégalités réelles, l'ironie plus forte encore de la souveraineté populaire criant la faim et gisant sur le grabat, apparaissaient sous le plus triste jour. Les temps étaient passés où le malheureux accablé sous l'injustice du sort en appelait silencieusement, le front dans la poussière, à la miséricorde divine et à la vie future. Debout et impatient, il allait désormais demander raison de sa souffrance à la société. Il voulait sa part ici-bas. Il ne l'implorait plus au nom de la pitié, il l'exigeait au nom de la justice. On conçoit que ces besoins nouveaux du prolétariat industriel, trop légitimes et trop impérieux pour être indéfiniment négligés, étaient cependant de telle nature qu'on pouvait encore moins les satis-

---

(1) On pourra, si l'on veut concevoir quelque idée d'un état dont aucun tableau ne saurait exagérer les désolations, consulter les ouvrages suivants, écrits sur des documents officiels :

VILLERMÉ, *Tableau de l'état physique et moral des ouvriers.*
BURET, *De la Misère des classes laborieuses.*
FRÉGIER, *Des Classes dangereuses.*
BLANQUI, *Rapport à l'Académie des Sciences morales et politiques.*
DE MOROGUES, *Du Paupérisme.*
DUPONT-WHITE, *Essai sur les relations du travail avec le capital.*

faire immédiatement, et c'était là pour le gouvernement, quelle que fût sa forme politique, l'embarras, la difficulté, le péril véritable. Mais au moment où Louis-Philippe monta sur le trône, ce péril était à peine entrevu, et aucun des hommes d'État que la révolution de 1830 portait au pouvoir ne s'en formait, il faut bien le dire, la moindre idée.

Cependant, depuis plusieurs années déjà, deux esprits éminents, qui devaient donner leur nom à deux systèmes d'économie sociale devenus célèbres, avaient fait de ce sourd conflit entre les classes supérieures et les classes inférieures le sujet de leurs méditations; et tous deux, bien qu'inconnus l'un à l'autre, différents d'origine, d'éducation, de génie, ils avaient entrepris une œuvre analogue : la critique radicale de tous les rapports sociaux actuellement existants, et la réformation complète de ces rapports selon des lois nouvelles en harmonie avec le degré de civilisation où l'humanité était parvenue.

Rétablir sur les ruines de l'autorité catholique un pouvoir religieux qui dirigeât tous les progrès de l'industrie, de la science et de l'art vers ce but suprême : *l'amélioration la plus rapide possible du sort de la classe la plus nombreuse et la plus pauvre*, telle était en substance la conception de Saint-Simon.

En publiant le *Nouveau Monde industriel et sociétaire*, Charles Fourier s'attaquait plus spécialement à la *fausse industrie* et au *commerce mensonger;* mais il n'hésitait pas plus que Saint-Simon devant la nécessité d'un renouvellement complet de la société et d'une entière transformation de notre civilisation prétendue, qu'il qualifiait de honteuse et abominable barbarie. Ces deux hommes s'étaient vus de leur vivant raillés et bafoués. Esprits intuitifs, absolus, d'une excentricité que l'orgueil égara jusqu'à l'hallucination, et qui confondaient perpétuellement le monde des réalités avec le monde des chimères, trop en dehors du milieu social pour y pouvoir être compris, Saint-Simon et Fourier étaient morts dans l'isolement; mais leur parole n'était point morte avec eux. Elle avait été recueillie par des disciples pleins de zèle. Elle s'était répandue lentement d'abord, puis avec une rapidité toujours croissante. Elle avait donné naissance à des doctrines, à des théories, à des systèmes divers et souvent contradictoires en apparence, mais d'accord néanmoins sur les points essentiels. Toutes ces doctrines protestaient contre l'excès de la liberté et contre les abus du droit individuel, auquel elles opposaient le principe de l'association, de la solidarité des individus, des classes et des peuples. Comprises vingt ans plus tard sous le nom collectif de socialisme, elles appelaient toutes l'intervention de l'État dans les relations commerciales et industrielles; elles posaient avec une effrayante audace le problème que la philosophie du dix-huitième siècle, en ruinant dans les consciences les assises morales du monde chrétien, avait légué sans le savoir, et peut-être sans le vouloir, à la science et à la politique modernes.

Ce problème, qui n'était autre au fond que celui de l'organisation démocratique, il fallait bien du temps pour l'étudier, l'élaborer, le dégager de ses obscurités, pour le faire passer des vagues théories aux solutions pratiques.

C'était la tâche et c'eût été la gloire du roi Louis-Philippe de favoriser ce travail pendant son long règne. Tout semblait le convier à une œuvre si sage. L'indépendance de son esprit, l'humanité de ses sentiments, son éducation, son expérience, la connaissance personnelle qu'il avait acquise, dans les épreuves d'une fortune variable, des relations de classe à classe et de peuple à peuple, l'occasion et les moyens de son élévation au trône, ses rapports difficiles avec les souverains étrangers, bien des voix éloquentes et plus d'une menace, tout en lui et autour de lui appelait son attention sur ce grand malentendu entre la liberté et l'égalité, sur ces dissentiments entre les premiers et les derniers-nés de la révolution qui rendaient précaire son pouvoir et douteux l'établissement de sa dynastie. Fils d'un royal régicide, élevé par la philosophie enthousiaste du dix-neuvième siècle au sein d'une génération passionnée, soldat d'une république, Louis-Philippe ne devait-il pas sentir couler avec son sang dans ses veines les espérances et les angoisses de son temps et de son peuple? Quel scrupule pouvait le détourner d'une réforme sociale qui ne rencontrait dans sa pensée aucune croyance, aucune tradition, aucun préjugé contraires?

Poser les seuls fondements solides d'une égalité véritable en mettant en pratique le système d'éducation nationale dont la Convention avait tracé le plan; améliorer, relever l'existence des classes laborieuses, leur faire une part plus large dans les bienfaits d'une civilisation à laquelle elles apportent un concours si actif; les initier peu à peu à la vie politique; multiplier, resserrer les liens de la France avec les nations étrangères; prévenir, par une insensible transformation économique, la violence soudaine des révolutions politiques; intéresser à cette noble entreprise l'orgueil des classes supérieures; y convier les hommes d'État; associer enfin, au lieu d'opposer l'une à l'autre, les forces vives de la nation, que l'on eût ainsi arrachées aux ennuis d'une paix prolongée et consolées du prestige perdu de la gloire militaire : certes, c'était là une tâche assez haute et faite pour tenter une ambition vraiment royale. Louis-Philippe ne semble pas l'avoir entrevue (1). Il s'en est donné une autre inférieure, ingrate, impossible, et qui, pour lui avoir été trop facile en apparence, tournera dans l'histoire à sa confusion. Il a voulu retenir une nation magnanime au niveau d'une bourgeoisie parvenue, qui, dans ce qu'elle avait de plus étroit et de plus égoïste, lui fournissait le type et, pour ainsi parler, la matière de son gouvernement. On a reproché à ce prince d'avoir manqué de grandeur; mais ce n'est point assez : l'histoire sévère doit l'accuser aussi d'avoir manqué d'amour. Non assurément qu'il ne fût porté par nature à la bonté, à la tolérance, à une sagesse toujours inclinant au pardon; mais sagesse et bonté demeuraient en lui stériles, parce qu'elles n'étaient point animées de cette chaleur généreuse qui fait les rois pères du peuple. Louis-Philippe n'aima point les classes laborieuses. Il les considérait comme une force aveugle dont on ne devait attendre que le désordre. Il n'aima pas non plus cette bourgeoisie à laquelle il s'efforçait de complaire, car il s'employa sans relâche à l'asservir en l'avilissant, et se fit un jeu de tromper le vieil esprit parlementaire et municipal qui vivait encore en elle, en masquant, sous l'appareil des formes représentatives et du langage républicain, un gouvernement qu'il voulait exclusivement dynastique et personnel. Indévot, indifférent à la philosophie, il assista passivement aux luttes de l'Église et de l'Université, et livra, sans en prendre souci, à la direction contraire de ces deux puissances hostiles, l'esprit déconcerté de la jeunesse française. S'attachant obstinément à maintenir la paix, sans tirer de la paix autre chose qu'une prospérité et un repos mensongers; s'infatuant de la médiocrité de ses pensées à mesure qu'il les voyait plus généralement partagées; se félicitant de sa sagacité à mesure que le pouvoir et l'expérience lui montraient les hommes plus aisément corruptibles; se riant de tous les conseils, s'isolant dans le sentiment exagéré d'une autorité que la vieillesse avait rendue jalouse, ce malheureux prince finit par devenir totalement étranger à son siècle et à son pays. Par un jeu cruel du sort, il devait trouver sa perte dans ce qui faisait le sujet de son contentement. Cette bourgeoisie qu'il avait façonnée à sa guise, ces intérêts inférieurs, ces égoïsmes qu'il avait tournés à ses fins, ces passions

---

(1) Le règne de Louis-Philippe ne vit pas même importer en France et accommoder à nos mœurs d'excellentes institutions en pleine vigueur chez d'autres peuples : la justice gratuite pour les pauvres établie en Piémont, les banques agricoles de l'Allemagne, les cités ouvrières, etc. Il a été constaté que, de 1830 à 1848, tout l'effort du gouvernement pour résoudre les questions d'amélioration sociale s'est borné à trois circulaires relatives au paupérisme, adressées par le ministre de l'intérieur aux préfets et restées dans les cartons de l'administration.

Quant à la loi sur l'enseignement primaire, promulguée sous le ministère de M. Guizot et si vantée à son apparition, elle paraît bien timide et bien insuffisante si on la rapproche des livres de Condorcet et des idées émises au sein de la Convention (voir le rapport de Lakanal, 26 juin 1793). En ne la donnant pas gratuite et en ne la rendant pas obligatoire, M. Guizot annulait de fait cette éducation populaire dont il posait le principe avec solennité. Les instituteurs primaires, rejetés en dehors de la hiérarchie universitaire, à peine rétribués, sans aucun avancement, sans retraite assurée, se voyaient placés dans des conditions si infimes qu'il leur devenait impossible d'exercer l'influence et de remplir la mission auxquelles on semblait les appeler. Dans la discussion à la Chambre des députés, M. Salverte fit sentir une autre lacune de cette loi en demandant qu'on ajoutât au programme de l'instruction primaire la connaissance des droits et des devoirs du citoyen.

basses dont il avait tiré si bon parti, en rendan son gouvernement très-facile, ne donnaient à son règne aucune base solide. Quand vint le jour de la lutte, lorsqu'il eût fallu faire appel au dévouement, au courage civique, aux convictions désintéressées, il sentit, à je ne sais quoi de tiède et de mou dans l'atmosphère morale, combien un tel appel éveillerait peu d'échos. Il avait abaissé les caractères, il avait raillé les vertus, il avait refoulé, éteint dans les âmes ces sentiments élevés, ces nobles passions qui l'eussent sauvé, ou tout au moins glorieusement défendu. En méprisant les hommes, il les avait rendus dignes de mépris. Et, pour parler le langage de la Bible, il avait semé la corruption, il recueillit la pourriture.

Entre les circonstances principales qui contribuèrent à entretenir la confiance exagérée que nourrissait Louis-Philippe dans ses propres lumières, il faut compter en première ligne le concours de plusieurs hommes d'une rare capacité dont il était parvenu à faire des instruments diversement, mais presque également dociles. Depuis la mort de Casimir Périer, brisé dans la lutte qu'il avait osé entreprendre contre le gouvernement personnel du roi, MM. Guizot, Thiers, Molé, de Broglie, appelés simultanément ou tour à tour au conseil, selon l'opportunité d'une attitude inflexible ou conciliatrice, n'avaient opposé aux volontés royales qu'une faible résistance et des vues à peine divergentes, se préoccupant uniquement du soin intéressé de retenir ou de ramener dans leurs mains les fils de l'intrigue parlementaire, et persuadés, d'ailleurs, avant tout examen, du danger ou de l'impossibilité de la moindre réforme sociale. Entre ces quatre figures qui représentaient différemment la monarchie de 1830, il en est une surtout qu'il nous importerait de bien connaître, parce qu'elle représente plus particulièrement encore que les autres l'esprit du gouvernement de juillet; mais c'est aussi la plus difficile à reproduire avec exactitude, tant les traits qui la composent semblent se heurter ou s'exclure. Je veux parler de François Guizot.

A voir cette vaste tête, trop pesante pour ces épaules chétives, se rejeter avec effort en tarrière comme pour ressaisir le commandement qui lui échappe; à regarder ce pâle et austère visage, ce grand front sillonné, cette bouche fine et fière, les tons bilieux de ces tempes amaigries, cet œil où brille un feu contenu, on croirait qu'après une longue lutte le principe du bien est demeuré vainqueur dans cette âme superbe et règne seul sur les mauvaises passions domptées. Mais, dès qu'il parle, l'homme sans conviction se trahit. Sous ces formules impératives, un scepticisme invétéré transpire et se communique à vous. On hésite, on reste en suspens; on éprouve un insurmontable malaise, soit qu'on refuse à regret son estime à l'orateur, soit qu'on lui accorde une admiration consternée.

Noble esprit enchaîné à des ambitions subalternes, simplicité, intégrité, grandeur même dans la vie privée, et qui force de s'arrêter au seuil du foyer domestique l'indignation soulevée par l'esprit corrupteur de l'homme d'État; éloquence magistrale défendant des ignominies; opiniâtreté dédaigneuse et provocatrice de la parole perpétuellement démentie par les défaillances de la volonté; discipline sévère cachant à autrui et peut-être à soi-même l'absence de toute doctrine religieuse ou sociale, telles sont les lignes anguleuses et contradictoires sous lesquelles nous apparaît la personne hautaine, impérieuse et passionnée de l'homme d'État aux mains de qui périt la royauté dont je vais raconter la chute.

Un tel homme, par ses défauts et par ses qualités, par la nature même de ses ambitions et de ses talents, semblait prédestiné à perdre la monarchie. Bourgeois par le hasard de la naissance, il avait été aisément amené à l'adoption du système appelé de juste-milieu, par lequel il prenait son point d'appui dans la classe d'où il sortait. Mais ce système, il n'aurait pu le soutenir qu'à la condition de l'étayer sur les vertus, et non pas, comme il le fit, sur les vices de la bourgeoisie. Au lieu d'exciter dans son sein le patriotisme, l'ardeur du bien public, il y sollicita l'intérêt individuel et l'intérêt de classe, croyant ainsi opposer une barrière plus solide aux progrès des classes populaires vers la vie politique. Au rebours des véritables hommes d'État, qui embrassent d'une même vue les destinées d'une nation, M. Guizot concevait le pouvoir comme une force indépendante, ayant en soi sa raison d'être et vivant d'une vie séparée, en butte aux attaques perpétuelles d'un ennemi qui n'était autre, à ses yeux, que la masse du peuple. Résister, toujours résister, c'était là, suivant lui, tout le devoir et tout le génie d'un bon gouvernement. Le système parlementaire plaisait à M. Guizot, parce que cet équilibre un peu artificiel semblait conseiller l'intrigue où il excellait, parce qu'il y fallait un talent oratoire que peu de gens lui pouvaient disputer.

Le besoin de la domination joint au goût de la discussion libre, voilà ce qui rend raison des anomalies d'une politique qu'il a définie lui-même avec un accent de réprobation inimitable, en l'attribuant, il est vrai, au cabinet de M. Molé en 1838 : « Politique sans principe et sans drapeau, toute d'expédients et d'apparence, qui exploite, fomente, aggrave cette mollesse des cœurs, ce défaut de foi, de consistance, de persévérance et d'énergie, qui fait le malaise du pays et la faiblesse du pouvoir. » Ses adversaires, en 1847, ne s'exprimaient pas différemment.

Les travaux historiques et littéraires de M. Guizot sont nombreux et estimables, mais ils s'effacent devant sa gloire d'orateur. A la tribune, M. Guizot ne fut point surpassé. La sobre et lumineuse ampleur de ses improvisations philosophiques, l'art si rare de composer par masses, de généraliser les idées et de trouver la beauté dans l'abstraction sans le secours de l'image, un calme dédain d'accent, une puissance concentrée de geste et de regard qui dominait les plus violents tumultes, le rendaient à peu près invincible dans les luttes parlementaires. Cependant, chose bizarre, cet homme, si longtemps maintenu au pouvoir par la volonté du roi et l'appui du pays légal, était antipathique à tous les deux. Louis-Philippe était trop bourbon, sous son écorce bourgeoise, pour ne pas goûter singulièrement les allures de gentilhomme ; et jamais M. Guizot ne réussit à dépouiller le professeur, le genevois, le calviniste. Son port, sa démarche, son sourire même, et jusqu'à ses complaisances retinrent toujours une sorte de hauteur apprise, une morgue de lettré souverainement répulsive au prince qui se servait de lui et au pays qui se laissait conduire. Tout, dans ce partisan opiniâtre de la paix et de l'alliance anglaise, blessait le génie de la France. En acceptant sa domination elle subissait en quelque sorte un joug étranger.

Ce fut la supériorité et la fortune de M. Thiers, pendant sa longue lutte avec M. Guizot, d'être éminemment français par l'esprit, par le cœur, par l'instinct et par la volonté. Les allures libres et souples de sa personne, de son intelligence, de son talent forment avec le dogmatisme et la roideur de ce dernier un frappant contraste. A la tribune, comme dans les conseils, M. Thiers ne s'imposait pas, il s'insinuait. Il y a de la volonté mais point d'autorité dans les lignes carrées de son visage. Un front ouvert, un œil vif et doux, les lignes fines d'une bouche qu'effleure au moindre propos le sourire d'une malicieuse bonhomie, la mobilité expressive d'une physionomie bienveillante, un débit animé, une phrase limpide, une verve naturelle et soutenue, exerçaient un charme d'une nature particulière, mais dans lequel il n'entrait ni admiration ni respect. M. Thiers a des ouvertures d'esprit si faciles que chacun, croyant le pénétrer tout à l'aise, se laissait, sans défiance, pénétrer par lui. Un don merveilleux, qui parfois supplée le génie, lui livrait en quelque sorte la pensée d'autrui ; il s'en emparait, se l'appropriait, la rendait sienne. Son activité infatigable et sa promptitude de conception lui avaient d'ailleurs fait parcourir presque en entier le cercle des connaissances acquises à notre époque.

L'ascendant de Talleyrand, que M. Thiers subit dans sa jeunesse, avait sans doute, plus que toute autre cause, incliné aux ambitions politiques sa vie encore incertaine. Porté d'instinct à je ne sais quel fatalisme insouciant, M. Thiers se pénétra sans peine de cette adoration du succès qui tenait lieu à son illustre patron de principes et de conscience. Le respect du droit se subordonna chez lui à l'importance du fait. Il apprécia plus volontiers les hommes et les choses dans leurs rapports avec les nécessités du moment, que selon les règles immuables du juste et de l'injuste. Aussi, à cause de ce vice essentiel qui devait à la fois fausser ses jugements historiques et ses conceptions politiques, quelques esprits sévères, refusant également à M. Thiers la gloire de l'homme d'État et celle de grand historien, ne consentent-ils à applaudir en lui que le mieux informé, le plus habile, le plus sagace et le plus disert des journalistes. L'apologie de la Convention, l'éloge de Danton, protestation hardie contre les opinions reçues à cette époque, avaient fait la fortune de l'*Histoire de la Révolution française*, livre écrit de verve et dont une certaine flamme de jeunesse échauffe encore le scepticisme caché. Grâce au produit des éditions qui se multipliaient, M. Thiers, de concert avec M. Mignet et Armand Carrel, avait fondé le *National*, dont la critique acerbe, funeste au gouvernement de la branche aînée, contribua puissamment à l'élévation de la maison d'Orléans.

Jeté dans les régions du pouvoir par la révolution de juillet, successivement conseiller d'État, député, secrétaire général au ministère des finances, ministre de l'intérieur et des travaux publics, M. Thiers mit fin à la guerre civile de la Vendée en soudoyant un traître et en divulguant les faiblesses d'une femme. Cet homme sans fiel ni haine fit de la répression à outrance et du terrorisme constitutionnel, bien plutôt par fatuité d'énergie que par violence de tempérament ou par rigueur systématique. Les échecs de son ministère, auquel on a donné le nom de ministère du 1er mars, lui aliénèrent néanmoins et pour longtemps la confiance du parti conservateur.

Si M. Thiers a paru très-différent de M. Guizot, par certaines opinions particulières, par le côté extérieur du talent et par les habitudes du style, il lui est absolument semblable quant au principe et à la fin de la science politique. Également consommé dans l'intrigue et s'y plaisant comme à un exercice utile à l'élasticité de son esprit, insensible autant que M. Guizot à la passion du bien public, quoique plus aisément saisi, non par le côté grand, mais par le côté brillant des choses, le ministre du 1er mars a, sur son rival, l'avantage de posséder une fibre plus révolutionnaire et, sous ses cheveux gris, une sorte de juvénilité persistante qui charme souvent et désarme parfois ses adversaires. Il s'irrite et s'indigne au souvenir de Waterloo; les traités de 1815 l'ont toujours trouvé rebelle. C'est par là qu'il encourait fréquemment la disgrâce du roi, mais c'est par là aussi qu'il séduisait et ramenait à lui l'opinion publique.

Quand les richesses lui sont venues, M. Thiers s'est pressé d'en jouir en homme qui a longtemps pâti. Aussi a-t-il laissé approcher de sa vie privée des critiques que la simplicité de mœurs de M. Guizot a su toujours tenir à distance. Mais le tort principal de son cœur, devenu l'erreur de son esprit, c'est qu'oubliant trop vite son origine il n'a pas songé, dans l'exercice du pouvoir, à ce peuple dont il est sorti. L'amélioration du sort des classes pauvres n'a point occupé sa pensée. Le progrès qui l'amenait aux honneurs lui semblait le progrès définitif de l'esprit humain. L'égalité et la liberté qui l'avaient fait puissant et riche lui ont paru suffire au bonheur du monde.

C'est aux deux ministères de M. Guizot et de M. Thiers que revient la plus grande part de responsabilité dans les événements, dans les lois, et même, jusqu'à un certain point, dans les mœurs qui donnent au règne de Louis-Philippe un si triste sens historique. Ni M. Molé, ni M. de Broglie n'eurent à beaucoup près la même influence. Le premier, ancien ministre de Napoléon Bonaparte, dont le génie lui inspirait une admiration excessive, partisan de l'autorité à ce point de n'avoir jamais refusé à aucun gouvernement le concours de ses lumières, avait fourni, depuis la révolution de Juillet, une carrière politique assez heureuse; mais ses différents passages au pouvoir n'eurent pas un sens très-déterminé et se rattachaient presque uniquement à des questions de personnes. M. Molé, homme de l'ancien ordre, ne pouvait ni ne voulait comprendre le génie des temps nouveaux; il n'exerça point d'action sérieuse, et, si nous trouvons son nom à l'heure suprême de la royauté, ce sera comme un témoignage de plus de l'incurable aveuglement dont elle était frappée.

Quant au rôle de M. de Broglie, il parut

moins actif encore. Élève de Voyer d'Argenson, libéral à la façon dont on l'entendait alors, il professait la haine du despotisme, ce qui ne l'avait point empêché de le servir. Sous la Restauration, il avait donné des marques de courage politique. A la Chambre des pairs, où il était entré en 1814, il avait soutenu seul l'incompétence de la cour dans le procès du maréchal Ney. Et, seul aussi, dans les années suivantes, il avait appuyé les rares motions favorables à la liberté qui avaient osé se produire. Mais cette générosité des jeunes années s'abaissa peu à peu à la froide température de la coterie doctrinaire. Peu goûté du roi qu'il n'aimait guère, il n'en fut pas moins, par aversion pour la démocratie, le défenseur opiniâtre de la politique conservatrice et s'efforça maintes fois, mais en vain, de rapprocher M. Guizot et M. Thiers, dont il considérait le bon accord comme le salut de la monarchie constitutionnelle. Dans les dernières années du règne de Louis-Philippe, M. de Broglie semblait avoir abdiqué toute ambition et vivait retranché derrière les dédains systématiques de son intelligence hautaine.

Négligeant, oubliant, dédaignant ou redoutant le peuple, ces hommes considérables à plus d'un titre, unis en cela d'intention et de vues avec Louis-Philippe, s'étaient appliqués à former dans la grande nation française une petite nation de *juste-milieu*, seule admise, par la loi du cens électoral, à la vie politique, et qu'ils appelaient le *pays légal*. Ce pays légal manifestait ses opinions et sa volonté par le corps des électeurs, par les deux chambres législatives, par la garde nationale, par la presse, par le jury et par la magistrature. Sous ces formes diverses, malgré quelques paroles frondeuses, quelques dissidences passagères, quelques actes de dépit dirigés contre tel ou tel ministre, ou plus volontiers en ces derniers temps contre le roi, il prêtait aux cabinets successifs auxquels était remise la conduite des affaires un appui intéressé et qui paraissait solide.

La bourgeoisie était prépondérante dans le corps électoral. Alanguie par la prospérité et par l'action continue d'un gouvernement qui la voulait soumise et non puissante, elle ne montrait plus aucune trace de cette vertu politique qui l'avait poussée à la glorieuse révolte de 1789. En conquérant le pouvoir, les dignités, la fortune, elle avait comme perdu le sentiment du droit. Le but atteint, son premier soin avait été de construire des barrières qui le rendissent inaccessible au reste des hommes. La classe moyenne, si sage en apparence, essayait une œuvre insensée : elle voulait arrêter à elle le mouvement de la liberté. Elle ne voyait plus dans le peuple qu'un compétiteur incommode, un ennemi qu'il fallait repousser à outrance dans les bas-fonds de la société, sous peine de se voir ravir par lui des biens dont elle voulait la possession exclusive.

Les deux chambres législatives secondaient de leur mieux ces instincts égoïstes. Frappée d'un coup funeste à son indépendance par l'abolition de l'hérédité, composée, suivant les besoins ministériels, de légitimistes ralliés, de nobles de l'empire, de révolutionnaires de 1830, la Chambre des pairs n'en présentait pas moins, malgré ces éléments hétérogènes, une immense majorité conservatrice (1), plus étroitement unie, il faut le dire à la honte du cœur humain, par l'intérêt et la peur, que ne le sont les hommes de bien par les traditions communes et par l'amour de la patrie. Sous la présidence d'un homme dont le seul principe politique était de n'en avoir point, on voyait au Luxembourg la représentation solennelle de toutes les passions serviles et de toutes les palinodies. Abritant sous les mots vénérés de religion, famille, ordre et morale, les cupidités les moins respectables, sans élan, sans fierté, sans honneur politique, la Chambre des pairs demeurait imperturbable dans son inertie ; et s'il arrivait qu'une parole généreuse, isolée, s'égarât dans cette enceinte, elle n'obtenait des mieux disposés qu'un sourire de compassion.

Au Palais-Bourbon, le pouvoir rencontrait bien une opposition, mais c'était une opposi-

(1) Jamais expression ne fut plus détournée de son acception vraie. Le parti conservateur ne conservait rien que des apparences. Les dogmes, il ne s'en souciait point ; les traditions, il les avait oubliées, la hiérarchie, il ne savait plus où la prendre. Il ne défendait que le *fait accompli*, et ce n'est certes pas là un principe en vertu duquel une société puisse être *conservée*.

tion sans caractère. M. Thiers, lorsqu'il passait du banc des ministres à son banc du centre gauche, et même M. Odilon Barrot, le chef de l'opposition appelée dynastique, ne se montraient guère soucieux d'autre chose que d'un succès de tribune. Ni l'un ni l'autre, absorbés qu'ils étaient dans le jeu compliqué de la tactique parlementaire, n'avaient pris le temps d'étudier la transformation qui s'opérait, depuis 1830, au sein des masses. Ils songeaient à peine au peuple, ou du moins, s'ils y songeaient, c'était tantôt comme à un soldat que l'on pousserait au premier jour vers le Rhin pour s'y faire tuer, tantôt comme à un nécessiteux que l'on tiendrait facilement en repos au moyen de quelques aumônes parcimonieuses. Le génie populaire était muet pour eux. Ce fut leur perte au jour de la lutte ; ce sera leur condamnation dans l'histoire.

Les idées démocratiques, radicales, révolutionnaires, n'étaient représentées à la Chambre des députés que par un très-petit nombre d'hommes, parmi lesquels M. Ledru-Rollin jouait, depuis 1841, le rôle principal. Le pouvoir redoutait peu cette opposition discréditée dans le pays par un ton violent de menaces restées depuis longtemps sans effet, et par des attaques mal concertées. Accoutumées à leur rôle subalterne, les majorités, d'ailleurs, ne voulaient point être éclairées. Elles votaient coup sur coup toutes les lois répressives souhaitées par le pouvoir, sans songer à trouver étrange cette législation purement négative (1) d'un peuple que l'histoire nous montre toujours impatient d'agir, courant plutôt que marchant à la tête de la civilisation européenne.

Les journaux subventionnés par le gouvernement servaient avec zèle tantôt les pensées intimes du roi, tantôt sa politique officielle, toujours les intérêts du *pays légal*. Le *Journal des Débats*, fondé sous le Consulat par les frères Bertin, et qui devait une grande importance à la supériorité de sa rédaction littéraire, la *Revue des Deux Mondes*, où s'exerçaient à la polémique de jeunes écrivains chargés de louer les médiocrités en crédit et de rabaisser les renommées que soutenait un caractère incorruptible, étaient, le premier avec plus d'expérience et d'autorité, la seconde avec plus d'ardeur et de fantaisie, les organes accrédités de la politique conservatrice, de l'esprit libéral et universitaire. Écrire dans le *Journal des Débats* ou dans la *Revue des Deux Mondes*, c'était se créer un titre à toutes les faveurs et s'ouvrir toutes les carrières. *Le Constitutionnel* et *la Presse* avaient aussi, bien qu'à un moindre degré, leur part dans les largesses ministérielles. Quant au *Siècle*, sous l'influence des orateurs de ce que l'on nommait alors la gauche dynastique, il restait dans une mesure d'opposition tempérée qui portait peu d'ombrage et peu de préjudice au pouvoir.

Les journaux qui défendaient les intérêts populaires et l'esprit de la Révolution n'avaient qu'une publicité restreinte ; ils ne pouvaient se soutenir que par des sacrifices pécuniaires considérables et par une abnégation complète des plus légitimes ambitions chez quiconque leur prêtait le concours de sa plume.

Ainsi le pays légal et le gouvernement semblaient prendre à tâche de se préserver de toute vérité. Le roi ne nommait à la Chambre des pairs que ses créatures ; le corps électoral envoyait de préférence à la Chambre des députés des fonctionnaires publics ; les tribunaux ruinaient par des procès et des amendes la presse libre ; la garde nationale, pour avoir montré quelque déplaisir de la marche imprimée aux affaires par M. Guizot (1), n'était jamais convoquée. On en arriva à ce point que personne dans les rangs les plus élevés de la société ne connut plus l'état vrai du pays. Quelques-uns entendaient bien parler confusément d'écoles et de sectes nou-

---

(1) Depuis 1830 on compte sept lois répressives votées par des majorités considérables : loi du 29 novembre, qui punit les offenses contre le roi et les chambres ; loi du 8 avril 1831, relative aux délits de presse ; loi du 10 avril 1831, contre les attroupements ; loi du 16 février 1834, contre les crieurs publics ; loi du 10 avril 1834, contre les associations ; loi du 24 mai 1834, contre les détenteurs d'armes ; loi du 9 septembre 1835, contre la presse et le jury.

(1) En 1840, dans une revue de la garde nationale passée à l'occasion du retour des cendres de Napoléon, les cris de : *A bas Guizot !* retentirent dans les rangs. Depuis cette époque, Louis-Philippe ne passa plus de grandes revues, et l'on augmenta considérablement l'effectif des régiments casernés dans Paris.

velles, mais on ne savait trop de quoi il s'agissait. A peine retenait-on un ou deux noms voués au ridicule. Et si plusieurs conservaient quelque appréhension du communisme dont la menace grondait dans le lointain, au lieu de se rapprocher du peuple pour en apprendre la signification, mesurer le péril et le conjurer, ils pensaient agir sagement en évitant de songer à des choses qui leur étaient importunes.

On aurait pu croire que le clergé, plus en rapport avec les classes souffrantes par les écoles et les autres institutions de la charité chrétienne, pénétrait mieux l'âme populaire. Loin de là, les prêtres et leurs adhérents nourrissaient à cet égard d'étranges illusions. Ils se plaçaient toujours au point de vue étroit de l'aumône; et, comme ils avaient à distribuer un fonds inépuisable fourni par la charité des fidèles, ils se flattaient d'exercer sur le peuple une influence croissante. Les uns se bornaient à lui prêcher par état la résignation; les autres, les habiles, l'abbé de Genoude en tête, demandaient dans leurs journaux la liberté d'enseignement et le suffrage universel comme deux moyens de manifester aux yeux de tous l'esprit catholique et légitimiste de la nation.

Active, retentissante, riche en connaissances exactes et en observations de détail, une école d'économistes célèbres s'occupait, il est vrai, des moyens d'améliorer les conditions de la vie commune, mais elle tournait aussi, sans méthode et sans ensemble, dans un cercle de doctrines impuissantes. Aux yeux de ce libéralisme scientifique dont M. Guizot avait été, dans ses cours sur la civilisation moderne, l'organe le plus éloquent, le peuple illettré, dépourvu de sens politique, devait être amené par des progrès strictement mesurés, non pas à faire jamais ses propres affaires, c'eût été le comble de la démence (1), mais à jouir de quelque loisir, et, par suite, de quelque culture intellectuelle qui profiterait aux développements de l'agriculture et de l'industrie.

(1) « Il n'y a pas de jour pour le suffrage universel, avait dit M. Guizot, pour ce système absurde qui appellerait toutes les créatures vivantes à l'exercice des droits politiques. »

Les principaux économistes de cette école, hommes de savoir et de bonnes intentions pour la plupart, en étaient restés aux questions qui avaient préoccupé leurs devanciers, sans se rendre compte de la différence des temps et de la marche de l'esprit humain. Absorbés dans leurs calculs de statistique et dans leurs recherches sur la production et la consommation, ils négligeaient une partie importante de la science sociale, dont ils ne voulaient voir que le côté matériel; ils ne saisissaient pas le lien qui, dans une société moderne, rattache le bien-être des classes laborieuses aux plus hauts intérêts de la civilisation générale. Hostiles par principe à toute intervention de l'État dans les transactions commerciales et dans la législation industrielle, tout en l'admettant par nécessité dans certains cas, ils ne proposaient aucun moyen efficace de remédier aux dangers d'une liberté illimitée, et semblaient ne pas croire qu'on peut constituer une action sociale, indépendante du pouvoir politique, exercée par tous au profit de tous, corrigeant la liberté par la solidarité, la rivalité par l'association, et l'abus du droit par une justice supérieure (1).

L'aveuglement était partout. Science aride, ignorances dédaigneuses, sagesses rétrogrades, railleries provoquantes, voilà ce qui faisait grand bruit de paroles à la surface du pays, dans les sphères du pouvoir, dans les salons, à la Bourse, au parquet, à la table des riches. Transportons-nous ailleurs; laissons pour un moment au tourbillon de ses plaisirs et de ses affaires cette France à l'entendement épaissi, aux entrailles muettes. Il n'y a là que le mensonge de la vie. C'est dans d'autres régions que nous sentirons la vie véritable, la passion sous toutes ses formes, l'amour et la haine, le sentiment du droit et l'instinct de la vengeance, les convoitises sauvages et les nobles dévouements, la foi surtout dans les principes,

(1) On peut se former une idée de l'esprit qui anime cette école par une parole échappée à M. Blanqui à propos des misères du peuple : *On en parlait bien moins alors qu'il en existait davantage*, dit-il dans son *Rapport à l'Académie sur la situation des classes ouvrières pendant l'année* 1848; méconnaissant ainsi le progrès même du sentiment humain qui veut guérir les maux et non plus les supporter, accusant implicitement la liberté de la parole qui porte à la connaissance de tous les plaintes jusque-là étouffées dans le silence.

l'enthousiasme pour les idées, le pressentiment de l'avenir.

Ce peuple que le gouvernement et les classes supérieures ne voulaient point appeler à la vie nationale, qu'ils ne voulaient pas même y préparer; ces travailleurs qui ne se sentaient ni aimés ni honorés; ces pauvres devenus capables de réfléchir sur les causes de leur pauvreté; ces hommes de cœur et d'intelligence exaltés par le contact fiévreux de l'atelier, exaspérés par les détresses chaque jour croissantes de la famille, cherchaient avidement, en dehors des influences officielles, en dehors de l'instruction légale et de la charité privée si insuffisantes, un remède à leurs maux, un aliment à l'inquiétude de leur esprit. Il n'était pas difficile de prendre de l'empire sur de tels hommes. Également privés du pain du corps et du pain de l'âme, ils se précipitaient au-devant de la main qui leur apportait, ou seulement de la voix qui leur promettait l'un ou l'autre. Surpris, émus, reconnaissants, dès qu'on paraissait sensible à leur misère; enclins à une curiosité crédule qu'augmentait encore un système d'instruction inconsidéré; disposés par les conditions même de leur existence insalubre à une continuelle surexcitation nerveuse, les ouvriers des villes, oubliés par l'État, devaient se livrer sans réserve aux hommes ou aux partis qui, les premiers, comprendraient que là était la force de la société moderne, et que l'avenir appartenait à celui ou à ceux qui sauraient s'en emparer.

Le socialisme et le radicalisme entreprirent cette tâche. La Révolution de 1830, en jetant une grande perturbation dans le monde politique, la leur avait rendue aisée. Elle avait étendu le champ de la discussion libre, et favorisait ainsi la prédication et la propagande de toutes les nouveautés. Aussi vit-on instantanément paraître au grand jour une multitude de doctrines et de systèmes religieux ou sociaux qui jusque-là étaient demeurés dans l'ombre, circonscrits dans un petit nombre de livres et médités en silence par un petit nombre d'hommes. Il se fit une véritable irruption d'idées, suivie d'un mouvement de polémique qui agita les esprits, comme au temps de la réformation, et qui entraîna dans son parcours les plus nobles intelligences. La première impulsion de ce mouvement était partie, nous l'avons vu, de Saint-Simon et de Fourier; mais son action réelle, efficace, cette action qui remua jusqu'aux dernières couches de la société, et qui épouvanta plus tard les classes supérieures sous le nom de socialisme (1), ne s'exerça dans toute son extension et dans sa pleine liberté que sous le règne de Louis-Philippe. Nous allons essayer de la suivre dans ses directions diverses.

La première en date et en éclat de toutes les écoles socialistes fut l'école saint-simonienne. Dirigée depuis la mort de son fondateur, en 1825, par MM. Bazard et Enfantin, composée d'une jeunesse enthousiaste, studieuse et disciplinée, elle développa, en les exagérant, les idées contenues dans le *Nouveau Christianisme* (2). Elle élabora une constitution théocratique qui prenait son point de départ dans une conception très-élevée de la nature humaine et la considérait, avec le dix-huitième siècle, comme indéfiniment perfectible. Selon cette constitution, un pouvoir nouveau, tout à la fois spirituel et temporel, juge du mérite et distributeur des récompenses, organisateur du travail et de l'industrie, comme le pouvoir ancien avait été organisateur de la guerre, recevrait la mission de maintenir dans la société l'ordre parfait fondé sur la parfaite justice et contenu tout entier dans cette formule célèbre : *A chacun*

---

(1) Le nom collectif de *socialisme* n'a été donné aux différents systèmes de réformation sociale qu'après la révolution de 1848. Jusque-là on n'avait considéré les écoles et les sectes socialistes qu'isolément, sous le nom de babouvisme, de saint-simonisme, de fouriérisme, etc., sans les rapporter à ce principe commun qui les a fait désigner depuis sous le terme général de socialisme.

(2) Œuvre capitale de Saint Simon. Le titre de ce livre et les prédications de la plupart des réformateurs font voir que le socialisme se présente volontiers comme l'accomplissement de la loi chrétienne : idée selon moi très-erronée; car, s'il est vrai de dire que le socialisme semble au premier abord une extension du principe de fraternité apporté au monde par Jésus-Christ, il est en même temps et surtout une réaction contre le dogme essentiel du christianisme : la chute et l'expiation. On pourrait, je crois, avec plus de justesse, considérer le socialisme, dans son principe général, comme une tentative pour *matérialiser* et *immédiatiser*, si l'on peut parler ainsi, le paradis spirituel et la vie future des chrétiens. C'est peut-être là *accomplir la loi*, mais c'est l'accomplir en l'abolissant.

suivant sa capacité, à chaque capacité selon ses œuvres.

Relevant le sexe féminin de son incapacité civile et politique, le saint-simonisme lui accordait une égalité complète avec le sexe masculin, non-seulement dans la famille, mais dans l'État. Prêtresse et législatrice, la femme devait concourir activement à la transformation de la société. La famille, d'ailleurs, ainsi que la propriété, subissait une altération profonde par l'abolition de l'hérédité et du mariage indissoluble.

Pendant quelque temps les prédications saint-simoniennes attirèrent la foule et gagnèrent à la doctrine de nombreux adeptes. Éloquentes et pénétrées d'une onction communicative, elles faisaient appel à la science, à l'industrie, à l'art, à la beauté sous toutes ses formes, promettant aux plus *aimants*, aux plus *capables*, un empire illimité et incontesté sur des âmes perpétuellement dilatées par le dévouement. En même temps de nombreux travaux d'examen historique et de vigoureuses attaques contre l'économie politique du libéralisme qui continuaient et dépassaient de bien loin la réaction commencée par M. de Sismondi dans son *Traité d'économie politique*, faisaient honneur à l'école et lui valaient l'estime des hommes sérieux (1). Les dons affluaient et la propagande redoublait d'activité. Déjà l'on adoptait, pour les élever dans la foi saint-simonienne, des enfants de prolétaires, missionnaires futurs de la nouvelle doctrine, lorsqu'un schisme, longtemps étouffé par le commun effort des disciples, éclata entre les deux chefs du saint-simonisme et porta un coup mortel à leur apostolat. Enfantin, dont l'influence magnétique était toute-puissante sur ceux qui l'approchaient, aspira ouvertement au rôle de révélateur et voulut fonder une religion dont le principal dogme, la *réhabilitation de la chair*, conduisait à des pratiques d'un sensualisme mystique qui épouvantèrent les moins timorés. Un grand déchirement se fit entre des hommes jusque-là tendrement unis. Il se passa entre eux des scènes inouïes, renouvelées des anabaptistes : des extases, des délires, des transports, qui inquiétèrent la morale publique vaguement informée. Poursuivie par la police et les tribunaux, huée par la foule, la *famille* (1) se dispersa; l'apostolat fut frappé d'interdit; la religion saint-simonienne s'évanouit avant même d'avoir existé. Mais les idées critiques de l'école restèrent acquises à la raison commune; chacun fit son profit de ses travaux multiples; les mots saint-simoniens de *réhabilitation*, d'*émancipation*, d'*organisation scientifique et industrielle*, de *solidarité*, etc., passèrent dans le langage de la presse quotidienne, influençant à leur insu ceux-là mêmes qui se disaient et se croyaient adversaires de la doctrine (2).

Même fortune, à peu près, échut au fouriérisme. Le bon sens français rejeta les extravagances de la cosmogonie de Fourier; il se divertit aux dépens du *phalanstère* et de l'*état harmonien;* mais il retint du système des vues très-justes et très-pratiques sur l'association, sur l'exploitation agricole, sur l'éducation; il se laissa même aller, sans trop de répugnance, avec les fouriéristes, à la réprobation d'un ordre social qui, pour se maintenir, avait eu besoin de diviniser et conséquemment de perpétuer la souffrance du plus grand nombre.

Les premiers disciples de Fourier, M. Just Muiron et M. Victor Considérant, élève distingué de l'École polytechnique, commencèrent en 1825 l'œuvre de propagande. Après la mort du maître, en 1837, M. Considérant, ayant groupé autour de lui des hommes de savoir et de talent, MM. Cantagrel, Vidal, Toussenel, Laverdant, etc., réussit à constituer définitivement l'école. Sous la direction de ces hommes moins enthousiastes, moins

---

(1) Voir la collection du *Globe*, revue passée des mains des doctrinaires sous la direction de MM. Michel Chevalier, Pierre Leroux et Jean Raynaud, et les travaux de MM. Buchez, Carnot, Charles Duverrier, Émile Barrault, Charton, Margerin, Rodrigues, Abel Transon, etc. etc.

(1) C'était le nom qu'avait pris le groupe peu nombreux, mais fervent, réuni autour du *Père Enfantin*, à Ménilmontant.

(2) Parmi les disciples de Saint-Simon devenus indépendants, il convient de citer au premier rang M. Auguste Comte, qui, dans son cours de *Philosophie positive*, a exposé une nouvelle méthode de classification des sciences et une théorie des développements historiques de l'humanité, sur laquelle il s'efforce de constituer la science sociale ou *sociologie*.

mystiques que les saint-simoniens, plus habiles par conséquent et plus portés aux concessions, l'école fouriériste, si elle n'eut point l'éclat de l'école saint-simonienne, s'établit sur de plus solides bases, parce qu'au lieu d'exagérer les doctrines du maître, à l'exemple des disciples de Saint-Simon, elle s'appliqua à les atténuer, à n'en présenter que le côté acceptable. Fourier avait été, dans les hallucinations de sa solitude, jusqu'à penser que le genre humain devait un jour achever de soumettre tous les éléments, et, changeant à son gré les conditions de l'atmosphère, contraindre la nature à produire des végétaux et des animaux supérieurs. L'école fouriériste se borna à enseigner que l'homme pouvait et devait changer le milieu social, et que, le principe vital de la société moderne étant l'industrie, c'était l'industrie qu'il lui importait de transformer, en substituant, dans les travaux agricoles et manufacturiers, l'*association* à l'*antagonisme*, en remplaçant la *commune incohérente* et morcelée, par le *phalanstère* qui cultiverait, d'après un plan bien combiné, une étendue commune, et serait administré par un conseil électif, chargé de la répartition des produits selon l'apport de chacun en *capital*, en *travail* et en *talent*. Le travail, selon la doctrine fouriériste, étant une loi naturelle que nul ne viole sans souffrance, devait, si notre éducation et notre vie sociales ne nous rendaient rebelles aux vues de Dieu, être toujours *attrayant* et *productif*. De cette conception fondamentale découlaient dans tous les ordres de la pensée, dans la science, dans les arts, une foule de combinaisons ingénieuses. Quant aux idées de Fourier sur les relations des sexes, comme elles étaient de nature à choquer tout autant et plus encore peut-être que la doctrine saint-simonienne, on les laissa dans l'ombre ; on ne les traita plus qu'entre initiés ; elles passèrent à l'état de questions *réservées*. Mais, tout en occupant avec le saint-simonisme une place considérable dans la publicité, le fouriérisme ne fut jamais non plus, à proprement parler, populaire. La hiérarchie théocratique de Saint-Simon et les combinaisons compliquées de l'arithmétique fouriériste ne pouvaient point saisir l'esprit des masses. Il y avait là beaucoup trop de doctrine et d'érudition. Le retentissement de ces deux écoles apprit aux travailleurs que des philosophes s'occupaient sérieusement d'améliorer leur sort ; mais la simplicité du génie populaire ne fut point touchée par des théories qui parlaient le langage de l'abstraction et de la science.

Vint enfin le communisme qui, s'adressant au sentiment et à l'instinct, laissant de côté toute notion philosophique ou scientifique, devait s'emparer aisément des âmes simples, d'autant plus qu'il prenait pour mot de ralliement, alors même qu'il dissimulait le moins ses projets spoliateurs, une parole émouvante, facilement comprise et retenue : fraternité !

Le communisme ne faisait point son entrée dans le monde. Dès l'origine des sociétés on le voit apparaître, et jamais il n'a cessé de tenir sa place dans l'histoire de la civilisation, soit à l'état de secte, soit même à l'état d'institution dans la législation des peuples. On en trouve des traces dans une partie des gouvernements de la Grèce antique, dans les doctrines platoniciennes, dans les commencements de l'Église chrétienne, chez les anabaptistes, dans les congrégations moraves, chez les *levellers*, parmi les compagnons de Penn en Amérique, dans les missions ou *réductions* des jésuites au Paraguay, dans l'organisation du village russe, dans les écrits des Morus, des Campanella, des Towers, des Filangieri, des Mably, des Morelly, etc. A quinze siècles d'intervalle, l'empereur Galien et le second Bourbon de Naples tentaient de réaliser, presque dans les mêmes lieux, les utopies communistes de Platon et de Filangieri. En 1795, la conspiration de Babœuf fit entrevoir à la France l'épouvantail d'un communisme sanglant. Le communisme de nos jours ne se différenciait de ses aînés dans l'histoire que par sa plus complète incompatibilité avec l'état de civilisation scientifique dont la société commence à avoir conscience et vers lequel elle progresse de plus en plus.

L'auteur du *Voyage en Icarie*, M. Cabet, l'apôtre moderne d'un communisme instinctif et populaire, et ses disciples avec lui, font gloire de ne tenir nul compte de cette civilisation au milieu de laquelle ils apparaissent comme un phénomène bizarre. S'autorisant des pratiques de la primitive Église, ils prêchent le retour à la pure morale évangélique, l'imitation du Christ, le renoncement volontaire aux richesses personnelles. Ils posent en principe l'administration par l'État de la fortune sociale, répartie à chaque membre de la société, non plus suivant sa *capacité*, mais suivant ses *besoins*, ce qui renverse de fond en comble la dernière des inégalités, celle qui résulte de la disproportion des intelligences entre elles, et s'attaque ainsi non plus seulement aux lois de la société, mais à celles de la nature.

L'apostolat de M. Cabet, éminemment pacifique, ne voulant agir que par insinuation et se fiant volontiers à l'avenir, se distingue du communisme matérialiste des sectateurs de Babœuf, en ce que ceux-ci veulent opérer immédiatement, sans transaction ni conciliation, par la violence s'il le faut, l'abolition de la propriété qui, dans l'*Icarie* de M. Cabet, subit de lentes transformations, à mesure que l'opinion y donne son assentiment. Vagues aspirations d'une sensibilité exaltée, ébauches confuses d'une société chimérique, les théories icariennes n'auraient nulle valeur si elles ne se présentaient comme un caractère symptomatique de la maladie morale qui mine la société moderne.

Toute protestation, si aveugle qu'elle paraisse, s'attaque à un vice réel. Le vice de la bourgeoisie parvenue, c'était, nous l'avons constaté, l'étroitesse du cœur, l'oubli du droit, l'indifférence religieuse et politique. Ce vice invétéré devait provoquer une réaction violente. Tout excès suscite inévitablement l'excès contraire. Le jour où l'indifférence égoïste de la bourgeoisie, personnifiée dans Louis-Philippe, parut triomphante, le fanatisme de la fraternité communiste eut sa raison d'être.

Sans grande action sur la population des campagnes où la propriété, devenue un fait presque universel depuis 1789, est inattaquable, les doctrines communistes furent avidement recueillies par les ouvriers des villes. Les plus intelligents employèrent leurs loisirs à l'étude et à la discussion des lois sociales.

Encouragés par des écrivains célèbres qui vinrent se mêler à eux, ils fondèrent des écrits périodiques où pour la première fois on les vit poser eux-mêmes leurs principes, développer leurs idées, peindre en des essais littéraires imités des poëtes contemporains, leurs douleurs physiques et morales (1). *Le Bon Sens*, sous la direction de MM. Cauchois-Lemaire et Rodde, ouvrit, dès cette époque, une large place dans ses colonnes aux travaux littéraires des ouvriers.

La Fraternité et *le Populaire*, en 1833, traitèrent les questions d'avenir au point de vue communiste. D'autres feuilles également populaires, mais rédigées dans un esprit un peu différent, leur répondirent (2). Un débat régulier s'engagea, où les lois de l'industrie et de la politique étaient confondues. Dès lors il devint aisé de comprendre qu'une force nouvelle surgissait dans le pays, que la direction de l'esprit public n'appartenait plus au pouvoir officiel, et que l'avenir de la France échapperait tôt ou tard aux mains de ceux qui la voulaient retenir à mi-chemin de sa carrière révolutionnaire.

En dehors du communisme proprement dit, on vit paraître vers la même époque, sous des noms différents, plusieurs systèmes dont le communisme était le but caché. Parmi ceux-ci l'on distingua bientôt le système de M. Buchez. L'un des fondateurs de la charbonnerie en 1821, M. Buchez, après avoir traversé le saint-simonisme, remontant au christianisme, s'efforça de le réconcilier avec le dix-huitième siècle, avec la Convention, avec le communisme moderne. Laborieux, persévérant, pénétré de la notion du devoir et du sacrifice, il fonda, avec l'aide de M. Roux-Lavergne, une école catholique-conventionnelle. Partant de Jésus-Christ pour arriver à Robespierre, cette école justifiait également

---

(1) Une de leurs premières tentatives eut pour but de moraliser les réunions du dimanche dans les guinguettes, en substituant aux chansons obscènes qui égayaient ces réunions, des chansons d'un caractère plus élevé et d'une tendance socialiste. La société dite *des infernaux* s'y employa activement. Vinçard, Pierre Lachambaudie, Carle Supermann, Élisa Fleury, furent les poëtes les plus goûtés de la guinguette ainsi renouvelée.

(2) Voir la *Ruche populaire*, l'*Atelier*, rédigé par MM. Peupin, Corbon, Danguy, Pascal, etc., en 1839.

l'Inquisition et le Comité de salut public, et concevait pour la société un idéal d'institution cénobitique qui séduisit dans les rangs populaires quelques hommes religieux et disposés à une sévère discipline morale. L'*Histoire parlementaire*, l'*Européen* et surtout l'*Atelier*, organes de l'école buchézienne, rédigés avec un grand talent, firent une sérieuse propagande d'idées socialistes ; quant au système particulier d'organisation industrielle proposé par M. Buchez, il ne rencontra que des adhésions très-peu nombreuses (1).

Un autre chef d'école, également sorti du saint-simonisme à l'époque où MM. Bazard et Enfantin se séparèrent, M. Pierre Leroux, prit aussi rang parmi les réformateurs. Porté par nature aux contemplations synthétiques, doué d'une grande puissance d'intuition, M. Pierre Leroux s'absorba dans une sorte de panthéisme emprunté aux Indes et à l'Allemagne. Il prit aux philosophes des âges primitifs leur symbolique, à Pythagore sa métempsycose, au catholicisme sa conception ternaire, et tenta, au moyen de ces matériaux hétérogènes, d'édifier une philosophie religieuse de l'humanité (2). La première exposition de ces idées revêtit des formes obscures et nuageuses. Peu à peu, dans des brochures et des livres écrits avec l'éloquence d'une âme tendre et expansive (3), M. Pierre Leroux s'efforça de dégager ses conceptions et de les condenser en un système d'organisation sociale et politique ; mais il n'y parvint jamais entièrement, pas même alors qu'abandonné de ses premiers adeptes, il se vit libre et seul responsable des audaces de sa pensée.

Esprit vif et brillant, journaliste et historien en possession d'une célébrité précoce, M. Louis Blanc, tout en jetant par son talent un grand éclat sur l'idée socialiste, rallia à son système particulier et passionna pour sa personne la partie la plus intelligente des ouvriers des villes. Dans un livre intitulé : *De l'organisation du travail*, il exposa l'ensemble de sa doctrine, dont les germes se trouvaient déjà épars dans l'*Histoire de dix ans* ; doctrine fort simple au premier abord, car il s'agissait, sans plus, de supprimer les mauvais effets de la concurrence industrielle, en mettant aux mains de l'État l'industrie collective, organisée en ateliers nationaux, administrée par des conseils électifs, sous le régime de l'égalité des salaires. Le mobile de l'honneur collectif substitué à celui de l'intérêt personnel, une disposition présumée permanente au dévouement et à la fraternité, forment les assises morales de cet état industriel, ce qui revient à dire que l'organisation imaginée par M. Louis Blanc est une généreuse chimère ; car le dévouement, cette magnificence de l'âme, ne pourra jamais, en aucun temps, quel que soit le perfectionnement de l'humanité, s'écrire dans une constitution sociale ; jamais il ne pourra se commander de par la loi. On conçoit cependant qu'une telle théorie, présentée aux imaginations populaires avec une verve et une abondance juvéniles, ait dû les séduire préférablement à toute autre. Aussi la retrouverons-nous bientôt portée par le flot révolutionnaire au gouvernement dans la personne de son auteur. Nous y reviendrons alors pour l'examiner non pas tant dans sa valeur propre que dans son action sur les masses.

Plus isolé par la nature de son esprit, de son caractère et de ses travaux, M. Raspail se consacrait aussi, avec un zèle persévérant à la propagation des idées socialistes. Bien connu du peuple par les luttes de sa vie politique et par son action bienfaisante dans les faubourgs de Paris, où il exerçait gratuitement la médecine, nourri de fortes études, en renommée pour sa science, il s'était montré le constant défenseur des principes de la Révolution française, et poursuivait, comme le but suprême de ses études, l'amélioration du sort de la classe souffrante. L'abolition de la peine de mort, l'établissement du suffrage universel, qu'il considérait comme devant ouvrir la voie à tous les progrès des temps modernes, l'association agricole, la liberté de discussion, n'avaient pas d'apôtre plus courageux. Ses tendances étaient communistes, mais il n'avait

---

(1) Les essais de réalisation de ce système ne furent point heureux. Voir le rapport de M. Delessert, *Revue rétrospective*, n° 6, sur la *Société des industries unies* et le *Grand-Saint-Joseph*.

(2) Voir l'*Encyclopédie nouvelle* et la *Revue sociale*.

(3) Voyez *De l'égalité*, 1838 ; *Réfutation de l'éclectisme*, 1839 ; *Malthus et les économistes* ; *De l'humanité*, 1840 ; *De la Ploutocratie*, 1848.

pas de système formulé pour une application immédiate. Aucun des hommes qui ont embrassé la cause du peuple n'a été en butte à plus d'outrages et de persécutions. Par la hardiesse de ses opinions, par l'incorruptibilité de ses mœurs, par l'ironie de son langage, il avait irrité contre lui deux puissances implacables dans leur ressentiment : la médecine scolastique et la politique conservatrice.

Seul, bien plus seul encore, car il n'avait ni clients, ni émules, ni disciples, M. Proudhon parut dans l'arène socialiste avec une audace d'allures et une étrangeté d'accent qui frappèrent aussitôt les esprits, et, quand les circonstances le servirent, fixèrent l'attention publique sur sa personne et sur ses ouvrages. Né dans un village de la Franche-Comté, il fit à grand'peine, au prix des plus durs sacrifices, des études très-incomplètes. Avec la rude opiniâtreté des hommes de son pays, il tourna d'abord son esprit vers les questions religieuses et s'occupa de recherches sur les origines du christianisme. Mais bientôt ses travaux prirent un autre cours, et, en 1840, il adressait à l'Académie des sciences morales, un Mémoire dans lequel *ayant choisi*, ce sont ses propres expressions, *pour sujet d'expériences ce qu'il avait trouvé de plus ancien, de plus respectable, de plus universel, de moins controversé, la propriété*, il concluait à une négation absolue, devenue célèbre par sa formule : *La propriété, c'est le vol*. A cette première négation succédèrent coup sur coup, dans ses différents ouvrages, une série de négations comprises dans la négation générale de tout pouvoir, et conséquemment du pouvoir suprême de Dieu.

La hardiesse des propositions de M. Proudhon, mise en relief par une vigueur et une âpreté de style peu communes, ce défi jeté à toutes les croyances, à toutes les opinions reçues, excita une indignation violente. Difficile à comprendre, impossible à mettre d'accord avec lui-même, habile à manier le sophisme, consommé dans l'art du paradoxe et de l'ironie, M. Proudhon conquit subitement dans un cercle restreint d'abord, mais de plus en plus élargi, une renommée où la répulsion avait plus de part que la sympathie et qui se composait plus de scandale que d'admiration. Une sorte de terreur s'attacha à son nom et fit sa puissance. Étourdi par l'excentricité de la forme, le vulgaire, incapable de pénétrer plus avant, crut à une originalité profonde dans les idées de M. Proudhon. Une lecture superficielle de ses ouvrages abusa même à cet égard un certain nombre d'esprits sérieux. On s'accorda à le considérer comme un philosophe, tandis qu'il n'était qu'un sophiste. On le redouta comme l'incarnation même du socialisme, tandis qu'il n'était qu'une superfétation bizarre de la sève révolutionnaire (1). En effet, ce qui ressort de l'étude attentive des ouvrages de M. Proudhon, c'est précisément le contraire de ce qu'on y a vu jusqu'ici ; c'est, malgré les apparences d'une excentricité calculée, l'absence de toute originalité créatrice, ou du moins c'est l'écrasement volontaire d'une spontanéité qui n'était peut-être pas sans génie, sous le lourd fardeau d'une érudition scolastique. Esprit de pure souche gauloise, talent satirique dont la verve rappelle souvent Montaigne et Rabelais, parfois Voltaire, entraîné hors de ses voies et comme fasciné par les profondeurs entrevues de la métaphysique allemande, M. Proudhon se laissait enivrer en quelque sorte par les abstractions de Hegel, de Strauss, de Feuerbach (2), en même temps qu'il remplissait sa mémoire d'hypothèses bizarres et de formules algébriques empruntées à son compatriote Fourier. Dans une solitude austère où il sevrait son imagination et son cœur de toute

---

(1) Une proposition jadis fameuse, mais oubliée, de Brissot de Warville, contribua beaucoup à lui donner ce vernis d'excentricité auquel il dut, après que la révolution de Février l'eut mis en rapport avec les classes populaires, le retentissement de son nom. « La propriété, c'est le vol! Il ne se dit pas en mille ans un mot comme celui-là. — Je n'ai d'autre bien sur la terre que cette définition de la propriété ; mais je la tiens plus précieuse que les millions de Rothschild. » Ainsi s'exprime M. Proudhon. Restituons cet axiome à son possesseur légitime. Brissot de Warville avait dit, en 1780 : « La propriété exclusive est un vol dans la nature. Le voleur, dans l'état naturel, c'est le riche. » (*Recherches philosophiques sur le droit de propriété et le vol.*)

(2) Les *antinomies*, le *devenir*, l'*être en soi et pour soi*, toute cette terminologie de provenance étrangère, antipathique au génie de la langue française et dont M. Proudhon se plaît à obscurcir son style, a paru aux lecteurs français, peu familiers avec la métaphysique allemande, l'indice certain d'une grande invention et d'une science profonde.

joie, hostile à la poésie, à l'art, concentrant toutes ses facultés dans d'abstruses recherches, il lut beaucoup, il lut avec fanatisme et s'identifia si bien avec ses lectures qu'il prit de très-bonne foi pour siennes les *nouveautés* qu'il découvrait chez ses auteurs de prédilection.

Ayant une vue plus nette des besoins de la civilisation moderne que le vulgaire des socialistes, M. Proudhon ne se lasse pas de répéter que c'est à la science seule qu'il appartient de guérir les plaies sociales. Mais, comme nous le verrons plus tard, la science de M. Proudhon, incohérente et sans méthode, mêlant tout, les questions de salaire et les théodicées, le prêt gratuit et les hallucinations bibliques, l'algèbre et le pot-au-feu, ne voulant voir l'univers que sous le grossier aspect de la *production* et de la *consommation*, ne devait aboutir qu'à un laborieux avortement et à une glorification de l'ironie (1).

A côté des sectaires et des apôtres que je viens de nommer, des écrivains brillants, des romanciers pleins de verve, employaient leur talent à vulgariser les idées, ou plutôt les tendances socialistes, dans la classe lettrée du peuple. L'un des plus célèbres, M. Eugène Sue, faisait parler à ses personnages la langue du phalanstère, tandis que madame Sand, passionnée pour le communisme pur, pour ce qu'elle appelait *le sublime et terrible but du partage des biens*, revêtait de toutes les splendeurs d'un style magique les utopies de M. Pierre Leroux. Une autre femme, madame Flora Tristan, après avoir visité les réceptacles les plus abjects de la misère du peuple, entreprenait, non sans succès, de prêcher aux ouvriers l'association et le secours mutuel.

Ainsi qu'on peut s'en convaincre d'après cet exposé succinct, l'ensemble des doctrines comprises sous le nom de socialisme ne puisait sa force ni dans le génie de l'invention ni dans la science organisatrice; mais, comme il était né d'un besoin vrai et profond, comme il exprimait avec éloquence un état moral et physique qui ne se pouvait souffrir sans crime et que l'État laissait s'aggraver chaque jour, sans songer même à y chercher quelque palliatif, le peuple, qui n'avait ni le temps, ni les connaissances nécessaires pour analyser et critiquer les principes et les hommes, accourut et se rangea autour des nouveaux apôtres par curiosité d'abord, puis avec enthousiasme et reconnaissance. Il salua de ses acclamations, il honora de ses déférences et de sa docilité les chefs du socialisme. Une puissance considérable, hors de proportion avec leur génie, leur fut ainsi donnée sur l'opinion des masses.

Le radicalisme ou le républicanisme exclusif, qui, depuis 1793, n'avait pas cessé d'être en rapport avec le peuple et qui cherchait, comme le socialisme, son point d'appui dans les masses, perdait du terrain à mesure que le socialisme en gagnait. Depuis 1839, les hommes les plus énergiques de ce parti étaient découragés par les échecs constants de leurs tentatives à main armée. Barbès et Blanqui, les deux chefs de conspiration les plus actifs, étaient en prison. Pour échapper à la police, les sociétés secrètes avaient été forcées de se transformer de tant de manières que leur organisation, chaque jour affaiblie, n'exerçait plus d'action efficace. Elles se bornaient en ces dernières années à de vagues projets de complots et à une propagande subalterne. Le journal qui naguère avait été l'expression vive du républicanisme, *le National*, rédigé, depuis la mort d'Armand Carrel, par MM. Marrast, Thomas, Jules Bastide (1), Trélat, quoique toujours très-agressif dans la forme, inclinait sensiblement vers une entente avec l'opposition dynastique. Les républicains austères tenaient en grande suspicion cette coterie habile de républicains bourgeois (c'est le nom qu'on leur donnait), qu'ils accusaient d'intrigues et d'ambitions égoïstes. Le seul foyer ardent du républicanisme montagnard était *la Réforme*. Fondée en 1842 par MM. Flocon, Baune et Grandménil, dans le dessein formel de renverser la dynastie d'Orléans, *la Réforme*, qui

---

(1) Voir les statuts de la Banque du peuple et les *Confessions d'un révolutionnaire*. 1849.

(1) M. Bastide s'était éloigné depuis quelque temps du *National* pour devenir le collaborateur de M. Buchez dans la *Revue nationale*; mais la bonne intelligence n'était pas rompue néanmoins entre le voltairianisme de M. Marrast et le catholicisme de son ancien collaborateur.

comptait parmi ses rédacteurs MM. Godefroi Cavaignac, Ledru-Rollin, Louis Blanc, Ribeyrolles, Étienne Arago, Schœlcher (1), avait mieux compris que *le National* les tendances nouvelles du peuple, et, quoique la tradition jacobine fût le fonds de sa politique, elle ne repoussait ni ne raillait, comme le faisait le journal de M. Marrast, les idées socialistes ; souvent même elle en admettait l'exposition dans ses colonnes. Par M. Louis Blanc, elle leur donnait un gage (2). Aussi *la Réforme* devint-elle en peu de temps beaucoup plus populaire que *le National*, qui sentit avec dépit la direction du mouvement démocratique lui échapper. Il en résulta bientôt entre les deux journaux une polémique acrimonieuse et remplie de personnalités. La discorde les sépara en deux camps hostiles ; l'intérêt d'une même cause à soutenir fut moins puissant que les rivalités d'une ambition pareille (3). Nous retrouverons ces rivalités acharnées dans le moment même de l'action et surtout au lendemain de la victoire.

Le parti légitimiste et le parti demeuré fidèle au nom de Bonaparte concouraient aussi, le premier par une polémique ouverte, l'autre par des menées, des complots, des intrigues, à miner le gouvernement.

Il faut ajouter à ce travail combiné des sectes, des écoles et des partis socialistes et radicaux, l'influence des forces isolées qui concouraient les unes à exalter, les autres à éclairer le peuple. Des statistiques irrécusables, publiées en grand nombre, donnaient sur l'état des prisons, des bagnes, des maisons de prostitution et des hospices, des chiffres accablants, et faisaient maudire un gouvernement inhabile à guérir de telles plaies. Au-dessus du chœur encore étouffé des malédictions populaires, s'élevaient à intervalles toujours plus rapprochés des voix prophétiques. Les *Paroles d'un croyant*, en 1833, firent un effet immense. Sorti avec éclat de l'Église romaine, mais demeuré profondément chrétien par le cœur, l'abbé de Lamennais cherchait dans l'Évangile la condamnation de la race pharisienne qui gouvernait la France, et promettait, au nom du Christ, à la démocratie régénérée, l'ère prochaine de la justice et de la vérité. La charité ardente de sa grande âme blessée, sa vie solitaire, la fierté simple d'une pauvreté qu'il avait préférée à la pourpre, l'autorité même du sacerdoce restée empreinte sur sa personne et dans les habitudes de son langage, lui donnaient un grand prestige. Au Collège de France les cours de MM. Michelet (1), Quinet et Mickiewicz vivifiaient les traditions républicaines des écoles, répandaient dans la jeunesse des sentiments d'amour pour le peuple, de mépris pour l'Église et la société *officielles*, et préparaient de la sorte cette union des étudiants et des prolétaires qui devait se manifester sur les barricades. C'est ainsi que volontairement ou involontairement, par une action lente ou rapide, par la résistance inintelligente autant que par l'attaque passionnée, tous concouraient à un travail révolutionnaire caché encore aux esprits inattentifs, mais qui se révélait de loin en loin par des signes terribles (2), et que le premier accident allait faire apparaître dans son effrayante étendue aux yeux de la société consternée (3).

---

(1) La *Réforme* recevait l'impulsion d'un comité composé de MM. François et Étienne Arago, Baune, Dupoty, Flocon, Guinard, Joly, Lesseré, Lemasson, Louis Blanc, Pascal Duprat, Recurt, Schœlcher, Félix Avril et Vallier.

(2) M. Louis Blanc était parvenu en ces derniers temps à faire signer au comité de la *Réforme* un programme tout à fait socialiste.

(3) « Je crains moins la différence de vos opinions que la ressemblance de vos ambitions, » disait à ce propos, Béranger à M. Marrast, au lendemain de la révolution de Février.

(1) M. Michelet et M. de Lamennais étaient adversaires déclarés du communisme. L'un et l'autre défendirent avec éclat et énergie la famille et la propriété au plus fort de la tempête révolutionnaire (voir le *Peuple constituant*, n°˚ des 28 et 29 mai 1848, et le 3° volume de l'*Histoire de la Révolution française*), à un moment où ceux qui les accusent aujourd'hui de tendances anarchiques baissaient la tête et gardaient le silence. A cet égard l'opinion publique est singulièrement abusée. Mais sur quoi ne l'est-elle pas à l'heure où je tiens la plume !

(2) Entre autres la grande grève de 1840, la grève des charpentiers en 1845, les troubles de Buzançais, etc.

(3) Un rapport adressé par M. Delessert, préfet de police, au président du conseil, en date du 19 janvier 1847, constate que dans l'année 1846 les publications socialistes ont été encore plus nombreuses que pendant les années précédentes ; que *la tendance vers les idées de rénovation sociale est plus vive que jamais et mérite une attention sérieuse*. Il signale parmi les ouvrages dangereux : les *Évangiles* avec des *notes et réflexions*, par Lamennais ; le *Système des contradictions économiques*, par Proudhon ; l'*Essai sur la liberté*, par Daniel Stern, etc., etc. ;

On le voit, sous d'apparentes prospérités, la société française recélait dans son sein bien des éléments de perturbation, et le gouvernement de Louis-Philippe, au lieu de la soutenir dans ses efforts instinctifs vers un ordre supérieur, la livrait, par le plus triste calcul, à une désorganisation morale qui, si elle se fût prolongée, amenait, avec l'abaissement de son caractère et de son honneur, le rapide, l'irréparable déclin de son influence européenne. Car la politique du gouvernement de Juillet était aussi mesquine dans ses rapports avec l'étranger qu'elle se montrait aveugle dans la conduite des affaires intérieures. La pusillanimité du plus vulgaire égoïsme y faisait taire les hardies traditions et le grand instinct de la France. Dominé par un faux amour-propre dynastique et par un puéril désir d'obtenir l'amitié des royautés légitimes, la quasi-légitimité, c'est le nom qu'on donnait à la royauté issue des barricades, acceptait, en fait et en droit, l'équilibre européen tel que l'avait créé la solennelle injustice des traités de 1815. Elle écartait les sympathies, elle trahissait les espérances des nationalités sacrifiées au congrès de Vienne, et tantôt par son langage, tantôt même par ses actes équivoques, elle décourageait ses alliés naturels pour obtenir des princes absolus le pardon de son origine révolutionnaire. Pendant les sept années du ministère de M. Guizot, la tendance de plus en plus marquée de la politique conservatrice fut de se rapprocher des puissances absolutistes, et d'abandonner, pour les bonnes grâces douteuses de l'Autriche et de la Russie, les principes et les traditions de 89, l'intérêt historique et politique de la France.

Ainsi, par son action diplomatique tout autant que par son action administrative, le gouvernement de Louis-Philippe allait manifestement à l'encontre des vœux du pays et de ses intérêts véritables. Les classes riches, chez qui la fierté nationale s'alanguit aisément dans la mollesse cosmopolite d'une civilisation très-compliquée, suivirent sans trop de répugnance la politique anti-française de la branche cadette des Bourbons. Mais l'instinct populaire ne fut point étouffé, et la portion non encore enrichie de la bourgeoisie, en exprimant, dans son opposition parlementaire, les sentiments confus des masses, leur donna une puissance inattendue. Les tendances rétrogrades du gouvernement, ses provocations multipliées avancèrent l'heure du conflit. Dans la lutte qui s'engagea, l'instinct l'emporta sur la science, le sentiment populaire fut plus fort que l'habileté politique. La France démocratique, dans un accès d'indignation, renversa le gouvernement de la France bourgeoise et se proclama libre sous un gouvernement républicain. C'était là un juste châtiment des erreurs de la bourgeoisie dynastique. Mais bientôt on s'aperçut que les circonstances avaient précipité un dénoûment auquel on ne s'était pas assez préparé. Républicaine avant l'heure, par la faute d'un pouvoir sans discernement, insuffisamment initiée à la vie politique, la démocratie révolutionnaire s'est trouvée tout d'un coup aux prises avec des difficultés de tous genres qu'elle avait à peine entrevues. Ni elle ne se connaissait bien elle-même dans ses éléments complexes, ni surtout elle ne se formait une idée exacte de l'état social, tout à la fois très-nouveau et très-ancien, où se trouvaient la France et l'Europe. De là les étonnements et les incertitudes des hommes portés au pouvoir par la faveur populaire. De là les oscillations, le prompt discrédit d'une politique qui, négligeant les réformes possibles, prêtant l'oreille aux utopies, applaudissant aux contre-coups de la révolution en Europe et rassurant les princes par des promesses de paix, parut tout à la fois, à l'extérieur comme à l'intérieur, prudente jusqu'à la faiblesse, hardie jusqu'à la témérité. Dans ces oscillations, la confiance enthousiaste des masses se retira d'un gouvernement qui ne savait qu'en faire. Leur désappointement tourna vite en irritation. Les souffrances matérielles inséparables d'une révolution qui inquiète les classes riches et suspend le travail, exploitées par les partis vaincus et par quelques sectaires, achevèrent de briser le lien qui rattachait le prolétariat des villes au gouvernement républicain. Le

---

et termine par ces mots : « *Là est la véritable plaie de l'époque, et on doit reconnaître que chaque année elle fait de nouveaux progrès. Un pareil état de choses me paraît de nature à éveiller la haute sollicitude du gouvernement.* »

peuple demandait sans retard l'effet des promesses de la révolution, l'organisation du travail, exigence qui lui semblait très-simple, mais qui pourtant était formidable à cette heure où, pas plus dans les choses que dans les esprits, rien n'était prêt pour la satisfaire : la situation était grave et pleine d'obscurités. Rien ne pouvait s'ajourner et rien ne paraissait immédiatement possible. Entre ceux qui supposaient tout facile et ceux qui ne voyaient rien de praticable, quel milieu tenir? Comment, dans ce grand malentendu des esprits et des volontés, prononcer le mot décisif? Cependant le temps s'écoulait ; chaque jour, chaque heure de retard accroissait le péril avec les exigences des prolétaires. De son côté, la bourgeoisie, craignant pour ses biens, en venait, par une sorte d'héroïsme de la peur, à les préférer à sa vie. Elle voulait tout risquer plutôt que de consentir à rien perdre. Bientôt les passions contenues quelque temps, par l'espoir chez les uns, par la stupeur chez les autres, se heurtèrent. L'explosion se fit. Divisée contre elle-même, la révolution courut aux armes : la République de 1848, comme la royauté de 1830, combattit le prolétariat révolté; elle pointa ses canons, elle tourna ses baïonnettes contre le désespoir populaire, et la révolution sociale fut vaincue. Mais la révolution politique était atteinte. A partir des néfastes journées de juin, elle ne fit plus que languir ; épuisée par le sang répandu, chancelante en ses conseils, reniée par le peuple qui se croyait trahi, abandonnée, comme l'avait été la royauté, par une bourgeoisie ingrate et sans discernement à qui elle avait donné et demandé la force, isolée dans une politique indécise qui lui avait aliéné la sympathie des peuples sans lui gagner l'amitié des rois, elle entra dans un rapide déclin, et déjà elle n'existait plus que de nom, lorsqu'un second Bonaparte vint occuper sa place. Dans ce même palais d'où le peuple, en se jouant, avait ôté, comme un meuble inutile, le fauteuil d'un roi citoyen, Napoléon III fit remettre, avec l'appareil militaire et la pompe des cours, le trône impérial. Aujourd'hui, de la révolution de 1848, il ne reste plus qu'une seule institution, et c'est précisément l'institution qui a servi à la détruire :
le suffrage universel. Aussi, par un grand nombre de gens, la révolution de février est-elle considérée comme une tentative déraisonnable, un accident, un contre-sens historique dont il serait souhaitable d'effacer jusqu'à la dernière trace. Telle n'est pas la conclusion à laquelle nous conduit, après un intervalle de quatorze années, l'examen nouveau de la suite des événements. Ce n'est point ici le lieu des conjectures et des prophéties. Cependant, malgré les apparences contraires, il est permis de penser que la révolution de 1848 n'a été définitivement vaincue ni en France ni en Europe. Les espérances qu'elle a fait naître, nous les voyons plus ardentes peut-être, plus profondes à coup sûr et plus près de se réaliser, en Italie, en Hongrie, en Pologne, chez tous les peuples qui n'ont point conquis encore leur indépendance nationale, l'entière liberté de conscience, la parfaite égalité démocratique. Partout les gouvernements absolus paraissent plus haïs des populations et plus menacés qu'ils ne l'ont été jamais par l'esprit de la révolution française. Jamais non plus l'avenir de notre pays n'a été plus visiblement lié aux progrès de la démocratie. Cet avenir, par le suffrage universel, est aujourd'hui dans les mains du peuple. Il dépend tout entier de l'exercice intelligent de ce droit nouveau que la révolution de 1848 lui a remis; et ce droit, bien qu'il n'ait pas produit du premier coup tout le bien qu'on en devait attendre et qu'il ait paru se tourner contre ceux-là même qui l'avaient établi, n'en est pas moins l'assise véritable de la démocratie moderne. Il contient en soi, il rend nécessaires, inévitables, prochains même, *cette amélioration du sort de la classe la plus nombreuse et la plus pauvre*, cet ennoblissement du peuple par l'instruction et par le bien-être, qui furent le rêve des premiers réformateurs et qui sont la réalité sérieuse poursuivie, à travers mille chimères, par le socialisme moderne. Si le peuple aujourd'hui n'accomplissait pas pacifiquement cette grande transformation sociale dont les philosophes du dix-huitième siècle et les législateurs de la Constituante lui ont tracé les voies, il ne pourrait plus en accuser que lui-même, car il est devenu maître de ses destinées.

La révolution de 1848 et l'institution républicaine ne dussent-elles produire d'autre résultat immédiat que d'avoir procuré au peuple les moyens légaux de son émancipation, il les faudrait encore saluer du cœur et de l'esprit comme le gage certain d'une œuvre providentielle, d'une métamorphose ascendante qui s'opère dans le monde, en dépit des faiblesses, des fautes et des crimes, en dépit surtout de l'aveuglement des hommes.

TABLE DES MATIÈRES

PREMIÈRE PARTIE

INTRODUCTION 1
CHAPITRE PREMIER. Les conservateurs et les réformistes.................... 5
CHAP. II. Les banquets................ 12
CHAP. III. Situation extérieure. — Famille royale.................... 20
CHAP. IV. Ouverture des Chambres. — Discussion de l'Adresse à la Chambre des pairs. 25
CHAP. V. Discussion à la Chambre des députés. 30
CHAP. VI. Suite et fin de la discussion de l'Adresse.................... 39
CHAP. VII. Préparatifs des banquets. — Imminence de la catastrophe................ 47
CHAP. VIII. Première journée............ 58
CHAP. IX. Seconde journée............. 64
CHAP. X. Troisième journée............ 79
CHAP. XI. Suite de la troisième journée...... 90
CHAP. XII. Le peuple aux Tuileries......... 102
CHAP. XIII. Le peuple à la Chambre des députés.................... 111
CHAP. XIV. Le peuple à l'Hôtel-de-Ville..... 125
CHAP. XV. Le peuple maître de Paris....... 140

DEUXIÈME PARTIE

CHAP. XVI. Considérations générales. — L'Hôtel-de-Ville. — Le drapeau rouge. — Abolition de la peine de mort en matière politique.................... 149
CHAP. XVII. Droit au travail. — Ministère du progrès. — Adhésion générale au gouvernement de la République.................... 167
CHAP. XVIII. Ministère de l'intérieur. — Ledru-Rollin. — Ministère des affaires étrangères. — Manifeste de M. de Lamartine.... 180
CHAP. XIX. Ministère de la guerre et de la marine. — M. Arago. — Le général Cavaignac.................... 194
CHAP. XX. Ministère des finances. — M. Goudchaux. — M. Garnier-Pagès............. 204
CHAP. XXI. — Ministère de la justice. — M. Crémieux. — Ministère de l'instruction publique. — M. Carnot. — Ministère des travaux publics. — M. Marie. — Ateliers nationaux. — Préfecture de police. — M. Caussidière. — Mairie de Paris. — M. Marrast.... 215
CHAP. XXII. Les Clubs. — M. Barbès. — M. Raspail. — M. Cabet. — Les journaux. — M. Proudhon. — M. de Lamennais. — Aspect de Paris. — Les femmes............. 230
CHAP. XXIII. Conférences du Luxembourg. — M. Louis Blanc. — Journées des 16 et 17 mars.................... 250
CHAP. XXIV. Situation des départements. — Commissaires extraordinaires. — Rouen, Lille, Strasbourg, Lyon, Nantes, Marseille, Toulouse, Bordeaux.................... 270
CHAP. XXV. La révolution en Europe. — Pétersbourg, Vienne, Milan, Berlin. — L'expédition des corps francs.................... 293
CHAP. XXVI. Suites de la journée du 17 mars. — Journée du 16 avril. — Le général Changarnier. — Fête de la fraternité............. 310
CHAP. XXVII. Beaux-arts. — Loi électorale. Profession de foi des candidats à la repré-

sentation nationale. — Ouverture de l'Assemblée constituante. — Le gouvernement provisoire a bien mérité de la patrie...... 327

TROISIÈME PARTIE

CHAP. XXVIII. Assemblée constituante. — Ministère du travail. — Affaires de Pologne. — Journée du 15 mai........................ 350

CHAP. XXIX. Suite de la journée du 15 mai. — L'enquête. — Vote favorable à M. Louis Blanc. — La réunion du Palais National et la Commission exécutive. — Fête de la Concorde. — La famille d'Orléans à Claremont. — Décret de bannissement. — Élections du 5 juin............................... 376

CHAP. XXX. Le prince Louis-Napoléon Bonaparte. — Ses premiers rapports avec le gouvernement provisoire. — Son élection. — Discussions sur son admission. — Mouvements populaires.......................... 388

CHAP. XXXI. État moral de la population. — Inquiétudes dans Paris. — Troubles dans les départements. — Les ateliers nationaux. — M. Pierre Leroux, M. de Falloux. — Décret de la Commission exécutive. — Protestation des ouvriers. — Le lieutenant Pujol et M. Marie. — On décide la résistance à main armée............................... 408

CHAP. XXXII. Premières barricades. — Dispositions militaires du général Cavaignac. — Positions prises par les insurgés. — Premiers engagements. — Quartier général de Lamoricière. — La garde mobile. — Opérations du général Bedeau. — Séance de l'Assemblée. — Rapport de M. de Falloux sur la dissolution des ateliers nationaux. — Aspect de Paris à la fin de la première journée. — Séance du 24. — Chute de la Commission exécutive. — Le général Cavaignac nommé chef du pouvoir exécutif. — Paris mis en état de siège............................... 426

CHAP. XXXIII. Proclamation du général Cavaignac à l'armée. — Opérations militaires pendant la journée du 24. — Le général Duvivier à l'Hôtel-de-Ville. — Le général Damesme au Panthéon. — Séance du 25. — L'Assemblée vote trois millions pour les ouvriers nécessiteux. — Le général Lamoricière. — Mort du général Bréa. — Combat autour de l'Hôtel-de-Ville. — Mort du général Négrier. — Mort de l'archevêque de Paris. — Quatrième journée. — Bombardement et reddition du faubourg Saint-Antoine. — L'Assemblée nationale décrète que le général Cavaignac a bien mérité de la patrie........ 451

QUATRIÈME PARTIE

La réaction.................................. 478
Au lecteur.................................. 520

FIN DE LA TABLE DES MATIÈRES

HISTOIRE DE LA RÉVOLUTION

DE 1848

PARIS. — IMPRIMERIE L. POUPART-DAVYL, RUE DU BAC, 30.

DANIEL STERN

HISTOIRE
DE LA
RÉVOLUTION DE 1848

Illustrée par

DE NEUVILLE, GERLIER, LIX, CREPON, GUSTAVE JANET, E. LORSAY, ETC.

PARIS

BOULEVARD MONTMARTRE, 15 — LIBRAIRIE INTERNATIONALE — AU COIN DE LA RUE VIVIENNE

A. LACROIX, VERBOECKHOVEN ET CIE, ÉDITEURS

BUREAU DE VENTE:

A. LE CHEVALIER, LIBRAIRE-ÉDITEUR, 61, RUE RICHELIEU

PROCLAMATION DE LA RÉPUBLIQUE

HISTOIRE DE LA RÉVOLUTION DE 1848 [1]

PREMIÈRE PARTIE

CHAPITRE PREMIER

Les conservateurs et les réformistes.

Les élections de l'année 1846 apportaient au ministère conservateur, désigné dans le langage du temps sous le nom de cabinet du 29 octobre, une majorité considérable. Cette majorité se composait presque entièrement de fonctionnaires publics; il n'en entrait pas moins de deux cents à la Chambre : fait exorbitant, sans exemple depuis l'établissement du régime parlementaire et qui ne laissait que trop paraître l'abus des influences corruptrices exercées par le pouvoir sur le corps électoral. Jamais M. Guizot, qui présidait le conseil, et M. Duchâtel, qui, au ministère de l'intérieur, était plus spécialement chargé de mener à bien l'entreprise des élections, n'avaient remporté de victoire plus facile et plus complète; jamais ils n'avaient rencontré dans les mœurs moins d'indépendance et de vertu politique. Le goût des places et l'émulation d'un zèle servile semblaient devenus les seuls

---

[1] AVIS AU LECTEUR. — Pour donner à cette publication un intérêt plus vif dès le début, on a cru à propos d'écarter d'abord les considérations générales sur le double caractère, social et politique, de la Révolution de 1848. Le lecteur n'y perdra rien toutefois. Il retrouvera à la fin du livre l'étude faite pour servir d'introduction au récit et qui en devient ainsi la conclusion. Cette disposition aura même son avantage; mieux instruit des faits, le lecteur pourra mieux remonter à leurs causes; préparé par la lecture de l'histoire, il comprendra mieux, dans l'analyse de l'auteur, le mouvement d'idées qui a eu son explosion en février 1848 : mouvement qui venait de loin, et qui, comprimé ou détourné, dure encore.

mobiles d'activité dans ce *pays légal* auquel seuls ils avaient affaire et qui leur cachait l'autre. Aussi les deux premiers ministres ne concevaient-ils pas un doute sur l'heureuse issue de la session qui s'allait ouvrir, et tout en eux trahissait, avec la confiance la plus entière, l'extrême dédain que leur inspiraient presque également et les complaisances de leurs amis et l'inhabileté manifeste de leurs adversaires.

A ne considérer que le *pays légal* (1), en effet, la satisfaction des ministres était parfaitement motivée. La sécurité que donne un long état de paix, le bien-être qui s'y développe, entretenaient dans les classes aisées des dispositions favorables au pouvoir. La brillante alliance du duc de Montpensier avec l'infante d'Espagne, ce succès personnel des ambitions du roi, était présentée par la presse conservatrice comme un triomphe diplomatique remporté sur l'Angleterre. « Nous rentrons dans la politique de Louis XIV, » disaient les courtisans; « La France se relève de ses abaissements, » répétaient les gens crédules. L'opposition d'ailleurs, dans la session précédente, avait été si molle et si mal conduite que, amoindrie comme elle l'était encore par les élections nouvelles, elle ne pouvait songer à une lutte sérieuse. La bataille parlementaire se bornerait, tout le faisait présager, à de légères escarmouches, dont viendraient aisément à bout l'éloquence de M. Guizot et les habiles manœuvres de M. Duchâtel. C'était la pensée de Louis-Philippe et de tout ce qui l'entourait.

A la vérité, des émeutes très-graves, provoquées dans plusieurs départements par la cherté des grains, vinrent pour un moment troubler la sécurité du cabinet. La révolte des paysans de Buzançais et les exécutions qui en furent la suite, en rappelant les scènes analogues qui avaient signalé les commencements de la Révolution, jetèrent dans quelques es-

prits des appréhensions, des pressentiments fâcheux. Mais les émeutes réprimées par la troupe, qui ne montra nulle part d'hésitation dans l'accomplissement du devoir militaire, et le danger de la disette conjuré par de nombreux arrivages, l'on n'y songea plus. Les débats de l'adresse furent pour le ministère l'occasion d'un éclatant succès.

Cependant quelques conservateurs de bonne foi, qui avaient pris au sérieux les promesses du ministère aux électeurs (1), élevaient la voix pour en réclamer l'accomplissement. Cette témérité déplut à M. Guizot. Enflé par le succès croissant de sa politique, il ne cacha pas son dédain pour ces honnêtes dupes et s'oublia jusqu'à les provoquer ouvertement à la défection. « Ceux qui ne sont pas contents de la marche du cabinet, dit-il, dans un débat relatif à une proposition de M. Duvergier de Hauranne sur l'abaissement du cens électoral, peuvent passer dans le camp de l'opposition. » Cette vive injure, adressée à la plus complaisante des majorités, fut l'origine d'une fraction dissidente, qui, très-peu considérable en nombre et même en force morale, car elle ne se composait guère, avec les hommes insignifiants et de bonne foi dont je viens de parler, que de frondeurs suffisants et frivoles, acquit néanmoins quelque importance par l'énergie, l'activité et l'habileté peu communes d'un homme dont elle désavouait à demi le concours : M. de Girardin (2). Le rédacteur en chef de la *Presse* avait été froissé comme tant d'autres dans ses rapports personnels avec M. Guizot; mais plus vindicatif et surtout

---

(1) C'est ainsi que, dans le langage parlementaire, on désignait l'ensemble des citoyens qui remplissaient les conditions du cens électoral.

(1) « Tous les partis vous promettront le progrès, avait dit M. Guizot au banquet des électeurs de Lisieux, le 2 août 1846: seul, le parti conservateur vous le donnera. »

(2) Cette petite fraction des *progressistes*, à laquelle M. de Girardin suggérait des ambitions hors de proportion avec sa force, avait pour guide un jeune homme épuisé par la maladie et qui mourut bientôt (M. de Castellane). M. Guizot parlait fort dédaigneusement de cette coterie. « Nous sommes bien menacés, avait-il dit un jour, nous avons contre nous un impotent et un impossible. — Impossible, soit, répondit M. de Girardin, mais encore plus inévitable. » Je cite ces bons mots et j'en rapporterai d'autres, en leur place, parce qu'en France les bons mots et les quolibets font partie intégrante de l'histoire politique.

mieux en mesure de donner cours à son désir de vengeance, il tendait vers ce but tous les ressorts de son esprit. Devinant bien que les promesses du banquet de Lisieux n'étaient qu'un leurre, il les avait inscrites en guise d'épigraphe en tête de son journal, et les rappelait en toutes circonstances à ses nombreux lecteurs. Le jour où M. Guizot fit son imprudente sommation aux conservateurs, M. de Girardin, comme pour marquer l'indignation d'une confiance subitement déçue, effaça l'épigraphe de la *Presse* et lui en substitua une autre extraite d'un discours de M. Desmousseaux de Givré, dans la séance du 27 avril. « Qu'a-t-on fait depuis sept ans? s'était écrié ce conservateur poussé à bout, *rien, rien, rien.* » Ces trois mots devinrent la devise ironique de la *Presse*. A partir de ce jour elle se posa en accusatrice du ministère, et ne lui laissa plus aucun répit. Usant tantôt de ruse, tantôt de violence, M. de Girardin fut, pour M. Guizot, le plus dangereux des ennemis, parce que, ayant longtemps servi sa politique, il en connaissait bien et en dévoilait sans scrupule les ressorts secrets.

Sans autorité dans la Chambre, sans ascendant sur les masses, M. de Girardin n'en était pas moins, par la vigueur de sa dialectique, par son habileté à tendre des piéges, par sa familiarité avec l'utopie, par une science de l'effet merveilleusement appropriée à l'état de nos mœurs, par la justesse acérée de son sens critique, un redoutable adversaire. Les blessures qu'il fit dans cette session au ministère conservateur furent des blessures mortelles; mais on était loin encore de concevoir des inquiétudes sérieuses; tout semblait, au contraire, justifier l'infatuation des ministres.

Battue dans la question des mariages espagnols, amoindrie par la défection de MM. Billault et Dufaure, deux des membres les plus influents de la Chambre, que suivirent aussitôt une trentaine de députés, humiliée, découragée, l'opposition brandissait d'une main débile sa vieille arme émoussée : la réforme. Ce n'était pas là chose bien formidable. M. Duchâtel ne s'en tourmentait guère ; M. Guizot haussait les épaules ; le roi riait sous cape de ces honnêtes niaiseries. Personne en France, non assurément personne, ne pouvait soupçonner le tour extraordinaire qu'allait prendre, à peu de temps de là, une discussion usée à l'avance par sa monotonie. Depuis quinze ans déjà, cette question de réforme électorale et parlementaire se reproduisait invariablement à chaque session. L'opposition répétait que le pays n'était pas représenté avec sincérité, et que l'indépendance de la Chambre n'était pas suffisamment garantie. Elle s'appuyait sur des considérations et des exemples d'une justesse incontestable ; mais, tout en signalant une partie du mal extérieur, elle se gardait bien de descendre jusqu'au vice essentiel de la constitution, jusqu'au principe immoral du cens, qui subordonnait la capacité politique au privilége grossier de la fortune. On aura peine à comprendre un jour comment la nation la plus chevaleresque, la plus délicatement sensible du monde moderne, a pu laisser fausser son jugement à ce point d'admettre que la richesse, si souvent acquise aux dépens de la probité, soit non-seulement la plus sûre, mais la seule garantie de la capacité politique. On s'étonnera qu'un peuple élevé par une religion et une philosophie éminemment spiritualistes ait accepté comme modèle des gouvernements un système dont le matérialisme formait la base et se trahissait jusque dans le langage. Quelle pauvre idée ne concevra-t-on pas dans l'avenir d'une génération si promptement façonnée à considérer l'État comme une *machine*, ayant son *jeu*, sa *pondération*, ses *rouages;* à dire, en se désignant soi-même, la *matière* électorale ; à ne se servir enfin, en parlant de ce qu'il y a de plus idéal au monde, le génie d'un peuple exprimé dans ses institutions, que de locutions empruntées à la mécanique! J'ai la certitude de ne pas faire ici une observation puérile. Rien n'est puéril dans ce qui tient essentiellement à la vie d'une nation; il n'entre pas de hasard dans la formation des langues; l'idiome d'un peuple, c'est ce peuple lui-même.

Mais les vues de l'opposition n'allaient pas si loin. Nous verrons bientôt qu'elle ne se piquait pas de logique. M. Barrot et son parti, ne voulant point comprendre que la source de la moralité publique était empoisonnée, s'inquiétaient seulement de la voir un peu trouble à la surface, et s'occupaient avec une conscience puérile à lui rendre sa limpidité en la faisant passer par le filtre de la réforme. Quant à M. Thiers, un certain goût pour les aventures révolutionnaires, le plaisir vaniteux de s'imposer à un roi réputé pour ses habiletés, par-dessus tout l'intempérance remuante d'un enfant gâté de la fortune, le jetaient en avant, à tous hasards, à tous risques, à tous périls. De son côté, le pouvoir, par simple répugnance pour le mouvement, quel qu'il fût, répondait sans se lasser, tantôt que la mesure était inopportune, tantôt qu'il la trouvait dangereuse; toujours, que les ministres donneraient leur démission si elle était adoptée.

Ayant perdu l'espoir d'obtenir un résultat quelconque dans la lutte parlementaire, les radicaux, en 1840, avaient essayé de faire appel à l'opinion du dehors. Ils étaient parvenus à réunir cent mille signatures au bas d'une pétition ferme et explicite; mais c'est à peine si cette pétition avait été discutée à la Chambre, tant l'opposition modérée répugnait à une alliance aussi scabreuse. Cette année, deux hommes de conviction, appartenant l'un au radicalisme tempéré, l'autre à la gauche dynastique, tentèrent, sans s'être entendus, un rapprochement politique qui leur paraissait l'unique moyen d'arracher quelques concessions à l'obstination du pouvoir. M. Carnot, fils de l'illustre conventionnel, dans une brochure intitulée : *Les Radicaux et la Charte*, tout en confessant ses sympathies républicaines, exprimait le désir de se conformer à la volonté nationale attachée aux institutions de Juillet, et montrait que la réforme n'était aucunement en contradiction avec elles. « Insensé, disait-il, quiconque demanderait aux révolutions ce qu'il peut obtenir du simple vœu des électeurs ! » Quant à M. Duvergier de Hauranne (1), esprit actif, désintéressé, d'une inattaquable probité politique, il conjurait tous les chefs de l'opposition de s'unir pour provoquer ce que l'on devait plus tard appeler la *pression du dehors*, c'est-à-dire une agitation extra-parlementaire, de nature à convaincre le pouvoir que le pays blâmait la politique conservatrice et voulait une politique libérale plus ferme et plus sincère.

Ces deux écrits non concertés, dictés par la conscience d'un état de choses où tout semblait perdu si l'on ajournait les résolutions hardies, facilitèrent le rapprochement des radicaux et des dynastiques. Depuis quelque temps, le comité central des élections y travaillait. Ce comité venait de remporter des succès signalés dans les élections municipales et dans celles de la garde nationale. A l'instigation de MM. Marrast et Duvergier de Hauranne, d'accord pour commencer l'attaque qui, dans la pensée du premier, devait ébranler la dynastie, tandis que, selon le programme du second, elle devait seulement renverser le ministère, on rédigea une pétition qui fut approuvée par les comités locaux, par les chefs parlementaires, et qu'appuya toute la presse libérale; on résolut d'organiser une manifestation imposante et de réveiller l'opinion engourdie en élevant une tribune libre en face de la tribune asservie du parlement : un banquet fut décidé.

Il n'y avait rien d'illégal, ni même d'insolite dans une telle réunion. Non-seulement, dans les usages de l'Angleterre politique, les banquets étaient considérés comme une partie essentielle du gouvernement représentatif, mais, en France même, il n'était pas rare de voir les députés accepter de leurs commettants des ovations de ce genre. MM. Guizot et Duchâtel en avaient très-récemment donné l'exemple. Cependant le ministère vit avec déplaisir les préparatifs du banquet réfor-

---

(1) *De la Réforme électorale et parlementaire.*

PREMIÈRE PARTIE

LOUIS-PHILIPPE

miste. Il n'était plus animé, à la fin de la session, de cette confiance superbe qu'il faisait paraître au commencement. Sans avoir éprouvé d'échec considérable, il se trouvait sensiblement affaibli par l'ensemble des débats. En ne préparant aucun projet de loi important ; en repoussant ou négligeant les réformes les plus simples et les plus impérieusement réclamées par l'opinion : la réforme postale, la proposition de dégrèvement sur l'impôt du sel ; en laissant à l'état de rapports des projets de loi sur le régime des prisons, sur le travail des enfants dans les manufactures, sur les livrets des ouvriers, etc., il n'avait pas su tenir la majorité en éveil. Elle s'était relâchée de sa discipline, et, de temps à autre, s'amusait à des velléités d'opposition. La discussion sur l'expédition de Kabylie avait trahi la faiblesse du pouvoir devant l'attitude dictatoriale du maréchal Bugeaud. Dans les débats sur le budget on avait vu la fortune publique compromise. L'administration de la liste civile, les conditions d'un nouvel emprunt, de nouveaux avantages accordés aux compagnies de chemins de fer, tout cela excitait un mécontentement général. Enfin, des accusations de corruption, qui d'abord n'avaient rencontré que des dénégations hautaines, prenaient un caractère sérieux. Des faits jugés impossibles se précisaient, se prouvaient. Tantôt c'était la vente, dans le cabinet du ministre de l'intérieur, d'un privilége de théâtre, tantôt celle de la présentation d'un projet de loi, tantôt la protection accordée à un munitionnaire infidèle. Le scandale fut au comble, lorsqu'un acte d'accusation amena devant la cour des pairs un ancien ministre, M. Teste, président de la cour de cassation, grand officier de la Légion d'honneur, convaincu bientôt d'avoir reçu une somme considérable pour la concession d'une mine de sel gemme. Un lieutenant général, pair de France, M. Cubières, s'était fait l'intermédiaire de ce marché honteux. Les débats de ce procès mirent toute la France en émoi. La condamnation des accusés retentit jusque dans les profondeurs du pays. Le peuple prit en grand mépris un gouvernement et une société capables de telles turpitudes (1).

Que faisait cependant le cabinet pour parer ou pour atténuer de tels coups? Accusé des plus vils trafics, il refusait l'enquête et se faisait donner par la Chambre un bill d'indemnité. A la suite d'une discussion remplie de personnalités, où M. de Girardin offrait de prouver que M. Guizot avait mis à prix une pairie, le ministre, par un discours d'une habileté perfide, et ne craignant pas de descendre dans ses récriminations jusqu'à la communication de lettres confidentiélles, arrachait à une majorité de 225 voix un ordre du jour devenu célèbre, par lequel, entourée, pressée d'évidences ignominieuses, celle-ci osait encore braver la conscience publique et se déclarer *satisfaite*. Puis le cabinet tentait de se donner un peu de vie en sacrifiant trois de ses membres : MM. de Mackau, Lacave-Laplagne et Moline-Saint-Yon, battus dans la discussion sur les crédits extraordinaires, et en appelant à leur place trois nouveaux ministres d'une égale médiocrité politique : MM. de Montebello, Jayr, Trézel (1). Puis, enfin, M. Duchâtel s'efforçait de faire avorter par des tracasseries de police la manifestation du banquet réformiste, devenue inquiétante en de semblables conjonctures. Par malheur, il ne trouvait point de prétexte à un refus officiel. On avait bien pu, naguère, interdire un banquet offert par les électeurs du Mans à M. Ledru-Rollin, dont le radicalisme séditieux épouvantait la bourgeoisie; mais comment avouer la moindre crainte au sujet d'une réunion à laquelle assisteraient MM. Odilon Barrot et Duvergier de Hauranne, réunion dont le caractère était si bien défini à l'avance que les radicaux extrêmes refusaient d'y prendre part (2)?

En effet, rien de moins subversif que les intentions des douze cents convives réunis, sous la présidence de M. de Lasteyrie père, le 9 juillet 1847, au banquet du Château-Rouge. Quatre-vingts députés, représentant l'ancien libéralisme, s'y trouvaient. On avait expressément réservé les opinions individuelles, « afin d'éviter, comme l'avait dit M. Duvergier de Hauranne, les querelles de ménage sur l'avenir de l'enfant à naître, avant de l'avoir mis au monde. » Dans ces vues conciliatrices, on avait, à dessein, omis le toast au roi sur la liste des toasts arrêtés à l'avance (3); ce fut l'acte le plus significatif de la réunion. Les toasts portés par MM. Odilon Barrot, Marie, Gustave de Beaumont, Chambolle et Malleville, *A la révolution de Juillet, A la presse, A la réforme, A l'amélioration du sort des classes laborieuses*, etc., etc., exprimaient en termes si convenables des vœux si constitutionnels que les républicains

---

(1) Plusieurs faits antérieurs avaient préparé cette déconsidération des classes élevées dans l'opinion : un grand seigneur, fabricant de faux jetons; un aide de camp du roi, surpris en flagrant délit de tricherie au jeu; un pair de France, disparaissant à la suite d'un grave attentat, etc.

(1) Ces nominations ne furent faites que sur le refus blessant de plusieurs hommes politiques, qui ne voulaient point prendre la responsabilité des actes du cabinet.
(2) M. Arago, quoique d'une opinion politique tempérée par la nature de ses travaux et par ses relations sociales, désapprouvait l'alliance et ne voulut point paraître au banquet.
(3) Cette omission fut le motif ou le prétexte de l'abstention de MM. Thiers, de Rémusat, Vivien et Dufaure.

regrettaient de s'y être associés. Cependant toute la presse de l'opposition dynastique célébra l'éloquence des orateurs du Château-Rouge. *La Réforme*, il est vrai, les railla amèrement; mais cela ne suffit pas à rassurer le *Journal des Débats;* il ouvrit, dès le lendemain, contre le banquet, un feu roulant de sarcasmes, de menaces, qui ne devait plus s'arrêter qu'à la veille des catastrophes. Un mois après, le 9 août, la session était close. « Elle n'a pas été bonne, disaient les *Débats;* la prochaine, si elle n'était meilleure, serait funeste (1). » Et ils disaient vrai. Le mépris et la colère du peuple commençaient à monter à la surface. Au retour d'une fête donnée par le duc de Montpensier à Vincennes, les équipages armoriés des convives, en traversant le faubourg Saint-Antoine, avaient été hués. « A bas les voleurs! » criait-on sur leur passage; et des pierres lancées dans les glaces des voitures donnaient à ces apostrophes un sens plus expressif. Aux obsèques du ministre de la justice M. Martin (du Nord), des propos séditieux se proféraient à haute voix dans la foule. C'étaient autant de signes précurseurs d'une explosion prochaine. Elle fut hâtée par un événement tout à fait étranger à la politique, et qui n'avait aucune relation directe avec les causes générales de l'irritation populaire. Une femme encore belle et de mœurs irréprochables, fille d'un maréchal de France, fut assassinée avec une atrocité sans exemple par son mari, le duc de Praslin, qui n'échappa que par le suicide à la juridiction de la cour des pairs. Cet événement, longtemps inexpliqué, ce drame sanglant passionna le pays. Le nom de l'infortunée duchesse de Praslin courait de bouche en bouche et pénétrait jusque dans les campagnes les plus reculées.

(1) Le gendre du duc de Broglie, M. d'Haussonville, conservateur zélé, l'un des 225 *satisfaits*, s'exprimait ainsi dans un article de la *Revue des Deux-Mondes* intitulé : *De la situation actuelle* : « N'avoir pas su la gouverner, cette majorité, tel est bien le tort réel du cabinet. Gouverner, c'est vouloir gouverner, c'est agir, c'est aussi faire les choses à propos et d'une façon qui les fasse valoir; c'est aussi parler à l'imagination des peuples. »

On s'abordait sans se connaître, sur les routes et sur les places publiques, pour se demander des éclaircissements et pour se communiquer une indignation qui ne se pouvait contenir. Le peuple, toujours si aisément ému par l'image d'une femme que sa faiblesse livre sans défense à la haine, se prit à maudire tout haut une société où se commettaient de tels forfaits. Il multiplia, il généralisa dans ses soupçons ce crime individuel. Cette tragédie domestique prit les proportions d'une calamité nationale. Elle suscita des pensées sinistres dans tous les cœurs.

Quelque temps auparavant, un événement purement littéraire en apparence, une coïncidence que le hasard seul semblait avoir amenée, avait frappé les esprits comme un présage. La publication presque simultanée de trois histoires de la Révolution française, par trois écrivains célèbres, MM. Michelet, Louis Blanc, Lamartine, causa une émotion générale.

De ces histoires, écrites toutes trois dans un sentiment d'admiration pour ce grand moment de notre vie nationale, les deux premières furent beaucoup lues à Paris et discutées par les esprits sérieux; la troisième eut un retentissement en quelque sorte électrique dans la France tout entière. La splendeur du style, le pathétique des récits, la sensibilité poétique qui débordait dans ce livre prodigieux, entraînant avec elle la sévérité du juge, l'impartialité de l'historien, la logique même et trop souvent la vérité, lui donnèrent une puissance inouïe. Partout, dans tous les rangs de la société, dans tous les partis, on lut, on dévora ces pages tracées avec du sang et des larmes. Des enthousiasmes excessifs et des indignations bruyantes formèrent en se choquant une clameur immense qui porta le nom de Lamartine au-dessus de tous les noms contemporains. En vain aurait-on essayé d'apprécier avec calme l'*Histoire des Girondins*. Tout éloge mesuré, toute critique impartiale semblaient suspects. La passion seule parlait pour ou contre cette œuvre de poète. Assurément, entre les causes immédiates qui ont fait éclater au dehors la révolution accomplie déjà dans les cœurs, l'*Histoire des Girondins* a été l'une des plus décisives, en ranimant soudain, par un don d'évocation véritablement magique, les ombres des héros et des martyrs de 89 et de 93, dont la grandeur semblait un reproche muet à nos petitesses, dont les ardentes convictions venaient réveiller notre assoupissement et faire honte à notre inertie.

CHAPITRE II

Les banquets. — MM. de Lamartine, Odilon Barrot, Ledru-Rollin, Louis Blanc.

Cette agitation des esprits, très-favorable en apparence aux manifestations réformistes, n'avait pas néanmoins une grande profondeur. Dans les provinces, la plupart des banquets furent moins une affaire de principes qu'une révolte d'amour-propre. Chaque ville voulut avoir son banquet présidé par un député en renom.

Le premier en date, offert à l'auteur de l'*Histoire des Girondins* par sa ville natale, le banquet de Mâcon, eut un caractère particulier, quelque chose de recueilli, d'attendri comme une fête de famille, malgré un concours de convives et de spectateurs tel que cela s'était vu seulement en nos meilleurs jours de joie civique ; quelque chose aussi de saisissant pour l'imagination et de prophétique, lorsqu'aux derniers grondements du tonnerre, à la vue d'un ciel sombre sillonné d'éclairs, sous une tente battue par l'ouragan, on entendit, dominant le craquement des charpentes, le sifflement du vent dans les toiles déchirées, le bris des tables, des bancs, des vaisselles et le tumulte d'une foule en désordre, la voix sévère d'un poète prédire la chute du trône et le renversement de la monarchie.

Il est temps que nous nous occupions de M. de Lamartine. Les événements vont se presser et nous emporter avec eux. Profitons d'un moment de répit pour étudier cet homme qui, tout à l'heure, va jouer un rôle si considérable et si étrange. Ne craignons pas de nous approcher bien près pour lire sur son visage et pour pénétrer dans son âme. Si nous y rencontrons des inconséquences, des faiblesses, du moins n'y découvrirons-nous rien qui ne soit ennobli par l'aspiration à la grandeur, par la générosité, par le courage.

Né à Mâcon, en 1790, d'une de ces familles nobles de province qui conservent inaltérées les pieuses traditions et la simplicité des anciennes mœurs, Alphonse de Lamartine passa toute son enfance au sein des campagnes de la Bourgogne, dans un village appelé Milly, où ses parents possédaient une maison modeste, entourée de vignobles.

Entré au collège de Belley en 1801, il y montra de rares aptitudes. Les mathématiques exceptées, pour lesquelles il éprouvait une répugnance invincible, il apprenait et devinait en quelque sorte toutes choses avec une facilité prodigieuse. Son caractère ouvert et généreux, la douceur qui se conciliait chez lui avec une volonté prononcée, lui gagnaient, à Belley comme à Milly, les cœurs les moins aisément touchés. En 1814, il entra dans la maison militaire de Louis XVIII. Le bruit et la dissipation du monde semblent n'avoir fait qu'accuser davantage, par un brusque contraste, ses penchants rêveurs. Un voyage en Italie acheva de donner l'essor à sa verve poétique. Le volume des *Méditations*, publié en 1820, obtint un succès inouï. La jeunesse tout entière, hommes et femmes, l'enfance même, lut ce livre et redit ces vers écrits au pied du crucifix et d'où s'exhalait pourtant je ne sais quelle mélancolie de la volupté.

A partir du jour où parurent les *Méditations*, M. de Lamartine dut se sentir aimé de la France et de l'Europe, comme il l'avait été à Milly et à Belley. On peut dire que sa gloire ne fut qu'une première extension d'amour ; le pouvoir auquel il devait parvenir un jour en fut une autre. Afin que ses prospérités fussent complètes, la richesse aussi lui vint avec la gloire par le mariage et par des héritages opulents. De 1820 à 1830, tout en suivant la carrière diplomatique, M. de Lamartine publiait des poésies dont la beauté fut plus contestée, mais dont le caractère était en affinité intime avec l'état des esprits durant cette période. Ce qu'on y peut regretter en fermeté de contour, en correction, en sobriété, en rapport parfait de l'expression avec la pensée, contribuait à les faire mieux goûter d'une jeunesse agitée alors d'aspirations confuses, en proie à ce *vague des passions* qui voulait se laisser bercer dans les régions du rêve et répugnait à toute discipline. Mais autant, par leurs défauts, ces poésies appartenaient à l'époque fugitive qui les a vues éclore, autant, par leurs qualités essentielles, elles se rattachent aux essors impérissables de la nature humaine.

Après la révolution de Juillet, M. de Lamartine demeura quelque temps à l'écart, puis il écrivit une brochure politique (1) dans laquelle, sans dissimuler les regrets de son cœur, il expliquait et légitimait aux yeux de la raison l'événement qui venait de porter au trône la branche cadette. Dès les premières pages de cette brochure on voit que la politique de M. de Lamartine jaillira, comme sa poésie, de source chrétienne. Il la définit lui-même en des termes que Fénelon n'eût pas désavoués : « La politique, dont les anciens ont fait un mystère, dont les modernes ont fait un art, n'est ni l'un ni l'autre : il n'y a là ni habileté, ni force, ni ruse ; à l'époque rationnelle du monde, dans l'acception vraie et divine du mot, la politique, c'est de la morale, de la raison et de la vertu. » Et il pose aussitôt les points essentiels de cette politique qui est la sienne : le suffrage universel, l'enseignement donné gratuitement à tous par l'État, l'extinction de toute aristocratie héréditaire, l'abolition de l'esclavage et de la peine de mort, la séparation complète de l'Église et de l'État, la paix européenne et l'assistance publique. Tels sont les principes qu'il puise dans le spiritualisme religieux qui fait le fond de sa nature et subsiste invariablement, malgré les inconséquences fréquentes auxquelles il s'est vu entraîné, comme tous les hommes d'imagination, quand ils ne donnent point pour lest à leurs opinions spontanées la science réfléchie.

La première marque de sympathie politique fut donnée à M. de Lamartine deux ans après la publication de sa brochure par les électeurs de Berghes (Nord), qui le nommèrent député en 1833. Il reçut cette nouvelle à Jérusalem. Elle abrégea un voyage en Orient entrepris avec sa femme et sa fille unique, qu'il perdit à Beyrouth. M. de Lamartine avait voulu voir dans la vivante réalité cette nature grandiose qu'une bible imagée, donnée par sa mère, avait rendue familière à son enfance. Au sommet du Liban, dans l'enceinte crénelée d'un ancien couvent de Druses, sous des berceaux d'orangers, de figuiers, de citronniers, la voix d'une moderne sibylle lui avait annoncé de hautes destinées. « Vous êtes l'un de ces hommes de désir et de bonne volonté dont Dieu a besoin comme d'instruments pour les œuvres merveilleuses qu'il va bientôt accomplir parmi les hommes, » lui avait dit lady Stanhope (1). Étrange et poétique rencontre qui, on peut le croire, ne contribua pas faiblement à exalter les ambitions d'un homme si accessible aux séductions de la poésie.

En arrivant à la Chambre, M. de Lamartine s'assit aux bancs des conservateurs. Depuis 1834 jusqu'en 1843, il jugea les hommes

---

(1) *De la politique rationnelle.*

(1) On sait que lady Esther Stanhope était la nièce de M. Pitt. Longtemps initiée aux secrets de sa politique, elle n'avait pu supporter, après sa mort, l'ennui d'une existence devenue trop inoccupée pour son imagination ardente, et elle était venue demander à l'Orient d'autres émotions, d'autres grandeurs. La rare perspicacité de son esprit, surexcitée par la solitude, lui faisait voir les choses à venir avec une lucidité qui semblait un don prophétique. « L'aristocratie, bientôt effacée du monde, disait-elle un jour à un voyageur français, M. de Marcellus, qui ne partageait point cette opinion, y donne sa place à une bourgeoisie mesquine et éphémère, sans germe ni vigueur. Le peuple seul, mais le peuple qui laboure, garde encore un caractère et quelque vertu. Tremblez! s'il connaît jamais sa force. »

et les choses d'un point de vue très-peu juste, qui lui faisait considérer les formes politiques comme d'importance médiocre pour le progrès social. C'est à cette erreur qu'il faut attribuer en majeure partie le peu d'accord de ses votes entre eux. Tantôt, trouvant le pouvoir trop faible et ne comprenant pas encore qu'il manquait de force parce qu'il n'émanait pas du sein même de la nation, il appuyait la loi contre les associations et soutenait, avec le ministère Molé, la prérogative royale; tantôt il combattait les lois de septembre, la dotation et les fortifications de Paris. Ces oscillations produites par la mobilité naturelle de son esprit, par les espérances et les désappointements de son ambition personnelle, mais aussi par un vrai désir de conciliation entre les pouvoirs anciens et la liberté moderne, s'arrêtèrent subitement et se fixèrent dans le discours du 27 janvier 1843. Il y motivait son vote contre l'adresse par ces paroles sévères, inattendues dans sa bouche : « Convaincu que le gouvernement s'égare de plus en plus, que la pensée du règne tout entier se trompe; convaincu que le gouvernement s'éloigne de jour en jour, depuis 1834, de son principe et des conséquences qui devaient en découler pour le bien-être intérieur et la force extérieure de mon pays; convaincu que tous les pas que la France a faits depuis huit ans sont des pas en arrière et non pas des pas en avant; convaincu que l'heure des complaisances est passée, qu'elles seraient funestes, j'apporte ici mon vote consciencieux contre l'adresse, contre l'esprit qui l'a rédigée, contre l'esprit du gouvernement qui l'accepte, et que je combattrai avec douleur, mais avec fermeté dans le passé, dans le présent et peut-être dans l'avenir. »

Jusque-là, nourri dans la tradition catholique et royaliste (1), M. de Lamartine s'en était éloigné à regret, et pour y revenir de loin en loin; en ce jour, la séparation fut complète et parut devoir être définitive (1). « Lamartine est une comète dont on n'a pas encore calculé l'orbite, » disait, au sortir de la séance du 27 janvier, un savant illustre (2). Les applaudissements unanimes de la presse démocratique saluèrent cette conversion. Le parti conservateur, qui avait toujours raillé M. de Lamartine comme un rêveur sans consistance, mesura d'un œil chagrin l'étendue de sa perte.

Elle était grande, en effet; à la tribune, M. de Lamartine compte peu de rivaux. Son improvisation abondante et colorée, éclatante jusqu'à l'éblouissement; la mélopée sonore de sa diction qu'accompagnent un geste et un air de tête pleins de noblesse; l'enroulement de ses périodes, qui se déploient et retentissent, dans leur majestueuse monotonie, comme les vagues sur la falaise, font de lui un orateur aux proportions grandioses. Rarement il se passionne, plus rarement encore il descend au ton familier. Ni la vivacité de la repartie, ni le droit de représailles, ne lui ont arraché jamais une personnalité, une parole amère, ou seulement un sarcasme. Sa pensée habite les régions sereines. La nature de son esprit est étrangère à l'ironie (3). On pourrait même dire que le sens critique n'existe pas chez lui, et qu'il éprouve à un très-faible degré le besoin de la certitude. Son génie tout lyrique comprend à peine le scepticisme et ne saurait pas le convaincre. Ce qu'il veut, ce qu'il obtient sans efforts, c'est enchanter, ra-

---

(1) C'est à cette tradition qu'il faut rapporter les solutions incomplètes de M. de Lamartine à plusieurs questions essentielles de la vie moderne. Son système de charité sociale, entre autres, cette organisation de l'aumône, ne peut s'expliquer autrement.

(1) Le voyage en Orient eut, à cet égard, une influence sensible sur l'âme de M. de Lamartine. Il en rapporta et laissa depuis lors percer dans tous ses écrits un sentiment de vague panthéisme, très-conforme à son génie. Le christianisme, même tel qu'il l'avait conçu, dépouillé de tout dogme et de toute logique, était encore beaucoup trop précis dans sa morale et dans ses solutions pour cette nature essentiellement ondoyante.

(2) M. de Humboldt.

(3) Tout ce côté de la nature humaine et du génie français en particulier lui est absolument étranger. Il n'a jamais lu Aristophane, il déteste Rabelais, il ne comprend ni Montaigne ni La Fontaine.

vir par la beauté de l'inspiration et par des accents magiques.

Les formes extérieures de M. de Lamartine sont en parfait accord avec les idées et les sentiments dont il s'est fait l'organe. Sa taille est haute, son attitude calme, son profil d'une grande noblesse. Il y a de l'autorité dans le large développement de son front. Tout en lui décèle l'élévation, le courage. On sent là comme une native familiarité avec la grandeur.

Doué d'une clairvoyance qui tient de l'intuition plus que de l'observation et du jugement, c'est lui qui a prononcé tous les mots qui, depuis quelques années, ont caractérisé la situation du pays et prophétisé l'avenir. « *La France s'ennuie*, » disait-il en 1839. « Dans votre système, il n'est besoin d'un homme d'État, *il suffirait d'une borne.* » Et, enfin, à ce banquet de Mâcon, où nous venons de le voir entouré de si vives sympathies, c'est lui qui lance l'anathème sous lequel, six mois plus tard, la monarchie de Juillet va s'abîmer. « Si la royauté, disait-il en se servant par nécessité de la forme conditionnelle, trompe les espérances que la prudence du pays a placées, en 1830, moins dans sa nature que dans son nom; si elle s'isole sur son élévation constitutionnelle; si elle ne s'incorpore pas entièrement dans l'esprit et dans l'intérêt légitime des masses; si elle s'entoure d'une aristocratie électorale, au lieu de se faire peuple tout entier; si, sous prétexte de favoriser le sentiment religieux des populations, le plus beau, le plus haut, le plus saint des sentiments de l'humanité, mais qui n'est beau et saint qu'autant qu'il est libre, elle se ligue avec les réactions sourdes de sacerdoces affidés pour acheter de leurs mains les respects superstitieux des peuples;... si elle se campe dans une capitale fortifiée; si elle se défie de la nation organisée en milices civiques et la désarme peu à peu comme un vaincu; si elle caresse l'esprit militaire, à la fois si nécessaire et si dangereux à la liberté dans un pays continental et brave comme la France; si, sans attenter ouvertement à la volonté de la nation, elle corrompt cette volonté et achète, sous le nom d'influence, une dictature d'autant plus dangereuse qu'elle aura été achetée sous le manteau de la constitution;... si elle parvient à faire d'une nation de citoyens une vile meute de trafiquants, n'ayant conquis leur liberté au prix du sang de leurs pères que pour la revendre aux enchères des plus sordides faveurs;... si elle fait rougir la France de ses vices officiels et si elle nous laisse descendre, comme nous le voyons en ce moment même dans un procès déplorable, si elle nous laisse descendre jusqu'aux tragédies de la corruption;... si elle laisse affliger, humilier la nation et la postérité par l'improbité des pouvoirs publics; elle tombera cette royauté, soyez-en sûrs, elle tombera non dans son sang, comme celle de 89, mais elle tombera dans son piège! Et après avoir eu les révolutions de la liberté et les contre-révolutions de la gloire, vous aurez la révolution de la conscience publique et la *révolution du mépris!* »

C'est ainsi que M. de Lamartine, par une merveilleuse faculté d'assimilation, se pénétrait successivement des éléments variables de l'opinion publique, rendait sensible sous la forme la plus noble et personnifiait en quelque sorte l'attente universelle (1). Sa voix puissante et douce tout ensemble familiarisait les esprits avec le mot terrible de révolution. Une révolution qui apparaissait dans les nuages dorés de la poésie, qui prenait dans les imaginations le nom de Lamartine, n'avait plus

---

(1) A mesure que se dérouleront les événements qui ont porté M. de Lamartine au faîte du pouvoir pour l'en précipiter presque aussitôt, j'aurai à compléter, par de nouveaux traits, cette esquisse. J'aurai à juger comme homme d'action, comme homme d'État, celui qui n'est encore ici qu'un poète politique. Me conformant à la méthode d'un illustre historien, je ne craindrai pas plus que M. Michelet de sembler me contredire en *datant*, comme il le dit si bien, *mes justices*, en *louant provisoirement* des hommes qu'il faudra blâmer plus tard. Les révolutions font apparaître, dans leurs plus brusques contrastes, les contradictions de la nature humaine; et, s'il veut être impartial, l'historien d'une révolution doit plus constamment que tout autre, dans l'appréciation qu'il fait des individus, avoir présent à la pensée le mot de Pascal : « Si on l'élève, je l'abaisse. Si on l'abaisse, je l'élève... »

rien d'effrayant. On s'accoutumait à la voir sous un aspect idéal. De même que, dans les créations de sa jeunesse, Lamartine avait renouvelé la tradition chrétienne en la dépouillant de toutes ses rigueurs, de même, dans les inspirations de sa maturité, il renouvelait la tradition révolutionnaire en éloignant d'elle les images sanglantes.

Le banquet de Mâcon déplut au ministère, mais ne l'inquiéta pas. Il en fut de même de ceux qui suivirent, à Colmar, à Reims, à Soissons, à la Charité, à Chartres, etc. MM. Odilon Barrot et Duvergier de Hauranne continuant de régler la discipline de ces banquets, les apparences étaient sauvées ; c'était assez pour qu'on n'osât pas montrer un mécontentement sérieux. Les railleries soutenues du *Journal des Débats*, la défense faite aux fonctionnaires publics d'assister aux banquets, le refus d'ouvrir aux réformistes les salles des municipalités, la condamnation de quelques gérants de la presse radicale, mille tracasseries de détail enfin témoignaient bien d'une mauvaise humeur qui, disait-on, venait surtout de Louis-Philippe ; mais, de part et d'autre, on en était encore à la taquinerie politique, au dépit. L'intrusion des ultra-radicaux au banquet de Lille vint changer la face des affaires.

J'ai dit que jusque-là le parti radical s'était abstenu des manifestations réformistes. Ainsi que le ministère, il n'avait vu dans les premiers banquets qu'une fanfaronnade de l'opposition en goguette. De ce grand bruit de paroles, pensaient les radicaux, il ne pouvait résulter qu'une modification dans les personnes, l'avénement d'hommes moins usés dans l'opinion que MM. Guizot et Duchâtel, et qui peut-être apporteraient au gouvernement, avec un peu plus d'initiative, une popularité nouvelle. Cependant, voyant l'agitation se perpétuer et s'étendre dans le pays, comprenant qu'il fallait profiter d'un concours de circonstances qui ne se produirait peut-être pas de longtemps, et tenter du moins un effort, les radicaux choisirent avec habileté le lieu et

l'heure, et parurent inopinément à la réunion de Lille (7 novembre 1847), au moment où M. Odilon Barrot achevait de régler le cérémonial du banquet. Assuré à l'avance d'une majorité considérable, M. Ledru-Rollin refusa le toast *à la réforme* tel que l'avait rédigé M. Barrot (1). Le débat s'engagea, la lutte fut vive ; M. Barrot et ses amis reconnurent, à leur grande surprise, qu'ils n'étaient pas les plus forts, et se retirèrent.

Cette retraite jeta l'alarme dans le parti conservateur. « Les Girondins cèdent la place aux Montagnards, » disait la presse ministérielle. Ni le refus de M. Dufaure, choisi pour présider à Saintes (2), ni l'abstention de MM. Thiers et de Rémusat, auxquels on laissait entrevoir depuis longtemps la possibilité prochaine d'un changement de cabinet, n'amoindrirent l'effet d'un échec aussi complet qu'inattendu. On commença d'avoir peur et de s'entre-regarder en se demandant s'il n'y aurait pas là autre chose en jeu que le ministère. Tant que M. Barrot avait semblé le maître, on avait été rassuré. Personne n'ignorait la sincérité de ses opinions dynastiques. On lui passait volontiers ses discours sonores et vides ; l'indignation monotone de son froncement de sourcil ne causait aucun effroi. On ne s'inquiétait pas de voir la tribune souvent occupée par un orateur de cette trempe. M. Barrot était un adversaire précieux. Partisan déclaré de la *monarchie entourée d'institutions républicaines*, il n'avait pas dévié, depuis 1830, de ce fameux programme de l'Hôtel de Ville, qui convenait à la nature de son esprit. Jamais, même au plus fort de la jeunesse, aucune excentricité, aucune passion, aucun enthousiasme ne l'avait entraîné au delà des strictes convenances dans la vie privée, au delà d'une légalité scrupuleuse dans

---

(1) « *A la réforme électorale et parlementaire comme moyen d'affermir les institutions de Juillet.* » M. Ledru-Rollin exigeait la suppression de ce dernier membre de phrase.

(2) Le refus de M. Dufaure était conçu en ces termes : « Je regarde une manifestation nouvelle, dans la forme projetée, comme superflue et même nuisible au triomphe de nos principes. »

PREMIÈRE PARTIE 17

RÉUNION DE LA FAMILLE ROYALE CHEZ LA REINE MARIE-AMÉLIE (P. 23).

la vie politique. Fils d'un conventionnel obscur, avocat distingué, M. Barrot aimait le gouvernement monarchique et ne combattit qu'à regret la Restauration. Ce fut lui qui, en 1830, contribua le plus à détourner La Fayette de l'établissement de la république. Après la mort de Casimir Périer, dont il avait attaqué avec persistance les tendances rétrogrades, il rédigea pour l'opposition un programme qui, sous le titre de *Compte rendu*, déclarait ouvertement la guerre à la politique personnelle du roi. Mais une fraction de son parti, effrayée par les émeutes des 5 et 6 juin, refusa de signer le *Compte rendu* et se rejeta dans les rangs ministériels, tandis qu'une autre fraction, excitée par cette défection subite, entrait résolûment dans les voies radicales. Dès lors M. Barrot demeura très-affaibli dans le parlement contre un parti compacte, fort de l'union de MM. Thiers et Guizot, fort surtout de la peur des insurrections. Ce ne fut qu'après la division survenue entre ces deux chefs, quand M. Molé eut pris en main les affaires, et quand, le danger passé, on commença d'ourdir des intrigues pour renverser le cabinet du 15 avril, que M. Barrot, caressé, flatté par ses adversaires, devint un homme important. Dès cette époque, il se laissa séduire par l'esprit insinuant de M. Thiers; et, sans en avoir conscience, il servit, au détriment des siennes, les ambitions de l'adroit ministre. Toujours influencé, soit directement, soit indirectement, par MM. Thiers et Duvergier de Hauranne, M. Odilon Barrot n'en jouait pas moins, avec un aplomb imperturbable, le personnage de chef d'opposition. Il se complaisait dans ce rôle de parade dont il ne sentait pas l'inanité. Son œil bleu et placide exprimait

D. STERN.

une grande quiétude. Son visage rond et plein, je ne sais quelle roideur bourgeoise qui vise à la solennité, sa parole emphatique, son air de tête, son port et jusqu'à sa main droite invariablement placée entre deux boutonnières de sa redingote bleue, tout, dans son honnête personne, caractérisait la satisfaction d'un esprit étroit et la consciencieuse gravité d'une importance qui s'abuse.

Ce dut être pour lui un étonnement extrême de voir la facilité avec laquelle M. Ledru-Rollin, dont la position à la Chambre n'avait rien eu jusque-là de bien inquiétant, le dépossédait au banquet de Lille de sa paisible dictature. La réunion de Dijon posa plus nettement encore la question. Elle déchira le tissu d'équivoques dont on s'était enveloppé un moment, et laissa voir au pays deux partis inconciliables, plus hostiles l'un à l'autre qu'ils ne l'étaient tous deux au ministère. On aperçut clairement deux volontés opposées, dont l'une prétendait affermir la royauté en l'éclairant, dont l'autre visait droit et juste au renversement de la monarchie. A partir du banquet de Lille, M. Ledru-Rollin parla et agit comme chef de ce dernier parti, qui ne cacha plus ni ses tendances, ni même ses projets révolutionnaires.

Fils d'un honnête bourgeois dont la famille possédait à Fontenay-aux-Roses la maison qu'habitait Scarron; petit-fils d'un prestidigitateur devenu célèbre sous le nom de *Comus*, et qui avait gagné par ses talents une fortune assez considérable pour se voir dénoncé, en 93, comme détenteur de numéraire; avocat paresseux, mais de verve facile, M. Ledru-Rollin, élu député du Mans, en 1841, à la suite d'un procès politique, était venu occuper, au sein du parti radical, la place de Garnier-Pagès. On ne savait trop encore à quoi s'en tenir sur ses opinions et son caractère. Le *National* ne se déclarait qu'à demi satisfait de ce choix. Cependant la profession de foi de M. Ledru-Rollin était explicite. « Pour nous, Messieurs, y disait-il, le peuple c'est tout. Passer par la question politique pour arriver à l'amélioration sociale, telle est la marche qui caractérise le parti démocratique en face des autres partis. » Depuis ce jour jusqu'au banquet de Dijon (1), pendant six années de luttes parlementaires, M. Ledru-Rollin n'avait pas varié dans son langage. La nature semblait l'avoir préparé au rôle de chef populaire. Sa haute et forte stature, sa belle prestance, son œil noir et vif, son sourire aimable, toute une apparence robuste de jeunesse qui contrastait avec la contenance fatiguée des vétérans du radicalisme, le désignaient aux sympathies du peuple. Sa parole chaleureuse, parfois éloquente, était l'expression naturelle d'un tempérament révolutionnaire, plus encore peut-être que celle d'un caractère républicain. Ses ennemis voyaient alors, et ils ont vu longtemps en lui un terroriste. Ses amis l'accusaient plutôt de quelque mollesse. A leurs yeux, M. Ledru-Rollin était un homme de mœurs faciles et d'humeur nonchalante, aimant le bien-être, le luxe même, depuis qu'un mariage riche l'avait mis à sa portée, et un peu plus qu'il ne convient aux représentants de la démocratie. Ils reconnaissaient en lui un esprit capable d'activité, mais par intermittence, un cœur généreux, mais par élans, et ils déploraient des habitudes de laisser-aller et de désordres, dont sa réputation eut plus d'une fois à souffrir. Nous n'avons pas ici à juger ses actes. En ce moment, il ne faisait encore que des discours; mais ces discours poussaient en quelque sorte les événements et hâtaient la catastrophe.

A ses côtés, au banquet de Dijon, on vit paraître un homme de toute petite taille et d'aspect enfantin, toujours riant et montrant ses

---

(1) Au banquet de Dijon, M. Ledru-Rollin parlait ainsi : « Nous sommes des ultra-radicaux; si vous entendez par ce mot le parti qui veut faire entrer dans la réalité de la vie le grand symbole de la liberté, de l'égalité et de la fraternité, sans se laisser annuler par les vieillis ou les corrompus, Oh! oui, nous tous qui sommes ici, nous sommes des ultra-radicaux. Les mots n'effrayent que les enfants. D'autres ont glorifié le nom de *gueux* en le conduisant à la victoire; peu nous importe celui qui nous y conduira. Et, comme les vengeurs de la liberté batave, d'un outrage faisons un drapeau. »

belles dents blanches, toujours parlant et gesticulant, toujours promenant sur l'auditoire de grands yeux noirs brillants de hardiesse et d'esprit. C'était un jeune écrivain d'origine corse, déjà célèbre, c'était Louis Blanc, qui cherchait depuis longtemps, pour ses ambitions, un point d'appui solide dans l'amour des classes ouvrières, et que nous verrons bientôt disputer à ses aînés dans le radicalisme la première place.

Entré avec éclat dans la publicité par son *Histoire de dix ans*, où s'annonçaient des qualités d'esprit extrêmement goûtées en France, une certaine façon dégagée de raconter les choses et de juger les hommes, l'abondance, la verve, la clarté, M. Louis Blanc fut très-prôné, surtout par le parti légitimiste, dont il flattait les rancunes en rehaussant à plaisir quelques vertus de la branche aînée, par opposition aux défauts transformés en vices de la branche cadette. Enhardi par le succès d'une œuvre anecdotique et pittoresque où les traits heureux abondent, mais où le sens historique est souvent sacrifié à la rhétorique d'un système, M. Louis Blanc aborda cavalièrement les problèmes de la science économique, et publia son petit volume de l'*Organisation du travail*, qui eut quatre éditions coup sur coup, tant il arrivait à propos et répondait juste aux préoccupations du moment. Journaliste, orateur, écrivain toujours sur la brèche, M. Louis Blanc, par sa polémique, par ses discours, par ses livres, fomentait l'agitation des esprits ; il eut une part considérable d'influence dans le mouvement que nous allons voir tout à l'heure emporter le trône et la dynastie.

Le banquet de Châlons (18 décembre) dévoila plus complétement encore que ne l'avait fait le banquet de Dijon la pensée audacieuse du parti radical. Un toast *à la Convention*, longuement développé par M. Ledru-Rollin, la date de 1793, revendiquée par lui au nom de la France *sauvée du joug des rois*, montraient assez que l'on se préparait à une révolution et que l'on ne reculerait devant aucune de ses conséquences.

Qu'on ne se figure pas cependant que la manifestation réformiste, malgré l'extension qu'elle avait prise, eût encore aux yeux du pays, je ne dis pas un caractère séditieux, mais même une couleur d'opposition radicale. A compter du premier banquet du Château-Rouge, jusqu'au banquet de Rouen (1), le dernier qui eut lieu avant l'ouverture des Chambres, le mécontentement dont ces manifestations furent l'expression bruyante, sauf les violences accidentelles dont j'ai parlé, ne fut autre que le mécontentement de ce pays légal qui s'était laissé entraîner sans trop de peine à la corruption, mais qu'on avait contraint d'en rougir et qui, maintenant, indigné de sa propre indignité, voulait rentrer dans la décence du gouvernement parlementaire. L'erreur du ministère fut de croire la classe moyenne plus avilie qu'elle ne l'était. Une certaine fleur de probité était, à la vérité, flétrie chez elle, mais la racine n'était point atteinte. Au moment où on la croyait énervée et sans pudeur, la bourgeoisie se redressait et demandait compte de son honneur entaché à ceux qu'elle avait commis à sa garde. En exigeant la réforme, la bourgeoisie entendait surtout appeler au pouvoir des hommes intègres, assez énergiques pour résister aux volontés de ce roi qu'elle avait longtemps aimé comme l'expression fidèle de ses propres tendances, mais qui lui devenait suspect depuis qu'elle voyait les finances gaspillées, l'administration vénale, et le soin de l'intérêt dynastique l'emporter sensiblement sur l'intérêt national. Toutefois, il était loin de sa pensée de vouloir ébranler la monarchie ; elle ne sentait pas derrière elle la force populaire qui la poussait ; son instinct politique engourdi ne l'avertissait pas. Elle ne se rappelait point cette logique révolutionnaire, si prompte et si invincible, dont notre histoire fournit tant d'exemples, et qui allait l'entraîner bien au delà du but très-rapproché que s'était proposé sa probité révoltée.

---

(1) Ce banquet, présidé par M. Odilon Barrot, avait réuni 1,700 électeurs.

Quant au peuple, il était mû par le même sentiment que la bourgeoisie, et c'est ce qui fit leur accord momentané. Seulement, au lieu de concentrer son indignation et son mépris sur la personne du roi et de quelques ministres, il l'étendait à l'ensemble de la classe gouvernante. Toute richesse lui semblait mal acquise, toute prérogative injuste, tout pouvoir exercé à son détriment. Excité, comme nous l'avons vu, depuis plusieurs années, par la presse, il faisait des comparaisons de plus en plus menaçantes entre sa misère laborieuse et l'oisiveté insolente des parvenus. Beaucoup moins malheureux matériellement qu'aux époques antérieures, il souffrait cependant davantage, parce qu'il avait plus conscience de l'infériorité de sa position. Une culture encore bien imparfaite, et par cela même fatale à son repos, lui avait fait perdre la soumission stupide de la brute à des nécessités qu'elle ne saurait ni comprendre ni discuter ; la résignation chrétienne, ce sentiment plus noble, parce que du moins il fait appel à la justice divine de l'injustice humaine, était plus qu'ébranlée en lui par les interprétations nouvelles que le socialisme donnait à l'Évangile. Tout cela préparait de longue main le peuple des villes à la révolte, et minait non-seulement l'ordre politique, mais l'ordre social. On ne peut pas dire que le peuple fût précisément républicain. Il voulait moins ou plus que la république. Il était prêt à suivre quiconque ferait appel à son honneur, et lui promettrait une existence plus libre, plus noble, plus conforme à l'égalité et à la fraternité démocratiques. Voilà ce qu'ignoraient les hommes du pays légal. Tout se bornait pour eux à des questions de personnes. Les *passions aveugles* dont parla bientôt l'Adresse régnaient en effet dans leur cœur. Ainsi que dans la poétique composition d'un artiste contemporain (1), c'étaient des morts qui combattaient des morts.

Au point de vue de leur propre conservation, les ministres avaient commis une faute énorme en tolérant les banquets réformistes. S'ils avaient mieux étudié le caractère de la nation, ils auraient compris que rien ne devait lui plaire davantage, ni entrer plus facilement dans ses mœurs ; ils auraient compris qu'au bout de très-peu de temps, par une émulation de popularité, ces réunions retentissantes deviendraient frondeuses, agressives, et gêneraient le pouvoir dans tous ses mouvements. On a dit que le peuple français est un soldat ; cela est vrai, surtout si l'on ajoute que ce soldat est un rhéteur. Aucun sacrifice ne lui coûte, sauf celui de la parole. Dès qu'il ne croise plus la baïonnette, il lui faut croiser des épigrammes. Il y avait danger pour le cabinet à tolérer ce goût de discourir qui tourne si vite chez nous en passion. Il fallait que le roi et ses ministres eussent bien complétement perdu le sentiment de l'honnêteté politique pour ne pas prévoir qu'il devait se raviver dans l'agitation des banquets. Cependant, et j'insiste, parce qu'il serait aisé de se méprendre sur le sens véritable de la campagne réformiste, cette honnêteté soulevée ne menaçait encore que le ministère. La réforme, accordée au commencement de la session pa M. Thiers, ou même par M. Molé, aurait pu retarder indéfiniment la chute du trône que la bourgeoisie n'entendait aucunement renverser. Ce fut en prolongeant le conflit entre elle et le pouvoir que l'on donna au peuple l'occasion de paraître en scène et de trancher, avec sa logique passionnée, le nœud inextricable de la politique parlementaire.

CHAPITRE III

Situation extérieure. — Famille royale.

Ainsi embarrassé, tenu en échec à l'intérieur par l'opposition réformiste, le ministère n'avait pas au dehors une situation beaucoup plus nette. L'alliance anglaise, toujours précaire et chèrement achetée, fortement ébranlée sous le ministère Thiers par les dissentiments

---

(1) La *Bataille des Huns*, par Kaulbach.

sur les affaires d'Orient, n'existait plus, même en apparence, depuis le mariage du duc de Montpensier. En vain Louis-Philippe épuisait-il les petits artifices de sa diplomatie personnelle pour déjouer l'influence hostile de lord Palmerston et ramener à de meilleurs sentiments la reine Victoria ; en vain s'était-il efforcé, dans des lettres intimes, d'expliquer, de commenter, de justifier, pièces en main, les négociations de cette alliance espagnole qui offusquait si fort l'orgueil de l'Angleterre ; toutes ces condescendances étaient demeurées sans résultat. Lord Palmerston continuait à nous attaquer partout, en Italie, en Espagne, en Orient.

M. Guizot dépité se tournait vers l'Autriche, et faisait au prince de Metternich des ouvertures auxquelles le vieux ministre prêtait depuis quelque temps une oreille plus favorable. Quoiqu'il ne prévît pas des catastrophes immédiates, le prince de Metternich s'abusait moins que le cabinet français sur l'état de l'Europe, parce qu'il le connaissait mieux. Il voyait s'amasser les difficultés, se compliquer les événements ; il comprenait l'importance, pour l'Autriche, d'enlever l'appui de la France au mouvement révolutionnaire (1). Ce fut le but de son rapprochement ; il eut bientôt à s'en applaudir. Au lieu de seconder en Suisse l'effort des radicaux pour créer un pouvoir central qui les mît à même de réviser le pacte fédéral, cette œuvre absurde du congrès de Vienne, M. Guizot soutenait, avec une opiniâtreté inconcevable, l'intégrité des traités de 1815, qu'il avait naguère, devant les Chambres, déclaré violés par l'occupation de Cracovie. S'éprenant d'un amour singulier pour les libertés cantonales, le protestant, le philosophe défendait avec véhémence les jésuites de Lucerne et la ligue séparée. Notre ambassadeur avait ordre d'encourager par tous les moyens la résistance, et de menacer la Diète en termes à la fois violents et ambigus, qui fissent croire à une intervention sans y engager, car on la savait chez nous impossible. La politique de Louis-Philippe, c'était de fomenter la guerre civile pour se donner le temps de concerter une médiation des cinq puissances (1) qui eût détruit l'indépendance helvétique. Triste dessein, conçu et conduit avec hésitation, avorté en quelques heures, par la faiblesse de ce parti dont on avait voulu enfler l'audace sans lui accorder d'autres secours que des promesses vagues et des envois d'armes clandestins ; mis à néant par la fermeté de la Diète, qui, avertie par la diplomatie anglaise du peu qu'elle avait à redouter de nos velléités d'intimidation, termina, sans presque verser de sang, une lutte insensée (2).

En Prusse, Frédéric-Guillaume, après avoir convoqué, par fantaisie d'imagination et désir de popularité, les états généraux, refusait de leur accorder une charte, et, tout en lançant des épigrammes contre le régime constitutionnel de la France, il donnait à la sagesse, à l'énergie, à l'habileté avec lesquelles le roi éludait les conséquences fâcheuses de ce régime, des louanges qui n'étaient pas de nature à réconcilier Louis-Philippe avec les libéraux français.

En Italie, le pape Pie IX avait accordé des réformes auxquelles le pays tout entier applaudissait. De proche en proche, le saint-père, qui n'avait songé d'abord qu'à des ré-

---

(1) M. de Metternich prévoyait dès lors les éventualités qui pourraient forcer le pape à quitter ses États. Il admettait, dans ce cas, l'occupation française comme plus prudente et moins antipathique aux Italiens que l'intervention autrichienne.

(1) M. Guizot était tombé d'accord avec M. de Metternich pour résoudre concurremment la question suisse. Il se flattait de renouer ainsi l'alliance continentale et de montrer à l'Angleterre qu'on pouvait se passer d'elle. Mais Louis-Philippe, malgré l'avis du duc de Broglie, alors ambassadeur à Londres, ne put se décider à courir la chance d'une rupture, et voulut absolument attirer lord Palmerston dans ces négociations. De là des lenteurs et des duplicités qui ne contribuèrent pas médiocrement au salut de la Diète helvétique.

(2) M. Guizot arrêtait au commencement de janvier, avec MM. de Radowitz et de Colloredo, envoyés de Prusse et d'Autriche, le texte de la déclaration à la Diète helvétique. La Russie attendait, disait-elle, pour entrer dans cette coalition, qu'on en vînt à des mesures plus décisives. Quant à lord Palmerston, il soutenait, plutôt par opposition à la politique de la France que par sympathie pour le radicalisme helvétique, la pleine indépendance de la Suisse dans son régime intérieur.

formes administratives, se voyait conduit à l'émancipation politique, et reculait effrayé, mais trop tard. L'esprit de liberté s'était ranimé soudain dans ces belles populations italiennes. Le royaume de Naples, la Toscane, le Piémont demandaient des constitutions. La Lombardie s'agitait. L'Autriche faisait avancer des troupes. Nos diplomates assistaient indécis à cette résurrection des nationalités ; ils parlaient un langage équivoque ; ils rendaient à M. Guizot, préoccupé de l'alliance autrichienne bien plus que de l'affranchissement de l'Italie, un compte si peu exact de la situation, que celui-ci, quarante-huit heures avant la révolution de Palerme, croyait encore la répression aisée et la cause des Bourbons hors de péril.

Pour se consoler de ses échecs et de l'indignation que soulevait, en France et à l'étranger, une politique si contraire à nos traditions, à nos intérêts, à notre honneur, M. Guizot se berçait d'un vague espoir de rapprochement avec l'empereur de Russie. Depuis quelque temps, Nicolas se montrait, non pas plus gracieux, mais moins insultant envers le gouvernement français ; il avait imposé silence à cette verve sarcastique qui, depuis 1830, s'exerçait impitoyablement sur la personne de Louis-Philippe ; il venait d'acheter pour cinquante millions de rentes françaises. Enfin le grand-duc Constantin, autorisé à passer quelques heures à Toulon au retour d'un voyage en Afrique, échangeait des présents avec le duc d'Aumale. C'est sur d'aussi faibles indices de bon vouloir que M. Guizot, tout prêt à effacer seize ans d'injures, fondait l'espérance d'une alliance chimérique. C'est dans une situation telle, à l'extérieur et à l'intérieur, que sa présomption redoublait, et que le ministre ouvrait les Chambres par le discours le plus provocateur qui eût encore été prononcé depuis 1830.

Et cependant une tristesse pleine d'anxiété pesait sur les esprits. On ne prévoyait point encore, mais on pressentait quelque catastrophe. Les conservateurs murmuraient tout bas que Louis-Philippe vieillissait, qu'il voyait moins juste et s'opiniâtrait davantage dans ses erreurs. Le silence de M. Guizot accréditait une opinion qui le soulageait par moments d'une responsabilité incommode. On discutait, sans trop se gêner, les éventualités qui pourraient surgir à la mort du roi (1) ; on s'effrayait des troubles qu'amènerait une régence disputée. La mort subite de madame Adélaïde parut à chacun le présage de jours néfastes pour la dynastie. Personne n'ignorait la part considérable que cette princesse avait toujours eue dans les conseils du trône. Seule confidente des pensées intimes de Louis-Philippe, parce que seule, dans tout ce qui l'entourait, elle avait, par nature et par éducation, des ambitions de même trempe que son frère, madame Adélaïde, depuis la révolution de Juillet, jouait un rôle important aux Tuileries. Femme d'habileté et de résolution, elle avait pris, lors de cette révolution, une initiative hardie dont Louis-Philippe était incapable. Ce prince lui savait gré de l'avoir, en quelque sorte, poussé au trône. Madame Adélaïde était, d'ailleurs, pour lui, un négociateur officieux, un précieux intermédiaire dans ses rapports compliqués et délicats avec les hommes politiques. Elle laissait par sa mort une place vide que personne ne pouvait occuper. Comme elle ne comptait que quatre années de moins que Louis-Philippe, sa fin semblait un avertissement. L'existence du roi pesait d'un si grand poids dans l'opinion que toutes les craintes, toutes les espérances demeuraient suspendues et s'ajournaient après son dernier soupir (2).

Depuis quelque temps aussi l'on s'entretenait des rivalités qui divisaient la famille

---

(1) « Je crains moins la mort que la caducité, » avait répondu l'un des ministres aux inquiétudes que lui exprimait un conservateur.

(2) Plusieurs fois, au bruit de sa mort, la Bourse baissa. Un jour M. de Rothschild envoya son fils au Château pour savoir ce qui en était. « Dites à votre père, lui dit le roi en l'abordant, que je n'ai été ni saigné ni purgé. » Louis-Philippe, comme tous les vieillards, aimait à faire parade de sa santé et plaisantait volontiers sur la régence, qu'il comptait bien empêcher en vivant jusqu'à la majorité du comte de Paris.

royale. L'attendrissement qu'avait causé, en 1830, à la bourgeoisie, le spectacle de cet intérieur où régnait alors la plus parfaite concorde, avait fait place à des observations malignes qui donnaient cours à mille bruits injurieux. Le roi, disait-on, surveillait ses enfants avec une défiance extrême; il redoutait de les voir devenir trop populaires, et les retenait, sans jamais se relâcher de sa rigueur, dans une dépendance détestée. Se souvenant de l'influence qu'avait exercée son *salon* sous le règne de Charles X, il voulait surtout éviter que les salons des jeunes princes devinssent des foyers d'opposition et de cabales. La dévotion de la reine servait, en cela comme en beaucoup d'autres choses, la politique d'un époux auquel elle vouait une admiration sans bornes et une soumission passionnée. Autour de la table à ouvrage de Marie-Amélie, une étiquette rigide rassemblait chaque soir de jeunes princesses que le bruit des fêtes et des plaisirs, les images lointaines d'une vie libre et joyeuse faisaient soupirer. Un ennui mortel glaçait ces réunions, d'où la gaieté était bannie comme une inconvenance. La duchesse d'Orléans pouvait seule, par le privilége de sa position, s'en exempter quelquefois. Assez mal vue du roi, qui la trouvait trop intelligente, objet d'un ressentiment caché de la part de la reine, qui attribuait à des alliances hérétiques, réprouvées par le ciel, la mort prématurée de ses deux enfants de prédilection (1); peu recherchée des autres princesses à cause de ses goûts sérieux et des ambitions qu'on lui supposait, la mère de l'héritier du trône se tenait à l'écart. L'éducation de ses deux fils occupait le temps le plus considérable de son veuvage sévère. Le culte qu'elle consacrait à la mémoire de son mari remplissait les heures que les soins de la maternité n'absorbaient pas. Bien qu'observée et suspecte, la duchesse d'Orléans entretenait discrètement quelques relations politiques et cherchait avec mesure à se faire connaître du peuple. M. Molé exerçait de l'empire sur son esprit, tandis qu'elle montrait beaucoup de froideur à M. Guizot; celui-ci ne s'en troublait guère. Tenant en grand dédain ce que le roi et lui appelaient la rêverie germanique (1), la *schwärmerei* de la princesse et les pressentiments de son cœur maternel, il demeurait avec elle dans une réserve polie (2). « On me traite de jacobine, » disait la duchesse d'Orléans à une personne de son intimité, peu de jours avant le 24 février; et ses appréhensions redoublaient avec sa sollicitude pour cet enfant débile, pâle et frêle, sous lequel elle sentait le sol trembler (3).

Si Louis-Philippe estimait trop la duchesse d'Orléans pour l'aimer, en revanche il estimait trop peu le duc de Nemours pour l'initier à sa politique. Le futur régent demeurait étranger aux choses par son manque d'initiative et aux

---

(1) La princesse Marie, épouse du prince de Wurtemberg, morte à vingt-six ans, avait, ainsi que le duc d'Orléans, par un mariage protestant, affligé et inquiété l'âme ardemment catholique de Marie-Amélie.

(1) Le passage suivant du testament de feu M. le duc d'Orléans semble indiquer qu'il ne croyait pas non plus à l'intelligence de la princesse Hélène propre au maniement des affaires : « Si par malheur l'autorité du roi ne pouvait veiller sur mon fils aîné jusqu'à sa majorité, Hélène devrait empêcher que son nom ne fût prononcé pour la régence. En laissant, comme c'est son devoir et son intérêt, tous les soins du gouvernement à des mains viriles et habituées à manier l'épée, Hélène se dévouerait tout entière à l'éducation de nos enfants. »

(2) Un jour que la duchesse d'Orléans, en causant avec M. Guizot, lui reprochait sa politique contre-révolutionnaire : « Ah! madame, lui répondit le ministre, quand *le National* ou *la Réforme* m'adressent ce reproche, j'y suis préparé; mais il m'était permis de ne le point attendre de la bouche de Votre Altesse Royale. »

(3) La fin lamentable de M. Bresson, qui, en arrivant à l'ambassade de Naples, s'était coupé la gorge, avait frappé, comme un mauvais augure, l'imagination de la duchesse d'Orléans, dont ce diplomate habile avait négocié le mariage. Il est curieux de voir comment s'exprimait à propos de cet événement le prince de Joinville : « La mort de Bresson m'a *funesté*... Bresson n'était pas malade : il a exécuté son plan avec le sang-froid d'un homme résolu. J'ai reçu des lettres de Naples, de Montessuy et d'autres, qui ne me laissent guère de doute. Il était ulcéré contre le père. Il avait tenu à Florence d'étranges propos sur lui; le roi est inflexible, il n'écoute plus aucun avis, il faut que sa volonté l'emporte sur tout, etc., etc. On ne manquera pas de répéter tout cela, et on relèvera ce que je regarde comme notre grand danger, l'action que le père exerce sur tout, cette action si inflexible que lorsqu'un homme d'État, compromis avec nous, ne peut la vaincre, il n'a plus d'autre ressource que le suicide. » (Lettre du prince de Joinville au duc de Nemours, 7 novembre 1847.)

hommes par une certaine timidité hautaine dont il ne se délivrait que dans des compagnies subalternes (1).

Malgré la beauté de son visage et de son port vraiment royal, malgré toute une apparence charmante de jeunesse, qui séduit si aisément lorsqu'il s'y joint, comme chez le duc de Nemours, une éducation excellente, ce prince, seul entre ses frères, ne jouissait d'aucune popularité ; loin de là, l'antipathie des uns, l'indifférence des autres faisaient le vide autour de lui.

Le duc de Montpensier, le plus jeune des fils du roi, récemment uni à l'infante Louise, cherchait précisément ce que le duc de Nemours paraissait négliger ou dédaigner. Il poursuivait la popularité, mais sans discernement. Il en aimait l'éclat et le tapage plus que les avantages solides ; protégeait avec ostentation, plutôt qu'avec goût, les artistes et les hommes de lettres, les journalistes surtout, qui payaient en flatteries hyperboliques les privautés inaccoutumées auxquelles ils se voyaient admis à Vincennes (2).

Plus studieux, mieux appliqué à ses devoirs, le duc d'Aumale, marié à une princesse napolitaine d'une grande intelligence, avait des partisans sérieux. Quant au prince de Joinville, il jouissait dans le pays, dans l'armée de mer surtout, d'une popularité véritable. En dépit d'une affectation de brusquerie qu'il jugeait nécessaire à son rôle de marin, la douceur paraissait sur son visage mélancolique. Son attitude ne manquait ni de fermeté, ni de noblesse. Les personnes qui l'approchaient assez pour le pénétrer disaient bien que le prince de Joinville cachait, sous des allures franches et simples, un charlatanisme héréditaire et un désir de l'effet qui l'entraîneraient en mille travers ; mais le peuple, qui n'a pas ces finesses de discernement, se laissait aller aux apparences. La précoce surdité du prince le rendait intéressant. On aimait à voir à ses côtés cette belle Brésilienne, qu'il avait si cavalièrement épousée, et dont les grâces un peu sauvages charmaient les Parisiens. Enfin, on croyait savoir que le prince haïssait plus que ses frères le despotisme intérieur du roi, qu'il blâmait sa politique, et qu'il affrontait souvent les colères royales par de véhéments reproches (1).

Reconnaissant en lui des qualités toutes françaises, le peuple accueillait, en les exagérant, tous les bruits favorables au prince de Joinville. Lorsqu'il alla rejoindre en Algérie le duc d'Aumale, nommé gouverneur à la place du maréchal Bugeaud, on dit hautement qu'il allait expier dans l'exil des vues trop justes, un langage trop sincère pour n'être pas importun ; on ajoutait qu'une rivalité jalouse entre lui et le duc de Nemours, rivalité qui, malgré l'intervention de madame Adélaïde et de la princesse Clémentine (2), jetait le prince de Joinville dans le parti de la duchesse d'Orléans, avait rendu nécessaire son éloignement indéfini (3).

---

(1) Du vivant du duc d'Orléans, on attribuait à de la réserve et à une louable déférence cette froideur et ce manque d'initiative qui se trahirent dès qu'il eut à paraître au premier rang. Les légitimistes avaient été plus loin dans leurs interprétations chimériques. Si le duc de Nemours se montrait si peu aimable, c'est que l'usurpation de son père lui pesait. Si jamais, disait-on, il venait à monter sur le trône, ce serait pour en redescendre aussitôt et y appeler Henri V.

(2) Le duc de Montpensier commandait à Vincennes et y recevait une fois la semaine dans des appartements restaurés et ornés avec beaucoup de goût.

(1) Une lettre du prince de Joinville au duc de Nemours montre qu'en effet il attribuait au roi les dangers, très-nettement définis par lui, de la situation politique.

(2) La princesse Clémentine, troisième fille du roi, avait épousé le prince de Cobourg, et résidait habituellement aux Tuileries. C'était une personne aimable et d'une intelligence cultivée.

(3) Il n'est peut-être pas sans intérêt de connaître l'opinion que le duc d'Orléans exprimait, dans l'intimité, sur ses frères et sur le rôle qu'ils joueraient au jour d'une insurrection populaire, toujours prévue au Château. « Nemours est l'homme de la règle et de l'étiquette, disait le duc d'Orléans ; *il emboîte bien le pas*, et se tient derrière moi avec une attention scrupuleuse. Jamais il ne prendra l'initiative, mais on peut le charger de défendre les Tuileries ; il se fera tuer avant d'en ouvrir les portes. D'Aumale est un brave troupier qui ne restera pas en arrière. Joinville a la passion du danger ; il fera mille imprudences brillantes, et recevra une balle dans la poitrine à l'assaut d'une barricade. Quant au petit, ajoutait-il, en désignant le duc de Montpensier, depuis que les cadets ne sont plus abbés, je n'imagine pas trop ce qu'on en pourra faire. » — « Nemours aurait dû naître archiduc, » disait Louis-Philippe.

OUVERTURE DES CHAMBRES LE 27 DÉCEMBRE 1847 (P. 26).

Ces ferments de discordes, ces passions contenues avec tant de peine par la main despotique du roi, présageaient au pays une régence orageuse. Le prestige du droit divin, effacé en 1830, montrait à nu les misères de ces familles royales. Ce prestige une fois disparu, les idées républicaines surgissent de toute part; la république apparaît à la raison publique, comme une nécessité plus ou moins éloignée, mais inévitable.

CHAPITRE IV

Ouverture des Chambres. — Discussion de l'adresse à la Chambre des pairs.

Le jour de l'ouverture des Chambres approchait. Il fallait que le ministère prît un parti, qu'il se décidât nettement pour l'une ou l'autre politique : la politique de la résistance ou celle des concessions, celle du progrès libéral ou celle de l'immobilité prétendue conservatrice. Se conformer à l'esprit des institutions constitutionnelles en cédant à l'opinion vraie du pays, ou bien s'en tenir à la lettre du gouvernement parlementaire en s'appuyant sur la légalité factice d'un vote servile, telle était l'alternative qui se posait devant le pouvoir. Elle ne parut pas douteuse aux deux hommes qui dirigeaient les conseils de Louis-Philippe. Tous deux, sans balancer, résolurent de ne prendre en aucune considération un vœu manifeste, et de retenir la France, malgré elle, dans un état de stagnation et de malaise moral dont il lui tardait de sortir. Les mobiles qui déterminaient M. Guizot et M. Duchâtel a prendre un parti aussi opposé aux doctrines qu'ils avaient professées toute leur vie étaient de diverses natures. Fatigué d'une lutte ingrate contre la probité publique, pressé de jouir, loin du tracas des affaires, d'une fortune considérable, M. Duchâtel, depuis quelque temps, sollicitait le roi d'agréer sa démission; et, retenu à contre-cœur par des instances qui ressemblaient à des ordres, s'il inclinait de plus en plus vers une résistance opiniâtre, c'était autant par impatience d'humeur que par conviction d'esprit. M. Guizot, au contraire, ne pouvait souffrir la pensée de quitter le pouvoir. Son ambition tenace (1) s'irritait, au lieu de se lasser, dans la lutte. Le succès des radicaux pendant la campagne des réformistes, et surtout la combinaison, préparée au sein de l'opposition modérée, d'un ministère qui devait, selon toute vraisemblance, se concilier bien des suffrages (2), en blessant son orgueil, l'excitaient au combat. Loin de les contenir, comme c'était son devoir, il ranimait les colères de Louis-Philippe. Pour se rendre plus nécessaire, il jetait ce vieillard circonspect et temporisateur dans tous les hasards d'une politique provoquante, sans rapport avec son passé, en contradiction avec le caractère de tout son règne.

Voici le langage que MM. Guizot et Duchâtel firent tenir au roi devant les Chambres réunies, le 27 décembre 1847 :

« Messieurs les pairs,

« Messieurs les députés,

« Je suis heureux, en me retrouvant au milieu de vous, de n'avoir plus à déplorer les maux que la cherté des subsistances a fait peser sur notre patrie. La France les a supportés avec un courage que je n'ai pu contempler sans une profonde émotion. Jamais, dans de telles circonstances, l'ordre public et la liberté des transactions n'ont été si généralement maintenus. Le zèle inépuisable de la charité privée a secondé nos communs efforts. Notre commerce, grâce à sa prudente activité, n'a été atteint que faiblement par la crise qui s'est fait sentir dans d'autres États. Nous touchons au terme de ces épreuves. Le ciel a béni les travaux des populations, et d'abondantes récoltes ramènent partout le bienêtre et la sécurité. Je m'en félicite avec vous.

« Je compte sur votre concours pour mener à fin les grands travaux publics qui, en étendant à tout le royaume la rapidité et la facilité des communications, doivent ouvrir de nouvelles sources de prospérité. En même temps que des ressources suffisantes continueront d'être affectées à cette œuvre féconde, nous veillerons tous avec une scrupuleuse économie sur le bon emploi du revenu public, et j'ai la confiance que les recettes couvriront les dépenses dans le budget ordinaire de l'État qui vous sera incessamment présenté. Un projet de loi spécial vous sera proposé pour réduire le prix du sel et alléger la taxe des lettres dans la mesure compatible avec le bon état de nos finances.

« Des projets de loi sur l'instruction publique, sur le régime des prisons, sur le tarif de nos douanes, sont déjà soumis à vos délibérations. D'autres projets vous seront pré-

---

(1) Cette ambition se payait quelquefois de satisfactions très-puériles. Qui n'eût pensé qu'il devait être indifférent à un homme d'État en possession d'une prééminence réelle dans les conseils du roi d'en étaler à tous les yeux le signe extérieur? M. Guizot eut cette faiblesse. Pour obtenir du maréchal Soult qu'il lui cédât la présidence du conseil, il ne craignit pas d'exposer Louis-Philippe aux railleries du pays tout entier, en lui faisant ressusciter en faveur d'une vieillesse vaniteuse la dignité de maréchal général de France. Ce titre avait été créé pour le duc de Lesdiguières. Louis XIV l'avait renouvelé en faveur de Turenne. Depuis le maréchal Villars et le maréchal de Saxe, personne ne l'avait porté. Les prérogatives honorifiques auxquelles il donnait droit choquaient à tel point les habitudes d'esprit de la société actuelle qu'un rire général en accueillit le simple énoncé.

(2) Cette combinaison, dont M. de Girardin s'était fait l'instigateur, aurait amené au pouvoir, sous la présidence de M. Molé, MM. de Rémusat et Dufaure, qui, par leur refus d'assister aux banquets, avaient attiré l'attention bienveillante du roi. M. de Rémusat dans le conseil était un gage pour M. Thiers, qui, estimant peu viable un ministère dont M. Molé serait l'âme, consentait à attendre qu'il fût usé, et promettait de ne pas l'attaquer à la Chambre. Déjà plusieurs conférences avaient été ménagées entre M. Thiers et M. de Girardin chez une femme artiste, madame de Mirbel, qui faisait le portrait de l'un et de l'autre. Le journaliste n'emporta pas de ces entretiens une très-haute opinion de l'homme d'État. « Quand j'ai causé une heure avec M. Thiers, disait-il un jour, il me prend une irrésistible envie d'aller serrer la main à M. Guizot. »

sentés sur divers sujets importants, notamment sur les biens communaux, sur le régime des hypothèques, sur le mont-de-piété, sur l'application des caisses d'épargne à de nouvelles améliorations dans la condition des classes ouvrières. C'est mon vœu constant, que mon gouvernement travaille avec votre concours à développer en même temps la moralité et le bien-être des populations.

« Mes rapports avec les puissances étrangères me donnent la confiance que la paix du monde est assurée. J'espère que les progrès de la civilisation générale s'accompliront partout et de concert entre les gouvernements et les peuples, sans altérer l'ordre intérieur et les bonnes relations des États.

« La guerre civile a troublé le bonheur de la Suisse. Mon gouvernement s'était entendu avec les gouvernements d'Angleterre, d'Autriche, de Prusse et de Russie, pour offrir à ce peuple voisin et ami une médiation bienveillante. La Suisse reconnaîtra, j'espère, que le respect des droits de tous et le maintien des bases de la confédération helvétique peuvent seuls lui assurer les conditions durables de bonheur et de sécurité que l'Europe a voulu lui garantir par les traités.

« Mon gouvernement, d'accord avec celui de la Grande-Bretagne, vient d'adopter des mesures qui doivent parvenir enfin à rétablir nos relations commerciales sur les rives de la Plata.

« Le chef illustre qui a longtemps et glorieusement commandé en Algérie a désiré se reposer de ses travaux. J'ai confié à mon bien-aimé fils le duc d'Aumale la grande et difficile tâche de gouverner cette terre française. Je me plais à penser que, sous la direction de mon gouvernement, et grâce au courage laborieux de la généreuse armée qui l'entoure, sa vigilance et son dévouement assureront la tranquillité, la bonne administration et la prospérité de notre établissement.

« Messieurs, plus j'avance dans la vie, plus je consacre avec dévouement au service de la France, au soin de ses intérêts, de sa dignité, de son bonheur, tout ce que Dieu m'a donné et me conserve encore d'activité et de force. Au milieu de l'agitation que fomentent les passions ennemies ou aveugles, une conviction m'anime et me soutient, c'est que nous possédons dans la monarchie constitutionnelle, dans l'union des grands pouvoirs de l'État, les moyens les plus assurés de surmonter tous ces obstacles, et de satisfaire à tous les intérêts moraux et matériels de notre chère patrie. Maintenons fermement, selon la Charte, l'ordre social et toutes ses conditions. Garantissons fidèlement, selon la Charte, les libertés publiques et tous leurs développements. Nous remettrons intact aux générations qui viendront après nous le dépôt qui nous est confié, et elles nous béniront d'avoir fondé et défendu l'édifice à l'abri duquel elles vivront heureuses et libres. »

Ce langage ne pouvait laisser subsister aucun doute. Il était bien expliqué, bien entendu, que le ministère ne céderait pas d'une ligne à l'opposition dynastique. La manifestation des banquets n'avait à ses yeux d'autre caractère que celui d'une bravade inconsidérée, presque factieuse ; il considérait comme un droit, comme un devoir de la flétrir et de dénoncer à la France les hommes qui n'avaient pas craint de s'y associer, c'est-à-dire une minorité imposante dans la Chambre et une partie notable de la classe la plus influente dans le pays. C'était pousser l'infatuation jusqu'à la démence.

De crainte qu'on ne s'y méprît, M. Guizot avait d'ailleurs le soin de dicter au *Journal des Débats* et à la *Revue des Deux Mondes*, ses organes quasi-officiels, des commentaires encore plus provoquants que le discours du trône. « Le ministère a relevé publiquement le gant qui lui était jeté, disait la *Revue* du 1er janvier. Qu'il l'ait fait sous une forme tant soit peu agressive, nous ne lui en ferons pas un reproche ; nous trouvons au contraire merveilleux ceux qui accusent le gouvernement d'avoir fait du roi un chef de parti, comme si le roi n'avait pas, après tout, le droit d'être le chef de son parti.

« Si la question est ainsi posée, à qui la faute, sinon à ceux qui, dans les banquets, ont élevé ou laissé s'élever des partis contre celui du roi et de la Constitution? Depuis six mois, nous voyons des caricatures rétablir les autels de Robespierre et de Marat, et y sacrifier les lois, en attendant qu'ils puissent y sacrifier autre chose, et le gouvernement n'aurait pas le droit de dire que la royauté a des ennemis! Depuis six mois, les chefs de l'opposition dynastique laissent impunément traîner la dynastie et la Charte dans la boue républicaine, et dissimulent honteusement leur drapeau devant celui des ennemis de la Constitution, et il ne serait pas permis de leur dire qu'ils sont *aveugles!* » Ce jour-là même le *Journal des Débats* disait, dans un article très-dédaigneux, en faisant allusion aux menaces du radicalisme: « Marchez sur le fantôme, il s'évanouira; fuyez, il grandira jusqu'au ciel. »

Cependant le discours du trône faisait baisser la rente. Plusieurs fois, sur son passage ou sous ses fenêtres, Louis-Philippe put entendre dans les rangs de la garde nationale les cris de *A bas la corruption! vive la réforme!* Trois élections hostiles ébréchaient la majorité conservatrice. La liste des candidats présentée au roi pour la nomination d'un maire du deuxième arrondissement portait exclusivement des noms connus dans l'opposition, et marquait ainsi, de la manière la moins équivoque, les dispositions frondeuses de l'un des quartiers les plus considérables de Paris. Enfin, le récit imprimé d'un honteux trafic de places, en entachant le président du conseil, personnellement épargné jusque-là, venait compléter la série de ces révélations ignominieuses par lesquelles le cabinet se voyait coup sur coup dépouiller du peu qui lui restait encore d'autorité morale (1). C'étaient là de médiocres sujets de triomphe; mais les ministres avaient leur arrière-pensée. Ils trouvaient, dans la tension même de cette crise dont chacun s'effrayait, des motifs de s'applaudir, parce que, selon leur conviction intime, à la première tentative d'émeute provoquée par les radicaux, le pays ouvrirait les yeux et retrouverait soudain, par la conscience du danger, le sentiment de l'ordre, c'est-à-dire une soumission absolue à la politique conservatrice. Nous allons voir de quelle manière ces prévisions furent déjouées par l'événement.

A la Chambre des pairs, c'est à peine si l'on put s'apercevoir que la situation du cabinet était empirée. L'adresse rédigée par M. de Barante reproduisait, selon la coutume, avec de légères modifications dans les termes, le discours du trône. Elle se montrait peu favorable à la réduction de l'impôt sur le sel et de la taxe des lettres. Le paragraphe relatif aux affaires de la Suisse était d'une insignifiance calculée. Tout faisait présager une discussion sans franchise, engagée pour la forme seulement, afin de demeurer dans la fiction des trois pouvoirs, fiction sans laquelle la philosophie politique de l'école doctrinaire n'admet pas que l'on puisse gouverner un peuple.

Un conservateur éprouvé, M. Meynard, vint, il est vrai, demander compte au ministère de son inertie pendant la dernière session, en insistant, au nom de la majorité, pour qu'il fût donné satisfaction *au besoin légitime de progrès*. Les interpellations au sujet de ce que l'on appelait l'affaire Petit attirèrent bien aussi à M. Guizot qui s'excusait en alléguant un usage fâcheux, des démentis de la part de MM. Molé, Passy, d'Argout; mais c'étaient là des nuages fugitifs. Quand M. de Boissy ex-

---

(1) Par des motifs qui furent diversement interprétés, M. Petit, receveur particulier à Corbeil, publiait, avec toutes les preuves à l'appui, la scandaleuse histoire d'une convention faite avec M. Guizot, par l'entremise de M. Génie, chef de son cabinet, et de M. Bertin, pair de France. Il résultait de ce récit que deux recettes avaient été échangées contre la démission d'un conseiller-maître à la cour des comptes, sur la charge duquel le ministre avait jeté les yeux pour récompenser une créature. M. Alem-Rousseau et M. Petit avaient négocié cette démission au prix de 15,000 francs d'argent comptant et d'une pension viagère de 600 francs.

primait le désir de voir le ministère *passer bientôt du banc où il siégeait au banc des accusés*, affirmant que, *si l'on continuait de la sorte, les populations aviseraient comme elles avaient déjà avisé dans le passé*, on s'indignait. Quand une brusque interruption de M. de Béthisy défiait le général Jacqueminot de convoquer la garde nationale, dont celui-ci vantait l'esprit excellent, on dressait l'oreille; mais la Chambre, après ces incidents importuns, rentrait avec bonheur dans la gravité magistrale sous laquelle elle déguisait sa servilité et son apathie.

Il fallut, pour l'en arracher, une voix vibrante, qui vint tout d'un coup, sans ménagement ni pitié, jeter sous les vieilles voûtes du Luxembourg un cri d'alarme, et, réveillant à la fois, dans ces âmes engourdies, la haine et la peur, les transportât hors d'elles-mêmes, dans un état d'exaltation qui tenait du délire.

Ce fut au sujet des affaires de Suisse. M. de Broglie les avait présentées sous le jour le plus favorable au ministère, et la Chambre semblait se ranger à son opinion, lorsque M. de Montalembert parut à la tribune. Il ne s'arrêta point à réfuter l'argumentation des précédents orateurs ni à examiner, dans tous ses détails, une négociation plus ou moins habile; il n'avait dessein ni de soutenir, ni d'attaquer le ministère. Emporté par une passion fougueuse, il laissa loin derrière lui le champ étroit de la polémique. Semblable à un guerrier qui brandit ses armes, plutôt qu'à un législateur qui expose ses idées, M. de Montalembert, signalant à la pairie un ennemi formidable, la fit pâlir au tableau des périls dont elle était menacée. Le radicalisme, suivant M. de Montalembert, était à la veille d'un infernal triomphe; le radicalisme envahissait le monde; rien ne résistait à ses attaques; rien ne trouverait grâce devant ses fureurs. Et, d'une lèvre véhémente, le jeune orateur, répandant à dessein l'effroi dans les esprits, peignait à l'assemblée frissonnante ses biens dévastés, ses droits méconnus, son sanctuaire violé bientôt peut-être par de nouveaux barbares, qui la *contraindraient à payer, au prix de son patrimoine, la rançon de ses votes et de ses arrêts* (1). Puis, remontant à la cause première de ces maux, de ces désastres, de ces catastrophes imminentes, il lançait l'anathème au dix-huitième siècle, à la Révolution française, à Voltaire, à la Convention; il maudissait le génie même des temps modernes (2).

Comment peindre l'effet produit sur la Chambre par ce fanatisme du moyen âge? A chaque instant interrompu dans la fougue de sa parole par des acclamations frénétiques, l'orateur faillit, en descendant de la tribune, être étouffé dans le transport commun. De tous les bancs on se pressait sur son passage; le chancelier ne contenait plus son enthousiasme; sans égard pour des souvenirs de famille, le duc de Nemours, sortant de son caractère et de son rôle, s'avançait dans l'hémicycle, et venait serrer la main à M. de Montalembert. A partir de cette heure, de ce signal de détresse, la Chambre n'a plus qu'une pensée : écarter au plus vite tous les obstacles qui pourraient entraver le ministère dans sa lutte contre le radicalisme. Elle vote, sans presque les discuter, tous les paragraphes de l'adresse, s'arrête au paragraphe sur les banquets tout juste assez de temps pour fournir à M. Duchâtel l'occasion de déclarer sa résolution de ne point transiger avec l'opposition, rejette en courant un amendement de M. de Boissy tendant à faire retirer les épithètes *aveugles et ennemies ;* puis elle couronne par un vote de 144 voix contre 43 son œuvre conservatrice.

Depuis si longtemps le pays s'était accou-

(1) Expressions textuelles du discours de M. de Montalembert dans la séance du 15 janvier 1848.

(2) Ancien disciple de l'abbé de Lamennais, M. de Montalembert avait conservé longtemps, de cette influence subie, la persuasion que les principes et les intérêts bien compris de l'Église catholique étaient dans une alliance étroite avec les principes et les intérêts de la liberté moderne. Mais, soit que l'expérience et la réflexion eussent à cet égard modifié ses idées, soit que, le fantôme de 93 lui étant apparu, il eût soudain abjuré au-dedans de lui les nouveautés dangereuses du catholicisme libéral, il ne sut plus trouver en ce jour de colère qu'invectives et sarcasmes pour tout ce qui s'inspirait de l'esprit démocratique.

tumé à regarder les décisions de la Chambre des pairs comme de pures formalités, qu'il ne prit pas la peine de censurer ce vote. Les esprits étaient ailleurs; tous les yeux se tournaient vers la Chambre des députés; on espérait, on attendait d'elle quelque acte de courage. Il semblait commandé par le danger même de la situation ; la prudence le conseillait autant que l'honneur; le courage, en de telles conjonctures, n'eût été qu'une prudence suprême.

CHAPITRE V

Discussion de l'adresse à la Chambre des députés.

La Chambre des députés était présidée, depuis 1839, par M. Sauzet, avocat de Lyon, qui avait acquis, en 1830, par la défense de M. de Chantelauze, quelque célébrité. Parvenu aux honneurs, M. Sauzet ne s'était pas montré à la hauteur de l'opinion qu'on avait conçue de lui. Il n'avait su prendre sur la Chambre aucune autorité. Il la présidait avec mollesse, bien qu'avec une partialité marquée pour le parti conservateur. L'indolence de son esprit et de son caractère se trahissait dans toute sa personne et le rendait très-impropre, surtout dans les moments de crise, à l'importante fonction qui lui était confiée.

Sur les bancs de la gauche, où siégeaient l'opposition dynastique et quelques républicains, on distinguait MM. Odilon Barrot, Arago, Garnier-Pagès, Dupont (de l'Eure), Carnot, de Courtais, Bethmont, Crémieux, Ledru-Rollin. Malgré l'idée qu'on s'était faite au Château, aucun de ces hommes, si l'on excepte M. Ledru-Rollin, n'était dévoré de *passions ennemies*, ni même animé de l'esprit révolutionnaire. Les uns étaient des hommes réfléchis, trompés une fois déjà par la révolution de 1830, et qui ne croyaient plus guère aux programmes de l'Hôtel de Ville. Les autres siégeaient là par tradition de famille, par respect humain, par honneur, pour ne pas mentir à un passé trop engagé, pour ne pas abandonner une cause qui paraissait vaincue. Les vieux souhaitaient de finir en paix une carrière agitée ; les jeunes hésitaient à compromettre irréparablement un long avenir. Tous auraient voulu épargner au pays les malheurs d'une guerre intestine.

C'est de l'autre côté de la Chambre que siégent, bien que moins suspects au pouvoir, les ennemis véritables de la dynastie d'Orléans. C'est là qu'on voit l'abbé de Genoude, sophiste audacieux, d'une persévérance que rien ne détourne ni ne lasse ; M. de Falloux, ambitieux circonspect, attentif à l'événement, tout prêt à jeter ses idées royalistes dans la forme républicaine et à accommoder ses convictions catholiques aux exigences universitaires ; près de lui, l'héritier d'un nom chevaleresque, La Rochejacquelein, qui, sous l'apparence d'une bonhomie rustique, cache des finesses de courtisan et des habiletés de diplomate ; Benoît, Larcy, Béchard ; et, les effaçant tous de l'éclat de sa renommée, le grand virtuose de la légitimité, l'orateur aux larges poumons, à la parole sonore, au geste éloquent : Berryer.

A leurs côtés, mais non avec eux, Lamartine, calme et froid, reconnaît avec une indifférence apparente les dispositions du champ de bataille, préparé dans son for intérieur à jeter, au moment décisif, sa voix et sa vie dans la mêlée. Non loin de lui, mais seul aussi, dédaigneux, impassible, siége un homme dont le silence semble une menace et l'attitude un reproche : M. de Girardin.

Entre les deux extrémités de la Chambre, se groupent, autour de la masse des conservateurs, les fractions dissidentes : M. Duvergier de Hauranne, M. de Rémusat, le plus nonchalant, le plus sceptique, mais le plus bel esprit de France ; MM. Janvier, de Malleville, Billault, Dufaure, le seul orateur de la Chambre, peut-être, chez qui la solidité de l'argumentation, la précision des faits et la sobriété des développements soient parvenus à une perfection si rare qu'elle égale les dons les plus brillants de l'éloquence ; MM. de Tocqueville, Beaumont, Vivien ; M. Dupin, le rude et souple frondeur d'une dynastie qu'il aime. Nouveau venu dans une assemblée politique, on ne sait pas encore quelle position va prendre le général Lamoricière ; son œil brille d'une ardeur impatiente ; le soleil africain a-t-il mûri dans ce cerveau des idées politiques ou des talents parlementaires ? On n'en sait rien encore : ce que l'on sait du jeune chef d'armée, c'est sa bravoure ; ce que l'on devine, c'est son ambition ; ce que l'on soupçonne, c'est la mobilité de son caractère.

Au haut de ce que l'on appelle le centre droit, dominant toutes ces physionomies agitées et ce mouvement confus de voix et de gestes, la forte stature et la tête énergique du maréchal Bugeaud arrêtent le regard. Le commandement respire dans toute sa personne. Haï de la population parisienne depuis l'insurrection des 5 et 6 juin, *le massacreur de la rue Transnonain* (1), comme elle l'appelle, est également odieux au parti légitimiste qui se souvient de Blaye. Le roi redoute son caractère intraitable et lui sait peu de gré de son dévouement à la dynastie ; le ministère se plaint de ses façons despotiques, de son mépris des usages parlementaires (2) ; et cependant le duc d'Isly, aimé du paysan dont il a le bon sens rustique, chéri du soldat qu'il entoure d'une constante sollicitude, grandit chaque jour en importance et en autorité.

Au banc des ministres, M. Guizot, pâle, les traits contractés, paraît souffrir avec une égale irritation le concours inintelligent de ses amis et les attaques malhabiles de ses ennemis politiques. M. Duchâtel, soucieux, las, ennuyé, vient s'asseoir auprès de M. de Salvandy, dont la confiance superbe et le zèle retentissant ne semblent pas soupçonner un danger, même lointain. Près d'eux siège M. Hébert, la menace à la bouche, le plus détesté des hommes de répression ; M. Trézel, que sa probité inattaquable a fait choisir malgré sa capacité médiocre, afin qu'il y ait du moins dans le ministère une administration à l'abri de l'injure ; M. de Montebello, disciple de la philosophie éclectique, assez surpris de se voir subitement appelé, d'une ambassade où il a paru inexpérimenté, à un ministère auquel il ne saurait prêter aucune force ; M. Cunin-Gridaine, habile industriel, orateur des plus nuls ; M. Dumon, homme appliqué aux affaires, d'une parole lucide, d'un jugement sain, mais sans initiative ; M. Jayr, ignoré du public. Telle est la représentation du pouvoir au sein de l'Assemblée. Il n'y a là que deux talents, deux volontés qui absorbent les autres, et qui elles-mêmes sont absorbées par la volonté royale. Louis-Philippe, trop jaloux de son autorité, trop confiant dans son propre génie, reste à découvert derrière cet appareil mensonger d'un gouvernement dont la France ne respecte plus ni le caractère moral, ni les actes politiques, et dont, tout à l'heure, elle va secouer avec indignation le poids inerte.

Presque chaque jour, pendant les débats de l'adresse, quelqu'un des membres de la famille royale assiste aux séances. Le plus souvent la duchesse d'Orléans, tristement attentive, regarde, écoute, contenant avec effort, sous un sourire bienveillant, son inquiétude secrète. Dans une tribune voisine, on voit deux belles jeunes filles dont le visage se colore de l'émotion du triomphe quand la voix de cet homme puissant, qui est leur père, affronte et réduit au silence les colères de ses ennemis : ce sont

---

(1) Cette calomnie de l'esprit de parti ne put jamais être effacée de l'imagination populaire. Il a été cependant mille fois démontré que le maréchal Bugeaud n'était pour rien dans l'horrible événement qu'on lui impute. Les forces militaires destinées à réprimer l'insurrection avaient été divisées en trois brigades ; le général Bugeaud en commandait une, mais il n'avait aucun ordre à donner dans les deux autres. La rue Transnonain ne se trouvait pas dans la circonscription de son commandement.

(2) M. Thiers, qui tenait en haute estime cette rare capacité militaire et ce grand bon sens, n'avait cependant pas osé l'employer pendant son dernier ministère, de peur de réveiller dans l'opposition de fortes antipathies. M. Guizot fut plus hardi ; mais les différends survenus à l'occasion de l'expédition de Kabylie, entreprise par le maréchal malgré une défense formelle du gouvernement, le firent remplacer par le duc d'Aumale. Le duc d'Isly fut mis à même, suivant l'expression de M. Guizot, *de venir jouir de sa gloire* et de se reposer dans ses terres, où il s'occupait avec passion d'agriculture théorique et pratique.

les demoiselles Guizot, aujourd'hui environnées de tant d'hommages, demain réduites à se cacher, à fuir.

Dans la tribune diplomatique, lord Normanby, ce représentant d'une aristocratie bien assise et versée depuis des siècles dans le maniement des grandes affaires, suit d'un œil observateur, et non sans quelque ironie, les hésitations, les inconséquences, les fautes sans nombre d'une démocratie encore inexpérimentée. Vis-à-vis, et comme pour faire contraste avec l'attitude réservée du corps diplomatique, les journalistes font retentir leur tribune de disputes bruyantes, de querelles, de défis. Là se rencontrent MM. Chambolle, Pérée, Pascal Duprat, Eugène Pelletan. Là, M. Flocon, caractère probe, courageux, homme d'écorce rude, de langage peu choisi, observe d'un œil méfiant M. Marrast, l'*aristocrate du National*, que l'on devait bientôt appeler le *marquis* de la République. Jadis compagnon de captivité de Godefroy Cavaignac, intrépide champion de la cause républicaine, M. Marrast, raillant ses illusions de jeunesse, a visiblement renoncé à l'ambition du martyre. Sa verve épigrammatique semble obéir à je ne sais quelle secrète prudence. Tout en attaquant M. Thiers, on dirait qu'il l'envie. Il exprime parfois pour le ministre du 1er mars une admiration que son parti lui impute à crime.

Hélas! de tous les côtés, dans tous les rangs, en haut et en bas, à droite et à gauche, dans cette Chambre souveraine, que de scepticisme, d'hypocrisie! quelle confusion morale! Triste spectacle qu'une telle réunion d'hommes chargés des destinées d'une telle nation! Pour quelques caractères dont rien n'a pu altérer la vertu, combien sont devenus indifférents au bien et au mal, au juste et à l'injuste, n'ont souci que de leur fortune et n'estiment en toutes choses que le succès!

Deux faits honteux, signalés par l'opposition dynastique, ouvrent de la manière la plus déplorable cette session si courte et qui devait être la dernière. Des fonds provenant d'une souscription de bienfaisance ont été détournés de leur destination et distribués arbitrairement par un préfet, dans l'intérêt d'un candidat ministériel (1). C'est là un vol positif, sur lequel le débat qui s'engage avec assez de vivacité jette une lumière accablante. Mais la majorité, pressée de montrer au ministère qu'elle lui demeure invariablement fidèle, refuse d'ouvrir les yeux à l'évidence, et vote avec un accord affligeant cette élection plus que suspecte.

Ce vote était de bon augure pour M. Guizot; par malheur on ne lui laisse pas le temps de s'en réjouir. Dès le lendemain, M. Barrot monte à la tribune et l'interpelle au sujet de la scandaleuse histoire, qui, sous le nom d'*affaire Petit*, préoccupe et indispose tous les esprits. Les faits sont trop avérés, les dates trop précises, les contrats trop authentiques; le système des dénégations hautaines n'est plus applicable. Aussi M. Guizot donne-t-il un autre tour à la défense. Dans une confession renouvelée de Tartuffe, il s'accuse, et avec lui *toutes les administrations qui l'ont précédé depuis trente ans*, d'avoir laissé *un point de jurisprudence douteux*, d'avoir *toléré une pratique regrettable*, mais qui s'explique par d'*anciennes traditions* et par l'*empire d'une partie des lois actuelles*. « Mais ne croyez pas, ajoute le ministre, pris dans ce qu'il appelle un *petit dédale d'accusations et d'insinuations, que j'entende me prévaloir de ce que je rappelle ici pour soutenir et justifier le fait en lui-même. Je ne me paye pas de subtilités, et je ne me plaindrai jamais de voir se développer les susceptibilités et les exigences morales de la Chambre et du pays. Que la conscience publique devienne chaque jour plus difficile et plus sévère*, répète M. Guizot avec une merveilleuse assurance, *je m'en féliciterai, bien loin de m'en plaindre.* » Puis il certifie que, depuis deux ans, les faits de cette nature ont cessé de se produire, et annonce qu'un projet de loi, présenté par le garde des sceaux et in-

---

(1) M. Richond des Brus, député de la Haute-Loire.

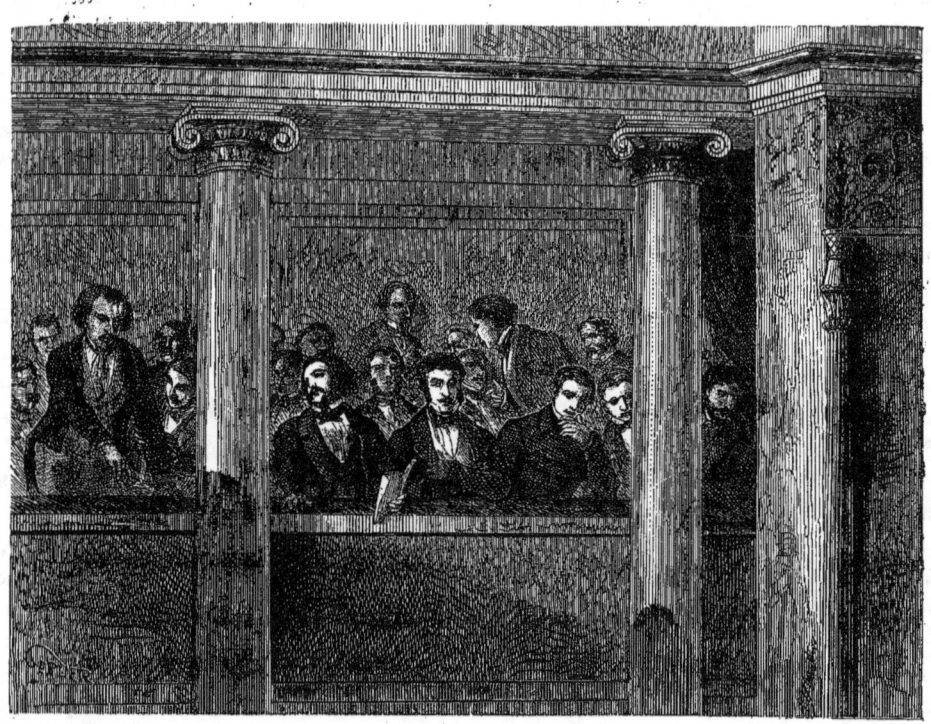

LA TRIBUNE DES JOURNALISTES A LA CHAMBRE DES DÉPUTÉS (P. 32).

cessamment soumis à la délibération des Chambres, va mettre un terme définitif à cette sorte d'abus.

Une pompeuse apologie de lui-même, de ses amis, de leur moralité politique, suivie de la menace habituelle de démission si le vote qui va suivre témoignait du *moindre affaiblissement dans la confiance de la majorité*, accompagne ce nouveau défi jeté à l'honnêteté publique. Mais le défi est relevé aussitôt par MM. Thiers et Dufaure qui repoussent avec indignation, comme l'avaient déjà fait MM. Molé, Passy et d'Argout, la solidarité de ces actes que le président du conseil appelle de *petits faits*, mais que M. Dupin qualifie de *stellionat* et de *simonie politique*. « Il y a longtemps, s'écrie M. Barrot dans cette discussion toute brûlante de personnalité, il y a longtemps que je savais que nous ne nous comprenions plus en politique ; mais je croyais que sur les choses de l'honnêteté nous nous comprenions encore. » Mais le parti pris de la majorité conservatrice est inébranlable. Elle rejette obstinément deux ordres du jour proposés par MM. Lherbette et Darblay afin de constater le mécontentement de la Chambre. Par l'adoption de l'ordre du jour de M. de Peyramont, elle renouvelle le pacte honteux qui l'asservit aux volontés de M. Guizot ; puis on passe à la discussion de l'adresse (1).

Le premier débat s'engage par un exposé complet de notre situation financière, dont M. Thiers signale les périls avec une clarté et une précision implacables (2). Le chiffre de la

(1) La commission, composée de neuf députés ministériels, ce qui ne s'était pas vu depuis le ministère de M. de Villèle, avait choisi M. Vitet pour son rapporteur.
(2) Le lendemain, 26 janvier, on lisait dans *le National* un commentaire effrayant du discours de M. Thiers : « Quel hé-

dette flottante dépasse de plus de deux cents millions celui que les plus alarmistes avaient osé supposer, et M. Thiers démontre qu'il est absolument impossible d'enrayer sur cette pente fatale. Il résume en ces termes la situation : « Un budget ordinaire en déficit soldé tous les ans avec les réserves de l'amortissement qui devaient suffire au budget extraordinaire ; un budget extraordinaire soldé avec des réserves futures et en attendant avec la dette flottante ; enfin la dette flottante que vous diminuez de temps en temps par un emprunt resté au-dessus des limites raisonnables, au-dessus des limites de la prudence. »

La Chambre, qui prête toujours une attention scrupuleuse aux paroles de M. Thiers, paraît frappée de ce tableau. L'inquiétude sur l'état des finances est la seule émotion dont la majorité soit encore susceptible. Elle se rencontre un instant sur ce point avec la minorité dans un sentiment de défiance pour le cabinet ; elle écoute avec incrédulité MM. Dumon et Duchâtel. Ceux-ci d'ailleurs, aux accusations de M. Thiers, ne peuvent opposer qu'un vague tableau des prospérités du pays et ne persuadent personne. Les coups de M. Thiers ont porté juste. Les attaques d'un homme qui connaît les affaires pour les avoir longtemps pratiquées jettent l'alarme dans tous les partis et blessent par le côté le plus vulnérable le cabinet conservateur. A quelques jours de là, on peut s'apercevoir aussi que le vote de la majorité n'est plus suffisant pour absoudre le ministère et que la pression de l'opinion publique s'exerce avec plus de force, car elle oblige les députés à revenir encore sur cette honteuse *affaire Petit*, que M. Guizot et ses adhérents voudraient à tout prix étouffer. A propos du quatrième paragraphe de l'adresse, qui promet au roi le concours des Chambres pour adoucir le *sort de*

ritage, disait-on en s'adressant au ministère, laisserez-vous au pays? Quel est le dernier terme prochain peut-être de votre système? Il faut dire le mot, c'est la banqueroute. Avec la durée de ce qui est, il n'y a pas d'autre issue : la banqueroute par la paix, la banqueroute comme résultat presque infaillible de cette politique d'ordre. »

ceux dont le travail est l'unique ressource, M. de Tocqueville, après un long tableau de la dégradation des mœurs publiques et privées, accuse de cette dégradation le gouvernement, et en particulier M. Guizot, qui a perdu, dit-il, depuis la révélation des trafics auxquels on se livre sous ses auspices, son *prestige d'austère probité.* Comme si les paroles de M. de Tocqueville n'eussent pas été assez explicites, M. Billault, reprenant le même thème, formule un acte d'accusation en règle et somme le ministre de confesser la part qu'il a dans cette affaire, ou bien de destituer son chef de cabinet, M. Génie.

M. Janvier répond à cette accusation par une apologie complète, très-hasardée en pareille circonstance, du ministère. Il vante, au milieu des rires et des interruptions les plus insultantes, l'élévation du caractère de M. Guizot et déclare que les conservateurs continueront à le soutenir, parce que *quelques fautes récentes* ne leur feront point oublier de si longs services rendus.

Ces louanges et ces attestations de moralité sont suivies d'un discours assez ambigu de M. Dufaure, qui adopte l'amendement de M. Billault comme un *avertissement conciliable avec l'estime.* Mais M. Duchâtel repousse même cet avertissement adouci, et la majorité rejette l'amendement. Les questions de probité ainsi écartées, on passe aux questions politiques.

Les affaires d'Italie sont portées à la tribune par M. de Lamartine. La plus grande fermentation continuait à régner d'une extrémité à l'autre de l'Italie. L'Autriche redoublait de rigueur en Lombardie ; les prisons se remplissaient ; des rixes continuelles entre les étudiants et la force armée ensanglantaient Milan et Pavie ; les soldats se portaient aux plus graves excès, et les proclamations brutales du maréchal Radetzki semblaient les y encourager. Ne pouvant encore se venger par une voie plus directe, la population milanaise essayait de tarir une des sources du revenu de l'Autriche en renonçant subitement à l'usage du tabac. Étrange conjuration, sérieuse sous une apparence frivole, qui montrait une unanimité redoutable dans la haine de l'étranger et faisait présager un soulèvement prochain. A Gênes, une émeute contre les jésuites inquiétait le gouvernement de Charles-Albert. Des manifestations du même genre avaient lieu à Rome et fournissaient à la faction des cardinaux des arguments contre la liberté, dont l'esprit indécis et le caractère faible de Pie IX paraissaient très-troublés. Enfin Palerme s'était insurgée, et, après un bombardement de quarante-huit heures, le comte d'Aquila, renonçant à la réduire par la force, retournait auprès de son frère, le roi de Naples, et le décidait à faire des concessions.

C'est sous de tels auspices que s'ouvrait à la Chambre la discussion du paragraphe sur l'Italie. Les sympathies publiques étaient acquises à la cause italienne. M. de Lamartine leur prêta sa voix éloquente. Il accusa le gouvernement de s'être allié à tous les gouvernements absolus depuis sa rupture insensée avec l'Angleterre. « La France, entre vos mains, dit-il, en se tournant vers M. Guizot, devient gibeline à Rome et à Milan, sacerdotale à Berne, autrichienne en Piémont, et russe à Cracovie. » Puis il développa, avec un grand bonheur d'expressions, cette opinion, qui était au fond l'opinion de la France. La réponse de M. Guizot ne fut point habile. En insistant sur la religieuse observation des traités de 1815, en risquant l'éloge du prince de Metternich, il ranima un moment les susceptibilités nationales de la Chambre, et provoqua sur les bancs de l'opposition de violents murmures. Mais, suivant sa coutume, il attendit avec un tranquille dédain que la rumeur fût calmée et prononça alors ces paroles mémorables : « Il ne s'agit pas du tout, à l'heure qu'il est, de constitution dans les États italiens. De quoi il s'agira dans dix ans, dans vingt ans, je l'ignore. Je ne suis pas obligé de traiter à cette tribune les questions que mes successeurs y traiteront. »

Le même jour, on apprenait à Paris que l'insurrection de Palerme repoussait toutes les concessions du roi de Naples; la conséquence de ce refus était la promulgation d'une constitution, non-seulement à Naples, mais bientôt après à Florence, et l'insistance très-énergique des populations à Turin et à Rome pour en obtenir une semblable.

Toujours très-révolutionnaire en paroles et dans les choses de l'extérieur, M. Thiers ne manque pas de saisir une circonstance aussi favorable pour enlever les applaudissements de la gauche et embarrasser le ministère sans trop se compromettre. Il revendique pour la France l'honneur de protéger en Europe les progrès de la liberté. Il rappelle que la nation française a compté dans son sein les *plus grands agitateurs de la pensée humaine* : Descartes, Pascal, Voltaire, Montesquieu. Mais, tout en flétrissant les meurtres commis à Milan et le bombardement de Palerme, tout en lançant aux souverains coupables de ces forfaits les épithètes de tyrans et de bourreaux, l'ex-ministre reconnaît, en homme qui veut pouvoir rentrer aux affaires, la validité des traités de Vienne et prononce cette sentence, très-peu digne d'un esprit sérieux : *Il faut les maintenir, mais en les détestant.*

C'était faire beau jeu au cabinet. C'était fournir à M. Guizot une occasion précieuse de mettre à découvert la mauvaise foi ou la puérilité d'une opposition qui jouait sur des mots, et d'une politique réduite à équivoquer misérablement sur les principes. M. Guizot commence sa réplique en déclarant, avec une ironie peu voilée, qu'il est heureux de se trouver aussi *parfaitement d'accord* avec son adversaire. Ce que M. Thiers *dit*, le cabinet du 29 octobre l'a *fait*. Le cabinet a soutenu, comme il le devait, l'indépendance des États italiens; il a réclamé contre le *fait irrégulier* de l'occupation de Ferrare et de Modène par les troupes autrichiennes; il encourage à Rome et partout les réformes sages, modérées; enfin sa politique est au fond semblable à celle de M. Thiers; elle n'en diffère que dans la forme, ce qui est suffisamment expliqué par la différence des situations entre un homme qui, en dehors du pouvoir, peut tout dire, et celui auquel des convenances supérieures commandent le silence. M. Guizot n'épargne pas non plus à M. Thiers un persiflage bien mérité sur les qualifications peu parlementaires de bourreaux et de meurtriers appliquées à des personnes royales et sur le merveilleux axiome qui enjoint de *détester* des traités que l'on trouve utile de maintenir. En descendant de la tribune, il peut voir qu'il a touché juste; les amis de M. Thiers sont visiblement mal à l'aise; quant aux radicaux, un peu surpris d'entendre ainsi solennellement proclamer la parfaite entente des deux hommes d'État, ils sentent renaître leurs scrupules et s'accusent tout bas d'avoir été dupes.

M. Odilon Barrot tente alors, mais sans succès, d'effacer l'impression que vient de produire le président du conseil. Ses déclamations vagues et froides n'ont pas d'écho; la majorité se retrouve tout entière pour approuver la conduite du cabinet dans les affaires d'Italie.

Le même spectacle, à peu de chose près, se reproduit dans la discussion sur les affaires de Suisse, elle recommence par une joute entre MM. Thiers et Guizot. Mais cette fois l'avantage reste au premier, parce que, sentant le besoin de resserrer avec la gauche des liens qui se détendent, il fait beaucoup plus hardiment résonner la corde révolutionnaire. « Nos adversaires, dit M. Thiers, ne voient dans l'affaire de Suisse que le triomphe du radicalisme, triomphe qu'ils regardent comme très-dangereux pour l'Europe. Quant à nous, ce que nous y voyons, c'est la révolution et la contre-révolution en présence. » Des bravos partis de la gauche et de plusieurs tribunes accueillent cette manière franche et nette de poser la question. « Le gouvernement, reprend l'orateur, a épousé la cause de la contre-révolution avec une audace qui m'a confondu. Le droit des gens, l'intérêt, la dignité de la France ont été délaissés. » Et il fait suivre ce début d'un admirable résumé historique où il montre, en Suisse comme en France, depuis cinquante ans, une lutte obstinée entre l'ancien régime et le nouveau. Il compare le zèle du gouvernement français dans cette cause, illibérale à la froideur qu'il montre en Italie, défend avec chaleur le parti révolutionnaire, outrageusement calomnié dans l'autre Chambre par M. de Montalembert, défie le gouvernement de demander à la France un seul homme et un seul écu pour marcher sur Berne; et termine par ces paroles surprenantes qui trahissent son indestructible instinct de jeunesse persistant à travers tous les changements de l'âge mûr et tous les calculs de l'ambition : « Certes, je ne suis pas radical, mais je suis du parti de la révolution en Europe. Je souhaite que la révolution soit dans la main des modérés; mais, quand elle passerait dans la main des hommes qui ne sont pas modérés, *je ne quitterais jamais pour cela la cause de la révolution.* »

Cette fougueuse harangue étonne, indigne, ravit. Les conservateurs restent atterrés (1). La gauche, se sentant justifiée et voyant dans ces paroles un gage sérieux d'alliance, applaudit avec passion. Les rédacteurs du *National* donnent, dans la tribune des journalistes, les signes du plus vif enthousiasme. Le soir, tout Paris retentit de cette popularité reconquise. D'un bout à l'autre de l'Europe, un écho prolongé répète les promesses révolutionnaires d'un homme qui touche au pouvoir, et qui bientôt, sans aucun doute, va rendre le monde témoin de leur exécution hardie.

Il n'y avait plus moyen cette fois, pour M. Guizot, de se déclarer d'accord avec M. Thiers; aussi eut-il recours à une autre tactique. Il opposa l'opinion de M. Thiers, député de l'opposition en 1848, à celle de M. Thiers, ministre des affaires étrangères en 1836, et donna lecture de deux dépêches adressées à cette époque à M. de Montebello, ambassadeur en Suisse. « Le parti radical, di-

---

(1) M. Molé surtout ne pouvait contenir son indignation; « Ce sont d'odieux sophismes, » répétait-il le soir dans son salon d'un ton irrité.

sait l'une de ces dépêches, est insensé de croire qu'il y ait pour lui possibilité de s'établir en Suisse, lorsque partout ailleurs ses adhérents en sont réduits à n'oser lever la tête en présence de la réprobation générale et du sentiment universel de répulsion dont ils sont devenus l'objet. » Et plus loin : « Cette faction se montre d'autant plus entreprenante, qu'en dépit de ses excès et des complications où sa conduite pourrait entraîner la Suisse, la France se trouverait engagée à la défendre contre toute action hostile ou répressive de l'étranger; c'est une illusion qu'il importe de détruire. »

« Certainement, messieurs, continuait M. Guizot, en reprenant son accent gravement persifleur, je n'ai jamais tenu aux radicaux suisses un langage plus sévère que l'honorable M. Thiers. » Et les centres riaient, charmés de cette malice oratoire; et la majorité frivole et inconsistante, sans plus s'inquiéter du fond des choses, s'empressait de voter le paragraphe sur la Suisse, comme elle avait voté le paragraphe sur l'Italie. Rien ne l'arrêtait plus dans son aveugle zèle; rien n'était plus capable de la détourner de sa voie fatale.

Interpellé dans le débat relatif à la Pologne sur deux mesures récentes qui paraissent peu d'accord avec les assurances de sympathie renouvelées dans l'adresse : l'interdiction d'un banquet d'anniversaire chez le prince Czartoriski, et l'expulsion de M. Bakounine, au lendemain d'un discours hostile à l'empereur Nicolas, prononcé dans la réunion annuelle des Polonais, M. Guizot s'excuse sur des motifs graves qu'il ne peut sans inconvénient communiquer. Il use de la même réserve à l'endroit des affaires de la Plata, où, suivant les accusations de MM. Drouin de Lhuys, Lacrosse et Chambolle, notre gouvernement trahit, depuis sept ans que les négociations sont entamées, une faiblesse et une hésitation funestes aux intérêts français engagés à Montevideo. On passe ensuite à la discussion sur l'Algérie.

Une diatribe de M. Lherbette dénonce au pays les empiétements rapides du gouvernement personnel. L'orateur montre tous les grands commandements envahis par les princes, la faveur décidant seule de tous les avancements dans l'armée de terre et de mer; il accuse M. Guizot de souffrir, contrairement au principe du gouvernement représentatif, la présence du roi au conseil. Cette accusation éveille chez le ministre une susceptibilité honorable. Il répond avec une animation singulière, et rectifie l'erreur où est tombé M. Lherbette en avançant que la présence du roi au conseil est contraire aux usages de l'Angleterre; puis repoussant, dans un beau mouvement d'éloquence, l'idée honteuse, indigne de notre temps, que l'on ne saurait approcher des princes sans se soumettre à leurs caprices, il fait avec passion, avec vigueur, avec éclat, une profession de foi monarchique que la grande majorité de la Chambre et des tribunes est entraînée à applaudir. Le soir même, les ducs de Nemours et de Montpensier venaient exprimer au ministre leur gratitude. On est si sensible en France au prestige de la parole, qu'il semble, à la suite de ce beau morceau d'éloquence, que la dynastie vient d'acquérir une force nouvelle.

Après un long discours du maréchal Bugeaud sur la nécessité de conserver en Algérie des forces imposantes et sur le danger d'y développer prématurément des institutions civiles, M. Guizot est interpellé par M. de la Rochejacquelein sur la conduite qu'il compte tenir relativement à Abd-el-Kader.

Le ministère avait compté sur la nouvelle de la soumission de l'émir pour éblouir la Chambre et déconcerter l'opposition. Mais il s'abusait encore. Cet événement, si longtemps espéré en vain, et qui, en d'autres circonstances, eût excité des transports de joie, ne détourna pas l'attention publique des scandales de l'administration; il ne fit pas taire un murmure et suscita même au gouvernement de graves embarras.

C'était le 1ᵉʳ janvier, le jour des félicitations et des vœux, que le télégraphe avait annoncé cette heureuse issue de la campagne conduite par le général Lamoricière. Cette preuve, ajoutée à tant d'autres, de l'étonnante fortune du roi, et l'éclat que ce succès faisait rejaillir sur l'un de ses fils, furent salués par les courtisans comme le présage d'autres victoires, non moins souhaitables, sur les ennemis intérieurs; mais bientôt le rapport du duc d'Aumale et celui du général Lamoricière fournirent à la presse de l'opposition dynastique et radicale de nouvelles armes contre le gouvernement. Pour échapper aux forces marocaines, l'émir s'était, il est vrai, rendu à l'armée française, mais sous la condition qu'il serait transporté, lui et sa famille, à Saint-Jean d'Acre ou bien à Alexandrie. Arrivé à Toulon sur une de nos frégates à vapeur, il éclamait avec insistance l'exécution du traité.

Cependant, envoyer Abd-el-Kader en Égypte, d'où il pouvait si aisément, sous l'influence et avec l'appui de l'Angleterre, agir contre nous, c'eût été le comble de l'imprudence; le ministère le sentait bien, mais que faire? Désavouer le duc d'Aumale qui avait ratifié les conventions signées par le général Lamoricière? cela semblait impossible; manquer brutalement de parole à un si noble ennemi? que dirait l'Europe? Pour se donner le temps de réfléchir, et malgré les réclamations éloquentes qu'Abd-el-Kader adressait au maréchal Bugeaud et au roi lui-même, M. Guizot, au mépris d'une parole sacrée, le fit enfermer *provisoirement*, disait-il, au fort Lamalgue.

La nomination d'un fils du roi au gouvernement de l'Algérie, attaquée depuis longtemps dans les journaux, le fut à cette occasion à la Chambre des pairs. M. Guizot répondit, comme de coutume, par des atermoiements. Au sujet d'Abd-el-Kader, il dit que le gouvernement n'avait pas pensé que la parole d'un chef militaire dût l'engager politiquement, et que, d'ailleurs, on espérait trouver un moyen de concilier la parole donnée avec la sécurité de la France. La même réponse fut faite aux interpellations de M. de la Rochejacquelein et trouva la même docilité dans la Chambre des députés. Les questions les plus épineuses ainsi écartées, le ministère, triomphant sur tous les points, s'apprêtait à la dernière lutte avec un redoublement de confiance dans ses forces, et s'applaudissait à l'avance d'un succès qui serait sans doute disputé, mais qui lui semblait infaillible. On touchait enfin au paragraphe qui allait soulever la question du droit de réunion et des banquets.

Un incident, dont le caractère révolutionnaire n'échappa point aux esprits attentifs, était survenu pendant la discussion des précédents paragraphes. Par une de ces inconséquences si fréquentes dans la vie des hommes politiques de ce siècle, M. Guizot, qui avait dû une grande partie de sa popularité, sous la Restauration, aux persécutions d'un ministre illibéral, usait à son tour du pouvoir pour interdire la parole à trois professeurs illustres: MM. Mickiewicz, Quinet et Michelet. Leur enseignement à tous trois n'avait pas, il est vrai, la régularité des programmes académiques; un esprit supérieur animait leur parole et faisait sa puissance. Mickiewicz, le poëte-prophète, cherchait dans les origines de la race slave ses droits à la grandeur; il relevait les abattements de la captivité, consolait, ennoblissait l'exil. Évoquant l'ombre de Napoléon, il ravivait l'amour de la France pour la Pologne, et promettait à l'union des deux peuples les plus sympathiques du monde moderne je ne sais quel avenir religieux et guerrier. Dans un langage plein de feu, qui empruntait ses beautés au double génie des langues slave et latine, il prêchait une croisade énigmatique contre l'esprit du mal, annonçant la délivrance de l'humanité, arrachée enfin aux puissances de l'abîme. L'Italie, ce foyer des lumières et de la liberté modernes, aujourd'hui étouffée sous les cendres, inspirait à Quinet des regrets pathétiques, mêlés de malédictions et d'anathèmes. Il menait le deuil de ses grandeurs perdues; il lui suscitait des libérateurs. Quant à Michelet, il interrogeait l'histoire, pour rappeler à une jeunesse amollie les traditions d'honneur, de patriotisme et de liberté.

Tous trois, il le faut avouer, étaient de grands révolutionnaires, à une époque et sous un pouvoir qui n'aspiraient qu'au repos dans le bien-être, car ils réveillaient les nobles curiosités, agitaient les consciences et remuaient les cœurs. Ils osaient enseigner à la génération nouvelle la haine de l'injustice et stimuler en elle le sentiment de l'indépendance; ils lui parlaient de Dieu, de patrie, de vérité : apostolat dangereux et qu'il importait d'interdire, sous un gouvernement dont un matérialisme grossier faisait toute la force.

Depuis six mois déjà, les cours de M. Mickiewicz et de M. Quinet étaient suspendus sous prétexte que les professeurs s'étaient écartés de leur programme. On n'avait point encore osé attaquer celui de M. Michelet, parce que, mieux sur ses gardes, l'illustre historien s'était tenu plus étroitement au sujet annoncé de ses leçons; mais on épiait une occasion, et l'on trouva moyen de la faire naître. Le jour de l'ouverture au Collège de France, les étudiants, qui, en attendant l'arrivée du professeur, se livraient d'ordinaire à des passe-temps où la bienséance n'était pas toujours strictement observée, prirent pour thème de leurs joyeusetés le discours du roi aux Chambres; ils en firent une lecture ironique, accompagnée de gestes moqueurs. Aussitôt des agents de police parurent dans la salle et la firent évacuer. Le lendemain, une affiche annonça que le cours d'histoire de France était suspendu. L'indignation et la colère des jeunes gens furent extrêmes. Le soir même, ils se rendirent en très-grand nombre devant la maison de leur professeur pour lui faire une ovation. Ne l'ayant pas trouvé, ils allèrent à l'Institut et en ébranlèrent les vieilles murailles aux cris frénétiques de *Vive Michelet!* Le lendemain, les journaux de l'opposition donnèrent le discours qu'ils avaient voulu prononcer, et dans lequel ils protestaient avec véhémence contre les actes despotiques d'un *pouvoir re-négat issu des barricades*. M. Michelet se plaignit, par la voie de la presse, d'une mesure qui le rendait responsable de faits arrivés en son absence; à quelques jours de là, n'ayant point obtenu de réparation (1), il publia *ses adieux à ses élèves*, adieux éloquents, dernières paroles recueillies avec amour, qui exhortaient la jeunesse à se rapprocher du peuple, à imiter ses vertus, à plaindre ses maux, à se sacrifier au besoin pour lui.

Depuis ce jour, la fermentation avait été croissant dans les écoles; le 3 janvier, elle se produisit au dehors d'une manière qui importuna singulièrement les conservateurs. Trois mille étudiants environ, ayant rédigé une pétition aux députés, se rendirent à la Chambre pour demander justice au nom de la liberté violée et de l'indépendance de l'enseignement supérieur, atteint dans les personnes de MM. Mickiewicz, Quinet et Michelet. Après avoir déposé leur pétition entre les mains de M. Crémieux, ils allèrent successivement en bon ordre, mais avec une contenance fière et résolue, aux bureaux du *National*, de *la Réforme*, de *la Démocratie pacifique*. Là, MM. Thomas, Flocon et Cantagrel, rédacteurs de ces différents journaux, les félicitèrent de leur ardeur à défendre la liberté de la pensée et les grandes idées de la Révolution; ils annoncèrent l'heure prochaine d'un réveil formidable de l'opinion publique. Puis les étudiants se dispersèrent, sans avoir occasionné aucun désordre; mais l'impression n'en était pas moins produite sur la population parisienne. Une alliance tacite était conclue au nom des droits les plus saints. L'air se chargeait d'électricité.

CHAPITRE VI

Suite et fin de la discussion de l'adresse.

Tous les esprits étaient tendus vers cette lutte suprême. Il s'agissait d'un grand prin-

---

(1) Les journaux ministériels se félicitaient au contraire de ce que le Collége de France avait enfin cessé d'être une école de scandale, de sédition et d'impiété.

cipe à maintenir, d'un droit sacré à défendre ; mais, on ne l'ignorait pas, de ce devoir courageusement accompli pouvait naître inopinément un péril pour la monarchie, car, derrière l'opposition légale et parlementaire, on sentait quelque chose de redoutable s'agiter. Par delà le bruit qui se faisait à la tribune, on entendait un silence plein de menaces. Le pavé des rues était brûlant, le travail taciturne ; les entretiens étaient mystérieux, les visages sombres. Les souvenirs de nos révolutions, si longtemps effacés, reparaissaient dans leur sinistre éclat ; une ombre importune s'asseyait à toutes les tables. On pensait involontairement qu'il y avait dans Paris un peuple fort, spontané, capricieux, qui prenait son temps et ses heures pour visiter les Tuileries et pour coiffer ses rois du bonnet rouge.

Les banquets réformistes, radicaux et même communistes, s'étaient continués dans les départements, malgré la consigne de l'opposition dynastique, qui les avait déclarés sans objet du moment que la session était ouverte. Le ministère fermait les yeux sur ces agitations lointaines, accoutumé qu'on est à Paris à tenir peu de compte des opinions de la province. Mais l'annonce d'un banquet dans le douzième arrondissement parut une menace sérieuse, et le préfet de police répondit à l'avis qui lui en fut donné, conformément à la loi, par une défense formelle. A ce refus, la commission du banquet, composée de MM. Marie, Crémieux, Pagnerre, Garnier-Pagès, et qui avait pour président M. Boissel, député, pour vice-président M. Poupinel, lieutenant-colonel de la douzième légion, répondit à son tour par la déclaration suivante :

« Vu la sommation de M. le préfet de police ;

« La commission du banquet réformiste du douzième arrondissement s'est réunie, et considérant que, en fait, nulle autorisation n'a été sollicitée, que M. le préfet a bien voulu confondre une déclaration pure et simple du lieu et du jour du banquet avec une demande en autorisation, qu'on n'avait ni à demander ni à refuser ; s'appuyant sur les lois de 1831 et 1834, qui ne prohibent point les réunions accidentelles, sur les déclarations formelles de l'orateur du gouvernement dans la discussion de ces lois, sur le récent arrêt de la Cour de cassation et sur la pratique constante du gouvernement ;

« La commission décide à l'unanimité qu'elle regarde la sommation de M. le préfet de police comme un acte de pur arbitraire et de nul effet. »

La question se posait ainsi de la manière la plus explicite entre le *pays légal* et le gouvernement. Il n'y avait plus d'équivoque ni de temporisation possible. Aussi, à la Chambre des pairs, M. d'Alton-Shée ayant, dans la séance du 18, sommé le cabinet de dire si c'était avec l'autorisation du gouvernement qu'avait agi le préfet de police, M. Duchâtel répondit fièrement par l'affirmative. Il se fondait sur la loi de 1790, soutenait le droit du ministère d'autoriser ou de refuser, selon les circonstances, une réunion politique, déclarait que le pouvoir ne céderait point dans un moment où une telle réunion présentait des inconvénients graves, et qu'il la ferait disperser par la force si l'on avait la folie de braver une interdiction parfaitement légale.

De son côté, la commission du banquet publiait, le 24, une nouvelle déclaration qui dénonçait au pays les prétentions illégales du ministère, et persistait dans l'intention de donner le banquet. On vit cependant déjà quelque hésitation dans sa tactique, car elle ajoutait que, sur la demande de plusieurs députés retenus à la Chambre par la discussion de l'adresse, elle retardait la manifestation et qu'elle en ferait connaître ultérieurement le lieu et l'heure.

Dans l'origine, le lieu du rendez-vous, fixé au 19 janvier, était la rue Pascal, située au centre du douzième arrondissement, et dont la population effervescente paraissait très à craindre à tous ceux qui voulaient maintenir au banquet un caractère pacifique. C'était donc un premier symptôme de prudence dans les

M. GUIZOT

vues de la commission que de laisser indécis le lieu de réunion. Ceci n'échappa point au cabinet, et il se fortifia dans la pensée que, en demeurant inébranlable, il enlèverait le vote de la Chambre et verrait aussitôt s'évanouir, devant ce vote, des menaces d'enfants, d'autant plus bruyantes qu'elles partaient de cœurs moins affermis. Telle était la mésestime que le roi et ses ministres avaient au fond pour le pays légal. Une démarche du parti progressiste vint encore les confirmer dans leur sécurité dédaigneuse.

Une quarantaine de députés environ, appartenant à ce parti, ou plutôt à cette coterie, s'étaient constitués en comité, afin de mieux s'entendre sur la conduite à tenir dans la situation qu'allait créer à leur opposition ambiguë la discussion du paragraphe relatif au banquet. Une attitude franche et une résolution courageuse, pour des esprits de cette trempe, c'était une impossibilité de nature. Reconnaître le droit d'un côté ou de l'autre pour se ranger à sa défense n'était pas le sujet de leur perplexité. Il s'agissait pour eux simplement de tirer avantage des embarras du ministère et de mettre à bon prix leur concours.

Aussi, la veille du jour où devait s'ouvrir le débat, le 6 février, les progressistes députèrent à MM. Guizot et Duchâtel des commissaires chargés d'une proposition de transaction. Ils offraient de faire rejeter un amendement de M. Sallandrouze, qui eût entraîné la chute du cabinet, si l'on consentait à accepter un sous-amendement dont la forme bienveillante impliquerait néanmoins, pour le pouvoir, l'engagement d'une réforme parlementaire. A leur grande confusion, les émissaires progressistes furent congédiés par un refus catégorique. Au point où en étaient venues les choses, répondirent d'un commun accord MM. Guizot et Duchâtel, il n'y avait plus de transaction possible. *Plus tard, après la session*, on verrait, on s'occuperait de chercher une *combinaison propre à tout concilier*. Sur ces paroles ironiques, le comité progressiste se sépara, et personne ne mit en doute, tant l'opinion s'était peu abusée sur les secrets mobiles de son opposition, qu'il dût voter avec le ministère.

La discussion, ouverte le 7 février, vint mettre en lumière la mauvaise foi politique de M. Guizot; car ses adversaires tirèrent un de leurs meilleurs arguments des paroles qu'il avait prononcées en 1840. « Les citoyens ont le droit, avait dit alors M. Guizot, de se réunir pour causer entre eux des affaires publiques, et il est bon qu'ils le fassent. *Jamais je n'essayerai d'atténuer les sentiments généreux qui poussent les citoyens à se réunir, à se communiquer leurs sympathiques opinions.* » Et aujourd'hui, après avoir implicitement reconnu ce droit pendant les six mois qui venaient de s'écouler, après avoir souffert dans les départements, en l'absence des Chambres, des manifestations violentes, on prétendait supprimer tout d'un coup une réunion légale, présidée par un député, à laquelle devaient assister les personnes les plus notables du pays.

M. Duvergier de Hauranne n'eut pas de peine à rendre saisissante l'énormité d'une semblable prétention. Instigateur principal des banquets, il en avait fait un point d'honneur personnel; son discours le marquait assez. Un orateur du parti radical n'aurait pas été plus implacable et n'aurait certes pas porté de pareils coups; les amitiés infidèles ont seules de ces armes perfides et empoisonnées.

« Le ministère veut mettre la minorité en jugement, dit M. Duvergier de Hauranne, en faisant allusion à la phrase sur les passions aveugles et ennemies, mais qu'importe! La majorité ministérielle est libre de faire ce qui lui plaira; la minorité ne s'en préoccupe plus. Ce ne sera qu'une pièce de plus dans le grand procès qui se débat au sein de la Chambre, mais *dont le juge est ailleurs.* » Selon M. Duvergier de Hauranne, la loi ne donne aucun moyen, aucun prétexte au gouvernement de s'opposer à une manifestation de cette nature. Si l'on osait le tenter, il s'associerait sans hésiter à la résistance.

Expliquant ensuite l'omission du toast au roi dans plusieurs banquets : « Si c'est un avertissement, dit-il, il faut s'en prendre au cabinet, qui fait du souverain un chef de parti, dénature le gouvernement représentatif, abaisse et corrompt les mœurs, travaille à faire contre l'indépendance des peuples une *nouvelle sainte alliance*. Vous nous accusez d'être mus par des passions aveugles et ennemies, s'écrie l'orateur; nous, nous vous accusons de fonder sur les passions basses et cupides tout l'espoir de votre domination. Vous nous accusez de troubler, d'agiter le pays dans un misérable intérêt d'ambition ou de vanité; nous, nous vous accusons de le corrompre pour l'asservir. » Et il termine par un défi : « Comme M. Guizot l'a dit si souvent, au-delà, au-dessus de la Chambre, il y a le pays, près duquel la minorité est toujours en droit de se pourvoir. C'est ce que nous avons fait et c'est ce que nous continuons à faire. Que cela soit donc bien compris, bien entendu : nous ne venons pas ici plaider devant la majorité contre le ministère, nous venons plaider devant le pays contre le ministère et contre la majorité. »

Le radicalisme, perpétuellement accusé dans la presse ministérielle de travailler à détruire la famille et la propriété, et de vouloir établir en Europe le règne de la terreur, fut brillamment défendu à la tribune par M. Marie. « S'il existait une fermentation dangereuse dans certaines couches de la société, dit l'orateur, c'était la faute du cabinet, qui avait brisé l'alliance intime, formée par la révolution de 1830, entre le gouvernement et le peuple, en écartant de la vie politique la masse de la nation, en se refusant à toutes les réformes. » Et il disait vrai. Si le pouvoir rencontre toujours en France une disposition frondeuse et un esprit railleur, c'est dans la classe privilégiée. Les classes laborieuses des campagnes et des villes, le peuple enfin, malgré une certaine verve moqueuse à la surface, est, au fond, porté à l'amour pour ceux qui le gouvernent. Son instinct est juste, sa patience presque inépuisable ; il sait se confier, attendre, pardonner beaucoup à ceux dont il se croit aimé.

Un débat vide d'idées, rempli de personnalités mesquines, recommence, après le discours de M. Duvergier de Hauranne, entre MM. Léon de Malleville et Duchâtel. Signalant les prétentions exorbitantes du cabinet, le premier invite les citoyens à n'en pas tenir compte, puis il reproche au ministre les injures qu'il adresse à un parti jadis caressé, flatté. « Si le temps des dangers revenait, dit-il d'un accent qui trahit la vanité blessée et l'espoir secret des représailles prochaines, je sais bien à quels dévouements on s'adresserait encore au besoin. Il n'est donc pas prudent d'insulter ceux dont la popularité serait d'un si grand prix aux jours de péril. »

A ces petitesses de l'esprit de parti, M. Duchâtel répond par d'autres petitesses. Il rappelle à son accusateur des lettres adressées, en 1840, du ministère de l'intérieur aux préfets, par lesquelles on interdisait formellement certains banquets politiques. « M. de Malleville étant à cette époque sous-secrétaire d'État au ministère de l'intérieur, il est à supposer, dit M. Duchâtel, qu'il approuvait ces lettres. Du reste, le gouvernement ne répondra pas à un défi par un autre défi, ajoute M. Duchâtel ; mais il ne cédera pas non plus d'une ligne dans cette question où non-seulement la loi, mais tous les précédents administratifs lui donnent raison. » Et le ministre conclut en justifiant complétement les expressions de l'adresse. « On ne pouvait pas, dit-il, passer sous silence un fait aussi considérable ; on pouvait moins encore ne pas signaler au pays comme hostiles les vœux antimonarchiques et antisociaux exprimés dans plusieurs banquets, ne pas qualifier d'entraînement aveugle la conduite de certains amis du gouvernement qui, non contents de s'asseoir à côté de ses ennemis déclarés, consentent encore, par une inexcusable faiblesse, à supprimer le toast au roi. »

A ce discours, fréquemment interrompu par les murmures de la gauche, M. Odilon Barrot répond en revendiquant le droit de réunion comme *un droit essentiel à l'usage de toutes les libertés*, et que la Restauration même, si défiante et si portée aux mesures de rigueur, n'a pas osé attaquer.

M. Boissel vient ensuite réclamer contre l'injure faite au douzième arrondissement en lui interdisant ce qu'on a permis dans toute la France. Le garde des sceaux explique cette apparente inconséquence du ministère. Il dit que les lois politiques doivent être appliquées avec ménagement, que pour être utiles les lois répressives doivent être appelées par l'opinion. Il établit, par des citations empruntées aux toasts des derniers banquets, qu'on a abusé de la tolérance du gouvernement, et finit en déclarant que cette tolérance ne peut plus se prolonger sans péril. Il espère d'ailleurs que l'opposition ne donnera pas suite à ce défi imprudent ; mais si, contrairement à cette espérance, elle persévère, *le gouvernement fera son devoir*. Ces dernières paroles sont le signal d'un tumulte. Des huées, des rires accueillent le ministre, qui descend de la tribune et retourne à sa place en jetant à la gauche un regard irrité.

Les députés du centre, intimidés par le tour violent qu'ont pris les débats, peu confiants dans leur droit et blâmant au fond les expressions de l'adresse qu'ils sont obligés de soutenir, laissent voir sur leur physionomie et dans leur contenance, un malaise qui redouble l'audace de leurs adversaires. Enfin un peu de calme se rétablit; M. Ledru-Rollin monte à la tribune. Pour la première fois, peut-être, depuis qu'il siége à la Chambre, on l'écoute avec une attention sérieuse; pour la première fois aussi il s'élève à la hauteur des orateurs de nos grandes assemblées. Son argumentation est d'une logique serrée, son débit passionné mais contenu. Son éloquence emprunte à la cause qu'elle défend une force virile. « La faculté de se réunir est de droit naturel, imprescriptible, dit l'orateur; il ne saurait être entravé que par une défense catégorique, expresse. Or, non-seulement cette défense ne se rencontre nulle part dans nos lois, mais encore la Constitution de 91 garantit aux citoyens la liberté de s'assembler *paisiblement et sans armes*. On objecte que la Charte de 1830 est demeurée silencieuse, ajoute M. Ledru-Rollin, et qu'en dehors de ceux qu'elle octroie, il n'y a pas de droits. C'est là une bien triste et bien pauvre doctrine, sans élévation, sans grandeur, mais sans vérité surtout, et contre laquelle protestent la dignité de l'homme et la conscience humaine. » Puis, en comparant les textes, l'orateur s'attache à montrer que la Charte de 1830 n'a été qu'une *série de découpures faites dans celle de 1814*, qui n'était elle-même qu'un *octroi jaloux, parcimonieux, de provenance étrangère*. « Il est tout simple, dit-il, qu'elle ne parle pas du droit de réunion. Mais la loi qui permet aux citoyens de se réunir publiquement date de la Constitution de 1791, et le droit de s'associer, *du soir même de la prise de la Bastille*. » Après avoir fait sentir le vice de l'argumentation ministérielle : « Voyez où vous marchez, s'écrie M. Ledru-Rollin. De sophisme en sophisme, vous arrivez à nier toute espèce de droit en dehors des droits écrits, c'est-à-dire que vous portez atteinte à ce qu'il y a de plus vivace dans la moralité humaine, à ce qui seul ne peut pas se prescrire : le droit. Vous ébranlez ce qui est le plus profondément enraciné dans le cœur de l'homme, car il n'y aurait pas eu de sociétés si les droits naturels n'avaient vécu d'eux-mêmes. Et c'est vous qui osez parler de principes anti-sociaux ! »

Cette parole forte et pleine excite dans l'Assemblée un mouvement extraordinaire. L'émotion augmente quand M. Ledru-Rollin proteste, en son nom et au nom de ses amis, contre les conséquences possibles de l'opiniâtreté du ministre qui peut amener l'effusion du sang, et que, s'adressant à toutes les nuances de la gauche, il s'écrie : « Le gouvernement s'attaque à la plus vitale de nos libertés. Attachons-nous à elle par d'unanimes étreintes; environnons-la de nos bras comme un dernier autel qu'il faut maintenir debout. Tous, nous irons jusqu'au bout, et si nous sommes brisés dans la lutte, que le pays alors, comme en 1829, forme une vaste association pour le refus de l'impôt. »

La réponse du garde des sceaux soulève de nouvelles tempêtes. « Jamais, s'écrie M. Odilon Barrot en faisant un geste menaçant, ni Polignac, ni Peyronnet n'ont parlé ainsi. »

A ces mots, un grand nombre de députés se lèvent et quittent leurs bancs. On se lance des apostrophes injurieuses, on se menace du geste et du regard, on crie, on trépigne, on vocifère. M. Hébert, les bras croisés, dans l'attitude d'un homme préparé à tout, regarde fixement M. Barrot comme pour lui reprocher d'avoir donné le signal d'un tel désordre. Étourdi par le tumulte, troublé par la peur, le président quitte précipitamment son fauteuil sans songer à lever la séance. On le ramène au bureau; il prononce d'une voix éteinte la formule officielle et disparaît.

Depuis la Convention, on n'avait pas mémoire d'une séance pareille. Paris révolunaire en frémit de joie ; les salons sont consternés. L'opposition demeure confondue devant son œuvre.

Le lendemain, 10 février, la discussion, terminée sur l'ensemble du paragraphe, reprend sur les amendements. M. de Genoude propose de remplacer la phrase ministérielle par une phrase qui demande, *pour calmer les esprits et raffermir l'édifice politique, le concours universel des citoyens à la nomination des députés*. Mais il ne parvient pas à se faire entendre ; la Chambre est impatiente de passer à la discussion sur l'amendement de M. Darblay. On pense que, s'il y a encore une conciliation possible, elle doit résulter de l'acceptation d'un amendement conçu en termes mixtes, de nature à rallier de part et d'autre les hommes prudents, avertis enfin par des signes manifestes que l'ouragan se rapproche.

« Si les agitations réformistes ont produit en quelques endroits des démonstrations hostiles à nos institutions et à nos lois, dit l'amendement de M. Darblay, elles ont aussi prouvé que l'immense majorité du pays, même dans les opinions dissidentes, leur est inviolablement attachée. »

Le parti conservateur attendait avec anxiété ce qu'allait faire l'opposition ; il espérait qu'elle saisirait cette occasion ou ce prétexte pour abandonner une lutte pleine de périls. Mais, soit que M. Odilon Barrot n'aperçût point encore tout le danger, soit que, vivement poussé par la presse radicale, il crût ne pouvoir reculer sans déshonneur, il déclare à la tribune que ni lui, ni ses amis, ne peuvent accepter l'amendement, parce qu'il consacre un principe que l'opposition repousse : le droit de la majorité à porter un jugement sur la minorité.

M. Blanqui paraît alors à la tribune. Au nom de son père le conventionnel, rappelant la cruelle et impolitique proscription des girondins par les montagnards, il conjure la majorité de ne pas abuser de la puissance du nombre en flétrissant une minorité dont le seul tort est de comprendre autrement qu'elle le dévouement envers la dynastie.

Le ministre des finances ayant essayé d'expliquer que les banquets devaient être considérés comme une attaque à la royauté et aux institutions monarchiques : « C'est vous, s'écrie M. Barrot avec feu, c'est vous qui êtes hostiles à nos institutions et aveugles aux dangers de l'avenir ! » Ces personnalités ramènent M. Guizot à la tribune pour rétablir la question de droit ; et M. Guizot, à son tour, y ramène M. Thiers. Ce dernier déclare qu'il se croit d'autant plus obligé, par devoir et par honneur, de défendre les banquets, qu'il n'y a point assisté et se trouve conséquemment dégagé de toute solidarité personnelle avec ses amis en cette circonstance. Mais en dépit de ses efforts, soutenus jusqu'au dernier moment par M. de la Rochejacquelein à la tribune, et par M. de Girardin dans *la Presse*, la majorité, avec une opiniâtreté sans exemple et sans excuse, rejette l'amendement. Elle marchait rapidement, tête baissée, avec une incroyable hâte, à sa perte.

Enfin, le 11 février, une dernière voie de salut lui est offerte par un amendement de M. Desmousseaux de Givré, qui retranche purement et simplement de l'adresse les épithètes offensantes pour la minorité. C'est le moment décisif. M. de Lamartine monte à la tribune. Un silence imposant succède aux cris et aux vociférations qui jusqu'alors ont étouffé la voix des orateurs. On écoute ; on est dans l'attente de quelque chose d'imprévu. M. de Lamartine n'a point assisté aux banquets (1). Que va-t-il dire ? Est-ce l'historien révolutionnaire des girondins qui va parler ? Est-ce le légitimiste ou le conservateur que l'on va entendre ?

L'incertitude n'est pas de longue durée. Des circonstances accidentelles, s'il faut en croire M. de Lamartine, qui ne veut pas con-

---

(1) Le banquet de Mâcon, qui avait un caractère plutôt intime que politique, était le seul, en effet, auquel M. de Lamartine eût assisté. Il refusa, sous divers prétextes, toutes les invitations qui lui furent ensuite adressées.

fesser qu'il a suivi la politique expectante de M. Thiers, l'ont empêché de prendre part aux banquets ; mais il les approuve complétement. L'agitation qu'ils ont causée dans le pays a été une agitation honnête, salutaire, expression vraie d'un sentiment national, que l'opposition a contenu bien plutôt qu'elle ne l'a excité. La France, longtemps patiente, a voulu protester enfin contre les scandales de la corruption, contre l'immolation de l'intérêt national à un intérêt de famille, contre l'abandon de ses alliances naturelles. « En dehors de la royauté, de la Chambre des pairs et de la Chambre des députés, dit l'orateur, il existe, dans les cas extrêmes, un juge, un arbitre souverain qui est le pays, et voilà ce que vous accusez, ce que vous menacez sans loi, ou, du moins, avec des lois équivoques. *Vous voulez mettre la main de la police sur la bouche du pays.* »

Un immense applaudissement interrompt cette parole si frappante dans son image hardie. « Supposez, continue M. de Lamartine après quelques minutes d'une agitation qui couvre sa voix, supposez qu'une partie de vos collègues persiste à penser que la loi qu'on leur impose est une loi dérisoire et qu'ils persistent glorieusement à défendre leurs droits... — Nous persisterons, s'écrie-t-on avec entraînement. — Souvenez-vous du Jeu de Paume ! — Allons donc ! murmurent dédaigneusement les centres. — « Le *Jeu de Paume*, messieurs, reprend l'orateur avec un calme qui ajoute encore à l'effet de ses paroles et en accentuant fortement la voix, *c'est un lieu de réunion fermé par l'autorité, rouvert par la nation.* »

La Chambre est profondément remuée ; l'anxiété se lit sur tous les visages. Le nombre des votants est de 413. Une première épreuve reste douteuse. Au banc des ministres, on n'est pas sans crainte. Enfin, au scrutin de division, une majorité de 228 voix contre 185 maintient les paroles fatales. Le cabinet triomphe ; il n'a plus rien à redouter en effet : plus rien que la conscience du pays, la justice du peuple et la condamnation de l'histoire.

Le lendemain 12, M. Sallandrouze, riche fabricant appartenant à la fraction des conservateurs progressistes, apporte à la tribune le vœu d'une réforme parlementaire. C'était bien peu demander après des débats aussi orageux et de si vives attaques ; mais c'était trop encore pour l'orgueil poussé à bout de M. Guizot. Après avoir annoncé dans un solennel exorde qu'il va faire connaître à la Chambre la pensée tout entière du gouvernement, le président du conseil développe, non sans habileté, son thème habituel : que décréter immédiatement la réforme parlementaire, c'était rendre indispensable la dissolution de la Chambre, acte imprudent au suprême degré dans les circonstances présentes. Prendre un engagement pour l'avenir serait plus imprudent encore, car ce serait détruire moralement ce qui existait sans le remplacer. M. Guizot établit ensuite qu'un gouvernement doit accomplir les réformes lorsqu'elles sont devenues nécessaires, mais qu'il ne les doit jamais annoncer à l'avance. Le cabinet, ajoute-t-il, tient compte de la disposition des esprits ; il examinera à fond, avant la fin de la législature, ce qu'il y a à faire pour maintenir l'unité et la force du parti conservateur, règle de conduite invariable, idée fixe du ministère. Il fera ses efforts pour maintenir l'accord entre les diverses nuances ; mais, si la transaction nécessaire à cet effet paraissait impossible, *il laisserait à d'autres le soin de présider à la désorganisation du parti conservateur et à la ruine de sa politique.*

Ce discours captieux, cette demi-promesse enveloppée de menaces, a pour résultat le rejet de l'amendement de M. Sallandrouze à la majorité de 222 voix contre 189. Puis on vote sur l'ensemble de l'adresse. L'opposition s'abstient ; 3 voix seulement protestent contre 241.

Désormais, le combat en dehors des pouvoirs légaux devient inévitable. Il paraît imminent. Il ne s'agit plus d'établir de quel côté se trouve le droit, mais de quel côté sera la force.

CHAPITRE VII

Préparatifs du banquet. — Imminence de la catastrophe.

Le rejet de tous les amendements conciliateurs, le maintien intégral, dans l'adresse, des paroles repoussées comme injurieuses par l'opposition jetaient M. Barrot et son parti dans de grandes perplexités.

A l'ouverture de la session, l'opposition dynastique, satisfaite de la dernière revue qu'elle avait passée de ses forces au banquet de Rouen, et craignant que le radicalisme ne prît l'avantage si l'on prolongeait la campagne, avait décidé qu'on s'en tiendrait là; l'agitation réformiste n'ayant plus, disait-elle, sa raison d'être pendant les débats de la Chambre. Mais le tour irritant de la discussion, l'attitude hautaine du ministère et le persiflage du Château, piquant au vif les amours-propres, provoquèrent au combat. Une fois le combat engagé, il ne fut plus au pouvoir de personne d'en diriger l'élan ni d'en prévenir l'issue.

Dès le 8 février, M. de Girardin, dont le journal devenait de plus en plus menaçant et annonçait hautement une crise prochaine, adressait à M. Odilon Barrot une lettre pleine à la fois de raison et de courage pour l'engager à donner sa démission dans le cas où le paragraphe injurieux serait voté. « Il est impossible, disait le rédacteur de *la Presse*, si vous donnez votre démission (et comment vous abstenir de faire ce qu'a fait M. Berryer en 1841?), que l'opposition tout entière ne suive pas votre exemple. Je n'en excepte ni M. Thiers, ni M. de Rémusat, ni M. Dufaure (1). » En effet,

(1) *La Presse* publiait, le lendemain du rejet de l'amendement de M. de Givré, un excellent article dans lequel elle insistait sur la question de *légalité* restée douteuse aux yeux d'anciens ministres, de conseillers à la Cour de cassation, d'anciens bâtonniers de l'ordre des avocats et de cent quatre-vingts députés sur quatre cents. Elle conseillait au cabinet de saisir les pouvoirs législatifs d'un projet de loi qui déterminerait dans quelles circonstances et sous quelles réserves le droit de s'assembler pourrait être exercé ou serait interdit. (*La Press* du 12 février.) C'était encore là, pour le ministère, une

aussitôt après le vote, cette question fut débattue dans la réunion des députés réformistes. En appellerait-on de la majorité parlementaire à la majorité électorale? Forcerait-on le pouvoir, par une démission en masse, de convoquer plus de cent colléges électoraux, et susciterait-on de la sorte dans le pays une agitation nouvelle infiniment plus sérieuse, plus profonde, d'un caractère plus révolutionnaire que ne l'avait été l'agitation des banquets? C'était l'avis des tempéraments irascibles, et particulièrement de ceux d'entre les députés dont la réélection était certaine. On en compta quinze sur cent quatre-vingts. L'avis contraire prévalut, et, le 14 février, M. de Girardin fut seul à donner sa démission en ces termes :

« Monsieur le président,

« Entre la majorité intolérante et la minorité inconséquente, il n'y a pas de place pour qui ne comprend pas :

« Le pouvoir sans l'initiative et le progrès, l'opposition sans la vigueur et la logique. Je donne donc ma démission.

« J'attendrai les élections générales.

« ÉMILE DE GIRARDIN. »

Pour se relever à ses propres yeux de cette première défaillance, l'opposition arrêta que nul d'entre ses membres n'accepterait plus aucune invitation, ni chez le président de la Chambre, qui avait voté avec le parti conservateur, ni même aux Tuileries, et que, si le sort en désignait quelques-uns pour la députation chargée de présenter au roi l'adresse, ils s'abstiendraient. Puéril effort d'héroïsme, néanmoins encore au-dessus du courage civique de ces austères législateurs, car, au jour de l'exécution du serment, sur trois députés dont les noms étaient sortis de l'urne, un seul demeura fidèle à la résolution prise (1),

manière loyale et prudente de sortir du conflit; mais le cabinet, par un rare privilège, manquait presque également de prudence et de loyauté.

(1) J'entre dans ce détail parce qu'il me paraît caractériser, mieux que bien d'autres plus importants en apparence,

et le roi, en recevant la députation, put se féliciter tout haut de la trouver plus nombreuse qu'il ne l'avait vue depuis bien des années. La plupart des conservateurs s'y étaient joints en effet, malgré leur mécontentement et leurs murmures. Ils auraient souhaité que le ministre, si gravement atteint par la discussion de l'adresse, donnât sa démission pour leur épargner l'embarras d'une fidélité devenue très-compromettante. Le cabinet, disaient-ils, durait depuis trop longtemps. Leurs regards se tournaient vers M. Molé. Celui-ci prenait entre l'opposition radicale et le ministère une attitude également sévère pour l'une et pour l'autre, et se ménageait avec MM. de Rémusat, Billault, Dufaure, des intelligences qui devaient le mettre à même de composer un cabinet de conciliation tout à la fois agréable au pays (du moins il le pensait ainsi) et moins blessant pour le roi que ne le serait l'entrée de M. Thiers aux affaires. Mais, en attendant que cette combinaison fût arrivée à maturité, les conservateurs voulaient garder les apparences et faire acte de soumission au Château.

En renonçant à l'agitation électorale, en décidant de rester à son poste, l'opposition se voyait engagée d'honneur envers les électeurs parisiens, la garde nationale et les écoles, dont les intentions devenaient de jour en jour moins douteuses, à poursuivre, par tous les moyens légaux, l'exercice du droit de réunion. Conséquemment il fut décidé que les députés flétris assisteraient en corps au banquet; mais ils se réservèrent d'en fixer à loisir, après mûre réflexion, le jour, le lieu, l'heure, le mode, le cérémonial et l'étiquette. Il régnait à cet égard très-peu d'accord parmi les réformistes. La crainte d'en faire trop ou trop peu, en les agitant diversement, les tenait en incertitude. Les jeunes gens des écoles, qui avaient dû organiser un banquet particulier, y avaient renoncé, afin de ne pas faire de di-

l'ostentation d'indépendance et la faiblesse réelle de l'opposition dynastique. Combien le roi et les ministres n'avaient-ils pas raison de tenir en grand dédain de pareilles bravades!

version, et, non contents d'offrir, c'est-à-dire d'imposer à M. Barrot leur concours dans la grande manifestation que préparait l'opposition dynastique, ils demandaient à la commission des cartes d'admission pour un certain nombre d'ouvriers. Cette demande fut mal accueillie; mais, appuyés par le comité de *la Réforme*, les étudiants arrachèrent aux répugnances des chefs réformistes vingt cartes pour eux et douze pour les ouvriers. Sans s'arrêter à ce premier succès, *la Réforme*, toujours dans les mêmes vues, insistait pour qu'on se réunît, selon le premier projet, dans le douzième arrondissement, au faubourg Saint-Marceau, au sein d'une masse populaire en ébullition, qui ne pouvait manquer d'entraîner la manifestation bien au-delà des voies légales. L'intention était évidente. Aussi la réunion des députés écarta-t-elle tout d'abord cette proposition. On se mit à délibérer sur différents autres projets dont aucun ne paraissait offrir toutes les convenances désirables. Il s'en fallait bien, d'ailleurs, que la réunion fût aussi unanime que l'opinion publique. Tantôt M. Duvergier de Hauranne, tantôt M. Thiers, tantôt des avis un peu moins timides l'emportaient dans les conseils de M. Barrot, et, pendant ces oscillations, le temps s'écoulait. Les Parisiens, toujours amateurs de spectacles et d'émotions, s'impatientaient; les républicains semaient le soupçon dans le peuple et lui représentaient les lenteurs de M. Barrot comme un jeu combiné avec la cour, comme une trahison. Chaque soir on voyait se former dans les rues des groupes animés. Au Théâtre-Historique, où l'on jouait *le Chevalier de Maison-Rouge*, drame de M. Alexandre Dumas, le chœur des Girondins (*Mourir pour la patrie*), devenu populaire, était redemandé à grands cris. Au théâtre de l'Odéon, fréquenté par les étudiants, retentissaient chaque soir des chants patriotiques; et le matin, en rapportant les débats scandaleux d'un procès de viol suivi d'assassinat, intenté au *frère Léotade*, les journaux démocratiques ravivaient dans le peuple le mépris pour le clergé et de tout ce qui

M. ODILON BARROT

pouvait, à un degré quelconque, être suspect d'aristocratie (1). Chaque heure perdue par l'opposition réformiste était une heure gagnée par la révolution.

Cependant, malgré les dédains vrais ou affectés avec lesquels on parlait au Château du banquet et des *banquetistes,* comme, en dépit des prévisions, on touchait à une rupture ouverte, peut-être à une lutte armée, tout en plaisantant et en raillant M. Barrot et ses amis, ni la cour ni le cabinet ne négligeaient les négociations et les entremises. M. Thiers s'y employait de tout son esprit; mais la difficulté n'était pas petite. Chaque jour rendait une retraite de l'opposition plus malaisée. Les adresses de félicitations, les exhortations à persévérer arrivaient en masse des départements. Les écoles se prononçaient, et l'on commençait à sentir, dans Paris, cette fer-

(1) L'attitude du parti clérical, en cette circonstance, avait été d'une insigne maladresse. Encouragé par la reine, il prenait hautement la défense de l'accusé, s'efforçant d'obscurcir l'évidence des faits. Les religieux de l'ordre apportaient de telles entraves à l'action de la justice par leurs faux témoignages ou leur silence, que le garde des sceaux crut devoir s'en plaindre officiellement à l'archevêque de Toulouse.

mentation à laquelle se reconnaît l'approche des grands soulèvements populaires. Le *Journal des Débats* baissait le ton. Il n'insultait plus et promettait que la question de *réforme serait discutée à fond et définitivement résolue dans le cours de la législature actuelle*. Il ajoutait, dans un langage énigmatique, que cette *question désormais ne dépendait plus des ministres, mais de la Providence*.

Enfin, le 17, après bien des tergiversations, *le National*, autorisé par la réunion des députés réformistes, annonçait qu'on s'était entendu sur le choix d'un local privé où le banquet aurait lieu le dimanche suivant. Ce local était un terrain vague, appartenant à M. Nitot et situé dans les Champs-Élysées. Un nombre considérable d'anciens députés de l'opposition, parmi lesquels on comptait MM. de Cormenin, Martin de Strasbourg, Taschereau, etc., et trois pairs de France, MM. le duc d'Harcourt, de Boissy, d'Alton-Shée, faisaient connaître en même temps leur intention formelle d'assister au banquet. Le bruit courait que les commandants supérieurs de la garde nationale, inquiets de ces dispositions, tenaient prêts des billets de service en blanc, au moyen desquels on improviserait une *garde nationale de choix, une fausse garde nationale*, disaient les journaux radicaux (1). On

affirmait aussi que M. le duc de Montpensier avait donné l'ordre, à Vincennes, où l'on travaillait nuit et jour à confectionner des munitions, d'expédier sur l'École militaire deux batteries d'artillerie de campagne, vingt caissons d'infanterie, des boîtes à mitraille, des pétards et des flambeaux pour le service de nuit. Tout semblait donc hâter le conflit, mais ce n'était là qu'une apparence. Pendant qu'on amusait le public par des démonstrations extérieures, par des menaces, par de grands airs de courroux, les dispositions pacifiques du comité réformiste prenaient le dessus dans l'intimité des conseils; elles éclataient dans le choix même du lieu de réunion pour le banquet. Comment un mouvement populaire aurait-il pu prendre quelque consistance et résister au moindre déploiement de troupes, dans les larges avenues des Champs-Élysées, sur un terrain ouvert de toutes parts? La pensée n'en pouvait venir à personne. Mais ce n'était pas tout. A force de pourparlers et d'intrigues, M. Thiers, secondé par MM. Vitet et de Morny, avait fait accepter de part et

---

(1) Ces bruits prirent si bien consistance, que le chef d'état-major de la garde nationale, M. Carbonel, crut devoir réclamer dans les journaux contre cette calomnie. Voici les réflexions dont *le Constitutionnel* accompagnait la lettre du général :

« Nous avons publié hier le procès-verbal d'une réunion extraordinaire des officiers et délégués de la 3ᵉ compagnie du 4ᵉ bataillon 10ᵉ légion, duquel il résulte que le sergent-major de la compagnie, chargé de composer un piquet de douze hommes pour une éventualité, a remis *directement* à l'état-major de la 10ᵉ légion douze billets de garde sans date et portant les noms de douze chasseurs qu'il est convenu avoir *choisis* sur le contrôle de la compagnie, sans observer, ainsi que c'était son strict devoir, l'ordre naturel des tours de service, et sans en avoir informé le capitaine.

« A propos de cette publication, M. Carbonel nous somme de reproduire la lettre suivante qu'il a adressée au *National*.

« Après avoir lu cette lettre, on s'apercevra aisément qu'elle ne détruit pas les assertions contenues dans le document que nous venons de rappeler, et qu'elle ne justifie point

les irrégularités signalées dans les mesures prises par le sergent-major.

« GARDE NATIONALE DU DÉPARTEMENT DE LA SEINE

« Paris, le 18 février 1848.

« Monsieur le rédacteur,

« Vous avez supposé que les lettres de service préparées
« dans la 10ᵉ légion, conformément aux précédents qui y
« étaient établis, l'avaient été par suite des instructions don-
« nées par l'état-major général. J'affirme, au contraire,
« qu'aucun ordre semblable n'a été envoyé aux chefs de lé-
« gion. Le colonel de la 10ᵉ a été seulement prévenu qu'en
« cas de troubles, le premier ordre qu'il recevrait serait de
« réunir le plus promptement possible, au chef-lieu de l'ar-
« rondissement, un piquet de réserve de cent gardes natio-
« naux. Il a cru devoir, dans un esprit de justice, faire peser
« ce service dans toutes les compagnies de la 10ᵉ légion, si
« cette prise d'armes a lieu. Les gardes nationaux qui sont
« commandés seront certainement fort surpris de se trouver
« classés, par *le National*, comme des hommes *dépendants et
« d'une obéissance obligée*.
« De semblables choix fausseraient gravement en effet
« l'institution de la garde nationale. Ils ne seraient assuré-
« ment autorisés ni par le commandant supérieur, ni par son
« chef d'état-major.

« Recevez, etc.

« *Le maréchal de camp, chef de l'état-major général*,
« CARBONEL. »

d'autre des conventions qui achevaient de rendre la manifestation dérisoire. MM. Duvergier de Hauranne, de Malleville, Berger, Vitet et de Morny, représentant l'opposition et le parti ministériel, se réunirent dans un des bureaux de la Chambre. Voici, en substance, ce qui fut dit et convenu des deux parts : entre le gouvernement, qui prétend qu'une manifestation pareille est un délit prévu et défini par des lois existantes, et l'opposition, qui soutient que le fait ne tombe sous la juridiction d'aucune loi, il n'est qu'un moyen de décider qui a tort et qui a raison : que l'opposition commette le délit prétendu, que le gouvernement le laisse commettre, les deux partis en appelant ainsi à la décision du tribunal. En conséquence, l'opposition se rendra au lieu indiqué pour le banquet. Elle trouvera sur le seuil un commissaire qui ne l'empêchera pas d'entrer, le gouvernement garantit ce point, car enfin, si commissaire barrait la porte, il faudrait la forcer, ce qui serait un bien autre délit que celui qu'on se propose de commettre, ou bien il faudrait quitter la place, ce qui serait pis encore, puisqu'il n'y aurait de délit d'aucune espèce. Le commissaire avertira l'opposition qu'elle commet un délit. L'opposition passera outre. Elle en fera tout juste assez pour que le commissaire puisse verbaliser. Alors le commissaire menacera de la force armée. M. Barrot déclarera qu'il ne cède qu'à la force. Il engagera les membres de la réunion à se retirer. En sortant, les députés annonceront à la foule qu'ils ont parfaitement atteint leur but. L'opposition s'engage à ne pas prononcer de discours, à empêcher, autant que possible, l'intervention irritante des journaux, à ne convoquer aucune réunion d'aucune sorte jusqu'à la décision du tribunal. — Se couvrir de ridicule, tromper le pays, renier des principes soutenus depuis dix-sept ans avec une autorité de paroles, et, en dernier lieu, avec une véhémence de menaces qu'on allait qualifier de fanfaronnades, tel était le résultat certain de cette mise en scène.

Les réunions présidées par M. Barrot devenaient chaque jour plus confuses. Le parti de la prudence y était le plus nombreux, et, ne cherchant que des expédients dilatoires, ce parti faisait ajourner, quand il ne pouvait faire repousser les résolutions honorables. Ainsi, dès le lendemain du jour où *le National* avait annoncé le banquet pour le dimanche suivant, on lui faisait imprimer la note que voici :

« Plusieurs renseignements inexacts ont été publiés par la presse quotidienne sur l'organisation du banquet du douzième arrondissement. Le changement de local, que l'importance de la manifestation a rendu nécessaire, en a seul retardé la réalisation.

« Le banquet aura lieu irrévocablement dans les premiers jours de la semaine prochaine.

« La commission du douzième arrondissement fera connaître l'heure et le lieu, dès que toutes les dispositions matérielles auront été définitivement arrêtées entre elle, le comité central et les membres des deux Chambres qui se sont engagés à prendre part à cette protestation essentiellement légale et pacifique. »

La vérité est que M. Thiers, qui prévoyait tout, redoutait une trop grande affluence d'ouvriers le dimanche, à cause de la suspension du travail. Il gagnait, d'ailleurs, quarante-huit heures à ce retard; et, pour cet esprit fertile en combinaisons, gagner un peu de temps, c'était s'ouvrir mille chances nouvelles, mille éventualités favorables. Ignorant jusqu'à quel point la population parisienne était exaspérée, M. Thiers se complaisait dans d'infiniment petites ruses, aussi vaines que puériles. Il ne devinait pas, il avait oublié ce que peut, à certaines heures, l'élan d'une forte passion pour un grand droit.

Le National s'étonnait et disait : « Nous publions cette note telle qu'on nous l'envoie : nous ne déguisons pas qu'elle est fort loin de nous satisfaire. On aurait dû expliquer au moins par quelle suite d'incidents étranges et de malentendus répétés un local, trouvé la veille, échappait le lendemain, parce qu'on négligeait de prendre immédiatement les précautions légales qui devaient rendre inutiles toutes les influences en donnant aux promesses la validité d'un contrat.

« Nous regretterions plus vivement encore qu'on fût forcé de renoncer à faire le banquet un dimanche. C'était le vœu formel de la grande commission, et ce parti n'avait pas été pris à la légère et sans quelque motif sérieux. Il ne faut donc pas moins qu'un obstacle matériel et insurmontable pour déterminer à changer le jour de la manifestation. Selon nous cet ajournement serait très-fâcheux. Comme on n'en peut imputer la faute à personne, nous nous contenterons d'en gémir. »

Le 19, il publiait une nouvelle note conçue en ces termes : « La commission générale chargée de l'organisation du banquet du douzième arrondissement a décidé que la manifestation aurait lieu irrévocablement mardi prochain, 22 février, à midi.

« On indiquera plus tard le lieu de la réunion. »

On comprend combien le cabinet devait s'enhardir en touchant ainsi du doigt les faiblesses de l'opposition (1). Après les avis pu-

---

(1) Cependant le *Constitutionnel* du 20 février parlait encore avec une certaine résolution ; mais ce n'était qu'une retraite bien masquée. Voici comment il s'exprimait :
« Les députés de l'opposition se sont réunis de nouveau ce matin, afin de délibérer sur la part qu'ils doivent prendre à la manifestation qui se prépare pour le maintien du droit de réunion contesté et violé par le ministère. Après avoir entendu le rapport de sa commission, l'assemblée a reconnu, à l'unanimité, qu'il était plus que jamais nécessaire de protester par un grand acte de résistance légale contre une mesure contraire au principe de la constitution comme au texte de la loi. En conséquence, il a été résolu que, mardi prochain, on se rendrait en corps au lieu de la réunion.
« Une telle résolution est le plus bel hommage que les députés puissent rendre à l'intelligence, au patriotisme, aux sentiments généreux de la population parisienne. Les députés ne sauraient admettre, avec les ennemis de la liberté, qu'un peuple dont on méconnaît les droits soit condamné à choisir entre l'obéissance servile et la violence. Ils en sont donc certains d'avance, la population tout entière comprendra qu'une manifestation pour le droit contre l'arbitraire manquerait son but, si elle ne restait pas paisible et régulière. Paris a fait souvent des efforts héroïques, de grandes révolutions. Il est appelé aujourd'hui à donner un autre exemple aux peuples, à leur montrer que, dans les pays libres, l'attitude calme et ferme du citoyen respectant la loi, défendant son droit, est la

sillanimes, les défections étaient venues, et M. Duchâtel se crut assez fort pour jeter bas toute espèce de masque. Il était las de ces négociations interminables ; il lui tardait d'en finir. Le manifeste du comité du banquet, publié, le 21 au matin, dans tous les journaux, lui en fournit l'occasion. Il la saisit.

La rédaction de ce manifeste avait été confiée à M. Marrast. M. Barrot entendait que ce fût un simple programme de la cérémonie. M. Marrast en fit un véritable appel au peuple. Voici comment il s'exprimait :

« Comme il est naturel de prévoir que cette protestation publique peut attirer un concours considérable de citoyens, comme on doit présumer aussi que les gardes nationaux de Paris, fidèles à leur devise de *Liberté, Ordre public*, voudront en cette circonstance accomplir ce double devoir ; qu'ils voudront défendre la liberté en se joignant à la manifestation, protéger l'ordre et empêcher toute collision par leur présence ; que, dans la prévision d'une réunion nombreuse de gardes nationaux et de citoyens, il nous semble convenable de prendre des dispositions qui éloignent toute cause de trouble et de tumulte :

« La commission a pensé que la manifestation devait avoir lieu dans un quartier de la capitale où la largeur des rues et des places permît à la population de s'agglomérer sans qu'il en résultât d'encombrement.

« A cet effet, les députés, les pairs de France et les autres personnes invitées au banquet s'assembleront, mardi prochain, à onze heures, au lieu ordinaire des réunions de l'opposition parlementaire, place de la Madeleine, n° 2.

plus irrésistible comme la plus majestueuse des forces nationales. Deux grands résultats seront ainsi obtenus : la consécration d'un droit inhérent à toute constitution libre, et la preuve éclatante du progrès de nos mœurs politiques.
« Les députés de l'opposition comptent donc sur la sympathie et sur l'appui de tous les bons citoyens, comme ceux-ci peuvent compter sur leur dévouement infatigable et sur la fermeté de leurs résolutions.
« Séance tenante, il a été donné lecture d'une lettre par laquelle les députés acceptent l'invitation des commissaires du douzième arrondissement ; quatre-vingt-sept députés l'ont déjà signée. »

« Les souscripteurs du banquet qui font partie de la garde nationale sont priés de se réunir devant l'église de la Madeleine et de former deux haies parallèles entre lesquelles se placeront les invités.

« Le cortége aura en tête des officiers supérieurs de la garde nationale, qui se présenteront pour se joindre à la manifestation;

« Immédiatement après les invités et les convives, se placera un rang d'officiers de la garde nationale;

« Derrière ceux-ci, les gardes nationaux formés en colonne suivant le numéro des légions;

« Entre la troisième et la quatrième colonne, les jeunes gens des écoles, sous la conduite de commissaires désignés par eux;

« Puis les autres gardes nationaux de Paris et de la banlieue, dans l'ordre désigné plus haut.

« Le cortége partira à onze heures et demie et se dirigera, par la place de la Concorde et les Champs-Élysées, vers le lieu du banquet;

« La commission, convaincue que cette manifestation sera d'autant plus efficace qu'elle sera plus calme, d'autant plus imposante qu'elle évitera même tout prétexte de conflit, invite les citoyens à ne pousser aucun cri, à ne porter ni drapeau ni signe extérieur; elle invite les gardes nationaux qui prendront part à la manifestation à se présenter sans armes; il s'agit ici d'une protestation légale et pacifique, qui doit être surtout puissante par le nombre et l'attitude ferme et tranquille des citoyens;

« La commission espère que, dans cette occasion, tout homme présent se considérera comme un fonctionnaire chargé de faire respecter l'ordre; elle se confie à la présence des gardes nationaux; elle se confie aux sentiments de la population parisienne, qui veut la paix publique avec la liberté, et qui sait que, pour assurer le maintien de ses droits, elle n'a besoin que d'une démonstration paisible, comme il convient à une nation intelligente, éclairée, qui a la conscience de l'autorité irrésistible de sa force morale et qui est assurée de faire prévaloir ses vœux légitimes par l'expression légale et calme de son opinion. »

Grande fut la stupeur dans les rangs du parti conservateur et de l'opposition constitutionnelle à la lecture de ce manifeste. Presque aussitôt le ministère y répondit en faisant afficher sur les murs :

1° Une proclamation aux habitants de Paris pour les inviter à s'abstenir de toute manifestation;

2° Un arrêté qui invoquait la loi de 1790 et interdisait le banquet;

3° Une ordonnance contre les attroupements;

4° Une proclamation du général Jacqueminot, qui rappelait les articles 234 et 258 du Code pénal aux gardes nationaux agissant comme tels sans convocation légale.

Puis, M. Duchâtel accourut à la Chambre des députés, déterminé à renvoyer sans plus de ménagements à l'opposition menace pour menace. M. Barrot s'y rendait de son côté, mais d'un pas irrésolu, avec une volonté chancelante, triste, soucieux, en proie à mille perplexités. De ce qu'il allait faire, d'une parole qu'il allait dire, dépendait ou la honte de son parti avec sa propre confusion, ou la terrible *inconnue* d'un soulèvement populaire. En cas de défaite, du sang versé, des prisons, des exils, la confiscation de toutes nos libertés peut-être. En cas de victoire... Mais c'est là ce qu'il n'osait envisager de sang-froid. M. Barrot s'éveillait en sursaut d'un long rêve agréable à son âme paisible. Il avait, pendant dix-sept ans, caressé la chimère d'une *monarchie entourée d'institutions républicaines*. Son esprit sans vigueur et le vague habituel à sa pensée lui avaient fait adopter avec complaisance cette combinaison flottante de deux principes destinés à se neutraliser quelque temps l'un par l'autre, sans pouvoir jamais s'unir. Il n'avait pas compris que, le droit divin enlevé, le principe monarchique restait sans base, isolé de ses appuis naturels, l'aristocratie et le sacerdoce, et qu'il ne pouvait plus opposer à la vigueur du principe démocratique une résistance égale à l'attaque.

Plus droite, mais bien plus bornée que celle de M. Guizot, son intelligence portée au bien rejetait, par intégrité de nature, les moyens frauduleux dont celui-ci usait sans scrupule pour maintenir l'équilibre politique. Pas plus que M. Guizot, il ne songeait à l'avénement du peuple, et s'il y avait songé, c'eût été avec effroi plutôt qu'avec amour. La puissance et l'étendue du mouvement philosophique qui transformait la société échappaient aux prises étroites et molles de son esprit. Au delà des horizons parlementaires rien ne sollicitait sa pensée ; une honnête inconséquence entraînait et paralysait tour à tour son cœur.

Arrivé au palais législatif, M. Barrot trouva la Chambre occupée à la discussion d'un projet de loi sur la banque de Bordeaux. Il entra, pour délibérer une dernière fois avec les siens, dans un bureau où le suivirent les députés de la gauche et M. Thiers. La consternation était sur toutes les physionomies ; mais un certain respect humain retenait encore les paroles. Seul M. Thiers eut le courage de son opinion ; seul il osa, sans aucune ambiguïté, soutenir que, le ministère persistant dans l'interdiction du banquet, y renoncer devenait un devoir impérieux. On l'écouta sans l'interrompre ni l'applaudir (1). Chacun comprenait bien que le péril était proche, mais personne n'osait encore s'avouer à soi-même et surtout avouer à autrui qu'il n'avait pas la force de l'affronter.

Vers quatre heures, M. Barrot parut dans la salle des délibérations, et, visiblement troublé, il demanda la parole. Un profond silence se fit aussitôt. Après un résumé succinct de la marche suivie par l'opposition à l'occasion du débat sur le droit de réunion soulevé par l'adresse : « Je suis, quant à moi, convaincu, dit l'orateur d'une voix émue qu'il cherchait à raffermir, que, si la question eût été posée, les tribunaux auraient prononcé en notre faveur, qu'ils auraient déterminé le sens des lois existantes, fait cesser un doute grave, et qu'en même temps les amis sérieux de la liberté dans ce pays auraient eu à constater un immense progrès dans nos mœurs politiques.

« Il paraît, je n'ai pas vu les actes de l'autorité, qu'à des conseils de sagesse et de prudence ont succédé d'autres inspirations ; que des actes de l'autorité s'interposent, sous prétexte d'un trouble qu'ils veulent apaiser et qu'ils s'exposent à faire naître... » Ici, malgré une violente interruption et les rumeurs prolongées du centre, M. Barrot expose les malheurs que l'interdiction du banquet peut entraîner à sa suite. « Il n'y a pas de ministère, dit-il, il n'y a pas de système administratif qui vaille une goutte de sang versé. » Puis il conclut en rejetant tout entière sur le cabinet la responsabilité des événements.

M. Duchâtel se hâta de retourner l'argumentation contre M. Barrot et de le rendre responsable, lui et ses amis, des malheurs qu'il annonçait. Le cabinet, assura M. Duchâtel, avait été disposé, il l'était encore la veille, *à laisser arriver les choses au point où, une contravention pouvant être constatée, un débat judiciaire aurait pu s'engager.* Mais le manifeste du comité rendait la chose impossible ; car ce manifeste était la proclamation d'un gouvernement illégal voulant se placer à côté du gouvernement régulier, *parlant aux citoyens, convoquant en son propre nom les gardes nationaux, provoquant les attroupements au mépris des lois.* Cela ne pouvait pas être supporté, et le ministre concluait en répétant de nouveau que la manifestation du banquet ne serait pas tolérée.

M. Barrot remonta à la tribune, et ce fut pour y balbutier des paroles bien peu dignes d'un chef de parti en des conjonctures aussi graves. « J'avoue hautement l'intention du manifeste, dit M. Barrot, mais j'en désavoue

---

(1) Quelques jours auparavant, une femme avait montré plus de courage. Élevant la voix dans une réunion de ces hommes irrésolus, madame Odilon Barrot les avait fait rougir de leur prudence excessive et avait reproché avec véhémence à M. Thiers son influence funeste à l'honneur du parti.

les expressions. » De violents murmures couvrirent sa voix. Alors il reprit son argumentation précédente et rejeta de nouveau la responsabilité sur le ministère. « S'il me fallait des preuves pour justifier la conduite du gouvernement, s'écria M. Duchâtel, à qui le chef de l'opposition venait de faire si beau jeu, je les trouverais dans les paroles mêmes de l'honorable M. Odilon Barrot. » Ce manifeste que M. Barrot *n'avoue ni ne désavoue*, est-ce un sujet de sécurité pour nous? dit le ministre; et, après un court développement de ce qu'il avait déjà soutenu à la tribune, il persiste dans ses conclusions.

Trop agitée pour reprendre la discussion sur la banque de Bordeaux, la Chambre s'ajourne au lendemain.

Le soir, une réunion eut lieu chez M. Odilon Barrot. Les députés réformistes, les membres du comité central et les journalistes de l'opposition s'y rendirent. M. Barrot leur déclara, au nom de ses collègues, que l'opposition dynastique, décidée à éviter l'effusion du sang, ne se rendrait pas au banquet. M. Marrast répondit qu'on s'était avancé trop loin pour reculer. « Vous voulez rejeter sur le ministre la responsabilité des émotions que vous avez créées, dit M. Marrast. Qui donc a convoqué le peuple pour demain sur la place publique, si ce n'est vous et nous? Vous redoutez la guerre civile? Eh bien! votre présence seule peut l'empêcher, votre absence doit la provoquer, et plus vous fuirez la responsabilité, plus elle retombera lourdement sur vous. »

M. Barrot et la plupart de ses collègues restèrent inébranlables dans leur projet de s'abstenir.

Sur cent membres inscrits pour assister au banquet, dix-sept seulement persistèrent dans leur première résolution, et sur ce nombre encore dix déclarèrent que, malgré leur opinion personnelle, ils croyaient devoir se ranger à l'avis de la majorité. Les autres, pour essayer de se disculper à leurs propres yeux et aux yeux du pays, convinrent d'une scène de parade pour le jour suivant. M. Odilon Barrot fut chargé de déposer sur le bureau de la Chambre un *acte d'accusation* du ministère : démonstration frivole, indigne d'hommes sérieux, et qui ne pouvait plus abuser personne, pas même ceux qui en assumaient le ridicule. Les sept membres persistants de la réunion de M. Odilon Barrot cherchèrent à s'entendre sur ce qu'il y aurait à faire le lendemain pour que la manifestation n'avortât pas trop misérablement.

MM. d'Alton-Shée, d'Harcourt, Lherbette, allèrent chez M. de Lamartine, qu'ils trouvèrent résolu à se rendre, en dépit de tout, au rendez-vous assigné place de la Madeleine.

La veille, au sein d'une réunion de l'opposition modérée, où le débat avait été embarrassé, traînant, peu sincère, M. de Lamartine, répondant à M. Berryer, qui s'était prononcé pour l'abstention, avait dit ces paroles : « Nous sommes placés par la provocation du gouvernement entre la honte et le péril. Voilà le mot vrai de la circonstance! Je le reconnais, et votre assentiment me prouve que j'ai touché juste : nous sommes placés entre la honte et le péril.

« La honte, messieurs, peut-être serions-nous assez généreux, assez grands, assez dévoués pour l'accepter pour nous-mêmes. Oui, je sens que, pour ma part, je l'accepterais. J'accepterais mon millième ou mon cent millième de honte, je l'accepterais en rougissant, mais glorieusement, pour éviter à ce prix qu'une commotion universelle n'ébranlât le sol de ma patrie et qu'une goutte de ce généreux sang d'un citoyen français ne tachât seulement un pavé de Paris.

« Je me sens capable, vous vous sentez tous capables de ce sacrifice! Oui, notre honte plutôt qu'une goutte de sang du peuple ou des troupes sur notre responsabilité!

« Mais la honte de notre pays, messieurs! mais la honte de la cause de la liberté constitutionnelle, mais la honte du caractère et du droit de la nation! Non, non, non, nous ne pouvons pas, nous ne devons pas, ni en honneur ni en conscience, l'accepter! Le caractère, le droit, l'honneur de la nation ne sont pas à nous, ils sont au nom français! Nous n'avons pas droit de transiger sur ce qui ne nous appartient pas!

« Messieurs, parlons de sang-froid, le moment le réclame. Le procès est imposant entre le gouvernement et nous. Sachons bien ce que nous voulons faire accomplir mardi à la France. Est-ce une sédition? Non. Est-ce une révolution? Non. Que Dieu en écarte le plus longtemps possible la nécessité pour notre pays! La France, messieurs, a fait souvent, trop souvent, trop impétueusement peut-être, depuis cinquante ans, des actes révolutionnaires. Elle n'a pas fait encore un grand acte national de citoyens. C'est un acte de citoyens que nous voulons accomplir pour elle, un acte de résistance légale à ces actes arbitraires dont elle n'a pas su se défendre assez jusqu'ici par des moyens constitutionnels et sans armes autres que son attitude et sa volonté.

« Des dangers? n'en parlez pas tant, vous nous ôteriez le sang-froid nécessaire pour les prévenir, vous nous donneriez la tentation de les braver! Il ne dépendra pas de nous de les écarter de cette manifestation par toutes les modérations, les réserves, les prudences d'actions et de paroles recommandées par votre comité. Le reste n'est plus dans nos mains, messieurs, le reste est dans les mains de Dieu! Lui seul peut inspirer l'esprit d'ordre et de paix à ce peuple qui se pressera en foule pour assister à la manifestation pacifique et conservatrice de ses institutions! Prions-le de donner ce signe de protection à la cause de la liberté et des progrès des peuples, et de prévenir toute collision funeste entre les citoyens en armes et les citoyens désarmés. Espérons, conjurons tous les citoyens qu'il en soit ainsi. Abandonnons le reste à la Providence et à la responsabilité du gouvernement, qui provoque et qui amène seul la nécessité de cette dangereuse manifestation. Je ne sais pas si les armes confiées à nos braves soldats seront toutes maniées par des mains prudentes; je le crois, je l'espère. Mais si les baïonnettes viennent à déchirer la loi, si les fusils ont des balles, ce que je sais, messieurs, c'est que nous défendrons, de nos voix d'abord, de nos poitrines ensuite, les institutions et l'avenir du peuple, et qu'il faudra que ces balles brisent nos poitrines pour en arracher les droits du pays. »

Jamais M. de Lamartine n'avait été plus éloquent, parce que jamais il ne s'était senti mieux en rapport avec le sentiment général. L'atmosphère orageuse des révolutions exaltait, d'ailleurs, son âme de poëte; le péril l'attirait, l'héroïsme lui était naturel. Les hasards d'une fortune virile le tentaient pour lui-même et pour la France.

Ce soir-là, vers minuit, lorsqu'on vint lui annoncer que tout était fini, que le comité renonçait à la manifestation et que les commissaires faisaient disparaître les préparatifs du banquet : « Eh bien, dit-il avec le calme d'une résolution inébranlable, la place de la Concorde dût-elle être déserte, tous les députés dussent-ils se retirer de leur devoir, j'irai seul au banquet avec mon ombre derrière moi (1). »

Il savait bien qu'il ne serait pas seul; derrière lui il y avait à cette heure toutes les forces vives de la France. Il y avait l'honneur national, le droit, la liberté, la justice. Pourquoi faut-il que toutes ces choses sacrées, par l'incorrigible impéritie de nos gouvernements, s'appellent, depuis plus d'un demi-siècle, révolution!

En sortant de chez M. Barrot, M. Marrast et les membres de l'opposition avancée se réunirent dans les bureaux du *Siècle*. Là fut

(1) M. de Lamartine a cru, en un jour de défaillance politique, devoir faire amende honorable de l'acte le plus irréprochable de sa vie. Il s'est accusé de légèreté et d'avoir obéi aux suggestions d'une jalousie inférieure. Soyons plus juste envers lui que lui-même. Les résolutions des hommes sont complexes, mais on n'est pas téméraire d'affirmer que le poëte qui avait si profondément senti et exprimé l'*ennui* d'une nation dont on enchaînait le génie, était tourmenté, lui aussi, d'un dégoût mortel, et qu'il osait préférer, pour la France, les hasards d'une révolution à l'ignoble bien-être d'une existence sans grandeur et sans vertu. « E perchè nelle azioni nostre l'indugia arreca tedio e la fretta pericolo, si volse per fuggire il tedio a tentare il pericolo, » a dit Machiavel.

RÉUNION RÉFORMISTE CHEZ M. DE LAMARTINE (P. 55).

agitée la question de savoir si, dans le cas où le rappel serait battu le lendemain pour la garde nationale, on y répondrait. Après une discussion animée, on décida de sortir en armes, au premier appel, et d'appuyer par des manifestations significatives les mouvements populaires.

Aux mêmes heures, le comité électoral du deuxième arrondissement rédigeait une note qui parut le lendemain dans les journaux pour exprimer, au nom du peuple, son étonnement de la décision prise et demander la démission en masse des députés, *seule mesure capable de donner en ce moment satisfaction à l'opinion publique*. Le parti républicain délibérait dans les bureaux de *la Réforme*. Là, deux avis s'ouvraient et se combattaient. L'occasion était une des plus favorables qui se fussent offertes depuis longtemps; il fallait la saisir et tenter une prise d'armes, disaient les uns. C'était l'opinion de MM. Ledru-Rollin, Étienne Arago, Caussidière, Lagrange, Baune, Grandménil, Thoré. Les autres, MM. Louis Blanc et Flocon, redoutaient le conflit, jugeant les chances trop inégales. On se sépara sans avoir rien conclu. Les plus déterminés se rendirent dans les faubourgs et au milieu des sociétés secrètes pour s'assurer, par des communications directes, de la disposition du peuple.

Pendant ce temps, on était plein de joie au Château. Aux pressants avertissements que Louis-Philippe avait reçus, il n'avait opposé que le sarcasme. « Vendez-vous bien vos tapis? » avait-il dit à M. Sallandrouze, qui attendait que le roi lui parlât de son amendement. M. de Rambuteau, préfet de la Seine, qui lui communiquait des rapports alarmants, était ajourné à une semaine pour confesser en toute confusion, disait le roi, qu'il s'était abandonné à des terreurs d'enfant. Le maréchal Gérard (1) et M. Delessert recevaient un semblable accueil.

Peu après, et comme pour lui donner raison, des personnes bien informées de ce qui se passait dans les conciliabules de l'opposition, faisaient connaître au roi que, dans la crainte de compromettre le gouvernement dynastique, M. Odilon Barrot et ses amis renonçaient au banquet. En apprenant cette nouvelle, MM. Duchâtel, Trezel, Delessert, Sébastiani, Jacqueminot, réunis au ministère de l'intérieur, décident que le déploiement de la force armée devient inutile et se chargent de donner le contre-ordre. Dire l'effet que cette nouvelle produisit aux Tuileries ne serait pas chose facile. Les courtisans se pâmaient d'aise. La reine était transportée. Le roi ne se contenait plus; il serrait la main de ses ministres avec une effusion inaccoutumée. Il complimentait surtout M. Duchâtel. Depuis longtemps il n'avait montré tant d'esprit, tant de jovialité, tant de verve. Il ne s'oubliait pas lui-même dans les louanges qu'il adressait à son gouvernement. Il l'avait toujours pensé, toujours dit : cette opposition si pleine de jactance ne se composait que de beaux parleurs, de poltrons. Sa faconde à ce sujet était intarissable.

Quelques personnes essayaient bien de parler de l'agitation des rues; mais c'était peu de chose, ce n'était rien, disaient les courtisans : une vingtaine de gamins, portant des chandelles, lisaient ironiquement les affiches contre les attroupements et le banquet. Les passants s'arrêtaient, ne sachant ce que cela voulait dire, mais les groupes se dispersaient aussitôt après avoir lu (2).

(1) Le mardi matin, 22 février, le roi écrivait au maréchal un billet pour le rassurer et lui annoncer que les événements prenaient la tournure la plus heureuse.
(2) Les rapports de police ne donnaient point à ce fait son véritable caractère. Si, dans les quartiers habités par la bourgeoisie, les groupes qui se formaient autour des affiches ne présentaient rien de menaçant, il n'en était pas de même dans les faubourgs. L'attitude, la physionomie, le morne silence des ouvriers qui lisaient les affiches sous les yeux des ser-

On se réjouissait donc aux Tuileries sans la moindre arrière-pensée. Jamais on n'avait eu si fort sujet de s'applaudir. On estimait que, grâce à la fermeté et à l'habileté d'une politique supérieure, tout était fini; on se renvoyait avec modestie les félicitations et les louanges.

CHAPITRE VIII

Première journée.

Le temps est brumeux, le ciel chargé de nuages gris, bas et lourds, que pousse un vent d'ouest humide et froid. Pendant que le Château repose encore dans une sécurité complète, Paris s'éveille inquiet et agité. Des craintes et des espérances vagues, des soupçons plus vagues encore, s'élèvent et retombent confusément au sein de l'universelle incertitude. Un seul sentiment distinct domine dans tous les cœurs : la colère.

La bourgeoisie est irritée de voir ses intérêts compromis avec ceux du cabinet conservateur qui, par un fol entêtement, la livre à tous les hasards de l'émeute. La garde nationale surtout, humiliée depuis plusieurs années par l'oubli systématique du gouvernement, voit s'approcher avec une certaine joie l'heure où son concours va devenir indispensable; elle se promet de le mettre à haut prix et se répand en injures contre le ministère.

Quant au peuple, ses bonnes et ses mauvaises passions bouillonnent depuis si longtemps comprimées, que leur explosion, en de pareilles conjonctures, ne peut manquer de se faire avec violence.

Sans partager toutes les illusions du roi, les ministres sont loin cependant de connaître la gravité de la crise qu'ils ont provoquée. La révolution de 1830 est, à la vérité, pré-

gents de ville, trahissaient l'ardeur concentrée d'une indignation et d'une haine profondes. Les ouvriers chargés de dresser les tables destinées au banquet, n'ayant point été prévenus, travaillèrent aux flambeaux jusqu'à une heure du matin.

sente à leur esprit, mais comme un enseignement, non comme une menace. On se gardera de tomber dans les fautes auxquelles on attribue la chute de Charles X. L'imprévoyance de M. de Polignac a tout perdu, la prévoyance de M. Guizot va tout diriger, tout rétablir.

Instruit presque jour par jour, par ses agents, des complots qui se trament contre Louis-Philippe, le préfet de police, M. Delessert, homme actif, dévoué, intelligent, tient dans ses mains bien des fils et connaît plus d'un secret; il dispose de la garde municipale et des sergents de ville, deux corps parfaitement organisés (1). La possibilité d'un soulèvement et les chances de la lutte sont calculées avec précision. Un plan de défense, considéré par les hommes compétents comme un chef-d'œuvre de l'art stratégique, enveloppe Paris d'un réseau de baïonnettes qui, au premier signal, se resserrera et étouffera l'émeute avant même qu'elle ait le temps de se reconnaître.

On doit à l'expérience du maréchal Gérard ce plan habile, adopté en 1840, et connu dans l'armée sous le nom d'*ordre du jour du 25 décembre*. Par une combinaison très-simple et très-savante tout à la fois, le libre mouvement et la concentration instantanée de forces irrésistibles deviennent aussi faciles dans les quartiers populeux de Paris qu'en rase campagne (2).

Les hésitations du parti dynastique, près d'un mois perdu à délibérer et à négocier, ont, d'ailleurs, laissé au gouvernement le loisir de prendre les dispositions les plus minutieuses. Trente-sept mille hommes, pourvus de vivres et de munitions, armés de pelles, de haches, de pioches, de marteaux d'armes pour enfoncer les barricades, de pétards pour incendier les maisons, sont cantonnés dans Paris ou dans le voisinage (1). Les garnisons de Vincennes et du Mont-Valérien sont prêtes à marcher au premier signal. Canons, caissons, gargousses, sabres et baïonnettes, tout est là en profusion. Deux fils du roi animeront de leur présence la troupe, dont l'esprit est excellent, dit-on. Le duc de Nemours a le commandement supérieur de la force armée. Le général Sébastiani commande la division et s'entendra au besoin avec le général Jacqueminot, commandant en chef de la garde nationale (2). Toutefois on préférerait se passer de la milice citoyenne; on a quelque raison de se méfier d'elle, et puis ne dispose-t-on pas d'une armée suffisante, plus que suffisante pour disperser, écraser à elle seule les séditieux? La perspective d'une collision n'a donc rien d'alarmant, bien au contraire. Après avoir déployé une habileté consommée dans la bataille parlementaire, on fera preuve d'énergie et de résolution dans la bataille des rues. Quoi de plus souhaitable? quoi de mieux calculé pour affermir le ministère, le trône, la dynastie? C'est ainsi que l'on raisonne, et non sans avoir pour soi les probabilités, du moins les petites probabilités de la sagesse vulgaire.

Cependant, dès sept heures du matin, une foule inaccoutumée se répand dans les rues. Ce sont des ouvriers qui ne vont point au travail, des femmes, des enfants, des curieux de toute sorte, attirés par les bruits qui circulent à l'occasion du banquet. — Est-il

---

(1) Les cadres de la garde municipale, commandée par le colonel Lardenoix, portaient 3,200 hommes, dont 600 de cavalerie. 2,800 seulement ont été engagés dans la lutte des trois jours.

(2) Depuis quelque temps, à mesure que les troupes arrivaient à Paris, on faisait faire aux officiers, habillés en bourgeois, la reconnaissance des différents postes qu'ils devaient occuper en cas d'une bataille des rues.

(1) On sait qu'en 1830 il se trouvait à peine 12,000 hommes, et très-mal approvisionnés, dans Paris.

(2) Cette entente était rendue fort difficile par les relations très-peu bienveillantes qui existaient entre les deux officiers supérieurs. Le général Sébastiani était peu propre à ce commandement. D'un caractère sans initiative et sans autorité, il n'avait, d'ailleurs, aucune expérience de la guerre des rues. Le choix du général Jacqueminot pour commandant de la garde nationale n'était point judicieux. Le général Jacqueminot n'avait guère d'autre titre à ce poste important que d'être allié à M. Duchâtel. Le monde parisien ne connaissait de lui que son goût prononcé pour les facéties. Au surplus, il était indisposé, et son inactivité habituelle se trouvait, à ce moment, encore alanguie par le malaise.

vraiment contremandé? aura-t-il lieu? la garde nationale y viendra-t-elle? le gouvernement exécutera-t-il sa menace? se défendra-t-on? Il serait bien possible qu'on en vînt aux mains. Allons voir. — Tels sont les propos que l'on entend dans la foule, et, peu à peu, les boulevards, la place de la Concorde, et surtout la place de la Madeleine, où avait été fixé, dans l'origine, le rendez-vous des souscripteurs du banquet, se remplissent de monde. Plusieurs arrivent en habit de fête. On s'aborde, on s'interroge, on fait mille conjectures. L'attente est sur toutes les physionomies. Bientôt cette attente prolongée, par une froide brume, devient désagréable et chagrine. On apprend, par les journaux que l'on s'arrache dans les cafés, la défection de l'opposition. La curiosité désappointée tourne en aigreur. Néanmoins il n'y a pas encore là une apparence de mouvement séditieux. On ne voit point de troupes, pas un seul sergent de ville en uniforme. Les soldats du poste des affaires étrangères, sans armes, sur le seuil, ont tranquillement regardé passer la foule. On ne sait trop à quoi s'en tenir sur cette agitation silencieuse qui semble n'avoir et qui n'a, en effet, ni but, ni plan, ni concert(1). Mais voici qu'un incident survient qui cause une fermentation plus prononcée. Onze heures sonnent, lorsqu'on voit inopinément deux détachements de gardes municipaux traverser au trot la place de la Concorde et monter l'avenue des Champs-Élysées. Ils portent sur leur dos des haches et des pelles; ils vont faire enlever les préparatifs du banquet (2). Au même moment, de forts détachements du vingt et unième de ligne paraissent à la gauche de la Madeleine et se rangent en bataille sur la chaussée. Un murmure hostile les accueille.

Pourquoi cet appareil militaire? que faisons-nous de répréhensible? depuis quand n'est-il plus permis de causer sur la place publique? — Ces propos et d'autres plus hardis circulent dans les groupes. Mais, silence! quelles sont ces voix lointaines qui retentissent soudain? quel est ce chant bien connu qui se rapproche, vibre, éclate? C'est la *Marseillaise* entonnée à pleine poitrine par une colonne de sept cents étudiants qui débouchent sur la place en deux rangs serrés, dans l'attitude la plus résolue. La vue de ces jeunes gens aimés du peuple et les fiers accents de l'hymne révolutionnaire font tressaillir la multitude. Une acclamation de surprise et de joie électrise l'atmosphère. Deux fois les étudiants font le tour de l'église en échangeant avec les ouvriers des paroles de haine contre le gouvernement et de provocation à la révolte. Leur contenance ferme, leurs évolutions régulières donnent aux rassemblements incohérents je ne sais quel sentiment de discipline. Le peuple se sent conduit, et, par une impulsion instinctive, le flot demeuré incertain, presque immobile jusque-là, s'ébranle dans une même direction. Il se pousse en avant, par la place de la Concorde, vers le palais Bourbon. D'un attroupement de curieux et de désœuvrés la présence des étudiants fait une manifestation politique. Un moment auparavant les commissaires des écoles s'étaient présentés chez M. Odilon Barrot, qui n'était pas chez lui. Son nom exprime encore à cette heure les prétentions extrêmes de la rébellion.

Sans trop bien se rendre compte de ce qu'elle peut vouloir, mais vaguement décidée à demander justice, la colonne populaire s'avance en bon ordre. Elle traverse sans opposition la place de la Concorde; mais, à l'entrée du pont, un peloton de gardes municipaux, sorti du poste de la terrasse du bord de l'eau, lui barre le passage en croisant la baïonnette. La foule s'arrête, hésite. Un jeune homme sort des rangs; déchirant sa veste d'un mouvement brusque, il se précipite, poitrine nue, au-devant des fusils chargés : « Tirez! » dit-il. Tant de hardiesse étonne la

---

(1) Les sociétés secrètes, peu nombreuses et médiocrement organisées, s'étaient déclarées en permanence, afin d'épier les symptômes du mouvement, mais elles n'en avaient pas l'initiative, et elles n'en prirent la direction que dans la nuit du mercredi au jeudi.

(2) Un détachement de troupe de ligne, masqué derrière l'arc de triomphe, devait, au besoin, appuyer ce mouvement.

troupe, qui hésite à son tour. La colonne se presse, le pont est franchi : premier succès qui jette dans le peuple une émulation d'audace. Il déborde sur les quais, escalade les grilles, monte en courant les degrés du péristyle. Quelques-uns déjà, les plus agiles ou les plus entreprenants, ont pénétré dans les couloirs. Le poste des gardes nationaux commis à la garde des députés repousse ces téméraires, plutôt par persuasion que par force. MM. Crémieux et Marie viennent recevoir la pétition des écoles; ils exhortent les élèves à la modération, promettant que justice sera faite des ministres; mais la multitude, qui ne peut entendre ces paroles conciliatrices, continue d'affluer autour du palais. On commence à craindre qu'elle n'envahisse la Chambre. Tout d'un coup les portes de la caserne du quai d'Orsay s'ouvrent et livrent passage à un escadron de dragons, qui fond au grand trot, le sabre nu, sur l'émeute. Mais, en apercevant cette foule sans armes, ces visages si peu effrayés et si peu menaçants tout à la fois (1), l'officier surpris fait remettre le sabre au fourreau. « Vivent les dragons! » s'écrie le peuple; et les soldats, ralentissant l'allure de leurs chevaux, dispersent avec d'infinis ménagements les groupes qui vont se reformer sur la place.

Vivent les dragons! ce cri de l'instinct populaire auquel personne ne fait attention encore, c'est un premier pacte conclu entre le peuple et l'armée. *Vivent les dragons!* c'est le premier cri d'alliance. A partir de ce moment, dont nul ne soupçonne la gravité, la révolution est comme accomplie. Ce sabre remis au fourreau par un brave et fidèle officier, c'est la force matérielle cédant à la force morale; c'est la dynastie vaincue.

Que faisaient sur ces entrefaites les Chambres législatives? Au Luxembourg, les pairs refusent avec dédain à M. de Boissy l'autorisation d'interpeller le ministère sur *la situation présente de la capitale*. Au palais Bourbon, pendant que l'émeute gronde à ses portes, la Chambre des députés discute un projet de loi sur la banque de Bordeaux. Une certaine aigreur se mêle bien à ces débats, où des intérêts privés sont en lutte, mais rien ne décèle, dans l'Assemblée, des préoccupations vives, et lorsque, à la fin de la séance, M. Odilon Barrot, d'un ton magistral, demande au président de vouloir bien annoncer à la Chambre le dépôt qu'il fait d'une *proposition soutenue par un assez grand nombre de députés*, un sourire effleure les lèvres de M. Guizot. Le ministre monte au bureau, parcourt d'un œil moqueur ce papier qui contient son acte d'accusation, et vient se rasseoir. Chacun peut lire sur son visage la grande pitié que lui inspire une si solennelle niaiserie (1). Le président, demeuré impassible, annonce que la proposition sera soumise, le *jeudi suivant*, à l'examen des bureaux. Rien n'étant plus à l'ordre du jour, on se sépare. Il est un peu plus de quatre heures.

Depuis deux heures, les abords de la Chambre étaient balayés et gardés par la troupe. Un bataillon de la ligne avait pris position sur la place du palais Bourbon. Dans la rue de Bourgogne, on rangeait deux pièces de campagne en batterie. De toutes parts, on voyait surgir des piquets d'infanterie, des escadrons de chasseurs, de dragons et de gardes municipaux. « Les meilleures troupes du monde ne forceraient pas le pont, » s'écriait le général Perrot, commandant de la place, qui, à la tête de son état-major, surveillait les dispositions prises.

La foule, rejetée sur la place de la Concorde, oscillait dans un mouvement indéter-

---

(1) Une extrême douceur unie à un grand courage forme, avec l'intelligence, le caractère des physionomies de la population parisienne. Pendant l'insurrection des trois jours de février surtout, où le peuple a été livré à lui-même, l'urbanité de ces hommes des barricades a fait l'admiration de tous ceux à qui la peur ou l'esprit de parti laissait la faculté de voir et de juger.

(1) M. Guizot, néanmoins, n'était pas tout à fait aussi rassuré qu'il voulait le paraître. Dès la veille, sa mère et ses filles avaient quitté l'hôtel des affaires étrangères. « Je puis répondre de tout jusqu'à ce soir, disait-il, le mardi matin, à une personne de ses amies qui l'interrogeait à la Chambre; mais je ne suis pas sans inquiétude pour la nuit. »

miné de flux et de reflux. On donna l'ordre à la garde municipale de la disperser. Ce corps d'élite, composé d'hommes éprouvés et qu'une forte solde tenait attachés au gouvernement, était jalousé par la troupe de ligne à cause de ses priviléges et détesté du peuple à cause de ses attributions de police. Sa discipline était sévère; il exécutait ses consignes avec rigueur. De ses fréquents conflits avec la population parisienne résultait une animosité réciproque qui ne pouvait, en de telles circonstances, que précipiter les hostilités, tandis qu'elles auraient pu encore être évitées par une sage intervention de la garde nationale. Ce fut donc une faute que de commencer l'attaque par des charges de la garde municipale (1), bien qu'elle les fît d'abord avec de grands ménagements. Le peuple, animé de passions plus violentes, commença le combat à coups de pierre. Les soldats, ainsi provoqués, s'ouvrirent passage, le sabre au poing, à travers la foule, culbutant, frappant, blessant grièvement des vieillards et des femmes qui ne pouvaient fuir assez vite. Il suffit de quelques-unes de ces charges pour faire évacuer la place; mais la mort d'une pauvre vieille femme, jetée rudement sur le pavé, et le sang d'un ouvrier, mortellement atteint par le tranchant d'un sabre, arrachèrent à la multitude un premier cri de vengeance; l'acharnement des représailles populaires, pendant les trois jours de la lutte, fit cruellement expier à la garde municipale la faute du gouvernement (2).

Dans les Champs-Élysées, les rassemblements ne lâchaient pas pied, malgré des charges répétées. Les enfants du peuple huaient et sifflaient la garde municipale; quelques-uns lui lançaient des pierres. Se retranchant derrière les fossés, les troncs d'arbres, les chaises amoncelées, ils narguaient la troupe. Les dragons passaient au petit galop en riant et ne faisaient point de mal; mais les gardes municipaux frappaient sans pitié et opéraient des arrestations nombreuses. Quant à la troupe de ligne, elle assistait, encore immobile, l'arme au bras, à ces préludes de la lutte. Vers trois heures, une bande d'ouvriers, drapeau en tête et chantant la *Marseillaise*, déboucha dans l'avenue Marigny, tout près d'un corps de garde dont les soldats surpris n'eurent pas le temps de fermer les grilles. Ne voulant point faire usage de leurs armes, ils évacuèrent le poste. Un ouvrier y planta son drapeau. Les enfants accoururent à ce signe de victoire et mirent le feu à la maisonnette de planches; mais bientôt la troupe revint en force sur ce point, la foule se dispersa de nouveau sans essayer de résistance sérieuse. Sur la rive gauche, la fermentation n'était pas moins grande; une bande d'insurgés, parmi lesquels se trouvaient des étudiants de l'École de droit et de l'École de médecine, se porta vers l'École polytechnique pour engager les élèves à venir se joindre à eux. On espérait que l'École polytechnique se signalerait comme en 1830: mais elle montra cette fois des dispositions beaucoup moins révolutionnaires (1).

Des scènes plus vives se passaient presque simultanément devant le ministère des affaires étrangères, à la Bourse, au Palais-Royal et sur la place de la Bastille. S'apercevant enfin qu'il est sans armes, le peuple arrache les grilles de l'Assomption, de Saint-Roch, du ministère de la marine; il enfonce

---

(1) Les gardes municipaux étaient très-mécontents de ces dispositions. Leurs chevaux qui glissaient sur l'asphalte de la place et l'animosité singulière de la population les exposaient beaucoup plus que ne l'eût été la troupe de ligne.

(2) Quand le silence fut rétabli sur la place, on entendit tout à coup retentir de joyeuses fanfares, exécutées par la musique d'un régiment de chasseurs qui gardait la Chambre des députés. M. de Courtais, s'étant approché du colonel, lui reprocha l'inconvenance de ces marques d'allégresse à un pareil moment, et la musique cessa presque aussitôt; mais une impression pénible avait été produite. Les cœurs étaient serrés, les esprits pleins d'angoisse; tous les bons citoyens accusaient le pouvoir; tous donnaient en secret raison au peuple.

(1) Les élèves restèrent et se soumirent à la consigne rigoureuse qui leur enleva, pendant les deux premiers jours, leurs uniformes et leurs épées; ils ne sortirent, le troisième jour, qu'avec l'autorisation de leurs chefs pour aller aider la garde nationale à rétablir l'ordre.

et pille la boutique de Lepage (1) et de plusieurs autres armuriers. La vue de ces sabres, de ces fusils étincelants, l'exalte. Le mot de *barricade* est prononcé. Aussitôt les plus audacieux se mettent à la besogne. Les premières tentatives sont faites rue Saint-Florentin, rue Duphot et rue Saint-Honoré, où, après avoir renversé un omnibus, on descelle les pavés avec les barreaux de fer enlevés aux grilles des palais. Une charge de cavalerie disperse immédiatement les travailleurs. La voiture est relevée, les pavés sont remis en place par les soldats, paisiblement, sans colère; il est aisé de voir qu'il n'y a de part et d'autre aucune animosité réelle. Des essais analogues se font, mais sans plus de succès, sur quelques autres points (2). Dès que la cavalerie charge, les barricades sont abandonnées; ce n'est encore qu'une mutinerie.

Le peuple, sans chef, sans dessein préconçu, se plaît seulement à harceler la troupe; mais la pluie qui tombe incessamment tempère peu à peu son ardeur. Lassée de ces simulacres d'engagement et ne se sentant pas en mesure de commencer une lutte véritable, l'émeute abandonne les quartiers ouverts et se replie sur les faubourgs.

Rentrés dans le foyer de toutes les révolutions populaires, dans ce labyrinthe de rues et de carrefours qu'habite et que connaît à peu près exclusivement la population ouvrière, les insurgés retrouvent le sentiment de leur force. On commence à construire des barricades solides, on attaque les postes isolés. Les uns se replient à temps sur les casernes, les autres se laissent surprendre et donnent leurs armes. Aux Batignolles, les ouvriers attaquent le poste de Monceaux, défendu par une escouade de gendarmerie départementale et par un piquet de gardes nationaux. La lutte s'engage en dépit des efforts du maire et des adjoints. Le peuple tire sur des soldats à l'abri derrière des murailles. Il reçoit à découvert un feu de peloton. Quatre insurgés tombent morts ou blessés; ce fut là le premier sang versé de la journée.

Cependant on s'étonnait de plus en plus de ne pas voir se rassembler la garde nationale (1). Les hommes de tous les partis se demandaient comment le gouvernement négligeait un tel auxiliaire, quand un si fâcheux conflit menaçait de tourner en insurrection. Vers cinq heures, trois députés, MM. Vavin, Taillandier, Carnot, se rendirent chez le préfet de la Seine pour lui exprimer le mécontentement de la population. Mais M. de Rambuteau n'avait aucun pouvoir; il se souvenait trop des sarcasmes de Louis-Philippe pour tenter de l'avertir une seconde fois. Les députés ne reçurent de lui qu'une réponse évasive.

A la même heure, le maire du deuxième arrondissement, M. Berger, prenait sur lui de faire battre le rappel, et son exemple était suivi dans plusieurs arrondissements, mais en vain. Tout ce qu'il y avait de républicains dans les légions travaillait depuis plusieurs jours à y fomenter l'esprit de résistance. Ils rappelaient les vieilles injures, irritaient les amours-propres, démontraient la nécessité de prendre enfin une attitude indépendante pour reconquérir une importance politique dont le roi et le ministère avaient fait trop bon marché. Ces arguments trouvaient les esprits crédules. Sur huit mille hommes composant la deuxième

---

(1) Rue Richelieu, en face du Théâtre-Français. La police avait prévu que les magasins d'armes seraient attaqués, et avait exigé que la plupart des armes à feu fussent démontées. Le peuple pilla aussi, ce jour-là, rue de Bondy, un magasin d'armes de théâtre et de fantaisie; le vestiaire de l'Ambigu fut également pillé. De là les équipements grotesques que l'on put remarquer dans quelques bandes de combattants, qui s'étaient emparés au hasard de casques et de lances du moyen âge, de yatagans, de poignards et de hallebardes; on en vit qui brandissaient des arcs indiens; d'autres qui portaient aux barricades des bannières héraldiques.

(2) Cela se passait très-poliment, avec courtoisie. On arrêtait les voitures publiques ou particulières, on aidait les personnes qui s'y trouvaient à en descendre, les chevaux dételés étaient remis aux mains du cocher, puis, la voiture renversée, on commençait à dépaver tout autour.

(1) L'ordre de battre le rappel dans toutes les légions, donné la veille, à neuf heures du soir, avait été révoqué dans la nuit, parce qu'on avait appris que les gardes nationaux étaient résolus à demander la réforme.

légion, il n'en vint pas six cents à la mairie. Sur la place du Panthéon, où bivouaquait le cinquième de ligne, une très-faible partie de la douzième légion se rassembla. Des coups de sifflet et des murmures s'étant fait entendre dans les groupes populaires, les gardes nationaux se mirent à crier : *Vive la réforme!* Aussitôt la foule répondit par le cri : *Vive la garde nationale* (1)! On peut imaginer si un tel spectacle était de nature à beaucoup animer la troupe au combat. Les officiers du cinquième de ligne donnèrent l'exemple et le signal de la défection morale en venant serrer la main aux chefs de la garde nationale. Un vivat prolongé accueillit cette démonstration.

Dans d'autres quartiers, les gardes nationaux qui se rendaient isolément à leur mairie étaient accostés par les ouvriers et vivement sollicités de donner leurs armes. Un grand nombre se laissaient ainsi dépouiller, moitié de gré, moitié de force. Aucun ordre n'arrivant, d'ailleurs, aux mairies, les plus persévérants, après avoir attendu quelques heures, regagnaient leur domicile, plus mécontents qu'ils n'en étaient partis. Cette tentative de prise d'armes, complètement avortée, n'eut d'autre effet que de démoraliser la troupe de ligne et de donner aux insurgés une plus grande assurance pour la lutte du lendemain. Vers six heures du soir, les choses parurent assez graves au général Sébastiani pour qu'il fît connaître à la force armée qu'elle eût à se conformer à l'ordre du jour du 25 décembre. L'autorité interdit la circulation des voitures. De nombreuses patrouilles parcourent les rues. Les Tuileries et tous les points importants sont occupés par des forces considérables. Les troupes bivouaquent autour de grands feux, à la pluie. A huit heures, une gerbe de flamme s'élève tout à coup au milieu des Champs-Élysées. Une clameur immense vient retentir jusqu'au Château. Ce sont les enfants de l'émeute qui ont mis le feu aux chaises et aux bancs des promeneurs, et qui forment tout autour une ronde joyeuse pour célébrer leur victoire. Une compagnie de la garde nationale et un détachement de pompiers les dispersent et éteignent les flammes.

Insensiblement le silence descend sur la ville. Les ouvriers sont rentrés chez eux; les lumières s'éteignent. A peine quelques rares piétons passent-ils de loin en loin dans les rues désertes. On pourrait croire la sédition apaisée; mais, néanmoins, personne ne reprend confiance. Après un pareil tumulte, un calme si morne a quelque chose d'effrayant. Dans les cercles où se réunissent les personnes attachées au gouvernement, les hommes sont soucieux, les femmes émues. On se rassure mutuellement par des paroles qui mentent à la pensée. Cependant la cour et les autorités ne conçoivent encore aucune alarme. « Ce n'est qu'une échauffourée, » dit M. Delessert dans son salon, à neuf heures du soir; — « Cela va trop bien, » répond M. Duchâtel à l'ambassadeur d'Autriche, qui lui demande des nouvelles de la journée. M. Guizot a ses projets pour le lendemain, dans le cas où les insurgés oseraient faire de nouvelles tentatives. A minuit, le général Sébastiani révoque l'ordre du jour donné à six heures, et le *Moniteur* imprime la phrase sacramentelle : *L'autorité prend des mesures propres à assurer le rétablissement de l'ordre.*

CHAPITRE IX

Seconde journée.

La nuit fut muette; le pouvoir crut qu'elle était calme. A tout événement, il prenait ses mesures. Des renforts de troupes arrivaient par les chemins de fer. Des canons amenés de Vincennes étaient mis en batterie sur la place du Carrousel, sur la place de la Concorde, aux abords des portes Saint-Denis et Saint-Martin, sur les quais, à l'Hôtel de Ville. Le

---

(1) Le colonel, M. Ladvocat, ayant essayé de s'opposer à cette fraternisation, fut forcé de prendre la fuite.

LES ÉTUDIANTS AU PONT DE LA CONCORDE (P. 60).

ministère dressait une longue liste d'arrestations, sur laquelle figuraient les noms des principaux rédacteurs de la presse démocratique, les chefs des sociétés secrètes, les hommes les plus influents du parti radical (1). Il régnait à cet égard entre le roi et son cabinet une entente parfaite.

Cependant la troupe, qui a bivouaqué à la pluie, les pieds dans la boue, l'esprit perplexe et le corps transi, aperçoit, aux premières lueurs du jour, une multitude gaillarde et résolue, qui afflue par les rues Saint-Martin, Rambuteau, Saint-Merry, du Temple, Saint-Denis, où, sur beaucoup de points, elle a élevé des barricades. On s'observe quelques instants, puis les ouvriers engagent des escarmouches;

des feux de tirailleurs leur répondent. Répandu sur un vaste espace, dont il connaît les positions avantageuses et les détours, le peuple tantôt se disperse, tantôt se concentre, harcelant, déconcertant la troupe, surprenant les postes isolés (1). Chose étrange, à peine a-t-on cessé le feu sur un point que soldats et ouvriers échangent des paroles amicales. Dans le quartier des halles, les femmes offrent des vivres aux soldats, les embrassent en les suppliant d'épargner leurs frères, de ne pas tirer sur leurs maris, sur leurs enfants. On continue les barricades joyeusement, d'un air mutin, à vingt pas de la troupe. — « Vous ne tirerez pas sans nous avertir, » disaient les gamins.

(1) Cette liste de 150 noms environ a été trouvée, le 24 février, sur la table du préfet de police, par un insurgé qui y figurait.

(1) L'action ne s'engageait sérieusement nulle part, mais on combattait partout. Dès sept heures du matin, les postes des rues Geoffroy-Langevin et Sainte-Croix de la Bretonnerie furent surpris et désarmés.

D. STERN.

— « Soyez tranquilles, nous n'avons pas d'ordre, » répondaient les soldats. A toute minute, un bon mot, un lazzi, forcent à sourire les officiers eux-mêmes, surpris de tant d'audace, et qui souhaitent de tout leur cœur qu'une solution pacifique les dispense au plus tôt de cette guerre civile. Non, certes, que ces hommes si braves se préoccupent des dangers qu'ils vont courir; mais ce ministère qu'on les force à défendre, ils ne l'aiment ni ne l'estiment. Le système de la paix à tout prix et la vénalité politique répugnent à leur honneur; dans le fond de leur conscience, ils inclinent à donner raison au peuple, et, loin de ressentir contre lui de l'animosité et de la colère, ils éprouvent une sympathie très-vive pour sa résolution, sa verve, la simplicité de son courage. La défaite de Juillet aussi leur revient en mémoire, et la pluie qui tombe sans relâche, fouettée par un vent aigre, abat encore le peu d'ardeur de leur esprit troublé (1).

Mais tout à coup ils respirent, ils se sentent soulagés d'un poids énorme. Une bonne nouvelle leur est apportée. On entend partout battre le rappel. La garde nationale se rassemble; elle va trancher le nœud de cette situation pénible et inexpliquée. En effet, après de longues hésitations, beaucoup de paroles inutiles, d'ordres et de contre-ordres embarrassés, le duc de Nemours, le général Sébastiani et le général Jacqueminot, réunis à l'état-major dans une inactivité solennelle et dans une ignorance incroyable du véritable état des choses, donnaient, ou plutôt se laissaient arracher l'ordre tardif de convoquer deux bataillons de gardes nationaux par légion; mais cet ordre ayant été transmis directement, les maires n'en furent point instruits. En sorte que les gardes nationaux, arrivant aux mairies, n'y trouvèrent ni instruction ni direction d'aucune espèce. Livrées à elles-mêmes, les légions s'avancent partout en criant : *Vive la réforme!* S'emparant ainsi du rôle de médiatrices, elles vont empêcher qu'on ne tire sur le peuple, bien persuadées qu'il ne veut que ce qu'elles veulent elles-mêmes. Par leur contenance décidée, elles forceront le pouvoir à des concessions utiles. Maîtresses de la situation, elles renverseront le ministère conservateur, humilieront le roi, exigeront un cabinet présidé par M. Thiers ou M. Molé, puis elles feront rentrer dans ses foyers la foule mutinée. Tel est le programme que se trace à elle-même la garde nationale, le mercredi 23 février, dans la matinée.

Ces dispositions se manifestent immédiatement et occasionnent sur plusieurs points des scènes très-vives. Le colonel de la dixième légion, M. Lemercier, haranguant le quatrième bataillon qui stationnait rue Taranne, et l'exhortant à marcher pour le rétablissement de l'ordre : « Il ne s'agit pas seulement de rétablir l'ordre, s'écrie M. Bixio en sortant des rangs, mais de faire chasser un ministère infâme. » Un cri : *A bas Guizot!* éclate à ces paroles. Le colonel, irrité, saute au bas de son cheval et s'adresse individuellement à ceux d'entre les gardes nationaux dont la modération lui est connue pour les engager à crier *Vive le roi! — Vive la réforme!* dit d'une voix de stentor un homme du peuple qui s'est glissé dans les rangs. M. Lemercier le saisit au collet, les gardes nationaux protestent en disant qu'on n'arrête pas un homme pour avoir crié *Vive la réforme!* Le colonel, renonçant à les apaiser, résigne son commandement et s'éloigne en toute hâte.

Sur la place des Victoires, la troisième légion se mêle au peuple et pousse avec lui les cris de *Vive la réforme!* Un détachement de gardes municipaux tente d'arrêter quelques hommes du peuple. Un garde national intervient; il est maltraité. Alors une compagnie de gardes nationaux s'avance et fait reculer la troupe jusque dans sa caserne. Peu de temps après, sur la place des Petits-Pères, des dra-

---

(1) Les journaux radicaux du matin, présentant cette disposition de la troupe de ligne, avaient eu grand soin de ne la pas froisser. Ils réclamaient contre le retard apporté à la convocation de la garde nationale, accusaient la brutalité de la garde municipale, mais ils affectaient de ne point se plaindre des régiments de ligne.

gons, pressés par la foule, essayent de la disperser; elle se réfugie derrière les rangs de la garde nationale, qui croise la baïonnette. A ce spectacle inouï, les dragons s'arrêtent. La foule exprime par des vivats sa reconnaissance. Au même moment, la huitième légion, rassemblée sur la place Royale, refusait de marcher si l'on n'inscrivait sur sa bannière les mots : *Vive la réforme!* Sur le boulevard Saint-Martin, la cinquième légion arrêtait la garde municipale, et les officiers expliquaient à la troupe que le peuple était dans son droit, qu'il ne voulait qu'une chose juste et légitime: le renvoi du ministère. A deux heures, les colonels des douze légions s'adressèrent au roi pour le supplier de faire de larges et promptes concessions, seul moyen qui restât, suivant eux, d'assurer la tranquillité de la capitale.

A ces rapports unanimes et presque simultanés, le duc de Nemours, impassible, entouré d'un brillant état-major qui se riait des alarmistes, répondait à peine et ne donnait aucune marque d'inquiétude ni de résolution. Satisfait de l'hommage rendu à son rôle de commandant supérieur, attentif à l'étiquette, il renvoyait les porteurs de nouvelles tantôt au roi, tantôt au général Sébastiani, tantôt au général Jacqueminot, qui, l'un et l'autre, souriaient ou fronçaient le sourcil en disant d'un air capable : « *Nous sommes instruits.* » Et pas une décision, pas un ordre ne sortait de cette triple apathie (1). Cependant des combats acharnés entre le peuple et la garde municipale continuaient dans le Marais et les quartiers Saint-Denis et Saint-Martin. La troupe de ligne n'y prenait qu'une part très-peu active, et la garde nationale, partout où elle la rencontrait, intervenait pour faire cesser le feu. — « Voulez-vous donc tuer des citoyens inoffensifs? s'écriaient les officiers des légions. Que font-ils? Ils demandent la réforme. Eh bien! nous la voulons aussi. On ne peut plus nous la refuser; à ce prix nous répondons de l'ordre. » Et avec ces simples paroles ils arrêtaient les charges de cavalerie, faisaient retourner les canons, relever les fusils, rentrer les baïonnettes dans le fourreau. Le peuple, ivre de joie, saluait d'acclamations retentissantes ses protecteurs : *Vive la garde nationale! vive la ligne!* Soldats et ouvriers se tendaient la main. Étrange guerre civile entre des hommes dont la cause est la même et l'intérêt pareil : prolétaires sous l'uniforme, prolétaires sous la blouse, enfants d'une même misère, ouvriers à leur insu d'un même destin!

Tandis que cette fraternelle intervention de la garde nationale arrêtait, dans les faubourgs, l'effusion du sang, une députation de la quatrième légion se rendait, au nombre de quatre à cinq cents hommes, sans armes, mais escortée d'une grande masse de peuple, au palais Bourbon. Elle portait une pétition pour la réforme électorale et le renvoi du ministère. Les abords de la Chambre étaient fortement gardés. Sur la place, dès qu'un groupe un peu nombreux stationnait, il était dissipé par des charges de cavalerie. Des réserves d'infanterie et de cavalerie occupaient les Champs-Élysées; un détachement de la dixième légion barrait le passage du pont de la Concorde. Des pourparlers s'engagèrent entre ce détachement, choisi parmi les plus zélés conservateurs, et la députation. Pendant ce temps, le bruit se répandait dans la Chambre que les légions réformistes étaient en marche et qu'elles allaient envahir le palais Bourbon; ce fut une panique générale. On se hâta d'envoyer MM. Crémieux, Beaumont (de la Somme), et Marie au-devant des gardes nationaux. Après avoir pris connaissance de la pétition, ces messieurs félicitèrent la députation de sa démarche patriotique et lui annoncèrent, en termes emphatiques et vagues, que *le ministère était frappé de mort, que la garde nationale avait prononcé son arrêt, que le vœu*

---

(1) « Que feriez-vous à ma place ? » disait le général Jacqueminot à un officier supérieur qui lui peignait vivement les périls de la situation, et il reprenait sa partie de billard avec le général Sébastiani, sans même écouter la réponse. — « Si la garde nationale est mauvaise, on agira sans elle, » murmuraient les courtisans.

du peuple allait être exaucé. Des bravos prolongés éclatèrent à cette nouvelle. Les députés profitèrent de cet accueil favorable pour exhorter la garde nationale à empêcher les collisions et à rétablir l'ordre. La députation n'eut garde d'en demander davantage ; elle se dispersa aussitôt pour aller porter sur tous les points où l'on combattait encore ces paroles de paix. Chacun se réjouit et se félicita. Désormais, pensait-on, la lutte était sans motif, l'émeute sans prétexte ; tout devait rentrer dans l'ordre et la légalité.

Un peu moins aveugle que la Chambre des pairs, qui repoussait par des clameurs violentes la demande d'interpellation de M. d'Alton-Shée, rappelait à l'ordre M. de Boissy (1) et reprenait la discussion à l'ordre du jour sur le projet de loi relatif au régime hypothécaire, la Chambre des députés semblait vouloir prendre quelque initiative. Voici ce qui s'y passait :

Entrés en séance à une heure et demie, les députés avaient à peine pu tenir en place pour entendre un rapport de pétitions. L'agitation était telle qu'il avait fallu suspendre la séance. Mille bruits plus alarmants les uns que les autres arrivaient de toutes parts. Où étaient les ministres? Que décidait le roi? Quelle serait l'issue de cette crise funeste? On n'en savait rien. Ce qu'on savait, ce qui se confirmait de minute en minute, c'est que la garde nationale refusait de marcher contre le peuple ; que la troupe de ligne ne marcherait pas sans elle. C'en était assez pour faire appréhender les plus grands malheurs. On attendait avec anxiété M. Guizot, qui n'avait point paru encore. On murmurait, on l'accusait. Plusieurs espéraient, attribuant son absence prolongée à quelque énergique résolution prise en conseil. Enfin, à deux heures et demie, perdant patience, M. Vavin, député de la Seine, monte à la tribune. On sait que c'est pour interpeller le ministère. — « Attendez! attendez! » lui crie-t-on de tous les bancs. M. Hébert, seul au banc des ministres, annonce à la Chambre que le président du conseil et le ministre de l'intérieur, *appelés hors de cette enceinte par des soins que la situation explique et requiert* ont été prévenus et qu'ils ne peuvent tarder. Un murmure d'impatience accueille ces paroles ; mais aussitôt le silence se rétablit, tous les regards se tournent vers la porte d'entrée. M. Guizot paraît sur le seuil. Est-ce bien lui? Ses traits sont contractés, sa pâleur a pris une teinte livide, l'éclair de son regard est obscurci ; l'expression d'une souffrance profonde, contenue avec effort, se lit sur son front et dans son amer sourire. Il s'assied. Personne n'ose aborder le silence de cet orgueil blessé à mort.

M. Vavin remonte à la tribune et parle en ces termes : « Messieurs, au nom de mes collègues les députés du département de la Seine et au mien, je viens adresser quelques interpellations au ministère. Depuis plus de vingt-quatre heures, des troubles graves désolent la capitale ; hier, la population entière a vu, avec un douloureux étonnement, l'absence de la garde nationale, et cet étonnement était d'autant plus grand, d'autant plus pénible, qu'on savait que l'ordre de la convoquer avait été donné lundi, dans la soirée. Il serait donc vrai que, dans la nuit du lundi au mardi, cet ordre aurait été révoqué. Ce n'est qu'hier, à cinq heures, que le rappel a été battu dans quelques quartiers pour réunir quelques gardes nationaux. Dans la journée, la population de Paris a été livrée au péril qui l'entourait sans la protection de la garde civique. Des collisions funestes ont eu lieu, et elles auraient été prévenues peut-être si, dès le commencement des troubles, on avait vu, dans nos rues, sur nos places, cette garde nationale, dont la devise est : *Ordre public et Liberté.* Sur un fait aussi grave, je prie MM. les ministres de nous donner quelques explications. »

---

(1) La proposition qui motiva ce rappel à l'ordre commençait ainsi : « Attendu que hier le sang a coulé sur divers points de la capitale ; attendu qu'aujourd'hui encore la population parisienne est menacée de mort et d'incendie, de mort par 60 bouches à feu approvisionnées, moitié à coups à mitraille, moitié à coups à boulets ; qu'elle est menacée de dévastation et d'incendie par 40 pétards, le tout transporté d'urgence et en hâte de Vincennes à l'École militaire... »

M. Guizot se lève et se dirige lentement vers la tribune. Sa respiration est comme étouffée par un poids intérieur; mais un effort de volonté enfle sa voix. Il se compose un maintien superbe et prononce, au milieu d'un silence imposant, ces quelques paroles : — « Messieurs, je crois qu'il ne serait ni conforme à l'intérêt public, ni à propos pour la Chambre d'entrer en ce moment dans aucun débat sur ces interpellations. » — Une explosion de murmures l'interrompt. L'opposition croit qu'il a recours, une fois de plus, à ces refus hautains de s'expliquer, si longtemps soufferts par la Chambre, mais qui ne conviennent plus à sa fortune chancelante. M. Guizot attend que la rumeur se calme et répète mot pour mot ce qu'il vient de dire, puis il ajoute : — « Le roi vient de faire appeler en ce moment M. le comte Molé pour le charger... » D'impertinents applaudissements, partis des deux extrémités de l'hémicycle et des tribunes, couvrent sa voix. — « La Chambre doit garder sa dignité, » s'écrie M. Barrot. — « L'interruption qui vient de s'élever, reprend M. Guizot, ne me fera rien ajouter ni rien retrancher à mes paroles. Le roi vient d'appeler en ce moment M. le comte Molé pour le charger de former un nouveau cabinet. Tant que le cabinet actuel sera chargé des affaires, il maintiendra ou rétablira l'ordre et fera respecter les lois selon sa conscience, comme il l'a fait jusqu'à présent. »

A ces mots, les députés du centre s'indignent et murmurent; les bancs se dégarnissent; des groupes animés se forment. On entend, au milieu du bruit, des voix qui s'écrient : — « C'est indigne! c'est une lâcheté! on nous trahit! allons chez le roi (1)! » — Les conservateurs se croient abandonnés par le ministère, ils éclatent en reproches. M. Guizot, ne parvenant pas à se faire écouter dans ce tumulte, essaye de faire comprendre par des gestes que ce n'est pas lui qui se retire, mais que c'est le roi qui le destitue. Le président s'efforce de rétablir le silence. — « Avant de lever la séance, dit-il, j'ai un mot à dire sur l'ordre du jour. » — « Il s'agit bien de l'ordre du jour! » s'écrie M. Plougoulm. M. de Salvandy demande que l'ordre du jour soit maintenu. A ce moment, M. Crémieux vient déposer sur le bureau la pétition de la garde nationale et d'un grand nombre de citoyens du quatrième arrondissement. — « Les uns, dit-il, protestent contre la conduite des ministres; les autres demandent leur mise en accusation... » La voix de M. Crémieux se perd dans la rumeur générale. Le silence ne se rétablit que lorsqu'on voit M. Dupin à la tribune. On sait les relations intimes de M. Dupin avec le roi; on connaît son esprit lucide. On attend de lui une proposition conforme à la dignité parlementaire et à la gravité des circonstances. — « Messieurs, dit l'orateur, le premier besoin de la cité est le rétablissement de l'ordre, la cessation des troubles. L'anarchie est le pire des états, c'est la destruction de la société; elle menace l'ordre social tout entier. La seule question vraiment à l'ordre du jour est donc le rétablissement de la paix publique, pour assurer la libre et régulière action de tous les grands pouvoirs de l'État. » — Puis M. Dupin, rappelant la révolution de Juillet, l'ordre et la liberté fondés et maintenus par l'accord de la Chambre des députés avec le vœu public et la garde nationale, conclut en ces termes : « Il faut que les masses comprennent qu'elles n'ont pas le droit de délibérer, de décider. Il faut que les gens qui ont eu recours aux armes comprennent qu'ils n'ont pas le droit de commander, qu'ils n'ont qu'à attendre l'exécution de la loi, écouter la voix des magistrats, attendre les délibérations des grands corps de l'État et les mesures qui seront jugées nécessaires par la couronne et par les Chambres. Dans cette situation, devons-nous introduire ici des délibérations irritantes, des délibérations d'accusation? Je crois qu'il faut, au con-

---

(1) M. Dumon, s'efforçant de calmer l'indignation des conservateurs, allait de l'un à l'autre, les exhortait à la modération en raison des circonstances. « Aujourd'hui soyons tout à l'ordre, disait-il; demain nous serons tout à la politique. »

traire, adhérer à la demande d'ajournement, que j'appuie de toutes mes forces. »

Ce discours ramène M. Guizot à la tribune. Avec un apparent sang-froid, il réfute les motifs allégués par M. Dupin pour l'ajournement, et prononce d'une voix ferme ces paroles, les dernières de sa carrière ministérielle : — « Le cabinet ne voit, pour son compte, aucune raison à ce qu'aucun des travaux de la Chambre soit interrompu, à ce qu'aucune des questions qui avaient été élevées dans la Chambre ne reçoive sa solution. La couronne exerce sa prérogative. La prérogative de la couronne doit être pleinement respectée. Mais tant que le cabinet reste aux affaires, tant qu'il est assis sur ces bancs, rien ne peut être interrompu dans les travaux et dans les délibérations des grands pouvoirs publics. Le cabinet est prêt à répondre à toutes les questions, à entrer dans tous les débats ; c'est à la Chambre à décider ce qui lui convient. » — Le président consulte la Chambre, qui maintient pour le lendemain son ordre du jour (1). Les députés, avides de nouvelles du dehors, se dispersent en toute hâte.

Ce n'était pas sans peine qu'on avait obtenu du roi cette première concession à l'opinion publique : le renvoi de son ministère. Non, assurément, qu'il fût dans la nature de Louis-Philippe de répondre par la fidélité de la reconnaissance à la fidélité des services, ni de faire entrer dans la balance de ses calculs les regrets personnels, le scrupule de délaisser, dans une crise difficile, un serviteur éprouvé, la crainte délicate d'offenser dans la personne d'un ministre, pénétré de ses royales inspirations, son propre honneur. De telles considérations étaient étrangères à un esprit de cette trempe. Mais la situation ne lui paraissait point assez grave pour motiver un tel désaveu du cabinet conservateur, et les instances importunes qu'on lui faisait, à cet égard dans son intimité, il les tenait pour déraisonnables ou suspectes.

(1) La suite de la discussion sur la banque de Bordeaux.

Pendant toute la matinée du mercredi, on l'avait vu, en belle humeur, s'égayer aux dépens de l'émeute. — « Vous appelez *barricade* un cabriolet de place renversé par deux polissons, » disait-il à ceux qui se hasardaient à prononcer devant lui ce mot malsonnant. Et le ton ainsi donné, on ne tarissait pas, aux Tuileries, en plaisanteries sur la hauteur et la largeur des barricades. Mais, vers une heure et demie, une nouvelle foudroyante changea subitement l'état moral du roi. Il apprit, par le général Friant, que la garde nationale, réunie sur la place des Petits-Pères, avait croisé la baïonnette pour défendre le peuple contre la troupe, et qu'une députation de la quatrième légion se dirigeait vers la Chambre pour demander justice du ministère. A dater de cette heure (1), Louis-Philippe parut soucieux. La défection de la garde nationale portait un coup inattendu à sa sécurité. Sa foi en lui-même recevait un premier, mais violent échec. Sa raison et son jugement en furent comme étourdis. Les rapports qui arrivaient de tous côtés lui firent entrevoir que l'émeute prenait, en quelque sorte, un caractère légal ; il douta alors de l'issue de la crise. Ce prince, quoique personnellement très-brave, était ennemi des luttes à main armée. Aussi peu croyant à la force des baïonnettes qu'à la force idéale du droit, il mettait toute sa confiance dans la légalité ; il était, si l'on peut s'exprimer ainsi, d'un tempérament parlementaire, et n'imaginait pas qu'aussi longtemps qu'il demeurerait dans les limites tracées par la constitution, et qu'il marcherait d'accord avec le pays légal, son pouvoir pût être ébranlé par une insurrection des rues. Le peuple, proprement dit, ne lui inspirait pas plus d'appréhension que d'amour ; son immixtion séditieuse dans les affaires politiques valait à peine qu'on

(1) Presque au même moment, M. Dupin, ce rude et zélé serviteur de Louis-Philippe, venait jeter l'alarme dans son esprit. Il osait prononcer le mot de révolution. — « Vous croyez qu'ils peuvent songer à me renverser ? lui dit le roi en l'interrogeant d'un regard scrutateur ; mais ils n'ont personne à mettre à ma place. — Non, sire, *personne* en effet, répondit M. Dupin, mais une *chose* peut-être : la république. »

s'en occupât. Mais l'intervention hostile du pays légal par la garde nationale, qui en était l'expression armée, c'était là, à ses yeux, une révolution tout entière, la destruction de tous ses plans, le renversement complet de ce savant équilibre auquel il travaillait si laborieusement depuis son avénement au trône. Louis-Philippe s'assombrit à cette pensée. Sa volonté s'affaissa. Il n'opposa plus qu'une résistance molle aux influences contradictoires et aux inspirations confuses qui se disputèrent les derniers actes de son règne.

M. Duchâtel était dans le cabinet du roi quand y arrivèrent les premières nouvelles de la défection des légions. Comme il essayait d'atténuer la gravité de ces rapports, probablement exagérés, disait-il, la reine entra. Émue, agitée, elle s'exprima avec une vivacité qui ne lui était pas habituelle sur l'impopularité de M. Guizot. Devinant sa pensée et supposant qu'elle était l'écho de la pensée intime du roi, M. Duchâtel s'empressa d'assurer que, si le président du conseil pouvait croire un seul instant sa présence aux affaires nuisible, il n'hésiterait certainement pas plus que lui à déposer aux pieds du roi sa démission; heureux, ajouta-t-il, de donner ainsi une preuve de son dévouement à la dynastie (1). Louis-Philippe n'accepta ni ne refusa positivement cette démission, selon la coutume de son esprit cauteleux; mais il fit demander M. Guizot, et, après une courte entrevue, il fut entendu que M. Molé, qui siégeait en ce moment à la Chambre des pairs, allait être appelé aux Tuileries. C'est alors que le ministre déchu se rendit à la Chambre des députés et répondit, comme on l'a vu, aux interpellations de M. Vavin.

On dit que la dissimulation du roi et son penchant pour les voies obliques donnèrent à son entretien confidentiel avec M. Molé un caractère ambigu, bien peu fait pour inspirer à celui-ci la hardiesse d'initiative nécessaire en pareilles extrémités. Dans une sorte d'épanchement très-composé, Louis-Philippe, assure-t-on, se représenta comme abandonné par MM. Guizot et Duchâtel (1); il se plaignit amèrement de leur ingratitude et termina en demandant à M. Molé de former au plus vite un cabinet conciliateur. Celui-ci écouta longtemps en silence. Il ne se dissimulait pas, et il ne dissimula point à Louis-Philippe les difficultés qu'il allait rencontrer. Il ne pensait pas que le mouvement dût s'arrêter à lui. M. Thiers était peut-être déjà l'homme indispensable; en tous cas, il faudrait se résoudre à bien des concessions. Le roi feignait de ne pas comprendre. M. Molé, plutôt par condescendance pour son royal interlocuteur que par persuasion personnelle de l'opportunité d'une telle démarche, promit de chercher à s'entendre avec MM. de Rémusat, Billault, Passy, Dufaure; mais il posa comme condition de son entrée au conseil la nomination du maréchal Bugeaud au ministère de la guerre. A ce nom, le roi fit une exclamation qui trahit sa répugnance pour un tel choix. Il objecta le caractère intraitable du maréchal, ses façons soldatesques, ses habitudes despotiques : « Si le duc d'Isly avait le portefeuille de la guerre, dit-il, ni mes fils ni moi nous ne pourrions nommer dans l'armée le moindre sous-lieutenant. » On se quitta sur ce différend sans avoir rien conclu, et, comme s'il était temps de délibérer et de négocier, Louis-Philippe donna à M. Molé un second rendez-vous pour sept heures du soir.

Durant ce long intervalle, la lutte entre la garde municipale et le peuple continuait, et presque partout la troupe, abandonnée à elle-même, pressée, étouffée par la masse populaire, avait le dessous. A l'angle de la rue Saint-Denis, deux détachements d'une ving-

---

(1) Depuis ce moment, jusqu'au jeudi matin 24, le roi demeura sans ministère légalement formé. Les combinaisons, à partir de M. Molé jusqu'à M. Odilon Barrot, nommé président du conseil, se succédèrent sans jamais arriver à une formation officielle. Personne n'étant plus responsable, personne ne donnait d'ordre positif. On n'opposait que des conseils, des avis, des projets, à l'envahissement rapide des forces révolutionnaires.

(1) C'est la version que le roi a cherché à accréditer.

taine d'hommes environ, ayant imprudemment engagé le combat pour arracher aux insurgés un brancard sur lequel ils portaient, en poussant des cris de vengeance, le cadavre de l'un des leurs, enlevé au poste de la rue Mauconseil, les soldats se virent enveloppés de toutes parts et ne durent leur salut qu'à l'arrivée de la garde nationale. A la caserne Saint-Martin, l'attaque des insurgés fut d'un acharnement extraordinaire. Ils assaillaient les portes à coups de haches et recevaient le feu à bout portant. Les gardes municipaux n'échappèrent au massacre que par l'intervention de la garde nationale. Un peu plus loin, le poste des Arts-et-Métiers était envahi et démoli. Mais l'animosité du peuple ne se montra nulle part plus violente que dans les combats de la rue Bourg-l'Abbé. Depuis la veille, un détachement de gardes municipaux défendait l'accès du magasin d'armes des frères Lepage. Repoussés, chassés de la rue, les insurgés revenaient à la charge, toujours plus nombreux et plus exaspérés. Les soldats, incapables de résister plus longtemps, quittèrent la rue et se réfugièrent dans la maison Lepage, où ils commencèrent à parlementer. Le peuple ne demanda d'abord aux soldats que la liberté des prisonniers qu'ils avaient faits. Ce premier point obtenu, il exigea qu'on lui livrât la poudre du magasin. Après la poudre, il voulut les armes. Révoltés par cette dernière exigence, les gardes municipaux se décident à reprendre l'offensive; ils ouvrent brusquement la porte et se précipitent dans la rue, la baïonnette en avant. M. Cotelle, maire du sixième arrondissement, et M. Husson, colonel de la légion, suivis d'une cinquantaine de gardes nationaux, arrivaient au moment même. Ils se jettent entre le peuple et les soldats; ils décident ces derniers à rentrer dans la maison Lepage, et se rangent eux-mêmes devant la porte pour arrêter la foule, qui pousse des cris de mort. Plutôt que de rendre leurs armes, les soldats veulent sortir de nouveau et tenter un dernier combat. Les gardes nationaux sont exposés aux plus grands périls entre les deux partis, animés d'une égale fureur. Enfin on prend une résolution, conseillée par M. Arago : c'est de faire sortir chaque garde municipal entre deux gardes nationaux. Le brigadier Verdier descend le premier dans la rue, donnant le bras à M. Étienne Arago. A peine a-t-il fait quelques pas qu'un enfant le tue d'un coup de pistolet. Cette mort rappelle le peuple à des sentiments plus humains. M. Arago veut qu'on en profite; il descend une seconde fois dans la rue, tenant par la main le lieutenant Bouvier, que suit le reste de la troupe entre une double haie de gardes nationaux. Le peuple, en frémissant, laisse passer ses ennemis, qui, bientôt rejoints par des troupes de ligne, purent arriver enfin à la préfecture de police.

Aussitôt après le départ des gardes municipaux, les magasins des frères Lepage furent envahis; et le peuple, n'y ayant pas trouvé d'armes, saccagea la maison. L'officier qui commandait le détachement, le lieutenant Dupouy, son nom mérite d'être conservé, avait refusé de sortir avec ses soldats; il s'était retranché à l'étage supérieur, espérant encore de quelque hasard un secours qui le sauverait, sinon de la mort, du moins de l'outrage. Il y resta longtemps, sans qu'il fût possible de le déterminer à quitter son uniforme pour essayer de fuir. Enfin, un officier de la garde nationale parvint à l'entraîner et à le soustraire à la multitude, heureusement tout occupée à chercher des armes. A huit heures, le brave lieutenant arrivait à la préfecture de police, le front humilié, le désespoir dans le cœur. M. Delessert, touché de son accablement, le fit asseoir à ses côtés et le combla de prévenances. On commençait à être très-inquiet à la préfecture de police (1). Plusieurs fois, dans la journée, M. Delessert, recevant des rapports alarmants sur la situation

(1) Le propre frère de M. Delessert, se croyant menacé dans son hôtel de la rue Montmartre, avait fait demander quelques gardes municipaux à la préfecture de police. « Mon frère ignore que je ne pourrais pas, à l'heure qu'il est, disposer d'un caporal et de quatre hommes, » avait répondu le préfet.

CHARGE DES GARDES MUNICIPAUX SUR LA PLACE DE LA CONCORDE (P. 62).

critique des gardes municipaux isolés dans le centre de l'émeute, avait fait demander des renforts au général Sébastiani pour les dégager. Celui-ci avait invariablement répondu qu'il ne pouvait pas disposer d'un seul bataillon. Cependant, soit pour ne pas décourager les officiers réunis à sa table, soit qu'il essayât encore de se faire illusion, M. Delessert disait, à huit heures du soir, à ceux qui l'interrogeaient sur le tour que prenaient les événements : « C'est une émeute qu'il faut laisser mourir d'elle-même. »

A la même heure, on se réunissait pour dîner à l'hôtel du ministère de l'intérieur. Madame Duchâtel faisait avec grâce les honneurs du repas à MM. Guizot, de Broglie, Janvier, et à un certain nombre d'amis restés fidèles au cabinet conservateur. Blessé au vif de la conduite du roi, se croyant joué par ses rivaux, insulté par son propre parti, M. Guizot affectait l'indifférence. Il était convenu avec M. Duchâtel de ne plus donner aucun ordre et de laisser se tirer d'affaires, comme il pourrait, le cabinet encore inconnu qu'on osait lui préférer. Rien ne lui paraissait plus pitoyable que cette chimère de conciliation et ce ministère d'expédient auquel on le sacrifiait. Il n'attendait des événements qu'une prompte, une infaillible vengeance.

Les convives commentaient d'une verve moqueuse ce qui était à leurs yeux l'unique événement du jour : le changement de ministère. On aiguisait les épigrammes, on souriait à la pensée des embarras où M. Molé se jetait tête baissée. « Vous verrez que ce cabinet sera plus conservateur que nous, » disait M. Duchâtel; et il complimentait ironiquement M. Janvier, qui, assurait-il, ne pouvait manquer que d'en faire partie. Mais, tout d'un coup, vers le milieu du repas, le ministre reçoit des nouvelles alarmantes. Il apprend qu'un poste considérable de gardes municipaux a rendu les armes; que le peuple, victorieux sur plusieurs points, s'exalte de plus en plus et menace de se porter sur le ministère de l'intérieur et sur l'hôtel des affaires étrangères. On se consulte, on décide de donner quelques ordres; madame Duchâtel passe dans une chambre voisine et quitte à la hâte les bijoux et les fleurs dont elle est parée pour revêtir des habits plus convenables en cas de fuite. Les convives disparaissent. On se prépare à quitter l'hôtel en secret.

Cependant la nouvelle du changement de ministère, portée simultanément sur tous les points de la capitale par des officiers d'ordonnance, des gardes nationaux et des députés, dont les discours et les visages radieux promettaient bien au delà de la réalité, produisait presque partout l'effet attendu. On se groupait autour de ces messagers de paix. Moitié curiosité, moitié entraînement, le peuple, qui, d'ailleurs, avait été plutôt calmé qu'excité par l'attitude de la troupe de ligne et par l'intervention si franche en sa faveur d'une partie de la garde nationale, trompé par l'expression de contentement qu'il voyait éclater sur toutes les physionomies, quittait ses barricades. Tout en demandant, sans qu'on sût trop lui répondre, quelles étaient les concessions obtenues, il s'associait au triomphe du pays légal. La troupe rentrait dans les casernes; la circulation se rétablissait. En peu d'heures, l'aspect de Paris avait changé comme par magie. La nuit venue, une illumination spontanée, une immense foule de promeneurs paisibles et satisfaits, répandus sur les boulevards et sur les places publiques, donnaient à la ville un air de fête qui trompa presque tout le monde.

La garde nationale et l'opposition parlementaire, qui n'avaient voulu que la réforme, bien que la concession fût avarement mesurée et que le nom de M. Molé ne donnât pas à cet égard des garanties bien solides, heureuses d'échapper à une lutte dont elles venaient de voir de près le danger, s'accordaient à ne plus rien prétendre et à se féliciter bruyamment de leur commun triomphe. Mais l'instinct du peuple, plus sûr et plus courageux, après s'être un moment laissé surprendre à la joie générale, le poussait à passer outre. Les chefs d'atelier, les membres influents des sociétés secrètes, quelques journalistes radicaux encourageaient cette disposition. Ils exhortaient les citoyens à se méfier des nouvelles perfidies cachées sous cette feinte condescendance de Louis-Philippe. Qu'était-ce donc, en effet, que M. Molé, pour que le peuple se réjouît de son avénement au pouvoir? Un courtisan, un homme d'ancienne noblesse. Comment, quand le peuple restait maître du champ de bataille, quand la garde nationale se prononçait pour lui, et quand la troupe de ligne refusait de le combattre, il se contenterait de si peu! Quand les cadavres des siens gisaient encore sur le pavé des rues, quand des femmes et des enfants criaient vengeance pour leurs maris et leurs pères massacrés par les ordres d'un roi exécrable, il souffrirait que, une fois de plus, au château, on raillât sa crédulité, sa faiblesse! On mêlait à ces propos excitants des bruits de trahison; on parlait de piéges tendus. On insinuait que la retraite de M. Guizot n'était point officielle, qu'elle cachait d'ailleurs un guet-apens. Aussitôt que le peuple aurait quitté ses armes, le pouvoir jetterait le masque et se vengerait, par des exécutions sanglantes, de son humiliation momentanée (1).

L'esprit républicain, à peine représenté dans la Chambre, réprimé sur toute la surface du pays légal, s'était concentré, ardent et taciturne, dans la population ouvrière de Paris.

---

(1) Pendant que les hommes de parole réveillaient ainsi les colères du peuple, les hommes d'action organisaient la résistance dans son véritable centre, dans tout l'espace compris entre la rue Vieille-du-Temple et le faubourg Saint-Denis. Là un réseau serré de barricades restait gardé par des républicains déterminés, qui se concertaient pour l'attaque du lendemain.

Malgré les nombreuses défaites du parti, malgré tant d'espérances trompées et de tentatives avortées, un républicanisme fanatique n'avait pas cessé d'y couver dans des cœurs indomptables. Les républicains, qui n'espéraient plus, depuis la dernière tentative à main armée de 1839, s'emparer du pouvoir de vive force, avaient vu avec une joie extrême le mouvement réformiste de la bourgeoisie, se flattant bien de l'entraîner, à l'heure propice, au delà de son but. Mais, éclairés par l'expérience, ils s'étaient gardés de se trahir par des démonstrations prématurées, et, se contenant, se masquant derrière l'opposition légale, ils s'étaient bornés à l'exciter sourdement en empruntant son langage. Quand le pays légal, maître du champ de bataille, s'arrêta dans la conscience de sa victoire, ils n'en continuèrent pas moins le combat, résolus de tenter un coup de fortune et de risquer, au péril de leur vie, une lutte désespérée.

Ici se place un de ces événements tragiques dont chaque parti repousse la responsabilité, et dans lesquels la volonté humaine et la fatalité s'exercent d'une manière complexe, mystérieuse, qui demeure voilée, même aux yeux des contemporains. La tâche de celui qui les raconte est difficile et pénible. Un acte inhumain qui pèse sur la conscience publique est commis. On s'entr'accuse. Celui ou ceux qui ont eu la sauvage énergie du forfait n'ont pas, grâce au ciel, le courage cynique d'en revendiquer l'honneur; et l'historien, que son devoir contraint à approcher le flambeau révélateur de l'ombre où se cache la trahison, souhaite, malgré lui, qu'il échappe à sa main mal assurée et qu'il s'éteigne dans de miséricordieuses ténèbres.

L'aspect des boulevards était féerique. Une longue guirlande de lumière diversement colorée, suspendue à tous les étages, unissait les maisons, joyeux emblème de l'union des cœurs. Hommes, femmes, enfants circulaient librement, sans défiance, dans cette resplendissante avenue, théâtre habituel des plaisirs et des fêtes de la population parisienne. L'allégresse était dans l'air, la satisfaction sur tous les visages. De temps à autre, on voyait passer sur la chaussée des bandes qui portaient des drapeaux, des transparents allégoriques, et chantaient en chœur la *Marseillaise*. On s'arrêtait sous les fenêtres restées obscures, et les enfants, grossissant la voix sur un rhythme facétieux, demandaient des lampions, qui ne se faisaient point attendre. Quelques parodies improvisées, quelques scènes burlesques, égayaient les promeneurs (1).

Vers neuf heures et demie, une bande beaucoup plus considérable, et surtout plus régulière dans son évolution, que toutes celles qu'on avait vues passer jusque-là, une longue colonne, agitant des torches et un drapeau rouge (2), parut sur les boulevards à la hauteur de la rue Montmartre. Elle venait des profondeurs du faubourg Saint-Antoine et se dirigeait, comme les précédentes, vers la Madeleine, en chantant des chœurs patriotiques. Un homme du peuple, nommé Henri, entonnait et soutenait ces chœurs d'une voix mâle et pénétrante. Attirés par la beauté des chants, un grand nombre de curieux se joignaient à une démonstration qui semblait inoffensive. Quelques enfants portant des lanternes tricolores, quelques ouvriers brandissant en l'air des sabres et des fusils, n'inspiraient aucun soupçon. Un escadron de cuirassiers, que la colonne avait rencontré à la porte Saint-Denis, l'avait saluée du cri de *Vive la réforme!* Dans l'effusion de cette fête commune, bourgeois et prolétaires se donnaient le bras, habits et blouses se rapprochaient familièrement. Le sentiment d'une

---

(1) Sous les fenêtres de M. Hébert, qui n'avait point voulu célébrer par des illuminations sa propre défaite, un groupe moqueur conduisit un âne coiffé du bonnet rouge, orné de rubans et de grelots; un homme du peuple, portant une guitare en sautoir, donna au ministre une sérénade grotesque.

(2) Ce fut le premier drapeau rouge que l'on vit paraître, et encore fut-ce en contravention formelle avec les consignes données aux bureaux de *la Réforme* et dans les autres centres dirigeant le mouvement insurrectionnel. Il y avait défense positive d'arborer d'autre drapeau que le drapeau tricolore et de pousser d'autre cri que celui de *Vive la Réforme!*

fraternité joyeuse débordait de tous les cœurs.

On arriva ainsi à la hauteur de la rue Lepelletier, la plupart ignorant où l'on allait et dans quel dessein on était rassemblé, mais s'étant joints à la bande pour le simple plaisir de marcher en troupe et de chanter, sans malice, des chants réputés séditieux. Là, un des chefs de la colonne, qui s'avançait isolément, l'épée nue à la main, lui fait faire une conversion à droite et l'arrête devant la maison où se trouvent les bureaux du *National*. M. Armand Marrast se montre à une fenêtre, et, salué d'une acclamation générale, il harangue le peuple : « Citoyens, dit M. Marrast au milieu d'un profond silence, nous venons d'avoir une belle journée, ne la gâtons pas. Le peuple a droit de demander des garanties et une réparation. Il faut donc qu'il exige : la dissolution de l'Assemblée, la mise en accusation des ministres, le licenciement de la garde municipale, les deux réformes parlementaire et électorale et le droit de réunion. Enfin, n'oublions pas que cette victoire n'est pas seulement une victoire pour la France, c'en est une aussi pour la Suisse et pour l'Italie. » Ainsi parlait, le mercredi, 23 février, à dix heures du soir, le rédacteur en chef du *National*, et il exprimait bien certainement le vœu de la grande masse des citoyens. Il ne pouvait guère prévoir, en ce moment, que cette phalange à peine armée, dont il recevait les adhésions enthousiastes, allait, à dix minutes de là, provocatrice et victime d'un assassinat effroyable, changer la face des choses, entraîner la révolution et frayer une voie sanglante à cette république dont il regardait depuis tant d'années déjà l'avénement comme impossible, ou, du moins, comme réservé aux générations à venir.

Après avoir répondu par des applaudissements à l'allocution de M. Marrast, la colonne se forma de nouveau dans le plus grand ordre et reprit la direction de la Madeleine. A la rue de la Paix, elle se grossit d'une bande qui venait de faire illuminer de force l'hôtel du ministère de la justice, et, devenue très-imposante par ce renfort, elle parvint, plus silencieuse à mesure qu'elle avançait, à quelques pas du poste qui gardait le ministère des affaires étrangères. Ce poste était composé de deux cents hommes du quatorzième régiment de ligne, commandés par le chef de bataillon de Brotonne. Le lieutenant-colonel Courant était avec eux. En voyant s'approcher, à travers une fumée épaisse, à la lueur vacillante des torches, cette masse (1) ondoyante et sombre, au-dessus de laquelle brille l'acier des sabres et des fusils, le commandant donne l'ordre à sa troupe de se former en carré (2). Les colloques familiers établis entre les soldats et les promeneurs depuis le commencement de la soirée sont brusquement interrompus. La foule regarde, étonnée, cette manœuvre, mais ne conçoit pas la moindre appréhension.

Arrêtée soudain dans sa marche, la colonne populaire se pousse, se masse. Des pourparlers s'engagent entre les chefs de la bande, le lieutenant-colonel et le commandant. Le peuple se met à crier : *Vive la ligne!* et veut fraterniser avec les soldats. M. de Brotonne, ayant sans doute présents à l'esprit les désarmements de la troupe opérés de cette manière pendant la journée, et se défiant des intentions de cette multitude, s'oppose à son passage; il exige qu'elle descende dans la rue Basse-du-Rempart. On s'y refuse. Pendant cette espèce d'altercation, les soldats sont serrés de si près par les hommes du peuple,

---

(1) La colonne était formée :
1° De sept ou huit jeunes ouvriers alignés sur un rang et portant un drapeau rouge ;
2° D'un homme, portant l'uniforme d'officier de la garde nationale, qui marchait seul à quelques pas en arrière;
3° D'un premier rang, où l'on ne voyait que des uniformes de la garde nationale ;
4° D'une masse épaisse, composée d'artisans, de bourgeois, de femmes et d'enfants.

(2) Un des côtés barrait le boulevard à la hauteur de la rue Neuve-Saint-Augustin, les troupes faisant face à la Bastille. Le côté opposé, faisant face à la Madeleine, barrait le boulevard à l'angle de la rue Neuve-des-Capucines. Ces deux ailes étaient reliées par une longue ligne de soldats faisant face à la rue Basse-du-Rempart. L'espace intérieur, formé par ces trois lignes, demeurait libre; le lieutenant-colonel Courant et les officiers s'y tenaient.

que le désordre se fait dans la première ligne. Le commandant, craignant de la voir brisée, s'écrie en toute hâte : « Croisez la baïonnette ! » Pendant le mouvement occasionné par l'exécution de cet ordre, un coup de feu part. Instantanément, sans sommation préalable, sans roulement de tambour, sans que personne puisse se rappeler avoir entendu le commandement, une décharge à bout portant, un feu de file meurtrier frappe la masse populaire. Un cri aigu perce la nuit, et quand le nuage de fumée qui enveloppe ce cri déchirant se dissipe, il découvre un horrible spectacle. Une centaine d'hommes gisent sur le pavé ; les uns sont tués roides, d'autres atteints mortellement. Un grand nombre a été renversé par la commotion ; plusieurs se sont jetés le visage contre terre par un mouvement instinctif de salut. Le sang coule à flots. Le gémissement des blessés, le murmure étouffé de ceux qui s'efforcent de se dégager de cette mêlée de morts et de mourants, navrent le cœur du soldat, auteur innocent de ce massacre, qu'il regarde d'un œil consterné. Bientôt les plus courageux d'entre les hommes du peuple, revenus de la première stupeur, pensent à secourir les blessés. Aidés par les soldats et par des gardes nationaux que le bruit de la décharge a fait accourir, ils relèvent et portent dans leurs bras, jusqu'aux maisons voisines et dans les pharmacies restées ouvertes, les victimes qui respirent encore. Il n'y en a pas moins de trente-deux (1). Vingt-trois, dont un soldat, ont déjà rendu le dernier soupir.

Le lieutenant-colonel, au désespoir, sentant peser sur sa tête une lourde responsabilité et prévoyant les suites d'un pareil événement, se hâta d'envoyer l'un de ses officiers, M. Baillet, au café Tortoni, afin d'y expliquer, en la présentant comme un malentendu, cette décharge qui suscite de toutes parts la vengeance du peuple ; mais les explications sont malvenues quand le sang fume encore. M. Baillet est arrêté par la foule devant le café de Paris. Il est menacé, frappé ; il va succomber, quand les gardes nationaux de la deuxième légion accourent et le délivrent.

Cependant les fuyards, dispersés en tous sens, hommes, femmes, enfants, pâles, effarés, hagards, plus semblables à des spectres qu'à des humains, d'une voix entrecoupée et faisant des gestes de détresse, appellent au secours ; plusieurs frappent vainement aux portes des maisons pour y chercher un refuge, se croyant poursuivis par des égorgeurs. On se rappelle le massacre de la rue Transnonain ; on entre en effroi, la stupeur paralyse même la pitié.

Instruit de ce qui vient d'arriver par des gardes nationaux qui croient, comme les hommes du peuple, à une trahison infâme (1), le maire du deuxième arrondisse-

---

(1) Cinquante-deux, dit M. Élias Regnault. Trente-cinq morts, quarante-sept blessés, dit M. Garnier-Pagès. De nombreuses versions ont circulé sur cette catastrophe mystérieuse. Aucune n'a acquis un degré suffisant d'authenticité pour que l'historien se prononce. Selon l'explication de l'officier envoyé par le lieutenant-colonel au café Tortoni, le commandant aurait donné l'ordre de croiser la baïonnette pour repousser l'agression populaire. Dans la précipitation du mouvement, un fusil armé serait parti, et les soldats, prenant ce coup isolé pour le signal habituel du feu de file, auraient fait feu. Selon d'autres officiers, un coup de pistolet tiré par les insurgés aurait fracassé le genou du cheval du commandant, et la troupe, se voyant attaquée, aurait usé du droit de légitime défense. Le fait positif, c'est qu'un soldat, du nom de Henri, fut tué par un coup de feu parti on ne sait d'où, et que ce coup de feu fut immédiatement suivi de la décharge. Il est encore une autre version, pendant quelque temps très-accréditée, entre autres par M. de Lamartine, dans son récit fantastique. C'est celle qui accuse M. Charles Lagrange d'avoir traîtreusement provoqué la troupe en tirant à bout portant un coup de pistolet sur un soldat. Le silence qu'opposa M. Lagrange à cette accusation et cette circonstance que, deux jours après, il fut saisi, à l'Hôtel de Ville, d'un accès de fièvre chaude, parurent à beaucoup de personnes une présomption très-forte contre lui. Mais le caractère de M. Lagrange, aussi bien que le témoignage de personnes dignes de foi, repousse ces allégations. Tout porte, d'ailleurs, à croire qu'il y eut, dans la catastrophe du boulevard des Capucines, plus de hasard que de préméditation. Un certain nombre de républicains avait bien, à la vérité, le dessein de recommencer la lutte et de saisir le premier prétexte de réengager le combat, mais, quant au lieu et au moment, ils n'avaient et ne pouvaient avoir aucune détermination précise.

(1) On répandait le bruit que plusieurs gardes nationaux étaient tombés victimes du guet-apens de l'hôtel des Capucines. Accourus à la mairie du deuxième arrondissement, les gardes nationaux exaspérés demandent des cartouches. On leur répond qu'il n'y en a pas, et cette nouvelle marque de

ment fait battre le rappel; le tocsin sonne. Bientôt on entend le bruit sec des pioches sur les pavés et la chute pesante des arbres du boulevard; c'est le peuple qui refait ses barricades. Sa colère, un moment apaisée, se ranime avec plus de fureur.

Minuit va sonner. Les boulevards sont faiblement éclairés encore par l'illumination pâlissante. Les portes, les fenêtres des maisons et des boutiques sont closes; chacun s'est retiré chez soi, le cœur oppressé de tristesse. Le silence des rues semble recéler des embûches. Les bons citoyens ne savent ce qu'ils doivent craindre ou souhaiter, mais ils sentent qu'un grand désastre est proche. Dans cette nuit pleine d'appréhensions et d'angoisses, on demeure l'oreille au guet, épiant tous les bruits. On s'épuise en conjectures; le foyer reste allumé, la famille veille.

Tout à coup un roulement sourd se fait entendre sur le pavé, quelques fenêtres s'entr'ouvrent avec précaution. Qu'ont-ils vu, ceux qui se retirent si précipitamment? Quel spectacle les repousse, les attire de nouveau, les jette en effroi? Quelles sont ces clameurs, ces voix inarticulées? Que signifie ce cortége funèbre, qui semble conduit par les Euménides populaires?

Dans un chariot attelé d'un cheval blanc, que mène par la bride un ouvrier aux bras nus, cinq cadavres sont rangés avec une horrible symétrie. Debout sur le brancard, un enfant du peuple, au teint blême, l'œil ardent et fixe, le bras tendu, presque immobile, comme on pourrait représenter le génie de la vengeance, éclaire des reflets rougeâtres de sa torche, penchée en arrière, le corps d'une jeune femme dont le cou et la poitrine livides sont maculés d'une longue traînée de sang. De temps en temps, un autre ouvrier, placé à l'arrière du chariot, enlace de son bras musculeux ce corps inanimé, le soulève en secouant sa torche, d'où s'échappent des flammèches et des étincelles, et s'écrie, en promenant sur la foule des regards farouches : « Vengeance! vengeance! on égorge le peuple! » — « Aux armes! » répond la foule; et le cadavre retombe au fond du chariot qui continue sa route, et tout rentre pour un moment dans le silence. L'enfer de Dante a seul de ces scènes d'une épouvante muette. Le peuple est un poète éternel, à qui la nature et la passion inspirent spontanément des beautés pathétiques dont l'art ne reproduit qu'à grand'peine les effets grandioses.

Parti du lieu même où les victimes sont tombées (1), le char funèbre s'avance lentement vers la maison de la rue Lepelletier où, deux heures auparavant, la bande populaire s'est arrêtée pour entendre des paroles de paix et saluer de ses vivats l'un des chefs de la presse démocratique. Cette fois, elle s'y arrête encore, et c'est M. Garnier-Pagès qui se charge de la haranguer.

« Le malheur qui nous frappe, dit-il en maîtrisant son émotion, ne peut être attribué qu'à un malentendu. De grâce, rentrez chez vous. Ne troublez pas l'ordre. Sans aucun doute, il y a un coupable; justice sera faite. Nous obtiendrons que le gouvernement prenne soin des familles des victimes; mais renoncez à cette démonstration, qui peut amener des

---

(1) On a dit que, dans la préméditation d'un massacre, les provocateurs de la colère du peuple avaient fait tenir, aux environs du ministère des affaires étrangères, des tombereaux sur lesquels on transporta les cadavres. Le fait est inexact. Je tiens de plusieurs témoins exempts de toute passion politique que, peu de minutes après la décharge, une de ces voitures qui servent au transport des bagages dans les messageries débouchait sur le boulevard par la rue Neuve-Saint-Augustin. On l'arrêta, les effets qu'elle contenait furent jetés à terre, et on la chargea d'autant de cadavres qu'elle en pouvait contenir. L'homme du peuple qui conduisait la marche se nommait Soccas. Un détachement de dragons, qui stationnait dans la rue Royale, ayant aperçu de loin le convoi, sans rien distinguer dans cette masse mouvante, fit une charge au galop pour la disperser. *Respect aux morts!* s'écria Soccas, au moment où les têtes des chevaux touchaient la voiture funèbre. L'officier qui commandait fit faire halte, et, retournant sur leurs pas, les dragons reprirent leur poste, saisis de l'étrange spectacle qu'ils venaient de voir. Un bataillon de la 2e légion, accouru sur le boulevard au bruit de la fusillade, voulut intervenir pour arrêter, s'il était possible, cet appel à la vengeance populaire. Vivement pressé de donner des ordres, le chef de bataillon hésita, se troubla et finit par décliner la responsabilité d'une initiative qu'il jugeait inutile ou dangereuse.

---

défiance les confirme dans la pensée qu'ils sont, tout autant que le peuple, en butte au mauvais vouloir du gouvernement.

malheurs plus grands. » Le peuple reste sourd à ces prières. Il demande à grands cris qu'on le soutienne, qu'on propage l'insurrection. Il veut des chefs armés pour le combat et non des harangueurs de l'ordre. Il s'éloigne irrité, recrute encore sur son passage des hommes résolus, qui font serment de mourir pour sa cause, et va chercher des appuis plus sincères à la *Réforme*, cet ardent foyer de la passion républicaine. Là, il trouve réunis des gens décidés à jouer leur vie, qui lui jurent que la journée du lendemain ne se passera pas sans que les égorgeurs soient châtiés. Après une courte halte, le cortége reprend sa route et s'enfonce dans les faubourgs. Arrivé sur la place de la Bastille, on dépose les cadavres au pied de la colonne de Juillet; les torches consumées s'éteignent, on se disperse. Les uns courent dans les églises et sonnent le tocsin; d'autres frappent aux portes des maisons et demandent des armes. On aiguise le fer, on coule du plomb, on fabrique des cartouches. Les barricades se relèvent de toutes parts. Le fantôme de la République se dresse dans ces ombres sinistres; la royauté chancelle. Les morts ont tué les vivants. Le cadavre d'une femme a plus de puissance, à cette heure, que la plus valeureuse armée du monde.

CHAPITRE X

Troisième journée.

Pendant que le glas du tocsin remplit l'air d'anxiété, pendant que la fusillade retentit au loin (1), le roi, affaissé ou absorbé dans des pensées qu'il ne communique pas, attend aux Tuileries le dénoûment de la crise ministérielle.

Vers onze heures, il apprend, par plusieurs aides de camp envoyés en reconnaissance, l'événement désastreux du boulevard des Capucines; mais ce récit, atténué sans doute par des bouches trop complaisantes, ne paraît pas troubler beaucoup Louis-Philippe. Malgré les craintes que laissent trop voir les ducs de Nemours et de Montpensier, malgré l'agitation et l'irrésolution des généraux Jacqueminot et Sébastiani, le roi demeure dans son attitude passive.

Accouru en toute hâte de la préfecture de police, où le rapport de cet événement et de l'effet qu'il produit sur le peuple a jeté l'alarme, M. Delessert ne parvient qu'avec beaucoup de peine à tirer le roi d'une apathie d'autant plus inquiétante qu'elle contraste davantage avec l'activité habituelle de Louis-Philippe. Ce prince se montre en cette circonstance si différent de lui-même que le bruit se répand, dans le château, qu'il a été frappé la veille d'apoplexie en apprenant la défection de la garde nationale. Il n'en était rien cependant : la santé physique du roi n'était point altérée; sa politique seule, c'est-à-dire tout son être moral, avait reçu un coup mortel.

Le temps s'écoulait, et M. Molé ne venait pas. Ses négociations auprès de MM. de Rémusat, Dufaure, Passy, avaient été brusquement interrompues par la nouvelle désastreuse à laquelle Louis-Philippe donnait si peu d'attention. Aussitôt, comprenant que son rôle cessait, M. Molé, sans plus vouloir paraître aux Tuileries, fit savoir au roi qu'il lui devenait impossible de composer un ministère. Le roi, qui conférait en ce moment avec M. Guizot, témoigna quelque surprise et quelque humeur de ce refus, dont il ne voulait pas comprendre la nécessité; tout ce qu'il voyait, c'est que sa position personnelle en devenait plus désagréable. Il n'y avait plus à balancer; selon les précédents parlementaires, le tour de M. Thiers était venu; il fallait encore des

---

(1) Le magasin d'armes de la rue Saint-Honoré fut enlevé d'assaut, vers onze heures et demie, malgré une résistance opiniâtre des gardes municipaux, forcés enfin de céder au nombre et à la fureur des insurgés. Dans la rue Rambuteau et dans les rues adjacentes, les gardes municipaux et les tirailleurs de Vincennes tentaient l'assaut des barricades. Sur la place Saint-Sulpice, une décharge à bout portant dispersait les attroupements; à la caserne de la rue Saint-Martin, cernée par le peuple, les gardes municipaux se voyaient contraints de rendre leurs armes à la garde nationale.

cendre un échelon dans la série des combinaisons ministérielles et se rapprocher de l'opposition réformiste. M. Guizot lui-même ne pouvait plus conseiller autre chose. Seulement, pour parer aux imprudences vraisemblables d'un tel chef de cabinet (1), il proposait d'investir le maréchal Bugeaud du commandement général de la force armée ; le nœud d'une situation rendue si intolérable pour la dignité royale devait, selon lui, un peu plus tôt ou un peu plus tard, être tranché par le glaive. Le roi s'étant rangé à cet avis, la nomination du maréchal fut aussitôt rédigée et signée, pendant qu'une voiture de service partait pour aller chercher M. Thiers dans son hôtel de la place Saint-Georges. Il était environ une heure après minuit ; le maréchal Bugeaud fut mandé en même temps et accepta aussitôt le poste difficile qu'on lui remettait à la dernière extrémité. Il ne fit aucune condition (2), il n'y eut dans sa bouche ni récrimination ni réticence. Soldat, il pensa et agit en soldat. Sa confiance en lui-même et dans l'armée était absolue ; il n'attribuait les échecs de la journée qu'à l'impéritie des chefs, et s'occupa incontinent de prendre des mesures propres à réparer le temps perdu et à rendre à la troupe la force morale qu'on lui avait laissé perdre par la mollesse du commandement.

M. Thiers venait de voir autour de sa demeure les barricades s'élever, se multiplier. Par un singulier hasard, il avait fait servir, en sa présence, des vivres à une bande d'insurgés, qui, ne le connaissant point, étaient venus demander à se reposer un moment dans la cour de son hôtel (3), et la conversation de ces hommes, qui ne cachaient ni leur haine pour la dynastie, ni leur foi dans le succès de la lutte, l'avait éclairé sur la nécessité d'une large et prompte concession au vœu populaire. En conséquence, malgré l'accueil très-froid qu'il reçut de Louis-Philippe, il posa nettement, comme condition de son concours, dans une situation si tendue, l'entrée de M. Barrot au conseil, la réforme parlementaire et la dissolution de la Chambre.

Ranimé par la présence irritante d'un homme qu'il considérait comme un ingrat, presque comme un factieux, Louis-Philippe, en accordant la nomination de M. Barrot, dont il estimait peu la capacité, mais dont il ne suspectait pas la fidélité royaliste, montra encore une vive répugnance pour les deux autres concessions, qui lui semblaient prématurées (1). M. Thiers, étonné de rencontrer une opiniâtreté si aveugle et craignant de perdre un temps précieux, n'insista pas. Il fut convenu qu'on ajournerait, jusqu'après la formation complète du nouveau cabinet, une décision définitive, et le ministre rédigea, sous les yeux de Louis-Philippe, une note destinée au *Moniteur* (2), qui annonçait à la France que MM. Thiers et Odilon Barrot étaient chargés par le roi de former un nouveau cabinet. La nomination du maréchal Bugeaud suivait cette note, comme pour en effacer aussitôt l'effet favorable. Le roi cependant, après avoir conféré quelques instants avec M. Guizot, qui attendait dans la chambre voisine le départ de M. Thiers, persuadé qu'il avait accordé au-delà de ce qui était nécessaire, alla se reposer, sans concevoir l'ombre d'un doute sur l'accueil réservé, dans Paris, à des concessions de cette nature ; il était quatre heures du matin ; il dormit paisiblement jusqu'à sept heures.

Et pourtant rien ne pouvait être fait à cette

---

(1) « Maintenant ce sont les fous qui gouvernent, » dit M. Guizot, en apprenant la nomination du cabinet Thiers-Barrot, à M. le duc de Broglie.

(2) On ne saurait considérer comme une condition cette exclamation échappée au maréchal : « Surtout pas de princes ! qu'on ne me donne pas de princes ; j'en ai assez vu en Afrique. »

(3) On assure que madame Dosnes, belle-mère de M. Thiers, ne dédaigna point de faire elle-même les honneurs d'un souper improvisé à ces hommes aux vêtements déchirés, aux mains calleuses, et qu'elle parut surprise et même charmée de la politesse de leurs manières, et du sens ferme et droit de leurs discours.

(1) « Je sais ce que j'ai, j'ignore ce que j'aurai, » répondait Louis-Philippe à la proposition de dissoudre la Chambre.

(2) Cette note fut insérée au *Moniteur*, mais dans la partie *non officielle*, tandis que la partie officielle contenait la nomination du maréchal Bugeaud.

DÉCHARGE SUR LE BOULEVARD DES CAPUCINES. p. 77.

heure critique de plus inconséquent ni qui trahit mieux le trouble des conseils ; rien n'était plus capable d'exalter l'esprit révolutionnaire. Jeter à la multitude en armes le nom de M. Barrot, c'était lui montrer la royauté aux abois, humiliée, suppliante. Imposer à la garde nationale le commandement du maréchal Bugeaud, d'un homme antipathique aux Parisiens, stigmatisé dans leur mémoire par un des souvenirs les plus ineffaçables de nos guerres civiles, d'un homme enfin dont le nom écartait tout espoir d'accommodement, c'était s'aliéner la force morale qui pouvait, en soutenant le nouveau ministère, produire quelque impression sur le peuple et donner du prix à la concession tardive qu'on se décidait à lui faire.

Il y avait, dans ces deux mesures si opposées, faiblesse et provocation, défaut d'habileté et défaut de franchise. Le plus prudent des rois et le mieux expérimenté semblait avoir perdu soudain, avec le sentiment de son droit, le sens politique.

Étrange spectacle, que l'histoire ne reproduira peut-être jamais, d'une révolution qui s'accomplit dans la conscience du souverain, brise sa volonté et abat son génie, avant même que la révolution du dehors ose se nommer de son nom véritable au peuple qui la fait, comme à celui qui la subit.

Vers une heure du matin, le maréchal Bugeaud, suivi des généraux Rulhières, Bedeau, Lamoricière, de Salles, Saint-Arnault, etc., se rendait à l'état-major des Tuileries, pour y prendre le commandement de la force armée. En le lui remettant, selon la forme exigée par l'étiquette, le duc de Nemours lui recommanda, par quelques paroles laconiques, les officiers réunis autour de lui, puis il assista passivement aux dispositions que prit aussitôt le maréchal, avec la promptitude de décision qui lui était propre. Celui-ci, par une allocution vive et brusque, par une certaine verve gasconne et soldatesque, ranima tout d'abord les visages défaits. Il rappela aux officiers présents que celui qui allait les conduire au feu n'avait jamais été battu, ni sur le champ de bataille, ni dans les émeutes, et promit que, cette fois encore, une prompte victoire allait faire justice d'un tas de rebelles. « Si la garde nationale est avec nous, dit en finissant le maréchal, tant mieux; sinon, eh bien! messieurs, nous nous passerons d'elle. »

Comme il terminait cette courte harangue, qui, dans toute autre bouche que la sienne, n'eût paru qu'une fanfaronnade, M. Thiers entra d'un air soucieux; sa contenance contrastait avec les paroles cavalières du duc d'Isly; il reçut tristement les félicitations qu'on lui adressait, et le maréchal, le pressant de faire connaître par des proclamations le changement de cabinet : « Sais-je seulement si je parviendrai à en former un? » répondit le ministre visiblement découragé. En effet, le programme du nouveau ministère n'avait été arrêté entre MM. Thiers, Odilon Barrot, Duvergier de Hauranne et de Rémusat, qu'après une discussion longue et épineuse. On ignorait encore si MM. Passy et Dufaure, qui avaient refusé la veille M. Molé, consentiraient à prendre un portefeuille; on en était aux pourparlers avec MM. de Lamoricière, Cousin et Léon de Malleville. Il y avait loin de là à cette vigueur d'initiative, à cet ensemble de mesures rapides et énergiques que le nom seul du maréchal Bugeaud, si témérairement jeté au peuple, devait faire supposer. Les rapports que recevait le maréchal sur l'état des forces dans Paris n'étaient guère non plus de nature à le satisfaire. Dix mille hommes massés au Carrousel, dix mille hommes exténués, très-mal pourvus de munitions et de vivres (1), c'est tout ce que le général

(1) Les troupes qui gardaient les Tuileries n'avaient que six cartouches par soldat, et le pain manquait.

Sébastiani peut mettre à la disposition du maréchal. Le reste de la garnison est disséminé; bien des postes ont été surpris et désarmés; plusieurs casernes sont cernées par l'émeute; des convois de poudre, arrivant de Vincennes, sont tombés aux mains des insurgés du faubourg Saint-Antoine. A tous ces rapports le duc d'Isly ne répond qu'en prenant la plume pour organiser son plan d'attaque.

Il ordonne, pour reposer les soldats, qu'on les fasse dormir par rangs de deux heures en deux heures. Puis il divise les troupes en plusieurs colonnes principales, à peu près d'égale force. La première, commandée par le général Sébastiani, doit aller, au lever du jour, rejoindre, à l'Hôtel de Ville, la colonne qui y stationne sous les ordres du général Tallandier. La deuxième, confiée au général Bedeau, a ordre de gagner les boulevards par les rues Montmartre et Poissonnière, et de se diriger vers la place de la Bastille, occupée par le général Duhot. La troisième, dont le maréchal se réserve le commandement, doit manœuvrer derrière les deux premières, pour empêcher la reconstruction des barricades, tandis qu'une quatrième, aux ordres du colonel Brunet, se dirigera par les rues des Saints-Pères, de Seine et par la place Saint-Michel, vers le Panthéon, que garde la division Renaut. Un corps de réserve, commandé par le général Rulhières, et la cavalerie, commandée par le général Regnaud de Saint-Jean-d'Angély, occupent l'un la place du Carrousel, l'autre la place de la Concorde. Les instructions générales prescrivent d'attaquer sur tous les points, si la nouvelle de la nomination de MM. Thiers et Barrot ne suffisait pas pour rétablir l'ordre.

Mais, pendant que le maréchal prenait ces dispositions stratégiques, habiles, presque infaillibles au point de vue militaire, les hommes politiques dont il attendait le concours discutaient déjà l'autorité qui venait de lui être remise et détruisaient ainsi tout l'effet qu'on en pouvait espérer.

Réuni chez M. Odilon Barrot, le ministère

en voie de formation se prononçait contre la reprise des hostilités. M. Barrot, appuyé par M. Duvergier de Hauranne, déclarait ne vouloir accepter le portefeuille qu'à la condition expresse de faire immédiatement cesser le feu. M. de Rémusat conseillait de remettre le commandement de la garde nationale au général Lamoricière. Seul M. Thiers, tout en accordant que l'on devait tenter la conciliation, ne paraissait pas la croire aussi aisée et soutenait la nomination du maréchal Bugeaud comme une dernière chance de salut, dans le cas où la population trop irritée ne voudrait plus se contenter des concessions possibles et où le combat, désormais à outrance, s'engagerait entre la monarchie et la république.

On n'était pas encore parvenu à s'entendre sur ce point capital que le jour paraissait, éclairant de ses froides lueurs la plus étonnante mêlée, la plus inextricable confusion de volontés, de colères, d'espérances et de terreur qui ait peut-être jamais ébranlé une société en proie à des puissances inconnues, dont elle ne sait ni combattre ni diriger l'action fatale.

Paris était hérissé de barricades (1) gardées presque toutes par des chefs républicains; elles s'avançaient menaçantes des faubourgs les plus reculés jusqu'aux abords des Tuileries (2). Les arbres des boulevards étaient abattus; les rues, dépavées, jonchées de fragments de verre et de vaisselle, étaient devenues presque impraticables pour l'artillerie et la cavalerie. Les corps de garde, les bureaux d'octroi, les guérites, les bancs étaient renversés, brûlés, brisés en mille pièces; toutes les boutiques fermées. Des monceaux de cendres, vestiges des feux de bivouacs, ajoutaient encore à la tristesse de ce spectacle. Insurgés, gardes nationaux, jeunes gens des écoles, descendaient tumultuairement sur les places et dans les rues, se communiquant,

avec d'égales marques de réprobation, la nouvelle de la nuit, la nomination du maréchal Bugeaud. Ce nom, voué à l'exécration de la population parisienne, effaçait de son sinistre éclat tous les autres; c'est à peine si, dans les rassemblements, on daignait écouter les voix bien intentionnées qui parlaient d'un ministère conciliateur et croyaient arrêter l'irritation en nommant M. Odilon Barrot. Les proclamations en petit nombre et non signées qu'on tentait de placarder sur les murs étaient aussitôt lacérées et foulées aux pieds. Partout où se réunissait la garde nationale, considérant la nomination du duc d'Isly comme une nouvelle insulte, elle n'avait qu'un cri : « A bas Bugeaud ! à bas l'homme de la rue Transnonain ! » et elle déclarait unanimement qu'elle n'obéirait pas à ses ordres.

De leur côté, les journaux démocratiques *la Réforme* et *le National* publiaient une protestation rédigée la veille au soir, dans une réunion politique, par M. Louis Blanc; un appel à l'insurrection, émané du *Courrier français*, courait aussi de barricade en barricade.

Ainsi le mouvement révolutionnaire, loin de s'apaiser, se propageait, et déjà il était trop tard aussi bien pour les concessions que pour la résistance. Vers huit heures du matin, le peuple s'était emparé, de gré ou de force, de presque toutes les mairies et de cinq casernes, où il s'était approvisionné de munitions. Il occupait la porte Saint-Denis, la place des Victoires, la pointe Saint-Eustache, tous les points stratégiques de l'intérieur. Le général Duhot avait été contraint d'abandonner la place de la Bastille et de se replier sur Vincennes.

Ignorant ce qui se passait au château, où le roi, qui venait de s'éveiller, se voyait pressé, étourdi de mille avis confus, mais sur lesquels l'opinion de M. Odilon Barrot allait prévaloir, le général Bedeau (1), auquel s'était adjoint

---

(1) On en a évalué le nombre à 1,512.
(2) Vers neuf heures du matin, des coups de fusil furent tirés de la rue de l'Échelle sur les fenêtres de l'appartement occupé par les jeunes princes, fils de la duchesse d'Orléans. On se hâta de transporter les pauvres enfants, tout étonnés d'un tel réveil, dans le corps de logis du milieu.

(1) Le général Bedeau, de famille noble, légitimiste, originaire de Nantes, s'était signalé, dans les campagnes d'Afrique, par sa bravoure et ses talents militaires. Très en fa-

le général de Salles, exécutait militairement les ordres du général en chef (1).

Après avoir harangué, sur la place du Carrousel, les troupes qui lui étaient confiées (2), il suivit la marche tracée par le maréchal et défit, sur son passage, rues Neuve-des-Petits-Champs, Vivienne et Feydeau, quelques barricades abandonnées par les insurgés (3). Mais, arrivé, vers sept heures et demie, sur le boulevard, à la hauteur du Gymnase, le général se trouva en présence d'une barricade beaucoup plus élevée que les autres, construite selon les règles de l'art et fortement gardée. Une multitude agitée se pressait tout autour. A la vue des troupes, une rumeur menaçante s'éleva dans l'air. Alors, du sein de la foule émue, quelques citoyens, s'adressant au général, le supplièrent, au nom de la population inoffensive, de ne point commencer l'attaque. Tout aussi désireux que pouvaient l'être ceux qui lui parlaient d'éviter une lutte sanglante, le général harangua le groupe le plus rapproché de lui et lui annonça, comme une bonne nouvelle qui devait mettre fin à toute hostilité, le changement de ministère. Mais la défiance était grande dans les esprits (4) et la rumeur ne s'apaisait pas. « Au nom de la population qui nous entoure, dit en dominant le tumulte un fabricant du quartier, permettez-vous, général, que je vous adresse quelques questions? Nous avons été trompés hier, on nous trompe peut-être encore aujourd'hui. Nous avons confiance en votre honneur; promettez-vous de nous répondre avec sincérité? »

Le général fait un signe d'assentiment.

La foule écoute.

« Général, est-il vrai, est-il certain que M. Guizot soit renvoyé?

— Oui, répond le général Bedeau.

— Qui donc est ministre à cette heure?

— MM. Thiers et Odilon Barrot sont chargés de former un ministère.

— S'il n'existe pas de ministère, qui donc alors vous envoie ici?

— Le maréchal Bugeaud. »

A ce nom, les clameurs recommencent.

La foule n'écoute plus.

« Vous voyez, général, combien le nom du maréchal Bugeaud irrite le peuple, de grâce renoncez à engager un combat qui serait terrible.

— J'ai des ordres, répond le général; je suis soldat, je dois obéir.

— Mais du moins, général, attendez des ordres nouveaux. Qui sait quel changement a pu se faire aux Tuileries, depuis que vous les avez quittées? Accordez-moi une heure; faites-moi accompagner par un officier qui m'introduise auprès du maréchal Bugeaud; je lui exposerai la situation dans laquelle vous vous trouvez, et je suis certain de vous rapporter l'ordre de ne pas tirer. »

Le général avait vu de trop près l'hésitation et la mobilité des conseils, depuis la veille, pour n'être pas frappé de l'idée d'un changement possible dans les résolutions prises aux Tuileries. Il était, d'ailleurs, comme tous les officiers de l'armée, intimement convaincu que la troupe, sans la garde nationale, ne pouvait rien contre une insurrection, et il venait, sur son chemin, d'acquérir la preuve que le concours des légions lui manquerait (1). Il

---

veur auprès du duc d'Aumale et du maréchal Bugeaud, il avait eu, en ces derniers temps, un avancement rapide.

(1) Le général Sébastiani, parti dès cinq heures, avait exécuté le mouvement commandé, et franchi tous les obstacles, sans presque trouver de résistance.

(2) Quatre compagnies des chasseurs d'Orléans;
Deux bataillons du 1ᵉʳ léger;
Deux bataillons du 21ᵉ de ligne;
Un escadron du 8ᵉ dragons;
Deux pièces de campagne;
Des sapeurs du génie;
Ensemble environ 2,600 hommes.

(3) Le peloton d'avant-garde reçut le feu des insurgés qui gardaient la barricade construite aux extrémités de la rue Montmartre et du faubourg. Le peloton riposta, la barricade fut enlevée. Deux soldats furent blessés.

(4) Le peuple et même un grand nombre d'officiers de la garde nationale étaient persuadés que l'événement du boulevard des Capucines avait été prémédité par le gouvernement; qu'on avait trompé la population par le faux bruit d'un changement de ministère; qu'on voulait une Saint-Barthélemy des démocrates, etc. Les gardes nationaux protestaient qu'ils défendraient le peuple contre une si infâme trahison.

(1) Les gardes nationaux demandaient toujours si la réforme était accordée; et comme le général répondait qu'il

consentit donc sans peine à attendre de nouvelles instructions, et demeura à la tête de ses troupes dans un état facile à concevoir, craignant tout à la fois que trop ou trop peu de zèle de la part de ses soldats, tour à tour circonvenus ou provoqués par le peuple, ne le jetât dans une de ces situations désespérées où, quel que soit le succès, il ne saurait étouffer le remords. Il comptait les minutes de cette heure d'angoisse qui ne voulait pas finir.

Le fabricant avait cependant franchi tous les obstacles, et, accompagné de M. Courpon, officier d'état-major de la garde nationale, il arrivait hors d'haleine à l'état-major des Tuileries et demandait à parler au maréchal Bugeaud.

Après quelques minutes d'attente, il fut introduit. Le maréchal écouta son récit avec une visible défiance et donna à plusieurs reprises des marques d'incrédulité; mais M. le duc de Nemours et M. Thiers, présents à l'entretien, par un silence approbateur, l'encourageaient à continuer. Pénétré, avec toute la bourgeoisie parisienne, de l'unique pensée d'arrêter l'effusion du sang, le fabricant fit au maréchal un tableau animé de la situation déplorable où se trouvait la troupe, aux prises avec une immense masse populaire entraînée par les passions les plus exaltées; il lui représenta l'horreur des massacres qu'il regardait comme certains, si la troupe engageait le combat, et s'efforça de lui démontrer que la conciliation était encore, non-seulement possible, mais assurée, si on laissait agir seule la garde nationale. Puis, se tournant vers M. le duc de Nemours, qui paraissait pencher vers cet avis : « Monseigneur, lui dit-il avec animation, joignez-vous à moi pour obtenir la retraite des troupes. Ne souffrez pas qu'une tache de sang souille le nom de votre père et le vôtre... Rien n'est perdu encore; mais si le sang est versé, le peuple ne mettra plus de bornes à sa vengeance. » Étonné d'une si vive

ne pouvait le garantir, on lui déclarait qu'à ce prix seulement la garde nationale se joindrait à la troupe.

insistance et de l'impression qu'elle produisait sur le prince et sur le chef du cabinet, le maréchal dit d'un ton sec qu'il allait en délibérer; puis il sortit avec M. le duc de Nemours et M. Thiers (1).

Cependant le maréchal lui-même commençait à douter de la victoire, si la lutte venait à s'engager sérieusement. En voyant le mauvais état des troupes, l'insuffisance des munitions, la force des positions que les insurgés occupaient au centre de Paris, les sentiments hostiles de la garde nationale, le découragement qui gagnait tout le monde autour de lui, il hésitait à exécuter ce qu'il avait si résolûment conçu quelques heures auparavant. Après s'être concerté avec le duc de Nemours, il rentra à l'état-major, et dicta, pour le général Bedeau, l'ordre que voici :

« Mon cher général, mes dispositions sont modifiées. Annoncez partout que le feu cesse et que la garde nationale prend le service de la police; faites entendre des paroles de conciliation.

« Le maréchal duc d'ISLY.

« *P. S.* Repliez-vous sur le Carrousel. »

Avec cet ordre, le maréchal remit au fabricant un papier manuscrit, daté de huit heures du matin, et qui, sous le titre d'*Avis au public*, annonçait au peuple la formation du ministère Thiers-Barrot et sa propre nomination au commandement général de la garde nationale et des troupes. Sous deux heures, cet avis signé du duc d'Isly devait être placardé sur les murs de Paris. Le maréchal recommanda d'en donner lecture dans tous

(1) Un an environ après la proclamation de la république, le duc d'Isly, apercevant ce même fabricant dans son salon, un soir qu'il avait une réception nombreuse, alla droit à lui et le prenant par le bras : « Je vous reconnais, lui dit-il. Vous nous avez fait bien du mal. J'aurais dû, sans vous écouter, vous faire chasser de ma présence, et, sourd aux lamentations de vos bourgeois de Paris et de votre garde nationale, trois fois dupe, défendre mon roi dans ses Tuileries, et vous mitrailler tous sans merci. Louis-Philippe serait encore sur son trône et vous me porteriez aux nues à l'heure qu'il est. Mais, que voulez-vous? j'étais harcelé, étourdi par un tas de poltrons et de courtisans. Ils m'avaient rendu imbécile comme eux! »

les rassemblements, à toutes les barricades.

Le maréchal pouvait-il encore, à cette heure, se faire quelque illusion sur l'efficacité d'une proclamation semblable, ou se conformait-il, en attendant mieux, aux instructions des chefs politiques? On peut croire que, malgré la netteté habituelle de son jugement, le duc d'Isly ne concevait pas bien l'incompatibilité de son nom avec le système de la conciliation. Peu de moments après la scène que je viens de rapporter, il monta à cheval pour aller faire une reconnaissance. Accompagné des généraux de la Ruë (1) et d'Arbouville, il s'avança par la rue de Rivoli, où stationnait un bataillon de la deuxième légion auquel il commanda de le suivre. Le bataillon demeura silencieux et n'obéit pas. Le maréchal préoccupé continua sa route sans s'apercevoir qu'il n'était pas suivi, et s'avança, par la place des Pyramides, vers la rue Saint-Honoré, où il voulait haranguer le peuple. Alors, un capitaine d'état-major de la garde nationale accourut vers le général de la Ruë, l'avertit que la garde nationale refusait d'obéir au maréchal et qu'il était insensé à lui d'aller ainsi, absolument seul, au-devant de l'émeute. Le maréchal, entendant à demi ce colloque, demanda de quoi il s'agissait; on hésitait à lui répondre; enfin, comme il pressait de questions l'officier : « Eh bien, maréchal, lui dit celui-ci, j'expliquais à ces messieurs que vous ne pouvez rien faire, *parce que la garde nationale ne veut pas de vous.* » Le maréchal fit une exclamation soldatesque et voulut continuer sa route. Mais le général de la Ruë l'ayant engagé à retourner vers la place du Carrousel, afin d'y chercher un bataillon de la ligne, il céda et rentra, pour n'en plus sortir, dans la cour des Tuileries.

D'un autre côté, M. Barrot, encore bercé d'une confiance puérile dans sa popularité, voulut aussi se montrer aux barricades. A la tête d'un cortège où l'on distinguait MM. Horace Vernet, Quinette, Oscar de Lafayette et le général Lamoricière, il essaya de se frayer un chemin, par les boulevards, jusqu'à l'Hôtel de Ville, espérant dissiper sur son passage, par des explications sincères, le malentendu qui, selon lui, prolongeait seul un conflit sans cause réelle, depuis qu'il était en possession du pouvoir.

Triste expérience d'une vanité présomptueuse! Entouré, dès son arrivée sur les boulevards, par une foule curieuse, mais peu sympathique, qui semblait lui rendre hommage et qui en réalité entravait sa marche (1), M. Barrot, monté sur un cheval que l'on tenait par la bride, ne recueillit, pour prix de ses efforts, que des moqueries et des insultes : « *A bas les endormeurs! Nous ne voulons pas des lâches! plus de Molé! plus de Thiers! plus de Barrot! Le peuple est le maître!* » Tels étaient les propos qui répondaient aux essais de harangue du ministre. Enfin, cruellement déçu, avançant toujours à travers une multitude de plus en plus hostile, M. Barrot, épuisé par ses efforts et par le découragement qui s'emparait de lui, s'arrêta au pied de la barricade du boulevard Bonne-Nouvelle, que le général Bedeau venait de quitter. Là encore, malgré le tumulte, malgré l'exaltation à laquelle le peuple était en proie, M. Barrot fit une dernière tentative. Monté sur une des assises de la barricade : « Mes amis, dit-il en élevant la voix, nos efforts communs l'ont emporté. Nous avons reconquis la liberté et, ce qui vaut mieux, l'honnêteté. » Des clameurs l'interrompent; un homme du peuple s'avance vers lui et lui impose silence d'un geste menaçant. D'autres le poussent, le renversent. Entraîné par ses amis, M. Barrot retourne sur ses pas, le cœur navré, convaincu enfin, mais trop tard, qu'il a contribué à déchaîner des éléments que ni lui ni personne ne sauraient plus conjurer, et prenant

---

(1) Le général de la Ruë avait été envoyé à l'état-major par le général Trézel qui, se mettant à la disposition du maréchal Bugeaud, lui faisait demander s'il pouvait encore se présenter au Château, quoiqu'il ne se considérât plus comme ministre.

(1) Le général Bedeau y fut trompé. Rencontrant M. Odilon Barrot à la hauteur du boulevard des Italiens, il crut à une ovation populaire.

avec lui-même, dans l'amer repentir de son for intérieur, la résolution de tout risquer pour sauver le roi, ou, du moins, si le roi ne peut être sauvé, la dynastie.

L'ordre signé du maréchal Bugeaud venait, en effet, d'anéantir la dernière chance de salut qui restât au gouvernement de Louis-Philippe. Quand le général Bedeau, décidé à se replier sur la place de la Concorde par les boulevards, fit opérer à sa colonne le mouvement de retraite (1), le peuple remplit l'air de ses acclamations. *Vive la ligne!* criait-on de toutes parts, avec un élan qui allait au cœur du soldat; et la multitude, pressant les flancs de la colonne, engageant des colloques, essayant de fraterniser, embarrassait une marche rendue d'ailleurs très-pénible par le grand nombre de barricades qui, détruites le matin, avaient été relevées dans l'intervalle. Les soldats, en passant, échangeaient avec les citoyens qui gardaient ces remparts de la liberté des poignées de mains et des félicitations sur l'heureuse issue de la guerre civile. La cavalerie et l'artillerie ne traversaient qu'avec une difficulté extrême ces masses de pavés à peine dérangés.

Toutes ces démonstrations, toutes ces entraves allongeaient indéfiniment la colonne. Le général Bedeau, qui marchait en tête, pensif, inquiet, voyait, sans pouvoir l'empêcher, une fraternisation si peu conforme à la discipline. Il touchait à la rue de la Paix, quand l'arrière-garde, commandée par le général de Salles, fut arrêtée à la hauteur de la rue de Choiseul par un encombrement tumultueux. Le peuple ne voulait plus laisser passer les canons et se mettait en devoir de les dételer. Les soldats résistaient faiblement. La foule impatiente se jetait sur les caissons et en commençait le pillage (2). « Au nom de la paix, dit au général de Salles le commandant d'un bataillon de la 2ᵉ légion, qui débouchait par la rue de la Chaussée-d'Antin, remettez-moi vos canons. Vous voyez qu'ils ne peuvent plus avancer. Le peuple s'exaspère; vos soldats courent les plus grands dangers. Au nom de la paix qui est faite entre le gouvernement et le peuple, en signe de réconciliation, faites mettre la crosse en l'air. »

Cette parole, entendue par les gardes nationaux qui entouraient le commandant, est aussitôt répétée et court de bouche en bouche. *La crosse en l'air! la crosse en l'air! la paix! la paix!* Tel est le cri unanime qui retentit aux oreilles des soldats. Déroutés, démoralisés par cette retraite si étrange, ils obéissent machinalement; les canons restent entre les mains de la garde nationale.

Cependant, le général Bedeau, qui voyait le désordre dans ses rangs et la masse populaire plus orageuse à mesure qu'on approchait de la place de la Concorde, expédie un de ses aides de camp, M. Espivent, pour prévenir la troupe qu'il arrive escorté de la garde nationale et que le peuple n'a pas d'intention hostile. L'infanterie disséminée, l'arme au pied, sur la place, ne témoignait aucune défiance; mais les gardes municipaux, au nombre de vingt, qui occupaient, sous le commandement du sergent Fouquet, le poste de l'ambassade Ottomane, à l'entrée de l'avenue Gabriel, voyant fondre sur eux le flot populaire et sachant bien qu'ils en avaient tout à craindre, se rangent en bataille, en dehors de la grille du corps-de-garde, et apprêtent leurs armes. A cette vue, le peuple pousse un cri de mort. Le sergent Fouquet commande le feu. La décharge tue ou blesse plusieurs personnes. Alors le général Bedeau, sa casquette à la main, s'élance au galop entre les combattants, faisant signe aux gardes municipaux de ne pas faire feu, en même temps qu'il conjure le

---

(1) Une compagnie de la garde nationale la précédait pour mieux indiquer l'intention pacifique de ce mouvement.

(2) Le général Bedeau était à la hauteur de la rue de la Paix lorsqu'il apprit ce fait. Faisant signe à la personne qui lui avait apporté l'ordre du maréchal, et qui suivait à distance; de s'approcher : « Au nom du ciel, lui dit-il, si vous avez quelque autorité sur les hommes du peuple, faites-leur comprendre qu'ils déshonorent le soldat en pillant ses munitions. Empêchez cela à tout prix. Le peuple ne peut pas vouloir humilier l'armée. » Et, en parlant ainsi, il avait presque les larmes aux yeux.

peuple de se retirer; mais c'est en vain; le sort en est jeté. Dans cette mêlée houleuse, aucune voix ne pouvait se faire entendre, aucun commandement ne pouvait être obéi. Une nouvelle décharge retentit: « Trahison! trahison! » s'écrie le peuple. La garde nationale bat la charge. Les chasseurs de Vincennes, se croyant attaqués, tirent à leur tour. La confusion devient terrible; les gardes municipaux sont assaillis avec fureur. Malgré les efforts du général Bedeau et de ses aides-de-camp, le peuple se rue sur le corps de garde, il le démolit, le fait écrouler en un clin d'œil; il tue; il blesse mortellement, à coups de baïonnette, à coups de sabre, à coups de crosse, ces héroïques et malheureux défenseurs d'une cause perdue (1). Le sergent Fouquet, atteint de plusieurs coups de hache, parvient à fuir jusqu'au pont Tournant. Afin de le dégager de ceux qui le poursuivent, le chef du poste commande le feu. Cette décharge malheureuse blesse M. de Clavières, tue M. Jollivet, député, et quelques autres personnes qui cherchaient un refuge dans le jardin des Tuileries (2). Alors un officier d'état-major, redoutant un massacre général, court en toute hâte au poste du bord de l'eau, exhorte les gardes municipaux à ne point braver les colères aveugles de la foule. Il les décide à jeter leurs fusils à la rivière et à se réfugier dans les souterrains de la Chambre des députés.

Cependant, cinq à six cents hommes de la garde nationale, épars sur la place, s'efforcent de calmer le peuple. Mais le moindre incident pouvait rallumer sa colère, et le temps s'écoulait. Le général Bedeau, dans cette situation périlleuse, ne recevait pas d'ordres (3). Lorsque, lassé d'attendre et d'envoyer aux Tuileries ses aides de camp, il fit une dernière fois insister auprès du duc de Nemours sur la nécessité de prendre un parti: « Ce n'est plus moi qui commande, » répondit le prince. « Que le général fasse ce qu'il voudra, » dit le maréchal Bugeaud. Il n'y avait plus de commandement, plus de volonté, tout était confusion, désordre, découragement, déroute.

Depuis le réveil du roi, le cabinet des Tuileries et l'état-major avaient été livrés à un flux et reflux incessant de nouvelles, d'avis, de résolutions contradictoires.

Vers neuf heures, le groupe d'hommes politiques qui devaient composer ou soutenir le nouveau cabinet, MM. Duvergier de Hauranne, de Tocqueville, Gustave de Beaumont, de Rémusat, Cousin, Baroche, de Lasteyrie, de Malleville, étaient réunis aux Tuileries. Ils insistaient pour obtenir la dissolution de la Chambre, la nomination du général Lamoricière au commandement de la garde nationale et la suspension des hostilités. Le roi ne cédait ni ne résistait; tout demeurait indécis, pendant que le peuple, victorieux sur tous les points, s'avançait en se resserrant et s'organisant de plus en plus, vers les Tuileries, où il voulait célébrer sa victoire.

M. de Girardin, qui venait de parcourir une grande partie de la ville et qui s'était rendu compte de la démoralisation de la troupe de ligne, de l'opiniâtre aveuglement de la garde nationale et de la force de l'insurrection, se présenta et demanda à parler au roi pour essayer de lui ouvrir les yeux. Le duc de Nemours, pressé par ses instances et par celles de M. Thiers, tenta un nouvel effort auprès de Louis-Philippe, qui consentit enfin à la dissolution de la Chambre. M. de Rémusat rédigea à la hâte une proclamation conçue en ces termes :

« Citoyens de Paris,
« L'ordre est donné de suspendre le feu.

---

(1) Le général Bedeau en sauva deux; un troisième fut massacré entre les jambes de son cheval.

(2) Le corps de M. Jollivet, enfoui à la hâte sous le sable, au bas de la terrasse du bord de l'eau, par ordre du général Bedeau, qui craignait que la vue d'un cadavre n'exaspérât le peuple et n'amenât de nouveaux malheurs, fut retrouvé, dans la nuit du 26 au 27, et rendu à sa famille le lendemain.

(3) Le général Regnaud de Saint-Jean-d'Angély, qui commandait les cuirassiers, s'en prenant au général Bedeau de l'inaction des troupes, l'apostropha avec une vivacité extrême

en lui reprochant sa conduite. Cette scène, dont plusieurs officiers furent témoins, répandit et accrédita l'accusation de trahison dont je viens de parler.

CHARIOT PORTANT LES VICTIMES TOMBÉES AU BOULEVARD DES CAPUCINES, p. 78.

Nous venons d'être chargés par le roi de composer un ministère. La Chambre va être dissoute. Un appel est fait au pays. Le général Lamoricière est nommé commandant en chef de la garde nationale. MM. Odilon Barrot, Thiers, Lamoricière, Duvergier de Hauranne sont ministres.

« Liberté, Ordre, Réforme.

« Signé : ODILON BARROT, THIERS. »

Des copies de cette proclamation furent immédiatement portées aux imprimeries de *la Presse*, du *Constitutionnel* et du *National*, par MM. de Girardin, Merruau et de Reims. Une heure après, on essayait de la placarder sur les murs; mais rien ne pouvait plus arrêter le peuple. Les républicains épiaient d'ailleurs et déjouaient toutes les concessions du gouvernement. La proclamation du ministère Barrot fut partout déchirée et l'on mit à la place, au même instant, ce placard laconique rédigé par M. Flocon et composé à l'imprimerie de *la Réforme* par M. Proudhon, ancien ouvrier typographe :

« Louis-Philippe vous fait assassiner comme Charles X; qu'il aille rejoindre Charles X! »

Il n'y avait plus à s'y tromper : le parti républicain levait la tête et s'emparait du mouvement. De son centre d'action, le bureau de *la Réforme*, une impulsion unique, transmise par des hommes audacieux, se communiquait de proche en proche, de barricade en barricade, à toute l'armée insurrectionnelle. MM. Flocon, Baune, Marc Caussidière, Lagrange, Étienne Arago, Sobrier, Ribeyrolles, Fargin-Fayolle, Tisserandot, etc., excitaient les combattants, envoyaient les mots d'ordre, distribuaient les munitions, fanatisaient la multitude en faisant courir, dans ses rangs, des bruits sinistres, des imprécations, des anathèmes contre le roi; en hasardant, quoique avec précaution encore, le mot de *République*.

A vrai dire, le peuple n'avait rencontré nulle part de résistance bien sérieuse. Presque partout la garde nationale, s'interposant entre les combattants, avait jeté l'hésitation dans la troupe. Quelques décharges isolées sur le boulevard du Temple, et principalement dans le faubourg Saint-Antoine, sur la place de la Bastille, avaient tué ou blessé de part et d'autre un petit nombre d'hommes. Mais ces engagements partiels avaient tous fini par le désarmement des soldats et par une fraternisation au cri de *Vive la ligne* (1)!

Cette armée si brave, et qui n'en était pas à faire ses preuves, subissait, depuis vingt-quatre heures, tous les contre-coups d'une politique vacillante. En dernier lieu, l'ordre de suspendre le feu, expédié à tous les chefs de corps, avec la singulière injonction de garder leurs positions, acheva de déconcerter officiers et soldats. Au point de vue militaire, ces deux ordres simultanés et contradictoires trahissaient une telle impéritie qu'ils furent le signal d'une entière défection morale. Abandonnée du pouvoir, l'armée s'abandonna elle-même et livra le champ de bataille au peuple. Bientôt il n'y eut plus dans tout Paris qu'un seul point qui défendît encore les abords des Tuileries : c'était le poste du Château-d'Eau, sur la place du Palais-Royal. Le peuple s'y précipita.

CHAPITRE XI

Suite de la troisième journée.

Il était dix heures. Louis-Philippe déjeunait, selon sa coutume, en famille, dans la galerie de Diane, lorsqu'on vint annoncer que MM. de Rémusat et Duvergier de Hauranne demandaient à parler à M. le duc de Montpensier. « Qu'ils entrent, » dit le roi. Et aussitôt, avec une grande affabilité, il engagea ses nouveaux ministres à prendre place à sa table.

Ceux-ci s'en défendirent; ils semblaient très-agités; ils voulaient et n'osaient parler. Après quelques minutes d'une contrainte que tout le monde, hormis le roi, lisait sur leurs traits altérés, s'apercevant enfin qu'il s'agissait de quelque nouvelle grave :

« Que se passe-t-il? » dit Louis-Philippe en emmenant M. de Rémusat dans une embrasure de fenêtre.

La reine, le duc de Montpensier et les princesses restaient muets à leur place, les yeux fixés sur les deux interlocuteurs.

« Sire, dit M. de Rémusat en baissant la voix, il n'y a pas un instant à perdre ; l'émeute triomphe sur tous les points; elle avance à pas de géant. Le poste du Château-d'Eau, qui tient encore avec un courage héroïque, n'en a plus peut-être que pour peu d'instants; avant une heure, il est probable que les Tuileries seront attaquées. La vie du roi est en danger. »

A ces mots, entendus à demi, la reine se précipite vers le roi et se serre contre lui comme pour le défendre. Les princes et les princesses quittent brusquement la table.

« M. de Rémusat pense que les Tuileries vont être attaquées, » dit le roi avec une apparente indifférence. Sur ces entrefaites, plusieurs personnes attachées à la famille royale entraient pêle-mêle et sans être annoncées. MM. Thiers, de Broglie, Piscatory, de Lasteyrie, Quinette, Baroche, Cousin, Gustave de Beaumont, Lacrosse, venaient confirmer par leur témoignage les paroles de M. de Rémusat.

M. de Laubespin, capitaine d'état-major, apporte une nouvelle plus précise encore et plus désastreuse : la colonne du général Bedeau a mis la crosse en l'air. Les insurgés ont pillé les caissons et se sont emparés de

---

(1) Le chiffre des soldats et des citoyens tués pendant les journées de février a été exagéré. D'après un relevé de la situation au 1er mars, il y aurait eu 22 gardes municipaux, 46 soldats et sous-officiers, 4 officiers tués.
Total pour l'armée, 72 morts.
Les registres de l'état civil constatent la mort de 275 hommes et de 14 femmes.

deux pièces de canon; les Tuileries sont complétement à découvert du côté de la place de la Concorde. Le duc d'Elchingen et M. de Lasteyrie sortent pour s'assurer par eux-mêmes de l'état des choses. Le roi et les ministres entrent en délibération pour savoir s'il faut attendre aux Tuileries l'assaut des masses populaires ou se retirer dans quelque place forte. M. Thiers conseille d'aller à Saint-Cloud, d'y rassembler les troupes, et de faire de là un retour offensif sur Paris (1). Louis-Philippe pense qu'il vaudrait mieux se retirer à Vincennes. Tandis qu'on délibère, un aide de camp du général Bedeau apporte des renseignements plus exacts sur les faits qui se sont passés à la place de la Concorde. Le peuple s'est retiré, et les troupes occupent, dans un ordre parfait, la place et toutes ses avenues. On se rassure; on décide que le roi va passer la revue des troupes.

Pendant qu'il revêt son uniforme d'officier général de la garde nationale et le cordon de la Légion d'honneur, avec l'impassibilité d'un homme qui, se conformant à l'avis de la majorité, accomplit une formalité légale, bien plutôt qu'en souverain décidé à vendre chèrement sa vie et son trône, on court avertir les postes les plus voisins que le roi va passer la revue des troupes et qu'il désire leur montrer la garde nationale. De forts détachements des légions se mettent immédiatement en marche. Aussitôt qu'on les voit déboucher par le guichet du Louvre, le roi paraît dans la cour du château; il monte un cheval richement caparaçonné de franges et de crépines d'or. Les ducs de Nemours et de Montpensier, le maréchal Bugeaud sont à sa droite; à sa gauche, le général Lamoricière, vêtu d'une capote de garde national qu'il vient d'emprunter à l'état-major, la tête nue, les cheveux en désordre, le regard animé, prend possession de son commandement.

MM. Thiers et de Rémusat suivent à pied. Une nombreuse escorte de gardes nationaux à cheval, d'aides de camp, parmi lesquels on remarque le général Rumigny en habit bourgeois, le général Trézel, M. de Montalivet, etc., forment le cortège.

En passant devant le front des postes intérieurs, Louis-Philippe est salué de cris nombreux auxquels il paraît très-sensible. Marie-Amélie se montre à une fenêtre du rez-de-chaussée; elle est entourée de madame la duchesse d'Orléans, des princesses et des petits princes. Debout, la contenance fière, l'œil brillant d'espoir, elle remercie du geste tous ceux qui passent devant elle, en criant: *Vive la reine!*

Cependant le roi, en longeant la grille, est arrivé à l'arc de triomphe, sous lequel il passe à travers les bottes de paille et les bagages jetés pêle-mêle; il commence la revue par le côté gauche de la place, où la première légion est rangée en bataille. Là, les cris de *Vive le roi!* sont en petit nombre et presque aussitôt étouffés par les cris de *Vive la réforme!* Un groupe de gardes nationaux sort des rangs, s'avance vivement vers Louis-Philippe, et le somme, en quelque sorte, d'accorder la réforme. Le roi, visiblement troublé, hâte le pas en répétant avec humeur: « Elle est accordée, elle est accordée. » Mais l'annonce d'une telle concession, faite sans élan, reçue sans enthousiasme, n'était plus qu'un signe de détresse inutile. Louis-Philippe, en voyant les physionomies mornes de ses défenseurs, acheva de se décourager, et rentra au château, laissant au maréchal Bugeaud le soin de passer en revue le reste des troupes.

Le maréchal était dévoré de colère. Investi d'une autorité dérisoire, il voyait tous ses plans de défense écoutés, il est vrai, mais discutés loin de lui et rejetés par des influences occultes; il n'apercevait autour de lui que des visages abattus; il n'entendait que des paroles défiantes et pusillanimes. M. Barrot n'avait pas un seul instant admis le système de la lutte à outrance. M. Thiers, après avoir longtemps soutenu le maréchal, s'était laissé vaincre par les répugnances de ses amis; enfin, et

---

(1) Le maréchal Bugeaud approuvait le projet de M. Thiers.

ceci achevait de rendre la position du maréchal insoutenable, les fils du roi, ces jeunes princes dont on aurait dû avoir à contenir l'élan, restaient là, indécis, paralysant tout de leur présence inerte, accueillant et propageant toujours les premiers les nouvelles fâcheuses et les avis timides (1).

Rentré dans son cabinet, après la revue, Louis-Philippe s'était laissé tomber dans un fauteuil adossé au mur, près de la fenêtre. Sa tête, appesantie, reposait sur sa main; il gardait le silence; les amis et les serviteurs, que l'attente d'un péril imminent retenait là dans une anxiété inexprimable, échangeaient à demi-voix des paroles incohérentes.

Et l'heure fuyait. Déjà midi allait sonner, quand M. Crémieux entra dans le salon qui précédait le cabinet du roi. M. le duc de Montpensier, qui s'y tenait, entouré des princes de Wurtemberg et de Cobourg, de députés, de pairs de France, de généraux et d'une foule d'officiers de service, s'avança vers lui et le questionna vivement sur ce qui se passait au dehors.

« Rien n'est encore perdu, dit M. Crémieux. Je viens de parcourir une partie de Paris. La garde nationale peut être ramenée. M. Barrot président du conseil, les hommes de la gauche ministres avec lui, M. Thiers et le maréchal Bugeaud écartés, les plus larges concessions faites sans délai peuvent apaiser l'insurrection; mais il n'y a pas à balancer une seule minute. » Pendant qu'il parlait ainsi, le duc de Montpensier ouvrait la porte du cabinet et nommait au roi M. Crémieux.

« Que venez-vous m'apprendre? » dit Louis-Philippe en relevant la tête.

M. Crémieux répéta ce qu'il venait de dire.

Alors M. Thiers, qui se tenait un peu à l'écart, s'approcha du roi et déposa entre ses mains sa démission. Sans faire d'observation, sans exprimer ni regret, ni satisfaction, ni crainte, Louis-Philippe demanda M. Fain, son secrétaire, pour rédiger l'ordonnance qui nommait M. Barrot président du conseil. M. Crémieux conseilla au roi de faire appeler le maréchal Gérard et de lui confier le commandement des troupes.

Un moment d'illusion suivit cette étrange démarche de M. Crémieux. Le roi et son entourage se persuadèrent qu'un député de l'opposition la plus avancée devait connaître parfaitement l'état des esprits et l'effet certain des mesures qu'il conseillait. Mais, à cette heure, personne ne pouvait plus apprécier l'ensemble du mouvement populaire. Il agissait sur une si vaste étendue que son caractère général échappait à l'observation. Ici, l'esprit de la garde nationale dominait et se contentait encore d'un ministère Barrot; ailleurs, il était déjà question de forcer le roi à abdiquer; sur d'autres points enfin, les républicains jetaient le masque et parlaient de chasser la dynastie.

Sur ces entrefaites, M. de Reims, qui était allé porter au *National* la proclamation du ministère Thiers-Barrot, revenait, et demandant à parler à M. Thiers; il lui déclarait qu'en l'état présent des choses le peuple ne se contenterait plus de rien, si ce n'est de l'abdication. M. Thiers l'introduisit auprès des princes. Il leur parla dans le même sens. « Mais, monsieur, dit alors le duc de Montpensier, le roi ne cesse de faire depuis hier des concessions qui toutes jusqu'ici ont été inutiles. Pouvez-vous répondre, au moins, que celle dont vous parlez serait d'un effet suffisant?

— Monseigneur, répondit M. de Reims, je ne crois pas qu'aucun homme vivant puisse en ce moment donner une pareille certitude (1). »

Déjà, quelque temps auparavant, M. Duvergier de Hauranne, sans prononcer le mot,

---

(1) La contenance du duc de Montpensier surtout parut singulière à ce point qu'on essaya de l'expliquer en attribuant au jeune prince une part secrète dans la prétendue conspiration de madame la duchesse d'Orléans. Il n'en était rien cependant; il n'y avait là ni conspiration ni trahison; il y avait tout simplement un caractère et un esprit peu préparés aux fortes épreuves.

(1) Le matin même, à six heures et demie, M. de Reims était allé chez M. Marrast. Il lui avait annoncé que MM. Thiers et Barrot étaient ministres : « Eh bien! lui avait-il dit, que vous faut-il de plus? — L'abdication avant midi, avait répondu M. Marrast; après midi il serait trop tard. »

avait insinué la chose. Mais comment oser signifier un semblable arrêt au prince le plus jaloux de son autorité, le plus fortement imbu de sa supériorité politique, le plus dédaigneux jusque-là du mérite de ceux de sa famille qui devaient lui succéder au pouvoir? C'était à qui déclinerait une telle mission.

Cependant, on se hasarde à prononcer le mot fatal aux oreilles de Louis-Philippe, mais si bas qu'il peut encore ne le point entendre; les courtisans feignent de s'indigner; M. Thiers semble n'avoir aucun avis depuis qu'il n'est plus ministre. En ce moment, la porte du cabinet s'ouvre; un homme très-pâle, très-ému, mais dont l'émotion ne décèle aucune peur, s'avance vers le roi.

« Qu'y a-t-il, monsieur de Girardin ? » dit Louis-Philippe en attachant sur le rédacteur de *la Presse* son regard éteint. — « Il y a, sire, que l'on vous fait perdre un temps précieux; et que, si le parti le plus énergique n'est pas pris à l'instant même, dans une heure, il n'y aura plus en France ni roi ni royauté. » Un silence de stupéfaction répond seul à cette apostrophe.

M. de Girardin, apercevant dans un groupe le rédacteur en chef du *Constitutionnel*, invoque son témoignage.

« Demandez, s'écrie-t-il avec impatience, demandez à M. Merruau, comment les proclamations du changement de ministère ont été reçues par le peuple. » Le silence continue. Puis la voix du roi se fait entendre. « Que faut-il faire ?

— Abdiquer, sire, répond M. de Girardin avec une hardiesse qui étonne les assistants.

— Abdiquer !

— Oui, sire, et en conférant la régence à madame la duchesse d'Orléans, car M. le duc de Nemours ne serait point accepté.

— Il vaut mieux mourir ici, » s'écrie la reine!

Le roi, comme éveillé en sursaut par ces paroles et par l'accent énergique avec lequel elles sont prononcées, se lève, et, s'adressant au groupe qui l'entoure : « Messieurs, dit-il, ne peut-on pas défendre les Tuileries?... On m'avait dit qu'on pouvait défendre les Tuileries, » répète-t-il encore, voyant qu'on ne lui répond pas.

« Abdiquez, sire, abdiquez ! » s'écrie le duc de Montpensier d'un ton impérieux.

Louis-Philippe semble se consulter un moment. « Eh bien! puisqu'on le veut, j'abdique, » dit-il enfin.

A ces mots, M. de Girardin s'élance vers la porte, et Louis-Philippe passe dans la chambre voisine, où attendaient madame la duchesse d'Orléans et les princesses. « J'abdique, » dit-il d'une voix forte en ouvrant la porte. La duchesse d'Orléans se jette aux pieds du roi, et, d'une voix étouffée par les sanglots, elle le conjure de ne point abdiquer. Le comte de Paris mêle ses prières enfantines à celles de sa mère; il embrasse les genoux de son grand-père. Le roi ne montre aucune émotion, et presque aussitôt, s'arrachant à ces étreintes, il rentre, suivi des princesses, dans son cabinet, où se pressent en désordre non-seulement les personnes de son intimité, mais une foule étrangère, journalistes, gardes nationaux, militaires de tous grades, tous porteurs de nouvelles fausses ou vraies, parlant, s'exclamant, conseillant à la fois. Le maréchal Gérard, qu'on avait mandé, entrait en ce moment.

« Maréchal, sauvez tout ce qui est encore sauvable ! » s'écrie la reine en lui serrant les mains avec désespoir. Et le maréchal, poussé sur les escaliers, mis à cheval dans la cour du château, sort par la grande porte des Tuileries, s'élance vers la place du Palais-Royal, pour y annoncer l'abdication et faire cesser le combat.

Le roi s'était assis à son bureau et tenait la plume, il n'écrivait point. Le duc de Montpensier, avec vivacité, venait de pousser sous sa main une feuille de papier blanc.

« Au nom du pays, sire, dit tout à coup une voix vibrante, au nom de votre famille et de toutes les familles de France, n'abdiquez pas. Combattons aujourd'hui plutôt que demain, car demain nous serons en république ! »

Tous les yeux se tournent vers M. Piscatory.

La reine, exaltée et comme hors d'elle-même, saisissant la main de cet ami fidèle, lui dit à voix basse et d'un air égaré : « Prenez garde, il y a ici des traîtres. »

Et l'œil soupçonneux de Marie-Amélie se portait tantôt sur M. Thiers, tantôt sur madame la duchesse d'Orléans, qui, la lèvre tremblante et les yeux baignés de larmes, isolée loin du groupe des princesses qui se tenaient par la main, répétait d'une voix entrecoupée en suppliant le roi du regard : « N'abdiquez pas, sire, n'abdiquez pas. »

Une décharge retentit, la fusillade se rapproche.

« Vite, vite, » dit le duc de Montpensier en poussant le bras du roi d'un geste peu respectueux.

— Je n'ai jamais écrit plus vite, reprend le roi qui n'avait pas quitté ses gants et qui traçait, comme à loisir, en très-gros caractères, cette abdication si impatiemment attendue ; donnez-moi le temps.

— Vous vous en repentirez, messieurs, s'écriait la reine dont l'effervescence allait croissant ; vous demandez l'abdication du meilleur des rois.

— Que le roi, du moins, n'abdique pas ainsi, sans avoir tenté de repousser l'émeute, reprend M. Piscatory ; il y a encore plus de trois mille hommes dans la cour du château (1) ; mettez-vous à leur tête, prince, » continue-t-il en s'adressant à M. le duc de Montpensier. « Que conseillez-vous, monsieur ? dit le prince à M. Thiers avec un embarras visible. — Je n'ai pas de conseils à donner, répond celui-ci ; je ne suis plus rien. »

Seule, Marie-Amélie continuait de soutenir M. Piscatory. Fière, noble, courageuse comme l'avait été Marie-Antoinette à pareille heure, elle voulait mourir en reine plutôt que de vivre humiliée.

---

(1) Il y avait, en effet, dans la cour des Tuileries, 3,000 hommes d'infanterie, 2 escadrons de dragons et 6 pièces de canon chargées à mitraille, sans compter les gardiens armés et les gardes municipaux.

Ému de ce grand courage si mal secondé, M. Piscatory ploye le genou devant elle et baisant sa main royale : « Ah! madame, lui dit-il à demi-voix, vous êtes la seule personne que je vénère ici ! »

— Vous ne connaissez pas le roi, reprend la reine d'un accent peiné ; c'est le plus honnête homme de son royaume. »

Cependant le roi venait d'achever d'écrire son abdication ; elle était ainsi conçue :

« J'abdique cette couronne, que la voix nationale m'avait appelé à porter, en faveur de mon petit-fils le comte de Paris.

« Puisse-t-il réussir dans la grande tâche qui lui échoit aujourd'hui !

« Paris, le 24 février 1848.

« Signé, Louis-Philippe. »

« Puisse-t-il ressembler à son aïeul ! » s'exclame la reine.

Louis-Philippe la regarde d'un air de compassion.

On se hâte d'envoyer le papier encore humide au maréchal Gérard, afin qu'il le montre au peuple.

Quelques personnes descendent dans la cour des Tuileries pour répandre le bruit de cette abdication qui trouvait encore beaucoup d'incrédules, et que l'on démentait déjà dans les salons les plus voisins du cabinet où elle venait d'être signée.

Pendant que ceci se passait au château, le combat continuait sur la place du Palais-Royal. A dix heures du matin, les gardes municipaux qui occupaient le poste du Château-d'Eau avaient été relevés par deux compagnies du 14e de ligne sous le commandement des lieutenants Pérès et Audouy.

Ce poste était un point stratégique très-important parce qu'il couvrait à la fois le Palais-Royal et les rues de Chartres, de Saint-Thomas du Louvre, du Musée, qui toutes débouchaient sur le Carrousel. Aussi, dans sa constante prévision d'un soulèvement populaire, le gouvernement l'avait-il fait fortifier avec le plus grand soin.

Adossé à un massif de maisons faisant face au palais, le Château-d'Eau, construit au commencement du dix-huitième siècle, se composait d'une façade à deux étages, soutenue par quatre colonnes engagées, et de deux ailes latérales percées chacune de trois fenêtres. Un perron de quelques marches s'étendait, dans un développement de quarante mètres environ, sur toute la longueur de l'édifice, que terminait une terrasse entourée d'une balustrade en pierre sculptée. Au centre du premier étage, une niche était creusée, au-dessous de laquelle une large vasque recevait les eaux de la fontaine. Sur une plaque en marbre noir, on lisait, tracée en caractères d'or, cette inscription :

Quantos effundit in usus.

Une porte étroite et basse, revêtue de lames de fer, ouvrait sur le perron de ce monument tout noirci par le temps. Les fenêtres, munies d'une double rangée de barreaux, avaient été garnies d'épais volets en chêne, troués de meurtrières. C'était une citadelle imprenable. Le canon seul aurait pu endommager ces épaisses murailles et enfoncer ces portes massives.

Cependant, les insurgés, qui ne rencontraient plus nulle part de résistance, affluaient en masse vers le Palais-Royal. Ils avaient construit, dans toutes les rues avoisinantes, d'énormes barricades et cernaient complétement le Château-d'Eau. Animé par les républicains, qui craignaient de marcher sur les Tuileries en laissant sur leurs derrières une position aussi forte, le peuple, instruit, d'ailleurs, que les soldats renfermés dans le poste appartenaient au 14e de ligne, s'exaltait au souvenir du massacre de la veille. On disait que des gardes municipaux étaient là aussi (1), qu'ils gardaient des prisonniers en grand nombre ; mille bruits confus montaient les têtes ; tout se préparait à un formidable assaut. Quelques gardes nationaux s'efforçaient de calmer l'effervescence populaire, et parlementaient, mais en vain, avec la troupe, pour obtenir l'évacuation du poste. Debout, en travers de l'unique porte de la façade, un lieutenant, jeune homme d'une intrépidité héroïque, résistait à la pression des assaillants et demeurait sourd aux prières des chefs républicains, Étienne Arago et Charles Lagrange. Trois fois tiré avec violence en dehors de la porte, il reprit trois fois sa position périlleuse : « Vous me proposez le déshonneur, s'écriait-il ; tous, nous périrons ici, plutôt que de rendre nos armes. » Et la multitude acharnée redoublait d'efforts pour arracher les fusils aux mains crispées des soldats. Cette mêlée durait depuis un quart d'heure environ, lorsqu'on voit paraître sur la place un officier d'état-major, qui s'avance jusqu'au perron et crie à la troupe d'évacuer le poste. Un immense bravo, parti de la foule, accueille cet ordre ; mais le peuple veut plus encore : il demande, il exige les armes. « Et nos armes ? » dit le capitaine en attachant sur l'officier supérieur un regard plein d'anxiété, « livrerons-nous nos armes ? » Soit que celui-ci n'eût point entendu, soit qu'il n'osât commander à un brave soldat son déshonneur, il garda le silence, tourna bride et disparut.

Étienne Arago revint à la charge avec plus d'insistance encore, mais le capitaine demeurait inébranlable. « Nous consentons à quitter le poste, disait-il, mais il faut que ce soit avec les honneurs de la guerre. » Et l'accent dont il prononçait ces paroles disait assez qu'elles étaient l'expression d'une résolution inflexible.

Pendant cette espèce de trève, les soldats avaient serré leurs rangs ; ils se tenaient adossés contre la muraille. Tout à coup, quelques coups de feu se font entendre du côté du Palais-Royal. Se croyant attaqués, deux soldats déchargent leurs armes. Alors la fusillade éclate des deux côtés. Les soldats se jettent

---

(1) Il était resté, en effet, dix gardes municipaux avec les soldats de la ligne au nombre de cent. Quarante-huit prisonniers faits dans la nuit, amenés au poste du Château-d'Eau par le 14e de ligne, avaient été conduits, vers cinq heures du matin, à la caserne de la rue de Rivoli, où ils furent mis en liberté.

dans le poste et, par les meurtrières, font une décharge générale qui balaye la place.

Pendant quelques minutes, elle présenta un spectacle lugubre.

Au-devant du perron, l'eau qui coulait en liberté des débris de la fontaine formait, en se mêlant au sang des blessés, une mare de teinte rougeâtre : sur les degrés, on voyait deux cadavres tombés en croix ; çà et là, sur le pavé, des armes, des lambeaux de vêtements, des taches de sang; les grilles du palais brisées, la cour vide ; au-dessus de la barricade Valois, quelques têtes menaçantes ; dans l'angle de la place, un groupe compacte qui, déjà honteux de sa fuite, s'arrêtait, se retournait, couchait le poste en joue. Quelques coups de feu partent ; les soldats ripostent. Le peuple revient et afflue, à la fois, par toutes les rues qui débouchent sur la place ; les barricades de la rue de Valois, de la rue de Rohan, de la rue Saint-Honoré, se hérissent de combattants ; des chefs intrépides, Caussidière, Baune, etc., les animent. La lutte recommence avec fureur; les insurgés courent à l'assaut ; les soldats se défendent vigoureusement dans le poste. Cependant, Étienne Arago était allé rue Richelieu, à la barricade de la fontaine Molière, pour se concerter avec quelques amis. Il y était à peine qu'on vit arriver, du côté du Carrousel, un officier supérieur, suivi d'un aide de camp et d'un officier d'état-major de la garde nationale, M. Moriceau. Ce dernier, s'approchant d'Étienne Arago, lui nomme le général Lamoricière. Un pourparler vif et bref s'engage. Le général apportait la nouvelle de l'abdication. « Il est trop tard, » dit Étienne Arago. — « Trop tard ! s'écrie le général d'un ton incrédule ; trop tard ! on vous accorde la réforme, on vous donne la régence ; que vous faut-il donc ?

— *La république*. Tous vos efforts désormais sont inutiles pour l'empêcher. Le peuple est maître de Paris : il ne veut plus ni roi, ni princes, ni dynastie. »

Le général fit un geste qui semblait dire : Quelle démence ! Mais, voyant autour d'Étienne Arago des hommes dont la physionomie confirmait les paroles qu'il venait d'entendre, et ne voulant pas perdre un temps précieux, il tourna bride, persuadé qu'il allait trouver, à peu de distance de là, un tout autre accueil.

Quelques instants après arriva M. de Girardin, porteur des mêmes nouvelles. Il ne fut guère mieux écouté que le général Lamoricière. Tous deux, dans le même dessein, se dirigèrent alors, par deux côtés opposés, vers la place du Palais-Royal où ils entendaient la fusillade. Une multitude innombrable, hommes, femmes, enfants, ouvriers, gardes nationaux, accourus de tous les points de Paris, se ruait sur ce dernier théâtre de la lutte. C'était comme un grand tourbillon humain qui remplissait l'air de clameurs. Les roulements du tambour qui battait la charge, la détonation des armes à feu, le sifflement des balles, le cri des blessés, des voix vibrantes qui chantaient la *Marseillaise* en courant à la mort, la fumée épaisse qui enveloppait cette scène inouïe, donnaient le vertige à qui tentait de s'en approcher.

Cependant, parvenu à l'angle de la place, le général Lamoricière s'efforçait de se frayer un passage. « *Vive Lamoricière !* » criaient les uns. « Ce n'est pas lui, il est en Afrique, c'est un espion ! » criaient les autres. Ce mot seul pouvait le faire massacrer. Son uniforme incomplet et d'emprunt prêtait à la méprise ; toutefois, les baïonnettes et les pistolets braqués sur sa poitrine ne le faisaient ni reculer ni pâlir. Mais ni sa voix, ni ses gestes n'avaient la puissance de dominer une pareille rumeur ; c'eût été folie de l'espérer. Le général ne pouvait se résoudre, néanmoins, à retourner sur ses pas, car il sentait que le sort de la royauté dépendait peut-être encore de quelques paroles favorablement accueillies ; il s'épuisait en signaux ; il ne cessait d'agiter en l'air son chapeau, son mouchoir ; mais comme il demeurait à la même place sans avancer ni reculer, pressé qu'il était par une masse de peuple,

MARÉCHAL BUGEAUD

une balle vint frapper son cheval qui se renversa sous lui. Atteint lui-même, presque au même instant, d'un coup de baïonnette au bras, il fut enlevé aussitôt par quelques hommes du peuple qui, le protégeant de leurs corps, le portèrent chez le marchand de vin à l'angle de la rue de Chartres, où le docteur Pellarin avait établi une ambulance. On y pansa avec le plus grand soin sa blessure, puis on le fit sortir par une porte de derrière et on le ramena chez lui, où il apprit bientôt que c'en était fait de la monarchie.

De son côté, le maréchal Gérard n'était pas plus heureux : hissé sur le cheval tout caparaçonné de velours et d'or que le roi venait de monter pour passer la revue, le maréchal, en habit noir et en chapeau rond, un rameau de buis à la main, faisait une étrange figure. Il s'avançait lentement, avec toutes sortes de difficultés, à travers la foule, quand M. Princeteau, porteur de l'acte d'abdication, parvint à le rejoindre. Le maréchal allongeait le bras pour prendre le papier que ce dernier lui tendait ; mais quelqu'un de plus leste l'avait déjà saisi. C'était un officier de la garde nationale qui refusa de le rendre, M. Aubert-Roche.

Craignant, sans doute, que l'abdication du roi n'arrêtât une seconde fois la révolution, il enleva des mains du vieux militaire le papier précieux et le passa aussitôt à Charles Lagrange qui se trouvait là. Dans le même temps, la foule, tout en criant *Vive le maréchal!* le repoussait doucement vers le Carrousel. Les troupes, pendant l'intervalle, s'étaient repliées dans la cour du château et fermaient les grilles. Le maréchal ne put donc pas même rendre compte au roi du triste succès de son ambassade. On venait d'apprendre aux Tuileries, par M. Crémieux, que, dans toutes les directions, les émissaires de la royauté avaient échoué et que ni le général Gourgaud, ni le fils de l'amiral Baudin, envoyés sur la place de la Concorde, ni M. de Girardin, ni M. Merruau, ni personne n'était parvenu à se faire écouter du peuple.

Une foule de courtisans encombrait encore les antichambres. Le duc de Nemours allait et venait, interrogé et interrogeant, sur les escaliers, dans les corridors, ne sachant rien, ne décidant rien. Le duc de Montpensier avait perdu contenance. Louis-Philippe était tombé dans une complète atonie. Pendant que des ordres étaient envoyés aux écuries du Louvre pour qu'on amenât au château quatre voitures, et que la consigne de détresse de tenir le temps nécessaire pour protéger la fuite du roi était donnée aux troupes, Marie-Amélie aidait son époux à dépouiller son uniforme et ses plaques et à revêtir l'habit bourgeois. En proie à une exaspération qu'elle n'essayait pas de contenir, elle se répandait en reproches contre tous ceux dont elle suspectait la fidélité.

« Ah! monsieur, que vous êtes coupable, que vous avez été ingrat envers nous! vous ne méritiez pas un si bon roi! » disait-elle à M. Thiers.

M. Crémieux, qui insistait pour qu'on fît hâte, était aussi l'objet de ses soupçons : personne ne lui répondait, on gardait le silence par respect pour une telle infortune. D'ailleurs, ce n'était le moment ni des récriminations, ni des explications, ni des excuses.

On entendait toujours la fusillade. Les voitures royales étaient arrêtées par les insurgés. On décida d'aller à pied jusqu'à la place de la Concorde. Dans le trouble de cette fuite précipitée, tout se faisait, tout se disait comme au hasard.

La duchesse d'Orléans se croyait régente. Une telle élévation, dans un tel moment, quand elle ne sentait auprès d'elle ni un cœur, ni un bras, ni un génie assez puissant, assez dévoué, pour se jeter entre son fils et la révolution, c'était une terrible épreuve pour son courage (1). Le roi ne lui avait, d'ailleurs, donné aucun ordre, aucune explication, aucun conseil; il ne lui avait dit que ces seules paroles : « Hélène, restez. » Louis-Philippe ne pensait pas que sa fuite fût un exil. Il ne croyait pas même que la duchesse d'Orléans dût être régente. Par son abdication, le duc de Nemours entrait, de plein droit, dans l'exercice des pouvoirs que lui conférait une loi des Chambres. De Saint-Cloud, où le roi comptait s'arrêter, il dirigerait encore les conseils; il régnerait de fait sous le nom d'un enfant. C'était là le fond de sa pensée.

Cependant, on le pressait de fuir. Il demandait sa montre, son portefeuille; il paraissait tout préoccupé de ces petits détails, étranger aux sentiments douloureux qui éclataient en sanglots autour de lui. Le duc de Montpensier embrassait sa jeune femme enceinte, la confiait aux soins du docteur Pasquier et à la garde de M. de Lasteyrie. La princesse Clémentine, la duchesse de Nemours, tenant par la main ses deux enfants, se disposaient à suivre le roi. Les mains se serraient; les regards échangeaient des pensées qu'on n'osait se communiquer tout haut. La grande figure de Marie-Amélie dominait de son désespoir toutes ces tristesses.

Enfin Louis-Philippe, appuyé sur le bras de la reine, suivi du duc de Montpensier, de MM. Crémieux, Ary Scheffer, Jules de Las-

---

(1) « Quel fardeau! s'écriait la princesse en parlant aux personnes de sa suite. Et Joinville qui n'est pas ici! »

teyrie, Gourgaud, Roger (du Nord), Montalivet, Dumas, Rebel et Lavalette, sort du palais par un couloir étroit et sombre conduisant au vestibule de l'Horloge, et s'avance, par le jardin, vers la place. Des gardes nationaux à pied et à cheval et une compagnie de gardes municipaux occupent les allées (1); un escadron de dragons se forme sur deux rangs. Le triste cortége passe en silence.

En arrivant à la grille du pont Tournant, où devaient stationner les voitures, on ne les voit point. Alors le roi, tranquille jusque-là, donne de vives marques d'inquiétude. L'aspect de la place, en effet, n'était pas rassurant. Les troupes du général Bedeau étaient massées autour de l'obélisque; mais une immense multitude les enveloppait. Les cavaliers qui servaient d'escorte au roi se voyaient poussés, refoulés; ils n'osaient qu'à demi résister à la pression du peuple, craignant de trahir, par trop de précautions, la présence des personnes royales.

« Les voitures! mais où donc sont les voitures? » répétait le roi. Un moment, comme on s'efforçait de gagner l'obélisque, où, par suite d'un malentendu, les voitures étaient restées, la reine fut violemment heurtée et séparée de son époux. Elle jeta un cri, chancela; un jeune homme fit un geste comme pour la soutenir. « Laissez-moi, » dit-elle en le repoussant. Bien qu'à demi évanouie, elle avait encore la force de se trouver offensée d'un secours qu'elle ne demandait pas (1). Le roi, ressaisissant son bras, l'enleva, en quelque sorte, et la poussa dans une des voitures, où il monta en toute hâte après elle. Les enfants de la duchesse de Nemours étaient déjà dans l'autre, debout sur les coussins, collant à la vitre leurs visages blonds et roses, plus curieux qu'effrayés du spectacle étrange qui s'offrait pour la première fois à leur vue. Leur mère les rejoignit. Alors, on donne le signal du départ. On jette encore à la hâte, par le carreau de la portière, un portefeuille tombé à terre et un sac de nuit qui contient quelques effets. « Partez, partez, partez donc! » s'écrie M. Crémieux. Le cocher donne un vigoureux coup de fouet, et les deux voitures partent à fond de train par le quai de Passy, enveloppées d'un détachement de gardes nationaux à cheval et de deux escadrons de cuirassiers que commande en personne le général Regnaud de Saint-Jean-d'Angély.

La résistance du poste du Château-d'Eau, cet acte sublime d'honneur militaire, dont les héros plébéiens sont tombés inconnus dans le silence de la mort, protégea la déroute honteuse des Tuileries.

Nous avons vu que les insurgés, secondés par une centaine de gardes nationaux des troisième et cinquième légions qui venaient de désarmer le poste de la Banque, avaient forcé les grilles du Palais-Royal, du côté de la galerie de Valois. En une minute, les appartements étaient envahis, toutes les fenêtres se garnissaient de combattants; le palais et le poste se renvoyaient des feux meurtriers, la mitraille pleuvait sur la place comme une grêle épaisse. On supposait bien que les munitions devaient s'épuiser, que les morts devaient être déjà plus nombreux que les vivants

---

(1) Quand Louis-Philippe fut monté en voiture, un aide de camp du général Bedeau vint exhorter ces braves soldats à ne pas suivre le roi de crainte de l'exposer davantage, et à se disperser au plus vite pour se soustraire à la fureur du peuple. L'officier qui les commandait, vieillard à cheveux blancs, hésitait. « J'ai trente ans de service, disait-il, je n'ai jamais rendu mon épée; je ne veux pas me déshonorer. — On vous la rendra, s'écriait l'aide de camp; mais, au nom du ciel, hâtez-vous, ou vous ferez massacrer tous vos hommes. » Et, moitié de gré, moitié de force, on jeta sur les épaules du vieillard un manteau bourgeois et on l'entraîna hors du jardin. Notons ici un mot héroïque dans sa naïveté. Touché de la sollicitude avec laquelle un garde municipal couvre son officier du manteau qui cache l'uniforme si dangereux à porter dans ce moment, l'aide de camp cherche autour de lui s'il ne verra pas quelqu'un qui puisse prêter un surtout à ce brave soldat; n'apercevant personne : « Mais vous, mon ami, dit-il au soldat, vous n'avez rien pour cacher votre uniforme; qu'allez-vous devenir? On vous tuera. — Oh! moi, mon commandant, répond le garde municipal, *cela ne fait rien*. »

(1) A ce moment, un officier de cuirassiers, croyant la vie du roi menacée, adressa aux hommes du peuple qui le serraient de près quelques paroles imprudentes. « Messieurs, épargnez le roi! dit-il. — Sommes-nous donc des assassins? dit une voix dans la foule. Qu'il parte! »

dans l'intérieur du poste ; mais rien n'annonçait que le courage fléchît. La pensée de capituler, en effet, ne venait point à ces braves. Et le peuple se ruait sur les marches du perron, contre les portes qu'il ébranlait à coups de barres de fer ; les uns s'efforçaient d'escalader les fenêtres, tandis que d'autres, moins emportés par l'ardeur du combat et déplorant l'inutile effusion du sang, s'efforçaient de faire cesser le feu et d'amener les soldats à des pourparlers. Ils s'avançaient jusqu'au pied des murs, affrontant une mort presque certaine. Mais en vain essayaient-ils par leurs gestes, par leurs cris, de rassurer les assiégés sur leurs intentions pacifiques. On les accueillait à coups de fusil, comme on avait accueilli le général Lamoricière, M. Crémieux, M. de Girardin et le maréchal Gérard lui-même. Quelques-uns de ces intrépides citoyens payèrent de leur vie leur généreuse résolution.

Tout à coup une pensée infernale saisit la multitude.

On venait de forcer sur la place du Carrousel les écuries royales. Quelques enfants avaient mis le feu aux voitures. « *Le feu ! le feu au Château-d'Eau !* » s'écrie-t-on.

Aussitôt des hommes du peuple s'attellent à ces voitures enflammées, les traînent sous les fenêtres du poste. On apporte des bottes de paille, des fagots ; un tonneau d'esprit-de-vin est roulé sur ce bûcher. Le vent attise l'incendie, il pousse la flamme ; elle monte, s'étend, tourbillonne ; elle entoure d'une ceinture ardente le vieil édifice ; elle pénètre enfin, elle s'engouffre dans l'intérieur. C'en est fait des martyrs de la royauté, ils n'ont plus que le choix de la mort ; le lieutenant Péresse ouvre la porte et veut sortir ; il tombe frappé de plusieurs balles. Les soldats qui le suivent se précipitent sur le seuil et jettent leurs armes, en criant qu'ils se rendent, tandis que d'autres se sauvent par la porte du Musée. En voyant ses ennemis en sa puissance, la multitude pousse un rugissement de joie. Mais, aussitôt, un cri d'humanité se fait entendre. Le peuple, un instant égaré par la démence du combat, se précipite pour arracher à la mort ses ennemis. Il répand l'eau à torrent pour essayer d'éteindre l'incendie qu'il a allumé. Quel spectacle ! et comment le décrire ? Quand le peuple pénètre à travers les décombres fumants, trébuchant sur des cadavres noircis, des vêtements ensanglantés, des lambeaux humains calcinés, épars, il a horreur de sa victoire. Du sein de cette désolation, il enlève les blessés, les prend dans ses bras, les porte dans la galerie du Palais-Royal. Là, soldats de la royauté, soldats de la République, vaincus et vainqueurs, sont étendus sur des lits, des matelas, des canapés, rangés à la hâte le long des murs. Des médecins, des femmes pansent les blessures, étanchent le sang qui coule, abreuvent les lèvres ardentes, commandent le silence, calment les convulsions de la mort (1).

Et pendant que ces soins pieux honorent l'humanité, à deux pas de là, sous le même toit, des hommes qui ne respectent rien, des vandales, saccagent les richesses du palais : tableaux, statues, livres, vases précieux, magnificences de l'art, trésors de la science, rien n'est épargné, rien n'échappe à la dévastation. Une fureur aveugle s'acharne sur ces vestiges

---

(1) Le combat du Château-d'Eau coûta la vie à onze soldats et à trente-huit citoyens. Le lieutenant Péresse, qui avait reçu neuf coups de feu et six coups d'arme blanche, a succombé le 7 mars, trois jours après l'extraction d'une dernière balle restée dans le bras gauche. Le lieutenant Audouy a été amputé du bras droit.

Des actes de courage surhumain s'accomplissaient des deux côtés dans cette lutte fratricide. Un ouvrier tailleur, presque un enfant par la taille et par l'âge, le jeune Bayeux, l'épaule droite fracassée, la chemise sanglante, ne pouvant plus tenir un fusil, allait et venait, sous la grêle des balles, brandissant un sabre de la main gauche, excitant le peuple, défiant les soldats. Un brave républicain, le capitaine Lesséré, arrivé avec sa compagnie à la barricade de la rue de Valois, voulait encore tenter de mettre fin au combat. Arborant son mouchoir à la garde de son épée, il descendait avec l'aide d'Étienne Arago, et s'avançait en courant vers le poste ; mais, parvenu au milieu de la place, il tombe atteint d'une balle. Une femme aussi, toute jeune et belle personne, bravait la mitraille pour secourir les blessés et les recueillir dans sa demeure. « Tu es une vraie Romaine, » lui dit un homme du peuple en lui frappant sur l'épaule. C'était mademoiselle Lopez, actrice de l'Odéon. Chose bizarre ! les cafés et les cabarets étaient restés ouverts. On allait s'y reposer, on fumait, on plaisantait entre deux fusillades. Un chien perdu, qui hurlait au bruit des coups de feu, égaya plus d'une fois cette scène tragique.

inanimés comme sur des ennemis vivants. Bientôt l'ivresse du vin vient s'ajouter à l'ivresse du combat; on a pénétré dans les caves. La garde nationale fait des efforts inouïs, mais inutiles, pour contenir ces excès.

Ainsi le peuple se montre au même moment, dans le même lieu, sous ses deux aspects les plus contraires; donnant raison à ceux qui l'aiment comme à ceux qui le redoutent. Ici, courageux, humain, plein de douceur; là, brutal, insensé : honneur ou fléau de la civilisation, espoir ou terreur de l'avenir.

Cependant, madame la duchesse d'Orléans, laissée aux Tuileries, regagnait à la hâte ses appartements. Dans le trouble des derniers adieux, elle avait échangé quelques mots avec les députés qui entouraient le roi, et, se croyant suivie par eux, elle comptait sur leur conseil et sur leur appui.

Qu'on juge de son effroi lorsque, au bout de sa course à travers les salons et les couloirs, d'où elle entendait la rumeur de la masse populaire qui débordait sur le Carrousel et escaladait déjà les grilles du château, elle se retourna et se vit seule avec quelques personnes de sa suite. Ses joues si pâles pâlirent encore.

En ce moment le bruit du canon retentit dans la cour. La princesse crut qu'une lutte fatale s'engageait. Elle savait que la troupe n'était plus en état de résister, elle pensa qu'elle allait être massacrée.

Alors, par un de ces beaux mouvements du cœur, fréquents dans l'histoire des femmes, elle saisit ses deux enfants par la main et plaçant avec eux devant le portrait en pied de leur père (1) : « Il ne me reste donc, s'écria-t-elle en implorant de ses yeux en larmes le secours d'en haut, qu'à mourir ici ! »

Au même instant, la porte s'ouvrit; un éclair d'espérance brilla dans les yeux de la princesse, elle s'élança à la rencontre de la personne qui entrait. C'était M. Dupin, qui, suivi de M. de Grammont, cherchait la *régente*

(1) Ce magnifique portrait, digne d'une telle illustration, est dû au pinceau de M. Ingres.

pour la conduire à la Chambre. « Monsieur Dupin, s'écria la duchesse, vous êtes le premier qui veniez à moi. » Chose étrange ! en effet, la *régente*, en ce moment suprême, était complétement oubliée des hommes politiques. Presque aussitôt on vint lui dire que M. le duc de Nemours l'engageait à quitter les Tuileries. Elle prit le bras de M. Dupin, et, suivie d'un petit groupe de personnes de sa maison, entre autres de M. Régnier, précepteur du comte de Paris (1), elle traversa le jardin et passa devant des troupes de ligne qui, n'ayant reçu aucun ordre, ne lui rendirent même pas les honneurs militaires. La duchesse tenait par la main le comte de Paris; le petit duc de Chartres, malade depuis quelques jours et grelottant de fièvre, était porté par son médecin, M. Blache. En arrivant au pont Tournant, M. Dupin, s'avançant vers la foule, proclama, à haute voix, le comte de Paris roi des Français et madame la duchesse d'Orléans régente. Puis on se dirigea vers la Chambre (2). La princesse était émue, mais sa volonté restait ferme; elle allait, non pas comme on l'a dit, assouvir enfin une ambition longtemps contenue, mais tout simplement accomplir un devoir de mère.

Si la duchesse d'Orléans avait eu, en effet, ces ambitions impatientes que les soupçons de

(1) M. Adolphe Régnier ne quitta pas la princesse depuis son départ des Tuileries. Il la suivit à la Chambre, aux Invalides, à Bligny, et de là, sans même avoir pu revoir sa famille, en Belgique, à Ems, à Eisenach. Il ne revint en France qu'après l'achèvement de l'éducation de son élève.

(2) Pendant que la duchesse d'Orléans se dirigeait vers la Chambre, un lieutenant de la 5ᵉ légion, le citoyen Aubert-Roche, redoutant des scènes effroyables si le combat venait à s'engager entre les insurgés et la troupe qui gardait encore les Tuileries, se présenta au guichet de l'Échelle et demanda à parler au commandant du château. Il lui peignit avec la plus grande vivacité le péril croissant, et l'engagea à livrer immédiatement les Tuileries à la garde nationale, qui pourrait, du moins, les préserver du pillage. Le commandant, ne pouvant prendre sur lui de donner l'ordre d'évacuer, conduisit M. Aubert-Roche au duc de Nemours. Celui-ci écouta en silence et fit ce qu'on lui demandait. Aussitôt, l'artillerie, après avoir tiré trois coups de canon chargés à blanc, signal convenu pour avertir de l'arrivée du peuple, commença son mouvement de retraite par la grille du Pont-Royal. Les dragons mirent pied à terre pour faire descendre leurs chevaux par l'escalier du milieu. La retraite se fit avec si peu d'ordre qu'on oublia de relever les postes intérieurs.

la famille royale lui prêtaient, elle aurait réussi peut-être dans sa tentative (1). Mais, malgré l'opinion accréditée au Château, elle n'était pas du tempérament qui fait les fortes ambitions et les grands desseins. Intelligente, réservée, délicate d'esprit et de corps, digne de soutenir avec honneur un rang élevé, elle n'avait rien de cette énergie audacieuse qui s'empare du commandement. Habituellement souffrante et résignée, elle nourrissait de vagues espérances; mais la flamme intérieure qui fait les Marie-Thérèse ou les Catherine ne rayonnait point à son front. Sa lèvre mélancolique, qui lui gagnait, par des paroles aimables, les cœurs bienveillants, ne frémissait point de cette éloquence qui subjugue les âmes rebelles. En un mot, c'était une noble princesse, ce n'était ni une héroïne ni une femme de génie. Il eût fallu être l'une ou l'autre pour arrêter à soi, à ce moment suprême, le flot emporté des révolutions.

CHAPITRE XII

Le peuple aux Tuileries.

Après la fuite de Louis-Philippe, la duchesse de Montpensier, qui n'avait pu trouver place dans les voitures du roi, se rendit à pied chez M. Jules de Lasteyrie, rue de Miromenil. Le duc de Wurtemberg et son fils s'étaient échappés par la galerie du Louvre. Le général Sébastiani, ayant revêtu des habits bourgeois, avait quitté les Tuileries en même temps que Louis-Philippe et s'était réfugié dans l'hôtel de son frère, rue du Faubourg-Saint-Honoré. Quant au maréchal Bugeaud, dédaignant toutes précautions, il sortit à cheval, en uniforme, lentement, fièrement, écartant à droite et à gauche les carabines des insurgés qui affluaient sur le quai. Comme il se dirigeait vers le faubourg Saint-Germain, il se croisa, sur le pont Royal, avec un groupe d'hommes du peuple qui, l'ayant reconnu, se mit à murmurer : « *A bas Bugeaud! Mort à Bugeaud!* » Le maréchal était déjà loin, quand le bruit confus de ces menaces frappa son oreille. Aussitôt il tourna bride, marcha droit sur le groupe d'où elles partaient. « Qu'est-ce que j'entends? s'écria-t-il; vous voulez la mort de Bugeaud? mais le connaissez-vous bien, Bugeaud? savez-vous ce qu'il a fait pour son pays? Bugeaud est un des derniers qui aient envoyé des balles aux Prussiens et aux Russes, quand ils menaçaient Paris. Bugeaud a soumis l'Algérie à la France. Allez, croyez-moi, respectez Bugeaud et tous les braves de l'armée, vous aurez besoin d'eux avant qu'il soit longtemps! » Et les insurgés, gagnés par cette parole franche et vraiment populaire, entourèrent le maréchal en criant : « *Vive Bugeaud!* » Puis ils l'escortèrent comme en triomphe jusqu'au seuil de sa demeure.

Les troupes qui, sous les ordres du général Rulhières, avaient occupé tous les abords du jardin et protégé ainsi le cortège de la duchesse d'Orléans, s'étaient repliées et massées sur la place de la Concorde où, sur l'ordre exprès du duc de Nemours, elles devaient attendre que la régente sortît de la Chambre, pour l'escorter jusqu'à Saint-Cloud. Le général Bedeau tenait toujours la tête du pont Royal. Ces deux généraux disposaient encore de forces suffisantes pour couvrir le palais Bourbon et le défendre, de ce côté, contre l'invasion du peuple.

Revenons aux insurgés que nous avons laissés entrant dans la cour du Château. Leur surprise fut extrême de voir que la troupe ne faisait aucun préparatif de défense. Ils ignoraient encore la fuite du roi; c'est à peine s'ils ajoutaient foi à son abdication. Ils s'attendaient à trouver aux Tuileries une résistance formidable.

La première colonne d'insurgés qui pénétra dans la cour était commandée par un officier de chasseurs de la 10e légion, homme de résolution et de dévouement, le capitaine Dunoyer.

---

(1) Sur le pont de la Concorde, le comte de Paris trébucha et tomba. Il ne se fit aucun mal; mais cette chute fut un triste présage pour le cœur troublé de sa mère.

Il est intéressant de suivre la marche de cette colonne, depuis le moment où elle s'était séparée des défenseurs de la dynastie. C'était vers neuf heures du matin; on venait d'apprendre à la mairie du 10e arrondissement, où la 3e compagnie du 4e bataillon, sous les ordres du capitaine Dunoyer, s'était rendue pour demander des cartouches (1), que la prison militaire de l'Abbaye, défendue par un poste d'infanterie, était attaquée par le peuple. A ce moment, plusieurs élèves de l'École polytechnique arrivaient; ils annoncent à haute voix que tous les élèves se sont divisés, pour aller, dans chaque arrondissement, concourir avec la garde nationale au rétablissement de l'ordre et au maintien de la liberté. Des cris redoublés de « Vive l'École polytechnique! vive la réforme! » saluent cette nouvelle, et l'on se met, aussitôt, en marche vers l'Abbaye pour aller, s'il en est temps encore, s'interposer entre le peuple et la troupe. En débouchant sur la place, la colonne voit que les insurgés sont maîtres de la prison; ils avaient désarmé les soldats, délivré les prisonniers, et ils commençaient à démolir la maison d'arrêt. Incertains sur les dispositions de la garde nationale, ils se retirent silencieusement derrière leur barricade, établie en tête de la place, et se tiennent en observation. Le capitaine Dunoyer les aborde et les somme de ne pas continuer une destruction inutile. Ils répondent par les cris de « Vive la garde nationale! vive l'École polytechnique! vive la réforme! » — « Oui, mes amis, Vive la réforme! dit Dunoyer; que tous ceux qui la veulent nous suivent avec ordre et discipline. » Puis, voyant que les insurgés, armés de pioches, de marteaux de forge, de pinces à démolir, de haches, de barreaux de fer et de sabres, manquent de fusils, il propose d'en aller prendre à la caserne municipale de la rue de Tournon. On se range à sa suite et l'on marche en avant, en chantant la *Marseillaise*.

(1) La garde nationale manquait partout de cartouches, ce qui est suffisamment expliqué par le peu de confiance qu'avait le gouvernement dans ses dispositions.

Avec ce renfort, qui la porte environ à six cents hommes, la colonne se dirige vers la caserne de la rue de Tournon. Elle la trouve occupée par un détachement de la 11e légion. Les gardes municipaux l'ont évacuée de grand matin pour aller prendre position sur la rive droite de la Seine.

Alors, Dunoyer conduit ses hommes à la caserne des sapeurs-pompiers, rue du Vieux-Colombier, où il espère trouver des armes. La caserne est fermée; la sentinelle se retire dans le poste. Le commandant paraît à une fenêtre du rez-de-chaussée, et, le capitaine Dunoyer lui ayant demandé des armes pour ses volontaires, il consent, après quelques difficultés, à livrer environ quatre-vingts fusils, que l'on passe à travers la grille d'une croisée. Ces fusils sont chargés; un coup de feu part accidentellement. Plusieurs insurgés, se croyant attaqués, crient : *Vengeance!* et veulent mettre le feu aux portes; mais les gardes nationaux parviennent à les rassurer. La colonne s'ébranle et se divise en deux détachements; cent volontaires du peuple se dirigent, par la rue du Cherche-Midi, vers la maison du conseil de guerre, bien résolus à l'enlever de vive force. Après avoir recruté sur leur chemin des hommes et des armes, ils doivent prendre par derrière la caserne de la rue de Babylone, pendant que la colonne principale, sous les ordres de Dunoyer, l'attaquera par-devant.

Mais, arrivés à l'entrée de la rue de Babylone, quelques gardes nationaux de cette colonne, ayant été reconnaître les dispositions de la caserne, apprennent que la troupe est partie la veille et qu'il n'y a plus au poste qu'un petit nombre de jeunes soldats récemment entrés au corps. Le sergent qui parlemente avec eux propose de recevoir dans le poste quelques gardes nationaux pour le garder en commun; il ajoute en même temps, du ton le plus ferme, que si l'on prétend le désarmer, lui et les siens, il se défendra à outrance. Cette réponse énergique impose le respect. Le capitaine Dunoyer fait faire volte-face à sa troupe et va rejoindre avec elle le détachement qui revient du poste du conseil de guerre.

Ce poste, après une courte résistance, a été enlevé et désarmé. On a, comme partout, brûlé les portes et délivré les soldats détenus. On apprend au même moment que d'autres bandes d'insurgés ont pris les casernes de la rue Mouffetard, de la rue des Grès, de la rue du Foin, de la rue des Carmes, et désarmé tous les postes intermédiaires. Le succès du peuple est complet de ce côté de la Seine.

La colonne de Dunoyer, grossie dans sa marche et forte d'environ quinze cents hommes, après avoir franchi de nombreuses barricades sur la place de la Croix-Rouge, dans les rues du Four, de Bussy, Saint-André-des-Arts et Dauphine, arrive en tête du pont Neuf, à l'entrée du quai Conti. La garde municipale stationne sur le quai de l'Horloge. Un détachement de cuirassiers est à cheval, en face du terre-plain Henri IV. Les insurgés s'arrêtent un moment et font flotter leurs drapeaux en criant : *Vive la réforme !* mais, voyant que la troupe fait bonne contenance et qu'elle est prête à recevoir le combat, ils passent outre.

A l'entrée de la rue des Petits-Augustins, ils voient accourir du quai Voltaire une dizaine de gardes nationaux à cheval qui agitent en l'air des mouchoirs blancs. Le plus avancé, quand il est à portée de la voix, s'écrie : « Tout est fini, mes amis ! le roi abdique en faveur de son petit-fils ; la duchesse d'Orléans est nommée régente ! » A ces paroles, des murmures éclatent dans les rangs des insurgés. « Cela se peut, répond Dunoyer, mais nous n'avons plus de foi aux paroles ; nous ne quitterons pas nos armes que l'armée ne soit sortie de Paris. »

Sans insister davantage, les cavaliers continuent leur marche par la rue des Saints-Pères ; ils vont porter dans tout le faubourg Saint-Germain la nouvelle de l'abdication, qui est à peu près partout bien accueillie.

Cependant la colonne a gagné le pont des Saints-Pères, occupé par la troupe. Avant de passer outre, Dunoyer tient conseil avec ceux qui l'entourent, et propose de traverser la Seine pour marcher sur les Tuileries. Quelques-uns font observer que, si le roi a véritablement abdiqué, il importe de courir immédiatement à la Chambre, afin de mettre en déroute les partisans de la régence. D'autres se rangent à l'avis du capitaine. Mais, pendant ces pourparlers, une grande hésitation s'est manifestée dans la colonne. La nouvelle de l'abdication du roi et de la régence de la duchesse d'Orléans, qui circule, l'aspect des quais occupés par des troupes en bon ordre, les fortes détonations que l'on entend incessamment dans la direction du Palais-Royal, ont ralenti l'ardeur des combattants. On juge qu'il y aurait folie à s'aventurer sur la rive droite et à braver, en si petit nombre, les forces considérables qui défendent les Tuileries. Six ou huit élèves de l'École polytechnique viennent annoncer à Dunoyer qu'ils ont promis à leurs chefs de ne pas sortir de l'arrondissement et de n'agir que par voie de conciliation ; sans écouter aucune objection, ils se retirent. Aussitôt, la plupart des gardes nationaux et des volontaires les imitent. La colonne, tout à l'heure de quinze cents hommes, est réduite à cent cinquante, parmi lesquels on ne compte plus que soixante gardes nationaux et quatre élèves de l'École polytechnique, les jeunes Prats, Vial, Lebelin et Cahous, qui, tout en s'exposant au danger de l'audacieuse tentative que l'on projette, déclarent qu'ils resteront fidèles au serment fait à leurs chefs de ne pas tirer l'épée hors du fourreau.

Dunoyer est un instant ébranlé par cette défection ; sa responsabilité devient grave. Il s'agit de tenter un coup décisif, et il ne peut se dissimuler que les choses ne prennent pas une tournure favorable. Mais l'enthousiasme de sa petite troupe le ranime : « *En avant ! en avant !* » s'écrie-t-on autour de lui. Les tambours battent la charge, on s'avance intrépidement sur le pont, au que d'être mitraillé.

ATTAQUE DU POSTE DE LA PLACE DE LA CONCORDE. (P. 87).

Les quais du Louvre et des Tuileries sont occupés militairement. Le 7ᵉ régiment de cuirassiers arrivant du pont Neuf est à la gauche du pont; le 37ᵉ de ligne, sous les armes, est à la droite. On ignore les dispositions de la troupe; mais, sans qu'il y ait rien de provoquant dans son attitude, elle semble prête à accepter le combat.

La colonne insurgée fait halte, à peu de distance des premiers pelotons. Dunoyer, s'approchant des officiers, leur annonce que les trois légions de la rive gauche, suivies du peuple en armes, marchent sur le Palais-Royal pour arrêter l'effusion du sang. Sa compagnie, dit-il, est l'avant-garde de l'armée populaire et vient demander le libre passage.

L'un des officiers va consulter le colonel, qui, à la vue des gardes nationaux mêlés au peuple, élève en l'air la poignée de son épée; aussitôt les soldats dressent la crosse de leurs fusils. Un passage s'ouvre devant la colonne révolutionnaire; elle traverse le Louvre aux cris de : *Vive la France! vivent les cuirassiers! vive la ligne!* La musique du régiment répond à ces cris, en jouant la *Marseillaise*.

Pendant ce temps, quelques insurgés s'étaient glissés un à un le long du quai des Tuileries, en fraternisant avec les soldats. Ils ne tardent pas à pénétrer dans la cour du Carrousel par le guichet de l'Orangerie.

La cour des Tuileries est occupée par de nombreuses troupes, mais la place du Carrousel est complétement évacuée. Une foule en armes, venant de la rue Saint-Thomas, commence à l'envahir, au moment même où la colonne de la rive gauche achève de passer le guichet du Louvre; trois coups de canon se font entendre; une fusillade retentit sur la ligne du château: elle tue et blesse plusieurs insurgés. La colonne de Dunoyer riposte, ainsi que le groupe qui avait pénétré par le guichet de l'Orangerie. Plusieurs balles mortelles atteignent à la fois un malheureux piqueur en grande livrée rouge, qui conduisait au château deux chevaux des écuries royales, destinés aux voitures de madame la duchesse d'Orléans. Aussitôt, sur les instances de quelques-uns des siens, Dunoyer commande un mouvement de retraite pour aller s'assurer de nouveau des dispositions de la troupe qui gardait la tête du pont du Carrousel. On fraternise; les cuirassiers annoncent qu'ils veulent retourner à Versailles, leur ville de garnison. Pendant ce temps, le chasseur Tordeux, qui avait vu plusieurs pièces d'artillerie sortir de la cour des Tuileries par le guichet du pont Royal, va observer si elles ne prennent point une direction offensive; il constate qu'elles se dirigent vers la place de la Concorde. Alors les tambours des insurgés battent la charge, la colonne reprend sa marche à travers la place presque déserte, et parvient jusqu'au poste de l'état-major, où stationne, l'arme au pied, la garde nationale de service, composée de plusieurs détachements de la quatrième, de la cinquième et de la sixième légion.

Dunoyer invite le commandant à se joindre à lui pour pénétrer ensemble dans les Tuileries; celui-ci s'y refuse, en alléguant qu'il a un service commandé et qu'il n'y saurait manquer sans un ordre supérieur. Malgré ce refus, les insurgés passent outre. Presque aussitôt les divers détachements quittent la place, tournent par la rue de Rohan et vont se répartir dans plusieurs postes voisins. La colonne de Dunoyer se rapproche alors de la grille du château et bientôt elle y entre par le guichet de l'Échelle, que l'on vient d'ouvrir pour la garde nationale de service; elle marche avec ordre, tambours en tête et la crosse en l'air. Elle se déploie dans la cour des Tuileries aux cris de: *Vive la réforme!* La garde nationale, alignée près du poste de l'Échelle et le long du pavillon de l'Horloge, reste morne et silencieuse.

Une artillerie formidable est encore en bataille dans la cour. Le 25ᵉ régiment de ligne, sous les armes, stationne devant le poste où est déposé son drapeau. On voit, plus loin, un bataillon du génie et de forts détachements de cavalerie. Au milieu de tout cet appareil guerrier règne un profond silence. La consternation paraît sur tous les visages. Dunoyer s'avance alors vers le commandant du 52ᵉ. « Tout Paris est en révolution, lui dit-il; la garde nationale, le peuple et l'armée fraternisent; nous venons ici fraterniser avec le brave 52ᵉ. » Les officiers répondent à Dunoyer qu'ils se préparent à partir; un sergent, qu'il interroge sur le nombre de cartouches dont il dispose, lui montre sa giberne vide.

Sur ces entrefaites, un valet de chambre du comte de Paris aborde Dunoyer; il lui annonce que la duchesse d'Orléans est à la Chambre, le conjure de protéger le retour de la princesse et l'invite à monter dans l'une des deux voitures qui sont là, prêtes à partir pour aller chercher la régente et le jeune roi, ajoutant qu'il a plein pouvoir pour lui offrir tout ce qu'il pourrait désirer. « Ne comptez ni sur moi ni sur mes compagnons d'armes, lui répond Dunoyer; nous ne sommes pas ici pour servir les princes. » Presque au même moment, M. Lemercier, en grand uniforme de colonel de la garde nationale, s'approche et renouvelle à Dunoyer les mêmes instances et les mêmes promesses; mais, voyant qu'il ne peut le persuader, il monte sur le siége de l'une des voitures et part pour la Chambre. Un gardien du château, interrogé par les insurgés, leur dit que le roi est encore dans ses appartements. Aussitôt ils s'avancent vers le pavillon de l'Horloge. Là, ils rencontrent le colonel Bilfeld, gouverneur du château, pâle, hors de lui. Il se jette dans les bras de Dunoyer et le supplie de l'épargner. Celui-ci le rassure, mais l'engage à quitter son uniforme et à sortir au plus vite des Tuileries. Trois insurgés se détachent pour accompagner le colonel jusque dans ses appartements. De plus en plus surpris du succès de leur audace, les insurgés pénètrent dans le vestibule du pavillon de l'Horloge, d'où ils aperçoivent au loin, dans le jardin, dont les grilles d'enceinte sont encore fermées, le cortége fugitif de madame la duchesse d'Orléans qui touche à la place de la Concorde. Ils montent le grand escalier, croyant à chaque pas être assaillis. Ils parcourent ainsi avec précaution plusieurs salles et galeries. Le général Carbonel, enveloppé d'un caban, passe rapidement près d'eux et se retourne pour recommander au volontaire Lacombe de ne rien gâter dans les appartements. Dans une pièce de service, un garçon lampiste est tranquillement occupé à nettoyer un verre de lampe.

Enfin l'on arrive à la salle du trône. Deux faisceaux de drapeaux tricolores en soie, frangée d'or, ornent les deux côtés du fauteuil royal. Chaque insurgé veut s'y asseoir à son tour. Dunoyer fait à ses compagnons d'armes une allocution chaleureuse, puis il trace sur les moulures du trône ces simples paroles :

LE PEUPLE DE PARIS A L'EUROPE ENTIÈRE :

Liberté, Égalité, Fraternité.

24 février 1848.

Un cri enthousiaste de : *Vive la République!* le premier qu'on ait poussé depuis le matin, tant on a été fidèle à la consigne donnée par les chefs politiques, salue cette proclamation solennelle et familière tout ensemble de la victoire du peuple. Les insurgés courent aux fenêtres et font retentir au dehors leurs acclamations. A cet appel, les gardes nationaux de service arrivent; l'un d'eux, lieutenant de la 5° légion, monte les degrés du trône, et commence, à la surprise générale, une harangue en faveur du prince Louis Bonaparte; interrompu par des marques de réprobation unanimes, l'orateur désappointé se perd dans la foule.

Après une courte halte, la colonne Dunoyer se remet en marche et traverse les appartements qui conduisent au musée. Tout annonce qu'ils viennent à peine d'être quittés par la famille royale. De grands feux brûlent dans les cheminées. Des billes et des queues de billard sont encore jetées pêle-mêle sur le tapis, comme pour une partie momentanément suspendue. Un piano est resté ouvert. Des albums sont épars çà et là. Dans la salle à manger, la table n'est qu'à moitié desservie; quelques insurgés s'y rafraîchissent à la hâte. Arrivés à l'escalier du pavillon de Flore, près de l'aile attenante au Louvre, un bruit confus se fait entendre; une porte à double battant s'ouvre comme d'elle-même, et les insurgés se voient, à l'entrée de la galerie du musée, à dix pas d'un détachement de gardes municipaux sous les armes (1); à l'autre extrémité de la galerie, un détachement du génie est occupé à former une barricade avec des banquettes.

Les insurgés s'arrêtent brusquement; ils se croient pris dans une embûche. « Nous sommes trahis! » s'écrient-ils, et aussitôt leurs armes s'abaissent; mais le capitaine Dunoyer s'avance entre eux et les gardes municipaux, et, s'adressant au commandant : « Vous êtes tous des braves, lui dit-il; vous pouvez vous défendre, mais à quoi bon? le roi est en fuite. Le peuple vainqueur arrive de toutes parts; aucun de vous n'échappera à sa colère. Laissez là vos armes, fiez-vous à nous et nous jurons de vous sauver. »

Le maréchal des logis tend la main à Dunoyer et donne ainsi le signal de la paix; aussitôt les soldats élèvent la crosse de leurs

---

(1) Ce détachement se composait de 350 hommes venus des différents postes de Saint-Eustache, de la Halle-aux-Blés, des Petits-Pères, de la place des Victoires, qu'ils avaient remis à la troupe de ligne après avoir reçu l'ordre de se replier sur les Tuileries, et d'environ 65 hommes venus du Château-d'Eau. Ils étaient commandés par le maréchal des logis Roubieu et par le lieutenant Périn. Un chef de bataillon du génie les avait placés dans la galerie du musée qui communique avec les Tuileries; il avait fait établir avec des banquettes une espèce de barricade; puis, répondant au lieutenant Périn, qui lui demandait la consigne. « Vous vous battrez, s'il le faut, » avait-il dit; après quoi il avait disparu.

fusils en criant : *A bas Guizot! vivent les enfants de Paris! vive la garde nationale! vive la réforme!* Puis ils déposent leurs armes, jettent à terre leurs équipements et leurs cartouches, et viennent serrer la main des gardes nationaux et des insurgés. Ceux-ci, craignant d'être surpris par l'invasion du peuple, se hâtent de quitter une partie de leurs vêtements pour en couvrir les gardes municipaux; on protége leur retraite à travers la foule en armes, qui déborde déjà dans les salons. On les escorte par petits groupes; on les conduit au poste du pavillon de Marsan, que vient de quitter le 52e de ligne. Là, ils achèvent de se travestir, puis ils sortent isolément, comme ils peuvent (1).

Le détachement du génie suit leur exemple et va se réunir à un autre détachement de la même arme qui se dispose à partir, ainsi que le 52e de ligne, et tout ce qui reste encore de troupes dans la cour du château.

Pendant cette retraite, une démonstration politique d'un caractère étrange avait lieu dans la salle des Maréchaux. Un homme de haute taille, les cheveux en désordre, les joues creuses, le regard flamboyant, les vêtements déchirés, fend la foule; ses longues mains crispées agitent une feuille de papier. Il fait signe qu'il veut parler; il monte sur une banquette, et commence d'une voix épuisée par la fatigue et par l'émotion une lecture qui se perd dans le tumulte. Mais tout d'un coup le silence se fait; on vient de reconnaître

(1) Le zèle des insurgés à sauver les gardes municipaux est attesté par ceux-ci avec les expressions de la plus vive reconnaissance dans une déclaration collective. Le volontaire Lacombe père, qui n'avait pas quitté la colonne de Dunoyer depuis le matin, prend le maréchal des logis Roubieu sous le bras et le conduit dans sa propre maison, où il lui donne l'hospitalité pendant plusieurs jours. Le volontaire Bondaut amène chez lui le sous-officier Foyel et le garde Denizet. Préau, qui revient de la place du Palais-Royal, conduit deux gardes municipaux chez son patron, le libraire Blosse, où ils restent cachés pendant une semaine. Le sergent Duvillard en escorte deux jusqu'à la rue de l'École-de-Médecine; le lieutenant Périn et un sous officier, qui marchait avec lui, furent seuls maltraités, ayant été séparés violemment de leur fraternelle escorte par le contre-courant de la foule. On leur arracha leurs épaulettes et on déchira leur uniforme. Ils ne parvinrent qu'à grand'peine chez le concierge du pavillon de Marsan, qui les fit évader.

l'ami dévoué du peuple, le héros de l'insurrection lyonnaise, le républicain ardent, passionné jusqu'au délire : Charles Lagrange. On se presse autour de lui; on l'écoute avidement. Il lit d'un accent ironique l'acte d'abdication du roi : « Citoyens, s'écrie-t-il en promenant sur son auditoire un regard interrogateur, est-ce là ce qu'il vous faut? La France se courbera-t-elle sous le sceptre d'un enfant, d'une femme? Voulez-vous d'une régence en quenouille? — Non! non! s'écrie la foule; pas de royauté! pas de régence!

« Vous avez raison, mes amis, répond Lagrange; il nous faut une bonne République! » Et il descend de sa banquette aux cris redoublés de : *Vive la République!* On l'entoure, on l'étouffe presque dans un transport d'enthousiasme. Suivi de la foule, il se dirige vers la salle du Trône, où le capitaine Dunoyer rallie ses hommes et se prépare à marcher sur la Chambre. Il vient d'arracher un drapeau du faisceau qui décore le trône. Le lieutenant Girard, de la 11e légion, en a pris un autre qu'il remet au jeune Lebelin, de l'École polytechnique. « A la Chambre! à la Chambre! pas de régence! » s'écrie-t-on.

La colonne s'ébranle; se pressant sur les pas de leur chef, les insurgés abandonnent les Tuileries à la multitude; ils sortent par le guichet du pavillon de Flore, traversent le pont Royal, se dirigent par le quai d'Orsay vers le palais Bourbon (1); il est environ deux heures.

Pendant que la colonne de Dunoyer sortait d'un côté, une masse considérable de peuple entrait de l'autre dans la cour du château. La place du Carrousel et la cour étaient, depuis dix minutes environ, complètement vides. Les troupes avaient opéré leur retraite. Les

(1) Dans la colonne ralliée ainsi autour du capitaine Dunoyer se trouvaient le lieutenant Girard et neuf autres gardes nationaux de la 11e légion; le chasseur Barillet, de la 5e; des combattants arrivés du Château-d'Eau, parmi lesquels on remarquait un garçon boucher en tablier de service, armé d'un coutelas; un vieillard à barbe blanche, armé d'un sabre antique à la garde duquel on voyait un demi-pain de munition traversé par la lame; les élèves Lebelin et Vial de l'École polytechnique, etc.

gardes nationaux étaient entrés dans le château, ou s'étaient retirés dans l'intérieur des postes. La colonne populaire qui vint prendre possession des Tuileries marchait en bon ordre et sans aucun tumulte. Le maire du deuxième arrondissement, M. Berger, la canne à la main, ceint de l'écharpe tricolore, était en tête de cette procession armée, mais pacifique. On y voyait des ouvriers en blouse, des gardes nationaux, des soldats de la ligne, des femmes, des enfants qui se donnaient gaiement le bras et semblaient, tout ravis de leur facile victoire, n'avoir d'autre pensée que celle d'une fraternité confiante (1). Cette foule inoffensive se répandit bientôt dans les appartements royaux. A ce moment, M. de Girardin, qui revenait de la place du Palais-Royal et qui ignorait les derniers événements, entrait aux Tuileries. Poussé dans le château par le flot populaire, reconnu et interrogé par des insurgés qui ne savaient pas plus que lui ce qu'était devenue la famille royale, il leur annonce l'abdication de Louis-Philippe et la régence de la duchesse d'Orléans. Cette nouvelle est favorablement accueillie; elle paraît même surpasser l'attente de ceux à qui il la communique. « Est-ce bien vrai? disent-ils, est-ce signé? » M. de Girardin, pour donner plus de crédit à ses paroles, s'assied à une table, et, pendant une heure environ, il écrit et signe près de cinq cents bulletins ainsi conçus :

« Abdication du roi ;
« Régence de la duchesse d'Orléans ;
« Dissolution de la Chambre ;
« Amnistie générale.

« ÉMILE DE GIRARDIN. »

Cependant, au milieu de la foule qui se heurte et se pousse tumultueusement en avant, M. de Girardin aperçoit M. Dumoulin portant un drapeau tricolore, haranguant à droite et à gauche du geste et de la voix. Il a rallié autour de lui une bande de deux cents hommes environ qu'il va conduire à la Chambre. M. de Girardin se joint à lui, pensant que la présence de cette bande populaire peut favoriser la proclamation de la régence. On se met en marche, on sort par le guichet du pavillon de Marsan ; on suit la rue de Rivoli. La troupe, qui stationne sur la place de la Concorde, ne fait aucune difficulté pour laisser passer cette petite colonne qui n'est point armée. Arrivé à la grille du palais législatif, M. Dumoulin fait ranger ses hommes près des voitures de la cour, qui attendent madame la duchesse d'Orléans ; il échange quelques paroles avec le général Gourgaud et pénètre seul dans l'enceinte. M. de Girardin y est déjà, et, bien qu'il ne soit plus député, il est allé reprendre sa place auprès de M. de Lamartine.

A partir de ce moment jusqu'à une heure avancée de la nuit, le château des Tuileries est abandonné à la multitude. Elle se répand à flots des caves jusqu'aux combles. Éblouie à l'aspect de ces splendeurs, curieuse, étonnée, étourdie de son propre bruit, excitée par sa propre licence, ivre de joie d'abord, de vin ensuite, elle s'y livre à tous les caprices d'une imagination en délire. Ce château, d'où l'étiquette rigide d'une reine dévote et un veuvage sévère avaient, en ces dernières années, banni toute joie, devient le théâtre d'une immense orgie, d'une saturnale indescriptible.

Pendant que les uns, pour assouvir de sauvages colères, se ruent sur les objets inanimés, brisent les glaces, les lustres, les vases de Sèvres, mettent en pièces les tentures, déchirent, foulent aux pieds, brûlent, au risque d'allumer un effroyable incendie, livres, papiers, lettres et dessins (1), les autres, en

(1) « Ils vont aux Tuileries, disait un ouvrier à un garde national qui, apercevant de loin cette bande armée, s'inquiétait de lui voir prendre la direction du Château ; mais ce n'est pas pour faire du mal : *c'est histoire de se promener.* »

(1) Une certaine méthode préside, pendant les premières heures, à cette dévastation. Dans la salle des Maréchaux, le portrait du maréchal Bugeaud est percé de coups de baïonnette et mis en lambeaux ; celui du maréchal Soult est fusillé. Les noms effacés sont remplacés par ces mots : *Traîtres à la patrie.* Dans les appartements de madame Adélaïde, une toile représentant Louis-Philippe signant le congé de Varner est lacérée. Le buste en bronze du roi, dans le salon dit *de Famille*, est jeté par les fenêtres, mutilé, et enfin fondu dans

beaucoup plus grand nombre, prennent avec une verve inoffensive le plaisir plus raffiné de la satire en action (1). Comédiens improvisés, ils imitent, avec une gravité du plus haut comique, les solennités des réceptions officielles. Dans la salle de spectacle, où l'on s'est emparé de tous les instruments de l'orchestre, une infernale cacophonie semble prendre à tâche de rendre sensible à l'oreille déchirée le chaos moral de cette heure révolutionnaire.

D'autres s'installent aux tables de jeu et parient les millions de la liste civile; on remarque deux individus qui, assis à une table d'échecs, la tête appuyée sur leurs mains, les yeux fixés sur l'échiquier dans l'attitude d'une méditation profonde, donnent, au milieu du plus étourdissant fracas, une muette comédie. Les bons mots, les lazzis volent à travers les coups de feu qui se croisent au hasard (2).

Les enfants se revêtent de robes de chambre en velours, se font des ceintures avec des franges d'or et des torsades de rideaux, des bonnets phrygiens avec des morceaux de tentures.

un énorme brasier. Les portraits du prince de Joinville, au contraire, sont partout respectés. Dans le cabinet où le roi avait signé son abdication, le portrait du duc de Nemours est très-maltraité; ni le portrait de la reine ni celui de madame Adélaïde ne sont touchés. Les tapisseries de la reine, ses laines et ses soies à broder, lui ont été restituées intactes, ainsi que le prie-Dieu où elle avait enfermé les linceuls de la princesse Marie et du duc d'Orléans. On se découvre en entrant dans l'oratoire de Marie-Amélie. Un élève de l'École polytechnique, saisissant le crucifix : « Voici notre maître à tous! » s'écria-t-il! et, suivi d'un grand nombre d'insurgés, il le porta processionnellement jusqu'à Saint-Roch, où il le remit entre les mains du curé. Les appartements de madame la duchesse d'Orléans ont été complétement préservés; de bons citoyens y avaient improvisé une garde. L'appartement du duc d'Orléans, fermé depuis sa mort, a été laissé religieusement dans l'état où il se trouvait. Les dévastations véritables n'ont été commises que plusieurs heures après la première invasion Nous les constaterons en temps et lieu.

(1 Dans cette dernière journée, un assez grand nombre de légitimistes avaient encouragé le mouvement insurrectionnel en distribuant aux combattants beaucoup d'armes de luxe. Plusieurs parurent aux barricades. Ils avaient revêtu la blouse et la casquette du prolétaire. On en vit aussi se mêler, plus qu'il n'eût été bienséant à des partisans de la royauté, aux ébats du peuple dans les Tuileries.

(2) « *C'est toi qui es aveugle,* » s'écria un ouvrier en faisant de son mouchoir un bandeau au buste de Louis-Philippe. « Que fais-tu là, marquis? dit un facétieux à un enfant qui tenait à la main un plan de Neuilly. — Eh! vicomte, j'examine le plan de mes propriétés, » répond celui-ci avec gravité.

Les femmes font ruisseler dans leurs cheveux les essences parfumées qu'elles trouvent sur les tables des princesses. Elles fardent leurs joues, couvrent leurs épaules de dentelles et de fourrures, ornent leurs têtes d'aigrettes, de bijoux, de fleurs; elles se composent avec un certain goût burlesque des parures extravagantes. L'une d'elles, une pique à la main, le bonnet rouge sur la tête, se place dans le grand vestibule et y demeure, pendant plusieurs heures, immobile, les lèvres closes, l'œil fixe, dans l'attitude d'une statue de la Liberté : c'est une fille de joie. On défile devant elle avec toutes les marques d'un profond respect. Triste image des justices capricieuses du sort : la prostituée est le signe vivant de la dégradation du pauvre et de la corruption du riche. Insultée par lui dans les temps prétendus réguliers, elle a droit à son heure de triomphe dans toutes nos saturnales révolutionnaires. La Maillard travestie en *déesse Raison*, c'est l'ironique symbole de l'honneur populaire outragé, abruti, qui se réveille en sursaut dans l'ivresse et se venge.

Enfin, vers trois heures, le trône, incessamment foulé aux pieds par les insurgés, qui avaient tous voulu y monter à leur tour, est enlevé à bras et descendu par le grand escalier dans le vestibule du pavillon de l'Horloge. On prépare une marche triomphale. Des tambours battent de fantasques roulements. Deux jeunes gens, montés sur de beaux chevaux des écuries royales, prennent la tête du cortége; le fauteuil est porté sur les épaules de quatre ouvriers, que suit une foule nombreuse. On traverse ainsi le jardin, la place de la Concorde et toute la ligne des boulevards. Une multitude armée de piques, au bout desquelles pendent des lambeaux de pourpre, de damas, de brocart, des habits de cour, des livrées, brandissant des baïonnettes et des sabres auxquels sont enfourchés des quartiers de viande, de pain, de lard, des bouteilles vides enlevées aux cuisines et aux caves royales, s'avance en chantant la *Marseillaise*. A chaque barricade, elle fait halte, et le trône, posé sur des assises de pavés, sert de tribune à quelque harangueur populaire. Enfin, parvenu à la Bastille, on le place au pied de la colonne de Juillet; un long roulement de tambour se fait entendre; on apporte quelques branches de bois sec que l'on dispose en bûcher; on y met le feu; une flamme s'élève claire et pétillante, qu'entoure aussitôt une ronde joyeuse. La ronde s'agrandit de proche en proche; elle presse son rhythme, elle s'accélère, se précipite, s'étend, se prolonge jusqu'à ce que les derniers vestiges du trône aient disparu dans un monceau de cendres. Alors de grands cris d'allégresse retentissent, au-dessus desquels on entend bientôt des voix énergiques qui rappellent aux combattants le but de la révolution et s'écrient : *A l'Hôtel-de-Ville! à l'Hôtel-de-Ville!*

CHAPITRE XIII

Le peuple à la Chambre des députés.

La Chambre des pairs avait été convoquée pour une heure et demie. Une courte discussion sur le procès-verbal occupa les premiers moments de la séance, puis le chancelier se leva, et, d'une voix très-émue, annonça à l'assemblée les événements du dehors : « Messieurs, dit-il, je ne sais que par *le Moniteur* que le ministère précédent n'existe plus et qu'un autre ministère se forme. Je n'ai reçu aucun avis officiel de qui que ce soit : par conséquent il n'y a rien dont je puisse entretenir la Chambre. »

Les pairs, humiliés et déconcertés, ne jugèrent point non plus qu'ils eussent quelque chose à faire; la séance fut suspendue. Pendant cette suspension, le bruit se répandit que madame la duchesse d'Orléans allait venir au Luxembourg avec M. le comte de Paris; mais, après une longue et inutile attente, le chancelier, ayant invité les pairs à reprendre leurs places, leur fit connaître, en ces termes, qu'ils pouvaient se séparer :

« Nous avions envoyé trois de nos collègues auprès de M. le président de la Chambre des députés pour l'informer que la Chambre des pairs restait assemblée et attendait les communications qui pourraient lui être faites. Cette mission a été remplie; mais, d'après le compte détaillé qui nous a été rendu par nos collègues, il est évident que la Chambre des députés n'était plus en séance quand ils y sont arrivés. Notre message n'ayant pu, par conséquent, avoir aucun résultat, j'ai l'honneur de proposer à la Chambre de lever la séance. Elle sera informée quand une nouvelle réunion pourra avoir lieu. »

Ainsi finit, ainsi devait finir cette assemblée sans caractère, sans tradition, sans puissance, cette représentation factice d'une aristocratie plus factice encore.

Ni le roi ni les ministres n'avaient pensé à la Chambre des pairs au moment du danger; on ne daignait pas la prévenir des événements accomplis. Il ne vint à l'idée de personne de lui demander une inspiration politique, un appui légal, un effort quelconque de courage ou de patriotisme. Ni la monarchie dans ses dernières convulsions, ni la République dans ses premières luttes, ne songèrent à cette assemblée inerte; personne ne prit la peine de la congédier; elle s'effaça, elle s'évanouit dans le néant où elle avait végété; on ne put pas même dire : *Elle a vécu* (1).

Le spectacle que présentait à la même heure le palais Bourbon, quoique bien différent, n'était guère moins pitoyable. Depuis midi, une foule de députés, de journalistes, de personnes étrangères à la Chambre, accouraient de toutes les parties de la ville, effarés, en proie à des frayeurs dont le désordre paraissait dans la tenue, dans les propos, sur les physionomies. Nul ne cherchait à déguiser sa

---

(1) Les pairs eux-mêmes avaient le sentiment de leur nullité : « Messieurs, la Chambre des députés vient d'être envahie, s'écrie M. Beugnot en entrant vers deux heures dans la salle du Luxembourg; nous allons l'être incessamment. — — Mon cher collègue, vous vous flattez, » lui répond en souriant M. de Saint-Priest.

préoccupation personnelle dans la panique générale.

Jamais peut-être, à aucun moment de nos crises révolutionnaires, une pareille hésitation, une perplexité si manifeste, n'avaient trahi, dans les esprits et dans les consciences, une déroute plus complète. On vit alors, avec surprise, avec tristesse, combien était devenu petit, en France, le nombre de ces hommes fermes de cœur, pour lesquels le devoir ne saurait jamais être douteux, et que le sacrifice trouve tout préparés. Quel que soit le blâme que doive encourir devant l'histoire l'attitude de la Chambre des députés en ce moment décisif, il convient de dire, non pour sa justification, mais pour notre enseignement, qu'elle reflétait l'image trop fidèle de l'état moral auquel les classes supérieures étaient descendues. Vues troublées qui cherchent à reconnaître de quel côté va la fortune pour la suivre, appréhensions de s'attacher à une cause perdue, prudences qui veulent tout ménager, perfidies qui s'observent, habitudes, contractées dans les chocs incessants de nos luttes civiles, de confondre le succès avec le droit, l'égoïsme avec la sagesse, la fourberie avec l'habileté, voilà de quels éléments se composait, vers le déclin du règne de Louis-Philippe, l'opinion légalement constituée dans les Chambres ; voilà sur quels fondements la dynastie d'Orléans se croyait assez solidement assise pour défier l'ardeur des passions populaires.

L'ouverture de la séance n'avait été indiquée, la veille, que pour trois heures. M. Sauzet n'était pas là. En attendant qu'il vînt, dans la salle des Pas-Perdus, dans la salle des Conférences, dans les couloirs, dans les bureaux, dans la tribune des journalistes, on entrait, on sortait, on se communiquait des nouvelles et surtout des suppositions ; personne ne connaissait avec exactitude la situation des choses ; les bruits les plus contradictoires trouvaient créance. On venait de voir passer M. Odilon Barrot, suivi d'une espèce de cortége ; il allait prendre possession du ministère de l'intérieur. On se demandait si Louis-Philippe était encore roi ; s'il avait quitté les Tuileries, pour qui se prononçait la garde nationale, si la troupe combattait encore, qui la commandait ; on sentait que tout flottait au hasard.

Enfin, pendant que MM. Carnot et Marie se décidaient à aller au château pour éclaircir tous ces doutes, on vit arriver M. Vatout et plusieurs autres personnes de l'intimité de Louis-Philippe, qui, en annonçant l'abdication, groupèrent autour d'elles des députés influents et s'efforcèrent de les amener à soutenir la régence. M. Berryer et M. Lubis, rédacteur en chef d'un journal légitimiste (1), se prononçaient fortement pour cette transaction. On affirmait que *le National* était gagné ; qu'un ministère Odilon Barrot et Marrast allait entourer de sa popularité un gouvernement nouveau, exempt de tous les torts dont le peuple accusait Louis-Philippe. « Il y avait bien, disait-on dans ces groupes, un certain nombre de fous qui parlaient de la *République*, mais ce n'était pas là une opinion sérieuse. Du moment que la personne du roi et celle de M. le duc de Nemours étaient hors de cause, rien ne serait plus facile que de faire acclamer madame la duchesse d'Orléans et M. le comte de Paris : une jeune femme que la calomnie de l'esprit de parti n'avait jamais osé effleurer, et un enfant préservé par son âge de toute participation aux choses, de toute relation avec les hommes que réprouvait l'opinion publique. » Comme on raisonnait de la sorte, M. Thiers accourt hors d'haleine ; on l'entoure, on le presse de questions. Il confirme la nouvelle du départ du roi ; il ne sait rien de plus ; il n'a pas vu madame la duchesse d'Orléans ; il n'a pas vu M. Odilon Barrot ; il vient de traverser la place de la Concorde. « La troupe, dit-il, n'empêchera pas le peuple de passer ; avant dix minutes, la Chambre sera envahie, les députés seront égorgés. *La marée monte, monte, monte*, ajoute-t-il en élevant

(1) *L'Union monarchique.*

ABDICATION DU ROI (P. 98).

son chapeau, comme pour imiter le geste d'un pilote en perdition. Il n'y a plus rien à faire. » Et M. Thiers disparait (1), après avoir ainsi répandu autour de lui la consternation et l'épouvante.

Presque au même moment, M. Sauzet arrive et prend place au fauteuil (1). Les tribunes publiques sont vides; il n'y a personne au banc des ministres. Dans la tribune des journalistes, MM. Gervais (de Caen), Pascal Duprat et quelques autres rédacteurs de la *Réforme*, parlent hautement de république; M. Marrast s'efforce de leur imposer silence.

M. Laffitte demande que la Chambre se déclare en permanence. Cette motion est adoptée; mais les députés, de plus en plus troublés par les nouvelles du dehors, ne

(1) MM. Thiers, Duvergier de Hauranne, de Rémusat, Baroche, de Salles, avaient, ainsi que nous l'avons vu, quitté les Tuileries en même temps que Louis-Philippe. M. Thiers, séparé de ses amis à l'entrée de la place de la Concorde et poussé par la foule du côté du pont, hâtant le pas, était entré à la Chambre, plutôt pour y chercher un refuge que pour y porter un avis. Persuadé que l'invasion populaire ne tarderait pas, il ne jugea pas opportun de l'attendre, et pensa à mettre sa personne en sûreté. Un député conservateur, M. Talabot, s'offrit à l'accompagner et le reconduisit par de longs circuits, par le bois de Boulogne et les Batignolles, à travers des groupes populaires menaçants qu'il fallut plusieurs fois haranguer, jusqu'à la place Saint-Georges. M. Thiers y arriva, vers six heures du soir, accablé de fatigue, dans un état de complète prostration physique et morale.

(1) MM. Beaumont (de la Somme), de Mornay, de Polignac et César Bacot, informés par un des sténographes du *Moniteur* que les gardes municipaux qui occupaient la caserne des Minimes, près de la place Royale, venaient de se rendre, et que le peuple, partout mêlé à la garde nationale, s'avançait vers les Tuileries et le palais Bourbon, coururent avertir M. Sauzet. Celui-ci se refusa d'abord à ouvrir la séance. Il fallut le presser vivement pour obtenir qu'il se rendît au palais Bourbon avant l'heure indiquée.

songent à prendre aucune autre initiative. La séance est suspendue.

Enfin, vers une heure et demie, un officier en uniforme est introduit et vient parler à l'oreille de M. Sauzet. Aussitôt le président annonce avec beaucoup d'embarras à la Chambre que madame la duchesse d'Orléans va assister à la séance. Il fait disposer trois siéges au pied de la tribune. Une agitation extraordinaire se manifeste sur tous les bancs quand on voit entrer dans la salle, par la porte du couloir de gauche, madame la duchesse d'Orléans, tenant par la main le comte de Paris. Le duc de Chartres la précède; plusieurs aides de camp, des officiers de l'armée et de la garde nationale, lui servent d'escorte. A la vue de cette femme, de cette mère si noble et si courageuse, un certain attendrissement gagne les cœurs (1). « *Vive la duchesse d'Orléans! vive le comte de Paris! vive la régente! vive le roi!* » crie-t-on dans les tribunes et sur la plupart des bancs. La duchesse s'incline; son voile à demi relevé découvre ses joues pâles et ses yeux rougis par les larmes. Ses vêtements de deuil ajoutent quelque chose de plus touchant encore à la plaintive majesté de son maintien. Elle parcourt d'un regard inquiet l'assemblée, comme pour y chercher des protecteurs. Hélas! elle vient d'entendre des paroles bien différentes. En traversant la salle des Pas-Perdus, elle a été coudoyée par des républicains accourus pour déjouer ses efforts, et, au moment même où elle entre d'un pas timide dans l'enceinte, un petit groupe d'hommes résolus s'y précipite pour protester, au nom du peuple, contre la royauté de son fils.

MM. Emmanuel Arago, Sarrans, Chaix (de Lyon) et Duméril (de Saint-Omer) arrivaient des bureaux du *National*, où siégeait, depuis neuf heures du matin, un comité composé de délégués de tous les quartiers de Paris et de républicains de toutes les nuances. On avait cherché à s'entendre avec le comité de la *Réforme*. On comprenait qu'il fallait s'unir pour tenir prêt, à tout événement, un gouvernement provisoire; mais la fusion était devenue difficile par suite des rivalités personnelles et de la polémique acerbe des deux journaux pendant ces dernières années (1).

Monté sur une table, M. Louis Blanc prêchait la conciliation, M. Félix Pyat le secondait; d'autres les combattaient; les amis particuliers de M. Marrast repoussaient M. Ledru-Rollin. Enfin, comme le temps pressait et comme on pouvait craindre que la Chambre des députés, défendue par la troupe, ne prît une résolution énergique, également fâcheuse pour *le National* et pour *la Réforme*, M. Martin (de Strasbourg), qui n'avait cessé d'aller d'un comité à l'autre, dans l'intérêt commun, parvint à faire signer aux deux partis la liste suivante : MM. Arago (François), Dupont (de l'Eure), Ledru-Rollin, Flocon, Louis Blanc, Marie, Garnier-Pagès, Lamartine.

Sur ces entrefaites, la nouvelle positive de l'abdication du roi étant arrivée, M. Arago l'annonça au bataillon de la 2e légion qui stationnait dans la rue Lepelletier et à la masse populaire qui, depuis le matin, encombrait les abords des bureaux du *National*. « Le roi abdique en faveur de son petit-fils, dit M. Emmanuel Arago haranguant à une fenêtre, mais le peuple victorieux ne doit point accepter cette abdication. Un roi déchu n'a pas le droit de disposer de la souveraineté; c'est au peuple seul aujourd'hui qu'il appartient de prononcer sur son sort; c'est au peuple à constituer un gouvernement de son choix. » Et, voyant que ses paroles ne soulevaient aucune opposition, M. Arago proposa à l'acclamation populaire un gouvernement provisoire composé des noms qu'on vient de lire. Pendant ce temps, on décidait, dans les bureaux, d'envoyer une

---

(1) « Je suis républicain, disait M. Marrast dans la tribune des journalistes; mais cette femme, ces enfants, tout cela m'émeut. — En 1830, n'y avait-il pas aussi une femme et un enfant? lui répond un de ses voisins; avez-vous été ému alors? »

(1) Au moment où éclata l'insurrection, M. Ledru-Rollin et M. Marrast étaient sur le point de se battre en duel.

délégation à la Chambre des députés, afin d'y appuyer le mouvement révolutionnaire, et, peu d'instants après, MM. Arago, Chaix, Duméril et Sarrans prenaient tous quatre, à pied, le chemin du palais Bourbon.

Arrivés sur le boulevard, à la hauteur de la rue Duphot, ils aperçoivent un cortége composé de gardes nationaux, d'un petit nombre d'ouvriers, d'enfants surtout, qui entourent une voiture de place, et crient *Vive la réforme!* Les délégués s'approchent et reconnaissent dans la voiture MM. Odilon Barrot, Abattucci, Garnier-Pagès, Degouves-Denuncque; sur le siége, auprès du cocher, M. Pagnerre, l'éditeur en renom de la presse démocratique. M. Arago s'avance à la portière : « Vous allez à la Chambre? dit-il en s'adressant à M. Odilon Barrot; nous y allons aussi. Vous y allez pour faire triompher un gouvernement de coterie : nous y allons pour faire proclamer la volonté du peuple. » Et, comme il prononce le mot de gouvernement provisoire, MM. Garnier-Pagès et Odilon Barrot lui reprochent son imprudence, sa folie. On se sépare très-animé de part et d'autre. On va tout à l'heure se retrouver en présence, pour le combat décisif.

La place de la Concorde était, comme on sait, occupée par des troupes nombreuses et en bon ordre (1). Les délégués du *National* ne savaient pas trop comment il leur serait possible de la traverser. M. Arago paya d'audace, et, s'étant fait conduire auprès du général Bedeau, il se nomma, déclara qu'il allait, au nom du peuple de Paris, remplir à la Chambre une mission officielle, et qu'il demandait le libre passage. Le général hésita un moment, puis il consentit à laisser passer les délégués; ceux-ci touchaient déjà au bout du pont, lorsque accourant au galop : « Monsieur Arago, s'écrie le général, de grâce, faites-moi savoir le plus tôt possible ce qui se passe à la Chambre; nous ignorons tout; nous sommes ici sans aucun ordre. Notre situation n'est pas tenable; j'ai expédié estafette sur estafette

aux ministres, mais je n'obtiens pas de réponse. Dites, je vous en supplie, à M. Odilon Barrot ou à M. Thiers qu'il nous envoie des ordres sans tarder. » Arago promit et passa (1).

Lorsqu'il entra dans la salle des Pas-Perdus, le désordre et le tumulte y étaient au comble. Des groupes animés discutaient avec véhémence des propositions confuses, mais qui toutes étaient plus ou moins dans l'intérêt de la régence. M. Emmanuel Arago, à qui sa forte stature et sa voix sonore aident à se frayer un chemin à travers la foule, proteste contre les discours incohérents des partisans de la dynastie, et leur jette hardiment le mot de République. A peine l'a-t-il prononcé, qu'il entend battre aux champs et qu'il voit une femme vêtue de deuil qui passe rapidement, presque inaperçue dans la préoccupation générale. C'est la duchesse d'Orléans. Elle va entrer, avec le comte de Paris, dans la salle des séances. Il n'y a plus un moment à perdre. M. Emmanuel Arago et ses amis se précipitent à sa suite; ils arrivent en même temps qu'elle, par la porte opposée, dans l'hémicycle. M. Arago, déjà sur les degrés de l'escalier, veut monter à la tribune; plusieurs députés le retiennent. M. Sauzet essaye de lui imposer silence. Des colloques très-vifs s'engagent. Pendant ce temps, M. Dupin, sur l'invitation de M. Lacrosse, et comme malgré lui, car il comprend que l'intervention d'un familier du château peut compromettre la cause de la régente, a pris la parole. Le duc de Nemours venait d'entrer (2).

« Messieurs, dit M. Dupin, vous connaissez la situation de la capitale, les manifestations

---

(1) Six escadrons de dragons et de hussards, le 12e régiment d'infanterie de ligne.

(1) Peu d'instants après, M. Léon Faucher et un autre député vinrent exhorter le général Bedeau à défendre la Chambre. « Apportez-moi un ordre du président, répondit le général. Je ne saurais agir sans ordres. »

(2) Au pont de la Concorde, on conseillait au duc de Nemours de rester en dehors du palais Bourbon à la tête des troupes. « Hélène court des dangers, dit-il, je vais avec elle. » Pendant tout le temps que dura cette régence éphémère, le duc de Nemours, sans songer un seul instant à lui-même, se préoccupa de sa belle-sœur et de ses deux neveux, avec une courageuse sollicitude.

qui ont eu lieu. Elles ont eu pour résultat l'abdication de S. M. Louis-Philippe, qui a déclaré, en même temps, qu'il déposait le pouvoir et qu'il le laissait à la libre transmission sur la tête du comte de Paris, avec la régence de madame la duchesse d'Orléans. »

Des acclamations nombreuses interrompent cette déclaration solennelle, dont la présence du duc de Nemours confirme l'authenticité. Louis-Philippe, fidèle jusqu'à la fin au respect de la loi, n'avait rien statué quant à la régence. Le nom de madame la duchesse d'Orléans, substitué à celui de M. le duc de Nemours, était un acte illégal, une usurpation de pouvoir inspirée aux amis de la dynastie, à MM. Dupin, de Girardin, Crémieux, Odilon Barrot, par l'impérieuse nécessité des circonstances. Le duc de Nemours, il faut le dire à sa louange, non-seulement n'avait opposé aucune résistance à une telle violation de ses droits, mais avait voulu accomplir son sacrifice en personne, sanctionner de sa présence la décision de la Chambre, qui l'allait dépouiller, et partager, avec la femme de son frère, les dangers d'une telle entreprise.

Les acclamations qui viennent d'accueillir le nom de madame la duchesse d'Orléans enhardissent M. Dupin; il demande qu'elles soient constatées au procès-verbal. « Messieurs, dit-il, vos acclamations, si précieuses pour le nouveau roi et pour madame la régente, ne sont pas les premières qui l'aient saluée; elle a traversé à pied les Tuileries et la place de la Concorde, escortée par le peuple, par la garde nationale, exprimant ce vœu, comme il est au fond de son cœur, de n'administrer qu'avec le sentiment profond de l'intérêt public, du vœu national, de la gloire et de la prospérité de la France. Je demande, en attendant que l'acte d'abdication, qui nous sera remis probablement par M. Barrot, nous soit parvenu, que la Chambre fasse inscrire au procès-verbal les acclamations qui ont accompagné et salué ici, dans cette enceinte, M. le comte de Paris comme roi de France, et madame la duchesse d'Orléans comme régente, sous la garantie du vœu national. »

— Messieurs, dit le président, il me semble que la Chambre, par ses acclamations unanimes... »

Des protestations éclatent, à ces mots, sur les bancs de la gauche et de la droite, et surtout parmi la foule qui se presse au pied de la tribune. Madame la duchesse d'Orléans et ses enfants sont poussés, heurtés, par cette foule qui ne les voit pas ou qui ne veut pas les voir (1). De sa place, M. de Lamartine demande au président de suspendre la séance, par respect pour la représentation nationale et pour l'auguste princesse présente dans l'enceinte. Cette proposition, bien que voilée de respect, était tout à fait contraire aux intérêts de la régence; elle était même inconstitutionnelle, car rien n'était plus naturel et même plus nécessaire que la présence du nouveau roi au sein de la représentation nationale qui devait sanctionner son avénement. Cependant le président, méconnaissant complétement la situation et même la légalité, annonce que la Chambre va suspendre la séance, jusqu'à ce que madame la duchesse d'Orléans et le nouveau roi se soient retirés.

Alors, M. le duc de Nemours et quelques députés engagent la princesse à sortir; mais elle s'y refuse. Son instinct maternel l'avertit. Son cœur a plus de fermeté que le cœur de tous les hommes qui l'entourent. Elle reste debout, à sa place, tenant toujours ses enfants par la main, résistant à la pression insupportable de la foule. Elle comprend que, si elle quitte la Chambre, la cause de son fils est perdue. Le général Oudinot prend la parole pour soutenir le droit de madame la duchesse d'Orléans. « Si la princesse désire se retirer, dit-il, que les issues lui soient ouvertes. Si elle demande à rester dans cette enceinte, qu'elle

(1) A ce moment, M. d'Houdetot, voyant le comte de Paris très-pâle, demande pour lui un verre d'eau à l'un des huissiers. « Cet enfant est ému, dit-il. — Je n'ai pas peur, dit aussitôt le petit prince, qui l'avait entendu; je vous remercie, monsieur. » Et il refusa obstinément de boire.

reste, et elle aura raison, car elle sera protégée par notre dévouement (1). »

Cependant M. Marie est monté à la tribune, mais il n'obtient pas le silence. « Que toutes les personnes étrangères à la Chambre, dit le président, se retirent. » C'était, sous cette forme plus générale, une injonction nouvelle à la duchesse d'Orléans de quitter l'enceinte. Cédant aux invitations qu'on lui adresse de toutes parts, elle monte par l'escalier du centre, mais elle ne peut se décider encore à sortir et s'assied sur les gradins supérieurs avec ses fils; le duc de Nemours se tient toujours auprès d'elle et prend des notes au crayon. MM. Dupin, de Girardin, quelques officiers de la maison du comte de Paris et quelques gardes nationaux, formant devant la princesse un demi-cercle, la dérobent aux regards. « M. Barrot! où est M. Barrot? » s'écrie-t-on de toutes parts. On le cherche, on l'attend avec anxiété. On semble croire qu'il peut seul imprimer une impulsion décisive à cette agitation confuse. Enfin le ministre de la régence paraît dans la salle. Tous les yeux se tournent vers lui; on l'environne; on lui crie de monter à la tribune. Le moment est solennel.

M. Barrot venait à la Chambre le cœur encore rempli d'illusions. Après avoir été au ministère de l'intérieur, où il s'était occupé, de concert avec MM. Malleville, Bixio, Pagnerre, de prendre quelques mesures d'ordre; après avoir fait jouer le télégraphe pour annoncer aux départements l'abdication du roi et la régence; après avoir envoyé, par le colonel de Courtais, aux troupes de la place de la Concorde, l'ordre de ne pas tirer sur le peuple, il était allé, avec M. Biesta, à la rencontre de madame la Duchesse d'Orléans; mais, ne l'ayant pas trouvée, il s'était rendu en toute hâte à la Chambre. Là, au moment d'entrer dans la salle des délibérations, M. Emmanuel Arago et quelques députés, qui épiaient son arrivée, l'avaient entraîné dans un bureau (1), où une vive discussion s'était engagée sur la nécessité de nommer un gouvernement provisoire. M. Barrot combattit avec force cette proposition, et, bien que M. Arago lui offrît de faire ajouter son nom sur la liste adoptée dans les bureaux du *National*, il déclara qu'il ne consentirait à rien de semblable. « Tous les pouvoirs sont concentrés dans mes mains, répétait toujours M. Barrot; je ne saurais admettre aucune autre combinaison ni servir aucune autre cause que celle de la régence. » Ce fut après s'être ainsi prononcé qu'il entra dans la salle des délibérations. M. Marie occupait encore la tribune. Au nom de la loi qui déférait la régence au duc de Nemours, il protestait contre toute décision précipitée, et demandait la nomination d'un gouvernement provisoire. « Quand ce gouvernement aura été constitué, disait M. Marie, il avisera; il pourra aviser concurremment avec les Chambres, et il aura autorité dans le pays. Ce parti pris à l'instant même, le faire connaître dans Paris, c'est le seul moyen d'y rétablir la tranquillité. Il ne faut pas, en un pareil moment, perdre son temps en vains discours. Je demande que sur-le-champ un gouvernement provisoire soit organisé. »

La proposition d'un gouvernement provisoire est accueillie par des bravos partis de la tribune des journalistes. M. Crémieux s'empresse alors de l'appuyer. « En 1830, dit-il, nous nous sommes trop hâtés, et nous voici forcés de recommencer en 1848. Nous ne voulons pas, messieurs, nous hâter en 1848; nous voulons procéder régulièrement, légalement, fortement. Nommons un gouvernement provisoire; qu'il soit juste, ferme, vigoureux, ami du pays, auquel il puisse parler pour lui faire comprendre que, s'il a des droits que tous

---

(1) Après avoir prononcé ces quelques mots, le général descendit dans la cour du palais Bourbon, et, haranguant les gardes nationaux qui s'y trouvaient, il les exhorta à protéger une femme, un enfant... Ses paroles furent accueillies avec une froideur extrême. Pendant qu'il s'efforçait de ranimer un zèle éteint, la Chambre était envahie et la princesse en fuite.

(1) Ce bureau avait été mis à la disposition de M. Arago sur l'ordre exprès de M. Sauzet qui ne paraissait pas se rendre un compte bien net de la situation.

nous saurons lui donner, il a aussi des devoirs qu'il doit savoir remplir. Je demande l'institution d'un gouvernement provisoire composé de cinq membres. »

Au milieu de l'agitation qui suit cette proposition, M. de Genoude élève la voix pour demander l'appel au peuple. « Vous ne pouvez faire ni un gouvernement provisoire ni une régence, s'écrie ce courageux champion de la légitimité et du suffrage universel; il faut que la nation soit convoquée. Il n'y a rien sans le consentement du peuple. C'est comme en 1830; vous ne l'avez pas appelé. Voyez ce qui vous arrive : ce sera la même chose, et vous verrez les plus grands malheurs surgir de ce que vous ferez aujourd'hui. »

A ce moment, M. Barrot se dispose à monter à la tribune. « M. Barrot! M. Barrot! laissez parler M. Barrot! » s'écrie-t-on. Un profond silence succède au tumulte. M. Barrot, ému, mais resté maître de son émotion, prend la parole. Il trace succinctement un tableau de la situation qui est écouté avec faveur. « La couronne de Juillet repose sur la tête *d'un enfant et d'une femme,* » dit-il avec un accent solennel.

Les centres applaudissent, madame la duchesse d'Orléans se lève et salue l'Assemblée. Elle tient à la main un papier que lui a remis M. Crémieux; elle l'agite et s'efforce de faire comprendre au président qu'elle désire prendre la parole. « Montez à la tribune, Madame », lui dit M. de Girardin. M. le duc de Nemours la retient. Intimidée, hésitante, la duchesse d'Orléans rassemble cependant tout son courage et veut essayer de parler. « Messieurs, dit-elle d'une voix étouffée, mon fils et moi nous sommes venus ici... » C'est à peine si le groupe le plus voisin entend ces paroles. Le bruit qui se fait autour de la tribune et les personnes debout qui cachent la princesse ne permettent à M. Odilon Barrot et à M. Sauzet de rien voir ni de rien entendre. La duchesse d'Orléans découragée se rassied. Une telle lutte est trop violente pour ses forces physiques, trop inattendue pour son esprit délicat,

qui n'a eu ni l'occasion de s'exercer à l'autorité, ni le temps de se préparer à un rôle politique.

M. Odilon Barrot, qui se croit encore maître des événements, est toujours à la tribune. Il parle de *liberté politique*, d'*union*, d'*ordre*, de *circonstances difficiles*. Interrompu par M. de la Rochejaquelein, il promène sur les bancs de la droite et de la gauche un regard courroucé. « Est-ce que par hasard, dit-il avec une certaine hauteur, on prétendrait remettre en question ce que nous avons décidé par la révolution de Juillet?... » Et il continue avec un étonnant sang-froid; il se prononce au nom des intérêts du pays, au nom de la vraie liberté, pour la régence.

Alors, M. de la Rochejaquelein, qui n'a pas cessé, pendant tout le discours de M. Odilon Barrot, de donner des signes d'impatience, s'élance à la tribune. « Nul plus que moi, s'écrie-t-il, ne respecte ce qu'il y a de beau dans certaines situations. Je répondrai à M. Odilon Barrot que je n'ai pas la folle prétention de venir élever ici des prétentions contraires : non; mais je crois que M. Barrot n'a pas servi, comme il aurait voulu les servir, les intérêts pour lesquels il est monté à cette tribune. Messieurs, continue M. de la Rochejaquelein, qui veut reprendre habilement la proposition de M. de Genoude, dont il partage l'espérance secrète, il appartient peut-être bien à ceux qui, dans le passé, ont toujours servi les rois, de parler maintenant du pays, du peuple. *Aujourd'hui, vous n'êtes rien ici...* »

De vives protestations lui coupent la parole. « Nous ne pouvons accepter cela! » s'écrie M. de Mornay. « Je vous rappelle à l'ordre, » dit le président. M. de la Rochejaquelein, resté à la tribune, explique sa pensée : « Je dis que vous n'êtes rien comme Chambre... »

Au même instant, et comme pour confirmer ces paroles, un bruit extraordinaire retentit dans les couloirs extérieurs; on frappe à coups de crosse de fusil contre la porte située à gauche de la tribune; la porte cède sous la pression d'une foule d'hommes armés qui se précipitent dans la salle aux cris de : « *Vive la liberté! à bas le juste milieu! à bas la régence!* » C'est la colonne du capitaine Dunoyer, grossie, sur la route, d'un nombre considérable d'hommes du peuple, d'étudiants et de gardes nationaux décidés à empêcher à tout prix la régence et à proclamer la République.

Après avoir franchi les quais au pas de course, les insurgés sont arrivés jusqu'à la grille du palais Bourbon, faisant face au pont de la Concorde. Deux mille hommes de troupe sous les armes gardent la Chambre.

« Vous n'entrerez pas! s'écrie le général Gourgaud; la Chambre délibère; vous y porteriez le désordre : il faut que la Chambre soit respectée. — Nos pères ont franchi vingt fois les portes de l'Assemblée nationale, répond le chasseur Cochet; nous entrerons bien une fois dans la Chambre des corrompus. » Et la colonne s'apprête à forcer le passage. « Attendez, du moins, reprend le général avec fermeté, attendez que nous sachions ce qui se fait à la Chambre. Je vais y aller, et je vous donne ma parole que je reviendrai immédiatement vous dire sur quoi l'on délibère. » On attend, en effet, quelques instants, mais bientôt les insurgés, impatientés de ne pas voir reparaître le général Gourgaud, escaladent, en dépit des sentinelles, le mur latéral à la grille, montent en courant le péristyle et cherchent à pénétrer dans l'enceinte.

A ce moment, le général sort du palais et vient à leur rencontre; son émotion est extrême. On lit sur son visage un découragement profond. Par respect pour un vieux militaire, les insurgés s'arrêtent, reculent; ils redescendent le perron et font silence. « M. Crémieux est à la tribune, dit le général. Il combat la proposition d'une régence. M. Marie va venir lui-même vous l'annoncer. C'est un ami du peuple; attendez-le. »

— Général, s'écrie Dunoyer, les amis du peuple sont rares à la Chambre. La majorité va étouffer leur voix; au nom de la France, général, ne nous arrêtez pas ici! » Disant cela il donne à sa colonne le signal d'avancer et se précipite à sa tête par la petite porte de la grille à droite. La troupe qui stationne çà et là, l'arme au pied, ne reçoit pas d'ordres et reste neutre. La garde nationale de service, sous le commandement du chef de bataillon Ramond de la Croisette, n'essaye aucune résistance.

En vain M. Emmanuel Arago, qui retourne au bureau du *National* (1) pour y rendre compte de sa mission, essaye de calmer l'ardeur des insurgés; en vain M. Marie, averti de l'invasion, vient à leur rencontre et veut les arrêter sur le seuil; ils n'écoutent pas; repoussant, culbutant les huissiers de service, ils se pressent dans les couloirs, enfoncent la porte, escaladent les bancs. Le capitaine Dunoyer s'élance à la tribune; il appuie fortement sur le marbre la hampe de son drapeau, et, brandissant son sabre au-dessus de sa tête, il s'écrie d'une voix tonnante, qui domine un moment le tumulte : « Il n'y a plus ici d'autre autorité que celle de la garde nationale, représentée par moi, et celle du peuple, représentée par 40,000 hommes armés qui cernent cette enceinte. »

A ce spectacle, à ce langage inouï, les députés épouvantés refluent confusément vers les gradins supérieurs. Le président, pâle et défait, agite sa sonnette d'une main tremblante. Au pied de la tribune, immobile, les bras croisés sur sa poitrine, le visage calme, les yeux levés vers le ciel comme un martyr, M. Odilon Barrot semble attendre que le délire de cette multitude se dissipe de lui-même. M. Ledru-Rollin est à la droite du capitaine Dunoyer; son regard interroge la foule. Il épie l'instant où il deviendra possible de la dominer du geste et de la voix. M. de Lamartine, debout sur les

---

(1) En traversant la place de la Concorde, M. Arago, fidèle à sa promesse, alla informer le général Bedeau de ce qui venait de se passer à la Chambre. « Le peuple ne veut plus ni royauté ni régence, lui dit-il; on va proclamer un gouvernement provisoire. Ce gouvernement aura besoin de l'armée pour maintenir l'ordre dans Paris, peut-on compter sur vous?. — J'appartiens à mon pays, répondit le général. On peut compter sur mon dévouement à la France. »

marches de l'escalier, promène sur l'assemblée un œil scrutateur.

« Monsieur le président, couvrez-vous ! c'est affreux ! c'est infâme ! s'écrie M. de Mornay ; il n'y a plus de liberté, nous sommes envahis par une horde de brigands ! » Le geste expressif d'un ouvrier le contraint au silence.

M. de la Rochejaquelein, au milieu des insurgés, sourit d'un air de triomphe, et, s'adressant à M. Dunoyer : « Nous allons droit à la République, lui dit-il. — Quel mal y a-t-il à cela? répond Dunoyer. — Aucun, reprend la Rochejaquelein. Tant pis pour *eux*, ils ne l'auront pas volé ! » C'est la pensée intime des légitimistes qui se trahit par cette locution vulgaire échappée à M. de la Rochejaquelein ; c'est la joie de leur vengeance qui brille dans son sourire. Cependant cette invasion, où l'on voyait un si grand nombre de gens bien vêtus, de gardes nationaux, d'élèves de l'École polytechnique, ces drapeaux tout neufs et ornés de franges d'or avaient paru suspects dans la tribune des journalistes. Les républicains crurent un moment à une scène jouée en faveur de la régente : « *Ce n'est pas là le vrai peuple*, s'écrie M. Gervais (de Caen). Je vais, moi, chercher le vrai peuple. » Et il s'élance hors de la tribune.

Le désordre allait croissant ; c'était une lutte de cris, de gestes, de menaces. On se disputait à coups de poings la tribune. Enfin, une personne étrangère à la Chambre. M. Chevalier, ancien rédacteur de la *Bibliothèque historique*, parvenant à s'y maintenir quelques minutes, prononce d'une voix retentissante ces paroles : « La seule chose, Messieurs, que vous ayez à faire, c'est de nous donner un gouvernement à l'instant même. Il faut que le comte de Paris soit porté sur le pavois aux Chambres. — Il est ici ! » dit une voix. Les regards se tournent vers le sommet de l'amphithéâtre et cherchent madame la duchesse d'Orléans. « *Plus de Bourbons ! vive la République !* » crient les insurgés. La tribune et les escaliers qui y conduisent sont obstrués par plusieurs orateurs qui parlent à la fois.

On y voit MM. Dumoulin, Crémieux, Ledru-Rollin, Lamartine. Le capitaine Dunoyer agite son drapeau au-dessus de leurs têtes. « Au nom du peuple, s'écrie M. Ledru-Rollin d'un accent impérieux, je vous demande le silence. — Au nom de Ledru-Rollin, silence ! » répond une voix dans la foule. Un peu de calme s'établit à ce nom populaire. « Messieurs, reprend Ledru-Rollin, au nom du peuple en armes et maître de Paris, quoi qu'on fasse, je viens protester contre l'espèce de gouvernement qu'on est venu proposer à cette tribune. » Puis il établit historiquement, en citant l'une après l'autre les dates importantes de nos révolutions successives, 1789, 1791, 1815, 1830, 1842, le devoir pour les bons citoyens de ne pas laisser acclamer d'une façon usurpatrice la régence (1). « Concluez, pressez la question, nous connaissons l'histoire, » dit M. Berryer.

Ledru-Rollin continue ses développements. « Mais concluez donc, reprend Berryer : *un gouvernement provisoire !* » — « Je demande donc, ajoute l'orateur, pour me résumer, un gouvernement provisoire, non pas nommé par la Chambre, mais par le peuple. Un gouvernement provisoire et un appel immédiat à une Convention qui régularise les droits du peuple. » Cette conclusion est saluée de bravos frénétiques.

M. de Lamartine, qui n'a pas quitté la tribune, s'avance, à son tour, pour prendre la parole.

Les amis de la princesse reprennent quelque espoir. Il y avait lieu de penser, en effet, que M. de Lamartine allait se prononcer pour la régence. Dans la discussion de 1842, il avait éloquemment soutenu les droits de la duchesse d'Orléans. On ne l'avait point vu aux banquets radicaux. Sa nature aristocratique

---

(1) On a prétendu que ces longueurs de M. Ledru-Rollin étaient calculées, qu'il était convenu, dans la matinée, avec MM. Caussidière et Lagrange, qu'une colonne populaire envahirait la Chambre *à deux heures moins un quart*, et que M. Ledru-Rollin, l'œil sur le cadran, n'avait d'autre but, en gardant la parole, que de gagner du temps. Mais cette assertion, qui n'est, d'ailleurs, appuyée d'aucune preuve, me paraît dénuée de tout fondement.

ATTAQUE DU POSTE DU CHATEAU D'EAU (p. 95).

devait lui rendre odieuses les violences populaires. Son ambition, d'accord avec les idées qu'il avait défendues pendant tout le cours de sa carrière politique, n'était-elle pas intéressée à repousser un gouvernement né de l'insurrection, une république jacobine? A la vérité, dans son *Histoire des Girondins*, M. de Lamartine avait glorifié la Montagne et Robespierre; mais, dans le même ouvrage, que de larmes pour Marie-Antoinette! que de sympathie pour les belles et nobles victimes de la Révolution! Poëte, homme de sentiment et d'imagination, quel effet n'avait pas dû produire sur lui ce tableau pathétique d'une royale et suppliante maternité, aux prises avec l'emportement d'un peuple aux bras nus, conduit par des chefs subalternes?

Sans aucun doute, le chantre des *Méditations* allait toucher les cœurs, émouvoir les esprits, courber sous le sceptre magique d'une femme la révolution subjuguée : voilà ce que pensaient tout bas les partisans de la régence.

Il n'en fut pas ainsi. Lamartine obéit à une inspiration plus virile. Il avait vu de près, dans ces derniers temps, l'aveuglement du parti conservateur et la pusillanimité de l'opposition dynastique. Depuis vingt-quatre heures, il observait d'un œil attentif les expédients d'une royauté aux abois, l'insuffisance des hommes qui gouvernaient encore, l'énergie et l'audace des chefs républicains; il crut sentir que l'heure approchait d'un gouvernement plus sincère et plus fort, appuyé sur l'amour et la confiance du peuple.

Dès le début de la session, les radicaux avaient sondé les dispositions de M. de Lamartine, avec des précautions infinies; celui-ci n'ignorait pas, toutefois, que, depuis la publication de l'*Histoire des Girondins*, le parti démocratique, en cas de victoire, ne pouvait lui refuser une part considérable dans le gouvernement des affaires. Le combat des trois jours engagé, on s'était ouvert davantage. En apprenant, le mercredi, à minuit, la catastrophe du ministère des affaires étrangères : « C'est un 20 juin pour demain, s'était écrié M. de Lamartine, qui avait toujours présentes à l'esprit les grandes scènes dont il s'était fait le rhapsode; après-demain nous aurons un 10 août. » Le jeudi matin, il fut informé par Bocage, le célèbre comédien, et par le libraire Hetzel, tous deux engagés dans le parti radical, qu'on préparait une invasion des Tuileries et de la Chambre, et que l'on songeait à établir un gouvernement provisoire dont, selon toute vraisemblance, il serait appelé à faire partie. La démoralisation de la troupe rendait certain, aux yeux de M. de Lamartine, le succès de cette tentative; il promit son concours, et bientôt une troupe d'insurgés, que M. Bocage informa de ses dispositions favorables, vint sous ses fenêtres lui faire une espèce d'ovation anticipée. En allant à pied au palais Bourbon, Lamartine rencontra, sur sa route, le triomphe ridicule de M. Odilon Barrot, et s'affermit dans ses secrètes pensées.

Arrivé sous le vestibule, il fut entouré par un petit groupe de républicains, parmi lesquels il reconnut MM. Marrast, Bastide, Hetzel, Bocage. On l'emmena dans un bureau pour lui exposer la situation. On délibéra quelques instants dans l'hypothèse de la régence ou de la république, et l'on finit par convenir que le meilleur moyen de trancher les difficultés et d'écarter les périls de la crise où l'on était engagé, c'était de faire proclamer à la Chambre un gouvernement provisoire. M. de Lamartine assura de nouveau que l'on pouvait compter sur lui; puis il entra dans la salle des séances, et se confirma dans son dessein en voyant la contenance abattue et le trouble profond des partisans de la dynastie.

Enfin, le moment venu de monter à la tribune, M. de Lamartine parla ainsi : « Messieurs, je partage aussi profondément que qui que ce soit parmi vous le double sentiment qui a agité tout à l'heure cette enceinte, en voyant un des spectacles les plus touchants que puissent présenter les annales humaines, celui d'une princesse auguste se défendant avec son fils innocent, et venant se jeter, du milieu d'un palais désert, au milieu de la représentation du peuple. »

Ces paroles soulèvent une tempête. « On n'a pas entendu, répétez, répétez! » s'écrie-t-on dans la foule. De violents murmures éclatent dans les groupes populaires les plus rapprochés, qui croient que M. de Lamartine va conclure en faveur de la régence. Un vieillard à longue barbe blanche, un sabre nu à la main, debout au pied de la tribune, attache sur lui un regard fixe et menaçant. On entend au dehors une sourde rumeur.

« Je demande, reprend l'orateur, qui s'aperçoit de l'effet produit par l'ambiguïté de ses paroles, à répéter ma phrase. » Puis il continue en ces termes : « Je demande à répéter ma phrase, et je vous prie d'attendre celle qui va la suivre. Je disais, messieurs, que j'avais partagé aussi profondément que qui que ce soit dans cette enceinte le double sentiment qui l'avait agitée tout à l'heure. Et ici je ne fais aucune distinction, car le moment n'en veut pas, entre la représentation nationale et la représentation des citoyens de tout le peuple; et, de plus, c'est le moment de l'égalité, et cette égalité ne servira, j'en suis sûr, qu'à faire reconnaître la hiérarchie de la mission que des hommes spéciaux ont reçue de leur pays pour donner non pas l'abaissement, mais le premier signal du rétablissement de la concorde et de la paix publiques.

« Mais, messieurs, si je partage cette émotion qu'inspire ce spectacle attendrissant des plus grandes catastrophes humaines, si je partage le respect qui vous anime tous, à quelque opinion que vous apparteniez dans cette enceinte, je n'ai pas partagé moins vivement le respect pour ce peuple glorieux qui combat depuis trois jours pour redresser un gouvernement perfide et pour rétablir sur une base désormais inébranlable l'empire de l'ordre et l'empire de la liberté.

« Mais, messieurs, je ne me fais pas l'illusion qu'on se faisait tout à l'heure à cette tribune; je ne me figure pas qu'une acclamation spontanée, arrachée à une émotion et à un sentiment publics, puisse constituer un droit solide et inébranlable et un gouvernement de trente-cinq millions d'hommes. Je sais que ce qu'une acclamation proclame, une autre acclamation peut l'emporter, et, quel que soit le gouvernement qu'il plaise à la sagesse et aux intérêts de ce pays de se donner dans la crise où nous sommes, il importe au peuple, à toutes les classes de la population, à ceux qui ont versé quelques gouttes de leur sang dans cette lutte, de cimenter un gouvernement populaire solide, inébranlable enfin.

« Eh bien! messieurs, comment faire? comment le trouver parmi ces éléments flottants, dans cette tempête où nous sommes tous emportés, et où une vague vient surmonter à l'instant même la vague qui vous a emportés jusque dans cette enceinte? Comment trouver cette base inébranlable? En descendant dans le fond même du pays, en allant extraire, pour ainsi dire, ce grand mystère du droit national d'où sort tout ordre, toute vérité, toute liberté. C'est pour cela que, loin d'avoir recours à ces subterfuges, à ces surprises, à ces émotions, dont un pays, vous le voyez, se repent tôt ou tard, lorsque ces fictions viennent à s'évanouir en ne laissant rien de solide, de permanent, de véritablement populaire et d'inébranlable sous les pas du pays; c'est pour cela que je viens appuyer de toutes mes forces la double demande que j'aurais faite le premier, à cette tribune, si on m'avait laissé monter au commencement de la séance : la demande d'abord d'un gouvernement, je le reconnais, de nécessité, d'ordre public, de circonstance; d'un gouvernement qui étanche le sang qui coule; d'un gouvernement qui arrête la guerre civile entre les citoyens; d'un gouvernement qui suspende ce malentendu terrible qui existe depuis quelques années entre les différentes classes de citoyens, et qui, en nous empêchant de nous reconnaître pour un seul peuple, nous empêche de nous aimer et de nous embrasser.

« Je demande donc que l'on constitue à l'instant, du droit de la paix publique, du droit du sang qui coule, du droit du peuple qui peut être affamé du glorieux travail qu'il accomplit depuis trois jours, je demande que l'on constitue un gouvernement provisoire.

— « A la bonne heure! » dit le vieillard, dont la physionomie farouche s'adoucit soudain. Et il remet son sabre au fourreau.

« Ce gouvernement provisoire, reprend M. de Lamartine, aura pour mission, selon moi, pour première et grande mission, 1º d'établir la trêve indispensable et la paix publique entre les citoyens; 2º de préparer à l'instant les mesures nécessaires pour convoquer le pays tout entier et pour le consulter, pour consulter la garde nationale tout entière, le pays tout entier, tout ce qui porte dans son titre d'homme les droits du citoyen.

« Un dernier mot. Les pouvoirs qui se sont succédé depuis cinquante... » Il n'achève pas. Des coups de feu retentissent dans les couloirs. La rumeur entendue au dehors a été toujours croissant. Elle gronde comme une mer en furie. La porte d'une tribune publique de l'étage supérieur est enfoncée. Une bande armée de piques et de coutelas, l'œil hagard, la lèvre convulsive, s'y rue aux cris : *A bas la Chambre! à bas les corrompus!* Un misérable se penche sur le bord de la tribune, et, d'une main mal assurée, en criant : *Mort à Guizot!* il ajuste Lamartine. Le capitaine Dunoyer le couvre de son corps. « On vous mire, dit-il. — Il vise mal, répond Lamartine sans s'émouvoir, et, d'ailleurs, s'il me tue, je meurs à ma place. »

Un brave citoyen, le sergent Duvillard, apercevant la carabine braquée sur la tribune, la relève vivement. Cependant l'effroi a saisi les députés. Ils se précipitent vers les issues. La duchesse d'Orléans et ses enfants sont entraînés dans cette fuite. Des ouvriers, des gardes nationaux, des étudiants, prennent place sur les bancs dégarnis. Le bruit redouble. « Président des corrompus, va-t-en ! » s'écrie un insurgé en enlevant le chapeau de M. Sauzet, qui disparaît aussitôt. Une vingtaine de députés de la gauche restent seuls à leur poste.

Promenant sur la foule un regard impassible, M. de Lamartine est toujours à la tribune. Elle est assiégée ; on se pousse, on se culbute sur l'escalier. Du sein de ce chaos on entend répéter : « Un gouvernement provisoire ! un gouvernement provisoire (1) ! » Quelques jeunes gens s'approchent de M. Dupont (de l'Eure) et l'invitent à présider. M. Carnot le conduit au fauteuil ; des bravos éclatent. On demande à grands cris les noms du gouvernement provisoire ; plusieurs listes sont apportées ; l'une vient du *National*, l'autre de la *Réforme ;* d'autres sont improvisées sur la place.

M. Dupont (de l'Eure) essaye de lire une liste, mais sa voix est trop faible, on ne l'entend pas. « Au nom du peuple, silence ! » s'écrie le capitaine Dunoyer, laissez parler M. de Lamartine.

— « Pas de Bourbons, plus de corrompus ! vive la République ! » Ces cris, poussés à la fois dans toutes les directions, couvrent la voix retentissante de M. de Lamartine. Après des efforts inouïs, il parvient cependant à se faire écouter : « Messieurs, dit-il, la proposition qui a été faite, que je suis venu soutenir, et que vous avez consacrée par vos acclamations à cette tribune, elle est accomplie. Un gouvernement provisoire va être proclamé nominativement. »

Profitant d'un moment de silence, M. Dupont (de l'Eure) prononce les noms suivants, que répètent à haute voix les sténographes : Arago, Lamartine, Dupont (de l'Eure), Marie,

Crémieux. Ces deux derniers noms sont contestés. « La République ! la République ! Il faut qu'on sache que nous voulons la République ! Allons à l'Hôtel-de-Ville ! Il faut conduire le gouvernement provisoire à l'Hôtel-de-Ville ! » Ces exclamations interrompent la lecture.

« Nous voulons un gouvernement sage, modéré, pas de sang ; mais la République ! » dit une voix dans la foule.

— « A l'Hôtel-de-Ville, Lamartine en tête ! » s'écrie Bocage.

Un groupe nombreux se presse autour de M. de Lamartine et l'emmène. On discute vivement, dans plusieurs autres groupes, des noms proposés pour le gouvernement provisoire. On entend répéter les noms de MM. Odilon Barrot, Marrast, Bastide, Thiers.

M. Ledru-Rollin, qui n'a pas quitté la tribune, demande et obtient un moment d'attention.

« Dans des circonstances comme celles où nous sommes, dit-il, ce que tous les citoyens doivent faire, c'est d'accorder silence et de prêter attention aux hommes qui veulent se constituer leurs représentants. En conséquence, écoutez-moi.

« Nous allons faire quelque chose de grave. Il y a eu des réclamations tout à l'heure. Un gouvernement provisoire ne peut pas se nommer d'une façon légère. Voulez-vous me permettre de vous lire les noms qui semblent proclamés par la majorité ?

« A mesure que je lirai les noms, suivant qu'ils vous conviendront ou qu'ils ne vous conviendront pas, vous crierez *oui* ou *non ;* et, pour faire quelque chose d'officiel, je prie MM. les sténographes du *Moniteur* de prendre note des noms, parce que nous ne pouvons présenter à la France des noms qui n'auraient pas été approuvés par vous. »

— « Parlez ! parlez ! » lui crie-t-on.

Et, reprenant la liste déjà proposée par M. de Lamartine, M. Ledru-Rollin lit, aux acclamations de la foule, les noms suivants :

Dupont (de l'Eure) ;

---

(1) Parmi les plus animés dans ces groupes tumultueux, on remarquait M. Alexandre Dumas, en uniforme de garde national ; MM. Bocage ; Sarda, plus tard gouverneur de l'île de la Réunion ; Laviron, tué au siége de Rome, etc.

Arago ;
Lamartine ;
Ledru-Rollin.

Les protestations recommencent contre les noms de Garnier-Pagès, Crémieux et Marie. En entendant le nom de Garnier-Pagès : « *Il est mort, le bon !* » dit naïvement un homme du peuple.

— Crémieux, mais pas Garnier-Pagès ! dit un autre.

— « Que ceux qui ne veulent pas lèvent la main, » dit Ledru-Rollin.

Les clameurs et la confusion redoublent.

« Messieurs, reprend Ledru-Rollin, le gouvernement provisoire qui vient d'être nommé a de grands devoirs à remplir. On va être obligé de lever la séance pour se rendre au sein du gouvernement et prendre toutes les mesures nécessaires pour que l'effusion du sang cesse, afin que les droits du peuple soient consacrés.

— « *Vive la République ! vive Ledru-Rollin ! Ne nous laissons pas tromper comme en 1830 ! A l'Hôtel-de-Ville !* » s'écrie-t-on. Et M. Ledru-Rollin quitte la salle, entouré d'un bruyant cortége. MM. Dupont (de l'Eure), Crémieux, Marie, l'ont quittée déjà.

Un jeune homme monte à la tribune et s'écrie : « Plus de royauté ! plus de liste civile ! » A ce moment, un ouvrier ayant attiré l'attention sur le tableau qui représente la prestation de serment de Louis-Philippe à la Chambre de 1830 : « Déchirons-le ! déchirons-le ! à bas les traîtres ! » s'écrie-t-on. — « Attendez, je vais le fusiller, » dit un homme du peuple armé d'un fusil double : deux coups de feu éclatent à ces paroles et les balles vont frapper le portrait de Louis-Philippe, au milieu du grand cordon de la Légion d'honneur. Alors un brave ouvrier s'élance à la tribune, et d'un ton ferme, avec un accent d'autorité qui impose : « Respect aux monuments ! dit-il, respect aux propriétés ! Pourquoi détruire ? pourquoi tirer des coups de fusil sur ces tableaux ? Nous avons montré qu'il ne faut pas malmener le peuple ; montrons maintenant que le peuple sait honorer sa victoire. »

D'unanimes applaudissements répondent à cet appel. On s'empresse autour de l'ouvrier. On lui serre la main. On lui demande son nom. Il déclare se nommer Théodore Six, ouvrier tapissier.

Cependant, renonçant à dévaster la salle, la foule se disperse, l'enceinte de la Chambre des députés est bientôt complétement évacuée. Il est un peu plus de quatre heures. L'Hôtel-de-Ville est désormais le centre unique où vont aboutir, pour se combattre avec acharnement, tous les principes, tous les intérêts, toutes les passions révolutionnaires.

CHAPITRE XIV

Le peuple à l'Hôtel-de-Ville.

Au bruit des crosses de fusil frappant à coups redoublés les portes des tribunes, à la vue de ces hommes ivres ou furieux, qui brandissaient, en poussant des cris menaçants, des piques, des baïonnettes, des coutelas, des sabres dont quelques-uns étaient ensanglantés, l'assemblée tout entière s'était levée comme en sursaut (1). Les députés s'étaient précipités pêle-mêle, en franchissant les gradins supérieurs de l'amphithéâtre, vers les issues. La duchesse d'Orléans fut, comme je l'ai dit, emportée par ce mouvement. Le petit duc de Chartres, saisi de frayeur, se cramponnait à la main de sa mère ; un huissier enleva dans

(1) Cette seconde invasion de la Chambre des députés fut faite par une bande de 60 hommes environ qui venaient des Tuileries. Beaucoup d'entre eux avaient séjourné dans les caves assez de temps pour y laisser leur raison. La plupart s'étaient emparés des équipements quittés à la hâte par les gardes municipaux ; d'autres avaient mis à contribution la garde-robe des princes et des princesses. Le sergent Duvillard, qui s'était mis à la tête de ces insensés pour tâcher de les contenir, parvint au bout de peu d'instants à les entraîner hors de la salle en leur proposant de marcher sur l'École militaire, et, avant tout, d'aller rejoindre une *déesse de la liberté* qu'ils avaient laissée sur le quai d'Orsay, où, montée sur un cheval de garde municipal, elle haranguait les dragons qui occupaient encore le pont de la Concorde.

ses bras le comte de Paris. Quelques amis les suivirent. On se glissa en toute hâte le long du couloir circulaire qu'occupaient d'habitude les pairs de France, et l'on sortit par la petite porte située à l'extrémité du côté gauche de la salle. Là, dans un corridor étroit et sombre, la princesse, heurtée, pressée, presque écrasée contre la muraille par un flux et un reflux d'envahisseurs et de fuyards, fut séparée de ses enfants et jetée tout éperdue au bas de l'escalier.

Plusieurs minutes s'écoulèrent sans qu'on parvînt à la dégager. A demi évanouie, elle se laissa entraîner, à travers la salle des Pas-Perdus, jusqu'à la seconde salle d'attente, où la foule n'avait pas pénétré encore ; mais on ne lui laissa pas le temps de respirer, et il lui fallut aussitôt, car on craignait pour ses jours, reprendre sa course, sans s'arrêter, par les couloirs qui communiquent avec l'hôtel de la Présidence. Arrivée là, quand elle se vit seule hors de péril, la pauvre mère faillit perdre tout son courage ; elle appelait ses enfants à grands cris ; elle voulait retourner sur ses pas, les chercher, les arracher à la foule ou mourir avec eux. Si l'incertitude se fût prolongée, sa raison n'eût pas résisté, peut-être, à ces inexprimables angoisses.

Par bonheur, au bout de quelques instants, le comte de Paris lui fut rendu, et elle apprit avec certitude que le duc de Chartres était en sûreté. Tous deux avaient couru des dangers. Le comte de Paris était tombé sur les dernières marches de l'escalier, et peu s'en fallut que, dans l'obscurité du couloir, il ne fût foulé aux pieds. Un officier de sa maison, reconnaissant sa voix enfantine, l'avait saisi, emporté dans ses bras, et, l'ayant fait passer à travers une fenêtre basse qui ouvre sur le jardin de la Présidence, il le ramenait à sa mère (1). Au même moment, le duc de Chartres, arraché des mains d'un insurgé par le frère d'un huissier de la Chambre, M. Lipmann, était caché dans les combles du palais. Afin de le mieux déguiser, on lui mettait la robe d'une petite fille du concierge (1). Vers huit heures du soir, MM. d'Elchingen et d'Houdetot allèrent le prendre pour le conduire chez madame de Mornay, qui demeurait dans le voisinage du palais Bourbon.

C'est à peine si madame la duchesse d'Orléans put un moment se livrer à la joie de retrouver l'un de ses enfants et de savoir l'autre sain et sauf (2) ; MM. de Mornay et Jules de Lasteyrie, ne la jugeant pas en sûreté à l'hôtel de la Présidence, la décidèrent à chercher un refuge à l'hôtel des Invalides. Elle s'y rendit dans une voiture de place, et M. le duc de Nemours, qui avait changé de vêtements dans un bureau de la Chambre (3), ne tarda pas à la rejoindre.

Le maréchal Molitor reçut comme il le devait ses hôtes royaux, sans dissimuler, toutefois, qu'il ne pouvait répondre de rien, dans le cas où la retraite de la princesse viendrait à être découverte par le peuple. Depuis ce moment jusqu'à six heures du soir, l'hôtel des Invalides vit éclore et s'évanouir bien des dévouements, bien des intrigues. Il se forma autour de la princesse une espèce de conseil. Des communications s'établirent avec le ministère de l'intérieur, où M. Odilon Barrot, entretenu dans ses illusions et secondé par MM. Garnier-Pagès, de Malleville, Gustave de

---

(1) En traversant le jardin, le petit prince, déjà remis de sa frayeur, et tout à la curiosité de son âge et de son rang, disait à l'officier qui le portait : « Mais n'est-ce pas, monsieur, qu'on ne m'empêchera pas d'être roi ? »

(1) On avait voulu lui mettre la blouse d'un enfant d'ouvrier qui se trouvait là ; mais le duc de Chartres s'y refusa obstinément, parce que cette blouse était déchirée.

(2) Toutes les personnes qui firent preuve d'intérêt pour les petits princes reçurent de généreuses marques de souvenir. Madame la duchesse d'Orléans envoya à M. Lipmann une épingle en diamant. La mère du petit garçon dont le duc de Chartres avait refusé la blouse reçut une chaîne en or. A quelque temps de là, M. Bastide, ministre des affaires étrangères de la République, témoignait aussi à M. Lipmann une sorte de gratitude en le nommant courrier de cabinet.

(3) Dans sa préoccupation, le duc de Nemours ne s'était pas aperçu qu'en changeant de costume il avait gardé sur sa tête le chapeau d'uniforme. Une personne qui se trouvait derrière lui au moment où il sortait du palais Bourbon le lui enleva brusquement et lui mit à la place un chapeau rond. Quand le prince se retourna, la personne avait disparu ; mais il était évident, d'après la qualité du chapeau échangé, qu'elle n'appartenait point à la classe aisée.

Beaumont, Bixio, Pagnerre, rêvait encore le triomphe de l'opposition dynastique. Des personnages d'opinions bien diverses vinrent, pendant cet intervalle, faire acte d'adhésion à la régence et promettre un concours actif à l'Hôtel-de-Ville. « Si le parti de *la Réforme* ne l'emportait pas sur l'heure, disaient quelques républicains de la rédaction du *National*, la régence, appuyée par eux, serait infailliblement proclamée avant la fin du jour par les députés, par la garde nationale, par la population tout entière rendue à elle-même après un premier moment de surprise. »

Pendant que madame la duchesse d'Orléans écoutait d'une oreille incrédule ces assurances d'un zèle bien récent, et montrait, par sa résolution à rester dans Paris, que, du moins, on ne pourrait pas accuser sa faiblesse si le succès ne répondait point à l'attente (1), le gouvernement provisoire nommé à la Chambre s'acheminait vers la place de Grève, où le peuple, maître sans coup férir de l'Hôtel de Ville, inaugurait à sa manière le gouvernement républicain.

Sorti le premier du palais Bourbon, M. de Lamartine, après avoir attendu quelques instants ses nouveaux collègues, avait pris la tête du cortège. M. Bastide et un officier de la première légion, le capitaine Saint-Amand, lui donnaient le bras. Le capitaine Dunoyer, entouré de sa petite escorte, et portant le drapeau tricolore, qu'il avait maintenu pendant toute la séance à la tribune des orateurs, le suivait. MM. Laverdant et Cantagrel, rédacteurs de *la Démocratie pacifique*, quelques élèves des écoles et quelques gardes nationaux, se pressaient autour de lui. A peu de distance, venait M. Dupont (de l'Eure), que son grand âge empêchait de marcher, et que l'on avait fait monter dans un cabriolet de place (2). M. Crémieux ne tarda pas à le rejoindre. On s'avance ainsi, quatre de front, précédés de deux tambours, par le quai d'Orsay, dans la direction de l'Hôtel-de-Ville.

Le cortège n'était pas considérable; il se composait de six cents personnes au plus. La foule, qu'attirait la curiosité, et qui questionnait sur les événements accomplis, tout en se découvrant et en criant, à l'instar des insurgés : *Vive Lamartine! vive Dupont (de l'Eure)* (1)! *vive le gouvernement provisoire!* ne donnait pas non plus l'idée d'une force capable de résister à la moindre attaque. Et cette attaque, tout la rendait probable. Les régiments, dont on apercevait encore des escadrons et des bataillons défiler en bon ordre de l'autre côté de la Seine; les forts au pouvoir de la royauté; le maréchal Bugeaud et les jeunes princes brûlant, sans doute, de prendre une prompte revanche sur le peuple; la garde nationale reconnaissant enfin qu'elle avait été jouée par les républicains et se rangeant autour de la régente; les pairs et les députés réunis à ses côtés et reconstituant en un clin d'œil la représentation constitutionnelle : c'étaient là des perspectives peu rassurantes pour les chefs politiques que l'insurrection venait de se donner. M. de Lamartine, tout en marchant résolûment vers l'Hôtel-de-Ville, songeait à ces éventualités imminentes. Les scènes néfastes de la première Révolution lui revenaient en mémoire; il était las, brisé par la lutte; mais il n'en conservait pas moins cette parfaite liberté d'esprit, cet à-propos du geste et de la parole qui étonne et subjugue toujours les multitudes. Un mot heureux dans sa simplicité vint distraire les préoccupations du trajet. Ce mot, accueilli avec

---

(1) « Il faut qu'un roi, même un roi de neuf ans, sache mourir debout, » disait cette noble mère à ceux qui insistaient trop vivement pour qu'elle mît la vie de son fils en sûreté.

(2) Son fils, en uniforme de garde national, était avec lui.

Au sortir de la Chambre, M. de Larochejaquelein avait offert sa voiture; mais elle ne fut point acceptée.

(1) « Qui est celui-là ? » demandait un homme du peuple à une personne qui marchait à côté de la voiture de M. Dupont (de l'Eure). Et lorsqu'on l'eut nommé : « Ah ! c'est vous qui êtes l'honnête Dupont (de l'Eure)! » s'écria naïvement l'ouvrier en montant sur le marchepied pour lui tendre la main. Et le vieillard ému, promenant sur la foule des regards pleins d'appréhensions, répétait d'une voix affaiblie par l'âge : « Pas de guerre civile, mes enfants, surtout pas de guerre civile! »

enthousiasme et répété de bouche en bouche, fut le signal et comme l'inauguration d'une popularité prodigieuse qui, bientôt consacrée par une élection de quinze cent mille suffrages, fit du court passage d'un poëte au pouvoir quelque chose d'inouï, d'inexprimable, une espèce de dictature idéale plus semblable au rêve qu'à la réalité, et qui tient du roman plus que de l'histoire.

Comme on touchait à la caserne du quai d'Orsay, où le 8e régiment de dragons rentrait à peine, quelques soldats, entendant les cris de *Vive le gouvernement provisoire !* appellent aux armes. M. de Lamartine redoute une collision ; il frémit en pensant à la catastrophe du boulevard des Capucines ; et, s'approchant de la grille fermée derrière laquelle la troupe regarde avec défiance, il se plaint à haute voix d'une soif extrême, et demande à boire aux dragons. L'un d'eux court chercher une bouteille ; le vin est versé ; M. de Lamartine prend le verre ; mais, avant de le porter à ses lèvres, il l'élève de la main droite, et, promenant un regard calme et doux sur la foule agitée : « Mes amis, dit-il, voici le banquet. » C'était rappeler et célébrer en deux mots l'origine et la fin de la lutte, le droit contesté et reconquis, la liberté vengée. Un cri passionné de *Vive Lamartine !* répond à ce toast. Soldats et peuple fraternisent ; le danger est conjuré. On se remet en marche.

La colonne traverse la Seine par le pont Neuf et arrive au quai de la Mégisserie, où des barricades élevées de vingt pas en vingt pas obstruent le passage. M. Crémieux, qu'on avait fait monter en voiture, met pied à terre, ainsi que M. Dupont (de l'Eure), qu'on est obligé de soulever à chaque instant pour l'aider à franchir les pavés amoncelés. L'aspect du quai est triste. De longues traînées de sang, des débris d'équipement, des cadavres de chevaux gisant par terre, des brancards sur lesquels on emporte des morts et des blessés, tout atteste de récents combats. La foule aussi devient plus serrée et plus houleuse à mesure qu'on approche de la place de Grève. Une jeune femme, étrangement affublée du casque et des buffleteries d'un garde municipal, sort d'un groupe et vient embrasser le capitaine Dunoyer en criant : « *Vive la République !* » Elle veut aussi donner l'accolade à M. de Lamartine ; mais celui-ci, lui montrant du geste les blessés qui passent, l'engage par quelques paroles sévères à quitter les combattants pour les victimes.

Quand le cortège déboucha à l'angle du quai, la place de Grève présentait un spectacle indéfinissable. Jonchée de cadavres de chevaux, de tronçons d'armes, d'équipements ensanglantés ; hérissée de piques et de baïonnettes, parmi lesquelles flottaient les étendards de l'insurrection victorieuse, elle semblait, sous la brume d'un jour pluvieux qui noyait dans le vague toutes les formes et tous les contours, s'étendre indéfiniment pour embrasser dans son sein les flots toujours croissants du peuple. Quatre pièces de canon abandonnées par la troupe gardaient, chargées à mitraille, l'entrée de la Maison commune, au-dessous de la figure en bronze du roi Henri. L'atmosphère était imprégnée d'une excitante odeur de poudre. Au-dessus du bruissement confus de la multitude, on entendait le glas monotone et solennel du bourdon dans les tours de Notre-Dame. A toutes les croisées, à tous les balcons, sur le rebord des toits, des combattants, agitant des drapeaux, haranguaient le peuple et lui jetaient des noms qui se perdaient dans l'espace. Un seul cri vibrant et passionné sortait distinct de tous ces cœurs émus, de toutes ces bouches frémissantes, pour s'élever vers le ciel : LA RÉPUBLIQUE !

Quand la foule, exaltée, enivrée, toute palpitante encore de son triomphe, aperçut tout à coup, se dirigeant vers l'Hôtel-de-Ville, un cortège précédé du drapeau tricolore et qui, disait-on, venait de la Chambre des députés pour prendre possession du gouvernement, elle entra en défiance. « On nous trompe ! on nous trahit ! c'est comme en 1830 ! » murmu-

LOUIS-PHILIPPE FUYANT PAR LA PORTE DU PONT TOURNANT (P. 99).

rait-on dans les groupes armés où dominaient les sectionnaires, les combattants de 1832 et de 1834, les membres des sociétés secrètes. Le moindre signe eût suffi pour que le peuple, ainsi sur ses gardes, s'opposât au passage du cortége suspect. Il fallut que des hommes intrépides et robustes fissent, en quelque sorte, l'office de pionniers pour frayer au gouvernement provisoire un chemin à travers cette masse impénétrable, qui le regardait d'un œil soupçonneux. Mais, au nom de Dupont (de l'Eure), répété par quelques insurgés, les têtes se découvrent. Les plus voisins, apercevant ce vieillard qui se soutenait à peine, sont émus. On se range pour lui faire place. A la faveur de ce mouvement, les autres membres du gouvernement provisoire, séparés les uns des autres par les oscillations de la foule, parviennent jusqu'à la porte du centre. Le flot les pousse; ils franchissent, sans trop savoir comment, ce passage étroit où fourmillaient des milliers d'hommes, et se trouvent dans l'intérieur de l'Hôtel-de-Ville.

Un tumulte sans nom faisait trembler les murs du vieil édifice. Au bruit des coups de feu que les combattants déchargeaient en signe de joie dans les corridors, des chevaux abandonnés par la garde municipale bondissaient, effarés, hennissants, sur la poudre qui jonchait le sol, et d'où leurs piétinements tiraient l'étincelle. Tout à côté, sur la paille, gémissaient des blessés, des mourants. Le cliquetis des armes qui s'entre-choquaient dans l'effort de la foule pour monter ou descendre les escaliers, l'éclat des vitres brisées sur les dalles, les imprécations, les rires convulsifs, renvoyés par mille échos sous ces voûtes sonores, assourdissaient l'oreille et jetaient dans tous les sens un trouble qui tenait du vertige (1).

Après avoir longtemps flotté à la merci de tous ces courants, tantôt poussés l'un vers l'autre, tantôt séparés par la vague populaire, MM. de Lamartine et Dupont (de l'Eure) parvinrent au premier étage. MM. Ledru-Rollin, Crémieux, Marie, y arrivaient aussi peu après et de la même façon ; mais, poussés, portés, jetés dans un labyrinthe de salles, de galeries, de vestibules, d'escaliers, de couloirs inconnus où s'engouffrait une multitude fiévreuse, inquiète, qui ne voulait rien entendre, ils errent pendant plus d'une heure, livrés isolément à leurs inspirations, haranguant sans s'être concertés, et parlant, un peu au hasard, de calme, de concorde, de dévouement au peuple, de gouvernement national. Chacun d'eux trouvait sur son chemin quelque orateur populaire qui, le pistolet au côté ou le sabre au poing, debout sur un banc, sur une table, sur une console, proclamait, selon son bon plaisir, un gouvernement quelconque. Il y eut bien certainement plus de cinquante noms acclamés à la fois, pendant ces premières heures, dans les différentes parties de l'Hôtel-de-Ville. Les hommes les plus étrangers, les plus antipathiques les uns aux autres, se voyaient rapprochés par la passion révolutionnaire ou par les calculs de la politique.

Ici, c'étaient les chefs des sociétés secrètes, les anciens détenus, les conspirateurs, les combattants des barricades, auxquels on décernait la dictature. Là, quelques émissaires du parti bonapartiste prononçaient le nom du prince Louis ; plus loin, on nommait M. de Lamennais (2). Ailleurs, M. de la Rocheja-

quelein, dont la forte stature, la chevelure touffue, la voix sonore et le visage épanoui appelaient les regards, ravissait la foule, qui ignorait son nom, par la violence de ses diatribes contre la dynastie d'Orléans (1).

Dans la salle du trône, une assemblée permanente et tumultuaire discutait les motions et rendait les décrets les plus extravagants.

Dans la salle du conseil municipal, les partisans du comte de Paris essayaient, mais sans aucun succès, de ramener les esprits à l'idée de régence. C'est dans cette salle que le peuple avait fait son premier acte de souveraineté. Voici ce qui s'y était passé depuis le matin.

On se rappelle que le général Sébastiani avait été chargé par le maréchal Bugeaud de la défense de l'Hôtel-de-Ville. Le général Tallandier et le colonel Garraube l'assistaient ; la 9ᵉ légion, sous les ordres du colonel Boutarel, était rangée le long des murs du palais, dans l'intérieur des grilles. Les dispositions de la garde nationale étaient, là comme partout, très-indécises. Loin d'animer la troupe, elle lui communiquait son hésitation. Les mesures prises par le général Sébastiani avaient, d'ailleurs, par leur résultat fâcheux, fort ébranlé la confiance du soldat. Au lieu de laisser la troupe massée autour de l'Hôtel-de-Ville, le général avait envoyé dans toutes les directions des détachements trop faibles pour tenir tête à l'émeute. Le peuple, bien avisé, les laissait s'engager sans combat dans les rues étroites ; mais à peine étaient-ils passés, qu'on élevait sur leurs derrières des barricades qui rendaient la retraite impossible. Pris de la sorte dans d'étroits défilés d'où ils recevaient, sans pouvoir le rendre, le feu de maisons de cinq ou six étages, les soldats,

---

(1) Il est à remarquer qu'aucune dévastation d'aucun genre n'eut lieu pendant cette longue invasion populaire dans les salles de l'Hôtel-de-Ville. Pas un objet de valeur ne disparut. Un buste colossal de Louis-Philippe fut seul en butte à de mauvais traitements. Au moment même où la première colonne d'insurgés parut sur la place de Grève, M. Flottard, secrétaire de la municipalité, craignant que l'ivresse ne portât ces hommes déjà si exaltés à de fâcheux excès, eut l'heureuse idée de faire défoncer les tonneaux qui remplissaient les caves de l'Hôtel-de-Ville.

(2) Le nom de M. de Lamennais avait déjà été prononcé à la Chambre ; mais, comme depuis plusieurs années il était resté à l'écart, étranger aux luttes du journalisme, son nom ne trouva que peu d'écho.

(1) A force de haranguer et de flatter les rancunes populaires, M. de la Rochejaquelein allait peut-être se faire proclamer membre du gouvernement provisoire, lorsqu'un autre orateur, M. Dussard, escaladant une console, prit la parole avec vivacité et tira la foule de son erreur en lui nommant le député légitimiste.

tout à la fois menacés et exhortés par le peuple à fraterniser, se laissaient désarmer. Aucun des détachements envoyés par le général Sébastiani ne revint; et l'émeute, avançant résolûment sur tous les points, triomphait sans presque avoir combattu.

La nouvelle de l'abdication du roi fut un dernier coup porté à la constance du général Sébastiani. Seul, à pied, couvert d'un ample manteau, il quittait l'Hôtel-de-Ville, quand ses officiers lui demandèrent quels étaient ses ordres : « Ce qu'il y a de plus prudent à faire, leur dit-il, c'est de se retirer le plus promptement possible. » Les troupes abandonnèrent alors la place après avoir, pour la plupart, livré leurs armes au peuple, qui se précipita par la porte de Henri IV dans l'intérieur de l'Hôtel-de-Ville. Soixante-deux hommes de la garde municipale s'étaient réfugiés dans une cour sans issue. Résignés à une mort certaine, ils avaient déposé leurs armes ; silencieux, immobiles, ils attendaient les premiers coups d'un ennemi qu'ils croyaient sans pitié. Mais un homme de cœur était là, qui se dévoue à leur salut. M. Flottard, l'un des administrateurs de la municipalité (1), s'avance à la rencontre des insurgés ; détachant de sa poitrine la croix de Juillet, il la montre à la foule et s'écrie : « Au nom du peuple vainqueur, écoutez un vétéran de la liberté ! plus de sang ! plus de vengeance ! grâce aux prisonniers ! — Grâce aux prisonniers ! répond une voix parmi la foule ; la vengeance du peuple, c'est la clémence ! — Il n'y a que les Autrichiens qui tuent les prisonniers, » dit une autre voix. Voyant que ses paroles ont trouvé de l'écho, M. Flottard s'enhardit ; sa grande et forte stature, une ressemblance lointaine avec le poëte populaire, Béranger, le servent ; il se tourne vers les gardes municipaux, et, tenant sa croix suspendue sur le front incliné du maréchal des logis : « Soldats, dit-il, passez sous cet insigne glorieux, et vous ne verrez plus devant vous que des amis, que des frères. »

(1) M. Flottard était, depuis 1830, attaché à l'administration du département de la Seine.

Les gardes municipaux passent un à un sous la croix ; la colère du peuple s'est évanouie ; elle a fait place à la compassion ; c'est à qui, parmi ces combattants républicains, aidera, protégera, recueillera dans sa demeure les soldats de la monarchie.

M. de Rambuteau avait quitté son poste quelques instants avant l'irruption du peuple. Comme M. Flottard lui proposait de convoquer d'urgence le conseil municipal, un homme en uniforme de garde national entrait, et, demandant M. de Rambuteau, il lui déclarait qu'il venait au nom du peuple le destituer de ses fonctions et prendre sa place. Il ajoutait à cette sommation la demande étrange que M. de Rambuteau le fît reconnaître par les fonctionnaires présents et par le conseil municipal qui allait se rassembler. M. de Rambuteau déclina sa compétence, mais il ne contesta point les pouvoirs de son successeur et lui céda la place. Le nouveau préfet était un lieutenant de la 8e légion, fabricant de vignettes pour les confiseurs ; il se nommait Jourdan. MM. Say, Journet, Thierry et Flottard, fonctionnaires de l'Hôtel-de-Ville, décidèrent entre eux de convoquer le conseil municipal. Ils se rendirent dans la salle des délibérations, qui était déjà envahie par la foule. Une douzaine d'élèves de l'École polytechnique, qui se trouvaient là, rédigèrent à la hâte et portèrent aussitôt les lettres de convocation. Malgré les prétentions de M. Jourdan, qui voulait absolument présider, et qui occupait déjà le fauteuil, le docteur Thierry y fut installé par les gardes nationaux et les élèves de l'École polytechnique, qui se groupèrent autour de lui pour le protéger. M. Jourdan jugea prudent de se retirer. MM. Recurt et Flottard prirent place auprès du docteur Thierry, et, après s'être un instant concertés, ces messieurs déclarèrent la séance ouverte. Un certain calme s'établit aussitôt dans l'auditoire et l'on put commencer à délibérer. Plusieurs propositions furent faites coup sur coup. M. Delestre ayant proposé de se constituer en comité de sûreté générale, on perdit un temps précieux à discuter l'opportunité de cette mesure. Une grande partie des membres du conseil, fort mal à l'aise au milieu du peuple en armes qui affluait de plus en plus dans la salle, épouvantés surtout de la rumeur qu'on entendait sur la place et qui s'approchait, élevèrent des scrupules sur la légalité de leur convocation. Au bout de quelques instants on s'aperçut qu'ils avaient disparu. M. Jourdan s'était aussi laissé éconduire par quelques gardes nationaux ; il ne resta bientôt plus à leur poste que MM. Say, Recurt, Flottard, le docteur Thierry et deux ou trois autres.

En ce moment, un petit groupe fait effort pour pénétrer dans la salle : « Place ! place ! » s'écrie M. Thierry, qui vient de reconnaître MM. Garnier-Pagès, Gustave de Beaumont et de Malleville. Ces messieurs arrivaient du ministère de l'intérieur. S'étant approchés du docteur Thierry, ils lui font connaître à voix basse la situation.

Cependant le peuple, qui s'impatiente de ces lenteurs, commence à s'agiter et à murmurer. Un des combattants, monté sur une console, prend la parole ; c'est un homme de haute taille, d'un très-beau visage, dont la longue barbe rousse tombe jusqu'au milieu de la poitrine, et qui porte en bandoulière, sur son paletot, un fusil de munition ; il fait avec une certaine éloquence un tableau rapide et accusateur du règne de Louis-Philippe ; il conclut en demandant le jugement immédiat du roi et sa condamnation à mort. A ces mots, un sentiment de répulsion se manifeste dans l'auditoire ; le docteur Thierry se lève et proteste avec une grande énergie de paroles, de ton et de geste : « Pas de sang, s'écrie-t-il ; ne déshonorons pas la victoire du peuple ! plus d'échafauds ! plus de victimes ! J'ai passé vingt années au chevet des mourants ; je sais ce que vaut la vie de l'homme. Au nom de l'humanité, au nom de la philosophie, au nom de la révolution, je demande l'abolition de la peine de mort ! » Quelques murmures grondent çà et là, mais un immense applaudissement de ce peuple généreux les couvre aussitôt. L'orateur terroriste est déconcerté ; il essaye en balbutiant d'expliquer et d'atténuer sa motion : des huées et des sifflets le forcent au silence.

M. Flottard propose aux assistants d'élire à la place du conseil déchu un pouvoir municipal populaire et de rétablir la mairie de Paris. Cette proposition est bien accueillie. On procède avec régularité à l'élection. Le peuple accepte, en levant la main, par épreuve et contre-épreuve, la nomination de M. Garnier-Pagès à la mairie de Paris. M. Garnier-Pagès après avoir remercié ses concitoyens et demandé le respect pour l'autorité qui vient de lui être remise, propose à son tour d'élire, comme adjoints à la mairie, MM. de Malleville et de Beaumont ; mais ce dernier décline, en son nom et au nom de son collègue, l'honneur qu'on veut leur faire, ne se sentant pas, dit-il, en possession d'une assez grande popularité pour apporter au pouvoir municipal la force nécessaire. Sur la proposition de M. Flottard, MM. Guinard et Recurt sont élus ; les députés dynastiques, comprenant qu'ils n'ont plus rien à faire dans ce mouvement, profitent du tumulte et s'esquivent.

Le maire de Paris et ses adjoints quittent presque aussitôt la salle, et, guidés par M. Flottard, ils vont se réfugier dans une pièce retirée où le peuple n'a point pénétré encore. Pendant qu'ils sortent d'un côté, M. Charles Lagrange entre de l'autre. Il se nomme au peuple ; il lui annonce l'arrivée d'un comité provisoire élu dans les bureaux de *la Réforme*. Il demande qu'on évacue la salle, afin que le nouveau gouvernement puisse plus librement délibérer. Comme il parlait encore, on aperçoit sur le seuil, dominant la foule de sa haute taille, le visage fortement coloré, le front en sueur, M. Ledru-Rollin. Un retentissant *vivat !* salue son entrée. On lui fait place, on le conduit au bureau, on l'invite à prendre la parole. Il commence alors un récit animé des événements qui viennent de s'accomplir au palais Bourbon. De fréquents bravos l'interrompent; mais, lorsqu'il raconte l'élection d'un gouvernement provisoire, les physionomies se rembrunissent : l'idée d'un pouvoir issu de la Chambre des corrompus excite les soupçons du peuple. On entoure M. Ledru-Rollin, on l'assaille de questions, on exige de lui une profession de foi républicaine et l'assurance qu'il n'entend tenir ses pouvoirs que du suffrage populaire, que la foule réunie à l'Hôtel-de-Ville prétend exclusivement représenter. Personne, à ce moment, ne pouvait songer à discuter ces prétentions.

A peine a-t-on achevé de s'expliquer, que la porte de la salle s'ouvre et que l'on voit s'avancer péniblement, à travers l'auditoire agité, M. Dupont (de l'Eure), s'appuyant d'un côté sur un député de son département, M. Legendre, de l'autre, sur une femme âgée, attachée à son service, qui le protége du geste et de la voix contre la pression de la foule. Il prend place au bureau. Peu d'instants après, M. de Lamartine, qui n'a pas cessé de haranguer de salle en salle, de signer des proclamations (1), des feuilles volantes, sur lesquelles on lui faisait écrire : *Vive la République*! vient le rejoindre. On demande à M. Dupont (de l'Eure) de proclamer les noms des élus du peuple; mais la chaleur est si suffocante, l'air si épais, le bruit si étourdissant dans cette salle, où la foule afflue et s'entasse incessamment depuis quelques heures, que le vieillard se trouve mal. Il faut l'emporter. M. de Lamartine, pour occuper les esprits, recommence une dixième fois peut-être le récit des événements de la journée. Il parle avec beaucoup de circonlocutions et de réserve de la forme du gouvernement qu'il conviendrait au pays de se donner. Il veut insinuer que le gouvernement provisoire ne peut rien statuer à cet égard de définitif; mais de violents murmures et des gestes peu équivoques l'avertissent qu'il touche l'écueil. Il déclare, alors, qu'il est personnellement décidé pour la République, mais il répète que personne n'a, selon lui, le droit de l'imposer à la France.

La réprobation générale que soulèvent ces paroles fait comprendre à M. de Lamartine qu'il serait insensé de vouloir tenir tête à cette multitude, et, sur un mot que vient lui dire à voix basse M. Flottard, il quitte le bureau et va rejoindre, dans le cabinet du secrétariat, M. Garnier-Pagès et M. Dupont (de l'Eure), qui a trouvé enfin un peu d'air et de repos loin de la foule. Au bout de quelques instants, MM. Ledru-Rollin et Arago arrivent (1). On va pouvoir délibérer.

On commence par se barricader du mieux que l'on peut. Une dizaine d'élèves de l'École polytechnique, quelques hommes dévoués, se placent en guise de sentinelles dans la galerie vitrée qui précède le cabinet; ils se mettent en travers des portes, les étayent de leurs épaules, résistent ou parlementent avec ceux du dehors. A chaque instant, ils ont à soutenir un nouvel assaut. Les délégués du peuple veulent entrer; ils prétendent assister aux délibérations et surveiller les actes du gouvernement. Ils insistent et menacent; ils ont d'autres dictateurs sous la main en cas de tergiversations. On les exhorte à la patience, on tâche d'obtenir d'eux au moins quelque répit, mais c'est à grand'peine qu'on parvient à les écarter un moment. La présence de M. Ledru-Rollin au conseil n'est pas à leurs yeux une garantie suffisante (2). Ils veulent un comité

---

(1) Voici deux de ces proclamations écrites, à défaut de table, sur un chapeau :

« Le gouvernement provisoire se constitue avec le ferme dessein de donner à la France des institutions républicaines en harmonie avec l'esprit du siècle.

« La royauté est déchue; le gouvernement provisoire de la France est le gouvernement républicain. Au peuple appartient le soin de le rendre définitif. »

(1) M. François Arago, malade depuis quelque temps, n'avait point assisté aux dernières séances de la Chambre et ne prit aucune part à la lutte des trois journées. Lorsqu'il eut été proclamé, à la tribune du palais Bourbon, membre du gouvernement provisoire, son fils alla le chercher à l'Observatoire. Accompagné de deux de ses parents et d'un jeune Italien de ses amis, M. Frapolli, il se rendit à l'Hôtel-de-Ville. Partout sur son passage la foule lui fit place avec respect.

(2) « Il ne faut pas que la faction de Ledru-Rollin l'emporte, » murmuraient déjà, dans les groupes, des fanatiques dont on retrouvera plus tard l'action hostile.

de salut public tout à eux. Du fond de la place, on entend aussi un mugissement sourd, continu, formidable : c'est la grande voix du peuple, qui s'indigne des lenteurs qu'on apporte à proclamer la République. Et la nuit vient, et le péril est pressant : péril du côté des partisans de la royauté qui conspirent, selon toute apparence; péril surtout du côté de ces multitudes enfiévrées par le combat, par le jeûne, par l'attente, par le soupçon. La ville entière est à leur merci. Des hommes sans aveu, des malfaiteurs de toutes sortes, qui espèrent, à la faveur de l'anarchie politique, commettre impunément leurs forfaits, n'attendent sans doute que le signal du massacre et du pillage. Paris peut être ensanglanté et dévasté avant qu'aucune autorité ait eu le temps et la puissance de se faire reconnaître. MM. Dupont (de l'Eure) et Arago, pensifs, soucieux, obsédés de tristes souvenirs et de plus tristes pressentiments, attendent, assis aux deux côtés de la cheminée, que l'on propose quelque mesure. On ne lit sur leur visage que doute et résignation. M. de Lamartine, au contraire, semble plein de confiance en lui-même et dans l'avenir ; sa pensée s'est déjà familiarisée avec l'élément révolutionnaire. Il sent croître en lui, depuis quelques heures, le courage et l'éloquence, ces deux dons souverains devant lesquels s'incline le peuple. Le génie de la France apparaît à son imagination éblouie. Des espérances exaltées de grandeur et de gloire l'enlèvent au sentiment de la réalité.

Autour de lui se groupent les indécis. M. Crémieux (1) s'agite et parle en termes vagues. Avocat habile et disert, il se tient prêt depuis le matin pour la régence ou pour la République. M. Marie, et surtout M. Garnier-Pagès, étourdis par la rapidité du courant qui les entraîne, perdent pied et renoncent à toute initiative (1). Quant à M. Marrast, qui vient d'arriver, il reste à l'écart, observe tout, garde le silence. Comme on va s'asseoir et tâcher enfin de s'entendre sur les mesures les plus urgentes, la porte s'ouvre ; le groupe qui défend l'accès du conseil se range. On voit entrer deux hôtes que l'on n'attendait point : MM. Louis Blanc et Flocon. Cette apparition paraît surprendre désagréablement plusieurs des personnes présentes. Il y a un moment d'embarras. Quelques chuchotements, quelques regards ombrageux, protestent contre l'intrusion des nouveaux venus. « Que viennent-ils faire ici ? dit M. Crémieux à M. de Lamartine. — Je l'ignore, » répond celui-ci du ton de la plus parfaite indifférence.

M. Louis Blanc, sans se laisser déconcerter, s'avance vers la table où siégeaient déjà MM. Dupont (de l'Eure) et Arago. « Eh bien ! messieurs, dit-il, délibérons. » A ces mots, M. Arago le regarde d'un air profondément étonné et lui dit avec hauteur : « Sans doute, monsieur, nous allons délibérer, mais pas avant que vous soyez sorti. »

La colère se peint sur les traits de M. Louis Blanc. Des paroles très-vives lui échappent. Une altercation s'engage. M. Louis Blanc se prétend, avec raison, aussi légitimement élu que les autres membres du gouvernement provisoire, puisqu'il vient d'être élu comme eux, dans la salle Saint-Jean, par l'acclamation

---

(1) La nomination de M. Crémieux et celle de M. Garnier-Pagès au gouvernement provisoire, contestées à la Chambre des députés, avaient été aussi le sujet d'une discussion très-vive au moment où l'on entrait dans le cabinet du secrétariat pour délibérer. M. de Lamartine mit fin à cette altercation fâcheuse. « De grâce, messieurs, s'était-il écrié, ne discutons pas à cette heure la validité de nos pouvoirs. Soyons sept au lieu de cinq, les choses n'en iront pas plus mal. » Il commençait ainsi ce rôle conciliateur auquel nous le verrons invariablement fidèle pendant toute la durée du gouvernement provisoire.

(1) M. Garnier-Pagès a protesté contre le rôle qui lui est attribué dans cette circonstance. Je crois ne pouvoir mieux faire que de citer textuellement, comme l'a fait M. Carnot, dans son *Mémorial de 1848*, les paroles de M. Garnier-Pagès : « La délibération s'ouvrit incontinent sur la proclamation de la République, et je déclarai à mes nouveaux collègues que, *la République me paraissant possible, si on ne la proclamait pas, je me retirerais.* Quelques-uns alléguèrent un scrupule honorable. Voulant comme moi la République, ils ne se croyaient point le droit de la proclamer sans le consentement du peuple, régulièrement exprimé par une assemblée régulièrement élue. »

populaire (1). M. Garnier-Pagès, qui préside en qualité de maire de Paris, essaye d'étouffer le débat en proposant de partager les attributions du pouvoir et en glissant avec négligence la dénomination de *secrétaires*, qui s'applique évidemment à MM. Marrast, Flocon et Louis Blanc, dont l'élection n'a pas été faite à la Chambre. Offensé de cette insinuation, ce dernier menaçait déjà de se retirer et d'en appeler au peuple, quand M. Ledru-Rollin intervient et le conjure, ainsi que MM. Flocon et Marrast, au nom de leur patriotisme à tous trois, de ne pas semer la discorde au sein de la République naissante. M. Flocon cède sans peine; M. Marrast n'avait pas soufflé mot; M. Louis Blanc, dans l'impossibilité de soutenir une prétention qui devient toute personnelle, se résigne ou du moins paraît se résigner au titre modeste de *secrétaire;* mais il annonce en même temps, avec autorité, au gouvernement provisoire, un collègue, sur lequel celui-ci ne comptait certes pas, l'ouvrier Albert, élu, affirme M. Louis Blanc, comme lui et avec lui par le peuple. Personne n'élève d'objection. C'était l'heure des concessions mutuelles. On se dit tout bas, de part et d'autre, qu'il faut se supporter en attendant qu'on soit assez fort pour s'exclure.

Le nom d'Albert, ouvrier mécanicien (2), avait, en effet, été proclamé dans la cour de l'hôtel Bullion, sous les fenêtres des bureaux de *la Réforme*, par une bande d'insurgés qui revenaient des Tuileries. M. Albert était un conspirateur obscur, dont la presse démocratique ne s'était jamais occupée; mais, le 24 février, il suffisait d'avoir montré du courage aux barricades pour enthousiasmer le peuple. C'est, sans doute, à quelque marque de bravoure, ou tout simplement à quelque mot heureux, que M. Albert dut la subite ovation qui le porta au pouvoir, car personne ne put s'expliquer autrement, dans la suite, le motif qui l'avait fait préférer à tant d'autres plus capables et moins ignorés. Toutefois, malgré la fâcheuse médiocrité de la personne élue, la nomination d'un ouvrier au gouvernement provisoire est un fait historique dont il ne faut pas méconnaître le sens et le caractère. Elle est le signe de l'émancipation, aveugle encore, mais désormais assurée, de la classe laborieuse; elle marque l'heure du passage de la révolution politique à la révolution sociale.

M. Louis Blanc, sentant quel appui précieux il allait trouver dans un homme du peuple, qui lui servirait d'intermédiaire auprès des ouvriers et n'aspirerait jamais à jouer un rôle principal, applaudit de grand cœur à la nomination du prolétaire, et, courant aussitôt des bureaux de *la Réforme* à ceux du *National*, où l'on imprimait, pour la distribuer dans les rues, la liste du gouvernement provisoire, il y fit ajouter le nom d'Albert. Puis il se rendit à l'Hôtel-de-Ville avec M. Flocon, fit, dans la salle Saint-Jean, où le peuple tenait des espèces de comices, une profession de foi socialiste, dans laquelle il prononça le mot d'*organisation du travail*, charma la foule, reçut d'elle la confirmation de ses pouvoirs, et parut, comme nous l'avons vu, dans le conseil du gouvernement. Ce fut une mortification insupportable à son orgueil que l'accueil de M. Arago et surtout l'intervention de M. Ledru-Rollin pour lui faire accepter un titre subalterne (1). Dès cette heure commença entre lui et la majorité du conseil une lutte sourde d'abord, mais de moins en moins dissimulée, qui fit en grande partie la faiblesse du pouvoir, paralysa son action et n'aboutit, après des crises funestes au pays, qu'à une neutrali-

---

(1) En répondant aux interrogations de l'assemblée populaire qui se tenait à la salle Saint-Jean, tous les membres du gouvernement, nommés à la Chambre, avaient reconnu la nécessité de cette nouvelle sanction, et M. Crémieux disait encore, quelques mois plus tard, devant la commission d'enquête : « Nous avons été nommés à la Chambre, mais non point par la Chambre. »

(2) Son nom véritable était Martin.

(1) Bien que je ne veuille m'engager dans aucune polémique, je crois de mon devoir de rappeler que M. Louis Blanc expliqua plus tard, dans une lettre datée de Londres, 23 janvier 1862, son insistance pour se faire admettre, avec Albert, dans le gouvernement provisoire, au même titre que MM. de Lamartine, Arago, etc.

sation de forces dont profitèrent seuls les partis hostiles à la République.

Cette divergence profonde entre la majorité et la minorité du conseil se trahit au moment même où l'on allait délibérer sur les termes de la proclamation par laquelle on annonçait au peuple son propre triomphe et la chute de la dynastie. M. de Lamartine en avait d'abord rédigé une qui contenait ces mots : « Le gouvernement provisoire déclare que la République est adoptée provisoirement par le peuple de Paris et par lui; » et encore : « sous le gouvernement populaire et républicain proclamé par le gouvernement provisoire, » etc. Cette rédaction mécontenta également les deux partis. MM. Louis Blanc, Ledru-Rollin, Flocon, voulaient proclamer la République simplement et sans aucune condition de ratification. MM. Garnier-Pagès, Marie, Dupont (de l'Eure), voulaient qu'on se tût sur la forme définitive du gouvernement; ils admettaient tout au plus l'expression d'une préférence pour le gouvernement républicain. M. Arago refusait d'apposer son nom à un acte qu'il qualifiait d'usurpation. Pour tourner l'écueil, MM. de Lamartine et Crémieux, qui tenaient la plume, s'efforçaient de trouver des expressions neutres, acceptables pour toutes les susceptibilités. La chose n'était pas facile. Bien des rédactions furent successivement proposées et rejetées. Enfin, l'on en adopta une de la main de M. de Lamartine, qui fut sur-le-champ envoyée au *Moniteur*. Elle était ainsi conçue :

« AU NOM DU PEUPLE FRANÇAIS.

« Proclamation du gouvernement provisoire au peuple français.

« Un gouvernement rétrograde et oligarchique vient d'être renversé par l'héroïsme du peuple de Paris. Ce gouvernement s'est enfui en laissant derrière lui une trace de sang qui lui défend de revenir jamais sur ses pas.

« Le sang du peuple a coulé comme en juillet, mais, cette fois, ce généreux sang ne sera pas trompé. Il a conquis un gouvernement national et populaire en rapport avec les droits, les progrès et la volonté de ce grand et généreux peuple.

« Un gouvernement provisoire, sorti d'acclamation et d'urgence par la voix du peuple et des députés des départements, dans la séance du 24 février, est investi momentanément du soin d'assurer et d'organiser la victoire nationale. Il est composé de :

« MM. Dupont (de l'Eure), Lamartine, Crémieux, Arago (de l'Institut), Ledru-Rollin, Garnier-Pagès, Marie.

« Ce gouvernement a pour secrétaires :

« MM. Armand Marrast, Louis Blanc et Ferdinand Flocon.

« Ces citoyens n'ont pas hésité un instant à accepter la mission patriotique qui leur était imposée par l'urgence. Quand la capitale de la France est en feu, le mandat du gouvernement provisoire est dans le salut public. La France entière le comprendra et lui prêtera le concours de son patriotisme. Sous le gouvernement populaire que proclame le gouvernement provisoire, tout citoyen est magistrat.

« Français! donnez au monde l'exemple que Paris a donné à la France. Préparez-vous, par l'ordre et la confiance en vous-mêmes, aux institutions fortes que vous allez être appelés à vous donner.

« Bien que le gouvernement provisoire agisse uniquement au nom du peuple français et qu'il préfère (1) la forme républicaine, ni le peuple de Paris ni le gouvernement provisoire ne prétendent substituer leur opinion à l'opinion des citoyens, qui seront consultés sur la forme définitive du gouvernement que proclame la souveraineté du peuple.

« L'unité de la nation, formée désormais de toutes les classes de citoyens qui la compo-

---

(1) Un pâté d'encre recouvre sur l'original manuscrit le mot *préfère*. Une correction de M. Louis Blanc en marge y substitue ces mots : *soit de cœur et de conviction pour le gouvernement républicain*.

LE PEUPLE DANS LA SALLE DU TRÔNE (P. 109).

sent; le gouvernement de la nation par elle-même;

« La liberté, l'égalité et la fraternité pour principes; le peuple pour devise et mot d'ordre : voilà le gouvernement démocratique que la France se doit à elle-même, et que nos efforts sauront lui assurer (1). »

On voit par là que M. de Lamartine, soit irrésolution, soit désir sincère de maintenir le bon accord, faisait céder ses convictions personnelles aux vœux de la majorité. M. Ledru-Rollin ne signa point cette proclamation, la trouvant trop ambiguë. M. Flocon, qui l'avait signée sans la lire, biffa son nom en voyant que M. Ledru-Rollin n'y avait pas mis le sien.

M. Albert, qui n'était pas présent, ne put signer la pièce originale. Son nom fut ajouté sur l'épreuve du *Moniteur*, avec celui de M. Flocon, par M. Louis Blanc.

Cependant le peuple, en proie à une inquiétude et à une irritation toujours croissantes, ne cessait d'envoyer au gouvernement provisoire des délégués armés qui menaçaient des plus terribles malheurs si l'on ne se hâtait de proclamer la République. Les faubourgs et la banlieue versaient incessamment sur la place de nouvelles masses populaires qui ranimaient l'ardeur de celles que l'attente avait lassées; elles assaillaient l'Hôtel-de-Ville, remplissaient les salles, les couloirs, et venaient assiéger les portes du conseil. A toute minute, quelques-uns des membres du gouvernement, auxquels se joignaient des citoyens accourus pour offrir leur concours, MM. Félix Pyat,

(1) M. Carnot, dans des fragments de son *Mémorial de 1848*, publiés dans la *Politique nouvelle*, donne une version un peu différente de cette proclamation. Il explique les variantes de ce document en disant que M. de Lamartine corrigeait son manuscrit en dictant successivement à plusieurs personnes.

Bethmont, de Courtais, Barthélemy Saint-Hilaire, Recurt, Guinard, Bixio, Duclerc, Thomas, Sarrans, Hetzel, etc., sortaient et haranguaient la foule; ils imploraient d'elle quelques minutes de calme et de silence. A la vue de M. de Lamartine l'agitation redoublait; il semblait tout à la fois plus suspect et plus cher au peuple que tous ses collègues. « *C'est un aristocrate! c'est un royaliste! c'est un girondin!* » criaient les fanatiques. D'autres, au contraire, le voulaient porter en triomphe; et lui, toujours placide au plus fort de l'orage, écartait du geste ou détournait d'un mot, d'un regard, les armes braquées sur sa poitrine (1). Mais tous ces mots heureux, toutes ces supplications, toutes ces harangues, n'obtenaient que de courtes trêves, et le tumulte recommençait aussitôt avec une intensité plus grande. Pendant que M. de Lamartine parlait au peuple, dans la salle Saint-Jean, M. Louis Blanc était descendu au bas de l'escalier; une table se trouvait là : il y monte. « Le gouvernement, dit-il, veut la République. » Un cri d'enthousiasme lui répond. Des ouvriers écrivent au charbon, en lettres énormes, sur une grande pièce de toile : « La République une et indivisible est proclamée en France. » Cela fait, ils montent sur le rebord d'une des fenêtres, et déroulent l'inscription à la lumière des torches. Quand le manifeste du gouvernement fut rapporté de l'imprimerie, on sentit que l'atmosphère était changée, et qu'une rédaction aussi équivoque, si on la lisait au peuple, allait le mettre hors de lui et pouvait tout perdre. M. Louis Blanc renouvelle avec force ses instances; il triomphe enfin des répugnances de ses collègues. Au paragraphe où il était dit : « *Bien que le gouvernement provisoire soit de cœur et de conviction pour le gouvernement républicain,* » etc., revenant à la première rédaction de M. de Lamartine, on substitue ces mots : « Le gouvernement provisoire veut la République, sauf ratification par le peuple, qui sera immédiatement consulté (1). » Et la proclamation, ainsi modifiée, est jetée sur des centaines de feuilles volantes par les fenêtres de l'Hôtel-de-Ville. Elle apaise les bouillonnements de la place. Aux soupçons et aux menaces succède une explosion de joie qui tient du délire. Le peuple reprend confiance dans ses élus. Le conseil peut enfin songer à organiser le pouvoir et à se partager le fardeau des affaires.

La présidence du conseil, sans portefeuille, est donnée, par acclamation, à M. Dupont (de l'Eure). Son grand âge, l'intégrité de son caractère et la simplicité républicaine de sa vie commandaient le respect. C'était un nom sans tache. On espérait qu'il imposerait au peuple, et même aux rivalités impatientes qui déjà se trahissaient au sein du gouvernement.

La nomination de M. de Lamartine au ministère des affaires étrangères se fit également par acclamation. Chacun comprenait qu'il fallait une extrême prudence dans les rapports avec l'étranger; qu'il était habile de ménager la transition et d'accoutumer les représentants de l'Europe monarchique à la France républicaine, par l'entremise d'un homme noble d'origine, de manières et de langage. M. Arago prit la marine sans que personne soulevât d'objection. L'éclat de son nom démocratique et sa science incontestée lui donnaient une autorité précieuse pour un gouvernement à peine debout sur un sol qui tremblait. Il y eut plus d'hésitation pour le ministère de l'intérieur; on flottait entre MM. Ledru-Rollin et Crémieux; mais ce dernier, tranchant lui-même la question, déclara qu'il était indispensable de donner satisfaction au peuple en plaçant à l'intérieur l'homme qui représen-

---

(1) Un de ces mots d'un à-propos merveilleux mérite d'être cité. Comme il entendait crier à ses oreilles : *Mort à Lamartine! La tête de Lamartine!* il se retourne, regarde la foule en souriant : « Ma tête, dit-il avec un singulier accent de dédain mêlé de compassion, plût à Dieu, citoyens, que vous l'eussiez tous sur les épaules! »

(1) A peine cette proclamation était-elle imprimée que l'on vit arriver au *Moniteur* M. Bixio, porteur d'un ordre de la retirer, ainsi conçu : « M. Bixio est prié de retirer de l'Imprimerie royale la déclaration du gouvernement provisoire. Signé : Ad. Crémieux, Lamartine, Dupont (de l'Eure) et Garnier-Pagès. »

tait le mieux le mouvement révolutionnaire, et il se contenta du portefeuille de la justice.

M. Garnier-Pagès, élu maire de Paris par le peuple, tenant à garder ce poste important, n'accepta point de ministère. Il s'adjoignit à la mairie MM. Recurt et Guinard, en qualité d'adjoints (1), M. Flottard, en qualité de secrétaire général, et désigna pour les finances un banquier d'une probité reconnue, qui s'était fait au *National* une réputation d'habileté, M. Goudchaux. M. Carnot fut chargé du ministère de l'instruction publique, auquel on réunit les cultes. M. Marie reçut le portefeuille des travaux publics, et M. Bethmont, député de l'opposition, celui du commerce. Le commandement général de la garde nationale et de la première division fut donné au colonel de Courtais, membre de la Chambre des députés, ancien officier de l'armée royale, qui avait le don et le goût de la popularité. La nomination de M. Charles Lagrange, que le peuple avait salué du titre de gouverneur de l'Hôtel-de-Ville, ne fut ni contestée ni officiellement ratifiée. M. Lagrange déployait déjà beaucoup d'activité dans ses nouvelles fonctions, et personne ne songea à les lui disputer.

La plus grande difficulté, c'était de pourvoir au ministère de la guerre. On ne savait trop à qui se fier ni comment concilier avec l'ancienneté ou l'éclat des services la loyauté républicaine. Le seul républicain connu et en mesure d'occuper un poste aussi important, le général Eugène Cavaignac, frère de Godefroi, était en Afrique. On le nomma gouverneur de l'Algérie. Pour sortir d'embarras, M. Arago proposa un membre de l'Institut, le colonel Poncelet, professeur de mécanique à la Sorbonne; mais cette proposition ne fut point agréée. On objecta avec raison que M. Poncelet, à cause de son grade, ne pourrait prendre aucune autorité sur les officiers supé-

rieurs, et l'on songea au général Lamoricière, qu'à tout hasard on se décida à faire appeler. Bien que fort souffrant de sa blessure et le bras en écharpe, le général ne se fait point attendre. Il n'hésite pas à reconnaître le gouvernement provisoire; mais il refuse le portefeuille, alléguant que, depuis dix-sept ans absent de France, il ne connaît pas suffisamment le personnel de l'armée. « Mon poste, à moi, ajoute le général, est à la frontière. Elle aura bientôt, sans doute, besoin d'être défendue. Je ne demande que quelques jours de repos, et je me tiens prêt à me rendre où le gouvernement provisoire jugera convenable de m'envoyer. »

M. de Lamoricière conseille de donner le portefeuille de la guerre au général Bedeau. « C'est un homme supérieur, dit-il; il connaît parfaitement l'armée; on peut compter sur lui; il rendra dans ce poste éminent de grands services. » La nomination du général est immédiatement signée; mais M. Bedeau, appelé au sein du conseil, refuse à son tour. « Je suis trop récemment nommé lieutenant général pour avoir de l'autorité sur des officiers plus anciens que moi, dit-il; ma nomination ferait un effet fâcheux. Donnez-moi le commandement de la première division. La troupe est humiliée, démoralisée; il faut l'empêcher de se débander. Confiez-moi cette tâche, et je réponds de la remplir avec honneur. »

Sur ces refus, M. de Lamartine propose le général de division Subervie, volontaire de 1792, distingué par des actions d'éclat dans les grandes campagnes de l'Empire, député de l'opposition, qui sera tout à la fois, on peut l'espérer, respecté de l'armée et bien vu du peuple. Pendant ces délibérations, on apprend que le ministère de la guerre est occupé par un ancien fournisseur des armées, M. Esprit, qui s'y est installé de son autorité privée et s'est déjà mis en fonctions dans les bureaux avec l'aide du colonel Allart. On l'envoie chercher de la part du gouvernement provisoire. Il refuse d'abord; mais on parvient, sous un prétexte spécieux, à l'attirer à l'Hôtel-de-

---

(1) M. Guinard refusa, et fut nommé chef d'état-major de la garde nationale. Il fut remplacé à la mairie par M. Buchez.

Ville. Là, on le retient pendant toute la nuit, on le garde à vue dans une salle voisine du conseil. On ne lui rend sa liberté que lorsque le général Subervie a pris possession du ministère. A ce moment critique, la moindre velléité de désobéissance pouvait amener des complications funestes. Par bonheur, aucun des officiers supérieurs de l'armée n'eut la pensée de tenter une résistance, et les adhésions des maréchaux Soult, Bugeaud, des généraux Duvivier, Leydet, etc., qui suivirent de près celles des généraux Bedeau et Lamoricière, rassurèrent bientôt complétement à cet égard le gouvernement provisoire.

Ainsi constitué et organisé, le conseil rendit à la hâte les décrets les plus urgents.

M. de Lamartine rédigea un décret laconique qui déclarait la Chambre des députés dissoute. En envoyant ce décret au *Moniteur*, M. Crémieux s'aperçut que son collègue avait oublié la Chambre des pairs, et intercala la ligne suivante : « Il est interdit à la Chambre des pairs de se réunir. » On annonçait dans ce décret la prochaine convocation d'une Assemblée nationale. Un autre décret pourvoyait à la garde des Tuileries et du Louvre. M. Ledru-Rollin pensait aux Beaux-Arts et annonçait le jour de l'ouverture du Salon. Enfin une proclamation à la garde nationale la remerciait de sa fraternelle union avec le peuple et avec les écoles, et l'exhortait, au nom de la patrie reconnaissante, à maintenir l'ordre dans la capitale. Cette proclamation annonçait en même temps que désormais tous les citoyens faisaient partie de la garde nationale.

Cependant les heures avaient marché, il n'était pas loin de minuit. Accablés de lassitude, exténués par dix heures de luttes et d'angoisses cruelles, les nouveaux dictateurs sentirent les tiraillements de la faim. Aucun d'eux n'avait pris quoi que ce soit depuis le matin. Ils suspendirent un moment leur travail pour essayer de réparer leurs forces; mais tout manquait, même pour le repas le plus modeste. Il n'y avait là ni vaisselle ni vivres d'aucune sorte. Un pain de munition, quelques restes de fromage de gruyère laissés par les soldats, une bouteille de vin et un seau d'eau apporté par un homme du peuple, ce fut tout ce que l'on put trouver, après bien des recherches, pour rassasier et désaltérer des hommes à jeun depuis près de douze heures. M. Flottard prêta un petit couteau de poche, qui passa de main en main. On but à la ronde dans une tasse ébréchée. « Voici un festin de bon augure pour un gouvernement à bon marché, » dit gaiement M. de Lamartine; et, le repas terminé, on se remit à l'œuvre.

CHAPITRE XV

Le peuple maître de Paris.

Pendant que le gouvernement élu à la Chambre prenait avec hésitation les rênes du pouvoir et tâchait de se maintenir dans une sorte de légalité fictive, le comité de *la Réforme* s'emparait révolutionnairement des deux positions administratives les plus importantes : la Préfecture de police et la direction des postes. Après le combat du Château d'Eau et l'invasion des Tuileries, M. Étienne Arago, qui se rappelait la révolution de 1830 et qui savait comment se laissent chasser les fonctionnaires des royautés en déroute, se rendit à l'Hôtel des Postes. Il trouva la cour encombrée de gardes nationaux; il leur annonça brièvement la fuite du roi, puis il se présenta dans le cabinet du directeur, M. Dejean. S'étant nommé, il lui déclara qu'il le destituait au nom de la République, et qu'il venait occuper sa place. M. Dejean resta interdit, balbutia, recommanda aux soins de M. Arago une vieille dame, sa parente, qui logeait chez lui, et quitta l'hôtel. M. Arago ne perdit pas une minute; il rassembla autour de lui les employés et les somma, à leur grande surprise, de pourvoir pour l'heure accoutumée au départ régulier des malles-postes de la République. C'était chose malaisée; car, entre l'Hôtel des Postes et les barrières, il y avait, dans toutes les directions, plus de deux cents barricades à franchir. Cependant les employés, rivalisant de zèle pour se créer des titres aux faveurs du pouvoir nouveau, aplanirent toutes les difficultés. Une heure après son entrée en fonctions, M. Arago put écrire à l'Hôtel-de-Ville, au gouvernement quelconque qu'il supposait devoir y être installé, le billet suivant : « Citoyens gouvernants, le service de la poste pour les départements sera fait ce soir comme à l'ordinaire. » Et il tenait parole. A sept heures précises, toutes les malles-postes brûlaient le pavé des routes, emportant une dépêche laconique qui annonçait à la France la victoire du peuple et la chute de la dynastie (1).

Un autre républicain, également attaché depuis bien des années au journal *la Réforme*, s'installait à la même heure, et à peu près de la même façon, à la Préfecture de police : c'était M. Marc Caussidière.

Homme d'action, de ruse et de verve révolutionnaire, propagandiste infatigable, dans les estaminets et dans les carrefours, d'une espèce de jacobinisme humoristique, M. Marc Caussidière, grâce à sa stature musculeuse, à sa figure joviale et sournoise tout à la fois, au geste populaire de son poing robuste, aux saillies de son propos pittoresque, arriva bientôt à une sorte de célébrité bouffonne qui servit merveilleusement ses vues cachées. Épouvantant et rassurant tour à tour, selon l'intérêt de ses ambitions, la bourgeoisie parisienne, il jouera dans la suite de cette histoire un personnage d'une gravité comique,

dont les traits ne se retrouvent aussi fortement accentués que chez certains héros de Shakspeare.

Quand, le fusil en main, le pistolet à la ceinture, le sabre retenu au côté par une grosse corde rouge, affublé d'une redingote crottée, d'une casquette déchirée et d'une paire de bottes hachées en pièces, tant elles avaient de fois, depuis vingt-quatre heures, franchi les barricades, M. Marc Caussidière parut à la Préfecture de police, escorté de deux chefs de barricade, MM. Cahaigne et Sobrier (1), ce fut une explosion de joie dans la bande populaire, qui, maîtresse déjà de la place, lui en fit les honneurs. Voici ce qui s'était passé avant sa venue.

Vers deux heures de l'après-midi, la nouvelle de l'abdication du roi avait été apportée à M. Delessert par quelques gardes nationaux. Presque au même moment, avant qu'il eût eu le temps de prendre un parti, une colonne d'insurgés très-nombreuse et très-menaçante vint assaillir les portes de l'hôtel en demandant des armes (2). Les cours étaient occupées par trois cents hommes de la garde municipale à cheval, par des gardes à pied, par le 70e de ligne, et par une compagnie des chasseurs d'Orléans sous les ordres du général Saint-Arnaud.

Après quelques pourparlers, le préfet, espérant calmer l'émeute, ordonne qu'on passe des fusils à la foule par la porte entre-bâillée; mais cette concession ne sert qu'à la rendre plus exigeante. Les insurgés veulent absolument pénétrer dans l'hôtel, ils veulent surtout désarmer la garde municipale. Enfin le préfet consent à rendre la place à M. Carteret, officier de la garde nationale, et se retire par la cour du Harlay. Il s'agissait de faire sortir les troupes. Les gardes municipaux refusent

---

(1) M. Bethmont, sur l'ordre du gouvernement provisoire, se rendit, vers dix heures du soir, à la direction des postes pour en prendre possession et tâcher d'organiser le service du lendemain. Trouvant la chose faite, il retourna à l'Hôtel de Ville et renonça de très-bonne grâce à ses pouvoirs.

Le relevé suivant des lettres déposées dans les boîtes de l'administration des postes à Paris, pendant les 23, 24 et 25 février, pourra ne pas paraître sans intérêt :

23 février, de 20 à 25,000 lettres.
24   —   8 à 10,000   —
25   —   45 à 50,000   —

(1) M. Sobrier commandait à la barricade de la rue Mazagran, où la colonne du général Bedeau s'était arrêtée. Il s'y était signalé par une bravoure d'autant plus frappante qu'elle contrastait davantage avec sa taille frêle et sa physionomie délicate.

(2) Dès la veille, à quatre heures, madame Delessert avait quitté l'hôtel de la Préfecture sur le bruit qu'il allait être attaqué par les insurgés.

de livrer leur poste. Le peuple, qui attend, s'impatiente; tout à l'heure il consentait à laisser passer les soldats avec les honneurs de la guerre, maintenant il exige qu'ils déposent les armes. En vain les employés supérieurs de l'hôtel les supplient, le général Saint-Arnaud leur ordonne de se soumettre; les gardes municipaux repoussent avec indignation une capitulation qu'ils estiment déshonorante. Pendant que l'émeute gronde aux portes, une lutte s'engage entre ceux qui consentent à capituler et ceux qui veulent mourir les armes à la main. Enfin ces derniers, voyant que tout est perdu, brisent leurs armes, vident leurs gibernes, déchirent leurs cartouches en poussant des cris de rage. Les officiers de la garde nationale exigent du peuple la promesse qu'on laissera sortir la troupe sans l'insulter, et s'engagent à conduire les gardes municipaux à Vincennes. Les portes s'ouvrent. Les cavaliers, la tête nue, passent les premiers à travers les murmures de la foule, puis les fantassins, puis les chasseurs d'Orléans, avec lesquels le peuple fraternise. La garde nationale protége de son mieux la triste colonne qui s'avance vers la place de l'Hôtel-de-Ville. Sur le quai aux Fleurs, une immense barricade lui barre le passage. Une décharge à bout portant renverse plusieurs soldats; une femme et un garde national sont tués roides. C'est le signal d'une nouvelle lutte ou plutôt d'un effroyable sauve-qui-peut. Culbutés, poursuivis, un grand nombre de gardes municipaux sont tués ou blessés mortellement; le colonel et le chef d'escadron n'échappent que par miracle. Le dévouement de quelques combattants les dérobe à la fureur des autres; on les cache, on les travestit; des hommes du peuple les gardent chez eux jusqu'à la nuit tombante, puis ils sont conduits en sûreté à la mairie. Le général Saint-Arnaud, renversé de cheval, entouré par une foule furieuse, est dégagé par quelques gardes nationaux, qui le sauvent en le menant à l'Hôtel-de-Ville.

Les chasseurs d'Orléans, qui s'étaient séparés sur le quai des gardes municipaux et qui se dirigeaient vers les Tuileries, rencontrent sur leur chemin une bande populaire qui en revient. Les insurgés, mis en belle humeur par le vin qu'ils ont bu en abondance et par les libertés de toute sorte qu'ils viennent de prendre dans le palais des rois, s'approchent des soldats et les accostent aux cris de *Vive la ligne!* On s'embrasse, on se tutoie, on se donne de vigoureuses poignées de main; les insurgés offrent aux soldats des jambons, des pâtés, qu'ils ont pris dans les cuisines royales et qu'ils portent en trophée au bout de leurs piques. Pendant que ceux-ci, déconcertés, étourdis, ne savent trop ce qu'ils doivent dire ou faire, on vide lestement leurs gibernes, on s'empare, tout en riant, des fusils, des shakos, puis on s'éloigne au cri de *Vive la République!*

Revenons à M. Caussidière. Après avoir harangué la foule et s'être fait reconnaître comme délégué du peuple souverain à la Préfecture de police, il prit immédiatement possession des bureaux, rédigea au courant de la plume et envoya placarder sur tous les murs la proclamation suivante :

« Un gouvernement provisoire vient d'être installé; il est composé, de par la volonté du peuple, des citoyens F. Arago, Louis Blanc, Marie, Lamartine, Flocon, Ledru-Rollin, Recurt, Marrast, Albert, ouvrier mécanicien.

« Pour veiller à l'exécution des mesures qui seront prises par ce gouvernement, la volonté du peuple a aussi choisi pour ses délégués au département de la police les citoyens Caussidière et Sobrier.

« La même volonté souveraine du peuple a désigné le citoyen Étienne Arago à la direction générale des postes.

« Comme première exécution des ordres du gouvernement provisoire, il est ordonné à tous les boulangers et fournisseurs de vivres de tenir leurs magasins ouverts à tous ceux qui en auraient besoin.

« Il est expressément recommandé au

peuple de ne point quitter ses armes, ses positions, ni son attitude révolutionnaire. Il a été trop souvent trompé par la trahison; il importe de ne pas laisser de possibilité à d'aussi terribles et d'aussi criminels attentats.

« Pour satisfaire au vœu général du peuple souverain, le gouvernement provisoire a décidé et effectué, avec l'aide de la garde nationale, la mise en liberté de tous nos frères détenus politiques ; mais, en même temps, il a conservé dans les prisons, toujours avec l'assistance honorable de la garde nationale, les détenus constitués en prison pour crimes ou délits contre les personnes et les propriétés.

« Les familles des citoyens morts ou blessés pour la défense des droits du peuple souverain sont invitées à faire parvenir aussitôt que possible, aux délégués au département de la police, les noms des victimes de leur dévouement à la chose publique, afin qu'il soit pourvu aux besoins les plus pressants.

« *Les délégués au département de la police,*
« CAUSSIDIÈRE, SOBRIER. »

Cette proclamation, qui contenait une liste inexacte des membres du gouvernement provisoire et qui constituait, sans que celui-ci en eût connaissance, une autorité indépendante, ne fut point insérée au *Moniteur*, malgré les vives réclamations de M. Caussidière (1). A partir de ce moment, une lutte secrète s'engagea entre l'administration révolutionnaire de MM. Caussidière et Sobrier, bientôt divisés entre eux cependant par la jalousie du pouvoir et de la popularité, et le gouvernement officiel de l'Hôtel-de-Ville. Ce refus d'insertion au *Moniteur* fut le premier indice de l'antagonisme qui devait si violemment éclater, à quelque temps de là, entre les éléments divers de la révolution ; ce fut le prélude de la guerre civile.

Pendant que la République prenait ainsi possession de Paris, un seul point isolé, l'hôtel des Invalides, recueillait encore les débris de la royauté, mais sans pouvoir les défendre. Là, comme au palais Bourbon, la duchesse d'Orléans résistait aux conseils timides qui la pressaient de mettre sa vie en sûreté. Il fallut, pour la décider à quitter sa retraite, qu'elle apprît de M. Barrot les tristes résultats de la tentative faite en sa faveur à l'Hôtel-de-Ville et la nouvelle qu'un groupe de peuple se dirigeait sur les Invalides. Alors seulement elle consentit à s'éloigner. M. de Mornay la conduisit à pied chez une personne dévouée qui demeurait dans le voisinage, madame Anatole de Montesquiou. Le comte de Paris la suivit à quelque distance, entouré d'un groupe d'amis. Il était près de six heures. La princesse monta presque aussitôt dans la voiture de M. de Montesquiou avec le jeune prince. M. de Mornay et M. Regnier l'accompagnaient. La sortie de Paris fut difficile; il fallait traverser des groupes d'insurgés à qui tout fuyard était suspect. Mis en joue à la barrière, le cocher lança hardiment ses chevaux au plus épais de la foule, au risque de fracasser sa voiture sur les pavés amoncelés; sa hardiesse réussit. La princesse arriva le soir même au château de Bligny, près d'Arpajon, où le duc de Chartres lui fut amené par madame de Montesquiou. Elle y demeura jusqu'au 26, pendant que M. de Mornay, rentré dans Paris, se procurait un passe-port pour l'Allemagne (1). Le 26, à dix heures du soir, elle gagna en poste le chemin de fer de Lille, où elle attendit, sans quitter sa voiture, le départ du convoi pour la Belgique (2). En passant la frontière, la princesse, qui avait montré jusque-là beaucoup de calme et de résignation, fondit en larmes. Elle

---

(1) Le 26, dans la matinée, M. Caussidière fit chercher par une vingtaine d'hommes armés le commissaire du gouvernement auprès du *Moniteur*, M. Lemansois, pour lui intimer l'ordre de faire insérer sa proclamation; mais celui-ci s'y refusa : la défense du gouvernement était formelle.

(1) M. Odilon-Barrot avait conseillé à la duchesse d'Orléans de ne point rejoindre Louis-Philippe.
(2) Par le même convoi, M. Antony Thouret allait, en qualité de commissaire du gouvernement provisoire, faire proclamer la République à Lille.

se rappelait sans doute les acclamations, les fêtes, les transports qui avaient salué naguère sa venue sur cette terre française où l'attendait un trône et où elle ne laissait qu'un tombeau. Son âme douce et pieuse s'arrachait d'un effort plus cruel encore peut-être à la tombe qu'au trône; elle donnait plus de larmes à la patrie de ses douleurs qu'à la patrie de ses prospérités.

Dans le même temps, le duc de Nemours, qui l'avait quittée aux Invalides, favorisé dans sa fuite par le colonel de Courtais et M. Dailly, maître de poste de Paris, gagnait les côtes, après être demeuré plusieurs jours caché dans une maison voisine du Luxembourg. Le gouvernement provisoire ignora volontairement sa présence.

Quant à la duchesse de Montpensier, elle ne retrouva les siens qu'après bien des fatigues et bien des angoisses. Son mari lui avait fait dire, chez madame de Lasteyrie, qu'il l'attendait à Eu; mais, lorsqu'elle arriva, accompagnée de M. Thierry et de M. Estancelin, à la résidence royale, non-seulement elle n'y trouva personne, mais encore elle manqua des objets les plus indispensables à son service. Repartie le soir même pour Bruxelles, sans avoir pu prendre le moindre repos, elle fut forcée de s'arrêter à Abbeville. La fermentation populaire y était extrême. La voiture de la princesse attirait l'attention. M. Thierry jugea prudent de mettre pied à terre pour traverser la ville sans être reconnus. La nuit était sombre et pluvieuse. On s'égara dans les rues. S'étant trompé de route, on erra plusieurs heures sous une pluie glacée, dans les ténèbres, attendant toujours M. Estancelin, qui devait amener hors des portes une voiture. La princesse perdit un de ses souliers dans la boue; mais sa jeunesse, son heureux naturel, sa précoce expérience des révolutions la soutenaient. « J'aime encore mieux cela que la table ronde, » disait-elle gaiement à M. Thierry, faisant allusion à l'ennui des soirées de famille chez la reine.

Enfin la voiture de M. Estancelin arriva, et l'on franchit dans la nuit la frontière belge.

Le duc de Wurtemberg quitta Paris, muni de passe-ports pour l'Allemagne que lui envoya M. de Lamartine. Le gouvernement provisoire favorisait toutes ces évasions. M. Guizot, qui s'était enfui par les derrières du ministère de l'intérieur, avec MM. Duchâtel, de Salvandy, Hébert, au moment où M. Barrot venait en prendre possession (1), se réfugia chez madame de Mirbel et y demeura plusieurs jours. M. de Lamartine et M. Arago facilitèrent sa sortie de France. Par un singulier hasard, le convoi de chemin de fer par lequel M. Guizot gagnait la Belgique emportait, au même moment et sans qu'il le sût, une femme dont l'influence sur lui, vraie ou supposée, avait excité la défiance universelle, une étrangère que l'opinion rendait en partie responsable de l'impopularité sous laquelle il succombait : la princesse de Lieven (2).

Louis-Philippe, la reine, madame la duchesse de Nemours, M. le duc de Montpensier, entourés, comme nous l'avons vu, d'une escorte nombreuse, étaient arrivés à Saint-Cloud, entre deux et trois heures. Plusieurs fois, pendant ce rapide trajet, le roi, se parlant à lui-même, avait murmuré le nom de Charles X. Les souvenirs de 1830 et de tristes analogies revenaient en foule à sa mémoire. Cependant il ne manifestait aucune inquiétude; encore moins songeait-il à prendre contre l'insurrection victorieuse des mesures politiques ou militaires. Quand le général Regnaud de Saint-Jean-d'Angély se présenta pour recevoir ses ordres et lui demander s'il devait rassembler les troupes, organiser un plan d'attaque ou de résistance : « Cela ne me concerne plus, répondit le roi, c'est l'affaire de Nemours. » Étant allé à Trianon, il se mit à une fenêtre, y resta longtemps à regarder

---

(1) Ce fut M. Chambolle qui avertit les ministres de l'arrivée de M. Barrot et de son cortége populaire.

(2) La princesse de Lieven, qui sentait cette réprobation peser sur elle, fut saisie d'un si grand effroi, que ses amis eurent toutes les peines imaginables à lui persuader de faire quelques pas dans la rue pour aller réfugier ses terreurs dans un asile inviolable, à l'ambassade d'Autriche.

LE TRONE PORTÉ EN TRIOMPHE A LA BASTILLE (P. 140).

le parc, critiqua la disposition de quelques massifs : « M. Neveu s'est trompé, » dit-il, et s'étant fait apporter une plume, il rectifia sur le plan ce qu'il considérait comme des erreurs. Mais tout à coup une détonation qui retentit sous les croisées du château le tira de cette espèce d'insouciance. La plus vive agitation se trahit sur son visage; il demanda en toute hâte des chevaux pour Dreux et s'occupa avec une anxiété visible de changer de costume, afin de se rendre méconnaissable. Il ôta sa perruque, coupa ses favoris, mit d'énormes lunettes vertes, rabattit sur son front un bonnet de soie noire et enveloppa le bas de sa figure dans un cache-nez. C'est travesti de la sorte qu'il prit à la chute du jour la route de Dreux, où il arriva vers cinq heures. Le maire et le sous-préfet, qui ignoraient les événements de la journée, se présentèrent aussitôt pour lui rendre leurs devoirs; il leur annonça son intention de rester à Dreux trois ou quatre jours pour y attendre la résolution définitive des Chambres. Il parla avec prolixité de la sagesse de sa politique, des prospérités de son règne; il se plaignit de l'ingratitude de certains hommes; puis, avant d'aller se reposer, il visita aux flambeaux les dernières constructions qu'il avait ordonnées dans la chapelle. Pendant son sommeil, les autorités de Dreux apprirent, par un ami de M. Bethmont, qui venait de Paris, la déchéance de la dynastie et l'installation du gouvernement provisoire. Cette nouvelle, communiquée au roi à son réveil, le décida à quitter la France. On lui conseilla de se séparer de sa famille, afin de gagner plus facilement la côte.

M. le duc de Montpensier était resté dans Paris; il y demeura quinze jours, pendant lesquels il communiqua constamment avec M. de Rémusat, espérant encore un retour des événements. Sur ces entrefaites, le roi et la reine arrivaient dans une maison isolée appartenant à M. de Perthuis, aide de camp du roi, près la chapelle de Notre-Dame-de-Grâce, sur le mont Joly, à peu de distance d'Honfleur. Le général Dumas dépêcha immédiatement un exprès au fils de M. de Perthuis, qui commandait un garde-côte, afin qu'il disposât tout pour l'embarquement de la famille royale. Dans la nuit du 26 au 27, Louis-Philippe, Marie-Amélie, le général de Rumigny et M. Paulignes, officier d'ordonnance, arrivèrent, suivis de deux domestiques, dans la maison de M. de Perthuis. Le vent soufflait avec violence sur toute la côte. Le petit bâtiment de M. de Perthuis manqua vingt fois de chavirer dans le long détour qu'il lui fallait faire pour gagner Honfleur. Il était impossible de songer à se mettre en mer. Cependant la fermentation qui agitait déjà les populations qu'on venait de traverser était trop inquiétante pour que le roi pût sans imprudence prolonger son séjour dans un lieu si peu caché; il fut convenu qu'on tâcherait de s'embarquer à Trouville. Le 28, à deux heures du matin, M. de Perthuis s'y rendit avec M. de Rumigny et M. Besson, ancien officier de marine, afin de fréter, s'il était possible, une barque de pêche. Le roi, qui avait pris le nom de Lebrun, les rejoignit vers dix heures avec Thuret, son valet de chambre. On passa la journée dans la maison d'un médecin, M. Biard. La tempête, loin de se calmer, redoublait de fureur. Les plus hardis pilotes déclaraient la mer impraticable; néanmoins on comptait à tous risques s'embarquer le lendemain; mais, le 29 au matin, les mariniers vinrent dire à M. de Perthuis que la marée ne donnait pas assez d'eau pour prendre le large, et qu'avant trois ou quatre jours aucune barque de pêche ne pourrait sortir. Au même moment, on apprenait que la population de Trouville commençait à s'émouvoir; le bruit courait dans la ville que M. Guizot s'y cachait. Il devenait périlleux pour Louis-Philippe d'y rester. Le 1er mars, en effet, vers dix heures du soir, la maison de M. Biard est subitement entourée par les gendarmes. On dit que ce n'est pas le ministre, mais le roi lui-même qui s'y trouve. Toute la population est sur pied. Le commissaire de police se présente pour faire une perquisition. Pendant que M. de Perthuis le reçoit avec une présence d'esprit qui trompe tout le monde, le roi s'évade à pied par les derrières de la maison et se jette dans la campagne. A Touques, on lui procure une voiture pour Honfleur, où il arrive le 2 mars, à cinq heures du matin. La reine, qui s'y est rendue avec le général Dumas, l'attend depuis deux jours, en proie aux transes les plus vives. Le consul britannique a mis à la disposition du roi le paquebot l'*Express*, qui chauffe dans le port du Havre. Le soir, on s'embarque sur un bac et l'on arrive au Havre. Louis-Philippe et la reine se rendent séparément sur le paquebot anglais; peu après ils étaient hors de danger, loin des côtes de France.

Mais retournons pour un moment sur nos pas. L'heure était avancée; peu à peu la foule lassée abandonnait l'Hôtel-de-Ville; les salles et les galeries se vidaient. Après le repas que j'ai décrit plus haut, le gouvernement provisoire s'était remis au travail. Il rendait à la hâte décret sur décret pour assurer l'approvisionnement de la population et pour protéger Paris du mieux qu'il était possible, soit contre une attaque des troupes royales, soit contre les excès de la multitude. De lui-même, le peuple gardait ses barricades. Sa victoire lui était chère; il ne la voulait ni abandonner ni déshonorer. Des patrouilles de volontaires circulaient dans les rues; des sentinelles en guenilles veillaient à la sûreté du riche, qui tremblait pour sa vie et pour ses biens.

L'histoire le dira à l'éternel honneur de ce peuple, pas un acte de violence sur les personnes ne fut commis, pas une propriété particulière ne fut même menacée, pendant le long espace de temps qui s'écoula entre la chute du pouvoir monarchique et la constitution du pouvoir républicain. Malgré ce qui se rencontre toujours de ferments impurs dans le soulèvement des masses, la générosité, la douceur, un naïf enthousiasme de fraternité, un fier désintéressement, une courtoisie délicate, furent la vengeance de ce peuple, si justement ulcéré, sur ceux qui avaient oublié ou calomnié sa misère.

Et pourtant il avait été excité pendant le combat par des fanatiques, par des conspirateurs, par des hommes familiarisés avec la théorie de l'assassinat politique. Plus d'un Marat subalterne lui soufflait déjà dans l'ombre ses inspirations sanguinaires; mais le délire même de ce peuple en armes, abandonné à son propre génie, dans l'ivresse de la victoire, ne trahit que le secret de sa grandeur. L'idéal de la République, longtemps caché, enfoui dans son sein, avec une passion jalouse, en sortit pur. Les premières paroles qu'un poète adressa, au nom du peuple républicain, à la France et au monde, furent des paroles de paix et de concorde.

Le gouvernement provisoire prenait en main la plus belle, la plus religieuse tâche qui soit jamais peut-être échue à des hommes : un peuple fier, courageux, intelligent, soulevé pour défendre le droit, l'honneur, la moralité politique, lui confiait spontanément le soin de ses destinées. Victorieux, il abdiquait sur l'heure même de sa victoire et remettait à des hommes, qu'il jugeait plus capables que lui d'en user avec discernement, un pouvoir qu'il voulait bienfaisant, conciliateur et juste. Ce peuple magnanime n'exigeait qu'une seule chose, mais il l'exigeait avec passion : il voulait que, répudiant un règne anti-national, on reprît sincèrement la tradition de liberté expansive et d'unité qui, depuis les premières origines de notre histoire jusqu'à la révolution de 93, avait de plus en plus cimenté la puissance de la nation française en étendant sa gloire. Il voulait que l'on rendît au pays sa vigueur énervée par de pernicieux enseignements et par des pratiques détestables. Une voix sortie de ses entrailles, une voix qui éveillait des échos jusqu'aux confins du monde, appelait les élus de l'Hôtel-de-Ville à une entreprise signalée.

Et tout paraissait conspirer à la leur rendre facile. Par un concours extraordinaire de circonstances heureuses, le gouvernement provisoire, bien qu'issu d'une insurrection et investi du pouvoir par une élection tumultuaire, représentait avec éclat toutes les forces légitimes que la raison reconnaît et qu'honore la conscience publique. M. Dupont (de l'Eure) y apportait l'autorité d'une longue vie éprouvée et d'un caractère incorruptible; MM. Arago et de Lamartine, l'illustration de la science et de l'art, la noblesse du langage, la délicatesse des mœurs, et cette tempérance des opinions éclairées qui devait, en rassurant les vaincus, aplanir les voies à la réconciliation; MM. Ledru-Rollin et Louis Blanc, avec l'initiative révolutionnaire, la confiance plus intime du peuple. Aucune résistance sérieuse n'était à redouter au dedans, aucune entreprise à craindre du dehors.

Dans la nuit même de son installation, le gouvernement provisoire recevait, par la bouche des maréchaux et des généraux les plus illustres, l'hommage de l'armée. La garde civique, compromise avec le peuple, se voyait en quelque sorte contrainte d'accepter comme sienne une révolution précipitée par son imprudence. Sur un signe du télégraphe, les départements allaient tous passer, en un clin d'œil, de la monarchie à la République. L'empressement sans pudeur des serviteurs de la dynastie à venir saluer cette République qu'ils déclaraient, la veille, plus impossible encore que haïssable, ne découvrait que trop, dans le pays légal, ce néant des convictions au sein duquel se prépare la décadence et se consomme la ruine des pouvoirs caducs. La vieille société quittait la place. La société nouvelle s'inclinait devant ses législateurs.

Considérer à ce point de vue la révolution de février et l'institution de la République, c'est, je ne l'ignore pas, entrer en contradiction complète avec l'opinion commune, qui ne veut plus voir aujourd'hui dans cette révolution que l'habile manœuvre d'une faction, qu'un acte de violence et de traîtrise. Suivant le nombreux parti humilié en février, un ordre donné à propos, un mouvement de troupes mieux exécuté, un prince de plus à Paris, un combattant de moins dans la rue, un orateur absent à la Chambre, et la dynastie était sauvée, et le pays légal reprenait, après un désordre presque insensible, le cours de ses prospérités. L'avenir n'est pas loin qui fera justice de ces frivoles assertions. L'histoire montrera avec évidence que jamais peut-être la surprise, l'accident, l'action personnelle d'un homme, n'eurent moins de part dans le renversement des choses établies. La révolution de 1848 ne s'est faite, il faut bien qu'on le sache, ni par conspiration, ni par connivence, ni par coup de main, ni par guet-apens. La force matérielle, et c'est là le caractère supérieur de cette révolution, n'y eut qu'un jeu très-secondaire. Il n'est pas un chef de parti qui se puisse vanter avec fondement qu'il l'ait conduite ou qu'il eût pu la vaincre.

Le peuple de Paris, en s'emparant de l'Hôtel-de-Ville et en y proclamant spontanément, malgré la plupart des chefs de la démocratie, le gouvernement républicain, n'a été que l'exécuteur d'un arrêt depuis longtemps suspendu sur le pays légal. La dynastie d'Orléans et la bourgeoisie, qui gouvernaient toutes choses avec une présomption dédaigneuse, et qui n'avaient su voir et sentir que la vie matérielle, que le mouvement en quelque sorte mécanique de la France, n'avaient demandé ni au sentiment religieux, ni à l'honneur national, ni à l'instinct populaire la force morale qui consacre et féconde le droit de souveraineté. La souveraineté leur était ôtée. Quoi de plus simple, de plus aisé à comprendre, de plus conforme à la logique du progrès social et aux lois éternelles de la civilisation !

Dans son rapport immédiat avec le règne de Louis-Philippe, la révolution de 1848 n'a pas d'autre cause ni d'autre explication. Dans son rapport, encore obscur, avec l'avenir, je la considère, on l'a vu, comme une transformation ascendante de la vie morale et matérielle du peuple.

Le gouvernement provisoire et l'Assemblée constituante ont eu en leur puissance tous les moyens imaginables de hâter cette transformation par l'organisation de l'éducation nationale et par l'administration de la richesse publique, réformées selon les principes de l'égalité démocratique. Mais dix-sept années d'opposition au pouvoir n'avaient pas préparé les radicaux à le posséder. Politiques de tribune, de barreau ou de journalisme, aucun d'eux n'avait ni le caractère ni le génie de l'homme d'État. Troublés dans leurs conseils, divisés contre eux-mêmes, on les a vus se heurter et trébucher à chaque pas. Pendant ces contentions et ces discordes, le temps a fui, l'occasion s'est envolée. A l'heure où j'écris ces lignes (1), l'esprit d'aveuglement étend de nouveau sur la France ses sombres ailes. Il appesantit les cœurs ; il abat les volontés. Tout est confus, vacillant, inerte et morne. Les meilleurs perdent courage et les pires perdent honte. Cependant les signes prophétiques ne s'effacent point à l'horizon ; ils reparaissent, ils se multiplient, ils tiennent en éveil l'âme du peuple. Une défaillance passagère du pays lassé n'étonne ni sa foi ni sa constance. Refoulée dans les profondeurs, l'idée s'y étend et s'y enracine.

La société qui se décompose fertilise à son insu la société qui germe. Pour aller moins vite que le désir, la sagesse des nations n'en fait pas moins sa tâche. La métamorphose s'accomplit. La liberté et la raison en ont le secret. Ouvrières immortelles d'une œuvre divine, elles opèrent silencieusement, avec sûreté, sans jamais suspendre leur travail, la transformation du monde.

(1) En 1850.

DEUXIÈME PARTIE

CHAPITRE XVI

Considérations générales. — L'Hôtel-de-Ville. — Le drapeau rouge. — Auguste Blanqui. — Abolition de la peine de mort en matière politique.

Le 25 février 1848, Paris s'éveilla aux accents de la *Marseillaise* et connut avec certitude, à la joie des masses populaires, qu'il était définitivement passé de la monarchie à la république.

Un long étonnement accueillit cette nouvelle, que plusieurs refusaient encore de croire, tant elle paraissait invraisemblable. Les imaginations se troublèrent ; la vague attente de quelque chose d'inévitable, de fatal, paralysa soudain le mouvement et comme la respiration de la grande cité. Aux acclamations du prolétaire triomphant, qui attachait à ce mot de *république* des espérances infinies, la bourgeoisie répondit par un silence où la consternation avait plus de part que le consentement. On eût dit qu'à ses oreilles le son même de ce mot tout chargé d'électricité portait la menace, et qu'elle y entendait gronder de sourdes colères. Par une puissance étrange, ce mot jetait les uns dans des frayeurs inouïes, les autres dans le délire de l'enthousiasme ; chez tous, il suscitait une même pensée : c'est qu'aucune résistance à la révolution n'était imaginable ; que désormais le seul maître, c'était le destin, et qu'il allait à son gré, sans prendre souci ni conseil des hommes, remuer jusqu'en ses fondements la société ébranlée.

D'où provenait cette fascination exercée sur les esprits par un mot aussi ancien que le monde ? Comment le même mot pouvait-il, au même moment, dans le même lieu, éveiller chez une partie de la population de semblables transports et frapper l'autre d'un accablement si morne ? Essayons de nous en rendre compte.

Aux yeux du philosophe qui contemple l'idée pure, la république, c'est l'état le plus parfait auquel puisse se tenir une société entrée dans l'âge viril, qui s'affranchit de tutelle et se gouverne elle-même, soumise à la seule autorité légitime : l'autorité de la raison commune, manifestée dans la loi. Expression à la fois permanente et variable des volontés individuelles réduites en volonté nationale, c'est la chose publique, confiée à la sagesse publique. Tel se conçoit, dans le domaine abstrait de l'intelligence, l'idéal, la théorie, le principe absolu de l'état républicain.

Dans le cœur du *juste*, de l'homme de bien, la notion de république prend un caractère supérieur encore ; elle y devient l'expression du sentiment religieux appliqué aux institutions civiles. Le chrétien, s'il est pénétré de l'esprit de l'Évangile, ne saurait voir dans la république qu'une patrie plus douce et en quelque sorte plus maternelle, établissant dans la famille politique la fraternité de la primitive Église, et répandant avec sollicitude, sans choix ni privilége, sur tous ses enfants, les dons de la Providence.

Dans la mémoire de l'historien, la république apparaît, suivant les temps, les lieux, les mœurs, sous des aspects multiples.

A Sparte, elle est pauvre, guerrière, frugale et rude sous une étroite discipline. Chez les Athéniens, fille des Muses, elle orne la liberté de mille grâces, et nous séduit jusque dans ses erreurs par les prestiges d'un art immortel. Dans l'ancienne Rome, elle porte à son front l'orgueil des vertus civiques et marche d'un pas assuré à la domination du monde, que les dieux ont promise à la constance de ses desseins. A Carthage, on la voit opulente, avide et spéculatrice. Chez les peuples italiens, en proie à d'inquiets instincts de grandeur, elle semble se jouer des discordes civiles au sein desquelles elle invente ou retrouve la science et la beauté antiques. Au pied du Jura, dans les vallées alpestres, elle demeure stationnaire, presque immobile, à la garde d'un patriciat circonspect. Dans les Pays-Bas, elle se montre grave, persévérante, d'une sagesse qui touche à la grandeur. En Angleterre, pendant sa courte durée, elle s'inspire, à la voix d'un grand homme, de l'esprit des camps et du fanatisme des sectes. Aux États-Unis d'Amérique, enfin, la prodigieuse activité de son industrie et l'instinct puissant de l'association la mettent en possession d'un bien-être social dont aucun peuple du globe n'avait encore pu jusque-là se former l'idée.

Ainsi, soit que nous le considérions chez les anciens ou chez les modernes, au sein du paganisme ou du christianisme, l'état républicain, tel que nous le retrace l'histoire, tour à tour oligarchique, démocratique, fédératif ou unitaire, catholique ou protestant, guerrier, industriel, maritime ou agricole, admettant ou rejetant l'esclavage, n'implique nécessairement aucun ordre social à l'exclusion d'un autre. On ne le voit soumis à aucune condition particulière d'existence religieuse, civile, politique ou géographique. En vain chercherait-on, aux époques antérieures à la Révolution française, dans les institutions qu'il fonde, dans les hommes qu'il suscite, dans les faits qu'il produit, la raison des enthousiasmes et des épouvantes que nous venons de voir éclater au seul mot de république. C'est, en effet, uniquement dans les souvenirs les plus récents de nos propres annales que s'en trouve l'explication. C'est la République de 1792 et de 1793 qu'il faut interroger, si l'on veut comprendre la perturbation jetée dans les esprits par l'avénement de la République en 1848. Jusque-là, rien dans notre passé qui préjugeât très-fortement ni pour ni contre l'établissement républicain en France, ou qui dût le faire considérer autrement que comme une conséquence naturelle, un développement probable de notre vie nationale.

On le sait, les principes essentiels de l'institution républicaine, la délibération et l'élection, remontent à l'origine et se perdent dans l'obscurité de nos traditions. Après les assemblées des Gaulois et des Germains, sources primitives de notre droit historique, l'organisation presbytérienne et l'esprit démocratique de la primitive Église rétabli et ravivé par le protestantisme, le régime municipal et communal, les états généraux, les parlements, les fondements grecs et latins de notre éducation universitaire, nos libres penseurs de tous les siècles, le jansénisme de Port-Royal, le mysticisme symbolique de la franc-maçonnerie, ne cessent d'entretenir, au sein de la France féodale et monarchique, un ferment d'indépendance et comme un foyer de vertus républicaines que les rois parviennent à couvrir de cendres, mais qu'ils n'étouffent jamais entièrement, et d'où jailliront, aux jours les plus asservis, de vives étincelles.

Ainsi, au moment même où la gloire de Louis XIV subjugue le pays à ce point qu'il en vient à confondre le patriotisme et l'honneur avec la soumission aux caprices du prince, quand le droit divin semble avoir absorbé en lui tous les autres droits, debout, au pied du trône, Fénelon évoque l'image d'une république idéale, dont la méditation du génie antique et la pratique de l'apostolat chrétien lui ont révélé les lois. Sous le règne de la Pompadour, Montesquieu proclame, aux applaudissements de son siècle, que la vertu est le principe de l'état républicain. Avec lui et après lui, au plus fort des abus, des déportements, des insolences d'une cour sans frein, les philosophes, les légistes, les historiens, les savants, les politiques, travaillent de concert à établir dans la conscience publique la souveraineté de la raison et l'égalité des droits. Et leur commun effort s'adresse à des esprits si bien préparés, la résistance des préjugés est si faible, si vaine, que, trente ans après, quand le démocrate Franklin vient demander à la France son or et sa flotte pour soutenir les colonies insurgées, il trouve un roi, des ministres, une cour que la révolte républicaine n'étonne ni n'indigne, et qui se jettent avec enthousiasme dans cette grande aventure de l'esprit de liberté.

Est-il besoin de rappeler combien fut restreinte et impopulaire, en 1789, l'opposition à la convocation des états généraux? Quelques privilégiés, des princes du sang royal, des familiers de Versailles, protestent seuls contre la masse du pays qui reconnaît et salue dans l'Assemblée envoyée par le suffrage universel une institution sortie des entrailles de la société française, monarchique d'intention et de langage, il est vrai, mais virtuellement républicaine, de telle sorte que, bientôt, sans le savoir, sans le vouloir, embarrassée d'un roi inutile, n'en sachant que faire, de malentendu en malentendu, d'hypocrisie en hypocrisie, d'inconséquence en inconséquence, ses décrets et ses discussions nécessitent la fuite à Varennes.

A ce moment, la pensée d'une république immédiatement réalisable s'empare de l'opinion; la presse quotidienne prend l'initiative et prononce le mot. L'écho populaire lui répond. « La république s'exhale de partout, » s'écrie avec transport une femme qui va bientôt périr victime de sa foi républicaine. L'heure semble venue; la circonstance est propice. Les idées pressent les événements; les esprits sont disposés, les principes acceptés, les formules prêtes. Que le roi quitte le sol, que sa noblesse de cour le suive, s'il lui plaît, la France émancipée ne s'en troublera guère. D'un accord unanime, bourgeois et prolétaires défendront, maintiendront le droit, et poursuivront sans s'arrêter l'œuvre de la transformation sociale. Mais un zèle funeste ramène le roi captif. L'Assemblée s'émeut; le sens politique l'abandonne. Elle s'engage avec le roi contre le peuple, avec le passé contre l'avenir, avec la monarchie contre la république. La bourgeoisie, à son exemple, hésite; une scission fatale s'opère au Champ de Mars; Le sang coule... Dès lors, la libre et régulière métamorphose des institutions devient impossible. L'obstacle qui se dresse de toute sa hauteur défie le génie du siècle et provoque un effort désespéré. Cet effort exalte les têtes. Les idées sont entraînées par les passions; les passions, à leur tour, éveillent les instincts; les instincts s'arment d'une logique implacable. Ce qu'il y a de brutal dans les instincts et d'absolu dans la logique ne veut plus compter ni avec le temps ni avec les hommes. L'instinct de l'aristocratie en détresse pousse un cri vers l'étranger. L'instinct de l'égalité démocratique tue le roi de l'aristocratie. La République française est fondée, mais par violence et dans le sang français. Dès ses premiers pas, elle est jetée hors de ses voies. Fille de l'Évangile et de la philosophie, c'est sa grandeur, et ce sera sa perte d'être incompatible avec la tyrannie des instincts. Elle ne saurait régner par la terreur. Il ne lui sied pas, comme à ces empereurs romains, de placer sur sa poitrine la tête de Méduse. L'esprit même de son institution, qui exalte la dignité de la personne humaine et rend la vie de l'homme plus sacrée pour l'homme, la condamne à périr. En abattant des têtes, elle paraît plus cruelle que les monarchies, par cela seul qu'elle agit contrairement à son principe. Pendant trois ans elle a beau accomplir des prodiges et tenter avec une audace inouïe de fixer dans les lois les plus sublimes aspirations de l'âme humaine, rien ne peut la soustraire à la fatalité de son origine. Tout ce qu'elle déploie de génie et d'héroïsme reste vain. Il faut qu'elle meure, parce qu'elle a forfait à sa nature, et que l'impassible nature des choses l'emporte toujours, à la longue, sur la passion humaine. De convulsion en convulsion, elle tombe bientôt épuisée, laissant au monde frappé de stupeur, et qui la méconnaît parce qu'elle s'est méconnue elle-même, un nom glorieux et maudit, un testament mystérieux, inachevé, tracé en caractères de sang. Ce testament, est-ce une promesse, est-ce une menace? Est-ce une bénédiction, est-ce un anathème? Est-ce un sophisme inhumain, est-ce une vérité divine? Est-ce le testament de la Gironde, celui de la Montagne, celui de la Commune? Est-ce le testament de Condorcet, de Danton, de Robespierre, de Marat, de Babeuf?

Quand Paris vit soudain reparaître sur ses murailles les trois paroles sacramentelles du testament républicain : « *Liberté, égalité, fraternité* », chacun se fit à soi-même ces questions terribles. Mais vaincus ou vainqueurs, bourgeois ou prolétaires, républicains ou royalistes, tous étaient hors d'état d'y répondre. Dans la déroute complète des forces matérielles et morales de la société constituée, tout semblait à la fois probable et impossible. C'est pourquoi, la raison se taisant, l'imagination, qui se joue de tout, promenait ses fantômes et ses chimères sur la place publique.

Le gouvernement provisoire, en proclamant un peu malgré lui, sous la pression de la victoire populaire, la république démocratique, faisait-il donc, comme on le lui a reproché plus tard, un acte arbitraire, intempestif, contraire à l'opinion véritable du pays? Je n'hésite pas à affirmer que non. Toute autre conduite, en l'admettant possible, eût été souverainement inintelligente des nécessités du temps, au rebours, si ce n'est des volontés explicites de la nation, du moins de ce vœu muet qui ressort pour l'homme d'État de l'ensemble des idées, de la situation des partis, et surtout du caractère général donné par les mœurs à une époque historique.

Examinons quel était ce caractère à la fin du règne de Louis-Philippe.

Répandu sur toute la surface du sol, attaché à une terre qu'il doit à la Révolution, le paysan qui a entendu de loin s'élever des barricades et crouler des trônes, qui a vu passer empereurs et rois fuyants, qui a assisté, dans l'église de son village, à des *Domine salvum* pour toutes sortes de souverains dont pas un n'a été sauvé, le royaliste de l'Ouest et du Midi abandonné de ses princes, le bonapartiste de l'Est et du Nord ruiné par les invasions étrangères, tous ont profité de ce cours éloquent de philosophie historique. Aujourd'hui, le paysan prend peu de souci des dynasties et reste indifférent aussi bien au droit divin qu'à la légalité constitutionnelle. Le gouvernement, dépouillé de son caractère sacré, est devenu pour lui une machine administrative qui ne saurait lui inspirer ni amour ni haine, car il n'entre en rapport avec elle que par l'impôt. Quant aux classes supérieures, bourgeoisie ou noblesse, c'est à peine s'il en fait la différence. Quitte de toute obligation envers l'une comme envers l'autre, sachant très-bien qu'il n'a plus à attendre d'elles ni injures ni bienfaits, il voit dans le seul lien qui le rattache à leur existence, le fermage, deux intérêts opposés, en lutte constante. Le plus bas fermage et l'impôt le moins lourd seront les marques auxquelles il reconnaîtra le meilleur gouvernement. Si le paysan n'a pas, à proprement parler, de principes républicains, son intérêt du moins le pousse, et très-fortement, au progrès de l'égalité démocratique.

La bourgeoisie, grande et petite, bien qu'elle soit opiniâtrement revenue à trois reprises, depuis 1789, au système anglais de la monarchie représentative, par suite de l'insuccès réitéré de ses expériences, a perdu confiance dans ses théories politiques. Elle commence à comprendre que la logique du bon sens français s'accommode mal des fictions du régime parlementaire, et que perpétuer, sous une autre forme, la vieille lutte entre le sang royal et l'esprit des communes n'est pas une œuvre de bien haute sagesse, ni propre à donner au pays la stabilité dont il a besoin pour l'accroissement de sa richesse industrielle.

Au sein de l'ancienne noblesse, il convient, pour être équitable, de distinguer deux fractions différentes : l'une que l'on pourrait

DUCHESSE D'ORLÉANS

appeler la noblesse bourgeoise, tant par son contact fréquent avec la bourgeoisie elle a laissé s'émousser son caractère propre; l'autre restée plus fière et fidèle aux traditions. La première, ralliée à la royauté de la branche cadette, peu considérée aussi bien dans les rangs qu'elle quittait que dans ceux où elle venait faire nombre, sans autorité morale, sans intelligence politique, mérite à peine de nous occuper un moment. Ses opinions ne valent pas d'être comptées dans l'appréciation de l'état des esprits. On ne pourrait pas dire qu'elle fût absolutiste, constitutionnelle ou républicaine. Elle était égoïste jusqu'au cynisme. Aucun gouvernement n'avait à attendre ou à craindre d'elle un appui efficace ou une résistance sérieuse.

La noblesse légitimiste gardait intacte. il est vrai, sa foi monarchique, mais sans espérances prochaines, sans illusions sur les personnes royales, sans éloignement pour l'émancipation du peuple par le suffrage universel. Son sentiment le plus vivace était sa rancune contre la branche cadette; rancune poussée si loin qu'elle se réjouit de la Révolution et déclara spontanément que non-seulement elle n'apporterait point d'entraves à l'établissement de la République, mais encore que son honneur, qui l'avait tenue éloignée d'un trône illégitime, ne lui défendrait point de servir le gouvernement de la nation par la nation elle-même. D'accord en cela avec la majeure partie du clergé qui tendait à isoler sa cause de celle des maisons royales, parce qu'il espérait profiter de la liberté pour ressaisir l'empire des âmes, la noblesse légitimiste se plaisait à voir la justice de Dieu et sa propre vengeance dans la victoire populaire.

Un sentiment analogue animait le parti bonapartiste. Riche et actif, mais effacé alors, amoindri par le ridicule des expéditions de Strasbourg et de Boulogne, ce parti d'origine et de pratiques révolutionnaires, dont le chef était dans l'exil et qui comptait sur le prestige d'un nom glorieux, avait tout à gagner et n'avait rien à perdre à l'institution de la république démocratique.

L'armée, depuis la première révolution, obéissait instinctivement à ce principe, qu'elle appartenait au pays; que son devoir unique, c'était, quelle que fût la forme du gouvernement, de défendre le territoire.

Dans la succession rapide des pouvoirs politiques, la magistrature s'était pareillement désintéressée des questions de personnes. Ainsi, les classes, les partis, les corps constitués, tout ce qui tenait au sol par la propriété, à l'État par les fonctions, en était arrivé à une indifférence presque égale pour les formes de la vie politique. La grande majorité de la nation restait passive; elle ne sentait plus en elle aucune force d'initiative, parce qu'elle n'avait plus aucune foi.

La foi politique s'était réfugiée au sein de la classe ouvrière; là, elle était vive et profonde. Plus lettré que le paysan, moins matérialiste que le bourgeois, l'ouvrier des villes rattachait ses intérêts à des idées. La presse quotidienne l'avait initié, bien ou mal, aux débats parlementaires; il avait retenu la notion du droit et les principes égalitaires de la Révolution française. Comprenant que les destinées de la royauté sont liées à celles du clergé et de la noblesse, et que jamais la cause du peuple ne serait prise à cœur que par le peuple lui-même, il n'entendait plus commettre à d'autres le soin de ses affaires. Il voulait être citoyen. Par sa capacité, par son sentiment de justice et par son patriotisme, il avait depuis longtemps le droit de l'être. L'ouvrier des villes appelait de tous ses vœux la république.

Mais quelle république voulait cette minorité énergique, et jusqu'où s'étendait à cet égard son droit d'initiative? En d'autres termes, quelle interprétation le gouvernement provisoire devait-il donner à la formule républicaine pour en faire la règle de l'ordre nouveau qu'il s'était chargé d'établir?

Dès les premières heures de la révolution, pendant que durait encore l'accord apparent des classes dans la soumission ou l'adhésion à la République, on aurait pu entendre, si l'attention n'avait été troublée par la peur chez les uns, par l'enthousiasme chez les autres, deux cris distincts. A la bourgeoisie, qui criait bien haut : « *Vive la république démocratique,* » le prolétariat répondait par un autre cri, peu accentué dans l'origine et qui ne semblait qu'un pléonasme, mais qui s'accusa bientôt et se différencia de plus en plus. L'ouvrier criait : « Vive la république démocratique et SOCIALE. »

Le premier de ces cris exprimait une idée très-claire et comprise de tous. Que la république dût être *démocratique*, personne n'y contredisait. La monarchie de Louis-Philippe n'avait été qu'une démocratie inconséquente; les événements venaient de le démontrer surabondamment. Faire justice de cette inconséquence en ôtant de l'institution politique le chef héréditaire; sortir enfin, après trois expériences concluantes, des subtilités de la royauté parlementaire; détruire, par l'établissement du suffrage universel et par l'élection à tous les degrés de la hiérarchie politique, les derniers vestiges du privilége, ce n'était pas là une entreprise téméraire. La révolution, sur tous ces points, n'était pas en contradiction avec le sentiment du pays. La république démocratique avait été suffisamment préparée dans les mœurs.

Quant à la révolution que le peuple appelait sociale, c'est-à-dire aux changements à apporter dans les relations du capital et du travail, dans la définition du droit de propriété et dans sa discipline, dans l'application de ce principe fondamental des constitutions démocratiques : « la société doit à tous ses membres la sécurité de l'existence, » la conscience publique était encore d'une part à l'état d'ignorance profonde, de l'autre à l'état d'aspiration confuse. Il n'appartenait à aucun gouvernement, si révolutionnaire qu'il fût, de violenter, par des lois arbitraires, l'action du temps. Aussi la classe ouvrière ne le prétendait-elle pas. Les différents chefs d'écoles socialistes, hormis un seul, ne se faisaient sur ce point aucune illusion. Le peuple ne demandait pas au gouvernement d'opérer en sa faveur des miracles; il ne voulait qu'un gage de bonne volonté, la certitude qu'on allait enfin penser à lui, reconnaître qu'il méritait un sort meilleur, chercher sincèrement les moyens de le lui procurer. Ce peuple fier, intelligent, porté à l'héroïsme, n'écoutait pas, quoi qu'on en ait dit, les suggestions de quelques terroristes plagiaires. Il ne voulait ni spoliation, ni exil, ni cachot, ni guillotine. Le peuple de 1848 ne ressemblait au peuple de 1792 que par le patriotisme et le courage. Ce n'était plus, comme dans cette première victoire de la démocratie, l'esclave exaspéré par de longues tortures, brisant ses chaînes dans un accès de frénésie et courant à des vengeances aveugles; c'était l'enfant oublié, déshérité, qui demande à rentrer dans la famille sociale, non pour y porter la discorde ou pour y vivre aux dépens de ses frères, mais pour y travailler avec eux à la prospérité commune.

Et pour qu'il en fût ainsi, que fallait-il ? Favoriser, au lieu de le comprimer, le mouvement naturel de la société vers l'égalité, par l'éducation, par l'impôt, par l'association, par tous les modes de protection que l'État doit à la faiblesse contre la force, à la pauvreté contre la richesse; reconnaître que les droits à acquérir sont aussi sacrés que les droits acquis; ouvrir les plus larges voies à cet instinct des masses qui cherche confusément l'organisation et la vie; en un mot, dégager des agitations factices d'une démagogie sans idées la pensée vague encore mais juste et le vœu légitime du peuple.

Si la République de 1848 n'a point été fondée sur ses véritables bases, si la démocratie s'agite encore aujourd'hui si misérablement entre deux menaces de despotisme également contraires à sa nature, la raison n'en est pas, comme on l'insinue, dans l'incompatibilité du génie français avec les institutions républicaines, moins encore dans l'amour de la nation pour la royauté et pour l'aristocratie. Il en faut chercher la cause principale dans l'ignorance où les classes lettrées et riches sont demeurées à l'égard du peuple, et dans la fausse idée qu'elles ont conçue des exigences du prolétariat. Troublées par la vague conscience des devoirs auxquels elles avaient failli pendant les deux derniers règnes, elles ont cru à des ressentiments sans pitié et à des appétits insatiables. Le fantôme de 93 est apparu à leur âme en détresse. Elles n'ont vu, dans ces grandes masses soulevées au nom de la justice, que la turbulence de quelques factieux, dont les clameurs insensées ne valaient pas tant d'alarmes, car elles allaient se briser d'elles-mêmes contre la fermeté de la raison populaire. Elles ont confondu, pour ne s'être point assez rapprochées du peuple, l'esprit de secte avec le progrès même de la civilisation, le terrorisme avec le socialisme, les convulsions d'un babouvisme et d'un jacobinisme expirant avec les efforts légitimes du prolétariat pour entrer dans l'organisation sociale.

Et le gouvernement provisoire, composé d'éléments hétérogènes, désuni dès la première heure, tiraillé en tous sens, hésitant entre le peuple et la bourgeoisie, cédant, sans convictions arrêtées, tantôt à l'une, tantôt à l'autre, n'osant ni regarder hardiment en avant, ni retourner en arrière, s'est vu réduit à pratiquer une politique d'expédients, sans grandeur et sans force. Il a réussi, il est vrai, à éluder le conflit des intérêts et à retarder la guerre civile, mais sans semer le moindre germe de conciliation, et en laissant subsister dans tous les esprits le malentendu, le soupçon, l'anarchie morale qui avaient causé la chute de la royauté, et dont l'institution républicaine devait effacer la trace.

Il était midi environ. Depuis la veille au soir, Paris était au pouvoir du peuple. Les barricades, gardées par les plus intrépides entre les combattants, interceptaient les communications et tenaient isolé, dans une anxiété extrême, tout ce qui n'appartenait pas au mouvement révolutionnaire. Les soldats, désarmés, débandés, ou cernés dans leurs casernes, ne pouvaient plus rien. Les gardes nationaux essayaient timidement, en se mêlant à la multitude, de prévenir par leurs exhortations les désastres que l'effervescence générale semblait présager. Les bruits les plus sinistres se répandaient et trouvaient créance. A la bourgeoisie atterrée, on disait que des hordes de malfaiteurs, délivrés des prisons, portaient partout l'incendie et le pillage; les Tuileries et le Palais-Royal, assurait-on, étaient déjà dévastés de fond en comble; les musées, les bibliothèques étaient la proie de nouveaux Vandales. Paris allait souffrir tous les outrages et toutes les atrocités que subit une ville prise d'assaut. Des rumeurs d'une autre nature couraient de barricade en barricade. La duchesse d'Orléans et ses fils n'avaient pas quitté Paris. Le maréchal Bugeaud, le général Trézel et les princes, restés dans Vincennes, marchaient sur les faubourgs, que les forts allaient bombarder. Une conspiration pour la régence se tramait au sein même du gouvernement provisoire; une Saint-Barthélemy des républicains montagnards était concertée entre les royalistes du dehors et les girondins de l'Hôtel-de-Ville : tels étaient les propos qui semaient partout le soupçon. Le peuple, inquiété, excité par l'insomnie, par l'ivresse d'une victoire inespérée à tel point qu'il ne la tenait pas encore pour certaine, affluait de toutes parts vers la place de Grève, et s'y amassait en flots pressés d'où s'élevait une clameur inarticulée, mais formidable.

L'Hôtel-de-Ville, envahi par la multitude, présentait un spectacle d'une inexprimable confusion. Des courants et des contre-courants d'hommes bizarrement armés d'armes de rencontre, piques, couteaux, fusils, sabres et baïonnettes, et qui paraissaient en proie à une sorte de vertige, se heurtaient et se mêlaient dans les cours, sur les escaliers, dans les galeries, sous les voûtes, où retentissaient des coups de feu tirés à l'aventure par des enfants ou des gens ivres. Plusieurs, animés de cet instinct d'ordre que ne perd jamais, même dans ses plus grands entraînements, la population parisienne, gardaient les canons, mèche allumée, et, se plaçant en sentinelle au bas des perrons, devant les entrées principales, s'efforçaient, par des discours pleins de sens, d'arrêter, ou du moins de contenir les invasions de la foule.

A chaque instant, cette foule se rangeait d'elle-même, et, se découvrant pieusement, livrait passage à des brancards ou à des cercueils qui, des points les plus éloignés de Paris, amenaient des morts et des blessés à ce gouvernement sans nom, sans pouvoir, né à peine, auquel, par un penchant invincible du caractère français, on remettait déjà tous les soins et tous les embarras de la vie civile. La vaste salle Saint-Jean recevait les cadavres qu'un prêtre veillait en silence et qu'honorait un *poste des morts;* tandis que, tout près de là, dans les salons somptueux destinés aux fêtes de la ville, des bandes de prolétaires se répandaient pêle-mêle, foulaient de leurs pieds nus les tapis d'Aubusson, se jetaient harassés sur les sièges de velours, étonnaient de leur aspect inculte, de leurs visages hâves, de leurs vêtements en lambeaux, de leurs regards curieux ou farouches, les glaces splendides où se répétaient naguère à l'infini les élégances d'une société qui n'avait jamais vu que de loin la misère.

A l'extrémité d'un long couloir, dans un cabinet encombré déjà de solliciteurs, d'importants, de déserteurs de la royauté, de cette tourbe vile qui pullule dans toutes les antichambres et apporte à tous les souverains, quels qu'ils soient, l'hommage de ses lâchetés, un petit nombre d'hommes étrangers l'un à l'autre, surpris de se trouver ensemble, essayaient, en vertu d'une autorité dont eux-mêmes n'avaient pas le secret, d'arracher au hasard des événements la société éperdue. De braves jeunes gens, accourus de l'école de Saint-Cyr et de l'École polytechnique, des écoles de droit et de médecine, formaient autour du gouvernement provisoire une sorte de garde volontaire, et portaient par la ville ses ordres, ses proclamations, ses décrets. Dans un cabinet voisin, la mairie de Paris tentait de se reconstituer, et entrait en fonctions par d'urgentes mesures administratives. A deux pas de là, séparés seulement par l'épaisseur d'une cloison, une douzaine d'individus, se disant *délégués du peuple*, s'installaient en permanence et tenaient conseil, le sabre au côté, le fusil chargé sur l'épaule, pour savoir s'ils toléreraient, soutiendraient ou chasseraient un gouvernement d'origine suspecte.

Cependant les heures marchaient. L'agitation, en se prolongeant, prenait un caractère plus déterminé. Une partie du peuple demandait à grands cris qu'on le conduisît à Vincennes pour désarmer la garnison, tandis qu'une autre partie, se formant en groupe autour de quelques chefs, paraissait, à son animation extraordinaire, concerter un nouvel assaut de l'Hôtel-de-Ville. On voyait, depuis quelques instants, des hommes accourus comme à un signal, distribuer avec une activité extrême, en haranguant la foule, des ceintures, des brassards, des cocardes rouges. Aux fenêtres, et jusque sur le toit des maisons qui entourent la place, des drapeaux rouges paraissaient et provoquaient des acclamations bruyantes. Le conseil s'alarma de ces démonstrations dont il ne devinait pas le but; il envoya sur la place des émissaires, qui revinrent presque aussitôt, épouvantés de ce qu'ils avaient entendu. Le gouvernement, dirent-ils, allait tout à l'heure être sommé, au nom du peuple, de faire descendre le drapeau tricolore et d'arborer le drapeau rouge. En cas de refus, on devait s'attendre aux dernières violences.

La chose était grave et méritait qu'on y réfléchît mûrement. Mais à la réflexion le temps manquait. Les clameurs de la place, l'expression des physionomies, le choc des armes dans les salles voisines, tout commandait de se hâter. Il fallait saisir d'instinct le caractère et la portée d'un acte qui n'avait pu être ni prévu ni mesuré. Pour des imaginations exaltées au plus haut degré par la grandeur et la rapidité des événements, le signe extérieur par lequel on proclamerait l'avénement de la République prenait une importance extrême. Les membres du gouvernement étaient dans la perplexité la plus grande. Était-ce un vœu légitime et véritablement populaire qui allait leur être apporté? N'était-ce, au contraire, que l'expression d'une volonté factice, soufflée à la foule par d'obscurs meneurs? Terrible question pour des hommes devenus à l'improviste le centre d'un mouvement dont personne encore ne comprenait bien toute l'étendue! Leur vie et leur honneur étaient intéressés dans ce conflit. On leur doit ce témoignage qu'aucune faiblesse ne se trahit néanmoins, malgré leur incertitude, ni dans leurs paroles, ni dans leur accent. Dans les deux opinions qui s'élevèrent, si l'intuition de ce que devait être la révolution fut différente, il y eut égal courage, égale loyauté, égal patriotisme.

En ce moment, le conseil n'était pas au complet, MM. Dupont (de l'Eure) et Arago, épuisés des fatigues de la veille, étaient restés au sein de leur famille. M. Ledru-Rollin, après avoir été prendre possession du ministère de l'intérieur, de retour à l'Hôtel-de-Ville, n'avait pu parvenir à fendre le flot populaire. Après d'inutiles efforts pour se faire reconnaître et se frayer un passage, il s'était vu contraint de chercher un refuge dans la loge du concierge, où, seul et sans aucune communication avec ses collègues, il entendit, pendant trois heures, gronder une insurrection dont il ne devinait ni la cause ni le but (1). MM. de Lamartine et Louis Blanc soutenaient avec animation deux avis opposés, entre lesquels hésitaient MM. Marie, Crémieux et Garnier-Pagès. M. Louis Blanc se prononçait pour le drapeau rouge. Plus en rapport que ses collègues avec les ouvriers, qui formaient le véritable nerf de la révolution, M. Louis Blanc savait que le motif de ce changement de couleur n'avait rien de répréhensible. Il n'ignorait pas, ce que M. de Lamartine reconnut plus tard, que ce n'était pas pour eux un *symbole de menaces et de désordre* (2), mais seulement un signe nouveau pour une institution nouvelle. Le règne de Louis-Philippe, la paix à tout prix, les bassesses du pays légal, avaient, aux yeux d'un grand nombre d'entre eux, enlevé tout prestige au drapeau tricolore. Ceux-ci voulaient, en le quittant, marquer avec éclat qu'ils répudiaient dix-sept années d'un gouvernement corrupteur, ou, plus simplement encore, ils entendaient garder, après la victoire, le drapeau du combat. L'abolition de la royauté, l'union politique de toutes les classes par le suffrage universel, l'établissement d'une république démocratique, n'était-ce pas là, d'ailleurs, disait M. Louis Blanc, des choses assez grandes et assez nouvelles pour réclamer un symbole qui leur fût propre? Par un instinct dont l'explication se trouverait peut-être dans une des plus secrètes lois de la nature, le peuple souverain revêtait la pourpre pour son joyeux avénement; il choisissait pour exprimer son triomphe la couleur la plus éclatante. Sans connaître l'histoire, il imitait les souverainetés spirituelles et temporelles des temps passés, l'Église et l'Empire (1). Il n'y avait rien que de naïf et d'honnête dans l'impulsion qui le faisait agir. A ces considérations tirées du sentiment et de la circonstance, M. Louis Blanc en mêlait d'autres qu'il empruntait à l'érudition, et qui n'étaient pas de nature à faire autant d'impression sur les esprits. Il parle de l'étendard des Gaulois, de l'oriflamme. Il explique que le drapeau tricolore, adopté en 1789 par la Fayette, au retour de Versailles, exprimait la coexistence des trois ordres sous le patronage de la royauté constitutionnelle et ne pouvait plus convenir à l'unité républicaine. En présence d'une réalité si pressante, c'étaient là des arguments un peu subtils. La question était ailleurs. Il s'agissait uniquement de savoir ce que signifierait, dans les circonstances actuelles, l'adoption d'un signe nouveau; de quelles prétentions il serait le point de départ pour ceux qui le réclamaient; quels sentiments il ferait naître chez ceux qui l'avaient en appréhension. C'est à cet ordre d'idées que M. de Lamartine empruntait des objections qu'il fit valoir, son adversaire en convient lui-même, avec beaucoup de force (2). Frappé plus que son jeune collègue du danger de donner un gage aux factions, craignant par l'abandon du drapeau tricolore de froisser l'armée et de laisser au parti orléaniste un signe glorieux de ralliement, M. de Lamartine exprima ses scrupules et ses craintes de manière à tenir en suspens l'avis du conseil. Cependant l'impossibilité complète où l'on se

---

(1) M. Ledru-Rollin se rendait si peu compte de la passion qui mettait cette multitude en mouvement, qu'on l'entendit, à plusieurs reprises, exprimer son étonnement de ce que l'on n'allait pas briser les presses royalistes. Cet épisode, qui a passé inaperçu, ne figure-t-il pas d'une manière bizarre la rapidité avec laquelle les révolutions populaires échappent à leurs premiers chefs, et combien ceux-ci en méconnaissent vite le sens et le caractère?

(2) Voir le compte rendu de M. de Lamartine à l'Assemblée constituante (séance du 6 mai 1848).

(1) On sait que la pourpre a été de tous temps, chez tous les peuples, affectée aux honneurs suprêmes. L'Église considère le rouge comme l'emblème de l'*ardente charité*. Elle le consacre spécialement, dans sa liturgie, aux fêtes commémoratives des martyrs, et à cette adoration du mystère suprême de l'amour divin qu'elle nomme par excellence la *Fête-Dieu*.

(2) Voir *Appel aux honnêtes gens*, par M. Louis Blanc.

voyait d'opposer une résistance sérieuse à la volonté populaire qui s'accusait de plus en plus par l'intensité de ses clameurs, et surtout la pensée du sang qui allait couler peut-être pour une contestation de pure forme, finirent par l'emporter. Déjà l'on préparait un drapeau rouge, quand l'un des ministres, M. Goudchaux, entra précipitamment dans la salle des délibérations, et, protestant avec véhémence contre le terrorisme qui, disait-il, frappait aux portes et n'attendait qu'un premier triomphe pour imposer à la France sa dictature sanguinaire, il conjura ses collègues de ne point faiblir. Sa voix était émue, sa parole chaleureuse; il raffermit de son accent énergique l'opinion un moment ébranlée de M. de Lamartine, et ranima dans tous les cœurs la résolution de maintenir à tout prix le drapeau tricolore. M. Louis Blanc lui-même céda, soit que la violence de l'insurrection eût fait naître dans son cœur fier et honnête quelques doutes, soit qu'il se souvînt d'avoir en d'autres temps flétri d'une plume sévère une tentative analogue (1). Seulement, par transaction et pour ne pas heurter de front ce qu'il affirmait toujours être le vœu général du peuple, M. Louis Blanc, en rédigeant le décret qui déclarait que *le drapeau national était le drapeau tricolore*, obtint d'y ajouter la phrase suivante : « Comme signe de ralliement et comme souvenir de reconnaissance pour le dernier acte de la révolution populaire, les membres du gouvernement provisoire et les autres autorités porteront la rosette rouge, laquelle sera placée aussi à la hampe du drapeau. »

Alors M. de Lamartine, qui déjà à plusieurs reprises avait paru aux fenêtres de l'Hôtel-de-Ville pour tenter de conjurer la tempête, résolut, au péril de ses jours, de descendre, en fendant une foule compacte et toute hérissée d'armes, jusqu'à l'entrée de la voûte principale, d'où sa voix sonore retentirait peut-être avec assez de force pour être entendue sur la place. Là, entouré, pressé, poussé, étouffé, menacé de mort par l'inadvertance, la passion, la folie ou l'ivresse de ces hommes hors d'eux-mêmes, M. de Lamartine, calme, imperturbable, ne perdit pas un instant, et c'est ce qui le sauva, le sentiment de l'ascendant que donne sur les passions impersonnelles et irresponsables de la multitude une volonté qui a conscience d'elle-même.

Tantôt se livrant à l'inspiration, comme s'il n'eût entendu au sein de cet épouvantable rumeur que la voix de la muse, tantôt silencieux, les bras croisés sur sa poitrine, laissant planer son œil confiant et doux sur des visages crispés par la colère et désarmant d'un sourire les soupçons les plus farouches, il soutint, sans faiblir une minute, une lutte presque surnaturelle. L'électricité révolutionnaire, dont son organisation nerveuse s'était tout imprégnée depuis vingt-quatre heures, son attitude fière, l'abondance et la souplesse de sa parole, tour à tour impérieuse ou caressante, exerçaient sur le peuple une séduction à laquelle les plus endurcis cherchaient vainement à se soustraire. Vingt fois, pendant ces heures critiques, la vie de Lamartine dépendit d'un mot, d'un regard. Un instant, on vit osciller au-dessus de sa tête une hache dont l'éclair sinistre arracha à la foule un cri d'effroi. Soit qu'il ne l'eût pas aperçue, soit que, toujours maître de lui, il sentît que cet incident déterminait en sa faveur un mouvement sympathique dont il fallait se hâter de profiter, Lamartine pressa sa parole et prodigua, dans un effort suprême, toutes les ressources d'une éloquence consommée. Il sut captiver, attendrir le peuple au récit des prodiges opérés pendant ces trois jours; il l'exalta au tableau de sa propre grandeur; et quand, par un heureux tour oratoire, il opposa *le drapeau rouge, faisant le tour du Champ de Mars traîné dans le sang du peuple, au drapeau tricolore faisant le tour du monde, et portant partout le nom et la gloire de la patrie*, une immense acclamation de ce peuple artiste lui apprit qu'il demeurait vainqueur. Un prolétaire en

---

(1) Voir *Histoire de dix ans*, t. II, p. 278, 7ᵉ édit.

baillons, la poitrine nue, saignante encore d'une récente blessure, se jeta dans ses bras et l'étreignit en pleurant.

Tout fut dit. La tempête s'apaisa. Le drapeau rouge, qui flottait aux mains de la statue d'Henri IV, fut enlevé aux cris de « Vive la République! » Le drapeau tricolore se releva; les meneurs disparurent. Le peuple, qui n'avait alors que des pensées de paix, se persuada pour un moment qu'il s'était trompé; après avoir salué Lamartine de mille vivat, il s'écoula peu à peu et rentra dans ses foyers en chantant la *Marseillaise*. La lutte n'avait pas duré moins de huit heures.

Cette première victoire de l'Hôtel-de-Ville sur la place publique ne fut immédiatement comprise que d'un très-petit nombre. La plupart ne voyaient, dans cette question de drapeau qu'une chose en soi de médiocre importance (1). Beaucoup, même dans les rangs de la bourgeoisie, avaient pris et portèrent encore pendant plusieurs jours la rosette rouge à la boutonnière, tant il paraissait naturel qu'un changement de gouvernement amenât un changement dans les insignes. Personne ne se doutait, dans Paris, qu'il dût y avoir au fond de cette discussion sur les couleurs la guerre civile. Elle n'y était pas en effet alors, on ne saurait trop le redire. Comme il arrive presque toujours, les événements qui suivirent accusèrent profondément des différences très-peu sensibles à l'origine.

Si, par suite d'une réaction aveugle contre l'esprit de la révolution, le drapeau rouge et le drapeau tricolore signalent aujourd'hui deux camps hostiles, le 24 février, ils n'indiquaient que deux tendances à peine divergentes. L'union des classes n'était pas rompue. La bourgeoisie, par les banquets de l'année

(1) *La Presse* du 27 février ayant dit : « Le ruban rouge, le ruban du communisme ne se rencontre que pour attester son immense minorité, » le journal *le Populaire*, rédigé par M. Cabet répondit en ces termes : « Nous n'examinerons pas si nos doctrines sont en minorité ou en majorité; mais *nous déclarons qu'il est faux que le drapeau rouge soit le drapeau du communisme.* » Et ailleurs : « Nous approuvons le drapeau tricolore plutôt que le drapeau rouge. » *Le Populaire*, 29 février 1848.

1847, avait donné l'impulsion au mouvement révolutionnaire; la garde nationale, pendant les trois jours, avait d'abord favorisé, puis très-mollement repoussé l'insurrection. L'ouvrier de Paris, à son tour, n'avait ni insulté ni menacé le *pays légal*. Heureux jusqu'au délire de la proclamation de la République, il ne songeait ni au roi, ni aux princes, ni aux ministres, ni aux pairs, ni aux députés. Il oubliait tout, même sa misère, pour se réjouir de pouvoir enfin se montrer tel qu'il était, généreux, doux, humain, dévoué à la patrie.

L'adoption d'un nouveau drapeau, dans des circonstances aussi favorables, n'aurait pas eu le caractère de menace qu'une formidable insurrection lui a donné plus tard. Le gouvernement provisoire, en recevant des mains du peuple victorieux le drapeau des barricades, pouvait à son gré en marquer le sens. Il ne s'engageait point dans les voies d'un terrorisme repoussé par la conscience universelle. Si l'appréciation de M. de Lamartine avait été juste, s'il y avait eu alors dans Paris soixante mille hommes avides de sang et de pillage, ils n'eussent point attendu, pour se donner carrière, le congé du gouvernement. Paris, sans défense, était à la merci des prolétaires. Ils n'avaient besoin de la permission de personne pour saccager et tuer tout à leur aise.

M. de Lamartine s'exagéra le danger. Il grossit en artiste, plutôt qu'en politique, ce qui n'était qu'accident, fièvre passagère. A la vérité, au sein de la masse des prolétaires qui souhaitaient le changement de couleurs par un sentiment très-noble et très-légitime, s'agitaient un petit nombre de factieux, qui s'intitulaient eux-mêmes communistes matérialistes et dont les intentions n'étaient pas douteuses. Ceux-ci voulaient rendre au drapeau rouge le sens que lui avait donné, le 25 juillet 1792, une réunion de fédérés qui prirent le nom de *Directoire de l'insurrection*, et qui avaient inscrit sur leur bannière ces mots : *Loi martiale du peuple contre la rébellion du pouvoir exécutif*.

Ce furent ces révolutionnaires d'un autre

LA DUCHESSE D'ORLÉANS A LA CHAMBRE DES DÉPUTÉS (P. 114).

temps qui eurent l'initiative de la scène à laquelle nous venons d'assister et qui faussèrent la pensée du drapeau rouge. Mais ces hommes audacieux ne formaient, dans la population parisienne, qu'un groupe isolé dont la violence apparente n'était nullement en rapport avec l'action réelle. Le gouvernement provisoire ne sut pas distinguer d'une vue assez nette la fermentation de quelques esprits surexcités d'avec le mouvement spontané du peuple. Dans son trouble, il grossit l'une et rapetissa l'autre. Le grand essor de la démocratie s'amoindrit pour lui aux proportions d'un complot ourdi dans les ténèbres par un chef habile. Sans tenir compte de la différence des temps et des mœurs, le gouvernement provisoire crut voir dans la personne de Blanqui un nouveau Marat, méditant du fond de son antre, la destruction et le meurtre. Dé-

jouer et démasquer Blanqui devint sa préoccupation principale. Force nous est donc aussi de donner à cet homme, non pas son importance véritable, mais l'importance exagérée que lui créa la peur. En étudiant, d'ailleurs, cette figure étrange, dès son entrée en scène, à l'occasion du drapeau rouge, nous aurons une mesure exacte pour apprécier la part qu'il convient de faire à l'action du terrorisme dans les événements qui vont se dérouler sous nos yeux, pendant la période révolutionnaire qui commence au 25 février, sur la place de l'Hôtel-de-Ville, et se termine si fatalement, après les journées de juin, dans les prisons et l'exil.

Auguste Blanqui est né à Nice, en 1805, d'un père qui fut député à la Convention et décrété d'arrestation avec les Girondins. Venu à Paris dans les dernières années de la Restauration, avec son frère aîné, Adolphe, tous deux se jetèrent dans le mouvement libéral et restèrent quelque temps ensemble attachés en qualité de sténographes à la rédaction du journal *le Globe*. Mais bientôt la différence de leur caractère les entraîna dans des voies opposées. Adolphe Blanqui devint célèbre par ses travaux d'économie politique et par un professorat éloquent, tandis qu'Auguste, agité de plus sourdes ambitions, s'affilia aux sociétés secrètes qui complotaient déjà le renversement de la dynastie. La nature avait fait de lui un chef de conjurés. Par une certaine puissance fébrile de pensée et de langage, il attirait à lui et soumettait à ses volontés les hommes de tempérament révolutionnaire. Petit (1), pâle, chétif, l'œil brillant d'un feu concentré, portant déjà le germe d'une maladie de cœur que les veilles, le dénûment, la prison, devaient rendre incurable, il paraissait chercher, par l'ardeur de ses colères, à ranimer dans son sein le souffle frêle d'une existence qui menaçait de s'éteindre avant qu'il eût assouvi ses ambitions.

Ses ambitions, où le portaient-elles?

Resserrer fortement le lien détendu des traditions jacobines, planter plus haut et plus loin que personne le drapeau de l'égalité, personnifier en lui la douleur, la plainte, la menace du prolétaire tant de fois déçu par des révolutions avortées, s'emparer ainsi de la dictature des vengeances, pousser en un jour de triomphe ce qu'il a appelé le *mugissement de la Marseillaise*, tenir, ne fût-ce qu'une heure, la société tremblante sous sa main de fer, tel paraît avoir été le rêve de ce cœur taciturne. Ce rêve, communiqué à demi, exalté par un ascétisme qui accroissait chaque jour son besoin d'émotions, lui donnait sur la jeunesse un grand ascendant. Il était doué, d'ailleurs, de facultés rares. Il possédait, avec l'audace de l'initiative, une vive intelligence des oscillations de l'opinion et des prises que donne

(1) On l'appelait familièrement dans les sociétés secrètes : *le petit Blanqui*. Après le 12 mai 1839, Barbès disait en expliquant la déroute des insurgés : *Le petit a eu peur*.

sur elle la circonstance. Jamais entravé par le besoin de repos, patient, habile au travail souterrain des conjurations, *simulé et dissimulé*, comme parle Salluste, prompt à ouvrir des courants électriques à travers les masses, il était versé dans l'art d'attiser, en le contenant, le feu des passions. Par sa vie pauvre et cachée, par la souffrance empreinte sur tous ses traits, par le sourire sarcastique de sa lèvre fine et froide, par la verve d'imprécation qui, tout à coup, jaillissait comme malgré lui de sa réserve hautaine, il inspirait tout ensemble la compassion et la crainte, et faisait jouer à son gré ces deux grands ressorts de l'âme humaine.

Aussi, pendant plusieurs années, fut-il l'idole des sociétés secrètes. Les républicains les plus éprouvés se rangèrent à sa suite. Mais, après l'émeute du 12 mai, Barbès, surpris de rencontrer dans un conspirateur si intrépide en apparence des prudences, des habiletés que sa simplicité généreuse ne pouvait comprendre, étonné surtout des ménagements dont il le vit l'objet de la part du gouvernement, entra en défiance. Il alla jusqu'à l'accuser d'avoir, par lâcheté ou par trahison, fait manquer le coup de main dont il avait été l'instigateur. Le parti républicain, pour qui la parole de Barbès était sacrée, s'éloigna d'un homme auquel il retirait son estime ; bientôt il ne resta plus autour de Blanqui qu'un petit nombre de séides dont l'esprit s'exalta par la contradiction et dont le fanatisme ne connut plus de bornes.

La révolution de février trouva Blanqui dans une maison de campagne, aux environs de Blois, où, depuis 1846, la police le laissait jouir d'une liberté relative. Pendant que M. de Lamartine faisait tomber des mains du peuple ému le signe de la victoire, Blanqui, suivi de quelques-uns de ses séides, allait et venait dans les rues sombres qui avoisinent le Palais-Royal, s'entretenant avec eux des événements de la journée. D'amères critiques sur la marche d'un gouvernement usurpateur, émané des bureaux du *National*, animaient le discours.

Qu'avait-il fait depuis vingt-quatre heures, qu'allait-il faire en faveur du peuple, ce gouvernement déjà rétrograde, qui n'appelait à lui que les hommes corrompus? Il laissait à l'écart les véritables patriotes. Blanqui était oublié! La révolution, en des mains pareilles, serait infailliblement escamotée, ainsi que l'avait été celle de 1830.

Comme on raisonnait de la sorte, un messager envoyé sur la place de Grève accourt hors de lui. Il vient de voir abaisser le drapeau rouge; il a assisté au triomphe de Lamartine. Un concert d'imprécations s'élève à cette nouvelle. D'un commun accord, on s'écrie qu'il n'y a plus à balancer; le gouvernement provisoire doit être renversé sur l'heure. Aussitôt Blanqui dicte à l'un des siens une proclamation insurrectionnelle qui est immédiatement portée à l'imprimerie; après quoi on se donne rendez-vous pour sept heures du soir, sur la place du Palais de Justice, dans la salle publique appelée le *Prado*, et l'on convient de s'y rendre en armes, pour de là se porter sur l'Hôtel-de-Ville et intimer au gouvernement provisoire l'ultimatum de la révolution.

Alors Blanqui, resté seul, s'achemine vers la Préfecture de Police afin de sonder les dispositions de Caussidière. Celui-ci était déjà fort irrité contre le gouvernement provisoire; toutefois, il reçut les ouvertures de Blanqui avec froideur et ne parut aucunement disposé à servir un coup de main dont Ledru-Rollin et Louis Blanc auraient été victimes. Il y eut même, assure-t-on, une prise violente entre le nouveau préfet de police et le conspirateur, qui se quittèrent ennemis. Blanqui prit le chemin de l'Hôtel-de-Ville, voulant, avant de rien tenter, examiner par lui-même la position et juger par ses propres yeux des chances d'un coup de main.

Vraisemblablement, quoiqu'un assez grand nombre d'hommes à lui occupassent les postes intérieurs, il trouva des difficultés trop grandes à son entreprise. Peut-être même quelques furtives paroles lui donnèrent-elles l'espoir d'être à son tour, prochainement, par une voie moins périlleuse, introduit au sein du conseil. Quoi qu'il en soit, quand il rejoignit ses amis à la salle du *Prado*, où il se fit longtemps attendre, Blanqui n'était plus le même homme.

Depuis une heure environ, cinq à six cents sectionnaires, la plupart coiffés du bonnet rouge, tous armés jusqu'aux dents d'armes bien éprouvées, tenaient un conseil tumultueux dans une salle à peine éclairée et dont l'aspect était lugubre. A travers une atmosphère épaisse et fumeuse, à la lumière rougeâtre des quinquets, on voyait s'agiter un assemblage fantastique de figures sinistres. C'étaient des hommes hardis, sans scrupules, rompus à tout. Le plus grand nombre avaient, pendant les premières années du règne de Louis-Philippe, trempé dans les complots, préparé les embûches, fabriqué les machines meurtrières, conspiré les attentats qui portèrent à la cause républicaine une si grave atteinte morale. A voir ces rudes physionomies, ces fronts fuyants, ces regards secs, les gestes crispés de ces bras musculeux, à entendre les éclats brisés et stridents de ces voix sans timbre, on comprenait que c'étaient là des hommes chez qui la pensée troublée et le cœur endurci laissaient tout empire aux instincts (1).

Les motions les plus extravagantes se succédaient sans interruption, au bruit des crosses de fusils frappant les dalles, entrecoupées de rires et de bravos convulsifs. Expulser sur l'heure le gouvernement provisoire, punir de mort la trahison de Lamartine, châtier et terrifier la bourgeoisie par des exemples fameux, désorganiser par deux ou trois décrets l'armée, la magistrature, tous les corps constitués, mettre hors la loi les hommes suspects, confisquer les biens des riches, fonder

---

(1) En racontant la conspiration du 12 mai, M. Louis Blanc caractérise ces natures de conspirateurs « qui, dit-il, ayant plus de foi aux victoires de la force qu'aux pacifiques et inévitables conquêtes de l'intelligence, font du progrès de l'humanité une affaire de coup de main, une aventure. » (*Histoire de dix ans*, t. V, chap. XIII.)

sous un niveau de fer l'égalité absolue, gouverner par un comité de salut public et selon les traditions de la *Commune de Paris* en 93, telles étaient les idées fixes des *communistes-matérialistes*; mais, ni le président ni aucun des plus violents sectionnaires n'osaient presser la conclusion. Les yeux sans cesse tournés vers la porte d'entrée, ils épiaient avec impatience l'arrivée de Blanqui. Le grand conspirateur parut enfin. Avec une lenteur calculée, l'œil impassible, le visage composé et impénétrable, il traversa l'assemblée et prit place au bureau. La proclamation insurrectionnelle qu'il avait dictée était collée à la muraille; il y jeta un regard sombre et se tut longtemps.

« Citoyens, dit-il enfin, la République est en ce moment menacée de dangers immenses. Les royalistes épient nos dissensions pour renverser le gouvernement provisoire et rappeler la régente. L'heure n'est pas venue d'en appeler au peuple des décrets du gouvernement. En présence de difficultés sans nombre, ce gouvernement a marché lentement jusqu'ici dans les voies révolutionnaires, mais enfin il y a marché. Si l'on compte dans son sein trop d'hommes tièdes ou timides, il s'en trouve aussi qui méritent la confiance du peuple. Sachons attendre qu'ils puissent agir. » Puis, déroulant avec un flegme étudié devant son auditoire tout haletant, mais qu'il refroidissait peu à peu, les difficultés de la situation, montrant en pilote consommé, à ces forbans politiques, les écueils, les récifs de ces mers inconnues, il conclut en déclarant qu'il fallait *veiller sur la République* et remettre toute action au jour où le péril extérieur serait conjuré.

Les conspirateurs, accoutumés à l'obéissance passive, se turent. Le président annonça que la séance était close et fixa l'heure du rendez-vous pour le lendemain. La proclamation fut enlevée du mur et déchirée en mille morceaux. Chacun s'éloigna. Blanqui rentra chez lui en compagnie de deux amis fidèles. En route, il s'arrêta devant la boutique d'un boulanger pour acheter un pain; il venait de s'apercevoir qu'il n'avait rien mangé de la journée.

Ainsi s'évanouit, à sa première heure, la tempête artificielle dont le gouvernement provisoire conçut tant d'épouvante; ainsi un juste sentiment de son isolement au sein d'un peuple ennemi de toute violence, et l'intelligence parfaite de son impuissance à faire revivre dans les masses l'esprit de 93, arrêtèrent Blanqui dès les premiers pas. La finesse de son tact politique lui fit sentir qu'autant il lui était aisé de surprendre l'Hôtel-de-Ville et de laisser assassiner Lamartine, comme il en était sollicité par quelques-uns des siens, autant il lui serait impossible de transporter sur d'autres l'autorité morale que donnaient en ce moment au poëte inspiré l'amour du peuple et les frayeurs de la bourgeoisie.

Il vit l'inanité d'un complot au sein d'une révolution si profonde. Ce jour-là, comme plus tard, après s'être donné l'émotion de l'insurrection, après avoir joui, à part lui, de l'effroi qu'il faisait naître, il rentra dans l'ombre et laissa dédaigneusement ses conjurés subalternes interpréter, selon leurs vues étroites, le mystère de sa conduite.

On comprend que, sous l'empire des inquiétudes que lui causaient Blanqui et les communistes révolutionnaires, l'une des plus vives préoccupations du gouvernement provisoire fût de reconstituer et d'appeler à sa défense la force armée. Pour cela, il était urgent d'arrêter le mouvement de désorganisation qui, s'il eût continué quelques jours encore dans l'armée, amenait sa dissolution complète. Déjà un très-grand nombre de soldats avaient quitté leurs corps, entraînés par des hommes du peuple; et il était à craindre que, autant par fausse honte que par désir de rentrer dans leurs familles, ils ne vinssent plus rejoindre le drapeau. La plupart des casernes avaient été forcées par les insurgés qui s'étaient emparés des armes et des équipements. Dans la matinée du 25, le 52e régiment de ligne, caserné dans la rue de la Pépinière, après avoir résisté pendant quelques heures, avait, sur l'ordre du général Bedeau (1), rendu ses armes, et on l'avait vu, suivi d'un cortège populaire, promener dans Paris son humiliation.

La garde municipale, forcée de se dérober aux colères de la multitude, n'osait plus paraître. Un décret du gouvernement venait de la dissoudre. La garde nationale, qui montrait du zèle et qui conservait encore assez d'ascendant sur le peuple, était harassée et ne pouvait suffire à tous les besoins.

Trois décrets furent rendus consécutivement dans l'après-midi du 25, à l'Hôtel-de-Ville, en vue de reconstituer une force publique. Le premier de ces décrets, qui suivait dans *le Moniteur* une proclamation où le gouvernement invitait *l'armée à jurer amour au peuple*, lui promettant que *le peuple oublierait tout en serrant les mains de ses frères*, enjoignait aux autorités départementales de sévir contre les déserteurs selon toute la rigueur des lois. Le second, dont M. de Lamartine a revendiqué l'initiative, portait création de 24 bataillons d'une garde nationale mobile qu'on devait recruter au sein même de cette partie de la population parisienne qui venait de faire la révolution. On confiait le soin de son organisation à un militaire d'un caractère et d'un talent éprouvés, le général Duvivier. On assurait à ce nouveau corps une solde exceptionnelle. Le troisième décret réorganisait les gardes nationales dissoutes par le dernier gouvernement pour des causes politiques.

Dans le même temps, l'un des secrétaires du gouvernement, M. Flocon, se mettait à la tête d'une colonne populaire qui marchait sur Vincennes et, la calmant peu à peu pendant le trajet, obtenait d'elle que, respectant l'honneur du soldat, elle se contenterait de sa soumission à la République et n'exigerait qu'une distribution partielle d'armes et de munitions.

Après avoir pourvu de la sorte à ce qu'il considérait comme nécessaire à la sûreté générale, le gouvernement songea à ses obligations plus particulières envers le peuple et prit quelques mesures inspirées par le sentiment populaire. Dès les premiers moments de l'invasion des Tuileries, quand tout pouvait faire craindre la dévastation ou l'incendie, une main invisible avait tracé à la craie sur les pilastres de la grille ces simples mots : INVALIDES CIVILS. Le conseil régularisa par un décret cette pensée anonyme; puis il adopta les enfants des citoyens *morts en combattant pour la patrie* et mit en liberté les détenus politiques; enfin, il rendit un décret à jamais mémorable : il abolit la peine de mort en matière politique.

La peine de mort, attaquée dans son principe par Thomas Morus, par Beccaria, par la plupart des philosophes du dix-huitième siècle, mise en question à l'Assemblée constituante et à la Convention par Condorcet, Dupont, Robespierre, de plus en plus réprouvée par l'esprit général de la civilisation moderne, reste dans nos lois comme un vestige attardé de la fatalité antique et de la barbarie féodale. Un philosophe contemporain avait dit, sous le règne de Louis XVIII : « L'abolition de la peine de mort est réclamée avec cette sorte d'unanimité qui ne peut tarder de triompher, parce que c'est l'unanimité des hommes qui ont la pensée sympathique de ce siècle. » En effet, depuis bien des années, on voyait dans les hésitations du jury un symptôme non douteux de cette répugnance à prononcer la peine capitale. Les acquittements en matière criminelle, les amnisties en matière politique, n'étaient plus en proportion de la gravité des crimes, mais en proportion du sentiment, grandissant dans la conscience publique, de l'inviolabilité de la vie humaine.

En 1830, pour sauver les ministres de Charles X, Louis-Philippe fit proposer aux Chambres l'abolition de la peine de mort en matière politique. Une pétition qui appuyait cette proposition fut signée par les *blessés de juillet*; mais la masse populaire protesta. Des bandes armées portant un drapeau sur lequel se lisaient ces mots : *Mort aux ministres*,

---

(1) Voir le discours du général Bedeau à l'Assemblée législative (séance du 24 mai 1850).

marchèrent sur Vincennes et peu après menacèrent le Luxembourg. La garde nationale elle-même se montrait animée de passions violentes et souhaitait ouvertement une sentence de mort. Un discours de M. Eusèbe Salverte, dont la logique rigoureuse écrasa les considérations un peu vagues de MM. de Tracy, La Fayette et Kératry, fit rejeter par la Chambre des députés une proposition dont la circonstance rendait l'application particulière trop évidente. Cependant Louis-Philippe resta sur ce point fidèle à ses principes philosophiques. Pendant les dix-huit années de son règne, il ne souffrit aucune exécution capitale en matière politique. La rareté des supplices adoucit singulièrement les mœurs; et le même peuple qui, en 1830, demandait pour prix de sa victoire la tête des ministres de Charles X, applaudit avec enthousiasme, en 1848, le décret qui sauvait la vie aux ministres de Louis-Philippe. Ainsi s'accomplissent au sein des sociétés, sans qu'elles en aient conscience, ces progrès de la raison dont la puissance morale finit par nécessiter les réformes politiques. Les lois sont plus souvent le résultat que la cause de ce progrès; plus souvent l'expression que la règle des mœurs.

M. de Lamartine fut, dans le conseil du gouvernement provisoire, le premier interprète du sentiment universel. M. Louis Blanc, souhaitant pour l'honneur de la République de démentir avec éclat les accusations de terrorisme qui déjà se répandaient, appuya la motion de M. de Lamartine avec une chaleur extrême. Les objections secondaires furent entraînées par les considérations supérieures qu'il développa. Le décret fut signé avec émotion. Unis un moment dans une effusion sincère, ces hommes étrangers, hostiles bientôt l'un à l'autre, se tendirent la main en se félicitant de consacrer par un acte d'éternelle justice leur pouvoir éphémère. Le vieux Dupont (de l'Eure) rendit grâces à sa longue existence de lui avoir donné ce jour. Puis, tous ensemble, ils se rendirent sur le perron de l'Hôtel-de-Ville, afin d'annoncer au peuple cette victoire nouvelle de l'esprit de clémence et de vie sur la fatalité et la mort.

Une foule d'ouvriers et de gardes-nationaux stationnait depuis quelques heures sur la place, dans l'attente d'une communication de ce gouvernement que le peuple implorait et bénissait déjà comme une providence visible. M. de Lamartine s'avança; tous les yeux se tournèrent vers lui. Un silence profond succéda tout d'un coup au tumulte de la foule et au bruissement des armes. Il parla ainsi :

« Citoyens! le gouvernement provisoire de la République vient prendre le peuple à témoin de sa reconnaissance pour ce magnifique concours national qui vient accepter les nouvelles institutions.

« Le gouvernement provisoire de la République n'a que d'heureuses choses à annoncer au peuple assemblé.

« La royauté est abolie.

« La République est proclamée.

« Le peuple exercera ses droits politiques.

« Des ateliers nationaux de travail sont ouverts pour les ouvriers sans salaire.

« L'armée se réorganise. La garde nationale s'unit indissolublement avec le peuple pour fonder promptement l'ordre, de la même main qui vient de conquérir la liberté.

« Enfin, Messieurs, le gouvernement provisoire a voulu vous apporter lui-même le dernier décret qu'il vient de délibérer et de signer, dans cette séance mémorable : l'abolition de la peine de mort en matière politique.

« C'est le plus beau décret, Messieurs, qui soit jamais sorti de la bouche d'un peuple le lendemain de sa victoire.

« C'est le caractère de la nation française qui échappe en un cri spontané de l'âme de son gouvernement. Nous vous l'apportons. Il n'y a pas de plus digne hommage au peuple que le spectacle de sa propre magnanimité. »

Une acclamation enthousiaste salua ces paroles et s'étendit, en se prolongeant, de la place de l'Hôtel-de-Ville aux quais et aux rues environnantes. Des cris passionnés de : Vive la République! vive le gouvernement provisoire! vive Lamartine! s'élevèrent dans l'air et retentirent pendant longtemps. Le règne du peuple fut inauguré, en cette heure solennelle, par une reconnaissance éclatante du *droit humain*, par le seul sacrifice compatible avec le dogme nouveau de l'humanité libre, par l'abolition même du sacrifice.

CHAPITRE XVII

Droit au travail. — Ministère du progrès. — Adhésion générale au gouvernement de la République.

Cette acclamation unanime dont fut salué le décret qui, en abolissant la peine capitale en matière politique, réprouvait indirectement les excès de 93, révélait un état moral de la population qui devait rendre la révolution de 1848 beaucoup plus facile à arrêter, infiniment plus difficile à conduire que les révolutions précédentes.

En effet, depuis 1830, la classe ouvrière, dans Paris surtout, n'était plus la même. L'enseignement des écoles socialistes pendant le règne de Louis-Philippe, tout en répandant dans le peuple des idées erronées, avait éveillé en lui des sentiments moraux et des curiosités intellectuelles de l'ordre le plus élevé. Ouvert aux idées organisatrices et à des notions supérieures de progrès, l'esprit des masses imposait au gouvernement une tâche moins rude, mais aussi beaucoup plus étendue. Les prolétaires étaient convaincus qu'il existait des moyens pacifiques d'améliorer leur sort. Ils ne doutaient pas que l'État, sans violence aucune, sans porter atteinte à l'ordre social, par cela seul qu'il le voudrait sincèrement, ne dût leur procurer l'instruction, le travail, le loisir. Des prédications qui prenaient de jour en jour un caractère plus prophétique, entretenaient au fond de leur cœur l'espoir d'une prochaine et complète satisfaction de tous les intérêts dans un bien-être commun.

En 1839, M. Louis Blanc avait résumé les différentes questions agitées dans les écoles socialistes sous une formule qui indiquait nettement la tendance organisatrice du mouvement populaire. Depuis la publication de son livre, le mot *Organisation du travail* répondait à toutes les aspirations du prolétariat. En adoptant cette formule, l'ouvrier des villes protestait contre toute pensée subversive ou spoliatrice. Il savait très-bien, aussi bien que les plus profonds politiques, que ni l'échafaud ni la persécution ne sont des moyens d'organisation sociale. Il comprenait, beaucoup mieux que les classes riches n'ont paru le comprendre plus tard, que la vraie justice exclut la vengeance et que les passions haineuses ne sauraient fonder rien de durable. Mais si, d'une part, cette formule économique : *organisation du travail*, enlevait aux axiomes surannés du terrorisme leur prestige et leur puissance, d'autre part, elle posait en trois mots, dans sa généralité la plus vaste, le problème encore insoluble de la civilisation moderne. Elle annonçait la fin d'une lutte aussi ancienne que le monde dans l'ordre religieux, politique et moral, mais toute récente et acharnée dans l'ordre industriel : la lutte entre l'autorité et la liberté. Portée par son auteur jusque dans les conseils du gouvernement, cette formule hardie d'une science qui n'existait pas encore, allait tout à coup s'imposer à la société et la jeter dans le plus grand trouble.

L'erreur du peuple de Paris fut de croire qu'une réforme de cette nature pouvait s'improviser par décret et s'opérer par la seule action du gouvernement. La faute du gouvernement fut, tout en s'exagérant la difficulté des améliorations immédiatement réalisables, de consentir à des mesures trompeuses qui perpétuèrent dans les masses une erreur funeste. Par une inconséquence singulière, ce gouvernement que nous venons de voir repousser avec tant d'opiniâtreté le drapeau rouge, c'est-à-dire la simple promesse de mettre en pratique l'axiome qu'il venait de proclamer :

« Que la révolution *faite par le peuple devait être faite pour le peuple,* » eut cette fois la faiblesse de céder à une exigence bien autrement précise et grave. Il s'engagea à des réformes radicales, instantanées, qui n'étaient point de sa compétence. Il promit inconsidérément ce qu'il savait bien ne pouvoir tenir : il *garantit l'existence de l'ouvrier par le travail.*

Les choses se pressent de telle sorte dans les temps révolutionnaires, que ce fut le jour même où le gouvernement se flattait d'avoir remporté sur le peuple une victoire signalée, qu'on vit le prolétariat paraître pour la première fois sur la scène politique et faire, par l'organe d'un ouvrier en armes, sa première sommation directe et en quelque sorte officielle à la société constituée.

Il s'était écoulé une heure à peine depuis que les bandes qui portaient le drapeau rouge avaient disparu, quand la place de Grève, un moment presque vide, reprit tout à coup son aspect tumultuaire. De nouveaux flots de peuple, poussés par une nouvelle tempête, y firent invasion et la remplirent de rumeurs. Le gouvernement comprit qu'il était menacé d'un nouveau danger ; mais à peine avait-il eu le temps de se demander quel il pouvait être, que la porte du conseil s'ouvrit brusquement. Un homme entra, le fusil en main ; son visage était pâle et crispé, sa lèvre tremblait de colère. Il s'avança d'un pas hardi jusqu'à la table des délibérations et, frappant le parquet de la crosse de son fusil, il montra du geste la place de Grève. Une clameur prolongée s'élevait à ce moment du sein de la foule et donnait un sens effrayant à ce geste muet. Chacun se taisait. La physionomie expressive de l'ouvrier, son attitude, le défi hautain empreint dans toute sa personne avaient saisi d'étonnement et d'un certain respect les hommes mêmes à qui sa présence semblait une insulte. Quelques ouvriers, entrés à sa suite, s'étaient groupés derrière lui sans proférer une parole. Cette attente, cette émotion contenue avait quelque chose de solennel. Enfin le prolétaire rompit le silence. D'une voix ferme, avec l'accent du commandement, il déclara qu'il venait, au nom du peuple, sommer le gouvernement de reconnaître et de proclamer sur l'heure le *droit au travail.*

« Citoyens, continua-t-il, depuis vingt-quatre heures la révolution est faite, le peuple attend encore les résultats. Il m'envoie vous dire qu'il ne souffrira plus de délai. Il veut le droit au travail ; le droit au travail tout de suite. »

En parlant de la sorte, Marche, c'était le nom de l'orateur populaire, fixait sur M. de Lamartine ses grands yeux brillants d'audace, pour lui faire entendre, sans doute, qu'il le soupçonnait plus encore que les autres de trahir la cause du peuple.

M. de Lamartine le devina. S'avançant vers l'ouvrier, il voulut essayer de le captiver par des caresses oratoires ; mais, à peine commençait-il sa harangue, que Marche l'interrompit : « Assez de phrases comme cela, s'écria-t-il ironiquement, assez de poésie ! Le peuple n'en veut plus. Il est le maître, et vous ordonne de décréter, sans plus de retard, le droit au travail. »

Alors, M. de Lamartine, irrité à son tour et provoqué par une sommation si impérieuse, reprit, d'un ton altier : « Que mes collègues fassent sur ce point ce qu'ils jugeront utile ; quant à moi, je le déclare, fussé-je menacé de mille morts, fussé-je conduit par vous en face de ces canons chargés à mitraille qui sont là sous nos fenêtres, jamais je ne signerai un décret que je ne saurais comprendre. » Puis, baissant un peu le ton et radoucissant les inflexions de sa voix, il mit la main sur le bras de l'ouvrier, pour mieux s'emparer de son attention, et, tout en lui accordant que le vœu du peuple était légitime et méritait d'être pris en considération, il tenta de nouveau de le persuader. Il lui peignit, en traits éloquents, la situation critique du gouvernement en proie à mille soucis, obligé de pourvoir à la fois à tous les besoins ; il lui montra la République en danger, ses ennemis aux portes ; il insista sur ce qu'un aussi grand problème que celui

LE GOUVERNEMENT PROVISOIRE ACCLAMÉ A LA CHAMBRE (P. 125)

du droit au travail ne pouvait être résolu sans le concours et l'avis de tous les hommes compétents, de tous les républicains éclairés en qui le peuple avait mis sa confiance.

A mesure que M. de Lamartine, de plus en plus calme, développait sa pensée, Marche, troublé dans sa conviction, hésitant, insensiblement ému, gagné, se tournait vers les délégués venus avec lui comme pour leur demander conseil. Ceux-ci, hommes de bonne foi et de sincérité, se rendaient à la voix de la raison et s'autorisaient l'un l'autre, du regard et du geste, à ne point insister. Marche les comprit. « Eh bien! oui, s'écria-t-il enfin, nous attendrons. Nous aurons confiance dans notre gouvernement, puisqu'il a confiance en nous; le peuple attendra; il met trois mois de misère au service de la République. »

Chose étrange! pendant que M. de Lamartine dissuadait les ouvriers d'une mesure prématurée, pendant que les prolétaires, par l'organe de Marche, remettaient à de meilleurs temps la réalisation de leurs vœux, M. Louis Blanc, retiré avec Ledru-Rollin et M. Flocon, dans l'embrasure d'une fenêtre, improvisait au courant de la plume un décret qui leur accordait précisément la demande à laquelle ils venaient de renoncer. L'audace du jeune socialiste l'emportait ainsi au-delà de ce qu'exigeait véritablement la raison populaire. Ce n'était plus le peuple qui l'entraînait, c'était lui qui entraînait le peuple. Cependant, en voyant entrer Marche, en entendant ses menaces, la fierté de M. Louis Blanc s'était tout d'abord révoltée et il avait partagé le sentiment de ses collègues (1); mais, revenu de ce

(1) Voir *Pages d'histoire*.

premier mouvement, il félicita l'ouvrier de sa démarche et, laissant M. de Lamartine aux prises avec lui, sans s'inquiéter du résultat de leur colloque, il rédigea le décret suivant :

« Le gouvernement provisoire de la République française s'engage à garantir l'existence de l'ouvrier par le travail ;

« Il s'engage à garantir du travail à tous les citoyens ;

« Il reconnaît que les ouvriers doivent s'associer entre eux pour jouir du bénéfice légitime de leur travail ;

« Le gouvernement provisoire rend aux ouvriers, auxquels il appartient, le million qui va échoir de la liste civile. »

Cette dernière phrase, qui méconnaissait le peuple en lui jetant comme à un esclave cupide une pâture qu'il ne demandait pas, fut ajoutée au décret par M. Ledru-Rollin (1). Par quelle inconséquence ou par quel calcul les membres du gouvernement provisoire apposèrent-ils tous leur signature à ce décret? Se payèrent-ils de quelque modification dans le texte? Parce que M. Louis Blanc avait omis, à dessein sans doute, le mot *droit* et le mot *organisation*, se persuadèrent-ils que le caractère de ce décret était changé? M. de Lamartine, satisfait de son succès oratoire, signa-t-il sans le lire, ou en le parcourant avec distraction, un décret si contraire à ses convictions intimes? M. Ledru-Rollin, qui se montra depuis si hostile au socialisme, eut-il peur de se voir dépasser dans la voie révolutionnaire par son rival? M. Marie, dont l'opposition avait été si vive, fut-il tout d'un coup ramené à d'autres pensées? M. Marrast, enfin, qui écrivit son nom avec une répugnance marquée, n'eut-il pas le courage de protester contre l'entraînement général? Ces questions demeurent sans réponse.

Toujours est-il que le décret irréfléchi qui bouleversait d'un trait, sans rien statuer sur leur constitution nouvelle, toutes les lois et tous les rapports industriels et commerciaux de la société, fut signé par la totalité des membres du gouvernement provisoire. Ce qui devait s'opérer graduellement, librement surtout, par consentement de l'opinion publique et par accord international, la transformation du monde industriel, fut décrété d'autorité par quelques hommes étrangers aux études économiques, à l'instigation d'un esprit versé, il est vrai, dans ces questions ardues, mais sans expérience des affaires et circonscrit dans l'étroitesse d'un système. La présomption et la faiblesse se jetèrent étourdiment dans un chaos où l'œil même du génie n'eût osé pénétrer qu'avec prudence.

Inséré au *Moniteur* du 26 février, ce décret donna quelque satisfaction aux prolétaires. Leur esprit, plein de droiture, ne considérait en ceci que la justice de leur cause et la modération de leur requête. Rien de plus explicable. Car, enfin, demander le *droit au travail*, ce n'était vouloir s'affranchir d'aucun devoir envers la société; ce n'était pas même exiger d'elle le délassement après la peine, la jouissance après le labeur. *Du travail et du pain*, quelle simple et noble exigence au lendemain de la plus complète des victoires! La plèbe de Rome ancienne implorait de ses empereurs *du pain et les jeux du cirque*. Le peuple souverain de Paris demande à ceux qu'il a lui-même chargés de le conduire du *travail et du pain*. Toute la grandeur austère de la civilisation chrétienne se peut mesurer dans cette substitution d'un seul mot à un autre. Il n'est pas de civilisation dans l'avenir qui ne doive rendre hommage à cette humble et fière formule de l'émancipation républicaine.

Il ne rejaillit donc rien sur le prolétariat du blâme que l'histoire fera peser sur l'imprévoyance du gouvernement provisoire; le peuple n'en est point solidaire. N'ayant encore reçu aucune éducation ni historique, ni scientifique, comment aurait-il pu pénétrer tout d'un coup l'un des mystères les plus obscurs

---

(1) M. Ledru-Rollin appartenait à cette catégorie de républicains qui se font de la raison du peuple une idée médiocre et gardent, jusque dans leur recherche de la popularité, comme un reste de préjugé aristocratique, la notion de *condescendance* envers une nature inférieure.

de la vie sociale? La culture que, par une constance admirable, il était parvenu à se donner lui-même, en sacrifiant son temps, ses épargnes, ses amusements et souvent ses joies de famille, avait bien pu élever son esprit jusqu'à des notions générales de droit et de devoir; mais cette philosophie des lois de la société qui ressort de l'ensemble des connaissances humaines, comment aurait-il été capable, je ne dis pas de la comprendre, mais seulement d'en soupçonner l'existence?

M. Louis Blanc, qui avait provoqué le décret et l'avait en quelque sorte imposé à ses collègues, n'était pas, lui, sans en pressentir l'inanité. Homme d'étude, il n'ignorait pas que les lois de l'association, sur lesquelles seules peut s'appuyer le *droit au travail*, n'étaient encore que très-imparfaitement connues. Décréter qu'on les découvrirait, c'était chose aussi dérisoire qu'eût pu l'être, en d'autres temps, un décret par lequel on aurait ordonné la découverte du Nouveau Monde. Mais le jeune législateur se persuadait que si, par suite de l'initiative qu'il venait de prendre, on l'investissait de la dictature des travaux publics, il pourrait du moins imprimer au mouvement du commerce et de l'industrie un essor tout nouveau favorable au prolétariat. Il était animé de cette confiance en soi que donnent les convictions ardentes et les excitations de la popularité. Aussi apprit-il avec une satisfaction extrême que les ouvriers projetaient de se présenter une seconde fois à l'Hôtel-de-Ville, afin d'exiger du gouvernement provisoire la création d'un ministère spécial chargé de l'exécution du décret sur le droit au travail.

Ce projet ne demeura pas longtemps en suspens. Le 28, vers midi, un grand nombre de corporations, formant environ douze mille hommes, débouchèrent sur la place de Grève, où elles se rangèrent en silence. Elles portaient des bannières, distinctives des différents métiers, sur lesquelles se lisaient, en gros caractères, ces mots : *Ministère du progrès; Organisation du travail; Abolition de l'exploitation de l'homme par l'homme*. A cette vue, le conseil s'émut. Une discussion s'éleva, la plus vive qui l'eût encore agité, entre M. Louis Blanc, qui réclamait impérieusement l'adoption de la mesure demandée par le peuple, et M. de Lamartine, dont le refus n'était ni moins hautain ni moins péremptoire. Sans doute, il existait entre ces deux hommes des différences profondes d'opinion ; mais cela seul ne les divisait pas. La passion de la popularité qui les commandait tous deux, la rivalité de leurs ambitions et de leurs talents les faisaient ennemis plus que tout le reste. Tous deux ils aspiraient à subjuguer le peuple et se croyaient appelés par lui à diriger la République. De là, une aversion réciproque qui devait aller croissant avec leur fortune et se perpétuer dans leur chute en récriminations amères.

Ce jour-là, M. de Lamartine resta maître de la discussion. MM. Ledru-Rollin, Crémieux, Flocon, qui le combattaient d'ordinaire, se rangèrent de son côté. Chacun d'eux connaissait trop bien l'ascendant de M. Louis Blanc sur les masses pour désirer d'y joindre un pouvoir au moyen duquel il lui deviendrait facile, en peu de temps, de s'élever sur leur ruine à la dictature. La création d'un ministère du progrès fut donc unanimement rejetée.

Irrité, offensé, M. Louis Blanc se leva et déclara que, puisqu'on ne faisait plus aucun état des volontés du peuple, ni lui ni son ami Albert, l'*ouvrier*, ne pouvaient plus faire partie du gouvernement. Cette démission, dans un moment pareil, c'était le signal du combat dans les rues. La population ouvrière, passionnément attachée à M. Louis Blanc, en le voyant quitter l'Hôtel-de-Ville, allait considérer comme ennemi du peuple un gouvernement dont il répudiait les actes. Un mot, un geste, et la plus formidable insurrection éclatait dans Paris.

Tous comprirent l'imminence du danger; se pressant autour de leur collègue, ils le conjurèrent de rétracter une parole dont les suites étaient incalculables. Mais M. Louis Blanc demeurait sourd à leurs supplications; alors M. Garnier-Pagès, s'interposant, mit en avant l'idée d'une commission de travailleurs qui, présidée par M. Louis Blanc, serait chargée de préparer, pour l'Assemblée nationale, le plan complet d'une organisation nouvelle de l'industrie. M. Marrast, saisissant cette idée, dans l'espoir sans doute d'éblouir l'imagination artiste de M. Louis Blanc et de flatter l'orgueil des prolétaires, ajouta qu'il jugerait convenable d'affecter pour résidence à cette commission, afin de mieux marquer son importance, le palais du Luxembourg. Ce fut en vain ; M. Louis Blanc persista dans ses refus. « Que ferai-je, répétait-il, sans pouvoir, sans budget, sans aucun moyen de réaliser mes idées? Que dirai-je à ce peuple qui m'aime s'il me reproche de l'avoir trompé? On voudrait l'endormir par des paroles captieuses. On me juge propre à mieux jouer qu'un autre ce rôle perfide. On me demande de faire devant des hommes affamés un cours sur la faim. Mon honneur s'y refuse autant que ma conscience. Si le peuple doit être trahi encore, que ce soit du moins par d'autres que par moi. » Ces paroles ne laissaient guère d'espoir de conciliation. Cependant M. Arago voulut tenter un dernier effort. Au nom d'une intimité ancienne, au nom de l'intérêt paternel qu'il avait porté pendant de longues années au jeune écrivain encore inconnu, il pria, il supplia d'un accent irrésistible. Il s'engagea formellement à partager avec M. Louis Blanc les dangers d'une situation si difficile et l'impopularité qui ne pouvait manquer d'en résulter. Il offrit d'être le vice-président de la commission que devait présider son collègue.

Ces prières d'un homme de tant d'autorité émurent M. Louis Blanc. D'honorables scrupules s'élevèrent en lui. L'opiniâtreté naturelle à son esprit, son ambition très-grande, son orgueil plus grand encore et roidi sous l'offense, s'apaisèrent peu à peu. Les paroles du vieillard, abondantes et persuasives, enveloppaient, pour ainsi dire, et amollissaient sa colère. Pour se disculper à ses propres yeux d'une apparente faiblesse, M. Louis Blanc faisait dans son for intérieur ces réflexions rapides : Que, si la commission des travailleurs devait rester sans effets immédiats et pratiques, elle lui donnerait, du moins, l'occasion d'une propagande immense ; qu'on lui offrait au palais du Luxembourg ce qu'il avait souhaité ardemment depuis tant d'années, une chaire libre, une tribune retentissante, une prédication sans contrôle. N'y aurait-il pas folie à rejeter de pareils avantages? M. Louis Blanc déclara qu'il se rendait à l'avis du conseil.

Les délégués du peuple furent alors introduits. Un ouvrier mécanicien parla au nom de tous. Après qu'il eut achevé sa harangue, il y eut dans le conseil un moment d'embarras. Les membres du gouvernement qui avaient le plus insisté sur l'inopportunité d'un ministère du progrès s'étaient retirés dans le fond de la pièce, comme pour indiquer que cette affaire ne les concernait pas. Seul, M. de Lamartine, toujours prêt à accepter la responsabilité de ses actes, restait sur la brèche et, voyant que personne ne se souciait de prendre la parole, il répéta au nom de ses collègues ce qu'il avait dit déjà en plusieurs rencontres. Il demanda aux ouvriers de la patience, du dévouement à la République. Ceux-ci l'écoutaient à peine. Ils questionnaient du regard celui en qui ils mettaient toute leur confiance, épiant un mot, un signe qui leur apprît ce qu'ils avaient à faire.

Longtemps M. Louis Blanc détourna les yeux en silence. Enfin, il se décida à parler; mais avec quel effort! Son geste si prompt, auquel le commandement semblait si familier, devint hésitant, presque timide. Son œil sincère se voila. D'une voix mal affermie, il répéta, comme une leçon mal apprise, des considérations tirées d'une politique qui n'était point la sienne et prononça sur lui-même une sentence dont il comprenait toute l'ironie. Les ouvriers, déconcertés, n'en pouvant croire leurs oreilles, se turent. On leur donna lecture du décret qui éludait leur vœu, après quoi ils se retirèrent, l'esprit rempli d'incertitude, se demandant l'un à l'autre le mot de cette énigme.

C'est ici le lieu de faire remarquer comment, dans des situations et à des heures différentes de la crise révolutionnaire, des hommes très-différents aussi voient également s'évanouir leurs espérances de dictature devant une force des choses qu'ils ne peuvent combattre, car ils ne savent pas même où la prendre. Nous avons vu Blanqui, presque aussitôt après l'installation du gouvernement provisoire, prêt à lancer sur l'Hôtel de Ville ses bandes armées, les arrêter, les disperser, détourner lui-même le coup qu'il venait de préparer. Quatre jours plus tard, M. Louis Blanc, appuyé sur une force populaire bien plus considérable encore, fermement résolu de s'imposer avec elle et par elle à un gouvernement sans vigueur, hésite à son tour, se trouble et finit par supplier les envoyés du peuple de ratifier un décret qui déjoue leurs espérances communes. Plus tard encore, nous verrons le général Cavaignac, à la tête d'une armée victorieuse, triomphant des factions, cher à l'Assemblée nationale, laisser glisser le pouvoir entre ses mains, sans essayer de le retenir. A six mois de là, l'héritier d'un nom glorieux, porté au pouvoir par six millions de voix populaires, poussé par une croyance fataliste en son étoile, demeure aussi comme paralysé par la même force occulte, insaisissable. Cette force que personne ne nomme ni ne comprend, que tout le monde subit, c'est l'esprit même du dix-neuvième siècle.

Cependant la majorité du conseil restait consternée de ce qu'elle venait de faire. Elle s'alarmait de l'incroyable popularité de M. Louis Blanc et prenait son audace pour de la force. Il lui semblait qu'elle venait d'abdiquer et de remettre entre ses mains le gouvernement du prolétariat. Aussi entendit-elle avec une joie extrême une proposition que la situation semblait commander et qui, en venant en aide à la détresse des ouvriers d'une manière pratique, allait, selon toute apparence, contre-balancer l'influence de M. Louis Blanc et de ses théories. Le ministre des travaux publics apportait un projet d'ateliers nationaux, d'après lequel les ouvriers sans ouvrage seraient embrigadés et tenus, sous des chefs militaires, à la disposition du gouvernement.

Débarrasser la place publique, se donner, pour combattre la révolution, comme on l'avait fait déjà par la création de la garde mobile, une force armée tirée du sein même du peuple, opposer ainsi le prolétariat au prolétariat, parut au gouvernement le chef-d'œuvre de l'habileté politique. La chose ne fut point discutée; le décret, rédigé par M. Marie, fut signé sans que personne élevât d'objection.

Par l'organisation des ateliers nationaux, la majorité du conseil pensa non-seulement avoir paré aux difficultés pressantes que lui créaient la cessation du travail et la détresse des ouvriers, mais elle crut encore organiser contre M. Louis Blanc et le socialisme une force supérieure; l'événement fit trop voir, à quelque temps de là, qu'elle n'avait fait autre chose que préparer et organiser contre elle-même la guerre sociale.

Mais toutes ces animosités, toutes ces discordes, qui fermentaient au sein du gouvernement, ne se trahissaient point au dehors, bien au contraire. Les traces du combat des trois jours disparaissaient rapidement. Les barricades étaient abandonnées, les pavés rentraient en place. On enlevait les arbres abattus, les bancs brisés qui obstruaient les promenades; on réparait à la hâte tous les dommages. La police active de Caussidière rétablissait partout les apparences de l'ordre. Insensiblement les boutiques se rouvraient; les voitures, dont on s'était hâté d'effacer les armoiries, pour se conformer au décret du gouvernement provisoire (1), se hasardaient

---

(1) M. Louis Blanc avait jugé utile un décret sur l'abolition des titres de noblesse. Ce décret, déjà rendu par l'Assemblée constituante, mais qui ne spécifiait rien, pas plus en 1790 qu'en 1848, sur les peines attachées aux infractions, fut observé aussi longtemps que les amateurs de titres eurent peur. Mais la bourgeoisie, qui tenait fortement à ces distinc-

une à une dans les rues fréquentées. La population qui était restée étrangère à la révolution, sortait, curieuse, de sa retraite et se laissait gagner à l'allégresse qui paraissait sur les physionomies populaires. Les affiches bizarres qui couvraient les murs, les caricatures qu'on vendait au coin des rues, les titres excentriques des feuilles nouvelles criées sur la voie publique, égayaient les promeneurs. Les femmes remarquaient avec surprise le respect dont elles étaient l'objet, et se trouvaient mieux protégées par la décence publique depuis que les rues et les promenades étaient, en quelque sorte, à la garde des prolétaires.

Le 27, la proclamation de la République au pied de la colonne de Juillet présenta l'aspect d'une fête patriotique. Il est intéressant de voir comment *le Moniteur* rend compte de cette solennité. Son langage, tout empreint du sentiment des masses, exprime, mieux que ne le pourrait faire un récit composé plus tard, la naïveté des espérances et des enthousiasmes populaires.

« Paris, dit *le Moniteur* du 28 février, a eu une des plus grandes et des plus belles fêtes dont ses annales aient conservé le souvenir. Deux bataillons par chaque légion de la garde nationale avaient été convoqués hier soir ; quelques heures après, tout le monde était à son poste, et jamais les rangs ne furent mieux garnis. Les combattants encore armés, et qui, depuis plusieurs jours, partagent avec les gardes nationaux tous les services d'ordre et de sécurité publique, ajoutaient encore au nombre de cette milice populaire, et témoignaient ainsi de l'union fraternelle commencée sous les feux du combat et cimentée par la victoire. Ce peuple entier, sûr de sa force comme de sa grandeur, s'était donné rendez-vous sur cette immortelle place de la Bastille, qui remplit plus d'une noble page dans l'histoire de la Révolution et de la liberté. Les membres du gouvernement provisoire sont partis de leur salle de délibération à deux heures précises ; ils ont descendu le grand escalier de l'Hôtel-de-Ville au milieu d'un concours nombreux de citoyens, la garde présentant les armes et le tambour battant aux champs. Les cris de *Vive la République !* poussés par la foule enthousiaste, ont bientôt retenti dans la place encombrée d'une multitude infinie.

« Le cortége aussitôt s'est ébranlé. En tête marchait un détachement de la garde nationale à cheval, puis les élèves de l'école d'état-major. Ils étaient suivis par une légion de la garde nationale, où se mêlaient beaucoup d'autres citoyens dont les armes et le costume étaient comme le signe vivant de la révolution accomplie ; entre les compagnies de cette légion, les jeunes gens de toutes nos écoles, dont la bravoure et le dévouement relèvent l'intelligence et le patriotisme. Les membres du gouvernement provisoire venaient ensuite, en habit noir, avec l'écharpe tricolore et la rosette rouge à la boutonnière. Les ministres de la guerre, des finances, du commerce et de l'instruction publique, les adjoints de Paris, le directeur général des postes, s'étaient joints aux membres du gouvernement provisoire. Tous ces élus de l'insurrection ont été salués par les acclamations les plus vives. Les officiers de Saint-Cyr les précédaient immédiatement, et un détachement des élèves de l'École polytechnique, l'épée nue, formait la haie. Derrière eux venait une masse immense qui a été grossissant jusqu'à la fin. La cour de cassation, la cour d'appel, le général Bedeau, commandant la division militaire, des officiers de l'armée et de la marine, des fonctionnaires des autres départements, s'étaient rendus sur la place de la Bastille, où la foule pressée se serrait autour de la colonne de Juillet, dont le sommet était pavoisé d'étendards aux trois couleurs. Le temps, qui avait été jusque-là pluvieux, s'était éclairci, et le soleil a voulu éclairer de ses rayons cette première fête de

---

tions de récente conquête, se hâta de les reprendre dès qu'elle crut le pouvoir faire sans danger. On vit alors une fois de plus combien il est puéril de décréter des changements dans les usages quand on ne peut rien changer à l'esprit des mœurs.

la République. Arrivés au pied de la colonne, les membres du gouvernement provisoire se sont rangés sur une file pendant que la musique jouait la *Marseillaise*. Les drapeaux se sont placés en face d'eux. Après un roulement de tambour, M. Arago a pris la parole; il a d'une voix forte annoncé au peuple que le gouvernement provisoire avait cru de son devoir de proclamer solennellement la République devant l'héroïque population de Paris, dont l'acclamation spontanée avait déjà consacré cette forme de gouvernement. La sanction de la France entière y manque sans doute encore; mais nous espérons qu'elle ratifiera le vœu du peuple parisien, qui a donné un nouvel et magnifique exemple de son courage, de sa puissance, de sa modération. Il tient à prouver à la patrie et au monde qu'il n'a pas seulement l'instinct de ses droits, mais qu'il en possède aussi l'intelligence et la sagesse. Calme et fort, énergique et généreux, le peuple de Paris peut être présenté à la France comme un de ses titres d'orgueil. Il semble avoir laissé tomber dans le plus dédaigneux oubli une royauté malfaisante pour ne s'occuper que des grands intérêts, qui sont ceux de tous les peuples, des principes immortels qui vont devenir pour eux la loi morale de la politique et de l'humanité.

« Citoyens! s'est écrié M. Arago avec en-
« thousiasme, répétez avec moi ce cri popu-
« laire: Vive la République! » Tous les membres du gouvernement provisoire se sont découverts, les drapeaux se sont inclinés, et, au bruit des tambours battant aux champs, au bruit des trompettes et de la musique s'est joint cet autre bruit immense du peuple qui couvrait tous les autres : Vive la République!

« Le vénérable président du conseil, M. Dupont (de l'Eure), a remercié alors en ces termes la population de Paris de la conquête qu'elle venait d'accomplir:

« Citoyens,

« Le gouvernement provisoire de la Répu-
« blique profite avec bonheur et empressement
« de la première réunion de la garde nationale
« de Paris pour venir la remercier des im-
« menses services qu'elle a rendus à la patrie
« dans les grandes circonstances nous
« venons de traverser. Nous comptons tou-
« jours sur votre patriotique concours pour la
« consolidation du gouvernement républicain,
« que le peuple français vient de conquérir au
« prix de son sang, pour le maintien de l'ordre
« social et pour l'affermissement de toutes
« nos libertés. »

« Des bravos répétés ont accompagné cette allocution du vénérable président. L'enthousiasme a augmenté encore quand M. Arago a dit avec émotion : « *Citoyens, ce sont quatre-*
« *vingts ans d'une vie pure et patriotique qui*
« *vous parlent!...* — *Oui, oui, vive Dupont*
« (*de l'Eure*)! » Et celui-ci ayant répondu en s'écriant : *Vive la République!* ce cri s'est prolongé pendant plusieurs minutes.

« M. Crémieux, dans de chaleureuses paroles, a invoqué la mémoire des braves citoyens morts à la révolution de Juillet et dont les noms sont gravés sur le bronze de la colonne. Cette journée doit consoler leurs âmes affligées pendant dix-huit ans. Nul ne pourra désormais enlever au peuple les fruits de sa conquête. Le gouvernement républicain dérive du peuple, et il s'y appuie. Toutes les distinctions de classe sont effacées devant l'égalité, tous les antagonismes se calment et disparaissent par cette fraternité sainte qui fait des enfants d'une même patrie les enfants d'une famille, et de tous les peuples, des alliés. Ces paroles ont été interrompues par les applaudissements les plus vifs.

« Le colonel de Courtais, commandant la garde nationale, a fait alors commencer le défilé; mais la foule était tellement entassée qu'elle rompait les rangs. Elle défilait auss devant le gouvernement provisoire, et à chaque instant les cris de *Vive la République!* retentissaient avec éclat. Il a fallu près d'une heure pour le défilé de la première et de la deuxième légion. Les membres du gouvernement provisoire se sont alors mis en marche, afin de passer devant le front des autres légions échelonnées le long des boulevards. Depuis la place de la Bastille jusqu'à la hauteur du faubourg Poissonnière, ce n'a été qu'un seul cri dont l'écho se prolongeait au milieu d'une foule innombrable. Le peuple de Paris semblait vouloir prendre à témoin le ciel et la terre, et il consacrait la République française par les accents les plus vigoureux que le désir et la conviction aient jamais arrachés à des poitrines humaines. Toutes ces figures avaient le caractère de la confiance et de la joie, non pas d'une joie emportée et frivole, mais d'une joie sereine et réfléchie. Quand on se retournait du haut du boulevard Saint-Denis, on apercevait, marchant derrière le gouvernement provisoire, une masse de citoyens, énorme, immense, qui remplissait la grande voie dans toute sa largeur et qui s'étendait jusqu'à perte de vue. C'était le plus important; rien n'égale la pompe que donne la présence du peuple, rien n'est comparable à sa majesté.

« Cette journée est désormais inscrite au nombre de celles qui laissent dans l'histoire les traces qu'on aime le mieux à retrouver. Ce peuple, si indigné il y a trois jours, si animé de toute la chaleur de la bataille, était là aujourd'hui tout entier, mêlant, confondant ses impressions, n'éprouvant plus qu'un sentiment de concorde, et s'abandonnant à toutes les espérances d'un avenir de grandeur et de prospérité avec une confiance qui, cette fois du moins, ne sera pas trompée. On peut le dire avec un juste orgueil, le gouvernement, appuyé sur cette force populaire, sera le plus puissant des gouvernements. En servant la France, il servira toutes les nations de l'Europe; le peuple de Paris a ouvert une ère nouvelle. La République française fait reprendre à notre patrie le cours glorieux de ses destinées; elle lui rend l'initiative du progrès; elle vient enfin au secours du temps et des idées qui préparent peu à peu les États-Unis de l'ancien continent. »

Et comment le gouvernement provisoire aurait-il pu entrer un seul instant en doute sur les sentiments que lui portait la nation? Les adhésions lui arrivaient de toutes parts, non pas tardives, isolées ou contraintes, mais empressées, ferventes. Les colonnes du journal officiel en étaient remplies. L'Hôtel-de-Ville semblait trop peu spacieux pour recevoir tous les dévouements qui venaient s'offrir à la République. Adresses, félicitations, offrandes y affluaient sans relâche. Autant que la soumission au gouvernement provisoire, l'admiration pour le peuple était à l'ordre du jour. Le ton dithyrambique s'élevait de minute en minute. Chacun voulait se signaler en excédant la mesure de la flatterie; les plus effrayés étaient les plus prodigues de louanges. Les suffocations de la peur se soulageaient par des élans d'enthousiasme.

Le clergé avait donné l'exemple d'une adhésion spontanée. Dès le 24 février au soir, Mgr Affre, archevêque de Paris, déclarait se rallier sincèrement à la République et ordonnait aux curés de son diocèse de chanter aux offices le *Domine salvum fac populum*. Peu de jours après, le P. Lacordaire exaltait dans la chaire de Saint-Merry *ce peuple superbe en sa colère*. *L'Univers*, journal du parti catholique, s'exprimait en ces termes :

« Dieu parle par la voix des événements. La révolution de 1848 est une notification de la Providence. A la facilité avec laquelle ces grandes choses s'accomplissent, et lorsque l'on considère combien, au fond, la volonté des hommes y a peu contribué, il faut reconnaître que les temps étaient venus. Ce ne sont pas les conspirations qui peuvent de la sorte bouleverser de fond en comble et en si peu de temps les sociétés humaines. Une conspiration qui réussit allume instantanément la guerre civile. Le principe politique attaqué et renversé par surprise cherche immédiatement à se défendre. Qui songe aujourd'hui en France à défendre la monarchie? Qui peut y songer? La France croyait encore être monarchique et elle était déjà républicaine. Elle s'en étonnait

OCCUPATION DE LA PRÉFECTURE DE POLICE PAR LE PEUPLE (P. 142).

hier, elle n'en est point surprise aujourd'hui. Revenue d'un premier mouvement de trouble, elle s'appliquera sagement, courageusement, invinciblement, à se donner des institutions en rapport avec les doctrines qu'elle a depuis longtemps définitivement acceptées. La monarchie succombe sous le poids de ses fautes. Personne n'a autant qu'elle travaillé à sa ruine. Immorale avec Louis XIV, scandaleuse avec Louis XV, despotique avec Napoléon, inintelligente jusqu'en 1830, astucieuse, pour ne rien dire de plus, jusqu'à 1848, elle a vu successivement décroître le nombre et l'énergie de ceux qui la croyaient encore nécessaire. Elle n'a plus aujourd'hui de partisans. Charles X avait encore des amis personnels et des serviteurs dévoués. De nobles cœurs ont porté son deuil; son héritier a pu pendant un temps trouver des soldats. Louis-Philippe n'a été reconduit que jusqu'à la porte de sa demeure. On a protégé sa vie, mais pas sa couronne, et on l'a laissé se sauver sans lui faire l'honneur de le croire dangereux. Jamais trône n'a croulé d'une façon plus humiliante. C'est que ce trône n'était plus un trône. *Il n'y aura pas de meilleurs et de plus sincères républicains que les catholiques français.* Parmi les principes sociaux qui viennent de triompher et qui vont se formuler en institutions, quels sont ceux que l'Église repousse? Quels sont ceux que sa voix n'ait pas fait retentir depuis dix-huit siècles à l'oreille des peuples et des rois? Nous n'en voyons aucun. »

Pendant deux mois, le clergé de Paris bénit les arbres de la liberté, les comparant à l'arbre de la croix, rappelant avec complaisance que la cause du prêtre est la cause du peuple et que Jésus-Christ a le premier donné au monde la formule républicaine : *Liberté, égalité, fraternité*. Le plus souvent, les peupliers symboliques étaient pris dans les beaux jardins des congrégations, et les religieuses les décoraient elles-mêmes de guirlandes, de nœuds, de banderoles. Elles offraient des lits pour les invalides du travail, adoptaient les filles des combattants morts pour la patrie. Le concours du clergé régulier et séculier fut unanime. Il ne s'éleva pas dans son sein une seule voix pour regretter la royauté déchue.

La magistrature n'opposa, non plus que le clergé, aucune résistance à l'entraînement général. La cour de cassation, la cour d'appel, la cour des comptes, le tribunal de commerce, la chambre des notaires, celle des avoués, l'ordre des avocats, les agents de change apportaient à l'envi à l'Hôtel-de-Ville l'assurance de leur *dévouement sans réserve à la République* et leur *adhésion complète à l'entreprise généreuse, à l'œuvre admirable* du gouvernement (1).

Par la bouche de M. de Cormenin, le conseil d'État exprimait « *son dévouement à cette grande et sublime révolution qui palpitait déjà dans le cœur du peuple avant d'être arrosée de son généreux sang et d'être portée dans ses bras héroïques jusqu'au pavois de la souveraineté.* »

On a vu que, dès le 28, l'armée, par l'organe des chefs les plus attachés à la dynastie, les maréchaux Soult, Bugeaud (2), Sébastiani, Gérard, les généraux Oudinot, Baraguay-d'Hilliers, de Fézensac, Lahitte, se mettaient au service de la République. Le général Changarnier demandait en termes pressants, dans sa lettre officielle au gouvernement provisoire, que l'on voulût bien utiliser *son habitude de vaincre.*

L'Université, par la voix de M. Gérusez, exaltait « *cette révolution accomplie au profit du genre humain et qui avait eu pour instrument le peuple armé de la force invincible de Dieu* ». Elle saluait le *nom désormais impérissable de République* (1).

Les journaux orléanistes ou légitimistes exprimaient à leur manière le sentiment public. « Confiance ! confiance ! » s'écriait M. de Girardin dans *la Presse* en repoussant avec énergie l'hypothèse d'une régence et en démontrant que désormais la République seule pouvait rallier tous les partis. Le *Journal des Débats* parlait des *tempêtes par lesquelles Dieu et le peuple manifestent leur colère et leur puissance*. Il semblait prendre aisément son parti de ce qu'il appelait *le naufrage des noms et des illusions*. Le *Siècle* affirmait avec orgueil qu'il n'y aurait pas dans l'histoire de gloire qui pût effacer celle des vainqueurs de Février. La *Revue des Deux-Mondes* enfin prodiguait les éloges au gouvernement provisoire, vantait son *énergique patriotisme*, le félicitait d'avoir *garanti du travail à tous les citoyens*, donné aux ouvriers le million échu de la liste civile et disait : « Depuis que la pensée française a commencé, dans le dernier siècle, l'émancipation politique du monde, personne n'a plus nié en principe le droit des individus et des masses au bien-être comme récompense de leur travail. Il y a eu même pour arriver à un résultat aussi légitime de sincères efforts honorablement tentés ; mais, il faut en convenir, aucun gouvernement jusqu'ici ne s'est mis en mesure de marcher à un pareil but avec une énergie, avec une activité vraiment efficaces. Une pareille négligence n'est pas une des moindres causes de ces chutes profondes qui, au premier abord, confondent les imaginations. Assurément il n'est pas à craindre que le régime qui sortira de la révo-

---

(1) Voir, au *Moniteur* du 2 mars et des jours suivants, les discours de MM. Séguier, Dupin, Portalis, Baroche, etc.

(2) « Je n'ai pas besoin de vous dire que je ne désirais pas la République, écrivait le maréchal Bugeaud dans une lettre intime, datée du 16 mars, mais, enfin, nous l'avons. Elle s'annonce infiniment plus honnête que son aînée ; les hommes qui sont au pouvoir ont fait et font encore des efforts inouïs pour protéger la société contre les anarchistes. Il faut donc les aider sincèrement et activement dans cette œuvre sainte. Si la République tient ce qu'elle promet en ce moment, je l'aimerai bientôt ; en attendant, je la défendrai s'il le faut à l'extérieur, tant qu'elle sera dans les voies de la liberté et de la fraternité vraies. »

(1) *Moniteur* du 4 mars 1848.

lution de 1848 tombe dans la même faute ; mais il faut qu'à l'ardent amour de l'humanité et du peuple qui fait battre aujourd'hui tant de cœurs, s'associe une science sociale compréhensive et impartiale, qui aille au fond de tous les problèmes, tienne compte de tous les droits et sache établir entre toutes les classes de travailleurs des relations légitimes et de sincères sympathies. »

Pour aider le gouvernement provisoire à faire face aux dépenses urgentes, les principaux banquiers de Paris prenaient l'initiative d'une souscription. M. de Rothschild faisait acte de confiance et même de zèle en refusant de fuir et en envoyant une somme de cinquante mille francs pour les blessés de février. On voyait en tête des listes de souscription les noms les plus illustres. Les grandes dames légitimistes ou orléanistes, la duchesse de Maillé, la marquise de Lagrange, la comtesse de Chastenay, la comtesse de Biencourt, la comtesse de Lamoignon, etc., quêtaient en compagnie de mesdames Flocon, Ledru-Rollin, Marrast, pour les blessés de Février (1).

M. Thiers et les principaux membres de la Chambre des députés, MM. Odilon Barrot, de Malleville, Duvergier de Hauranne, qui croyaient la royauté *bien finie* (2), envoyaient assurer le gouvernement provisoire qu'ils aideraient sans arrière-pensée à son établissement. M. de la Rochejacquelein répétait partout que c'en était fait à jamais de la monarchie et faisait afficher sur les murs de Paris une adresse au gouvernement provisoire qu'il terminait par ces mots : *Comptez sur moi* (3). Les familiers du château, les aides de camp de Louis-Philippe, MM. d'Haubersaërt, Liadière, d'Houdetot, de Berthois, etc., ne se faisaient attendre ni à l'Hôtel-de-Ville ni dans les différents ministères. La famille Bonaparte, le roi Jérôme et son fils Napoléon, Pierre, fils de Lucien,

adressaient au gouvernement provisoire des lettres toutes républicaines. Le prince Louis-Napoléon accourait de l'exil. Enfin on recevait d'Algérie la soumission du duc d'Aumale et du prince de Joinville.

Assurément un pareil concours de dévouements et d'hommages était de nature à rassurer pleinement le gouvernement provisoire s'il avait conçu quelque doute sur sa légitimité. Et ce ne fut pas l'effervescence d'une première heure. Six semaines plus tard, les mêmes sentiments se manifestaient encore sous une forme plus authentique, plus calme et plus réfléchie, dans les professions de foi des candidats à la représentation nationale ; le 4 mai suivant, à l'heure où l'Assemblée entrait pour la première fois en séance, ils éclatèrent de nouveau par une salve répétée à vingt reprises, par un cri unanime de *Vive la République !*

Aujourd'hui que nous connaissons avec certitude, par de cyniques répudiations, combien ces adhésions étaient mensongères, les esprits sévères ont le droit de regretter, jusqu'à un certain point, cette unanimité dans l'expression d'un dévouement qui ne pouvait honorablement exister que dans les âmes républicaines. On a pu sans injustice flétrir cet empressement des amis personnels de la maison d'Orléans, de ces hommes qui tenaient de la royauté leur fortune, leur position, leur existence tout entière. Les consciences honnêtes ont gémi, pour l'honneur du pays, des indignités, des ingratitudes, des sentiments bas de cette société cultivée, faite pour donner l'exemple des bienséances et pour imprimer aux mœurs leur caractère. Mais peut-être a-t-on exagéré un peu la part de la lâcheté dans cette déroute morale. S'il y eut lâcheté, ce qui semble aujourd'hui trop certain, il y eut aussi entraînement, et cet entraînement, bien qu'il se soit renié lui-même, fut sincère. La grandeur du peuple était si manifeste qu'elle attira à lui jusqu'à ses adversaires. Sa magnanimité, sa naïveté touchèrent les cœurs les plus endurcis. Plus d'un qui, depuis

---

(1) Voir au *Moniteur* le numéro du 21 mars et les suivants.

(2) Expression de M. Thiers.

(3) Voir dans la publication intitulée *Murailles révolutionnaires*, 9ᵉ livraison, l'adresse signée de M. de la Rochejacquelein.

vingt ans, raillait toute grande pensée, se laissa gagner à l'émotion générale. Ce fut là la véritable *surprise* de Février. Cette société froide, calculée, sceptique, parut un moment comme enlevée à elle-même. Elle sentit que ces hommes du peuple, si au-dessous d'elle par la culture, lui étaient supérieurs par la vertu. Elle leur rendit un hommage involontaire en s'engageant d'honneur à servir le gouvernement qu'ils lui imposaient, en reconnaissant hautement qu'il n'y avait plus d'autre état possible en France que l'état républicain fondé sur l'égalité démocratique.

CHAPITRE XVIII

Ministère de l'intérieur. — M. Ledru-Rollin. — Ministère des affaires étrangères. — Manifeste de M. de Lamartine.

Les nouvelles que le gouvernement provisoire recevait des départements venaient chaque jour le confirmer dans le sentiment de son droit et de sa force.

Au premier bruit de la lutte engagée dans Paris, des comités révolutionnaires, composés des hommes les plus actifs et les plus décidés entre les républicains, s'étaient, dans tous les chefs-lieux de département, formés spontanément et déclarés en permanence. Aussitôt la proclamation de la République connue, ces comités, s'emparant du mouvement, avaient tenté d'occuper les préfectures et les mairies; presque partout ils avaient réussi; de concert avec les conseils municipaux, ou bien à leur place, ils avaient pris la direction des affaires en attendant les ordres du nouveau pouvoir. La plupart des fonctionnaires s'étaient retirés sans contestation, en toute hâte; quand les commissaires envoyés par le ministre de l'intérieur arrivèrent au lieu de leur destination, ils trouvèrent sur tous les points l'administration départementale ou dans les mains des chefs populaires ou soumise et s'offrant à servir le gouvernement républicain.

Le choix de ces commissaires était une des difficultés et devint bientôt un des embarras les plus considérables du gouvernement provisoire. Laisser les fonctionnaires politiques de la royauté présider à l'établissement des institutions républicaines, c'eût été, non-seulement une faute, mais encore un scandale. Ceux d'entre les fonctionnaires qui ne rougissaient pas de prétendre à ce triste avantage marquaient assez par cette impudeur qu'ils étaient indignes de l'estime publique, car la révolution qui venait de s'accomplir n'impliquait pas seulement un changement de personnes ou de tendances dans le gouvernement, elle devait être l'application sincère d'un principe éludé jusque-là et d'une conception différente de l'ordre social. Pour aider la société à reconnaître le droit commun fondé sur une véritable souveraineté du peuple, pour lui inspirer confiance dans la bonté des institutions républicaines, il fallait sans doute une certaine expérience des hommes et des choses, mais il fallait surtout un amour raisonné de ces institutions, une conviction profonde de leur parfaite harmonie avec l'esprit du siècle. Les fonctionnaires choisis par MM. Duchâtel et Guizot, eussent-ils voulu se donner pour tâche de faire comprendre à des populations peu éclairées le sens nouveau que le progrès des mœurs allait donner au mot de république, ils ne l'auraient pas pu. La pratique vénale des élections sous le règne de Louis-Philippe avait abaissé leur caractère. Leur servilité, à la fois constante et variable, selon les vicissitudes parlementaires, et qui avait contribué à introduire dans la langue politique le terme abject de *ministérialisme*, avait énervé en eux cette vigueur de volonté, cette confiance dans la sympathie des masses sans laquelle aucune action morale n'est imaginable.

M. Ledru-Rollin ne faisait donc qu'un acte de pure nécessité en envoyant dans les départements des commissaires chargés d'administrer provisoirement la chose publique et de remplacer les hommes trop notoirement solidaires de la politique du gouvernement déchu. La mauvaise foi et le cynisme de l'apostasie passés dans les mœurs de la société officielle ont pu seuls accuser d'intolérance révolutionnaire une mesure de prudence et de convenance commune à tous les gouvernements. Ce qu'on peut plus justement reprocher au ministre de l'intérieur, c'est de n'avoir pas porté dans son choix tout le discernement souhaitable. La faiblesse naturelle de son caractère et son tact politique trop peu exercé l'entraînèrent en des erreurs dont l'établissement de la République eut à souffrir. Il se laissa circonvenir par des influences subalternes. Il y eut dans l'ensemble de ses choix peu d'homogénéité, dans les instructions qu'il donna peu de précision. Toutefois les fautes des commissaires ne furent ni aussi graves ni aussi nombreuses qu'on l'aurait pu craindre dans une situation où la plus grande hâte et la plus parfaite prudence étaient à la fois commandées. Et l'on devra plutôt s'étonner des erreurs évitées que des erreurs commises, si l'on vient à considérer la multiplicité des charges et la rareté des hommes auxquels il convenait de les confier à ces premières heures décisives de la République.

Le parti républicain, après la mort d'Armand Carrel et de Godefroy Cavaignac, était assez riche en talents oratoires et littéraires, mais pauvre en capacités politiques. Au premier rang, dans l'estime générale, paraissaient quelques hommes de cœur dont le sentiment faisait toute la force. C'étaient de ces natures plus généreuses que réfléchies qui croient mener les sociétés par l'enthousiasme et comptent sur l'esprit de sacrifice, comme sur un état permanent de l'âme humaine, pour établir dans le monde le règne de la vertu. Ces patriotes sincères, dont Barbès était le type, ne connaissaient pas le pays auquel ils se dévouaient ni n'en étaient connus. Exaltés par la solitude des prisons et par l'acharnement d'un sort toujours contraire, ils vivaient dans le monde des rêves, familiers avec l'idéal immuable de la justice abstraite, ignorant les intérêts mobiles et les droits relatifs qui gouvernent les choses humaines.

Dans les rangs plus serrés qui formaient comme le centre de l'armée républicaine, on comptait en grand nombre des avocats, des journalistes, hommes d'improvisation et de critique, que leur profession mettait chaque jour dans la nécessité de parler ou d'écrire sur les affaires publiques en leur ôtant le loisir de les étudier et même l'occasion de les bien connaître. Pris ensemble, ces écrivains, qui s'étaient pour la plupart groupés autour du *National* ou de la *Réforme* et suivaient la fortune de M. Marrast ou celle de M. Ledru-Rollin, avaient apporté dans la guerre offensive un concours efficace; mais, isolément, leurs talents inexpérimentés et leurs personnalités rivales allaient être d'une médiocre assistance pour l'organisation du pouvoir. Enfin, dans les derniers rangs du parti, se pressaient une foule de gens de mœurs basses, de caractère équivoque, tour à tour ouvriers de complots ou limiers de police, qui s'efforçaient de tirer de leur abjection même la popularité d'une heure et de détourner, par le fracas de leurs emportements démagogiques, les soupçons et les répugnances que faisait naître leur existence suspecte. La plupart s'étaient glissés dans les sociétés secrètes et y avaient contracté des intimités dont il était difficile de ne tenir aucun compte. C'est le malheur des partis qui conspirent, quand ils arrivent au pouvoir, d'avoir à récompenser des hommes et des actes qu'il faut désavouer au grand jour de l'opinion publique. Ce fut l'entrave, ce fut la fatalité de M. Ledru-Rollin de ne pas trouver immédiatement sous sa main des hommes de caractère, d'esprit, de mœurs véritablement démocratiques. Mais ceux-là ne se rencontraient pas dans la portion remuante du parti républicain. Ils se tenaient à l'écart, ils agissaient sans bruit; il aurait fallu une volonté active pour les chercher, du temps pour les attendre. Or les minutes étaient comptées et le zèle du ministre se laissait facilement distraire. Assailli par des républicains pleins d'exigences, qui, ne voyant dans la République qu'un coup de fortune favorable à leurs intérêts privés, évaluaient les persécutions subies, fixaient le taux des services rendus, sollicitaient au nom de leur pauvreté ou menaçaient au nom de leur influence sur les masses, le ministre de la République se voyait à leur égard dans une situation assez analogue à celle où s'étaient trouvés les ministres de la Restauration en présence des vieux émigrés. Une aristocratie d'un nouveau genre, mais aussi exclusive, aussi arrogante qu'aucune autre, s'imposait à lui. Les ultra-républicains de 1848, infatués à l'égal des ultra-royalistes de 1814, prétendaient, sous prétexte de puritanisme, éloigner des emplois et des places, tout ce qui n'avait pas été éprouvé depuis 1830 dans les complots ou du moins dans les affiliations secrètes. M. Ledru-Rollin n'avait pas une volonté assez bien assise pour résister à de semblables violences. Nous l'avons vu déjà, le ministre de l'intérieur possédait un ensemble d'avantages très-propres à le signaler dans les rangs de la démocratie militante, mais, du moment qu'il fut porté au gouvernement, ces avantages devaient perdre beaucoup de leur valeur par l'absence d'une qualité qui relie et couronne en quelque sorte toutes les autres : M. Ledru-Rollin manquait d'autorité. Ni sa vie privée, qu'il n'avait pas su plier à une règle assez sévère, ni son patriotisme sincère, mais emphatique, ni son caractère ouvert et généreux, mais sans fixité, ni ses connaissances plus apparentes que solides, ni même sa droiture naturelle trop souvent altérée par le désir excessif de la popularité, ne le rendaient propre au commandement. Il avait conscience de cette incapacité et, pour échapper au malaise qu'elle lui causait, il mettait en œuvre un artifice familier aux caractères dont l'ardeur n'est ni soutenue ni tempérée par le jugement. Il outrait son langage, il enflait sa voix ; il affectait des allures despotiques. Craignant de ne pouvoir imposer le respect, il voulait imprimer la terreur. Ne se sentant pas assez fort pour conduire la révolution, il la voulait brusquer. Là gît tout le secret de ses contradictions et de ses inconséquences. Dès qu'il eut entrevu le succès de sa tactique, dès qu'il vit l'effroi s'emparer des imaginations et son nom prononcé avec tremblement, dès qu'il entendit ses flatteurs l'égaler à Danton, il se tint pour assuré d'un pouvoir sans bornes. Plus son langage excédait sa pensée et mentait à la bénignité de son caractère, plus ses paroles étaient en désaccord avec ses intentions, plus il se croyait profond politique. Il pensa naïvement que le meilleur moyen de prévenir les fureurs de 93, c'était d'en laisser gronder la menace. Il ne comprit pas que cet effet momentané, obtenu par des fanfaronnades, ne pouvait tromper que le vulgaire. Il s'entoura avec complaisance d'un appareil théâtral. Autour de lui on s'affubla de costumes excentriques ; on porta des chapeaux *montagnards*, des gilets *à la Robespierre*; on se tutoya sans se connaître ; on affecta de choquer les bienséances par des rudesses triviales ; on mesura au cynisme des formes l'énergie des vertus républicaines (1). M. Ledru-Rollin encouragea d'abord ce tapage révolutionnaire sans y participer ; mais bientôt il arriva qu'en pensant étourdir le pays, il s'étourdit lui-même. Poussé par les plus extravagants démagogues, il s'imagina qu'il entraînait le peuple à sa suite. Parce qu'il avait autant de flatteurs qu'un roi, il eut les illusions de la royauté. Il se crut le chef de la démocratie, tandis qu'il n'était en réalité que le porte-voix du jacobinisme.

Lorsqu'il se rendit, le 25 dans la matinée, au ministère de l'intérieur, M. Ledru-Rollin le trouva occupé par M. Andryane, jadis prisonnier de l'Autriche dans les cachots du Spielberg. Délégué provisoirement dans les bureaux par M. Garnier-Pagès, M. Andryane s'était hâté d'user de son pouvoir en faveur d'un homme devenu tristement fameux sous

---

(1) Une des puérilités de cette vieille école révolutionnaire, ce fut de reprendre avec une affectation outrée l'appellation de *citoyen* et la formule : *salut et fraternité*. J.-J. Rousseau, dont l'enthousiasme n'aveuglait pas le bon sens, avait expliqué et condamné cette manie : « Les seuls Français, dit-il dans le *Contrat social*, prennent tous familièrement ce nom de citoyen, *parce qu'ils n'en ont aucune véritable idée.* »

le dernier règne, M. Teste. Ce ne fut pas sans peine que M. Ledru-Rollin parvint à éconduire M. Audryane ainsi qu'une foule de serviteurs de la dynastie qui témoignaient déjà d'un zèle immodéré pour la République, en s'emparant des titres et des emplois vacants. Par malheur, en éliminant les parasites royalistes, M. Ledru-Rollin ne sut pas tenir à distance les parasites démocrates, et bientôt les bureaux du ministère, encombrés à toute heure du jour et de la nuit par les solliciteurs, présentèrent le spectacle du plus affligeant désordre. Cependant le ministre avait hâte de rétablir le service public; il s'adjoignit, pour l'aider dans cette tâche difficile, M. Élias Regnault, ancien rédacteur du *Courrier de la Sarthe*, auteur de quelques travaux historiques estimés, dont il fit son chef de cabinet; M. Jules Favre, avocat connu dans le parti démocratique depuis le procès d'avril, auquel il remit les fonctions de secrétaire général; M. Carteret, journaliste zélé, qu'il mit à la tête de la direction de la sûreté générale; puis il s'occupa de l'envoi des commissaires dans les départements.

Les premières nominations avaient été faites dans le conseil du gouvernement provisoire. M. Ledru-Rollin n'eut qu'à signer des pouvoirs dont le caractère n'avait pas été et ne pouvait pas être bien défini. Il se borna, en remettant ces pouvoirs aux nouveaux fonctionnaires, à les accompagner de quelques explications verbales, promettant d'envoyer sous peu de jours ses instructions écrites, officielles ou secrètes.

Suivre l'exemple du gouvernement provisoire, éviter comme à Paris l'effusion du sang, veiller sur les partis royalistes sans toutefois porter atteinte ni aux propriétés ni aux libertés des personnes, en un mot faire connaître, comprendre, aimer la République, tel était le résumé des instructions données verbalement aux commissaires. Nous verrons bientôt comment elles furent comprises et interprétées par les partis.

Pendant que M. Ledru-Rollin essayait de saisir les rênes de la révolution à l'intérieur, M. de Lamartine, en s'installant au ministère des affaires étrangères, préparait les instructions qu'il allait donner aux agents diplomatiques et fixait dans son esprit l'attitude qu'il convenait à la République de prendre vis-à-vis des puissances européennes.

Comme tous les autres édifices, le ministère des affaires étrangères avait été envahi par les combattants; mais, malgré la haine personnelle que le peuple de Paris portait à M. Guizot, malgré l'irritation produite par la catastrophe de la veille, tout y avait été respecté. Ces simples mots tracés à la craie, le 24 février, sur la porte d'entrée: *Ambulance, respect aux blessés*, et les efforts individuels de quelques ouvriers avaient suffi pour retenir une bande furieuse qui menaçait de mettre le feu. Quand la garde nationale arriva, le 25, sur un ordre du maire du premier arrondissement, au nom du salut public, elle trouva partout l'ordre et la discipline. A tous les étages, les ouvriers avaient d'eux-mêmes établi des postes de sûreté. Aux portes des archives, à l'entrée même du cabinet particulier de M. Guizot, des factionnaires en blouse gardaient religieusement les secrets d'un gouvernement et d'un homme détestés. La garde nationale se mêla aux bandes populaires. On bivouaquait ensemble dans les cours, dans les antichambres, sur les escaliers, en s'entretenant des événements accomplis avec une simplicité cordiale. Sur ces entrefaites, M. Bastide, envoyé par le gouvernement provisoire, vint se faire reconnaître en qualité de sous-secrétaire d'État au ministère. Il était suivi de M. Hetzel, nommé chef du cabinet de M. de Lamartine, et de M. Payer, qui devait remplir auprès du ministre les fonctions de secrétaire. La principale occupation de ces nouveaux fonctionnaires, pendant vingt-quatre heures, fut de signer des passe-ports pour les peureux, Parisiens ou étrangers, qui, selon l'opinion qu'on s'était faite du peuple dans les classes riches, croyaient devoir fuir une ville aux mains des barbares. M. de Lamartine ne vint que le 26 dans la soirée. Il était épuisé de fatigue; mais son visage exprimait la confiance. Une certaine solennité tranquille, qui paraissait dans toute sa personne, contrastait avec le trouble et l'agitation de ceux qui l'abordaient. En tendant la main à M. Bastide : « Soyez content, lui dit-il, soyez heureux. Vous pouvez considérer la République comme fondée en France. » Mais M. de Lamartine ne put se défendre d'une impression de tristesse lorsqu'on lui ouvrit la chambre et le cabinet de M. Guizot ; il semblait que quelqu'un venait d'en sortir à peine et pour y rentrer aussitôt. Les meubles en désordre n'avaient point été remis en place depuis le 22. On voyait çà et là les vêtements que le ministre de Louis-Philippe avait quittés précipitamment pour se rendre aux Tuileries. Dans les tiroirs ouverts, sur les tables et les bureaux, étaient épars de l'or, des médailles, des objets précieux, des décorations, des lettres intimes. Par un singulier hasard, l'œil de M. de Lamartine tomba sur une note tracée en marge de son dernier discours à la Chambre des députés et ainsi conçue : « Répondre à M. de Lamartine. Décidément M. de Lamartine et moi nous ne nous entendrons jamais. » La Providence n'avait pas attendu longtemps pour mettre en action, de la manière la plus saisissante, cette réflexion si simple écrite dans un dégagement d'esprit si parfait. Une amie du ministre déchu était présente à l'inspection décente et attristée de ses papiers publics ou privés. M. de Lamartine lui remit ou plutôt lui laissa prendre tout ce qui pouvait être, pour la famille de M. Guizot, d'une valeur ou d'un intérêt quelconque. Par un sentiment délicat des convenances, M. de Lamartine ne voulut point habiter l'appartement particulier de M. Guizot et fit placer à la hâte quelques matelas dans les appartements de réception pour y passer la nuit, donnant ainsi l'exemple trop rare du respect qu'en des âmes élevées le succès doit à la défaite, le sort propice à la mauvaise fortune.

Après ces premiers soins intimes, le nouveau ministre rédigea et fit partir sur-le-champ une circulaire fort courte, par laquelle il enjoignait aux agents diplomatiques de notifier aux différentes cours auprès desquelles ils étaient accrédités l'avénement de la République : « La forme républicaine du gouvernement, disait M. de Lamartine dans cette circulaire, n'a changé ni la place de la France en Europe, ni ses dispositions loyales et sincères à maintenir ses rapports de bonne harmonie avec les puissances qui voudront, comme elle, l'indépendance des nations et la paix du monde. Ce sera un bonheur pour moi, Monsieur, de concourir par tous les moyens en mon pouvoir, à cet accord des peuples dans leur dignité réciproque et à rappeler à l'Europe que le principe de paix et le principe de liberté sont nés le même jour en France. » Puis, rassemblant ses idées sur le rôle que la France allait avoir à jouer en Europe, M. de Lamartine composa plus à loisir, pour le soumettre au gouvernement provisoire, une seconde circulaire ou programme diplomatique auquel on donna le nom de *Manifeste* et qui porta bientôt à tous les souverains les assurances de bon vouloir et le salut pacifique de la République nouvelle.

Avant d'examiner ce document tant admiré d'abord, puis si violemment attaqué ; avant de juger si la pensée de M. de Lamartine était, au moment où il l'exprimait, politique ou impolitique, il est nécessaire de jeter un coup d'œil sur l'état général de l'Europe, dans ses rapports avec la Révolution française et de préciser quelle était la situation de la France telle que l'avait faite le règne de Louis-Philippe.

Bien que cette situation fût, depuis 1830, un isolement observé avec défiance par les royautés légitimes ; bien que la seule alliance formée par Louis-Philippe fût une alliance de famille, rompue de fait par la révolution de Février ; bien que la proclamation de la République dût irriter et inquiéter au dernier point les maisons royales, cependant il n'y avait à redouter de leur part aucune coalition, aucune tentative pour rétablir sur le trône de France l'une ou l'autre branche de la maison de Bour-

LES TROUPES FRATERNISENT AVEC LE PEUPLE (P. 142).

bon. Des esprits peu judicieux pouvaient seuls concevoir cette crainte en rapprochant des dates aussi différentes que 1792 et 1848.

En 1792, l'esprit monarchique et théocratique régnait encore dans toute sa vigueur sur les États du continent. Les souverains croyaient d'une foi sincère à leur droit. Unis par des alliances intimes et par une diplomatie dont les fils secrets échappaient à l'œil le plus pénétrant, ils formaient tous ensemble comme une famille sacrée que les rivalités d'ambitions territoriales venaient bien troubler temporairement, mais sans altérer dans son principe ce sentiment de race qui en rendait les membres solidaires. Les peuples, au contraire, s'ignorant l'un l'autre, sans communication, sans échange de pensées, demeuraient livrés isolément au bon plaisir des rois. La démocratie n'avait pas conscience d'elle-même ; elle ne s'était pas encore nommée par son nom. Elle ne se connaissait ni droit ni Dieu. La Providence était encore avec les princes. Ils gouvernaient en son nom, par son ordre, avec son appui rendu sensible dans les prières du sacerdoce et dans les serments chevaleresques de la noblesse.

Mais depuis un demi-siècle combien l'état de l'Europe avait changé! Les armées royales battues par nos volontaires républicains ; une archiduchesse d'Autriche menée dans un triomphe insolent de Vienne à Paris jusqu'au lit du grand parvenu de la Révolution française, et même après la défaite, nos soldats, vaincus sur le sol étranger, y laissant après eux je ne sais quel ferment de liberté qui troublait la victoire ; les esprits gagnés à mesure que les batailles étaient perdues ; Paris occupé, humiliant ses vainqueurs par le spectacle de sa grandeur morale ; les routes, les canaux, les voies de fer enrichissant les peuples à mesure que les finances royales s'épuisaient par la permanence des armées, et portant bientôt jusqu'au cœur des nations les plus lointaines, avec les produits de l'industrie, les agitations de la pensée du siècle ; un doute salutaire, précurseur de la foi nouvelle, inquiétant les consciences ; la science interrogeant la révélation ; la philosophie refaisant l'histoire ; la Germanie des Niebelungen devenue l'Allemagne de Faust ; enfin l'émigration polonaise, plus funeste au despotisme que l'émigration française ne s'était montrée jadis hostile à la liberté, propageant partout sur son passage la fièvre de l'indépendance : tel était l'ensemble des faits, des idées, des progrès accomplis au sein de la société européenne. Et cette révolution morale mettait les monarques, abandonnés de l'opinion, dans l'incapacité d'entreprendre quoique ce fût contre la France et sa révolution politique.

Que si de ces généralités de l'état social nous passons à l'état particulier, national ou territorial des puissances européennes ; si nous nous plaçons au point de vue diplomatique de ce qu'on a nommé l'équilibre européen, l'impossibilité d'attaquer la République devient encore plus manifeste.

Les traités de 1815 ont réduit la France à des limites trop resserrées pour que les rivalités les plus ombrageuses puissent sans folie rêver de les resserrer encore, tandis qu'aux premières hostilités l'occasion des conquêtes s'offrirait de tous côtés à notre ambition. Les deux grandes puissances allemandes poursuivent, d'ailleurs, chez elles, depuis la fin de la guerre continentale, un but qui les absorbe tout entières en les faisant ennemies. La prépondérance prussienne ou la domination autrichienne en Allemagne, c'est là entre elles l'objet d'une lutte opiniâtre, et les embarras intérieurs les plus graves compliquent encore les difficultés de leur situation respective.

L'empire d'Autriche, sur le point d'être démembré après la mort de Charles VI, n'est parvenu depuis lors à retarder l'explosion des haines qu'il inspire à ses sujets de races étrangères, qu'en fomentant les rivalités nationales d'État à État, les animosités de classe à classe dans chaque État séparé. Tour à tour centralisateur et décentralisateur, éteignant ou attisant le sentiment patriotique, excitant les passions subversives ou étouffant l'esprit de liberté, captant la noblesse ou provoquant les jacqueries, flattant tous les vices aussi bien du peuple que des grands, se jouant de la foi jurée et violant sans pudeur les droits les plus manifestes, le gouvernement autrichien s'est usé lui-même dans ce travail désorganisateur. En ces années dernières, la décadence avait été rapide. Sous la conduite d'un vieux ministre sans passions et sans principes, le gouvernement impérial voyait ses finances délabrées, son crédit ruiné, son autorité affaiblie. Pressentant l'appui dont il aurait besoin pour écraser des peuples qu'il n'avait pas su gouverner, inquiet de voir le goût des libertés constitutionnelles pénétrer jusque dans l'armée, il se tournait vers son éternelle ennemie historique, vers une rivale astucieuse qui épiait avec joie les progrès de son mal : il recherchait l'alliance de la Russie et livrait ainsi le secret de son impuissance.

Bien que la Prusse semble, à ne considérer que ses finances et son administration, dans un état assez prospère pour expliquer jusqu'à un certain point l'esprit d'ambition qui l'agite, cependant, en 1848, elle n'était pas plus que l'Autriche en état de rien entreprendre contre la République française. Sans parler des obstacles que présente à l'action militaire de son gouvernement un territoire très-étendu, sans limites naturelles, un royaume de formation récente et factice, où se touchent sans se confondre des populations d'origine slave, saxonne, française et que la fermentation dissolvante d'un protestantisme industriel et d'un panthéisme communiste travaille jusque dans leurs profondeurs, il s'en rencontrait d'insurmontables dans le caractère du roi Frédéric-Guillaume IV et dans la position personnelle qu'il s'était faite. Ce prince versatile et sans franchise avait essayé à son avénement, par inquiétude d'esprit et par frivolité de cœur, ce que Pie IX avait sincèrement voulu par humanité évangélique. Il avait fait passer devant les yeux de son peuple jusqu'à l'en éblouir mille images de liberté, mille chimères d'ambitions nationales. Tout en se croyant profondément religieux, sous les dehors d'une sollicitude paternelle, il avait abusé de la manière la plus détestable de cette piété pour le souverain si naturelle aux peuples germaniques. Toutes ses promesses, il les avait successivement éludées ou violées ; tout son libéralisme littéraire, il l'avait fait tourner au profit d'un absolutisme politique d'autant plus odieux qu'il n'avait pas le courage de se nommer par son nom. En six années, ce prince ingrat, gâté par son peuple et par la fortune, était parvenu à user jusqu'aux derniers restes d'une étonnante popularité. Toutes les classes, toutes les opinions, tour à tour flattées et jouées, s'étaient également retirées de lui. Le mécontentement général éclatait et déjà, comme son rival l'empereur d'Autriche, le roi Frédéric-Guillaume, se voyant menacé au cœur même de ses États, prêtait l'oreille aux suggestions de la Russie. Le czar Nicolas s'insinuait dans les conseils du cabinet de Berlin avec plus de facilité encore qu'il n'en avait trouvé à pénétrer les secrets du cabinet de Vienne. Le peuple prussien s'en indignait ; par haine de la Russie, il exagérait l'expression de ses sympathies pour la France. De là l'impossibilité pour le roi Frédéric-Guillaume de faire la guerre. Une guerre d'ambition contre l'Autriche, dans laquelle il eût été soutenu par l'esprit national, lui était interdite par sa menaçante alliée la Russie ; une guerre de coalition avec la Russie et l'Autriche contre la France eût été le signal d'une révolution intérieure plus terrible peut-être que ne l'avait été la première Révolution française.

La pensée d'une guerre continentale ne pouvait être sérieusement conçue que par l'empereur Nicolas. Seul entre les monarques européens, ce prince représentait encore dans son empire l'orthodoxie religieuse et politique d'une souveraineté absolue. Le passé et l'avenir de la nation russe se personnifiaient en lui. Malgré son origine allemande qu'il avait su faire oublier, il personnifiait aux yeux des multitudes l'idéal de la Russie. Dans la noblesse de son visage, dans la fierté de son port, la nation se plaisait à reconnaître, à saluer son propre génie. Depuis son avénement au trône, l'empereur Nicolas s'était proposé de reprendre la politique tracée à la Russie par le testament de Pierre le Grand. Cette politique d'inspiration orientale, militaire et religieuse, que le libéralisme cosmopolite d'Alexandre avait un moment troublée, visait à la destruction de l'empire ottoman, à l'anéantissement de la Pologne, au refoulement de la Suède, à la conquête de la Galicie et, par suite, à la subalternité des États de l'Allemagne (1). Nos hommes d'État du dix-huitième siècle avaient pressenti le danger pour la France de laisser s'avancer vers l'Occident cet ennemi lointain encore, mais rapide, envahisseur à la façon des peuples barbares. Une constante sollici-

---

(1) « Dans les vingt-trois ans qui se sont écoulés de 1792 à 1815, disait, au mois de mars 1848, la *Gazette d'Augsbourg*, la Russie nous a fait plus de mal lorsqu'elle était notre principale alliée contre la France, que lorsqu'elle était l'alliée de la France contre nous. Dans les trente-trois ans qui se sont écoulés de 1815 à 1848, ce que la Russie a fait contre la liberté et la puissance de l'Allemagne, il n'est pas un enfant en Allemagne qui ne le sache dire. Les dangers dont la Russie nous menace ne dépendent pas du caractère de tel ou tel empereur, ils tiennent au caractère de la Russie, à sa politique séculaire, à sa destinée. »

tude pour la Turquie, en même temps que pour la Hongrie et la Pologne, considérées comme les deux boulevards du monde occidental, n'avait cessé d'animer le cabinet de Versailles depuis Louis XIV jusqu'à Choiseul. L'empereur Napoléon, en invitant la Hongrie à reprendre son indépendance (1), et plus tard en s'alliant à l'Autriche, suivait une pensée analogue. Mais les dispositions favorables de la Restauration et les embarras du règne de Louis-Philippe avaient laissé le champ libre aux ambitions du tzar. Il avait pu suivre, sans presque les dissimuler, ses plans d'agrandissement. Il avait achevé, sous les yeux d'une papauté complaisante, par violence et par ruse, par l'exil en Sibérie, par la confiscation, par la substitution frauduleuse du rite grec au rite catholique, par l'éducation despotique de la jeunesse, la ruine de la Pologne. Il se jouait à son gré, sous prétexte de protectorat, des provinces danubiennes. Il éveillait dans les populations slaves de la Bohême, de la Moravie, de la Hongrie, un esprit d'orgueil traditionnel, hostile à la Pologne catholique et à la Hongrie magyare, et qui pouvait, au premier jour, favoriser, en les détachant de l'Autriche germanique, la création d'un vaste empire néo-byzantin auquel il aurait dicté des lois.

Vénéré d'un peuple dont les instincts sont nobles, le caractère fidèle, patient, courageux, prompt au sacrifice; maître à la fois des deux plus grandes forces organisées de toute civilisation, le sacerdoce et l'armée, l'empereur Nicolas regardait de loin ce qu'il considérait comme la dissolution de la vieille société occidentale, catholique et protestante, absolutiste et constitutionnelle; mais il avait trop de sagacité pour ne pas comprendre que tout lui commandait envers la France républicaine une politique d'abstention et d'expectative. Il n'ignorait pas que l'empire russe, auquel il rêvait un si grand avenir, portait aussi dans ses flancs des germes révolutionnaires. L'état régulier de ses finances et la force numérique de son armée le trompaient moins que personne. Il savait que, si le numéraire abondait dans les caisses de l'État, le crédit manquait à son gouvernement. Il connaissait la mauvaise administration de ses armées et leur infériorité dans les armes savantes. L'organisation de la propriété et de la commune dans ses États pouvait donner lieu, il n'en était que trop averti, à des secousses intérieures, à des jacqueries épouvantables (1). Les dispositions d'une partie de la noblesse à son égard n'étaient pas de nature non plus à lui enlever tout souci; il ne pouvait pas oublier la révolte prétorienne de 1825. D'ailleurs, en examinant les choses de sang-froid, n'avait-il pas tout lieu de se féliciter de la proclamation de la République en France? Elle donnait raison à son mépris pour ce qu'il avait toujours appelé la *mystification* des monarchies représentatives (2), et elle réalisait ses prophéties, en

(1) « Hongrois, disait l'empereur, dans un manifeste adressé aux Hongrois après qu'il fut entré à Vienne et daté de Schœnbrunn, 15 mai 1809, le moment est venu de recouvrer votre indépendance. Je vous offre la paix, l'intégrité de votre territoire, de votre liberté et de vos constitutions, soit telles qu'elles ont existé, soit modifiées par vous-mêmes, si vous jugez que l'esprit du temps et l'intérêt de vos concitoyens l'exigent. Je ne veux rien de vous, je ne désire que vous voir nation libre et indépendante. Votre union avec l'Autriche a fait votre malheur. Votre sang a coulé pour elle dans des régions éloignées et vos intérêts les plus chers ont été constamment sacrifiés à ceux de ses États héréditaires. Vous formiez la plus belle partie de son empire et vous n'étiez qu'une province toujours asservie à des passions qui vous étaient étrangères. Vous avez des mœurs nationales, une langue nationale ; vous vous vantez d'une illustre et ancienne origine : reprenez donc votre existence comme nation ! Ayez un roi de votre choix, qui ne règne que pour vous, qui réside au milieu de vous, qui ne soit environné que de vos citoyens et de vos soldats ! Hongrois, voilà ce que vous demande l'Europe entière, qui vous regarde ; voilà ce que je vous demande avec elle. Une paix éternelle, des relations de commerce, une indépendance assurée, tel est le prix qui vous attend, si vous voulez être dignes de vos ancêtres et de vous-mêmes. »

(1) La commune agricole libre comprend plus des deux tiers de la population rurale dans les provinces russes. L'autre tiers appartient aux nobles. Toutes les fois que les seigneurs ont voulu tenter d'introduire chez eux le système occidental du morcellement de la terre et de la propriété privée, les paysans se sont soulevés. On évaluait, avant l'année 1848, à soixante-dix, en moyenne, le nombre des seigneurs annuellement massacrés par leurs paysans.

(2) Il sera intéressant, pour bien comprendre la politique de la Russie et les idées de l'empereur, de consulter un *Mémoire* présenté en 1848 à l'empereur Nicolas par un employé supérieur de la chancellerie russe. Ce document, tout à fait authentique, mais encore inédit, était destiné à la publicité. Il

montrant à la Prusse, à la Belgique, à la Hollande, au Danemark, à la Suède, aux États secondaires de l'Allemagne, le peu de vertu des chartes constitutionnelles; elle frappait d'une terreur salutaire les rois abusés quelque temps par la fiction parlementaire et les jetait tout tremblants dans les bras de la Russie. Si la démagogie enfin débordait et menaçait l'Allemagne, l'occasion épiée depuis tant d'années s'offrait; la Providence ferait le reste.

La République de 1848 pouvait donc se considérer comme parfaitement assurée contre les coalitions de Pilnitz et les manifestes de Brunswick. Non-seulement les États du continent n'avaient pas d'intérêt à commencer les hostilités, mais encore l'Angleterre, sans le secours de laquelle ils n'auraient pu entretenir leurs armées, avait un intérêt directement contraire. Depuis longtemps son animosité contre la France n'avait plus de motifs graves. L'empire des mers ne lui était plus disputé par cette vieille rivale. Ce n'étaient plus les Labourdonnaye, les Dupleix, qui se jetaient à la traverse de ses ambitions; elle voyait s'avancer par Constantinople, par le Caucase et la Perse, une autre ennemie. Une Rome orientale se dressait contre la Carthage du Nord, s'avançait en silence et se préparait à lui disputer la domination des Indes. La savante politique de l'Angleterre n'avait garde, en de pareilles occurrences, d'écouter les instincts de la haine nationale contre la France. Sous la conduite de lord Palmerston, aussi bien que sous celle de Pitt, elle voulait maintenir l'équilibre européen, afin de réaliser ses plans de monopole commercial. Intéressée à nous voir engagés dans des révolutions intérieures nuisibles au rétablissement de notre marine et au développement de notre industrie, elle était lasse de soudoyer contre nous des coalitions inutiles. Ses hommes d'État poursuivaient d'autres desseins. Ils s'appliquaient depuis bien des années à favoriser l'émancipation des peuples pour créer à l'industrie et au commerce anglais de nouvelles relations d'échange et s'efforçaient de prévenir par tous les moyens possibles l'agrandissement de la Russie.

De tout ce qui précède, il ressort que la République française ne pouvait raisonnablement redouter aucune hostilité de la part des puissances étrangères et que personne ne songerait à l'inquiéter dans ses affaires intérieures. S'ensuivait-il qu'elle dût profiter de ces circonstances pour prendre l'offensive, et, déclarant les traités de 1815 rompus par le seul fait de son avénement, ranimer dans la population l'esprit de conquête, franchir la frontière, tenter de s'emparer à main armée de la rive gauche du Rhin, de la Belgique et de la Savoie? Je ne crois pas que personne en France eût, au mois de février 1848, une aussi téméraire ambition. Cette politique napoléonienne aurait été en opposition complète avec les tendances prononcées du pays. Si une minorité imperceptible d'ultra-républicains en parlait bien haut, c'était par habitude révolutionnaire encore plus que par conviction sérieuse. L'influence du règne de Louis-Philippe avait considérablement modifié sur ce point, plus que sur tout autre, le caractère national. L'activité française s'était tournée vers l'industrie. Les inclinations de la bourgeoisie n'étaient que trop naturellement portées à la paix. Pour intéresser le prolétariat, devenu indifférent aux questions de politique pure, à la guerre de conquête, il eût fallu donner à cette guerre un caractère de propagande sociale, c'est-à-dire déclarer qu'on marchait à la délivrance du prolétariat dans toute l'Europe. La pensée d'une telle entreprise ne pouvait venir ni au gouvernement ni à aucun parti. Pour conduire une guerre d'agression purement politique, tout manquait à la fois, soldats, argent, crédit. On verra tout à l'heure com-

---

fut envoyé, au mois d'octobre 1848, à Munich, avec l'assentiment tacite du gouvernement impérial pour y être imprimé. Des circonstances indépendantes de la volonté de son auteur en retardèrent l'impression, mais de nombreuses copies circulèrent dans les cercles diplomatiques. De longs et curieux extraits en ont été donnés dans une brochure intitulée : *Politique et moyens d'action de la Russie*, par P. de B. (Paul de Bourgoing), avril 1849, et tiré à un petit nombre d'exemplaires. Imprimerie de Gerdès, rue Saint-Germain-des-Prés, 10.

bien était faible l'effectif de notre armée et quelles finances nous léguait le gouvernement de Louis-Philippe. On eût été contraint de recourir aux ressources extrêmes sans aucun des grands moyens d'action de la première révolution. Dans la nécessité d'abolir immédiatement des impôts très-productifs, mais très-impopulaires, la République n'avait plus, comme en 1792, trois milliards de biens à saisir; l'adoucissement des mœurs et la solidarité des classes, favorisés par trente ans de régime constitutionnel, présentaient d'ailleurs un obstacle latent, mais presque insurmontable, au système de la violence politique.

Et quelle résistance, non-seulement des gouvernements, mais des peuples, n'eût pas soulevée partout une provocation de la France! A l'instant même l'Angleterre, disposée à la neutralité, nous devenait hostile; l'esprit national se réveillait en Allemagne; la démocratie allemande elle-même entonnait sa chanson du Rhin. Le Piémont et la Belgique, en admettant qu'ils se fussent prononcés pour nous, n'auraient été que des alliés défiants et tièdes. Bientôt, à l'intérieur, les mesures révolutionnaires, commandées par une aussi vaste entreprise, eussent ranimé les partis royalistes et conservateurs. Un déchirement profond nous livrait encore une fois peut-être à l'invasion étrangère. M. de Lamartine, qui avait, pendant toute sa carrière politique, combattu l'esprit napoléonien d'un parti peu intelligent, selon lui, des intérêts nouveaux de la France, fût entré, d'ailleurs, en contradiction avec tout son passé, s'il n'avait pas tenté d'établir la République sur les bases de la paix. Le langage de sa circulaire aux agents diplomatiques fut l'expression de sa pensée constante aussi bien que des tendances générales de l'opinion et des intérêts du pays.

« La Révolution française, y disait-il, vient d'entrer dans sa période définitive. La France est République; la République française n'a pas besoin d'être reconnue pour exister : elle est de droit naturel, elle est de droit national. Elle est la volonté d'un grand peuple qui ne demande son titre qu'à lui-même. Cependant la République française, désirant entrer dans la famille des gouvernements institués comme une puissance régulière et non comme un phénomène perturbateur de l'ordre européen, il est convenable que vous fassiez promptement connaître au gouvernement près duquel vous êtes accrédité les principes et les tendances qui dirigeront désormais la politique extérieure du gouvernement français.

« La proclamation de la République française n'est un acte d'agression contre aucune forme de gouvernement dans le monde. Les formes de gouvernement ont des diversités aussi légitimes que les diversités de caractère, de situation géographique et de développement intellectuel, moral et matériel chez les peuples. Les nations ont, comme les individus, des âges différents. Les principes qui les représentent ont des phases successives. Les gouvernements monarchiques, aristocratiques, constitutionnels, républicains, sont l'expression de ces différents degrés de maturité du génie des peuples. Ils demandent plus de liberté à mesure qu'ils se sentent capables d'en supporter davantage; ils demandent plus d'égalité et de démocratie à mesure qu'ils sont inspirés par plus de justice et d'amour pour le peuple. Question de temps. Un peuple se perd en devançant l'heure de cette maturité, comme il se déshonore en la laissant échapper. La monarchie et la république ne sont pas, aux yeux des véritables hommes d'État, des principes absolus qui se combattent à mort; ce sont des faits qui se contrastent et qui peuvent vivre face à face, en se comprenant et en se respectant.

« La guerre n'est donc pas le principe de la République française, comme elle en devint la fatale et glorieuse nécessité en 1792. Entre 1792 et 1848, il y a un demi-siècle. Revenir, après un demi-siècle, au principe de 1792 ou au principe de l'Empire, ce ne serait pas avancer, ce serait reculer dans le temps. La révolution d'hier est un pas en avant, non en arrière. Le monde et nous, nous voulons marcher à la fraternité et à la paix.

« Les traités de 1815, disait encore le manifeste, n'existent plus en droit aux yeux de la République française; toutefois les circonscriptions territoriales de ces traités sont un fait qu'elle admet comme base et comme point de départ dans ses rapports avec les autres nations.

« Mais si les traités de 1815 n'existent plus que comme fait à modifier d'un accord commun, et si la République déclare hautement qu'elle a pour droit et pour mission d'arriver régulièrement et pacifiquement à ces modifications, le bon sens, la modération, la conscience, la prudence de la République existent et sont pour l'Europe une meilleure et plus honorable garantie que les lettres de ces traités si souvent violés ou modifiés par elle.

« Attachez-vous, Monsieur, à faire comprendre et admettre de bonne foi cette émancipation de la République des traités de 1815 et à montrer que cette franchise n'a rien d'inconciliable avec le repos de l'Europe.

» Ainsi, nous le disons hautement, si l'heure de la reconstruction de quelques nationalités opprimées en Europe ou ailleurs, nous paraissait avoir sonné dans les décrets de la Providence; si la Suisse, notre fidèle alliée depuis François Ier, était contrainte et menacée dans le mouvement de croissance qu'elle opère chez elle pour prêter une force de plus au faisceau des gouvernements démocratiques; si les États indépendants de l'Italie étaient envahis; si l'on imposait des limites ou des obstacles à leurs transformations intérieures; si on leur contestait à main armée le droit de s'allier entre eux pour consolider une patrie italienne, la République française se croirait en droit d'armer elle-même pour protéger ces mouvements légitimes de croissance et de nationalité des peuples.

« La République, vous le voyez, a traversé du premier pas l'ère des proscriptions et des dictatures. Elle est décidée à ne jamais violer la liberté au dedans; elle est décidée également à ne jamais violer son principe démocratique au dehors. Elle ne laissera mettre la main de personne entre le rayonnement pacifique de sa liberté et le regard des peuples. Elle se proclame l'alliée intellectuelle et cordiale de tous les droits, de tous les progrès, de tous les développements légitimes d'institution des nations qui veulent vivre du même principe que le sien. Elle ne fera point de propagande sourde ou incendiaire chez ses voisins. Elle sait qu'il n'y a de libertés durables que celles qui naissent d'elles-mêmes sur leur propre sol. Mais elle exercera, par la lueur de ses idées, par le spectacle d'ordre et de paix qu'elle espère donner au monde, le seul et honnête prosélytisme, le prosélytisme de l'estime et de la sympathie. Ce n'est point là la guerre, c'est la nature. Ce n'est point là l'agitation de l'Europe, c'est la vie. Ce n'est point là incendier le monde, c'est briller de sa place sur l'horizon des peuples pour les devancer et les guider à la fois. »

Le 6 mars, M. de Lamartine soumit son manifeste à la délibération du conseil. L'approbation qu'il reçut, quant au fond, fut unanime. Seulement M. Louis Blanc, tout en applaudissant à la pensée de fraternité entre les peuples qui donnait à ce manifeste un caractère nouveau et de tous points conforme aux idées socialistes, insista pour que l'on déclarât formellement les traités de Vienne rompus. M. de Lamartine céda en partie, et l'on fit par transaction la phrase équivoque sur le *droit* et le *fait* que je viens de rapporter.

L'équivoque était, malheureusement, moins encore dans le langage du manifeste que dans la situation du gouvernement, car, s'il était parfaitement en droit de déclarer les traités de Vienne rompus, en rappelant l'occupation de Cracovie, il n'était pas en mesure de donner suite à cette déclaration. Le jour où il se trouva prêt, où l'occasion s'offrit de prendre l'offensive, M. de Lamartine, qui n'eût pas hésité à se prononcer pour l'intervention en Italie, n'était plus ministre. Ses successeurs traduisirent à leur gré, selon leurs vues personnelles, le sens de son manifeste. On le rendit plus tard injustement responsable de fautes et de crimes politiques qu'il n'eût jamais commis, qu'il n'était pas en son pouvoir d'empêcher, contre lesquels il protesta à la face de l'Europe (1).

Il ne faut pas l'oublier, d'ailleurs, si le manifeste, par son ton pacifique, donna trop de satisfaction au tzar Nicolas, à l'empereur d'Autriche et au roi Frédéric-Guillaume, il n'en fut pas moins applaudi par la démocratie européenne. L'Italie et la Pologne démocratiques, Mazzini et Mieroslawski, conjuraient la France de s'abstenir de toute hostilité (2). Chez nous, le prolétariat voulait la paix tout autant que la bourgeoisie. Je lis dans un manifeste des ouvriers de Lyon, remarquable à plus d'un égard, l'expression d'une admiration très-vive pour le langage *franc*, *noble* et *digne* que parlait à l'étranger le ministre des affaires étrangères. L'approbation fut universelle. La popularité de M. de Lamartine en reçut un éclat nouveau, parce qu'il avait touché avec justesse, en écartant quelques opinions de parti, le sentiment intime de la France.

Avant que l'impression produite sur les cours par la publication du manifeste pût être connue à Paris, les représentants des puissances monarchiques s'étaient tenus, vis-à-vis du gouvernement provisoire, dans une réserve polie. Tous, en envoyant à M. de Lamartine un simple accusé de réception de sa première circulaire, qui choquait cependant tous les usages en parlant des peuples et de *leur mutuelle dignité*, et non des cours et des souverains, déclarèrent qu'ils ne quitteraient point leur poste. Le nonce du pape joignit à cette déclaration des témoignages de vive satisfaction, promettant d'informer le saint-père du respect que le peuple avait témoigné pour la religion et pour ses ministres. Le comte d'Arnim, ministre de Prusse, le marquis de Brignole, ministre de Sardaigne, le prince de Ligne, ministre de Belgique, le comte d'Appony, ambassadeur d'Autriche, et même M. de Kisseleff, chargé d'affaires de Russie, eurent des entretiens particuliers avec M. de Lamartine. Bientôt lord Normanby fut autorisé par lord Palmerston à entamer des négociations propres à consolider l'alliance entre les deux États. D'accord en cela avec le principe de l'école whig, qui, depuis 1688, reconnaît que tout gouvernement né du peuple est légitime, espérant obtenir, en échange de cette prompte reconnaissance, que le gouvernement français respecterait l'indépendance de la Belgique et ne favoriserait ni directement ni indirectement l'Irlande et le chartisme, lord John Russell déclarait à la Chambre des communes, dans la séance du 28 février, que le gouvernement britannique n'entendait pas intervenir « de quelque manière que ce fût, dans l'établissement que les Français pourraient faire de leur propre gouvernement ». Lord Palmerston donnait au gouvernement provisoire des explications sur l'hospitalité offerte aux princes déchus. « Cette hospitalité, disait-il dans une dépêche communiquée, le 10 mars, par lord Normanby à M. de Lamartine, n'est pas une marque de sympathie politique de nature à inquiéter la France. Il n'y a dans cet asile et dans ces égards accordés à de grandes infortunes d'autre signification que celle de l'hospitalité même ». Enfin, lord Wellington répondait à une avance indirecte de M. de Lamartine, dans une lettre pleine de courtoisie pour lui, et qui devait lui être communiquée.

Les représentants de la Suisse, de la République argentine et de l'Uruguay avaient reconnu immédiatement la République. M. Richard Rush, envoyé des États-Unis, prit l'initiative d'une visite officielle au gouvernement provisoire et reçut bientôt l'approbation du président des États-Unis, M. Polk, qui s'exprima en ces termes sur la révolution dans son *Message* :

« Le monde a rarement vu un spectacle plus

---

(1) Voir, au *Moniteur*, le discours de M. de Lamartine à l'Assemblée nationale, séance du 23 mai 1848.

(2) Voir, au *Moniteur* du 31 mars, une lettre de Mieroslawski, dans laquelle il dit : « La Pologne n'a pas d'intérêt plus grand en ce moment que de voir la France persévérer dans la politique du manifeste. C'est là le seul moyen de sauver la Pologne : elle conjure la France de rassurer l'Allemagne et de chercher dans la Confédération une alliée de principe et d'intérêt. »

ARRIVÉE DE LOUIS-PHILIPPE A TROUVILLE (P. 146).

intéressant et plus sublime que le dessein paisible du peuple français, décidé à se donner une liberté plus grande et à prouver, dans la majesté de sa force, la grande vérité que, dans ce siècle éclairé, l'homme est en état de se gouverner lui-même... »

Quand il fallut nommer des agents diplomatiques, l'embarras de M. de Lamartine ne fut pas moindre que ne l'avait été celui de M. Ledru-Rollin dans le choix des commissaires. Si la pratique du journalisme et du barreau n'était pas propre à former de bons administrateurs, elle préparait encore moins aux fonctions diplomatiques qui demandent, avec de grandes connaissances historiques et géographiques, le don de l'observation, la maturité et l'exactitude de l'esprit, la politesse des formes. Depuis longtemps, d'ailleurs, la diplomatie française était sensiblement déchue de sa supériorité passée. Les nobles traditions et les fières allures qu'elle avait conservées, à travers bien des vicissitudes, depuis le règne de Louis XIV, avaient fait place, sous la triste inspiration du règne de Louis-Philippe, à un étroit et méticuleux esprit d'intrigue sans suite et sans fierté. Non-seulement la prépondérance de la France dans les affaires européennes était perdue, mais encore la dignité de son attitude semblait irréparablement compromise. A l'exception d'un très-petit nombre d'agents distingués, le corps diplomatique français, recruté dans les rangs de la noblesse impériale et de la bourgeoisie industrielle, n'avait montré que des talents médiocres. De tous les fonctionnaires de la monarchie, les envoyés diplomatiques étaient peut-être ceux auxquels il convenait le moins de confier les desseins de la République.

M. de Lamartine commença par rappeler tous les ambassadeurs et presque tous les ministres plénipotentiaires qui résidaient auprès des puissances étrangères. Il supprima, sauf pour des occasions extraordinaires, le titre d'ambassadeur, et se borna, dans ce premier moment, à envoyer dans les cours européennes, avec des instructions confidentielles, quelques agents sans caractère officiel, qu'il chargea d'observer les dispositions des souverains et l'esprit des peuples. Les premiers choix de M. de Lamartine tombèrent sur une personne de son intimité, dont les opinions étaient plus royalistes que républicaines, et sur des républicains de la rédaction du *National* qui lui furent en quelque sorte imposés par son nouvel entourage. Ceux-ci, abandonnant subitement la politique qu'ils soutenaient depuis quinze années dans la presse, flattèrent le penchant de M. de Lamartine pour l'alliance anglaise, qui fut ouvertement recherchée; ils ne combattirent point cette antipathie personnelle pour l'émigration polonaise qui lui fit très-impolitiquement négliger les intérêts de la Pologne; ils n'éclairèrent point l'illusion qui l'inclinait à faire des avances au roi Frédéric-Guillaume. Enfin la nouvelle diplomatie, au lieu de donner au *manifeste* l'accent et l'interprétation qui convenaient à la dignité de la France, montra bientôt le même désir de paix et le même empressement dans la recherche des alliances royales que l'opposition républicaine avait constamment reprochées au roi Louis-Philippe avec une sévérité implacable.

CHAPITRE XIX

Ministère de la guerre et de la marine. — M. Arago. — Le général Cavaignac.

Le gouvernement provisoire ne voulait pas la guerre extérieure. Cependant il prenait à cœur l'état de l'armée, parce que, prévoyant à l'intérieur de grands troubles, il sentait la nécessité d'opposer aux factions une force régulière. A cet égard, celui des ministres qui passait pour le plus révolutionnaire se montrait le plus résolu. M. Ledru-Rollin, dès sa première entrevue, le 25 février au soir, avec le général Bedeau, s'était formellement engagé à le soutenir dans toutes les mesures nécessaires pour rétablir la discipline et relever l'amour-propre humilié du soldat. Le général avait obtenu sur l'heure que tous les colonels resteraient à la tête de leurs régiments et qu'aucune dénonciation des inférieurs contre les supérieurs ne serait écoutée. Il avait pu s'assurer par cet entretien que la rentrée des troupes dans Paris était aussi vivement désirée par le ministre de l'intérieur, dans l'intérêt de la République, qu'il la pouvait souhaiter lui-même à son point de vue purement militaire.

La pensée d'un grand désarmement ne se présenta point à l'esprit du gouvernement provisoire. Cette pensée, émanée des écoles socialistes et soutenue avec beaucoup de force avant la fin du règne de Louis-Philippe par le journal *la Presse*, avait trouvé très-peu d'écho dans le parti républicain proprement dit. La rédaction du *National*, dont l'esprit influa sensiblement sur la conduite des affaires pendant la durée du gouvernement provisoire, avait toujours affecté, jusque dans la question si impopulaire des fortifications de Paris, les allures les plus belliqueuses. Quant à l'opinion publique, bien que favorable à la paix, elle n'aurait pas vu sans déplaisir le licenciement d'une partie des troupes. Tout le monde réclamait des économies, mais personne n'osait se dire, tant la coutume l'emporte chez nous sur le besoin d'innover, que la seule modification considérable dans l'ensemble de notre économie sociale serait la réduction du chiffre affecté à l'armée. Une initiative aussi hardie ne pouvait s'attendre d'un pouvoir aussi peu d'accord avec lui-même que le gouvernement provisoire. Aussi ne fut-elle pas mise en délibération. M. Ledru-Rollin suivait, en cela comme en toute autre chose, la tradition révolutionnaire; M. Louis Blanc s'absorbait dans sa tâche spéciale; M. de Lamartine avait hâte d'accentuer par le son belliqueux du clairon et du tambour sur nos frontières le langage un peu vague de son manifeste.

Tout le souci du gouvernement fut donc de remettre aux mains d'un homme bien à lui le soin de constituer la force publique. Nous avons vu que l'embarras n'avait pas été médiocre de trouver sur-le-champ un ministre de la guerre républicain et de le faire agréer par les officiers supérieurs de l'armée. A peine le général Subervie était-il entré en fonctions, qu'il s'était vu en butte aux hostilités de la *commission de défense*. Cette commission, composée des officiers les plus distingués de chaque arme, des généraux Oudinot, Pelet, Pailhoux, Vaillant, Bedeau, Lamoricière, de l'intendant militaire Deniée, du chef de bataillon Charras, affecta d'abord de délibérer en l'absence du ministre et d'adresser directement ses rapports au conseil. Puis elle engagea l'attaque dans *le National*. On reprocha au général Subervie son inertie et les influences fâcheuses qu'il subissait(1). Peu versé dans les intrigues de la politique, le général se défendit loyalement, mais faiblement, contre des adversaires impatients de l'écondure; bientôt, dans une séance du gouvernement provisoire à laquelle n'assistaient ni M. de Lamartine, ni MM. Ledru-Rollin et Louis Blanc, il fut brusquement destitué. Dans la même séance le général Eugène Cavaignac fut nommé ministre de la guerre.

Cette élévation subite d'un officier assez peu connu surprit beaucoup. Le nom du général Cavaignac qui devait, à quatre mois de là, retentir avec un si grand éclat par toute l'Europe, avait été rarement prononcé dans la presse et n'attirait pas l'attention. Sa personne, même dans le parti républicain, était moins connue que sa parenté. Soit faute d'occasions, soit absence de don naturel, Eugène Cavaignac, tout en s'étant fait généralement estimer dans l'armée par la noblesse de son caractère et la parfaite dignité de sa vie, n'avait su inspirer ni une sympathie très-vive aux officiers, ni l'enthousiasme aux soldats qui s'étaient trouvés sous ses ordres.

Originaire d'une ancienne famille du Rouergue anoblie par Henri IV, le général Eugène Cavaignac, second fils de Jean-Baptiste Cavaignac, député à la Convention, naquit à Paris, le 15 octobre 1802. Après de bonnes études au collège Sainte-Barbe, il fut admis à l'École polytechnique, d'où il passa à l'École d'application de Metz, comme sous-lieutenant du génie. En 1828, il fit la campagne de Morée et devint capitaine en 1829. A son retour il fut envoyé à Metz. Là, l'esprit républicain qu'il avait hérité de son père lui valut une disgrâce momentanée. Pour avoir signé un projet d'association qui fut considéré comme un acte d'opposition au gouvernement, on le mit en non-activité pendant une année. Rappelé au service, il commanda en 1836, en Algérie, la garnison de Tlemcen. Cette garnison très-faible, isolée au milieu des tribus kabyles, dénuée de tout, dut sa conservation au talent d'organisation, à l'activité, à la constance, à l'infatigable dévouement de Cavaignac. Cependant, au lieu d'une récompense signalée à laquelle il avait droit, il reçut à la fin de la campagne sa nomination au grade de chef de bataillon des zouaves qui le plaçait sous les ordres du lieutenant-colonel Lamoricière. Cette mortification lui parut insupportable et, dans un premier mouvement de dépit, il demanda sa mise en non-activité temporaire et rentra en France (1).

En 1839, comme il se trouvait à Perpignan au moment où M. le duc d'Orléans y passait, le prince eut connaissance de cette situation qui pour être régulière n'en était pas moins défavorable à l'avancement. Tenté par l'idée de protéger un nom républicain, le duc d'Orléans obtint du ministre de la guerre que Cavaignac serait immédiatement employé comme chef de corps. On lui donna, en effet, le commandement d'un des trois bataillons de chas-

---

(1) On le croyait, mais à tort, bonapartiste.

(1) La mise en non-activité temporaire pour cause d'*infirmités momentanées* constitue dans l'armée une situation régulière qui peut se prolonger trois ans.

seurs à pied connus en Afrique sous le sobriquet de *Zéphyrs* et composés entièrement de soldats qui, pour des fautes graves contre la discipline, ont passé devant des conseils de guerre. Dans ce nouveau poste, Cavaignac, forcé de sévir fréquemment contre des hommes difficiles à conduire, contracta des habitudes de rigueur et une certaine dureté de langage dont il ne sut plus se défaire et qui nuisirent singulièrement à sa popularité. Peu de temps après, il fut nommé lieutenant-colonel des zouaves. Venu en congé à Paris, vers le milieu de l'année 1840, il se vit de la part du duc d'Orléans, et bien qu'il n'eût pas voulu se présenter aux Tuileries, l'objet d'une constante bienveillance et reçut pendant son congé même le brevet de colonel. A partir de cette époque, le général Cavaignac ne quitta plus l'Algérie qu'à de rares et courts intervalles. Le désir de rendre des soins à sa mère, qui vivait fort retirée depuis la mort de ses deux autres enfants, l'attirait seul à Paris. Madame Cavaignac chérissait son fils et recevait de lui tous les respects de la piété antique. C'était à cause d'elle et par son entremise uniquement qu'il entretenait des rapports avec le parti républicain, n'ayant personnellement aucun goût ni pour le journalisme, ni pour la vie parlementaire. A son dernier voyage, en 1847, il indisposa même fortement quelques-uns des principaux rédacteurs du *National* en repoussant l'offre qu'ils lui faisaient, au nom du parti républicain, de le rendre éligible. Sa fierté de soldat ne comprenait pas ces sortes de compromis politiques et s'en offensait. Il fondait, d'ailleurs, un médiocre espoir dans cette campagne de banquets qu'il voyait s'ouvrir par une alliance ambiguë, antipathique à sa droiture ; les difficultés extrêmes qui chaque jour menaçaient l'existence de *la Réforme* le confirmaient dans la pensée que la République comptait trop peu de partisans pour ne pas être absolument impossible en France.

Quand la révolution de Février éclata, Eugène Cavaignac était maréchal de camp et commandait en Algérie la subdivision de Tlemcen (1). Le gouvernement provisoire n'eut garde d'oublier un officier de ce nom et de ce mérite. L'un de ses premiers décrets éleva Cavaignac au grade de général de division et le nomma gouverneur général de l'Algérie (2). C'était, dans les circonstances critiques où l'on se trouvait, une marque de confiance signalée. L'on n'était pas à Paris sans quelque doute sur la soumission de la colonie.

Un homme d'un talent militaire que de brillants succès avaient mis en évidence, le général Changarnier, esprit ambitieux, capable de résolution, commandait à Alger, sous les ordres du duc d'Aumale, soixante-seize mille hommes d'excellentes troupes françaises et huit mille indigènes répartis sur les points importants du territoire. Ces forces, secondées par une escadre que la présence et l'action du prince de Joinville pouvaient entraîner peut-être à ne pas reconnaître le gouvernement révolutionnaire de Paris, seraient devenues, en faisant appel à tous les mécontents de la mère patrie, le noyau d'une résistance embarrassante. Il n'était pas très-difficile à la duchesse d'Orléans de gagner avec son fils la côte d'Afrique. La tentative timide qui avait échoué devant la froideur politique du parlement français aurait pris sur cette terre lointaine un caractère d'audace propre à frapper l'esprit des soldats. L'apparition dans le camp africain de la royale fugitive, deux jeunes princes très-braves et très-populaires à ses côtés, un brillant capitaine tirant l'épée pour venger son humiliation et lui rendre un trône, c'étaient là, sous les ardeurs d'un ciel qui fait le sang plus généreux et l'imagination plus vive, des prestiges puissants. Et si le drapeau monarchique se relevait en Algérie, qui sait ce que les partisans de la dynastie d'Orléans

(1) On raconte que, en apprenant à Oran la nouvelle de la proclamation de la République, apportée par un bâtiment espagnol, le général Cavaignac s'écria : « La République ! c'est à six mois d'ici l'entrée à Paris d'Henri V ! »

(2) Les titres de général de division et de général de brigade avaient été rétablis par le gouvernement provisoire, vu « les glorieux souvenirs que rappelaient au peuple français et à l'armée les dénominations données sous la République et l'Empire aux officiers généraux. »

pouvaient encore tenter en France ! Heureusement, ces appréhensions du gouvernement provisoire ne furent pas de longue durée. On ne tarda pas à apprendre que le général Cavaignac était entré en possession de son commandement, le prince de Joinville et le duc d'Aumale ayant très-noblement repoussé, en les qualifiant de rébellion, toutes les propositions de résistance qui leur furent faites.

Les deux dépêches par lesquelles M. Arago et l'amiral Baudin annonçaient aux princes les événements de Paris étaient arrivées à Alger le 2 mars. Afin sans doute d'atténuer le premier choc d'une nouvelle aussi inattendue, M. Arago n'insistait pas sur le caractère définitif du gouvernement républicain ; laissant même entrevoir comme un retour possible de l'opinion par la voie des élections générales, il faisait appel au patriotisme des princes et les exhortait à accepter d'avance l'arrêt, quel qu'il dût être, de la volonté nationale.

Soit donc que le jour douteux où ce langage plaçait toutes choses ôtât aux princes l'audace qu'inspirent les situations extrêmes, soit plutôt que leurs tendances naturelles et leur éducation les portassent à reconnaître le droit révolutionnaire et la souveraineté du peuple, toujours est-il qu'ils ne conçurent l'un et l'autre que des pensées d'obéissance et de résignation. Ils quittèrent sans effort apparent le rôle de princes pour parler et agir en citoyens. On vit à plusieurs reprises le duc d'Aumale descendre dans la cour de son palais et communiquer lui-même, sans en rien dissimuler, aux soldats et au peuple les revers de sa famille. Il contenait son émotion, réprimait avec douceur l'enthousiasme qu'inspirait sa conduite et, faisant taire les *vivat* qui s'adressaient à lui, il demandait qu'à son exemple on ne criât plus que : *Vive la France !* Le 3 mars, les deux frères s'embarquèrent avec leurs jeunes femmes et leurs enfants à bord du bateau à vapeur le *Solon* et firent voile sur Gibraltar, où ils se proposaient d'attendre les nouvelles de Paris. On dit qu'en prenant congé de la foule qui l'accompagnait en pleurant jusqu'au rivage, le prince de Joinville, vivement touché de ces témoignages d'affection, s'écria : « Bientôt, mes amis, vous aurez la guerre. L'Océan et la Méditerranée se couvriront de vaisseaux ennemis. Vous verrez alors arriver à l'improviste un schooner américain commandé par un jeune homme. Vous entendrez dire que ce jeune homme est le capitaine Joinville, et vous reconnaîtrez s'il est bon Français aux boulets que lancera son petit navire sur les vaisseaux des ennemis de la France. »

Après le départ des princes, le général Changarnier resta seul chargé du commandement jusqu'à l'arrivé du général Cavaignac. La République ne convenait guère à son humeur. Elle venait, d'ailleurs, l'arrêter brusquement au moment où il touchait au but de ses ambitions. Aussi son dépit extrême se trahissait-il dans tous ses propos. Une partie de la population s'étant portée vers sa demeure pour lui demander de reconnaître la République et d'organiser une garde nationale, il s'y refusa ; et, de peur qu'on ne s'armât malgré lui, il fit secrètement enlever par la troupe les armes du dépôt de la milice. Quand le général Cavaignac arriva à Alger, le général Changarnier affecta de ne pas se rendre à sa rencontre.

Le nouveau gouverneur général, en prenant possession de son commandement, adressa aux soldats et à la population deux proclamations dans lesquelles, comme pour expliquer la faveur dont il se voyait l'objet, il rappelait la mémoire de son frère : « Soldats, disait-il dans la première, le gouvernement provisoire m'a appelé à votre tête. Je ne m'y trompe pas : si la nation n'avait eu besoin que d'un homme dévoué, son gouvernement pouvait presque jeter au hasard parmi vous le bâton de commandement. Le gouvernement a voulu autre chose : il a voulu répondre à la pensée du pays tout entier. En me désignant, il a voulu honorer, au nom de la nation, la mémoire d'un citoyen vertueux, d'un martyr de la liberté. » Dans la seconde, il s'exprimait ainsi : « La mémoire de mon noble frère est vivante parmi les grands citoyens qui m'ont choisi. En me désignant, ils ont voulu faire comprendre que la nation entend que le gouvernement de cette colonie soit établi sur des bases dignes de la République. »

On voit, par ces premières paroles du général Cavaignac à son entrée dans les fonctions de la vie publique, combien il est pénétré de ses souvenirs de famille. Nous retrouverons perpétuellement dans la suite cette préoccupation honnête, mais un peu étroite, de l'honneur de son nom attaché au mot de république; elle absorbe sa pensée et lui imprime une sorte de fixité qui contraste avec l'indécision générale de son esprit que ne gouverne pas toujours une conviction personnellement acquise. Fixité du soldat et du citoyen dans la volonté de servir la République; indécision de l'homme politique dans l'idée même qu'il doit se former de l'institution républicaine, telle est l'origine principale des contradictions dont la carrière du général Cavaignac nous offrira plus d'un exemple et des accusations opposées auxquelles nous le verrons si souvent en butte. Ce point d'honneur de famille qui l'engage à suivre opiniâtrement la tradition révolutionnaire est, d'ailleurs, en lutte constante avec son caractère formé pour la grandeur, mais où dominent la superstition de l'autorité absolue et le respect aveugle du commandement (1). Dans l'histoire de nos révolutions, on compterait peu d'hommes aussi visiblement combattus qu'il le fut à tous les moments graves de sa vie politique par ce qu'on pourrait appeler sa conscience traditionnelle et sa conscience individuelle; peut-être n'y en eut-il jamais aucun à qui le sort imposa un rôle aussi peu conforme à sa nature.

Le général Cavaignac était à peine arrivé à Alger, que les hésitations de son esprit parurent en deux circonstances assez importantes et compromirent singulièrement son autorité. Par une inspiration regrettable où se trahit déjà cette étroitesse de l'idée républicaine dont je viens de parler, le nouveau gouverneur, malgré la réserve particulière que lui commandait le souvenir de ses rapports personnels avec le duc d'Orléans, donna l'ordre de faire enlever de la place publique la statue du prince. A cette nouvelle, la population s'émeut. On se rassemble en foule autour du piédestal, on en défend l'approche; le tumulte prend un caractère assez grave pour que le général Cavaignac croie devoir céder et fasse annoncer au peuple que la statue du duc d'Orléans restera en place. A quelque temps de là, il donne de son indécision une preuve nouvelle et plus fâcheuse encore. Une partie de la population vient le chercher pour assister à la plantation d'un arbre de la liberté qu'on avait couronné d'un bonnet phrygien. Le général Cavaignac ne fait aucune difficulté de présider officiellement à la cérémonie, en présence de toute la troupe et des autorités constituées. Mais, le lendemain, une autre partie de la population, ayant pris ombrage de l'emblème révolutionnaire, exige à son tour qu'il soit enlevé, et le gouverneur préside encore, sans faire plus de difficulté que la veille, à cette seconde cérémonie. A coup sûr, et il fut sincère en le déclarant plus tard, le général Cavaignac ne pouvait pas attacher de l'importance à ce que le bonnet phrygien fût ou non suspendu à l'arbre de la liberté. Pour les esprits sérieux, les emblèmes ne sont plus aujourd'hui que des puérilités ou des anachronismes, mais il n'ignorait pas, sans doute, l'effet moral de ces contradictions de l'autorité

(1) On raconte de la première enfance d'Eugène Cavaignac un trait où paraît, dans sa naïveté, cette croyance innée chez lui à la toute-puissance du commandement militaire. Cette anecdote, bien que puérile, me semble assez caractéristique pour que je la rapporte ici. Un des oncles d'Eugène Cavaignac lui avait donné pour le jour de sa fête (il comptait alors cinq ou six ans) un petit sabre de dragon. L'enfant, tout fier et tout ravi, se mit à courir par le jardin en brandissant contre tout ce qu'il rencontrait sur son chemin une arme qu'il supposait fort redoutable. Oiseaux, papillons, insectes, arbustes, il menaçait tout, il poursuivait tout; enfin, arrivé à l'extrémité du jardin, au bord d'un bassin d'où s'échappait une eau courante, il prit gravement à tâche d'arrêter le cours de l'eau en le tranchant du fil de son sabre. On le trouva au bout d'un quart d'heure encore très-appliqué à son entreprise et s'écriant avec une énergie de commandement que l'insuccès n'avait pas découragée : « Eau, je te défends de couler ! Eau, je te défends de couler !... »

et sa conscience de soldat n'était pas sans en souffrir.

Cependant le ministre de la marine, qui avait pris *par intérim*, en attendant l'arrivée à Paris du général Cavaignac, le portefeuille de la guerre, s'occupait activement d'arrêter dans l'armée le mouvement de désorganisation dont la victoire populaire avait été le signal. Cela ne fut ni long ni difficile. Dès le 26, par ordre du gouvernement, l'École militaire, Vincennes et tous les autres forts avaient été remis à la garde nationale. Quelques séditions fomentées dans les régiments de cavalerie et d'artillerie par les sous-officiers furent promptement apaisées et punies avec rigueur. Les soldats revenaient d'eux-mêmes sous le drapeau; la discipline s'y rétablissait d'un accord spontané. Il ne se passa qu'un fait grave : ce fut la rébellion des invalides contre leur commandant, le général Petit. Voici quelle en fut l'occasion. Les invalides avaient reçu très-récemment un legs de six mille francs environ, et le conseil d'administration avait jugé convenable de leur en faire individuellement la distribution à raison d'un franc par mois. Une cupidité naturelle, excitée encore par l'oisiveté, par un usage plus fréquent de boisson en ces jours de désordre, les pousse à réclamer avec insolence la distribution intégrale et immédiate de ce petit capital. Comme on différait d'obtempérer à leur requête, ils s'emportent en plaintes, en accusations de toute nature. A les entendre, le général Petit, l'un des plus honorables militaires de la vieille armée, détourne à son profit la somme en question. Pour intéresser dans leur ignoble rébellion les ouvriers des ateliers nationaux occupés dans le voisinage aux terrassements du Champ de Mars, ils prétendent que le général conspire contre la République et vont jusqu'à soutenir qu'ils l'ont vu *traîner dans la boue* le drapeau national. Un certain nombre d'ouvriers crédules à ces calomnies grossit l'émeute. Armés de pelles, de pioches, drapeau et tambour en tête, deux à trois mille hommes se portent sur l'Hôtel des Invalides en poussant des vociférations épouvantables. Le général Petit vient à leur rencontre. Mais ni son âge ni son attitude courageuse n'imposent à la brutalité de ces furieux. Le vieillard, saisi au collet, garrotté, jeté dans une voiture de place découverte qu'entoure en se répandant en injures la troupe mutinée, est traînée dans la direction de l'Hôtel-de-Ville, où l'on prétend aller demander justice au gouvernement provisoire. Quelques hommes bien intentionnés qui s'étaient joints à la foule, redoutant ce long trajet au bord de la rivière, s'écrient qu'il faut conduire le général à l'état-major de la place du Carrousel. En même temps ils font avertir le colonel de Courtais des dangers que court le gouverneur des Invalides. Quand on traverse le pont Royal, des cris : A l'eau! se font entendre. Mais les bons citoyens, qui ont pris à cœur de sauver le général, pressent le pas et bientôt on arrive devant l'état-major, où le colonel de Courtais et son chef d'état-major, M. Guinard, attendaient avec anxiété cet ignominieux cortége. Dès qu'ils l'aperçoivent, ils courent au-devant du général Petit, l'enlèvent à l'émeute; le colonel de Courtais, haranguant la foule, lui fait honte d'avoir pu accuser et insulter le brave guerrier chargé d'années (le général Petit comptait alors soixante-seize ans) qui, depuis 92 jusqu'à 1815, n'a cessé de combattre pour son pays, qui a reçu à Fontainebleau les dernières paroles et la dernière accolade de l'Empereur.

Les ouvriers, ouvrant les yeux sur l'énormité de leur faute, se dissipent aussitôt. Abandonnés par eux, les invalides se voient contraints de rentrer à l'Hôtel. Le lendemain, le colonel de Courtais, après s'être assuré du concours de la population dans le quartier des Invalides et avoir fait connaître aux soldats qu'une enquête sévère serait ouverte pour découvrir les vrais coupables, annonça qu'à onze heures précises le général Petit serait solennellement ramené et réintégré dans son commandement. En effet, la réintégration se fit en grande pompe. M. Arago, au nom du gouvernement provisoire, l'état-major, une députation considérable des écoles, un peloton de la garde nationale, prirent la tête d'un cortége qui fut reçu dans la cour des Invalides par le ministre de la guerre (c'était encore le général Subervie) et par une masse de dix mille ouvriers environ, dont les acclamations arrachèrent des larmes d'attendrissement au vieillard si cruellement outragé la veille. Les instigateurs de l'émeute furent saisis en présence de leurs camarades et jetés en prison; mais, pour détruire dans les imaginations populaires jusqu'à l'ombre d'un doute, le gouvernement décida que les scellés seraient apposés sur toutes les pièces de l'Hôtel où pouvaient se trouver des documents propres à éclairer la justice et que l'enquête suivrait son cours. L'ordre du jour du général Petit ne décèle pas moins que ne le faisait cette condescendance du gouvernement l'extrême faiblesse d'un pouvoir qui, à cette heure encore, n'avait pour faire respecter ses décrets d'autres armes que la persuasion, d'autre appui que l'adhésion des masses populaires. « Nous avons éprouvé un grand malheur, » dit le général Petit en s'adressant, le 25 mars, aux soldats invalides; puis, il prend à tâche de leur démontrer qu'il ne saurait jamais avoir conçu la pensée du détournement de fonds dont on l'a accusé. « Faisons donc cesser, continue-t-il, ces bruits mensongers; rentrons dans l'ordre accoutumé, et soyez assurés que le gouvernement provisoire a constamment les yeux ouverts sur vous, ce qui sera prouvé, d'ailleurs, par les deux enquêtes qui vont avoir lieu. » Ces enquêtes, comme on pense, n'eurent et ne pouvaient avoir aucun résultat. Si j'ai insisté sur une affaire peu importante en apparence, c'est qu'elle montre d'une manière frappante les embarras que le gouvernement voyait chaque jour surgir. En détournant sur des incidents déplorables l'application qu'il devait tenir attachée aux grandes affaires, ces misères entravaient une marche qu'il eût fallu si rapide et si sûre.

Selon le rapport du comité de défense nationale, l'état de l'armée, telle que la laissait le gouvernement de Louis-Philippe, ne permettait pas de songer à la guerre. L'effectif, dans tous les corps, était si faible que les régiments d'infanterie, en réunissant tous les hommes disponibles, arrivaient à peine à fournir deux bataillons de guerre de 500 hommes chacun. Dans la cavalerie, chaque régiment ne pouvait former que quatre escadrons de guerre, comptant ensemble 525 chevaux (1). Les régiments d'artillerie, à moins de désorganiser les dépôts et d'arrêter ainsi l'instruction des recrues, ne pouvaient mettre chacun qu'une batterie sur pied de guerre. Les services administratifs manquaient presque complétement de moyens de transport. Dans la situation la plus précaire où se soit jamais trouvé un gouvernement, sans argent, sans crédit, avec la volonté bien arrêtée de ne point faire appel aux passions révolutionnaires, il fallait parer tout à coup aux éventualités d'une guerre de coalition monarchique; il fallait garnir nos côtes et nos frontières sans affaiblir l'Algérie; nous tenir prêts, au premier signal des Lombards ou des Polonais, à franchir le Rhin ou les Alpes, sans toutefois abandonner le cœur du pays, où l'on redoutait les menées des partis royalistes et les insurrections ultra-révolutionnaires. Le ministre des affaires étrangères ne demandait pas moins de 215,000 hommes pour soutenir la politique pacifique du manifeste; 150,000 hommes sur le Rhin, 30,000 au pied des Alpes, 15,000 à la frontière des Pyrénées, étaient, selon lui, nécessaires. Ces exigences combinées avec la sûreté de l'Algérie, que le comité de défense et le ministre ne voulaient en aucune façon compromettre, et avec les besoins du service intérieur, portaient à 514,000 hommes le chiffre des troupes à mettre sur pied. La dépense suppléée pour atteindre ce résultat montait à 114 millions. Or les caisses de l'État étaient à peu près vides et, selon le rapport de la commission de défense, on ne pouvait pas compter sur plus de

(1) Voir le rapport de M. Arago à l'Assemblée nationale, séance du 8 mai 1848.

SALLE DE SÉANCE DU GOUVERNEMENT PROVISOIRE A L'HOTEL-DE-VILLE

101,000 hommes immédiatement disponibles.

L'activité de M. Arago et son intelligence organisatrice surmontèrent tous les obstacles. Arraché à des travaux scientifiques qui avaient illustré sa jeunesse, à un professorat qui avait porté son nom au niveau des plus grands noms contemporains, mais qui ne semblaient pas devoir le préparer à cette application aux détails administratifs, à cette aptitude spéciale qu'exigeait sa situation nouvelle, M. Arago, entré déjà dans l'âge où, chez la plupart des hommes, le besoin de repos domine toutes les passions, retrouva dans son ambition républicaine la verdeur de la jeunesse. Aidé d'un officier de grand mérite, le lieutenant-colonel Charras, ancien élève de l'École polytechnique, qu'il avait attaché à son ministère en qualité de sous-secrétaire d'État, il mit en deux mois l'armée sur le pied de guerre.

L'appel des classes arriérées, depuis 1842 jusqu'à 1846, le rappel des militaires en congé, les engagements volontaires pour deux ans, l'achat de près de 30,000 chevaux de selle et de trait comblèrent les premiers vides. L'armée des Alpes, portée à 31,000 hommes, occupa les vallées de l'Isère, de la Saône et du Rhône (1). Une réserve de 12,000 hommes de troupes aguerries, rappelées d'Afrique, fut concentrée dans la vallée de la Durance. On les remplaça par des hommes prélevés sur les

(1) Le général de division Oudinot fut nommé commandant en chef de cette armée. Les événements qui ont tristement illustré son nom donnent de l'intérêt à la proclamation adressée par lui aux soldats à son arrivée à Grenoble. J'y lis le passage suivant : « La République est amie de tous les peuples; *elle a surtout de profondes sympathies pour les populations de l'Italie.* Les soldats de ces belles contrées ont souvent partagé, sur d'immortels champs de bataille, nos dangers et notre gloire ; peut-être de nouveaux liens ressortiront-ils bientôt d'une fraternité d'armes si chère à nos souvenirs. »

contingents arriérés de 1843 et 1844, de manière que l'armée d'Afrique ne se trouva point diminuée. Les gardes nationales furent armées. On leur délivra, au ministère de la guerre, pendant le mois de mars, 446,689 fusils, dont 150,000 pour la seule ville de Paris. Une réserve de 200 bataillons de gardes nationaux mobiles fut formée. Huit escadrons de guides furent créés pour les états-majors et pour le service de la correspondance. Cependant des économies considérables effectuées par la réduction des cadres de l'état-major, par la diminution des divisions et subdivisions militaires, par le licenciement de la garde municipale et par d'autres réformes opérées sur différents services permirent au ministre, lorsqu'il présenta à l'Assemblée constituante le compte rendu de son administration, d'annoncer, sur le budget de 1848, une économie totale de plus de 16 millions. L'organisation de la garde mobile, confiée au général Duvivier, marchait aussi avec une rapidité extrême. La première idée de ce corps, tiré des combattants de février, avait été jetée en avant, dès le 24, à l'Hôtel-de-Ville, par un M. Dubourg qui, en 1830, avait organisé les *volontaires de la Charte* et qui depuis ce temps s'était adjugé le titre de général. Accouru à l'Hôtel-de-Ville dans le premier tumulte, il y resta sans désemparer pendant trente-six heures, demandant avec beaucoup d'instance, et comme une récompense qui lui était due, le ministère de la guerre. On parvint à l'éloigner; mais M. de Lamartine retint son idée et la formula aussitôt en un décret qui portait création, par engagements volontaires, de 20,000 hommes de garde nationale mobile. Les listes d'enrôlement ouvertes dans les mairies furent remplies en peu de jours. Une solde privilégiée de 1 fr. 50 c. (le soldat de la ligne ne reçoit que 25 c.) était un grand appât pour la jeunesse parisienne, que son instinct de tous les temps, l'enivrement des jours révolutionnaires, la tradition du *petit caporal* devenu de rien empereur, l'amour du bruit, du mouvement, de l'uniforme, et aussi l'absence de toute autre ressource, attiraient sous les drapeaux. Le général Duvivier prit aussitôt, sur cette jeunesse turbulente, un grand ascendant. Esprit ambitieux, caractère énergique, imagination vive et d'une richesse orientale (1), comprenant toutes les ardeurs de la jeunesse parce qu'il les avait connues toutes, il exerça sur ces enfants indisciplinés, moqueurs, déjà dépravés pour la plupart par le vagabondage des grandes villes, une autorité paternelle. Bientôt, par la rivalité du point d'honneur qu'il sut éveiller dans les rangs, on vit ces bandits de la veille, portant fièrement leurs haillons, l'arme au bras, attentifs au commandement, parcourir en patrouilles serrées les rues de la ville, dissiper les rassemblements, faire taire les cris, les pétards, les chants nocturnes qui troublaient le repos public, aussi zélés au rétablissement de l'ordre qu'on les avait vus jusque-là prompts au tapage et à la mutinerie.

Les soins donnés à la réorganisation de l'armée de terre ne détournaient pas M. Arago de l'attention particulière que réclamait l'état de notre marine. A la vérité, la réduction immédiate de son budget, fixé de 10 millions à 5, ne lui permettait pas de songer à augmenter nos forces navales, et il dut se borner à rallier, dans le port de Toulon, une belle escadre d'évolution, destinée à montrer le pavillon de la République sur les côtes de la Méditerranée (2). Mais l'état moral et matériel de l'armée de mer appelait de notables réformes; M. Arago en prit avec bonheur l'initiative. Malgré le Conseil de l'Amirauté qui jugeait toute discipline perdue si l'on se relâchait de l'ancienne rigueur, M. Arago, dès son entrée au ministère, fit décréter l'abolition des châtiments corporels à bord des bâtiments de l'État, effaçant ainsi de notre code maritime un système de répression qui n'était plus depuis longtemps en harmonie avec l'ensemble de notre pénalité. En même temps, il s'occu-

(1) Le général Duvivier avait rêvé un grand rôle en Orient. On assure même que, dans des vues secrètes d'ambition il avait embrassé la religion musulmane.
(2) Six vaisseaux de haut bord, une frégate à voiles, plusieurs frégates à vapeur.

pait d'améliorer l'existence des marins à bord de la flotte. Des plaintes légitimes s'étaient élevées à ce sujet. Les marins recevaient des vivres de qualité défectueuse, en quantité insuffisante. Souvent on voyait les matelots descendre à terre pour *acheter du pain*. Sous un gouvernement qu'on disait paternel, quand un prince du sang était amiral, de telles rigueurs, jointes à une négligence si coupable n'avaient point d'excuses. Ce fut un honneur pour le gouvernement provisoire d'avoir, sur ce point comme sur tous les autres, au plus fort de la crise révolutionnaire, rétabli les droits de l'humanité, et, quand tout menaçait sa propre existence, d'avoir relevé ces existences lointaines et obscures qu'une royauté prospère avait laissées dans l'oubli. Le Conseil de l'Amirauté reçut aussi, par l'initiative de M. Arago, des modifications importantes. Des officiers de tout grade, jusqu'à celui de lieutenant de vaisseau inclusivement, furent appelés à en faire partie. Ce Conseil, devenu ainsi plus apte à représenter tous les intérêts de l'armée navale, on le chargea de former un état d'avancement des officiers par ordre de mérite avec un tableau particulier de ceux que l'on jugeait capables d'être appelés au commandement des bâtiments de l'État, le gouvernement républicain ne devant plus rien accorder au privilége.

Non content de ces réformes partielles, M. Arago voulut encore attacher son nom à un grand acte historique de justice et d'humanité. Il appuya avec force dans le conseil du gouvernement provisoire les instances de M. Ledru-Rollin et obtint la création d'une commission chargée de préparer, dans le plus bref délai, l'acte d'émancipation des noirs et les mesures nécessaires pour en assurer le succès. La présidence de cette commission fut donnée à Victor Schœlcher, l'un des rédacteurs de *la Réforme*, démocrate convaincu, dévoué, qui, depuis bien des années déjà, poursuivait avec ardeur, en y consacrant son temps, sa fortune, ses études et ses travaux, l'extension à la race nègre des principes de liberté et d'égalité proclamés, à la face du genre humain, par la Révolution française. M. Schœlcher avait eu la plus grande part à la détermination de M. Arago qui désirait l'émancipation immédiate des noirs, mais sans la croire possible. Nommé sous-secrétaire d'État au département de la marine et des colonies, il s'adjoignit M. Mestro, directeur des colonies, M. Perrinon, officier de marine, M. Gatine, avocat aux conseils, M. Gaumont, ouvrier horloger, MM. Henri Wallon et L. Percin, auxquels il présenta le 6 mars, jour de la première séance de la commission, un projet de décret dont le premier article était ainsi conçu :

« L'esclavage sera entièrement aboli dans les colonies et possessions de la France six semaines après la promulgation du présent décret dans chacune d'elles. Tous les affranchis deviennent citoyens français. »

La commission poussa ses travaux avec zèle. Le 11 avril, elle avait achevé sa tâche et remettait à M. Arago un ensemble de décrets qui abolissaient immédiatement l'esclavage, en renvoyant à l'Assemblée nationale le soin de fixer l'indemnité demandée par les colons, étendaient aux colonies le droit de représentation à l'Assemblée nationale, supprimaient les conseils coloniaux, confiaient leurs pouvoirs aux commissaires de la République, organisaient l'instruction publique, gratuite et obligatoire, instituaient la liberté de la presse, le jury, les ateliers nationaux, etc. Ces décrets, malgré les représentations et les sollicitations des colons, auxquels M. Marrast prêta son appui dans le gouvernement, furent signés en conseil et insérés au *Moniteur* du 27 avril. La politique généreuse l'emporta cette fois sur la politique circonspecte, l'esprit novateur fit taire la prudence conservatrice (1). Il serait

---

(1) On est heureux aujourd'hui (1862) de pouvoir constater que la *politique généreuse* n'a pas eu les résultats funestes que prédisait la politique circonspecte, loin de là. Dans son livre de l'*Abolition de l'esclavage*, M. Cochin reconnaît que depuis l'émancipation la population a augmenté dans nos colonies; que le nombre des mariages y est beaucoup plus considérable; que, si l'étendue des cultures a diminué, la production s'est accrue; que les écoles se multiplient, etc.

difficile d'en bien établir la raison. La circonstance déterminait souvent comme au hasard l'adoption de l'une ou de l'autre de ces politiques. Il n'était pas rare que le même ministre se trouvât solidaire des mesures les plus contradictoires ; qu'il eût à faire passer dans les faits les inspirations les plus hardies de la Révolution et à rétablir des systèmes et des routines incompatibles avec le génie des institutions démocratiques. Plus nous avancerons dans le récit des événements, plus nous deviendra sensible cette duplicité involontaire dont aucun des membres du gouvernement n'était en particulier responsable, mais qui résultait nécessairement des concessions mutuelles qu'ils croyaient tous devoir se faire dans l'intérêt de la paix publique.

Une extrême faiblesse au dehors, un trouble malfaisant dans la conscience du pays, furent les résultats de ces contradictions. Le peuple surtout en souffrit ; sa simplicité, sa droiture n'y purent rien comprendre ; il se crut trompé, s'irrita, entra en défiance et finit, comme nous le verrons bientôt, par porter à la République qu'il chérissait et à lui-même des atteintes funestes.

CHAPITRE XX

Ministère des finances. — M. Goudchaux. — M. Garnier-Pagès.

A toutes les difficultés soulevées brusquement par la Révolution de Février venait encore s'ajouter l'embarras des finances. Soit que le gouvernement provisoire voulût arrêter ou précipiter la révolution politique, soit qu'il voulût refouler ou favoriser la réforme sociale, faire ou non la guerre, organiser de grands travaux publics ou mettre sur pied une armée, il avait besoin d'argent et de crédit ; or l'état économique de la société lui ouvrait à cet égard les perspectives les moins rassurantes.

Sous le règne de Louis-Philippe, l'activité de l'industrie, surexcitée par l'immense entreprise des chemins de fer, la passion de l'agiotage et le goût effréné du luxe qui s'étaient répandus partout, avaient poussé les classes riches à des extrémités touchant à la ruine. Les établissements de crédit s'étaient engagés dans des opérations démesurées. Des affaires à longue échéance et pleines de risques étaient entreprises avec une légèreté incroyable. Les marchandises s'accumulaient dans les entrepôts et dans les magasins des producteurs ; les actions encombraient la place. La multiplication désordonnée des billets dans les transactions commerciales, l'exportation de numéraire nécessitée par l'achat des blés étrangers en 1846, avaient amené une crise métallique qui aggravait encore la crise financière. Le petit commerce ne pouvait plus suffire aux frais de maison accrus dans une proportion qui dévorait les bénéfices. Les particuliers, entraînés par une rivalité onéreuse de dépenses, vivaient d'expédients et d'anticipations. Tous les grands financiers prédisaient une catastrophe générale, si l'on ne parvenait au plus vite à rétablir le mouvement naturel de l'industrie et du commerce (1).

Du 1er janvier 1846 au 15 janvier 1847, la réserve de la Banque de France avait diminué dans une proportion considérable. Elle était descendue à 172 millions et se voyait fort menacée, quand l'empereur de Russie la releva momentanément, en se rendant acquéreur de rentes pour une valeur de 50 millions.

Suivant le rapport de la commission du budget sur les dépenses de 1847, les finances de l'État étaient engagées pour onze ans et les engagements pris ne pouvaient être éteints dans cet espace de temps qu'à la condition d'une paix ininterrompue et d'un budget ordinaire qui ne présentât plus aucun découvert ; c'était, en d'autres termes, supposer l'impossible (2). Le gouvernement avait abusé de

(1) Voir au *Moniteur* les discours de MM. Fould, Léon Faucher, Thiers, Bignon, à la Chambre des députés, pendant le mois de janvier 1848.

(2) Pour que les ressources cumulées de l'emprunt et des réserves de l'amortissement fussent suffisantes à la fin de

toutes les ressources et de tous les expédients ; il avait émis des bons du Trésor autant que le public en avait voulu prendre ; il avait laissé monter au chiffre de 872 millions la dette flottante (1), non compris les caisses d'épargne ; il avait accru la dette perpétuelle par des emprunts successifs ; enfin il venait, vers les derniers mois de l'année 1847, d'en contracter un dont les payements s'échelonnaient à des termes si éloignés que c'était un secours presque illusoire. La Caisse des dépôts et consignations, engagée aussi outre mesure, était surchargée d'actions de chemins de fer et de canaux.

Tous les ressorts, on le voit, étaient tendus. Le moindre événement survenant à l'improviste pouvait les briser. Depuis quelque temps on murmurait le mot de banqueroute ; la panique qui s'empara des esprits à la suite de la Révolution de Février fit de ce mot le péril et l'épouvante du gouvernement républicain.

Non-seulement ce gouvernement héritait d'une situation très-compromise (2), mais encore il se voyait contraint, par son principe et par la circonstance qui le faisait sortir d'une révolution populaire, à se retrancher de ses propres mains des ressources considérables. En présence d'un milliard (3) instantanément exigible, d'un budget de 1,700 millions réglé avec un découvert probable de 76 millions sur les dépenses ordinaires et de 169 millions (1) sur l'extraordinaire ; en présence d'une dette inscrite de 4 milliards 295 millions (2), les réserves de l'amortissement étant absorbées jusqu'en 1855 ; en présence de travaux publics commencés sur une vaste étendue et qu'il fallait continuer à tout prix ; obligé de faire face, avec 192 millions trouvés dans les caisses du Trésor (3), à une dépense courante de 125 millions par mois, de salarier les ateliers nationaux, de réorganiser l'armée et la garde nationale, de soutenir l'industrie et le commerce, de venir en aide aux ouvriers sans travail, de parer enfin à l'accroissement subit des dépenses, à la diminution des recettes, à l'éclipse du crédit qu'entraîne toute révolution, le gouvernement provisoire devait encore abolir sur l'heure plusieurs impôts très-productifs, mais impatiemment supportés par le peuple (4). L'impôt sur le sel, l'impôt du timbre sur les écrits périodiques qui portait atteinte à la liberté de la presse, l'impôt des boissons, ne se pouvaient maintenir sans que le pouvoir parût mentir à toutes les promesses du parti républicain et ne se pouvaient non plus suppléer d'aucune manière.

L'impôt sur le sel, qui produisait, en 1780, 54 millions à l'État, aboli par la première République, rétabli par l'Empire en 1806, réduit par la Restauration au chiffre de 50 millions, et qui en avait donné sous Louis-Philippe 65, allait, par sa suppression totale, créer un déficit énorme. Il était difficile de songer à grever encore la propriété foncière très-obérée et qui attendait depuis longtemps un soulage-

---

1855, il fallait les quatre conditions presque irréalisables que voici :

1° Que les budgets ordinaires de 1848 à 1855 ne présentassent aucun excédant de dépenses sur les recettes ;

2° Qu'aucun travail nouveau ne fût entrepris en dehors des travaux déjà votés et en cours d'exécution ;

3° Qu'aucune circonstance intérieure ou extérieure ne détournât les réserves de l'amortissement de leur action exceptionnelle pour les rendre, par suite d'une baisse de fonds publics au-dessous du pair, à leur destination légale, le rachat de la dette ;

4° Que la dette flottante pût être élevée, sans dommages pour le crédit public et sans préoccupations pour le trésor, à 733 millions en 1850, à 801 millions en 1851, et à 736 millions en 1852, pour être ramenée enfin au chiffre de 539,476,180 fr., à l'expiration de 1855 ; évidemment ces quatre conditions n'étaient pas admissibles. Voir, au *Moniteur* du 26 avril 1849, *le rapport de M. Ducos au nom de la commission chargée d'examiner les comptes du gouvernement provisoire.*

(1) Voir le rapport publié dans le *Moniteur* du 10 mars 1848.

(2) Le rapport de M. Ducos établit que la dépense totale surpassait le montant des recettes de 183,436,245 fr. (*Moniteur*, 26 avril 1849).

(3) 800 millions, selon M. Fould (Voir au *Moniteur* du 22 avril 1849).

(1) Voir le rapport de M. Ducos, *Moniteur* du 26 avril 1849.

(2) Le capital de la dette publique est évalué par M. Garnier-Pagès à 5 milliards, dette fondée et dette flottante, tout compris. M. Lacave-Laplagne, ancien ministre des finances de Louis-Philippe, accepte ce chiffre.

(3) Le 25 février, les coffres de l'État contenaient 57 millions en valeurs de portefeuille, en numéraire 135 millions, dont 127 millions à la Banque. Il fallait distraire 73 millions de cette somme pour le payement du semestre de la rente 5 pour 100.

(4) Voir le rapport de M. Garnier-Pagès à l'Assemblée nationale, séance du 8 mai 1848.

ment. De quelque côté qu'il se tournât, le gouvernement ne trouvait que des exigences à satisfaire et des ressources taries ou douteuses.

L'emprunt de 250 millions, contracté par le dernier gouvernement et sur lequel 82 millions seulement avaient été versés, était abandonné par les souscripteurs. C'était dire assez qu'un nouvel emprunt devenait impraticable. Les banquiers, loin de pouvoir donner du crédit, en réclamaient tous, sous peine de faillite. Les caisses d'épargne ne recevaient plus de dépôts. Elles en avaient alors pour une somme d'environ 300 millions, mais de valeurs dépréciées et qui n'auraient pas produit, aliénées à la Bourse, plus de 150 millions. Les demandes de remboursement arrivaient, d'ailleurs, en foule. Il en était de même pour les bons du Trésor. Les capitalistes mettaient leurs fonds en réserve ou les envoyaient à l'étranger. Plus d'avances de la part des receveurs généraux, plus de dépôts à la Caisse des consignations, plus de fonds provenant des communes. Les débiteurs de l'État demandaient des atermoiements, les chefs d'industrie des secours; un mouvement général de rétraction s'opérait. La catastrophe prédite par MM. Thiers et Fould à la Chambre des députés, hâtée par la révolution de Février, semblait imminente.

M. Goudchaux, d'origine israélite, chef d'une maison de banque favorablement connue sur la place de Paris, réputé personnellement pour sa probité scrupuleuse et sa régularité dans les affaires, avait été chargé par le gouvernement provisoire du portefeuille des finances. Ce choix paraissait à beaucoup de gens de bon augure. Le caractère de M. Goudchaux et la nature de ses opinions offraient des garanties d'ordre. Attaché à la rédaction du *National*, il s'était occupé sous le dernier règne des questions de finances dans leur rapport avec le prolétariat; il s'était inquiété de l'hostilité qui s'accusait entre le travail et le capital, autant dans l'intérêt des classes riches que dans celui des classes pauvres. On le savait peu porté aux innovations. Aussi les capitalistes témoignèrent-ils de la satisfaction en le voyant accepter le portefeuille. Ils fondaient sur sa sagesse bien connue dans les affaires privées l'espoir d'une influence anti-révolutionnaire dans les conseils du gouvernement, oublieux de cette vérité, banale à force d'être vraie, que dans l'extrême péril, quand le temps est passé de prévoir et de prévenir, la sagesse elle-même commande l'audace.

La prudence de M. Goudchaux eût paru d'ailleurs, même en temps ordinaire, trop timorée. Il apportait aussi au gouvernement provisoire des préventions personnelles et des antipathies outrées qui ne pouvaient que nuire à la netteté de ses vues, déjà troublées par son tempérament irascible. Dans les réunions provoquées par les rédacteurs du *National*, vers la fin du règne de Louis-Philippe, pour tenter de rallier autour de leur journal les nuances diverses de l'opinion républicaine, M. Goudchaux s'était chargé de traiter les questions de finances et en particulier de combattre les théories de M. Louis Blanc sur l'organisation du travail. Le principe de l'association avait été soutenu dans ces réunions par quelques prolétaires qui professaient les doctrines de M. Buchez et celles de M. Pierre Leroux. De tous ces débats, M. Goudchaux n'avait emporté que de l'irritation et la résolution bien arrêtée de ne jamais entrer dans un gouvernement dont M. Louis Blanc ferait partie. Peu de jours avant le 24 février, comme on s'était réuni une dernière fois pour former, à toute éventualité, la liste d'un gouvernement provisoire, il avait obtenu que M. Louis Blanc et M. Ledru-Rollin, qu'il supposait apparemment quelque peu socialiste, en seraient exclus.

Ce n'étaient pas là des antécédents favorables à la confiance mutuelle. On peut facilement se représenter le déplaisir de M. Goudchaux lorsque, en arrivant à l'Hôtel-de-Ville, il y fut reçu précisément par les deux personnes dont il avait exigé l'exclusion. Son premier mouvement fut d'une vivacité extrême. Il s'ouvrit à M. Garnier-Pagès, avec lequel il était lié d'une amitié étroite, lui dit qu'il ne pouvait consentir à prendre un ministère dans un gouvernement composé de la sorte et voulut déchirer immédiatement sa commission. M. Garnier-Pagès, convaincu que le nom de M. Goudchaux était le plus propre à rassurer la banque et les capitalistes, l'exhorta à sacrifier ses ressentiments personnels au bien public et réussit à le persuader. Cependant M. Goudchaux, dans la préoccupation constante des innovations auxquelles le gouvernement allait se laisser entraîner par M. Louis Blanc, ne consentit à garder le portefeuille qu'à la condition expresse qu'aucun des impôts en vigueur ne serait supprimé, ni même modifié, et fit sur-le-champ publier une déclaration de tous les membres du conseil dans laquelle il était dit que « le gouvernement provisoire considérerait comme une usurpation sur les droits de l'Assemblée nationale tout changement dans le système des impôts (1). » Mais à peine eut-il pris l'engagement de rester dans le gouvernement qu'il s'en repentit. En examinant la situation financière, en écoutant les avis, les doléances, les prédictions lamentables des banquiers et des capitalistes que la peur pressait autour de lui, il se troublait, il entrait en angoisse, il voyait la France perdue, le gouvernement déshonoré. A ses yeux, il n'y avait plus de remède ; le socialisme au Luxembourg, le jacobinisme dans les clubs, le tumulte et l'agitation dans la rue, présageaient, nécessitaient la ruine publique. Il ne voulait pas du moins laisser son honneur personnel dans cette ruine.

Comme il agitait en lui-même ces tristes pensées, il apprit que le gouvernement provisoire venait d'abolir, sans l'avoir prévenu, l'impôt sur le sel. Déjà la suppression de l'impôt sur le timbre, réclamée avec plus d'esprit de corps que de patriotisme par les journaux, l'avait fortement indisposé. Cette nouvelle violation des engagements pris avec lui porta au comble son mécontentement. Sans plus délibérer, bien déterminé cette fois à imposer sa volonté ou à quitter la place, il demanda pour le soir même une réunion générale du conseil. C'était le 3 mars. La séance s'ouvrit sous la présidence de M. Dupont (de l'Eure). Personne n'avait manqué à l'appel ; une inquiétude extrême se lisait sur tous les visages ; on s'attendait à une communication grave. En effet, après un long et pénible silence, M. Goudchaux, très-oppressé, très-ému, fit, en s'interrompant à plusieurs reprises, tant il avait peine à se contenir, un exposé de la situation qui jeta dans tous les esprits le trouble auquel il était lui-même en proie. Il se plaignit avec amertume des effets dangereux de certaines prédications ; il protesta contre des mesures qui, répandant l'effroi dans toutes les classes de la société, paralysaient le crédit et le mouvement des affaires. Il conclut enfin en montrant la ruine certaine et sans proposer un seul remède.

Personne n'éleva la voix pour lui répondre. La consternation était profonde. « Serait-ce vrai ? murmura enfin M. de Lamartine, en se penchant vers M. Garnier-Pagès. Sommes-nous perdus, irrévocablement perdus ? » Et cette interrogation effrayante, chacun se l'adressait intérieurement avec une inexprimable angoisse. Lorsqu'on fut un peu revenu de la première stupeur, les membres du conseil proposèrent successivement plusieurs mesures ; mais toutes, à la discussion, parurent dangereuses ou vaines. La banqueroute fut d'abord écartée. Mieux valait, disait-on, courir tous les périls que d'infliger à la République un tel opprobre. Pour sauver l'honneur du pays rien ne devait sembler impossible.

M. Goudchaux, insistant sur la nécessité de couper court aux bruits alarmants qui circulaient et de ranimer la confiance publique qui pouvait seule encore sauver le gouvernement, proposa d'anticiper le payement du semestre des rentes, échéant le 22 mars ; sa proposition fut accueillie. Mais cette espèce d'ostentation à devancer un payement à échoir, quand on était en si grande peine de faire face aux en-

(1) *Moniteur* du 1er mars 1848.

gagements échus, n'était pas de nature à donner le change ni à rassurer personne; tout au contraire. En voyant la réserve ainsi diminuée, les porteurs de billets de banque s'effrayèrent davantage; la crise métallique, au lieu de s'arrêter, s'aggrava. La Bourse, que M. Ledru-Rollin avait espéré faire ouvrir dès le 26 à 60 et à 100, n'avait pu reprendre encore (1). Toutes les transactions étaient paralysées; plusieurs maisons de banque avertissaient qu'elles allaient suspendre leurs payements. Quand M. Goudchaux s'aperçut du peu d'effet de sa mesure, il désespéra de lui-même et de ses moyens de salut, et porta de nouveau sa démission au gouvernement. A toutes les instances du conseil il opposa cette fois des refus inébranlables. Il se voyait écrasé, disait-il, par la fatalité de la situation; il ne se sentait pas capable de conduire les finances de l'État quand les principaux obstacles lui venaient d'un des membres du gouvernement; il ne voulait pas être responsable de l'embrasement général dont le foyer s'attisait au Luxembourg; il voulait, enfin, faire honneur à ses affaires privées et soutenir sa maison menacée comme toutes les autres d'une catastrophe prochaine.

La retraite de M. Goudchaux était aux yeux du gouvernement un dernier signal de détresse. Les prières, les supplications redoublèrent; on refusait absolument d'accepter sa démission. Mais le ministre, en proie à une exaltation nerveuse dont il n'était plus maître, loin de se laisser toucher par ces marques de confiance et d'estime, s'emporta en paroles amères et quitta brusquement la salle du conseil. Il n'y avait plus à balancer; il fallait lui nommer un successeur. A plusieurs reprises déjà M. Goudchaux avait désigné le maire de Paris comme beaucoup plus capable que lui de porter le fardeau des affaires; le conseil se tourna vers M. Garnier-Pagès comme vers un sauveur. Ce dernier accepta; non qu'il se fît illusion sur le péril; il était de sa nature de l'exagérer; mais parce que son dévouement au pays était à toute épreuve.

M. Garnier-Pagès, de même que le général Cavaignac, devait sa notoriété dans le parti républicain plus encore à la mémoire de son frère qu'à ses mérites personnels. Cependant une estime sérieuse s'attachait à sa personne. Tout en lui, caractère, esprit, langage, dans un accord devenu bien rare, portait l'empreinte d'une nature élevée. Son patriotisme était courageux et désintéressé. La pratique des affaires commerciales et de studieux travaux l'avaient rendu familier avec tous les systèmes financiers et il apportait au gouvernement, à l'appui d'une volonté droite, des connaissances positives qui eussent été d'un grand secours, si des scrupules méticuleux ne l'avaient retenu d'une manière trop absolue dans les voies pratiquées et dans les vieilles routines. M. Garnier-Pagès amenait avec lui au ministère des finances, pour y remplir les fonctions de sous-secrétaire d'État, un jeune homme qui avait été son secrétaire particulier. M. Eugène Duclerc, longtemps collaborateur de M. Pagnerre au *Dictionnaire politique*, puis attaché à la rédaction du *National*, y avait traité, non sans talent, la question du rachat des chemins de fer et les questions d'impôt dans leurs rapports avec le principe de l'égalité. M. Duclerc partageait toutes les idées financières de son ancien maître; sa confiance dans ses propres forces était également à peu près illimitée.

Il en fallait beaucoup pour ne pas se laisser abattre en des conjonctures aussi difficiles. L'entrée de M. Garnier-Pagès coïncidait avec les symptômes les plus inquiétants. En neuf jours, du 25 février au 5 mars, l'encaisse du Trésor avait diminué de 27 millions. Le 6 mars, l'une des maisons de banque les plus accréditées de Paris, la maison Gouin, suspendait ses payements. Les maisons Ganneron et Baudon réclamaient des secours du gouvernement et déclaraient que sans ces secours elles ne pouvaient plus faire honneur à leur signature. La

---

(1) Le 5 pour 100 avait fermé le 23 février à 116 fr. 10 c. Lorsqu'on crut pouvoir rouvrir la Bourse le 7 mars au cours de 97,50, il tomba à 89. Après le décret sur l'impôt des 45 centimes et l'emprunt de 50 millions à la Banque, le 5 pour 100 descendit jusqu'à 55.

M. DE LAMARTINE ET LE DRAPEAU ROUGE (P. 55).

consternation était générale, la panique s'emparait des plus fermes esprits.

Le 9, une réunion des hommes les plus considérables de la banque, de l'industrie et du commerce fut convoquée à la Bourse. On s'y exalta mutuellement en constatant les pertes de chaque jour et le danger croissant d'une crise dont on ne voyait pas le terme. On s'en prit au gouvernement et l'on résolut de lui arracher par la menace une mesure de laquelle chacun espérait son propre salut, mais qui n'eût été rien moins que la banqueroute générale : il fut convenu que l'on exigerait la prorogation à trois mois de toutes les échéances. Le tribunal de commerce eut la faiblesse d'appuyer cette motion et, le lendemain, un cortége d'environ 3,000 personnes, sans armes, il est vrai, mais bien décidées à exercer une intimidation morale sur des hommes qu'elles croyaient peu capables de résister, prit le chemin de l'Hôtel-de-Ville.

Cependant la violence projetée contre le gouvernement s'était ébruitée; on avait pris l'alarme. Le gouverneur et les sous-gouverneurs de la Banque étaient venus supplier les membres du conseil de ne point céder et de sauver la Banque d'une liquidation forcée. Les élèves des écoles accouraient pour défendre l'Hôtel-de-Ville. On attendit de pied ferme l'émeute financière. La lutte fut longue et vive. Irrités par le refus opiniâtre du ministre des finances, quelques-uns des principaux chefs d'industrie s'oublièrent jusqu'à l'insulte. L'un des membres du conseil ayant opposé, en de sévères réprimandes, leur impatience égoïste au dévouement du peuple qui ajournait sa faim de peur de nuire à la chose publique, l'exaspération des fabricants excéda toutes bornes :

« Vous nous vantez votre peuple, s'écria l'un d'eux, hors de lui; eh bien! nous vous ferons voir ce que c'est que le peuple. Demain nous fermons nos ateliers, nos boutiques; nous jetons tous les ouvriers dans la rue; nous leur disons à qui ils doivent s'en prendre et vous verrez alors s'il vaut mieux avoir affaire à eux qu'à nous et s'ils se contenteront longtemps de vous entendre célébrer leur patriotisme! » Mais toutes ces menaces, toutes ces sommations, ne purent ébranler le conseil. Sans en tenir aucun compte, il refusa d'accorder au delà des dix jours de prorogation antérieurement décrétés. La députation se retira en murmurant.

Les jours suivants des tentatives nouvelles furent faites au ministère des finances : l'une pour sommer M. Garnier-Pagès d'accorder des secours directs, l'autre, plus raisonnable, pour solliciter son intervention auprès de la Banque afin d'obtenir pour les escomptes et les liquidations les plus grandes facilités possibles. La première de ces requêtes fut définitivement repoussée, mais la Banque ne refusa pas d'obtempérer en partie à la seconde. La création des comptoirs d'escompte, au moyen d'un prêt de 11 millions fait par le Trésor, vint bientôt parer aux dangers les plus imminents. En quelques jours, par les soins de MM. Pagnerre et Marrast qui en avaient été spécialement chargés, ils furent établis sur les points les plus menacés. Combinés avec l'établissement de magasins généraux où les industriels purent déposer les objets fabriqués, moyennant un récipissé sur lequel les comptoirs et la Banque firent des avances, et avec la réunion des banques des départements (1) à la Banque de France, ils fournirent au commerce, dans l'espace d'un an, un crédit de plus d'un milliard. Mais les résultats des meilleures opérations financières sont lents à obtenir, et le gouvernement n'avait le loisir de rien attendre. Pour se créer les ressources immédiates dont il avait un si impérieux besoin, le ministre des finances, qui répugnait aux mesures révolutionnaires, n'avait à sa disposition que des moyens de peu d'efficacité. Chaque jour, cependant, des remèdes empiriques lui étaient proposés. Les plans, les projets, les inventions arrivaient par centaines au ministère; les murs de la ville se couvraient de conseils, signés ou anonymes, et des propositions les plus extravagantes du monde. Une émission de 800 millions imposée à la Banque de France, un emprunt forcé de 60 à 80 millions extorqué par la menace aux capitalistes, furent très-sérieusement conseillés à M. Ledru-Rollin et à M. Garnier-Pagès par deux financiers des plus considérables de Paris (1). De son côté, le gouvernement provisoire, à qui M. Garnier-Pagès inspirait une confiance entière, l'autorisait par décret (le 9 mars) à alié-

(1) Cette mesure, réclamée depuis longtemps par les économistes de l'école socialiste, ne fut point d'un effet aussi étendu ni aussi prompt qu'elle aurait dû l'être, par la raison que les banques n'existaient que dans un petit nombre de villes, et que le cours forcé des billets ne fut pas immédiatement décrété pour toute la France, mais seulement pour les circonscription du département où chaque banque avait son siége. L'unité des banques ne fut décrétée, sur la demande réitérée des directeurs des banques départementales, que le 29 avril; il fallut six mois pour que les billets de Banques locales se transformassent en billets uniformes de la banque de France. Pour généraliser et centraliser le crédit, il eût fallu créer, en les reliant fortement entre elles avec la Banque de France, des succursales de la Banque et des comptoirs d'escompte dans tous les départements avec les ressources combinées de l'État, des départements, des villes et des particuliers. Cependant, dans beaucoup de localités où le taux de l'argent s'élevait d'ordinaire à 12 ou 15 pour 100, les comptoirs d'escompte l'abaissèrent à 6. A la retraite du gouvernement provisoire 44 villes possédaient des comptoirs. Un crédit de 50 millions leur avait été promis par décret; mais ils n'en touchèrent en réalité que 11.

(1) Le bruit public a désigné MM. Fould et Delamarre, comme ayant très-vivement insisté sur la nécessité de l'emprunt forcé et l'utilité de la banqueroute. A en croire ce bruit, M. Delamarre se serait rendu, dans les premiers jours de la révolution, au ministère de l'intérieur et aurait remis à M. Ledru-Rollin une liste contenant les noms des principaux capitalistes de Paris et la désignation de leur fortune. M. Louis Blanc (*Révélations*, t. I, p. 275) affirme que M. Delamarre vint le trouver au Luxembourg pour lui faire les mêmes ouvertures. « C'est mon opinion et celle de tous mes collègues, » lui dit M. Delamarre.

Des mesures que l'on a depuis qualifiées de socialistes étaient alors proposées par la presse conservatrice. Le *Journal des Débats* (17 mars 1848) recommandait à l'attention publique la brochure de M. Lehideux, *homme éclairé et pratique*, qui voulait qu'on *ajournât les bons du Trésor et tous les créanciers de la dette flottante, qu'on augmentât l'impôt à partir d'un certain chiffres et de manière à doubler les cotes les plus fortes, et qu'on imposât la vente et les bons du Trésor.*

ner, jusqu'à concurrence de 100 millions, les diamants de la couronne, les terres, les bois et forêts composant les biens de l'ancienne liste civile, les lingots et l'argenterie provenant des résidences royales. Mais, comme ces biens n'auraient pu être vendus sur l'heure qu'à moins de moitié de leur valeur réelle, M. Garnier-Pagès n'usa pas de l'autorisation qui lui était donnée; il se borna à attribuer une valeur de soixante-quinze millions sur ces biens comme garantie de l'emprunt de cent cinquante millions qu'il fit bientôt à la Banque de France.

L'emprunt national, ouvert par décret du 9 mars sur une inscription de rentes 5 p. 100 au pair, n'avait produit au bout d'un mois que la misérable somme de 400,000 francs. L'idée d'un sacrifice volontaire n'approchait point des classes où cet emprunt aurait pu être réalisé. « Il serait bien temps, quand on y serait contraint, de donner son argent à l'État; » ainsi raisonnaient les riches. Et les bourses se resserraient, et chacun diminuait ostensiblement sa dépense, prenant tous les dehors de la ruine. Les uns réformaient brusquement la moitié de leurs domestiques, d'autres vendaient à vil prix leurs chevaux ou faisaient fondre leur argenterie; les femmes de l'aristocratie sortaient vêtues comme de petites bourgeoises et affectaient de monter dans les voitures publiques. Il était entendu qu'on ne payait plus aucun fournisseur. Les confiscations et les assignats de 93 paraissaient à beaucoup de gens des motifs suffisants pour se dire ruinés en 1848.

A la vérité, ces basses et égoïstes pensées n'étaient pas générales. Dans les mansardes, dans les ateliers, partout où régnait l'esprit républicain, le patriotisme relevait les courages. L'obole du pauvre ne se cachait pas et la famille de l'artisan ne tenait pas conseil pour savoir s'il serait prudent de la mettre en réserve. Tous, émus de la détresse publique, auraient eu honte de parler de leur propre misère; c'était partout une rivalité, une folie de sacrifice : celui-ci donnait en un jour l'épargne de dix années; tel autre, qui n'avait point d'argent, offrait une montre, une chaîne d'or. Les femmes apportaient leur présent de noce. Les offrandes furent si nombreuses que le gouvernement se vit obligé de nommer pour les recevoir une *Commission des dons patriotiques* qui siégea au palais de l'Élysée sous la présidence de deux vieillards illustres, MM. Béranger et de Lamennais.

Mais ces sacrifices énormes pour ceux qui les accomplissaient, ce denier des plus pauvres entre les pauvres produisaient une somme bien minime (1) relativement aux besoins qui allaient croissant dans une proportion effrayante. Il était urgent de trouver d'autres ressources. Par malheur, on se les créa aux dépens des intérêts qu'il importait le plus à la République de respecter. Le touchant empressement des classes pauvres à venir en aide au gouvernement aurait dû lui faire sentir, si l'esprit même de la Révolution ne l'eût dit assez, qu'il était particulièrement obligé envers le peuple et qu'à tout prix il fallait le ménager. Mais les habitudes financières transmises par les gouvernements monarchiques prévalurent sur les considérations politiques et morales. Le ministre des finances, qui avait mis son honneur à payer intégralement et à jour fixe aux rentiers de la dette inscrite l'intérêt du semestre, ne se fit pas scrupule d'ajourner les infiniment petits capitalistes dépositaires des caisses d'épargne, les nécessiteux qui vivent au jour le jour. Il arrêta le remboursement des dépôts, donnant aux déposants la somme de 100 francs en numéraire, et s'ils exigeaient le solde de leur compte, de la rente 5 pour 100 au pair (la rente en ce moment était cotée à 77, plus tard elle tomba à 51 fr.) et des bons du Trésor à six mois d'échéance. Contre toute attente et toute vraisemblance, la patience du peuple soutint avec une constance admirable cette épreuve nouvelle; pas une plainte, pas une menace ne fut proférée;

---

(1) La Commission, lorsqu'elle rendit ses comptes, n'avait touché qu'un million.

la résignation au sacrifice imposé fut aussi parfaite que l'avait été l'émulation dans le sacrifice volontaire.

Cependant la panique, un moment calmée, avait repris. Les conférences du Luxembourg qu'entourait une sorte de mystère, le langage officiel du ministre de l'intérieur, les discussions des clubs, la polémique des journaux révolutionnaires, jetaient de plus en plus l'alarme dans la bourgeoisie. Les divisions qui régnaient dans le gouvernement provisoire commençaient à transpirer et l'on croyait savoir que le parti modéré avait le dessous. Dans la prévision de nouvelles catastrophes, chacun se précipita vers les caisses de la Banque pour y échanger contre de l'argent les billets dont il était porteur. Du 24 février au 14 mars, l'encaisse descendit de 140 à 70 millions. Dans la seule journée du 15 mars, 10,800,000 francs furent échangés. Le 15 au soir, il ne restait plus à la Banque de France que 63 millions dans les départements et 59 millions à Paris, sur lesquels 45 millions étaient immédiatement nécessaires pour payer l'armée, les ateliers nationaux et les divers services.

Dans cette extrémité, M. Garnier-Pagès sut prendre un parti hardi et prompt. Depuis quelques jours déjà, prévoyant le danger, il avait obtenu du gouvernement l'autorisation de décréter les billets de banque monnaie légale, en accordant à la Banque la faculté d'émettre des coupons de 200 et de 100 francs (1). Les adversaires du gouvernement s'écrièrent qu'on rétablissait le papier-monnaie, mais le bon sens public ne se laissa pas tromper par cette accusation sans fondement. La dépréciation des actions et des billets de banque ne dura pas au delà de quelques jours. La circulation se rétablit (2). Les billets de la Banque de France, qui, avant 1848, ne sortaient guère de Paris, pénétrèrent rapidement jusqu'au fond des campagnes (1). La Banque reprit sa liberté d'action et put venir en aide à l'État par des emprunts successifs qui s'élevèrent en peu de temps jusqu'à la somme de 230 millions. C'était beaucoup assurément, mais ce n'était pas assez, car les besoins urgents dépassaient 400 millions.

Le ministre des finances dut songer à augmenter l'impôt. Les convictions personnelles de M. Garnier-Pagès, qu'il fit aisément partager au conseil, le portaient à décréter tout de suite l'impôt progressif sur le revenu et l'impôt sur les créances hypothécaires. Mais l'impossibilité matérielle d'établir la perception de ces deux impôts avant trois ou quatre mois lui fit abandonner ce projet; sur l'avis réitéré de M. d'Argout, il décida de proposer au conseil une augmentation de l'impôt direct dont les rôles étaient distribués et dont le recouvrement serait facile.

Le 16 mars, M. Garnier-Pagès convoqua le conseil au ministère des finances. Après avoir rappelé ce qu'il avait tenté, l'insuffisance ou l'insuccès de plusieurs mesures sur lesquelles on avait fondé de grandes espérances, il proposa de frapper sur les quatre contributions directes un impôt extraordinaire de 45 centimes. Le ministre s'autorisait de plusieurs précédents.

En 1813, Napoléon, pour subvenir aux préparatifs de la guerre, avait ajouté 100 centimes aux contributions des patentes, des portes et fenêtres, et 30 centimes aux contributions foncières. En 1814, il avait doublé cet impôt. En 1815, Louis XVIII frappait les départements d'une contribution de guerre de 100 millions. En 1830, Louis-Philippe élevait encore le chiffre des centimes additionnels de l'Empereur. Plus tard, il y ajoutait (budget de 1832) 30 centimes extraordinaires. M. Garnier-Pagès en concluait que la mesure était parfaitement légitime et d'un effet certain. Le conseil, pas plus que le ministre, ne voyait

---

(1) Cette opération si simple et qui fut si utile, MM. Thiers et Duchâtel avaient déclaré, dans une récente discussion parlementaire, qu'elle serait la ruine du crédit et qu'elle perdrait la Banque.

(2) La rente 5 pour 100 remonta de 72 à 77 du 10 au 16 mars.

(1) Le chiffre total des émissions, fixé d'abord à 350 millions, s'est élevé successivement à 525 millions.

d'inconvénients à l'augmentation de l'impôt foncier. La proposition fut donc admise en principe ; seulement M. Louis Blanc et M. Ledru-Rollin réclamèrent, dans l'application, l'exemption en faveur des petites cotes. M. Garnier-Pagès s'y refusa. Il représenta que ce terme très-vague de *petites cotes* pourrait facilement donner lieu à des interprétations arbitraires; il fit remarquer que de très-petites cotes appartenaient souvent à des propriétaires très-riches, en beaucoup de cas la mesure proposée n'atteindrait pas son but. Le ministre ajouta qu'il estimerait plus utile et plus praticable de recommander aux percepteurs d'avoir égard à la situation de chaque contribuable et de dégrever partiellement ou en entier tous ceux pour qui l'impôt serait trop onéreux. Alors M. Dupont (de l'Eure) prit la parole pour soutenir l'opinion de MM. Ledru-Rollin et Louis Blanc. Il dit qu'habitant des campagnes, il les connaissait bien ; qu'il avait toujours vu partout le percepteur ménager le grand propriétaire et frapper sans merci le petit contribuable; que remettre à un fonctionnaire subalterne l'appréciation des cas où il conviendrait de ne pas appliquer la loi, c'était vouloir qu'elle épargnât le riche, dont le mécontentement pouvait se faire sentir, et qu'elle pesât de toute sa rigueur sur le pauvre, dont les réclamations n'arrivent que difficilement aux oreilles du pouvoir. Il conclut en affirmant que le nouvel impôt serait la source des plus graves embarras et qu'il ferait haïr la République par cette partie même de la nation sur laquelle elle devait s'appuyer. Mais M. Garnier-Pagès ne se laissa pas persuader; il s'engagea, sur l'honneur, à ne pas faire peser l'impôt sur le pauvre; le conseil ayant toute confiance dans sa loyauté et dans ses lumières, son avis l'emporta; le décret fut signé (1).

Fidèle à sa promesse, le ministre accompagna la promulgation du décret d'une circulaire aux commissaires des départements. Il annonçait officiellement l'intention du gouvernement de dégrever les contribuables pauvres dans une *équitable mesure;* cette instruction ne lui paraissant pas encore suffisante, il fit rendre, le 5 avril, un nouveau décret qui enjoignait aux maires et aux employés de l'administration des finances de décharger de la contribution les pauvres et les malaisés (1). Le 25 avril, une nouvelle circulaire impérative confirma ces instructions (2). Selon les calculs du ministre, l'impôt, perçu dans toute sa rigueur, aurait donné un produit de 190 millions. Il affectait 30 millions au soulagement des petits contribuables; restaient donc 160 millions à percevoir. Quand le gouvernement provisoire remit ses pouvoirs à l'Assemblée nationale, 80 millions seulement étaient entrés dans les caisses de l'État.

Sous le rapport matériel, M. Garnier-Pagès ne s'était pas trompé; la perception de l'impôt des 45 centimes se fit sans difficultés sérieuses (3) ; les fonds arrivèrent au bout de très-peu de temps; tous les services purent être régulièrement payés ; la banqueroute fut

---

(1) Peu de jours après, le club de la Révolution apporta au gouvernement provisoire une pétition pour demander que les petits contribuables fussent affranchis de cette surcharge d'impôt. Après avoir entendu MM. Barbès, Thoré, Lamieussens, le ministre des finances répondit « qu'en effet la nouvelle République entendait le système des impôts tout au rebours du gouvernement monarchique; que les charges publiques devaient être supportées par les privilégiés et que le peuple travailleur en serait libéré complètement. » Il promit, en conséquence, qu'un nouveau décret interprétatif serait incessamment publié dans le *Moniteur.*

(1) Le Bulletin de la République (n° 7), en date du 25 mars prenait à tâche d'atténuer le mauvais effet de l'impôt dans les campagnes. « La République, disait ce bulletin, attribué à madame Sand, commence par vous demander un sacrifice nouveau ; mais ce sera à la fois le premier et le dernier, si vous secondez le mouvement courageux et sincère que la République vous imprime. Ce sacrifice, la République le considère comme un emprunt que, sous toutes les formes, elle vous rendra peu à peu et que vous pouvez l'aider à vous rendre au centuple, en veillant plus que jamais au choix de vos députés républicains. »

(2) Le décret du 5 avril, dont l'application était confiée à des agents subalternes, ne reçut qu'une exécution très-lente et très-incomplète.

(3) Les principales difficultés ne vinrent pas des petits contribuables, mais de quelques propriétaires orléanistes ou légitimistes qui contestèrent au gouvernement provisoire le droit de décréter l'impôt extraordinaire, espérant ainsi provoquer dans les campagnes un mouvement de révolte contre la République. Les départements du Midi, où les influences royalistes étaient prépondérantes, furent les plus en retard dans le payement de l'impôt des 45 centimes.

évitée. Mais, relativement à l'effet moral, l'erreur du ministre des finances fut bientôt sensible. Exploité par les partis royalistes auprès des paysans qui avaient vu avec indifférence la chute de la dynastie, l'impôt des 45 centimes donna le premier branle à l'opinion ; il éveilla dans les campagnes un esprit d'hostilité contre la République. Un murmure général protesta contre l'avénement d'un gouvernement qui se manifestait par l'augmentation de l'impôt (1), et ce murmure prit, à la grande épreuve de l'élection présidentielle, un caractère d'opposition pratique extrêmement préjudiciable aux intérêts du pays (2).

J'ai dit que M. Garnier-Pagès, tout en approuvant dans son principe l'impôt progressif sur le revenu, y avait renoncé à cause des longueurs inévitables dans l'exécution du décret. Des considérations analogues lui firent ajourner la perception de l'impôt de 1 pour 100 sur le capital des créances hypothécaires décrété à sa requête. Une autre mesure d'intérêt public, à laquelle il avait paru favorable, le rachat des chemins de fer, ne fut pas non plus réalisée. Au lendemain de la révolution, le plus grand nombre des compagnies, alarmées par la dépréciation subite des actions, étaient venues d'elles-mêmes au-devant des intentions du gouvernement. Les actionnaires étaient presque unanimes à souhaiter le rachat, moyennant une indemnité équitable. Un rapport, suivi d'un projet de décret, fut présenté dans ce sens au conseil qui l'approuva (3).

M. de Lamartine en pressait l'exécution ; M. Duclerc y insistait chaque jour. Mais les administrateurs des compagnies, se voyant menacés de perdre leurs fonctions ou du moins d'en voir les bénéfices fort réduits, et quelques actionnaires qui, tout en désirant le rachat, jugeaient utile, afin d'obtenir des conditions meilleures, de crier à la spoliation et au communisme, firent traîner en longueur les délibérations. Pendant ce temps, les événements politiques se compliquèrent. Le moment venu où l'Assemblée allait se réunir, le gouvernement ne se sentit plus assez d'autorité morale pour effectuer une opération de cette importance (1).

Quant aux réformes demandées depuis longtemps par les hommes éminents de tous les partis, ou bien elles ne se présentèrent pas à la pensée du gouvernement provisoire, ou bien elles en furent écartées. Le ministre républicain qui croyait à la justice de l'impôt progressif et de l'expropriation pour cause d'utilité publique, sans toutefois mettre à exécution ni l'une ni l'autre de ces mesures, préféra recourir à des moyens opposés à l'esprit même des institutions démocratiques. Cette révolution, que l'on déclarait faite par le peuple et *pour le peuple*, on la fit peser directement sur les masses. Cette République qui se donnait officiellement pour but *l'amélioration du sort de la classe la plus nombreuse et la plus pauvre*, n'osa pas imposer aux classes aisées un sacrifice dont elle aurait exempté les nécessiteux.

Le gouvernement provisoire crut pouvoir

---

(1) Je trouve dans une publication récente ce passage d'une *Note de Mirabeau* pour la cour, en date du 6 octobre 1790, encore applicable à la révolution de 1848 : « On a promis au peuple plus qu'on ne pouvait promettre ; on lui a donné des espérances qu'il est impossible de réaliser et, en dernière analyse, le peuple ne jugera de la révolution que par ce seul fait : Lui prendra-t-on plus ou moins d'argent dans sa poche? — Vivra-t-il plus à son aise? — Aura-t-il plus de travail? — Ce travail sera-t-il mieux payé? (*Correspondance entre le comte de Mirabeau et le comte de Lamarck*, v. II, p. 213.)

(2) Une des choses qui excitèrent le plus de mécontentement, parce qu'en réalité elle était souverainement injuste, c'est que l'impôt des 45 centimes fut assis, non sur la base de l'impôt ordinaire, mais sur la totalité des impositions extraordinaires que beaucoup de localités s'étaient imposées pour des travaux ou pour d'autres intérêts particuliers, d'où il résultait que les pays les plus grevés étaient encore surchargés.

(3) Les actions de chemins de fer formaient un capital d'environ un milliard. Il y avait trois catégories de compagnies exploitantes : 1° celles qui avaient terminé leurs travaux ; 2° les compagnies dont les travaux étaient en cours d'exécution ; 3° les compagnies associées à l'État et dont les travaux étaient également en cours d'exécution.

(1) Un projet relatif à l'établissement d'un vaste réseau de chemins de fer sur toute la France avait été soumis aux délibérations de la Chambre, en 1838, par le ministre du commerce, M. Martin (du Nord). Le parti démocratique appuya ce projet. La presse radicale, le *National*, le *Bon Sens*, le *Journal du peuple*, le *Censeur* de Lyon, traitèrent la question au point de vue politique, industriel et moral, avec beaucoup de talent. Le système de l'exécution par les compagnies fut soutenu par MM. Berryer et Duvergier de Hauranne. Le ministre se défendit mal. Le rapport de M. Arago, qui se prononce pour les compagnies, conclut à l'ajournement.

faire impunément dans une société démocratique ce qu'il voyait se pratiquer dans les États monarchiques et aristocratiques : il augmenta l'impôt territorial, et cela au moment même où il remettait par le suffrage universel aux habitants des campagnes un moyen puissant de manifester leur mécontentement. Sa méprise fut chèrement expiée. De toutes les fautes qu'il commit, il n'en est point dont le contre-coup fut plus prompt, plus direct, plus manifeste.

CHAPITRE XXI

Ministère de la justice. — M. Crémieux. — Ministère de l'instruction publique. — M. Carnot. — Ministère des travaux publics. — M. Marie. — Ateliers nationaux. — Préfecture de police. — M. Caussidière. — Mairie de Paris. — M. Marrast.

Le gouvernement provisoire, absorbé par ses discordes intestines, par ses embarras financiers, par la crainte des insurrections populaires et par le souci des élections générales, ne donna qu'une attention médiocre à l'organisation de la justice.

Voyant les adhésions des magistrats arriver en foule, il ne se préoccupa point de l'esprit, bon ou mauvais, qui animait la magistrature. Cet esprit, cependant, lui était singulièrement hostile. La magistrature avait subi d'une manière toute particulière l'influence du règne de Louis-Philippe. Les destitutions qui suivirent la révolution de 1830, de nombreuses nominations, dictées par une politique de plus en plus étroite, et en dernier lieu, sous le ministère de M. Martin (du Nord), accordées au parti clérical, avaient porté de graves atteintes à son indépendance. L'esprit d'équité et de libéralisme qu'elle opposait aux tentatives de la Restauration pour étouffer la presse libre s'était insensiblement émoussé en elle. Quand arriva la révolution de Février, elle se sentait solidaire des fautes de la dynastie, à ce point, qu'elle estima ne pouvoir trop se racheter aux yeux du pays par des démonstrations exagérées de zèle pour la République, dont rougissaient tous les hommes intègres et fiers qu'elle comptait encore dans ses rangs. Les inquiétudes de la magistrature étaient bien concevables ; le principe même de son existence, l'inamovibilité, était menacé. Il paraissait à plusieurs des membres du gouvernement incompatible avec l'état démocratique, et les magistrats ne pouvaient invoquer, pour fléchir la rigueur de cette opinion, des antécédents dont les républicains n'avaient pas à leur tenir compte. Mais ces inquiétudes ne furent pas de longue durée.

Le ministère de la justice était échu à un homme dont les magistrats reconnurent aisément, sous des allures qu'il cherchait à rendre révolutionnaires, le caractère inoffensif. M. Adolphe Crémieux, né d'une famille israélite dans le Midi de la France, envoyé en 1842 à la Chambre des députés par le département d'Indre-et-Loire, avocat au conseil d'État et à la Cour de cassation, apportait aux affaires une intelligence déliée, des connaissances étendues en matière de droit et de jurisprudence, de l'habileté, un esprit tolérant, une parole facile. Mais, quoiqu'il inspirât de la bienveillance, il lui appartenait moins qu'à beaucoup d'autres peut-être d'imposer à l'opinion et de porter la main sur les choses établies. Aussi ne l'essaya-t-il pas. Non-seulement il ne prit aucune initiative importante, mais encore, soit de propos délibéré, soit par négligence, il fit traîner en longueur les travaux d'une commission qui, sous la présidence d'un républicain éprouvé, M. Martin (de Strasbourg), préparait un projet de réorganisation générale. Il ne fit qu'un petit nombre de changements et défendit en plusieurs circonstances des magistrats menacés de suspension par les commissaires de M. Ledru-Rollin. Au bout de très-peu de temps la magistrature avait repris ses allures accoutumées ; elle se vengeait même de ses alarmes passagères par un redoublement de rigueurs contre l'esprit de la révolution, et bientôt elle profita du pouvoir qu'on lui laissait pour poursuivre, partout où elle crut l'apercevoir, le progrès des idées démocratiques.

Cependant M. Crémieux, qui méconnaissait, comme la plupart de ses collègues, les véritables dispositions du peuple, imagina, pour donner satisfaction aux instincts populaires, de faire exactement ce qu'avait fait la révolution de 1830. Il décida qu'un procès serait intenté aux ministres de Louis-Philippe et chargea M. Portalis, conseiller à la cour d'appel de Paris, qu'il venait de nommer procureur général, de dresser un réquisitoire contre MM. Guizot, Duchâtel, de Salvandy, Hébert, de Montebello, Trézel, Cunin-Gridaine et Jayr, inculpés de violation de la constitution par refus des banquets et d'excitation à la guerre civile, attentats prévus par l'article 91 du Code pénal (1). La Cour d'appel, sous la présidence de M. Séguier, évoqua l'affaire et nomma deux conseillers instructeurs : MM. Perrot de Chezelles et Delahaye. Mais l'embarras fut grand de trouver un crime palpable dans les conseils confus de cette royauté qui s'était laissé chasser sans presque se défendre, et surtout quand il s'agit de déterminer la part de responsabilité légale qui revenait à chacun des ministres.

Ni les visites faites dans les différents ministères, ni les dépositions des nombreux témoins entendus ne produisaient de charges judiciaires. Chez M. Delessert, on ne trouva de sa main que des ordres dictés par le désir d'éviter l'effusion du sang. Au ministère de l'intérieur, les papiers de M. Duchâtel, qui aurait pu être compromis parce qu'il avait été beaucoup plus déterminé que ses collègues dans l'avis d'une résistance énergique, avaient

(1) Voici les termes du réquisitoire de M. Portalis :
« Considérant que MM. Guizot, Duchâtel, de Salvandy, Hébert, de Montebello, Trézel, Cunin-Gridaine et Jayr, en prohibant un acte non défendu par la loi et en portant sur plusieurs points de Paris des masses de troupes avec ordre de faire feu sur les citoyens, sont inculpés d'un crime prévu par l'article 91 du Code pénal;
« Que cet acte, s'il est établi, doit constituer le crime d'attentat ayant pour but d'exciter les citoyens et les habitants à s'armer les uns contre les autres et à porter la *dévastation*, le *massacre* et le *pillage* dans la commune de Paris, requérons, etc. »

été enlevés à temps par son secrétaire. Ceux du chef de cabinet du ministre des affaires étrangères, M. Génie, ne furent point visités. Dans la volumineuse correspondance de M. Guizot et du roi, on ne découvrit pas trace d'un plan sérieux d'attaque ou de défense. Il était bien évident que la pensée d'une guerre civile ne s'était pas présentée à l'esprit de ces deux grands personnages politiques. Une lettre de Louis-Philippe, en date du 22 février, témoignait au contraire d'une sécurité parfaite (1). D'ailleurs, on put très-vite constater que le peuple auquel on prêtait gratuitement des désirs de vengeance, ne donnait aucune attention aux ministres, dont plusieurs étaient restés dans Paris sans se cacher beaucoup. Ni les clubs ni la presse ne songeaient à ce procès. On le ralentit de plus en plus sous un prétexte, puis sous un autre, et l'on gagna ainsi l'époque de la réunion de l'Assemblée. Celle-ci nomma une commission chargée d'examiner trois portefeuilles trouvés dans les boiseries du château des Tuileries (2) et qui nécessitaient, assurait-on, un supplément d'instruction. Le rapport de cette commission se fit attendre, le temps s'écoula; enfin, vers le mois de novembre, une ordonnance de non-lieu fut rendue par la chambre d'accusation, sans que, à l'exception de quelques feuilles qui faisaient du bruit à propos de tout, personne en prît le moindre souci. La révolution, dans l'intervalle, avait de nouveau donné l'alerte; la société, à peine reconstituée, se sentait menacée de trop d'autres périls et vulnérable sur trop d'autres points pour qu'elle eût à s'inquiéter encore de condamnations rétrospectives et de chicanes constitutionnelles.

Cependant, le ministre de la justice, quoiqu'il ne voulût point faire usage de ses pouvoirs révolutionnaires pour toucher aux fon-

(1) Dans ses dernières lettres datées de février, le roi déclarait la situation excellente; il s'en félicitait avec son ministre et ne lui recommandait autre chose que de bien soigner un mal de gorge dont il souffrait, afin de pouvoir soutenir avec sa supériorité accoutumée le débat parlementaire.
(2) Ces portefeuilles contenaient, entre autres papiers, les Mémoires de Louis-Philippe.

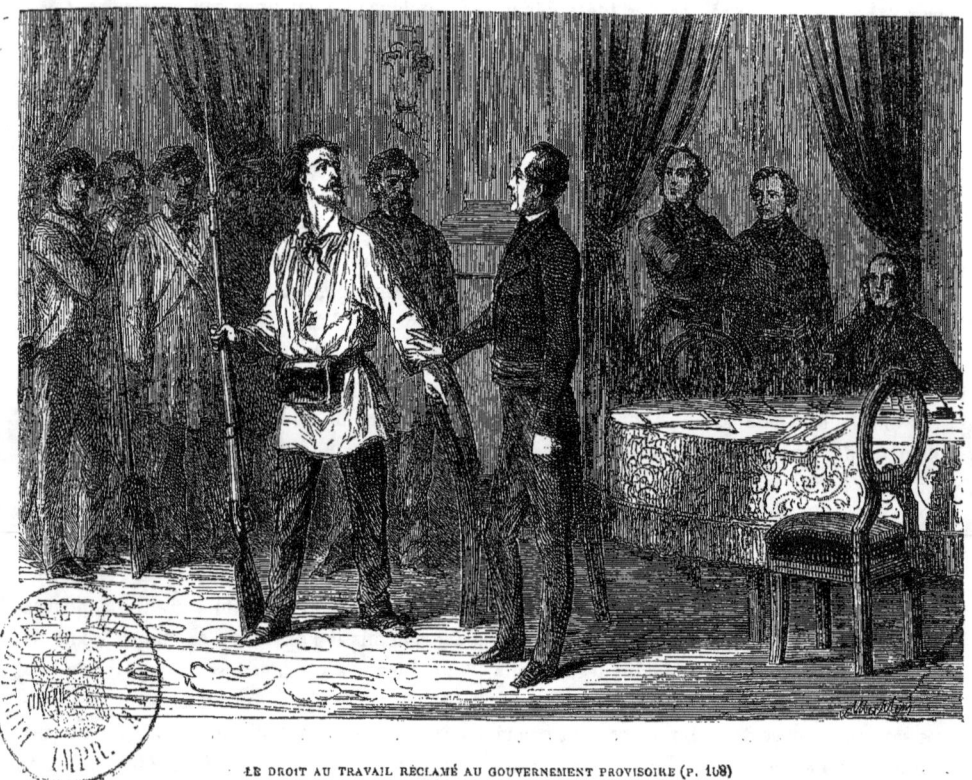

LE DROIT AU TRAVAIL RÉCLAMÉ AU GOUVERNEMENT PROVISOIRE (P. 108).

dements de la législation, fut entraîné, comme tous les autres, par l'élan donné à l'opinion ; il rendit plusieurs décrets inspirés par ce sentiment supérieur de la dignité humaine qui soulevait les masses à leur insu et fondait dans la conscience publique la force et la grandeur du droit républicain (1). En matière criminelle, l'abolition de l'exposition publique, l'abrogation des lois de septembre contre la presse ; en matière civile, l'abolition du serment politique, la suppression de la contrainte par corps, la diminution des frais de justice, les facilités données à la naturalisation des étrangers et quelques mesures analogues obtinrent l'assentiment général et furent vantées ostensiblement par les hommes et par les partis qui déjà pourtant épiaient en dessous tous les moyens de discréditer les actes et les intentions du gouvernement provisoire.

La tâche de M. Bethmont, ministre du commerce et de l'agriculture, fut beaucoup plus restreinte encore que celle de M. Crémieux. Les choses qu'en des temps réguliers on eût jugées de son ressort se trouvaient par des circonstances exceptionnelles remises en d'autres mains. Tout ce qui, dans le mouvement agricole ou commercial, touchait à la politique se discutait au Luxembourg. Le reste relevait du ministère des travaux publics, du ministère de l'intérieur, du ministère des finances, ou même, en ce qui concernait l'institution commerciale des consulats, du ministère des affaires étrangères. Aucune entreprise vaste, aucune amélioration systématique n'était pos-

(1) Les *considérants* de ces décrets, insérés au *Moniteur* des 2 mars, 10 mars et 13 avril 1848, témoigneront, dans l'histoire, de cette grandeur.

sible avec une pareille division de l'administration. M. Bethmont, dont l'esprit n'était pas, d'ailleurs, doué d'initiative, se borna à provoquer, par la formation de commissions spéciales, un ensemble d'observations et de documents sur la situation de l'agriculture, l'examen de différentes théories sur le crédit agricole et l'étude des questions particulières les plus importantes. Il envoya en mission des hommes spéciaux chargés de lui adresser des rapports sur la culture des terres vaines et vagues, sur l'élève du bétail, sur l'amélioration de la race chevaline, sur la culture du ver à soie, sur le régime des eaux; il fit composer sous ses yeux un plan général d'instruction primaire et d'enseignement professionnel, fondé sur le principe de l'application des sciences à l'industrie. Du 24 février au 4 mai, il créa neuf fermes-écoles, indiquant ainsi à ses successeurs les voies qu'il convenait d'ouvrir pour tirer le pays de l'ignorance et de la routine où on l'avait laissé depuis tant d'années, au grand détriment de la richesse publique, et pour améliorer l'état moral et matériel des populations rurales qui allaient peser, par le suffrage universel, d'un poids considérable dans les destinées de la France.

Le ministre de l'instruction publique et des cultes, M. Hippolyte Carnot, parut d'abord, avec M. Ledru-Rollin, le plus enclin de tous les ministres à s'abandonner au courant révolutionnaire. Son nom et ses antécédents donnaient à croire que les innovations ne lui feraient pas peur. Fils d'un homme que sa carrière scientifique avait porté au rang des Lagrange et des Laplace et que sa carrière politique conduisit en 1793 au comité de Salut public, en compagnie de Saint-Just et de Robespierre, M. Carnot, saint-simonien ardent de la première période, par son nom seul était pour le clergé et pour l'Université une véritable menace. Le choix qu'il fit de M. Jean Reynaud pour remplir les fonctions du sous-secrétaire d'État, la nomination de M. Édouard Charton comme secrétaire général du ministère n'étaient point de nature à rassurer. L'un et l'autre, ils avaient appartenu à l'école saint-simonienne. M. Reynaud avait été longtemps collaborateur de M. Pierre Leroux à l'*Encyclopédie nouvelle*, et les motifs de sa rupture récente avec le philosophe socialiste n'étaient pas suffisamment connus pour diminuer les préventions des catholiques et des universitaires. On s'attendait donc aux réformes les plus radicales, et les deux puissances ennemies qui s'étaient disputé depuis près d'un demi-siècle la domination des intelligences, l'Église et l'Université, se trouvaient tout à coup rapprochées par une même appréhension dans le sentiment d'un danger commun.

Contre toute attente, M. Carnot se donna une tâche de conciliation. Il fit surtout de sensibles efforts pour apaiser le clergé qu'il savait hostile à sa personne. Mais cette conciliation de l'autorité religieuse et de la liberté philosophique, dans un système d'éducation capable de satisfaire aux besoins d'une société aussi divisée contre elle-même que l'était la nôtre, était la plus chimérique des espérances. M. Carnot ne tarda pas à s'en apercevoir. L'animosité des deux partis, aussi longtemps qu'on le crut fort, le dédain, dès qu'on le connut faible, furent tout le fruit de ses tentatives. Quant au peuple, qui sollicitait l'enseignement d'une ardeur plus vive peut-être qu'il ne demandait du pain, il vit encore cette fois son attente trompée. Il vit ceux qui prétendaient diriger sa vie spirituelle dans l'impossibilité de tomber d'accord, ni sur le but à poursuivre ni sur le moyen d'en approcher; de cette lutte perpétuée entre l'institution civile et l'institution ecclésiastique, il ne recueillit qu'un trouble moral plus grand, une désaffection plus complète pour ces gouvernements trompeurs qui, en le proclamant souverain, laissaient sur lui la pire des servitudes : la servitude de l'ignorance.

Il est certain, il est incontestable que la condition essentielle d'un établissement politique dont le suffrage universel forme la base;

c'est l'instruction du peuple. La légitimité de l'état démocratique repose tout entière sur la supposition qu'aucun des membres de la société ne demeure dans l'ignorance de ses droits et de ses devoirs civils. Le principe du libre examen, dans l'ordre politique, ne se peut soutenir s'il ne se fonde, comme le libre examen religieux dans les sociétés protestantes, sur l'instruction. Une démocratie ignorante est une force livrée au hasard, qui s'agite, se tourmente, se tourne contre elle-même, incapable de se comprendre, inhabile à se conduire, et qui devient, à la première occasion, un formidable instrument de despotisme. Cette vérité, encore trop peu comprise, n'avait pas échappé à l'instinct de la Révolution française. L'Assemblée constituante, en posant les assises du droit nouveau, déclarait en principe que l'instruction serait donnée à tous les membres de la société. Condorcet fit à l'Assemblée législative un rapport dans lequel il élevait la question à la hauteur d'une doctrine philosophique et dont les idées servirent plus tard de base aux discussions de la Convention sur l'organisation des écoles primaires. Les girondins, faisant un pas de plus, montrèrent la nécessité de la séparation de l'Église et de l'État, si l'on voulait arriver à constituer une éducation publique véritablement libérale. Puis vinrent Robespierre, Saint-Fargean, Lakanal, qui présentèrent successivement des projets inspirés par l'admiration des républiques antiques. Enfin, Babœuf, sacrifiant beaucoup plus complètement que ne l'avaient fait les montagnards la liberté à l'égalité, traça, pour sa *Société des égaux*, un plan d'éducation où l'individu intellectuel et moral était considéré uniquement dans sa relation avec la chose publique (1).

Arrivé à ce terme extrême, il fallait de toute nécessité reculer. L'empereur Napoléon se sentit assez fort pour ramener la société en arrière. Toutefois, en rétablissant le pouvoir sacerdotal, ennemi par nature de la liberté d'examen et conséquemment de l'instruction publique, il voulut préserver de toute atteinte l'enseignement laïque et créa l'Université, à laquelle il remit l'éducation nationale. A partir de ce moment, la société fut livrée à deux grands courants d'opinion qui, en se choquant perpétuellement sans jamais pouvoir se confondre, ruinèrent une à une les bases de l'ordre moral. Entre l'éclectisme de l'Université, qu'un prêtre illustre appelait le *vestibule de l'enfer*, et l'orthodoxie de l'enseignement catholique armé des peines éternelles, il ne pouvait s'établir aucune paix solide. Le clergé l'emporta sous la Restauration. Sous Louis-Philippe, l'Université ressaisit l'empire. Les inimitiés, refoulées et amassées de part et d'autre, n'en devinrent que plus vives.

La République, avertie par une aussi longue expérience, ne devait pas tenter une conciliation impossible. S'il était trop tôt encore pour imposer à la société l'unité de l'enseignement, si la sanction publique ne conférait pas aux *nouveautés* de la science et de la philosophie une autorité assez respectable pour qu'elles pussent se substituer pleinement au dogmatisme sacerdotal, il était temps du moins d'ouvrir un champ libre à la raison et de briser les liens qui rattachaient encore l'enseignement laïque à l'enseignement ecclésiastique. La séparation de l'Église et de l'État, généralement admise en principe (1), devait s'opérer immédiatement par le retrait de la dotation du clergé; alors la liberté de l'enseignement ne favorisait plus, comme elle le fait dans les conditions actuelles, les empiétements et la domination du pouvoir clérical. L'enseignement laïque ne luttait plus avec désavan-

---

(1) On aura la mesure de cette manière de concevoir l'éducation sans faire acception de l'individu, par l'article de ce décret où il est dit que le jeune homme apprendra à danser *pour égayer les fêtes de la patrie*.

(1) L'indépendance, considérée comme un moyen de régénération pour l'Église, était demandée par M. de Lamennais et par ses disciples, MM. Lacordaire, Gerbet, de Montalembert, etc., depuis 1830, dans le journal *l'Avenir*. M. de Lamartine affirme dans son *Histoire de la Révolution de 1848*, v. II, p. 461, qu'il « avoua avec franchise au souverain pontife que tel était son vœu. Rome et les hommes éminents du clergé, dit-il, ne paraissaient nullement effrayés de cette perspective. »

tage contre l'enseignement ecclésiastique; le respect que tout gouvernement doit à la liberté de conscience, aux droits du père de famille, à la spontanéité de l'individu, s'accordait avec la sollicitude du législateur pour le progrès des générations à venir. Mais le gouvernement provisoire ne prit pas le temps d'examiner cette question capitale et le ministre de l'instruction publique, resté dans un cercle vicieux où les meilleures intentions devaient tourner à mal, n'apporta que des palliatifs là où il fallait un remède héroïque (1). Il commença par former une commission qui prit le titre de haute commission des études scientifiques et littéraires. On lui remit le soin de préparer un projet de loi sur l'instruction primaire, conformément aux principes admis de la gratuité, de l'obligation et de la libre concurrence. Les écoles normale, polytechnique et de Saint-Cyr durent recevoir gratuitement leurs élèves. Par un décret du 8 mars, M. Carnot établit, sur des bases analogues à celles de l'école polytechnique, une école destinée à fournir des fonctionnaires capables aux diverses branches du service civil (2). Les fonds manquaient pour donner à l'école d'administration un personnel de professeurs particuliers. Il l'annexa au Collège de France, dont les professeurs ordinaires se chargèrent du nouvel enseignement. Il proposa l'établissement d'un *Athénée libre*, où un grand nombre de chaires devaient être mises à la disposition de quiconque se sentirait la vocation et la capacité d'enseigner, sans autre contrôle que celui de l'opinion. C'était donner tout à la fois aux jeunes talents l'occasion de se produire et aux futurs ministres de l'instruction publique le moyen de choisir, pour les chaires de l'enseignement officiel, les hommes les plus dignes de les occuper. Il institua une série de chaires nouvelles, ayant pour objet de répandre l'enseignement administratif et politique, s'occupa de fonder des bibliothèques communales, demandées de toutes parts dans le but de mettre des livres utiles à la portée des populations rurales et institua des lectures publiques du soir pour les ouvriers. Il indiqua des tendances favorables à l'éducation des femmes, en autorisant l'ouverture d'un cours au Collège de France qui leur serait plus spécialement destiné (1). Il annonça l'intention de relever la condition matérielle et morale de l'instituteur primaire, proclama la nécessité de joindre aux écoles primaires l'enseignement agricole et celui des devoirs civiques. Il insista, dans ses circulaires, sur la nécessité d'éclairer les populations des campagnes et invita les instituteurs communaux à composer des manuels élémentaires de droit politique. Nous verrons plus tard comment la rédaction malhabile de quelques-uns de ces manuels et celle d'une circulaire que le ministre signa sans l'avoir lue alarmèrent l'opinion publique et donnèrent, avec l'impôt des 45 centimes et le langage dictatorial du ministère de l'intérieur, des prises trop faciles dont les partis vaincus profitèrent pour reprendre l'avantage dans les élections générales.

Mais entre tous les ministres, le plus chargé de responsabilité devant l'opinion, ce fut le ministre des travaux publics, à qui échut la

---

(1) On est frappé, quand on relit les décrets et les discours de cette époque, de voir incessamment revenir ces locutions : *examiner les questions, étudier les problèmes, chercher les solutions*. Rien ne montre mieux combien la révolution avait été peu concertée, et combien elle prenait au dépourvu ceux-là mêmes qui l'avaient le plus ardemment souhaitée. Ce qui fit l'influence des hommes attachés à la rédaction du *National*, pendant la durée du gouvernement provisoire, c'est qu'ils arrivaient au pouvoir avec un programme exclusivement politique, restreint et défini à l'avance.

(2) « A plusieurs reprises, dit M. Carnot, dans sa brochure (*Le ministre de l'instruction publique et des cultes depuis le 24 février jusqu'au 5 juillet 1848*), sous la dernière législature de la monarchie, on a proposé de régler le recrutement et l'avancement dans les fonctions publiques. Les propositions, toujours accueillies comme nécessaires, ont néanmoins toujours échoué parce qu'elles manquaient de base. La véritable base devait être une école où se fit l'apprentissage de la science administrative. »

(1) « Considérant, dit le décret du 2 mars, qu'il est convenable d'éclairer l'opinion publique par des études et des discussions sérieuses sur une matière aussi importante et aussi agitée, etc. »

« Il est impossible de ne pas prévoir, a écrit plus tard M. Carnot (*Mémorial* de 1848), que le plus prochain mouvement social aura pour résultat de modifier la position des femmes et de les relever de l'état de minorité où elles sont maintenues. »

tâche difficile d'organiser les ateliers nationaux (1).

L'idée première des ateliers nationaux n'appartient point à la République de 1848. Les ateliers nationaux étaient implicitement et explicitement dans les *cahiers* de 1789 où l'on demandait que « *le pauvre appartînt à la société comme le riche* »; que « *toute aumône particulière fût sévèrement défendue* »; qu'on « *assurât du travail à tous les pauvres valides* »; que « *l'on créât des ateliers de charité, publics, provinciaux, nationaux où les personnes valides ou invalides de tout âge et sexe, pussent trouver en tout temps une occupation convenable à leur état et à leur situation* (2). « Dans le mois de mai de l'année 1789, la commune de Paris avait ouvert à la butte Montmartre de vastes ateliers de terrassements. Trois mois plus tard, Malouet faisait à l'Assemblée une motion pour organiser ces ateliers et les acheminer vers les départements, selon les besoins de l'industrie. Un an après, le 30 mai 1790, l'Assemblée nationale rendait un décret qui ouvrait, dans Paris et dans les départements, des ateliers pour les hommes, pour les femmes et pour les enfants, « *attendu*, disait-elle, *que la société doit à tous ses membres et la subsistance et du travail.* » En 1791, les comités de mendicité, de constitution, d'imposition et le comité ecclésiastique, dans un rapport à l'Assemblée, proposaient de constituer un fonds de *secours général*, afin, disaient-ils, que la nation qui *reconnaît le droit du pauvre*, n'emploie plus le mot de *charité* ou *d'aumône*, et donne *du travail aux valides*, du secours aux enfants, aux malades, aux vieillards.... » La Convention, en 1793, avait décrété que « *la société devait la subsistance aux citoyens malheureux, soit en leur procurant du travail, soit en assurant les moyens d'exister à ceux qui se trouvaient hors d'état de travailler.* » Enfin, sous le règne de Louis-Philippe, la plupart des économistes, aussi bien les catholiques et les philanthropes que les socialistes, concluaient avec plus ou moins d'insistance à la nécessité de donner du travail à la classe laborieuse (1).

Il était donc de toute logique et de toute urgence que la République, qui venait reprendre et réunir, pour en faire la constitution de l'État, les idées de 89, étouffées sous l'Empire, reparues isolément dans quelques livres et dans quelques écoles sous les deux monarchies bourboniennes, s'imposât de réaliser autant qu'il était en elle le vœu des *cahiers* et les promesses de la Convention. L'erreur du gouvernement provisoire n'est pas d'avoir proclamé ce devoir et sa résolution de l'accomplir, mais d'avoir abusé le prolétariat par un vain appareil dans les conférences du Luxembourg et par une organisation vicieuse et stérile dans les ateliers nationaux (2). Trompé lui-

---

(1) Il n'est plus nécessaire aujourd'hui de réfuter la calomnie qui pendant si longtemps imputa à M. Louis Blanc la création et l'organisation des ateliers nationaux. L'esprit de parti, qui accusait alors les chefs des écoles socialistes de tous les désordres, réussit cependant à donner le change pendant très-longtemps à l'opinion publique. Mais il a été authentiquement prouvé que M. Louis Blanc était resté étranger à toutes les délibérations qui ont eu trait aux ateliers nationaux, et que le système d'après lequel on les a organisés était de tous points contraire à ses théories. Voici comment M. de Lamartine a caractérisé les ateliers nationaux (*Histoire de la révolution de Février*, t. II, p. 120). « Commandés, dirigés, soutenus par des chefs qui avaient la pensée secrète de la partie *anti socialiste* du gouvernement, les ateliers contrebalancèrent jusqu'à l'arrivée de l'Assemblée nationale les ouvriers sectaires du Luxembourg. Bien loin d'être à la solde de Louis Blanc, comme on l'a dit, ils étaient inspirés par l'esprit de ses adversaires. » Dans sa déposition devant la commission d'enquête, M. Émile Thomas, directeur des ateliers nationaux, s'exprime en ces termes : « J'ai toujours marché avec la mairie de Paris contre l'influence de MM. Ledru-Rollin, Flocon et autres. J'étais en hostilité ouverte avec le Luxembourg. Je combattais ouvertement l'influence de M. Louis Blanc. » (Rapport de la commission d'enquête, v., II, p. 352). Enfin M. Garnier-Pagès (*Un épisode de la révolution de 1848*, p. 48) dit : « Je dois à la vérité de déclarer que les ateliers nationaux ont été ouverts avec l'approbation de tous les membres du gouvernement provisoire sans exception, et que *du premier au dernier jour M. Louis Blanc est resté complètement étranger à leur direction.* »

(2) Voir les cahiers de la noblesse et du tiers état et, en particulier, ceux de Paris, de Metz, de Riom, de Dourdan, etc.

(1) M. de Lamartine lui-même, qui fut toujours l'adversaire déclaré de la théorie de l'organisation du travail, disait, en 1844, dans le journal *la Presse* : « Nous voulons que la société reconnaisse le *droit au travail dans les cas extrêmes et dans des conditions définies.* »

(2) En 1846, les misères amenées par la mauvaise récolte et les désastres causés par l'inondation donnèrent l'idée à un

même par ces deux concessions très-grandes, en apparence, aux besoins du moment, il crut avoir dégagé sa conscience et négligea les ressources réelles que lui eussent présentées, sans alarmer personne, la réduction systématique des dépenses et la répartition judicieuse des travaux utiles pour toute la France. J'ai indiqué ailleurs ce qui aurait pu se faire ; il me reste à montrer ce qui a été fait.

On a vu que le 25 février le gouvernement provisoire rendait un décret par lequel il *garantissait l'existence de l'ouvrier par le travail*. Le décret qui instituait les ateliers nationaux fut rendu le 27 ; le 28, le ministre des travaux publics annonçait à tous les travailleurs sans ouvrage (ils étaient à ce moment au nombre de 7 à 8,000) que des travaux importants allaient être entrepris sur divers points, et que les maires des douze arrondissements seraient chargés de recevoir les demandes d'ouvrage et de diriger les ouvriers vers les chantiers. Les travaux en cours d'exécution et qui pouvaient fournir immédiatement de l'emploi, n'étaient pas considérables (1) ; le nombre des travailleurs inoccupés augmentait dans une progression rapide, à mesure que l'ouvrage diminuait dans les ateliers particuliers et que les manufactures et les usines se fermaient, les mairies furent assiégées de demandes. Il arriva ce que la plus simple réflexion aurait prévu. Les maires et les directeurs d'ateliers, n'ayant plus de travail à distribuer, se renvoyèrent l'un à l'autre les ouvriers. Ceux-ci éconduits d'arrondissement en arrondissement, traînant leurs outils d'une extrémité de Paris à l'autre, de Chaillot à Saint-Mandé, de la barrière du Maine à Romainville, rentraient le soir chez eux, exténués de fatigue, se croyant joués, en proie à une irritation que la vue de leur famille en détresse ou les plaintes de leurs camarades trompés comme eux, faisaient éclater en menaces. Des rassemblements se tenaient pendant tout le jour aux portes des bureaux ; l'émeute s'organisait dans la rue.

Le gouvernement, averti de l'embarras où se trouvaient les directeurs d'ateliers et de l'agitation qui commençait à fermenter dans le peuple, crut y porter remède en faisant faire des distributions d'argent, à titre de secours, aux ouvriers sans travail. Chaque maire fut autorisé à délivrer à l'ouvrier, sur le vu d'un timbre constatant qu'il n'y avait pas de place dans les ateliers ouverts, la somme d'un franc cinquante centimes par jour. Cette mesure exorbitante produisit un effet désastreux. Le nombre des ouvriers oisifs s'accrut hors de proportion. Tous ceux à qui des professions sédentaires rendaient le travail du terrassement trop pénible, les ouvriers-artistes, fondeurs, graveurs, ciseleurs, mécaniciens, bijoutiers, etc., dont les mains délicates répugnaient à remuer la terre, les employés dans la librairie et dans les magasins, inhabiles à manier le pic ou la pioche, préférèrent à un labeur très-rude et peu rétribué une grève que payait le gouvernement.

L'appât d'un salaire assuré sans travail attira bientôt à Paris une masse énorme d'ouvriers des départements et d'ouvriers étrangers (1). Le désordre arriva à un tel point que

---

ingénieur. M. Boulangé, d'établir pendant l'hiver des ateliers de secours sur plusieurs routes du département de la Loire. « Une meilleure exécution des travaux, un bien-être passager, eussent été, dit M. J. J. Baude (*Revue des Deux Mondes*, 1¹ᵉ année, t. 23) les moindres résultats de cette mesure : la véritable utilité de cette expérience a consisté dans les idées nouvelles qu'elle a semées parmi ceux qui l'ont faite. »

(1) C'étaient : les travaux de déblaiement des terrains communaux et de nivellement de la place de l'Europe où l'on occupait 1,500 ouvriers ; 2° les travaux de terrassement exécutés au quai de la Gare, qui employaient de 5 à 600 hommes ; 3° le remblai des carrières de Chaillot, la construction en rivière des chemins de halage, le redressement et le nivellement de quelques routes, l'empierrement des chemins de ronde où l'on pouvait occuper de 1,000 à 1,200 ouvriers ; 4° l'atelier du Champ de Mars, ouvert par le ministre de la guerre concurremment avec la ville de Paris, réglé et organisé par le génie, qui employa dans l'origine 2,000 hommes.

(1) On voit dans une instruction, en date du 20 mars, adressée par M. Ledru-Rollin aux commissaires de la frontière belge, qu'il se préoccupe vivement de cet accroissement de la population ouvrière et qu'il recommande les mesures les plus sévères pour « repousser de France les indigents étrangers dont la présence serait une charge pour les communes ou un sujet d'inquiétude pour les populations. » Le 4 avril il leur annonce que « des ordres formels vont être donnés pour qu'on n'admette désormais aux ateliers nationaux que les seuls ouvriers domiciliés à Paris avant le

le 2 mars l'administration se déclara dans l'impuissance de contenir plus longtemps cette multitude oisive. Ce fut alors qu'un jeune ingénieur, M. Émile Thomas, témoin des scènes tumultueuses qui se renouvelaient chaque jour devant les mairies, conçut un projet de centralisation et d'organisation qu'il soumit au ministre. Celui-ci l'approuva et convoqua à l'Hôtel-de-Ville une réunion des douze maires, du conseil municipal et des ingénieurs en chef qui, sous la présidence de M. Garnier-Pagès, discutèrent et adoptèrent le plan de M. Émile Thomas (1). Le lendemain, 6 mars, M. Émile Thomas fut nommé commissaire de la République et directeur des ateliers nationaux. On lui assigna pour résidence le pavillon de Monceaux, appartenant à la liste civile, et l'on mit sous ses ordres une administration nombreuse. Quoiqu'il relevât immédiatement du ministre des travaux publics, M. Émile Thomas devait se tenir à la disposition du maire de Paris et entrer en correspondance avec les maires des douze arrondissements. Le ministre lui promettait le concours actif des ponts et chaussées, qu'il allait mettre en demeure de fournir immédiatement les projets des travaux le plus rapidement exécutables. Il y avait donc lieu d'espérer que la situation critique où l'on s'était si témérairement engagé ne se prolongerait pas et qu'une sérieuse reprise des travaux mettrait fin à des désordres dont le caractère devenait de jour en jour plus alarmant pour la paix publique. L'état dressé, dans la réunion de l'Hôtel-de-Ville, du nombre approximatif des ouvriers sans travail, donnait 17,000 hommes. Personne alors ne pensait que ce chiffre dût beaucoup s'accroître; généralement on le tenait pour exagéré. Cependant, vers le 15 mars, le chiffre réel s'élevait déjà à plus de 49,000 hommes.

L'organisation adoptée par M. Émile Thomas était toute militaire. L'administration, divisée en quatorze arrondissements correspondant aux quatorze municipalités de Paris et de la banlieue, se composait de quatre sous-directeurs. Huit commissaires spéciaux étaient chargés de maintenir l'ordre ; quarante-huit agents de recensement révisaient les listes ; douze inspecteurs, sous les ordres d'un inspecteur général, surveillaient chacun un arrondissement. On inventa pour les artistes nécessiteux, peintres, sculpteurs, comédiens, dessinateurs, qui étaient venus demander le bénéfice du décret par lequel le gouvernement provisoire garantissait le travail à tous les citoyens, l'emploi d'agents payeurs rétribués à raison de 4 francs par jour (1). M. Émile Thomas eut aussi la pensée de former à Monceaux une garde spéciale composée des anciens gardes municipaux, au nombre de mille environ, qui n'avaient point cessé de toucher leur solde. Mais le projet ayant transpiré, les ouvriers murmurèrent ; pour prévenir des rixes fâcheuses, on décida d'envoyer les gardes municipaux à Beaumont-sur-Oise où ils formèrent, sous le commandement de leurs anciens officiers et sous-officiers, quatre compagnies que l'on occupa à l'extraction du minerai et qui, après les journées de juin, où on les employa, furent organisées par les ordres du général Cavaignac en corps de gendarmerie mobile.

Quant aux ouvriers, voici quelle fut leur organisation. Onze hommes appartenant au même arrondissement formaient une escouade, dont le chef était élu par les ouvriers et touchait une solde de 2 fr. 50 c. par jour ; cinq escouades composaient une brigade de 56 hommes, dont le chef était également élu par le suffrage direct et touchait une solde de 3 francs.

Quatre brigades formaient une lieutenance.

---

24 février, et qu'on va aviser à amener les autres ouvriers à retourner dans leurs départements respectifs. » (Voir le *Rapport de la commission d'enquête*, v. II, p. 179.)

(1) Cette réunion était composée de vingt-quatre personnes, dont aucune n'éleva la voix contre le projet de M. Émile Thomas. C'étaient le maire de Paris, M. Garnier-Pagès ; le maire adjoint, M. Buchez ; M. Flottard, secrétaire général ; M. Barbier, chef du personnel ; M. Trémisot, chef du service des eaux et du pavé de Paris, etc.

(1) Il y eut jusqu'à 800 de ces agents.

Quatre lieutenances composaient une compagnie qui, avec le chef de compagnie, comprenait neuf cents hommes. Les chefs de compagnie et les lieutenants étaient nommés par l'administration.

En signe de ralliement, chaque service avait son étendard, chaque compagnie son drapeau, chaque brigade son guidon.

Un chef de service avait trois chefs de compagnie sous ses ordres et commandait ainsi à 2,708 hommes. Pour être embrigadé, le travailleur devait faire constater à la mairie de son arrondissement qu'il était âgé de plus de seize ans et se présenter avec un bulletin indiquant son nom, sa profession, sa demeure. La dépense, comme on le voit, même sur une base que l'on s'assura bientôt avoir été très-mal établie, s'élevait à un chiffre considérable, car, indépendamment des ouvriers employés aux travaux de terrassement qui touchaient 2 fr., il y avait des ouvriers en non-activité auxquels on continuait à compter 1 fr. 50 c., et ceux qui travaillaient à la tâche, chacun dans sa profession, recevaient un salaire plus élevé. Les bureaux de secours continuaient, d'ailleurs, à distribuer des bons de pain, de viande et de bouillon aux familles des ouvriers inscrits (1); pour surcroît d'embarras, les travaux en cours d'exécution étaient insuffisants. Les ingénieurs n'envoyaient aucun projet. A défaut de travaux sérieux, dans le seul but de ne pas laisser les brigades inoccupées, M. Émile Thomas décida de les employer aux travaux de plantation et de dessouchement des boulevards; mais ces travaux n'occupaient pas plus de 400 hommes à la fois. Plutôt que de laisser les autres dans l'oisiveté, M. Emile Thomas les envoya chercher des arbres dans les pépinières et des outils dans les forts. Ce système de transports n'était pas économique. Les ouvriers, comprenant tout ce que ce travail avait de dérisoire, n'y apportaient ni zèle ni conscience. On les voyait passer par longues bandes, aux Champs-Elysées, sur les boulevards, chantant des chansons à boire, se moquant de leurs chefs et d'eux-mêmes, amusant les passants de leurs lazzi. Les plus honnêtes avaient la rage dans le cœur; les autres se riaient d'un gouvernement qui les payait pour se promener tout le jour; le plus mauvais esprit se répandait dans ces masses que l'on aurait pu si aisément conduire à d'utiles travaux et passionner pour de grandes entreprises.

Cependant les demandes d'embrigadement continuaient toujours (1). Les ateliers nationaux, considérés par les membres du gouvernement comme une espèce d'exutoire, leur servaient à se débarrasser des solliciteurs incommodes. Chacun d'eux, dans la prévision des élections prochaines, était bien aise d'y pratiquer des intelligences. Ces ateliers devinrent, au bout de peu de temps, un assemblage hétérogène d'artistes et d'artisans honnêtes, mais démoralisés (2), d'hommes que leur position mettait au-dessus du besoin (3), d'aventuriers, de vagabonds qui, sous des professions et avec des domiciles d'emprunt, venaient demander le subside de l'oisiveté et se faisaient les agents des divers partis politiques, dont ils tiraient un supplément de salaire. Et le travail, qui aurait discipliné et moralisé cette masse incohérente, n'arrivait pas. Chaque jour M. Émile Thomas se rendait au ministère pour demander qu'on fît hâte;

(1) D'après le recensement opéré le 7 juin 1848, la progression des embrigadements fut : du 9 au 15 mars, 5,100 hommes; du 16 au 31 mars, 23,250 hommes; du 1er au 15 avril, 36,520 hommes; du 16 au 30 avril, 34,530 hommes. La dépense, du 5 mars au 23 mai, sous la gestion de M. Émile Thomas, s'est élevée à 7,240,000 francs. (*Rapport de la commission d'enquête*, v. II, p. 156.)

(2) « J'ai découvert, dit M. Marie, dans son rapport à l'Assemblée nationale, sur les ateliers nationaux (*Moniteur*, 8 mai 1848), le secret de bien des misères, dont je ne soupçonnais pas, dont vous ne soupçonnez pas l'existence. »

(3) On y voit, dit un rapport de police, en date du 7 avril 1848, des marchands de vin, des logeurs et même des propriétaires. (*Rapport de la commission d'enquête*, v. II, p. 178.)

« Il arrive, dit M. de Falloux, dans son rapport à l'Assemblée nationale (28 mai 1848), que des individus exerçant un état lucratif dans le sein de Paris, vont néanmoins au jour et à l'heure de la solde toucher un salaire aux ateliers nationaux. »

---

(1) En dehors de l'administration de Monceaux, il y eut aussi des ateliers de femmes, compris dans les ordonnancements du Trésor pour 1,720,000 fr.

PROCLAMATION DE LA RÉPUBLIQUE A LA BASTILLE (P. 175).

chaque jour il recevait cette invariable réponse que les ingénieurs n'avaient rien apporté encore. Enfin, le 15 mars, M. Marie, indigné de cette lenteur, convoque une réunion des ingénieurs. Après leur avoir exposé le péril pressant, il les somme de fournir sur-le-champ des travaux sérieux ; les ingénieurs ne répondent que par un profond silence. Alors M. Trémisot, chef du service des eaux et du pavé de Paris, leur reproche avec force leur inertie volontaire ou involontaire dans un moment où il y va du salut de tous ; il propose une série de travaux immédiatement réalisables. M. Émile Thomas appuie les plans de M. Trémisot ; il les complète par d'autres propositions (1). En con-

(1) M. Émile Thomas, dans une note adressée le 4 août 1848 au ministre des travaux publics, avoue que ces travaux, *parfaitement inutiles*, dont le résultat est un *capital mort*, n'ont occupé que 14,000 ouvriers par jour. (*Rapport de la commission d'enquête*, v. II, p. 157.)

gédiant les ingénieurs, M. Marie leur recommande de faire à l'avenir preuve de plus de zèle, car le nombre des ouvriers croissant à chaque heure, leur mécontentement, leur irritation croissant avec leur nombre, il faut les occuper sur-le-champ ou bien s'attendre aux plus grands désastres.

Après que les ingénieurs se furent retirés, le ministre resta en conférence avec M. Émile Thomas, M. Buchez et M. Boulage, secrétaire général du ministère. M. Buchez exposa au ministre que les frais des ateliers nationaux devenaient trop considérables pour que les revenus de la ville y pussent suffire (1). Il se-

(1) Dans ces premiers temps la comptabilité des ateliers nationaux fut à peu près nulle. On mentionnait la recette et la dépense sur un simple carton. Les fonds destinés à la paye se distribuaient sans garantie, sans contrôle, sans responsabilité sérieuse, sur un reçu des agents chargés de la répartition ; un grand nombre de doubles payements et

rait urgent, disait-il, de faire supporter par le Trésor une partie de cette dépense extraordinaire. En tous cas, il fallait commencer à réduire la paye de non-activité, afin d'arriver insensiblement à une suppression totale. Le ministre redoutait l'effet de cette mesure et n'osait en prendre la responsabilité. On commençait à s'alarmer sérieusement de cette armée fainéante, dont on avait cru tirer un si bon parti. On sentait qu'elle échappait à ses chefs et qu'il serait bientôt aussi difficile de la maintenir que de la dissoudre.

M. Émile Thomas rassura le ministre et se fit fort d'opérer la réduction du salaire, et, dès le lendemain, 16 mars, il annonça dans une proclamation que la paye ne serait plus dorénavant que d'un franc par jour pour les ouvriers sans ouvrage. Sa confiance ne fut point trompée. Le sentiment de la justice et la honte de retenir un salaire immérité parlèrent plus haut que le besoin dans ces masses troublées, mais non corrompues. Les prolétaires montrèrent une fois encore combien, même dans les circonstances les plus critiques, ils étaient accessibles à la voix de la raison. Aucun murmure ne s'éleva contre une mesure rigoureuse qui diminuait un salaire déjà insuffisant (1). Les ouvriers se soumirent. C'était le jour même où l'élite de la garde nationale donnait l'exemple de la rébellion, par une démonstration d'hostilité envers le gouvernement et de répugnance pour l'égalité démocratique; démonstration à laquelle le bon sens railleur du peuple a infligé le sobriquet caractéristique de *manifestation des bonnets à poil*.

En dehors des ministères, trop peu subordonnés au conseil du gouvernement provisoire pour lui créer une forte unité d'action, deux pouvoirs indépendants s'étaient élevés : la mairie de Paris et la préfecture de police. Dans les temps ordinaires, ces deux administrations considérables relevaient du ministère de l'intérieur, qui tenait ainsi dans ses mains le gouvernement de Paris; mais l'établissement révolutionnaire du 25 février scinda en trois et divisa profondément cette action commune.

Obsédé par les souvenirs de la première révolution, le conseil, dans sa première séance de l'Hôtel-de-Ville, avait ratifié l'élection d'un maire de Paris, faite, comme je l'ai raconté plus haut, dans l'assemblée tumultueuse du conseil municipal, et il avait conféré à M. Garnier-Pagès des pouvoirs extraordinaires. On a vu de quelle manière, pendant ce temps, l'un des agents de *la Réforme*, M. Marc Caussidière, ancien président de la *Société des Droits de l'homme* à Saint-Étienne, condamné à la prison perpétuelle après la dernière insurrection de Lyon, s'était installé à la préfecture de police. Les deux grandes rivalités du parti démocratique se trouvèrent ainsi en présence, retranchées chacune dans un poste important, en mesure de se combattre à armes égales. La lutte ne tarda pas à s'engager. Dès le 26 février dans la soirée, M. Garnier-Pagès, affectant de traiter M. Caussidière comme un subordonné, lui envoyait, par M. Béthmont, l'ordre de faire enlever les barricades qui gênaient l'arrivée des subsistances. Celui-ci reçut à la préfecture de police un accueil qui lui fit comprendre à quels esprits insubordonnés le gouvernement allait avoir affaire, et combien il serait malaisé de les plier à une autorité quelconque. Entouré déjà d'un bataillon intrépide d'hommes rassemblés au hasard par un instinct commun d'aventures, M. Marc Caussidière jouait avec un sérieux imperturbable un personnage à demi bouffon, à demi tragique. Tout était évidemment calculé à la préfecture de police pour grandir son importance. Frapper l'imagination des bourgeois par un contraste fortement tranché entre un appareil toujours menaçant pour les

---

même de fausses signatures résultèrent de cette absence de contrôle et d'administration régulière. La dépense du premier mois fut de 1,400,000 francs environ. Le 25 mars, un inspecteur des finances, M. Roy, fut envoyé pour organiser la comptabilité. Malgré un complet désordre, il ne constata cependant qu'un déficit de 600 francs.

(1) Les ouvriers ne travaillaient déjà plus qu'*un jour sur quatre*.

classes riches et des actes de protection individuelle, entre des discours insensés et une administration prudente, c'était là le but de M. Caussidière, ou plutôt c'était le moyen par lequel il espérait se rendre indispensable, prolonger indéfiniment son autorité et la soustraire au contrôle du gouvernement provisoire. Comme il était favorisé dans ses desseins par la perturbation des esprits et par les cabales des partis rivaux, Caussidière réussit, pendant la crise révolutionnaire, à se maintenir en équilibre en s'appuyant, non sans habileté, tout à la fois sur les bas-fonds du prolétariat, dont il savait flatter les instincts, et sur la bourgeoisie, qui se divertit bientôt de sa verve excentrique et lui sut un gré infini de l'ordre si vite rétabli dans la ville. A une première insinuation de M. Garnier-Pagès pour lui faire accepter le commandement du château de Compiègne, M. Caussidière avait répondu en homme résolu à ne pas se laisser éconduire. Quand M. Bethmont s'aventura, le lendemain, à la préfecture de police, elle était déjà occupée militairement; il n'y avait plus moyen d'en expulser personne. A travers les fumées de la poudre, du tabac et du vin qui faisaient des salons récemment quittés par madame Delessert une tabagie armée, M. Bethmont, apostrophé, injurié, traité de monarchiste et de traître à la République, parvint à grand'peine jusqu'à M. Caussidière, et malgré la politesse du préfet de police (1), qui s'empressa d'accorder à l'intercession du ministre la grâce d'un malheureux chef de patrouille qu'on se disposait à fusiller pour avoir oublié le mot d'ordre, il ne se dissimula pas la difficulté de ranger à l'obéissance une administration pareille. L'impression qu'il rapporta de sa visite et qu'il communiqua à plusieurs de ses collègues, leur

donna l'éveil. Déjà l'on était convenu de la nécessité de reconstituer le gouvernement provisoire sur de meilleures bases.

En entendant le récit de M. Bethmont, on résolut de se presser. Mieux valait, pensait-on, commencer immédiatement une lutte inévitable que de la remettre à une époque indéterminée. Laisser aux forces ennemies le loisir de se mieux reconnaître serait une faute capitale; il fallait réduire les factieux de l'Hôtel-de-Ville et ceux de la Préfecture de Police, avant qu'ils se fussent mis complétement d'accord. Selon le plan de ces conjurés de la République conservatrice, on devait faire une proclamation nouvelle de la République et former un nouveau gouvernement provisoire dont M. de Lamartine, qu'on ne prit pas la peine de consulter, serait président.

La hâte était grande; le rendez-vous fut pris pour le 27, dans la nuit, chez M. Marie, afin de combiner les moyens d'exécution. M. Bethmont, chargé de rédiger la proclamation, fut exact au rendez-vous; mais il se trouva que M. Marie, l'âme du complot, l'avait oublié. Harassé des fatigues du jour, il s'était jeté sur son lit et dormait profondément. Néanmoins, comme la chose en valait la peine, on se décida à le tirer du sommeil et à lui faire connaître que MM. Marrast, Carnot, Pagnerre et Bethmont l'attendaient dans la pièce voisine pour affaires majeures. La délibération, ainsi entamée, ne prit ni une tournure bien sérieuse ni un accent bien vif. On se voyait, d'ailleurs, en trop petit nombre pour procéder avec une apparence de légalité. M. Garnier-Pagès envoyait ses excuses; MM. Arago et de Lamartine ne paraissaient pas. Sur l'observation de M. Marrast, on décida aussi qu'il était indispensable de s'assurer le concours du général Courtais. Au bout d'une heure, les différents émissaires dépêchés de côté et d'autre n'ayant trouvé personne, on remit au lendemain la conférence. Le lendemain, d'autres soucis la firent encore oublier ou ajourner. Sur ces entrefaites, M. Caussidière, qui ne conférait ni ne délibérait, s'était fortifié de telle manière avec ses

---

(1) Une politesse recherchée fut dans ces premiers jours l'ostentation de M. Caussidière Des lettres de M. Delessert attestent sa courtoisie. M. Caussidière se conduisit à son égard comme M. de Lamartine l'avait fait à l'égard de M. Guizot. Il refusa d'entrer dans les appartements particuliers que madame Delessert avait quittés précipitamment et ordonna que tous les objets qu'ils contenaient lui fussent remis.

montagnards que c'eût été folie de l'attaquer de vive force. On essaya bien encore, à diverses reprises, de subordonner la préfecture de police à la mairie de Paris; on évita de reconnaître officiellement Caussidière; on tenta de lasser sa patience par mille tracasseries; mais la résistance, appuyée par M. Ledru-Rollin, se montra plus opiniâtre que l'attaque, et le 13 mars, celui-ci fit décider que non-seulement Caussidière resterait à son poste, mais encore qu'il ne relèverait que du ministère de l'intérieur. Pendant ce temps, M. Caussidière mettait la préfecture de police sur le pied de la commune de Paris en 93. Il réunit autour de lui un véritable corps d'armée qui, sous le nom de *gardes du peuple* et de *montagnards*, lui formait une garde personnelle redoutable. Il la divisa en quatre compagnies composant ensemble environ 2,700 hommes à pied et à cheval, qui touchèrent une solde exceptionnelle de 2 fr. 25 c. par jour et portèrent, en guise d'uniforme, la blouse bleue, la ceinture et la cravate en laine rouge. Pour se faire admettre dans cette garde du peuple, il fallait avoir combattu aux barricades, être affilié aux sociétés secrètes ou tout au moins avoir été détenu politique. Un fanatisme extraordinaire pour leur chef, qu'ils appelaient le *Soleil de la République*, régna longtemps parmi ces hommes de coups de main; mais peu à peu, malgré une surveillance soupçonneuse, des agents secrets d'un autre chef de bande, des espions aux gages des partis se glissèrent dans leurs rangs, si bien que Caussidière n'en fut plus absolument maître et rencontra plus d'un délateur dans ce bataillon de renommée incorruptible.

M. Caussidière était activement secondé dans ses menées par un jeune homme nommé Sobrier, qui exerçait un ascendant très-étrange sur les plus violents d'entre les terroristes. A le voir, cela n'eût pas paru possible. Son visage pâle et délicat, la douceur de sa physionomie, la politesse de ses manières, ne semblaient pas le désigner pour ce rôle de chef de sectionnaires. Les plus singuliers contrastes se montraient en lui. Originaire de Lyon, fils d'un épicier chargé de famille, M. Sobrier avait été adopté par un de ses oncles, percepteur d'un village du département de l'Isère. Mais, au bout de peu de temps, il s'ennuya de la vie de bureau et partit un matin pour Paris, sans savoir le moins du monde ce qu'il allait y faire. Il était alors âgé de vingt ans, frêle de corps, timide d'esprit, royaliste et bon catholique, d'une bravoure naturelle extraordinaire.

Pendant le trajet de Lyon à Paris, la diligence où il avait pris place s'arrêta de nuit au bas d'une côte, dans le voisinage d'un puits profond et découvert; M. Sobrier, en descendant de voiture, y tomba. On fut longtemps avant de l'en retirer. Il était évanoui, saignant, la tête meurtrie. On le tint pour mort. Quand il revint de la longue maladie qui fut la suite de cette chute, son cerveau déjà faible, s'était affaibli encore; il s'exalta. Bientôt, sous l'influence de ses compatriotes lyonnais, tous affiliés aux sociétés secrètes, Sobrier tourna à une sorte d'illuminisme républicain dont ses nouveaux amis surent tirer avantage, quand, par suite de deux héritages opulents, il fut devenu l'un des champions les plus riches de la cause démocratique. Entré en 1834 dans la *Société des saisons*, Sobrier se trouva compromis dans le complot d'avril. Le 21 février, il combattait bravement aux barricades, et il fut désigné, dans les bureaux de *la Réforme*, pour aller, de concert avec M. Caussidière, prendre possession de la Préfecture de police. Deux jours après, M. Caussidière, soit pour éloigner un concurrent incommode, soit plutôt pour créer un autre centre révolutionnaire qui resterait, à l'insu de tout le monde, sous sa direction, envoyait M. Sobrier s'établir rue de Rivoli, n° 16, dans un appartement dépendant de l'ancienne liste civile, et lui remettait le soin d'y organiser au plus vite un club et un journal. Protégé par M. de Lamartine, qui espérait se servir de lui et qui, sans l'avis de ses collègues, lui fit délivrer des armes par la préfecture, Sobrier forma, sur le pied des montagnards de Caussidière, un corps de trois à quatre cents hommes, qui, campé au milieu du quartier le plus paisible et le plus riche de Paris, y causa un étonnement et une frayeur immodérés. Le ton donné rue de Rivoli était celui de la Préfecture de police. On y parlait à tous propos de brûler Paris, d'*en finir avec les bourgeois*. La vue ne s'y reposait que sur des pistolets, des sabres ou des carabines. On se tutoyait en se qualifiant de brigands ou de traîtres. On n'arrivait jusqu'au chef qu'à travers une haie d'estafiers armés jusqu'aux dents et demandant d'un air sinistre le mot de passe. Pour compléter le tableau, une table de trente couverts recevait à toute heure quiconque se targuait de patriotisme, tandis qu'un carrosse de la liste civile, attelé de deux beaux chevaux des écuries royales, stationnait en permanence dans la cour, pour porter sur tous les points de Paris les ordres de Sobrier et de ses acolytes. Ce fut un véritable carnaval révolutionnaire, mené par le fou de la République. On en sourit aujourd'hui; alors il faisait peur. On le croyait redoutable, il n'était qu'extravagant. Le Sobrier républicain restait ce qu'avait été le Sobrier royaliste : le meilleur cœur du monde et le plus faible esprit qui, au fond, n'en voulait à rien ni à personne.

La majorité du conseil, voyant l'impossibilité d'évincer M. Caussidière et craignant que M. Ledru-Rollin, servi par la Préfecture de police, n'usurpât, comme il paraissait y viser, la dictature, voulut du moins s'assurer, au cœur de Paris, un point d'appui solide.

La mairie de Paris, vacante par la nomination de M. Garnier-Pagès au ministère des finances, fut donnée à M. Marrast, c'est-à-dire au *National*, personnifié dans l'homme le plus capable, par son esprit et par sa tactique, de lutter avec avantage contre la ruse et la popularité de M. Caussidière, l'homme de *la Réforme*. Cette lutte n'était pas nouvelle. Depuis sa rentrée de l'exil, en 1840, M. Marrast avait pris, dans *le National*, la direction de l'opposition républicaine, et du jour où *la Réforme* était venue lui disputer ce gouvernement de l'opinion en quittant la polémique politique,

qui ne passionnait guère les masses, pour celle des questions sociales, il avait tourné contre elle sa verve railleuse et le trait acéré de ses épigrammes. Né à Saint-Gaudens, dans le département de la Haute-Garonne, d'abord élève, puis maître de classe au collège de Pont-le-Voy, M. Marrast s'ennuya de cette profession obscure, vint à Paris et chercha dans la politique du journalisme une activité plus conforme à la nature de ses talents. Après 1830, il devint rédacteur en chef de *la Tribune*, fut impliqué, en 1834, dans le procès d'avril, s'évada de la prison de Sainte-Pélagie avec Godefroy Cavaignac et se réfugia à Londres, d'où il adressa au *National* une correspondance sur la politique de l'Angleterre. A son retour à Paris, il prit la direction de ce journal, dont il fit la fortune et qui le porta au pouvoir.

M. Marrast n'était point un ambitieux. Ses vues ne portaient ni haut ni loin. C'était un homme désireux de parvenir. Il souhaitait le pouvoir et la richesse, non pour élever son nom et agrandir sa vie, mais pour se procurer des jouissances plus nombreuses. Esprit vif, habile à serrer les liens d'une coterie, à deviner, à capter, à tourner à ses fins des caractères supérieurs, il manquait cependant des qualités essentielles pour cimenter un parti. Inconséquent, railleur, léger, désordonné en affaires, il perdait en un jour, par un mot, par une inadvertance, l'avantage conquis par de longues menées. Toute son action, pendant la durée du gouvernement provisoire, ne fut qu'une action de police ou de diplomatie. Ses préoccupations personnelles et le scepticisme de son esprit réduisirent à une influence négative la part d'autorité que lui faisaient ses antécédents, la persécution soufferte pour la cause républicaine et sa rare capacité.

Nous avons vu qu'à son entrée dans le conseil, M. Marrast s'était contenté du titre modeste de secrétaire. Il n'appuya point les réclamations de M. Louis Blanc et demeura étranger à la substitution qui se fit, dès le 26, au *Moniteur* (1); il n'attachait pas d'impor-

---

(1) Cette substitution se fit dans l'*Office de publicité* établi

tance aux marques extérieures du pouvoir et croyait d'autant mieux s'en assurer la réalité qu'il entrerait moins directement en lutte avec ses collègues. Mais une fois installé à l'Hôtel-de-Ville, le 10 mars, il sut prendre ses mesures. Son premier soin fut de congédier le conseil municipal, après quoi il fortifia la garde de l'Hôtel-de-Ville, portée, sous le commandement du colonel Rey, à 2,700 hommes; puis il mit sur pied une police active et nombreuse (1), chargée principalement de surveiller la police de M. Caussidière, celle de M. Ledru-Rollin et celle de M. de Lamartine. Il eut bientôt des agents au ministère de l'intérieur, dans tous les clubs, dans tous les ateliers, et fut de tous les membres du gouvernement le plus exactement renseigné sur les intrigues des chefs de parti. En même temps, il prenait pour adjoint un homme d'une grande énergie dans l'opinion modérée, M. Edmond Adam, plaçait auprès de lui, à titre de secrétaires, un révolutionnaire ardent nommé Daviaud, et l'un de ses anciens compagnons de captivité, ami intime de M. Barbès, le cordonnier Schilmann. De la sorte il se ménageait des intelligences de différents côtés, se tenait prêt à tout événement, et, pendant qu'il rassemblait avec activité des éléments de résistance, il ne négligeait pas de prévoir le succès possible de ses adversaires. Exempt de passions, il croyait pouvoir conduire les passions d'autrui, parce qu'il les savait pénétrer, et se flattait de dominer ainsi la révolution. L'erreur était profonde. Si la finesse de l'esprit suffit à déjouer les individus, pour maîtriser les événements, il faut la puissance du génie ou la grandeur du caractère.

Nous venons de passer en revue les forces diverses qui, au sein du gouvernement, s'efforçaient de saisir la direction des affaires. Il nous reste à prendre connaissance des différentes actions exercées en dehors de lui sur le peuple par la presse, par les clubs et par l'influence personnelle des agitateurs.

CHAPITRE XXII

Les clubs. — M. Barbès. — M. Raspail. — M. Cabet. — Les journaux. — M. Proudhon. — M. de Lamennais. — Aspect de Paris. — Les femmes.

Une révolution faite au nom du droit de réunion, un gouvernement qui invoquait pour unique raison d'existence la volonté du peuple ne pouvaient ni limiter ni entraver aucun des modes d'expression de l'opinion populaire. Les organisateurs des banquets, les rédacteurs du *National* et de *la Réforme* étaient engagés d'honneur et contraints par la nécessité politique à reconnaître la liberté absolue de la presse et de l'association. C'est ce que fit le gouvernement provisoire en abrogeant les lois de septembre 1835, en abolissant l'impôt du timbre sur les écrits périodiques, le cautionnement des journaux, en laissant enfin s'ouvrir des clubs dans Paris et dans toutes les villes de France. En même temps, il ordonnait la mise en liberté des détenus politiques et rendait ainsi à l'agitation de la place publique des noms connus, des hommes considérés par le peuple comme les martyrs de sa cause, autour desquels allaient se grouper et s'organiser les forces révolutionnaires qui, ne se sentant pas suffisamment représentées au pouvoir, aspiraient à s'en emparer à leur tour.

L'origine des clubs, le mot l'indique assez, est anglaise. Le nom de *club* (*massue*) fut pris, au temps de la lutte des *têtes rondes* et des *cavaliers*, par les premières assemblées populaires qui se formèrent dans le but de *terrasser* la monarchie. Plus tard, en changeant d'acception, le mot passa dans le vocabulaire de la royauté représentative. L'engouement de la noblesse française pour les modes bri-

---

le 24 au soir, dans un bureau de l'Hôtel-de-Ville, sous la direction de M. Charles Blanc, frère de M. Louis Blanc.

(1) D'après l'évaluation de M. Adam, adjoint à la mairie de Paris, cette police, pendant l'administration de Marrast, n'a pas dû coûter moins de 50,000 francs. Les frais énormes de cette police et la négligence de M. Marrast en matière de comptes ont créé au budget de la mairie un déficit dont il a été impossible de rendre compte.

tanniques et l'admiration de nos hommes d'État pour les mœurs politiques de l'Angleterre préparèrent l'introduction des clubs en France.

Plusieurs clubs se formèrent spontanément à Versailles, en 1789, autour de l'Assemblée nationale (1) et la suivirent quand elle vint s'établir à Paris. Là, au sein d'une population effervescente, les clubs crûrent rapidement en nombre et en force; ils rivalisèrent bientôt d'influence avec l'Assemblée et finirent, en se propageant sur tout le territoire, par s'emparer presque absolument de la direction des affaires. Leur influence expira, comme on sait, le 9 thermidor avec la domination des jacobins qui leur avaient donné une organisation formidable (2).

Il serait hors de propos d'examiner ici leur action dans ses détails; il convient seulement de remarquer que les clubs contribuèrent puissamment à répandre dans les masses cette opinion funeste, beaucoup trop accréditée encore dans certains esprits, que la liberté se peut fonder par le despotisme et que la compression violente des adversaires de la révolution est une œuvre de raison politique. Le nouvel essai tenté pendant les trois premiers mois de la révolution de Février ne montre pas l'influence des clubs beaucoup plus favorable au progrès des idées, et l'organisation des réunions populaires demeure encore aujourd'hui, après ces expériences réitérées, une des difficultés les plus considérables de l'établissement républicain (3).

Le gouvernement provisoire avait conscience de ces dangers, mais il pensa que, manquant du temps nécessaire pour préparer une sérieuse et utile organisation des clubs, il agirait néanmoins sagement en favorisant leur propagation, afin que, par leur nombre et leur diversité même, toute action commune leur devînt impossible. En conséquence, le maire de Paris mit à la disposition des réunions populaires des salles convenables dans les édifices publics (1), et chacun des membres du conseil s'occupa d'avoir dans les clubs ses agents particuliers chargés de détourner les discussions dangereuses, de distraire, en les flattant, les passions révolutionnaires, de semer la division entre les meneurs de la place publique et surtout d'avertir à temps le conseil des entreprises concertées contre l'Hôtel-de-Ville.

J'ai raconté comment s'improvisa, le 25 février au soir, autour de M. Blanqui, le premier club. Le lendemain, M. Xavier Durrieu, rédacteur en chef du *Courrier français*, publiait une note par laquelle il invitait à se constituer en association et à s'entendre dans un but commun *tous les hommes d'intelligence et de dévouement consacrés par dix-sept années de lutte contre la tyrannie*. Un grand nombre d'écrivains de nuances diverses répondirent à cet appel. On vit à la réunion préparatoire de la société, qui prit le nom de *Société centrale républicaine*, MM. Vidal et Toussenel, économistes de l'école socialiste, M. Renouvier, M. Thoré, publiciste, ami de M. Barbès, M. Lachambeaudie, fabuliste populaire, ancien saint-simonien, etc. Mais beaucoup, soit qu'ils devinassent aussitôt que l'organisation de la *Société centrale* avait, sous une apparence de libre discussion, un dessein secret et qu'elle subissait déjà la loi d'un homme, soit par d'autres motifs particuliers, ne suivirent point M. Blanqui quand celui-ci transporta les séances dans la salle du Conservatoire de musique; ils re-

---

(1) Le premier club avait été ouvert à Paris, par le conseiller Duport, dans sa maison au Marais. Il était composé de parlementaires. Il se transporta à Versailles à l'ouverture de l'Assemblée et prit le nom de *Club breton*. Revenu à Paris, il s'établit dans l'ancien couvent des Jacobins où il changea complétement de caractère et de tendances, sous l'influence de Danton et de Camille Desmoulins.

(2) Il y eut, pendant le cours de la Révolution, jusqu'à 2,400 sociétés jacobines qui formèrent un gouvernement véritable, rendant des décrets, prononçant des jugements, etc.

(3) « Rien n'est plus mal combiné, dit madame de Staël (*Considérations sur la Révolution française*), dans un temps où les esprits sont agités, que ces réunions d'hommes *dont les fonctions se bornent à parler*; on excite ainsi d'autant plus l'opinion qu'*on ne lui donne point d'issue*. » C'était aussi l'opinion de Carnot, « d'accord avec Rousseau dans la pensée que les clubs agitent plus qu'ils n'éclairent. » (*Mémoires*, t. I, 1re partie.)

(1) Le 14 mai suivant, les établissements de l'État furent fermés aux clubs.

joignirent M. Barbès qui, de son côté, ouvrait au Palais national le *club de la Révolution*.

La Société centrale, appelée bientôt, du nom de celui qui en était l'âme, le club Blanqui, devint ainsi la réunion à peu près exclusive des communistes matérialistes. Présidé par Blanqui, ou quand l'épuisement de ses forces le retenait chez lui, par l'un ou l'autre de ses plus fanatiques adeptes, le docteur Lacambre ou le cuisinier Flotte, ce club attira une affluence considérable, non-seulement de prolétaires, mais aussi de bourgeois, curieux de voir de près l'homme qui passait pour le plus terrible des révolutionnaires et flattés dans leurs secrets penchants par les critiques acerbes qui se faisaient là de toutes les personnes et de tous les actes du gouvernement provisoire.

La société parisienne, après le premier moment de consternation, trop troublée encore pour reprendre ses réunions et ses plaisirs accoutumés, mais trop avide de distraction pour rester chez elle, courait de club en club et se donnait, comme elle l'eût fait à un spectacle mélodramatique, une excitation de nerfs qui la tirait de son abattement. Entre tous les clubs, le club Blanqui avait la faveur des curieux de cette trempe. Les loges et les galeries où, dans les années précédentes, une société d'élite venait entendre avec recueillement les chefs-d'œuvre de l'art musical, la *Symphonie pastorale*, le *Requiem* ou l'ouverture d'*Euryanthe*, étaient chaque soir envahies par un public singulièrement mélangé et tapageur. Les femmes du monde, sous des vêtements plus que modestes, s'y glissaient furtivement, protégées par la lumière crépusculaire des quinquets où l'huile était parcimonieusement mesurée. On se reconnaissait de loin, on se saluait d'un signe rapide, perdu qu'on était dans cette foule en blouse et en veste que l'on croyait armée et qui s'amusait souvent, dans ses harangues et ses apostrophes, à qualifier les riches d'une façon peu flatteuse, à les menacer, à leur prédire, s'ils osaient lever la tête, un châtiment exemplaire.

Le *club de la Révolution* avait un caractère tout différent. M. Barbès attirait à lui, non par art ni par effort de volonté, mais par l'ascendant naturel d'une âme honnête, ce qu'il y avait dans la Révolution de mieux intentionné et de plus droit. Des hommes plus doués que lui de talent et de capacité rendaient hommage à sa supériorité morale. Il était en vénération au peuple. Le rare accord de ses actes et de ses paroles dans tout le cours d'une vie jetée à la tourmente révolutionnaire, la dignité parfaite qu'il avait su garder toujours dans les échecs de ses tentatives, dans les dissensions de son parti, devant ses juges, devant ses geôliers, devant la mort qu'il vit de près en plus d'une rencontre, donnaient à Barbès une autorité toujours croissante dans le déclin d'une fortune de plus en plus contraire. On ne lui demandait pas compte de ses doctrines. On ne s'inquiétait pas de savoir s'il avait ou non de la prudence et du discernement. La pureté de ses intentions, la candeur et le dévouement qu'il portait dans des entreprises nuisibles à sa propre cause, lui tenaient lieu de tout dans l'esprit des masses et forçaient au respect ses rivaux et ses adversaires.

L'enfance d'Armand Barbès avait été sans joie. Il était le fruit d'une union qui fut pleine d'amertume. Son père, d'une famille aisée de Carcassonne, était entré jeune dans les ordres. Aux premiers jours de la Révolution, il quitta l'habit ecclésiastique, passa à la Guadeloupe, y pratiqua la médecine pour vivre. Une jeune fille, sauvée par ses soins d'une maladie mortelle, s'éprit de lui et l'épousa. Lorsqu'elle revint avec lui dans sa ville natale, elle y apprit ce qu'il avait eu la faiblesse de lui cacher; elle connut qu'elle avait contracté un lien réprouvé par l'Église. Sa piété s'épouvanta. L'énormité de son sacrilége involontaire chargea sa conscience d'un poids accablant. Elle languit dans les larmes et mourut bientôt, laissant deux fils et deux filles aux soins d'un homme atteint aussi et troublé par le remords. La fatalité acharnée contre Barbès ne devait pas s'arrêter là. Sa fille aînée

PLANTATION D'UN ARBRE DE LIBERTÉ AU CHAMP DE MARS (P. 178).

inspira à un jeune homme très-distingué, appartenant à une famille honorable du pays, une passion qu'elle partagea. Le mariage était convenu quand le père du jeune homme apprit qu'il allait recevoir dans sa maison la fille d'un prêtre marié. Il rompit aussitôt avec éclat. L'infortuné Barbès, déjà fortement ébranlé par la mort de sa femme, ne put supporter ce nouveau coup; il se donna la mort.

Ces événements sinistres et peut-être l'influence du sang imprimèrent de bonne heure à l'âme d'Armand Barbès un caractère d'abnégation et de tristesse religieuse. On eût dit qu'il se sentait prédestiné au martyre. Il adopta avec une ferveur concentrée la cause de ceux qui souffraient. Héritier de biens considérables, il professa les doctrines communistes dans ce qu'elles ont de plus absolu (1).

(1) Il comparait la société actuelle, défendant ce qu'il ap-

La compassion, en pénétrant dans son cœur, absorba toutes ses autres facultés. La pensée incessante des douleurs du peuple fit sur lui l'effet de ces vœux intérieurs qui consacraient les chevaliers du moyen âge à une entreprise héroïque. Une douceur et une égalité d'âme parfaites parurent constamment, depuis qu'on le vit mêlé aux troubles politiques, dans toute sa personne. Quand il revint à Paris, après neuf années passées dans les prisons d'État, sa belle tête, devenue un peu chauve, semblait encore plus fière; sa démarche, avec plus de lenteur, avait pris plus de dignité; son œil voilé et son visage pâli décelaient la souffrance, mais son sourire gardait une sérénité inaltérable et sa voix touchante n'avait pas

pelait l'idole du capital contre les communistes, au paganisme défendant Jupiter et Mercure contre le Christ qui venait apporter au monde une religion nouvelle.

perdu dans l'isolement le don de la persuasion.

Le jour même de son arrivée, M. Barbès, après avoir entendu ses amis et sondé avec chagrin la profondeur des dissentiments qui séparaient l'un de l'autre les membres du gouvernement provisoire, résolut de tenter une conciliation. Comme M. de Lamartine lui paraissait, ainsi qu'à presque tous les chefs du parti populaire, l'homme le plus propre à réunir sous le drapeau républicain les différentes opinions du pays, ce fut lui qu'il alla trouver. Il lui offrit un concours désintéressé, s'engagea à soutenir le gouvernement provisoire dans la tâche qu'il s'était donnée, de traverser sans effusion de sang les jours qui devaient s'écouler jusqu'à la convocation de l'Assemblée, promit de modérer l'impatience des prolétaires et de veiller sur les hommes suspects, dont il voyait déjà poindre les mauvaises menées. Il témoigna à M. de Lamartine une grande confiance et, satisfait de ses entretiens avec lui, il ouvrit son club par une adhésion explicite à la politique du gouvernement provisoire.

Dans une des premières séances du conseil, M. Barbès avait été fait gouverneur du Luxembourg; peu de temps après, on le nomma colonel de la 12ᵉ légion de la garde nationale. Malgré les instances de M. Louis Blanc, il refusa la première de ces fonctions, la jugeant une sinécure, et n'accepta qu'avec peine le commandement de la légion. Sa simplicité et sa modestie répugnaient à toute distinction. Barbès était, entre les démocrates, l'un des plus sincèrement pénétrés du sentiment de l'égalité et le plus conséquent avec ses principes dans les habitudes de la vie. Son club, moins exclusif que d'autres, assidûment fréquenté par un auditoire sérieux, réunit un grand nombre d'hommes influents sur le peuple. MM. Pierre Leroux, Bac, Ribeyrolles, Martin-Bernard, Proudhon, Lamieussens, Greppo s'y rendaient chaque soir. On y traitait avec beaucoup d'animation les questions politiques et sociales. Le communisme y eut des orateurs passionnés; mais pendant très-longtemps on écarta toutes les propositions hostiles au gouvernement provisoire, et les discussions les plus vives se terminaient toujours par des paroles de conciliation, par des conseils de prudence.

Le club des *Amis du peuple*, ouvert par M. Raspail au Marais et qui rassemblait chaque soir environ six mille personnes, n'avait pas, dans l'origine, un caractère plus agressif que celui de M. Barbès. M. Raspail y parlait à peu près seul et ramenait le plus possible les délibérations à l'examen des questions de doctrine. Bien qu'il fût d'une nature soupçonneuse à l'excès et que le langage du gouvernement provisoire lui inspirât peu de confiance (1), M. Raspail était un esprit capable de politique, et il comprenait mieux que personne la nécessité d'accoutumer peu à peu, par un gouvernement sans violence, les classes bourgeoises à la République. Il pensait aussi que le nom et la personne de M. de Lamartine devaient rallier tous les partis et qu'aucun chef populaire, pas plus lui-même que Barbès ou Blanqui, Louis Blanc, Pierre Leroux ou Cabet, ne pouvait sérieusement prétendre imposer à la nation un gouvernement dictatorial et des institutions communistes.

Quoique ses doctrines, fortement liées dans un système de philosophie panthéiste, allassent à un communisme radical et qu'il considérât le *droit de propriété comme une illusion de l'amour-propre*, il s'élevait en toute occasion contre la pensée d'une réforme immédiate et violente; il combattait la loi agraire, qu'il appelait une *chimère de répartition, une idée absurde*. « Ceux qui rêveraient la réforme sociale par le bouleversement subit de la propriété, disait-il, seraient plus que des coupables; ce seraient des insensés; ce seraient des sauvages qui se vengent de leurs ennemis en dévastant leurs moissons, et qui couronnent

---

(1) En passant, le 26 février, devant une affiche du gouvernement où le mot *citoyen* avait fait place à une M majuscule, M. Raspail signala à l'un de ses amis cette substitution qu'il considérait comme un premier acte significatif de réaction contre l'égalité démocratique.

de leur propre mort le succès d'une stupide vengeance. *L'égalité des droits est une loi immuable, l'égalité des biens ne durerait pas deux heures.* »

Ce qu'il y avait d'absolu dans l'expression même de ses idées les plus sages, son caractère ombrageux, son austérité isolaient Raspail des partis et des coteries. Il exerçait un ascendant personnel très-grand sur la population des faubourgs. Son savoir médical le mettait à même de secourir efficacement, à toute heure, des maux et des souffrances que les rhéteurs des clubs se contentaient de peindre et que les ambitieux savaient exploiter; mais c'était une action morale, isolée, secrètement jalousée et contrecarrée par les chefs de parti, et qui n'eut jamais l'initiative dans le mouvement révolutionnaire. A l'exception de M. Kersausie, noble breton (1), son inséparable compagnon dans la lutte et dans la captivité, on ne voyait autour de M. Raspail que les soldats obscurs de la démocratie. Les membres les plus radicaux du gouvernement, MM. Ledru-Rollin et Louis Blanc, le jugeaient dangereux. M. Caussidière, qu'il alla trouver le jour de son installation pour avoir communication des registres de la police et connaître ainsi les noms de ceux qui avaient trahi dans les sociétés secrètes, se refusa obstinément à cette confidence (2). Peu de jours après, le journal de M. Raspail, l'*Ami du peuple*, fut enlevé des mains des crieurs et déchiré par une troupe d'étudiants à qui l'on avait su le rendre suspect. Le bruit se répandit, on ne sait trop comment, que Raspail prêchait, comme l'avait fait Marat, l'extermination des riches (3). Alors, profondément blessé, jugeant la République perdue, puisque le plus convaincu des républicains était persécuté et calomnié, il s'enfonça plus avant dans sa retraite, ne garda plus de ménagement et se mit à dénoncer au peuple les actes du gouvernement provisoire, inspirés, disait-il, par l'esprit de réaction et funestes à la cause démocratique.

Un homme d'une valeur scientifique bien moindre que M. Raspail, mais infiniment plus propre au gouvernement du vulgaire, préparé de longue main à jouer un rôle dans la révolution, M. Cabet, ouvrit dans une salle publique de la rue Saint-Honoré, pour ses adeptes, au nombre de 6 à 8,000, un club qu'il conduisit avec une autorité et une habileté remarquables. M. Cabet tenait par sa naissance au prolétariat dont il avait embrassé les intérêts et dont il servit la cause avec zèle et persévérance. Il était fils d'un tonnelier de Dijon. Élevé pour la magistrature, il fit connaître son nom au peuple par la publication d'une *Histoire universelle populaire*, par celle d'une *Histoire de la Révolution française*, que la presse démocratique appela *le Manuel des patriotes*, et par la fondation du journal *le Populaire*. Le parti démocratique le porta à la députation en 1831. En 1834, un procès politique l'obligea à s'éloigner. Il passa cinq années en Angleterre. C'est là qu'il entra en relations avec le célèbre Owen et qu'il étudia ses doctrines. A l'expiration de sa peine, M. Cabet, de retour à Paris, en 1839, désabusé des conspirations par l'expérience, ennemi par tempérament des luttes à main armée, se proclama communiste. Comme il était doué de l'esprit d'apostolat, il entreprit de prêcher ses nouvelles théories, les rattacha à l'Évan-

---

(1) Kersausie (Théophile-Cuillard de Latour-d'Auvergne), était capitaine de hussards en 1830. Il donna sa démission et entra bientôt dans les sociétés secrètes. Condamné à la déportation, en 1835, il revint en France après l'amnistie, alla combattre en Espagne contre les carlistes et passa de là en Italie, où il apprit, dans les premiers jours de mars 1848, la proclamation de la république.

(2) Jusque vers le milieu du mois de mai, M. Raspail ne cessa d'insister, dans son journal l'*Ami du peuple*, sur la publicité des dossiers et du *livre rouge* de la police.

(3) On trouve dans le n° 3 de l'*Ami du peuple*, 12 mars, le passage suivant qui montre suffisamment combien ces assertions étaient calomnieuses : « La terreur de 93, aujourd'hui, en 1848 ! elle n'a plus de sens ; elle ne serait plus qu'une atroce folie, un drame à la Néron, un incendie de Rome, pour traduire en action l'incendie de Troie. La terreur contre qui? — Contre nous-mêmes donc, puisque nous pensons tous de même..

« Depuis quinze jours je vois des Français partout et des ennemis nulle part. Au milieu de ce peuple de frères, promenez donc la guillotine, si vous l'osez ! on vous conduira vous et elle à Bicêtre, le dernier jour du carnaval. »

gile et en composa un système d'organisation sociale dont il décrivit dans un ouvrage d'imagination (*Voyage en Icarie*) les lois, les mœurs, les coutumes et surtout les plaisirs. Des publications multipliées, une polémique très-vive contre *le National*, la création, sur de nouvelles bases et dans un esprit ouvertement communiste, du journal *le Populaire*, groupèrent autour de M. Cabet des esprits simples, des hommes honnêtes qu'attiraient la morale bienveillante, le ton paternel d'un enseignement qui n'empruntait rien à la science ni à la philosophie. M. Cabet possédait à un haut degré le talent de l'organisation; il cachait sous les dehors d'une bonhomie communicative l'instinct et même les habiletés du pouvoir. Il sut plier à une discipline aveugle des hommes d'une grande énergie, les fanatisa doucement par insinuation, et prit en peu d'années, sur la secte particulière du communisme qui retint le nom d'*icarienne*, une autorité dont la nature et les moyens, petits en apparence, mais forts par leur multiplicité et leur unité, tenaient du despotisme clérical plutôt que de l'ascendant d'un chef populaire.

M. Cabet avait eu, pendant qu'il était député, des relations bienveillantes avec M. de Lamartine. Il avait confiance dans ses intentions et souhaitait de prendre de l'influence sur lui pour le soustraire aux intrigues du *National*, qu'il jugeait funestes à la République. Il ajournait de lui-même l'application des doctrines communistes. Les proclamer prématurément, ce serait, pensait-il, effaroucher l'opinion et ruiner l'établissement républicain. Aussi se montra-t-il sincèrement disposé à soutenir le gouvernement provisoire. Le jour qu'il ouvrit son club, il fit afficher dans tout Paris une déclaration de principes, où il disait explicitement que les Icariens entendaient ne porter aucune atteinte ni à la famille ni à la propriété. Pendant toute la durée du gouvernement provisoire, M. Cabet demeura fidèle à ce programme et, malgré son mécontentement et sa défiance, il contribua en plusieurs circonstances à sauver la majorité du conseil des complots qui se tramaient contre elle.

Indépendamment de ces clubs principaux, il s'en forma une multitude d'autres dans tous les quartiers populeux de Paris. Le directeur des ateliers nationaux institua, le 2 avril, un club central composé de délégués élus par les travailleurs et qui se réunissaient sous sa présidence plusieurs fois la semaine. Les rédacteurs du *National* organisèrent le club ou comité central des élections, sous la présidence de M. Recurt.

Les phalanstériens, présidés par MM. Considérant, Cantagrel, Laverdant, Hennequin, continuèrent, sans y mêler beaucoup de politique, l'enseignement de l'école. Le club de l'*Arsenal* et le club des *Quinze-Vingts*, très-violents, mais très-surveillés, attiraient chaque soir les prolétaires. Les étudiants du quartier du Panthéon se rassemblaient au club de la *Sorbonne* et au club du *2 mars*.

Quelques clubs conservateurs ou légitimistes, le *club républicain pour la liberté des élections*, sous la présidence de M. Viennet, le *club du dixième arrondissement*, présidé par M. de Vatisménil, essayaient aussi, mais timidement, de tempérer le mouvement révolutionnaire. Enfin l'un des fondateurs de *la Réforme*, M. Grandmesnil, ami particulier de M. Ledru-Rollin, réunit, le 2 mars, dans les combles de la préfecture de police, sous les auspices de M. Caussidière, un certain nombre d'hommes énergiques qui constituèrent, sous le nom de *club des droits et des devoirs*, une société organisée militairement, dont le but secret était de faire passer aux mains de M. Ledru-Rollin le gouvernement dictatorial de la République. Ce club se fondit plus tard avec la *Société des droits de l'homme* (1), présidée par M. Villain, et tint ses séances au Palais-National, où il se prépara sans beaucoup de mystère au combat à main armée.

(1) La *Société des droits de l'homme*, qui fut un grand sujet de terreur pour les Parisiens, et que l'on croyait forte de 30,000 hommes, n'eut pas d'existence réelle et ne compta jamais que ceux qui prétendaient en être les chefs.

Bientôt tous les clubs sentirent le besoin de s'entendre et de centraliser leur action pour agir sur les élections qui approchaient et dont on pressentait le caractère peu révolutionnaire. Le *club des clubs* fut organisé dans ces vues par un nommé Longepied, et s'installa dans la maison qu'occupait M. Sobrier. Il se composait de trois délégués de chacun des autres clubs. Le ministre de l'intérieur lui alloua un crédit de 120,000 fr., afin qu'il pût envoyer dans les départements des agents secrets, chargés de surveiller l'action des commissaires officiels, de les seconder ou de les dénoncer suivant l'occasion (1), de faire une propagande active dans les villages, dans les régiments, dans tous les lieux de réunions populaires. Ce fut dans ce club que s'exerça la police la plus active (2). MM. Ledru-Rollin, Lamartine, Marrast y répandirent des sommes considérables, prises sur les fonds secrets de leurs départements. Chacun cherchait à s'y faire des partisans. M. de Lamartine entretenait de fréquents rapports avec M. Sobrier ; M. Ledru-Rollin y agissait par MM. Grandmesnil et Longepied. MM. Villain et Cahaigne appartenaient plus particulièrement à M. Caussidière. Mais, malgré tant d'intrigues ou plutôt à cause de ces intrigues, le *club des clubs* et le journal la *Commune de Paris* qui lui servait d'organe, eurent un effet diamétralement contraire à celui qu'on en attendait. Ils déconsidérèrent dans l'opinion plusieurs des membres du gouvernement provisoire qui s'abaissaient à chercher de pareils auxiliaires, et jetèrent dans la population des campagnes les plus déplorables préventions contre la République.

L'attrait des clubs était vif pour la population parisienne qui aime la nouveauté, la parole, et ne hait pas un peu de scandale. Mais leur influence ne fut ni homogène, ni salutaire. La voix des hommes sérieux y put rarement dominer le tapage des fous ; les conseils d'une sage politique ne s'y frayèrent qu'un chemin difficile à travers les flatteries et les exagérations perfides dont on commençait à empoisonner l'oreille du peuple. Au lieu d'enseigner aux prolétaires les nouveautés de l'institution démocratique et le sens profond de la souveraineté du peuple, on leur souffla dans la plupart des clubs un mauvais esprit d'imitation jacobine ; on leur apprit le langage d'un autre temps qu'ils avaient oublié ; on suscita en eux un esprit de despotisme révolutionnaire qui faillit, en plusieurs circonstances, perdre une cause dont la grandeur n'avait besoin pour triompher que de temps et de liberté. Des improvisateurs, des hommes sans étude et sans expérience, traitèrent à l'aventure, sans préparation, sans réflexion, les plus graves questions de droit politique, les ramenant toutes à je ne sais quelle doctrine de l'*infaillibilité du peuple*, qui rendait superflu l'exercice de la raison individuelle. Le mot même de peuple prit dans leur bouche une acception étroite et ne signifia plus que le prolétariat industriel (1). Ils accoutumèrent les masses à se payer de paroles sonores et vides, les abusant, les égarant par de détestables adulations. Quand vint le moment où le peuple dut exercer son droit de citoyen et faire acte de souveraineté légale, ils se mirent à ébranler par avance le respect de la représentation nationale et répandirent cette idée subversive qui rendrait à jamais impossible l'établissement de l'état démocratique : que si le résultat des élections ne convenait point au peuple de Paris, il lui appartenait d'en faire bonne justice et de se débarrasser, comme il l'entendrait, des élus du suffrage universel, des représentants de la France.

---

(1) Il n'y eut pas moins de 450 agents envoyés par le *club des clubs*. Ils reçurent tous des instructions imprimées et touchèrent une solde de 5 fr. par jour. Il y avait parmi ces agents des sous-officiers chargés spécialement de désigner aux soldats les chefs suspects. (Voir le *Rapport de la commission chargée d'examiner les comptes du gouvernement provisoire*.)

(2) Voir au volume I, p. 247, du *Rapport de la commission d'enquête*, la déposition de M. Carlier sur les quatre polices de Paris.

(1) Cette antithèse, créée par la presse et les clubs en 1848, entre le mot *peuple* et le mot *bourgeois*, n'existait pas dans la première révolution. On disait alors *la nation* et *les citoyens*. Le mot peuple, pris pour la masse, ne fut adopté qu'à la fin de l'Assemblée législative, et encore ne fut-ce jamais pour désigner exclusivement le prolétariat.

Un nombre infini de journaux, plagiaires jusque dans les titres qu'ils prenaient, ne secondèrent que trop cette action des clubs. Pour frapper l'oreille des passants et pour flatter les curiosités dépravées, les feuilles colportées et criées sur la voie publique rivalisaient de cynisme et de violence (1). Les partis hostiles à la République se servirent de ce moyen abject de propagande et, comptant sur la crédulité des masses, ils dressèrent leurs embûches dans ce terrain fangeux de la démagogie. Quelques journaux bonapartistes essayèrent de réveiller dans le peuple le souvenir des gloires impériales, afin de préparer l'élection du prince Louis Bonaparte. Les légitimistes aussi cherchèrent à s'insinuer par cette voie détournée. Enfin, de toutes parts, les hommes et les partis politiques, au lieu de faire effort pour éclairer le peuple, aider ses grands instincts et sa droiture naturelle, ne le considérant point en vue de son propre bien, mais en vue de leurs ambitions, prirent à tâche de fausser son jugement et de troubler sa raison.

Les journaux d'un ordre plus élevé, qui auraient pu contre-balancer l'effet de ces prédications grossières, avaient perdu tout crédit. *Le National*, considéré par le peuple comme un organe semi-officiel du gouvernement, *la Réforme* même, dont les principaux rédacteurs étaient au pouvoir, n'inspiraient plus de curiosité. *Le Populaire* de Cabet n'intéressait que les Icariens ; *l'Atelier* partageait la défaveur dont était frappé *le National* avec lequel il avait un lien intime. *Le Siècle*, *le Constitutionnel*, *les Débats*, n'ayant d'autre but, dans ces premiers temps, que de ne pas se compromettre par des opinions trop explicites, n'étaient lus que dans les classes riches. *La Presse* seule, où M. de Girardin redoublait de verve, réussit à fixer l'attention publique, d'abord par l'éclat de son adhésion à la République, et bientôt après par la hardiesse de ses attaques contre le gouvernement qui n'avait pas su ou voulu ménager une ambition irritable. Mais, entre tous les journaux, le seul qui se produisit avec une originalité et un talent tout à fait extraordinaires, ce fut *le Représentant du peuple*, publié par M. Fauvety et M. Proudhon. M. Proudhon, dont j'ai caractérisé dans la première partie de cet ouvrage la personne et les écrits, se trouvait à Paris au moment où éclata l'insurrection. Mais, comme il n'appartenait à la rédaction d'aucun journal ni à aucune coterie politique et que son tempérament ne le poussait pas au combat à main armée, il demeura à l'écart. On ne le vit ni dans la rue ni à l'Hôtel-de-Ville. Son unique coopération au mouvement révolutionnaire fut de *composer* pour *la Réforme* l'affiche qui déclarait Louis-Philippe déchu. Après quoi il retourna à ses occupations habituelles, et, du fond de sa retraite, en publiant un journal quotidien, il agita l'opinion plus fortement, plus profondément que ne le firent les hommes les plus mêlés à la multitude. *Le Représentant du peuple* prit des allures inaccoutumées dans la presse. Il ne se rangea sous aucune bannière. Attaquant d'une verve hautaine aussi bien la majorité que la minorité du gouvernement, gourmandant les clubs, les journaux, la place publique, jugeant dédaigneusement et raillant sans pitié tantôt les républicains du *National*, tantôt les jacobins, tantôt les communistes, M. Proudhon surprenait chaque matin ses lecteurs, qui avaient peine à concilier le ton et l'allure de sa polémique contre les révolutionnaires avec ce que l'on connaissait de ses opinions ultra-radicales. A tout moment, il paraissait en contradiction avec lui-même, parce qu'au lieu de chercher les moyens d'organiser la démocratie, son radicalisme négatif se donnait pour tâche la désorganisation de tous les pouvoirs. Il ne croyait pas que la révolution eût autre chose à accomplir que la destruction de toutes les entraves qui gênaient la spontanéité de l'instinct social. Plus de clergé, plus d'armée, plus de magistrature, plus de propriété, l'absence de tout

---

(1) Il y en eut pendant les quatre mois que dura la liberté illimitée, jusqu'à 200.

gouvernement, l'*an-archie* (1), c'est-à-dire la société livrée à ses propres forces, c'était là l'idéal philosophique de M. Proudhon ; mais, comme cette vue générale variait à l'infini dans les applications particulières, il en résultait des inconséquences, des revirements, des soubresauts, toute une manière de dire imprévue, saisissante, qui excitait au plus haut point la curiosité publique.

Il n'en allait pas ainsi du *Peuple constituant*, fondé par M. de Lamennais. L'illustre vieillard, sorti brusquement de sa retraite au bruit du tocsin, apportait dans la lutte quotidienne du journalisme où l'avaient jeté la fougue de son caractère et l'ardeur du sang breton, des habitudes de style d'une majesté toute philosophique. Sa diction superbe et son accent sacerdotal ne transmettaient point à ses lecteurs la fièvre révolutionnaire dont son âme était tourmentée. S'il pensait souvent comme Danton, il parlait toujours comme Bossuet. Quand la passion le voulait faire journaliste, la forte discipline de son esprit le contraignait à rester Père de l'Église ; le peuple, qui ne connaît pas ces contradictions du génie, demeurait insensible à une éloquence dont le caractère était opposé à l'inspiration et qui n'empruntait rien au temps ni à la circonstance.

Les relations personnelles de M. de Lamennais avec M. de Lamartine, qui le consultait fréquemment dans des réunions intimes, son aversion profonde pour les théories communistes, le rangeaient, en dépit de ses entraînements, du côté modéré du gouvernement provisoire. Aussi désintéressé à défendre la propriété, lui qui ne possédait rien, que Barbès, riche propriétaire, à prêcher le communisme, il exerça pendant quelque temps, sur plusieurs des hommes les plus exaltés de la révolution, une action modératrice, et ce ne fut qu'après la retraite du gouvernement provisoire qu'il entra dans les voies de l'opposition socialiste.

Il ne faut pas l'oublier, d'ailleurs, durant ces premiers mois de la République, malgré une certaine violence dans les clubs et dans les journaux, malgré une ostentation de terrorisme chez quelques meneurs, la pensée générale était portée à soutenir le gouvernement provisoire et plus particulièrement, dans le gouvernement, M. de Lamartine. Nous avons vu que les principaux chefs de secte et d'école, MM. Barbès, Raspail, Cabet désiraient sincèrement s'entendre avec lui. M. Ledru-Rollin, qui commençait à rêver la dictature, ne croyait pas pouvoir écarter M. de Lamartine. Madame Sand, accourue du Berri à la nouvelle de la révolution et qui s'était jetée avec ardeur dans l'agitation révolutionnaire, lui promettait le concours de sa plume éloquente. M. Sobrier le servait sous main ; M. Considérant proclamait tout haut ses sympathies pour lui ; M. Blanqui, nous le verrons bientôt, allait le trouver au ministère des affaires étrangères. Tous ces agitateurs sentaient bien que, s'il leur était facile de disposer à un jour donné d'une fraction plus ou moins considérable de la population ouvrière, ils étaient dans l'impossibilité de fonder un gouvernement, qui ne soulevât pas aussitôt contre lui la masse de la nation (1). Ils se savaient trop profondément divisés entre eux pour essayer de se mettre d'accord. Toute leur ambition était donc de se maintenir en bons termes avec M. de Lamartine, qui n'avait de parti pris contre personne, et d'abriter derrière cette popularité peu défiante les projets encore irréalisables dont ils nourrissaient la chimère. Au moment dont je parle, tous les courants de l'opinion arrivaient à M. de Lamartine. La France entière le considérait comme un médiateur providentiel entre les partis et les

---

(1) M. Proudhon empruntait cette expression, dont on lui attribua l'invention, à J.-J. May, l'un des communistes qui fondèrent, en 1841, *l'Humanitaire*. Dans l'exposition des doctrines de l'école, May disait entre autres choses : « Le gouvernement démocratique doit être *anarchique* dans l'acception scientifique et non révolutionnaire du mot. Une république sans président est un gouvernement anarchique, c'est-à-dire sans chef, etc. »

(1) Il est curieux de consulter à cet égard l'opinion peu suspecte de M. Louis Blanc : « Est-ce que M. de Lamartine, dit-il, ne jouissait pas alors (au 17 mars) d'une popularité éclatante, non pas au sein de quelques clubs, il est vrai, mais parmi les masses ? » (Voir *Pages d'histoire*, p. 97 et suiv.)

classes. Le nom et le rôle de Washington lui étaient assignés par le vœu public. La suite des événements nous montrera comment lui échappa cette fortune et comment cette belle concordance des sentiments de paix s'évanouit pour faire place à toutes les haines, à toutes les fureurs de la guerre civile.

L'aspect de Paris, dans cette première période encore toute pacifique de la révolution, ne peut guère se décrire. Le besoin d'expansion de cette grande masse populaire que des lois rigoureuses avaient tenue depuis un demi-siècle exclue de la vie publique et comme frappée de silence, éclatait de toutes parts, se répandait en mille manières, prenait les formes les plus excentriques.

Les murailles étaient couvertes de placards de toutes couleurs où vers et prose se disputaient l'attention des passants. C'étaient le plus souvent des dithyrambes en l'honneur de la révolution et du peuple français; des appels à la fraternité; des actions de grâces au gouvernement provisoire; des hymnes à la République; des exhortations au calme, à la concorde, au respect des propriétés; c'était enfin l'expression naïve, confuse, exaltée, dans un langage incohérent, souvent grotesque, des meilleures pensées et des sentiments les plus honorables (1). A chaque instant on voyait défiler, enseigne déployée, tambour en tête, de longues processions d'hommes, de femmes, d'enfants, qui marchaient en se tenant par la main, le visage rayonnant de joie, portant à l'Hôtel-de-Ville, dans des corbeilles ornées de rubans et de fleurs, le tribut volontaire, l'hommage reconnaissant d'un peuple qui se croyait devenu libre. Il n'y avait si pauvre corps d'état qui ne voulût présenter son offrande; si humble profession qui ne tînt pour un devoir de féliciter le gouvernement, de l'encourager au bien, de lui demander surtout de procurer au plus vite le bonheur universel; il n'y avait si mince contestation qui ne prétendit à être vidée dans le conseil. Dans le premier essor de cette vie nouvelle que la révolution faisait au prolétariat, dans cette communication perpétuelle de tous avec tous, le gouvernement était considéré par la candeur populaire comme une justice de paix ou comme un tribunal d'honneur qui devait redresser tous les torts, pacifier toutes les querelles, pourvoir à tous les besoins. Comme si le jour n'eût pas suffi à ces démonstrations de la joie et de l'espérance publiques, la jeunesse parisienne imagina de faire des promenades nocturnes, à la clarté des torches, au bruit des pétards, et de sommer par des menaces ironiques les habitants paisibles d'illuminer partout sur son passage.

Dans le faubourg Saint-Antoine, les petits locataires exigeaient du propriétaire la remise totale ou tout au moins la réduction du terme échu des loyers. Ceux des propriétaires qui obtempéraient à ces requêtes voyaient leurs noms inscrits sur des drapeaux que l'on promenait triomphalement par les rues; les propriétaires récalcitrants étaient hués et bafoués de toutes les manières. Le plus souvent, on plantait sur leur maison un drapeau noir, et l'on venait pendre ou brûler sous leur fenêtre un mannequin vêtu d'une robe de chambre et d'un bonnet de coton, type consacré du mauvais propriétaire (1). La plantation des arbres

(1) « Les gens mêmes qui s'alarment le plus sont obligés de rendre témoignage à la douceur de la population. On n'est pas assez frappé du spectacle inouï que présente la France en ce moment. Dans aucun temps, dans aucun pays pareille chose ne s'était vue; dans aucun temps, dans aucun pays, une société de trente-cinq millions d'hommes n'aurait pu être livrée à elle-même avec si peu de dommages. » (Journal des Débats, 29 mars 1848.)

(1) Ces désordres ne se passaient pas sans protestation de la part des ouvriers. Je lis dans le Représentant du peuple, du 11 avril, une lettre dont j'extrais le passage suivant :

« Quelques propriétaires préviennent toute demande. Bénis, soient-ils! Mais d'autres refusent. Ont-ils tort? ont-ils raison? peuvent-ils faire remise? Ce n'est pas à nous à examiner ces trois points. Ce qu'il y a de certain, c'est que des drapeaux noirs flottent sur les maisons récalcitrantes. La propriété tremble sur sa base. Je ne suis qu'ouvrier, mais je proteste contre ces actes d'intimidation. Je ne me fais en aucune façon l'avocat des propriétaires; mais à chacun son droit; respect à tous! Il n'y a que les ennemis de la République qui puissent se réjouir en voyant de semblables faits.

« Recevez, citoyen, mes salutations fraternelles,

« AD. PARROT,
« Ouvrier typographe. »

TROUPES CRÉÉES EN 1848 (P. 202).

de la liberté devint aussi l'occasion ou le prétexte de beaucoup de bruit et de quelques désordres.

Pour inoffensifs que fussent ces promenades, ces mannequins brûlés et ce gai refrain *des lampions*, devenu si populaire, ils ne laissaient pas de troubler beaucoup la sécurité des quartiers riches ; les avis affichés par le préfet de police pour exhorter les citoyens à s'en abstenir augmentaient plutôt les craintes qu'ils ne les calmaient (1).

Le palais des Tuileries était aussi, depuis le 25, le théâtre de scènes étranges. Quand M. Saint-Amand, capitaine dans la première légion de la garde nationale, fut envoyé par le gouvernement provisoire pour en prendre le commandement et le préserver de la dévastation, il y trouva des postes d'hommes du peuple qui s'étaient formés spontanément dans ce dessein et qui exerçaient une police rigoureuse à la sortie du palais, afin de prévenir ou de châtier toute tentative de vol (1). Le ministre de l'intérieur avait chargé MM. Mérimée, Léon de Laborde, Cavé et Châlons d'Argé de faire retirer les tableaux et les autres objets d'art. M. de Pontécoulant était autorisé, par M. Arago, à opérer la recherche et le classement des papiers appartenant à la famille royale. On transporta les diamants et l'argenterie au Trésor et à l'hôtel de la Mon-

(1) Un avis du préfet de police, affiché le 23 mars, disait : « Attendons que la République soit en danger pour *agir à la clarté des torches !*... » On ignorait alors dans Paris que le préfet de police, qui trouvait politique d'effrayer la bourgeoisie, encourageait ces promenades nocturnes.

(1) Cette police fut si rigoureuse, qu'un homme fut fusillé sur l'heure sous le pavillon de l'Horloge, parce qu'on trouva sur lui un couvert d'argent.

naie, dans des fourgons escortés par des ouvriers et par des élèves de l'École polytechnique. Enfin, malgré la foule immense qui ne cessa, pendant plusieurs jours, de traverser la longueur des appartements royaux depuis la porte de la chapelle jusqu'au pavillon de Flore, il se commit peu de dégâts, et l'on n'eut à regretter la perte que d'un très-petit nombre d'objets de prix (1).

Le 1er mars, conformément au décret du gouvernement provisoire, on organisa, dans les grands salons de réception du premier étage, un service d'hôpital pour les *Invalides civils*. Cent vingt lits reçurent les blessés. M. Leroy d'Étiolles fut nommé médecin en chef; M. Imbert, ancien détenu politique, directeur du service. Le clergé accourut avec empressement. Dans la salle du trône, sur une console dont on fit un autel, l'archevêque de Paris vint, en grande pompe, offrir le sacrifice de la messe. A l'aide de paravents, on établit des confessionnaux, et, comme un grand nombre de blessés recevaient les soins de femmes avec lesquelles ils entretenaient des relations non consacrées par l'Église, comme beaucoup d'entre eux n'avaient jamais approché des sacrements, on célébra des mariages, on donna la première communion. Il arriva même que l'on eut à administrer le baptême en même temps que l'extrême-onction à ces prolétaires restés indifférents jusque-là aux enseignements de la religion catholique.

Pour que rien ne manquât au spectacle étourdissant de cette mêlée révolutionnaire, pendant que le clergé officiait dans la salle du trône, une partie des hommes qui avaient formé les postes de surveillance et qui avaient empêché bien des dégâts, se relâchaient de leur première discipline et se mettaient à faire bombance dans les caves et les cuisines royales. C'étaient pour la plupart des gens exerçant les professions les plus basses, modèles académiques, escamoteurs, vendeurs de contre-marques, etc. On peut se figurer l'éblouissement de ces hommes de misère, quand ils se virent dans ce palais splendide, convives d'un festin préparé pour des princes, libres de troquer leurs haillons contre le brocart et la soie et de reposer l'ivresse des vins exquis sur les lits et les divans des princesses royales! Afin de rendre la fête plus complète, ils appelèrent dans le palais des filles de joie.

Bientôt le bruit courut qu'ils prétendaient y perpétuer leurs saturnales. Comme on entendait parfois la nuit des détonations mystérieuses dans la cour ou dans le jardin, on crut qu'ils commettaient des crimes affreux; on leur prêta mille projets sinistres. Le préfet de police pensa qu'il y allait de son honneur de mettre fin à un état de choses aussi irrégulier, et qu'il suffirait pour cela d'envoyer l'un de ses chefs montagnards à la tête d'une compagnie, avec l'ordre d'expulser de gré ou de force l'étrange garnison des Tuileries. Mais cet ordre imprudent faillit amener une catastrophe. Quand le capitaine Saint-Amand transmit à ces hommes, auxquels il était censé commander, mais qui, en réalité, n'obéissaient qu'à deux ou trois des leurs, l'injonction de M. Caussidière, on lui répondit par un refus péremptoire. Une rumeur effroyable s'éleva dans les rangs; tous s'écrièrent qu'on leur faisait un outrage, qu'on les voulait chasser avec ignominie, eux, les braves combattants, les citoyens dévoués qui avaient sauvé les Tuileries de la dévastation; tous déclarèrent qu'ils feraient plutôt sauter le palais que de subir un affront pareil. En proférant ces menaces, ils chargeaient leurs armes et s'apprêtaient au combat. Dans le même temps, on entendait au dehors la troupe de M. Caussidière qui battait la charge et croisait la baïonnette. Que le signal de l'assaut fût donné, et c'en était fait peut-être du palais des Tuileries. Dans cette extrémité, le capitaine Saint-Amand, qui avait envoyé prévenir le gouvernement provisoire, essaya de gagner du moins un peu de temps et se mit à haranguer sa redoutable garnison. Il feignit d'entrer dans ses colères, de partager son indi-

(1) Sur une valeur de trois millions d'argenterie, par exemple, il en manqua pour une dizaine de mille francs.

gnation et, la calmant ainsi peu à peu, il obtint qu'elle laisserait entrer la troupe de M. Caussidière, lui promettant que le gouvernement provisoire ferait réparation aux braves citoyens qui s'étaient dévoués à la garde des Tuileries, et ne les ferait sortir du palais qu'avec les honneurs de la guerre.

Il leur persuada ainsi d'ouvrir la grille aux montagnards, qui entrèrent tambour en tête et se rangèrent en bataille dans la cour. Sur ces entrefaites, le général Courtais, averti, accourait sans escorte. Resté seul au milieu de ces bandes en armes, auxquelles il essaya vainement de faire entendre raison, il se promenait de long en large dans la cour, attendant, non sans inquiétude, car il était en réalité prisonnier, l'issue de cette incroyable aventure. Enfin le gouvernement provisoire parut. MM. Ledru-Rollin, Arago, Marie, Crémieux, Marrast, Pagnerre, prirent successivement la parole et firent de véritables excuses à la garnison des Tuileries. Ils dirent que ce qui venait de se passer était une méprise; que le gouvernement n'avait pas été informé; qu'il regrettait qu'on eût méconnu le caractère honorable des citoyens auxquels il rendait toute justice. Ils déclarèrent que la garnison des Tuileries demeurerait vingt-quatre heures encore dans le palais afin de bien montrer qu'elle se retirait librement et promirent de nouveau qu'elle sortirait avec les honneurs de la guerre. C'était le 6 mars. Le lendemain, à midi, le général Courtais vint, en grand uniforme, suivi de son état-major, passer la revue des trois cents. Il fit décharger les armes et, marchant en tête de la colonne, il prit, au milieu d'une foule attirée par la bizarrerie de ce spectacle, le chemin de l'Hôtel-de-Ville. Là, les harangues et les remerctments recommencèrent; une somme de 500 francs fut distribuée. Puis, ces hommes qui avaient tenu un moment tout Paris en effroi, qui avaient vécu dans les splendeurs d'une résidence royale, qui avaient en quelque sorte traité d'égal à égal avec le gouvernement de la République, rentrèrent dans leur obscurité et dans leur indigence. Tout n'était pas dit, cependant. A vingt jours de là, l'un d'eux, le nommé Bichair, allumeur de réverbères, étant mort à l'hospice des invalides civils, on lui rendit des honneurs funèbres dignes d'un héros. Dans un moment où des milliers d'honnêtes ouvriers manquaient de pain, on dépensa 11,000 francs pour ses obsèques. Le *Moniteur* décrivit, dans un langage épique, la cérémonie « qui fut, dit-il, la plus grandiose et la plus touchante. Jamais maréchal de France, s'écriait la feuille officielle, ne fut honoré avec plus de majesté. »

Après l'expulsion des trois cents, le jardin des Tuileries, resté fermé jusque-là, fut rendu au public. Tout y avait repris l'aspect le plus tranquille; il ne restait aucune trace de désordre. Le printemps y faisait sentir déjà sa douceur précoce; la sève des marronniers rougissait les bourgeons. Les divinités de marbre, noircies sous la brume d'hiver, semblaient se ranimer dans l'atmosphère transparente qu'attiédissaient les premiers rayons du soleil de mars; l'iris parfumait les plates-bandes. Les enfants parisiens accoururent et se répandirent dans ces vastes espaces, sans se douter que le sable qu'ils foulaient de leurs rondes joyeuses avait enseveli des cadavres. Les oiseaux n'avaient pas interrompu leurs gazouillements pour écouter les cris de mort de la guerre civile. Le sang humain n'avait pas empêché la violette de fleurir. Les cygnes nageaient paisiblement en cercle au bord des bassins, attendant le pain accoutumé. L'enfance et la nature sont soumises aux seules lois divines : elles ne sentent pas l'atteinte des révolutions qui bouleversent les institutions humaines.

Le 15 mai suivant, le général Courtais et son état-major, après avoir éconduit le capitaine Saint-Amand, s'installèrent dans les Tuileries. Les invalides civils furent peu à peu envoyés dans les hospices de Paris et de la banlieue. Le gouvernement provisoire décréta la jonction des Tuileries et du Louvre; il décida que ce vaste édifice prendrait désormais le nom de *Palais du Peuple*. Mais ce projet, comme tant d'autres, demeura inexécuté, et le palais des Tuileries attend encore à l'heure où j'écris une destination convenable.

Pendant que les événements que je viens de rapporter se passaient au grand jour et jetaient dans la stupéfaction les habitants des riches quartiers dont les Tuileries forment le centre, il se jouait à la préfecture de police et au Luxembourg une scène qui resta longtemps enveloppée de mystère, et qui, si elle eût été connue, eût frappé les imaginations d'une terreur bien plus grande encore. Un tribunal secret, réuni sur le simple appel d'un homme que rien n'autorisait à un pareil acte d'autorité, se rassemblait de nuit au Luxembourg, et là, à la façon du *Vehmgericht*, il faisait comparaître un accusé, l'interrogeait, le déclarait coupable, et, après l'avoir menacé de mort, il ne lui faisait grâce que pour le jeter dans un cachot où sa vie était à toute heure à la merci de ses juges.

Voici le fait. En compulsant les dossiers de la préfecture de police, M. Caussidière y avait trouvé une suite de rapports, signés *Pierre*, qui remontaient à l'année 1838 et contenaient les détails les plus circonstanciés sur les sociétés secrètes et sur les complots du parti républicain. Les soupçons de M. Caussidière se portèrent aussitôt sur un nommé Delahodde, rédacteur de *la Réforme*, initié depuis 1832 à la *Société des droits de l'homme*, avec lequel un grand nombre de républicains et lui-même avaient eu et conservaient encore des relations intimes. Il se rappela que les conseils de Delahodde, ses plans d'attaque pendant l'insurrection du 23 lui avaient paru suspects; confrontant l'écriture des rapports avec la signature de Delahodde, qui s'était installé à la préfecture en qualité de secrétaire général, il demeura convaincu que ses soupçons étaient fondés. Son parti fut pris à l'instant. Il convoqua pour le soir même, au Luxembourg, une réunion de seize personnes qui toutes étaient désignées dans le rapport de Delahodde. Chacun ignorait le motif pour lequel il était appelé. Albert avait prêté sa chambre, sans savoir de quoi il s'agissait. Caussidière s'était contenté de dire qu'on aurait à s'occuper d'une affaire sérieuse. Quand la réunion, composée de Grandmesnil, Tiphaine, Monier, Bocquet, Bergeron, Pilhes, Léchallier, Albert, Mercier, Caillaud et Sobrier, fut au complet, Caussidière, qui venait d'arriver en compagnie de Delahodde avec lequel il avait dîné, prit la parole :

« Citoyens, dit-il, nous devions être plus nombreux, mais Louis Blanc et Ledru-Rollin sont retenus à l'Hôtel-de-Ville ; Raspail et Barbès sont à leurs clubs ; Flocon est indisposé... Citoyens ! il y a un traître parmi nous. Nous allons nous constituer en tribunal secret pour le juger. »

On s'entre-regarda avec un étonnement profond. Delahodde resta impassible. Après qu'on eut nommé Grandmesnil président du tribunal, Caussidière, qui s'arrogeait les fonctions d'accusateur public, prononça d'une voix solennelle le nom du traître : Lucien Delahodde. En s'entendant nommer, celui-ci bondit sur sa chaise et s'élança vers la porte. Caussidière l'avait devancé ; tirant de sa poche un pistolet, il lui barrait le passage. A cette vue, Delahodde recula et se mit à protester de son innocence ; mais le dossier qui contenait les rapports était sur la table ; les écritures furent confrontées et le délateur, confondu, vit qu'il n'avait plus qu'à implorer la miséricorde de ses juges. Ceux-ci, en proie à une colère violente, ne voulurent rien entendre ; Caussidière, s'avançant vers Delahodde, lui présenta son pistolet tout armé, en lui disant avec le plus grand sang-froid qu'il ne lui restait plus autre chose à faire, pour témoigner son repentir, que de se brûler la cervelle. Delahodde était terrifié, la sueur ruisselait de son front ; il tremblait, sanglotait ; il conjurait qu'on le laissât vivre. Alors Albert, touché de ses supplications, intervint en sa faveur. D'autres firent remarquer qu'un coup de pistolet donnerait l'alerte dans le quartier et trahirait une mort qui devait rester secrète.

Quelqu'un proposa le poison. Un verre fut apporté; Caussidière y jeta avec beaucoup d'ostentation une poudre de couleur blanche semblable à l'arsenic. Le malheureux Delahodde tenait toujours sa tête dans ses mains et tremblait de tous ses membres. Sur une nouvelle et plus vive intercession d'Albert, il fut résolu qu'on le laisserait vivre, mais qu'on le garderait au secret à la préfecture de police. Delahodde y resta, en effet, pendant quelque temps; de là il fut transféré à la Conciergerie, où il demeura jusqu'à la chute de Caussidière. Mis en liberté par le nouveau préfet de police, il publia un libelle dans lequel il se vengeait par l'injure et par la diffamation de la torture morale qu'on lui avait fait subir au Luxembourg.

Que l'intention de mettre à mort Delahodde ait été sérieuse, c'est ce qu'il n'est guère possible d'admettre; mais la convocation de ce tribunal secret, l'incarcération de Delahodde sans aucune forme judiciaire, et cela dans Paris, au dix-neuvième siècle, n'est-ce pas assez pour montrer la manière excentrique dont certains hommes interprétaient la révolution, et comment, par leur mépris affecté des formes sociales, ils donnaient prise à l'opinion contre les républicains et contre la République (1)?

Dans ces mêmes jours, une cérémonie pieuse eut lieu au cimetière de Saint-Mandé où reposent les cendres d'Armand Carrel. Les républicains avaient décidé de rendre un hommage public à la mémoire d'un des hommes les plus chevaleresques qu'ils eussent comptés dans leurs rangs. Des députations des écoles, des détachements de toutes les légions de la garde nationale, des délégués de tous les journaux, de nombreux citoyens formèrent un cortége imposant qui partit de l'Hôtel-de-Ville et s'achemina lentement vers Saint-Mandé, ayant à sa tête M. Marrast. On crut devoir inviter à cette solennité le rédacteur en chef de *la Presse*, l'adversaire malheureux d'Armand Carrel (1). M. de Girardin, que tentait tout ce qui avait une apparence de singularité et d'audace, avait répondu avec empressement à cet appel. Arrivé au cimetière, on fit cercle autour de la tombe, et M. de Girardin, prenant la parole, proposa comme l'hommage le plus digne d'un homme tombé victime d'un préjugé barbare, de demander au gouvernement provisoire qu'il complétât l'œuvre d'humanité commencée par l'abolition de la peine de mort, en proscrivant le duel. « Nous acceptons cette expiation, s'écria M. Marrast! La magnanimité que le peuple a déployée le jour du combat, commandait à tous les organes du gouvernement provisoire la conduite qu'ils ont tenue. Quand nous sommes venus ici, nous n'avons voulu penser qu'à la vie d'Armand Carrel; nous avons oublié sa mort. Quelque part que se rencontre le talent allié à un noble caractère, le gouvernement provisoire lui tendra la main, quand il viendra se vouer au service de la cause que nous défendons tous, au service de la République! » Et ces deux hommes, en présence de spectateurs nombreux et très-diversement agités, se serrèrent la main en signe de réconciliation.

Certes, une telle pensée était belle et touchante; il y avait de la grandeur dans ce rapprochement de deux ennemis sur une tombe. Mais l'attitude et la physionomie des assistants montrèrent qu'ils n'interprétaient pas favorablement une démonstration qui, faite par des hommes simples, eût tiré des larmes de tous les yeux. On ne voulut voir dans cette réconciliation de deux hommes habiles qu'un jeu concerté; malgré ce qu'il y eut de sincère et de courageux dans la démarche de M. de Girardin, elle ne fit sur l'opinion publique

---

(1) Les révolutionnaires de cette école firent un tort considérable à la République en se persuadant qu'il y allait de leur honneur de heurter à tout propos l'opinion. Ils oubliaient que « l'opinion publique, dans un temps de révolution, doit être excessivement ménagée; qu'il faut la recueillir avant de la fortifier, et la seconder plutôt que l'exciter. » (Mirabeau, *Correspondance avec le comte de Lamark*, v. II, p. 216.)

(1) Les amis les plus intimes d'Armand Carrel ont rendu cette justice à M. de Girardin de reconnaître qu'il ne fut aucunement provocateur dans cette malheureuse affaire, qu'il se conduisit pendant les pourparlers et sur le terrain en homme de sens, de courage et d'honneur.

d'autre impression que celle d'une scène médiocrement jouée. On aurait craint aussi de se montrer dupe en prenant trop au sérieux la magnanimité de M. Marrast.

C'est la punition des esprits sceptiques de comprendre parfois la grandeur, d'en approcher même d'assez près, mais de la faire évanouir dès qu'ils y touchent.

Dans la multitude d'idées et de sentiments que la fermentation révolutionnaire faisait surgir tout à coup du silence où ils étaient demeurés longtemps comme étouffés, les opinions nouvelles relatives à la condition des femmes, à leurs droits et à leurs devoirs dans la famille et dans l'État, ne devaient pas rester inexprimées. La révolution de 1848 essaya sur ce point, comme sur tous les autres, de reprendre les traditions de la première révolution.

Qu'il me soit permis de m'arrêter un moment sur cette partie de mon sujet. Bien qu'elle ne se rattache pas directement à la révolution politique, je la trouve digne d'attention, parce qu'elle est intimement liée à la révolution sociale dont je me suis proposé de suivre pas à pas les développements.

C'est à Condorcet, et non pas à Jean-Jacques, comme on le croit généralement, qu'appartient l'initiative des réformes proposées dans l'éducation et la condition des femmes. Le premier, il posa nettement le principe de *l'entière égalité des droits* pour les deux sexes. Jean-Jacques, qui avait parlé aux femmes avec une éloquence et une tendresse d'âme incomparables, s'était cependant montré à leur égard moins libéral et moins sérieux que ne l'avait été Fénelon. Dans son plan d'éducation, qui n'est applicable ni à la femme du peuple, dont il ne s'occupe pas, lui sorti du peuple, ni même à la femme des classes moyennes, mais qui l'est seulement aux filles riches, il établit en principe que les femmes *doivent être exercées à la contrainte; que la dépendance est leur état naturel* (1). Il veut qu'on développe en elles, non la raison, qui leur rendrait plus pénible cette soumission aveugle aux volontés d'autrui, mais les *talents d'agrément*, à la condition toutefois que ce soit d'une manière frivole et subalterne (1). Madame de Staël, plus rationaliste et plus ferme en ses jugements, écarte les préjugés de Jean-Jacques. Son âme forte et fière s'ouvre à tous les grands pressentiments des temps modernes. Elle déclare que, *dans l'état actuel, les femmes ne sont ni dans l'ordre de la nature ni dans l'ordre de la société* (2). Elle annonce comme prochaine la venue de *législateurs qui donneront une attention sérieuse à l'éducation des femmes, aux lois civiles qui les protégent, aux devoirs qui doivent leur être imposés, au bonheur qui peut leur être garanti*. Mirabeau demande pour elles une voix légale dans le conseil de famille. Enfin, la Révolution, qui les trouve sans droits, sans éducation rationnelle, *souffrant*, suivant l'expression de Condorcet, *du sentiment d'une injustice éternelle*, les anime, les exalte, pousse les unes aux premiers rangs dans l'insurrection des idées, jette les autres dans tous les emportements des passions aveugles.

On voit d'abord, à l'aube de la Révolution, applaudissant aux novateurs, les appelant à elles, les encourageant de leurs sympathies, au milieu d'un cercle brillant dont elles sont les reines, mesdames Helvétius, Necker, de Genlis, de Condorcet; pendant que, au fond d'une austère retraite, mademoiselle de Lézardière, recueillant les lois de la monarchie française, montre l'esprit féminin capable de prendre une large part dans le travail du siècle, digne par sa maturité et son élévation de ces droits égaux que le préjugé lui refuse encore. L'éloquente Olympe de Gouges paraît alors; elle donne aux prétentions de son sexe

---

(1) Il leur permet le dessin, par exemple, afin qu'elles puissent composer, dans l'occasion, un dessin de broderie. On retrouve dans tous ses écrits quelque chose du sentiment exprimé dans ses vers SUR LA FEMME :

Objet séduisant et funeste
Que j'adore et que je déteste.

(1) Voir *Emile*, livre V.

(2) *De la Littérature*, œuvres complètes, t. I, p. 21.

une formule politique d'une précision hardie qui rejette toute réticence et toute équivoque. Puis vient madame Roland, cette Romaine décente et sans faiblesse, qui vit et meurt pour la liberté, et trahit à peine, par une plainte discrète, ce que lui font éprouver de malaise et d'angoisse les préjugés qui pèsent sur son sexe (1). Après elle, Charlotte Corday, cette autre Romaine du sang de Corneille, donne et reçoit la mort avec un calme antique. Puis enfin, dans tous les rangs, dans les profondeurs mêmes du pays, dans le grand mouvement des fédérations qu'elles animent, dans les tribunes de l'Assemblée, dans les clubs qu'elles dirigent, aux armées, au Champ de Mars, à Versailles, aux Tuileries, hélas! et jusque dans les prisons de septembre, des femmes inspirées ou possédées du génie de la Révolution s'associent à toutes les grandeurs de la pensée, à tous les héroïsmes de l'action, à toutes les fureurs de la démence révolutionnaire.

La Révolution, après les avoir provoquées à paraître sur la scène politique, les rejeta dans l'ombre, au 9 thermidor, sans avoir apporté de changements essentiels dans leur condition sociale. Cependant l'Assemblée constituante, non contente de leur rendre un éclatant hommage en remettant le *dépôt de la Constitution à la vigilance des épouses et des mères*, avait amélioré sensiblement leur sort dans la famille, en établissant le partage égal des biens et en abolissant la perpétuité des vœux monastiques. L'Assemblée législative crut faire plus en décrétant le divorce. Mais en ceci encore le législateur s'occupa exclusivement des femmes de la classe riche. Ces questions de partage égal, de vœu perpétuel et de liens indissolubles ne touchaient point la fille du peuple, car elle n'attend pas d'héritage, sa famille n'a nul intérêt à la pousser au cloître, et l'uniformité des habitudes de sa vie laborieuse la retient naturellement, sans

qu'elle en souffre, dans un mariage unique. Les idées qui intéressent la généralité des femmes et leurs droits dans toutes les situations sociales ne furent traitées de nouveau, après le long silence de l'Empire et de la Restauration (1), que par les écoles de Saint-Simon et de Fourier.

En 1830, les prédications des saint-simoniens surtout réveillèrent chez un certain nombre de femmes des idées d'émancipation. Malheureusement les vérités contenues dans la doctrine saint-simonienne furent rapidement perverties par l'influence personnelle de quelques sectaires, qui confondaient toutes les lois naturelles et sociales dans un mysticisme de voluptés, inacceptable pour la conscience moderne. Les femmes qui s'étaient jetées dans le saint-simonisme, sans bien comprendre le sens mystérieux de certaines formules, se troublèrent; leur imagination, exaltée par des rites et des cérémonies où le magnétisme jouait un rôle principal, entra en lutte avec leur raison et la délicatesse de leurs instincts. Beaucoup d'entre elles, après des combats intérieurs douloureux, rentrèrent dans le sein de l'Église catholique; d'autres, plus faibles ou plus intrépides, se donnèrent la mort. Le discrédit dont furent frappés les mystères du saint-simonisme rejaillit pendant longtemps sur toutes les idées favorables à l'amélioration du sort des femmes.

Vers cette même époque parut aussi un talent féminin, dont l'éclat et la nouveauté excitèrent une curiosité universelle. Aurore Dupin, baronne Dudevant, petite-fille du fermier général Dupin, et qui comptait parmi ses ancêtres le maréchal de Saxe, publia, sous le pseudonyme de George Sand, une suite de romans d'un style admirable et dont l'esprit général était l'exaltation du caractère féminin et la peinture des souffrances de la femme

---

(1) « En vérité, s'écrie-t-elle dans une lettre à Bancal, je suis bien ennuyée d'être femme! Il m'eût fallu une autre âme, un autre temps ou un autre sexe ».

(1) Il serait injuste de ne pas tenir compte, dans ces années où le préjugé avait repris tout son empire, du beau travail de madame Necker de Saussure et du livre de madame de Rémusat, où je trouve cette pensée d'une simplicité fière et hardie : « Les femmes ont *droit au devoir*. »

dans le monde et dans le mariage. Une union ouvertement brisée, une existence pleine de fantaisie, une beauté singulière, un art accompli dans ses créations les plus spontanées, donnèrent à la personne et aux œuvres de George Sand un attrait extraordinaire. Les saint-simoniens, encore dans toute la ferveur de leur apostolat, voulurent s'emparer de la direction de ce talent si merveilleusement apte à la propagande. Mais l'intelligence de madame Sand n'acceptait pas volontiers le principe hiérarchique de la société saint-simonienne. Invinciblement attirée vers les idées égalitaires les plus simples et les plus radicales, elle comprenait la démocratie comme l'avaient comprise les babouvistes. Le vieux Buonarotti la trouva docile à ses enseignements. Le communisme de Pierre Leroux, les théories de Louis Blanc éveillèrent dans son esprit des échos qui retentirent au loin ; quittant le roman de passion individuelle et de caractère, elle voua sa plume à la propagation du communisme et à la cause du prolétariat considérée du point de vue de l'égalité absolue. L'influence de madame Sand, que nous retrouverons tout à l'heure dans les conseils du ministre de l'intérieur, fut, malgré la force et la beauté de son talent, une influence purement agitatrice. Elle para de toutes les grâces d'une imagination inépuisable des objets qui jusqu'alors avaient semblé peu propres à inspirer les poëtes. Elle prit pour sujet de ses nouveaux romans le prolétaire des villes et des campagnes, ses travaux, ses misères ; elle opposa ses vertus à l'égoïsme des grands et des riches ; elle appela sur lui la pitié, en même temps qu'elle le montrait digne d'admiration ; mais elle n'aborda pas directement les doctrines philosophiques ou historiques sur lesquelles se fonde le droit de la démocratie, et se mit soigneusement à l'écart de toutes les tentatives faites par d'autres femmes pour réclamer l'extension au sexe féminin des progrès accomplis ou annoncés par la nouvelle République.

Ces tentatives, il faut le dire, ne furent ni bien mûrement réfléchies ni bien sagement conduites par des femmes dont le zèle était d'ailleurs trop imparfaitement secondé par le talent. Sans tenir compte de l'état des mœurs, elles heurtèrent de front les usages et les coutumes plutôt que de chercher à gagner les esprits. Au lieu de reprendre dans leurs écrits la pensée de Condorcet, de traiter avec simplicité et modestie les questions relatives à l'éducation des femmes dans toutes les classes, aux carrières qu'il serait possible de leur ouvrir, au salaire de la femme du peuple, à l'autorité de la mère de famille, à la dignité de l'épouse, mieux protégées par la loi (1) ; au lieu d'avancer pas à pas, avec prudence, à mesure que l'opinion se montrerait favorable, elles firent des manifestations très-impolitiques, elles ouvrirent avec fracas des clubs qui devinrent aussitôt un sujet de risée. Elles portèrent dans les banquets des toasts dont le ton mystique et le sens vague ne pouvaient convaincre ni éclairer personne ; elles publièrent des journaux qui ne se firent point lire. L'une d'entre elles réclama officiellement, à la mairie d'une petite ville de province, son droit d'électrice ; peu après, une autre plus hardie encore, afficha, sur les murs de Paris, sa candidature à l'Assemblée nationale. A ces démonstrations, qui n'étaient que hors de propos, il se mêla des excentricités de bas étage. Une légion de femmes de mœurs équivoques fut organisée par une espèce de fou, nommé Borme, qui leur donna le nom de *Vésuviennes*, et les conduisit à plusieurs reprises à l'Hôtel-de-Ville pour y haranguer et y être haranguées. Toutes ces choses bizarres, ce tapage extérieur, n'eurent d'autre effet que d'effaroucher beaucoup de bons esprits et de rendre au préjugé, qui allait s'affaiblissant, une force nouvelle.

(1) Un historien d'une gravité philosophique qui ne sera récusée par personne, M. Henri Martin, dans son beau livre *de la France*, s'exprime ainsi sur cette matière délicate : « La position tout à fait inférieure et subordonnée faite à la femme, dans le mariage ne répond ni aux idées, ni aux mœurs de la France. La femme est insuffisamment protégée par la société dans certains cas où la loi, qui s'abstient, devrait intervenir. »

UN CLUB EN 1848 (p. 230.)

Cependant le peuple jugea différemment cette levée de boucliers féminine. Le peuple, et cela se conçoit, est peu sensible à la notion du ridicule. Il ne raille pas la *bonne volonté*; il l'honore jusque dans ses écarts et ses échecs. Il a surtout, par droiture naturelle et par simplicité d'âme, un grand respect pour le caractère de la femme. Il ne partage à cet égard aucun des préjugés moqueurs qu'une éducation exclusivement littéraire entretient dans la bourgeoisie. Le peuple ignore l'infériorité de la femme, établie dans nos mœurs par la tradition latine. Il ne connaît guère davantage l'arrêt porté contre elle par la théologie chrétienne. Toute son érudition, à lui, c'est Jeanne d'Arc sauvant la France. Il n'a pas lu, il repousserait avec indignation les satires de Rabelais, les contes de la Fontaine, le poëme ignominieux de Voltaire. Le prolétaire, qui voit partout la femme active, intelligente et sérieuse à ses côtés, réclame pour elle, en dépit des sarcasmes de la bourgeoisie, qu'il ne saurait comprendre, ce qu'il demande pour lui-même : l'instruction, le travail bien tempéré, le loisir nécessaire à la vie morale, cette part dans les fonctions sociales qui relie dans une vie commune les existences isolées et fait des habitants d'un même pays les citoyens d'une même patrie (1). Des tentatives avor-

(1) Une adresse remise le 3 mars au gouvernement provisoire s'exprime ainsi :

« Citoyens,

« Beaucoup de femmes sont dans une situation désespérée; vous ne voudrez pas qu'elles continuent à être exposées à la misère ou au désordre. Les bonnes mœurs font la force des républiques, et ce sont les femmes qui font les mœurs. Que la nation honore par votre voix le travail des femmes! Qu'elles prennent rang, par votre volonté, dans la réorganisation qui s'opère, et que le principe de l'association soit encouragé par vous pour les travaux qui sont de leur ressort.

« Les femmes méritent d'avoir part à l'honneur et au bien-

tées ne le rebutent pas; il ne se laisse pas déconcerter par le persiflage ; ce qu'il croit juste ne peut jamais lui sembler risible. Aussi peut-on affirmer que tous les progrès de la démocratie en France amèneront des progrès correspondants dans la condition des femmes. Le jour où il sera donné au peuple de faire passer dans les lois les sentiments dont il est animé, l'égalité et la fraternité ne s'enseigneront plus à l'exclusion de tout un sexe ; le droit ne sera plus contesté ; une existence supérieure commencera pour la femme dans la famille et dans la patrie.

CHAPITRE XXIII

Conférences du Luxembourg. — M. Louis Blanc. — Journées des 16 et 17 mars.

Pendant que la presse et les clubs, livrés à tous les vents de la tourmente révolutionnaire, agitaient confusément les passions de la multitude, les conférences du Luxembourg s'ouvraient avec gravité, et le prolétariat, par l'élite de ses représentants, docile à la voix d'un homme d'étude et de doctrine, délibérait, cherchait avec bonne foi à concilier par l'*organisation du travail* les droits et les intérêts qu'une liberté illimitée avait rendus hostiles.

Ce fut un spectacle d'une nouveauté étrange pour la France et pour l'Europe, où l'on observait à ce moment avec inquiétude tous les pas, tous les actes, toutes les paroles du peuple de Paris, de voir le palais de Marie de Médicis, ses cours, ses escaliers, ses galeries de marbre, ses vastes et majestueuses enceintes, chaque jour traversés par de longues files de prolétaires, inattentifs à ces magnificences de l'art florentin et de la royauté française, recueillis en eux-mêmes, absorbés par une pensée unique, et qui poursuivaient avec une ardeur concentrée, digne d'un succès meilleur, un but qu'il ne leur était pas donné d'atteindre.

La salle des délibérations de l'ancienne Chambre des pairs avait été choisie pour la convocation du parlement de l'industrie. Les huissiers, en tenue officielle, vêtus de noir, l'épée au côté, étaient venus reprendre dans l'assemblée des vestes et des blouses l'office qu'ils remplissaient huit jours auparavant auprès des habits brodés ; et cette inégalité dans l'appareil du pouvoir, quand le pouvoir même avait pour ainsi dire changé de pôle, mettait en saillie, de la manière la plus pittoresque, l'élément comique presque toujours mêlé aux plus tragiques vicissitudes de l'histoire.

Le 1er mars, à neuf heures du matin, deux cents délégués des différentes corporations ouvrières prenaient place sur les siéges de cette pairie, chargée naguère de condamner à la mort et au cachot les soldats et les confesseurs de l'égalité républicaine. M. Louis Blanc occupait le fauteuil du chancelier duc Pasquier. L'ouvrier Albert, en qualité de vice-président, était assis au bureau, à ses côtés. M. Louis Blanc nous dit lui-même (1) qu'il éprouva en ce moment une impression solennelle et profonde ; mais combien cette impression eût été douloureuse, si la joie qu'il ressentait à présider au triomphe extérieur de ses idées lui eût permis de voir, dans un avenir bien rapproché, l'impuissance d'un système et d'une volonté, si énergique qu'elle fût, à changer les conditions essentielles de la vie sociale ! Bien que M. Louis Blanc eût deviné les motifs qui déterminaient le gouvernement provisoire à lui faire tenir, loin de l'Hôtel-de-

être que nos institutions vont amener pour le peuple : c'est par elles que l'homme trouve le bonheur dans la famille; ce sont elles qui lui donnent le principe de ses sentiments moraux. Elles sont depuis longtemps associées à toutes les gloires dans la littérature, dans les beaux-arts, dans l'industrie, comme elles sont associées à toutes les douleurs en la personne des admirables sœurs de charité.

« Faites, citoyens, que la gloire des femmes illustres et méritantes qui nous ont précédées rejaillisse en ce moment sur les femmes du travail et du dévouement obscur, sur les mères, les filles, les sœurs de ce peuple pour lequel vous faites de si grandes choses.

« Recevez, citoyens, etc. »

(1) Voir *Pages d'histoire*, p. 49.

Ville, ce qu'il nomma plus tard les *assises de la faim*, il croyait néanmoins, et cette croyance très-vive faisait tout à la fois sa force et sa faiblesse, qu'il s'emparait ainsi de la révolution sociale et s'imposait à l'opinion. M. Louis Blanc avait trop d'élévation dans l'esprit pour jouer, comme M. Ledru-Rollin, à la Terreur; il respectait trop sincèrement le peuple (1) pour le vouloir faire servir d'instrument à ses desseins personnels. Mais il ambitionnait d'être connu par tous comme l'organe éloquent des vertus et des douleurs sans voix de la masse populaire; il voulait donner à cette masse incohérente la conscience de sa force; il espérait opérer dans l'esprit de la bourgeoisie, par le déploiement de cette force calme, mais inébranlable, du prolétariat, une conversion qui rendrait toute violence inutile.

Le caractère de M. Louis Blanc et le rôle qu'il a joué pendant les premiers mois de la révolution méritent une attention sérieuse; non pas qu'à son nom doive rester attaché le souvenir de quelqu'une de ces grandes réformes, gloire des hommes d'État venus à l'heure favorable; non pas même qu'il ait su embrasser en philosophe l'ensemble d'un nouvel ordre social, mais parce qu'il a, l'un des premiers, révélé à la société des classes moyennes la lutte sourde élevée dans son sein sans qu'elle eût encore osé se l'avouer à elle-même; parce qu'il a découvert, d'une main hardie, le mal qu'il fallait qu'elle sondât, dont il fallait qu'elle fût épouvantée pour chercher à le guérir; parce qu'enfin, s'il n'a pas donné à la masse du prolétariat l'organisation promise, il a du moins fortement suscité en elle une tendance organisatrice qui pourra s'égarer longtemps encore, mais dont le résultat définitif ne saurait plus être mis en doute.

Par une anomalie assez fréquente dans l'histoire des hommes célèbres, le caractère et les instincts naturels de M. Louis Blanc étaient en opposition manifeste avec les idées qu'il s'était faites. Jamais le sentiment de la personnalité ne fut enraciné aussi profondément que chez cet adversaire opiniâtre de l'*individualisme*; les théories communistes n'eurent jamais pour champion un esprit moins propre à s'absorber dans la communauté, une nature qui répugnât davantage à l'assimilation, à l'abnégation du *moi* sous le niveau égalitaire. Sa vie tout entière est le combat de ce *moi* indestructible contre le sort et contre les hommes.

Né le 28 octobre 1813, à Madrid, où son père, originaire de Rhodez, était inspecteur général des finances du roi Joseph; parent, par sa mère, du général Pozzo di Borgo, M. Louis Blanc reçut, avec son frère cadet, dans la maison paternelle, des impressions et des leçons qui devaient lui inculquer l'horreur de la Révolution française. Son aïeul avait expié sur l'échafaud une existence entachée d'aristocratie, et la piété catholique de sa mère puisait dans ce souvenir de sévères avertissements. Mais le collège et l'étude effacèrent peu à peu ces impressions de l'enfance, en ouvrant à l'imagination du jeune homme des vues plus vastes sur le passé et sur l'avenir. Au sortir des classes, il perdit sa mère; son père, complétement ruiné par la chute du roi Joseph, entra dans une mélancolie qui lui faisait appréhender, dans tous ceux qui l'approchaient et jusque dans ses fils, de secrets ennemis.

Sous ces tristes auspices, M. Louis Blanc vint, en 1830, chercher à Paris quelques moyens d'exercer des aptitudes que ses maîtres avaient jugées extraordinaires, et que lui-même sentait incompatibles avec l'obscurité où le retenait l'indigence. Doué d'un visage charmant, d'un esprit où la verve de l'expansion méridionale s'alliait à une rare faculté de concentration et à une maturité précoce, il intéressait, il captivait tous ceux dont il sollicitait le patronage; mais, de protection efficace, il n'en rencontrait pas. Et les heures et les jours passaient; et les plus rudes privations

---

(1) Un jour, dans un entretien intime, M. Louis Blanc, parlant des sentiments que lui inspiraient les prolétaires jusque dans leurs fautes ou leurs erreurs, dit ce mot d'un sens profond et qui mérite d'être cité : « J'aime le peuple, non pas tant pour ce qu'il est que *pour ce qu'on l'empêche d'être!* »

comprimaient, dans un cruel isolement, sa jeunesse avide de se répandre. Plus d'une fois il feignit d'avoir pris ses repas au dehors, afin de laisser à son frère, moins robuste que lui ou moins stoïque, sa part du pain quotidien ; plus d'une fois il fit de sa plume, déjà éloquente, un emploi servile pour procurer à son vieux père un soulagement passager. Enfin, voyant l'inutilité de ses efforts pour sortir de peine, il céda, quoique avec répugance, au conseil d'un de ses oncles qui, depuis longtemps déjà, l'exhortait à se prévaloir de sa parenté auprès du général Pozzo di Borgo et à réclamer, chose bien naturelle, l'appui d'un parent de sa mère.

Soit pressentiment de ce qui devait arriver, soit tout autre motif, M. Louis Blanc prit lentement, à contre-cœur, le chemin de l'hôtel Pozzo di Borgo. L'accueil qu'il y reçut fut plein de politesse. Le général l'interrogea avec bienveillance, promit de songer à son avenir ; puis, quand il estima que l'entretien s'était suffisamment prolongé, il sonna et donna à demi-voix un ordre à son valet de chambre. Celui-ci, au bout de peu d'instants, rentra, tenant à la main une bourse convenablement garnie. A cette vue, M. Louis Blanc, qui avait répondu avec effort à l'interrogatoire de son nouveau protecteur, sentit la rougeur lui monter au front. Se contenir lui devint impossible lorsqu'il vit qu'un serviteur du frère de sa mère lui remettait de sa part une aumône. Toute sa fierté personnelle, tout son orgueil de famille se révolta. Jetant la bourse au loin et donnant un libre cours aux sentiments qui le suffoquaient, il repoussa, sans plus rien ménager, une protection qui prenait des formes si offensantes et quitta brusquement, pour n'y jamais revenir, une demeure où désormais son nom ne fut plus prononcé qu'avec colère.

Par un hasard heureux, à peu de temps de là, l'un de ses amis l'introduisit chez M. Hallette, riche fabricant d'Arras, qui cherchait pour son fils un précepteur. Celui-ci vit M. Louis Blanc avec plaisir, l'écouta favorablement, mais il ne pouvait se résoudre néanmoins à revêtir de la grave fonction de pédagogue un homme dont la taille enfantine, le geste et le rire faciles exprimaient l'insubordination d'une adolescence espiègle bien plus que l'autorité du professorat. Une femme intelligente intervint et fit taire les scrupules du père de famille. M. Louis Blanc partit pour Arras. Ce fut son premier pas dans une carrière où la célébrité vint pour ainsi dire à sa rencontre. Ce fut là qu'il entra dans la publicité en donnant à un journal radical des articles d'une facture excellente, et qu'il exerça pour la première fois ce talent d'enseignement et de propagande qui devait, au bout de si peu d'années, appeler sur son nom une popularité dont il avait l'instinct, la passion, le pressentiment. La fabrique de M. Hallette occupait plus de trois cents ouvriers. M. Louis Blanc les vit, les aima, les associa aux leçons qu'il donnait à son élève. Bientôt, ayant trouvé le temps de leur faire des cours particuliers, il reconnut avec surprise chez ces hommes dénués de tous moyens d'instruction, un désir ardent d'apprendre qui contrastait singulièrement avec la répulsion pour les livres et la paresse systématique qu'il avait vues régner au collége. Dès ce moment, il résolut de se consacrer à l'enseignement des masses et rechercha les lois de l'économie sociale les plus propres à favoriser le développement intellectuel d'un peuple instinctivement spiritualiste, qui subissait avec honte et tristesse l'infériorité de sa vie morale.

De retour à Paris, en 1834, M. Louis Blanc fut mis en relation par le rédacteur en chef du journal d'Arras, avec Cauchois-Lemaire et Rodde, qui dirigeaient alors dans le meilleur esprit un journal intitulé *le Bon sens*. Les articles sérieux et solides qu'y publia M. Louis Blanc eurent un succès trop incontesté pour qu'il en retirât l'honneur. Comme le temps et l'adversité glissaient sur son visage et sur son humeur sans y laisser de traces, on ne lui donnait pas plus d'une quinzaine d'années, et personne n'admettait qu'à cet âge il fût possible de penser et d'écrire ainsi. Enfin, s'étant rencontré un jour, dans une réunion de journalistes, avec Armand Carrel qui possédait le don bien rare de reconnaître et d'aimer la supériorité d'autrui, celui-ci le provoqua à la discussion, s'étonna de trouver un contradicteur si opiniâtre et, se sentant attiré par cette riche organisation d'artiste, lui offrit de coopérer à la rédaction du *National*. Malgré la résistance de la plupart des rédacteurs, Carrel leur imposa l'insertion d'une série d'articles de M. Louis Blanc, qui tranchaient avec l'esprit purement politique de la feuille radicale par la nature même des questions abordées, questions dont l'ensemble devait plus tard, sous le nom de *socialisme*, occuper et épouvanter le monde. Quelque temps après, comme M. Louis Blanc s'était déjà fait un nom par ses travaux dans *le National* et dans *la Revue du progrès*, Godefroy Cavaignac, avec lequel il s'était lié intimement et qui subissait l'ascendant de ses idées socialistes de plus en plus systématisées, le fit entrer à la rédaction de *la Réforme*. Là, après la mort de Cavaignac, il prit à côté de M. Ledru-Rollin et des autres continuateurs de la politique jacobine, une place à part et une importance toute personnelle.

J'ai dit dans la première partie de cette histoire quelle a été la suite des travaux de M. Louis Blanc à partir de ses articles isolés jusqu'à la brochure de l'*Organisation du travail*. Ses doctrines ou plutôt son système avait ses racines dans le saint-simonisme ; mais, laissant de côté les formules religieuses de l'école, il concentra toute son attention sur un seul point de la vie sociale et fit de l'atelier industriel le pivot du monde. L'État, considéré comme dépositaire de la richesse commune, l'État capitaliste distribuant à la société des travailleurs la tâche et la récompense, réglant la production et la consommation, anéantissant la concurrence et avec elle toutes les inégalités de la fortune, telle était l'utopie que le talent abondant de M. Louis Blanc reproduisit sous toutes ses faces pendant plus de dix années et que le prolétariat, rassemblé à sa voix sur les bancs des législateurs du passé, devait prendre pour base d'une législation renouvelée de fond en comble (1).

Nous allons maintenant assister jour par jour à l'évanouissement de ces illusions gigantesques ; mais, pour être équitable, nous constaterons en même temps les résultats excellents qui, en dehors du rêve inapplicable, furent obtenus par les conférences du Luxembourg, et auxquels on ne saurait reprocher que leur disproportion avec les espérances infinies dont M. Louis Blanc avait bercé l'imagination populaire. Le bien que firent les conférences du Luxembourg, c'est-à-dire les nombreuses conciliations entre ouvriers et patrons dans ce Paris incandescent où les moindres contestations pouvaient à chaque minute allumer la guerre civile, et l'impulsion donnée aux associations ouvrières qui formeront, avec le temps, l'organisation naturelle du travail, se pouvaient obtenir avec moins d'appareil et de bruit. M. Louis Blanc, qui l'a compris sans doute, a rejeté sur le mauvais vouloir de ses collègues dans le gouvernement cette disproportion humiliante entre l'effet et la promesse. Il a dit qu'en lui refusant un budget et un ministère, on l'avait réduit à l'impuissance : c'était étrangement s'abuser. Un budget ne peut servir qu'à l'application de principes acceptés par la conscience publique ; et les siens, qu'une grande partie de la nation ne connaissait seulement pas, n'étaient pas même adoptés encore par le prolétariat, dont ils caressaient cependant tous les instincts. Le peuple aimait la personne de M. Louis Blanc et le sentiment qui lui inspirait ses théories. Lui, toujours prompt à

(1) Dans son *Histoire de la Révolution de 1848*, t. IV, p. 84, M. Garnier-Pagès accuse M. Louis Blanc d'avoir soutenu le système des *associations forcées*. M. Louis Blanc, dans une lettre que j'ai sous les yeux et dont je donnerai un extrait, proteste contre cette accusation ; il raconte autrement que M. Garnier-Pagès une discussion qui eut lieu dans une réunion chez M. Marie, avant la révolution, entre quelques députés et un certain nombre de journalistes, rédacteurs du *National*, de *la Réforme* et de *l'Atelier*. Selon M. Louis Blanc, M. Garnier-Pagès aurait commis une double erreur et la discussion n'aurait même point porté dans cette réunion sur la question des associations libres ou forcées.

l'illusion, en conclut que ses idées étaient populaires. Ce fut une erreur dans laquelle un homme d'État ne serait point tombé et qui l'entraîna en mille écarts de jugement. Nous ne tarderons pas à nous en convaincre en reprenant le fil des événements où nous l'avons interrompu.

Nous avons laissé les ouvriers en séance dans la salle des délibérations de la pairie. M. Louis Blanc leur expose le but de la commission, qui est d'étudier toutes les questions relatives au travail, d'en préparer la solution dans un projet qui sera soumis à l'Assemblée nationale, et, en attendant, d'entendre les requêtes urgentes pour faire droit à toutes celles qui seront reconnues justes. Quelques ouvriers montent à la tribune et déclarent que deux demandes sont l'objet d'une insistance particulière. Les ouvriers mettent pour condition à leur rentrée dans les ateliers la réduction des heures de travail et l'abolition du marchandage, c'est-à-dire de l'exploitation vexatoire des ouvriers par des sous-entrepreneurs de travaux qui, sans être d'aucune utilité réelle, absorbent une part considérable des bénéfices. Cette première réclamation, si modérée, si équitable qu'elle soit en principe, soulève des difficultés dont M. Louis Blanc sent sur le coup toute l'importance. Secondé par M. Arago qui, fidèle à sa promesse, venait lui prêter l'appui de son nom et de ses années, il essaye de gagner du moins un peu de temps en refusant de rien statuer avant que des élections régulières aient constitué une représentation complète des corporations. Il ajoute que l'avis des patrons, qui ne souffrent pas moins de la crise que les ouvriers et dont les intérêts sont au fond semblables, mérite aussi d'être entendu, si l'on ne veut risquer de compromettre, par une précipitation trop grande, le succès des mesures demandées.

Cette convocation des patrons a lieu le soir même. La plupart témoignent à l'égard des ouvriers les intentions les plus libérales et agréent les requêtes qui leur sont présentées. M. Louis Blanc, soulagé d'une inquiétude très-vive, fait rendre aussitôt par le gouvernement un décret qui abolit le marchandage et diminue d'une heure la durée de la journée de travail par toute la France, ce qui la fixe pour Paris à dix et pour les départements à onze heures. Mais la facilité qu'il rencontre dans ce premier essai de réforme est complétement illusoire. A peine rendu, le décret du 2 mars, qui n'est passible d'aucune sanction pénale (1), devient l'objet d'une résistance à peu près générale. Le plus grand nombre des chefs d'industrie refusent formellement de s'y conformer; d'autres vont plus loin et renvoient leurs ouvriers; beaucoup d'ouvriers ne veulent plus travailler que huit ou neuf heures.

Cependant l'imagination de M. Louis Blanc, un moment éblouie par la pensée des grands débats parlementaires qui, du Luxembourg, allaient retentir dans toute l'Europe, se calmait singulièrement en voyant dans la réalité, d'une part, des difficultés extrêmes à la moindre amélioration, de l'autre, d'infiniment petits détails auxquels, du sommet de ses théories, il lui fallait descendre dans le domaine de la pratique. Son début en matière de gouvernement n'avait pas été heureux. Son premier décret du 2 mars n'était que très-imparfaitement exécuté et jetait déjà le trouble dans l'industrie. Son second décret, qui portait création, dans les douze mairies de Paris, de douze bureaux de renseignements, chargés de dresser des tableaux statistiques de l'offre et de la demande du travail et de faciliter ainsi les rapports entre les chefs d'industrie et les ouvriers, ne reçut pas même un commencement d'exécution. C'étaient là des échecs sensibles et qui tempéraient beaucoup sa première ardeur. Des conciliations, après d'interminables débats, entre les entrepreneurs et les conducteurs d'omnibus et de cabriolets de place, entre les maîtres et les ouvriers couvreurs, boulangers, paveurs, etc., quoique

---

(1) Le gouvernement essaya plus tard de lui en donner une. La peine de l'amende et, en cas de récidive, celle de la prison, furent décrétées contre les chefs d'ateliers qui laisseraient leurs ouvriers travailler au delà du temps prescrit par la loi. Mais ce décret ne reçut jamais d'application.

d'une utilité réelle, ne pouvaient suffire à une ambition qui rêvait de changer le monde. On voit dans les réunions de publicistes et d'économistes qu'il provoque à plusieurs reprises au Luxembourg, et où se rendent MM. Considérant, Vidal, Pecqueur, Dupont-White, Duveyrier, Dupoty, Wolowski, Toussenel, combien ses espérances de réformateur sont déjà réduites, car il n'expose aucun plan général de réforme industrielle et il se borne à proposer des palliatifs momentanés à la misère des ouvriers, tels que la création de cités ouvrières et la suppression du travail dans les prisons. Le langage de M. Louis Blanc aux ouvriers se ressent aussi de ce découragement intérieur. Il insiste de jour en jour davantage sur le danger de la *précipitation*; sur la nécessité de *méditer profondément* les problèmes; sur la *patience* et la *prudence* qu'il convient d'apporter dans les délibérations; sur l'impossibilité d'aucune réalisation immédiate; il reporte constamment la pensée de ses auditeurs sur la prochaine convocation de l'Assemblée nationale, et pour remplir les heures de séance, il use amplement des moyens oratoires que M. de Lamartine employait à l'Hôtel-de-Ville, en recommençant à tout propos le récit épique de la révolution et le tableau des grandes choses accomplies par le peuple.

La réunion générale des délégués ouvriers, légalement constitués au nombre de quatre cents, et la réunion des délégués des patrons, qui se fit le 17 mars, dans laquelle ceux-ci témoignèrent de nouveau des dispositions les plus conciliantes, n'eurent d'autre effet sur l'esprit de M. Louis Blanc que de lui montrer avec plus d'évidence combien son rôle allait s'amoindrissant et combien il lui importait d'occuper d'une autre manière l'activité des hommes que son éloquence captivait encore, il est vrai, mais qu'elle ne pourrait longtemps abuser sur le peu de fruit qu'on en devait attendre.

Désabusé lui-même de l'utilité de ces assemblées nombreuses, où la multiplicité des intérêts particuliers fait à chaque instant perdre de vue l'intérêt général, M. Louis Blanc fit élire un comité de vingt membres (1) qui devait rester en permanence au Luxembourg pour élaborer les questions, et les soumettre, lorsqu'elles auraient été suffisamment élucidées, à l'assemblée générale des ouvriers. MM. Vidal et Pecqueur travaillèrent consciencieusement, au sein de ce comité, à un projet de travail industriel et agricole, dans lequel les idées de M. Louis Blanc reçurent des modifications considérables. Ce projet, dont l'éclectisme faisait une part à tous les systèmes socialistes, et qui se fondait sur la supposition erronée, qui leur est commune à tous, que l'État est en puissance de régler la production et la consommation générales, fut déposé sur le bureau de l'Assemblée, mais il ne fut pas lu à la tribune. On n'en fit aucune mention dans la grande discussion sur le *Droit au travail*; il passa inaperçu aussi bien des législateurs que du public et de la plupart des ouvriers.

Cependant les prolétaires, que le sentiment de leur droit rendait persévérants, continuaient de se réunir, apprenaient ainsi à se connaître, à se considérer en corps et comme une force collective. Peu enclins à s'absorber dans l'examen des théories, ils commençaient à s'entretenir des avantages pratiques de l'association; ils discutaient ses divers modes, se communiquaient des projets de société, des plans de règlements disciplinaires, se confirmaient insensiblement les uns les autres dans cette salutaire pensée que c'était en eux-mêmes, en substituant à l'ancienne association partielle, incomplète et égoïste du *compagnonnage* une solidarité générale des corporations ouvrières, qu'ils devaient chercher la réalisation de leurs vœux. La sagacité de M. Louis Blanc comprit toute l'importance de cette nouvelle direction des esprits; il se flatta de ressaisir par cette voie l'ascendant qu'il compromettait par ses harangues trop multipliées et trop vagues. Il encouragea les désirs manifestés par les ouvriers tailleurs,

---

(1) Ce comité était composé de dix ouvriers et de dix délégués des patrons.

qui forment la corporation la plus nombreuse, la plus intelligente et la plus souffrante de Paris (1), de former une association; il les aida à rédiger des statuts, leur fit ouvrir, le 28 mars, l'ancienne prison des détenus pour dettes à Clichy, et obtint pour eux, du ministre de l'Intérieur et de la Ville de Paris, une commande considérable d'habillements pour la garde nationale sédentaire et pour la garde mobile. M. Louis Blanc contribua aussi à fonder une association de selliers et une association de fileurs.

Au bout de peu de temps, ces associations, malgré les difficultés résultant de la crise industrielle et de l'impossibilité où se trouvaient les ouvriers sans fortune de réunir un capital suffisant, réussirent, ainsi que les mécaniciens de l'établissement Derosnes et Cail, à réaliser des bénéfices modestes. C'en était assez, dans la disposition des esprits, pour que leur exemple fût suivi. L'idée de l'association gagna de proche en proche. Les ouvriers de Paris, mus par un ardent désir d'affranchissement, préférant à la loi des maîtres tous les sacrifices que leur imposaient ces tentatives imparfaites d'indépendance, supportant avec un courage admirable, dans une pensée d'avenir, les privations et le joug aggravé du présent, firent à leurs risques et périls une expérience qui devait profiter au prolétariat tout entier (2).

L'administration par des commissions électives, la discipline soumise à un jury également choisi par l'élection, l'égalité du salaire et l'égale répartition des bénéfices entre tous les associés, sans tenir compte ni de la quantité ni de la qualité de l'ouvrage, furent la base commune de ces associations diverses. Par la suite cette organisation dut se modifier, l'égalité des salaires ayant été reconnue à l'épreuve aussi contraire à l'intérêt collectif qu'à l'équité. Pour le moment, il importe seulement de constater comment, du sein même des délibérations les plus vagues sur les théories conçues *à priori* par un esprit systématique, sortit spontanément, en vertu même d'une liberté qu'on y attaquait trop souvent avec violence, un essai de réalisation pratique (1) que l'on peut considérer comme le point de départ de l'organisation *naturelle* du prolétariat, comme l'origine d'une *commune* industrielle destinée avec le temps à devenir, pour les prolétaires du monde moderne, ce que fut la *commune* du moyen âge pour les bourgeois, la garantie des droits et la sécurité de l'existence par la combinaison et la confédération des forces (2).

Les soins donnés par M. Louis Blanc à ce qu'il appela les ateliers *sociaux*, les arbitrages qui lui étaient sans cesse demandés au Luxembourg et les séances du gouvernement provisoire auxquelles il assistait de moins en moins, ne suffisaient point à occuper l'activité de son

---

(1) Le nombre des ouvriers tailleurs paraît être de quinze à dix-huit mille hommes parmi lesquels se trouvent beaucoup d'étrangers; celui des ouvrières est de cinq à six mille. (Voir les excellents articles de M. Cochut sur les *associations ouvrières*, National du 21 janvier 1851 et des jours suivants.)

(2) En 1832, un essai d'association entre les tailleurs avait été fait à Nantes. Il échoua par mauvaise gérance. En 1848, quelques villes départementales imitèrent Paris, et des associations mutuellistes s'organisèrent à Tours, à Reims, à Lyon, à Angers, etc.

(1) « En cherchant les chimères, ils trouveront les lois éternelles, » disait Bernard Palissy, parlant des alchimistes du seizième siècle.

(2) Il sera intéressant de consulter une *statistique de l'industrie de Paris* résultant de l'enquête faite par la Chambre de commerce pour les années 1847 et 1848 (un vol. in-4°, chez Guillaumin). Dans un article du *Journal des Débats*, 7 juillet 1852, M. Michel Chevalier, qui rend compte de cette publication, s'exprime ainsi en en citant un fragment :

« La tendance des ouvriers à s'élever s'est manifestée par un autre phénomène sur lequel l'attention publique a été appelée à plusieurs reprises : la formation d'associations ouvrières. Les recenseurs de la chambre de commerce les ont consignées à part dans leurs relevés; ils en ont visité plus de cent, mais elles sont en bien plus grand nombre. Beaucoup appartiennent à des professions que la Chambre de commerce laissait en dehors de son cadre, aux professions commerciales proprement dites ou à celles de restaurateur et de coiffeur. Il en est qui ont mal tourné; d'autres, au contraire, ont réussi. Dans la plupart de ces associations, disent les auteurs de la *Statistique de l'industrie à Paris*, « la direction des affaires a été confiée aux hommes les plus capables; on a fait appel au dévouement individuel, de grands efforts ont été faits pour pousser les travailleurs à placer leur point d'honneur à se conduire d'une manière régulière en se respectant eux-mêmes dans leur personne et dans leur tenue. Dans les moments les plus difficiles, l'économie la plus sévère a été acceptée, et l'on a cité des associations où, pendant toute une année, les sociétaires sont restés sans boire de vin. »

LES TROIS CENTS QUITTANT LES TUILERIES (P. 243).

esprit. Les élections de la garde nationale qui se préparaient et la convocation prochaine des réunions électorales pour l'Assemblée constituante éveillaient en lui de vives appréhensions. Il sentait confusément la bourgeoisie passer de la première stupeur à la réflexion. De la réflexion au concert, il n'y avait pas loin; si elle arrivait à se concerter, c'en était fait, selon toute apparence, de la prépondérance du prolétariat. Il importait donc que le prolétariat se coalisât fortement pour opposer aux habiletés de la bourgeoisie une action politique bien combinée.

Ce fut là l'objet des conférences particulières et confidentielles qui se tenaient au Luxembourg en dehors des séances à demi officielles de la Commission des travailleurs. Là ne furent admis que des hommes absolument dévoués à M. Louis Blanc et disposés à recevoir de lui le programme de leur conduite politique. Ces hommes, choisis par les ouvriers comme les plus capables et les plus énergiques d'entre eux, exerçaient sur le peuple de Paris une influence considérable; ils connaissaient avec exactitude ses dispositions morales, ses ressources matérielles; ils pouvaient se rendre compte, jour par jour, des plus légères variations de l'opinion populaire. Par eux, M. Louis Blanc, qui n'avait aucun rapport direct ni avec les clubs ni avec aucune police, pas plus celle de M. Caussidière que celle de M. Sobrier ou celle de M. Ledru-Rollin, restait cependant en contact avec le cœur de la population ouvrière et comptait en quelque sorte les battements de ce cœur agité. Au moment dont je parle, la fièvre populaire excitée par les clubs correspondait avec les vues intimes de M. Louis Blanc. Le jacobinisme, qui dominait dans l'entourage du ministre de l'intérieur, avait réveillé par des paroles provocantes les susceptibilités de la bourgeoisie. Voyant qu'elle pourrait bien prendre sa revanche dans l'urne électorale, il jetait dans la population ouvrière cette pensée funeste qu'il fallait à tout prix retarder les élections et perpétuer entre les mains du gouvernement provisoire, qu'il serait facile de surveiller et d'épurer au besoin, le pouvoir révolutionnaire.

M. Louis Blanc qui, dès l'origine, avait conçu l'établissement de la République par l'action d'un gouvernement dictatorial indéfiniment prolongé, seconda de toute son éloquence, dans ses entretiens confidentiels du Luxembourg, les idées impolitiques suscitées dans les clubs et dans la presse par les agitateurs. Sans se concerter avec eux, il prépara, il organisa de son côté ce que l'on commençait alors à nommer une *manifestation* populaire, dans le double dessein de faire passer à la bourgeoisie, qui commençait à l'oublier, une revue du peuple, d'obtenir de la majorité du conseil l'ajournement des élections et de la rentrée des troupes dans Paris : deux moyens infaillibles, selon lui, d'affermir et de perpétuer le gouvernement du prolétariat.

Afin de bien comprendre ce que fut cette manifestation, à laquelle est resté le nom de *Journée du 17 mars*, il nous faut retourner de quelques jours en arrière et saisir à son origine le premier mouvement de résistance à la révolution, le premier symptôme de rébellion contre le gouvernement provisoire qui se trahît dans la bourgeoisie. L'occasion en fut puérile ; les suites immédiates tournèrent à son détriment. Mais l'impulsion une fois donnée ne s'arrêta plus, et les factions royalistes, se fortifiant chaque jour et par le temps que leur laissait la prolongation d'un état provisoire et par la tactique absurde des meneurs populaires, regagnèrent insensiblement dans le pays une grande partie du terrain que la victoire clémente du peuple et l'établissement d'une République conciliatrice leur avaient fait perdre.

La désorganisation de l'ancienne garde nationale, de cette armée civique qui représentait, sous le règne de Louis-Philippe, le véritable esprit de la bourgeoisie, en défiance aussi bien contre les usurpations du pouvoir royal que contre les invasions de la force populaire, portait une atteinte profonde à l'orgueil et à la sécurité des classes riches. Par décret du 27 février, le gouvernement provisoire avait déclaré que tout Français majeur faisait partie de la garde nationale ; le 14 mars, sur la proposition du ministre de l'intérieur, il avait prononcé le changement des anciens cadres, la dissolution des compagnies d'élite, grenadiers et voltigeurs (1), et fixé au 18 avril l'élection des nouveaux officiers par le suffrage universel. Ce décret était tout à la fois le plus régulier dans la forme et le plus révolutionnaire dans le fond de tous ceux qu'eût encore rendus le gouvernement ; ce n'était ni plus ni moins que l'armement légal du prolétariat et sa prépondérance organisée dans une institution dont le caractère et l'esprit primitif avaient été de le combattre. La bourgeoisie sentit le coup qui lui était porté : le sentiment d'égalité jalouse et le principe du droit démocratique qui l'avaient animée pendant sa longue lutte contre la noblesse et contre la royauté semblaient tout à coup taris en elle du moment qu'elle se voyait forcée d'en étendre au peuple les conséquences. La féodalité industrielle ne voulut pas comprendre qu'à son tour il lui fallait renoncer à ses privilèges. La garde nationale se révolta à la pensée de l'égalité dans l'uniforme, et sans prendre souci de l'exemple détestable qu'elle donnait à la multitude, elle se répandit en murmures contre le gouvernement.

De son côté, M. Ledru-Rollin venait de fournir un motif spécieux aux murmures de la bourgeoisie. Nous l'avons laissé au ministère de

---

(1) Les gardes nationales avaient été jusque-là composées : 1° de chasseurs qui formaient la masse des soldats ; 2° de voltigeurs ; 3° de grenadiers. Les voltigeurs et les grenadiers, recrutés parmi les habitants les plus considérables, formaient deux compagnies d'élite qui portaient des signes distinctifs et constituaient dans les rangs de la garde civique une espèce d'aristocratie bourgeoise.

l'intérieur donnant aux commissaires envoyés dans les départements ses premières instructions. Comme ces instructions se trouvaient insuffisantes en présence des mille difficultés que soulevait à chaque pas une mission très-complexe, les commissaires insistèrent vivement pour qu'on leur en adressât de plus précises. Alors le ministre chargea M. Jules Favre de rédiger une circulaire qui parut le 8 mars au *Moniteur*, revêtue de sa signature, et qui devint aussitôt l'occasion, le prétexte et le signal d'une scission que la sagesse du peuple de Paris et la balance établie dans le gouvernement provisoire entre les opinions extrêmes avaient jusque-là retardée.

La circulaire du ministre de l'intérieur ne contenait cependant rien, ni dans le fond ni même dans la forme, d'aussi révolutionnaire que plusieurs des décrets du gouvernement provisoire. Elle ne faisait autre chose que de confirmer un fait accompli et nécessité par la révolution, c'est-à-dire la concentration provisoire de pouvoirs extraordinaires entre les mains de républicains chargés de remplir dans les départements les fonctions que le gouvernement provisoire remplissait dans la capitale. Le ton de la circulaire était, d'ailleurs, sauf une phrase malheureuse et qui donna prise à la malveillance, plein de modération, en parfait accord avec les paroles que l'on applaudissait chaque jour dans la bouche de MM. de Lamartine, Arago, Garnier-Pagès : « L'union de tous, y disait le ministre de l'intérieur, doit être la source de la modération après la victoire. Votre premier soin aura donc été de faire comprendre que la République est exempte de toute idée de vengeance et de réaction. » Puis il recommandait aux commissaires de rassurer les esprits timides et de calmer les impatients : « Les uns, disait-il, s'épouvantent de vains fantômes, les autres voudraient précipiter les événements au gré de leurs ardentes espérances. Vous direz aux premiers que la société actuelle est à l'abri des commotions terribles qui ont agité l'existence de nos pères ; aux autres vous direz qu'on n'administre pas comme on se bat. Le sol est déblayé, le moment est venu de réédifier. Or, qui, pour l'accomplissement de cette grande œuvre, n'est pas disposé à s'élever au-dessus de tous les méprisables calculs de l'égoïsme ? La France est prête à donner au monde le beau spectacle d'une nation assez forte pour faire appel à toutes les libertés, assez sage pour en user pacifiquement. Dans ce vaste mouvement des esprits si énergiquement entraînés vers l'application des principes de fraternité et d'union, où est le danger pour qui que ce soit ? Où rencontre-t-on le prétexte d'une crainte ? »

Non content de répudier ainsi, sans aucune équivoque, toute atteinte aux libertés et aux lois, M. Ledru-Rollin, pour achever de rassurer les esprits, annonçait le terme prochain d'un état transitoire par la convocation de l'Assemblée nationale. Il ne laissait subsister à cet égard aucun doute en disant :

« Quant à nous, salués par l'acclamation populaire pour préparer l'établissement définitif de la démocratie, nous avons hâte, plus que tous, de déposer dans les mains de la nation souveraine l'autorité que l'insurrection et le salut public nous ont conférée. Mais, pour remplir plus dignement cette noble tâche, nous avons essentiellement besoin de confiance et de calme. Tous nos efforts tendront à ce qu'il n'y ait pas une heure de perdue, et qu'au plus tôt, sortis cette fois sans fiction du sein du peuple tout entier, les représentants du pays se réunissent pour révéler sa volonté et régler les destinées de l'avenir. A cette Assemblée est réservée la grande œuvre. La nôtre sera complète si, pendant la transition nécessaire, nous donnons à la patrie ce qu'elle attend de nous : l'ordre, la sécurité, la confiance au gouvernement républicain. Pénétré de cette vérité, vous ferez exécuter les lois existantes en ce qu'elles n'ont rien de contraire au régime nouveau. Les pouvoirs qui vous sont conférés ne vous mettent au-dessus de leur action qu'en ce qui touche l'organisation politique dont vous devez être les instruments actifs et dévoués.

N'oubliez pas non plus que vous agissez d'urgence et provisoirement, et que je dois avoir immédiatement connaissance des mesures prises par vous. C'est à cette condition seulement que nous pourrons, les uns et les autres, maintenir la paix publique et conduire la France, sans secousses nouvelles, jusqu'à la réunion de ses mandataires. »

Il poussait enfin les ménagements envers les classes riches jusqu'à recommander explicitement aux commissaires *de résumer avec précision et clarté tout ce qui touchait au sort des travailleurs, de ménager les transitions, et de ne point inquiéter des intérêts respectables, dont le trouble pourrait nuire à ceux mêmes que l'on voudrait protéger* (1).

L'esprit de conciliation qui dictait de semblables instructions sera manifeste dans l'avenir pour tous les hommes de bonne foi; mais, dans les discordes civiles, la bonne foi des partis, qui relèverait la défaite et tempérerait la victoire, disparaît si complétement que la calomnie trouve accès partout, et que là où l'on tente de la repousser, c'est encore en lui opposant le mensonge.

Une indignation vraie à demi, à demi factice, de même nature que celle qui poussait à la révolte les compagnies privilégiées de la garde nationale, éclata dans les partis royalistes à la lecture de la circulaire où se trouvait, entre tous les passages que je viens de citer, le passage suivant, dont on se fit contre M. Ledru-Rollin une arme perfide :

« Le pouvoir méprisable que le souffle populaire a fait disparaître, disait la circulaire, avait infecté de sa corruption tous les rouages de l'administration. Ceux qui ont obéi à ses instructions ne peuvent servir le peuple. A la tête de chaque arrondissement, de chaque municipalité, placez donc des hommes sympathiques et résolus. Ne leur ménagez pas les instructions, animez leur zèle. Par les élections qui vont s'accomplir, ils tiennent dans

(1) Voir la première circulaire de M. Ledru-Rollin, au *Moniteur* du 9 mars.

leurs mains les destinées de la France : qu'ils nous donnent une assemblée nationale capable de comprendre et d'achever l'œuvre du peuple. En un mot, *tous hommes de la veille et pas du lendemain.* »

Cette phrase malhabile, qui cependant n'exprimait autre chose qu'une idée fort simple, acceptée par tout le monde, à savoir que la République devait employer des agents républicains (1), fut commentée et raillée de mille manières par la presse royaliste. Comme il arrive généralement en pareilles occasions, ces attaques outrées, au lieu d'éclairer le ministre et de le rendre plus circonspect, le provoquèrent à des exagérations nouvelles. Dans la circulaire du 12 mars, il insista sur le point qui avait blessé, et lui qui recommandait à ses agents, dans ses instructions verbales, tous les ménagements de la prudence, il leur adressa dans une circulaire officielle, comme s'il eût pris plaisir à défier l'opinion, des injonctions aussi inutiles qu'impolitiques.

« Vous demandez quels sont vos pouvoirs, disait le ministre, *ils sont illimités. Agent d'une autorité révolutionnaire, vous êtes révolutionnaire aussi.* La victoire du peuple vous a imposé le mandat de faire proclamer, de consolider son œuvre. Pour l'accomplissement de cette tâche, vous êtes investi de sa souveraineté, vous ne relevez que de votre conscience, vous devez faire ce que les circonstances exigent pour le salut public. »

(1) Cette nécessité était comprise de tous les hommes de bonne foi. Un grand nombre d'anciens députés, de personnes influentes dans le parti conservateur ou libéral, renoncèrent aux candidatures qui leur étaient offertes par ce sentiment de convenance politique. M. Paillard-Ducléré, beau-père de M. de Montalivet, proclamait tout haut l'intention d'appuyer l'élection de MM. Garnier-Pagès et Ledru-Rollin. Le maréchal Bugeaud déclinait la candidature. Un ancien député des Côtes-du-Nord et du Morbihan, M. Bernard, conseiller à la cour de cassation, s'exprimait ainsi dans une lettre à ses concitoyens : « Est-ce bien d'ailleurs aux députés qui ont soutenu depuis huit ans la monarchie constitutionnelle, qu'il faut demander l'établissement de la République? Quelque sincère que fût leur concours, la défiance inspirée par leur passé ne les frapperait-elle pas d'impuissance? Il importe, à mon avis, que l'Assemblée nationale, sauf un certain nombre d'orateurs et d'écrivains éminents de nos deux anciennes chambres, soit composée d'hommes nouveaux. » (*Journal des Débats*, 23 mars 1848.)

Cette seconde circulaire eut pour effet immédiat de déterminer dans Paris, et bientôt après dans les départements, un mouvement prononcé contre la République. Les petits commerçants, les petits capitalistes d'opinion libérale qui avaient accepté la République comme une conséquence un peu forcée, mais supportable, de leur opposition au gouvernement déchu, en voyant qu'on voulait exclure de la représentation nationale les anciens députés de la gauche, s'irritèrent. Plutôt que d'examiner les choses de sang-froid et d'apprécier à leur juste valeur des paroles où l'inconsidération avait plus de part que la volonté d'opprimer, ils s'en prirent à M. Ledru-Rollin de tout ce qui les effrayait ou les blessait dans le mouvement révolutionnaire, et pour résumer tous leurs déplaisirs en une brève formule, ils l'accusèrent de communisme.

De son côté, la majorité du conseil blâmait M. Ledru-Rollin et se déclarait offensée de ce que le ministre n'avait pas jugé convenable de lui soumettre un acte de cette importance. M. de Lamartine surtout, qui voyait avec une inquiétude extrême l'irritation de part et d'autre aller croissant, tout en exprimant très-ouvertement à M. Ledru-Rollin sa désapprobation personnelle, tentait de sincères efforts pour l'arrêter dans la voie où son entourage le poussait et pour empêcher l'éclat d'une scission dans le gouvernement provisoire. « Vos circulaires, disait-il au ministre de l'intérieur dans leurs entretiens particuliers, font plus de mal à la République que dix batailles perdues, car elles réveillent dans le pays les souvenirs d'un temps que le peuple lui-même a voulu répudier; elles détruisent tout l'effet que sa modération a produit sur l'opinion; elles aliènent à la République, en lui faisant parler un langage dictatorial, tous les citoyens qu'une politique libérale et généreuse lui avait conciliés dès sa première heure. »

Par moments, l'éloquence de M. de Lamartine persuadait M. Ledru-Rollin, dont l'intelligence ne se fermait pas volontairement à la vérité; mais, dès qu'il retrouvait son entourage intime et les ambitieux subalternes qui voulaient par lui soumettre la France à leur bon plaisir, il prêtait l'oreille à leurs suggestions et ne repoussait plus que d'un accent bien faible les projets de complots qui se tramaient entre eux pour l'investir de la dictature. Pendant ce temps, la garde nationale s'excitait de plus en plus contre lui, et n'osant encore élever la voix contre le gouvernement provisoire tout entier, elle affectait d'isoler le ministre de l'intérieur et le rendait seul responsable de toutes les mesures révolutionnaires.

On était dans ces dispositions réciproques, quand, le 15 mars, la veille même du jour annoncé pour la grande protestation des compagnies d'élite, quelques délégués de la garde nationale de la banlieue vinrent à l'Hôtel-de-Ville. Ayant été introduits auprès de M. de Lamartine, que l'on espérait pousser à une rupture avec M. Ledru-Rollin, ces délégués se plaignirent amèrement à lui du décret du 14 mars, et lui firent entendre qu'ils comptaient sur son intervention dans le conseil pour obtenir la réparation qui leur était due. Le même soir, une députation du club de la garde nationale, ayant à sa tête un riche bourgeois d'opinion légitimiste, M. de Lépine, renouvela les mêmes plaintes à M. de Lamartine, et lui peignit avec plus d'insistance encore le mécontentement général soulevé dans la bourgeoisie parisienne par les circulaires de M. Ledru-Rollin. M. de Lépine n'omit rien de ce qui pouvait, selon lui, faire impression sur l'esprit de M. de Lamartine, et termina son discours en l'interpellant sur sa politique particulière et sur la part de responsabilité qu'il lui convenait d'assumer dans les actes du ministre de l'intérieur.

Il y avait, dans ces démarches de la garde nationale auprès de M. de Lamartine, une insinuation très-directe et en quelque sorte une sommation de se détacher de la partie révolutionnaire du gouvernement provisoire, et de prendre, au nom des classes bourgeoises et de l'opinion conservatrice, le gouvernement des affaires. Mais M. de Lamartine, que nous venons de voir reprocher vivement à M. Ledru-Rollin son langage impolitique, ne se laissa point aller à la tentation d'en tirer avantage. Il ne voulait pas plus de la dictature bourgeoise en sa personne qu'il n'entendait souffrir de dictature populaire en la personne de MM. Ledru-Rollin ou Louis Blanc. Son ambition lui montrait dans une perspective rapprochée un but plus haut. Il voulait être l'élu du pays tout entier; et cette ambition, à l'heure où il la conçut, n'avait rien de chimérique, car de tous les points de la France on entendait monter vers lui un murmure approbateur, un assentiment, inquiet encore, mais dont l'accent se raffermissait chaque jour, et qui, en lui promettant l'empire de l'opinion, lui commandait la patience.

L'attitude prise en cette circonstance par M. de Lamartine fait honneur à sa loyauté. Il repoussa la prétention des compagnies privilégiées à rester en dehors de la règle commune; il évita de parler en son nom personnel, mais en même temps il promit que le gouvernement *tout entier* s'expliquerait sur la conduite qu'il entendait tenir dans les élections, et rétablirait ce qui, dans les termes et non dans l'intention des circulaires, avait pu blesser la fierté publique. Ces assurances obligeaient M. de Lamartine à se retirer si le gouvernement refusait de les ratifier; mais il connaissait trop bien la faiblesse du ministre de l'intérieur et son isolement dans le conseil, où MM. Louis Blanc et Albert ne le soutenaient qu'à demi, pour concevoir à cet égard des inquiétudes sérieuses. Il s'occupa donc sans retard à rédiger un projet de proclamation qui contenait le désaveu des circulaires, et l'apporta le lendemain au conseil réuni à l'Hôtel-de-Ville.

Depuis le matin, Paris était agité; mille bruits contradictoires jetaient le trouble dans les esprits. On savait qu'il se tramait quelque chose contre le gouvernement provisoire; mais, ainsi qu'il arrive le plus souvent dans nos discordes civiles, l'émotion, produite à la fois sur tous les points de la cité, ou ne s'expliquait pas du tout à elle-même, ou s'expliquait par des causes opposées.

Aux abords de l'Hôtel-de-Ville, tout présageait une lutte sérieuse. Quand la première légion de la garde nationale, qui s'était mise en marche, tambours en tête, sous la conduite de ses officiers, déboucha sur la place du Châtelet, elle se vit tout d'un coup arrêtée par une masse considérable d'hommes du peuple qui, avertis la veille au soir dans les clubs, étaient accourus pour défendre, contre les bourgeois et les légitimistes, le gouvernement provisoire. Des colloques animés s'engagent, des propos injurieux sont échangés. Le général Courtais, escorté de trois chasseurs à cheval et de deux élèves des écoles, paraît à ce moment et, l'épée nue à la main, haranguant la première légion, il lui reproche, en termes très-vifs, l'illégalité de sa démarche et le mauvais exemple qu'elle donne au peuple. Une clameur prolongée l'interrompt; les cris de *à bas Courtais! à bas les communistes* (1)! retentissent dans les rangs; le peuple se presse autour du général pour le défendre; une lutte corps à corps s'engage pendant laquelle un garde national, se précipitant sur le général et l'accablant d'insultes, lui arrache son épée et ses épaulettes. A cette vue, la foule, qui grossissait de minute en minute, se jette en avant, rompt les rangs de la garde nationale, la force à reculer, la disperse et, après l'avoir poursuivie quelque temps de ses huées, revient triomphante occuper les quais et la place.

Mais, pendant que la 1re légion subissait cet échec ridicule, la 10e occupait la place de l'Hôtel-de-Ville, appuyant les compagnies d'élite qui attendaient, dans une attitude menaçante et en proférant les propos les plus séditieux, le retour de la députation envoyée au gouvernement provisoire. Pendant la dé-

---

(1) A ce moment-là, la confusion des idées était si grande que la bourgeoisie voyait dans M. Ledru-Rollin le chef des communistes.

libération du conseil, qui ne dura pas moins de deux heures, des clameurs de toute nature ne cessèrent de retentir. L'arrivée de M. Ledru-Rollin, qui se rendait à l'Hôtel-de-Ville dans la voiture de M. Arago, porta l'exaspération des séditieux à son comble. Mille propos insultants, mille outrages furent proférés sur le passage du ministre de l'intérieur. En vain M. Arago, penché hors de sa voiture, essayait de calmer, de ramener à la raison, au respect d'eux-mêmes ces hommes qui se disaient les défenseurs de l'ordre. « Mort à Ledru-Rollin! » répétaient ces furieux, sans vouloir rien entendre. L'un d'eux même, en se rapprochant de la voiture, fit un geste menaçant. « Malheureux! s'écria M. Arago en lui saisissant le bras, oubliez-vous donc qu'ici même, à cette place, périt Foulon! » Mais que pouvaient, sur de si aveugles passions, les avertissements d'un vieillard et les souvenirs de l'histoire!

Parvenu enfin, à travers cette émeute odieuse autant que ridicule, jusqu'à l'Hôtel-de-Ville, M. Arago, en faisant au conseil le récit de ce qui se passe sur la place, prête une force nouvelle à l'opinion de M. de Lamartine. M. Ledru-Rollin n'essaye point de la combattre; il désavoue les termes de la circulaire, dont il rejette la responsabilité sur M. Jules Favre, et, après que M. de Lamartine, sur les observations de M. Louis Blanc, a de son côté consenti à modifier plusieurs des expressions de sa proclamation, tous les membres du gouvernement y apposent leur signature. Pendant ce temps, MM. Arago, Marrast et Buchez recevaient la députation de la garde nationale et lui exprimaient avec sévérité le blâme que méritait sa conduite. M. Arago surtout, usant du droit que lui donnaient son âge et l'autorité de son nom, lui faisait sentir sans ménagement l'absurdité d'une pareille rébellion, et les effets fâcheux qu'elle ne pouvait manquer de produire.

« On a parlé de M. Ledru-Rollin, dit M. Arago, comme ayant pris personnellement la détermination dont il s'agit. En sa qualité de ministre de l'intérieur, M. Ledru-Rollin a des déterminations à prendre, dont nous le laissons seul responsable. Mais le décret qui vous émeut a été arrêté en conseil du gouvernement, après avoir entendu les chefs naturels de la garde nationale, MM. de Courtais et Guinard. Nous nous sommes bien imaginés que cette mesure causerait une petite émotion; mais nous n'avions pas cru que cette émotion fût aussi profonde, et que surtout elle vous déterminerait à faire une démarche qui a eu déjà ses inconvénients, mais qui en aura peut-être un bien plus grave encore. Cet inconvénient-là, vous le verrez demain. Demain, nous aurons une manifestation de la classe ouvrière pour répondre à celle de la garde nationale. Nous la calmerons, je l'espère; mais ne pensez-vous pas qu'il serait déplorable d'établir entre les ouvriers et la garde nationale un antagonisme, quand nous voulons, au contraire, la plus grande union? »

Le ton sévère de cette admonestation et l'annonce positive d'une démonstration populaire pour le lendemain firent tomber l'arrogance des députés. Ils se retirèrent en silence; descendus sur la place, ils virent qu'ils avaient agi prudemment, car les masses populaires affluaient de tous côtés aux cris de *Vive Ledru-Rollin!* et il n'était plus possible à la garde nationale de persister dans sa tentative insensée.

Elle se retira donc, confuse et humiliée, emportant avec elle la honte d'une démarche puérile et la désapprobation de tous les bons citoyens. Dans une révolution où les masses aveugles s'étaient montrées si promptes à l'oubli et si facilement apaisées, n'était-ce pas, en effet, une faute impardonnable à la bourgeoisie que de donner ouvertement, comme elle venait de le faire, l'exemple des rancunes et de l'esprit de vengeance? N'était-ce pas une chose inouïe que le premier signal de la lutte entre les classes partît de celle-là même qui se prétendait commise à la défense de l'ordre, et que les premiers cris de mort fussent poussés par les hommes de la légalité et de la paix?

Nous allons assister à un spectacle bien différent et voir comment le peuple, si follement provoqué, répondit une seconde fois encore par la modération et la sagesse.

J'ai dit que M. Louis Blanc méditait, depuis quelque temps déjà, une grande manifestation populaire, non dans le dessein de renverser la majorité du gouvernement, les complots et les conspirations répugnaient à son esprit orgueilleux (1), mais pour exercer sur elle une intimidation morale. Dans ces vues, il était nécessaire que cette manifestation restât calme et ne devînt le prétexte d'aucun désordre. Aussi en régla-t-il avec un soin minutieux l'ordonnance et la discipline. Pas d'armes, pas de cris, pas de violence, mais une longue, silencieuse et solennelle procession de toutes les corporations à travers Paris ; la demande, respectueusement apportée au conseil par une députation, de l'ajournement des élections et de l'éloignement des troupes : tel était le programme donné par M. Louis Blanc aux délégués du Luxembourg, d'accord en cela avec M. Caussidière, qui favorisait le parti de M. Ledru-Rollin, mais ne jugeait pas le moment venu d'agir ouvertement à main armée.

Les clubs qui, de leur côté, sans projets bien arrêtés, entretenaient dans le peuple l'agitation et la défiance, comprirent, en voyant l'émeute avortée de la garde nationale, que l'instant était favorable pour faire la loi au gouvernement, et qu'il fallait saisir l'occasion. En conséquence, une réunion générale des chefs de clubs eut lieu dans la soirée du 16, et l'on y tomba d'accord sur la nécessité de convoquer le peuple pour le lendemain. Toute la nuit se passa à écrire, à imprimer des lettres, des proclamations, des affiches. Une foule d'émissaires se répandirent dans les ateliers de Paris et de la banlieue. Le gouvernement provisoire, disaient-ils, attaqué par les royalistes, avait courageusement résisté ; il fallait aller l'en féliciter, lui promettre de nouveau le concours du peuple, remercier en particulier M. Ledru-Rollin de son dévouement à la nation.

La proclamation suivante, affichée dans la matinée du 17 sur tous les murs de Paris et saisie, par ordre de M. Émile Thomas, dans les ateliers nationaux, où elle avait causé une grande émotion, fait voir avec quelles précautions infinies ceux d'entre les chefs de clubs qui complotaient le renversement du gouvernement provisoire dissimulaient, en parlant au peuple, des projets que sa loyauté eût repoussés avec indignation.

RÉPUBLIQUE FRANÇAISE
LIBERTÉ, ÉGALITÉ, FRATERNITÉ

« Le peuple a été héroïque pendant le combat, généreux après la victoire, magnanime assez pour ne pas punir...

« Il est calme, parce qu'il est fort et juste.

« Que les mauvaises passions, que les intérêts blessés se gardent de le provoquer.

« Le peuple est appelé aujourd'hui à donner la haute direction morale et sociale.

« Il est de son devoir de rappeler fraternellement à l'ordre ces hommes égarés qui tenteraient encore de se maintenir en corps privilégiés dans le sein de notre cité.

« Il voit d'un œil sévère ces manifestations contre celui des ministres qui a donné tant de gages à la révolution. »

Cette proclamation très-habile exprimait exactement les dispositions naïves de la masse populaire. La plus grande partie des ouvriers ne connaissaient encore que très-vaguement la division qui régnait entre la majorité et la minorité du conseil. Ils vénéraient par tradition les noms d'Arago et de Dupont (de l'Eure) ; ils ne s'occupaient ni de M. Marrast, ni de M. Marie, ni de M. Garnier-Pagès. La

---

(1) M. de Lamartine lui rend ce témoignage : « Il souffla les erreurs, écrit-il dans son *Histoire de la Révolution de 1848* (v. II, p. 207), jamais les séditions. » En effet, M. Louis Blanc refusa, quelques jours avant le 17 mars, de se rencontrer en maison tierce avec M. Blanqui. « Un membre du gouvernement, dit-il à la personne qui l'engageait à cette entrevue, ne doit pas voir un conspirateur. »

LES VÉSUVIENNES (P. 248).

plus grave accusation qui se fût encore produite contre M. de Lamartine, c'était d'être un peu faible et de se laisser tromper par les royalistes. Il ne s'agissait donc véritablement, dans l'esprit du peuple, que de donner confiance au gouvernement et de l'engager à persévérer dans le bien (1). Les principaux chefs de clubs, qui portaient dans ce projet de manifestation populaire une vue plus politique et voulaient, en arrachant à la majorité du conseil l'ajournement des élections et l'éloignement de l'armée, raffermir dans le gouvernement l'autorité de la minorité révolutionnaire, étaient loin de se prêter à la trahison préméditée par quelques factieux. Aucun d'eux ne voulait renverser M. de Lamartine. M. Cabet, qui eut, le 16 au soir et dans la matinée du 17, des entretiens avec lui, s'employa, avec beaucoup de zèle et d'habileté, à modérer ces hommes et à les mettre en garde contre les suggestions des agents de M. Blanqui ; M. Sobrier, qui mieux que d'autres connaissait le plan des conspirateurs, promettait d'y avoir l'œil. Ce plan, d'ailleurs, pas plus que le complot du 25 février, évanoui au souffle même de celui qui l'avait conçu, ne reposait sur rien de solide. Crier bien haut à la trahison du gouvernement provisoire, dire tout bas qu'on était en force pour s'emparer de l'Hôtel-de-Ville, glisser dans l'oreille de quelques-uns que Blanqui méritait seul la confiance des

(1) Qu'il me soit permis de rappeler ici un propos naïf entendu le 17, dans un groupe populaire, au moment où le gouvernement parut sur l'estrade de l'Hôtel-de-Ville, et qui peint admirablement le sentiment le plus général dont la masse était animée : « Quel malheur qu'il y en ait un qui soit un peu vieux, disait un ouvrier, en regardant Dupont (de l'Eure), les autres en ont bien pour vingt ans encore à *faire notre bonheur et à nous défendre contre l'étranger.* »

révolutionnaires, c'était toute la tactique des conspirateurs; et cette tactique, qui pouvait amener un tumulte passager, était absolument impuissante à remuer la grande masse du peuple. M. Blanqui lui-même, dans la dernière conférence qu'il eut à une heure du matin avec les conjurés, n'osa pas dire qu'il fallait *renverser* le gouvernement provisoire, et ne parla que de l'*épurer*. La pétition, qui demandait dans l'origine l'ajournement *indéfini* des élections, fut aussi très-modifiée par l'influence de M. Cabet.

Cependant le gouvernement provisoire, prévenu depuis plusieurs jours par M. Louis Blanc de la manifestation des corporations, et mieux instruit que ne pouvait l'être celui-ci des éléments perturbateurs qui menaçaient d'en dénaturer le caractère, attendait avec une inquiétude extrême, à l'Hôtel-de-Ville, ce qui allait sortir d'un pareil ébranlement de la population.

Si la majorité du conseil n'avait songé qu'à son propre salut, il lui était facile d'appeler à sa défense les baïonnettes de la garde nationale. La journée de la veille montrait assez son vif désir de commencer la lutte avec la révolution. Mais, j'ai déjà eu occasion de le faire remarquer, les hommes qui composaient la majorité du conseil, aussi bien que ceux qui s'y trouvaient en minorité, pour différer de vues politiques, n'en restaient pas moins d'accord dans le sentiment du dévouement au pays. Tous souhaitaient sincèrement d'épargner à la République les malheurs de la guerre civile.

Les préparatifs de défense du gouvernement se bornèrent donc à faire fermer les grilles de l'Hôtel-de-Ville, derrière lesquelles le colonel Rey disposa deux à trois mille volontaires auxquels il commandait depuis le 24 février. C'était une troupe formée au hasard, médiocrement disciplinée et plus disposée, à en juger par son origine et par son langage, à se joindre dans l'occasion au peuple qu'à lui opposer une résistance sérieuse. Tout allait donc dépendre de la sagesse populaire, et l'issue de la journée se pouvait d'autant moins prévoir que cette sagesse instinctive et orageuse n'avait pas conscience d'elle-même.

Vers une heure de l'après-midi, on vit paraître, à l'extrémité de la place de Grève, la tête du cortége populaire. Elle était composée de cinq à six cents clubistes, parmi lesquels on comptait quelques femmes, et qui marchaient en rang, dix par dix, précédés de leurs drapeaux. Après eux venait la longue procession des corporations ouvrières. Séparées l'une de l'autre par des intervalles égaux, chacune de ces corporations suivait sa bannière flottante, et, s'avançant lentement, d'un pas mesuré, elle se rangeait sous les fenêtres de l'Hôtel-de-Ville dans un ordre parfait. On n'entendait dans cette masse compacte d'hommes, de femmes, de vieillards, d'enfants, aucune rumeur. Le commandement s'y faisait sans bruit, et la plus stricte discipline maintenait dans les rangs de cette armée en blouse une régularité que les plus belles troupes du monde eussent applaudie. Les physionomies mêmes, toutes recueillies et graves, exprimaient la pensée du devoir accompli qui animait et contenait cette multitude.

Quand la place fut entièrement remplie, le mouvement du cortège s'arrêta : les chefs des clubs et les délégués des corporations, s'approchant de la grille, demandèrent à être introduits auprès du gouvernement provisoire. M. de Lamartine, qui venait de recevoir de M. Cabet l'assurance que les clubs n'avaient aucune intention hostile, fit ouvrir les grilles à une cinquantaine de délégués, et le conseil tout entier se transporta dans une des salles les plus spacieuses de l'Hôtel-de-Ville, afin de les recevoir solennellement. Pendant ce temps, le peuple, resté sur la place, entonnait d'une voix mâle, et sans rompre ses rangs, la *Marseillaise*.

« Citoyens! que demandez-vous? » dit, en s'adressant à la députation des clubs, le vieux défenseur des libertés constitutionnelles, Dupont (de l'Eure). Il y avait dans l'accent avec lequel il posa cette interrogation une certaine fierté qui contrastait avec l'affaissement de son corps et la tristesse résignée de son visage. Un moment de silence suivit ces paroles. De part et d'autre on s'observait, on cherchait à surprendre sur les physionomies le secret de chacun, à deviner le concert ou l'isolement des volontés, la force de l'attaque, les chances de la résistance. Aux deux côtés de M. Dupont (de l'Eure), qui était assis dans un fauteuil adossé à la muraille, les membres du gouvernement provisoire se tenaient debout : à droite, MM. Arago, Louis Blanc, Albert, Ledru-Rollin; à gauche, MM. de Lamartine, Marrast, Crémieux, Marie, Garnier-Pagès.

Dans le groupe des clubistes, on remarquait MM. Barbès, Cabet, Sobrier, Huber et M. Blanqui qu'entouraient plusieurs de ses hommes les plus intrépides, entre autres MM. Flotte et Lacambre, *« figures inconnues, a dit M. Louis Blanc, et dont l'expression avait quelque chose de sinistre* (1). » Un ouvrier nommé Gérard, s'avançant vers Dupont (de l'Eure), lut une pétition qui, au nom du peuple de Paris, réclamait l'éloignement des troupes, l'ajournement des élections de la garde nationale et celles de l'Assemblée. A peine l'ouvrier avait-il achevé sa lecture que M. Blanqui prit la parole. Il ne fit autre chose que répéter à peu près les demandes formulées dans la pétition ; mais le ton et le geste dont il accompagnait sa requête tenaient plus de la menace que de la prière ; il ajouta, d'ailleurs, à ce que l'ouvrier venait de dire, la sommation au gouvernement provisoire de délibérer séance tenante et de rendre aux délégués du peuple une réponse immédiate. M. Louis Blanc, surpris de tant d'audace et la croyant sans doute appuyée sur une force dont il n'avait pas le secret, appréhenda tout d'un coup de voir passer en d'autres mains que les siennes la conduite du mouvement populaire. Un regard échangé avec M. Barbès ne lui laissa plus de doute. Si le gouvernement cédait aux injonctions des clubs, Blanqui, leur ennemi commun, en remportait l'honneur et l'avantage. Si Blanqui sortait de l'Hôtel-de-Ville triomphant, à lui la révolution, à lui le peuple : où les conduirait-il ?

Dans une pareille conjoncture, il ne restait plus à M. Louis Blanc d'autre parti à prendre que de faire cause commune avec la majorité du gouvernement provisoire, de repousser une intimidation dont il avait eu cependant la première pensée, s'il ne voulait pas se livrer, se subordonner à un chef de factieux dont les desseins lui étaient inconnus et les intentions suspectes. Sa délibération intérieure ne fut pas longue. S'avançant vers le groupe des délégués : « Citoyens! dit-il, d'une voix à laquelle le sentiment du péril et de l'outrage donnait une autorité singulière, le gouvernement de la République est fondé sur l'opinion ; il ne l'oubliera jamais. Notre force, nous le savons, est dans la force du peuple ; notre volonté doit toujours être en harmonie avec la sienne ; nous vous remercions des paroles pleines de sympathie et de dévouement que vous nous adressez. Le gouvernement provisoire les mérite par son courage, par son ferme vouloir de faire le bien du peuple, avec le concours du peuple et en s'appuyant sur lui. Les pensées d'ordre que vous avez manifestées sont la consécration de la liberté en France. Il faut que la force du peuple se montre sous l'apparence du calme ; le calme est la majesté de la force. Vous avez exprimé des vœux qui feront l'objet de nos délibérations. Vous-mêmes, citoyens, vous ne voudriez pas que le gouvernement qui est appelé à vous représenter cédât à une menace. Nous vous remercions de ce que vous êtes venus à nous pleins de confiance dans notre patriotisme, pleins de confiance dans le désir qui est au fond de nos cœurs, de faire avec vous, dans votre intérêt, sans vous oublier jamais, le salut de la République. Nous vous remercions, comme hommes, de nous avoir mis en état de le faire avec indépendance. Maintenant, citoyens, laissez-nous délibérer sur ces vœux ; laissez-nous délibérer,

(1) Voir *Pages d'histoire*, p. 90.

pour qu'il soit bien entendu que le gouvernement provisoire de la République ne délibère pas sous l'empire d'une menace. A ceux qui ne représentaient que les priviléges, il était permis d'avoir peur : cela ne nous est pas permis, à nous, parce que nous sommes vos représentants, et qu'en gardant notre dignité, nous gardons la vôtre. »

Ces paroles, applaudies par les délégués des corporations qui s'abandonnaient aveuglément à la direction de M. Louis Blanc, provoquèrent dans le groupe des clubistes un murmure prolongé. « Le peuple attend autre chose que des paroles ! s'écria l'un d'entre eux, d'une voix pleine de colère ; il veut une réponse définitive ; nous ne sortirons pas d'ici sans avoir une réponse à transmettre au peuple. » Mais, sans laisser à M. Louis Blanc le temps de répondre, MM. Cabet et Sobrier, craignant de voir s'engager le conflit, s'interposèrent ; par des paroles pleines de sens ils atténuèrent l'impression que venait de produire l'orateur clubiste et donnèrent à M. Ledru-Rollin quelques minutes pour peser les paroles qu'il allait prononcer à son tour. « Je n'ai qu'un mot à vous dire, dit enfin le ministre de l'intérieur, mais je crois que ce mot aura quelque action sur vos esprits. Vous représentez Paris, mais vous comprenez que la France se compose de l'universalité des citoyens. Or, je me suis adressé, il y a deux jours, à tous les commissaires des départements pour leur demander ceci : Est-il possible matériellement que les élections aient lieu le 9 avril? Est-il possible, politiquement et dans l'intérêt de l'établissement de la République, que les élections aient lieu le 9 avril? Vous ne pouvez pas, citoyens, imposer au gouvernement de délibérer sans être éclairé avant tout sur l'état de la France, sans être informé par ses commissaires. Vous représentez indubitablement la cité la plus active et par cela même la plus intelligente, mais vous ne pouvez pas avoir ici la prétention de représenter la France tout entière; vous ne pouvez l'avoir qu'à une condition, c'est que, élus par le peuple, représentants du peuple, nous ayons pour les départements, pour la France entière comme pour Paris, la volonté et le dernier mot du peuple. Il faut que vous attendiez quelques jours. J'ai fixé au 25, au plus tard, les réponses qui doivent m'être faites. Quand le gouvernement, prenant en considération le vœu de Paris, qui ordinairement donne l'impulsion à la France, mais qui cependant ne peut vouloir opprimer la France, quand les vœux des départements auront été exprimés, alors le gouvernement, représentant du pays tout entier, pourra assigner un délai, et pourra dire si, en effet, cet ajournement est nécessaire pour l'établissement de la République. »

Ce discours, habile autant que ferme, déconcerta visiblement les fauteurs du complot, qui ne s'étaient pas attendus à trouver dans le gouvernement provisoire un pareil accord de résistance. Voyant que les paroles de M. Ledru-Rollin leur enlevaient toute chance de diviser le conseil et de se défaire de la majorité à l'aide de la minorité, ils ne voulaient pas cependant battre en retraite sans avoir porté à M. de Lamartine un coup décisif. M. Sobrier, qui venait de prendre la parole pour appuyer M. Ledru-Rollin, leur en fournit l'occasion.

« Les délégués du peuple, dit-il, n'ont nullement l'intention de faire violence au gouvernement provisoire ; ils ont une confiance entière en lui. »

« Pas en tous ! pas en tous ! » interrompt brusquement l'un des hommes de Blanqui, en regardant M. de Lamartine ; et le nom de Lamartine est murmuré de bouche en bouche.

« Qu'il s'explique ! qu'il s'explique ! » s'écrient plusieurs.

Alors M. de Lamartine s'avance à son tour et réfute avec beaucoup d'éloquence l'accusation portée contre le gouvernement provisoire et contre lui, en particulier, d'avoir voulu faire rentrer les troupes dans Paris, afin d'opprimer le peuple. « Il faudrait, dit M. de Lamartine, que le gouvernement fût insensé, après ce qui s'est passé, après que la royauté déchue a vu se fondre 80,000 hommes de troupes contre le peuple désarmé de Paris, pour songer à lui imposer, avec quelques corps d'armée épars et animés du même républicanisme, des volontés contraires à vos volontés et à votre indépendance ! Nous n'y avons pas songé, nous n'y songeons pas, nous n'y songerons jamais ! Voilà la vérité, rapportez-la au peuple : sa liberté lui appartient parce qu'il l'a conquise; elle lui appartient parce qu'il saura la garder de tout désordre. La République, à l'intérieur, ne veut d'autre défenseur que le peuple armé.

« Mais quoique ceci soit la vérité aujourd'hui, et que nous vous déclarions que nous ne voulons que le peuple armé pour protéger ses institutions, n'en concluez pas que nous consentions jamais à la déchéance des soldats français ! N'en concluez pas que nous mettions notre brave armée en suspicion, et que nous nous interdisions de l'appeler, même dans l'intérieur, même à Paris, si des circonstances de guerre commandaient telle ou telle disposition de nos forces pour la sûreté extérieure de la patrie ! »

Applaudi par un grand nombre de délégués, se sachant appuyé par les chefs des clubs, M. de Lamartine trouve en terminant sa harangue une de ces images frappantes qui souvent déjà l'ont fait triompher des défiances populaires. « Soyez sûr, s'était écrié avec émotion un ouvrier, que le peuple n'est là que pour appuyer le gouvernement. — Je le crois, j'en suis certain, réplique M. de Lamartine; mais prenez garde, citoyens, à des réunions comme celles d'aujourd'hui, quelque belles qu'elles soient. Les dix-huit brumaire du peuple pourraient amener, contre son gré, les dix-huit brumaire du despotisme; et ni vous ni nous n'en voulons. »

Un applaudissement général couvre, à ce mot, la voix de M. de Lamartine. La députation, déconcertée, s'ébranle. MM. Cabet et Sobrier saisissent ce moment favorable pour déterminer le mouvement de retraite. Blanqui et les siens sont entraînés. Au même instant, on entend sur la place des milliers de voix qui demandent à grands cris le gouvernement provisoire. Il devient manifeste que la force morale est à lui. La colère et l'indignation éclatent sur les physionomies des factieux. Comme M. Louis Blanc descendait les degrés du grand escalier, l'un d'eux, lui saisissant le bras et le secouant brutalement : « Tu es donc un traître, toi aussi ! » s'écrie-t-il. M. Louis Blanc le regarde stupéfait; il ne le connaissait pas; c'était un séide de Blanqui, un jacobin fanatique, le cuisinier Flotte (1).

Quand le gouvernement provisoire parut sur l'estrade, il fut reçu par une longue et enthousiaste acclamation du peuple, qui ne s'informait seulement pas si ses demandes avaient été accueillies ou rejetées. Seulement, il exprimait par les cris infiniment plus répétés de : Vive Louis Blanc ! vive Ledru-Rollin, sa sympathie plus grande pour les membres les plus révolutionnaires du conseil. M. Louis Blanc, sur l'invitation même de ses collègues, prit la parole pour remercier le peuple de la force qu'il donnait par son adhésion, si chaleureuse et si complète, au gouvernement chargé d'exécuter ses volontés.

Après qu'il eut terminé sa harangue, le gouvernement provisoire rentra dans l'Hôtel-de-Ville et le défilé des corporations commença. Il fut long et garda jusqu'à la fin sa parfaite discipline. On a évalué à 100,000 hommes environ le chiffre de l'armée populaire. A cinq heures seulement les dernières corporations quittaient la place de Grève. Un groupe nombreux d'ouvriers y resta pour escorter M. Louis Blanc; un autre accompagna M. Ledru-Rollin au ministère de l'intérieur, où le ministre essaya encore une fois, dans une chaleureuse allocution, de leur faire sentir combien ils avaient tort de vouloir éloigner de Paris une armée dévouée au pays et composée d'enfants du peuple.

M. de Lamartine, resté seul, pensif, atteint

(1) Voir *Pages d'histoire*, p. 94.

d'un premier doute, s'achemina lentement à pied, par les rues qui s'illuminaient en l'honneur de ses adversaires politiques, vers l'hôtel de la rue des Capucines, où l'attendaient dans une vive inquiétude sa femme et ses amis. Ceux-ci, effrayés des bruits qui couraient, veillèrent en armes au ministère des affaires étrangères. Ils avaient été avertis par des agents de leur police secrète que Blanqui et ses hommes devaient, pendant la nuit, enlever M. de Lamartine.

Paris fut jusqu'au matin en proie à un grand trouble. L'impression produite par ce que l'on savait et par ce que l'on soupçonnait des événements de la journée pesait sur tous les esprits. Ce long cortége de prolétaires qui, de l'Arc de triomphe jusqu'à l'Hôtel-de-Ville et de l'Hôtel-de-Ville à la Bastille, avait partout, sur son passage, notifié, imposé en quelque sorte à la bourgeoisie, avec une effrayante solennité, sa volonté muette et mystérieuse, jetait les imaginations dans une perplexité extraordinaire. Personne ne comprenait clairement le sens indéterminé de cette manifestation; chacun l'interprétait à sa manière. La majeure partie des ouvriers qui s'étaient joints spontanément à la manifestation, dans un esprit naïf et sincère de fraternité républicaine, demeuraient persuadés qu'ils avaient donné au gouvernement un témoignage de respect et qu'ils l'avaient protégé contre un complot des carlistes. Plusieurs entre les chefs populaires, MM. Cabet, Raspail, Barbès, qui accusaient ce qu'ils appelaient le parti du *National* de conspirer au sein du gouvernement, d'accord avec M. Thiers, le retour de la duchesse d'Orléans et de son fils, avaient eu principalement en vue de raffermir la minorité du conseil et d'enlever M. de Lamartine, en lui montrant le peuple si fort et si sage, aux influences d'un entourage suspect. Les cinq ou six cents partisans de M. Blanqui, dont l'espoir était déjoué, n'osaient pas le laisser voir et feignaient de partager la joie populaire. M. Louis Blanc, qui avait eu l'initiative et la conduite principale de la manifestation, avait senti cependant qu'il n'en tenait pas tous les fils; il se demandait à part lui ce que signifiait cette intervention occulte de quelques meneurs; il s'étonnait aussi que M. Ledru-Rollin eût une part égale, sinon supérieure à la sienne, dans l'acclamation populaire.

On le voit, autant il y avait eu d'ordre, de régularité, de discipline extérieure dans cette grande procession populaire, autant il y avait de confusion dans l'esprit de ceux qui l'avaient préparée. Mais les jours qui suivirent en marquèrent le sens et jetèrent dans la bourgeoisie une grande appréhension. Elle vit, dès le soir du 17 mars, M. de Lamartine, en qui elle avait tout son espoir, devenir soucieux. Elle reconnut dans les décrets, dans les proclamations qui suivirent coup sur coup, la prépondérance de M. Ledru-Rollin et l'influence de M. Louis Blanc. Elle comprit que Paris était décidément acquis à la révolution, et elle tourna son principal effort vers les départements, où les royalistes et les conservateurs, un moment dispersés, étourdis par un choc inattendu, commençaient à reprendre haleine, à se rapprocher, à se concerter pour ressaisir, dans la lutte électorale, les avantages politiques que donnent en tous temps l'hérédité ou l'illustration du nom, l'éducation supérieure et la fortune acquise.

CHAPITRE XXIV

Situation des départements. — Commissaires extraordinaires. — Rouen. — Lille. — Strasbourg. — Lyon. — Nantes. — Marseille. — Toulouse. — Bordeaux.

Quand la première ivresse de la victoire se fut dissipée dans cette incroyable expansion de la joie populaire dont j'ai essayé de rendre quelques aspects, le gouvernement et les partis se prirent à songer aux départements et se demandèrent dans quel esprit allaient se faire les élections générales dont le jour était proche. Il était difficile de s'en former une idée exacte. Nous avons vu comment la province reçut l'avis d'une révolution à laquelle elle n'avait pris, par le mouvement réformiste, qu'une part très-indirecte. Son attitude passive, sa soumission inquiète et comme involontaire, ne surprirent personne. Si la société officielle, au centre même de son action politique, si les trois grands pouvoirs de l'État, réunis sur le point le mieux défendu du pays légal, s'étaient laissé disperser presque sans combat, comment la représentation affaiblie et partielle de ces pouvoirs se serait-elle maintenue? En vertu de quel principe une administration locale, dépendante, étrangère aux populations sur lesquelles elle n'exerçait qu'une action passagère, superficielle et en quelque sorte mécanique, aurait-elle provoqué une résistance dont la royauté ne donnait pas le signal? Il eût fallu pour cela un fanatisme de dévouement dont nos mœurs avaient depuis longtemps effacé jusqu'au souvenir dans les âmes. Le pays, d'ailleurs, eût-on voulu le pousser à la guerre civile pour un motif purement politique, non-seulement n'aurait pas répondu à l'appel, mais ne l'aurait pas même compris. Sous ce rapport, la France si diverse de traditions et de coutumes, si variée d'opinions, si inégale dans la culture intellectuelle et le bien-être matériel, était possédée d'un seul esprit. La prépondérance des intérêts positifs sur les sentiments et les croyances était universelle. Or, depuis 1789, les deux intérêts de la France, l'agriculture et l'industrie, ne relevaient plus que d'eux-mêmes. Le sillon et le métier, également affranchis, ne recevaient plus d'en haut la fertilité ou le mouvement. La démocratie, qui ne se montrait pas encore à découvert dans l'établissement politique, avait pris racine dans le sol; elle dominait les mœurs; et, bien que ce caractère nouveau de la nation ne lui fût pas encore complétement révélé à elle-même, il était trop prononcé déjà pour qu'il fût possible de lui donner le change et d'entraîner les populations, même les plus ignorantes, à combattre la République, c'est-à-dire le gouvernement le plus conforme aux principes et aux intérêts de la démocratie.

Cependant, malgré ce caractère démocratique des mœurs nouvelles, les particularités originelles et traditionnelles, les conditions de sol et de climat, la nature des travaux imprimaient aux provinces du nord ou du midi, du centre, de l'est ou de l'ouest, une physionomie individuelle; les commissaires du gouvernement rencontrèrent des difficultés locales suivant qu'ils furent envoyés à des populations plus ou moins en rapport avec Paris, plus ou moins en proie surtout à la crise économique qui, depuis le commencement du siècle, allait menaçant et désolant chaque jour davantage la production industrielle et agricole. Le caractère et la réputation des commissaires, le respect qu'ils surent inspirer, eurent aussi une part notable dans l'accueil que reçut en leur personne la République. Si les choix arrachés à M. Ledru-Rollin n'avaient pas été si contraires à ceux qu'il fit de son propre mouvement, si dans tous les départements on n'avait eu affaire qu'à des hommes honorables et prudents, tels que MM. Lichtenberger, Grévy, Émile Ollivier, Marchais, Guépin, Bordillon, etc., bien des divisions, ou ne fussent pas nées, ou du moins n'eussent pas dégénéré en collisions sanglantes. L'autorité du gouvernement n'eût pas été compromise par le renvoi de plusieurs commissaires; l'on n'eût pas vu des électeurs démocrates voter pour des candidats orléanistes ou légitimistes, dans le seul dessein de protester contre les sottises administratives des fonctionnaires républicains. M. Ledru-Rollin fut aussi très-mal inspiré en laissant aux commissaires la faculté de se porter candidats à la représentation nationale. C'était là une tolérance contraire à l'esprit de l'institution parlementaire. Elle devait avoir pour effet de rendre la conduite des commissaires suspecte de vues intéressées et de blesser le sentiment de l'indépendance électorale.

Jetons un coup d'œil sur les points principaux d'après lesquels nous serons le mieux en mesure d'apprécier l'ensemble du mouvement qui agita le pays, pendant l'administration des commissaires, jusqu'à l'ouverture de l'Assemblée nationale.

Rouen, tout d'abord, fixera notre attention. Assise au sein des plus fertiles campagnes de France, la vieille capitale de la Neustrie, dont les traditions féodales semblent vivre encore dans ses nefs imposantes qui furent, au moyen âge, l'expression française de l'art catholique, Rouen, sous ses dehors de grandeur et de prospérité, recèle des misères si profondes et d'une telle nature que le seul récit en paraît insupportable à notre imagination. La population rouennaise, qui porte l'activité dans le travail, l'intelligence dans les affaires, que tout favorise, son climat tempéré, sa situation géographique, ses communications faciles avec les deux nations les plus commerçantes du monde, l'Angleterre et les États-Unis, vit agglomérée hors de toutes proportions, dans des conditions d'existence auprès desquelles l'esclavage antique pourrait paraître enviable. Par une fatalité que la conscience moderne repousse et que la science économique a mise dans une effrayante évidence, plus l'activité de la fabrication s'accroît, plus les machines se perfectionnent, plus les produits excellents et nombreux font honneur au génie de la nation qui en enrichit le monde, plus aussi la misère s'appesantit sur les travailleurs, et plus, enchaînés sans répit à un travail abrutissant et ingrat, ils perdent le temps, la faculté et parfois jusqu'au désir de cultiver leur être moral. Une hostilité profonde entre les maîtres et les ouvriers est l'effet d'un état aussi anormal qui crée, pour les uns, l'impérieuse obligation de produire vite, beaucoup, à vil prix, afin de soutenir toutes les concurrences intérieures et extérieures; pour les autres, un travail de quinze à seize heures, l'emploi prématuré des forces de la jeunesse, l'abandon des enfants en bas âge par leurs mères, assises tout le jour au métier, la cruelle nécessité, enfin, pour pouvoir exister, de se mesurer chaque jour plus avarement le pain dont on se nourrit, la paille sur laquelle on couche et jusqu'à l'air que l'on respire.

Et je parle ici de l'état habituel de la fabrique dans les temps où rien ne la trouble. On peut se figurer ce qu'une secousse politique doit jeter de perturbation violente dans ce désordre régularisé, jusqu'à quel point d'exaspération elle doit porter les passions et les haines qui couvent sourdement, mais constamment, au sein du prolétariat industriel.

En 1830, quelques semaines seulement après les événements de Paris, une révolte générale des ouvriers éclatait à Rouen. Le tocsin sonnait dans les vallées; des milliers de combattants sortaient à la fois de toutes les usines. Leur nombre et leur résolution paraissaient formidables; mais l'insurrection, n'ayant ni drapeau, ni chef, ni but déterminé, avorta misérablement, et pendant toute la durée du règne de Louis-Philippe la paix extérieure ne fut plus troublée. En 1833, la *Société des droits de l'homme* essaya d'organiser à Rouen des sections. Mais elle ne réussit pas à embrigader au delà de 1,500 hommes que la loi de 1834 vint presque aussitôt forcer à se dissoudre. Depuis lors, la population ouvrière laissa faire à la bourgeoisie son opposition politique. En dernier lieu, elle ne parut prendre aucun intérêt au mouvement réformiste et n'inquiéta plus le pouvoir. Mais, tout à coup, en apprenant la nouvelle de la chute de Louis-Philippe, et comme à un signal attendu, 30,000 ouvriers entrèrent en grève, demandant à la fois la réduction des heures de travail, la hausse du salaire, l'interdiction du travail dans les prisons et l'expulsion des étrangers. En présence de ces exigences du prolétariat, les chefs d'industrie voyaient toutes les commandes suspendues et le crédit anéanti (1). Personne, d'ailleurs, pas plus à Rouen qu'à Paris, n'était préparé, en aucune manière, à cette subite explosion de la crise industrielle, et l'on n'y sut trouver d'autre remède que la création des

---

(1) On a constaté que le département de la Seine-Inférieure avait perdu une valeur d'environ 100 millions pendant les premiers mois de l'année 1848.

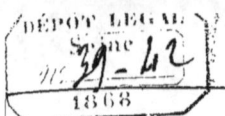

LA COMMISSION DU LUXEMBOURG. (P. 250.)

ateliers nationaux, d'où sortit incontinent la guerre civile.

M. Ledru-Rollin avait nommé commissaire dans le département de la Seine-Inférieure un avocat radical, d'un talent distingué, M. Deschamps, qui, depuis bien des années, rivalisait d'influence au barreau et dans la lutte politique avec M. Senard, dont les opinions se rapprochaient davantage du libéralisme de la bourgeoisie. C'était encore là, comme partout, la querelle du *National* et de *la Réforme*. La campagne des banquets venait d'envenimer très-fort cette querelle. Le parti radical s'était laissé battre sur la question du *toast* au roi, et quand M. Deschamps se présenta officiellement à Rouen en qualité de premier fonctionnaire de la République, la bourgeoisie, qui se croyait maîtresse du terrain, se tint pour offensée de ce choix. Elle envoya immédiatement à Paris une députation de gardes nationaux, chargée de protester contre la nomination de M. Deschamps et d'exiger qu'il fût remplacé par M. Senard. Mais, comme les accusations qu'elle portait contre M. Deschamps étaient des plus vagues et accompagnées de menaces, le ministre n'y fit pas droit. Dès lors, la ville de Rouen se partagea en deux camps pleins d'animosité, et il fut aisé de prévoir qu'ils ne tarderaient pas à en venir aux mains.

L'armement de la garde nationale, dont, sous différents prétextes, on éloignait les ouvriers, fut pendant tout le mois de mars le sujet de plaintes de leur part et l'occasion de provocations imprudentes de la part de la bourgeoisie. L'irritation des ouvriers était grande; loin de chercher à l'apaiser, on la porta au comble en les menaçant brusquement de faire fermer les ateliers nationaux. Enfin, l'agitation causée par les élections et l'échec de la liste exclusive, très-impolitiquement suggérée aux prolétaires par le comité parisien, amenèrent l'explosion, prévue depuis longtemps, des colères du peuple.

Sous beaucoup de rapports, la ville de Lille était en 1848 dans des conditions analogues à celles où se trouvait Rouen. Chef-lieu d'un département qui compte un million d'habitants répartis entre les travaux de l'agriculture, de la navigation et de la fabrique; centre actif et en apparence florissant d'une province où les progrès de la culture, savamment combinés avec ceux de l'industrie et l'extension du commerce, ont atteint, dans les genres les plus variés, une perfection admirable, Lille est, comme Rouen, malgré ses anciennes institutions de bienfaisance municipale plus nombreuses et plus larges qu'en aucune autre ville de France, dévorée par un effroyable paupérisme (1).

Mais l'opinion républicaine et les traditions révolutionnaires sont demeurées plus vives dans le département du Nord que dans le département de la Seine-Inférieure. La ville de Lille, qui s'était signalée, en 1789, par son patriotisme et, sous la Restauration, par son esprit libéral, avait eu, dès les premières années du règne de Louis-Philippe, une société républicaine formée des débris du carbonarisme, qui fit par la presse et par des affiliations secrètes une propagande active. Peu à peu, le radicalisme se dégagea du libéralisme avec lequel il s'était d'abord confondu. On se rappelle comment, au banquet réformiste, il l'emporta définitivement sur l'opposition dynastique représentée par M. Odilon-Barrot, dans la personne de M. Ledru-Rollin, à qui son ami, M. Delescluze, rédacteur en chef du journal *l'Impartial du Nord*, avait ménagé ce triomphe. Quant au socialisme, il existait à peine encore à l'état théorique, et l'école phalanstérienne qui comptait à Lille un certain nombre d'adeptes, repoussait toute alliance avec les radicaux révolutionnaires (1).

Lorsque parvinrent à Lille les nouvelles de la fuite de Louis-Philippe et de l'établissement d'un gouvernement provisoire, le préfet, M. Desmousseaux de Givré, quitta précipitamment la préfecture et se retira chez le commandant de la division militaire. Le 27 février au soir, M. Antony Thouret, chargé par M. Ledru-Rollin d'une mission assez vague, mais qui s'annonçait comme préfet provisoire du département du Nord, arriva à Lille escorté de quelques jeunes gens des villes d'Amiens, d'Arras et de Douai où il venait de faire proclamer la République. M. Antony Thouret fut accueilli sans démonstrations hostiles, mais avec une extrême froideur. Ses antécédents ne lui donnaient pas une grande autorité dans les départements qu'il venait administrer, et cette autorité se vit encore fort amoindrie par la lutte qui s'engagea immédiatement entre lui et M. Delescluze, à qui il avait apporté, sans le savoir, une dépêche de M. Ledru-Rollin, qui conférait à ce dernier les pouvoirs extraordinaires de commissaire général dans les départements du Nord et du Pas-de-Calais. Des conflits qui furent la suite de ce malentendu, de l'extrême négligence dans les instructions données au ministère de l'intérieur (2), et de leur peu d'accord avec celles

(1) De plus amples détails ne seraient pas ici à leur place. Selon le rapport d'un médecin de Lille, on a calculé que, dans les temps prospères, Lille compte un indigent sur trois habitants. Sur 21,000 enfants dans la classe pauvre, il en est mort, dans une année ordinaire, 20,700 avant l'âge de sept ans. (Voir le *Rapport de M. Blanqui à l'Académie des sciences morales et politiques*.)

(1) M. Hennequin, l'un des chefs de l'école phalanstérienne, se trouvant à Lille, le jour du banquet, non-seulement ne s'y présenta pas, mais, pour mieux protester, il fit annoncer pour la même heure une conférence publique. De son côté, M. Ledru-Rollin, à qui, dans un souper que lui offrait la loge maçonnique, l'un des convives posait cette question : « Êtes-vous communiste ? » répondait catégoriquement : « Je ne suis ni communiste ni socialiste. »

(2) J'ai déjà eu occasion de faire remarquer combien ces instructions beaucoup trop vagues au point de vue administratif, étaient modérées et conciliantes au point de vue politique. La lettre ci-jointe de M. Jules Favre, adressée à M. Delebecque, rédacteur en chef du *Libéral du Nord*, en date du 2 mars, le montre avec évidence :

« Paris, 2 mars 1848.

« La République doit être partout accueillie avec joie, parce qu'elle est la fin d'un système de compression et de honte nationale et le commencement d'une ère vraiment démocratique.

qui émanaient des ministères de la police, des finances et de la guerre, il résulta ceci, que le département du Nord resta comme abandonné à lui-même, et que les commissaires n'y eurent que l'apparence du pouvoir. C'est dans cette situation qu'on se prépara aux élections. Les républicains, mal dirigés par le commissaire qu'irritait sa situation fausse, se montrèrent ombrageux, excessifs, impolitiques.

La réaction s'organisa sous l'influence du procureur général M. Corne. Tous les partis monarchiques s'y joignirent. M. Delescluze s'irrita de plus en plus; M. Antony Thouret, qui avait tenté d'attirer les anciens conservateurs, fut renvoyé de la préfecture et accepté comme candidat de la réaction, en haine de M. Delescluze. Une polémique très-vive s'engagea; on révéla alors des faits oubliés ou méconnus, relatifs aux spéculations industrielles de M. Antony Thouret, qui se vit rayé des deux listes. Tous les républicains prononcés échouèrent; M. de Lamartine, porté sur toutes les listes, réunit plus de 200,000 voix.

Le commissaire nommé à Strasbourg, M. Lichtenberger, eut une tâche aisée par

Pacifique, parce qu'elle est forte, elle doit se montrer calme et généreuse. Vous devez donc éviter avec soin tout ce qui peut effrayer la bourgeoisie qui est avec nous par le cœur, qui le sera dans peu par l'intérêt, mais qui s'inquiète d'un état de choses si nouveau pour ses idées. Annoncez partout que la République n'est pas la destruction de ce que la bourgeoisie peut croire menacé : la propriété, la famille. Elle en est au contraire la consolidation. En favorisant les travailleurs, elle intéresse un plus grand nombre de citoyens au repos social. Elle réalise ce que bien des gens traitaient hier d'utopie : tout pour le peuple et par le peuple. Ne craignez pas du reste les clubs qui vont s'ouvrir en province, comme ils sont ouverts déjà ici. Les libres réunions, les discussions publiques des actes du gouvernement et des théories politiques sont la conséquence du système nouveau. Contrariées, elles le renverseraient. Tolérées, encouragées, elles le fortifieront. Que vos amis s'empressent de se faire affilier à ces sociétés, et soyez sûr que la raison et le bon sens du peuple feront justice de toutes les exagérations, de toutes les excentricités de quelques esprits mal faits.

« En résumé, nous sommes forts; nous pouvons être modérés. Ni persécutions ni menaces. Mais n'oublions jamais que nous sommes les instruments du peuple et que si nous cessions un instant d'obéir à ses inspirations, d'être guidés par le désir de tout faire par lui, nous travaillerions à désorganiser le nouveau gouvernement.

« Le secrétaire général provisoire,
« Jules Favre. »

comparaison avec celle des commissaires de Rouen et de Lille. Aucune hostilité entre la bourgeoisie et le prolétariat n'existe en Alsace. La distinction des classes s'y fait à peine sentir. Un esprit très-libéral et des habitudes très-démocratiques dans cette population laborieuse ont depuis longtemps rapproché et presque confondu les rangs. L'ancienne noblesse est, d'ailleurs, peu nombreuse dans ce pays où le sol extrêmement fertile appartient à une multitude de petits propriétaires. La haute bourgeoisie industrielle s'y était montrée équitable; l'ouvrier n'avait pas songé encore à chercher dans les utopies communistes un remède désespéré à des maux qu'il voyait compris et allégés par les chefs d'industrie. De grands établissements de charité prévenaient la misère ou la rendaient plus tolérable. L'instruction était généralement répandue, même dans la population catholique, par suite de l'émulation des deux clergés. De fréquents changements de religion depuis la Réformation, l'usage établi de prendre alternativement les magistratures dans l'un et dans l'autre culte, y avaient enseigné une tolérance mutuelle singulièrement favorable au progrès de la liberté. Il ne faut pas oublier non plus, parmi les causes essentielles de ce progrès qui faisait de l'Alsace le pays de France le mieux préparé aux institutions républicaines, les études scientifiques dont Strasbourg est le centre et dont l'origine remonte à sa vieille université protestante. De brillantes écoles de droit et de médecine y ont continué jusqu'à nos jours ce mouvement ininterrompu de la science; la présence des régiments d'armes savantes servait encore à l'entretenir.

Le contre-coup de la révolution de Février fut donc à peine sensible en Alsace, où tout concourait depuis longtemps, dans la pratique de la vie, à familiariser les esprits avec l'égalité républicaine. Une partie seulement de la population eut à en souffrir. Dans un grand nombre de localités, les paysans se soulevèrent contre les usuriers qui appartenaient presque tous à la religion israélite; avant que l'autorité pût les protéger, ils furent chassés du territoire. Des villages entiers furent saccagés ; mais il ne se mêla à ces soulèvements aucune idée de politique ni de socialisme. Ce fut une vengeance brutale du débiteur sur le créancier, pas autre chose.

On n'ignore pas combien le prêt à usure cause, dans la population des campagnes, de détresse et de ruines. La passion de la propriété foncière, dont le rapport, dans les meilleures conditions, ne représente pas au delà d'un intérêt de 3 pour 100, livre le paysan, qu'elle entraîne à acquérir une plus grande étendue de sol qu'il n'en saurait payer avec son épargne, à la rapacité des usuriers. Dès qu'il est entré en relation de commerce avec cette race rusée, dès qu'il a mis son nom au bas d'un papier qu'il a lu et relu vingt fois sans apercevoir la clause cachée qui le perd, le paysan, malgré toutes ses finesses, ne parviendra plus à recouvrer sa liberté. Désormais son activité, son intelligence, les bienfaits de la Providence qui lui envoie de riches moissons, ne profiteront plus à lui, mais à son nouveau maître. L'intérêt exorbitant d'un tout petit capital absorbera son temps et ses sueurs. Chaque jour il verra diminuer l'aisance de sa famille et grossir ses embarras. A mesure qu'approche le jour fatal de l'échéance, le visage plus sombre de son créancier l'avertit qu'il n'a point de répit à en attendre. Il faut se résoudre, il faut entrer plus avant dans la voie de perdition ; emprunter encore, emprunter toujours, jusqu'à ce que la ruine soit consommée, et que champs, prés et bois, maison, troupeaux et ménage, tout soit passé de ses mains laborieuses dans les mains rapaces de l'usurier. Que de ressentiments alors, que de haine dans le cœur du malheureux dépossédé ! Avec quelle ardeur il souhaitera, avec quelle patience il saura attendre, épier l'occasion des représailles ! La pensée de commettre une injustice ne se présente pas même à son esprit lorsque, comme on l'a vu en Alsace, il saccage la demeure, il poursuit la famille, il pille les biens du juif usurier et qu'il se venge, en un jour, des souffrances endurées pendant toute une vie. Chose incompréhensible, l'expérience n'éclaire ni l'un ni l'autre de ces ennemis. Les juifs de l'Alsace, rentrés dans leurs demeures ravagées, recommencent à tendre leurs embûches au paysan, qui ne manque pas de s'y prendre encore. De part et d'autre, la passion d'acquérir fait tout oublier et rapproche dans une même hypocrisie des esprits tout chargés de haines irréconciliables.

Hormis cet incident, qui n'avait rien de commun avec la révolution politique, les départements du Rhin virent s'accomplir sans trouble le changement de l'administration. Les comptoirs d'escompte suffirent à parer aux difficultés de la crise financière ; le parti républicain avancé sut ajourner ses prétentions et seconda l'action conciliante de M. Lichtenberger. Les partis royalistes étaient sans influence dans le pays ; les élections y furent, malgré les intrigues du clergé catholique, l'expression modérée, mais sincère, de l'opinion républicaine.

Un spectacle bien différent nous attend dans le département du Rhône.

Lyon, la seconde ville de France par sa force de production, la première peut-être par son énergie, moins spontané que Paris, moins prompt aux révolutions politiques, est le centre véritable, le foyer toujours incandescent de la guerre sociale. L'antique cité d'Auguste est aujourd'hui la capitale du prolétariat. Sur un sol qui présente des traces visibles d'immenses bouleversements, au-dessus des cryptes et des catacombes qu'arrosa le sang des premiers chrétiens, et qui, d'âge en âge, ont enfoui pêle-mêle les ossements des martyrs de toutes les croyances, s'élève sous un ciel pluvieux, enveloppée de brumes épaisses, une ville dont la richesse assombrit l'imagination, que l'on dirait maudite dans sa prospérité, où s'observent, se mesurent, se menacent incessamment, en silence, des haines invétérées.

A partir de ces premiers métiers pour le

tissage de la soie, qui, sous le règne de Louis XI, furent le commencement modeste de l'industrie lyonnaise, jusqu'au dix-huitième siècle, où la fabrique organisée occupait 50,000 ouvriers, on peut suivre, dans la ville de Lyon, un progrès constant de la production et du commerce, malgré la révocation de l'édit de Nantes qui lui porta un rude coup, malgré des impôts très-onéreux, très-mal répartis, malgré de fréquentes séditions d'ouvriers provoquées par des règlements injustes (1). En 1744, les ouvriers, réduits par ces règlements à une extrême disette, se soulevèrent et se rendirent maîtres de la ville. L'autorité, prise au dépourvu, leur accorda l'augmentation de salaire qu'ils exigeaient; mais, dès qu'elle les eut ainsi pacifiés, elle les surprit à son tour et fit occuper la ville militairement. En 1768, une nouvelle sédition, dans laquelle il y eut beaucoup de tués et de blessés, n'eut pas pour les ouvriers des résultats meilleurs. Enfin, dans les premières années du règne de Louis XVI, l'industrie étant devenue très-florissante (2), ils se crurent en droit de demander une augmentation de salaire de deux sous par aune. Pour toute réponse, on en pendit quelques-uns et l'on menaça les autres. Tout rentra dans l'ordre; mais la discorde intestine entre les maîtres et les ouvriers n'en devint que plus profonde, et les passions politiques de la Révolution trouvèrent dans cette irritation comprimée de la masse ouvrière un puissant levier de guerre civile.

Les péripéties sanglantes du drame lyonnais, depuis le commencement de la Révolution jusqu'à la fin du règne de Louis-Philippe, sont connues. En 1834, la construction de douze forts et d'une enceinte crénelée qui coupe en deux la ville des bourgeois et la ville des prolétaires et renferme dans un cercle de fer la population la plus nombreuse, rendit sensible à tous les yeux la menace d'extermination toujours suspendue sur le prolétariat (1).

Toujours vaincus, jamais découragés, les ouvriers lyonnais avaient réussi, depuis la Révolution de 1830, malgré une surveillance rigoureuse et des persécutions de tous genres, à se donner, par le moyen des sociétés secrètes, une organisation très-forte. Sous l'influence de ces sociétés affiliées à celles de Paris, l'esprit républicain s'était infiltré dans ces masses que les questions de salaire avaient jusque-là exclusivement absorbées. La vaste société des *Mutuellistes*, entre autres, purement industrielle à l'origine, avait pris peu à peu un caractère politique. Bientôt les théories communistes y pénétrèrent; mais la rivalité des systèmes et la controverse n'engendrèrent pas comme à Paris la division : le lien indestructible d'une solidarité tant de fois cimentée dans le sang tenait fortement unis ces hommes intrépides. Rien ne pouvait les détourner de leur but commun; un même souffle vengeur les animait; une même destinée les ferait vaincre ou périr ensemble.

Moins lettré que l'ouvrier de Paris, moins avide de divertissement, d'une race moins mélangée, moins sociable et moins artiste, l'ouvrier lyonnais couve, sous une impassibilité apparente, des haines inextinguibles. Sa passion, pour rester taciturne, n'en est que plus intense. Rien ne distrait, ne rebute, ni ne décourage sa patiente énergie. Il est l'homme de la fatalité. Tel il était par nature

---

(1) En 1667, on comptait déjà dans la fabrique de Lyon 8,000 compagnons employés tantôt dans un atelier, tantôt dans un autre ; 8,000 maîtres ayant chacun plusieurs métiers; environ 90 marchands qui, sans prendre part au tissage, supportaient tous les risques de l'opération commerciale. D'après le recensement général, fait en 1846, on comptait à Lyon 31,399 métiers de tous genres.

(2) L'imprimerie et la chapellerie étaient alors très-florissantes à Lyon et sont aujourd'hui en pleine décadence. Le tissage des étoffes de coton et surtout le tissage des étoffes de soie sont à peu près les seuls qui occupent en ce moment la fabrique lyonnaise. (Je crois devoir rappeler au lecteur que ce volume a été écrit en 1852.)

(1) L'enceinte fortifiée de Lyon date de plus de trois siècles. Détruite après le siège, en 1793, elle a été reconstruite en 1831. Cette construction et celle des forts, ajoutés en 1834, défectueuses sous le rapport militaire, en vue de la défense extérieure, sont disposées de telle façon, que les meurtrières du mur d'enceinte plongent à portée de pistolet sur les fenêtres et dans l'intérieur des ménages des ouvriers. Aussi le peuple lyonnais les a-t-il en exécration.

et tel il devient de plus en plus, en se heurtant à la dure loi sociale qu'il ne parvient pas à briser.

Cependant, vers la fin du dernier règne, la population lyonnaise paraissait sensiblement calmée. L'active persévérance d'un clergé habile, secondé par une noblesse très-opulente, les congrégations religieuses multipliées depuis vingt ans, et qui occupaient, dans de vastes ateliers, des ouvriers en grand nombre, le gouvernement occulte des jésuites, dont l'établissement, rue Sala, formait le centre de la compagnie en France, toutes ces influences morales, combinées avec l'intimidation des forts, inspiraient au pouvoir une sécurité entière. Dans le corps des électeurs censitaires (1), les républicains formaient une imperceptible minorité qui, à Lyon comme partout, se dissimula, pendant la campagne des banquets, derrière l'opposition constitutionnelle. Un seul orateur, au banquet de Lyon, osa parler des misères du prolétariat. Le parti radical avait si peu de confiance dans ses propres forces qu'une adresse aux députés de l'opposition, signée le 17 février 1848, dans les bureaux du journal démocratique *le Censeur*, ne fut pas même envoyée à Paris. La tiédeur politique était générale. Les affaires, d'ailleurs, allaient bien : vingt-cinq mille métiers étaient en pleine activité, quand les premières nouvelles de l'abdication de Louis-Philippe arrivèrent à Lyon par dépêches télégraphiques.

Un étonnement qui voulait encore douter accueillit dans tous les partis cette nouvelle incroyable pour les hommes politiques; mais, dès que la population ouvrière eut entendu le mot de *république*, elle fit éclater sa joie et, se répandant par toute la ville, elle se montra préparée, décidée, au triomphe ou au combat. Personne n'essaya de disputer aux bandes populaires la préfecture, où elles se portèrent en premier lieu. Là elles nommèrent par acclamation une commission préfectorale et une commission exécutive, qui aussitôt alla s'installer à l'Hôtel-de-Ville où elle arbora le drapeau rouge. Le lendemain matin, le maire provisoire, M. Laforest, qui avait été à deux reprises différentes le candidat de toutes les nuances de l'opposition, fait connaître officiellement à la ville de Lyon que l'autorité républicaine est définitivement constituée et que le commandement des troupes est confié au général Neumayer, qui vient de prêter serment à la République. Mais l'inquiétude est vive dans le peuple, au sujet de la garnison des forts. Lyon est en ce moment occupé par 8,000 hommes de troupes de ligne, sous le commandement d'officiers supérieurs que l'on sait très-mal disposés. Le général Perrot, qui commande en chef, en l'absence du général de Lascours, a refusé, dit-on, de faire acte d'adhésion à la République; il a donné l'ordre de concentrer la troupe dans la presqu'île de Perrache.

Bien que cet ordre ne soit pas mis à exécution, il suffit pour causer une fermentation extrême. Le peuple afflue à l'Hôtel-de-Ville pour y prendre des fusils; il exige à grands cris qu'on lui remette les forts; il menace de brûler les machines et de chasser les communautés religieuses. On ne parvient à le modérer un peu qu'en lui annonçant la prochaine arrivée du commissaire du gouvernement provisoire et en organisant sur l'heure un comité de subsistance, qui délivre des bons de pain à tous les malheureux que la brusque cessation du travail laisse sans ressources. Mais cet apaisement momentané est suivi d'un redoublement de fièvre populaire, et quand M. Emmanuel Arago arrive à Lyon, la ville est en proie à toute l'exaltation des passions révolutionnaires.

M. Emmanuel Arago, avocat, fils aîné de M. François Arago, membre du gouvernement provisoire, était envoyé à Lyon en quelque sorte malgré le ministre de l'intérieur, qui lui croyait trop peu d'expérience et d'autorité pour occuper un poste aussi périlleux.

---

(1) Ils étaient au nombre de 4,954 pour une population de 200,000 âmes.

Sur aucun point de la France, en effet, la tempête révolutionnaire n'est plus violemment déchaînée. La noblesse et la haute bourgeoisie, saisies d'effroi, émigrent en toute hâte ; les ateliers sont fermés ; les bruits les plus sinistres se répandent et portent partout la terreur. Le gouvernement, assure-t-on, a promis aux ouvriers cinq millions et deux heures de pillage. La vérité est que les prolétaires sont maîtres des forts. Ils ont trouvé dans les casernes de Saint-Laurent et des Bernardines des armes et des munitions en abondance. Les associations ouvrières communistes et jacobines, les *Charbonniers*, les *Ventres creux* ou *Voraces*, les *Vengeurs*, les *Vautours*, ont constitué à la Croix-Rousse un pouvoir indépendant de l'Hôtel-de-Ville, et ils dirigent avec une autorité souveraine le mouvement populaire. Il n'y a plus dans Lyon aucune force de résistance. L'autorité militaire est anéantie. Le général Perrot, qui semblait d'abord disposé à engager la lutte, ne donne plus aucun ordre. Les soldats, qui ne sentent plus la main des chefs, fraternisent avec les ouvriers. Une multitude de clubs se sont ouverts ; une presse violente les excite. Malgré l'adhésion de l'archevêque, M. le cardinal de Bonald, la haine du peuple contre les congrégations religieuses l'a emporté à des excès déplorables. Plusieurs fabricants sont menacés ; déjà la scierie mécanique de Vaise, l'atelier de construction des bateaux à vapeur sont détruits. Le pénitencier d'Oullins, dirigé par l'abbé Rey, est réduit en cendres. Les souvenirs de la Terreur se dressent dans toutes les imaginations.

Le premier acte par lequel M. Arago essaye de rétablir l'autorité centrale, qui dans toutes nos luttes civiles a rencontré à Lyon plus de résistance que dans aucune autre ville de France, c'est de substituer au drapeau rouge les couleurs officielles adoptées par le gouvernement provisoire. La foule très-agitée, à qui l'on avait déjà insinué que le gouvernement de Paris n'était pas républicain, ne paraissait guère d'humeur à souffrir ce changement. Cependant, quand M. Arago eut expliqué que le drapeau rouge était le drapeau du combat et qu'en signe de victoire il fallait arborer le drapeau tricolore, il fut applaudi, et les cris de *Vive Arago !* lui donnèrent quelque espoir de pouvoir se faire accepter par ce peuple en défiance.

Son premier soin fut d'annoncer publiquement le décret du gouvernement provisoire qui *garantissait l'existence de l'ouvrier* et de nommer une commission, à l'instar de celle du Luxembourg, pour rechercher les moyens d'organiser le travail ; puis il fit ouvrir des ateliers nationaux et commencer des travaux de terrassement et de construction qui occupèrent une partie des ouvriers auxquels on avait distribué jusque-là des bons de pain (1).

Mais, à Lyon comme à Paris, le gouvernement devait rencontrer dans le corps des ponts et chaussées la plus inexcusable inertie. Il n'y a rien d'exécutable sur-le-champ, les projets sont à l'étude, disent les ingénieurs ; à peine trouvent-ils de l'ouvrage pour une centaine d'hommes, quand plus de vingt mille prolétaires demandent de l'emploi. Heureusement, les chefs du génie militaire font preuve de plus de zèle.

Cependant le travail reste bien au-dessous des besoins, et le mauvais système de salaire à la journée, joint à un affreux gaspillage dans l'administration, produit bientôt les résultats les plus pitoyables (2).

L'état des finances rendait, d'ailleurs, la situation infiniment critique. La caisse municipale était très-obérée depuis longtemps ; un emprunt était irréalisable, et chaque jour il

(1) Du 26 février au 1er mai il a été délivré à Lyon pour 338,000 francs de bons de pain.

(2) « Le moindre des inconvénients de ces chantiers, dit l'*Annuaire de Lyon* (1849), c'était de coûter chaque jour à la ville, et en pure perte, des sommes énormes ; le plus considérable fut la démoralisation des classes ouvrières. » Je trouve l'évaluation suivante des pertes éprouvées dans les ateliers nationaux sur divers points, dans un rapport de l'ingénieur en chef des ponts et chaussées du département des Bouches-du-Rhône : « A Paris, valeur des travaux exécutés à peu près nulle ; à Lyon, 75 francs pour 100 de perte ; à Nantes, 65 pour 100 ; à Nîmes, sommes dépensées presque en pure perte ; à Arles, 61 pour 100. »

fallait pourvoir aux achats de vivres, d'habillements, aux payements des ateliers nationaux, etc. Les souscriptions volontaires, malgré la générosité du peuple, étaient insuffisantes. Les prolétaires exaspérés s'en prenaient aux riches qui émigraient, emportant, disait-on, des trésors; ils accusaient les fabricants qui fermaient leurs ateliers, attribuant ces effets spontanés de la peur à une savante machination contre la République. Dans l'espoir de déjouer ce complot, la multitude se porta aux barrières de la ville, et se mit en devoir de fouiller toutes les voitures. On peut se figurer de quels désordres une pareille exécution fut l'occasion ou le prétexte. M. Arago qui, malgré ses instances réitérées, ne recevait du ministère de l'intérieur ni ordres, ni instructions, ni secours, eut dans cette pressante nécessité l'idée de donner une satisfaction apparente au peuple et de prévenir ainsi des désordres plus graves, en rendant un décret qui prohibait la sortie du numéraire, un autre qui frappait les quatre contributions directes d'un impôt extraordinaire, avec exemption des cotes au-dessous de 25 francs, et des patentes au-dessous de 100 francs. En même temps, il prenait sur lui de consacrer une somme de 500,000 francs, envoyée par M. Garnier-Pagès pour fonder le comptoir d'escompte, à solder la paye arriérée des ateliers nationaux (1).

L'occupation des forts par les ouvriers donnait aussi de graves inquiétudes au gouvernement. M. Arago décida de se rendre à la Croix-Rousse et de tâcher d'obtenir par la persuasion ce qu'il n'avait aucun moyen d'obtenir d'une autre manière : la remise des forts à la garde nationale. Il comptait dans cette circonstance difficile sur le concours de quelques-unes des principales associations ouvrières, entre autres sur celle des *Voraces*, avec laquelle, depuis son arrivée à Lyon, il entretenait de bons rapports, et qui s'était engagée d'honneur à exercer dans la ville une police rigoureuse. L'attente de M. Arago ne fut pas déçue. La réunion convoquée par lui à la Croix-Rousse, et composée du maire, du conseil municipal, des chefs de la garde nationale, de plusieurs ouvriers influents, se montra favorablement disposée; il obtint sans beaucoup de difficultés la promesse que les forts seraient rendus le jour même. Mais, comme il se disposait à rentrer dans Lyon, M. Arago, qui était venu seul et à pied à la Croix-Rousse, se voit tout à coup entouré d'une foule immense qui crie : *A la trahison!* et s'oppose de force à son passage. Il essaye de haranguer cette foule et de lui faire comprendre l'utilité de la mesure qui vient d'être adoptée par le conseil municipal; mais des cris redoublés étouffent sa voix. Une trentaine d'hommes furieux ferment les grilles de l'octroi, saisissent M. Arago, le poussent contre le mur, le couchent en joue et menacent de le fusiller sur l'heure, à moins qu'il ne jure au peuple de lui laisser les forts. Cependant l'alarme s'est répandue, on entend sonner le tocsin de la ville, une compagnie de *Voraces* paraît. A cette vue, la foule se range, et le commissaire, délivré, est reconduit solennellement à la Préfecture.

Le lendemain, une longue procession d'hommes, de femmes, d'enfants, descend de la Croix-Rousse, tambours et drapeaux en tête, défile devant l'Hôtel-de-Ville où M. Arago, prévenu de cette manifestation, vient recevoir le témoignage des regrets que causaient à la population les violences dont il avait failli être victime. Les trente hommes qui l'avaient couché en joue marchaient ensemble et portaient en signe de repentir le crêpe noir au fusil. L'un d'eux essaye de prononcer quelques paroles; mais son émotion est trop forte, les sanglots le suffoquent, ses

---

(1) Ce changement de destination, devenu le texte de calomnies grossières, ne fut décidé par M. Arago qu'après qu'il eut pris l'avis de M. Laforest, maire de Lyon, de M. Delahante, receveur général, de M. Magimel, inspecteur des finances, de M. Olivier, directeur du comptoir d'escompte. Tout le monde tomba d'accord qu'il fallait courir au péril le plus pressant, et qu'on ne pouvait, sans s'exposer à d'horribles malheurs, ajourner la paye de 20,000 ouvriers en armes. Le gouvernement provisoire approuva, d'ailleurs, la mesure de M. Arago.

MANIFESTATION DITE DES BONNETS A POIL. (P. 283).

camarades se prennent à pleurer avec lui. Pendant que la procession défilait encore, on entendit les coups de feu que les ouvriers tiraient en l'air en remettant les forts à la garde nationale. Dans les fluctuations orageuses de ces masses indéterminées, où, pour parler avec Bossuet, *tout est en proie*, des colères sauvages faisaient place à des docilités d'enfant; à des révoltes confuses succédaient des repentirs aveugles; la raison, confondue encore avec l'instinct, jetait, comme au hasard, sur ce chaos mouvant, ses clartés rapides.

Pour se dédommager de la reddition des forts, les ouvriers s'étaient mis à démolir le mur d'enceinte; ils poussaient avec un acharnement extrême cette œuvre de destruction et de représailles. M. Arago, pour prévenir les accidents causés par un travail précipité et désordonné, obtint qu'on en laisserait l'achèvement à la direction du génie militaire. Au bout de quelques jours, l'enceinte crénelée avait disparu. Il ne restait debout que le fort Saint-Jean, nécessaire, disait le décret, à la défense commune du faubourg et de la ville.

Toutes ces mesures, bien que révolutionnaires, ne soulevaient encore dans les classes riches aucune opposition apparente; la noblesse et la bourgeoisie savaient gré au commissaire du gouvernement de ses efforts pour maintenir l'ordre, et elles connaissaient trop la force populaire pour trouver mauvais que l'on composât avec elle; mais il n'en fut plus de même quand les jésuites et le parti ultramontain se virent menacés. Le signal de la résistance partit de ce côté, et la lutte commença, d'abord à demi avouée, mais bientôt ouvertement conduite avec une audace incroyable. M. Arago avait cru devoir prévenir le général des jésuites et le supérieur des capucins des dispositions hostiles de la population; il les avait engagés à quitter la ville, se déclarant dans l'impossibilité de protéger contre l'animadversion du peuple des congrégations non autorisées par la loi. Peu de jours après, le 12 mars, il rendait un décret qui, rappelant les décrets de la Constituante, la loi de 1702, celles de 1817 et de 1825, prononçait la dissolution de toutes les congrégations non autorisées.

Aussitôt une plainte, des moins mesurées, fut portée au ministre des cultes par l'archevêque de Lyon contre le commissaire; et comme le gouvernement provisoire refusait de lui donner satisfaction en rapportant le décret, le parti ultramontain, à défaut de satisfaction, se mit en devoir de se procurer vengeance.

La presse cléricale et légitimiste se répandit en calomnies contre M. Arago, le traitant tout à la fois de pacha et de communiste; elle n'appela plus son décret que l'*ukase*, et démontra qu'il avait entrepris la destruction de la famille et de la propriété. Le langage des clubs et des émissaires du parti clérical fut plus violent encore. Ils dirent, ils répétèrent partout, dans les villes et dans les campagnes, que les *disciples de Voltaire écrasaient les catholiques*, que la République était une *monstruosité*. Ils appelèrent sur elle les *vengeances divines* (1); ils prêchèrent ouvertement le refus de l'impôt.

Ces violences, inexcusables au point de vue de l'équité, étaient de la dernière imprudence au point de vue de la sécurité publique, car les ouvriers que l'on provoquait ainsi étaient encore, à ce moment, maîtres de la ville. Sous la dictature des *Voraces*, ils ne reconnaissaient ni l'autorité du commissaire ni celle de la municipalité, obéissant exclusivement au *conseil exécutif*, constitué révolutionnaire-

ment le 25 février, et qui depuis lors n'avait pas quitté l'Hôtel-de-Ville. Le quartier général des *Voraces* était établi à la Croix-Rousse. En relation directe avec les clubs populaires, très-mal avec la partie bourgeoise de la garde nationale, ils faisaient la police et maintenaient l'ordre dans les rues (1), mais à leur manière et par des moyens qui causaient plus de frayeur qu'ils ne donnaient de sécurité. Les visites domiciliaires étaient extrêmement fréquentes; on se sentait absolument à leur merci. Ni la troupe de ligne, où l'insubordination faisait chaque jour de nouveaux progrès, ni la garde nationale, où la bourgeoisie était en minorité, ne rassuraient personne.

Le général Bourjolly, qui remplaçait M. de Lascours dans le commandement de la division, sentait l'autorité militaire lui échapper et ne répondait plus de rien. Presque journellement les scènes d'insubordination se renouvelaient dans les casernes (2); une insurrection générale des soldats paraissait imminente.

Le 29 mars, un bataillon du 13ᵉ de ligne et quelques soldats du 12ᵉ léger, las des consignes sévères qui leur étaient imposées, entrèrent en révolte contre leurs officiers; après avoir passé la nuit à chanter la *Marseillaise*, ils allèrent le matin rejoindre sur la place Bellecour les groupes populaires réunis pour escorter les ouvriers étrangers qui se disposaient à rentrer dans leur patrie. Au retour, se formant en colonne, les soldats se promenèrent par la ville, musique en tête, précédés d'un large écriteau sur lequel on lisait la demande d'élargissement d'un de leurs camarades, le fourrier Gigoux, du 4ᵉ régiment d'artillerie, emprisonné la veille pour cause d'insubordination. La colonne, conduite par un maréchal

---

(1) Les mots soulignés sont extraits textuellement des journaux ultramontains de Lyon.

(1) « Nous devons être impartiaux, même pour eux (les *Voraces*), dit *l'Annuaire de Lyon* (1849), publié par un conservateur; on n'eut à leur reprocher aucun attentat contre les personnes, ni contre les propriétés; *ils ne coûtèrent rien à la ville*, etc. »

(2) Le général Rey, commandant de l'artillerie, et M. Arago s'entre-accusèrent plus tard, dans une polémique très-vive, de ces scènes regrettables.

des logis de ce même régiment d'artillerie, se présente devant les portes de la caserne; elle menace de les enfoncer si l'on ne livre immédiatement le prisonnier. Le général Neumayer paraît alors à l'une des fenêtres, harangue les soldats et le peuple, s'engage à demander, en leur nom, au général Bourjolly la liberté du sous-officier. Mais la foule défiante ne se payé pas de cette promesse; elle exige du général qu'il se rende sur l'heure avec elle à l'hôtel du lieutenant général. Celui-ci, prévenu de ce qui se passe, fait ouvrir les portes, annonce à la foule que la grâce est accordée, et qu'il vient d'envoyer chercher en poste à Grenoble le prisonnier.

Le peuple, satisfait de cette concession, se retire; mais ce n'était pas l'affaire des clubs qui entendaient tirer un meilleur parti de cet incident. Le 23 mars, dans la nuit, ils envoyent à M. Arago une députation pour demander, *au nom du peuple et de l'armée*, que les corps de la garnison, dont le départ était fixé au lendemain, restassent jusqu'à l'arrivée du sous-officier, afin de prendre part à l'ovation qu'on lui préparait. M. Arago, tout en essayant de leur faire entendre la nécessité d'obéir aux ordres précis du gouvernement provisoire et de ne pas entraver la formation de cette armée des Alpes qui va sur la frontière défendre la patrie, accorde aux clubs un délai de vingt-quatre heures.

Le lendemain, le fourrier Gigoux arrivait à Lyon. Une foule innombrable, qui l'attendait sur la place de l'Hôtel-de-Ville, demande à grands cris qu'il paraisse au balcon; lorsqu'il se montre entouré des autorités municipales, une acclamation immense le salue à plusieurs reprises. Quand le calme est rétabli, Gigoux prend la parole. A la surprise universelle, il harangue la foule du ton le plus modéré; il recommande au peuple le bon ordre, le respect à la loi; puis, s'adressant particulièrement aux soldats, il les supplie de rentrer dans leurs casernes et de faire acte de soumission à leurs officiers. Il insinue même qu'il regrette d'avoir donné lieu, par un moment d'oubli de la discipline, à ce qui se passe. Sans trop s'arrêter au sens de son discours, la multitude bat des mains, crie: *Vive Gigoux!* et une heure après, une marche triomphale parcourt les rues et les quais de Lyon en célébrant, en quelque sorte malgré lui, le héros involontaire et repentant de l'indiscipline.

A la suite de cette journée, qui se termina par la mise en liberté de tous les soldats détenus au pénitencier militaire, le colonel du 4ᵉ régiment d'artillerie donna sa démission, et le général Bourjolly sollicita un changement de commandement.

Le commissaire commençait aussi à se décourager; il désespérait d'amener une conciliation entre la population ouvrière qui s'exaltait de plus en plus, et les partis conservateurs qui, au lieu de seconder l'action du gouvernement, entretenaient par leurs actes et leurs discours provocants la méfiance et l'irritation dans les masses.

Cette méfiance donna lieu, pendant ces mêmes jours, à une scène des plus étranges. Un bateau à vapeur nommé *le Vautour*, venant de Valence, arrivait le 30 mars au soir à l'embarcadère, portant à son mât une flamme blanche. Les ouvriers qui travaillaient au remblai du quai l'aperçoivent et se persuadent que c'est une manifestation légitimiste. Ils se précipitent vers l'embarcadère; au moment où le capitaine du *Vautour* aborde, il est entouré, saisi, menacé de mort, sans pouvoir même deviner de quoi on l'accuse. Un poste voisin de gardes nationaux le tire des mains de la foule. Pendant ce temps, le drapeau arraché au mât du *Vautour* est traîné dans la boue et porté à l'Hôtel-de-Ville. L'animation causée par cet incident est si vive qu'elle se prolonge très-avant dans la nuit; le lendemain matin, pour éviter le pillage du bateau, le commissaire est obligé de le faire saisir au nom de la République et garder militairement en le déclarant propriété nationale. Le capitaine, conduit en prison, y reste trois semaines, pendant lesquelles le gouvernement est censé poursuivre l'enquête; après quoi, la population étant occupée d'autre chose, on rend au prisonnier sa liberté et son bateau.

Ce trait montre jusqu'à quel point le peuple de Lyon était excité, hors de lui. Il demandait avec une insistance menaçante qu'on lui remît les forts que la garde nationale avait imprudemment remis à la troupe de ligne; et, comme M. Arago se refusait à les livrer, les clubs et le comité exécutif menaçaient de les reprendre de vive force.

C'est dans une pareille fermentation que les élections se préparaient. M. Arago, complétement découragé, voyant qu'il n'exerçait plus le moindre ascendant sur personne, et qu'il avait réussi à se rendre également impopulaire dans tous les partis, demanda son rappel (1).

Il fut remplacé par M. Martin-Bernard, ancien ouvrier imprimeur, homme honnête, exalté, violent en paroles, comme toute cette école de démocrates que l'on appelait, depuis la circulaire de M. Ledru-Rollin, *républicains de la veille*, mais bien intentionné et ennemi des mesures arbitraires. Ce ne fut pas sans de grands efforts que le nouveau commissaire parvint à contenir de nouvelles explosions et qu'il gagna le jour fixé pour les élections générales.

Rien assurément n'est plus propre à faire comprendre le caractère nouveau de la Révolution de 1848 que le contraste entre l'agitation extrême des villes industrielles de Rouen, de Lyon, et un peu plus tard de Limoges, avec la tranquillité de l'Ouest pendant toute la durée du gouvernement provisoire. Pour la première fois dans nos troubles civils, Nantes, Rennes, Angers, Saint-Malo, Brest, ces foyers naguère si incandescents du vieil esprit breton et vendéen, ne répondent point au défi que leur jette l'esprit du siècle. Les populations catholiques et royalistes de la Bretagne, de l'Anjou, de la Vendée, le noble, le prêtre, le paysan intrépide, que ni la Convention ni l'Empire n'ont pu dompter, et qui, forts de leur intime union, avaient à tant de reprises bravé le pouvoir central et repoussé la domination de Paris, se taisent cette fois, sans presque interrompre leur activité paisible; ils se conforment au gouvernement de la République. Cette soumission des populations royalistes, opposée à l'insurrection qui, au sein des populations républicaines, menace dès le lendemain de son établissement la République, rend, selon moi, d'une évidence incontestable, cette vérité à laquelle tant de bons esprits refusent encore leur assentiment, à savoir : que la République de 1848 ne faisait guère que *déclarer*, *nommer* un état politique préexistant dans les mœurs, tandis qu'elle *annonçait* seulement un état social dont les uns, n'en concevant encore aucune idée, rejetaient jusqu'à l'hypothèse, et que les autres, s'en formant une idée fausse, supposaient immédiatement réalisable.

Si quelques éléments de la lutte ancienne entre la monarchie et la République, entre l'Église et l'État, avaient existé en France, à coup sûr on les aurait vus aux prises dans ces contrées de l'Ouest où la sincérité des croyances, la passion forte et grave eut dans tous les temps ses héros et ses martyrs. Le sang breton n'a pas dégénéré, et si le mot de république n'a pas rallumé ses ardeurs belliqueuses, c'est que les esprits et les cœurs, désabusés, détachés des objets de leur culte, rendus à eux-mêmes par l'expérience, étaient au fond plus véritablement républicains, dans leur indépendance un peu sauvage, que l'esprit de parti qui si souvent ailleurs a usurpé le nom de républicanisme.

En 1848, la ville de Nantes, dont le commerce colonial et l'industrie avaient pris un grand développement sous le dernier règne, et qui comptait une population d'environ 100,000 âmes, était devenue assez indifférente en matière politique. Les querelles des

---

(1) L'annuaire conservateur déjà cité lui rend ce témoignage : « M. Emmanuel Arago a montré du courage et du dévouement dans quelques circonstances critiques; il avait mission d'empêcher à tout prix l'effusion du sang, et il a réussi. » (p. 64).

partis s'étaient fort assoupies depuis 1830. La majorité du clergé, de la noblesse et de la haute bourgeoisie restait comme presque partout légitimiste, plutôt par bienséance que par conviction. La classe moyenne s'accommodait fort de la paix qui favorisait les entreprises commerciales, et se croyait orléaniste. Le parti républicain, en très-petite minorité, se composait de radicaux proprement dits, qui suivaient la politique de *la Réforme*, et de socialistes appartenant pour la plupart à la classe ouvrière.

Le commissaire chargé par M. Ledru-Rollin de proclamer la République à Nantes, le docteur Guépin, professeur à l'école de médecine, connaissait bien l'état des esprits. L'exercice de sa profession le mettait journellement en rapport avec toutes les classes de la société; ses études scientifiques le disposaient à la tolérance; aussi, quoiqu'on le sût favorable aux tendances socialistes, sa nomination produisit-elle une bonne impression sur l'opinion publique. A la vérité, quelques jacobins exclusifs, mécontents de ce que le ministre de l'intérieur n'avait pas nommé leur chef, envoyèrent à Paris une députation pour demander la révocation du docteur Guépin. Leurs principaux griefs se résumaient en ceci : que le commissaire faisait trop peu de destitutions et qu'il avait rendu une visite à l'évêque. L'accusation, passionnée en raison même de sa puérilité, trouva au ministère des oreilles complaisantes. M. Guépin fut révoqué, mais pendant quelques jours seulement. A peine cette décision prise, M. Ledru-Rollin, mieux informé, faisait jouer le télégraphe et réintégrait dans ses fonctions le commissaire, sans toutefois lui donner aucun éclaircissement ni sur l'une ni sur l'autre de ces mesures.

L'administration conciliante de M. Guépin ne tarda pas, du reste, à justifier la confiance du gouvernement et à gagner jusqu'à ses dénonciateurs. Nantes et le département du Morbihan, où il fut envoyé un peu plus tard, restèrent paisibles; le jour des élections arriva sans que, malgré la perturbation jetée dans les affaires et la nécessité de créer, comme partout, des ateliers nationaux, aucun conflit eût éclaté, ni dans les villes ni dans les campagnes.

L'administration prudente de M. Bordillon, à Angers, eut à peu près les mêmes effets que celle du docteur Guépin, à Nantes; l'ordre ne fut pas un moment troublé sur ce point si important de l'ancienne chouannerie.

Un homme tout jeune encore, et qui ne pouvait avoir aucune expérience des affaires publiques, M. Émile Ollivier, commissaire dans les départements du Var et des Bouches-du-Rhône, eut aussi l'heureuse fortune de retenir dans la soumission, sans recourir aux mesures violentes, les passions et les intérêts que la révolution mettait aux prises. Cependant les populations auxquelles il venait annoncer le gouvernement républicain étaient les moins préparées qu'il y eût en France à la République. Nulle part peut-être les souvenirs de la Terreur n'étaient aussi vivants que dans les imaginations méridionales. L'échafaud de 1793 restait debout encore dans les esprits; le mot de république, malgré la belle tradition qui y rattachait l'origine même et la grandeur première de Marseille, ne s'y prenait que dans le sens étroit et haïssable de terrorisme.

Une noblesse ancienne, illustre et opulente, mais entêtée de préjugés, y garde une influence considérable, subordonnée toutefois à la puissance du clergé, qui pénètre jusqu'au plus profond des masses populaires. Le catholicisme, à demi païen dans le midi de la France comme en Italie, possède le cœur et anime l'existence de ce peuple amoureux de symboles et de solennités. Le miracle est partout sur cette terre ardente. La légende peuple ces campagnes, splendides dans leur aridité, où le poëme divin de la Judée semble se continuer à l'ombre de l'olivier mélancolique qui en rappelle les plus suaves accents (1). Tous les habitants sont religieusement associés,

---

(1) On sait que, selon la légende, Madeleine demeura sept ans dans la grotte de la Sainte-Baume. De pieux pèlerinage attestent le lieu où saint Lazare et saint André moururent.

partagés en confréries. La mystérieuse organisation du *compagnonnage*, dont Marseille était une des villes capitales (1), et qui prenait ses couleurs à la Sainte-Baume, a créé au sein des corporations ouvrières un esprit d'aristocratie qui domine tout, mais qui est dominé lui-même par l'autorité ecclésiastique.

La révolution démocratique de 1848 ne trouvait donc aucune disposition favorable ni sur les degrés inférieurs, ni sur les degrés supérieurs de cette hiérarchie cimentée par l'esprit catholique. Elle devait encore moins espérer se concilier la classe moyenne, où régnait un esprit mercantile très-habile, très-hardi, mais avide et égoïste, qui voyait tout à coup son essor paralysé par la suspension des affaires et l'anéantissement du crédit.

Lorsque M. Ollivier arriva à Marseille, le 3 mars, il trouva la préfecture et la mairie encore occupées par les fonctionnaires de la royauté. Appuyés sur l'opinion publique, ils avaient aisément repoussé les tentatives du comité révolutionnaire, qui s'était résigné à attendre le représentant officiel du gouvernement provisoire. Tout se passa donc régulièrement. Le préfet, M. Lacoste, et le maire, M. Renard, remirent sans difficultés aucunes leurs pouvoirs à M. Ollivier. Le commandant de la division, le général d'Hautpoul, vint avec un empressement obséquieux faire acte d'adhésion à la République; l'évêque prévint la visite du commissaire et lui exprima dans des termes affectueux les dispositions les meilleures; la magistrature se montra, comme partout, beaucoup plus zélée qu'il n'était nécessaire ou convenable; enfin, les rapports entre les anciens fonctionnaires et le nouveau pouvoir s'établirent avec une facilité et une courtoisie parfaites. Mais c'était là le côté apparent des choses, et M. Ollivier ne se dissimulait pas qu'il ne pourrait faire accepter le gouvernement républicain par les populations qu'en ménageant le clergé et le parti légitimiste, et en tenant grand compte de leur

puissance. Il s'employa d'abord à contenir l'impatience des vieux républicains, qui n'avaient, non plus que les royalistes de la Restauration, *rien appris et rien oublié*; il entra en rapport direct avec la classe ouvrière et fit des ouvertures aux hommes éminents de tous les partis pour les engager avec lui, pour intéresser leur honneur à une œuvre commune de progrès. Dans la commission municipale, il introduisit des ouvriers républicains, mais sans exclure ni les bourgeois orléanistes ni les nobles légitimistes, et sut leur inspirer à tous un bon esprit de conciliation, de zèle pour la chose publique (1). Par l'heureuse initiative de cette commission, la ville s'imposa des sacrifices qui permirent d'imprimer aux travaux publics une impulsion extraordinaire. Au milieu de la confusion et de la précipitation de toutes choses l'organisation des ateliers nationaux, qui occupaient 9,000 ouvriers, se fit avec sagesse et discernement. Des améliorations, des embellissements d'une utilité générale occupèrent les ouvriers d'une manière qui satisfit les classes riches (2). Enfin, le comptoir d'escompte, organisé avec une promptitude merveilleuse par les soins de la chambre de commerce et le concours de la corporation des portefaix, vint en aide au commerce de telle façon qu'après un embarras momentané il reprit son mouvement normal sans avoir eu à souffrir la honte d'aucune faillite (3).

Tout allait donc bien, et la popularité que M. Ollivier s'était acquise dans toutes les classes préparait des élections excellentes, quand M. Ledru-Rollin, inquiété par les dé-

---

(1) Les trois autres étaient Lyon, Nantes et Bordeaux.

(1) Cette commission s'acquitta de ses fonctions avec une intelligence et un dévouement si parfaits que lors des élections municipales, bien qu'on fût alors en pleine réaction contre l'esprit républicain, tous les membres furent réélus.

(2) Particulièrement les travaux du canal qui conduit à Marseille les eaux de la Durance et les distribue dans la ville; le nivellement de la place de la Corderie, qu'aucune des administrations précédentes n'avait pu mener à bonne fin, à cause de l'opposition opiniâtre du génie militaire; la promenade du Prado, etc.

(3) Le comptoir d'escompte de Marseille fut le premier qui fonctionna dans les départements. La chambre de commerce en fit les fonds principaux. Les portefaix déposèrent une somme de 60,000 francs.

nonciations qui lui arrivaient de tous côtés contre les commissaires, crut devoir, par une mesure générale, conférer des pouvoirs extraordinaires à des commissaires généraux auxquels il subordonna les commissaires particuliers.

Déjà les circulaires et les bulletins du ministère de l'intérieur, et surtout le retard impolitique des élections (1), avaient jeté l'incertitude et le trouble dans les esprits. La complication qu'apportèrent dans la direction des affaires les mésintelligences inévitables entre les commissaires généraux et les commissaires particuliers, offensés de cette espèce de surveillance et de suprématie qui leur était imposée, enlevèrent au gouvernement sa plus grande part d'action et achevèrent de détruire le bon effet que l'établissement paisible de la République avait produit partout.

Le commissaire général nommé pour les quatre départements des Bouches-du-Rhône, du Var, des Basses-Alpes et de Vaucluse, M. Reppelin, avocat de Grenoble, appartenait à la fraction exclusive des *républicains de la veille*. A peine arrivé à Marseille, il se laissa circonvenir par les plus exagérés entre les révolutionnaires et blâma la conduite de M. Ollivier. La garde nationale, selon lui, était beaucoup trop bourgeoise; il la fallait immédiatement dissoudre et reconstituer; le comptoir d'escompte était présidé par un réactionnaire qu'il fallait destituer; enfin, l'alliance avec les légitimistes et le clergé était une alliance adultère, et la candidature de M. Berryer, que M. Ollivier avait promis de ne pas combattre, devait être ouvertement repoussée.

A toutes ces prétentions d'un républicanisme absolu qui n'avait aucun point d'appui dans une ville où la révolution de Février n'avait pas trouvé plus de cent républicains, M. Ollivier opposait : l'impossibilité d'opérer de vive force le désarmement de la garde nationale qui, certes, ne se laisserait pas dissoudre de bonne grâce; les heureux effets produits par les opérations du comptoir d'escompte qui, n'étant point une institution politique, avait dû considérer, dans la nomination de son président, la probité et le crédit bien plutôt que le zèle républicain; enfin, il affirmait que la nomination de M. Berryer, impolitiquement combattue, n'aurait pour tout résultat, en rompant l'alliance antérieure à la révolution des légitimistes et des radicaux, que de procurer l'élection de M. Thiers, considérée par le gouvernement comme infiniment plus dangereuse.

Des débats très-vifs entre les deux commissaires se renouvelèrent sur ces trois points principaux, pendant une huitaine de jours; après quoi, le ministre de l'intérieur ayant donné raison à M. Ollivier (1), M. Reppelin dut céder et quitter Marseille, non sans avoir singulièrement nui à la cause qu'il croyait

---

(1) En réponse à une dépêche du ministre de l'intérieur qui demandait l'opinion des commissaires sur l'utilité d'un retard, M. Ollivier répondit par les considérations suivantes qui pouvaient s'appliquer à la presque totalité des départements :

« A Marseille et dans les départements que je représente, la respiration sociale, si je puis parler ainsi, est suspendue jusqu'aux élections. Jusqu'à cette époque aucune affaire ne se fera, et, si le délai se prolonge, la stagnation pourra devenir un immense désastre. L'opinion du commerce, en majorité ici, ne saurait être douteuse; elle se fortifie de celle des travailleurs qui souffrent beaucoup de la suspension d'un grand nombre d'usines. Les malheureux consentent à ajourner leurs prétentions jusqu'à l'Assemblée constituante, mais à la condition qu'on n'éloignera pas cette époque désirée. Certes, les élections prochaines ne permettront pas à certaines personnes inconnues, qui tombent sur nous de Paris comme des nuées de sauterelles, de préparer leurs candidatures; mais, d'autre part, elles empêcheront les partis vaincus de nouer leurs trames. Les conservateurs du passé ont besoin de temps pour préparer leurs intrigues; nous, pour faire consacrer nos principes, nous n'avons besoin que d'enthousiasme. » (*Le commissaire du gouvernement au ministre de l'intérieur*, Marseille, le 22 mars 1848.)

(1) Dans une dépêche du ministre de l'intérieur, adressée le 18 mars à M. Émile Ollivier, le secrétaire général, M. Jules Favre, s'exprime ainsi, au nom du ministre : « Je partage votre opinion que vous ne devez apporter aucun obstacle à la réélection du citoyen Berryer, qui, légitimiste seulement dans la forme, est au fond un patriote sincère, et dont l'éloquence, comme vous le dites avec raison, est une des gloires du pays. En principe, d'ailleurs, je ne crois pas que le succès des candidatures légitimistes, bien entendu toutefois à défaut d'autres, présente un danger réel. Les hommes les plus remarquables de ce parti, comprenant enfin qu'ils représentent des idées sans racines dans le pays, ont sincèrement adhéré à l'ordre de choses nouveau; les autres seront sans action sur l'Assemblée. »

devoir servir par des moyens incompatibles avec l'état des esprits.

Indépendamment des excellents résultats que je viens de rapporter, l'administration de M. Ollivier, à Marseille, fut marquée par un incident d'un singulier intérêt. Le jeune commissaire, qui croyait le gouvernement républicain engagé d'honneur à réparer toutes les fautes et toutes les injustices du dernier règne, voulut avoir un entretien avec Abd-el-Kader, détenu au fort Lamalgue, et porter à l'illustre victime de la politique dynastique quelques paroles de consolation, si ce n'est d'espérance, au nom du gouvernement républicain.

Il voulait aussi voir par lui-même si la captivité que le fils de Mahi-Eddin s'obstinait fièrement à appeler l'hospitalité du fort Lamalgue, était adoucie par tous les soins et tous les égards compatibles avec l'exécution des ordres militaires. Il souhaitait enfin, tout en intercédant auprès du gouvernement provisoire pour que la liberté fût rendue à Abd-el-Kader, persuader à celui-ci, en cas de refus, de demander ou, du moins, d'accepter une liberté relative dans quelque belle résidence de l'intérieur du pays.

Abd-el-Kader se montra sensible à la démarche de M. Ollivier; mais il se refusa constamment aussi bien à se plaindre d'une sévérité ou d'une négligence qu'à solliciter une faveur de ses geôliers. Dans l'étroite enceinte où le sultan du désert se voyait confiné, il n'oubliait pas qu'il avait conquis naguère et possédé un royaume sans limites. En tendant sa main délicate à ce jeune inconnu qui venait lui offrir son appui, il se rappelait que cette même main avait porté l'étendard triomphant du prophète, tracé à d'innombrables tribus les lois d'une civilisation nouvelle, reçu des présents de nos plus illustres chefs d'armée et signé avec le roi de France des traités superbes. Aussi ne voulait-il entendre parler que d'une seule chose : le maintien de la foi jurée. Le mot *clémence* blessait son oreille; il n'en prononçait jamais d'autre que *justice*.

« Vous n'avez pas blessé mon cheval, disait-il à M. Émile Ollivier en attachant sur lui son grand œil noir plein de douceur et de passion; vous ne m'avez pas pris les armes à la main. J'ai envoyé volontairement mon sceau et mon sabre au général Lamoricière, qui m'a envoyé le sien en échange. Je me suis rendu parce que j'étais fatigué de lutter avec des hommes que je méprise. J'ai goûté la mort. Aujourd'hui, l'on peut me rendre sans crainte à la liberté; je ne demande plus qu'à aller dans un pays où je puisse élever mes femmes et mes enfants suivant ma religion. Je ne souhaite autre chose que de suivre la voie de mon père et de mes aïeux, que de m'ensevelir aux lieux saints, dans l'adoration de Dieu, jusqu'à la mort. » Et à la prière de M. Ollivier, il signait le serment solennel de ne jamais reprendre les armes contre les Français. Quant au séjour en France, « cela n'est pas possible, disait-il encore avec son inflexible douceur. Nous sommes trop différents, répétait-il en faisant glisser entre ses doigts les grains de son chapelet; vous montrez vos femmes et nous cachons les nôtres; vous portez des vêtements étroits et nous en portons de larges; nous n'écrivons pas du même côté; nous n'avons pas la même religion; nous ne pouvons pas vivre sous le même soleil. »

Cependant M. Ollivier fit de vives instances auprès du gouvernement provisoire pour obtenir la mise en liberté d'Abd-el-Kader, mais ses demandes restèrent sans effet. A la vérité, M. Arago écrivit à l'émir une lettre pleine d'égards où il promettait d'examiner ce que le gouvernement était à même de faire; mais l'examen de M. Arago, pas plus que les négociations de M. Guizot, ne devait apporter aucun changement dans la condition d'Abd-el-Kader. La République agit envers l'illustre captif exactement comme l'avait fait la monarchie.

Le commissaire envoyé par M. Ledru-Rollin dans les quatre départements du Gers, du Tarn, de Tarn-et-Garonne et de Lot-et-Garonne, appartenait, ainsi que M. Reppelin, à l'école de la république dictatoriale. M. Jolly

CABET, RASPAIL, BARBÈS (P. 230).

avocat, député de l'Ariége en 1831, élu à Toulouse en 1839, non réélu en 1846, défenseur des accusés républicains dans le procès d'avril, était l'un des plus caractérisés entre ces républicains armés de toutes pièces auxquels, depuis la circulaire du 8 mars, on donnait, un peu ironiquement, le nom de *républicains de la veille*. Il possédait à fond la pratique et le langage des anciens patriotes ; il aimait l'appareil militaire ; il croyait fermement ce que M. Ledru-Rollin ne parvenait pas toujours à se persuader : que le gouvernement républicain devait se montrer jalousement exclusif, et qu'entrer en accommodement avec le temps, les hommes et les choses, ce serait une trahison à la cause démocratique.

On se rappelle le triste procès intenté au frère Léotade, dans le courant de l'année 1847. La ville de Toulouse en était encore tout émue. Les passions religieuses s'étaient réveillées en cette occasion avec une ardeur qu'on ne leur croyait plus. Catholiques et protestants, nobles légitimistes et bourgeois libéraux se retrouvaient en présence, armés de tous leurs préjugés, de tous les souvenirs de leurs anciennes luttes.

M. Jolly, défenseur des parents de Cécile Combette, la victime de Léotade, était, le 26 février, à l'audience, où il se disposait à plaider, lorsqu'on lui remit une lettre qui lui apprenait les événements de Paris. D'autres correspondances, arrivées par le même courrier, annonçaient à plusieurs personnes présentes au palais la régence de madame la duchesse d'Orléans et le ministère de M. Odilon Barrot. Le trouble causé par ces nouvelles fut si grand, qu'il fallut suspendre l'audience.

Les amis politiques de M. Jolly, qui l'attendaient à la sortie du palais, au nombre de quatre à cinq cents environ, décidèrent qu'il fallait faire la révolution à Toulouse et, sans attendre d'autres nouvelles de la capitale, proclamer, à leurs risques et périls, la république.

Aussitôt cette résolution prise, une vingtaine d'étudiants se répandent par les rues pour soulever le peuple. M. Jolly, à la tête d'une colonne de républicains, très-petite au départ, mais qui grossit en marchant, va droit à la place du Capitole, où la troupe, sans trop comprendre de quoi il est question, la laisse passer. Il entre dans la salle du conseil municipal qui, en l'absence du préfet, M. Duchâtel, administre le département. Après avoir destitué de sa propre autorité les membres présents, il paraît au balcon, harangue le peuple qui, dans cet intervalle, s'est rassemblé en grande foule sur la place, proclame la république et ordonne aux officiers, qui le regardent tout ébahis, de faire rentrer les troupes dans les casernes. A la préfecture, M. Jolly ne rencontre pas plus de difficultés. Le secrétaire général, apprenant ce qui se passait au Capitole, avait jugé prudent de s'éloigner en laissant les clefs à un garçon de bureau. Trois cents hommes du régiment d'artillerie, qui occupaient l'hôtel, ne firent pas mine de le vouloir défendre. Du 26 au 29 février, où le télégraphe apporta à M. Jolly la nouvelle officielle de l'établissement d'un gouvernement provisoire et sa propre nomination aux fonctions de commissaire, la ville de Toulouse demeura dans le plus singulier état qui se puisse imaginer. La république était proclamée, à la vérité, mais elle n'avait qu'une existence tout à fait abstraite, car, en cas de lutte, la petite minorité de la population qui l'aurait soutenue était sans armes et sans organisation. Depuis sept ans la garde nationale était dissoute; tandis que le parti conservateur, s'il avait eu la moindre velléité de combat, disposait de 6,000 hommes de troupes régulières dans la ville et de 12 à 15,000 dans les environs. Les républicains eux-mêmes ne pouvaient croire à un si facile succès. Plus tard, quand les royalistes se vengèrent du dédain qu'on avait trop laissé paraître pour eux, ils oublièrent qu'ils devaient surtout s'en prendre à eux-mêmes de tout ce qui les avait blessés, et qu'une attitude plus ferme eût rendu les procédés dont ils se plaignaient absolument impossibles chez un peuple où le courage tient le premier rang entre toutes les vertus dans l'estime publique.

Cependant M. Jolly se trouva bientôt dans une situation embarrassée entre le ministre de l'intérieur, qui désapprouvait formellement les destitutions, les suspensions, toutes les mesures conformes au vieux programme de la politique jacobine, et le club communiste, par lequel il se voyait traité de réactionnaire.

Les défiances en étaient venues à ce point, parmi les ouvriers qui fréquentaient ce club dirigé par un partisan de M. Blanqui, que, le 9 avril, ils se portèrent à la préfecture dans le dessein de s'en emparer et d'en chasser le commissaire; mais M. Jolly avait été prévenu. La garde nationale, accourue à sa défense, eut aisément le dessus dans la lutte qui s'engagea, malgré l'extrême animation des ouvriers, parce que ceux-ci, au nombre de neuf cents environ, étaient très-mal armés et que leur chef se laissa prendre dès le commencement de la lutte. Le lendemain, le club communiste fut fermé, son journal suspendu; la garde nationale vint féliciter le commissaire de la victoire que le parti de l'ordre, comme on disait déjà, avait remportée en sa personne.

Cette mesure, cependant, était beaucoup trop complète aux yeux de M. Jolly, car elle rendait aux royalistes, à la veille des élections, une force qu'ils n'avaient jamais perdue en réalité, mais dont ils avaient perdu le sentiment, et qui, par conséquent, leur était devenue inutile. M. Jolly crut donc devoir, sans plus tarder, combattre leur influence, et il s'attaqua, sans beaucoup de prudence, à l'un des hommes les plus considérables du parti orléaniste, M. Charles d'Arragon, qui devait à ses relations personnelles avec M. Garnier-Pagès sa nomination au commissariat d'Alby et le patronage presque officiel du gouvernement pour sa candidature. M. Jolly tenta d'autorité, sans aucun motif sérieux, presque sans prétexte, de révoquer M. d'Arragon; il installa un avocat, nommé Boguel, à sa place; mais la force morale de l'opinion publique l'emporta sur la volonté cependant très-énergique de M. Jolly. On écrivit de tous côtés, à Paris, pour protester contre la révocation de M. d'Arragon, et bientôt, à la grande surprise du commissaire, il se vit désavoué par M. Ledru-Rollin qui réintégra M. d'Arragon dans ses fonctions.

Ces conflits entre la population des villes et l'autorité officielle n'étaient pas les seuls qui agitassent le pays. Dans les campagnes, des mouvements où la politique n'entrait pour rien éclatèrent sur plusieurs points à la fois, et l'on eut quelque peine à les apaiser. Les départements de la Haute-Garonne, des Hautes-Pyrénées, de l'Ariége et de l'Aude sont couverts de forêts magnifiques. L'État, dans le seul département de l'Aude, en possède pour une valeur d'environ 20 millions. Par une anomalie qu'a créée, de restriction en restriction, un pouvoir plus jaloux de ses droits qu'intelligent de ses intérêts véritables, les populations pour lesquelles la proximité de ces richesses naturelles devrait être un accroissement de bien-être, souffrent des privations très-dures et sont en butte à mille vexations intolérables de la part de l'administration forestière. Le droit des communes qu'on appelle *riveraines* et le droit de l'État, perpétuellement contestés et interprétés, donnent lieu, sous tous les gouvernements, à de sanglants conflits, et tiennent les paysans de ces contrées, très-braves et très-bons tireurs, en état permanent d'insurrection : insurrection étrangère, comme je l'ai fait observer, à la politique, et qui, sous une forme particulière, locale, n'est autre chose que la protestation aveugle de la misère du peuple contre la mauvaise gérance et le gaspillage de la fortune publique.

En 1830, après de graves émeutes, le gouvernement rendit aux communes riveraines la plupart des droits anciens qu'elles avaient réclamés vainement sous la Restauration; mais les concessions qu'on s'était cru forcé de faire en principe, on les retirait de fait, en mettant pour condition à l'exercice de ces droits des formalités telles qu'elles les rendaient plus onéreux que profitables (1). L'esprit de rébellion qui anime toutes ces campagnes ne pouvait manquer d'éclater de nouveau à la première occasion. Cette occasion fut la révolution de Février. Trois à quatre mille paysans, intrépides chasseurs d'ours, se répandirent dans le pays en commettant toutes sortes de dégâts. Le château de M. de Goulard, noble légitimiste, et quelques autres habitations furent brûlés; il fallut envoyer deux régiments de troupe de ligne pour réduire les séditieux.

Entre toutes les villes importantes de France, c'est à Bordeaux que la révolution de Février devait rencontrer les dispositions les moins favorables. Ces dispositions se manifestèrent tout d'abord par une résistance passive, mais très-prononcée, à la proclamation de la République. L'opinion orléaniste était prépondérante à Bordeaux dans les classes aisées; les ouvriers ne s'occupaient aucune-

---

(1) Il arrive ainsi que les arbres des forêts de l'État pourrissent sur place, tandis que les paysans manquent de bois à brûler. Durant les hivers rigoureux, il y a eu des exemples de personnes mortes de froid, dans des communes tout environnées de forêts.

ment de politique. Ils avaient formé entre eux des associations de secours mutuels qui suffisaient, le travail n'ayant pas manqué depuis bien des années, à parer aux nécessités pressantes; c'est à peine si l'on aurait pu réunir, à Bordeaux, une cinquantaine de républicains très-ignorés et dont l'influence était nulle à ce point qu'ils n'étaient pas même parvenus à avoir dans la presse un organe de leurs opinions.

Les autorités de Bordeaux, le préfet M. Sers, le maire M. Dufour-Duvergier, tous deux attachés à la dynastie d'Orléans, ne mirent aucun empressement à proclamer la république; comme le peuple ne les y poussait pas et que la garde nationale était avec eux, ils demeurèrent en monarchie jusqu'à l'arrivée assez tardive de M. Ch. Chevalier, commissaire officiel du gouvernement provisoire.

M. Chevalier, publiciste assez peu connu, républicain de fraîche date, s'entoura des hommes de l'ancienne administration, qui étaient ouvertement hostiles au pouvoir nouveau. Sa conduite alarma le petit nombre d'hommes qui composaient à Bordeaux le parti républicain. Ils adressèrent leurs plaintes à M. Ledru-Rollin et le déterminèrent à envoyer un commissaire général, M. Latrade.

L'état financier de la ville était meilleur qu'on ne devait l'espérer en une telle crise. La banque, ayant fait spontanément une souscription considérable pour fonder un comptoir d'escompte, vint en aide aux maisons dont le crédit était menacé. On trouva sans peine assez d'ouvrage pour faire vivre les ouvriers dans un pays où les denrées sont à très-bas prix. La secousse commerciale et industrielle fut donc, comparativement à beaucoup d'autres points du territoire, fort peu ressentie à Bordeaux.

M. Latrade, avant d'avoir pu se faire connaître à la population bordelaise par aucun acte administratif, fut signalé par les partis royalistes comme un révolutionnaire de 93. On sema le bruit, on affirma qu'il venait établir la guillotine sur la place publique. Ces propos trouvèrent des oreilles crédules; on s'ameuta dans les rues; un rassemblement entoura la préfecture en menaçant de mort le commissaire. M. Latrade n'essaya pas de résister à l'émeute. Quelques amis l'aidèrent à s'évader par les toits, le cachèrent dans une maison particulière et le firent partir le lendemain matin pour Paris. M. Clément Thomas, l'un des rédacteurs du *National*, le remplaça et parvint, sans de grands efforts, à calmer une agitation qui n'avait rien de sérieux. Rappelé à Paris par sa nomination au grade de colonel d'une légion de la garde nationale, il fut remplacé à son tour par M. Henri Ducos, qui présida aux élections.

Les hostilités entre la garde nationale et les commissaires se produisirent dans plusieurs autres départements et partout restèrent impunies, parce que M. Ledru-Rollin, quand on lui faisait connaître les maladresses politiques de ses agents, les blâmait et les désavouait. D'ailleurs, les pouvoirs illimités qu'il leur avait conférés ne pouvaient, en cas de résistance, se faire obéir qu'au moyen de la garde nationale; du moment que la garde nationale se tournait contre les commissaires, il n'y avait plus d'autre recours que l'appel aux passions ultra-révolutionnaires, le gouvernement des clubs, la terreur. Je crois avoir montré surabondamment que M. Ledru-Rollin ne voulait pas plus que M. de Lamartine, de ces moyens extrêmes. Il redoutait la domination des clubs. Nous venons de le voir, à Marseille, à Lyon, à Toulouse, repousser presque constamment les dénonciations qui lui arrivaient contre les commissaires accusés de tiédeur politique. Il y avait donc contradiction flagrante entre ses paroles officielles et ses actes, entre les pouvoirs illimités qu'il proclamait et l'autorité absolument nulle qu'il donnait en réalité; il en résulta cet effet déplorable, qu'il fournit à ses ennemis mille prétextes d'accusation contre ses agents, en même temps qu'il ôtait à ceux-ci la force avec laquelle ils auraient pu triompher.

La négligence était aussi grande au ministère de l'intérieur que l'indécision ; la plupart du temps les demandes des commissaires demeuraient sans réponse (1) ; souvent le télégraphe apportait dans l'espace de quelques heures des ordres et des contre-ordres, des révocations et des réintégrations qui jetaient le plus grand trouble dans les affaires. Entre les deux partis que le gouvernement provisoire avait à prendre, administrer doucement, prudemment, sans secousse, ou gouverner avec une énergie toute révolutionnaire, il ne sut se tenir fermement ni à l'un ni à l'autre, et l'on vit pendant deux mois entiers, dans le pays le plus centralisé du monde, l'étonnant spectacle d'une multitude de tiraillements partiels et de rébellions locales ; l'opinion tantôt refoulée, tantôt emportée sous la main d'hommes divisés entre eux ; la nation entière agitée vainement d'un mouvement confus, contraire à ses instincts, et qu'elle ne parvenait pas à s'expliquer à elle-même.

CHAPITRE XXV

La Révolution en Europe. — Pétersbourg. — Vienne. — Milan. — Berlin. — Expédition des corps-francs.

Si l'étonnement de la France démocratique fut grand lorsqu'elle apprit de Paris qu'elle n'avait plus de roi, que dut penser l'Europe monarchique et aristocratique en entendant tout à coup résonner à ses oreilles cette nouvelle incroyable : Les Français viennent de chasser la dynastie d'Orléans ; ils ont choisi pour les gouverner un poëte lyrique, un avocat radical, un astronome et un prolétaire !

Aucune explication vraisemblable d'une telle énormité ne venait à l'esprit ni des souverains ni de leurs cours. Depuis bien des années déjà la diplomatie européenne considérait la force révolutionnaire comme très-affaiblie, sinon détruite, en France, par la longue application d'une politique savamment combinée. Les ambassadeurs des puissances étrangères, captivés par l'accueil et l'entretien aimables de Louis-Philippe, éblouis par les élégances de la société parisienne qu'ils voyaient dans une sécurité parfaite, avaient fini par réconcilier leurs maîtres avec la royauté illégitime. Les colères et les inquiétudes que l'usurpation de 1830 avait fait naître s'étaient peu à peu dissipées avec les préventions conçues contre le favori de la bourgeoisie libérale, devenu roi par la grâce du peuple. Comme la surprise exagère tout, quand on vit Louis-Philippe sacrifier sa popularité au maintien de la paix et se retourner résolûment contre la révolution qui l'avait mis sur le trône, les hommes d'État de tous les pays le portèrent aux nues ; sa sagesse devint proverbiale ; on l'appela le *Napoléon de la paix ;* on en vint à le regarder comme le régulateur de l'ordre européen. Le bruit de sa chute étonna les souverains plus encore que ne l'avait fait le retentissement de son élévation.

Ce changement dans les dispositions des têtes couronnées était surtout remarquable à la cour de Russie. L'empereur Nicolas avait mis fin, en ces derniers temps, aux sarcasmes et aux épigrammes que, pendant plusieurs années, il s'était plu à lancer, à tout propos, contre Louis-Philippe et sa famille. Depuis qu'il avait vu tous ses desseins favorisés par l'attitude passive de la diplomatie française, qui n'osait même plus parler de la Pologne, il s'était singulièrement adouci. On assure que la connaissance personnelle qu'il fit, dans son voyage en Italie, du duc de Bordeaux et de ses conseillers, acheva de lui ôter la pensée d'une restauration (1) ; à dater de ce jour, le ton de ses agents auprès du gouvernement français

---

(1) A Besançon, par exemple, où, sur une question d'étiquette entre les commissaires et le général Baraguay-d'Hilliers, une émeute de la garde nationale avait forcé les commissaires à quitter la place, le commissaire général, M. J. Demontry, ayant adressé un rapport (8 avril) au ministre, ne reçut aucune réponse.

(1) Selon le bruit général, l'empereur Nicolas aurait paru charmé de la dignité parfaite, de la politesse et même de l'intelligence du duc de Bordeaux ; mais, en même temps, il n'aurait pas dissimulé qu'il ne lui supposait pas les qualités d'esprit et de caractère propres à gouverner la France dans des conjonctures aussi difficiles.

marqua, dans plusieurs circonstances, un désir de rapprochement très-sensible. L'indifférence qu'il affecta en public lorsque se répandirent, à Saint-Pétersbourg, les premières nouvelles d'une insurrection à Paris, ne trompa que peu de gens; bien qu'il répétât d'un ton railleur « qu'après tout les Français étaient les maîtres chez eux ; que peu importaient à la Russie les fantaisies parisiennes, » etc. ; bien qu'il voulût montrer au bal et au spectacle un front serein, il ne commandait pas à sa pâleur qui trahissait sa préoccupation secrète. Toute la ville avait les yeux sur lui. Les hommes de cour, voyant que l'empereur voulait paraître insouciant, se composaient le visage. Le peuple, au contraire, lui attribuant, comme à Dieu, tous les événements, disait que le Goçoudar (1) avait fait chasser Louis-Philippe, parce que ce prince déloyal refusait de lui rendre les millions qu'il lui avait empruntés. « Nous irons reprendre notre Paris! *nasz Pariz,* » s'écriait-on dans les groupes populaires. Mais l'empereur ne se laissait pas distraire par ces naïvetés de l'orgueil national. Les dépêches qui lui arrivaient à la fois de tous côtés l'assombrissaient d'heure en heure. Au bruit bientôt démenti d'une contre-révolution dont on faisait honneur, tantôt au maréchal Bugeaud, tantôt au général Lamoricière, avait succédé la nouvelle officielle de la proclamation de la république ; presque au même moment des lettres particulières annonçaient comme accomplies les révolutions qui devaient éclater, quinze jours plus tard, à Berlin et à Vienne. Il devenait indispensable de prendre, sinon un parti, du moins une attitude politique. L'empereur le sentit ; malgré son trouble, il publia un manifeste dans lequel il se déclarait prêt à combattre *pour la justice de Dieu et pour les principes sacrés de l'ordre établi sur les trônes héréditaires;* il ordonna que l'on fît avancer sur la frontière deux corps d'armée et renvoya immédiatement à Varsovie le maréchal Paskewitch. En même temps, un agent diplomatique (1) partait pour Paris, chargé de porter à tous les Russes l'ordre de quitter la France au plus vite.

Sur ces entrefaites, l'arrivée du manifeste de M. de Lamartine rendit à l'esprit agité du czar quelque repos. Il éprouva d'autant plus de satisfaction de ce langage pacifique qu'il avait ressenti plus d'inquiétudes en se préparant à la guerre. Il sembla respirer plus librement. « Il n'aurait pas cru, répétait-il à son entourage, qu'un poëte fût capable d'autant de sagesse. Puisqu'il en était ainsi, et si la France demeurait fidèle au programme de M. de Lamartine, la Russie ne prendrait pas l'offensive et resterait chez elle. » Mais ce calme, cette satisfaction relative furent de courte durée, et l'empereur retomba dans un état violent. Il se parlait haut à lui-même, comme un homme qui n'est plus maître de ses pensées ; plusieurs fois on le rencontra très-avant dans la nuit, seul, à pied, se dirigeant vers la demeure de son ministre de la guerre. Le récit des événements de Vienne et de Berlin, dont le bruit prématuré avait fait place à une certitude accablante, causait en lui cette perturbation nouvelle (2). Toute dissimulation, toute réserve lui devenaient impossibles. Aucune expression ne lui semblait trop méprisante quand il parlait du roi de Prusse, des archiducs, du prince de Metternich, de tous *ces gens sans tête et sans cœur,* qui déshonoraient, disait-il, les races royales. D'autres fois, en des entretiens intimes avec le duc de Leuchtenberg, qu'absorbait le souci de ses pertes pécuniaires sur les valeurs industrielles françaises, le souverain de toutes les Russies peignait, dans un langage d'une éloquence amère, la ruine des

---

(1) Goçoudar, nom familier que le peuple russe donne à l'empereur.

(1) M. Balabine. On raconte que dans son audience de congé, l'empereur lui dit, en lui frappant sur l'épaule : « Prends bien garde au moins de ne pas te faire écharper par ces Parisiens : toutes leurs peaux ensemble ne valent pas la tienne. »
(2) L'arrivée de la grande-duchesse Hélène à Pétersbourg avait achevé de troubler l'empereur. Cette princesse, qui fuyait l'Italie insurgée, s'était arrêtée à Vienne, où elle avait trouvé le prince de Metternich très-peu ému. « Les événements sont graves sans doute, lui disait le vieux ministre ; mais ici, du moins, nous sommes à l'abri. Jamais la révolution ne viendra jusqu'à Vienne. »

espérances grandioses qu'il avait conçues pour lui-même et pour sa nation. « Nous voici, disait-il alors avec amertume, nous voici, moi et mon peuple, par la faute de ces misérables, refoulés vers l'Asie. La France triomphe en Occident; l'Europe nous repousse. Avant même que d'avoir pu combattre, les Slaves sont vaincus par la Révolution française ! »

Ce qui venait de se passer à Vienne méritait bien le mépris et l'indignation du czar. Quelques écrivains libéraux, des étudiants, des étrangers, y fomentaient, depuis un certain temps, par des écrits clandestins et par une propagande orale assez confuse, une agitation et un mécontentement qui ne descendaient guère au-dessous de la classe bourgeoise. Une intrigue de cour favorisait cette agitation. L'archiduchesse Sophie, femme ambitieuse et rusée, voulait, par son mari, l'archiduc François-Joseph, ou par son jeune fils, régner en Autriche. D'obstacles à ses projets, elle n'en voyait qu'un : le prince de Metternich. Aussi travaillait-elle, de concert avec une partie de la noblesse, qu'avait lassée la longue domination du vieux ministre, et secondée par quelques membres influents du clergé, à discréditer une politique et des conseils où elle n'avait point assez de part. Bien qu'elle fût, dans le secret de sa pensée, plus absolutiste que le prince de Metternich, elle savait, dans l'occasion, parler le langage du libéralisme, et loin de redouter les démonstrations populaires, elle y voyait un moyen de renverser le cabinet et de rendre nécessaire l'abdication d'un empereur incapable de gouverner par lui-même. Lorsque parvint à Vienne la nouvelle des événements de Paris, elle s'en réjouit, parce qu'ils devaient précipiter une crise trop lente à son gré. Comme elle vit qu'en effet la population commençait à s'émouvoir et se rassemblait dans les rues aux cris de *Vive la liberté! A bas Metternich!* elle mit en œuvre toutes ses habiletés pour empêcher qu'aucune mesure sérieuse de répression ne fût prise par le gouvernement.

Le 12 mars, une pétition demandant la liberté de la presse et la convocation d'une assemblée fut présentée aux États de la basse Autriche. Le lendemain, des étudiants et des professeurs, réunis dans les salles de l'université, rédigent une pétition à peu près semblable. Les cours n'ont jamais hâte de répondre à ces sortes de demandes, et déjà les rassemblements populaires qui stationnaient sur la place publique, au lieu de s'irriter de cette longue attente, commençaient à se refroidir, quand des meneurs, parmi lesquels on affirme avoir vu des émissaires de l'archiduchesse Sophie, s'écrient que c'est Metternich qui trompe l'empereur et l'empêche d'accéder aux vœux du peuple. La multitude, crédule à ces propos, se précipite vers la maison de campagne du prince : les maîtres n'y sont pas ; les serviteurs ferment les portes. La foule les enfonce, se répand dans les appartements, brise les glaces, allume dans la cour, avec quelques meubles, un feu de joie ; après quoi, elle revient triomphante grossir un attroupement qui entoure la chancellerie d'État, et demande à grands cris le renvoi du ministre. Là le résultat est plus sérieux et le succès plus décisif. Au bout de très-peu de temps, un conseiller impérial paraît au balcon, harangue le peuple et lui annonce que S. M. l'Empereur, plein de sollicitude pour ses fidèles sujets, s'occupe en ce moment même de décréter les libertés demandées. Par une étrange coïncidence, pendant que le conseiller parle encore, les troupes qu'on avait vues jusque-là immobiles, l'arme au bras, et qui partout avaient laissé passer le peuple, se déploient et s'apprêtent à dissiper les rassemblements. La foule murmure; quelques enfants jettent des pierres aux soldats; un officier supérieur est atteint au front d'un coup qui fait jaillir le sang. A cette vue, la troupe, irritée, oublie l'ordre et fait feu ; cinq à six insurgés tombent morts ou blessés grièvement. Le peuple fuit, mais en criant : *Aux armes!* et les barricades s'élèvent. La troupe hésite à faire usage de ses armes. Les insurgés, très-résolus, au contraire, se rendent peu à peu maîtres de la ville. Dans la nuit du 13 au 14, le prince de Metternich se démet volontairement de ses fonctions et quitte Vienne précipitamment. Le lendemain, malgré cette apparente satisfaction donnée au peuple, l'agitation, loin de diminuer, devient formidable. L'empereur se décide à consentir à toutes les réformes demandées par le peuple. Alors la joie publique éclate; les cris de *Vive l'empereur!* ébranlent les maisons. Des lampions, des transparents, des drapeaux décorent les fenêtres; la nuit se passe en réjouissances, et le lendemain matin la population, ivre de bonheur, lit sur toutes les murailles que les droits féodaux sont abolis, que la liberté de la presse est accordée, que la garde nationale va être organisée, que les condamnés politiques sont amnistiés, enfin que des *états généraux* sont convoqués, pour le 3 juillet prochain, dans la capitale de l'empire.

L'un des incidents les plus remarquables de cette révolution, ce fut l'arrivée de la députation hongroise dans la soirée du 15 mars. Quand le bateau à vapeur de Presbourg fut signalé, le peuple se porta en foule à la rencontre des envoyés de la diète et salua de ses acclamations ces nobles patriotes qui, les premiers, dans l'État autrichien, avaient revendiqué d'une voix virile le droit et la liberté. *Vivent les Hongrois! vive Kossuth! vive Batthiànyi!* Ce fut pendant plusieurs jours le cri d'allégresse de la population viennoise. Kossuth, plus que tous les autres, excitait une curiosité sympathique. Il ne pouvait se soustraire aux empressements de la foule qu'étonnait une si grande et si jeune renommée, que charmaient sa beauté, sa grâce, et qui ne pouvait se lasser d'entendre sa parole éloquente.

Arrêtons-nous un moment pour saluer aussi cet homme extraordinaire que nous allons voir tout à l'heure susciter, pour une lutte inouïe, un peuple de héros, lui inspirer la sainte folie du sacrifice, et vaincu enfin avec lui, après des efforts prodigieux, paraître aussi grand dans la défaite que plus d'un conquérant dans tout l'éclat du triomphe.

Louis Kossuth (Lajos) est né, en 1802, d'une famille hongroise, protestante, dans un village du comité de Zemplin. Son enfance fut bercée par la légende païenne et chrétienne de cette contrée fameuse qui vit se dresser la tente nomade d'Attila et s'arrêter, dans le neuvième siècle, sous la conduite de son chef Arpad, la première invasion de ces tribus asiatiques auxquelles le peuple hongrois se plait à rattacher son histoire. L'imagination vive de Kossuth s'imprégna tout entière de ces récits merveilleux. On ne peut se défendre de l'idée d'une prédestination en voyant sa jeunesse se tremper ainsi aux sources primitives de la tradition magyare. Plus tard, l'ardeur de ses pensées, l'abondance de sa parole, l'inexprimable mélancolie de sa fierté orientale, rappelleront involontairement à l'esprit les contrées où il vit le jour : cette *Égypte hongroise*, comme la nomment les chroniqueurs, cette Theiss, semblable au Nil, dont les débordements enfantent de riches moissons, ces monts Karpathes qui renferment l'or, ces versants de l'Hegyalja où fleurit la vigne grecque, et le ciel toujours clément de cette terre *sans seconde* (1).

Resté jeune orphelin, dans un état voisin de l'indigence, à portée seulement de ces écoles ou gymnases des petites villes de la Hongrie, dans lesquelles le gouvernement perpétue systématiquement l'ignorance, Kossuth parvint néanmoins à cultiver les facultés éminentes dont la nature l'avait doué. A une époque où la littérature hongroise était tombée dans l'oubli, où les magnats et les gentilshommes affectaient de parler latin, français, allemand, Kossuth marqua une prédilection constante pour l'idiome national, que l'on n'entendait plus ailleurs que dans les rangs du peuple. Venu à Pesth à l'âge de dix-huit ans, il se lia avec deux écrivains distingués, les frères Kisfaludyi, et fit, sous leurs auspices, ses essais

---

(1) On sait que des ceps envoyés de l'île de Chypre et plantés sur les versants méridionaux des Karpathes, par ordre de l'empereur Probus, sont l'origine du fameux vin de Tokai. « *Ubertate locorum, cœlique benignitate, nulli terrarum secunda,* » disent les chroniqueurs.

M. EMMANUEL ARAGO ET LES VORACES A LYON (p. 280).

littéraires en langue magyare. Dès ce moment, il s'appliqua à rajeunir l'idiome de ses pères, qui prit sous sa plume, et plus tard dans ses harangues, une souplesse et une clarté admirables. Lorsque Kossuth parut pour la première fois, en 1830, dans l'assemblée du comitat de Zemplin, où sa condition de gentilhomme et sa profession d'avocat lui donnaient accès, quand il appela les sympathies de ses concitoyens sur la Pologne insurgée, une vive acclamation l'interrompit à plusieurs reprises; il fut décidé aussitôt qu'on enverrait à Vienne des députés, afin de demander, pour les Hongrois, l'autorisation de lever, à leurs propres frais, une armée de 50,000 hommes destinés à secourir l'insurrection polonaise. Seize comitats se joignirent à cette occasion au comitat de Zemplin. Ce premier succès donna au nom de Kossuth un retentissement dont lui-même, sans en être ébloui, sentit toute l'importance. Kossuth était déjà possédé alors d'une haute ambition. Il voulait ranimer le patriotisme magyar et former en Hongrie un parti politique pour défendre la constitution contre les empiétements arbitraires de la cour de Vienne. N'ayant ni rang, ni biens, ni fonction dans l'État, son unique moyen de conquérir l'ascendant sur les grands et sur le peuple, c'était son éloquence et le prestige qui s'attache à la célébrité. Il saisit, il multiplia en conséquence les occasions de parler dans les assemblées des comitats et réussit à se faire envoyer par eux, en 1832, à la seconde chambre de la diète, en qualité de député suppléant. Bien que cette position ne lui donnât dans les délibérations qu'une voix consultative, malgré la jalousie des magnats que l'éclat de son nom commençait à offusquer, il sut prendre, en plusieurs circonstances, une initiative très-heureuse, qui marqua sa place à la tête du parti national. Ce fut lui qui, le premier, conçut l'idée d'adresser aux comitats des lettres circulaires où l'on rendait compte des discussions de la diète. Jusque-là, le pays n'apprenait le résultat des délibérations que par des résumés très-succincts et très-inexacts donnés par la presse censurée. La pensée de Kossuth, en répandant, autant que le permettait la surveillance de la police, ces comptes rendus qui rappellent les fameuses *Lettres* de Mirabeau *à ses commettants*, était éminemment politique. Aussi le gouvernement autrichien ne tarda-t-il pas à en prendre ombrage, et la correspondance parlementaire fut interdite. Mais elle avait déjà porté ses fruits. L'opinion publique avait reçu une impulsion décisive ; Kossuth se sentait appuyé à ce point qu'il pouvait tenter de résister ouvertement aux ordres de l'Autriche. Quatre années dans la forteresse de Bude châtièrent sa hardiesse ; une popularité immense le couronna. L'attention publique se concentra sur sa personne ; il préoccupa toutes les imaginations, gagna toutes les sympathies, et, quand les portes de la prison s'ouvrirent devant Kossuth, le pays tout entier crut avoir retrouvé la liberté.

Pendant les quatre années qu'il vécut enfermé à Bude, il s'appliqua à l'étude de la révolution d'Angleterre et de la Révolution française, particulièrement dans la conduite des assemblées. A peine hors de prison, en 1844, il prit la direction d'un journal démocratique (*Pesti Hirlap*) fondé à Pesth par le baron Wesselényi. Le succès de ce journal, le premier où les affaires publiques eussent été traitées avec talent et liberté, passa toute espérance. L'adhésion du comte Louis Batthiànyi, chef de l'opposition dans la chambre des magnats, fut la marque la plus significative de ce succès. L'union du grand seigneur, resté jusque-là dans la mesure politique du parti tory, avec l'agitateur démocratique acheva de constituer le parti national.

En 1847, le comte Batthiànyi proposa la candidature de Kossuth aux électeurs du comitat de Pesth, qui le nommèrent. Dès son entrée à la diète de Presbourg, et malgré les attaques du parti conservateur à la tête duquel était le comte de Szècsenyi, Kossuth se vit implicitement reconnu comme chef de l'opposition. Les hommes les plus considérables dans les deux chambres, Wesselényi, Ladislas Teleki, Majlath, Dèak, Szemere, Eötvös, recherchaient son amitié et rendaient à l'envi hommage à un talent dont aucun autre ne pouvait déjà plus balancer l'influence. Chacun des discours de Kossuth devint un événement politique. Chacun de ses succès de tribune relevait l'orgueil national et grandissait dans les cœurs l'image de la patrie.

Lorsque arriva, à la diète, la nouvelle de la révolution de Février, ce fut Kossuth qui, dans un discours où il se surpassa lui-même, fixa les points principaux où l'opposition devait porter l'attaque et posa en quelque sorte les bases du nouveau droit constitutionnel sur lequel ses concitoyens auraient à édifier l'indépendance de la Hongrie. Son grand sens politique lui faisait comprendre dès lors que la Hongrie ne devait pas combattre isolément pour des droits particuliers, mais se faire le champion du droit général de toute la monarchie autrichienne. « L'avenir de la dynastie, s'écriait-il, est, selon ma ferme conviction, intimement lié à la fédération fraternelle des peuples sur lesquels s'étend son empire, et cette confédération, elle n'y peut parvenir qu'en inscrivant le droit des nationalités dans une constitution libérale. Ni le bourreau ni la baïonnette ne seront jamais un moyen d'organiser et d'unir les peuples. » Ce discours, accueilli par des applaudissements passionnés, déterminait l'assemblée à envoyer à Vienne une députation où toutes les nuances d'opinion étaient représentées, et qui, sous la conduite de l'archiduc palatin, se chargeait de porter à l'empereur les vœux de la nation hongroise.

Nous venons de voir comment cette députation fut accueillie par le peuple. Le nom de Kossuth, déjà populaire à Vienne, avait plus d'une fois retenti pendant les jours précédents. Son discours du 3 mars, lu à haute voix par un étudiant, sous les fenêtres de la princesse de Metternich (1), avait passé de main en main et éveillé de vives sympathies pour sa personne et pour sa cause. La cour impériale, en voyant arriver la députation de Presbourg, comprit qu'elle allait être forcée d'étendre à la nation hongroise les concessions qu'elle venait de faire à l'Autriche, et, malgré la répugnance du parti qui triomphait dans les conseils, le langage énergique des députés, les instances officielles du prince Esterhazy la déterminèrent à céder. Le 17 mars, la députation repartit triomphante pour Presbourg, emportant la nomination du comte Louis Batthiànyi en qualité de premier ministre chargé de former un ministère indépendant pour les affaires de Hongrie. L'archiduc Étienne devenait vice-roi. La séparation politique et administrative de la Hongrie était implicitement prononcée. Cette nouvelle concession de la cour avait encore exalté les Viennois. Kossuth cependant était loin de s'abandonner à l'allégresse générale. Cette satisfaction immodérée lui semblait de mauvais augure. « Ce peuple croit avoir accompli la révolution, disait-il à ses compatriotes; il ne se doute pas qu'il ne fait que la commencer. »

A peu de jours de là, l'insurrection de Milan venait donner raison à ce pressentiment du génie. Le caractère de cette insurrection n'eut rien de commun avec ce qui venait de se passer à Vienne. Autant la population viennoise inclinait par nature, par coutume, par la douceur d'un joug traditionnel que l'affabilité de ses princes savait lui déguiser, à l'indolence politique et au respect des volontés royales, autant la haine des Lombards pour la domination étrangère était profonde et irréconciliable. Le gouvernement allemand, établi en Lombardie par les traités de Vienne, était trop contraire au génie de la nation italienne pour que, même bienfaisant et magnanime, il ne dût pas rencontrer dans la seule antipathie des races des obstacles presque insurmontables. Mais loin de chercher à gagner le cœur du peuple par ses bienfaits, il n'avait pas même essayé de se faire accepter de la classe riche par ces ménagements habiles, par ces condescendances superficielles auxquelles la noblesse oisive et démoralisée de notre temps se laisse partout si facilement prendre. Le gouvernement autrichien avait affecté à Milan et à Venise des allures de conquérant. Non content d'opprimer, il avait humilié ses nouveaux sujets. A toutes les lois prohibitives, aux impôts excessifs qui pesaient sur les fortunes, à une conscription odieuse qui enlevait la fleur de la jeunesse pour l'envoyer au loin dans des pays inconnus, aux lenteurs calculées de l'administration, aux vexations incessantes de la police, de la douane, de la censure, venait encore s'ajouter, par surcroît d'iniquité, l'insolence soldatesque qui, depuis le feld-maréchal jusqu'au dernier soldat de l'armée, semblait s'être donné pour tâche d'irriter en toute occasion la fibre endolorie de l'orgueil national.

Aussi, au bout de peu d'années, le patriotisme lombard, qui s'était un peu émoussé sous l'administration française, se réveilla-t-il avec une vivacité incroyable. Par réaction contre le despotisme autrichien, la noblesse lombarde se passionnait pour les idées libérales en même temps qu'elle flattait les ambitions juvéniles d'un prince de la maison de Savoie qui promettait d'entraîner l'armée piémontaise à sa suite et de chasser l'étranger du sol italien. On sait la triste issue de cette première alliance lombardo-piémontaise. Les cachots du Spielberg s'emplirent; Charles-Albert se rétracta. L'exil, la confiscation, la torture mirent à néant les espérances de la jeunesse italienne.

Au couronnement de l'empereur, en 1838, l'amnistie ramena en Italie les principaux conjurés de 1830 et de 1834. Ils ne conspirèrent plus cette fois, mais les idées anglaises et françaises qu'ils rapportaient de l'exil

(1) On sait que la princesse de Metternich, née comtesse Zicsy, est hongroise.

conspirèrent pour eux. Des écrivains distingués, des poëtes, des hommes de cœur et d'intelligence, Gioberti, d'Azeglio, Balbo, Capponi, Mamiani, et enfin Montanelli, Tommaseo, Manin, Cattaneo, Giusti, étendirent à tous les États italiens la propagande libérale et créèrent, par la puissance de leur talent, une force morale capable de lutter avec la force des baïonnettes étrangères. L'opinion publique, nationale, *italienne*, prit une consistance qu'elle n'avait jamais eue auparavant. L'esprit aristocratique et l'esprit démocratique qui devaient se diviser plus tard se confondaient au début dans une commune entreprise de délivrance. *Odio e pazienza* était la devise universelle ; *Fuori i barbari* ! c'était la pensée, le cri unique de toute l'Italie.

En 1846, le libéralisme de Pie IX, l'impulsion des réformes, donnée au Vatican, et qui eut son contre-coup en Toscane, en Piémont, dans le royaume de Naples, exaltèrent singulièrement les imaginations. Une presse clandestine, fondée par Montanelli en Toscane, et qui répandait par milliers les feuilles démocratiques, entretint l'agitation; la diplomatie anglaise favorisait presque ouvertement, dans les Deux-Siciles surtout, cette propagande révolutionnaire (1). Le clergé, encouragé par l'exemple du souverain pontife, laissait paraître son patriotisme et prêchait la révolte dans les campagnes (2). La population des villes entrait en lutte avec la police; des démonstrations, frivoles en apparence, mais très-sérieuses au fond, telles que l'abstention du tabac et de la loterie, montrèrent bientôt que la conspiration contre l'Autriche était en permanence, et que la plus merveilleuse entente, si ce n'est dans les idées, du moins dans la haine, animait tous les rangs et tous les partis de la nation.

Cependant l'opinion purement libérale, représentée par la noblesse, l'emportait en tous lieux, à Milan en particulier, où l'aristocratie, par ses largesses et par le concours du clergé, exerçait sur le peuple une influence souveraine. Il eût été insensé au parti démocratique, connu sous le nom de *jeune Italie*, d'entamer avec elle une lutte aussi ouverte; aussi ne l'essaya-t-il pas; il se savait en trop petit nombre et trop discrédité par l'issue malheureuse de ses dernières tentatives insurrectionnelles. Bien que très-dédaigneux de l'opposition légale des patriciens milanais et peu confiant dans l'alliance piémontaise que ceux-ci cherchaient à renouer, il suppliait Mazzini de modérer son langage et se rangeait, en apparence, à la suite du mouvement qu'il espérait entraîner plus tard.

Les choses en étaient là quand le gouvernement autrichien promulgua en Lombardie la *loi d'État (legge stataria)* qui l'autorisait à faire rendre et exécuter ses jugements dans l'espace de *deux heures* : c'en était trop. La patience était à son terme; un cri d'indignation éclata. A ce cri, répondit comme un écho le cri victorieux de la Révolution française.

Chose étrange et qui marqua sur l'heure une dissidence inaperçue jusque-là, le parti libéral ressentit plus d'inquiétude que de joie à la nouvelle des événements de Paris (1). Ni l'influence française ni les idées républicaines n'étaient sympathiques à la noblesse. Elle appréhendait de voir se rompre les négociations à peine entamées avec le Piémont et craignait dans Milan une insurrection dont le triomphe lui paraissait ou impossible ou redoutable.

---

(1) La mission de lord Minto, en 1847, éveilla les appréhensions du cabinet russe et du cabinet autrichien. M. de Metternich, dans ses dépêches au comte Ditriechstein, ambassadeur à Londres (février 1848), se plaint de l'attitude du gouvernement britannique en Italie.

(2) Le maréchal Radetzki connaissait si bien cette influence du clergé qu'il fit défendre par un ordre du jour aux soldats de se confesser à des prêtres italiens.

(1) Dans une dépêche adressée à lord Palmerston, le consul général d'Angleterre à Milan s'exprime ainsi : « La majeure partie de ceux qui ont quelque chose à perdre, presque toute la noblesse et les plus raisonnables dans la classe moyenne, considèrent ces événements avec frayeur. L'appréhension des effets possibles de ce qui s'est passé en France l'emporte en ce moment sur la haine contre l'Autriche. » Gioberti écrivait de Paris à ses amis politiques (3 mars) : « Quale è il pericolo più grave che ora sovrasti all' Italia? Quello d'imitare sciocamente i Francesi, e di far qualche moto per suistire alla monarchia la republica. » (*Archivio triennale delle cose d'Italia* série I, v. I, 1850.)

Dans la population milanaise, l'agitation était extrême. Le bruit public annonçait tantôt l'entrée en campagne de l'armée piémontaise, tantôt l'arrivée à Milan de 40,000 fusils envoyés par Charles-Albert. Le maréchal Radetzki semblait, par toutes les mesures qu'on lui voyait prendre, se disposer à une lutte prochaine. Il concentrait des troupes sur la frontière du Piémont, faisait entrer dans Milan des régiments croates et tyroliens; enfin, le 17 au matin, sur un ordre exprès venu de Vienne, l'archiduc vice-roi et le comte de Spaur, gouverneur de la ville, partaient pour Vérone en lui remettant des pouvoirs extraordinaires. Mais, tout à coup, au lieu des événements prévus, au lieu de la déclaration de guerre que l'on attendait de Piémont ou de France, une nouvelle inimaginable tombe comme la foudre sur Milan. Vienne est en pleine révolution; Metternich a pris la fuite. Une constitution libérale est promulguée en Autriche; c'est l'autorité autrichienne, le vice-gouverneur O'Donnell lui-même, qui fait proclamer, le 17 mars au soir, cet attentat inouï du peuple viennois contre la majesté impériale.

L'effet de cette proclamation ne se fait pas attendre. Aussitôt, le drapeau tricolore flotte à toutes les fenêtres; on entend le tocsin sonner dans les soixante clochers de la ville; le peuple sans armes, mais résolu à tout, entoure la maison du podestat et l'entraîne malgré lui, aux cris de *vive Pie IX! vive l'indépendance italienne!* au palais de la chancellerie. Les factionnaires surpris laissent entrer la foule, qui pénètre jusqu'aux appartements du gouverneur et le force à signer l'ordre d'organiser la garde civique. Dans le même temps, toutes les rues de la ville se hérissent de barricades. Une telle audace, sous les yeux d'une garnison de 20,000 hommes, ne s'explique pas. Le maréchal Radetzki se persuade que tout est concerté avec les Piémontais; dans la crainte d'une surprise, il quitte à la hâte son palais, se retranche dans la forteresse, et s'apprête de là à bombarder la ville (1). Mais rien n'arrête l'intrépidité des Milanais. Le mouvement est universel, irrésistible. A défaut de fusils de munition, on se distribue des fusils de chasse, des pistolets, des couteaux, des poignards; on parvient même à fabriquer quelques canons en bois, cerclés de fer, et l'on engage un combat à outrance avec la troupe, restée maîtresse du centre de la ville. En vain le canon autrichien tonne pendant cinq jours; en vain les bombes, les balles, la mitraille pleuvent du haut des bastions et des édifices publics sur cette héroïque population; elle prend d'assaut le Dôme, les casernes et jusqu'au palais du vice-roi, que défend une artillerie formidable. Les femmes se mêlent au combat et l'animent; elles chargent les fusils, portent les pavés, ramassent les morts, pansent les blessés, distribuent les vivres, chauffent l'huile bouillante que de tous les étages on verse sur la tête des ennemis. L'insurrection triomphe.

Le 22, le maréchal Radetzki envoie proposer à la municipalité, qui s'est constituée en gouvernement provisoire, un armistice. Mais le peuple, exalté par sa victoire, force le gouvernement à rejeter l'armistice et lui arrache une proclamation qui appelle au secours de la ville la population des campagnes. On voit alors un étonnant, un merveilleux spectacle. Pendant que des hommes, munis de télescopes et postés en observation sur les clochers, signalent au peuple les mouvements de l'ennemi, des ballons, auxquels sont attachées les proclamations du gouvernement provisoire, s'élèvent dans l'air; passant sur la tête des soldats, par-dessus les bastions et les remparts, à travers les balles qui ne les atteignent pas, ils vont porter sur tous les points du territoire l'appel à l'insurrection.

(1) Le 19, le consul général de France, M. Denois, réunit les consuls des différentes puissances et leur fit signer une protestation qu'il envoya au maréchal Radetzki. N'ayant pas obtenu de réponse, M. Denois demanda au maréchal une entrevue, et, le 21, il porta dans la forteresse les représentations énergiques du corps consulaire. Ce fut lui que le maréchal pria de se charger pour la municipalité de Milan d'une proposition d'armistice de trois jours.

Nulle part on ne réfléchit, on n'hésite. D'immenses masses d'hommes s'ébranlent; les montagnards du Tyrol et de la Suisse italienne, les paysans de la Brienza, de la Valsassina, ceux du lac de Côme et du lac Majeur accourent en foule; ils défont sur leur route les troupes autrichiennes déconcertées. Une poignée de jeunes gens s'emparent de la porte Tosa; d'autres ouvrent la porte de Côme. C'en est fait, Milan est délivré. Le maréchal Radetzki, averti, d'ailleurs, que l'armée piémontaise s'approche, lève son camp dans la soirée du 22 et se retire précipitamment, en désordre, à travers les rizières de la plaine lombarde, vers Lodi et Mantoue, en vengeant par des atrocités exécrables l'humiliation de sa défaite.

Les cinq journées milanaises ont mis près de 1,000 de ses hommes hors de combat. Et ce n'est là, selon toute apparence, que le premier signal de ses désastres. De ces terres d'Italie qu'il foulait impunément depuis tant d'années de son pied lourd, et qu'il croyait, à les voir si mornes, ne plus recéler aucune vie, jaillissent tout à coup, comme de cette vallée des sépulcres que traverse le poëte, des flammes ardentes. Venise, presque sans combat, délivre ses lagunes d'une odieuse présence. Brescia chasse sa garnison; Parme et Modène se proclament en république. A Turin, le peuple frémissant force le roi à déclarer la guerre et le pousse, en quelque sorte, à la tête de son armée. Enfin, Pie IX laisse s'organiser sous ses yeux un corps de 20,000 hommes, prêts à voler au secours de la Lombardie (1).

Quel moment à saisir pour cette rivale de la vieille Autriche dont Frédéric-Guillaume guide les destinées, si l'âme étroite de ce prince pouvait s'ouvrir aux grandes ambitions! Quel jour pour le chef de la maison d'Hohenzollern que celui où il voit les États d'Italie échapper à la maison de Hapsbourg, la Hongrie revendiquer fièrement ses droits historiques, et l'Allemagne, se détournant d'une fortune éclipsée, attendre, solliciter en quelque

(1) Voir Cattaneo, *Insurrection de Milan*; Pepe, *Révolutions et guerres d'Italie*.

sorte de la Prusse une direction nouvelle! Tout conspirait pour Frédéric-Guillaume, au dehors et au dedans. L'éducation parlementaire de la Prusse, très-avancée depuis quelques années, par la publicité des états provinciaux, par celle des débats judiciaires, par une certaine liberté de presse et de réunion et en dernier lieu par les états généraux, où des orateurs éminents avaient soutenu avec éclat tous les principes du droit constitutionnel, la rendait capable d'une initiative légitime dans la commune entreprise de la nouvelle unité germanique. Toute la politique du roi de Prusse, dans ses rapports avec les souverains allemands aussi bien que dans ses rapports avec son peuple, aurait pu se définir en un seul mot: sincérité. Mais il ne paraît pas être dans la destinée des maisons royales de concourir volontairement à la formation des institutions démocratiques. Le sang parle en elles plus haut que la raison. Aux oreilles des rois les plus philosophes, le mot de liberté ne sonne pas beaucoup mieux que le mot de révolte. Frédéric-Guillaume devait bientôt mettre dans la plus triste évidence cette incapacité de race à comprendre et à aimer le progrès de la raison politique. La nouvelle de la révolution de Vienne troubla ses esprits au point qu'il ne vit dans la ruine d'une rivale redoutable qu'un sujet d'irritation. Au lieu de quitter résolûment le rôle équivoque qu'il avait gardé pendant toute la session des états généraux, au lieu de saisir une occasion si belle de faire cesser une lutte contre l'esprit public, très-mal engagée et dans laquelle il n'avait pas eu l'avantage, Frédéric-Guillaume entra plus avant dans ses hypocrisies; il rusa de la façon la plus odieuse avec un peuple loyal qui ne lui demandait que de grandir avec lui et par lui et de prendre, par une meilleure constitution politique, un rang supérieur dans la hiérarchie des puissances européennes. Les premiers bruits de la chute du cabinet conservateur et de l'abdication de Louis-Philippe avaient été accueillis sans déplaisir à la cour de Berlin; mais dès qu'on y apprit la proclamation de la république et l'entrée d'un ouvrier dans les conseils du gouvernement provisoire, la satisfaction fit place à la colère. La *Gazette d'État* publia, le 1er mars, un article très-vif contre la révolution. Elle accusa *d'ingratitude envers ses princes* la population parisienne et fit ouvertement des vœux pour que la nation, restée fidèle à la royauté, trouvât un chef capable de la venger de ce qu'elle appelait une *surprise de la force brutale*. La *Gazette* ajoutait que, sans aucun doute, l'Allemagne, avertie à temps, allait s'arrêter dans la voie fatale où elle s'était trop légèrement engagée. Pendant que la feuille semi-officielle trahissait ainsi la pensée de la cour, toutes les autres feuilles périodiques demandaient d'un commun accord la liberté de la presse et la convocation immédiate des états généraux. Les hommes les plus considérables de l'opposition libérale appuyaient ces instances auprès de Frédéric-Guillaume. Mais ni le vœu public, ni l'avis des plus honnêtes gens de son royaume, ni l'exemple de Louis-Philippe, ne furent pour le roi de Prusse un avertissement suffisant. Gagner du temps lui parut la seule chose à faire dans des conjonctures où il fallait, au contraire, devancer l'opinion et donner au plus vite de l'espace à la liberté. Aux sérieuses demandes qui lui étaient adressées, il répondait évasivement « que, sans aucun doute, il était disposé à y faire droit, mais qu'il jugeait convenable d'attendre les mesures générales de la Diète germanique. » En même temps, on concentrait par son ordre des troupes nombreuses à Berlin, à Potsdam, et M. de Radowitz partait pour Vienne afin de concerter avec le gouvernement autrichien les mesures propres à étouffer dans son germe le mouvement révolutionnaire.

De son côté, le prince de Prusse, chef déclaré de l'opinion absolutiste et grand partisan du gouvernement russe, flattait la vanité des officiers de l'armée et prenait à tâche de distraire l'opinion publique, en annonçant d'un ton provocateur la guerre contre la France. Mais une si pauvre tactique allait recevoir un prompt châtiment. Les rassemblements populaires, brutalement dissipés à plusieurs reprises par la troupe, se reformaient avec obstination et grossissaient d'heure en heure. On y tenait des discours politiques; on y signait des pétitions, des adresses. Les députations municipales et provinciales qui arrivaient de tous côtés, des provinces du Rhin, de Breslau, de Kœnigsberg, montraient l'unanimité de ce mouvement constitutionnel dont l'expression était encore aussi légale qu'énergique. Cependant le roi refusait de se rendre à l'évidence. Quand, de guerre lasse, il daignait recevoir l'une ou l'autre de ces députations, il la persiflait ou la congédiait brusquement, en lui disant qu'il *n'ignorait pas ce qu'il avait à faire*. Cela signifiait, dans sa pensée secrète, qu'il voulait attendre le retour de M. de Radowitz et la réunion des souverains, annoncée par la *Gazette d'Augsbourg* pour le 25 mars, à Dresde.

Qu'on se figure son désappointement et sa frayeur, quand, au lieu de ce qu'il attendait, il reçut, le 17 mars, la dépêche officielle qui lui apprenait la révolution de Vienne. Le matin même, M. de Bodelschwing, son ministre des affaires étrangères, avait annoncé à l'ambassadeur de Russie que *tout était terminé à Berlin*. Le roi et ses ministres comprirent alors qu'il était temps de changer de ton, et qu'au lieu de jeter le masque, comme on s'apprêtait à le faire, il devenait urgent de redoubler d'hypocrisie. Le langage de la *Gazette d'État* fut tout autre. « Voici donc, disait la feuille stipendiée, en ayant l'air de se féliciter, voici donc l'Autriche *entrée enfin, comme la Prusse l'a déjà fait depuis longtemps*, dans la voie des réformes! » Les faits, cette fois, répondirent aux paroles. Le 18, une députation de la bourgeoisie fut solennellement reçue par le roi; elle rapporta au peuple la liberté de la presse et la convocation de la diète pour le 2 avril. Le roi promettait, en outre, pour l'Allemagne, une confédération unitaire dont la Prusse allait avoir l'initiative et en quelque sorte la souveraineté. Depuis la plus humble mansarde jusqu'aux palais des princes du sang, tout s'illumina, tout retentit de cris de joie. Une foule immense se porta spontanément sous les fenêtres du château et demanda à voir le roi. Contraint par l'insistance de ces cris et de ces prières, dont il se tenait pour offensé, à paraître sur son balcon, Frédéric-Guillaume, pâle et courroucé, répéta d'une voix mal affermie l'annonce des concessions qu'on lui avait arrachées. Le peuple salua sa présence; mais le souvenir des brutalités de la soldatesque était si récent et la défiance qu'inspirait le prince de Prusse était telle, qu'aussitôt on demanda à grands cris la retraite des troupes. *Militair-fort!* ce cri importun retentit pendant plusieurs heures sur la place. Vainement, à différentes reprises, le roi essaya de haranguer le peuple, de supplier que du moins on lui laissât le temps de réfléchir; sa voix était couverte par la clameur populaire. A la vue de cette souveraineté nouvelle qui surgissait devant lui, son geste indécis retombait découragé, inhabile à la supplication comme il avait été inégal dans le commandement.

Une dernière fois, ayant encore tenté sans succès de fléchir le peuple, il faillit se trouver mal et se retira, pour ne plus reparaître, dans le fond de ses appartements. C'est alors qu'on l'entendit murmurer d'une voix éteinte ces paroles indignes d'un souverain : « Du repos! du repos! j'ai besoin de repos! » Que ces paroles aient été le signal d'une attaque traîtreusement concertée, ou que l'ordre de faire feu fût venu d'ailleurs, il n'en reste pas moins certain que le peuple sans armes et qui criait encore : « Vive le roi! » fut dispersé à coups de fusils, de sabres et de baïonnettes par les troupes royales, et que de nombreuses victimes expièrent, sous les yeux du souverain, le tort de l'avoir associé à leur joie et de lui avoir rendu grâce de ses bienfaits. A Berlin, comme à Paris, la révolution qui semblait arrêtée, reprit son cours. Les masses populaires, chassées de la place du palais, se précipitèrent par toutes les rues de la ville en criant : « Aux armes! » Le combat s'engagea;

il fut opiniâtre entre la bravoure enthousiaste des ouvriers et le courage discipliné des soldats. Après une lutte de seize heures, le bon droit avait triomphé, le peuple gardait l'avantage; le prince de Prusse fuyait; Frédéric-Guillaume annonçait pompeusement au peuple l'organisation de la garde nationale, la liberté de la presse et une constitution démocratique. L'humiliation était grande à coup sûr, mais Frédéric-Guillaume en avait mérité une plus grande encore et qui ne lui fut point épargnée.

Le 22, dans l'après-midi, on aperçut des fenêtres du château une longue procession qui s'avançait à pas lents en psalmodiant des chants d'église. Des femmes et des jeunes filles vêtues de deuil, tenant à la main des branches de cyprès, ouvraient la marche; puis, venaient deux par deux, sur une file dont on ne voyait pas la fin, des hommes du peuple qui portaient sur leurs épaules des cercueils ouverts. Une foule grave et recueillie accompagnait ce cortége. A mesure qu'il approchait et qu'on distinguait mieux les morts ensanglantés couchés dans leurs bières, on se sentait glacé d'horreur. Personne n'osa se présenter pour arrêter la procession lugubre quand, franchissant la cour intérieure du palais et le seuil de la demeure royale, elle se déploya avec solennité et déposa sous les fenêtres mêmes du roi ces morts à la face découverte, couronnés de fleurs funéraires. Autour de chacun des cercueils la famille du mort était groupée et gardait un silence pathétique. Après que ce silence se fut longtemps prolongé, tous ensemble, réunis en un chœur religieux, ils entonnèrent l'hymne des funérailles. Mais ce n'était pas encore assez; il fallut que le roi parût à son balcon; il fallut que pâle, défait, chancelant, tenant par la main la reine tout en larmes, il vînt faire acte de repentir et d'expiation. Après quoi, le cortége s'ébranla; les cercueils s'éloignèrent, et Frédéric-Guillaume, aussi blême que les cadavres qu'on venait de présenter à sa vue, remporta dans ses bras défaillants la reine évanouie.

VISITE DE M. ÉMILE OLLIVIER A L'ÉMIR ABD-EL-KADER (p. 288).

C'est ici peut-être le lieu d'observer la différence profonde qui, dans des circonstances toutes pareilles, se marque entre le peuple de Paris et celui de Berlin; entre le caractère d'une révolution allemande, qui reste philosophique et je dirai presque contemplative jusque dans ses vengeances, et cet instinct dramatique, qui chez nous pousse tout à l'action, fait jaillir la poésie de la réalité, rend l'image vivante et met, en quelque sorte, l'épée aux mains de la Muse.

Quand le peuple de Paris relève ses morts et les range avec un sinistre appareil sur un char funèbre, ira-t-il, comme le peuple de Berlin, les mener en procession au roi et se donner tout à loisir le spectacle de ses remords et de son épouvante? Non, non! Cette vengeance abstraite n'est pas pour le satisfaire. Le peuple, ici, porte ses morts au peuple; et, quand il se précipite vers les Tuileries, ce n'est pas pour y faire entendre des lamentations ni pour regarder de loin une reine évanouie; ce n'est pas non plus pour en chasser seulement un roi, c'est pour en expulser la royauté elle-même.

Les deux grandes puissances de l'Allemagne, l'empire d'Autriche et la monarchie prussienne, réduites, comme nous venons de le voir, à des concessions radicales, il n'était plus possible aux États secondaires de continuer la lutte. Partout l'opinion publique s'était prononcée dans le même sens qu'à Berlin et à Vienne; partout elle demeurait maîtresse. A Munich, le peuple force le vieux roi d'abdiquer; il obtient de Maximilien, son successeur, la liberté de la presse et la responsabilité des ministres. A Leipzig, l'insurrection arrache au roi de Saxe son accession au parlement allemand. En Hanovre, dans le Wurtemberg, dans les Hesses, dans le duché de Bade, mêmes démonstrations, mêmes résultats. Hambourg, Brême et Lubeck réforment leurs constitutions. Le Schleswig se prépare à la guerre. La Pologne menace à la fois la Russie, la Prusse, l'Autriche et promet d'entraîner tous les peuples slaves à sa suite. La presse de tous les États adresse un appel patriotique aux hommes éminents de chaque pays et les invite à former à Francfort un parlement préparatoire, chargé de constituer la *Diète du peuple*. Quelques publicistes, quelques docteurs en droit, quelques professeurs de philosophie et d'économie politique se réunissent à Heidelberg et fixent au 31 mars l'ouverture de ce parlement. Cinq cents notables sont désignés pour en faire partie. L'Allemagne tout entière va changer de face.

Ces nouvelles merveilleuses, ou plutôt ces éclairs qui sillonnaient à la fois tous les points de l'horizon embrasé, causaient à Paris une sensation extraordinaire. On y voyait, non sans raison, l'indice certain d'un état tout nouveau de l'Europe. Les prédictions des socialistes s'accomplissaient plus rapidement qu'ils ne l'avaient pensé eux-mêmes. Les peuples, en s'affranchissant, se reconnaissaient frères. Par ce bel enchaînement du progrès humain que la Révolution française avait si bien pressenti, partout la liberté révélait la fraternité. Si la surface géographique du continent restait encore ce que l'avaient faite les traités de Vienne, si les royaumes et les principautés gardaient leurs noms et leurs limites, on sentait que les esprits, devenus libres, franchissaient ces frontières, formaient entre les peuples d'autres associations, d'autres groupes d'idées, et préparaient en quelque sorte, par un mouvement commun à toute l'Europe et analogue à celui qui fonda l'Église chrétienne, une catholicité nouvelle de la raison. Là, où les hommes aveuglés par la passion ne voulaient voir que le travail d'une propagande d'émigrés et l'agitation factice de quelques émissaires des sociétés secrètes, les esprits attentifs discernaient une œuvre historique. Les ennemis mêmes de la révolution ne s'y trompaient pas. « D'où vient, disait alors un recueil que j'ai fréquemment occasion de citer, parce qu'il est l'expression la plus intelligente de l'opinion stationnaire, d'où vient cet empire que la jeune République exerce déjà sur le vieux monde, où elle est à peine entrée ? D'où vient le charme qui transforme, à sa seule apparition, les anciennes sociétés politiques ? C'est qu'elle a dit le mot du siècle dès son premier pas ; c'est qu'elle a dit ce que la monarchie constitutionelle, égarée dans ses voies par de fausses directions, ne voulait pas et ne savait plus dire : elle a dit qu'elle s'appelait la démocratie (1). »

On se rappelle qu'il y avait alors à Paris un grand nombre de proscrits de toutes les nations : allemands, belges, italiens, polonais, etc. La persécution exalte et l'exil rend crédule. Tous, à la nouvelle des révolutions accomplies chez eux, conçurent les espérances les plus outrées. Beaucoup eurent la pensée funeste de rentrer à main armée dans leur patrie et d'y proclamer la république. Des députations incessantes vinrent à l'Hôtel-de-Ville, bannières déployées, demander dans ces vues, au gouvernement provisoire, des moyens de transport et des armes. Ils étaient encouragés dans leurs prétentions par les orateurs des clubs (2), et ils s'emportèrent plusieurs fois en menaces, parce que les réponses du gouvernement n'étaient pas conformes à leurs désirs. M. de Lamartine, fermement résolu à ne point favoriser des entreprises dont il n'attendait rien de bon, prenait à tâche, par ses discours aux émigrés et par ses avertissements aux cours étrangères, de bien établir

(1) *Revue des Deux-Mondes*, n° du 1er avril 1848.
(2) Cependant, même dans les clubs les plus violents, le bon sens et la fierté nationale se révoltèrent plus d'une fois à ces exigences des corps-francs. Un jour que M. de Bornsted venait demander au club Blanqui des armes pour l'expédition du grand-duché de Bade, il lui arriva, dans la chaleur de l'improvisation, de blâmer le gouvernement provisoire et de dire « *qu'on aurait pu donner des armes en cachette.* » De violents murmures l'obligèrent à se rétracter et à déclarer *qu'il respectait les motifs du conseil*. Le peuple ne souffrait pas volontiers alors qu'on lui parlât mal de son gouvernement.

que la France n'interviendrait pas de cette façon dans les affaires européennes. Sa réponse aux Irlandais fit hausser la rente à Londres. La hauteur de sa réponse aux Polonais montra qu'il portait jusqu'à l'excès le soin de rassurer les puissances. Quand les Allemands et les Belges firent leurs préparatifs de départ, il en prévint l'ambassadeur de Belgique et le ministre de Bavière. Sur le bruit d'une expédition de Savoisiens qui s'organisait à Lyon, il fit offrir au roi de Piémont de protéger par un corps de troupes françaises la frontière de Savoie. Mais une telle manière de voir et d'agir était absolument opposée à l'esprit qui régnait dans les conseils du ministre de l'intérieur. Là, comme nous avons eu occasion de le remarquer, on croyait beaucoup à l'intimidation extérieure et intérieure; on y poussait; et comme l'action de chacun des ministres était complétement indépendante de celle des autres, il en résulta, dans cette occasion en particulier, pour le gouvernement provisoire, une apparence de déloyauté qui eût été évitée par une concentration plus rigoureuse des pouvoirs politiques. Ni M. de Lamartine ni M. Ledru-Rollin n'avaient de vues bien arrêtées sur le rôle nouveau que la République créait à la France, dans cette transformation de l'état européen dont ils se formaient tous deux une idée assez vague; mais, du moins, M. de Lamartine restait-il conséquent, lui qui avait repoussé la guerre générale, en refusant son concours à de petites expéditions clandestines dont l'issue ne pouvait être douteuse; tandis que M. Ledru-Rollin, comme nous l'allons voir, entraîné par sa faiblesse, retenu par son instinct, ne sut ni les vouloir ni les empêcher, et laissa se tramer sous ses yeux des complots dont le dénoûment ridicule porta la première atteinte à ce sentiment de grandeur et de force qui s'attachait dans toute l'Europe au nom de République.

Entre toutes les personnes qui exerçaient de l'influence sur le ministre de l'intérieur, M. Caussidière était la plus favorable à cette idée de propagande armée. L'émigration belge en particulier l'avait circonvenu. Chasser de Bruxelles le gendre de Louis-Philippe et proclamer la république belge lui paraissaient un jeu d'enfant. Dans les premiers jours de mars, il s'en ouvrit à M. Ledru-Rollin et lui communiqua un plan de campagne. Selon lui, 2,000 réfugiés belges sont prêts à partir; si le ministre consent à mettre à leur disposition la somme de 100,000 francs et à leur adjoindre les 2,000 gardes municipaux inoccupés que l'on tient sous la main à Beaumont-sur-Oise, l'affaire peut être considérée comme certaine. De son côté, le commissaire de la République dans les départements du nord, M. Delécluze, écrivait dans le même sens que M. Caussidière, et demandait des armes. Mais M. Ledru-Rollin, ce jour-là et les jours suivants, malgré les instances de M. Caussidière et des réfugiés, refusa de faire, comme ministre, aucune dépense irrégulière; seulement, il promit d'user, en faveur de l'expédition, de son influence personnelle et d'accorder le transport gratuit des réfugiés. Bientôt M. Delécluze obtint de lui quelque chose de plus compromettant: ce fut un ordre, expédié par le ministre de la guerre au général Négrier, commandant de la 16ᵉ division militaire, de délivrer au commissaire de la République, 1,500 fusils de l'arsenal de Lille pour l'*armement de la garde nationale*.

Pendant ce temps, les réfugiés, abusés par M. Caussidière, qui exagérait beaucoup l'importance des témoignages de sympathie qu'on arrachait à M. Ledru-Rollin, s'apprêtaient au départ. Un ancien officier de cavalerie au service belge, nommé Fosse, organise avec l'assentiment du maire de Paris, dans des bureaux ouverts à cet effet à l'Hôtel-de-Ville, une colonne où l'on embrigade ouvertement des recrues. Une autre colonne était organisée par un marchand de vin de Ménilmontant, appelé Blervacq, qui communiquait directement avec le ministre de l'intérieur. La division ne tarda pas à éclater entre les deux colonnes dont les chefs s'accusaient mutuellement d'être des agents provocateurs aux gages de l'ambassade.

Le fait est que, de manière ou d'autre, le prince de Ligne n'ignorait rien et que par lui le gouvernement belge connaissait avec exactitude le jour et l'heure où les deux colonnes insurrectionnelles, qui comptaient environ 1,200 hommes chacune, prenaient par le chemin de fer la route de Belgique. Soit trahison, soit étourderie, les wagons du convoi emportant la première colonne se laissèrent remorquer à Valenciennes par des locomotives belges qui les entraînèrent jusqu'à Quiévrain. Là, un bataillon de troupes belges les reçut au débarcadère; et, après qu'on eut poliment reconduit les Français sur la frontière, on dirigea les Belges, dont plusieurs étaient des repris de justice, dans les prisons de leurs divers domiciles. Le sort de l'autre colonne, bien que moins rapidement décidé, ne fut guère plus heureux. Sous la conduite de quatre élèves de l'École polytechnique, délégués par le gouvernement *pour accompagner les émigrants*, elle resta deux jours à Séclin, où, sur l'ordre du commissaire, on lui délivra des rations de pain, les 1,500 fusils, des cartouches et quelques secours en argent. Cependant, le ministre de la guerre, averti par le général Négrier, qui commandait à Lille, des projets d'invasion à main armée dont s'entretenaient les émigrants, envoyait l'ordre aux élèves de l'École polytechnique de revenir à Paris, « *le gouvernement provisoire ne voulant*, disait la dépêche, *ni violer ni aider à violer la frontière belge.* »

Voyant la tournure que prenaient les choses, M. Delécluze, embarrassé de sa position vis-à-vis des réfugiés qui le sommaient de tenir ses promesses, écrivit en toute hâte à M. Ledru-Rollin cette simple question : « Faut-il autoriser les Belges à passer la frontière? » Il demandait, vu l'extrême urgence, qu'on lui transmît par le télégraphe un *oui* ou un *non*, sans plus d'explication. M. Ledru-Rollin fit répondre *non*. Un signe mal interprété sur la ligne empêcha que cette réponse ne fût transmise, et les réfugiés, qu'on ne pouvait plus retenir, se mirent en marche, le 25 mars au soir, en se dirigeant, sous la conduite d'un contrebandier, vers la frontière, à Bousbecque. Une influence, dont on a suspecté la loyauté, fait changer l'itinéraire et, après avoir erré toute la nuit à travers la campagne, la colonne arrive au grand jour à la douane belge. Un régiment d'infanterie et quelques pelotons de chasseurs évidemment prévenus, sortent d'une embuscade ; ils ouvrent le feu ; la colonne expéditionnaire riposte, mais, après un combat d'une heure environ, où sept à huit hommes sont tués de part et d'autre, elle prend la fuite et, rentrée sur le territoire français, se rallie au village de Risquons-Tout qui, pour comble de malheur, laisse à cette expédition manquée un nom ridicule.

Personne, excepté peut-être MM. Delécluze et Caussidière, ne fut surpris d'un pareil résultat. Il avait fallu toute leur ignorance de la politique extérieure pour s'être persuadé que la Belgique souhaitait, à ce moment-là, le renversement de son gouvernement. Les dernières élections, en donnant la majorité au parti libéral, faisaient espérer de larges réformes électorales et municipales qui ranimaient le sentiment patriotique. Le clergé, aisément réconcilié par une reine très-catholique avec un roi peu zélé protestant, aidait de son ascendant le rapprochement des partis constitutionnels. De nombreuses défections dans le parti radical avaient achevé de donner au libéralisme une prépondérance décisive. La Flandre, qui avait longtemps incliné vers la France, souhaitait aussi, dans l'intérêt de son commerce, l'union douanière avec la Hollande, où le roi abolissait les vieilles institutions restrictives de la liberté. Dans de telles conjonctures, l'expédition de Risquons-Tout n'eut d'autre effet que de resserrer le lien national, en achevant de discréditer, et pour longtemps peut-être, l'influence française.

Une expédition analogue en Savoie, expédition à laquelle M. Ledru-Rollin n'eut aucune part et que le commissaire de Lyon s'efforça d'empêcher, eut un résultat pareil (1). La co-

(1) « Les ministres et le public sont maintenant bien convain-

lonne insurrectionnelle, forte de 2,000 hommes, s'empara par surprise de la maison de ville à Chambéry ; mais, au bruit du tocsin, les paysans accoururent au secours de la garde nationale, et, après un combat très-court, ils reprirent la ville.

L'expédition des corps-francs allemands, entrés dans le grand-duché de Bade ne fut ni mieux concertée ni plus heureuse. Les concessions que le grand-duc avait faites, dès la première nouvelle de la révolution de Paris, à l'esprit très-démocratique qui régnait dans ses États, l'abolition des droits féodaux, la liberté de la presse, l'accession au parlement allemand, etc., décrétées le 4 mars, avaient satisfait l'opinion. Dans le grand-duché de Bade, comme dans toute l'Allemagne, on attendait de ce prochain parlement le salut du pays, et la proclamation à main armée de la république, dans un pareil moment, était l'acte le plus intempestif qui pût se faire.

La faiblesse dont le ministre de l'intérieur avait fait preuve dans cette circonstance porta aussi une première atteinte à sa considération. Pendant que Caussidière et les clubs l'accusaient de déloyauté, les hommes politiques apercevaient dans ces entreprises, faites en quelque sorte avec lui, malgré lui, l'irrésolution de son caractère et cette absence d'autorité dont j'ai parlé plus haut, qui le condamnaient, en dépit de sa passion révolutionnaire et de ses talents, à ne jamais rien dominer ni conduire.

Ces premiers échecs faciles à prévoir, ces tentatives qui vinrent étourdiment se jeter à la traverse du mouvement spontané des nationalités, furent extrêmement nuisibles à la révolution elle-même. Elles fournirent aux princes étrangers des arguments tout-puissants sur la fierté offensée des peuples et furent

partout le signal, contre la France, d'une réaction dont les partis monarchiques profitèrent avec une grande habileté. Plus la mission de la République française était grande en Europe, plus il convenait d'y apporter de prudence.

A l'extérieur comme à l'intérieur, cette mission pouvait se résumer dans un même mot qui est la formule du progrès démocratique : Association.

Association des citoyens libres au sein de l'État français ; confédération ou association des gouvernements libres par groupes naturels au sein de l'État européen, c'était, au fond, pour elle, un principe et un but identiques. Mais, pour apercevoir ce but et pour s'en rapprocher, il fallait tout à la fois une vue philosophique très-étendue et une action politique très-mesurée. Si la philosophie compte par siècles, la politique compte par jours. Ce que l'une prévoit, l'autre le prépare. S'il avait eu cette conscience des nécessités du présent et des besoins de l'avenir qui fait le jugement des hommes d'État, le gouvernement de la République aurait pu ébaucher le plan et commencer peut-être la réalisation d'une œuvre d'unité européenne, analogue à l'œuvre d'unité nationale accomplie par la monarchie sur le sol divisé des Gaules. Mais la révolution de 1848 ne devait porter au pouvoir ni ses philosophes ni ses politiques. L'esprit de parti s'empara d'elle et voulut la conduire. Or, l'esprit de parti, qui ne prévoit ni ne prépare rien, est ce qu'il y a dans le monde de plus opposé à la philosophie aussi bien qu'à la politique.

On l'a déjà vu dans ce qui précède, on le verra mieux encore dans les événements qui vont suivre, l'esprit de parti, en se jetant tête baissée dans des voies sans issues, brouilla tout, compromit tout ; il rendit pour longtemps irréconciliables les hommes de spéculation et les hommes de pratique, dont l'action commune pouvait seule amener, dans l'État français et dans l'État européen, un progrès naturel et durable.

cus, écrit l'ambassadeur de Sardaigne au ministre des affaires étrangères, que le gouvernement de la République française n'a pas excité ce mouvement, et que s'il avait voulu intervenir, même indirectement, la lutte aurait été bien autrement sérieuse. » (Voir le discours de M. de Lamartine à l'Assemblée constituante, séance du 23 mai 1848.)

CHAPITRE XXVI

Suites de la journée du 17 mars. — Journée du 16 avril. — Le général Changarnier. — Fête de la Fraternité.

La manifestation du 17 mars (c'est le nom qui resta à ce long défilé des corporations et des clubs dont j'ai rapporté plus haut le but, l'ordonnance et l'issue), avait produit sur les imaginations une impression profonde. La puissance du prolétariat dans Paris était apparue visiblement à tous les yeux. Du moment que les prolétaires se montraient capables de discipline et d'organisation, par cela seul qu'ils savaient régler leurs mouvements, contenir leurs passions, et de l'état confus de *masse* s'élever à la notion distincte de *nombre*, ils devenaient formidables ; la nécessité de subir leur loi ne paraissait plus pouvoir être conjurée. Dans le même temps, par la plus étrange anomalie, un mouvement opposé de l'opinion se déclarait dans les provinces, et l'on recevait de tous côtés l'avis que, selon toute vraisemblance, les élections pour la garde nationale et pour l'Assemblée donneraient la majorité à la bourgeoisie conservatrice.

Cette contradiction dans des faits simultanés, le contraste fortement tranché entre le triomphe incontesté à Paris et la défaite à peu près certaine dans les départements, suggéra aux meneurs du parti révolutionnaire une idée qui devait achever de brouiller des affaires déjà fort embrouillées et compromettre gravement les intérêts de la démocratie. Ils convinrent entre eux qu'il était urgent de faire ajourner des élections dont on ne pouvait pas se rendre maître, et qu'il faudrait, pendant la prolongation de l'état provisoire, saisir la première circonstance propice pour renverser la majorité du gouvernement et remettre un pouvoir dictatorial aux hommes les plus prononcés du radicalisme et du socialisme. De cette conception impolitique, des trames, des intrigues et des complots qu'elle fit ourdir dans l'ombre, nous allons voir sortir au grand jour un dénouement inattendu qui changera le cours des événements et sera pour le prolétariat le commencement d'une série d'échecs, dans lesquels il perdra peu à peu les avantages qu'il avait conquis en quelques heures et dont il avait usé avec générosité, il est vrai, avec grandeur, mais sans discernement ni prévoyance.

L'effet instantané de la journée du 17 mars avait donné dans le conseil du gouvernement provisoire une prédominance marquée à MM. Louis Blanc et Ledru-Rollin ; ni l'un ni l'autre n'en surent tirer parti.

M. Louis Blanc, qui manquait d'instinct politique, se contenta d'une démonstration vaine en faveur des ouvriers et d'une mesure dont l'utilité était douteuse. A sa demande, le gouvernement provisoire rendit une visite officielle à la réunion du Luxembourg et autorisa l'envoi dans les départements de quelques ouvriers en qualité d'agents électoraux. Après quoi M. Louis Blanc, sans plus se concerter avec M. Ledru-Rollin, ni avec aucun des autres chefs révolutionnaires, reprit isolément ses conférences, où beaucoup de paroles, et très-éloquentes, accusaient des résolutions peu judicieuses et nourrissaient dans le prolétariat des illusions dont tous les esprits clairvoyants apercevaient déjà l'inévitable, le prochain réveil.

De son côté, M. Ledru-Rollin, bien que mieux informé de l'état général des affaires et plus disposé que M. Louis Blanc à comprendre, du moins par moments, ce qu'exigeait la diversité extrême des opinions et des intérêts qui partageaient la France, se laissait pousser cependant par les plus aveugles et les plus compromettants de ses amis à des menées dangereuses.

Livré à sa propre inspiration, M. Ledru-Rollin avait, autant que pas un de ses collègues, le désir d'abréger pour le pays l'épreuve difficile de l'état provisoire. Il souhaitait de voir reconstituer une autorité bien assise, une hiérarchie de pouvoirs bien définis, et ne confondait pas la licence avec la liberté.

Aussi, le soir même du 17 mars, dans tout l'enivrement d'un triomphe populaire, résistait-il avec beaucoup d'énergie à la multitude qui lui demandait l'éloignement des troupes, et il bravait l'impopularité en terminant sa harangue par le cri de : *Vive l'armée!* Ce n'était pas là chez lui l'effet d'un entraînement passager, car, dans le même temps, il prenait, pour la rentrée de plusieurs régiments dans Paris, des mesures sérieuses de concert avec ses collègues; bien qu'il eût signé avec eux l'ajournement au 5 avril des élections de la garde nationale et paru favorable à l'ajournement des élections pour l'Assemblée, il demandait loyalement aux commissaires, avant de prendre un parti définitif, leur avis sur l'utilité ou l'inconvénient de ce retard.

Par malheur, l'entourage du ministre de l'intérieur était possédé d'ambitions plus impatientes; on y rêvait pour lui la dictature; on voulait avec lui et par lui gouverner révolutionnairement la France. Ce rêve de quelques hommes passionnés prenait chaque jour plus de consistance par l'intervention très-directe et très-efficace de M. Caussidière. Peu à peu, il se transformait en projet; du projet au complot, il n'y avait pas loin pour des hommes habitués aux pratiques des sociétés secrètes. Sans y tremper d'une manière active, M. Ledru-Rollin prêtait une oreille quelquefois distraite, mais souvent complaisante, aux discours des conspirateurs; tout en agissant contre eux de la manière que je viens de dire, en pressant la rentrée des troupes, il ne les dissuadait pas de leur entreprise et laissait faire leur zèle. Madame Sand était l'un des agents les plus animés de la conspiration, moins dans l'intérêt de M. Ledru-Rollin que dans celui de M. Louis Blanc. Elle y avait amené M. Barbès et travaillait dans ce sens l'esprit des ouvriers qu'elle réunissait tous les soirs dans un petit logement voisin du Luxembourg, où elle était descendue. Vers la fin de la soirée, elle allait rejoindre au ministère de l'intérieur le petit cercle des initiés, parmi lesquels on comptait habituellement MM. Jules Favre, Landrin, Portalis, Carteret, Étienne Arago, Barbès, etc. Là, soit en présence de M. Ledru-Rollin, soit en son absence, on discutait le moyen de remettre entre ses mains le sort de la République. Ces moyens, depuis le succès de la manifestation du 17 mars, paraissaient très-simples. Provoquer, sous un prétexte quelconque, une réunion générale de prolétaires, tenir des armes et des munitions prêtes, ce qui était d'autant plus facile qu'on avait pour soi le préfet de police, entrer à l'Hôtel-de-Ville, en chasser ceux des membres du gouvernement provisoire qui déplairaient, quoi de plus élémentaire et d'une exécution plus prompte? Une seule inquiétude, mais grave, troublait les conspirateurs. On avait vu, le 17 mars, M. Blanqui paraître inopinément en scène; on l'avait vu sur le point de remporter en un quart d'heure tout le fruit d'une journée préparée de longue main et combinée en dehors de lui par ses adversaires. Quelle garantie avait-on qu'un homme aussi expert en matière de complots n'avait pas vent déjà de celui qui se tramait et qu'il ne saurait pas le faire tourner à son avantage?

On n'ignorait pas que l'influence de M. Blanqui allait croissant dans les clubs. Il parut donc urgent, et de la plus savante politique, de ruiner cette influence. Pour le cas où l'on n'y parviendrait pas assez vite, on concerta le moyen de se débarrasser de M. Blanqui, à l'instant même où l'on se rendrait maître de l'Hôtel-de-Ville.

Le hasard vint servir à souhait la première de ces résolutions. Parmi les papiers trouvés au ministère des affaires étrangères, on avait mis la main sur un rapport adressé à M. Duchâtel, le 22 octobre 1839, au sujet de la conspiration du 12 mai. Ce rapport non signé, mais d'un style très-particulier et très-incisif que l'on crut reconnaître, contenait des détails sur l'organisation des sociétés secrètes et spécialement sur les hommes qui avaient monté le coup du 12 mai. Dans le conseil du gouvernement provisoire, personne ne révoqua en doute l'authenticité de ce document, car il venait confirmer des soupçons qui depuis longtemps déjà planaient sur la probité politique de son auteur présumé. Tous y virent un moyen assuré de perdre un ennemi dangereux, et l'on s'entendit aussitôt avec un écrivain du parti républicain, M. Taschereau, pour la publication d'une *Revue* composée de pièces historiques relatives à la monarchie déchue, et dont le rapport en question ouvrirait la série.

Le premier numéro de la *Revue rétrospective* parut le 31 mars. Ce fut un coup de foudre. A peine M. Barbès eut-il parcouru les premières lignes du rapport que, frémissant d'indignation, sans admettre une seule minute l'hypothèse d'une pièce supposée ou falsifiée, il nomma M. Blanqui. Blanqui seul au monde, avec Barbès, avait eu cette connaissance intime des moindres circonstances de la conspiration. Ou Blanqui ou Barbès était le délateur. Poser ainsi la question, c'était assurément la résoudre.

Une rumeur effroyable agita les clubs. M. Blanqui, frappé d'un coup si imprévu, protesta dans son club contre un document qui n'était ni écrit ni signé de sa main, et déclara qu'il ne verrait plus personne jusqu'à sa justification complète. De son côté, le club de Barbès sommait Blanqui de s'excuser devant un tribunal d'honneur chargé d'examiner l'affaire, d'entendre les témoignages et de prononcer la sentence; mais Blanqui récusait ce tribunal et refusait d'y comparaître. A huit jours de là, il publiait sa réponse qui était bien moins une justification qu'une accusation contre ses accusateurs. M. Raspail, qui, malgré son esprit soupçonneux, prenait seul alors dans la presse parti pour M. Blanqui, trouvait bien, à la vérité, que sa réponse *s'était fait attendre un peu trop longtemps*, mais il l'excusait en rappelant que M. Blanqui était sorti de prison *exténué, incapable d'un travail pénible;* et il terminait en sommant M. Taschereau de comparaître devant le peuple : « C'est devant le peuple que l'on triomphe, s'écriait Raspail; c'est devant des juges opprimés par vous que l'on opprime (1). »

Cette intervention d'un homme aussi défiant que M. Raspail, en faveur de M. Blanqui, rendit courage à ses partisans, un moment déconcertés en le voyant assimilé à l'infâme Delahodde. Ils relevèrent la tête et menacèrent à leur tour. Cependant, le tribunal d'honneur présidé par MM. Schœlcher et Etienne Arago, composé de MM. Lamieussens, Cabet, Dupoty, Langlois, Proudhon et Lachambeaudie, tenait ses séances; il appelait en témoignage tous les compagnons de captivité de M. Blanqui à Doullens et au mont Saint-Michel; on recueillit un grand nombre de faits qui pouvaient constituer une présomption morale, mais dont aucun ne produisait de charge judiciaire (2). Peu à peu, les délibérations perdirent leur intérêt; les procès-verbaux s'amassèrent sans établir aucune preuve matérielle; bientôt le cours des événements qui se pressaient entraîna les accusateurs et l'accusé dans une même déroute politique.

M. Blanqui, cependant, après le premier étourdissement causé par un si rude coup,

(1) Voir *l'Ami du peuple*, n° du 16 avril 1848.
(2) Par suite d'une plainte en diffamation, portée vers la fin d'avril contre M. Blanqui par M. Taschereau, la chambre du conseil du tribunal de première instance entendit en témoignage M. Pasquier, Zangiacomi, Dufaure, etc. M. Dufaure, qui était ministre en 1839, dit qu'à cette époque M. Blanqui avait demandé à être mis en rapport avec un membre du gouvernement; que M. Duchâtel s'était rendu trois fois à la prison de M. Blanqui et avait reçu de lui des révélations importantes. Selon une version répandue par quelques-uns des hommes qui composaient le tribunal d'honneur, M. Blanqui, pour obtenir sa grâce après le 12 mai, aurait consenti à faire connaître au ministre de l'intérieur les détails du complot. Il aurait dicté à sa femme le rapport en question. Celle-ci, suivant les conventions acceptées par M. Duchâtel, aurait été à plusieurs reprises lui faire la lecture du rapport en détruisant chaque fois les feuilles lues; mais un sténographe, caché derrière une tenture, aurait écrit à mesure que madame Blanqui lisait ce document, où, d'ailleurs, Barbès et ses amis prétendaient reconnaître non-seulement le style de Blanqui, mais jusqu'à certaines locutions non usitées, dont il faisait fréquemment usage. La défense de M. Blanqui portait sur ce que la pièce était controuvée. Quelques-uns de ses amis admettaient l'hypothèse que sa femme avait pu, dans un moment de faiblesse, acheter la vie de Blanqui à son insu par cette communication. Le plus grand nombre ne voulait voir dans la publication de M. Taschereau qu'une manœuvre de la réaction pour perdre un ennemi dangereux, et la popularité de M. Blanqui n'en souffrit pas d'atteinte sérieuse

LE MARÉCHAL RADETZKI FUYANT DE MILAN. (P. 302).

avait compris, avec son grand instinct, qu'au lieu de chercher à se disculper auprès d'hommes aussi fortement prévenus que MM. Barbès, Lamieussens, Martin Bernard, etc., qui avaient fait partager leur opinion à la presque totalité du tribunal d'honneur, il fallait faire diversion, agiter les ouvriers, les entraîner à un coup de main, se montrer plus révolutionnaire que pas un de ses accusateurs et reprendre ainsi l'avantage que donne infailliblement, dans l'estime des masses, l'action sur la parole, l'audace sur la circonspection.

Redoublant autour de lui le mystère, qui était un de ses principaux moyens de fascination, il ne resta plus en communication qu'avec un petit nombre d'hommes tout à lui, dont la confiance n'avait pas été même effleurée et dont l'ardeur s'était encore accrue du désir de venger l'honneur outragé de leur chef. A l'aide de ces hommes très-actifs et constamment en rapport avec les ouvriers, il excita partout le sentiment de crainte que donnait l'approche des élections. Il fit dire, répéter, démontrer que l'Assemblée nationale ne serait composée que de royalistes et que, si l'on ne prévenait pas sa réunion, c'en était fait de la révolution et de la République. De la sorte, il tenait les esprits en éveil, les entretenait dans l'espoir d'un coup de main et se disposait, comme il l'avait déjà tenté au 17 mars, à saisir la dictature au moment même où ses ennemis, dont il connaissait les menées, se croiraient maîtres de l'Hôtel-de-Ville.

La première quinzaine d'avril se passa ainsi : préparatifs au Luxembourg d'une seconde manifestation assez imposante pour achever de détruire, dans le gouvernement provisoire, le parti que M. Louis Blanc croyait frappé au cœur par la manifestation du 17 mars; conspiration permanente au ministère de l'intérieur et surtout à la préfecture de police, où M. Caussidière servait d'intermédiaire entre les combinaisons de M. Louis Blanc et celles de M. Ledru-Rollin, sans toutefois s'en ouvrir ni à l'un ni à l'autre, les sachant incapables de s'entendre pour une action commune; enfin, autour de M. Blanqui, comme je viens de le montrer, organisation d'un complot enté sur la conspiration, pour agir selon que l'indiquerait la circonstance et que le permettrait la fortune. Telles étaient les complications étranges du mouvement que, d'un jour à l'autre, on s'attendait à voir éclater dans Paris.

M. de Lamartine voyait grossir l'orage, et son esprit, si ferme tant qu'il avait senti la popularité, s'abandonnait à des inquiétudes extrêmes. La journée du 17 mars l'avait troublé profondément. Jusque-là, il ne lui était pas arrivé de mettre en doute son ascendant sur le peuple; il avait cru régner sur les volontés parce qu'il enchantait les imaginations. Ce jour-là, son illusion se dissipa. Déjà il voyait pâlir son étoile. Malgré les nombreux avis qui lui arrivaient sur le résultat certain des élections dans le sens de sa politique, il n'avait plus de confiance en lui-même depuis qu'il avait passé la revue de l'armée prolétaire. Le triomphe de M. Ledru-Rollin l'éblouissait; il croyait voir toute la force de la révolution se concentrer dans cet heureux rival; il se reprochait de ne lui avoir accordé dans son estime politique qu'une valeur et une importance secondaires.

Dès ce moment son attitude changea. Il se rapprocha du ministre de l'intérieur, le flatta et déploya toutes les ressources de son esprit pour prendre sur lui de l'ascendant. Il lui représenta avec force les périls auxquels l'exposait son alliance avec les ultra-révolutionnaires; il lui montra Blanqui dans l'ombre, minant sous ses pas tous les chemins, disposant des embûches, aiguisant des poignards; tout prêt, enfin, à donner un signal qui serait la perte, non-seulement de lui et des siens, mais de la République.

Pendant qu'il essayait ainsi d'arracher M. Ledru-Rollin aux conspirations et qu'il se servait du nom de Blanqui pour l'effrayer, il voyait secrètement le fameux chef de conjurés, essayait également sur lui la séduction de son beau langage et ne dédaignait même pas de pratiquer les plus obscurs entre les agitateurs de la place publique. Par un effet de son organisation d'artiste, il apportait dans ces pratiques infiniment moins de duplicité qu'on ne l'a supposé plus tard. Sans doute, quand il se rendait chez M. Ledru-Rollin, quand il se décidait à voir MM. Blanqui, Raspail, Cabet, de Flotte, etc., il agissait par calcul politique; mais, dès qu'il se trouvait en présence de ces hommes passionnés, il subissait jusqu'à un certain point leur influence. Dans l'animation extrême de ses entretiens avec des esprits ardents, il se laissait pénétrer par je ne sais quelle électricité révolutionnaire; il comprenait, il ressentait jusqu'à un certain point la fièvre de ces âmes agitées. Par un don naturel de poète, il parlait leur langue, il sympathisait avec leurs espérances; il ne les trompait pas en leur tendant une main qui jamais depuis ne consentit à signer contre eux un acte de rigueur. M. de Lamartine, pas plus que M. Ledru-Rollin, n'eut, dans ces circonstances difficiles, de duplicité préméditée. Il parut quelquefois par élan d'imagination ce que M. Ledru-Rollin était par faiblesse de caractère : mobile et variable à l'excès, suivant l'heure et la circonstance; mais il ne fut jamais perfide de parti pris; il n'abusa jamais personne que dans la mesure où il s'abusait lui-même.

La disposition éminemment bienveillante et accessible de son esprit paraît dans la manière charmante dont il a raconté lui-même sa première entrevue avec M. Blanqui (1). Un officier de marine, appartenant à l'école phalanstérienne, M. de Flotte, avait conduit au

---

(1) *Histoire de la Révolution* de 1848, t. II, p. 232 et suivantes.

ministère des affaires étrangères le terrible conspirateur. A ce moment-là, des accusations formelles, des bruits sinistres, des soupçons de toute nature et le fanatisme redoublé de ses adeptes qui parlaient tout haut de le venger par l'assassinat, faisaient à Blanqui comme un cortége invisible d'épouvantements. On le disait, on le croyait capable de tout, prêt à tout. Chaque jour M. de Lamartine était averti que dans la nuit suivante il serait enlevé, enfermé dans quelque lieu inconnu, tué peut-être par les partisans de Blanqui. Ses amis ne le quittaient plus; ils veillaient armés aux abords de sa chambre, disposant tout dans l'hôtel et dans le jardin, soit pour soutenir un siége, soit pour faciliter une évasion. Les domestiques, malgré les plaisanteries de M. de Lamartine, étaient en proie à l'anxiété la plus grande. Qu'on se figure la stupéfaction de cette petite troupe de fidèles, amis et serviteurs, quand, dans la matinée du 15 avril, un homme vêtu misérablement et de visage très-sombre, suivi de deux ou trois personnes inconnues, vient demander à l'huissier des affaires étrangères de l'annoncer à M. de Lamartine, et déclare se nommer Blanqui. Une telle audace avait de quoi confondre; mais l'étonnement est au comble, lorsqu'au bout de deux minutes on voit la porte du cabinet du ministre s'ouvrir et se refermer aussitôt sur celui que l'on regardait comme son assassin.

L'entretien se prolongea de façon à donner lieu aux interprétations les plus étranges; ce qu'il fut en réalité, je doute que personne le sache avec exactitude. Une chose certaine, c'est que l'impression qu'en rapporta M. de Lamartine, et qu'il communiqua le soir même à des personnes fortement prévenues, n'était pas défavorable. Blanqui, selon M. de Lamartine, était un caractère aigri, mais non pervers; un esprit fourvoyé, mais capable de rentrer dans le vrai; un cœur ulcéré, mais qui, sous l'écorce impénétrable qu'il s'était faite, battait encore avec force; Blanqui, enfin, et comme homme et comme citoyen, n'était pas indigne des enthousiasmes et des dévouements qu'il faisait naître.

Pendant que M. de Lamartine essayait par la séduction de son éloquence, par le charme de ses entretiens, auxquels il savait donner l'accent d'une intimité confidentielle, de dissoudre les éléments de conspirations, pendant qu'il concertait avec le général Négrier un plan de résistance dans les départements, en cas que Paris tombât aux mains des conjurés, les autres membres de la majorité du conseil ne demeuraient pas non plus inactifs.

Obligés, au lendemain de la manifestation du 17 mars, de feindre la satisfaction, de proclamer leur reconnaissance pour le peuple (1), de donner de nouveaux gages au parti radical par l'ajournement des élections générales et par la suppression de l'impôt sur les boissons, se voyant dans le conseil hors d'état de résister à la domination de M. Ledru-Rollin, ils sentirent la nécessité de se créer au dehors une force capable de lutter avec la force populaire.

M. Marrast entreprit avec beaucoup de suite et d'habileté de former à l'Hôtel-de-Ville un centre de résistance composé d'éléments tirés en partie de la bourgeoisie, en partie du peuple. Secondé par MM. Buchez, Recurt, Edmond Adam, de concert avec M. Marie, il pratiqua des intelligences dans la garde nationale, dans les ateliers nationaux, et s'assura le concours de la garde mobile par le général Duvivier, qui était en ce moment fort irrité contre M. Ledru-Rollin, auquel il attribuait à tort les retards apportés à l'habillement de ses bataillons en blouse. M. Marrast, tout en cherchant son principal point d'appui dans la garde nationale, n'était pas exempt d'inquiétudes sur ses dispositions. Il faut se rappeler que le décret du 25 février, en appelant tous les citoyens à en faire partie, l'avait complétement renouvelée. L'ancien effectif des légions (56,751 hommes) était

---

(1) Voir, au *Moniteur* du 19 mars, la proclamation du gouvernement provisoire et l'ordre du jour du général Courtais à la garde nationale.

porté à 190,299 hommes. Les ouvriers y étaient conséquemment en majorité (1). A l'élection des officiers, on avait posé aux candidats une question captieuse à laquelle la plupart avaient répondu en termes évasifs ou ambigus : « Si l'Assemblée nationale n'était pas avec nous, disaient les chefs de clubs, marcheriez-vous contre elle? » On comprend que la majorité du conseil ne devait pas se sentir très-solidement appuyée sur une garde civique à laquelle on avait imposé un pareil programme. M. Marrast, en sa qualité de maire de Paris, était chargé de présider à la reconnaissance des officiers. Il en prit occasion pour les rassembler fréquemment, les haranguer, s'ouvrir plus ou moins, selon qu'il les trouvait disposés, sur les attaques projetées contre l'Hôtel-de-Ville et sur la nécessité d'une défense énergique de la société. Parlant, tantôt vaguement, tantôt d'une manière précise, du jour prochain où la lutte ne pouvait manquer de s'engager entre les communistes et les républicains modérés, défenseurs de la famille et de la propriété, il les animait, il les préparait au combat.

Dans les rangs de la garde mobile, il n'était question ainsi que de se battre. Contre qui? On ne le savait pas trop, et, à vrai dire, on ne s'en inquiétait guère. Depuis quelque temps on avait des fusils de munition, les gibernes étaient remplies de cartouches, on savait à fond l'exercice et le maniement des armes, on exécutait des charges et des feux avec une précision admirable, la caserne paraissait fastidieuse; n'était-il pas bien temps de marcher à l'ennemi? Sur ce point, tous étaient d'accord dans les rangs bigarrés de cette bizarre milice. Recrutée, comme on l'a vu, au lendemain des barricades, la garde mobile était composée en presque totalité de l'essaim turbulent, et qu'on avait cru jusque-là indisciplinable, de ces enfants, vagabonds des rues et des carrefours, qu'on appelle *gamins de Pa-*

ris. Le reste était un mélange d'hommes de toutes conditions. Plusieurs venaient de ces régiments de soldats insubordonnés auxquels on donne en Afrique le sobriquet de *zéphirs*. Des fils de famille, croyant les temps glorieux de 92 revenus pour la République, s'étaient engagés dans un esprit tout patriotique, pour marcher à la frontière et pour échapper ainsi honorablement aux malheurs de la guerre civile. Des officiers et des sous-officiers de différents régiments de l'armée avaient été appelés pour instruire toute cette jeunesse dans le métier de soldat. Au temps dont je parle, le plus grand nombre était encore déguenillé; beaucoup manquaient de chemises, de chaussures. Irrités de la lenteur qu'on apportait à les vêtir, ils allèrent plusieurs fois aux ateliers de Clichy réclamer leurs uniformes. Il y eut à cette occasion des querelles très-vives entre eux et les ouvriers tailleurs. Ce fut l'origine de la scission qui s'opéra entre ces enfants de prolétaires et les prolétaires, entre le peuple en blouse et le peuple en uniforme, scission qui, à peu de jours de là, parut, passive encore et comme inavouée, dans la journée du 16 avril, et qui se révéla deux mois plus tard dans un combat mortel.

J'ai dit que M. Marie secondait activement M. Marrast dans ses préparatifs de résistance. Le ministre des travaux publics fondait ses plus grandes espérances pour le jour de la lutte sur les ateliers nationaux. « Veillez à ce qu'ils soient armés, disait-il à M. Émile Thomas; ne ménagez pas l'argent ; le jour n'est peut-être pas loin où il faudra les faire descendre dans la rue. » Et, ne s'en tenant pas aux paroles, il leur avait fait allouer un crédit de cinq millions, moyennant quoi, du 12 au 20 mars, on avait fait des embrigadements supplémentaires de mille ouvriers par jour. Le 28 mars, on annonça une revue générale des ateliers nationaux. M. Marie harangua les ouvriers, les combla de louanges, leur accorda l'élection de leurs brigadiers. M. Marrast ajouta ses louanges à celles du ministre. Son influence était devenue très-grande dans les

---

(1) Dans les premiers jours d'avril, 60,000 ouvriers des ateliers nationaux furent, par les soins de M. Marie, inscrits sur les nouveaux rôles.

ateliers. Chaque jour, par son ordre, MM. Buchez, Recurt, Edmond Adam avaient de longues conférences avec M. Émile Thomas. Enfin, de ce côté, le parti de la résistance se tenait pour assuré de garder à sa disposition une force considérable (1).

Dans la première semaine d'avril, M. Marrast s'occupa plus particulièrement de la défense de l'Hôtel-de-Ville. Deux bataillons de gardes mobiles bien armés et bien équipés y furent installés. Le général Bedeau et le général Changarnier aidaient M. Marrast de leurs conseils et lui dictaient des mesures stratégiques. Le général Changarnier surtout se montrait plein de zèle. A son arrivée d'Algérie, dans les premiers jours de mars, il s'était rendu tout d'abord chez M. de Lamartine, parce qu'il le considérait comme le moins révolutionnaire d'entre les membres du gouvernement provisoire et qu'il n'était pas éloigné, la guerre devenant fort douteuse, d'accepter une mission diplomatique, si l'on venait à la lui offrir. Sa surprise avait été grande d'apprendre, de la bouche du ministre, sa nomination aux fonctions de gouverneur général de l'Algérie, en remplacement du général Cavaignac, nommé ministre de la guerre.

M. de Lamartine insistait même pour que le général Changarnier repartît sur l'heure, et celui-ci avait témoigné plus d'humeur que de satisfaction de se voir ainsi éloigner du théâtre des événements. Il s'était plaint du mal de mer, des fatigues du voyage; pour se montrer aussi désagréable que possible à un gouvernement qui ne l'employait pas selon son gré, il s'était répandu en éloge des princes de la maison d'Orléans et avait exprimé avec affectation ses regrets de la monarchie.

Le général Charganier était possédé d'ambitions d'autant plus impatientes qu'elles avaient été longtemps comprimées. Né à Autun, d'une famille obscure, il avait pris jeune du service; mais, sans protection, sans occa-

(1) *Histoire des ateliers nationaux*, par M. Émile Thomas, p. 147 et suivantes.

sion de se signaler, il était resté pendant toute la Restauration dans les grades inférieurs. En 1836, il n'était encore que chef de bataillon, lorsqu'à la retraite de Constantine, comme il commandait l'extrême arrière-garde, il protégea l'armée par une manœuvre aussi hardie que savante et mérita, dans le rapport du maréchal Clauzel, cette phrase devenue célèbre et qui donna en quelque sorte l'essor à sa fortune : « Le commandant Changarnier s'est couvert de gloire. » A partir de cette heure, il eut un avancement rapide et marqué par des actions d'éclat.

Lieutenant général en 1844, il fut obligé de quitter l'Algérie parce que son caractère hautain et provocant ne pouvait se plier à l'autorité absolue du maréchal Bugeaud; il n'y retourna qu'en 1847, pour fortifier de sa présence et de ses conseils l'autorité du duc d'Aumale. Nous avons vu comment il remit le commandement au général Cavaignac. Pendant qu'il faisait route pour aller le remplacer, celui-ci adressait au gouvernement provisoire un refus formel d'accepter le ministère de la guerre (1), de sorte que le général Changarnier, à peine débarqué en Afrique, reprit la route de Paris, où le pressentiment de quelque événement favorable et d'une carrière politique nouvelle l'attirait puissamment. Cet événement favorable ne tarda pas. La journée du 16 avril mit en évidence le général Changarnier et le plaça en quelque sorte à la tête du mouvement réactionnaire.

Cependant les discussions au sein du gouvernement provisoire prenaient un caractère d'acrimonie qu'elles n'avaient pas eu jusque-là. Il semblait que, lassé enfin de ménagements réciproques, on se reconnût ennemi et qu'on

(1) La lettre du général Cavaignac avait fortement indisposé le conseil, qui lui répondit par une lettre d'un ton très-sévère. On y lisait, entre autres, la phrase suivante rédigée par M. Louis Blanc : « Le moment est proche où le pays aura besoin de tous ses généraux; restez en Afrique, général, le gouvernement vous l'ordonne. » M. Marrast, qui avait ajouté en marge des expressions fort dures, se réconcilia dans la suite avec le ministre de la guerre. Cette lettre fut l'origine de l'éloignement que témoigna plus tard le général Cavaignac pour celui qui avait été l'ami le plus cher de son frère.

renonçât à le cacher. M. Ledru-Rollin, de plus en plus circonvenu par les conspirateurs, s'absentait fréquemment du conseil où sa présence irritait la discussion, et l'on disait hautement qu'il se préparait au combat. M. Louis Blanc donnait des avertissements qui ressemblaient à des menaces. Le peuple, disait-il, ne se contenait plus ; le jour approchait d'une manifestation semblable à celle du 17 mars, mais beaucoup plus décidée, cette fois, à ne se retirer que satisfaite. Le 14 avril, dans une séance qui se prolongea très-avant dans la nuit, il annonça positivement que cette manifestation aurait lieu le surlendemain. Déjà M. Flocon qui, malgré ses relations intimes avec M. Ledru-Rollin, désapprouvait les entreprises violentes et se tenait politiquement avec M. de Lamartine, avait appris à ce dernier de la manière la plus précise le plan et le but de la conjuration. Enfin le *Bulletin de la République*, placardé le 15 au matin, sur les murs de Paris, parut le signal décisif et comme l'appel aux armes des conjurés.

Le *Bulletin de la République*, affiché de deux en deux jours sur la place publique et envoyé dans toutes les communes de France, avait pour but, ainsi que l'indique l'article d'introduction au premier numéro du 13 mars, de mettre les habitants des campagnes et les ouvriers des cités en communication directe avec le gouvernement et de leur faire connaître les droits et les devoirs de la vie politique qui commençait pour eux. « Le plus solide lien entre un gouvernement et le peuple, disait, avec une raison parfaite, le premier *Bulletin*, c'est un perpétuel échange d'idées. La royauté, qui dédaignait le peuple, n'avait pas besoin de lui parler ; le gouvernement républicain, qui est une émanation du peuple, doit lui parler sans cesse pour l'éclairer ; car l'éclairer, c'est le rendre meilleur, et le rendre meilleur, c'est le rendre plus heureux. »

C'était là une pensée philosophique, républicaine, et qui répondait exactement aux vœux et aux besoins d'un peuple où commençaient à s'agiter les nobles curiosités de la vie politique. Si la rédaction des *Bulletins* eût été conforme à ce premier dessein, il n'est guère douteux qu'ils n'eussent fortement contribué à former dans le pays une opinion publique plus stable et plus réfléchie. Mais les intentions sages du gouvernement provisoire furent encore en ceci mal servies dans l'application. Rédigés dans l'origine par MM. Élias Regnault et Jules Favre, les *Bulletins* passèrent à peu près inaperçus jusqu'au commencement d'avril où, sur la proposition de M. Arago, madame Sand en devint le rédacteur principal (1) et donna au langage du ministre de l'intérieur, et à son insu (2), un accent d'impatience et en dernier lieu un ton de provocation qui dénaturaient complétement le caractère officiel et le but politique de cette publication. Si le *Bulletin* n° 12, où madame Sand peignait avec éloquence les souffrances de la femme du peuple et les hontes de la prostituée, trahissait plus qu'il n'était acceptable pour l'opinion et utile dans la circonstance, un talent de femme et d'artiste, le *Bulletin* n° 16 parlait la langue des factieux et proclamait hautement l'intention secrète des clubs : à savoir que, si les élections ne se faisaient point au gré du peuple de Paris, *il manifesterait une seconde fois sa volonté et ajournerait les décisions d'une fausse représentation nationale* (3). Cette imprudente menace produisit immédiatement un effet tout contraire à celui qu'en attendait sans doute l'auteur. Au lieu d'intimider, elle anima le parti de la résistance. Averti de la sorte vingt-quatre heures à l'avance, il eut tout le temps de prendre ses mesures et d'opposer à une conspiration si mal conduite des moyens bien concertés.

Cependant les clubs directeurs, persuadés

---

(1) Voir au vol. II, p. 30, du *Rapport de la commission d'enquête*. « Le gouvernement provisoire autorise le ministre de l'intérieur à s'entendre avec madame George Sand, pour fournir des articles au *Bulletin de la République*. » Le *Bulletin* ne devait paraître que sur un *bon à tirer* de l'un des membres du gouvernement ; mais cette clause ne fut pas exécutée.
(2) M. Ledru-Rollin a formellement désavoué, entre autres, le *Bulletin* n° 16, affiché le 15 avril.
(3) *Rapport de la commission d'enquête*, vol. II, p. 73.

que M. Ledru-Rollin marchait avec eux et que la majorité du gouvernement provisoire, encore sous le coup de la manifestation du 17 mars, serait aisément expulsée de l'Hôtel-de-Ville, faisaient, sans beaucoup de mystère, leurs préparatifs pour le lendemain. Dans une réunion qui délibéra pendant la nuit chez M. Sobrier, on avait arrêté la liste des noms qui devaient composer le comité de salut public. On y gardait, de l'ancien gouvernement, MM. Ledru-Rollin, Flocon, Louis Blanc et Albert, auxquels on adjoignait MM. Raspail, Blanqui, Kersausie et Cabet.

M. Sobrier, que M. de Lamartine tenait pour sien et qui l'était à demi, selon que le vent révolutionnaire soufflait avec plus ou moins de force sur ses pensées flottantes, avait reçu quelques jours auparavant, d'après l'ordre formel du ministre de la guerre, 400 fusils et 3,000 paquets de cartouches (1). On était autour de lui parfaitement résolu aux dernières extrémités; mais M. de Lamartine se flattait que dans la mêlée dont il connaissait, par M. Sobrier et par d'autres hommes bien instruits, tous les fils, Sobrier, comme au 17 mars, après avoir poussé à l'attaque, tournerait à la défense du gouvernement provisoire et servirait à faire échouer la conspiration.

Pendant qu'on délibérait et qu'on s'armait rue de Rivoli, M. Caussidière, à la Préfecture de police, faisait également des distributions d'armes et de munitions (2); il prenait, à moitié d'accord avec le Luxembourg et avec le ministre de l'intérieur, ses mesures pour le lendemain. Assez mécontent de M. Ledru-Rollin qui, malgré sa vive opposition, venait de placer au département de la police un ancien agent de M. Duchâtel, M. Carlier, M. Caussidière agissait néanmoins encore en vue de la dictature du ministre de l'intérieur, le jugeant plus propre à gouverner révolutionnairement que M. Louis Blanc qui, d'ailleurs, se refusait à conspirer et se berçait, avec les délégués du Luxembourg, d'espérances trop vagues pour satisfaire l'activité pratique du préfet de police. La grande préoccupation de M. Caussidière, c'était M. Blanqui. Il se demandait parfois si, en poussant au renversement du gouvernement provisoire, il ne travaillait pas pour le compte d'un adversaire. S'il avait fait tant de bruit les jours précédents, c'est qu'il avait, lui aussi, souhaité, en intimidant le conseil et la bourgeoisie (1), de rendre superflue une manifestation populaire dont il n'était pas certain de demeurer maître.

A l'exception des clubs où dominait l'influence de M. Blanqui, le prolétariat n'était pas non plus sans hésitation. Le club de la *Fraternité* avait décidé de ne pas se rendre à la manifestation et d'envoyer des délégués au gouvernement provisoire pour l'assurer de son dévouement (2). Le club de M. Cabet désapprouvait la conspiration. Au club de M. Barbès, on tenait en suspicion les menées de M. Blanqui. M. Pierre Leroux, arrivé la veille du Berry, et qui avait vu MM. Ledru-Rollin, Louis Blanc, madame Sand, etc., augurait mal d'une manifestation dont les éléments lui semblaient si confus. Très-inquiet cependant de la tournure que prenaient les élections dans les départements, il venait avertir le ministre de l'intérieur que, si l'on n'avisait pas au plus vite, la révolution serait étouffée par une Assemblée réactionnaire. Il proposait, dans ce péril pressant, un moyen qui, pour être différent du plan des conjurés, n'en était pas beaucoup plus praticable; il voulait que l'on rapportât sur l'heure la loi électorale, que l'on formât un conseil d'État composé des principaux chefs du socialisme et

---

(1) Voir au vol. I, p. 227, du *Rapport de la commission d'enquête*, la déposition de M. Arago.

(2) Par ordre ministériel envoyé le 14 avril à Vincennes, il lui avait été délivré 600 fusils et 3,000 paquets de cartouches.

(1) Le 3 avril, M. Caussidière avait convoqué à la préfecture tous les commissaires de police; il leur avait reproché leur tiédeur, leur inaction. Paris, disait-il, était menacé d'une destruction complète : il ne serait besoin pour cela que d'un paquet d'allumettes chimiques, etc.; 400,000 ouvriers n'attendaient qu'un signal pour exterminer la bourgeoisie. Un pareil langage, tenu devant un si grand nombre de personnes, n'était assurément pas d'un conspirateur sérieux.

(2) *Rapport de la commission d'enquête*, vol. II, p. 105.

du radicalisme, et que le ministre soumît à leur approbation un projet de loi électorale, imité du plan de Saint-Just, d'après lequel tous les électeurs, votant sur toutes les candidatures, les neuf cents candidatures qui obtiendraient le plus de suffrages formeraient l'Assemblée nationale. Mais ni M. Ledru-Rollin, ni M. Louis Blanc n'avaient goûté cette proposition. Ce dernier ne concevait pas la moindre inquiétude sur l'esprit de la future Assemblée. Il pensait qu'une fois réunie à Paris, elle se sentirait trop dominée par la force populaire pour oser agir contre la République. Il voulait, d'ailleurs, rester dans la légalité, au moins relative, du gouvernement, et se sentait engagé d'honneur à ne pas revenir sur les décisions prises en conseil. M. Ledru-Rollin était, lui, plus soucieux de l'avenir. Informé par ses commissaires, il savait que sa politique recevrait aux élections un échec considérable. Cependant, il refusait de revenir sur la loi; ne voulant pas se séparer de M. de Lamartine (1); tout en rêvant le renversement de la majorité, en souhaitant de se débarrasser de MM. Garnier-Pagès, Marie, Marrast, il craignait de travailler pour M. Blanqui et n'était pas trop sûr de pouvoir s'entendre avec M. Louis Blanc, dont le socialisme ne lui convenait guère. Quelques-uns de ses amis, les plus clairvoyants, commençaient à craindre pour lui qu'il ne restât pas vainqueur de la double et triple conjuration dans laquelle ils l'avaient si légèrement engagé, et, s'efforçant un peu tard de le retenir, ils agissaient sur son esprit dans le même sens que M. de Lamartine. M. Carteret combattait l'influence de M. Caussidière; MM. Jules Favre et Landrin le rendaient attentif aux menées de M. Blanqui; M. Flocon le fortifiait dans la volonté de ne point se séparer de ses collègues. L'indécision naturelle de M. Ledru-Rollin leur venait en aide. A la veille même du jour de l'exécution, lorsque l'un des conjurés apporta au futur dictateur la liste de ses nouveaux collègues dans le comité de salut public, il entra dans une violente colère, déclara avec emportement qu'il ne consentirait jamais à aucune combinaison avec M. Blanqui, et, malgré les instances de MM. Caussidière et Sobrier, il refusa obstinément de recevoir Flotte.

Les choses ainsi brouillées et tous les fils de la conspiration à la fois mêlés et détendus de la manière que nous venons de voir, le jour parut sans qu'il fût possible aux hommes les mieux informés et le plus avant dans le complot de prévoir ce qu'il apporterait.

Dix heures avaient sonné. Déjà les corporations du Luxembourg se rendent au champ de Mars, bannières déployées. Les mots *Organisation du travail, Abolition de l'exploitation de l'homme par l'homme*, inscrits sur ces bannières, montrent que, ostensiblement du moins, les corporations suivent la direction du Luxembourg. Dans les jours précédents, M. Louis Blanc a obtenu par l'intervention de M. Guinard, pour contre-balancer l'effet des élections de la garde nationale qu'il juge mauvaises, quatorze places d'officiers d'état-major au choix des ouvriers. Le motif apparent de la réunion au Champ de Mars, c'est le scrutin préparatoire pour les candidatures populaires. On a décidé aussi de faire une collecte et de la porter en signe d'hommage au gouvernement provisoire.

Pour la majeure partie des prolétaires, c'est là, comme au 17 mars, tout le but de la réunion. Pour d'autres mieux informés, c'est un moyen de pénétrer dans l'intérieur de l'Hôtel-de-Ville et d'y seconder le coup de main préparé par M. Blanqui. Cependant, sauf un infiniment petit nombre, tous sont venus sans armes et ils ne sont pas plus de huit mille. Dans le même temps, les ouvriers des ateliers nationaux, obéissant à l'impulsion donnée par M. Caussidière, se rassemblent à l'Hippodrome. Il était convenu entre les meneurs que les deux colonnes, parties du Champ de Mars

---

(1) « M. de Lamartine n'entend rien à la politique, ne s'en mêlera pas, laissera faire, » disait M. Ledru-Rollin en expliquant à ses amis sa résolution de garder, dans le gouvernement, son collègue des affaires étrangères.

EXPÉDITION DE RISQUONS-TOUT. (P. 309).

et de l'Hippodrome, se rejoindraient en route et marcheraient ensemble vers l'Hôtel-de-Ville.

Nous avons vu qu'on s'y préparait depuis quelque temps à la résistance; mais, à mesure que le jour de la lutte approchait, on s'inquiétait davantage, car, malgré la vigilance des agents de M. Marrast et malgré ses informations nombreuses, il n'était guère possible de connaître avec exactitude ni le nombre des agresseurs, ni l'état des forces défensives. Les dispositions de la garde nationale, qui n'avait pas encore été réunie depuis sa nouvelle formation, et les éléments incroyablement mêlés de la manifestation populaire ne pouvaient être appréciés que d'une manière conjecturale. Tout dépendait, d'ailleurs, selon la plus grande vraisemblance, du parti qu'allait prendre M. Ledru-Rollin. A cet égard, on était et l'on avait mille motifs d'être dans la plus complète incertitude.

Le 16, de grand matin, M. Marrast, à tout événement, avait fait passer dans les mairies des ordres secrets, afin que les gardes nationaux prévenus se tinssent prêts à un rappel général des légions. Vers onze heures, le général Changarnier était accouru au siège du gouvernement pour offrir ses services; autorisé par M. Marrast, à qui un pareil auxiliaire venait bien à point, il prenait des dispositions militaires à l'Hôtel-de-Ville.

C'était par le plus grand des hasards que le général Changarnier avait appris les dangers qui menaçaient le gouvernement. Il était allé au ministère des affaires étrangères, afin de presser son départ pour Berlin, où M. de Lamartine se disposait à l'envoyer en mission. Ne trouvant pas le ministre et voyant sur tous les visages un trouble extraordinaire, il en demanda le motif, et sur l'invitation de madame de Lamartine, qui croyait son mari à l'Hôtel-de-Ville, il s'y rendit en hâte. M. de Lamartine n'y était pas arrivé encore. Il avait veillé toute la nuit précédente, en proie à une tristesse profonde, recevant d'heure en heure les rapports les plus alarmants, persuadé que le jour qui se levait serait le dernier de la République, telle qu'il l'avait voulue, et le dernier aussi de sa propre existence. Les nombreux agents envoyés par lui dans les réunions d'ouvriers afin d'y réveiller les sympathies populaires et d'organiser, au sein même de la manifestation générale, une manifestation en sa faveur, avaient rencontré l'accueil le plus froid. M. Ledru-Rollin l'évitait depuis quelques jours; les partisans du ministre de l'intérieur, réunis à ceux de MM. Louis Blanc et Blanqui, ne pouvaient manquer de déterminer un mouvement des masses si formidable qu'il n'y avait pas moyen de songer à en triompher. Ainsi pensait M. de Lamartine, et, croyant sa dernière heure venue, il s'y préparait avec calme. Ses dispositions testamentaires étaient faites; ses amis devaient conduire sa femme dans un asile sûr; tous ses papiers compromettants étaient brûlés; son sacrifice intérieur était accompli. Déjà il se levait pour se rendre à l'Hôtel-de-Ville, quand la porte de son cabinet s'ouvrant brusquement, un homme entre, hors de lui, en proie à un trouble extrême : cet homme était M. Ledru-Rollin.

« Nous sommes perdus! s'écrie-t-il, sans laisser à M. de Lamartine le temps même de s'étonner; cent mille hommes sont en marche sur l'Hôtel-de-Ville. Les corporations du Luxembourg sont maîtresses du mouvement; Blanqui, au Champ de Mars, les excite et les dirige. Les factieux usurpent mon nom, je les renie; me voici prêt à les combattre avec vous, prêt à mourir, s'il le faut, plutôt que de subir leur épouvantable tyrannie; je n'ai jamais été, je ne serai jamais un traître envers mes collègues! » M. Ledru-Rollin, tendant la main à M. de Lamartine, convint rapidement avec lui des mesures qu'il fallait se hâter de prendre; après quoi, ils allèrent tous deux donner de divers côtés des ordres pour lesquels il n'y avait plus une minute à perdre. M. de Lamartine courut prévenir le général Duvivier, à qui M. Marrast venait d'écrire, afin qu'il rassemblât ses bataillons et les fît marcher en colonnes par toutes les rues perpendiculaires au quai, depuis le Louvre jusqu'à la place de Grève. Comme on se plaignait de manquer de munitions, M. de Lamartine passa à l'état-major de la garde nationale pour demander des cartouches et s'assurer, en même temps, que l'ordre de battre le rappel avait été effectivement donné par le ministre de l'intérieur, dont il ne suspectait pas la loyauté, mais dont il craignait le trouble et la faiblesse. Vers midi, enfin, il arriva à l'Hôtel-de-Ville. Il se hâta d'apprendre à M. Marrast la résolution de M. Ledru-Rollin. « Si nous pouvons tenir trois heures ici, lui dit-il, nous sommes sauvés. » Le général Changarnier qui, en quelques instants, a transformé l'Hôtel-de-Ville en place de guerre, et dont l'ardeur s'est communiquée à toute la troupe où règne une animation extraordinaire, répond de sept heures.

On attend ainsi l'événement. Il est une heure environ; on sait que la colonne populaire approche; ni M. Louis Blanc ni M. Albert ne paraissent; on n'entend point encore battre le rappel; le ministre de l'intérieur ne vient pas; aurait-il trahi M. de Lamartine? A toute minute les émissaires de M. Marrast accourent et jettent l'alarme. « Le faubourg Saint-Antoine est en pleine insurrection, disent-ils; les communistes ont pris les Invalides; ils y mettent le feu; deux cent mille prolétaires en armes s'apprêtent à saccager Paris. »

Mais sur ces entrefaites, M. Edmond Adam, qui est allé à l'état-major de la garde nationale pour s'assurer que les ordres ont été donnés, revient dire qu'elle accourt de toute part au secours du gouvernement. Bientôt on entend le tambour; c'est Barbès qui, à la tête de sa légion, débouche sur la place de Grève aux cris de: *Vive le gouvernement provisoire!* M. Ledru-Rollin a tenu parole, la partie est perdue pour M. Blanqui; la conspiration est avortée.

Cependant, entre deux et trois heures, la colonne des ouvriers du champ de Mars s'ébranle. Elle s'avance en bon ordre, portant sa collecte; elle se grossit en marchant d'une partie des ateliers nationaux rassemblés à l'Hippodrome (1) et d'un grand nombre d'hommes du peuple accourus sur le bruit répandu partout que MM. Ledru-Rollin et Louis Blanc viennent d'être assassinés. Elle arrive ainsi jusqu'au quai du Louvre sans avoir entendu aucun bruit de tambour, ni aperçu le moindre signe de défiance. Mais, là, elle se trouve tout à coup en présence de deux légions de la rive droite qui, sans faire de démonstration hostile, enveloppent les ouvriers, les escortent en séparant les groupes et en les observant jusqu'à l'entrée de la place de Grève. A ce moment, les légions de la rive gauche, arrivées par le pont Saint-Michel, coupent la manifestation. Le général Duvivier, à cheval au milieu de ses bataillons de gardes mobiles, défend l'abord de la maison commune. Un cri formidable de : *A bas les communistes!* s'élève de cette forêt de baïonnettes et retentit longtemps. Les ouvriers, resserrés, ne pouvant plus ni avancer ni reculer, ne comprenant pas, pour la plupart, cet appareil de guerre opposé cette fois à une manifestation toute semblable à celle pour laquelle le gouvernement leur adressait, il y a un mois, des remerciments publics, restent déconcertés.

Les cris de la garde nationale : *A bas Blanqui! à bas Louis Blanc! à bas Cabet! à l'eau les communistes!* redoublent et étouffent la voix de ceux qui essayent de se faire entendre.

(1) La majeure partie des ouvriers rassemblés à l'Hippodrome quittèrent la manifestation en entendant battre le rappel et rejoignirent les rangs de la garde nationale. Leur jalousie contre les délégués du Luxembourg avait été en ces derniers temps fort excitée; on leur persuadait qu'ils agiraient directement contre leurs intérêts en favorisant les entreprises de M. Louis Blanc.

Cependant, l'ordre est donné d'introduire les délégués du peuple, mais on ne les fait point entrer dans la salle du conseil. Les trois adjoints, MM. Recurt, Buchez, Edmond Adam, les reçoivent dans les salles supérieures, écoutent la pétition qu'ils apportaient avec une froideur glaciale, et y répondent par des paroles d'une sévérité extrême.

Les délégués vont se plaindre à M. Louis Blanc. Celui-ci, accablé en voyant la déroute de cette marche des prolétaires qu'il avait voulue triomphale; isolé, suspecté, presque honni par la garde nationale, retrouve cependant quelque vivacité de colère pour reprocher à ses collègues l'accueil fait aux ouvriers et pour ordonner au colonel Rey de faire ouvrir un large passage sur la place de Grève, afin que le défilé des corporations puisse se faire avec convenance et dignité. L'ordre est, en effet, donné immédiatement de laisser les ouvriers défiler devant le gouvernement provisoire; mais il est exécuté de façon que la manifestation perde tout son caractère. On lui trace entre deux rangs, très-serrés de gardes nationaux en armes, un passage étroit, coupé de distance en distance, assez éloigné du perron pour que les vivats des ouvriers ne puissent être entendus distinctement par le gouvernement. Ce jour-là, les rôles et les attitudes étaient bien différents de ce qu'ils avaient été au 17 mars. MM. Marrast, Marie, Garnier-Pagès triomphaient visiblement. M. de Lamartine, délivré d'un parti ennemi, en voyait surgir un autre plus redoutable et restait pensif. M. Crémieux se félicitait avec le général Changarnier et se lamentait avec M. Louis Blanc de l'issue de la journée. Quant à M. Ledru-Rollin, par un heureux don de son tempérament, il se réjouissait de son triomphe supposé sur ce qu'il appelait alors les *sectaires*, comme il s'était réjoui, au 17 mars, de son triomphe supposé sur la bourgeoisie; il n'était pas très-fâché de l'humiliation du Luxembourg; il ressentait une satisfaction sincère de son union politique désormais nouée avec M. de Lamartine.

Cependant, le morne défilé des ouvriers achevé, la garde nationale commença le sien, aux cris mille fois répétés de : *Vive Lamartine! à bas les communistes!* Les derniers bataillons passèrent à la clarté des flambeaux devant l'Hôtel-de-Ville ; une illumination splendide éclaira la nuit. La bourgeoisie de Paris resta persuadée qu'on venait de la sauver du communisme.

Tout en se félicitant de la victoire obtenue sur le Luxembourg et sur M. Blanqui, la majorité du gouvernement ne laissa pas d'en être embarrassée. Un esprit de réaction exigeant et aveugle se déclarait tout à coup dans les rangs de la garde nationale. La bourgeoisie, à peine délivrée de l'oppression morale que lui avait causée la vue du prolétariat au 17 mars, voulait se venger ; les arrestations et les dénonciations arrivaient de toutes parts. « La moitié de Paris veut emprisonner l'autre, » disait le préfet de police.

Des maires et des officiers supérieurs pressaient M. Marrast de faire arrêter M. Louis Blanc. On s'était porté au club de M. Blanqui et à la maison de M. Cabet dans l'intention de mettre la main sur les deux chefs de parti (1). Le langage des journaux conservateurs prenait un ton d'insolence extrême. L'accusation de communisme devenait l'occasion et le prétexte des calomnies les plus odieuses (2). On représenta le Luxembourg comme un lieu de délices, où les plaisirs les plus raffinés et les festins les plus dispendieux rassemblaient chaque jour les sybarites du prolétariat (3).

(1) Une foule furieuse promena un cercueil sous les fenêtres de M. Cabet. M. de Lamartine, apprenant qu'il était sérieusement menacé, lui offrit un asile dans sa maison.

(2) « Les préventions que l'administration, du 24 février au 11 mai, a fait naître dans l'esprit sont si profondes et si enracinées, que l'opinion a accueilli avec une sorte d'avidité furieuse toutes les insinuations qui devaient l'égarer, » dit le *Rapport de la commission chargée de l'examen des comptes du gouvernement provisoire.* (*Moniteur* du 26 avril 1849.)

(3) Il serait fastidieux et aujourd'hui heureusement superflu de répéter une à une ces ignobles calomnies. L'administration du Palais-National et du Luxembourg a prouvé, pièces en main, que la dépense de table du président et du vice-président de la commission était, pendant le premier mois, fixée à 6 francs par tête ; mais que, sur une réclamation de M. Louis Blanc, qui trouvait la nourriture trop abondante, les

Sous cette rubrique : *Nouvelles de la Cour,* le *Constitutionnel* et *l'Assemblée nationale* racontaient des orgies à Trianon, qui n'avaient jamais existé. Selon ces chroniques scandaleuses, M. Ledru-Rollin faisait à une célèbre actrice des présents de roi ; des sommes immenses étaient détournées du Trésor et passaient en Angleterre ; M. Crémieux achetait une forêt avec les deniers de l'État (1) ; l'ouvrier Albert devenait millionnaire (2), etc.

repas, fournis par un restaurant du quartier, restèrent fixés à la somme de 2 fr. 50 par tête, pour le déjeuner, et de 3 fr. 50 pour le dîner. (Voir le *Constitutionnel*, n° du 2 juin 1848.) Pendant que *le Constitutionnel* et *l'Assemblée nationale* parlaient *de faisans à la purée d'ananas*, que l'on servait à la table du Luxembourg, M. Garnier-Pagès, mieux informé, reprochait à son jeune collègue une affectation spartiate qui, disait-il, déversait un blâme indirect sur les membres du gouvernement provisoire, dont les frais de représentation étaient de toute nécessité plus considérables. Il est à remarquer que M. Louis Blanc et M. Dupont de l'Eure, seuls entre tous les membres du gouvernement provisoire, ne touchèrent pas d'appointements personnels. Les délégués du Luxembourg, pendant toute la durée des conférences, ne touchèrent pas non plus une obole.

(1) La commission nommée par l'Assemblée nationale pour examiner les comptes du gouvernement provisoire, déposait, le 14 avril 1849, un rapport dont voici les conclusions : « Quant à nous, nous déclarons à l'unanimité que, dans les longues et laborieuses recherches auxquelles nous nous sommes livrés avec la plus rigoureuse impartialité, nous *n'avons découvert ou rencontré aucun témoignage, aucune preuve,* qui accusât d'infidélité les membres du gouvernement provisoire et qui nous mît sur la trace de quelque détournement frauduleux des deniers confiés à leur gestion. Cette déclaration n'a pas seulement pour garantie l'honnêteté de notre parole. L'admirable combinaison de notre mécanisme financier suffirait pour rassurer toutes les consciences. *Un ministre ne peut soustraire du Trésor public une partie de sa richesse, sans avoir de nombreux complices et sans laisser à l'instant même des preuves éclatantes de sa culpabilité.* »

(2) La justification de M. Albert mérite de trouver place ici. On y remarquera comment, en réponse aux insolences de la bourgeoisie, le prolétariat commençait à prendre à son tour un ton de morgue très-singulier. C'est à cette époque que, par peur ou par adulation, vint s'imaginer l'aristocratie ouvrière. Un homme de lettres célèbre en donna le premier le signal en s'intitulant *ouvrier de la pensée.* L'assemblée nationale, dans ses premières séances, eut à casser l'élection d'un *faux ouvrier.* C'était quelque chose d'analogue à ces temps de la démocratie florentine qui précédèrent et suivirent la tyrannie du duc d'Athènes, où, pour ne pas se voir exclus de toutes les charges, de tous les emplois publics en vertu des *ordres de justice,* les grands abandonnaient leurs titres et leurs noms de famille, prenaient des noms plébéiens et tâchaient, dit Machiavel, de se donner l'air d'appartenir au peuple. (Machiavel, *Histoire de Florence*, liv. II.)

« Parmi les bruits plus ou moins malveillants ou ridicules qui ont été répandus sur le Luxembourg, dit *le Moniteur* du 5 mai 1848, il en est un qui s'attache particulièrement au citoyen Albert. On a dit que le citoyen Albert n'était pas

Toutes ces attaques, répétées journellement par la presse royaliste, produisaient une impression très-vive sur les esprits. Dans les salons de l'ancienne noblesse, où l'on ne s'était dans aucun temps piqué d'austérité, on ne voulait pas permettre à un gouvernement bourgeois de goûter des plaisirs aristocratiques; la petite bourgeoisie, qui avait si fort apprécié les habitudes plus que modestes du roi Louis-Philippe à son avénement, était véritablement outrée de ce luxe présumé du gouvernement provisoire; les ouvriers eux-mêmes, à force de l'entendre dire, commençaient à croire qu'on leur avait fait faire une révolution uniquement pour procurer à quelques prétendus républicains le luxe et les divertissements des familles royales.

Pendant que le gouvernement allait ainsi s'affaiblissant dans l'opinion, il se divisait chaque jour davantage. A partir du 16 avril, les discussions dans le conseil devinrent d'une violence inouïe. M. Marrast et M. Ledru-Rollin ne pouvaient plus se contenir; il fallait les efforts constants de M. de Lamartine pour les empêcher de rompre avec éclat. A chaque instant, l'un ou l'autre membre de la minorité, quelquefois la minorité tout entière, menaçait de se retirer. C'est de cette manière qu'elle obtint coup sur coup plusieurs décisions entièrement opposées à l'opinion qui venait de triompher. Ainsi, le 18 avril, on vit paraître au *Moniteur* une première proclamation qui affectait de confondre dans un même remerciment au peuple les deux journées si différentes du 17 mars et du 16 avril. Une proclamation rédigée en conseil par M. Louis Blanc confirmait la liberté des clubs déjà menacée, frappait de réprobation les cris hostiles aux personnes, c'est-à-dire les cris *A bas les communistes!* poussés par la garde nationale pendant la journée du 16 avril. Un décret supprimait les droits d'octroi sur la viande de boucherie et modifiait le droit d'octroi sur les vins. Un autre décret mettait à la retraite soixante-cinq officiers supérieurs de l'armée. On proposa même dans le conseil de reprendre le drapeau rouge, mais la majorité, et en particulier M. Arago, s'y opposant avec force, les choses restèrent dans le premier état.

Ces concessions de la majorité à la minorité apaisèrent pour un moment les colères. M. Ledru-Rollin surtout s'adoucit. On le vit alors fréquemment chez M. de Lamartine. Le ton des *Bulletins* changea du tout au tout. « Quant aux communistes, disait le numéro du 20 avril, attribué à madame Sand, contre lesquels se sont fait entendre des cris de réprobation et de colère, ils ne valaient pas la peine d'une démonstration. Qu'un petit nombre de sectaires prêchent le chimérique établissement d'une égalité de fortunes impossible, il ne faut ni s'en étonner ni s'en effrayer. A toutes les époques, des esprits égarés ont poursuivi, sans l'atteindre, la réalisation de ce rêve (1), etc. »

M. Louis Blanc demandait de très-bonne foi une enquête sur la manifestation du 16 avril; M. Ledru-Rollin, qui savait ce que deviennent les enquêtes, chargeait M. Landrin de poursuivre l'instruction (2). Enfin, M. Caussidière, affirmant qu'il était sur la

---

ouvrier; que c'était un industriel enrichi; mieux que cela encore, un millionnaire. Rien n'est plus absurde et plus faux. La plus grande gloire que le citoyen Albert, membre du gouvernement provisoire, revendique, c'est d'avoir été, c'est d'être encore un ouvrier prêt à prendre la lime et le marteau. Et pour que personne n'en ignore et ne vienne lui contester à lui, homme du peuple, son origine et son nom, voici ce qu'il veut que l'on sache:

« Albert (Alexandre-Martin), né à Bury (Oise), en 1815, d'un père cultivateur, a commencé son apprentissage chez un de ses oncles, le citoyen Ribou, mécanicien, rue Basse-des-Ursins, n° 21. Depuis, il a parcouru successivement plusieurs ateliers, parmi lesquels il faut citer celui du citoyen Pecqueur, mécanicien près le marché Popincourt, et celui du citoyen Margox, rue Ménilmontant, n° 21; enfin, la veille même du jour qu'il vit triompher la République, le citoyen Albert travaillait comme mécanicien dans la fabrique de boutons du citoyen Bapterousse, rue de la Muette, n° 16, où se trouvent encore aujourd'hui sa blouse et son pantalon de travail. Ces explications simples et précises doivent mettre fin à des insinuations que le citoyen Albert avait dédaignées jusqu'ici, mais dont il ne lui convient pas d'encourager, par son silence, la persistance maligne et impudente. »

(1) Voir la publication intitulée: *Bulletins de la République émanés du ministère de l'intérieur*, du 13 mars au 6 mai 1848.
(2) Dans le même temps, le club de M. Raspail demandait qu'on fît connaître et poursuivre l'auteur du rappel, qui avait, disait-il, *jeté l'épouvante dans la capitale*.

trace d'un nouveau complot de M. Blanqui, obtenait du gouvernement provisoire l'autorisation d'arrêter le grand conspirateur, ainsi que ses amis, MM. Flotte et Lacambre, et de les faire conduire tous trois à Vincennes (1). L'importance que venait de prendre le général Changarnier causait aussi au gouvernement provisoire assez d'ennui. Le désir très-vif qu'exprimait le général de rester à Paris, son attitude, son langage hautain, montraient qu'il aspirait à jouer un rôle : celui de chef de la réaction s'offrait naturellement. Si cette réaction serait légitimiste ou orléaniste, on ne le pouvait deviner encore; les partis royalistes n'en étaient pas venus à ce point d'oser se démasquer et de se ranger sous leurs drapeaux particuliers; ils se confondaient alors sous le titre commun de *parti de l'ordre*, et ne visaient qu'à prendre dans l'Assemblée nationale une bonne position défensive. Quoi qu'il en fût, le ministre de la guerre donna l'ordre au général Changarnier de partir, dans les vingt-quatre heures, pour aller remplacer en Algérie le général Cavaignac, qui, blessé au vif de l'arrivée d'un commissaire de M. Ledru-Rollin revêtu de pouvoirs extraordinaires, venait de demander un congé.

Ce fut dans cette confusion extrême de pensées et de sentiments, dans cette absence complète de toute direction politique ou sociale, que parut enfin le jour désigné pour la *fête de la Fraternité*. Le temps était nébuleux, l'air tiède. Paris était plongé dans cette vague atmosphère qui lui est propre, et qui atténue parfois si heureusement, en les enveloppant d'un voile, les contrastes trop accentués de la vieille cité et de la ville moderne. Les masses d'arbres des Champs-Élysées, du Champ-de-Mars et des Tuileries, l'Obélisque et les colonnades de la place de la Concorde, les palais des Invalides et de l'École militaire, se dégageant tour à tour, selon qu'un rayon de soleil venait à les toucher à travers la brume,

semblaient, comme à la voix d'un artiste, disposer, coordonner peu à peu la décoration d'une fête majestueuse. Dès le matin, une population avide de tout voir affluait dans les rues. Deux cent mille hommes environ, gardes nationaux, gardes mobiles, troupes de ligne (1) et gardes républicaines étaient sous les armes. A neuf heures, une salve de vingt et un coups de canon annonça que le gouvernement provisoire montait à l'estrade de l'arc de triomphe. Sur les gradins d'un amphithéâtre décoré de drapeaux et d'emblèmes, et qui dominait la longue avenue dont la ligne droite et toujours ascendante relie le palais de Catherine de Médicis au monument triomphal de Napoléon Bonaparte, le peuple apercevait de loin et saluait de ses vivats la représentation officielle et l'image imposante de sa propre souveraineté. Au haut de l'estrade, des magistrats, des officiers de l'armée, des fonctionnaires, des députations des corporations et des écoles prenaient place entre deux orchestres dont les accords retentissaient puissamment dans l'espace. Un groupe de femmes élégamment vêtues et qui tenaient toutes à la main des bouquets noués de rubans tricolores, couronnait, comme une gerbe de fleurs, cette ordonnance simple et grave de la fête patriotique. Vers dix heures, le défilé commença; il ne se termina que très-avant dans la soirée.

Pendant la longue durée de cette évolution de troupes, pressées de toutes parts par le flux et le reflux d'une multitude innombrable, pas un accident, pas même un désordre momentané ne vint troubler la paix publique. La bouche des canons ceinte de guirlandes, les baïonnettes ornées de lilas et d'aubépines, le miroir étincelant des cuirasses, les casques aux joyeux panaches, les sabres brandis en l'air, les épées nues levées vers le ciel, le roulement des tambours, les fanfares, les cris enthousiastes, tout cela composait un spectacle à la fois grandiose et touchant, où le caractère de la nation, ce caractère belliqueux

---

(1) Rapport de la commission d'enquête, vol. I, p. 171. MM. de Lamartine et Crémieux engagèrent M. Caussidière à détruire le mandat d'arrestation lancé contre M. Blanqui.

(1) Le ministre de la guerre avait été autorisé à faire rentrer cinq régiments, trois d'infanterie et deux de cavalerie.

et doux, passionné pour le mouvement et le bruit, mais amoureux d'ordre et de discipline, se montrait dans toute sa vérité et dans toute sa grâce.

A mesure que les détachements de cavalerie, d'artillerie et d'infanterie arrivaient devant l'arc de triomphe, les chefs de corps montaient à l'estrade et, recevant le drapeau des mains du ministre de la guerre, juraient à haute voix fidélité à la République. Les soldats, détachant les fleurs enlacées à leurs armes, les jetaient en signe d'hommage aux pieds du gouvernement provisoire; les femmes agitaient leurs mouchoirs en criant : « Vive l'armée! »

Ce jour fut beau encore et plein d'illusions. Dans cette fête toute parée des plus riches dons du printemps, dans les effusions de la confiance universelle, la discorde et les mauvaises passions avaient honte d'elles-mêmes et rentraient dans l'ombre. Au sein de cette population immense, vieillards, femmes, enfants, magistrats, soldats et prêtres, tous se sentaient au fond du cœur joyeux de la même joie.

Les partis, les factions, les classes, dociles à la voix de la patrie, animés d'un bon désir, semblaient se convier mutuellement à une grande destinée et, confiants dans les desseins de Dieu sur la France, se dire, comme ces amis de la sagesse aux beaux jours de la Grèce antique : *Essayons le génie en vivant ensemble.*

CHAPITRE XXVII

Beaux-arts. — Loi électorale — Professions de foi des candidats à la représentation nationale. — Ouverture de l'Assemblée constituante. — Le gouvernement provisoire a bien mérité de la patrie.

Personne, dans le gouvernement, ne reçut du spectacle que présenta la *fête de la Fraternité* une impression aussi vive que le ministre de l'intérieur. M. Ledru-Rollin avait l'âme jeune; il se prenait aisément au côté extérieur des choses. Plus qu'aucun de ses collègues il se considérait comme l'auteur de la Révolution et portait à la République un amour qui tenait un peu de la paternité. Il aurait voulu que toutes les classes, que toutes les opinions fussent séduites par la grandeur clémente du gouvernement républicain, et, comme il savait que l'appareil guerrier plaît par-dessus toutes choses aux fils des Gaules, il s'était singulièrement réjoui de cette journée de baïonnettes fleuries, qui, pourtant, aux yeux de tous les hommes politiques, marquait le terme de sa propre autorité et la dernière heure de son pouvoir éphémère.

C'est à cette sollicitude pour l'honneur et le renom de la démocratie qu'il faut attribuer aussi le soin particulier que prit M. Ledru-Rollin de rassurer, dès son entrée en fonctions, les artistes très-inquiets de leur avenir, et de convier tous les arts à célébrer l'avénement de la *jeune* République (1). M. Ledru-Rollin n'avait pas craint, à cet égard, un peu d'ostentation en signant, le 24 février, au plus fort de la mêlée révolutionnaire, dans un moment où sa propre existence, celle de Paris, l'existence même de la République et de la société semblaient menacées, un décret qui fixait au 15 mars l'ouverture de l'exposition annuelle de peinture, de sculpture et d'architecture.

A peu de jours de là, il nommait à la direction des Musées M. Jeanron, qui devait y marquer son passage par une excellente classification, selon les écoles et les siècles, des tableaux disséminés auparavant sans méthode, sans goût et sans profit pour l'étude de l'art. Enfin, M. Ledru-Rollin faisait ouvrir un concours de musique pour les chants républicains, et un autre concours d'esquisses peintes et modelées, de médaillons et de timbres gravés pour une figure symbolique de la République. Dans le même temps, le Théâtre-Français recevait l'ordre de donner des représentations gratuites pour le peuple.

(1) C'était à ce moment-là l'épithète obligée dans le langage politique.

De cet appel adressé aux artistes, de ce louable effort pour attirer leur attention sur le peuple, il ne devait malheureusement ressortir, pour l'observateur attentif, qu'une seule chose : l'absolue incapacité des arts à créer l'image, la forme sensible d'une idée qui n'est plus ou qui n'est pas encore vivante dans la généralité des esprits. La même fatalité, inexplicable pour le vulgaire, qui rend aujourd'hui la main de l'architecte inhabile à bâtir des temples ou des cathédrales, qui éteint sous le pinceau et sous le ciseau de nos artistes le courroux de Jéhovah ou la divinité du fils de Marie, glace leur inspiration quand ils cherchent un symbole aux vagues tendances du dix-neuvième siècle. Dans l'étude même de la métamorphose qui s'accomplit, l'intelligence pure, la raison abstraite trouvent un vaste sujet de méditation et la satisfaction qui leur est propre ; mais l'art hésitant, déconcerté, inhabile à rendre par l'image le mouvement indéterminé d'une société qui se transforme à son insu par la science et par l'industrie, n'en saisit que les accidents individuels, les sentiments particuliers et conséquemment inférieurs, dont la reproduction, si parfaite qu'elle soit, n'a droit d'intéresser que la curiosité, et ne saurait ni enflammer la passion ni exalter la pensée.

Qui n'a pas senti naître cette réflexion en parcourant l'exposition des figures symboliques à laquelle sept cents artistes, dont beaucoup d'un talent incontestable, avaient concouru, et qui pourtant parut si insuffisante qu'on n'osa pas décerner le prix et qu'il fallut la recommencer ? Le trouble de la conception, l'incohérence des idées étaient visibles dans ces esquisses. La plupart des artistes avaient fait de la République une furie, l'œil en feu, la chevelure au vent, brandissant sur des ruines amoncelées la torche ou la pique. D'autres lui avaient donné les traits, l'attitude et le geste d'une vivandière. Plusieurs, ne s'élevant pas même à l'idée du type, avaient tout simplement reproduit l'une de ces physionomies parisiennes, tout à la fois vulgaires et étranges, où l'ardeur des cupidités se combine avec l'ennui d'une dépravation blasée. Pas un seul artiste ne paraissait avoir entrevu l'idéal d'une république fière et douce. Tous n'avaient su peindre que la licence ou la fureur, là où il fallait au contraire représenter la force paisible de la sagesse.

La plus grande artiste dramatique de ce temps ne réussit pas beaucoup mieux dans cette tentative que les peintres et les statuaires. Mademoiselle Rachel, pour complaire à l'auditoire populaire que lui imposait la révolution et pour flatter le nouveau souverain, imagina, un jour qu'elle venait de jouer *la Lucrèce* de Ponsard, de reparaître sur la scène dans son vêtement blanc, la taille ceinte d'une écharpe tricolore, et de déclamer, soutenue par l'orchestre qui jouait *pianissimo* la musique de Rouget de l'Isle, les strophes guerrières de *la Marseillaise*. Son succès fut immense. Les lignes pures de ses poses empruntées à Phidias, la pâleur passionnée de son visage, son œil qui dardait la colère, le geste impérieux de son bras frêle et jusqu'au sourire de sa lèvre de Méduse, arrachaient au public des applaudissements enthousiastes. Mais la réflexion qui succédait à l'entraînement ne demeurait pas satisfaite. Au lieu d'atténuer l'anachronisme qui plaçait dans la bouche d'une république pacifique des paroles de haine et de vengeance, mademoiselle Rachel en outrait l'accent. Sous la beauté sereine de la forme grecque qu'elle avait acquise par l'étude, éclatait le sombre génie de la race juive dont elle est issue. On ne sentait vivre en elle que l'imprécation. Sa voix gutturale semblait altérée de sang. Son œil fixe guettait la proie. Ni la pensée ne rayonnait à son front morne, ni le cœur ne battait sous le pli droit et immobile de sa draperie de marbre. Les anneaux déroulés de sa chevelure en désordre apparaissaient au regard fasciné comme les ondulations des serpents maudits. Cette personnification dramatique de la Némésis révolutionnaire formait un contraste frappant avec les sentiments du peuple, auquel

CAUSSIDIÈRE ET LES MONTAGNARDS (P. 319).

on imposait d'y reconnaître et d'y applaudir sa propre image. Jamais, cependant, le progrès des mœurs ne fut plus sensible qu'à ces représentations populaires, où la politesse, l'attention émue de cet auditoire en blouse et en veste, la vivacité et la justesse de ses applaudissements, le montraient accessible à toutes les nobles curiosités, passionné pour la vraie grandeur, pénétré de ce respect des maîtres et de ce respect de soi, qui est la marque certaine du sens moral.

Si les arts plastiques ne parvenaient pas à imaginer la figure de la République, il ne fallait pas attendre que l'art musical en rendît l'accent. A part des effets de rhythme variés et saisissants, mais toujours d'inspiration guerrière, les musiciens appelés à concourir pour la composition de chants patriotiques ne trouvèrent rien qui méritât d'être retenu. Il devint évident, pour tous ceux qui, dans ces temps de bouleversements politiques, gardaient la faculté de s'occuper du mouvement des arts, que la République, non plus que la monarchie du dix-neuvième siècle, ne verrait se produire des œuvres d'un caractère sublime ou d'une beauté accomplie. La tendance générale de l'art au dix-neuvième siècle n'est pas de s'élever, mais de s'étendre, de se vulgariser, de pénétrer dans les masses. L'art, comme la politique, a pour mission de faire participer le grand nombre au mouvement de la vie intellectuelle. De là, la rareté de ces œuvres excellentes qui satisfont les esprits délicats; de là, les inventions, les méthodes, les procédés sans nombre d'un art devenu industriel pour mettre à la portée de tous, par la multiplication et la reproduction, ce qu'un philosophe de nos jours a si justement appelé le *pouvoir général de l'esprit humain*. A l'art aristocratique qui ne saurait souffrir les approches du vulgaire, succède un art démocratique qui appelle à lui le peuple tout entier. L'architecture élève, pour la communication de tous avec tous, d'immenses débarcadères. Elle s'essaye à construire de vastes enceintes, arènes ou jardins d'hiver, pour les plaisirs de la multitude (1). La musique, par des méthodes faciles, se rend familière à une population jusque-là très-rebelle aux mystères de l'harmonie. Le daguerréotype, la lithographie et la photographie, les procédés du moulage perfectionnés, arrivent pour les arts plastiques au même résultat (2), et l'on voit les génies individuels, comme effrayés de ce mouvement sans frein, consumer dans un stérile effort de résistance le temps de la production libre et féconde, se tenir opiniâtrément à la tradition et s'attacher à préserver sur un autel à part, abrité, inaccessible au vulgaire, le culte de la beauté pure (1).

Après bien des hésitations, le gouvernement provisoire avait définitivement convoqué les collèges électoraux pour le dimanche de Pâques, 23 avril.

La loi électorale était la plus largement démocratique qui eût encore été appliquée dans aucun pays (2). Tous les Français résidant depuis six mois dans la commune étaient électeurs. A vingt-cinq ans ils étaient éligibles. Tous les électeurs devaient voter au chef-lieu de canton par scrutin de liste. Chaque bulletin devait contenir autant de noms qu'il y avait de représentants à élire dans le département. Le dépouillement devait avoir lieu au chef-lieu de canton, et le recensement au chef-lieu de département. Le scrutin était se-

---

(1) On promettait après la révolution de consacrer le Louvre et les Tuileries, réunis sous le nom de Palais du peuple, aux amusements populaires. Ce projet était, comme tous ceux que l'on formait alors, plus ambitieux que sensé. Mais le jour viendra où le gouvernement démocratique sera contraint de toute nécessité à construire, pour les réunions habituelles des citoyens, de vastes enceintes d'un caractère noble et simple, des salles appropriées à des concerts, à des cours, à des bibliothèques, reliées entre elles par des galeries couvertes, ou promenoirs d'hiver, dont une exposition perpétuelle de fleurs, de peinture et de sculpture formera la décoration toujours renouvelée.

(2) Il est curieux de voir comment, au temps de Catherine de Médicis, le calviniste Bernard Palissy se plaint (*De l'art de terre*, 1580), de cette vulgarisation de l'œuvre des maîtres. « As-tu pas veu aussi, dit-il, combien les imprimeurs ont endommagé les peintres ou pourtrayeurs savants? J'ay souvenance d'avoir veu les histoires de Nostre-Dame imprimées de gros traits, après l'invention d'un Allemand nommé Albert, lesquelles histoires vindrent une fois à tel mépris à cause de l'abondance qui en fut faite qu'on donnoit pour deux liards chacune des dites histoires, combien que la pourtraiture fût d'une belle invention. Vois-tu pas aussi combien la moulerie a fait dommage à plusieurs sculpteurs sçavants, à cause qu'après que quelqu'un d'iceux aura demeuré longtemps à faire quelque figure de prince et de princesse, ou quelque autre figure excellente, que si elle vient à tomber entre les mains de quelque mouleur, il en fera si grande quantité que le nom de l'inventeur, ni son œuvre ne sera plus connue, et donnera à vil prix lesdites figures à cause de la diligence que la moulerie a amenée, au grand regret de celui qui aura taillé la première pièce. »

(1) L'école de peinture, si fortement retenue dans la tradition grecque et florentine et prémunie contre le dévergondage du temps par la rigoureuse discipline de M. Ingres; d'habiles travaux de restauration à la Sainte-Chapelle, à Fontainebleau, au Louvre; des monuments d'une érudition pleine de goût, élevés par MM. Labrouste et Duban, serviront d'exemple à ce que j'avance.

(2) On sait que la loi de 1791 excluait les hommes à gages et exigeait, comme cens électoral, une contribution égale à trois journées de travail. La loi du 21 juin 1793, qui établissait l'élection directe des députés par des assemblées formées de citoyens domiciliés depuis six mois dans un canton, ne fut pas exécutée. La loi du 22 août, qui rétablit l'élection à deux degrés, fut suivie jusqu'en 1799.

cret. Nul ne pouvait être nommé représentant du peuple s'il n'avait réuni au moins deux mille suffrages. Enfin, chaque représentant recevait une indemnité de 25 francs par jour, pendant toute la durée de la session.

Le premier effet de la promulgation de cette loi fut, sinon une satisfaction, du moins une sorte d'apaisement d'esprit à peu près général. Les dispositions principales, rédigées, d'après les avis de MM. Cormenin et Isambert, par M. Marrast, auquel revient plus particulièrement l'idée du scrutin de liste, annonçaient l'intention bien réfléchie de soustraire la population des campagnes aux influences qu'on appelait *de clocher*, c'est-à-dire à l'ascendant du curé et du gros propriétaire, et aussi d'ouvrir l'accès de l'Assemblée nationale au prolétariat (1). En n'excluant pas les soldats du vote, en y appelant les domestiques, la loi de 1848 se montrait plus confiante dans le principe égalitaire qu'on n'avait encore osé l'être jusque-là. Enfin cette loi, défectueuse sans doute, mais la meilleure, selon toute apparence, que pût encore supporter la nation, obtint dans le premier moment l'approbation de tous les hommes sincèrement désireux de voir se fonder en France le gouvernement démocratique. Le suffrage universel était la seule base acceptable pour l'honneur des partis et qui leur permît à tous ce qu'ils souhaitaient sans oser le dire : une défection avouable, l'abandon, sans indignité, de principes auxquels ils avaient cessé de croire.

Le suffrage universel, c'était le gouvernement de la société remis à la société elle-même. Si donc, pour aucun parti, il n'en devait sortir l'accomplissement parfait de ses vœux, tous pouvaient se tenir assurés qu'ils seraient représentés à l'Assemblée nationale dans une proportion plus ou moins favorable, mais suffisante pour qu'aucune des opinions du pays ne demeurât étouffée.

Aussi aucun parti n'eut-il la pensée de s'abstenir ; chacun, au contraire, redoubla d'efforts pour se faire dans l'Assemblée une place considérable. Le clergé donna l'exemple de cette politique. Se pliant aux événements, se conformant aux circonstances, il ne perdit pas un moment et n'omit aucun des moyens d'influence que lui donnaient, dans les campagnes surtout, ses relations étroites avec le peuple. Les listes du clergé habilement combinées, mélangées, selon les localités, de noms choisis parmi les moins compromis dans la noblesse et dans la bourgeoisie, et parmi les plus catholiques entre les ouvriers et les paysans, obtinrent la majorité dans un grand nombre de départements. Les noms qu'ils exclurent positivement ne passèrent pas, ou ne passèrent qu'à grand'peine. Enfin, sauf quelques évêques ultramontains qui restèrent à part, le clergé, par ce don d'interprétation qui lui est propre et qu'il appliqua largement à la révolution de 1848, se trouva comme naturellement, sans apparence de lâcheté, sans désaveu de ses principes, placé au centre même du mouvement électoral. Pendant que les partis politiques disputaient bruyamment sur le droit et sur le sens de la révolution, lui, sans rien contester, sans rien prétendre, il s'appliquait, et il réussissait à faire tourner cette révolution à son avantage (1).

La politique laïque ne montra pas, à beaucoup près, le tact et la convenance de la politique ecclésiastique ; elle passa les bornes ; la plupart des candidats royalistes ne gardèrent, dans leurs professions de foi, aucune mesure.

---

(1) L'indemnité de 25 francs par jour, si inconsidérément attaquée par la presse démocratique, n'avait pas d'autre but.

(1) Le passage suivant d'un mandement de l'évêque de Dijon, en date du 8 mars 1848, donne une idée exacte de l'attitude généralement prise par le clergé catholique :

« Monsieur le curé,

« Vous le savez déjà, le gouvernement fondé en 1830 vient d'être emporté par un orage semblable à celui du sein duquel il était sorti. Celui qui règne dans les cieux et de qui relèvent tous les empires vient encore de donner aux peuples et aux rois cette grande et terrible leçon. Tout pouvoir qui méconnaîtra les intérêts généraux du pays ne pourra jamais y prendre racine Tout gouvernement qui voudra arrêter les développements progressifs des libertés publiques sera tôt ou tard englouti par ce flot des idées et des besoins légitimes qui monte sans cesse, et qu'on ne peut dominer qu'à la condition de lui tracer un libre et paisible cours. »

Craignant sans doute de ne pas faire assez en se déclarant républicains, ils professèrent le socialisme. Les exemples en sont trop nombreux pour pouvoir être cités tous; je choisis les plus considérables. Dans sa circulaire aux électeurs du Doubs, M. de Montalembert s'accuse avec componction d'avoir partagé, *non pas l'indifférence, mais l'ignorance de la plupart des hommes politiques sur plusieurs des questions sociales qui occupent aujourd'hui une si grande et si juste place dans les préoccupations du pays*; il appelle la liberté *l'idole de son âme*; il se vante d'avoir toujours *proclamé la légitimité du peuple* et *le droit divin des nationalités* (1).

M. de Falloux, que l'on verra plus tard si prononcé contre la République, proclame son admiration pour *le peuple de Paris*, et dit *qu'il a donné à la victoire un caractère sacré*; rappelant le mot fameux de M. de Châteaubriand, qui s'était déclaré naguère *monarchique par principes, républicain par nature*, il affirme que ce mot « *est parfaitement sincère, surtout dans la bouche des hommes de l'Ouest* ».

M. Denjoy, qui vota à l'Assemblée constituante des lois répressives, voulait alors *la gratuité de l'enseignement à tous les degrés, depuis l'asile jusqu'à l'école professionnelle*; il exigeait *la rétribution, la retraite assurée à tous par l'État* et devenant un dogme *que suive immédiatement l'application*.

M. Léon Faucher affirme que *l'État a qualité pour mettre les instruments de travail à la portée du plus grand nombre, en développant les institutions de crédit et par la réforme hypothécaire. L'État peut*, disait-il, *limiter l'expansion des classes supérieures en les appelant à supporter une plus grande part des charges publiques*.

M. de Mouchy, dans le département de l'Oise, n'est pas moins explicite. Selon lui, l'Assemblée nationale est convoquée *pour continuer l'œuvre démocratique de la révolution sociale de* 1789; il demande que le travail soit *organisé*; que l'impôt soit plus *équitablement établi*; que les taxes sur les *denrées alimentaires de première nécessité pour le peuple soient supprimées*; que l'enseignement soit *gratuit et obligatoire*. Il déclare, enfin, que la république est le seul gouvernement possible pour la France, et qu'il *faudrait être insensé* pour rêver le rétablissement de la monarchie. Il accepte cette république avec ses conséquences sociales. *Il faut*, dit-il à ses électeurs, *nommer des hommes sincèrement dévoués à la sainte cause du peuple, au triomphe des idées sociales qui doivent régénérer la vieille Europe*.

M. de Dampierre, en s'adressant aux électeurs des Landes, confesse, comme l'a fait dans le Doubs M. de Montalembert, *le tort immense de n'avoir pas fait la préoccupation constante de toute sa vie des questions sociales*. Il demande un état social nouveau.

M. Fialin de Persigny dit aux électeurs de la Loire : « Ce n'est pas une révolution politique qui finit, c'est une révolution sociale qui commence. » Il proclame qu'il doit sa vie au service du peuple; il jure que *tout ce que Dieu voudra lui accorder de courage, d'intelligence et de résolution, sera désormais consacré à l'affranchissement de la seule servitude qui pèse encore sur lui : la servitude de la misère*.

Selon M. Rouher, la révolution est à la fois politique et sociale. Il veut la suppression *immédiate des impôts vexatoires, plus particulièrement onéreux à la classe ouvrière*; il demande *la liberté de réunion pleine et entière*; *il juge les clubs indispensables*; *il veut l'impôt progressif, le travail organisé*; tout enfin *pour et par le peuple*.

Le général Grouchy et le général Gémeau parlent dans le même sens.

M. de Ségur d'Aguesseau, après avoir proclamé son *inaltérable dévouement à la république*, déclare que *la forme monarchique a fini son temps*; « elle est désormais, dit-il, convaincue d'impuissance pour satisfaire aux

---

(1) Voir la circulaire de M. de Montalembert aux électeurs du Doubs, 3 avril 1848.

nécessités sociales de la démocratie triomphante. »

M. Baroche se vante d'avoir été *des cinquante-quatre membres qui, devançant de quelques heures la justice du peuple, ont proposé la mise en accusation d'un ministère odieux et coupable.*

M. Dupin croit qu'*il n'y a plus de monarchie possible et qu'il est de son devoir social de se rallier franchement à la seule forme qui désormais puisse conjurer les malheurs publics* (1).

Que pouvaient souhaiter de mieux les républicains, et même les socialistes, que de voir leurs adversaires, sans aucune contrainte, spontanément, librement, se compromettre par des professions de foi si exagérées; s'engager envers la République, s'exposer, en cas de rétractation et de palinodie, à une confusion, à un abaissement moral funestes à la cause royaliste ?

S'il y avait dans ce fait un indice fâcheux pour la moralité et la dignité des classes élevées de la société, les démocrates, en tant qu'hommes de parti, n'avaient pas à s'en plaindre : tout au contraire.

Laissant à Dieu le soin de scruter les consciences et de sonder les cœurs, ils devaient, en bonne politique, accueillir ces démonstrations et les tenir pour sincères. Ne pouvant d'ailleurs, l'eussent-ils voulu, exclure de l'Assemblée la majorité du pays qui n'était pas républicaine par principes, qu'avaient-ils de mieux à faire que d'engager autant que possible ces républicains du *fait accompli*, de les envelopper, pour ainsi parler, et de les entraîner dans le mouvement révolutionnaire contre lequel ils n'avaient pas la force de protester ?

Par malheur, cette politique si simple ne fut pas comprise par les comités électoraux républicains et par leurs agents. Ils voulurent à toute force *révolutionner, républicaniser,* c'était leur expression, un pays si profondément démocratique qu'il n'y avait qu'à le laisser aller à sa pente naturelle et à le préserver de toutes les oppressions, pour que la République fût fondée.

L'immense force jetée tout à coup dans la balance du côté du peuple par le suffrage universel, qui obligeait tous les partis d'entrer en rapport avec lui, c'était là, dans les conditions de temps nécessaires pour toute œuvre naturelle ou humaine, la révolution véritable. Le résultat des premières élections, dût-il même ne donner qu'une Assemblée plus mitigée encore et moins républicaine que ne le fut l'Assemblée constituante, le mal était beaucoup moindre pour la démocratie que celui de montrer, comme le firent les meneurs de clubs, le parti républicain en contradiction flagrante avec son propre principe (1), le répudiant, le foulant aux pieds, s'efforçant d'entraîner la démocratie dans des voies où elle n'aurait plus été autre chose qu'une révolte perpétuelle de toutes les minorités contre toutes les majorités, c'est-à-dire une constante anarchie.

Sans doute, le mal était grand de donner au peuple l'exercice d'un droit préalablement à l'éducation qui lui en aurait enseigné le fondement et le but. Il aurait fallu, comme le dit Jean-Jacques, « que l'esprit social, qui doit être l'ouvrage de l'institution, présidât à l'institution même, et que les hommes fussent avant les lois ce qu'ils devaient devenir par elles (2). » Mais cela n'était pas, cela ne pouvait pas être. Il avait été démontré, sous le règne de Louis-Philippe, que la bourgeoisie n'entendait pas donner au peuple une éducation qui l'émancipât et le fît égal à elle en droit et en capacité. Il était donc de toute nécessité que le peuple conquît révolutionnaire-

---

(1) Voir pour plus de facilité toutes ces professions de foi réunies dans le numéro de *la Presse* du 25 février 1851.

(1) Il est remarquable que le langage de la presse réactionnaire et le langage des journaux ultra-radicaux étaient à ce moment le même. Les journaux royalistes protestaient aussi contre ce qu'ils appelaient une *fausse représentation nationale*. (Voir *l'Assemblée nationale*, numéro du 8 mars 1849 et des jours suivants.)

(2) *Contrat social,* vol. I, ch. VII.

ment l'émancipation politique *de fait*, pour pouvoir se donner lui-même, avec le temps, l'émancipation morale et *de droit*.

De cet ordre fatalement interverti par la faute des classes dirigeantes, ressortait pour le pays tout entier un danger très-grave. Dans un pareil état des esprits, il fallait s'attendre à une expression de la révolution outrée chez quelques-uns, insuffisante chez le plus grand nombre (1).

« Vous avez admis le principe, subissez-en la conséquence ; un échec n'est qu'un retard », disait avec beaucoup de raison l'un des chefs les plus avancés du socialisme aux hommes de son parti qui songeaient dès ce moment à renverser l'Assemblée nationale (2).

Une Assemblée, même médiocrement révolutionnaire, n'aurait jamais pu faire autant de mal à la République qu'en firent ces prédications et plus tard ces attentats contre la souveraineté du peuple, dont le premier signal partit malheureusement de la presse républicaine.

M. Ledru-Rollin avait commis, ainsi que nous l'avons vu, une faute capitale en remettant au *club des clubs*, dirigé par des hommes dont les uns étaient suspects et les autres sans capacité, le choix des agents envoyés dans les départements pour influencer les élections. Ces agents, inconnus ou trop connus dans les différentes localités où ils parurent, inondèrent les bureaux du ministère de dénonciations extravagantes ; ils firent les rapports les plus faux ou les plus exagérés ; les révocations qu'ils provoquaient, et les réintégrations qui se firent par suite de l'évidence de leurs erreurs, portèrent une grande perturbation dans les affaires. Pensant y remédier, le ministre publia, le 8 avril, une nouvelle circulaire ; mais, bien loin d'atteindre son but, il ne fit que jeter un trouble plus complet dans les esprits.

De son côté, le ministre de l'instruction publique avait jugé utile de stimuler le zèle des fonctionnaires dépendant de son administration et de leur donner des avis sur le caractère que devait avoir l'élection. Dans une circulaire en date du 6 mars, il disait : « La plus grande erreur contre laquelle il faille prémunir la population de nos campagnes, c'est que, pour être représentant, il soit nécessaire d'avoir de l'éducation ou de la fortune. Quant à l'éducation, il est manifeste qu'un brave paysan, avec son bon sens et de l'expérience, représentera infiniment mieux à l'Assemblée les intérêts de sa condition qu'un citoyen riche et lettré, étranger à la vie des champs, ou aveuglé par des intérêts différents de ceux de la masse des paysans ; quant à la fortune, l'indemnité qui sera allouée à tous les membres de l'Assemblée suffira aux plus pauvres... » — « Des hommes nouveaux, ajoutait le ministre, voilà ce que réclame la France : une révolution ne doit pas seulement renouveler les institutions, il faut qu'elle renouvelle les hommes. »

Cette dernière phrase, en rappelant la circulaire de M. Ledru-Rollin, que M. Carnot avait cependant fortement désapprouvée, parut l'expression d'une exclusion systématique concertée dans le gouvernement. Un ministre de l'instruction publique qui venait dire que l'instruction n'était pas nécessaire pour représenter le pays, c'était encore là un grand sujet de scandale pour les partis.

Le ministre, violemment attaqué, insista, comme l'avait fait M. Ledru-Rollin, et, le 10 mars, il fit paraître au *Moniteur* une note où il recommandait encore aux électeurs de nommer des paysans, *et de ne pas se laisser éblouir par le prestige de l'opulence et des manières du grand monde.* « Le danger que les amis sincères de la République peuvent re-

---

(1) Beaucoup de paysans, dans les campagnes reculées, s'étonnaient de cette liste de noms imprimés qu'on leur remettait et disaient naïvement : « *Mais le gouvernement a déjà choisi, pourquoi nous fait-on voter ?* »

(2) Raspail, l'*Ami du peuple*, avril 1848. M. Louis Blanc, dans les *Pages d'histoire*, ch. XV, exprime la même pensée. « Ce n'est point à l'intérêt du moment que se doit mesurer l'importance des principes qui régissent les sociétés ; le suffrage universel repose sur la notion du droit, et rien que dans la reconnaissance solennelle du droit il y a un fait d'une portée immense. »

douter, disait encore M. Carnot, ce n'est pas qu'il y ait à l'Assemblée trop peu de lettrés, c'est plutôt qu'il y ait trop peu de gens de pratique, honnêtement et profondément dévoués aux intérêts de la classe la plus nombreuse et la plus pauvre. » Et il recommandait de nouveau *les hommes capables, qui, pour n'avoir pas dépassé le niveau de l'instruction primaire, n'en étaient pas moins dignes, malgré le défaut de ce que l'on nomme éducation et fortune, de figurer parmi les éléments précieux de l'Assemblée.*

Les manuels des droits et devoirs du citoyen, ou catéchismes politiques, publiés à la demande du ministre par les recteurs d'académie, commentaient et développaient pour la plupart cette pensée (1). A Paris, M. Henri Martin, M. Ducoux et M. Renouvier entreprirent cette tâche. Le manuel de M. Renouvier fut l'objet d'attaques très-vives, que l'on résuma, afin de mieux frapper les imaginations, dans le mot de *communisme*. On alla répétant partout que le ministre et ses subordonnés prêchaient l'égalité dans l'ignorance, et cette communauté dans l'indigence des biens intellectuels que M. Ledru-Rollin voulait établir dans l'indigence des biens matériels.

Ces accusations étaient injustes (2); mais il était bien imprudent d'en fournir même le prétexte. Le ministre de l'intérieur et le ministre de l'instruction publique n'y songèrent pas assez; ils confondirent ce qui, dans un gouvernement, peut être l'objet d'instructions confidentielles données avec choix à un petit nombre d'hommes capables de discernement, et ce qui peut se dire dans des actes officiels lus par des adversaires, commentés par l'esprit de parti, mal interprétés par l'ignorance ou le mauvais vouloir. La pratique des affaires leur manquait à tous deux et, par là, la mesure dans le langage et le sentiment de l'opportunité, qui fait le fonds de la politique.

Cependant, malgré ces erreurs, ces tiraillements du pouvoir, malgré les agitations journalières des clubs, la grande épreuve du suffrage universel fut soutenue avec honneur par le pays. A très-peu d'exceptions près, les opérations du scrutin se firent avec une régularité parfaite.

On se rappelle que le 23 avril était le jour de Pâques. Quelques scrupules s'étaient élevés dans le conseil. On craignait de blesser le clergé et les populations religieuses, en assignant à l'accomplissement d'un acte politique le jour consacré à la plus grande des solennités du culte. M. de Lamartine combattit cette pensée timorée. Il voyait, au contraire, dans cette coïncidence un heureux augure et pour la religion et pour la République. Le clergé le comprit ainsi. Bien loin de murmurer, il se prêta avec empressement aux changements d'heures nécessités par cette décision. Partout, dans les campagnes, on célébra la messe de la résurrection à l'aube du jour; à l'issue de l'office, le curé se joignant au maire, au juge de paix, au commandant de la garde nationale et à l'instituteur, ils rassemblèrent les électeurs, les formèrent en colonne et les conduisirent processionnellement, bannière déployée et musique en tête, au chef-lieu de canton, en chantant des chants patriotiques.

Partout l'ordre et le calme régnèrent dans cet immense mouvement moral et matériel d'un peuple tout entier. Pas un accident, pas un désordre grave ne vint troubler une opération jugée *matériellement impossible* (1) par

---

(1) Cette pensée n'avait rien d'erroné, ni même de nouveau. Bien avant M. Carnot, Xénophon avait dit dans sa *République d'Athènes* (ch. I): « Rien cependant de plus sage que de permettre, même au dernier plébéien, de parler en public. Le dernier artisan, étant maître de se lever et de haranguer l'assemblée, y donnera des conseils utiles à lui et à ses pareils. Dans l'opinion publique, cet homme, tel qu'il est, avec son ignorance, ses vues basses, mais son zèle pour la démocratie, vaut mieux qu'un citoyen distingué avec des vues nobles, de la pénétration, mais qui a des intentions perfides. »

(2) « La révolution qui a emporté les rois, les pairs et les députés, respecte la famille, le mariage, les testaments et les tribunaux, » dit le *Manuel* de M. Renouvier; partout il développe cette pensée, que *le capital et l'intérêt du capital, la donation et l'héritage* sont choses parfaitement légitimes, nécessaires à la dignité et à la liberté du citoyen. (Voir au *Manuel*, le ch. II: *De la sûreté et de la propriété*.)

(1) Ce fut l'avis émis par l'Institut; c'était l'opinion de beaucoup d'hommes politiques.

les habiles. Les craintes si vives qu'avait excitées cette journée reçurent un éclatant démenti. Au sein de la population la plus irritée du pays, à Lyon même, tout se passa avec une tranquillité merveilleuse. La veille même de Pâques, une manifestation, organisée par le club central, avait eu lieu. Dix à douze mille clubistes et ouvriers des chantiers nationaux, la plupart armés, avaient fait le tour de la ville, portant un transparent sur lequel on lisait les noms des quatorze candidats du communisme. Le même jour, le club central avait fait afficher un placard qui dénonçait au peuple les manœuvres frauduleuses du comité préfectoral, et il avait envoyé demander au commissaire du gouvernement le changement de ce comité. Sur le refus du commissaire, avait paru un nouveau placard menaçant les autorités d'une *protestation d'une tout autre nature, afin d'apprendre à ce conseil que l'autorité du peuple souverain devait l'emporter sur les iniques et niaises machinations d'une infâme coterie.*

Mais, en dépit de toutes ces démonstrations, le club central n'obtint au scrutin que six nominations, dont deux seulement appartenaient au communisme, MM. Greppo et Pelletier; les huit autres appartenaient à l'opinion républicaine modérée. Exaspéré de cet échec, le club central envoya une députation à M. Martin-Bernard pour protester, en menaçant, contre le résultat de l'élection; mais les opérations avaient été régulières. Ni à Lyon, ni ailleurs, on ne tint compte de ces protestations de l'esprit de parti. A Rouen et à Limoges seulement, elles prirent un caractère sérieux.

A Limoges, où la fabrique de porcelaine occupe plus de six mille ouvriers, et qui compte environ treize mille indigents sur une population de cent mille âmes, le peuple arracha les bulletins de vote aux mains des scrutateurs et désarma la garde nationale. Le 27 avril, les ouvriers de Rouen, irrités par l'échec de leur liste, qu'ils avaient faite beaucoup trop exclusive (1), et par des provocations imprudentes de la garde nationale qui, depuis la journée du 16 avril, se trouvait animée d'un mauvais esprit de réaction, coururent aux armes. Le combat s'engagea; il dura deux jours, si toutefois on peut appeler combat la lutte inégale d'une masse populaire, à peu près dépourvue d'armes et de munitions, mêlée de femmes, de vieillards et d'enfants, sans chef militaire, contre les troupes les mieux disciplinées, agissant de concert avec la garde nationale; la disproportion entre le chiffre des morts et des blessés, chiffre considérable dans les rangs du prolétariat (2), et si peu élevé dans les rangs de la troupe qu'on a pu dire que ni un soldat ni un garde national n'avaient péri, témoigne assez de cette inégalité. Cependant le général Gérard, qui commandait à Rouen, fit sur le combat un rapport dont le langage sévère, et sans aucun retour de pitié, blessa ceux-là mêmes d'entre les membres du conseil qui souhaitaient le plus une répression énergique des soulèvements populaires.

MM. Ledru-Rollin et Louis Blanc protestèrent contre ce rapport, et demandèrent que le général Gérard parût devant un conseil de guerre; mais leur demande fut écartée. On chargea M. Frank-Carré, ancien procureur général dans la Seine-Inférieure, de dresser une enquête. M. Deschamps fut remplacé par M. Dussard, nommé commissaire général dans la Seine-Inférieure. Les prisons se remplirent; la plus grande rigueur des lois fut appliquée contre une sédition coupable sans doute, mais où les fautes de l'administration, les provocations de la bourgeoisie, et surtout la fatalité des circonstances avaient eu tant de part qu'une indulgence entière pour les vaincus n'eût été peut-être qu'une stricte justice.

---

(1) Sur cette liste, composée de 19 noms, il y en avait 10 appartenant au prolétariat.

(2) M. Senard, dans son discours à l'Assemblée nationale (séance du 8 mai 1848), donne les chiffres suivants : 41 barricades, contre lesquelles il aurait été tiré 19 coups de canons, 11 hommes tués dans le combat, 76 blessés, recueillis dans les hospices et dont 23 y sont morts. Mais ces chiffres paraissent être restés fort au-dessous de la réalité.

FÊTE DE LA FRATERNITÉ (P. 843)

A Paris, les élections furent principalement discutées entre les républicains modérés, qui représentaient l'opinion de la bourgeoisie, et les républicains socialistes ou communistes, qui représentaient l'esprit du prolétariat.

Les premiers avaient un grand avantage. Le comité central, dirigé par le parti qui se groupait autour du *National*, agissait avec ensemble et politique; il était soutenu par la mairie de Paris, et il disposait des fonctionnaires. Les brigadiers des ateliers nationaux et un grand nombre d'artistes, qui y recevaient une solde de cinq francs par jour, furent employés à la propagande électorale.

Le prolétariat, au contraire, à qui toutes les ressources de ce genre manquaient, et qui aurait eu besoin de concentrer tous ses efforts, se divisa. Les délégués du Luxembourg firent bande à part; les chefs de club agirent chacun de son côté; on ne voulut se faire que des concessions insignifiantes; la passion dicta les listes beaucoup plus que le jugement. Il en advint que pas un candidat socialiste ne réussit, à l'exception de MM. Louis Blanc et Albert, acceptés par le comité central, en leur qualité de membres du gouvernement provisoire.

La liste des délégués du Luxembourg donna lieu à de longs débats. Sur l'avis de M. Louis Blanc, des délégués avaient formé une commission chargée d'entendre les candidats présentés par les corporations et d'examiner leurs titres. Cette commission (1) posa d'abord

(1) Elle se composait des citoyens : Viez, délégué des typographes; Six, délégué des tapissiers: Bonnefond, délégué des cuisiniers; Passard, délégué des brasseurs; Pernot, délégué des ébénistes; Duchêne, délégué des compositeurs. Cette commission siégea huit jours durant, à partir du 5 mars;

en principe que, pour contre-balancer les candidatures presque exclusivement bourgeoises des élections départementales, il fallait mettre vingt noms d'ouvriers sur les trente-quatre de la liste parisienne; après quoi, elle procéda, pendant huit jours entiers, à l'examen des candidats et passa en revue les hommes politiques et les écrivains qui avaient donné des gages à la démocratie. L'esprit le plus exclusif domina malheureusement cet examen. Béranger, adopté par acclamation dans la plupart des réunions populaires, ne parut pas assez socialiste aux délégués du Luxembourg. Lamennais, malgré les *Paroles d'un croyant* et tant d'autres écrits admirables, fut rejeté à cause d'une lettre au *National* sur les utopistes, et de ses récentes attaques dans le *Peuple constituant* contre l'atelier de Clichy et le communisme. M. Proudhon fut repoussé comme trop peu d'accord avec lui-même. MM. Cabet et Blanqui furent écartés sans discussion, ce dernier sans doute par l'influence de M. Louis Blanc, mais on accepta le cuisinier Flotte. MM. Pierre Leroux, Barbès, Raspail, Vidal, Caussidière, Sobrier, Flocon, et même M. Ledru-Rollin, malgré la journée du 16 avril, furent admis. M. Thoré n'obtint qu'une majorité peu considérable. Quant aux candidatures d'ouvriers, elles furent très-vivement disputées.

On rejeta tout d'abord les candidats proposés par le compagnonnage, dont les vieilles prétentions à la suprématie n'étaient pas oubliées, et que l'on croyait influencé par le parti clérical. On fit exception, par des considérations personnelles, pour trois d'entre eux, dont était M. Agricol Perdiguier, maître menuisier, homme de mœurs pures et d'un caractère droit, auteur de plusieurs ouvrages populaires écrits dans un excellent esprit de conciliation. Tous les autres noms d'ouvriers inscrits sur la liste du Luxembourg appartenaient à l'opinion communiste (1).

On a peine à comprendre comment des hommes aussi intelligents que les délégués du Luxembourg purent nourrir un seul instant l'espérance de faire réussir une liste aussi exclusive. Une idée fausse, malheureusement encouragée par M. Louis Blanc, les égara. Ils se persuadèrent que la révolution devait amener la domination absolue du prolétariat, et, comme ils n'avaient aucun esprit politique, au lieu de dissimuler soigneusement une prétention blessante pour la masse de la nation, ils se hâtèrent de la faire sentir. Aussi arriva-t-il que, sur une liste si mal combinée, il ne passa que les quatre noms du gouvernement provisoire, acceptés par le comité central, M. Caussidière, pour lequel la bourgeoisie parisienne gardait encore quelques souvenirs reconnaissants, et M. Agricol Perdiguier, dont les opinions anticommunistes étaient notoires (2).

---

elle entendit 70 candidats. Les questions auxquelles ils eurent à répondre étaient celles-ci :

« Que pensez-vous des institutions actuelles?

« Quelles sont vos idées en matière de religion? Êtes-vous pour la liberté des cultes? Les cultes doivent-ils être salariés par l'État?

« Quelles sont vos vues sur l'organisation du travail?

« Quelles réformes croyez-vous qu'on doive introduire dans la magistrature?

« Comment entendez-vous l'organisation de l'armée? Quel rôle doit être le sien, maintenant et plus tard?

« Sur quelles bases doit reposer, suivant vous, le système des impôts?

« Quelle est votre opinion relativement au divorce?

« Que pensez-vous des relations à établir entre la France et les divers peuples de l'Europe, notamment l'Allemagne et l'Italie?

(1) La liste des candidats du Luxembourg fut arrêtée, après trois séances consécutives, dans l'assemblée qui se constitua le 17 avril.

(2) Deux incidents de ce mouvement électoral méritent particulièrement d'être rapportés.

M. Blanqui proposa lui-même à son club la candidature de M. Auguste Comte, disciple de Saint-Simon, fondateur de la philosophie positive; comme ce nom, comparé à un physicien célèbre, fut accueilli par un éclat de rire, M. Blanqui entra en colère, gourmanda son auditoire et lui fit honte de sa profonde ignorance.

Béranger déclina la candidature par une lettre ironique adressée aux électeurs du département de la Seine :

« Il est donc bien vrai que vous voulez faire de moi un législateur, disait-il, j'en ai douté longtemps. J'espérais que les premiers qui ont eu cette idée y renonceraient par pitié pour un vieillard resté étranger jusqu'à ce jour aux fonctions publiques, et qui, pour s'en montrer digne, aura tout à apprendre à l'époque de la vie où l'on ne peut plus apprendre. Des amis m'ont répété que refuser de pareilles fonctions serait une faute, *évitez-la-moi* (sic), vous à qui je voudrais les

Le 28 avril, à dix heures du soir, le maire de Paris lut au peuple, assemblé sur la place de l'Hôtel-de-Ville, la liste des représentants élus dans le département de la Seine. Le premier nom, sorti avec 259,800 voix, était celui de M. de Lamartine. Les noms de MM. Dupont (de l'Eure), Arago, Garnier-Pagès, Armand Marrast, Marie et Crémieux, venaient après. C'était une approbation éclatante donnée par les électeurs à la majorité du gouvernement provisoire. Le premier nom de la minorité, celui de M. Albert, ne venait que le vingt et unième. Outre le nom de M. Albert, deux noms d'ouvriers, ceux de MM. Corbon et Peupin, étaient portés par le parti clérical et marquaient la concession très-petite faite au prolétariat. Aucun des candidats du Luxembourg n'était élu. Les délégués, qui s'étaient flattés de disposer de 400,000 voix, n'en avaient pas réuni plus de 61,000 sur le nom de M. Savary, communiste. Les chefs d'écoles socialistes, MM. Barbès, Raspail, Pierre Leroux, avaient obtenu, le premier 64,065 et le dernier 47,284 voix. Le prolétariat, en tant que classe, était donc vaincu. Mais l'opinion républicaine restait victorieuse dans cette élection imposante de Paris, où l'indépendance et le choix raisonné des votes étaient beaucoup plus certains que dans tout le reste de la France.

L'élection des départements eut à peu près le même sens. Les tendances socialistes y obtinrent une assez large place. Le communisme, proprement dit, y parut en minorité imperceptible. Le nom de M. de Lamartine, élu dans dix départements, caractérisa ce moment de la révolution; il marqua l'acception libérale, pacifique et conciliatrice que la grande majorité des électeurs entendait donner au mot de république.

Le clergé envoya à l'Assemblée plusieurs évêques et un assez grand nombre d'ecclésiastiques. Le parti légitimiste fut brillamment représenté par environ 130 députés, parmi lesquels on comptait MM. Berryer, de Falloux, la Rochejacquelein. A l'exception de M. Thiers, l'ancienne opposition dynastique revenait en masse à l'Assemblée nationale.

Une assemblée ainsi composée n'était assurément pas l'expression du prolétariat communiste, elle n'était pas même l'expression du mouvement révolutionnaire; mais, siégeant à Paris, au foyer même de la révolution, sous l'action la plus vive des idées démocratiques, elle ne pouvait pas être rétrograde, et il y avait tout lieu d'espérer qu'elle donnerait au pays une constitution largement et sincèrement républicaine. Je ne veux pas anticiper ici sur les événements et montrer ce qui arriva. Assistons à la cérémonie solennelle de son installation.

Un soleil splendide éclaira cette journée. Vers onze heures du matin, les membres du gouvernement provisoire et leurs ministres, réunis au ministère de la justice, se mirent en marche et se dirigèrent, par la rue de la Paix, par les boulevards et par la place de la Concorde, vers l'ancien palais Bourbon. Précédés du commandant en chef de la garde nationale et de son état-major, ils marchaient tête nue entre deux officiers, l'épée à la main, suivis

---

éviter toutes... J'ai été prophète, dites-vous. Eh bien, donc, au prophète le désert. Pierre l'Ermite fut le plus mauvais conducteur de la croisade qu'il avait si courageusement prêchée, bien qu'il eût pour compagnon le brave Gautier-sans-Avoir, comme disaient les riches de ce temps-là.

« Puis, n'est-il pas plus sage qu'à une époque où tant de gens se prétendent propres à tout, quelques-uns donnent l'exemple de ne savoir être rien? La nature m'a créé pour ce genre d'utilité qui ne fait envie à personne.

« Enfin, chers concitoyens, que l'ivresse du triomphe ne vous abuse pas. Vous pourrez avoir besoin encore qu'on relève votre courage, qu'on ranime vos espérances. Vous regretteriez alors d'avoir étouffé sous les honneurs le peu de voix qui me reste. Laissez-moi donc achever de mourir comme j'ai vécu, et ne transformez pas en législateur inutile votre ami, le bon et vieux chansonnier.

« A vous de cœur, chers concitoyens.

« BÉRANGER.

« Passy, 30 mars 1848. »

Béranger, élu malgré lui, ne parut que très-peu de temps à l'Assemblée constituante. Le 8 mai, il adressait au président sa démission sous le prétexte goguenard qu'il ne s'était préparé au mandat de représentant, ni par des méditations, ni par des études assez sérieuses. Cette démission, repoussée à l'unanimité par l'Assemblée, il la renouvela le 13 mai, en termes plus pressants encore et la fit accepter.

de tous les maires et adjoints de Paris et de la banlieue. Une acclamation ininterrompue, partant à la fois de la foule pressée sur le passage du cortège, de toutes les fenêtres et de tous les toits des maisons, salua ces hommes de cœur qui, sans faire un seul acte de despotisme, sans verser une goutte de sang, sans attenter à aucune liberté, avaient inauguré en France, dans les circonstances les plus critiques, le règne de la démocratie. Ce ne furent pas des applaudissements commandés, mais un mouvement spontané de reconnaissance qui éclata à la vue de ces premiers citoyens de la nouvelle République, qui venaient rendre à la représentation légale du peuple le pouvoir qu'ils tenaient de son acclamation.

Le canon des Invalides annonça l'entrée du gouvernement dans la salle des séances. L'Assemblée tout entière se leva pour le recevoir, au cri puissant et prolongé de : *Vive la République!*

L'aspect de la salle, construite à la hâte et provisoirement dans le palais Bourbon, décorée sans style, sans goût et sans magnificence, eût mieux convenu au parlement des États-Unis d'Amérique qu'à l'Assemblée nationale de la République française.

Aucun des représentants, à l'exception de M. Caussidière, ne s'était conformé au décret qui leur imposait un costume imité de la révolution; la plupart ne portaient d'autre signe distinctif qu'une rosette rouge et or à la boutonnière; mais, sous cette uniformité extérieure de costume, les contrastes politiques et sociaux les plus piquants abondaient et excitaient la curiosité des spectateurs. Ainsi, M. Barbès venait s'asseoir auprès de ses anciens juges, et dans l'acclamation de la République, sa voix se mêlait aux voix de ceux-là mêmes qui avaient naguère prononcé sur lui la sentence de mort; le P. Lacordaire, dans son blanc vêtement de dominicain, apparaissait comme le fantôme de l'inquisition entre l'israélite Crémieux et le pasteur protestant Coquerel; le paysan du Morbihan et l'ouvrier de Vaucluse apportaient dans l'urne législative une boule de même poids que le savant de l'Institut et le lettré de l'Académie française; deux Bonaparte, envoyés par la Corse, siégeaient en face d'un la Rochejacquelein; des fils de régicides y coudoyaient des fils de chouans, et, par l'effet merveilleux de cette pénétration de l'esprit moderne qui s'assimile tout, ni les uns ni les autres ne s'étonnaient de se trouver ensemble.

Le contraste que présentaient les tribunes n'était pas moins frappant. Entre la tribune diplomatique, représentation officielle des royautés légitimes, et la tribune de la garde nationale, qui rappelait particulièrement la royauté quasi légitime de Louis-Philippe, la tribune accordée aux délégués des clubs figurait le mouvement et le tumulte révolutionnaires. Enfin, le seul aspect de l'Assemblée, la réflexion que la diversité inouïe de ses éléments ne pouvait manquer de faire naître, était un argument en faveur du gouvernement républicain.

Une forme de gouvernement, qui retirait à tous les partis la prédominance exclusive pour donner à la conscience publique le temps de se former et la faculté de s'exprimer librement, était sans contredit la meilleure, la plus facilement acceptable, dans l'état de nos mœurs et de nos croyances. Une Assemblée issue du suffrage universel, et souvent renouvelée, était le gouvernement le plus apte à favoriser, sans le comprimer ni le précipiter, le mouvement des esprits.

La séance du 4 mai, solennelle et paisible, s'ouvrit sous la présidence du doyen d'âge, M. Audry de Puiraveau. Les six plus jeunes représentants occupaient le bureau. M. Dupont (de l'Eure) monta à la tribune et lut, au nom du gouvernement provisoire, le discours suivant :

« Citoyens représentants du peuple, le gouvernement provisoire de la République vient s'incliner devant la nation et rendre un hommage éclatant au pouvoir suprême dont vous êtes investis.

« Élus du peuple! soyez les bienvenus dans

la grande capitale, où votre présence fait naître un sentiment de bonheur et d'espérance qui ne sera pas trompé.

« Dépositaires de la souveraineté nationale, vous allez fonder nos institutions nouvelles sur les larges bases de la démocratie et donner à la France la seule constitution qui puisse lui convenir : une constitution républicaine.

« Mais, après avoir proclamé la grande loi politique qui va constituer définitivement le pays, comme nous, citoyens représentants, vous vous occuperez de régler l'action possible et efficace du gouvernement dans les rapports que la nécessité du travail établit entre tous les citoyens, et qui doivent avoir pour bases les lois de la justice et de la fraternité.

« Enfin, le moment est arrivé, pour le gouvernement provisoire, de déposer entre vos mains le pouvoir illimité dont la révolution l'avait investi. Vous savez si, pour nous, cette dictature a été autre chose qu'une puissance morale au milieu des circonstances difficiles que nous avons traversées.

« Fidèles à notre origine et à nos convictions personnelles, nous n'avons pas hésité à proclamer la République naissante de février.

« Aujourd'hui, nous inaugurons les travaux de l'Assemblée nationale à ce cri qui doit toujours la rallier : *Vive la République!* »

Ce cri, sorti de la bouche émue du vieillard, fut répété par un long et retentissant écho. Après quoi l'Assemblée passa dans les bureaux pour procéder à la vérification des pouvoirs. Lorsqu'elle rentra dans la salle, M. Démosthène Ollivier, représentant des Bouches-du-Rhône, demanda que chacun des membres jurât individuellement fidélité à la République ; mais cette proposition, combattue par M. Crémieux, qui flétrit avec beaucoup de verve le scandale si souvent renouvelé dans notre histoire des serments prêtés et trahis, fut en quelque sorte étouffée sous une acclamation unanime. L'Assemblée se leva spontanément en criant : *Vive la République!* « Vos applaudissements, reprit M. Crémieux, qui n'avait pas quitté la tribune, disent assez ce qui est dans nos cœurs, qu'avons-nous donc besoin de le mettre sur nos livres? » Un cri nouveau de : *Vive la République!* éclatant à plusieurs reprises dans la salle exprima l'assentiment de l'Assemblée à ces paroles et termina ce premier incident.

Il était environ quatre heures. A ce moment, le général Courtais parut à la tribune et demanda à l'Assemblée de se rendre sous le péristyle du palais qui fait face à la place de la Concorde, afin d'y proclamer la République en présence du peuple. Malgré une légère opposition de la part de quelques représentants, qui prétendaient qu'on ne devait pas interrompre la vérification des pouvoirs, l'Assemblée quitta ses bancs et se rendit en masse sur le péristyle. Rien ne saurait rendre l'émotion profonde avec laquelle le peuple, qui depuis plusieurs heures attendait ce moment solennel, accueillit ses représentants.

Des drapeaux de l'armée et de la garde nationale avaient été apportés. M. Audry de Puiraveau proclama, au nom du peuple et de l'Assemblée nationale, la République démocratique. Un transport d'enthousiasme couvrit sa voix ; des larmes mouillaient tous les yeux ; les mains se cherchaient et s'étreignaient sans se connaître, dans une indicible émotion de confiance et de joie.

L'Assemblée rentrée dans la salle, M. Trélat constata en termes très-précis le consentement unanime, formel et irrévocable, qu'elle venait de donner au gouvernement républicain :

« Le témoignage le plus éclatant en faveur de la République, dit-il, c'est *que de ceux-là mêmes qui protestaient encore, il y a deux mois*, contre la République, il n'y en a pas un qui proteste aujourd'hui ; c'est que leurs *vœux sont unanimes* et que, s'il est ici quelques citoyens qui, dans la sincérité de leur conscience, aient proposé à la nation une autre forme de gouvernement il y a deux mois, aujourd'hui il n'y a qu'un seul cri, qu'une seule parole, qu'un seul hommage, qu'un seul sentiment au fond de tous les cœurs pour cette République éclairée, préparée, grandie et tellement universalisée qu'elle est partout reconnue, que, comme on l'a dit depuis longtemps dans de nobles paroles : la République est comme le soleil, aveugle qui ne la verrait pas! » Un dernier cri de : *Vive la République!* éclata encore à ces paroles, puis l'Assemblée se sépara. Cette belle journée, qu'on avait vainement tenté de troubler par des craintes et des menaces chimériques (1), s'écoula dans la joie et dans l'espérance d'un grand avenir.

Les trois jours suivants furent consacrés à la vérification des pouvoirs. L'élection contestée de M. l'abbé Fayet, évêque d'Orléans, montra les abus de l'influence cléricale dans toute leur immoralité. Refus d'absolution dans le confessionnal, recommandation d'un candidat dans la chaire évangélique, bulletins falsifiés distribués aux paysans qui ne savaient pas lire, aumônes politiques, tels étaient les moyens employés par les curés et les desservants des campagnes pour obtenir des voix à leurs supérieurs. L'Assemblée, cependant, ne cassa pas l'élection et se borna à ordonner l'enquête. Elle se montra plus sévère relativement à l'élection, dans le département de la Seine, d'un nommé Schmit, ancien maître des requêtes, ancien chef de division au ministère des cultes, auteur d'un *Catéchisme des ouvriers*, qui avait profité de l'erreur de beaucoup de prolétaires dont le suffrage s'adressait à un ouvrier cordonnier portant également le nom de Schmit. Interrogé dans le bureau chargé de la vérification de ses pouvoirs, Schmit dit qu'il n'avait pas été ouvrier et fut obligé d'avouer qu'il avait à dessein laissé subsister l'équivoque. Son élection fut annulée.

La vérification des pouvoirs terminée, l'Assemblée nomma son président et son bureau. La nomination de M. Buchez à la présidence; celles de MM. Recurt, Cavaignac, Corbon, Guinard, Cormenin et Senard en qualité de vice-présidents; de MM. Peupin, Degrange, Ed. Lafayette, Lacrosse, Émile Péan, comme secrétaires; Degousée, Bureaux de Puzy, Négrier, à la fonction de questeurs, marquèrent la victoire de la mairie de Paris sur le ministère de l'intérieur; l'ascendant du *National* l'emportait définitivement sur l'influence de *la Réforme*.

Les jours suivants, les membres du gouvernement montèrent, l'un après l'autre, à la tribune pour y lire un compte-rendu circonstancié de leur administration. M. de Lamartine, au nom de M. Dupont (de l'Eure), avait commencé par un tableau général des actes accomplis et de la politique suivie par le gouvernement provisoire. Écouté avec une faveur extrême, il fut couvert d'applaudissements, lorsqu'en terminant son tableau, il fit, d'une voix solennelle, cette belle invocation : « Puisse seulement l'histoire de notre chère patrie inscrire avec indulgence, au-dessous, et bien loin des grandes choses faites par la France, le récit de ces trois mois passés sur le vide, entre une monarchie écroulée et une République à asseoir; puisse-t-elle, au lieu des noms obscurs et oubliés des hommes qui se sont dévoués au salut commun, inscrire dans ses pages deux noms seulement : le nom du peuple qui a tout sauvé, et le nom de Dieu qui a tout béni sur les fondements de la République. »

Après M. de Lamartine, M. Ledru-Rollin fut le plus applaudi de tous les membres du gouvernement; mais ce n'était là qu'une démonstration trompeuse et qui ne cacha pas longtemps les véritables dispositions de l'Assemblée à son égard.

Une partie des hommes qui avaient formé la majorité du conseil, quelques-uns de ceux qui appartenaient à ce qu'on appelait alors la politique du *National*, voulaient à tout prix ex-

---

(1) Le procureur de la République, M. Landrin, avait averti le gouvernement que les clubs tramaient quelque complot, et il avait demandé quatre mandats d'amener contre M. Blanqui et les siens; mais le gouvernement s'y refusa. M. de Lamoricière, le matin même de l'ouverture de l'Assemblée, avait été demander au ministre de la guerre de prendre des mesures de défense.

clure M. Ledru-Rollin de la formation d'un nouveau pouvoir exécutif. A mesure que les représentants, médiocrement favorables à l'auteur des circulaires, arrivaient à Paris, on les travaillait dans ce sens et on les gagnait à l'idée que le premier acte de l'Assemblée devait être une désapprobation manifeste de la politique de M. Ledru-Rollin. Des efforts inouïs furent tentés dans ce sens auprès de M. de Lamartine, mais il demeura inébranlable; rien ne put le décider à abandonner M. Ledru-Rollin. Non-seulement, depuis le 16 avril, il se considérait comme engagé d'honneur à le soutenir, comme il en avait été soutenu, mais encore il croyait, beaucoup plus que personne, à la puissance de l'idée révolutionnaire, et il estimait très-impolitique de repousser du gouvernement l'homme en qui se personnifiait alors la révolution.

La combinaison du *National* fut proposée, le 9 mai, à l'assentiment de l'Assemblée, par MM. Jean Reynaud, Trélat et Dornès. Voici le texte de cette proposition : « L'Assemblée nationale constituante reçoit le dépôt des pouvoirs extraordinaires conférés au gouvernement provisoire constitué le 24 février dernier; elle déclare que ce gouvernement, par la grandeur des services qu'il a rendus, a bien mérité de la patrie.

« L'Assemblée nationale constituante étant investie de la souveraineté populaire dans sa plénitude, le gouvernement provisoire, né de la révolution de Février, cesse d'exister.

« La souveraineté de l'Assemblée devant s'exercer par délégation jusqu'à la mise en vigueur de la constitution qui va être décrétée par elle, elle confie le pouvoir exécutif à une commission exécutive composée de cinq membres. »

Après quelques débats, la proposition fut adoptée et l'on procéda à la nomination des cinq membres de la commission exécutive, chargée d'exercer le pouvoir jusqu'à l'établissement définitif de la constitution.

MM. Arago, Marie et Garnier-Pagès furent nommés sans contestation. Le nom de M. Ledru-Rollin, repoussé à une grande majorité dans les bureaux, passa à une faible majorité au scrutin public et à une majorité un peu plus forte au scrutin secret, uniquement sur la déclaration formelle de M. de Lamartine que, si l'Assemblée persistait dans cette exclusion, il ne consentirait pas à faire partie de la commission exécutive. Cette déclaration excita un vif mécontentement, et l'Assemblée, qui n'osa passer outre, en témoigna du moins son déplaisir en donnant à M. de Lamartine moins de voix qu'à ses trois collègues.

Le résultat du scrutin secret donna : 725 voix à M. Arago; à M. Garnier-Pagès, 705; à M. Marie, 702; à M. de Lamartine, 645, et à M. Ledru-Rollin, 458. M. Pagnerre fut nommé secrétaire de la commission exécutive.

Deux jours auparavant, MM. Louis Blanc et Albert s'étaient démis de leurs fonctions de président et de vice-président de la commission des travailleurs.

La seconde partie de la proposition Dornès, qui déclarait que le gouvernement provisoire *avait bien mérité de la patrie*, fut l'objet d'une courte discussion soulevée par M. Barbès, qui protesta, *au nom du peuple*, contre *une foule d'actes faits par le gouvernement*, et qui demanda compte des *massacres commis à Rouen*, de l'abandon des Polonais, des Belges, des Italiens et des Allemands.

Pour toute réponse à ces accusations, M. Crémieux annonça qu'une enquête était ouverte sur les événements de Rouen, et l'Assemblée vota à l'unanimité, moins trois ou quatre voix, que le gouvernement provisoire avait bien mérité de la Patrie.

Ainsi fut close la période purement révolutionnaire du gouvernement républicain. La royauté abolie; le principe de la souveraineté du peuple, non plus seulement reconnu dans le droit abstrait, mais pratiqué sans opposition; la paix maintenue; la liberté respectée : c'étaient là les œuvres signalées, accomplies depuis le 24 février par un gouvernement né d'une insurrection, soutenu presque uniquement par l'amour et le dévouement des classes populaires.

L'Assemblée, issue du suffrage universel, allait avoir à fortifier, à développer, à constituer enfin cette œuvre immense. La France et l'Europe avaient les yeux sur elle; ses décisions souveraines seraient, pour toute une génération d'hommes peut-être, le sceau de la paix ou le signal de la guerre, l'accomplissement ou le déchaînement de la plus grande révolution des temps modernes.

Le gouvernement provisoire avait-il, en effet, *bien mérité de la patrie?*

Au moment où l'Assemblée nationale prononçait cette parole solennelle sur les hommes qui venaient abdiquer dans son sein le pouvoir révolutionnaire et leur décernait ainsi la couronne civique, une seule voix s'éleva pour protester : c'était la voix de Barbès.

Depuis lors (1), les choses ont bien changé. Les partis vaincus, déconcertés et réduits au silence par la grandeur des événements, ont retrouvé dans un retour inespéré de fortune, avec la parole hautaine, l'esprit d'infatuation et d'injustice. Ce qui pour eux fut un objet d'étonnement et d'admiration est devenu un sujet de scandale. La calomnie succède à l'hyperbole. De ces lèvres pâlies qui balbutiaient naguère l'enthousiasme, on n'entend plus sortir que les accents raffermis de la haine et de la vengeance. A les croire, le gouvernement révolutionnaire a excédé tous ses droits; il a failli à tous ses devoirs; la patrie et l'histoire ne doivent à ses *forfaits* (2), à défaut d'un oubli impossible, que la flétrissure et l'anathème.

Si le lecteur a daigné accorder quelque confiance au récit qu'il vient de lire, s'il a cherché avec moi à pénétrer les sentiments des hommes sur lesquels on voudrait faire peser à cette heure une condamnation aussi rigoureuse, je doute qu'il la ratifie. La simple narration des événements, aussi fidèle qu'il m'a été possible de la faire d'après des témoignages nombreux, scrupuleusement confrontés, en sacrifiant à ma conscience d'historien mes prédilections, mes antipathies et jusqu'à l'espoir du succès; cette seule exposition des faits, que je n'ai point fardés, suffirait, à mon sens, pour établir une opinion très-différente de celle qui prévaut aujourd'hui. Je crois utile cependant d'ajouter ici quelques réflexions générales, afin de résumer l'opinion qui me paraît devoir s'élever un jour au-dessus des clameurs de l'esprit de parti; mon but principal, en entreprenant la tâche ingrate de retracer des événements accomplis à peine, dont l'issue reste douteuse et dont les conséquences nous échappent, ayant été, non pas d'accommoder ces événements au gré de mes convictions et de faire connaître au public mes espérances, mais de transmettre à ceux qui viendront après nous le sentiment vrai des contemporains, de ceux-là du moins dont la raison a dominé les passions, et dont la voix équitable et sincère a mérité d'être recueillie.

En vertu de quel droit le gouvernement provisoire a-t-il gouverné la France pendant l'espace de temps qui s'est écoulé du 24 février au 4 mai 1848?

La négation de ce droit est le point de départ des accusations qui se sont élevées après que les onze hommes investis du pouvoir par l'insurrection en eurent été dépossédés par l'Assemblée. Ce droit, il en faut convenir, n'est écrit nulle part; il n'a jamais été formulé dans un article de loi; on ne le rencontre dans aucune charte.

Le nier néanmoins, c'est, selon moi, nier quelque chose de plus évident et de plus légitime que toutes les lois écrites; c'est nier le droit, le besoin suprême, inhérent à tout ce qui respire, de résister à la dissolution par tous les moyens que suscite l'instinct conservateur de la vie.

L'instinct social de la population parisienne, en prononçant le nom des onze hommes qu'elle chargea de la guider pendant le déchaînement

---

(1). Je crois devoir rappeler encore que ceci était écrit en 1850.

(2) Expression des journaux royalistes.

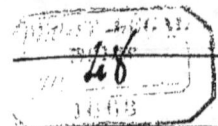

RACHEL CHANTANT LA MARSEILLAISE (P. 348).

d'une tempête formidable, leur transmettait ce droit naturel et leur imposait le devoir de l'exercer en vue du salut commun.

Si l'on remonte dans l'histoire à l'origine des souverainetés les mieux établies, à partir de la souveraineté élémentaire des chefs de hordes nomades jusqu'à celle des dynasties royales et aux souverainetés compliquées des gouvernements constitutionnels, il est douteux qu'on en découvre une seule qui ait été conférée ou subie à un autre titre. Le consentement universel n'a jamais pu être que supposé et déduit de l'acclamation d'un grand nombre.

Mais cette légitimité d'origine admise pour le gouvernement provisoire, quelle était la nature et jusqu'où s'étendait la limite de ses pouvoirs? C'était là une question plus grave encore, et qui devait donner lieu à des accusations nouvelles. Le gouvernement lui-même se partagea sur ce point; il se forma dans le conseil une majorité et une minorité; il s'y produisit spontanément comme deux consciences politiques. Selon la minorité, les pouvoirs du gouvernement, par cela seul qu'ils étaient révolutionnaires, étaient absolus, illimités, constituants; on ne devait les abdiquer qu'après avoir complétement organisé les forces et institué les principes révolutionnaires dans l'État. Selon la majorité, le gouvernement d'urgence sorti de l'insurrection avait pour tâche uniquement d'aider la nation à se donner un pouvoir légal et, en attendant qu'il fût formé, d'administrer la chose publique, sans s'immiscer dans la législation, sans rien préjuger, sans anticiper en aucune manière sur les décisions de l'Assemblée nationale, pas même par la proclamation de la République.

Dans l'un comme dans l'autre de ces jugements, je trouve quelque chose de trop absolu.

Après trente années de règne constitutionnel, dans un temps et dans un pays où les mœurs ne permettaient pas les violences systématiques, la dictature exercée par onze hommes aussi divisés entre eux que l'étaient les différentes classes de la nation entre elles, c'était une conception chimérique. L'administration pure et simple des affaires, cette espèce d'arbitrage, de justice de paix sans initiative, en était une autre non moins absurde, dans un moment où le besoin d'agir, de se répandre, de s'organiser, poussait chaque jour les masses de prolétaires armés sur la place publique, où la soif des nouveautés s'était emparée des imaginations, de telle sorte qu'il fallait se hâter de la satisfaire, sous peine de la voir dégénérer en fureur. La raison d'État commandait, en des circonstances si compliquées et si graves, d'abréger la durée d'un pouvoir né fortuitement d'une nécessité temporaire ; mais elle commandait également d'ouvrir au plus vite de larges issues à l'esprit révolutionnaire qui, depuis 1789, n'a jamais reculé en France que pour revenir à la charge avec une intensité redoublée, et de lui donner toutes les satisfactions que ne repoussait pas la conscience publique.

C'était là une question d'appréciation infiniment délicate. Il aurait fallu aux hommes du gouvernement provisoire un don singulier d'intuition pour reconnaître, dans la multitude des exigences, des vœux, des avis dont ils se voyaient assaillis à toute heure, les idées susceptibles d'être formulées en lois, autrement dit, les idées qui trouvaient dans les mœurs cette préparation suffisante, laquelle est aux créations de la science sociale ce qu'un certain état de l'atmosphère est aux créations de la nature physique. Il aurait fallu que, dans ce conflit tumultueux des passions déchaînées, ils entendissent distinctement, pour lui obéir, *la voix du peuple*, qui, selon l'antique et mystérieux axiome, est l'oracle souverain, *la voix de Dieu*.

Nous touchons ici au point essentiel de notre examen.

Que doit-on entendre par cette *voix du peuple* ou *de Dieu*, que la révolution venait de donner pour fondement au droit politique, en instituant le suffrage universel ?

Pas autre chose que l'instinct commun à tous les êtres organisés, depuis le plus infime animal jusqu'aux sociétés les plus parfaites, de retenir ou d'accroître en eux la vie en repoussant ce qui nuit, en s'assimilant ce qui convient à leur nature.

C'est par ce travail organique que les êtres s'individualisent, que les individus forment des races, que les races se conservent et se perfectionnent. Quand ce travail s'alanguit et s'arrête, l'individu ou la race décroît et meurt.

Mais ce qui reste chez les races inférieures à l'état de pur instinct, se combine chez l'homme avec la réflexion et prend un caractère supérieur : l'*instinct* devient le *génie*.

Tous les gouvernements que les peuples se sont donnés ont eu pour mission de représenter cette action commune de la raison combinée avec l'instinct et d'exprimer ainsi le génie national aux différentes phases de son développement historique.

Ils ont été légitimes et forts tant qu'ils ont écouté l'instinct confus et général des masses, tant qu'ils l'ont défini, particularisé suivant les temps, et prononcé dans les lois. Ils ont été brisés, expulsés par les révolutions, quand, devenant sourds à la voix du peuple, ils ont opposé une volonté personnelle, isolée et conséquemment usurpatrice au génie national.

Les exemples en sont frappants dans notre propre histoire.

L'instinct social a trouvé chez nous sa première expression dans la possession du territoire. L'idée de *patrie* s'est attachée au sol conquis et possédé exclusivement par la noblesse guerrière : la royauté féodale a été le gouvernement naturel et légitime de ce premier état. La propriété héréditaire du sol, exempte de travail, défendue par les armes, c'est l'institution primitive et génératrice de la société française. *La voix de Dieu* parlait alors exclusivement par la bouche du seigneur, de son chef, le roi, et par celle de leur consécrateur à tous deux : le prêtre.

Mais peu à peu, le travail et l'industrie, concentrés aux mains des bourgeois et des manants, créèrent des richesses considérables. A côté de la propriété foncière s'éleva la propriété des capitaux mobiliers. Les communes se rachetèrent de la domination des seigneurs. Une longue lutte s'engagea, pendant laquelle l'instinct social de la bourgeoisie, de plus en plus énergique, arriva à se connaître lui-même et devint capable de gouvernement. En 1789, il se sentit assez fort pour briser, pour expulser les derniers restes de la féodalité. *La voix de Dieu* parla par la bouche du tiers état. *Le droit du travail* fut glorieusement institué dans les lois sur les ruines du droit de conquête.

Le gouvernement constitutionnel correspondait exactement à ce droit nouveau de la richesse acquise par le travail ; mais ce droit se montra jaloux, exclusif, comme l'avait été le droit de possession par la conquête ; la bourgeoisie n'eut en vue qu'elle seule. Elle fit conspirer toutes les lois à un but égoïste : « *La défense du riche contre le pauvre, de celui qui possède quelque chose contre celui qui ne possède rien* (1). » Elle marqua nettement son règne par l'établissement du cens qui traçait avec un cynisme insolent les limites du pays légal et créait pour les enrichis l'aristocratie de la patrie.

Dès ce moment, une scission nouvelle s'opéra au sein de l'unité bourgeoise. Le travailleur industriel tombé rapidement, par un concours de circonstances imprévues, dans un état de misère qui l'excluait non-seulement de toute participation à la vie politique, mais encore de tout espoir d'y arriver, forma une classe, un ordre nouveau. L'*hérédité de la misère* constitua *le prolétariat*.

Enfermé dans un cercle fatal, refoulé, comprimé, l'instinct social du prolétariat fit un effort prodigieux ; il éclata en plaintes, en reproches ; il réclama son droit par les armes. La bourgeoisie demeura sourde ou insensible. La royauté constitutionnelle refusa d'écouter le vœu du prolétariat ; elle refusa même d'indiquer par l'abaissement du cens que peut-être elle l'écouterait un jour. Ce fut le signal de la révolution. L'instinct social encore confus et vague, au sein du prolétariat, *la voix du peuple, la voix de Dieu*, se choisit un gouvernement qui devait être son expression rationnelle : la République fut proclamée.

Le gouvernement provisoire a *bien mérité de la patrie*, parce qu'il a été animé tout entier du désir sincère de se conformer à la volonté nationale ; parce qu'il s'est dévoué à cette tâche, sans arrière-pensée ; parce qu'enfin, si quelques-uns de ses actes politiques ont été contre son but, tous portent l'empreinte d'un respect profond pour la dignité humaine que la révolution venait relever de son dernier abaissement.

Les difficultés devant lesquelles le gouvernement provisoire a vu échouer sa bonne volonté, et qui appellent toute l'indulgence de l'histoire, tenaient à une complication qui n'a pas été assez remarquée.

Le mouvement qui se produisait dans le prolétariat, et qu'il fallait seconder, se manifestait par un phénomène complexe et jusqu'à un certain point contradictoire. Au plus pro-

(1) Adam Smith, liv. I et V.

fond des masses, un essor général, une tendance organisatrice, aspirait à procurer à tous ce que la bourgeoisie avait conquis pour elle seule : *la liberté et l'égalité.* Sous le nom de *socialisme* qu'on lui donna après la révolution de Février, cette tendance voulait se frayer les mêmes voies légitimes par lesquelles la bourgeoisie est arrivée à l'émancipation : l'éducation qui donne la propriété intellectuelle, le travail qui donne la propriété matérielle. Le socialisme demandait que l'État instituât l'éducation nationale égale pour tous ; il voulait rendre la condition du travail directement productif, qui est le travail du prolétaire, égale à celle du travail indirect de la spéculation capitaliste, qui est le travail de la bourgeoisie. Il voulait, en un mot, rendre la relation du capital et du travail, concourant ensemble à la richesse publique, plus équitable et telle qu'il n'en dût pas fatalement résulter cette *hérédité de la misère* dont j'ai parlé, qui perpétue à l'état de classe le prolétariat, en l'excluant, sinon en droit, du moins en fait, de tous les bienfaits de la vie sociale.

Le mouvement du prolétariat socialiste n'était donc, au fond, que l'affirmation, la consécration nouvelle, par l'extension à tous, des principes et des droits *de liberté et de propriété*, sur lesquels repose la société européenne.

Mais cette tendance générale organisatrice était combattue par un mouvement accidentel, particulier, purement négatif qui, sous le nom de *communisme matérialiste*, niait complétement ce que le socialisme voulait étendre et transformer : le principe de la liberté individuelle ou la personnalité, et la notion de propriété qui en est, dans les sociétés modernes, le signe et le gage.

Cette opération élémentaire de l'esprit humain qui consiste à opposer la négation à l'exagération d'un principe, se fait généralement dans les cerveaux étroits où naissent les passions aveugles. Il en arriva ainsi au communisme matérialiste. Plus aisément formulé que le socialisme, il adopta, comme mode de réalisation de son principe très-simple, le procédé également très-simple et très-logique du terrorisme et passionna un petit nombre d'hommes dont le fanatisme fut d'autant plus grand que leurs vues étaient plus bornées. Sans adopter ni rejeter les doctrines des communistes, le prolétaire, voyant en eux les défenseurs les plus intrépides de sa cause, les laissa dire et faire. La bourgeoisie peu disposée, au plus fort de l'orage, à examiner de sang-froid des théories, à distinguer le juste de l'injuste, le vrai du faux, dans un mouvement révolutionnaire qui détruisait sa sécurité et menaçait son règne, confondit, dans une même réprobation, le socialisme et le communisme ; elle engagea la lutte, une lutte sans issue, à outrance, où ses victoires mêmes ne servent qu'à lui montrer plus manifestement les forces indestructibles qu'elle voudrait anéantir.

Le gouvernement provisoire, où le socialisme avait pénétré, essaya bien de le séparer du communisme et de lui faire sa place par les conférences du Luxembourg, par quelques mesures financières, par quelques projets de loi sur l'instruction publique, et marqua à cet égard des intentions sérieuses. Mais les exigences extrêmes d'un côté, les frayeurs outrées de l'autre, les heures et les jours emportés dans un tourbillon d'une rapidité inouïe, l'imprévu de tous les instants, la perplexité des meilleurs esprits, l'hésitation des consciences les plus fermes, paralysèrent sa bonne volonté. Après deux mois d'angoisses sans égales, il résigna le pouvoir comme il l'avait pris, avec la simplicité d'un patriotisme sincère. Mais il laissa toutes choses indécises et la nation en proie au plus grand trouble moral où peut-être on l'ait jamais vue. Qui ne l'absoudrait cependant, qui oserait se montrer plus sévère envers lui que le fut l'Assemblée nationale, en constatant qu'après trois années de luttes et de péripéties les plus extraordinaires, la situation reste au fond pareille, si ce n'est empirée ?

Communisme ou *terrorisme*, c'est encore à

cette heure le mot d'une lutte dont on ne sait pas conjurer la menace. *Socialisme* ou *démocratie*, c'est le mot incompris de l'organisation et de la paix indéfiniment ajournées. Aussi longtemps que la bourgeoisie confondra le communisme et le socialisme, la démocratie et le terrorisme, et combattra l'un avec l'autre, au lieu de combattre l'un par l'autre, la société sera livrée à l'action et à la réaction perpétuelles de l'état révolutionnaire.

Le jour où la bourgeoisie comprendra que l'aspiration du prolétariat est légitime et qu'il lui faut donner satisfaction par la réforme des institutions sociales, le communisme et le terrorisme auront cessé d'exister. On ne saurait trop le répéter, le communisme n'a qu'une valeur accidentelle et toute négative dans l'état social au dix-neuvième siècle, particulièrement dans l'état de la société française. Non-seulement la conception sur laquelle il repose est anti-scientifique et radicalement opposée au mouvement de la civilisation moderne, mais encore il est plus spécialement anti-français.

L'hypothèse d'un État communiste, admissible à la rigueur pour quelques peuples de l'Europe orientale, n'est pas soutenable quand on l'applique aux nations de race latine où le sentiment de la personnalité, et conséquemment de la propriété, est arrivé à son plus haut degré de puissance. Dans la conception française de l'idée de propriété, on sent encore la consécration religieuse de son origine romaine. Le prolétariat communiste lui-même, qui nie la propriété et la personnalité, par cela seul qu'il désespère d'y atteindre, le jour où il saisirait le pouvoir, se sentirait frappé d'impuissance et vaincu par le génie de la nation (1).

Aux yeux du philosophe, le problème reste aujourd'hui, après une douloureuse expérience de trois années, posé exactement dans les mêmes termes où le posa *la voix du peuple* en proclamant, le 24 février 1848, la République *démocratique et sociale*.

Quels que soient désormais les accidents prochains ou lointains de la crise dans laquelle la France est engagée ; quels que soient le nom et la forme des gouvernements qui se succèderont, ils n'auront pas d'autre sens, pas d'autre caractère, pas d'autre mission que celle qui fut donnée au gouvernement provisoire. Ils seront brisés, ils demeureront impuissants, ils n'auront ni force ni durée, s'ils n'expriment pas le génie national, *la voix de Dieu* au dix-neuvième siècle : *Le suffrage universel instituant la démocratie* (2).

---

(1) La répulsion profonde du peuple pour les deux formes de l'idée communiste qu'il voit réalisées, l'hospice et la fosse commune, serait, à défaut d'autres raisons plus scientifiques, un signe manifeste de son sentiment énergique de personnalité et de propriété. Un gouvernement qui assurerait au cadavre du pauvre la propriété de six pieds de terrain dans un cimetière serait le gouvernement le plus populaire qu'on eût jamais vu.

(2) « Le salut ou la perte des États, écrit Gioberti, reposent aujourd'hui sur les idées et sur les classes démocratiques. Qui les a contraires est perdu ; parce que la démocratie croît terriblement chaque jour, envahit tout et acquiert de la force jusque dans ses défaites.

« La salute o la perdizione degli stati sono oggi riposte nelle idee e nelle classi democratice. Chi le ha contro è sfedato; perchè la democrazia cresce ogni giorno terribilmente, invadi tutti gli ardicci e acquista verbo dalle sue sciagure. » (*Del Rinovamento civile d'Italia*, v. I, p. 91.)

TROISIÈME PARTIE

CHAPITRE XXVIII

L'Assemblé constituante. — Le ministère du travail. — Affaires de Pologne. — Journée du 15 mai.

Jamais peut-être, depuis l'établissement des gouvernements libres, aucune assemblée politique n'avait possédé une force de situation et d'opinion comparable à celle dont l'Assemblée nationale constituante se voyait investie lorsqu'elle ouvrit solennellement ses débats, le 4 mai 1848.

Derrière elle, pour la soutenir, la nation entière dont elle était issue par le suffrage universel, exercé pour la première fois dans toute son extension, avec une liberté parfaite et un ordre admirable. Devant elle, table rase. Plus un seul pouvoir debout pour partager son initiative, limiter ses droits ou résister à ses volontés; pas un *veto* pour en suspendre l'application. Ni roi, ni princes, ni cour, ni ministres, pour lutter avec elle de ruse ou d'audace. Rien qui pût seulement la distraire de son omnipotence incontestée.

Que manqua-t-il donc à l'Assemblée constituante pour créer une œuvre durable? Que manqua-t-il à ses intentions droites, à ses talents, à son courage? Une chose; une seule, mais décisive dans la vie des hommes et des sociétés : la conscience de sa force.

L'expérience a fait connaître que de l'échange perpétuel des idées et des sentiments dans une réunion d'hommes, très-séparés d'ailleurs, mais appliqués à un but commun, il se dégage une sorte d'esprit collectif, qui constitue le caractère, ou ce que l'on pourrait appeler l'individualité de cette réunion. Cela s'est vu toujours dans les communautés religieuses, dans la magistrature, dans l'armée, dans les académies, dans les assemblées politiques. Et selon que cet esprit s'est plus ou moins révélé à lui-même, on l'a vu exercer au dehors une action plus ou moins sensible. L'Assemblée constituante de 1848, troublée dès ses débuts par des événements et des influences dont je vais essayer de retracer les effets, n'est jamais arrivée à un dégagement complet du bon esprit dont elle était animée; sa personnalité ne s'est accusée suffisamment ni aux yeux du peuple, ni à ses yeux propres. Aussi, après une carrière de plus d'une année, carrière pleine d'angoisses et de contradictions, après avoir montré tour à tour beaucoup de fermeté et beaucoup de faiblesse, les pressentiments les plus justes et d'inconcevables illusions, a-t-elle résigné avec découragement et tristesse la puissance suprême, sans en laisser d'autres traces qu'une constitution éphémère du sein de laquelle surgissaient deux pouvoirs égaux et opposés, rivaux avant même de s'être regardés face à face, et qui allaient bientôt replonger le pays dans une confusion plus grande encore que celle dont on venait à peine de le faire sortir.

L'histoire de l'Assemblée constituante nous offre cependant un digne sujet d'études, et l'intérêt qui s'attache à ses travaux se mesure moins aux résultats obtenus qu'à la grandeur de l'entreprise tentée.

Instituer la démocratie ce sera l'œuvre de plusieurs siècles, peut-être, car il s'agit d'une civilisation nouvelle à faire sortir d'un principe tout nouveau. Depuis que les dieux n'interviennent plus dans les affaires humaines, depuis qu'on ne voit plus les législateurs descendre du Sinaï ou remonter vers l'Olympe, depuis que l'esprit humain n'obéit plus à l'instinct, mais veut comprendre les lois qu'il accepte, le progrès des sociétés se complique et s'étend de telle sorte que ceux-là mêmes qui y travaillent avec le succès le plus apparent ne le saisissent point dans son ensemble et n'en conçoivent souvent qu'une idée vague, obscure et bornée.

J'ai dit plus haut comment l'Assemblée, en se constituant, avait choisi dans le gouvernement provisoire les membres de la commission exécutive. De part et d'autre on se connaissait peu; on s'observait et l'on demeurait dans l'incertitude sur les rapports qui s'allaient nouer, aussi bien que sur la politique qu'il conviendrait de suivre jusqu'à la promulgation d'une constitution définitive.

Le mot de conciliation avait été souvent prononcé dans les débats concernant la forme et les attributions du pouvoir exécutif, et ce mot exprimait avec exactitude le sentiment le plus général. Les membres des anciennes Chambres monarchiques, qui venaient siéger au côté droit de l'Assemblée républicaine, ne se sentaient pas assez forts pour attaquer ouvertement la Révolution et n'aspiraient encore qu'à composer avec elle. La plupart n'avaient dû leur élection qu'à l'influence du clergé ou s'étaient crus obligés, en se présentant au suffrage universel, à des professions de foi d'une exagération démocratique qui les amoindrissait sensiblement, même à leurs propres yeux. Aussi, dans les premiers temps, leur attitude et leur langage furent-ils d'une modestie excessive. Ces habiles d'autrefois, déconcertés par l'événement, se rallièrent en assez grand nombre autour de M. Odilon Barrot, dont le nom marquait suffisamment le caractère peu défini de l'opposition que l'on croyait pouvoir se permettre; d'ailleurs, ni M. Thiers, ni M. Molé, n'étant entrés à l'Assemblée, M. Odilon Barrot y jouait, en leur absence, le personnage le plus considérable.

Les nouveaux venus dans cette réunion imposante s'y présentaient avec une certaine timidité; ils éprouvaient quelque embarras dans la compagnie des anciens parlementaires dont ils ne voulaient pas accepter, mais dont ils subissaient malgré eux l'ascendant. Presque tous apportaient de leurs provinces la résolution loyale de ne s'enrôler dans aucun parti, une connaissance très-imparfaite de la situation et, pour toute doctrine politique, le désir d'épargner au pays, comme l'avait su faire le gouvernement provisoire, le choc des factions et l'explosion de la guerre civile. A part la prétention d'une trentaine de représentants qui voulaient continuer la tradition jacobine et qui, en venant s'asseoir sur les gradins les plus élevés du côté gauche de la salle, se donnèrent collectivement, en mémoire de la Convention, le nom de *Montagne*, sans avoir toutefois de plan tracé ni d'idées arrêtées, l'habileté des uns, l'honnêteté des autres, l'hésitation et l'inexpérience du plus grand nombre, allaient en ce moment à une même fin; tout, dans le langage comme dans les actes de l'Assemblée, parut empreint d'un esprit de tempérament et de prudence.

De leur côté, les cinq membres du gouvernement provisoire maintenus dans la commission exécutive, soit qu'ils fussent flattés et comme désarmés par cette marque de confiance, soit que les dangers à peine conjurés de la dictature révolutionnaire leur fissent considérer comme un souverain bien la jouissance paisible d'un pouvoir médiocre, s'abstinrent de toute initiative, afin de garder la paix au sein du conseil et de n'éveiller dans l'Assemblée ni contestation, ni ombrage.

M. de Lamartine, lui-même, quoique moins atteint que ses collègues de la lassitude qui suit les grands efforts, parce qu'il n'avait eu besoin d'aucune tension d'esprit pour s'élever à la plus haute éloquence et au plus haut courage, semblait prendre à tâche d'influencer le moins possible l'opinion de ses collègues et ne paraissait pas soucieux de se créer un parti dans l'Assemblée (1). Le vote du 10 mai le

(1) Aux représentants qui venaient lui demander une direction politique, il répondait que tout irait de soi-même. A

blessait à la vérité, car, tout en lui cédant, ce vote jetait sur son immense popularité l'ombre d'un premier blâme, mais il ne l'avait pas excité à la lutte. Confiant toujours, oublieux, plein de sérénité, il attendait tout du temps et de son étoile.

La formation du ministère, laissée par l'Assemblée à la Commission exécutive, se ressentit de ces dispositions indécises. Le département de l'intérieur fut donné à un médecin, M. Recurt, républicain d'ancienne date, mais étranger à la pratique des grandes affaires, incapable d'occuper la tribune, et qui n'apportait au gouvernement aucune force, ni conservatrice, ni révolutionnaire. Un autre médecin, M. Trélat, qui s'était placé au premier rang dans les luttes du parti républicain par son talent et sa fermeté d'âme, mais qui était moins apte encore que M. Recurt aux affaires proprement dites, remplaça M. Marie au ministère, si important alors, des travaux publics.

M. Flocon succéda, au ministère du commerce, à M. Bethmont, nommé ministre des cultes; M. Duclerc prit, des mains de M. Garnier-Pagès, le portefeuille des finances; M. de Lamartine voulut être remplacé au département des affaires étrangères par M. Bastide, homme d'un courage à toute épreuve, d'un caractère incorruptible, mais timide sous des formes raides et trop peu préparé par ses antécédents aux discussions parlementaires, trop peu prémuni surtout, par la nature de son esprit, contre les habiletés de la diplomatie européenne. MM. Carnot et Jean Reynaud restèrent au ministère de l'instruction publique, malgré le déplaisir du parti clérical, dont l'influence était déjà sensible; le portefeuille de la justice demeura à M. Crémieux qui avait montré au gouvernement provisoire une mobilité d'opinion excessive; l'amiral Cazy eut le département de la marine; le lieutenant-colonel Charras devint ministre de la guerre par *intérim*, en attendant l'arrivée du général Cavaignac, nommé ministre.

M. Ledru-Rollin obtint sans trop de peine que M. Caussidière, encore très-bien vu de la bourgeoisie parisienne qu'il avait tout à la fois rassurée et amusée pendant la crise révolutionnaire, restât à la préfecture de police. Ses collègues consentent également à placer deux hommes dans lesquels il avait mis toute sa confiance, MM. Carteret et Jules Favre, le premier en qualité de sous-secrétaire d'État au ministère de l'intérieur, le second au ministère des affaires étrangères. Mais M. Ledru-Rollin ne put ni enlever la mairie de Paris à M. Marrast, son adversaire déclaré, ni empêcher que M. Pagnerre, qui appartenait au parti de M. Garnier-Pagès, fût nommé secrétaire de la commission exécutive.

Comme on le voit, les éléments hétérogènes que la révolution avait poussés au gouvernement provisoire, et qui avaient neutralisé son action, se retrouvaient au sein de la commission exécutive, et, cette fois, non plus fortuitement, mais avec réflexion et comme par un aveu général d'impuissance. A ce moment, où les partis se mesuraient de l'œil, aucun d'eux ne savait en effet ce qu'il pouvait oser, parce que personne ne se rendait un compte bien net des situations et des forces respectives.

Depuis le 16 avril, un trouble extrême était resté dans les esprits. La position de M. Ledru-Rollin était devenue très-fausse et presque intolérable entre les vaincus et les vainqueurs de cette singulière journée, où il avait tout à la fois protégé l'attaque et préparé la défense de l'Hôtel-de-Ville. Les vainqueurs, ignorant qu'ils lui devaient en partie leur salut, s'indignaient de voir leurs efforts pour le renverser lui donner, en apparence, une force nouvelle; les vaincus, pleins de ressentiment, n'osaient s'y abandonner, n'ignorant pas que, sans son appui, réel ou nominal, ils ne pouvaient rien entreprendre. Personne ne savait trop qu'attendre ou que craindre d'un homme aussi divers. Lui-même, devenu l'allié, puis insensiblement le protégé de M. de Lamartine,

ceux qui souhaitaient de connaître ses idées sur le projet de constitution, il disait qu'il fallait consulter MM. de Béranger et de Lamennais.

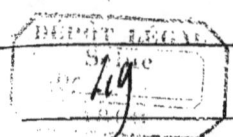

PROCLAMATION OFFICIELLE DE LA RÉPUBLIQUE (P. 361).

ne comprenait plus son rôle; comme il personnifiait encore à cette heure la révolution, on croyait la sentir s'affaisser et chanceler avec lui sur une base mouvante.

Nous avons vu aussi que les principaux chefs révolutionnaires s'étaient étonnés et alarmés sans mesure du tour que prenaient les élections. Lorsqu'ils entrevirent le résultat du suffrage universel, ils s'excitèrent l'un l'autre à n'en tenir aucun compte et se répandirent à l'avance contre l'Assemblée nationale en menaces insensées. Malheureusement quelques hommes d'un esprit supérieur, et qui auraient dû se montrer plus sages, encouragèrent ou tolérèrent ces tendances dangereuses et laissèrent se former autour d'eux des foyers d'une opposition préconçue qui touchait à la séduction.

Dès le 16 avril au soir, M. Louis Blanc et ses adhérents décidaient, dans une réunion au Luxembourg, qu'il fallait incessamment réparer l'échec de la journée en reprenant l'offensive. A la vérité, on ne s'était entendu ni sur l'occasion, ni sur le mode d'une nouvelle intervention du prolétariat, mais on s'était quitté en se payant de l'assurance que, si l'Assemblée ne se montrait pas docile aux volontés du peuple, on ferait bonne et prompte justice de ces mandataires infidèles. A quelques jours de là, MM. Pierre Leroux et Cabet proposaient de leur côté au gouvernement provisoire de s'adjoindre un comité permanent composé des hommes les plus avancés de la démocratie, afin de rentrer par leur influence et par leurs conseils, malgré l'Assemblée et sans elle, dans les voies de la révolution sociale.

Enfin, dans le même temps, il se tenait au

ministère de l'intérieur des conciliabules où MM. Portalis, Landrin, Jules Favre, Étienne Arago, madame Sand, agitaient la question de savoir si l'on se débarrasserait de l'Assemblée le jour même de son ouverture ; trop souvent cette question absurde se tranchait d'une manière affirmative.

Ces dispositions soupçonneuses des chefs de parti ne tardèrent pas à se communiquer, par la presse et les clubs, à la population parisienne. A peine le nouveau gouvernement entrait-il en fonctions qu'il se vit attaqué de toutes parts. Pendant que les anciens journaux royalistes, profitant d'une liberté de la presse illimitée, raillaient les *pentarques* et annonçaient la chute prochaine de cette *quasi-royauté*, comme ils l'appelaient, les feuilles révolutionnaires répétaient sur tous les tons que *le suffrage universel, faussé par mille manœuvres électorales, avait menti au peuple; que la République était pervertie, la question de la royauté gagnée*. Les murs de Paris, couverts pendant si longtemps de dithyrambes à la Fraternité et de louanges au gouvernement provisoire, changeaient d'aspect ; on n'y voyait plus qu'avertissements hostiles et menaces. « Si vous persistez à défendre l'ancienne forme sociale, » disait, entre autres, une affiche de la société des *Droits de l'homme*, qui portait la signature de Barbès et qui s'adressait aux *privilégiés de l'ancienne société* ; « vous trouverez à l'avant-garde, au jour de la lutte, nos sections organisées : et ce ne sera plus de *pardon* que vos frères vous parleront, mais de *justice* (1). »

Chaque jour on répétait dans les journaux, comme une chose toute simple, que si l'Assemblée ne se hâtait d'exécuter les volontés du peuple, il *chasserait cette fausse représentation nationale*; ou bien on disait encore que les ouvriers de Paris apporteraient aux représentants une Constitution toute faite, proclamée au Champ de Mars, et qu'ils les forceraient à la voter séance tenante (2).

Cette simplification grossière de la notion de souveraineté ne trouvait que trop d'échos dans les imaginations populaires, surexcitées par la facile victoire de Février ; la conscience politique du peuple fut faussée par des prédications extravagantes, avant même de s'être formée ; le vertige d'une tyrannie démocratique emporta les esprits. Toutes les apparences du droit et de la raison furent abandonnées, comme à plaisir, aux ennemis de la démocratie, dans la lutte que nous allons voir si témérairement engagée par des hommes sans génie et par des chefs subalternes.

Une imprudente provocation de M. Louis Blanc fut l'avant-coureur des hostilités.

Le 10 mai, c'est-à-dire le jour même où l'auteur de l'*Organisation du travail* se voyait exclu du nouveau pouvoir exécutif, dans un moment où la plus extrême réserve lui était commandée, M. Louis Blanc montait à la tribune et demandait à une Assemblée prévenue à l'excès contre lui la création d'un ministère du travail et du progrès. A une heure mieux choisie, et venant d'une autre bouche, cette proposition aurait été peut-être l'objet d'une discussion utile ; mais, dans les circonstances données, quand l'opinion se retirait visiblement de lui, M. Louis Blanc ne pouvait se flatter qu'il obtiendrait de l'Assemblée une concession que le gouvernement provisoire, malgré les intimidation du 26 février et du 17 mars, lui avait obstinément refusée en affrontant une impopularité redoutable. Une pareille tentative était tout à fait impolitique, car elle allait, sans nécessité, jeter une plus grande défaveur sur son auteur dans les rangs de l'Assemblée et venir en aide aux cabales des factieux qui travaillaient à discréditer l'Assemblée dans les rangs du peuple. Le discours de M. Louis Blanc se ressentit, d'ailleurs, de la gêne d'une situation fausse. En disant des choses vraies, il parut personnel et devint irritant. De fréquents murmures l'en avertirent.

---

(1) Voir le *Rapport de la Commission d'enquête*, t. II, p. 285.
(2) Voir l'*Ami du peuple*, la *Vraie république*, la *Commune de Paris*, la *Cause du peuple*, journaux rédigés par MM. Raspail, Thoré, Sobrier, madame Sand, etc. (Numéros du 16 avril au 4 mai.)

Plusieurs républicains protestèrent contre la prétention que semblait afficher M. Louis Blanc de représenter, à lui seul, la cause populaire : « Nous sommes *tous* ici pour le peuple et pour défendre ses droits! » lui criait-on ; et comme il continuait à développer son thème sans s'interrompre, il arriva que l'Assemblée entière se levant impatiemment, l'on entendit ces cris, partis à la fois de tous côtés : *Vous n'avez pas le monopole de l'amour du peuple! nous sommes tous ici pour la question sociale; nous sommes tous venus au nom du peuple : toute l'Assemblée est ici pour défendre les intérêts du peuple.*

A mesure que M. Louis Blanc parlait, le malentendu et l'irritation allaient croissants; aussi, sa proposition fut-elle unaniment rejetée. Néanmoins, tout en repoussant avec quelque dureté les prétentions d'un socialiste, l'Assemblée écoutait avec sympathie, pendant ce débat, des paroles favorables au socialisme.

Il fut établi par plusieurs orateurs, sans que personne vînt y contredire ou parût s'en étonner, « *que la question sociale dominait dans toutes les intelligences, non-seulement en France, mais en Europe.* »

On insista sur le *profond intérêt que prenait l'Assemblée à la cause que M. Louis Blanc venait défendre*. Un ouvrier dit que *les travailleurs espéraient tous en l'Assemblée; que l'Assemblée pouvait avoir confiance dans le peuple.* M. Freslon affirma que *l'Assemblée poserait nécessairement toutes les grandes bases de l'organisation du travail. Si elle ne le faisait pas*, ajouta-t-il avec l'accent d'une conviction sincère, *la France la mépriserait; elle serait maudite par la postérité* (1).

En votant enfin, à l'unanimité, l'*enquête sur l'amélioration du sort des travailleurs industriels et agricoles*, l'Assemblée tint à bien marquer que, si elle écartait en la personne de M. Louis Blanc le système particulier d'un socialiste, elle n'entendait aucunement condamner l'esprit général du socialisme.

Et cela était vrai jusqu'à un certain point.

La révolution faite par le peuple était trop récente pour qu'on imaginât de nier qu'il dût en retirer les fruits. On avait vu le peuple grand, on s'exagérait sa force; pour les révolutionnaires de 1830, la force et le droit c'était tout un. Il était donc admis, comme une vérité incontestable, qu'on devait quelque chose au peuple victorieux. Les uns par peur, le plus grand nombre par un sentiment d'équité mêlé de repentir, d'autres par politique, estimaient juste et croyaient nécessaire de tenir, en partie du moins, les promesses de Février; si l'on différait d'opinions, ce n'était encore que sur l'interprétation plus ou moins large qu'il convenait de donner à ces promesses. Qu'il y eût déjà, comme je l'ai indiqué, chez la plupart des membres des anciennes assemblées, une intention sourde de reprendre peu à peu avec le temps, dans la mesure où cela serait possible, les concessions arrachées par la nécessité, cela n'est guère douteux; mais ces velléités de réaction étaient paralysées par la majorité républicaine, et vraisemblablement elles seraient demeurées impuissantes sans les fautes parlementaires de la *Montagne*, sans les extravagances des feuilles ultra-révolutionnaires, sans les outrages et les provocations des meneurs de la place publique.

Depuis l'ouverture de l'Assemblée, ces meneurs cherchaient un prétexte pour convoquer les masses populaires. Les échecs réitérés de l'émeute dans ces tentatives contre le gouvernement provisoire ne les avaient pas découragés. Pour les hommes de cette trempe, il semble y avoir, dans une certaine ivresse causée par la fermentation des esprits et par le tumulte des foules, un attrait de même nature et tout aussi irrésistible que l'ivresse des liqueurs fortes; ceux qui sont possédés de cette soif maladive, s'irritent d'autant plus qu'ils la satisfont davantage. Ils avaient compté, pour entraîner le peuple, sur le rejet

---

(1) Voir, au *Moniteur*, séance du 10 mai, les discours de MM. de Falloux, Peupin, Freslon, etc.

de la proposition de M. Louis Blanc; mais, lorsqu'ils virent que la question du *ministère du travail* n'agitait qu'une faible partie des ouvriers, ils épièrent une occasion meilleure : elle ne devait pas se faire attendre.

Les interpellations sur les affaires de la Pologne, mises à l'ordre du jour du 15 mai, occupaient la population; on pensa qu'elles y produiraient une émotion naturelle, assez générale pour qu'on pût espérer, à l'aide d'excitations dans les clubs et dans la presse, de pousser les masses à quelque extrémité. Le calcul ne manquait pas de justesse. Aucune cause ne fut jamais populaire en France à l'égal de la cause polonaise. Pendant les guerres du Consulat et de l'Empire, il s'était établi, entre nos soldats et les soldats polonais, une complète fraternité d'armes. L'enthousiasme pour Napoléon n'était pas moins vif en Pologne qu'en France. On trouvait l'image de l'Empereur aussi fréquemment dans les chaumières les plus reculées de la Lithuanie que l'image de Poniatowski dans la demeure des paysans de la Loire. La *Varsovienne* de M. Delavigne n'avait pas été chantée avec moins de passion dans nos rues que la *Parisienne* (1). En 1831, les chansons de Béranger se vendaient par milliers au profit d'un comité polonais formé dans les bureaux du *National*, sous la présidence de la Fayette, et le plus illustre des républicains français s'intitulait avec complaisance : « Premier grenadier de la garde nationale de Varsovie ».

En vain les ministres de Louis-Philippe auraient-ils voulu empêcher les Chambres de déclarer chaque année, dans l'adresse au roi, qu'elles faisaient des vœux sincères pour le rétablissement de la nationalité polonaise;

---

(1) On se rappelle ces vers célèbres de C. Delavigne :

A nous Français! les balles d'Iéna,
Sur nos poitrines, ont inscrit nos services;
A Marengo le fer les sillonna,
De Champ-Aubert comptez les cicatrices.
Vaincre et mourir ensemble autrefois fut si doux!
Nous étions sous Paris... Pour de vieux frères d'armes
N'aurez-vous que des larmes?
Frères! c'était du sang que nous versions pour vous!

elles n'en eussent pas moins persisté dans cette déclaration, suivant en cela le courant de l'opinion publique.

Les discours et les écrits du général Lamarque, de MM. Mauguin, de Lamennais, de Montalembert; les cours de M. Mickiewicz au Collège de France, empêchaient le courant de se ralentir. Enfin, les émigrés polonais du parti démocratique s'étaient en toute occasion mêlés à nos troubles civils; la plupart étaient même affiliés aux sociétés secrètes et vivaient en relations étroites avec nos plus ardents révolutionnaires.

La révolution de Février vint raviver les espérances communes. Les jeunes gens des écoles applaudirent avec enthousiasme un de leurs professeurs les plus célèbres, lorsqu'il peignit en traits mystiques du haut de la chaire « cette *France du Nord*, ce *Christ des nations*, cette Pologne qu'il avait rencontrée debout et vivante au milieu de nos barricades, et dont il avait touché du doigt les plaies saignantes (1). » Quand, à peu de jours de là, une députation des Polonais émigrés se rendit à l'Hôtel-de-Ville pour demander au gouvernement provisoire des secours et des armes, elle fut accueillie sur son passage par les démonstrations de la sympathie la plus vive.

Aussi, le désappointement fut-il extrême lorsque M. de Lamartine, chargé de répondre aux Polonais, en sa qualité de ministre des affaires étrangères, repoussa leur demande et leur déclara, avec quelque sévérité d'accent, qu'il entendait rester fidèle à la politique de son manifeste; que la France ne permettrait volontairement aucun acte d'agression contre les nations germaniques, et qu'elle se réservait l'appréciation de la *cause*, des *moyens* et de *l'heure* de son intervention dans les affaires de l'Europe.

A cette déclaration, des murmures éclatèrent. L'un des députés s'emporta en paroles

---

(1) Voir le discours d'ouverture du cours de M. Quinet, à la Sorbonne. (*Moniteur*, 10 mars 1848.)

inconvenantes, qu'il rétracta aussitôt. Mais, à partir de ce jour, les Polonais travaillèrent activement à dépopulariser M. de Lamartine; comme ils pensaient qu'un gouvernement plus révolutionnaire leur serait plus favorable, ils s'employèrent sans relâche à fomenter dans les masses l'irritation contre le pouvoir exécutif et contre l'Assemblée.

Assurément, l'émigration polonaise exigeait trop en voulant que la France fît de la réorganisation de la Pologne une condition absolue de paix ou de guerre; mais l'instinct n'était pas trompeur, qui l'avertissait que la Pologne allait être encore une fois abandonnée. Non-seulement M. de Lamartine, qui conduisait seul alors les négociations diplomatiques et à qui l'envoyé de France, M. de Circourt, peignait sous les couleurs les plus défavorables l'état des populations polonaises, ne croyait pas les Polonais en mesure de reconquérir leur indépendance; mais encore il mettait une sorte d'amour-propre mal entendu à rassurer sur ce point les puissances monarchiques et à leur bien expliquer qu'il ne prétendait à rien de pareil. Il se flattait, c'était la pente invincible de son esprit, d'obtenir par voie d'insinuation, pour les provinces polonaises, en faisant valoir auprès de leurs souverains respectifs des considérations tirées non de l'intérêt, mais de la justice, la plus grande somme possible de libertés administratives. Il attendait particulièrement du roi de Prusse, dont il ne suspectait pas la bonne foi et dont il recherchait l'alliance, des concessions importantes.

Les instructions données dans ce sens à M. de Circourt furent suivies ponctuellement et sans doute exagérées. Le choix même d'un agent dont les opinions monarchiques et aristocratiques étaient notoires fut une faute; car, plus un tel agent serait consciencieux, plus il trahirait, sans le vouloir, une cause qui n'avait pas ses sympathies et dont le triomphe, qu'il ne souhaitait pas, devait lui paraître impossible.

Le roi de Prusse, en effet, dès qu'il eut entendu le langage de l'envoyé français, comprit qu'il n'était pas sérieusement menacé et qu'il en serait quitte pour quelques concessions apparentes. Le ministre de Russie à la cour de Berlin, M. de Meyendorff, le fortifia dans cette pensée. Il lui montra la Pologne russe, occupée par les troupes de l'empereur, hors d'état de s'insurger; Cracovie, révoltée un moment et presque aussitôt réduite (1); la France, enfin, hésitante et arrêtée dans son élan par un gouvernement sans vigueur; il l'engagea à temporiser, à équivoquer, à ruser : c'était la politique naturelle de Frédéric-Guillaume.

L'insurrection de Berlin, dont le premier acte a été la délivrance de Mieroslawski et de ses compagnons, enfermés à la prison d'État, avait arraché au roi la promesse de la réorganisation nationale et de la liberté intérieure du grand-duché de Posen. Pour procéder à la réalisation de cette promesse, une commission composée d'Allemands et de Polonais s'était aussitôt installée dans l'Hôtel-de-Ville de Posen. Son premier soin fut d'organiser la garde nationale. Des masses considérables de bourgeois et de paysans s'armèrent, et, au nombre de 20,000 environ, ils se concentrèrent sur différents points du territoire.

Le général Willisen, nommé commissaire royal, fut envoyé en Posnanie pour prévenir les conflits et procurer, par tous les moyens, la réorganisation pacifique du grand-duché. La mission était difficile. Le parti allemand, qui occupait toutes les places, tous les emplois, à l'exclusion des Polonais, et qui avait tout à perdre au triomphe de la nationalité polonaise, lui suscita mille obstacles. Le gé-

(1) Le conflit entre le comité polonais et les autorités autrichiennes s'engagea à l'occasion d'une colonne d'émigrés qu'on avait arrêtée à la frontière. M. Kricq, représentant le commissaire aulique, dut céder à la violence et révoquer ses ordres. Mais, le lendemain, les soldats provoquèrent la population et commencèrent le combat; battus dans les rues par une poignée d'hommes sans armes, réfugiés au château, ils bombardèrent la ville et lancèrent tant de fusées à la grève, qu'au bout d'une demi-heure il y avait déjà vingt maisons en proie à l'incendie; il fallut capituler. Le comité se retira et les émigrés furent contraints de quitter la province.

néral des troupes prussiennes, Colomb, cernait les camps des volontaires polonais et menaçait d'en finir avec eux par un coup de main. Enfin, les Juifs, qui forment environ un vingtième de la population, se prononçaient pour les Allemands.

Malgré ces difficultés extrêmes, le général Willisen, plein de zèle et de sympathie pour la cause polonaise, parvint à faire conclure, le 11 avril, à Jaroslawicz, une convention qui garantissait au duché une armée et une administration distinctes. Dans le même temps, Frédéric-Guillaume faisait annoncer à M. de Lamartine que les émigrés polonais étaient autorisés à rentrer dans leurs foyers. Tout paraissait aller au gré des patriotes, mais leur joie devait être de courte durée.

Les autorités civiles et militaires du grand-duché protestèrent contre la convention de Jaroslawicz. Le parti allemand se souleva contre le général Willisen, intrigua à Berlin, et obtint sans peine du roi, déjà revenu de sa première frayeur, qu'il désavouât Willisen et qu'il rendît un décret par lequel les districts limitrophes du grand-duché étaient exclus de la convention, et par lequel aussi était ordonné dans tout le grand-duché un nouveau recensement des populations mixtes. Il était convenu que les districts peuplés en majeure partie de Polonais seraient administrés d'après les principes des réformes récemment concédées; ceux où les Allemands se trouveraient en majorité, devaient être réunis à la Confédération germanique. Ce nouveau recensement ne fut qu'une insigne tromperie. Les employés prussiens, qui en furent chargés dans les campagnes, surprirent la bonne foi des paysans en leur persuadant qu'il s'agissait de les affranchir de tout impôt. On parvint de la sorte à réunir un nombre considérable de signatures au bas de l'acte d'adhésion à la Confédération germanique; plus des deux tiers de la Posnanie furent ainsi frauduleusement enlevés à la Pologne.

Cependant le général Colomb, malgré l'exécution ponctuelle de la convention de Jaroslawicz par les volontaires polonais qui s'étaient dissous, à l'exception de ceux qui devaient être incorporés dans l'armée, s'irritait du voisinage des camps. Croyant avoir bon marché de ces recrues nouvelles, les Prussiens attaquèrent inopinément le camp de Ksionz, et, après une lutte terrible, où les paysans, armés de faux et de fourches, se battirent héroïquement, les Polonais cédèrent au nombre, la ville de Ksionz fut prise et réduite en cendres. Le major Dembrowski perdit la vie; des cruautés atroces furent exercées sur les paysans par la soldatesque (1). A peu de jours de là, Mieroslawski, attaqué par le général Blumen au camp de Miloslaw, prit une revanche signalée; mais, malgré des efforts prodigieux, il ne put soutenir longtemps une lutte trop inégale; le général Pfuel, commissaire du roi en remplacement du général Willisen, entra le 5 mai à Posen, y proclama la loi martiale, et fit enfermer Mieroslawski dans la citadelle. Une nouvelle ordonnance, qui incorporait arbitrairement Posen et dix-huit districts à la Confédération allemande, mit à néant les espérances de la Pologne.

Cependant les colonnes d'émigrés partis de France et d'Allemagne arrivaient à Breslau, à Magdebourg; un grand nombre étaient déjà à Cracovie.

En y voyant entrer les régiments autrichiens qui s'étaient concentrés sans bruit, depuis quelque temps, autour de la ville, le comité national préposé pour veiller à la chose publique s'alarma; il se rendit auprès du commissaire autrichien pour lui demander des explications au sujet des émigrés. Le commissaire fit des réponses évasives; le soir même, on apprit qu'une colonne d'émigrés venait d'être arrêtée à la frontière, et le bruit se répandit qu'ils allaient être livrés à la Russie. A ce bruit, le peuple et la garde nationale courent aux armes, l'insurrection éclate; mais les Autrichiens, maîtres du château, bombar-

---

(1) Afin de reconnaître ces paysans s'ils venaient à s'insurger encore, on leur coupait les oreilles et on leur faisait des marques sur les bras avec du nitrate d'argent.

dent la ville; alors les émigrés polonais envoient des parlementaires au général autrichien, qui promet l'amnistie aux habitants, à la condition expresse que tous les émigrés rentrés quitteront sous trois jours le sol polonais.

Quelques-uns de ces *rendus à la patrie*, comme on les appelait, repartirent pour Paris, où ils arrivèrent dans les premiers jours de mai.

A l'aspect de leur détresse, au récit de leurs souffrances, à la peinture des villes et des villages incendiés, saccagés, des populations passées au fil de l'épée, on s'émeut; les murailles se couvrent d'appels à la fraternité des peuples; sous le titre de *Bulletin de Posen*, un placard reproduit, dans les termes les plus véhéments, les griefs de l'émigration polonaise contre M. de Lamartine; on parle de faire une manifestation et de porter processionnellement à l'Assemblée une pétition pour lui demander le rétablissement de la Pologne.

Ce fut le point de départ, le but ostensible de cette fameuse journée du 15 mai, comparée par la presse du temps à l'insurrection de prairial, et dont les éléments, beaucoup plus mêlés encore que ceux des manifestations du 17 mars et du 16 avril, n'ont pas été jusqu'ici suffisamment connus. Il importe de nous en rendre compte. Bien que confuse à son origine, ridicule dans son issue, équivoque par les mains suspectes qui en tenaient les principaux fils, l'émeute du 15 mai a malheureusement exercé sur les destinées du pays une influence considérable. Elle a ébranlé les bonnes dispositions de l'Assemblée, en remuant sous ses yeux les bas fonds de la démagogie; elle a fourni au parti de la contre-révolution un premier fait, mais énorme, à tourner contre le peuple. Elle va nous montrer enfin, et ce sont là des vérités utiles à méditer dans les sociétés démocratiques, comment, sous l'action de vils meneurs, se travestissent les sentiments populaires les plus honnêtes; comment, dans les mouvements révolutionnaires, des personnages subalternes usurpent aisément les principaux rôles et précipitent le peuple, sans qu'il le veuille, même qu'il le sache, dans des actes contraires à sa moralité et funestes à ses intérêts véritables.

A entendre les explications contradictoires des partis, qui ne s'inquiètent guère de la vérité historique, la journée du 15 mai fut, selon les uns, un vaste complot ourdi par MM. Barbès, Louis Blanc, Caussidière, avec l'assentiment de M. Ledru-Rollin et la tolérance de M. de Lamartine, pour renverser l'Assemblée et remettre le gouvernement du pays à une dictature révolutionnaire; selon les autres, cette prétendue émeute ne fut qu'une ignoble machination de police, un piège tendu aux démocrates socialistes pour se défaire des principaux d'entre eux (1): dans cette dernière hypothèse, l'invention du piège est attribué tantôt à M. Marrast, tantôt à M. Buchez, tantôt encore à M. de Lamartine.

De chacune de ces explications si opposées, on peut tirer, selon moi, une parcelle de vérité.

M. Barbès, qui s'était refusé à voter que le gouvernement provisoire avait *bien mérité de la patrie*; MM. Louis Blanc et Albert, qui s'étaient vus exclus de la commission exécutive, et à qui l'on refusait la création d'un *ministère du travail*; M. Pierre Leroux, qui avait conseillé au gouvernement provisoire de casser les élections et de refaire la loi électorale, formaient dans Paris, et dans l'Assemblée même, un parti également hostile au pouvoir exécutif et au pouvoir législatif, et qui, favorable en principe à l'intervention directe du peuple dans les affaires politiques, l'approu-

---

(1) Voir, entre autres, au *Procès de Bourges*, la défense de M. Raspail, qui appelle la journée du 15 mai : « Un vaste coup de filet jeté dans le bourbier de l'Hôtel-de-Ville, pour prendre certains hommes, dont la droiture et la probité étaient aussi à craindre que leur dévouement à la République. »

C'était là également l'opinion de MM. Pierre Leroux et Cabet.

vait ou le désapprouvait uniquement, selon qu'elle avait ou non des chances propices.

De son côté, la fraction la plus avancée du gouvernement, M. Ledru-Rollin, M. Caussidière et même M. de Lamartine, se sentant menacée déjà par les anciens partis dynastiques, accusait l'Assemblée de mollesse et pensait parfois qu'il pourrait être utile de la ranimer un peu en lui rappelant, au moyen de quelque *pression extérieure*, c'est ainsi que par euphémisme on désignait alors l'émeute, la force populaire qu'elle mettait trop en oubli.

Enfin, le parti de la République qu'on appelait bourgeoise, MM. Marrast, Buchez et d'autres, ne trouvait nul danger et voyait quelque avantage à une manifestation inoffensive qui lui permettrait d'intervenir comme régulateur entre le socialisme, dont on écarterait les chefs compromettants, et les dynastiques, que l'on protégerait contre les prolétaires, mais en leur faisant bien sentir ce qu'ils en avaient encore à craindre.

Entre ces politiques incertaines, diverses, compliquées, et le peuple, qui voulait naïvement voler au secours de la Pologne, s'agitaient, allant de l'un à l'autre, une foule de ces brouillons turbulents, de ces personnages ambigus, entremetteurs de troubles civils, un pied dans la police, un pied dans l'émeute, que personne n'avoue, qui dupent tout le monde et semblent parfois étourdis par leur propre bruit au point de se duper eux-mêmes. Ce furent ceux-là qui prirent, dans la journée du 15 mai, le rôle actif et qui lui imprimèrent un caractère si douteux que tous les partis s'y sont crus joués et se renvoient encore aujourd'hui, avec quelque apparence de vérité, les accusations de provocation et de perfidie.

Le président du *Comité centralisateur*, l'ancien détenu politique Huber, fut l'organisateur principal de la manifestation. Malgré ses antécédents fort suspects (1), Huber, depuis le 24 février, avait repris dans le parti républicain une certaine importance. Il avait renoué son ancienne intimité avec MM. Barbès et Marrast (1); il était entré en rapports avec M. Carlier et voyait même M. de Lamartine, qui se servait volontiers de ces sortes d'agents, les supposant plus influents et plus dociles qu'ils ne l'étaient en réalité. Captif pendant dix-sept ans dans les prisons d'État, Huber se croyait des droits à la reconnaissance publique, et très-irrité d'avoir échoué aux élections du département d'Indre-et-Loire, il sollicitait de la commission exécutive la place d'intendant du domaine du Raincy, en insinuant qu'il dépendait de lui de faire ou de défaire à son gré une émeute populaire. Le 14 mai au soir, comme il pérorait dans son club, où il venait d'annoncer définitivement pour le lendemain la manifestation déjà plusieurs fois ajournée, on lui remit, sous un pli de l'Hôtel-de-Ville, sa nomination, que M. Marrast venait de faire signer au conseil. « C'est trop tard! » murmura Huber, tout en continuant sa harangue. Il était trop tard, en effet, pour prévenir la manifestation, mais il était temps encore de la faire avorter, et c'est à quoi il s'employa, dès ce moment, de tous ses moyens.

Depuis plusieurs jours, M. Buchez était averti qu'il se préparait quelque chose, et l'Assemblée qui, dès les premiers jours de sa réunion, avait pourvu à sa sûreté en investissant son président du droit de requérir la force armée, voulut parer plus complètement encore au danger d'une invasion tumultuaire, en rendant un décret qui interdisait l'apport des pétitions à sa barre.

plot de Steuble et de mademoiselle Grouvelle, fut soupçonné de les avoir trahis et, enfin, à peu près convaincu d'avoir, depuis cette époque, fourni au gouvernement de Louis-Philippe des renseignements sur le parti républicain. (Voir les débats du *Procès de Bourges* et particulièrement la déposition du témoin Monnier. — Voir aussi, dans les journaux du mois de janvier 1852, la demande en grâce qu'Huber adresse de Belle-Isle au prince Louis-Napoléon Bonaparte.)

(1) Il a été établi (affaire Hardouin), qu'après le 15 mai, Huber a continué de voir M. Marrast et qu'il a touché six cents francs de la commission des récompenses nationales, sur les secours destinés aux blessés de février.

---

(1) On se rappelle que Huber, condamné en 1836 à cinq ans de prison, obtint du roi une commutation de peine; qu'il partit pour Londres à la fin d'août 1837, entra dans le com-

LEDRU-ROLLIN.

Cependant on s'était rassuré, parce qu'à plusieurs reprises le jour annoncé pour une manifestation s'était écoulé dans le plus grand calme. Ainsi, le 9 mai, comme la douzième légion, commandée par M. Barbès, montait la garde au palais Bourbon, on avait convoqué la onzième, pour déjouer le complot et pour attendre de pied ferme la pétition; mais personne n'avait paru. Le 13 encore, une procession d'ouvriers, venue de la Bastille, aux cris de : Vive la Pologne! et signalée comme très-dangereuse, s'était arrêtée à la place de la Madeleine, et, malgré la présence de M. Blanqui, elle avait remis paisiblement sa pétition à M. Vavin, envoyé à sa rencontre par l'Assemblée. D'ailleurs, on comptait toujours sur les ateliers nationaux, dont M. Émile Thomas vantait le bon esprit, et qu'il proposait de mêler, en cas de besoin, aux masses populaires pour les envelopper et les détourner d'une agression violente.

Toutefois, le lendemain 14, en voyant sur les murs de Paris, une lettre de convocation signée Huber et Sobrier, qui fixait le rendez-vous populaire pour le 15 au matin, à la Bastille, le président de l'Assemblée et la commission exécutive concertèrent quelques mesures pour le cas où le mouvement prendrait un caractère séditieux. Le général Courtais réclama avec beaucoup d'insistance le commandement en chef de toute la force armée, et, ayant réuni dans la soirée les colonels des légions, il leur ordonna de convoquer dans chaque mairie mille hommes de réserve pour défendre, si cela devenait urgent, les abords de la Chambre. La réserve de la première légion, commandée par M. de Tracy, devait occuper la place de la Concorde, afin d'interdire le passage aux colonnes des pétitionnaires ; le général Foucher, commandant de la première division, eut ordre de se tenir à l'École militaire, prêt à marcher avec toutes les troupes disponibles ; mais il ne devait sortir que si l'attaque était sérieuse et ne faire agir la troupe que dans le cas d'une nécessité absolue.

Sur l'ordre de M. Buchez, un bataillon de la garde mobile était chargé de garder le pont de la Concorde ; deux autres bataillons devaient se placer dans le jardin du palais ; un quatrième devait stationner sur l'esplanade des Invalides. En même temps, la commission exécutive faisait afficher sur les murs une proclamation contre les attroupements.

Ces précautions semblaient plus que suffisantes, car, dans tous les rapports envoyés le 14 de la préfecture de police, M. Caussidière annonçait que la manifestation serait pacifique. Il répondait des hommes qui la conduisaient : ses agents, d'ailleurs, disait-il, mettraient la main sur Blanqui et sur Sobrier au premier signal ; il répondait de tout enfin, à une seule condition : *c'est que l'on ne ferait pas battre le rappel*. C'était aussi l'opinion de M. Marrast, qui ne considérait pas la chose comme grave. MM. de Lamartine et Ledru-Rollin, qui avaient donné leurs instructions à Sobrier, ne concevaient non plus aucune inquiétude. Il n'y avait pas lieu, en effet, de s'alarmer : on était loin déjà du 17 mars ; l'impulsion révolutionnaire était sensiblement ralentie ; on ne sentait plus ni direction ni concert dans les agitations populaires. A mesure que l'heure approchait, les meneurs, troublés ou gagnés, changeaient de langage. Les véritables chefs du parti révolutionnaire ou bien se prononçaient contre la manifestation ou bien restaient indécis. Dans son journal le *Représentant du peuple*, M. Proudhon tançait rudement *les fades humanitaires, les clubistes sans cervelle*, qui projetaient une manifestation. M. Barbès la désapprouvait, y soupçonnant la main de Blanqui, et faisait jurer à Huber que du moins elle se ferait sans armes. M. Cabet avait décidé que son club n'y paraîtrait pas. A la réunion qui eut lieu chez M. Louis Blanc, et où se trouvaient MM. Greppo, Detours, Thoré, on reconnut qu'une manifestation, en tête de laquelle on verrait figurer des brouillons tels que Sobrier, Laviron, Flotte, des personnages énigmatiques tels que Borme, Quentin, Degré, était extrêmement dangereuse : on convint, en conséquence, qu'il fallait s'efforcer d'en dissuader le peuple.

M. Blanqui lui-même, qui n'augurait pas favorablement d'une tentative si mal combinée, combattait dans son club les excitations de plusieurs orateurs qui parlaient d'aller *nettoyer les écuries d'Augias*, et il promettait à M. de Lamartine de dissoudre la manifestation s'il ne parvenait pas à la contenir.

Quant à M. Raspail, tout en cédant aux passionnés de son club, qui avaient exigé qu'il rédigeât une pétition pour la Pologne, il avait bien établi qu'il fallait se borner à produire une *impression morale*, et à s'assurer du droit révolutionnaire d'apporter les pétitions à la barre de l'Assemblée. Enfin, dans un dernier conciliabule tenu le 15, à une heure du matin, au boulevard Bonne-Nouvelle, entre les plus déterminés clubistes et sectionnaires, il avait été arrêté, après une discussion très-vive, qu'il fallait empêcher la manifestation, parce qu'elle était conduite par Huber, dans un but hostile à M. Ledru-Rollin, sous la direction occulte de M. Marrast et des modérés de l'Assemblée.

Parmi les ouvriers, le plus grand nombre étaient d'une bonne foi parfaite dans l'expression de leurs sympathies pour la Pologne et ne songeaient aucunement à renverser le gouvernement, encore moins à chasser l'Assemblée. Ce fut par les cris de : Vive la Pologne ! vive la République ! que les corporations, les clubs et les délégués du Luxembourg se saluèrent en arrivant, le 15 mai, à dix heures du matin, sur la place de la Bastille. Ils se rangèrent dans le plus grand ordre et se mirent lentement en marche par les boulevards. Huber et Sobrier conduisaient la colonne, où l'on voyait flotter, entre les soixante-dix bannières des ateliers nationaux, les drapeaux des nations étrangères ornés de rubans, de fleurs et de feuillages. Une foule de curieux affluaient dans les contre-allées et se montraient l'un à l'autre l'aigle de la Pologne, la harpe de l'Irlande, les trois couleurs italiennes ; beaucoup de gardes nationaux des provinces, venus pour assister à une fête que l'Assemblée devait donner le 13, et qu'on avait ajournée dans la crainte qu'elle ne fournît une occasion à l'émeute (1), s'étaient joints au cortége, bannières déployées. L'on n'entendait que de joyeux propos. « Nous allons faire une visite à nos commis, » disaient les uns ; « Ce soir, nous partons pour la Pologne, » disaient les autres. Un soleil radieux éclairait la procession populaire, ondoyante comme un long serpent auquel venaient, de distance en distance, s'ajouter de nouveaux anneaux. M. Raspail, disposé à voir partout la main de la police, était resté, lui et son club, tout à l'extrémité du cortège, afin de ne prendre part que le moins possible à ce qui s'allait passer. Mais bientôt, comme la tête de la colonne approchait de la Madeleine, des émissaires d'Huber et de Sobrier accourent lui dire que le désordre se met dans les rangs ; que la pétition que portait Huber est égarée ; qu'on demande la sienne ; que lui seul enfin peut rétablir le calme et le silence qui conviennent, en une telle circonstance, à la dignité du peuple.

M. Raspail se laisse persuader. Arrivé sur la place de la Madeleine, il ne reconnaît plus la manifestation telle qu'il l'avait vue à la Bastille. De nouvelles bandes sont survenues ; des hommes qu'il ne connaît pas, montés sur des bornes et sur des bancs, haranguent le peuple et l'excitent ; les rangs sont brisés ; il aperçoit des visages suspects ; il entend avec surprise les cris de : Vive Louis Blanc ! Vive l'organisation du travail ! se mêler aux cris de : Vive la Pologne ! Tout à coup on voit paraître le général Courtais ; on entoure son cheval, on le salue du cri de : Vive le général du peuple ! Le vieux général, qui a la folie de la popularité, salue à son tour, sourit, parle à la foule ; il promet qu'une députation de délégués sera admise à l'Assemblée pour y présenter la pétition et que la colonne populaire défilera devant le péristyle du palais ; puis il retourne vers le pont de la Concorde. Chacun affirme qu'il va donner l'ordre à la troupe de ne pas s'opposer au passage du peuple, et l'on voit, en effet, presque aussitôt, un mouvement de la garde mobile qui met la baïonnette dans le fourreau.

Néanmoins, la multitude hésite à s'approcher du pont ; elle semble avoir le sentiment confus que, si elle le traverse, elle sera entraînée au delà de ce qu'elle a entendu faire ; on dirait qu'elle comprend que franchir cette dernière limite, ce sera en quelque sorte insulter à l'Assemblée nationale. Mais à ce moment décisif une voix stridente crie : *En avant !* C'est Blanqui qui commande. En voyant la manifestation si nombreuse et les apprêts de la défense si peu redoutables, il a pris confiance dans le succès. Son instinct révolutionnaire l'emporte ; son club le suit avec entraînement ; l'ébranlement est donné, la foule passe le pont, se répand sur les quais ; une partie escalade les grilles du péristyle sous les yeux de la garde mobile qui rit de ce tumulte ;

---

(1) Dès le 11 mai, en effet, les délégués du Luxembourg avaient déclaré qu'ils n'assisteraient pas à la fête, parce que l'Assemblée nationale avait manqué aux promesses du 25 février.

l'autre se presse, par la rue de Bourgogne, vers la place sur laquelle donne l'entrée principale du palais : la représentation nationale est à la merci du caprice populaire.

La séance s'était ouverte à l'heure accoutumée ; rien n'indiquait dans l'aspect de la salle qu'on s'attendît à quelque événement. Les tribunes étaient garnies de femmes élégantes et de curieux auxquels la pensée d'un danger quelconque n'était pas venue.

Par une coïncidence singulière, cette séance, qui allait devenir si orageuse, s'ouvre par une protestation contre *le bruit des affaires publiques* (1). Béranger, le chansonnier-philosophe, en adressant pour la seconde fois sa démission à l'Assemblée, la supplie de *le rendre à l'obscurité de la vie privée*. Après la lecture de cette lettre et l'acceptation de cette démission, on entend les interpellations de M. d'Aragon sur les affaires d'Italie.

M. Bastide, mis en demeure de se prononcer sur la conduite que le gouvernement veut tenir, répond avec embarras ; il pose bien en principe que la *France, par sa position géographique et son génie national, doit être à la tête d'une fédération de peuples libres* ; *il affirme que c'est là son avenir et celui de l'Europe* ; il fait bien la déclaration obligée, que les traités de 1815 n'existent plus ; il ajoute même que la carte de l'Europe, telle que ces traités odieux l'ont faite, est aujourd'hui une *lettre morte ;* mais il se hâte de conclure que *ce n'est pas à la France seule qu'il appartient de la refaire ;* il fait entrevoir dans *un avenir indéfini un congrès européen ;* il insiste surtout très-particulièrement sur la force que la République doit puiser dans sa *modération et dans sa sagesse.*

Une pareille réponse ressemble beaucoup à une défaite. M. d'Aragon le comprend ainsi, car il remonte à la tribune pour mieux préciser sa question et demande très-explicitement : *Si le gouvernement emploie les moyens nécessaires pour obtenir des concessions de l'Autriche, et s'il est insuffisamment préparé dans le cas où l'Italie demanderait une intervention.* » Comme ces mots étaient prononcés, M. de Lamartine prenait place à son banc. Il venait de parler à voix basse au président, l'avait instruit de ce qui se passait au dehors, en l'engageant à prendre au plus vite des mesures pour prévenir un désordre populaire. Ce n'était pas le moment de traiter à fond une question diplomatique ; aussi M. de Lamartine, ajournant à une séance prochaine les explications, cède-t-il la tribune à M. Wolowski pour les interpellations annoncées sur les affaires de la Pologne.

Déjà des bruits alarmants circulent ; on dit qu'une grande masse de peuple remplit la place de la Concorde ; qu'elle avance ; qu'elle semble vouloir se porter vers la Chambre : une certaine agitation se peint sur les physionomies ; l'orateur lui-même n'en est pas exempt ; il voit qu'il n'est guère écouté, et, tout en prononçant quelques banalités sur le dévouement de l'Assemblée à la cause polonaise, il prête l'oreille, il entend au loin des clameurs... Voulant cependant faire bonne contenance et rappeler à lui l'attention, M. Wolowski enfle sa voix, multiplie ses gestes : « Non, la Pologne n'était pas morte ! s'écrie-t-il avec force, elle sommeillait seulement... » Au même instant, et comme pour lui répondre, un cri retentissant de : « Vive la Pologne ! » s'élève dans l'air. L'orateur se tait ; chacun garde le silence ; tous les yeux se portent vers le questeur Degousée qui entre précipitamment et s'élance à la tribune : « L'enceinte de l'Assemblée, dit-il d'une voix entrecoupée par l'émotion, va être envahie ; l'émeute est aux portes. Le commandant en chef de la garde nationale, contrairement aux ordres des questeurs, a fait mettre à la garde mobile la baïonnette dans le fourreau. » Une stupeur profonde accueille cette nouvelle ; mais on n'a pas le temps d'en demander l'explication. A la rumeur confuse de la masse populaire répandue dans les cours succède le bruit distinct des pas et des voix dans les escaliers, dans les

---

(1) Voir la lettre de Béranger, *Moniteur* du 16 mai.

corridors; les portes des tribunes hautes s'ouvrent avec fracas; on voit apparaître les bannières du peuple. » En place! » crient les huissiers. Par un mouvement spontané, les représentants qui s'étaient levés se rasseoient; ils restent silencieux, immobiles; leur attitude est pleine de dignité.

Les premiers dans la masse populaire qui, du haut des tribunes envahies, voient ce spectacle nouveau pour eux, sont saisis d'étonnement et comme intimidés; ils baissent la voix, se rangent avec précaution dans les tribunes, en s'excusant auprès des personnes qui les occupent (1); ils disent qu'ils n'ont aucune intention mauvaise, et ils semblent, en effet, disposés à jouir du spectacle, nouveau pour eux, d'une discussion parlementaire, plutôt qu'à chasser les représentants. Mais le flot qui monte derrière eux les presse; la foule déborde; les tribunes s'encombrent et semblent fléchir sous le poids; on se dispute les places, on s'étouffe; les femmes poussent des cris d'effroi; plusieurs hommes en blouse, autant pour dégager un peu les tribunes que pour voir de plus près les choses, se laissent glisser le long des murs en s'accrochant aux corniches, et, descendant par les petits escaliers qui divisent l'amphithéâtre, ils se mêlent aux représentants, s'asseoient aux places vides, sans se douter qu'ils commettent une énormité; puis ils entament des conversations avec leurs voisins. De leur côté, les représentants, voyant ces hommes sans armes, ces physionomies plus curieuses que menaçantes, se rassurent un peu; ils regardent ce désordre avec surprise, mais sans trop d'indignation; ils semblent se prêter à l'originalité d'une scène qui n'a rien de très-alarmant et va sans doute tout à l'heure finir d'elle-même. Le président, qui s'était couvert, se découvre pour indiquer que la séance n'est pas interrompue. Les femmes et les curieux se rasseoient dans les tribunes; tout le monde se tranquillise. Mais cette espèce de trêve ne dure pas; de nouveaux flots populaires entrent incessamment dans la salle, et l'on commence à entendre des propos inquiétants. La multitude venue par la rue de Bourgogne, trouvant la grille fermée, l'avait assiégée avec une certaine violence. Le général Courtais, qui se flattait toujours de tout apaiser par sa seule présence, va pour la haranguer; il dit qu'il brisera son épée plutôt que de jamais la tirer contre le peuple; il prie qu'on se tienne tranquille; il annonce que le président de l'Assemblée ayant consenti à recevoir la pétition des mains de vingt-cinq délégués, il va leur faire ouvrir les grilles. Mais cette harangue ne produit pas l'effet qu'il en attendait; l'irritation était grande sur ce point. Des orateurs en habits, des femmes d'une mise recherchée et qui n'étaient pas du peuple, excitaient par leurs discours à la révolte. Le tumulte avait pris là le caractère d'une sédition. A peine la grille est-elle entr'ouverte que la foule se précipite, force le passage, renverse le général Courtais qui, monté sur l'entablement, essayait encore de la contenir, et se répand dans les cours. Le petit nombre de gardes nationaux qui s'y trouvent courent aux armes; on amène des chevaux aux officiers d'ordonnance; on va et vient effaré; tout le monde crie à la fois; personne ne donne d'ordre.

Cependant les premiers qui ont forcé la grille, se poussant au hasard par les vestibules, sont entrés dans une salle sans issue. Là, ils commencent à briser les glaces, à fracasser les meubles. Le commandant du palais, M. Châteaurenaud, se présente à la porte et demande, de la part du président, les vingt-cinq délégués porteurs de la pétition. Plusieurs représentants, reconnaissant M. Ras-

---

(1) Lord Normanby, qui assistait à la séance, fut très-frappé de cette singulière courtoisie des insurgés. L'un d'eux, averti que la baïonnette dont il était armé effrayait les dames, la mit aussitôt sous une banquette. Un autre demandait avec beaucoup de politesse qu'on voulût bien lui montrer MM. de Lamartine, Louis Blanc, etc.; un autre encore, ayant lu sur le siège d'un représentant le nom de Georges la Fayette : — « C'est donc vous, monsieur, dit-il, qui êtes le fils du général la Fayette ! » Et sur la réponse affirmative du représentant : — « Ah! monsieur, quel dommage que votre pauvre papa soit mort! Comme il serait content, s'il était ici ! »

pail, que le flot populaire a poussé là, l'invitent à entrer dans l'Assemblée. Au même instant, M. de Lamartine, qui était allé avec M. Ledru-Rollin au haut du péristyle pour haranguer la foule, voyant de ce côté ses efforts complétement infructueux, revenait vers la porte de la salle dite des *Pas perdus*, afin de tenter, puisqu'il n'avait pu empêcher l'invasion du palais, de l'arrêter du moins avant qu'elle eût violé l'enceinte de la représentation nationale. Aussitôt entré dans la salle des Pas perdus, il est entouré par un groupe de clubistes. Le représentant Albert est avec eux.

« Vous ne passerez pas, leur dit M. de Lamartine, vous n'entrerez pas à l'Assemblée !

— Citoyen Lamartine, lui dit Laviron, nous venons lire une pétition à l'Assemblée en faveur de la Pologne ; nous voulons un vote immédiat, ou sinon...

— Vous ne passerez pas ! répète M. de Lamartine avec hauteur.

— De quel droit nous empêcheriez-vous de passer ? s'écrie Laviron ; nous sommes le peuple. Il y a assez longtemps que vous nous faites de belles phrases ; il faut autre chose au peuple que des phrases ; il veut aller lui-même à l'Assemblée nationale lui signifier ses volontés. »

Les bras croisés sur sa poitrine, M. de Lamartine écoutait ces propos d'un air grave et profondément triste. Son attitude pleine de noblesse, l'accent de sa voix faite pour le commandement, imposent à ces hommes égarés par la passion, mais bien intentionnés dans leur folie.

« Citoyen Lamartine, reprend Laviron, mais cette fois avec un ton de déférence très-marqué, nous vous admirons tous comme poëte ; mais vous n'avez pas notre confiance comme homme d'État. Par vos hésitations, par vos moyens dilatoires, vous perdez la Pologne. »

Pendant ce colloque, un certain nombre de personnes s'étant approchées. « Malheureux ! s'écrie une voix partie de la foule, et qui s'adressait aux clubistes, que faites-vous ? Vous faites reculer la liberté de plus d'un siècle ! »

N'espérant plus rien gagner sur des hommes visiblement hors de sens, M. de Lamartine va reprendre sa place dans l'enceinte de l'Assemblée. La chaleur était devenue suffocante ; un soleil ardent frappait sur les vitres ; la poussière des tapis, soulevée par les pas de la multitude, l'odeur des foules, y faisaient une atmosphère insupportable. La rumeur allait toujours croissant ; la confusion était inouïe ; il devenait impossible de discerner une volonté dans tout ce tumulte, de deviner une intention dans tout ce désordre.

MM. Ledru-Rollin, Clément Thomas, Barbès, tous trois ensemble à la tribune, essayent vainement de se faire écouter. M. Louis Blanc y paraît à son tour, sans plus de résultat. Enfin, M. Buchez, voyant l'inutilité de tant d'efforts, s'adresse à M. Raspail, qui se tient au pied de la tribune, sa pétition à la main : « Venez à notre aide, lui dit-il, lisez la pétition, et faites ensuite retirer cette foule. » M. Raspail obéit. Le président agite sa sonnette, mais le bruit redouble. « Qui donc écouterez-vous, s'écrie M. Antony Thouret, si vous n'écoutez pas Raspail ? » A ce nom, plusieurs représentants se lèvent et protestent du geste avec énergie. « Vous n'êtes pas représentant, s'écrient-ils ; vous n'avez pas la parole ; vous violez l'Assemblée nationale !..., »

M. Louis Blanc, debout au bureau, pensant que le moment est favorable, s'adresse de nouveau au peuple pour le conjurer de faire silence, *afin que le droit de pétition*, dit-il, *soit consacré, et pour qu'on ne puisse pas dire qu'en entrant dans cette enceinte, le peuple, par ses cris, a violé sa propre souveraineté.*

Cependant M. Raspail a commencé la lecture de la pétition, mais au milieu d'une rumeur telle que ni les membres du bureau, ni aucune des personnes les plus voisines ne sauraient entendre une seule de ses paroles. M. Raspail lit, d'ailleurs, sans accentuation, sans geste, à la manière dont on débite d'ordinaire le procès-verbal ; avec une monotonie et une lenteur calculées pour gagner du temps, pour calmer, engourdir cette foule qui lui semble, comme il l'a dit plus tard, attaquée du *tournis* (1).

A plusieurs reprises, on entend au-dessus des clameurs confuses les cris de : « Vive la Pologne! Vive l'organisation du travail! » De nouvelles masses ne cessent d'affluer du dehors; il n'y pas moins de deux mille personnes étrangères dans la salle. Des hommes de tumulte, Laviron, Borme, Flotte, Quentin, Seigneuret, Hounain, Villain, Degré, en uniforme de sapeur-pompier, Dumoulin, ont envahi le bureau; ils sont armés; ils entourent le fauteuil du président; ils se disputent la place très-exiguë, se poussent sur les degrés de la tribune, se collètent, s'apostrophent, se culbutent : c'est un spectacle des halles.

Barbès, qui n'a pas quitté la tribune, supplie le peuple de se retirer; on lui répond par le cri de : « Vive Barbès! » mais personne ne songe à lui obéir. Tout à coup, un nom est prononcé qui domine le bruit : « Blanqui! Où est Blanqui?... Nous voulons Blanqui! » Et l'on voit, porté au-dessus de la foule, hissé en quelque sorte à la tribune, un petit homme pâle, sec et grêle. Les regards se fixent sur lui. Son aspect est étrange, sa physionomie impassible; ses cheveux noirs coupés en brosse, son habit noir boutonné jusqu'au haut, sa cravate et ses gants noirs lui donnent un air lugubre. A sa vue, le silence s'établit; la foule, tout à l'heure si agitée, demeure immobile dans la crainte de perdre une seule des paroles que va prononcer le mystérieux oracle des séditions.

« Le peuple, dit Blanqui, en élevant sa voix dure et pénétrante, exige que l'Assemblée nationale décrète, sans désemparer, que la France ne mettra l'épée au fourreau que lorsque l'ancienne Pologne tout entière, la Pologne de 1792 sera reconstituée. » Puis, après avoir brièvement développé cette pensée et promis que le peuple irait en masse à la frontière sur un signe de l'Assemblée, il demande, au nom de ce peuple dévoué, *justice pour les massacres de Rouen;* il insiste pour qu'on s'occupe *immédiatement de rétablir le travail;* il parle *des causes sociales de la misère, des hommes systématiquement écartés du gouvernement.*

Ici, plusieurs voix l'interrompent : « Il ne s'agit pas de cela! s'écrie Sobrier; la Pologne! la Pologne! parle de la Pologne!... »

Blanqui, se voyant favorablement écouté et comme maître de cette multitude frémissante, avait eu la pensée, sans doute, de substituer à la question polonaise une question où le peuple fût plus directement intéressé, et de faire sortir une révolution de ce désordre sans caractère, mais il comprit aussitôt qu'il se trompait; il reprit, avec le tact que lui donnait sa longue habitude de l'émeute, la seule pensée qui passionnât en ce moment le peuple; il répéta l'injonction à l'Assemblée de déclarer immédiatement la guerre à l'Europe pour la délivrance de la Pologne.

Pendant qu'il parlait encore, M. Louis Blanc, averti qu'une foule considérable rassemblée dans la cour l'appelle à grands cris, demande au président l'autorisation d'aller haranguer le peuple afin de prévenir, s'il se peut, une invasion nouvelle. M. Buchez, sans l'y autoriser comme président, l'y engage comme citoyen. (1). M. Louis Blanc sort et va rejoindre M. Albert et M. Barbès qui, debout sur l'entablement d'une fenêtre, reçoivent une espèce d'ovation populaire. On remet à M. Louis Blanc un drapeau polonais; il se place entre ses deux amis, commence un discours, où, pour apaiser l'effervescence, il parle longuement de la souveraineté populaire, de la nécessité d'assurer en ce jour le triomphe de la cause du peuple; mais en même temps il insiste pour qu'on laisse à l'Assemblée le loisir de délibérer et pour qu'on attende avec calme le résultat de ses délibérations (2).

---

(1) Voir, au *Procès de Bourges*, la défense de M. Raspail.

(1) Voir au *Procès de Bourges*.

(2) La conduite des représentants de la Montagne fut en cette circonstance assez semblable à celle des Montagnards, à la journée de prairial, qui « sans provoquer la crise, dit Levasseur, la désiraient et se promettaient d'en profiter; » et qui, selon M. Thiers, « ne prirent la parole que pour empê-

Les cris de : Vive Louis Blanc ! Vive la République démocratique et sociale ! lui répondent.

Un groupe qui s'est formé derrière lui le saisit, l'enlève malgré sa résistance et le ramène dans l'enceinte de l'Assemblée, dont on lui fait faire le tour, porté en triomphe. Mais quel triomphe, hélas ! et combien celui qui en est l'objet paraît le subir avec confusion ! Le visage de M. Louis Blanc est d'une pâleur livide ; de grosses gouttes de sueur coulent le long de ses joues ; ses lèvres remuent comme pour parler, mais sa voix éteinte n'articule aucun son ; il fait un geste pour indiquer qu'il voudrait écrire et va tomber enfin, brisé d'émotion, sur un banc où il demeure durant quelques minutes privé de connaissance.

Pendant cette ovation si pénible, des scènes inouïes se passaient au bureau. Immédiatement après le discours de Blanqui, M. Ledru-Rollin avait proposé que l'Assemblée se déclarât en permanence, et que le peuple se retirât sous le péristyle. M. Raspail, toujours au bas de la tribune, appuie cette motion, à laquelle Flotte et quelques autres ne répondent que par des rires moqueurs ; le mot de *trahison* est prononcé : « C'est comme au 16 avril, » s'écrie-t-on. Mais Raspail persiste à soutenir M. Ledru-Rollin et déclare, en élevant la voix, qu'il ne reconnaît plus comme républicain quiconque ne se retire pas à l'instant même. Le président est serré de près par les factieux. Debout derrière son fauteuil, Laviron, qui porte l'uniforme de capitaine d'artillerie, communique du geste avec un groupe d'hommes armés, qui épient le moindre de ses mouvements. L'exaltation de ces hommes est au comble ; ils ne savent plus ni ce qu'ils veulent, ni ce qu'ils disent. Le moindre incident, une arme déchargée par hasard, peut en ce moment amener d'affreuses catastrophes. Barbès lui-même ne se connaît plus ; la vue de Blanqui lui ôte tout son sang-froid ; il veut tenter un effort suprême pour arracher à Blanqui sa popularité usurpée. Il monte à la

cher de plus grands malheurs et pour hâter l'accomplissement de quelques vœux qu'ils partageaient. »

tribune, et d'une voix qui, malgré son trouble intérieur, reste calme et empreinte d'un certain caractère de solennité, avec l'accent et le geste d'un homme qui se voue au martyre pour sauver sa cause, il demande à l'Assemblée d'accéder au vœu du peuple ; il la somme en quelque sorte de voter *le départ immédiat d'une armée pour la Pologne ;* et s'apercevant sans doute que ces motions ne produisent plus aucun effet sur les énergumènes qui l'entourent, il recourt à un moyen extrême et qu'il juge infaillible : il demande un impôt d'un milliard sur les riches.

Mais à ce moment un mouvement extraordinaire se fait dans la foule ; Barbès s'interrompt ; il questionne. On dit qu'on entend battre le rappel. « Le rappel ! s'écrie Barbès, pourquoi le rappel ? On nous trahit ! à bas les traîtres ! Hors la loi celui qui fait battre le rappel ! » A ces mots, on se précipite vers le président, qui, en effet, depuis quelques instants, a trouvé moyen, quoique entouré par les séditieux, de signer et de remettre à un officier d'état-major l'ordre adressé au général Courtais et aux officiers des légions de faire battre le rappel ; on le saisit au collet ; des sabres nus se lèvent sur sa tête ; on exige qu'il révoque l'ordre qu'il a donné. Le président se débat, résiste. Sur ces entrefaites, M. Degousée, qui vient du dehors, se glisse jusqu'à lui, et lui parlant à voix basse : « La garde nationale est réunie, lui dit-il ; avant un quart d'heure elle sera ici ; un peu de ruse pour gagner du temps, et l'Assemblée est sauvée. » M. Buchez alors feint de céder aux séditieux ; il signe sur des feuilles volantes, sans timbre et sans date, l'ordre de ne pas faire battre le rappel, certain, d'après ce qu'affirme M. Degousée, qu'il ne sera pas obéi, qu'on devinera la violence qui lui est faite. Les clubistes Flotte, Quentin, Laviron, s'emparent de ces feuilles. Un moment de calme succède au tumulte.

Les représentants sont toujours à leurs places ; quelques minutes s'écoulent. Barbès a quitté la tribune ; elle est assaillie, escaladée

INVASION DE LA CHAMBRE DES REPRÉSENTANTS LE 15 MAI. (P. 384.)

incessamment par des hommes qui semblent en proie au délire, et qui, le visage ruisselant de sueur, la lèvre écumante, le poing levé et se menaçant l'un l'autre, poussent des cris confus et font tous à la fois les motions les plus insensées. Tout à coup on voit apparaître sur le bureau un drapeau noir surmonté d'un bonnet rouge et d'une épée nue.

A la vue de ces emblèmes sinistres, M. Buchez, apercevant non loin de lui Huber, qui revient d'un long évanouissement : « Au nom du ciel, tirez-nous de là, lui dit-il, ce sont des scènes de Bicêtre. » Alors Huber, dont les intentions et les consignes sont depuis longtemps outre-passées, monte à la tribune et s'écrie d'une voix tonnante : « Citoyens, puisqu'on ne veut pas prendre de décision, eh bien! moi, au nom du peuple français, trompé par ses représentants, je déclare que l'Assemblée est dissoute. » Aussitôt il prend des mains d'un de ses affidés une large pancarte qu'il élève au haut de la hampe du drapeau de son club et sur laquelle on lit, tracées en gros caractères, les paroles qu'il vient de prononcer :

« Au nom du peuple, l'Assemblée nationale est dissoute. »

L'horloge marquait en ce moment trois heures et demie.

Dans le même temps, M. Buchez, insulté, menacé par les factieux, est renversé de son fauteuil. Des amis l'entourent, lui font un rempart de leur corps et parviennent à le faire sortir de la salle. Le plus grand nombre des représentants suit cet exemple. Quelques-uns, qui croyaient au succès possible de l'insurrection, vont à tout hasard sur les quais du côté de l'Hôtel-de-Ville ; les autres rejoignent à l'hôtel de la Présidence MM. Senard et de Lamartine. M. Louis Blanc est poussé par la foule vers l'esplanade des Invalides. M. Raspail qui, pendant les scènes que je viens de décrire, a quitté la salle, s'est évanoui sur le gazon du jardin, où il est encore. M. Sobrier est porté en triomphe par des ouvriers. Huber va sur le péristyle annoncer que l'Assemblée est dissoute, et il disparaît.

MM. Barbès et Albert ont pris le chemin de l'Hôtel-de-Ville; la salle est abandonnée à quelques factieux. Se croyant vainqueurs, ils écrivent à la hâte des listes de noms pour un gouvernement provisoire. Laviron, qui s'est assis sur le fauteuil du président, propose successivement à l'acceptation du peuple ces noms qui soulèvent des protestations nombreuses (1); un bruit de tambours les interrompt. « La garde mobile! voici la garde mobile! nous sommes trahis! » s'écrie-t-on avec effroi. Une panique épouvantable saisit la foule; on fuit, on se disperse, et quand le commandant Clary, à la tête du deuxième bataillon de la garde mobile, paraît à l'entrée de la salle, il n'aperçoit plus que quelques fuyards qui se précipitent sur les issues opposées; les banquettes sont vides. Il est alors près de cinq heures.

A peine la salle est-elle évacuée que beaucoup de représentants, qui ne s'étaient pas éloignés, y rentrent. Le ministre des finances monte à la tribune et prononce avec solennité ces paroles : « Au nom de l'Assemblée nationale *qui n'est pas dissoute;* au nom du peuple français qu'une minorité infime et infâme ne déshonorera pas, l'Assemblée nationale reprend ses travaux. » Un immense applaudissement lui répond; la séance est reprise aux cris de : Vive la République !

Le général Courtais, en grand uniforme, se montre à l'entrée de la salle; le désordre de ses pensées est visible sur son front et dans toute sa personne. Depuis l'envahissement de l'Assemblée, ne sachant que vouloir, que devenir, haranguant le peuple sans pouvoir se faire entendre, balbutiant à la garde nationale des ordres et des contre-ordres qui ne sont point obéis, il a erré de tous côtés, en proie à un trouble extrême. Il vient en dernier lieu de l'hôtel de la Présidence, où il est allé demander avis à Lamartine; et bien que celui-ci lui ait conseillé de se mettre à la tête des troupes, il continue d'aller et de venir au hasard sans se résoudre à rien et finit par rentrer machinalement dans l'Assemblée. Voyant qu'elle a repris sa séance, il donne machinalement encore aux gardes nationaux de la 2ᵉ légion, qui ont suivi de près la garde mobile, l'ordre de se retirer; mais des cris violents éclatent : « A bas Courtais! il nous a trahis! A bas le traître! » On se jette sur lui; on lui arrache son épée, ses épaulettes; on lui fait subir mille outrages. Heureusement, plusieurs représentants s'interposent; MM. de Fitz-James, Flocon, Vieillard le tirent des mains de ces furieux et le font entrer dans la salle de la Bibliothèque où il reste gardé à vue.

Dans le même temps, M. Clément Thomas, colonel de la 2ᵉ légion, annonce, aux applaudissements de toute l'Assemblée, qu'il vient d'être investi par la commission exécutive du commandement général de la garde nationale de Paris. Sur l'invitation du président, les gardes nationaux en uniforme qui sont répandus pêle-mêle dans l'hémicycle, et qui occupent une partie des places des représentants, se rangent en cordon autour de la salle; plus de deux cents représentants reprennent leurs sièges. On va commencer à délibérer quand tous les yeux se tournent vers la porte d'entrée : c'est M. de Lamartine qui paraît suivi de M. Ledru-Rollin; il se dirige vers la tribune, le silence s'établit. M. de Lamartine demande à l'Assemblée de voter les remercîments de la France à la garde nationale; il flétrit, mais avec beaucoup de ménagements, les scandales qui ont un moment déshonoré

---

(1) Sur ces listes improvisées à l'insu des personnes intéressées, on lisait les noms suivants : MM. Barbès, Blanqui, Louis Blanc, Ledru-Rollin, Huber, Raspail, Caussidière, E. Arago, Ch. Lagrange, Cabet, P. Leroux, Considérant, Proudhon.

l'enceinte de la représentation nationale, puis il annonce qu'il va se réunir à ses collègues de la commission exécutive et se rendre avec eux à l'Hôtel-de-Ville. « Dans un moment pareil, dit-il, la place du gouvernement n'est pas dans le conseil; elle est à votre tête, gardes nationaux; dans la rue, sur le champ même du combat; à cette heure, la plus belle tribune du monde, c'est la selle d'un cheval! »

Après ces mots, couverts d'applaudissements, les tambours battent la marche. On amène un cheval à M. de Lamartine, un autre à M. Ledru-Rollin; quelques représentants et un grand nombre de gardes nationaux les suivent. Le régiment de dragons, caserné sur le quai d'Orsay, et commandé par le colonel de Goyon, prend la tête du cortège aux cris frénétiques de : Vive l'Assemblée nationale! Il emmène six pièces de canon. On s'avance rapidement et sans obstacle jusqu'à la hauteur de la place Saint Michel. Là, on se voit arrêté par une masse compacte de peuple, au milieu de laquelle un détachement de Montagnards et de gardes républicains se dispose à la résistance. On entend dire dans cette foule que l'Hôtel-de-Ville, occupé par le nouveau gouvernement, est formidablement gardé. On voit aux fenêtres des maisons des hommes armés de carabines qui n'attendent qu'un signal pour faire feu; mais le colonel de Goyon commande un mouvement de division qui montre les canons à la foule. A cette vue, les Montagnards se retirent et reprennent le chemin de la préfecture de police. MM. de Lamartine et Ledru-Rollin, un moment séparés, se remettent en marche vers la place de Grève.

Voici cependant ce qui s'était passé.

Le maire de Paris avait été averti, le 14, par un agent de sa police particulière, qu'une manifestation, armée en partie, se porterait le lendemain sur l'Assemblée d'abord, puis, selon toute apparence, à l'Hôtel-de-Ville. Mais depuis le 24 février, ces sortes d'avertissements étaient si fréquents, et le plus souvent si mal fondés, qu'on avait fini par n'en plus tenir compte. M. Marrast pensant, d'ailleurs, que si une manifestation avait lieu en effet, M. Barbès, M. Sobrier et d'autres qui lui étaient connus, sauraient la contenir, ne s'en alarma pas et ne jugea pas à propos d'augmenter les forces dont il disposait.

Elles consistaient en une garnison de deux mille sept cents hommes, choisis avec soin, très-animés contre les Montagnards de Caussidière, et sur lesquels on croyait pouvoir compter absolument. Quelques compagnies de gardes mobiles étaient constamment de service à l'Hôtel-de-Ville. On avait huit cents fusils de réserve et des munitions en abondance. Le commandant de l'Hôtel-de-Ville, M. Rey, inspirait bien quelque défiance à cause de ses liaisons intimes avec des hommes exaltés; mais M. Marrast croyait l'avoir gagné, en faisant régulariser et porter sur les cadres de l'armée son grade révolutionnaire de colonel.

On ne prit donc à l'Hôtel-de-Ville aucune mesure de sûreté particulière. Dans la matinée du 15, tout s'y passa aussi tranquillement que d'habitude. M. Marrast y arriva comme à l'ordinaire, entre une et deux heures, et s'installa dans son cabinet sans donner un seul ordre. Presque au même moment une foule considérable, sans armes, mais bannières déployées, s'avançait par le quai et débouchait sur la place qu'occupaient plusieurs détachements des 7e, 8e et 9e légions, commandées par le colonel Yautier. Quelques clubistes entrent en pourparlers avec les gardes nationaux; ils affirment qu'un nouveau gouvernement est proclamé; que l'Assemblée est dissoute; que quatre-vingt mille prolétaires marchent sur l'Hôtel-de-Ville; que la garde mobile est avec eux. Soit qu'on ne pût croire à une telle audace de mensonge, soit que la vue des uniformes des gardes nationaux qui se trouvent parmi les insurgés donne le change, soit surtout que le souvenir du 24 février trouble les esprits, les quatre à cinq mille hommes qui occupent la place se dispersent.

Le colonel les laisse faire ; il n'avait pas d'ordre écrit ; et, comme il l'a dit plus tard, il se rappelait l'affaire de Bailly au Champ de Mars, « qui avait payé de sa tête, deux ans plus tard, l'ordre de faire tirer sur le peuple (1). » Voyant cela, la garde républicaine, postée derrière la grille, n'oppose qu'une molle résistance à l'invasion populaire. Quelques ouvriers escaladent la grille ; on l'ouvre ; la foule se précipite, elle monte le grand escalier, remplit tumultueusement les couloirs, les salles du premier étage ; des centaines de proclamations sont jetées par les fenêtres sur la place.

Sur ces entrefaites, Barbès et Albert, sortis ensemble de l'Assemblée nationale et suivis d'une centaine de personnes environ, arrivent devant le perron de l'Hôtel-de-Ville.

Barbès est pâle, défait ; il semble exténué, agité des inquiétudes les plus vives. « Vous nous perdez, murmure-t-il en promenant sur son entourage des regards éteints et cherchant vainement dans la foule un visage ami ; vous perdez la République. » Il ne se trompait pas, tout était manqué.

Au sortir de l'Assemblée, tous les chefs, traîtres ou non, s'étaient dispersés. La manifestation avait disparu. Les ouvriers des ateliers nationaux, qui s'y étaient joints au nombre de douze à quatorze mille, ont été emmenés avant même que d'entrer à l'Assemblée, par leurs brigadiers, pour recevoir la paye qui se fait à trois heures (2). Blanqui, qui, le premier, a compris que rien de sérieux ne pouvait sortir de tout ce désordre, s'est glissé hors de la salle et s'est réfugié chez un ami. M. Louis Blanc, que nous avons vu poussé vers l'esplanade des Invalides par une foule serrée et violente (3), à laquelle il ne cesse de demander où est Barbès, et qui veut l'entraîner à l'Hôtel-de-Ville, est rejoint par son frère, qui parvient à grand'peine à le tirer de ce danger en répétant à la masse populaire que tout est fini, que la journée est manquée, qu'aller maintenant à l'Hôtel-de-Ville ce serait se perdre. Un cabriolet venant à passer, M. Louis Blanc s'y jette, se fait mener dans le quartier de l'École-de-Médecine, voisin de l'Hôtel-de-Ville, où il attend des nouvelles de Barbès et d'Albert ; il revient ensuite chez lui, rue Taitbout, et comme on lui dit que l'Assemblée est rentrée en séance, il s'achemine vers le palais législatif pour y reprendre son siége.

La même chose à peu près était arrivée à M. Raspail. Nous l'avons laissé évanoui dans le jardin du palais. Lorsqu'il revint à lui, la salle des séances était déjà occupée par la troupe. Il sortit par la rue de Lille et se vit presque aussitôt entouré de personnes qui lui parurent suspectes. Un fiacre était là : il y monta après avoir fait dire à son club, qui n'était pas entré dans l'Assemblée et qui l'attendait en bon ordre sur le quai, qu'on eût à se séparer au plus vite.

Voyant que le fiacre, au lieu de le conduire à sa demeure, comme il l'avait dit, prenait la direction de l'Hôtel-de-Ville, et se défiant d'une personne inconnue qui était assise à côté du cocher, Raspail saute à bas de la voiture, s'échappe et court chez son fils, rue des Francs-Bourgeois, où deux heures après un commissaire de police vient l'arrêter. M. Pierre Leroux s'était également soustrait aux imprudentes ovations d'un groupe populaire. M. Laviron s'était rendu à la préfecture ; Quentin au Luxembourg, où M. Arago le fit arrêter. M. Sobrier, qui s'était chargé d'aller au ministère de l'intérieur avec une poignée de factieux, pour y prendre les sceaux et faire jouer le télégraphe, fut reconnu, comme il en revenait, par le représentant Rondeau, dans le café d'Orsay, au moment où il y annonçait le triomphe de l'insurrection, et remis à la garde du colonel de Goyon.

---

(1) Voir au *Procès de Bourges*.

(2) Les personnes qui voient dans la manifestation du 15 mai un coup de filet de la police pour prendre MM. Barbès, Raspail, etc., insistent beaucoup sur cette circonstance, et disant qu'on avait choisi à dessein le jour de paye des ateliers nationaux, afin d'emmener les ouvriers si la manifestation prenait un caractère séditieux.

(3) Voir *Pages d'histoire*.

Caussidière, sur qui Barbès comptait comme sur lui-même, restait enfermé à la préfecture de police et ne donnait pas signe de vie. Enfin M. Ledru-Rollin, que son entourage compromettait malgré lui au 15 mai, comme il l'avait compromis au 16 avril, après s'être barricadé dans le bureau de la questure, où il se défendit longtemps contre les factieux qui l'avaient proclamé membre du nouveau gouvernement et qui voulaient l'amener avec eux à l'Hôtel-de-Ville, s'était rangé de la manière que nous avons vu à la suite de M. de Lamartine.

Quant à Huber, comme il prenait tranquillement le chemin de sa demeure, des gardes nationaux l'avaient arrêté et conduit à la mairie du quatrième arrondissement, où, après quelques paroles échangées entre lui et le maire, il fut immédiatement relâché.

Ainsi, pour un motif ou pour un autre, par l'effet du hasard ou par suite d'une inspiration prudente, il arrive qu'aucun des hommes en qui Barbès a dû se fier ne partage son sort. Sur le perron de l'Hôtel-de-Ville, il est reçu par un secrétaire de M. Marrast, qui l'invite très-poliment à monter l'escalier de droite et lui indique une porte sur le palier du premier étage.

C'est là que, dans une salle pleine de cris et de tumulte, sur une table où l'on se bouscule, des orateurs inconnus, des hommes de mine équivoque parlent en faveur de la Pologne, et proclament, pour un gouvernement provisoire des noms acclamés ou repoussés par l'auditoire. Dès que l'on aperçoit Barbès, on l'entoure, on le hisse sur la table. Albert demande que l'on aille chercher Louis Blanc; un peu de silence se fait. « Citoyens, dit Barbès, l'Assemblée réactionnaire est dissoute comme au 24 février; un nouveau gouvernement est constitué pour sauver la République, parce qu'un seul jour sans gouvernement serait le chaos (1). » Il déclare que ce gouvernement se compose de MM. Albert, Louis Blanc, Ledru-Rollin, Huber, Thoré, Raspail, Cabet et Pierre Leroux; puis il rédige, au milieu des cris et des vociférations, une proclamation au peuple et dicte des décrets, dont on fait à la hâte, sur des feuilles volantes, des centaines de copies que l'on jette par les fenêtres sur la place.

Le premier de ces décrets prononce la dissolution de l'Assemblée; le deuxième met hors la loi tout citoyen qui portera l'uniforme de la garde nationale; un troisième prescrit aux gouvernements russe et allemand de reconstituer la Pologne, sous peine de guerre avec la France.

Comme on est occupé à rédiger le quatrième, on entend battre la charge; les cris de : « Vive l'Assemblée! à bas les communistes! » retentissent dans les cours et dans les escaliers. C'est la garde nationale qui charge à la baïonnette. On fuit, on se disperse. Un petit groupe d'hommes, qui se serre autour de Barbès et d'Albert, recule de salle en salle jusqu'à une dernière pièce, d'où la retraite n'est plus possible. Un officier de la garde nationale paraît :

« Que voulez-vous? » lui dit Barbès en se levant.

« Que faites-vous là? » dit à son tour l'officier.

« Je suis membre du nouveau gouvernement provisoire, » reprend Barbès avec calme.

« Eh bien! moi, au nom de l'ancien, je vous arrête. »

Sur un signe de l'officier, les gardes nationaux entrés à sa suite s'emparent de Barbès et d'Albert, et les conduisent à M. Edmond Adam, qui les fait garder à vue dans une salle voisine. On commence immédiatement des perquisitions; beaucoup de personnes sont arrêtées, le plus grand nombre s'évade; plusieurs, dans le pêle-mêle général, profitent de ce qu'ils portent l'uniforme de la garde nationale pour passer de l'émeute dans la répression, et simulent un grand zèle. Les mêmes hommes qui ont poussé Barbès à l'Hôtel-de-Ville, crient : « Mort à Barbès! » Il règne,

---

(1) Voir au *Procès de Bourges*.

depuis une heure, une confusion, un désordre qui favorise ces changements à vue.

Les deux gouvernements, l'un régulier, l'autre révolutionnaire, ont fonctionné simultanément à l'Hôtel-de-Ville. Les insurgés, qui sont montés par l'escalier du milieu, ont pris à droite, tandis que M. Marrast et son adjoint restaient dans les bureaux situés à gauche. Dans l'espace qui sépare les deux gouvernements se pressent une foule de gens qui, ne connaissant pas les lieux, s'égarent, se trompent; tel croyant rejoindre Barbès se trouve en présence de Marrast; tel autre qui venait offrir ses services à la mairie de Paris se voit emporter par le flot au milieu du gouvernement provisoire de l'émeute.

Il ne manquait pas non plus, entre ces anciens conspirateurs, d'amis communs qui allaient de l'un à l'autre porter des paroles de conciliation. Plusieurs fois, M. Marrast lui-même, qui a donné l'ordre au général Foucher de cerner l'Hôtel-de-Ville, et qui a fait prévenir les colonels des légions, envoie vers M. Barbès son secrétaire Daviau, pour l'avertir qu'il est perdu s'il ne se dérobe au plus vite.

Une heure s'est écoulée de la sorte, lorsqu'on entend rouler sur la place l'artillerie de la garde nationale. Ce sont les généraux Foucher et Bedeau qui arrivent d'un côté à la tête de leurs troupes, tandis que MM. de Lamartine, Ledru-Rollin et Clément Thomas paraissent de l'autre. La place est occupée, l'Hôtel-de-Ville cerné. La grille, très-mal défendue par les factieux, est reprise par un bataillon de la 6ᵉ légion; ce bataillon monte le grand escalier au pas de charge; le gouvernement provisoire est déjà dispersé; le petit nombre d'insurgés qui reste encore prend la fuite. Cette incroyable mêlée n'a pas duré en tout plus d'une heure.

Depuis le moment où la colonne populaire franchissait le pont de la Concorde et enveloppait le palais législatif, Paris était demeuré livré aux conjectures. Pendant les longues heures qui s'écoulèrent jusqu'à la reprise de la séance, aucune nouvelle certaine n'apprit à la population ni la nature du danger qu'elle courait, ni son étendue. Les bruits les plus faux se propageaient avec une surprenante rapidité et trouvaient créance. Le jardin des Tuileries en était le centre. Au milieu des femmes et des enfants qui jouaient ou se reposaient à l'ombre des marronniers, on voyait passer des hommes en blouse qui proclamaient le nouveau gouvernement établi à l'Hôtel-de-Ville; un orateur improvisé expliquait à son auditoire pourquoi la commission exécutive était renversée; un autre accusait l'Assemblée de tout le mal; un troisième s'attendrissait en parlant de la Pologne. Des gardes nationaux effarés couraient dans différentes directions le fusil à la main, s'écriant que Barbès, maître de l'Hôtel-de-Ville, venait de décréter deux heures de pillage. On s'abordait sans se connaître, on s'interrogeait, on se donnait des démentis. A sept heures seulement, on apprit tout à la fois le triomphe momentané de l'émeute et sa défaite définitive. A la consternation, à la frayeur succéda aussitôt une violente explosion de colère. Les gardes nationaux parcourent la ville et se répandent en menaces. Dans l'excès de leur zèle, ils voulaient tout arrêter : « A bas *les assassins sans armes!* » criaient-ils à l'Hôtel-de-Ville; ils se précipitent maintenant sans mandat, sans commissaire de police, dans la maison de Sobrier, qu'ils saccagent; chez la mère de Blanqui, chez Raspail, chez Cabet; dans une salle du passage Molière, louée par la *Société des droits de l'homme*, où ils tirent au hasard des coups de fusil les uns sur les autres (1).

Cette exaspération se communique malheureusement à l'Assemblée. Le danger réel et présent l'a trouvée calme; l'image du danger

(1) Le populaire n'était guère moins furieux contre les factieux que la garde nationale. Lorsque le 16, vers midi, les prisonniers partent pour Vincennes, ils entendent en traversant le faubourg Saint-Antoine les imprécations de la foule, hommes, femmes, enfants, qui, malgré l'extrême chaleur du jour, suit les voitures, l'injure à la bouche, jusqu'aux premières maisons de Vincennes.

évanoui la met hors d'elle-même. Une frayeur vraie chez les uns, feinte chez les autres, se propage de rang en rang ; une panique rétrospective s'empare des imaginations. Et comme dans cette extravagante émeute tout reste obscur et équivoque, tout prête aux exagérations les plus déplorables. Le moment est propice pour les partis hostiles à la République ; ils le saisissent : comprenant qu'il en faut profiter sur l'heure, ils ouvrent l'attaque. Avant même que MM. de Lamartine et Ledru-Rollin soient revenus de l'Hôtel-de-Ville et qu'on puisse connaître avec exactitude l'état des choses, un membre de la droite, M. de Charancey, demande l'enquête ; M. Léon Faucher, plus impatient encore, veut qu'on mette en accusation M. Barbès et le général Courtais, qu'il déclare traîtres à la patrie. Ces propositions sont combattues par plusieurs représentants qui s'efforcent de ramener l'Assemblée à plus de calme. MM. Flocon, Ducoux, Huot la conjurent de ne pas grandir démesurément l'importance de quelques hommes ; de ne pas donner surtout un *caractère d'animosité* à ses délibérations ; de ne pas s'emporter si vite aux mesures de rigueur, et de reprendre l'ordre de ses travaux en attendant les communications du gouvernement. A ce moment, M. Buchez revient occuper le fauteuil. Il dit qu'en quittant l'Assemblée, il est allé au palais du Luxembourg rejoindre la commission exécutive ; il fait connaître qu'il a nommé le général Baraguay-d'Hilliers commandant supérieur des forces qui protégent la représentation nationale. Cette nomination est accueillie avec faveur par la droite et l'engage à reprendre son ordre du jour. Presque au même moment, M. Garnier-Pagès et, peu après, M. de Lamartine viennent annoncer le complet rétablissement de l'ordre, et tâchent, par la manière même dont ils rendent compte des événements, d'inspirer la modération après une victoire si peu disputée. Ils énumèrent quelques mesures prises dans l'intérêt de la sûreté publique : la fermeture de quelques clubs, les perquisitions faites au domicile des factieux. Enfin le procureur général Portalis demande et obtient l'autorisation de poursuivre M. Barbès et le général Courtais.

Des rumeurs se font alors entendre dans les couloirs. On distingue le nom de Louis Blanc. Presque aussitôt on le voit paraître, poursuivi par des gardes nationaux ; il est protégé par quatre ou cinq de ses collègues. M. Louis Blanc se débat, ses cheveux sont en désordre, ses habits déchirés... Il va vers la tribune... un long murmure d'indignation s'élève sur son passage. Au moment où il veut parler, des interpellations injurieuses lui sont adressées de toutes parts.

« Respectez un collègue ! s'écrie une voix.

— Ce n'est pas un collègue, c'est un factieux ! » dit un autre. L'Assemblée est dans une agitation inouïe ; la plupart des représentants quittent leur place et descendent vers la tribune. Le président obtient avec peine un peu silence. « Citoyens, dit Louis Blanc, c'est votre dignité, c'est votre honneur, c'est votre droit que je viens défendre en ma personne !

— Vous insultez l'Assemblée ! s'écrie-t-on.

— Ce que j'affirme sur l'honneur, répond M. Louis Blanc après cette incroyable apostrophe, c'est que j'ignorais de la manière la plus absolue ce qui devait se passer aujourd'hui à l'Assemblée.

— Vous ne parlez que de vous ! vous n'avez jamais eu de cœur ! » s'écrie un représentant. Et aussitôt les murmures, les cris : « A la question ! à l'ordre ! » reprennent avec force. M. Louis Blanc tient tête à l'orage, mais les violences passent toutes les bornes. Alors, voyant que l'Assemblée est résolue à ne pas l'entendre et que le président renonce à lui maintenir son droit, M. Louis Blanc descend de la tribune et va se rasseoir à sa place, où le suivent les regards courroucés de ses collègues.

Cependant M. Landrin, procureur de la République, vient demander à l'Assemblée d'étendre à M. Albert l'autorisation de poursuite, déjà accordée pour MM. Barbès et

Courtais. Malgré les représentations de M. Flocon, qui supplie les représentants de ne pas *débuter dans la carrière d'action et de réaction des partis*, ils votent, à la presque unanimité, l'autorisation demandée. Puis on décrète, par acclamation, que la garde nationale, la troupe de ligne et la garde mobile ont bien mérité de la patrie.

Ainsi se termine cette journée déplorable.

J'ai dit qu'on l'avait comparée, dans tous les journaux du temps, à la journée du 1er prairial an III; mais cette comparaison n'est que superficielle, et on doit l'attribuer beaucoup moins à des analogies sérieuses entre les hommes et les circonstances qu'à la manie générale, depuis le 24 février, de tout rapporter à notre première révolution. Chacun, les hommes politiques aussi bien que les écrivains, se prêtait volontiers à un rapprochement qui paraissait grandir l'importance des uns et faisait valoir l'érudition des autres. M. Ledru-Rollin aimait à s'entendre appeler Danton; M. Louis Blanc ne haïssait pas les allusions à Robespierre; M. de Lamartine, en parlant de Vergniaud, ne pensait évidemment qu'à lui-même; les oisifs, pour animer les conversations, faisaient de Raspail un Marat, et de l'auteur de *Valentine* une Théroigne.

Dans le récit que fait M. Proudhon de l'événement du 15 mai, il raille impitoyablement cette manie : « Une masse confuse apporte une pétition à l'Assemblée, dit-il : *Souvenir de 1793*. Les chefs du mouvement s'emparent de la tribune et proposent un décret : *Souvenir de prairial*. L'émeute se retire et ses auteurs sont jetés en prison : *Souvenir de thermidor*. Cette manifestation inintelligente, impuissante, liberticide et ridicule, ajoute-t-il ailleurs, ne fut, du commencement jusqu'à la fin, qu'un pastiche des grandes journées de la Convention. »

En effet, dans l'insurrection de prairial, qui exprimait des passions vraies, tout fut tragique; presque tout, dans la journée du 15 mai, parut ridicule, parce que tout y était factice. En 1795, une disette effroyable, combinée avec l'avilissement des assignats, exaspère le peuple; aussi trouve-t-il à l'instant même une formule précise pour ses exigences. Il veut *du pain et la constitution* de 93, « à laquelle se rattachaient, dit Levasseur, toutes les espérances ». Deux représentants sont les chefs avoués de la conspiration (1). L'un des principaux accusés, sans attendre l'issue du procès, s'enfonce un couteau dans la poitrine, et trois autres, qui s'étaient frappés du même fer, sont traînés sanglants à l'échafaud. Les commissions militaires s'établissent en permanence. La répression est sans pitié, parce que l'attaque a été terrible. L'insurrection du 15 mai, au contraire, qui demandait à la fois deux choses contradictoires, la guerre et l'organisation du travail, ne fut qu'un de ces vagues mouvements de fermentation, comme il s'en produit souvent, sans aucune cause particulière, dans les masses inoccupées qu'agite l'esprit de révolution; ce fut une journée de Fronde démocratique où les intrigues entrecroisées de quelques aventuriers politiques eurent la part principale, que désavouèrent à l'envi tous les chefs populaires, hormis Barbès, et qui devint bientôt, non sans raison, un sujet de confusion ou de risée pour tout le monde.

CHAPITRE XXIX

Suite de la journée du 15 mai. — L'enquête. — Vote favorable à M. Louis Blanc. — La réunion du Palais-National et la commission exécutive. — Fête de la Concorde. — La famille d'Orléans à Claremont. — Décret de bannissement. — Élections du 5 juin.

Dans la nuit qui suivit cette étrange journée, la commission exécutive manda au petit Luxembourg le préfet de police, afin qu'il expliquât sa conduite. Il paraissait hors de doute que M. Caussidière était resté neutre, tout au moins, tant qu'avait duré la mêlée, se réservant

---

(1) M. Thiers le nie, mais Levasseur, le Montagnard, en convient.

BARBÈS A LA TRIBUNE — JOURNÉE DU 15 MAI. (P. 387.)

selon que tournerait la fortune, de se prononcer pour ou contre l'insurrection.

A partir de dix heures du matin, ses rapports avec l'autorité avaient cessé. Renfermé dans la préfecture pendant que la colonne populaire s'avançait vers l'Assemblée, il n'avait donné aucun ordre. On savait qu'après l'envahissement de la salle deux ou trois cents factieux étaient accourus lui demander des armes, et qu'ils avaient voulu le mettre à leur tête pour marcher sur l'Hôtel-de-Ville. Il les avait renvoyés, il est vrai, en leur disant qu'il attendait les ordres du *pouvoir constitué;* mais il avait souffert que ses Montagnards battissent aux champs et criassent *à bas l'Assemblée!* en apprenant que Barbès venait de proclamer un nouveau gouvernement provisoire; il les avait vus, sans s'y opposer, fêter les prisonniers qu'amenaient les gardes nationaux, leur distribuer du vin, des fusils, et finalement leur rendre la liberté. On n'ignorait pas que Laviron, Flotte et d'autres conjurés étaient restés longtemps en conférence avec lui : le bruit s'accréditait même que les Montagnards et les gardes républicains complotaient un coup de main pour le jour suivant, de concert avec la Société des droits de l'homme.

M. Caussidière, qui se savait compromis et qui se défiait des intentions de plusieurs des membres de la commission exécutive, ne se rendit pas sans hésitation au petit Luxembourg. Son beau-frère, M. Mercier, colonel de la garde républicaine, était persuadé qu'on lui tendait un piège et qu'on les allait tous deux retenir prisonniers; plusieurs fois, dans le trajet, il excita M. Caussidière à rebrousser chemin. A tout événement, il donnait l'ordre à sa petite escorte de se ranger en bataille sous les fenêtres du Luxembourg, afin qu'au premier signal elle pût courir à la préfecture de police et revenir avec toute la garnison, restée sous les armes, pour enlever de vive force les prisonniers de la commission exécutive.

En arrivant au Luxembourg, les appréhensions de M. Mercier redoublent. Il est deux heures après minuit; comme il entrait dans la salle d'attente, il voit passer le colonel Saisset, chef d'état-major de la garde nationale, que l'on conduit en prison; un secrétaire de M. Ledru-Rollin, qui sort du conseil, sans s'arrêter, sans oser même regarder M. Mercier, lui glisse à l'oreille qu'on va l'envoyer à Vincennes.

M. Mercier s'approche d'une fenêtre et tire son mouchoir; il va l'agiter, c'est le signal convenu avec ses Montagnards; mais, au même moment, la porte s'ouvre. Il est introduit devant la commission exécutive pour y subir un interrogatoire; Caussidière y était déjà depuis quelques minutes; à la grande surprise de Mercier, il entend son beau-frère refuser obstinément de donner sa démission, que MM. Marie et Garnier-Pagès lui demandent avec instance; Caussidière est loin, d'ailleurs, de parler le langage d'un prévenu. La présence de M. Ledru-Rollin, qui lui a tendu la main quand il est entré dans la salle du conseil, l'attitude bienveillante de M. de Lamartine, l'enhardissent à braver ses adversaires.

Au lieu de se justifier, il accuse; au lieu de prier, il menace. Le gouvernement, dit-il, n'a rien fait pour la garde républicaine et les Montagnards; on les a négligés, oubliés à dessein; ils attendent encore la juste récompense des services qu'ils ont rendus à la République. Le décret qui doit les constituer ne paraît pas au *Moniteur*, les grades donnés à l'élection dans leurs rangs ne sont pas officiellement confirmés.

Et comme, après deux heures de discussion, on prie M. Caussidière de sortir un moment pour aller attendre dans la pièce voisine la décision du conseil, il tire sa montre. « Citoyens, il est quatre heures du matin, dit-il avec une merveilleuse audace; si dans un quart d'heure nous ne sommes pas rentrés à la préfecture de police, on vient nous chercher ici. Vous connaissez nos hommes; rien ne les fera reculer; ce qui peut arriver, je l'ignore, mais vous seuls en serez responsables. »

La délibération du conseil fut courte. M. Ledru-Rollin et surtout M. de Lamartine obtinrent de leurs collègues qu'on ne livrerait pas M. Caussidière à ce qu'on commença dès ce jour d'appeler la réaction. On le laissa partir.

« Allez, lui dit M. Garnier-Pagès en lui serrant la main, rentrez vite à la préfecture de police, calmez vos hommes, et comptez sur nous comme nous comptons sur vous. »

M. Arago promit à M. Mercier, pour le lendemain, le décret d'organisation de la *garde du peuple*, à la seule condition qu'elle admettrait dorénavant la garde nationale à faire concurremment avec elle le service de la préfecture de police.

On se quitta ainsi. M. Caussidière parut satisfait; toutefois, pensant qu'il aurait à s'expliquer devant l'Assemblée, où il ne rencontrerait pas sans doute des juges aussi faciles, il fit immédiatement placarder sur les murs de Paris une proclamation dans laquelle il vantait *l'attitude calme et courageuse des représentants*; disait, en parlant *du magistrat chargé de veiller à la police*, que son action, *quoique inaperçue, n'avait pas cessé d'exister*; puis, s'adressant à la garde nationale dont il bénissait la *salutaire intervention* : Vous étiez *avec moi sur les barricades de la liberté*, disait-il; je serai *avec vous sur les barricades de l'ordre* (1). »

Son discours à l'Assemblée en réponse à M. Baroche, qui venait de demander sa révocation, fut d'une verve surprenante et d'une

---

(1) La rédaction de cette proclamation a été attribuée à M. de Lamartine.

singulière habileté. Après avoir fait avec une sorte de naïveté l'apologie de sa police, qu'il appela une police *de bon sens et de conciliation*, après avoir exalté le dévouement de ses Montagnards qui, pendant deux mois et demi, avaient fait, sans se plaindre, le service le plus pénible *dans les poux et dans la vermine*, il s'excusa d'avoir relâché quelques prisonniers, en peignant le zèle excessif des dénonciateurs : « La moitié de Paris voulait emprisonner l'autre, » dit-il ; puis il résuma son propre panégyrique resté célèbre : « J'ai fait de l'ordre avec du désordre. » Arrivant aux causes de l'insurrection, il prit à tâche de l'amoindrir, de la réduire à rien, rejeta tout sur Blanqui, renia Sobrier, se mit à couvert derrière M. de Lamartine, qui, au commencement de la séance, n'avait pas craint de se faire sa caution, d'attester sa moralité et son patriotisme ; il termina enfin sa longue harangue par un mouvement d'éloquence qui ne laissa pas de produire quelque impression sur l'Assemblée.

« Oui, je le confesse, s'écria-t-il, mes pensées et mes paroles sont pour le peuple, pour le peuple souffrant, pour le peuple travaillant, pour le peuple que l'on doit aider. Rappelons à ce peuple, dit-il encore, qu'il est nous et que nous sommes lui ; ne soyons ni de la réaction, ni de la démagogie, faisons de la modération et de la politique. »

Pendant que M. Caussidière parlait de la sorte et captivait l'attention de ses adversaires, la préfecture de police était cernée par ordre du pouvoir exécutif ; au lieu du décret d'organisation de la garde du peuple promis à M. Caussidière, au lieu d'un poste de cinquante hommes de gardes nationaux qu'on était convenu d'envoyer, le général Bedeau, le général Clément Thomas, à la tête de quatre bataillons de troupes de ligne et de quelques canons, venaient, accompagnés de M. Recurt, ministre de l'intérieur, sommer M. Mercier de quitter la place, ajoutant que, s'il n'y consentait pas de bon gré, l'ordre était donné de s'en emparer par la force.

Le colonel Mercier, qui n'avait pas ajouté foi un seul instant aux promesses de MM. Arago et Garnier-Pagès, s'était occupé, depuis sa rentrée à la préfecture, de la mettre en état de défense. Pour toute réponse aux sommations du général Bedeau et aux clameurs des gardes nationaux qui sont accourus au nombre de douze à quinze mille hommes, en apprenant qu'on va mettre la main sur Caussidière, M. Mercier prie le général d'entrer, en compagnie de MM. Clément Thomas et Recurt, pour juger des dispositions prises à la préfecture et se convaincre de l'impossibilité d'en faire l'assaut.

En effet, tout était préparé pour soutenir un siége. Outre la garnison habituelle, il était arrivé des renforts de toutes les sociétés révolutionnaires. On avait des armes, des munitions, des vivres en abondance ; on comptait sur le peuple. La résolution, d'ailleurs, était prise, plutôt que de se rendre, quand on verrait tout perdu, de mettre le feu à la poudrière et d'ensevelir assiégeants et assiégés sous les décombres de la préfecture de police. La situation parut assez grave aux généraux pour les engager à transiger ; ils proposèrent à M. Mercier de les accompagner jusqu'à l'Assemblée, où se trouvait en ce moment le pouvoir exécutif, afin d'y prendre des instructions nouvelles. M. Caussidière, averti par son beau-frère de ce qui se passait, se plaignit à la tribune de ce que l'on braquait des canons sur la préfecture. Le général Bedeau donna quelques explications ; il affirma qu'en ce point le général Tempoure avait excédé ses ordres ; Caussidière parut s'apaiser. Alors M. de Lamartine, saisissant le moment favorable, l'emmena dans sa voiture, l'exhorta, pour prévenir un conflit, à donner sa démission et à faire sortir ses hommes. M. Caussidière ne pouvait s'y résoudre ; il croyait la République menacée ; il se savait très-populaire, en mesure d'engager la lutte. Les bonnes paroles de M. de Lamartine ne le persuadaient qu'à demi ; cependant il finit par céder et promit sa démission. A son tour,

M. de Lamartine s'engagea à obtenir du général Bedeau et de M. Clément Thomas, qui continuaient le blocus de la préfecture, des conditions honorables pour la garnison.

On arrive ainsi au petit pont Saint-Michel ; un nombre considérable de gardes nationaux se trouvaient là. A la vue de M. Mercier, qui escortait la voiture à cheval, en uniforme de colonel de la garde républicaine, ils entrent en rumeur. M. Caussidière met la tête à la portière ; il est aussitôt reconnu ; on crie : « A l'eau ! mort à Caussidière ! » On serre de près le cheval de M. Mercier ; on allait lui faire un mauvais parti, quand M. de Lamartine saute à bas de la voiture, monte sur le siège pour dominer la foule, harangue et parvient à calmer un peu ces colères insensées. La voiture reprend son chemin. M. Caussidière, fidèle à sa promesse, rédige sa double démission de représentant et de préfet de police. M. Clément Thomas fait connaître à M. Mercier le décret de licenciement et de réorganisation des Montagnards et de la garde républicaine ; mais il consent à ce que la préfecture ne soit évacuée que le lendemain matin, à la condition, toutefois, qu'une centaine de gardes nationaux y seront introduits sur l'heure.

Le lendemain, les gardes républicains sortirent en silence, mais la rage dans le cœur. Quoiqu'on eût promis aux officiers la conservation de leurs grades, on les destitua presque tous peu de jours après. Les Montagnards de la caserne Saint-Victor ne furent pas mieux traités. Ces hommes intrépides, qu'on appelait depuis trois mois les héros des barricades, les sauveurs de la patrie, furent honnis, maltraités, désarmés, après quoi jetés sur le pavé sans ressource.

M. Trouvé-Chauvel, banquier au Mans, ancien ami de M. Ledru-Rollin, devenu l'ami de M. Marrast, fut nommé préfet de police, en remplacement de M. Caussidière. Le général Tempoure, qui s'était laissé envelopper par les factieux pendant l'invasion de l'Assemblée et qui avait, du haut d'une tribune, assisté, malgré lui, à ce spectacle, fut destitué, en partie pour ce fait, que l'on voulut considérer comme une preuve de complicité, en partie aussi pour avoir ensuite, par trop de zèle et sans ordre supérieur, fait braquer le canon sur la préfecture de police.

La révocation de M. Saisset, sous-chef d'état-major de la garde nationale, accusé de n'avoir pas obéi à l'ordre de faire battre le rappel, suivit de près. Le club des Droits de l'homme, celui de Blanqui furent fermés ; les prisonniers furent transportés à Vincennes ; mais toutes ces mesures de rigueur ne donnaient pas assez de satisfaction à la garde nationale. L'Assemblée elle-même se laissait aller à des soupçons excessifs, à des colères qui, si elles n'étaient pas complétement injustes, étaient du moins très-impolitiques.

A dater du 15 mai, le mot de *réaction* devint fréquent dans le langage de la presse, parce qu'il exprimait la tendance presque avouée de la droite. A partir de cette malheureuse journée, elle perdit le sentiment de crainte et d'étonnement mêlé de respect que le peuple du 24 Février lui avait inspiré, ou plutôt imposé. En voyant la garde nationale si animée à sa défense et l'émeute si aisément dispersée sans combat, elle se crut de nouveau maîtresse du pays, ne souffrit plus que très-impatiemment la loi de la majorité républicaine, et, loin de chercher désormais à prévenir les luttes à main armée, elle souhaitait plutôt que l'imprudence populaire lui fournit de nouvelles occasions de triomphe et de nouveaux motifs de répression.

Secondée dans ses vues par un certain nombre de représentants sans expérience politique, que le 15 mai troubla beaucoup, qui s'indignaient sincèrement de voir leurs bonnes intentions méconnues par le peuple et croyaient des mesures vigoureuses de répression utiles à la République, la droite, qui, à l'ouverture de l'Assemblée, considérait comme un succès la présidence donnée à M. Buchez, obligea celui-ci à venir excuser sa conduite pendant l'émeute, et l'ayant ainsi humilié, elle ne fit plus que le tolérer jusqu'à l'expiration de ses fonctions. Elle écouta également avec des marques d'incrédulité offensantes les explications du colonel Charras, qu'elle accusait d'avoir favorisé l'émeute en empêchant de battre le rappel; elle murmura quand M. Clément Thomas, dont elle venait d'applaudir la nomination, déposa sur le bureau une pétition des officiers de la garde nationale, qui déclaraient ne vouloir pas plus de *réaction* que d'*anarchie*. Enfin, et ceci montre quel chemin on avait parcouru en peu de jours, et combien on se croyait déjà sûr de la victoire, on commença d'attaquer M. de Lamartine.

Sa popularité, déjà fort ébranlée au 10 mai par son alliance avec M. Ledru-Rollin, reçut, au 15 mai, une nouvelle atteinte. Lorsqu'on le vit soutenir M. Caussidière, on se confia d'abord à voix basse, puis on dit tout haut qu'il était complice des factieux. On assigna les motifs les plus frivoles, ou les plus scandaleux, à sa prétendue intimité avec M. Ledru-Rollin, à son alliance supposée avec M. Blanqui. Bientôt, lorsqu'on s'aperçut que ces bruits ridicules trouvaient des oreilles complaisantes, on alla plus loin; on ne rougit pas d'attaquer la probité et l'honneur de M. de Lamartine (1).

Une telle audace de la droite, succédant si promptement à tant de circonspection, serait à peine croyable, si nous ne la trouvions expliquée par la conduite de la majorité républicaine. Les républicains de l'Assemblée obéissaient à ce moment à l'influence de M. Marrast. Réunis depuis le commencement du mois de mai au nombre de deux cent cinquante environ, dans une galerie du Palais-National, sous les auspices de M. Dupont (de l'Eure), ils s'étaient d'abord proposé pour but de soutenir la Commission exécutive.

Les principaux orateurs de cette réunion, d'où l'on avait exclu les socialistes, MM. Sénard, Billault, Pascal Duprat, Dupont (de Bussac), d'Adelsward, avaient hâte de se rendre importants. Entrés en rapport avec les membres de la Commission exécutive, ils s'empressaient, s'agitaient, donnaient des avis, offraient leur concours, prétendaient stipuler des conditions; mais ni M. Ledru-Rollin, ni M. de Lamartine ne comprirent le parti qu'ils pouvaient aisément tirer de ces dispositions. Non-seulement ils ne parurent jamais à la réunion du Palais-National, mais encore ils accueillirent ses ouvertures avec une réserve extrême; de là un refroidissement sensible. Le zèle dédaigné tourne vite en ressentiment. La réunion du Palais-National commença à critiquer la Commission exécutive, en insinuant qu'elle n'avait pas la confiance du pays, que les départements surtout la croyaient favorable au mouvement ultra-révolutionnaire. Plusieurs journalistes, M. de Girardin entre autres, qui se tournaient contre M. de Lamartine, reproduisirent ces critiques en les exagérant. Ils dénoncèrent au pays le luxe et l'oisiveté du nouveau *Directoire;* on inventa que madame Pagnerre occupait au Luxembourg la chambre de Marie de Médicis; on raconta que M. Marie gardait la cave et les maîtres-d'hôtel du grand référendaire; on dit que M. Garnier-Pagès se promenait dans les carrosses du roi.

Comme on ne pouvait parvenir à rendre odieux des hommes qui respectaient les libertés publiques et les volontés de l'Assemblée, on essayait de les rabaisser dans l'opinion, et de les tuer par le ridicule.

Quelques républicains éclairés, qui ne s'abandonnaient pas à leurs préférences ou à leurs antipathies particulières, et qui jugeaient sans passion l'état des choses, commencèrent à s'inquiéter sérieusement de ces revirements de l'opinion. On ne pouvait plus se dissimuler l'impopularité de la Commission exécutive. Il devenait fort à craindre que le côté droit, si on lui laissait prendre dans l'Assemblée l'initiative de l'attaque, ne retirât tout l'avantage d'un combat dont l'issue n'était guère douteuse. Il eût été souhaitable que la Commis-

---

(1) Voir la *Lettre aux dix départements*, dans laquelle M. de Lamartine répond à ces ignobles calomnies.

sion, allant au-devant de ces difficultés, se retirât d'elle-même pour faire place à un chef unique du pouvoir exécutif. C'était la seule manière, pensait-on, de mettre un terme aux progrès de la réaction, et de faire reprendre au gouvernement, dans l'Assemblée, une autorité que les tiraillements de la Commission exécutive avaient singulièrement compromise.

Entre les républicains politiques qui souhaitaient cette transformation, ce renouvellement du pouvoir, M. Martin (de Strasbourg) était le plus actif. Son caractère respecté de tous, son excellent esprit de conciliation, le rendaient plus qu'un autre propre à conduire une affaire de cette importance; on l'en chargea. Après s'être assuré du consentement de M. Arago, qui semblait désigné par l'opinion, peu préparée encore à ce moment à l'acceptation d'un chef militaire, M. Martin (de Strasbourg) alla trouver les membres de la Commission. A plusieurs reprises, il essaya de les persuader; il invoqua leur patriotisme, leur honneur; il fit valoir l'intérêt de leurs ambitions dans l'avenir; mais chaque fois qu'il revenait à la charge, ses réflexions étaient moins goûtées, ses propositions repoussées avec plus de hauteur.

M. Marie et sa famille, se trouvant bien dans le palais du Luxembourg, ne comprenaient pas trop la nécessité d'en sortir. M. de Lamartine, irrité contre l'Assemblée, se croyait encore plus fort qu'elle, et ne doutait pas qu'il ne fût indispensable au pays. M. Garnier-Pagès se flattait qu'en livrant aux colères de la droite MM. Albert, Louis Blanc, et peut-être même M. de Lamartine, dont la mise en accusation ne paraissait pas invraisemblable, lui et ses amis apaiseraient la droite; enfin, M. Ledru-Rollin, ne voyant dans tout ce qui se passait qu'une intrigue de M. Marrast, acceptait le défi et bravait l'attaque.

On en vint bientôt dans ces pourparlers à des personnalités, à des paroles aigres. M. Marrast, qui avait hésité beaucoup jusque-là à se séparer de ses anciens collègues du gouvernement provisoire, voyant qu'il n'obtiendrait rien par négociation, résolut de rompre ouvertement, afin de ne pas compromettre plus longtemps avec eux sa position dans l'Assemblée. S'étant entendu sur ce point avec M. Senard, désigné comme le successeur probable de M. Buchez, il fit décider, dans la réunion du Palais-National, que l'on pousserait à une enquête politique sur le 15 mai. Cette enquête ne devait avoir en apparence pour principal objet que la conduite de MM. Louis Blanc et Caussidière, mais on espérait bien atteindre jusqu'à MM. Ledru-Rollin et de Lamartine, et dissoudre de cette façon la commission exécutive. M. Marrast crut habilement préparer l'attaque en confiant sous le secret, à un très-grand nombre de personnes, qu'il avait vu M. Louis Blanc, le 15 mai, à l'Hôtel-de-Ville, et qu'il avait, lui-même, favorisé son évasion. Puis MM. Portalis et Landrin demandèrent à l'Assemblée l'autorisation d'exercer des poursuites contre M. Louis Blanc, prévenu, disait le réquisitoire, *d'avoir pris part à l'envahissement et à l'oppression de l'Assemblée, ce qui constituait le crime d'attentat ayant pour but soit de détruire, soit de changer le gouvernement.*

M. Louis Blanc parla avec beaucoup d'éloquence contre les conclusions du réquisitoire. « La voix des passions tombera, dit-il, la voix de l'histoire retentira un jour; elle fera justice de tous ces mensonges, de toutes ces imputations dont on essaye de noircir ceux qui n'ont commis d'autre crime que de vouloir la République; de la vouloir grande, noble, glorieuse, respectant la liberté individuelle, à ce point que, pendant deux mois, pas une arrestation n'a été opérée, et que la liberté de personne n'a été atteinte ni menacée. »

De nombreux témoignages s'élevèrent en faveur de M. Louis Blanc; il fut défendu avec l'accent de la conviction par plusieurs de ses adversaires politiques, mais l'Assemblée était prévenue contre lui; elle écouta à peine la défense, parce qu'elle ne voulait pas être persuadée, et décida qu'une commission serait nommée pour examiner la demande en autorisation de poursuites. Cette commission, après avoir entendu M. Garnier-Pagès et M. de Lamartine, qui parla pour M. Louis Blanc avec une vivacité extraordinaire, conclut à l'autorisation (1) et choisit pour son rapporteur M. Jules Favre.

Le 2 juin, M. Jules Favre apporta à la tribune un rapport très-long, très-embarrassé, qu'il lut d'un ton si adouci, que presque jusqu'à la fin le public des tribunes s'imagina qu'il allait conclure contre l'autorisation des poursuites (2).

Ce rapport produisit sur l'Assemblée une impression pénible et qui inclina favorablement les esprits vers M. Louis Blanc. On n'ignorait pas que M. Jules Favre obéissait en cette circonstance à des animosités personnelles plutôt qu'à l'équité.

La presse tout entière ou resta neutre ou prit parti pour M. Louis Blanc. Le *National* se prononça fortement dans ce dernier sens; M. de Lamartine répétait tout haut, dans son salon et dans les couloirs de l'Assemblée, que M. Louis Blanc n'était pas plus coupable que lui-même; enfin M. Barbès adressa du donjon de Vincennes, au président de l'Assemblée, une lettre dans laquelle il achevait de détruire les vagues accusations du rapport. « A chacun la responsabilité de ses paroles et de ses actes, écrivait M. Barbès; on accuse le citoyen Louis Blanc d'avoir dit dans la journée du 15 mai aux pétitionnaires : « Je vous « félicite d'avoir reconquis le droit d'apporter « vos pétitions à la Chambre; désormais on « ne pourra plus vous le contester. » Ces mots, ou leur équivalent, ont été, en effet, prononcés dans cette séance; mais il y a confusion de personnes; ce n'est pas Louis Blanc qui les a dites, c'est moi; vous pouvez les lire dans *le Moniteur*, écrits quelque part après

mon nom. » Un pareil témoignage était irrécusable, et il fit dans l'Assemblée le meilleur effet. Cependant il restait encore contre M. Louis Blanc une accusation très-grave; il avait été vu à l'Hôtel-de-Ville; le maire de Paris l'affirmait; c'était là le fait décisif. Dans la séance du lendemain, 3 juin, M. Dupont (de Bussac) interpella à ce sujet M. Marrast. Celui-ci, dont les propos, plus légers que perfides, n'avaient pas eu à ses propres yeux la gravité d'une accusation formelle, les regretta et s'efforça d'en prévenir les conséquences. Il ne craignit pas de faire à la tribune une rétractation complète : il dit avoir cru, en effet, que M. Louis Blanc avait été vu à l'Hôtel-de-Ville, mais il reconnut qu'il s'était laissé abuser par quelques apparences sans fondement, et ajouta qu'aujourd'hui, mieux informé, il lui restait la *conviction la plus complète que M. Louis Blanc n'avait pas mis les pieds*, le 15 mai, à l'Hôtel-de-Ville (1).

Ainsi donc le seul fait précis qui se fût élevé contre M. Louis Blanc était détruit. Le reste de l'accusation ne se composait plus que de faits sans authenticité et d'inductions forcées. Néanmoins, telle était encore dans l'Assemblée l'irritation contre M. Louis Blanc que lorsqu'on procéda au vote, une première et une seconde épreuve furent déclarées douteuses; un bruyant tumulte, qui dura près d'une demi-heure, montra toute la passion qui emportait les esprits. Il fallut passer au scrutin de division; il donna une majorité de 32 voix sur 706 contre les conclusions du rapport.

Le cabinet vota avec la majorité, à l'exception d'un de ses membres, M. Bastide. Le résultat immédiat du vote fut la retraite de M. Jules Favre, et les démissions de MM. Portalis et Landrin.

Cette malheureuse affaire porta un nouveau coup à la commission exécutive, et elle acheva

---

(1) Ce fut à la majorité de quinze voix contre trois. Les trois représentants qui votèrent contre l'autorisation de poursuites étaient MM. Freslon, Bac et Dupont (de Bussac).

(2) Dans un journal du temps on compare le rapport de M. Jules Favre à une *jatte de lait empoisonné*.

(1) Cette déclaration verbale de M. Marrast n'était que la répétition d'une déclaration écrite que les représentants Lefranc, Raynal, Pelletier étaient allés lui faire signer à l'Hôtel-de-Ville peu d'heures avant la séance.

de la dépopulariser dans Paris. Le peu d'accord de ses membres entre eux, leur manque de décision et de franchise apparurent à tous les yeux avec une évidence accablante ; une réprobation générale de l'opinion se manifesta avec force dans le sein de l'Assemblée et au dehors.

C'était dans des circonstances pareilles, quand la discorde éclatait partout, que l'on imaginait de célébrer la fête de la *Concorde*. Cette fête était offerte aux gardes nationales des départements, dont les délégués devaient être passés en revue dans le Champ de Mars par la commission exécutive et par l'Assemblée. Le gouvernement n'avait pas voulu que la revue eût un caractère purement militaire. L'Agriculture, l'Industrie et l'Art y devaient être représentés. Toutes les professions, tous les métiers, portant leurs insignes et des œuvres excellentes de leur travail, allaient passer sous les yeux du peuple et lui montrer, pour ainsi dire, son propre génie dans ses applications les plus variées. On n'épargna rien pour rendre cette solennité splendide. La saison la favorisait ; le lieu était merveilleusement approprié au déploiement des pompes théâtrales. La pensée, le plan, la décoration, tout était bien conçu et fut bien exécuté. L'à-propos seul manquait.

Le mécontentement de la population parisienne en était encore à ce premier période où il se fait jour par les propos moqueurs : dans la fête de la Concorde, chaque chose devint matière à raillerie. On rit du char de l'Agriculture, traîné sur le programme par des bœufs à cornes dorées, mais en réalité par vingt chevaux de labour ; on persiffla les cinq cents jeunes filles couronnées de chêne qui suivaient le char ; on se moqua de la statue de la République et des quatre lions couchés à ses pieds ; on s'obstina, enfin, à ne voir dans la fête de la Concorde qu'un mauvais pastiche de la fête de l'Être suprême (1). Combien l'on était loin, en 1848, de cette disposition naïvement déclamatoire, qui permettait, en l'an III, au peintre David, de célébrer dans son programme, *le peuple laborieux et sensible ;* d'inviter les *mères à s'enorgueillir de leur fécondité ;* les jeunes filles à promettre *au pied des rameaux protecteurs de l'arbre de la liberté, de n'épouser jamais que les hommes qui auraient servi la patrie ; de faire périr, enfin, dans les flammes et rentrer dans le néant le monstre désolant de l'athéisme* (1).

La commission exécutive, en ordonnant une semblable fête, montrait assez qu'elle avait complétement perdu ce tact, cette divination des esprits, qui sont l'un des secrets de l'art de gouverner. Le refus de l'archevêque de Paris de se joindre au cortège aurait dû lui servir d'avertissement. En lisant dans *le Moniteur* le programme de la fête de la Concorde, en voyant la place assignée au clergé, derrière le char de l'Agriculture, après les choristes de l'Opéra, l'archevêque comprit que le peuple allait tourner toutes ces choses en ridicule, et il fit dire aux ordonnateurs de la fête que ni lui ni aucun prêtre n'y assisteraient. Ce refus n'était pas sans gravité. C'était le premier acte d'opposition du clergé de Paris depuis l'avénement de la République, et cet acte émanait d'un prélat considérable qui jusqu'alors avait montré beaucoup de bon vouloir.

Nous avons vu que, dès le 24 février au soir, M. Affre s'était empressé d'envoyer au gouvernement provisoire son adhésion, et qu'à son exemple le clergé de Paris avait béni pendant deux mois consécutifs les arbres de la liberté. L'archevêque avait décidé également que l'on irait aux élections ; on n'ignorait pas qu'il avait voté pour les candidats du gouvernement ; il promettait enfin à la République un concours plus actif qu'il ne l'avait jamais accordé à la monarchie de 1830. M. Affre était sincère en ceci comme en toutes choses. Dans la longue lutte qu'il avait soutenue pour

---

(1) « On ne fait pas les fêtes, les fêtes se font », me disait M. de Lamennais, que frappaient comme moi la froideur extrême du peuple, en cette solennité, et les observations malignes de la bourgeoisie.

(1) Voir le curieux programme du peintre David, pour la fête à l'Être suprême, du 20 prairial an III.

ARRESTATION DE BARBÈS A L'HOTEL-DE-VILLE — JOURNÉE DU 15 MAI (P. 394).

défendre l'indépendance de son église contre le roi Louis-Philippe, qui voulait un clergé dynastique; dans sa lutte avec son propre clergé pour introduire des réformes utiles aux ecclésiastiques pauvres; par son zèle à rétablir dans les séminaires la culture des sciences et des lettres, à propager l'éducation dans la classe ouvrière; par sa tolérance envers les comédiens, il avait fait paraître un esprit élevé, capable de comprendre les besoins d'une société démocratique, une âme toute préparée, par la vertu chrétienne, à l'état républicain (1). Aussi, ce premier acte de désapprobation, de la part d'un homme si bien intentionné, parut-il à tous les esprits attentifs un signe fâcheux; il concordait, d'ail-

leurs, avec beaucoup d'autres signes du malaise général.

Tout le monde était mécontent : la bourgeoisie, parce qu'elle ne sentait nulle part d'autorité qui la protégeât contre l'émeute; la droite de l'Assemblée, parce qu'elle ne se trouvait pas encore assez maîtresse de la situation; le parti de M. Marrast, parce qu'il ne réussissait pas à renverser la commission exécutive, et qu'il venait de subir un échec dans l'affaire de M. Louis Blanc; MM. de Lamartine et Ledru-Rollin, parce qu'ils se voyaient injustement soupçonnés dans l'Assemblée et abandonnés par leurs collègues dans la commission exécutive.

Le peuple à son tour murmurait. Les ateliers nationaux, oubliés dans le programme de la fête de la Concorde, menacés par le rapport que M. de Falloux venait de déposer au

---

(1) « Sieté buoni christiani, e sarete ottimi democratici », disait, en 1797, l'évêque d'Imola, depuis Pie VII.

nom de la commission du travail, commençaient à laisser paraître des dispositions hostiles. La prison de Barbès, l'arrestation de Blanqui servaient de texte aux conversations des ouvriers sur la place publique ; de nombreux rassemblements stationnaient dans les rues ; on y tenait mille propos séditieux. La presse communiste, un moment silencieuse, reprenait le ton menaçant, et, laissant de côté les questions politiques, elle posait ce fatal antagonisme entre la bourgeoisie et le peuple qui devait, à peu de temps de là, éclater d'une manière si formidable.

Les républicains éclairés ne voyaient pas sans chagrin de grands talents s'employer à cette œuvre de dissolution (1). De telles erreurs servaient trop bien les partis dynastiques pour qu'ils ne se hâtassent pas d'en profiter. Les agents légitimistes commençaient à sonder les dispositions du peuple en prononçant le nom d'Henri V. Les bonapartistes allaient s'asseoir auprès des ouvriers dans les banquets populaires ; ils rappelaient dans leurs discours les gloires de l'empire et le neveu de l'empereur, captif sous Louis-Philippe, exilé sous la République. Les orléanistes, qui se croyaient déjà plus près du but, imprimaient des pancartes où l'on posait la candidature du prince de Joinville pour les élections prochaines à la représentation nationale.

L'attention publique venait de se tourner de nouveau vers les princes de la famille d'Orléans. L'Assemblée nationale avait voté, à la majorité de 631 voix contre 64, le 26 mai, un décret portant que le territoire de la France et de ses colonies, *interdit à perpétuité à la branche aînée des Bourbons par la loi du 10 avril 1832, était interdit également à Louis-Philippe et à sa famille* (1). Le peuple, qui aime la politique généreuse, n'approuvait pas ce décret. Les partisans de la maison d'Orléans en profitèrent pour la rappeler à la mémoire des habitants de Paris qui, dans les préoccupations de la crise révolutionnaire, avaient oublié, ou peu s'en faut, le roi et les princes.

La famille royale, un moment dispersée après le 24 février, s'était réunie à Claremont, jolie résidence dans les environs de Londres, qui appartenait au roi des Belges. Elle y vivait dans la retraite, peu importunée de visites, avec une frugalité et une économie poussées jusqu'à l'excès. C'était la volonté de Louis-Philippe. Soit qu'il voulût prouver ainsi la fausseté des bruits qui l'accusaient d'avoir, depuis son avènement au trône, placé en Angleterre des capitaux considérables, soit qu'il ne se fiât pas entièrement aux assurances du gouvernement provisoire, et qu'il craignît après le séquestre la confiscation de ses propriétés (2), toujours est-il qu'on se privait à Claremont des choses les plus nécessaires. La reine ne buvait pas de vin ; les princesses travaillaient elles-mêmes à leurs robes. La famille était triste, mais, hormis chez Marie-Amélie, cette tristesse n'avait rien de royal.

---

(1) Un article de madame Sand, entre autres, publié dans la *Vraie République*, le 28 mai, fit sensation. Elle mettait dans la bouche d'un ouvrier, qui racontait à sa femme la journée du 15 mai, l'explication que voici : « Nous tombâmes tous d'accord qu'il fallait aller chercher nos armes et obéir au rappel ; mais nous y avons tous été avec l'intention bien arrêtée de tirer sur le premier habit qui tirerait sur une blouse, car dans ce moment d'étonnement où nous ne comprenions rien du tout à tout ce qui se passait, nous sentions que Coquelet était mieux inspiré par son cœur, que nous ne l'avions été par la raison. Oui, oui, criait Bergerac, quand même ce serait Barbès qui tirerait sur la blouse, et quand même la b ouse cacherait Guizot, malheur à qui touchera à la blouse ! Coquelet a raison. Voilà toute notre politique à nous autres. »

(1) La plupart des amis de la famille d'Orléans votèrent pour ce décret. M. Odilon Barrot, selon son habitude, s'abstint ; M. Louis Blanc vota contre.

(2) Louis-Philippe méconnaissait en cela les intentions du gouvernement provisoire Dans la plus extrême pénurie d'argent, alors que les hommes réputés conservateurs conseillaient de réunir les domaines de la maison d'Orléans à l'État, le gouvernement, si divisé sur d'autres points, resta d'accord pour repousser ce conseil. M. Ledru-Rollin, sollicité par ses amis de donner ces biens au peuple, s'y refusa toujours. A plusieurs reprises, il déchira un projet de décret de confiscation que lui apportait M. Jules Favre. M. Goudchaux, en prenant le portefeuille des finances, avait annoncé à M. de Montalivet et à M. Vavin, nommés administrateurs des biens, qu'il ne considérait le séquestre que comme une mesure temporaire de prudence, et qu'immédiatement après la réunion de l'Assemblée nationale les biens de la maison d'Orléans lui seraient remis intégralement.

La couronne de France avait bien pu échoir, par un hasard heureux, aux princes de la maison d'Orléans, mais le sentiment de la royauté n'était pas entré dans leur âme. Louis-Philippe, imbu dès sa première jeunesse des idées de la Révolution, plus semblable par ses goûts et ses opinions à un citoyen des États-Unis d'Amérique qu'à un prince du sang de Bourbon, ne s'était jamais considéré, même en s'asseyant sur le trône de Louis XIV, comme un souverain par droit héréditaire, mais comme un grand administrateur de la chose publique, qui portait occasionnellement le titre de roi. Il n'avait jamais examiné la légitimité, mais seulement l'utilité de ce pouvoir royal qui lui était confié, à certaines conditions, par des hommes de mœurs républicaines. Il ne possédait ni les vertus, ni les vices de la souveraineté traditionnelle; ses défauts et ses qualités étaient, à un degré éminent, ceux d'un bourgeois de Paris, émancipé par le dix-huitième siècle et la Révolution française. Aussi sa chute ne l'avait-elle pas étourdi plus que son élévation. Comme il n'avait pas connu les soucis de la grandeur, il ne connaissait pas davantage les angoisses de l'exil. Les trop rares visiteurs de Claremont le trouvaient là, comme aux Tuileries, causeur infatigable, d'humeur bien tempérée, familier avec les vicissitudes des temps démocratiques; comprenant tout, expliquant tout; ramenant tout à cette ligne moyenne qui, parce qu'elle avait été la mesure de sa vie, lui semblait la régulatrice du monde.

Ses fils, élevés sous ses yeux, dans nos colléges, non en princes du sang, mais en particuliers riches, se montraient, autant que lui, résignés aux caprices du sort et soumis à la volonté du peuple. Le projet de décret de bannissement leur arracha un premier cri de douleur. La lettre qu'ils adressèrent, en cette circonstance, au président de l'Assemblée nationale, exprimait avec une simplicité parfaite leur étonnement de se voir assimilés, dans le style du décret, aux princes de la branche aînée des Bourbons. Dans le même temps, le prince de Joinville écrivait à un officier de marine des lettres que publiait *la Presse*, où il laissait entrevoir le désir de devenir représentant du peuple et l'ambition de la présidence; annonçant, dans le cas où le pays ne voudrait pas le rappeler, l'intention d'aller aux États-Unis s'établir et faire à ses enfants *une petite fortune;* singulières pensées, langage étrange pour un fils de roi, et qui montre en un exemple frappant la pénétration universelle des idées et des mœurs démocratiques.

J'ai dit que les partisans du prince de Joinville, croyant le moment opportun, avaient posé sa candidature pour les élections prochaines. Par suite de plusieurs élections doubles, de la démission de M. Caussidière et de celle du Père Lacordaire, qui n'avait pas eu à la tribune le succès qu'il obtenait à la chaire, et qui, pour s'être assis à la Montagne, s'était vu sévèrement repris par un journal religieux (1), on allait avoir à élire onze représentants du peuple.

Nous avons vu dans quel état de malaise, de trouble et d'irritation l'inertie de la commission exécutive, l'indécision de l'Assemblée et les extravagances de la presse avaient jeté le pays; tous les mécontentements, toutes les inquiétudes, toutes les intrigues agirent en sens inverse, pendant la crise électorale, et amenèrent le résultat le plus surprenant qui se pût imaginer.

Pendant que les ateliers nationaux et les délégués du Luxembourg, réconciliés par l'entremise de quelques ouvriers intelligents, qui voyaient le prolétariat se perdre faute de concert, nommaient Pierre Leroux, Proudhon et Charles Lagrange, une partie de la bourgeoisie, constante dans sa reconnaissance pour le préfet de police, se joignit aux ouvriers pour renvoyer à l'Assemblée M. Caussidière (2). Les

---

(1) *L'Univers*, alors sous l'influence de M. de Montalembert.
(2) Voici le chiffre des voix obtenues par les candidats élus à la représentation nationale, le 5 juin 1848.

MM. Caussidière.............. 146,400
Moreau.................... 126,889
Goudchaux................. 107,097

républicains modérés nommaient M. Goudchaux; les hommes qui désiraient par-dessus toute chose la tranquillité votaient pour M. Moreau, maire du septième arrondissement, et pour M. Boissel. La réaction se donnait un chef militaire par l'élection du général Changarnier, et un chef politique en la personne de M. Thiers, envoyé à la Chambre par quatre colléges.

Enfin un nom, sorti de l'urne de trois départements, couvrit tous les autres de son éclat et retentit jusque dans les profondeurs du pays avec une puissance extraordinaire : le nom du prince Louis-Napoléon Bonaparte.

CHAPITRE XXXI

Le prince Louis-Napoléon Bonaparte. — Ses premiers rapports avec le gouvernement provisoire. — Son élection. — Discussions sur son admission. — Mouvements populaires.

Charles-Louis-Napoléon Bonaparte, né aux Tuileries, le 20 avril 1808, troisième fils d'Hortense de Beauharnais, mariée à Louis-Napoléon, roi de Hollande, était personnellement très-peu connu en France à l'époque où il fut élu représentant.

Sa mère, exilée en 1815, l'avait emmené avec elle en Suisse et l'avait fait élever sous ses yeux, avec son frère aîné (1), dans le château d'Arenenberg, où elle demeura presque continuellement depuis cette époque, sans que le gouvernement de la Restauration parût en prendre ombrage.

En 1830, Louis-Napoléon était entré, à Rome, dans une conspiration contre le gouvernement temporel du pape. En 1831, il se jeta dans l'insurrection des Romagnes. On se rappelle que son frère y perdit la vie. Peu de temps après, la duchesse de Saint-Leu, venue *incognito* en France, crut pouvoir obtenir du roi Louis-Philippe l'autorisation d'y rester. Mais ses démarches furent infructueuses, et la loi de bannissement ayant été renouvelée par les Chambres, le 11 avril 1832, Louis-Napoléon Bonaparte fixa en Suisse son séjour définitif.

Pendant plusieurs années, il suivit, en qualité de volontaire, l'école d'application d'artillerie à Thun ; fut successivement nommé bourgeois de la commune de Salenstein, citoyen de Thurgovie, président de la Société fédérale des carabiniers thurgoviens, capitaine dans le régiment d'artillerie de Berne (1) et membre du grand conseil. En 1834, il publia, sous le titre de *Manuel d'artillerie*, une brochure qui fut assez estimée des hommes spéciaux, pour qu'on l'attribuât au général Dufour, et cela malgré les plus formelles dénégations du général, qui niait absolument avoir eu la moindre part à cet opuscule.

Louis-Napoléon s'était fait bien voir en Suisse, surtout des classes inférieures. Ses libéralités, ses manières douces, l'hospitalité qu'exerçait à Arenenberg la duchesse de Saint-Leu, le soin extrême qu'elle prenait d'y attirer les hommes marquants dans tous les partis, disposaient en sa faveur l'opinion publique; toutefois, on ne concevait pas du neveu de l'empereur une opinion très-haute. Son précepteur, le républicain Lebas, depuis membre de l'Institut, lui trouvait une intelligence médiocre ; les plus bienveillants, en lui don-

Changarnier	105,539
Thiers	97,294
Pierre Leroux	91,394
Victor Hugo	86,965
Louis-Napoléon Bonaparte	84,420
Lagrange	78,682
Boissel	77,247
Proudhon	77,094

(1) Le premier enfant de la reine Hortense était mort à la Malmaison, en 1807, un an avant la naissance du prince Louis.

(1) Dans une lettre écrite en allemand, adressée par le prince Louis à la date de : Baden, 14 juillet 1834, à l'avoyer de Berne, pour le remercier de l'envoi de son brevet, nous lisons ce passage curieux : « Ma patrie, ou plutôt le gouvernement de ma patrie, me repousse parce que je suis le neveu d'un grand homme ; vous êtes plus juste. Je suis fier de pouvoir me compter parmi les défenseurs d'un État où la souveraineté du peuple est la base de la Constitution et où tout citoyen est prêt à sacrifier sa vie pour la liberté et l'indépendance de sa patrie. »

nant des louanges, vantaient surtout son application à l'étude, sa politesse, sa tenue et sa simplicité; mais lui, dans son for intérieur, aspirait à une autre renommée. Tout enfant, il parlait avec une assurance surprenante de son étoile. Simple dans ses manières, modeste pour lui-même, il attachait à son nom un orgueil sans bornes. Depuis la mort de son frère aîné et celle du duc de Reichstadt, il disait ouvertement, sans jamais prononcer le mot empire, qu'il serait un jour le chef de la démocratie française. Ses dédaigneuses prodigalités n'étaient pas d'un riche particulier, mais d'un prince de sang. Bien qu'habituellement réservé, il avait parfois des accents de domination qui le trahissaient. Tacite, Lucain, Machiavel, l'histoire de Cromwell étaient ses lectures favorites. Enfin, celui qui l'aurait alors observé avec attention eût découvert en lui, sous la pâleur de sa physionomie presque immobile, sous l'indolence de son langage, sous un flegme incroyable dans une aussi grande jeunesse, la fixité ardente d'une ambition concentrée.

La reine Hortense excitait ses secrets instincts; elle lui parlait sans cesse de l'empire, consultait les devins sur son avenir, lui prédisait qu'il régnerait un jour; et comme elle était possédée de cette pensée unique, elle s'attachait à la lui inculquer par tous les moyens en son pouvoir (1). Le hasard la servit en envoyant à son aide un homme d'un esprit singulier qui devait en peu de temps systématiser, répandre au dehors et traduire en faits ce que l'on commença, dès lors, à appeler à Arenenberg l'*idée napoléonienne*.

Vers la fin de l'année 1834, M. de Persigny, allant en Allemagne, s'arrêta au château d'Arenenberg. On ne l'y connaissait pas. C'était un homme d'une naissance obscure; son nom était Fialin. Sa famille, sans fortune, et qui habitait un village du département de la Loire, n'ayant pu lui donner aucune éducation, l'avait fait entrer au service comme simple soldat. L'imagination inquiète du jeune Fialin, le désir de se pousser dans le monde le déterminèrent, lorsqu'il eut fait son temps, à quitter le régiment, où il n'avait pu dépasser le grade de brigadier. Il vint à Paris à peu près sans ressources, sans autre introduction dans la société officielle qu'une lettre pour un membre du conseil d'État, M. Baude. Ses prétentions paraissaient plus que modestes. Il sollicitait d'entrer, comme simple employé, dans l'administration des douanes. Mais, tout à coup, s'étant introduit dans un salon où il noua des rapports assez intimes avec des personnes influentes, il changea de langage, quitta son nom de famille, prit le nom de sa commune, se fit appeler *de Persigny*, et obtint, on ne sait trop comment, du ministre de la guerre, d'être envoyé en Allemagne, afin d'y étudier l'élève et l'amélioration de la race chevaline.

Ce fut à cette occasion qu'il traversa la Suisse et reçut de la reine Hortense une hospitalité qu'il reconnut amplement et de la manière qui devait lui être le plus agréable, en livrant à ses rêves maternels un aliment nouveau. M. de Persigny avait récemment parcouru la Lorraine et l'Alsace. Il raconta au prince Louis et à sa mère qu'il avait trouvé partout, dans les auberges, dans les casernes, dans les cabarets, l'image de l'empereur. « Partout, disait-il, le souvenir de Napoléon est vivant dans l'imagination populaire. Le peuple attache au nom de Bonaparte des souvenirs mêlés de République et d'empire, de gloire et de patriotisme, tandis que les Bourbons de l'une et de l'autre branche signifient pour lui les désastres de 1814, les traités de 1815, la domination des prêtres et des nobles, le règne des avocats et des journalistes, une charte octroyée ou consentie, un parlement anglais, enfin, auquel il ne saurait rien comprendre. »

M. de Persigny ajoutait qu'après avoir beaucoup réfléchi sur cette popularité lente, mais incontestable et universelle du nom de Bona-

---

(1) Dès l'année 1823, du vivant du duc de Reichstadt, elle déclarait que le sang autrichien serait un motif d'exclusion à l'empire des Français, et que le prince Louis serait appelé à succéder au trône de Napoléon.

parte, il en était arrivé à la conviction qu'en invoquant le principe de la souveraineté du peuple, le neveu, l'héritier de l'Empereur, serait assez puissant pour renverser la quasi-légitimité des princes de la famille d'Orléans.

« En 1830, disait encore M. de Persigny, pendant que la bourgeoisie de Paris crie : Vive la Charte ! le peuple crie : Vive Napoléon II ! Depuis lors, pas une année ne s'est écoulée sans troubles. Les émeutes du 12 mai, des 5 et 6 juin; la Vendée, Lyon, Grenoble insurgés; les attentats de Fieschi, d'Alibaud, sont autant de signes manifestes de la haine qui couve en France contre la royauté escamotée par la maison d'Orléans. Les partis extrêmes, républicains ou légitimistes, s'entendront sur le principe du droit national, le seul qu'il faille ouvertement invoquer ; l'armée tressaillira de joie à la vue des aigles impériales... »

Ces discours et d'autres analogues, souvent renouvelés dans les fréquentes visites de M. de Persigny au château d'Arenenberg, ces observations qui ne manquaient pas de justesse, développées d'une façon spécieuse devant des personnes intéressées par leur passion à y donner créance, furent la première origine du complot de Strasbourg.

Le prince Louis Bonaparte s'attacha, en qualité de secrétaire, M. de Persigny, qui rentra en France avec le ferme dessein de se vouer tout entier au triomphe de la cause bonapartiste, et qui prit, dès ce jour, pour devise, ces deux mots significatifs : *Je sers*. Il s'employa activement et habilement à nouer, au nom du prince, des relations utiles. Il vit, sous prétexte de leur remettre le *Manuel d'artillerie*, tous ceux d'entre les officiers de l'armée que l'on pouvait espérer séduire. Le même prétexte introduisit M. de Persigny auprès d'Armand Carrel.

L'opinion de Carrel, qui conduisait alors le parti républicain, ne lui parut pas défavorable à *l'idée napoléonienne*. Armand Carrel appartenait, en effet, à la tradition jacobine beaucoup plus qu'à l'école libérale. Dans son *Histoire de la contre-révolution en Angleterre*, il avait fait l'éloge de Cromwell, de sa *violence inévitable* : « Partout et dans tous les temps, avait-il écrit, ce sont les besoins qui ont fait les conventions appelées principes, et toujours les principes se sont tus devant les besoins. » Les projets du neveu de l'Empereur n'allaient pas contre ces doctrines. Carrel leur donna, dans une certaine mesure, son approbation. « Le nom qu'il porte, disait-il, en parlant de Louis Bonaparte, est le seul qui puisse exciter fortement les sympathies populaires; s'il sait oublier ses droits de légitimité impériale pour ne se rappeler que la souveraineté du peuple, il peut être appelé à jouer un grand rôle. »

Beaucoup de républicains, qui n'espéraient plus voir l'établissement de la République en France, partagèrent l'opinion de Carrel. Les écoles socialistes n'étaient pas non plus hostiles à la pensée d'un dictateur du prolétariat.

De secrètes sympathies dans l'armée se révélèrent également à M. de Persigny; si bien que, d'une donnée générale, on crut pouvoir passer à une application particulière, d'une idée à un complot. On sait comment fut ourdie la conspiration de Strasbourg. Quoique mal conduite et dissipée en quelques heures, dans la journée du 30 octobre 1836, elle ne laissa pas d'inquiéter le gouvernement de Louis-Philippe, car elle avait fait découvrir dans l'armée des pensées dont on ne soupçonnait pas l'existence ; dans le peuple, des souvenirs que l'on croyait effacés ; dans le parti républicain, une disposition à s'allier aux bonapartistes, qui pouvait susciter à la dynastie d'Orléans des embarras nouveaux et sérieux.

Mais Louis-Philippe n'eut garde de laisser paraître ces impressions. Il suivit une tactique plus habile, plus conforme, d'ailleurs, à son esprit de modération et de clémence. Au lieu de grandir le prétendant impérial par l'éclat d'un procès, le gouvernement prit à tâche d'amoindrir et de ridiculiser sa tentative. Le prince Louis-Napoléon fut enlevé de prison pendant la nuit qui suivit son arrestation, conduit en toute hâte à Lorient, retenu en mer prisonnier sur un vaisseau de l'État, pendant cinq mois, puis enfin débarqué sur le territoire des États-Unis d'Amérique.

En l'absence de l'auteur principal du complot, le jury de Strasbourg acquitta les complices. Pendant quelque temps la presse ministérielle persifla l'affaire de Strasbourg, affectant de ne l'appeler qu'une *échauffourée*, une *misérable équipée*, puis on cessa de s'en occuper et tout rentra dans l'oubli.

Une maladie de la reine Hortense, à laquelle elle succomba le 5 octobre 1837, rappela en Europe Louis Bonaparte. Trompant toutes les polices, il reparut soudain à Arenenberg. Peu de temps après, le lieutenant Laity, qui avait pris une part très-active à l'affaire de Strasbourg, en publia, sous les yeux du prince, une relation qui fut distribuée à profusion parmi les troupes, particulièrement dans les garnisons de Lille et de Paris.

Le gouvernement de Louis-Philippe, de nouveau provoqué, fit saisir cette apologie du prince Louis-Napoléon, dans laquelle la légitimité de ses prétentions au trône était ouvertement proclamée. L'auteur, traduit devant la cour des pairs, fut condamné à cinq ans de détention. Dans le même temps, M. Molé, président du conseil, après plusieurs insinuations inutiles, faisait remettre, par M. de Montebello, à la diète helvétique, une note officielle, appuyée par l'Autriche et la Prusse, qui demandait que Louis-Napoléon fût expulsé du territoire suisse.

Le ton de la note blessa le gouvernement fédéral. Il résista aux sommations de M. Molé. Des hommes recommandables soutinrent le droit de Louis-Napoléon. Dans son *Rapport au conseil représentatif* (24 septembre 1838), le professeur de La Rive établit que Louis Bonaparte était légalement citoyen suisse depuis 1832; qu'on ne pouvait considérer comme un prétendant *le fils obscur du troisième des frères de l'Empereur*, le sénatus-consulte qui le faisait entrer dans la ligne de succession étant, d'ailleurs, aboli par l'acte de déchéance.

Enfin, le grand conseil, à l'unanimité, déclara la demande de la France inadmissible.

Aussitôt Louis-Philippe fait avancer des troupes sur la frontière. A leur tour, les États suisses mettent sur pied leur contingent. Voyant cela, Louis-Napoléon, qui pendant tout le débat s'était tenu dans l'ambiguïté, ne voulant ni réclamer ni renier son droit de citoyen suisse, quitte Arenenberg et se rend à Londres.

Là, il se vit médiocrement accueilli par l'aristocratie anglaise, qui, à cette époque, professait pour la politique de Louis-Philippe une admiration extrême ; il vécut dans la société excentrique du comte d'Orsay et de lady Blessington, et fut circonvenu par une foule d'aventuriers qui s'efforcèrent de le pousser à une expédition nouvelle. Ce ne fut pas difficile. Tout en paraissant s'absorber dans les amusements de la vie élégante, le prince Louis poursuivait ses plans cachés et méditait une descente sur la côte de France.

L'échec de Strasbourg, loin d'ébranler sa croyance superstitieuse, l'avait plutôt raffermie. Il avait fait paraître en cette circonstance toutes les qualités d'un conspirateur : le secret dans les desseins, l'audace dans l'entreprise, la constance dans les revers. Il ne doutait pas de sa mission. « Peu m'importent les cris du vulgaire qui m'appellera insensé, parce que je n'aurai pas réussi, et qui aurait exagéré mon mérite si j'avais triomphé, » écrivait-il à sa mère (1). « Si je serai l'homme de la fatalité ou l'homme de la Providence, je l'ignore, disait-il encore à une femme de ses amies ; mais peu m'importe, je vivrai ou je mourrai pour ma mission. »

De semblables pensées, perpétuellement entretenues et flattées par les émissaires qui lui arrivaient de France, ne devaient pas rester longtemps spéculatives. Dans le mois d'août 1840, moins de quatre ans après l'expédition de Strasbourg, tout était disposé par Louis-Napoléon pour un débarquement.

---

(1) Lettre à sa mère, Œuvres complètes, vol. III, p. 183.

Malgré le ridicule qui s'est attaché au complot de Boulogne, favorisé, a-t-on dit, puis éventé par la police de M. Thiers; bien que l'expédition ait échoué plus vite et plus complétement encore que celle de Strasbourg, les personnes initiées à la conjuration affirment qu'elle était mieux ourdie. On avait eu le temps de mieux s'entendre avec les mécontents des divers partis. L'embauchage des troupes était depuis longtemps pratiqué et sur une plus large échelle. Un général était à demi gagné; un régiment tout entier devait trahir. Le prince, qui avait réalisé à peu près tout ce qui lui restait de fortune, s'était procuré des armes et des munitions. Il avait recruté une espèce de maison militaire. Ses proclamations, ses décrets étaient imprimés d'avance.

Le 4 août, on s'embarque sur un bateau à vapeur loué à la Compagnie commerciale de Londres, sous le prétexte d'une partie de plaisir. Pendant la traversée, le prince découvre ses projets à l'équipage et aux passagers. Il lit ses proclamations et son ordre du jour. « Il se rend, dit-il, aux vœux du peuple français; du peuple livré, en 1814 et en 1815, par la trahison, aux baïonnettes étrangères; du peuple trompé, en 1830, par de misérables intrigues. Héritier du plus grand nom des temps modernes, il a des devoirs à remplir envers la nation; il vient pour la rétablir dans l'exercice de sa souveraineté ! »

Les conjurés, à qui l'on a distribué du vin et des largesses, crient : « Vive l'Empereur ! » On revêt les uniformes dont les chefs de la conspiration ont fait emplette, on prépare les aigles, on apporte l'épée d'Austerlitz. Alors le prince fait connaître les premiers décrets de son gouvernement. Il prononce la déchéance de la dynastie d'Orléans, l'adoption des constitutions impériales. Il annonce que M. Thiers est président de son conseil.

Entre quatre et cinq heures du matin, le 6 août, on débarque sur la côte de France, à Vimereux, non loin de Boulogne-sur-Mer. Le lieutenant Aladenise et trois sous-officiers du 42e de ligne attendent le prince sur la plage et le reçoivent au cri de « Vive l'Empereur ! » Ils promettent d'enlever par acclamation les deux compagnies qui sont en garnison à Boulogne. Le cortège se déploie et s'avance vers la caserne. Il est six heures du matin. Les officiers ne sont pas arrivés encore. Aladenise fait mettre les soldats en bataille; il leur annonce que Louis-Philippe a cessé de régner, leur présente le neveu, quelques-uns disent le fils de l'Empereur.

Pendant que Louis Bonaparte fait des promotions et distribue des croix d'honneur, deux officiers, avertis de ce qui se passe, accourent en toute hâte, le sabre à la main. « On vous trompe, crient-ils aux soldats; n'écoutez pas les traîtres, vive le roi ! » Le prince s'avance alors et veut se faire reconnaître. Une vive altercation s'élève; Louis Bonaparte tire à bout portant, au capitaine Col-Puygellier, un coup de pistolet qui va fracasser la mâchoire d'un soldat. A la voix de ses officiers, la troupe, un moment surprise, croise la baïonnette; les conjurés reculent. Renonçant à séduire les soldats, le prince se dirige vers la ville pour tenter d'entraîner le peuple; mais déjà l'on entend sonner le tocsin et battre la générale, on voit les portes se fermer. Le sous-préfet et le commandant de place, à la tête de la garde nationale et de la gendarmerie, marchent à la rencontre des conjurés. Ceux-ci se débandent et fuient vers le rivage.

On se jette dans les canots; le prince essaye de se sauver à la nage; mais, se voyant ajuster par les gendarmes, il cesse tout mouvement et se laisse prendre. On l'enveloppe dans la capote d'un douanier, on le fait monter dans un omnibus des bains, on le conduit en prison, d'où il est dirigé sur Paris, enfermé à la Conciergerie, traduit devant la Chambre des pairs et finalement condamné à la détention perpétuelle dans une forteresse (1).

(1) 160 voix sur 161, déclarèrent le prince Louis-Napoléon coupable; 132 prononcèrent la peine de la détention perpétuelle. Il y en eut une qui vota la peine de mort.

L.-N. BONAPARTE

L'expédition de Boulogne prêtait encore plus à rire que celle de Strasbourg. On ne s'en fit pas faute.

L'attitude du prince devant la cour des pairs avait paru embarrassée. Le président Pasquier l'avait accablé de son dédain. Tous les journaux abandonnèrent à l'envi le prétendant malheureux. La *Presse*, en racontant ce qu'elle appelait l'*équipée* de Boulogne, disait que *personne en France ne pouvait honorablement éprouver la moindre sympathie, ni même la moindre pitié, pour ce jeune homme qui paraissait n'avoir pas plus d'esprit que de cœur* (1). Une seule voix osa s'élever en faveur du prisonnier : ce fut celle de M. Louis Blanc, qui, sans justifier les prétentions impériales, protesta avec beaucoup de force, dans la *Revue du progrès*, contre le principe des juridictions spécialement politiques.

Mais la longue captivité de Ham parla plus haut dans l'esprit du peuple que les railleries de la presse et des salons ministériels. J'ai déjà eu occasion de le remarquer, le peuple n'est que très-médiocrement sensible à ce que

(1) Voir la *Presse*, numéro du 8 août 1840.

nous appelons le ridicule; il est, au contraire, plein de compassion pour le malheur, mérité ou immérité. La prison de Ham servit immensément la cause napoléonienne. Les soldats de garde dans la forteresse s'attendrissaient sur le sort du neveu de l'Empereur, on ne parvenait pas à les empêcher de lui rendre les honneurs militaires; rentrés dans les casernes, ils y rapportaient ses propos affables, ils vantaient son courage. Louis-Napoléon, qui possédait à un rare degré le don de se conformer aux circonstances et d'en tirer parti, tourna cette sévère solitude au profit de son instruction et de sa popularité. Il y vécut avec une sobriété favorable au travail. S'étant formé une bibliothèque considérable, il lut, il étudia, il acquit des connaissances solides.

Renonçant, en apparence, à son rôle de prétendant, il entra en correspondance avec les hommes les plus distingués du parti démocratique et parut ne plus songer qu'aux intérêts du pays et à la prospérité de la France. Les personnes qui l'allaient voir dans sa prison revenaient charmées de son accueil. On louait la facilité avec laquelle il supportait des privations dont sa santé même avait souvent à souffrir. On lui trouvait un esprit médiocre, mais qui semblait juste; on le croyait éclairé par l'expérience.

Il souffrait qu'on le questionnât, et, quoiqu'il évitât de se prononcer, il paraissait incliner vers les idées républicaines. « La République serait mon idéal, disait-il à MM. Degeorges, Peauger, Louis Blanc et autres républicains qui allaient le visiter, mais j'ignore si la France est républicaine. Je vois dans son histoire les deux éléments monarchique et républicain exister, se développer simultanément. Si le pays m'appelle un jour, je lui obéirai; je réunirai autour de moi tous ceux qui veulent la liberté et la gloire; j'aiderai le peuple à rentrer dans ses droits, à trouver la formule gouvernementale des principes de la Révolution. »

Les articles qu'il insérait dans la *Revue du Pas-de-Calais* exprimaient à peu près la même pensée et lui valaient les éloges de la presse républicaine. « Louis Bonaparte n'est plus un prétendant, disait le *Journal du Loiret*, c'est un citoyen, un membre de notre parti, un soldat de notre drapeau. » Les socialistes surtout se rapprochaient de lui avec empressement. Louis-Napoléon semblait goûter les idées de M. Louis Blanc. Il contribuait à la publication du journal fouriériste; dans plusieurs de ses écrits il avait développé le système russe des colonies militaires, qui n'étaient pas sans quelque rapport avec le phalanstère. Le titre même de l'un de ses ouvrages : *Extinction du paupérisme*, annonçait des préoccupations socialistes, ou, pour parler le langage du temps, des idées humanitaires.

Il se formait ainsi de bien des sympathies diverses, de bien des courants d'opinion, autour du nom de Bonaparte, une force considérable (1). Le retour des cendres de l'Empereur fut pour cette force, encore inerte, comme un choc électrique qui l'anima.

Le contraste du triomphe décerné aux mânes de Napoléon et de la dure captivité que subissait son neveu saisit les imaginations. « Pendant qu'on déifie les restes mortels de l'Empereur, écrivait Louis Bonaparte, moi, son neveu, je suis enterré vivant (2). » A cette

---

(1) Je lis dans une lettre, écrite à cette époque, une curieuse appréciation de ces courants d'opinion : « Dans cet état de choses, beaucoup d'hommes de tous les partis se rattachent au prince. Le mouvement des esprits est très-marqué dans ce sens, surtout en province. A Paris il s'accuse parmi les députés. On en compte une trentaine qui confessent volontiers leurs dispositions à cet égard. Toute l'ancienne extrême gauche est là en masse. La gauche Barrot est entamée, et le mouvement arrive presque jusqu'à son chef, cependant très-indécis. Thiers est suspect à quelques-uns; je crois que c'est à tort. Thiers commence à douter de la dynastie, mais il n'en est pas détaché. C'est le seul homme peut-être qui sache bien sur tous les points notre situation; il est impérialiste par le fond des idées, mais il redoute trop une révolution pour se faire révolutionnaire. Le parti bonapartiste pousse ses rameaux jusque dans le parti conservateur. C'est exceptionnel et rare, mais cela se trouve. C'est un parti qui se fait avec les déclassés de tous les côtés, et les déclassés abondent au point que le nombre et la force sont avec eux désormais. »

(2) *Préface des Fragments historiques* publiés à Londres en 1841.

pensée, un certain attendrissement pénétrait les cœurs.

Le gouvernement de Louis-Philippe s'irrita d'un sentiment qu'il aurait dû prévoir. A peu de temps de là, il refusa sèchement au prince Louis, malgré une lettre que celui-ci adressa directement au roi, malgré les démarches de lord Londonderry et de M. Odilon Barrot, l'autorisation d'aller à Florence, où l'appelait son père mourant.

L'évasion du prince suivit de près ce refus. Le 25 mai 1846, il s'échappa de Ham sous un déguisement, et, comme son père était mort dans l'intervalle des négociations, il gagna l'Angleterre. Depuis cette époque, il ne quitta plus le territoire anglais. C'est à Londres qu'il apprit les événements du 24 février. Le 26, il arrivait dans la soirée à Paris, et descendait sans bruit rue de Richelieu, à l'hôtel de Castille. Un petit conseil d'amis s'y était rassemblé; on mit en délibération la meilleure conduite à tenir; plusieurs avis furent ouverts.

L'une des personnes les plus avancées dans la confidence de Louis Bonaparte, M. Vieillard, l'engageait à se rendre sur l'heure à l'Hôtel-de-Ville, afin d'y présenter son hommage au gouvernement provisoire. D'autres personnes cherchaient à l'en dissuader. Le prince serait reçu avec indifférence, dit un républicain qui connaissait bien l'état des esprits; peut-être même avec dédain, comme un homme de nulle importance; il valait mieux écrire : en même temps, un projet de lettre était soumis à l'approbation du prince, qui, jusque-là, avait écouté le débat sans y prendre part. Ce projet fut trouvé trop explicite. On ne devait pas, disait M. Vieillard, se prononcer d'une manière aussi formelle. Paraître plus révolutionnaire que le gouvernement provisoire, ce serait lui donner une leçon, lui créer peut-être des embarras; d'un autre côté, se montrer moins révolutionnaire que lui, ce serait compromettre la popularité du nom de Bonaparte : il fallait éviter avec un soin égal ces deux écueils.

Le prince ayant approuvé son ami, on rédigea une lettre insignifiante, à laquelle le gouvernement provisoire ne répondit qu'en exprimant le désir que Louis-Napoléon quittât la France. Le prince ne fit aucune difficulté d'obtempérer à ce désir. Ses partisans ne jugeaient pas le moment venu pour lui de se montrer; son nom prononcé dans les clubs n'y avait pas trouvé d'écho. Le gouvernement provisoire, M. de Lamartine surtout, était alors l'objet d'un enthousiasme qui ne souffrait aucune diversion. Louis Bonaparte repartit donc pour Londres; mais ses amis restèrent et commencèrent à s'entremettre pour lui avec un zèle redoublé. Ils avaient des moyens de propagande tout organisés sous la main, les associations bonapartistes ne s'étant jamais entièrement dissoutes en France.

La *Société des débris de l'armée impériale*, qui s'était constituée au retour des cendres de l'Empereur, et qui avait des cadres pour les anciens officiers de l'Empire, n'ayant pas obtenu d'autorisation officielle, avait en apparence cessé d'exister; mais elle ne fit en réalité que se transformer. Une librairie napoléonienne s'était ouverte vers cette époque. On avait publié successivement, à Londres et à Paris, la *Revue de l'Empire*, le *Capitole*, la *Colonne*, l'*Idée napoléonienne*.

A partir du 24 février, la propagande, devenue plus libre, se multiplia, mais elle changea de caractère. La fraction la plus éclairée du parti bonapartiste, les hommes qui n'étaient pas éblouis par des souvenirs de jeunesse et par le regret des gloires impériales, comprirent que le pays était franchement entré dans le mouvement républicain, et qu'il serait téméraire de se heurter à la popularité du gouvernement provisoire; tout ce qu'on pouvait faire, pensèrent-ils, c'était d'épier ses fautes et plus tard celles de l'Assemblée nationale, afin d'en tirer avantage selon que la circonstance le comporterait.

En conséquence, on contint l'impatience des zélés; il ne fut plus question d'un empereur, mais seulement d'un chef populaire pour la

République. On ne parla plus des droits au trône que Louis Bonaparte tirait de sa naissance, mais des devoirs que lui créait son nom envers le peuple ; on vanta sa *loyauté chevaleresque* et sa *probité antique*. On dit que, depuis vingt ans, il était l'espoir de la France ; lui seul, assurait-on, y pourrait fonder une démocratie sans anarchie (1), et l'on tâchait d'amener à cette idée les républicains que ne satisfaisait pas la politique du gouvernement. Le général Piat, devenu colonel d'une légion de la banlieue, M. Aladenise, nommé chef de bataillon dans la garde mobile, MM. Abbatucci, Vieillard, représentants du peuple, d'autres encore communiquaient des correspondances de Louis Bonaparte, toutes empreintes des sentiments les plus démocratiques. M. Edgard Ney pratiquait les gardes municipaux licenciés ; on glissait des hommes dévoués dans les ateliers nationaux et jusque dans les conférences du Luxembourg. Des femmes, animées d'un zèle ardent, allaient dans les faubourgs, où elles prodiguaient, au nom de Louis Bonaparte, les aumônes et surtout les promesses.

L'approche des élections fit redoubler et concentrer les efforts épars ; on fonda des journaux à bas prix qui furent colportés non-seulement dans Paris, mais dans les campagnes les plus reculées ; les murailles se couvrirent d'affiches qui portaient le nom de Louis Bonaparte en caractères énormes ; on répandit par milliers des portraits, des médailles, des lithographies qui montraient l'Empereur présentant son neveu à la France ; on paya des joueurs d'orgues, des somnambules pour chanter et prédire le retour de Napoléon (2). Il y eut des harangueurs de carrefour qui le représentèrent comme une victime de Louis-Philippe et de la bourgeoisie.

M. Émile Thomas, qui entretenait par sa mère des relations suivies avec le parti bonapartiste (1), favorisa ouvertement dans les ateliers nationaux la candidature du prince et fit placarder une affiche qui proposait ensemble aux électeurs : Louis Bonaparte, Émile Thomas, Émile de Girardin.

Pendant qu'on agissait sur les classes pauvres par ces pratiques vulgaires, on ne négligeait pas d'intéresser par d'autres moyens au succès de Louis-Napoléon les partis hostiles à la République. M. de Persigny renouait avec M. de Falloux d'anciennes relations ; on voyait M. de Girardin, on circonvenait M. Carlier, on signalait enfin à tous les mécontents politiques la candidature de Louis Bonaparte comme l'acte d'opposition le plus habile et le plus efficace.

Le succès dépassa l'attente : une triple élection dans les départements de l'Yonne, de la Charente-Inférieure et de la Corse envoya à l'Assemblée constituante le représentant du peuple Louis-Napoléon Bonaparte.

Cette élection était assurément le fait le plus grave qui se fût produit depuis le 4 mai. Cependant on ne voit pas que l'Assemblée s'en émût beaucoup. La majorité républicaine ne se préoccupait que de ses querelles avec la commission exécutive et des intrigues du parti orléaniste. L'élection de M. Thiers lui paraissait un danger bien plus grand pour la République que l'élection de Louis Bonaparte.

Dans la discussion soulevée à l'occasion du décret de bannissement de la maison d'Orléans, comme il avait été question d'étendre la mesure à la famille Bonaparte, les républicains s'étaient presque tous opposés avec beaucoup de vivacité à cette extension. En parlant des deux maisons de Bourbon : « Elles sont venues toutes deux dans les fourgons des Cosaques, qu'elles s'en aillent ensemble ! s'écriait le représentant Vignerte ; quant à la famille Bonaparte, nous l'adoptons provisoirement,

---

(1) Voir, entre autres, le *Napoléon républicain*.
(2) Le refrain de l'une de ces chansons donnera l'idée du caractère bizarre de cette propagande populaire :

   Napoléon, rentre dans ta patrie ;
   Napoléon, sois bon républicain.

(1) On sait que M. Émile Thomas fut un peu plus tard rédacteur en chef du journal napoléonien le *Dix décembre*, puis administrateur des biens du prince Louis Bonaparte dans la Sologne.

parce qu'elle n'est pas dangereuse ! » M. Ducoux, qui fut plus tard préfet de police sous le gouvernement du général Cavaignac, combattit également l'assimilation que l'on voulait faire entre les maisons royales et la famille Bonaparte. « La famille Bonaparte, disait-il, n'a plus qu'une valeur intrinsèque ; elle n'est plus que la tradition glorieuse d'une époque que personne ne peut avoir la folie de vouloir recommencer. » Plusieurs représentants républicains parlèrent dans le même sens. Enfin, la discussion s'étant renouvelée le 10 juin, à l'occasion d'une proposition de M. Piétri qui tendait à abroger l'article 6 de la loi du 10 avril 1832, M. Crémieux, ministre de la justice, vint déclarer à la tribune que la loi de 1832 était virtuellement abolie par la Révolution de Février.

Cependant l'agitation était grande dans Paris, des groupes nombreux se formaient dans les rues, et l'on y parlait à haute voix de mettre Louis-Napoléon à la tête de la République. Une pétition des ouvriers de la Villette demandait à l'Assemblée qu'il fût proclamé consul ; dans la 12e légion de la garde nationale, il était question de le nommer colonel en remplacement de M. Barbès. L'émigration polonaise et quelques-uns des disciples influents de l'illuminé Towianski agissaient et parlaient pour lui dans les clubs et les sociétés secrètes. La presse aussi commençait à s'émouvoir. Le journal *le Napoléonien* disait au sujet de l'élection : « Nous avons vu dans ce fait autre chose que l'élection d'un simple représentant, nous y avons vu le vœu qu'une autre candidature fût portée devant le pays. »

Le Constitutionnel, en rapprochant le chiffre des voix données à Pierre Leroux, à Proudhon et à Louis Bonaparte, dénonçait cette élection comme le résultat d'une alliance contractée entre les républicains et les bonapartistes. *Le Représentant du Peuple* niait l'alliance, mais il se montrait effrayé : « Le peuple, disait M. Proudhon avec sa verve caustique, a voulu se passer cette fantaisie princière, qui n'est pas la première du genre ; et Dieu veuille que ce soit la dernière ! Il y a huit jours, ajoutait-il, le citoyen Bonaparte n'était encore qu'un point noir dans un ciel en feu ; avant-hier ce n'était encore qu'un ballon gonflé de fumée ; aujourd'hui c'est un nuage qui porte dans ses flancs la foudre et la tempête. »

Au sein de la commission exécutive, on était beaucoup plus inquiet qu'à l'Assemblée nationale, parce qu'on était plus exactement informé du caractère de plus en plus hostile que prenait l'agitation populaire. Les attroupements qui, dans les premiers jours, ont stationné autour de la porte Saint-Denis, aux cris mêlés de : *Vive Barbès ! vive Napoléon !* se rapprochent et se forment autour du Palais-Bourbon ; on y attend, dit-on, l'entrée du prince Louis. Les cris de : *Vive Barbès !* deviennent rares et finissent par s'éteindre ; les cris de : *Vive Napoléon !* s'accentuent. Les agents du parti bonapartiste répètent dans les groupes que le gouvernement veut empêcher l'exilé de rentrer en France ; les ouvriers s'indignent. La promulgation de la loi sur les attroupements, présentée par la commission exécutive et votée par l'Assemblée à une majorité considérable, porte au comble le mécontentement populaire.

Entre tous les membres du gouvernement, M. de Lamartine était le plus préoccupé de ces symptômes. Jusqu'à ce jour, il n'avait pas conçu d'appréhensions sérieuses pour les destinées de la République. Dans les manifestations populaires qui précédèrent l'ouverture de l'Assemblée, il avait vu tantôt l'influence de quelques factieux, tantôt la popularité de M. Ledru-Rollin se substituant à la sienne ; il s'était affligé de ces fluctuations stériles de l'opinion, mais rien dans tout cela ne lui avait paru alarmant pour la liberté. A ses yeux, les tendances orléanistes, légitimistes ou cléricales qui se montraient dans l'Assemblée ne pouvaient non plus remuer le pays qu'à la surface ; mais dès qu'il entendit prononcer le nom de Bonaparte, son grand instinct politique l'avertit; il sentit que la République, telle qu'il l'avait comprise, était menacée. Il n'avait pas attendu, d'ailleurs, la Révolution de 1848 pour prévoir, pour prédire avec une étonnante sagacité, la fascination qu'exercerait un jour sur la France, du fond de son tombeau, la grande figure de Napoléon. Dans l'année 1840, lors de la discussion relative au retour des cendres de l'Empereur, on voit M. de Lamartine s'élever avec force contre le projet ministériel; il ne craint pas de braver l'impopularité en combattant un projet qu'appuie M. Odilon Barrot et que soutient la faveur publique. Dans un discours, le plus beau peut-être, par la hauteur des vues philosophiques, qui soit sorti de sa bouche éloquente, il signale le danger de *ce culte de la force que l'on veut substituer dans l'esprit de la nation au culte sérieux de la liberté* (1). Il proteste *contre ce grand mouvement donné par le gouvernement même au sentiment des masses; contre ces spectacles, ces récits, ces publications populaires, contre ces bills d'indemnité donnés au despotisme heureux.* Il affirme *qu'il y a grand péril non-seulement pour l'esprit public*, MAIS AUSSI POUR LA MONARCHIE REPRÉSENTATIVE. Puis, après avoir examiné les lieux proposés pour l'érection d'un monument, il désigne le Champ de Mars, afin de bien indiquer que c'est au grand capitaine et non au souverain que l'on bâtit une tombe. Il propose comme *la seule inscription qui réponde à la fois à l'enthousiasme et à la prudence* : A NAPOLÉON... SEUL.

« Cette inscription, dit-il, attestera aux générations présentes et futures que la France ne veut susciter des cendres de Napoléon ni la guerre, ni la tyrannie, ni des légitimités, ni des prétendants, ni même des imitateurs! »

Lorsque M. de Lamartine, moins de huit ans après ces paroles prophétiques, les vit si près de se réaliser; quand cette puissance d'un nom, prédite par lui et qu'il croyait fa-

(1) Voir, au *Moniteur*, le discours de M. de Lamartine, séance du 26 mars 1842.

tale, surgit à ses yeux du sein d'une démocratie à peine formée, il résolut de la combattre sans perdre un jour, et, pour ainsi dire, corps à corps, dans l'Assemblée d'abord, puis, s'il le fallait, dans la rue.

Entre une popularité due aux plus beaux dons du génie, aux plus grands services rendus, tout à l'heure, à la cause de la liberté, et les souvenirs d'un temps déjà lointain; entre un citoyen aimé, honoré de tous et un prétendant inconnu au pays; entre celui que chacun nommait le Washington de la France et le neveu de l'Empereur, la démocratie hésiterait-elle? l'esprit, le cœur du peuple pourraient-ils balancer? M. de Lamartine pensa qu'il combattrait du moins à armes égales.

Il s'abusait. Cette popularité si passionnée, si parfaite et si juste, qui lui avait décerné, au 24 février, une souveraineté d'opinion presque absolue, elle s'était retirée de lui : il l'avait laissé perdre, faute de savoir l'employer à ses desseins. Ses qualités autant que ses défauts, la nature de son génie autant que la trempe de son caractère le rendaient impropre au gouvernement de l'opinion. Tout-puissant à la séduire, il ne lui donnait pas d'aliment. Lui qui savait tout pressentir, il se montrait incapable d'exécuter rien. L'esprit d'application et de suite qui lie la veille au jour, le jour au lendemain, et conduit ainsi sans éclat, mais avec sûreté, les affaires publiques, il ne le possédait pas ; il l'aurait dédaigné. Étudier, connaître les hommes pour les amener à ses fins, c'eût été à ses yeux un souci vulgaire. D'ailleurs, ses conceptions politiques étaient trop vastes, ses vues trop idéales pour se combiner entre elles, s'arrêter et se restreindre à un plan défini. Il reconnaissait bien, par exemple, et il avait dit l'un des premiers, qu'il s'agissait au dix-neuvième siècle d'organiser la démocratie; mais ce qu'il était urgent de faire pour donner satisfaction aux vrais besoins du peuple, il ne le savait, il ne le cherchait même pas. De même, il considérait comme un devoir facile pour la République française de procurer, sans faire de guerre offensive, l'indépendance des nationalités opprimées en Europe ; mais la mesure qu'il fallait tenir auprès des gouvernements pour atteindre ce but, cette habileté dans l'exercice de la force morale, d'autant plus nécessaire que l'on voulait éviter de recourir à la force matérielle, il ne parut pas qu'il s'en formât la moindre idée. Son optimisme négligent, la persuasion fortifiée par d'inouïs triomphes que son éloquence parerait à tout, suffirait à tout, en France et en Europe, dans l'Assemblée et sur la place publique, s'ils aidèrent à son élévation, entraînèrent aussi sa chute rapide. Comme son étoile brillait au ciel d'un éclat incomparable, comme il semblait commander aux vents qui enflaient sa voile et aux flots furieux qui venaient mourir à ses pieds, sa main distraite reposait sur le gouvernail sans le diriger. Son génie et sa fortune le préservèrent des écueils ; mais au lieu du rivage où il se proposait d'aborder, il s'éveilla un matin du plus beau des rêves, seul, abandonné, presque oublié, sur une plage déserte.

Il est triste, mais il est encore plus intéressant et instructif de voir par quels moyens mal concertés M. de Lamartine essaya de ramener à lui l'esprit public et de vaincre cet adversaire absent, muet, énigmatique, que la révolution, par un de ses jeux les plus inattendus, lui opposait.

Il pensa d'abord qu'il serait d'un effet infaillible de provoquer au sein du peuple même un mouvement contraire au mouvement bonapartiste. Dans cette pensée, il manda près de lui quelques délégués du Luxembourg et d'autres chefs de corporations. Il s'efforça de les animer au tableau des dangers qu'allait courir la République ; il leur offrit des capitaux pour aider les associations ouvrières, et finit par leur demander d'organiser une *manifestation* contre la rentrée en France du nouvel élu.

Mais M. de Lamartine se vit écouté avec une froideur extrême. Les délégués du Luxembourg, sur l'avis de M. Louis Blanc, avaient voté pour Louis Bonaparte. Ils se tenaient, d'ailleurs, en grande défiance des paroles qu'ils entendaient et des promesses qu'on leur faisait depuis le 24 février. M. de Lamartine put se convaincre qu'il n'exerçait plus d'action sur les hommes du peuple ; il décida alors d'essayer, sans plus tarder, son pouvoir sur l'Assemblée.

L'émotion qu'avait causée dans Paris le nom de Napoléon s'était déjà manifestée à la tribune. Le 10 juin, le représentant Heeckeren, sans doute pour sonder la disposition des esprits, interpellait le ministre de la guerre au sujet d'un bruit qui s'était répandu. Selon ce bruit, un régiment envoyé à Troyes et reçu au cri de : Vive la République ! par la garde nationale, y aurait répondu par le cri de : Vive l'Empereur ! A cette interpellation, qui lui paraît une insulte pour l'armée, le général Cavaignac s'indigne ; il affirme « que rien de semblable ne lui est parvenu (1). » Puis, donnant un libre cours aux sentiments qui l'agitent : « Loin de ma pensée, s'écrie-t-il dans un emportement d'éloquence qui contraste avec sa réserve et son laconisme habituels, de porter une accusation aussi terrible contre un de mes concitoyens. Oui, je veux croire, je dois croire innocent l'homme dont le nom est si malheureusement mis en avant. Mais je le déclare aussi, *je voue à l'exécration publique quiconque osera jamais porter une main sacrilége sur la liberté du pays* ! »

A ces mots, tous les représentants entraînés se lèvent, et le cri de : *Vive la République !* retentit longtemps dans l'enceinte. « Oui, citoyens, je le voue à l'exécration publique, » reprend le général Cavaignac avec force.

Ce moment eut sa gravité, non pas apparente aux yeux de tous, mais profondément sentie par quelques-uns.

M. de Lamartine, en qui jusque-là s'était en quelque sorte personnifiée la République, se trouvait tout d'un coup comme écarté du dé-

---

(1) Le général Cavaignac était mal informé. Le fait était parfaitement exact.

bat. L'attention publique se détournait de lui. Un autre se levait, qui repoussait, au nom du pays, le prétendant à l'Empire. Par l'effet de quelques mots prononcés inopinément à la tribune, une rivalité nouvelle naissait dans les régions du pouvoir. Un antagonisme encore latent, mais qui allait, à partir de ce jour, se prononcer de plus en plus, puis éclater enfin, se posait dans l'Assemblée. On pouvait entrevoir déjà que désormais le pays n'allait plus se débattre entre la liberté et la licence, mais entre l'autorité et la dictature : entre le général Eugène Cavaignac et le prince Louis-Napoléon Bonaparte.

Selon toute apparence, M. de Lamartine en eut l'instinct. Néanmoins il persévéra dans son projet. Ayant obtenu de ses collègues un décret de bannissement contre Louis Bonaparte, il résolut de le proposer à l'Assemblée le 12 juin, et d'enlever, s'il se pouvait, dans la séance même, un vote favorable.

Comme, en dépit de la loi contre les attroupements, le peuple continuait d'affluer autour du Palais-Bourbon, et s'y tenait pendant toute la durée des séances, on convint d'entourer ce jour-là l'Assemblée d'un appareil militaire. La place de la Concorde est couverte de troupes ; on fait avancer du canon. Le général Cavaignac, le général Négrier, le général Tempoure, en grand uniforme, surveillent les dispositions ; le clairon sonne, le tambour bat. Les représentants, pour se rendre à leur poste, passent entre deux haies de soldats ; de fortes patrouilles de gardes nationaux sillonnent les rues ; les grilles du jardin des Tuileries se ferment.

Sur ces entrefaites arrivaient de tous côtés des masses de prolétaires. On leur avait annoncé un événement. Napoléon allait entrer à l'Assemblée suivi d'une brillante escorte, disaient les uns ; toutes les troupes étaient réunies là pour qu'il les passât en revue, disaient les autres, tant l'idée de souveraineté s'attachait aisément au nom de Napoléon.

Napoléon, fils de Jérôme, ancien roi de Westphalie, que le département de la Corse avait envoyé à l'Assemblée constituante, crut devoir protester à la tribune au nom de son cousin contre les rumeurs de la place publique, contre ce qu'il appela les mensonges et les insinuations des journaux.

« Vous savez tous, dit-il au commencement de la séance du 12 juin, qu'il existe des partis en France qui repoussent la République. Ils ne se recrutent qu'au sein d'une infime minorité. Ils se composent de ce que la nation a de moins bon, de moins généreux, mais ils existent. Le nom de Bonaparte est un levier, une puissance si l'on veut. Quoi de plus naturel que des gens qui veulent attaquer la République s'arment contre elle de ce nom sous lequel ils cachent de coupables intrigues ? »

A son tour, le général Bedeau, dans le même sentiment que le général Cavaignac, et en rappelant ses paroles, vient repousser au nom de l'armée les imputations dont elle a été l'objet. « La force armée, en France, dit-il, est essentiellement intelligente ; elle est passive dans l'accomplissement d'un ordre dont elle a compris la légalité, mais jamais elle ne sera aveuglée par le prisme d'un prétendant quelconque. Un chef quelconque qui s'imaginerait trouver dans une influence secondaire la possibilité de tromper l'armée, le jour où il voudrait exciter de criminelles tentatives, *l'armée elle-même le mettrait en accusation.* » Ces paroles sont couvertes d'applaudissements ; mais tout à coup, au moment où l'on s'y attend le moins, le général Bedeau tourne son discours contre la commission exécutive. Il parle de ses divisions, qui paralysent l'action gouvernementale ; il insiste sur l'inefficacité de la forme actuelle. Insinuant qu'il est urgent de la modifier, il indique d'une manière assez peu voilée qu'un seul chef, et à ce moment un seul, c'est le général Cavaignac, peut exercer un pouvoir assez fort pour comprimer les factions.

C'est l'instant que choisit M. de Lamartine pour monter à la tribune ; il n'a pas sa sérénité habituelle, son visage est pâle, contracté.

LE GÉNÉRAL É. CAVAIGNAC

Lui, obligé de se défendre devant l'Assemblée ! Quelle nouveauté dans sa carrière politique et comme on voit qu'elle le trouble ! Il commence une longue justification des actes du gouvernement provisoire, remonte jusqu'à la proclamation de la République, rappelle le drapeau rouge écarté. On l'écoute avec froideur ; on le trouve prolixe, emphatique. Il se glace en parlant ; il voit son auditoire distrait, inattentif, et demande enfin, sous prétexte qu'il a besoin de repos, la suspension de la séance. Pendant cette suspension, une agitation sourde se répand dans l'Assemblée. On est inquiet, on s'interroge. Qu'y a-t-il de fondé dans toutes ces alarmes, dans ces accusations réciproques ? Pourquoi cet appareil militaire ? Que se passe-t-il au dehors ? On parle d'une collision engagée entre la troupe et les rassemblements, d'un coup de feu tiré. M. de Lamartine remonte à la tribune. « Citoyens représentants, dit-il, une circonstance fatale vient d'interrompre le discours que j'avais l'honneur d'adresser à cette Assemblée. Plusieurs coups de feu ont été tirés : l'un sur le commandant de la garde nationale de Paris, l'autre sur un officier de l'armée ;

un troisième, enfin, sur la poitrine d'un officier de la garde nationale. »

« Les coups de feu, reprit-il, étaient tirés au nom de : « Vive l'Empereur ! » C'est la première goutte de sang qui ait taché la Révolution éternellement pure et glorieuse du 24 février. Gloire à la population, gloire aux différents partis de la République, du moins ce sang n'a pas été versé par leurs mains : il a coulé, non pas au nom de la liberté, mais au nom du fanatisme des souvenirs militaires et d'une opinion naturellement, quoique involontaire peut-être, ennemie invétérée de toute république.

« Citoyens, en déplorant avec vous le malheur qui vient d'arriver, le gouvernement n'a pas eu le tort de ne s'être pas armé autant qu'il était en lui contre ces éventualités. Ce matin même, une heure avant la séance, nous avons signé d'une main unanime une déclaration que nous nous proposions de vous lire à la fin de la séance, et que cette circonstance me force à vous lire à l'instant même. Lorsque l'audace des factieux est prise en flagrant délit, la main dans le sang français, la loi doit être votée d'acclamation. »

Et alors M. de Lamartine, malgré l'absence complète de sympathie qu'il peut lire sur les visages, malgré les interruptions et les protestations qui partent de tous les bancs, lit le texte du décret :

« La commission du pouvoir exécutif, vu l'article 3 de la loi du 13 janvier 1816, déclare qu'elle fera exécuter, en ce qui concerne Louis Bonaparte, la loi de 1832, jusqu'au jour où l'Assemblée nationale aura autrement ordonné. »

Cette lecture excite une désapprobation générale. Pendant le long discours de M. de Lamartine, on est allé aux informations et l'on a eu des renseignements circonstanciés : on sait que rien n'est exact dans son récit; qu'il n'y a pas eu trois coups de feu de tirés, mais un seul; que, au lieu des factions prises la main dans le sang français, il s'agit d'un garde national maladroit qui s'est blessé lui-même.

Forcé par la rumeur générale de venir s'expliquer, M. de Lamartine se déconcerte; il ne se borne pas à parler de ce qui fait en ce moment le sujet de toutes les préoccupations, il revient encore en arrière; il évoque les souvenirs fâcheux du 15 mai; il croit devoir entrer dans mille détails pour se défendre de toute participation à cette malheureuse journée; il dit enfin ce mot resté fameux : « J'ai conspiré avec Blanqui, Sobrier, Cabet, Barbès, Raspail! oui, j'ai conspiré, mais comme le paratonnerre conspire avec le nuage qui porte la foudre. »

Les rires et les murmures accueillent cette métaphore. M. de Lamartine rencontre à son tour dans l'Assemblée les préventions que M. Louis Blanc y soulevait naguère. La majorité et la minorité se trouvent d'accord contre lui. La droite, dans sa politique mesquine et vindicative, préfère le citoyen Louis Bonaparte au citoyen Lamartine; les représentants de la Montagne partagent ce sentiment. Le parti du général Cavaignac, qui commence à se dessiner, veut avant tout, advienne que pourra, se débarrasser de la commission exécutive.

Dans cette disposition universelle, l'Assemblée montre encore cependant quelque respect humain, en accordant à la commission un vote de confiance. Elle vote les cent mille francs par mois qui lui sont demandés pour les dépenses de bureaux et pour les fonds secrets. Mais on sent que c'est une dernière concession arrachée à une sorte de commisération, et qui ne donne plus au gouvernement aucune force. Cette séance est d'un effet déplorable pour la commission exécutive; elle la place dans un état d'isolement complet entre l'Assemblée, où elle se voit répudiée par les deux partis, au nom de Cavaignac ou de Louis Bonaparte, et le peuple qui s'indigne de son obstination à repousser un candidat trois fois élu, comme d'une atteinte à sa souveraineté.

La séance du 13 devait être pire encore. On allait entendre les rapports des bureaux chargés d'examiner la validité de l'élection du prince Louis Bonaparte. Admettre ou rejeter cette validité, c'est dans la circonstance présente maintenir ou renverser la commission exécutive.

M. Jules Favre, rapporteur du septième bureau, a le premier la parole. Depuis le procès de 1840, où il a défendu le lieutenant Aladenise, M. Jules Favre est resté en relations avec le parti bonapartiste; ses récentes mésintelligences avec M. Ledru-Rollin contribuent plus encore à le rendre favorable au prince Louis; son rapport est un plaidoyer. « Le nouvel élu, dit-il, n'a justifié encore ici ni son âge ni sa nationalité, cela est vrai; mais s'arrêter à de telles chicanes serait indigne d'une grande Assemblée. Le gouvernement, d'ailleurs, n'a pas jugé sans doute que Louis-Napoléon ne fût pas éligible, puisqu'il n'a averti, avant l'élection, ni les électeurs ni le citoyen Bonaparte. Loin de là, il a ici même, par la bouche de son ministre de la justice, déclaré que la loi de 1832 est virtuellement abolie par la Révolution de Février. »

« En présence de l'anxiété publique, ajoute M. Jules Favre, il ne faut pas d'atermoiement. Il convient d'aborder franchement les deux questions, légale et politique, que soulève l'élection. » La question légale, selon lui, a été antérieurement tranchée par l'admission de trois membres de la famille Bonaparte. Quant à la question politique, la raison d'État ne veut pas qu'on grandisse le citoyen Bonaparte comme le ferait la commission exécutive par une exclusion timide. Traitant de *folles*, de *criminelles* les expéditions de Strasbourg et de Boulogne, M. Jules Favre affirme que rien d'analogue ne saurait se reproduire. « Si le citoyen Bonaparte, dit-il, *tentait une misérable parodie du manteau impérial qui ne va plus à sa taille, il serait mis à l'instant hors la loi et traîné sur la claie.* »

M. Buchez, rapporteur du deuxième bureau, combat M. Jules Favre. Le bureau s'est prononcé à l'unanimité contre l'admission. Ce n'est pas le citoyen Bonaparte qui se présente, dit le rapporteur, c'est le prince Louis-Napoléon, c'est un prétendant qui est venu deux fois sur le sol français pour réclamer à main armée son droit héréditaire à l'Empire. Aujourd'hui même, c'est par le cri de : Vive l'Empereur! que ses partisans saluent son élection. M. Buchez fait remarquer, à l'appui de ses soupçons, que le prince Louis Bonaparte *n'a pas reconnu la République*; qu'il n'est pas venu un mot de lui pour mettre fin aux agitations de la rue, à l'ambiguïté de sa situation, à la perplexité de ceux de ses partisans qui le croient sincère.

A ces mots, M. Vieillard quitte son banc avec précipitation et monte à la tribune. Il vient, dit-il, accomplir un devoir sacré en défendant un absent, un ami. « Il y a trente ans, continue M. Vieillard, que je connais le citoyen Louis Bonaparte. Après en avoir fait un député malgré lui, on veut en faire un prétendant malgré lui. Son élection n'a pas été, comme on l'a dit, une conspiration, mais une protestation spontanée de la population contre les souvenirs funestes de 1815. » Et, pour mieux confirmer ses assertions, M. Vieillard donne connaissance à l'Assemblée d'une lettre de Louis Bonaparte, datée de Londres, 11 mai 1848, ainsi conçue : « Je n'ai pas voulu me présenter comme candidat aux élections, écrivait le prince à son confident, parce que je suis convaincu que ma position à l'Assemblée eût été extrêmement embarrassante. Mes antécédents ont fait de moi, bon gré, mal gré, non un chef de parti, mais un homme sur lequel s'attachent les regards de tous les mécontents. Tant que la société française ne sera pas rassise, tant que la constitution ne sera pas fixée, je sens que ma position en France serait très-difficile, et même très-dangereuse pour moi. J'ai donc pris la ferme résolution de me tenir à l'écart et de résister à toutes les séductions que peut avoir pour moi le séjour dans mon pays. Si la France avait besoin de moi, si mon rôle était tout tracé, si enfin je pouvais croire être utile à mon pays, je n'hésiterais pas à passer sur toutes les considérations secondaires pour remplir mon devoir ; mais, dans les circonstances actuelles, je ne puis être bon à rien, je ne serais tout au plus qu'un embarras ; j'attendrai donc encore quelques mois ici que les affaires prennent en France une tournure plus calme et plus dessinée. J'ignore si vous me blâmerez de cette résolution ; mais si vous saviez combien de propositions ridicules me parviennent même ici, vous comprendriez combien davantage à Paris je serais en butte à toutes sortes d'intrigues. Je ne veux me mêler de rien. Je désire voir la République se fortifier en sagesse et en droit, et en attendant l'exil volontaire m'est très-doux, parce que je sais qu'il est volontaire. »

La lecture de cette lettre ne produisit pas sur l'Assemblée toute l'impression qu'on aurait pu attendre. Ainsi que je l'ai fait voir, la droite était aveuglée par sa haine pour la commission exécutive. Elle traita, par la bouche de M. Fresneau, la conspiration bonapartiste de *chimère;* elle déclara qu'il y avait en ce moment une émotion légitime du peuple, que le peuple protestait non pas contre le gouvernement, mais contre l'absence de gouvernement. Quelques hommes sincères parlèrent au nom du droit ; d'autres dirent qu'ils voulaient la République confiante et magnanime. M. Louis Blanc s'exprima dans ce sens ; il dit qu'il ne voyait dans l'élection de Louis Bonaparte aucun danger sérieux pour la République. « Voulez-vous, d'ailleurs, un moyen bien simple d'empêcher Louis Bonaparte d'arriver à la présidence ? Écrivez dans votre constitution l'article que voici : Dans la République française fondée le 24 février, il n'y a pas de président. » Mais l'Assemblée aspirait à se protéger par un pouvoir fort ; elle voulait un gouvernement personnel. Bien que républicaine d'intention, elle restait en ceci dans la tradition monarchique et ne concevait la force que dans la personnalité. La proposition d'abolir la présidence venait donc heurter la disposition générale, sans nécessité et sans à-propos (1).

(1) Dans une lettre en date de Londres, 11 novembre 1861,

M. Ledru-Rollin fut plus politique que M. Louis Blanc ; il opposa des faits précis aux généralités de son collègue. Il certifia que, d'après une instruction commencée, il y avait eu de l'argent distribué, du vin versé au nom de l'Empereur. « Des embauchages se font pour une nouvelle garde impériale, dit M. Ledru-Rollin ; il y a une conspiration flagrante dans l'entourage du prince, dans les partis qui se servent de son nom. » Il conclut en suppliant l'Assemblée de *prévenir le sang versé*, et de faire exécuter temporairement une loi de nécessité. M. Ledru-Rollin parle avec beaucoup de sens et de vigueur, son langage est celui de la raison, mais M. Ledru-Rollin est impopulaire dans l'Assemblée, comme M. Louis Blanc, comme M. de Lamartine. Tout ce qu'il peut obtenir d'une majorité fortement prévenue contre lui, c'est qu'elle hésite un moment. Voyant ce mouvement insensible qui se fait dans les esprits, un partisan du prince, M. Bonjean, monte à la tribune et lit une lettre de Louis Bonaparte datée de Londres, 23 mai. L'Assemblée avait refusé d'entendre la lecture de cette même lettre dans la séance où avaient été lues les lettres du prince de Joinville et du duc d'Aumale ; mais cette fois le temps avait marché. On savait par expérience que le nom du prince de Joinville n'éveillait que peu d'écho dans les masses. La droite avait compris qu'elle ne pouvait s'en faire une arme contre la République ; elle en venait à examiner le parti qu'elle pourrait tirer du nom de Bonaparte.

« Citoyens représentants, disait Louis-Napoléon dans la lettre que vient lire M. Bonjean, j'apprends, par les journaux du 22, qu'on a proposé dans les bureaux de l'Assemblée de maintenir contre moi seul la loi d'exil qui frappe ma famille depuis 1816. Je viens

M. Louis Blanc, après avoir donné à l'auteur quelques explications au sujet de son vote, ajoute ces paroles qui méritent d'être conservées : « Loin de me repentir d'avoir voté contre le bannissement à perpétuité des Bourbons, des d'Orléans et des Bonaparte, je m'honore de ces votes comme des actes les plus vraiment républicains que m'ait jamais inspirés ma conscience. »

demander aux représentants du peuple pourquoi je mériterais une semblable peine. Serait-ce pour avoir toujours publiquement déclaré que, dans mes opinions, la France n'était l'apanage ni d'un homme, ni d'une famille, ni d'un parti? Serait-ce parce que, désirant faire triompher sans anarchie ni licence le principe de la souveraineté nationale, qui seul pouvait mettre un terme à nos dissensions, j'ai deux fois été victime de mon hostilité contre le gouvernement que vous avez renversé? Serait-ce pour avoir consenti, par déférence pour le gouvernement provisoire, à retourner à l'étranger, après être accouru à Paris au premier bruit de la révolution? Serait-ce pour avoir refusé par désintéressement les candidatures à l'Assemblée qui m'étaient proposées, résolu de ne retourner en France que lorsque la nouvelle constitution serait établie et la République affermie? Les mêmes raisons qui m'ont fait prendre les armes contre le gouvernement de Louis-Philippe, me porteraient, si on réclamait mes services, à me dévouer à la défense de l'Assemblée, résultat du suffrage universel. En présence d'un roi élu par deux cents députés, je pouvais me rappeler que j'étais l'héritier d'un empire fondé par l'assentiment de quatre millions de Français. En présence de la souveraineté nationale, je ne peux et ne veux revendiquer que mes droits de citoyen français; mais ceux-là je les réclamerai sans cesse, avec l'énergie que donne à mon cœur honnête le sentiment de n'avoir jamais démérité de la patrie.

« Votre concitoyen,
« LOUIS-NAPOLÉON BONAPARTE. »

Cette lecture ramène à la tribune M. Jules Favre pour appuyer de nouveau l'admission. L'Assemblée n'hésite plus. Malgré M. Buchez, qui essaye une dernière fois de prévenir une rupture ouverte avec la commission exécutive; malgré M. Degousée, qui propose un amendement modifié, dit-il, par la lettre du citoyen Bonaparte, et demande le maintien du décret de bannissement seulement jusqu'à la mise à exécution de la constitution, l'admission est prononcée aux deux tiers des voix. A cette nouvelle, qui se propage avec une grande rapidité, les rassemblements se dispersent en proférant de nouveaux cris de : *Vive Napoléon!* mais sans donner le moindre signe de reconnaissance pour l'Assemblée. Elle ne retira pour sa popularité aucun profit de l'humiliation qu'elle infligeait à la commission exécutive. Louis Bonaparte, plus habile qu'elle, ne se prévalut même pas du vote qui lui ouvrait l'enceinte de la représentation nationale; ses partisans ne jugeaient pas que le moment fût propice. MM. Laity et de Persigny, arrêtés comme excitateurs de troubles, mais relâchés aussitôt par un gouvernement qui répugnait à toutes les rigueurs, étaient partis pour Londres immédiatement après le vote du 13 juin, afin de bien exposer au prince quels en étaient le sens et la portée. Ce vote n'était autre chose, à leur avis, qu'un acte d'opposition à la commission exécutive; on s'abuserait en y voyant l'expression d'une sympathie pour Louis-Napoléon. La grande majorité de l'Assemblée, disaient ces ardents bonapartistes, était encore très-décidément républicaine. La droite, à la vérité, semblait prête à l'attaque, mais c'était sous l'inspiration de MM. de Falloux, Thiers et Montalembert, dans un intérêt dynastique. Le prince Louis, en entrant dans une assemblée ainsi disposée, n'y aurait qu'une position secondaire. Il y serait toléré comme peu dangereux, négligé par conséquent. Ou bien il engagerait une lutte prématurée et serait vaincu; ou bien il garderait le silence, resterait confondu dans la foule des représentants et perdrait insensiblement tout son prestige. Chacun de ses votes serait commenté, interprété; il livrerait à ses ennemis mille prétextes. Louis Bonaparte comprit la justesse de ces avis. Il ne se sentait nul talent oratoire, ni enthousiasme, ni mouvement, rien qui pût entraîner une assemblée. Il voyait, d'ailleurs, le flot populaire venir à lui et se grossir contre les obstacles;

tout lui conseillait de temporiser ; en conséquence il adressa au président la lettre suivante, qui fut lue à la tribune, dans la séance du 15 juin :

« Monsieur le président, je partais pour me rendre à mon poste, quand j'apprends que mon élection sert de prétexte à des troubles déplorables et à des erreurs funestes. Je n'ai pas cherché l'honneur d'être représentant du peuple, parce que je savais les soupçons injurieux dont j'étais l'objet. Je rechercherais encore moins le pouvoir. Si le peuple m'imposait des devoirs, je saurais les remplir ; mais je désavoue tous ceux qui me prêtent des intentions que je n'ai pas. Mon nom est un symbole d'ordre, de nationalité, de gloire, et ce serait avec la plus vive douleur que je le verrais servir à augmenter les troubles et les déchirements de la patrie. Pour éviter un tel malheur, je resterais plutôt en exil. Je suis prêt à tout sacrifier pour le bonheur de la France. »

Cette lettre causa dans l'Assemblée une sensation désagréable. Elle avait dans son renoncement un ton de hauteur singulier. Le général Cavaignac y releva l'omission significative du mot de république. MM. Antony Thouret, Baune, David (d'Angers) signalèrent à l'attention cette phrase étrange : *Si le peuple m'imposait des devoirs je saurais les remplir.* M. Jules Favre, faisant en quelque sorte amende honorable de son discours du 13, demande que la lettre et l'adresse aux électeurs qui l'accompagne soient déposées entre les mains du ministre de la justice, *afin qu'il y donne telle suite qu'il avisera.* M. Duclerc vient dire que le gouvernement connaît les menées tramées par les bonapartistes, mais qu'il ne veut pas de précipitation, et il propose le renvoi de la discussion à demain. « A demain ! s'écrie M. Clément Thomas, à demain, y songez-vous ! remettre à demain, c'est la bataille pour aujourd'hui ! »

L'Assemblée est un moment émue ; le peuple se rassemble de nouveau autour du Palais-Bourbon. Les représentants, à leur sortie, sont accueillis par des huées. Les cris de : *Vive l'Empereur! à bas Thiers! à bas les représentants!* retentissent à leurs oreilles ; les physionomies paraissent sombres. Au moment où le président refusait de lire l'adresse de Louis Bonaparte aux électeurs, un homme en blouse lui a jeté d'une tribune un billet ainsi conçu : « Si vous ne lisez pas les remercîments de Louis Bonaparte aux électeurs, je vous déclare traître à la patrie. » Ce billet était signée Auguste Blum, ancien élève de l'École polytechnique. Tant d'audace ne serait pas explicable, pensait-on, si elle ne s'appuyait sur une grande force populaire. On se confirme dans ces soupçons en apprenant que Blum est maintenant délégué des maçons aux conférences du Luxembourg, et qu'il passe pour l'un des principaux agents de M. Louis Blanc. On apprend aussi qu'un attroupement très-nombreux, qui stationne dans les Tuileries, parle de proclamer Bonaparte premier consul ; l'orage gronde dans l'air ; on a le pressentiment d'une insurrection prochaine.

Cependant, l'impopularité de M. Clément Thomas, venant s'ajouter à l'impopularité de la commission exécutive, fait encore une fois pencher la balance du côté de Louis Bonaparte. Considéré, le 15 mai, comme un libérateur, M. Clément Thomas a encouru dès le lendemain la disgrâce de la droite en déposant, ainsi que nous l'avons vu, une pétition des officiers de la garde nationale qui demandait qu'on ne fît pas de réaction. La garde nationale elle-même, devenue beaucoup moins républicaine que les officiers qu'elle a élus en un premier moment d'entraînement, souhaitait un autre chef. Dans une récente discussion soulevée par la proposition de deux représentants bonapartistes et qui tendait à rétablir l'effigie de Napoléon sur la croix de la Légion d'honneur, M. Clément Thomas a blessé le sentiment public en attaquant ces *signes de distinctions ridicules, ces hochets de la vanité.* Ces expressions qui rappellent l'opposition que fit, en 1802, le conseil d'État lors de la création de la Légion d'honneur (1), ce sentiment qui est celui des nations anglaise et américaine, irrite au plus haut degré la fibre si chatouilleuse en France de la vanité militaire. A partir de ce jour, M. Clément Thomas se voit en butte aux colères les plus violentes ; on le honnit comme un blasphémateur de l'honneur national. Lorsqu'il paraît sur la place de la Concorde pour dissiper les rassemblements, les gardes nationaux le reçoivent en criant : *A bas Clément Thomas ! vive la Légion d'honneur !* L'Assemblée ne se montrant guère plus favorable pour lui, il comprit qu'il ne pouvait plus garder son commandement, et deux jours après il envoya sa démission.

Comme on en était là, inquiet, perplexe, chacun se demandait ce qui allait sortir de ces hostilités entre le peuple et l'Assemblée nationale, entre les différents partis dans l'Assemblée, entre l'Assemblée et la commission exécutive, entre la commission exécutive et le prince Louis-Napoléon ; quand tous les esprits sont livrés à l'appréhension d'un danger indéfini, mais imminent, une nouvelle lettre de Louis Bonaparte au président de l'Assemblée vient en apparence mettre fin à tout, en apportant un dénoûment pacifique à la crise où l'on s'était engagé sans trop la comprendre.

« J'étais fier d'avoir été élu représentant du peuple à Paris et dans trois autres départements, disait Louis-Napoléon ; c'était à mes yeux une ample réparation pour trente ans d'exil et six ans de captivité ; mais les soupçons injurieux qu'a fait naître mon élection, mais les troubles dont elle a été le prétexte, mais l'hostilité du pouvoir exécutif, m'imposent le devoir de refuser un honneur qu'on croit avoir été obtenu par l'intrigue.

(1) Le conseiller Berlier ayant dit, en propres termes, que ces sortes de distinctions étaient des *hochets de la monarchie* : « C'est avec des hochets que l'on mène les hommes, » avait répondu le Premier Consul. L'historien Anquetil refusa la décoration, déclarant que « tout chef de gouvernement se rend coupable en établissant des distinctions sociales, et tout citoyen en les acceptant. »

« Je désire l'ordre et le maintien d'une République sage, grande, intelligente, et puisque involontairement je favorise le désordre, je dépose, non sans de vifs regrets, ma démission entre vos mains. Bientôt, je l'espère, le calme renaîtra et me permettra de retourner en France comme le plus simple des citoyens, mais aussi comme un des plus dévoués au repos et à la prospérité de mon pays.

« Louis-Napoléon Bonaparte. »

Bien que le ton de cette lettre fût tout autre que celui de la première ; bien que le mot de république s'y trouvât comme un hommage au sentiment de l'Assemblée, et que l'expression de *simple citoyen* protestât contre le personnage de prétendant, l'Assemblée affecta de la traiter avec dédain et la renvoya au ministre de l'intérieur, sur ce motif que l'admission du citoyen Louis Bonaparte n'ayant été prononcée que conditionnellement, jusqu'à preuve d'âge et de nationalité, la démission ne pouvait pas être acceptée.

Ainsi se terminèrent les premiers rapports officiels entre le prince Louis-Napoléon Bonaparte et l'Assemblée constituante.

En renonçant à se prévaloir de sa triple élection, en feignant de céder aux désirs de l'Assemblée, Louis Bonaparte retira du conflit qui venait de s'élever un notable avantage. Sa modération le grandit dans l'opinion publique, sans empêcher qu'aux yeux du peuple il ne personnifiât le principe même de souveraineté nationale que les représentants semblaient méconnaître. Dès ce jour, il donna un nom, un nom éclatant aux vagues efforts que faisait, par des mains obscures, la révolution pour se dégager des entraves qu'on lui opposait. Il absorba en lui, il incorpora, pour ainsi parler, cet idéal de dictature révolutionnaire qu'une démocratie encore inculte, tumultueuse, irrationnelle et passionnée préfère aux gouvernements libéraux.

La bourgeoisie intelligente et active le sentit confusément, et nous allons la voir, avec un instinct très-juste, se presser autour du général Cavaignac pour tâcher d'arrêter à une république tempérée le mouvement révolutionnaire. Mais la bourgeoisie opulente et parvenue, qui a perdu l'instinct politique ; les partis que divisent dans l'Assemblée des questions d'intérêt personnel ; les factions royalistes aveuglées par de petites rancunes, et dont la vanité redoute par-dessus toutes choses l'établissement définitif du gouvernement républicain, vont se jeter étourdiment du côté de Louis Bonaparte, c'est-à-dire du côté de leur ennemi historique le plus dangereux, le plus irréconciliable.

CHAPITRE XXXII

État moral de la population. — Inquiétudes dans Paris. — Troubles dans les départements. — Les ateliers nationaux. — M. Pierre Leroux. — M. de Falloux. — Décret de la commission exécutive. — Protestation des ouvriers. — Le lieutenant Pujol et M. Marie. — On décide la résistance à main armée.

Toutes ces rivalités d'ambition, toutes ces intrigues de coterie, n'étaient pas de nature à améliorer l'état moral de la population ; bien au contraire. A la grande surprise des esprits honnêtes, qui avaient attendu de la réunion d'une Assemblée nationale le retour à l'ordre et la sécurité, tout allait empirant de jour en jour. Le malaise et l'inquiétude étaient universels. Les propriétés territoriales n'avaient plus de valeur appréciable ; le cours de la rente 5 pour 100 ne pouvait s'élever au-dessus de 69 ; le 3 pour 100 restait à 46. La bourgeoisie et le prolétariat se plaignaient également de la stagnation des affaires. Quoique les motifs de leur mécontentement fussent opposés, ils s'entendaient pour accuser de tout le mal le mauvais esprit de la commission exécutive et l'inaction de l'Assemblée. Ce dernier reproche, assez motivé si l'on considérait le résultat des délibérations, cessait d'être équitable dès qu'on l'adressait aux intentions de la majorité.

J'ai montré de quel bon vouloir elle était animée au commencement de la session ; elle avait le ferme dessein de travailler, de travailler sans relâche au bien public. Afin de mettre plus d'ordre et d'apporter plus d'activité dans ses travaux, elle avait adopté l'usage des anciennes assemblées, et s'était divisée, non-seulement en bureaux, où les représentants se trouvaient périodiquement appelés par la voie du sort, mais en comités spéciaux, correspondant aux différentes branches du service administratif, où chacun se faisait inscrire conformément à ses aptitudes particulières. Ce mode, excellent en lui-même, tourna cependant, par l'effet des circonstances, au détriment des intérêts démocratiques. Il devint beaucoup plus facile aux représentants de la minorité, dans ces fractions de l'Assemblée, dans ces comités, qui ressemblaient à des cercles intimes, d'émettre des opinions qu'ils n'auraient osé hasarder à la tribune, en présence d'une majorité imposante. Du moment surtout qu'ils se virent conseillés et guidés par M. Thiers, ils profitèrent de tous les avantages que leur donnaient la vieille habitude de la discussion, la pratique des affaires, et, gagnant peu à peu du terrain dans les comités importants, particulièrement dans le comité du travail et dans celui des finances, ils purent, sans se déceler encore à l'Assemblée, qui n'aurait pas souffert leurs prétentions, paralyser l'élan républicain et miner à sa base l'établissement des lois démocratiques.

Du 4 mai au 20 juin, époque à laquelle nous voici parvenus, on avait perdu en discussions assez vaines un temps précieux, et rien ne s'était fait pour améliorer la condition du peuple. Cependant l'Assemblée, en diverses occasions, même après l'émeute du 15 mai, avait encore témoigné de ses sympathies pour les classes laborieuses. Le 21 mai, elle écoutait et renvoyait aux trois comités des finances, de l'agriculture et de la législation, une proposition tendant à créer une banque hypothécaire, qui rappelait les plans d'institutions économiques de l'école phalansté-

JOURNÉES DE JUIN. — FR. ARAGO HARANGUE LES INSURGÉS. (P. 43?.)

rienne. Le 22, elle votait un crédit d'un million pour les ateliers nationaux. Dans la séance du 25, elle examinait un plan de M. Bouhier de l'Écluse pour l'organisation d'une banque nationale foncière. Souvent même il lui arrivait d'écouter avec trop de patience des propositions déraisonnables, celle de M. Charbonnel, entre autres, qui voulait que l'on forçât les propriétaires à faire des défrichements et des améliorations dans leurs terres pour la valeur d'un cinquième de leur revenu. Parfois elle accueillait des paroles qui, plus tard, dans une autre assemblée, paraîtront insensées ou séditieuses; elle se laissait dire, par exemple : « Qu'en proclamant la République, le peuple n'a pas voulu seulement changer la forme du gouvernement, mais détruire la cause de la misère et modifier d'une manière profonde les institutions sociales. » Elle supporte qu'on affirme à la tribune « qu'il serait d'une bonne politique de ne pas repousser légèrement les conseils des novateurs, et d'encourager les écoles socialistes à tenter des essais au lieu de chercher à les rendre ridicules (1). »

(1) Voir, au *Moniteur*, les séances des 28 et 30 mai 1848.

Elle se préoccupe enfin très-sérieusement des ateliers nationaux, et beaucoup de ses membres les plus éclairés cherchent avec application les moyens de pourvoir au sort des ouvriers, en les employant à des travaux utiles.

Par malheur, pendant qu'on se livrait à ces recherches sérieuses, bien des accidents fâcheux étaient survenus; des cabales au dedans de l'Assemblée, des troubles au dehors, avaient accru les difficultés et frappé d'impuissance les hommes de bien. Depuis quelque temps, la fermentation des esprits effrayait et décourageait tous ceux qui avaient espéré terminer pacifiquement, par voie de conciliation et de composition entre les classes et les partis, la crise révolutionnaire.

On ne se communique plus que de mauvaises nouvelles. Presque chaque jour on apprend qu'un nouveau corps de métier est entré en grève. Depuis le mois de mars, les ouvriers ont des altercations très-vives avec les patrons, dont ils repoussent les tarifs. Un très-grand nombre d'entre eux, particulièrement les chapeliers, les tisseurs, les mécaniciens, plutôt que d'accepter l'augmentation de salaire qui leur est offerte, se font inscrire aux ateliers nationaux. A tout moment, on voit passer des colonnes d'ouvriers mêlés à des gardes mobiles et à des gardes républicains, qui se promènent par les rues en tenant des propos menaçants. On sait que les montagnards licenciés n'ont jamais cessé de se réunir. Ils se vantent de pouvoir compter sur cinquante mille hommes qui se tiennent prêts pour une insurrection prochaine; ils affirment que Caussidière reste leur chef; ils répètent que, s'il avait été libre au 15 mai, l'émeute aurait triomphé; ils font afficher sa candidature à la présidence de la République.

On entend crier par les rues des feuilles dont le titre seul épouvante : le *Tocsin des travailleurs*, le *Robespierre*, la *Carmagnole*, le *Journal de la canaille*. Les nouveaux journaux bonapartistes fomentent l'esprit de révolte avec un incroyable cynisme (1). Les représentants, selon ces feuilles, ne sont que des commis oisifs à raison de vingt-cinq francs par jour, qui, *lorsque le peuple demande du pain, lui donnent une pierre* (2). Les membres de la commission exécutive sont des Sardanapales gorgés d'or et repus de festins. On excite le prolétariat contre la bourgeoisie, les pauvres contre les riches. On en vient jusqu'à publier des listes de banquiers, de notaires et d'autres capitalistes, en donnant l'indication de leur fortune.

Enfin l'annonce d'un *banquet des travailleurs* pour lequel quinze mille souscripteurs sont déjà inscrits dans les bureaux du *Père Duchesne*, et qui se rattache, dit-on, à un complot pour délivrer les prisonniers de Vincennes, est considérée par tout le monde comme un rendez-vous pris pour une insurrection générale.

Les nouvelles qui viennent de la province ne sont pas plus satisfaisantes. Dans un grand nombre de départements, la perception de l'impôt des quarante-cinq centimes que l'Assemblée a sanctionné, est l'occasion de luttes à main armée. Le gouvernement provisoire n'avait rencontré presque aucune difficulté dans la perception de cet impôt, quelque pesant qu'il fût pour la petite propriété. Dans beaucoup de départements très-pauvres, mais

---

(1) On lit, par exemple, dans le *Napoléon républicain*, numéro du 11 juin : « Peuple, lorsque tes commis violent leur mandat, souviens-toi du drapeau rouge du Champ de Mars et du courage de tes frères en 1793. » Le 16 juin, la même feuille s'adresse aux gardes mobiles, afin qu'ils éclairent les soldats de la ligne que *la terreur bourgeoise* voudrait transformer en bourreaux de leurs frères. Cherchant à dépopulariser, l'un après l'autre, tous les républicains connus du peuple, le *Napoléon* appelle les membres du pouvoir exécutif « les cinq invalides à vingt mille francs par mois ». En parlant de M. de Lamartine, il dit : « L'aigle de la République n'en est plus que la chouette » (numéro du 18 juin). A propos des rassemblements dissipés par M. Clément Thomas : « Pour n'être général que de la veille, dit-il, on n'est pas tenu de faire sabrer le peuple de Paris. Ce sont de mauvais états de services que ceux que l'on écrit sur le pavé d'une capitale avec le sang de ses concitoyens » (18 juin). A l'occasion des troubles réprimés à Guéret, la feuille bonapartiste parle avec horreur de quatorze Français tués par des fusils français, et s'écrie : « Quand vos frères malheureux se trompent, vous ne savez que les tuer ou les emprisonner. »

(2) Voir, entre autres, l'*Organisation du travail*, journal fondé par M. Clavel, négociant, appartenant au parti bonapartiste.

républicains, il avait été recouvré avant les élections dans la proportion surprenante de 77 pour 100. Mais, à partir du mouvement électoral, les choses ont changé d'aspect. Beaucoup de candidats, pour se rendre populaires, se sont engagés à faire abolir l'impôt par l'Assemblée. Ils disent aux paysans que le gouvernement provisoire n'avait pas le droit de l'établir. Les agents de la candidature de Louis-Napoléon annoncent que le neveu de l'Empereur le payera en entier sur ses revenus, ou encore qu'il le fera payer par les Anglais. Il n'est jamais bien difficile de persuader aux pauvres gens qu'il leur est loisible de refuser l'impôt; aussi le succès de cette propagande est-il rapide. Sur tous les points où elle s'exerce, l'impôt ne se recouvre plus qu'avec une difficulté excessive. En beaucoup de lieux on le refuse au cri de : Vive l'Empereur!

Dans le département de la Creuse, où la propriété est extrêmement divisée, une troupe de paysans s'est levée au son du tocsin; armés de fourches, de faux, de gourdins, de piques et de serpes, ils se sont jetés dans les campagnes, en menaçant de mort les propriétaires qui payeraient l'impôt. A Guéret, un engagement avec la garde nationale a eu lieu; dix personnes ont été tuées; cinq sont blessées.

Sur d'autres points de la France, les révoltes éclatent par d'autres motifs. Dans le département de Vaucluse, dans la ville de Saint-Étienne, à Rive-de-Gier, les ouvriers quittent les fabriques et se rassemblent par petits groupes; ils prennent, sans dire pourquoi, la route de Paris. Dans les départements de l'ouest et du nord, les émissaires du bonapartisme mettent tout en mouvement. Mille bruits absurdes sont colportés dans les fêtes de village, dans les foires, dans les marchés. A Lisieux, à Fécamp, à Chartres, à Saintes, les crieurs de journaux annoncent que Napoléon, proclamé empereur, marche sur Paris à la tête de quarante mille hommes; dans le Morbihan et le Finistère, où l'opinion penche vers le général Cavaignac, on dit qu'il a été tué et que Bonaparte est nommé président de la République (1). Dans les Ardennes, on distribue des proclamations et des appels aux armes. A Nîmes, à Toulouse, où les discussions prennent le caractère de querelles religieuses entre catholiques et protestants, on y mêle, sans que personne en comprenne la raison, le cri de : Vive l'Empereur (2)!

Mais toutes ces causes d'alarme, tous ces désordres, ne paraissent rien auprès d'un péril imminent. Toute autre appréhension s'efface, tout autre danger est mis en oubli, devant la calamité des ateliers nationaux, qu'on n'espère plus occuper et qu'on n'ose dissoudre. Cent sept mille hommes armés au cœur de Paris! cent sept mille hommes exaspérés, dit-on, prêts à tout! L'imagination se refuse à entrevoir les maux innombrables qu'entraîneraient à leur suite de tels éléments déchaînés.

J'ai dit comment les ateliers nationaux étaient nés d'une nécessité impérieuse que personne n'avait songé à contester. Longtemps la partie modérée du gouvernement provisoire s'était flattée d'en disposer à son gré, soit au jour des élections, soit, comme au 15 mai, pour faire avorter ce qu'on appelait les manifestations populaires. Dans ce dessein, on les avait tenus en jalousie contre les corporations du Luxembourg, qu'on leur représentait comme des privilégiés. Mais les choses ont tourné, dans les mains du gouvernement, contre ses prévisions. Peu à peu, des éléments nouveaux se sont infiltrés dans les ateliers et en ont changé le caractère, ou plutôt, cette masse confuse et flottante qu'on a poussée là, pour en débarrasser la place publique, s'est animée insensiblement d'un esprit commun; elle s'est disciplinée, organisée, par sa force propre; elle constitue, à l'heure dont je parle, une armée véritable, mais une armée qui ne connaît pas ceux qui l'ont créée, et qui s'est donné, par l'élection, des chefs de son choix auxquels seuls elle obéira au jour décisif. La rivalité avec les corporations a cessé d'exister par les soins d'un nouveau comité, qui, après

(1) Voir *Rapport de la Commission d'enquête*, vol. III.
(2) Voir *Rapport de la Commission d'enquête*, vol. III.

la dissolution de la commission du Luxembourg et la retraite de M. Louis Blanc, s'est formé sous la direction d'un ouvrier. Les délégués des corporations ont noué des rapports réguliers avec les délégués des ateliers nationaux. Le vote du 5 juin a consommé l'alliance de MM. Pierre Leroux, Lagrange et Proudhon.

A cette époque également a commencé à s'exercer dans l'un et l'autre de ces centres populaires, mais avec un succès plus prononcé dans les ateliers, la propagande du parti bonapartiste. Elle n'y épargne pas l'argent (1). Avoir pour soi les ateliers nationaux était, dans ces temps révolutionnaires, un point capital. Le nombre des hommes enrôlés depuis leur fondation s'était accru avec une promptitude incroyable. On se rappelle que, d'après l'état approximatif dressé à l'Hôtel-de-Ville, le 2 mars, on ne comptait pas plus de dix-sept mille ouvriers sans travail dans Paris; mais, au 15 mars, le chiffre réel de ces ouvriers s'élevait déjà à quarante-neuf mille; le 20 juin, il dépassait cent sept mille. Dans ce nombre, quinze mille hommes, entrés par fraude dans les ateliers, ne sont pas des ouvriers véritables; on compte environ deux mille forçats ou reclusionnaires libérés. Il reste donc soixante-quinze mille hommes, prolétaires, artisans ou artistes, qui appartiennent à la ville de Paris et qui ont le droit d'y rester. Pendant le long espace de temps qui s'est écoulé depuis la formation des ateliers, on n'a jamais trouvé à occuper sérieusement plus de dix mille hommes par jour. Une somme de quatre millions, votée par l'Assemblée, a été dépensée en pure perte. Les ouvriers n'ont fait autre chose, suivant l'expression de Caussidière (2), « que gratter la terre et la transporter d'un endroit à un autre ». Ils se sont indignés de plus en plus, en voyant que rien ne se prépare pour améliorer cette condition d'oisiveté et de travail dérisoire qui les humilie. Le danger croît à vue d'œil. Un tel état de choses ne saurait se prolonger sans amener la démoralisation complète des ouvriers, la ruine des finances, l'anarchie dans Paris. Il faut donc qu'il cesse au plus tôt; c'est ce que personne ne met en doute.

Seulement quelques esprits, tenant compte des circonstances et voulant agir avec humanité, dans l'intérêt de la paix publique, considérant, d'ailleurs, l'État comme engagé envers les ouvriers par des promesses formelles, cherchent un mode de dissolution lent et ménagé qui ne jette pas brusquement dans la détresse les familles de soixante-quinze mille braves ouvriers, dont le seul tort est de manquer d'ouvrage. D'autres, au contraire, traitant de complaisance coupable la compassion, l'équité des premiers, veulent sur l'heure, sans transition ni ménagement, chasser de Paris et disperser à tout prix, sans s'occuper de leur trouver du pain, ces *lazzaroni*, ces *janissaires*, comme ils les appellent dans leur langage aussi injuste qu'imprudent.

Le ministre des travaux publics, M. Trélat, dès le 17 mai, avait nommé une commission; l'Assemblée en avait, de son côté, choisi une autre, afin d'examiner cette grave question des ateliers nationaux. Le rapport de la commission nommée par M. Trélat fut soumis, au bout de quelques jours, aux membres de la commission exécutive. Ils refusèrent de le signer, parce que ce rapport reconnaissait en principe le droit au travail qu'ils avaient eux-mêmes proclamé trois mois auparavant. Étrange contradiction! et qui met dans toute son évidence le trouble et l'incertitude auxquels étaient en proie ceux qui voulaient et croyaient conduire la société.

La première commission, formée au ministère des travaux publics, se trouvant ainsi dissoute, une seconde commission, à laquelle il fut interdit de prendre pour base le droit au

---

(1) A cette époque très-voisine de l'insurrection de juin, plusieurs brigadiers des ateliers avaient toujours beaucoup plus d'argent sur eux qu'il ne leur en fallait pour payer les hommes placés sous leurs ordres. L'un d'eux, ancien sous-officier dans le régiment du marquis de Bonneval, sous la Restauration, montra un jour à une personne de ma connaissance pour huit mille francs de billets de banque. Comme c'était un pauvre diable, on lui demanda d'où lui venait une somme aussi considérable. Il répondit : *Je sers un maître plus généreux que la République.*

(2) Voir, au *Moniteur*, la séance du 20 juin.

travail, commença ses travaux et formula bientôt un ensemble de mesures, bonnes, humaines, secourables, qui montraient que, à ses yeux, le devoir du gouvernement et de l'Assemblée envers les ouvriers était positif.

La commission proposait, entre autres moyens d'occuper les ouvriers à des travaux utiles, la colonisation de l'Algérie sur une vaste échelle. Elle demandait à l'Assemblée de venir en aide aux industriels, aux commerçants et aux ouvriers par des primes à l'exportation, par des avances sur les salaires, par des commandes directes, par l'organisation d'un système de caisses de retraite et d'assistance. A plusieurs reprises, M. Trélat se rendit dans la commission nommée par l'Assemblée pour lui communiquer et lui faire agréer l'ensemble, ou tout au moins une partie de ces propositions; mais il rencontrait dans la commission une opposition décidée. Le président, M. Goudchaux, combat les projets au point de vue financier, il allègue la pénurie du Trésor. M. de Falloux, qui a ses vues cachées et qui poursuit un plan politique, prodigue toutes les ressources de son esprit pour déconcerter et tromper tous ceux des membres de la commission qui souhaitent des mesures tempérées : il veut, il lui faut la dissolution immédiate des ateliers nationaux.

La lutte à main armée que tout le monde prévoit, que les républicains appréhendent comme le plus grand péril que puisse courir la République, il ne la craint pas, lui, qui n'a vu dans la révolution qu'un moyen extrême, mais assuré, de revenir à la monarchie légitime. Il redoute bien plutôt que, par des mesures prudentes et bien combinées, on gagne sans secousse le moment prochain où l'Assemblée va discuter la constitution. Si cette constitution est faite en conformité avec les principes de la révolution de Février, si elle est votée en pleine paix publique, sans effroi, sans que la scission entre la bourgeoisie et le prolétariat soit consommée, l'état républicain, selon toute vraisemblance, est fondé; la démocratie française a trouvé son expression et sa forme. Pour les ambitieux des partis royalistes, c'est là la plus insupportable des perspectives, la pire des humiliations. Mieux vaut cent fois le mal passager d'une insurrection de prolétaires, que l'on ne peut manquer de vaincre, et qui produira sur les âmes un salutaire effroi.

C'est à cette politique pleine d'arrière-pensée, à ce tortueux esprit d'égoïsme et de rancune, qu'il faut attribuer en grande partie les paroles et les actes provocants qui, tout à l'heure, vont tomber sur les esprits, comme l'étincelle sur la poudre, et faire éclater la plus calamiteuse des insurrections. Cet esprit dangereux s'insinue dans les salons, dans les clubs, dans l'Assemblée, dans le gouvernement. *Il faut en finir!* tel est le mot qu'on entend prononcer partout.

La commission exécutive se laisse aller, comme nous venons de le voir, au mouvement de réaction violente qui se fait contre les ateliers nationaux. Le temps, d'ailleurs, a dissipé ses illusions. Elle ne se sent plus maîtresse de cette foule; elle se défie de son chef, M. Émile Thomas. Dans sa déroute politique, elle s'en prend à tout, hormis à ses propres fautes.

En ce qui concerne M. Émile Thomas, les soupçons de la commission n'étaient pas sans fondement, seulement ses craintes étaient exagérées. Le directeur des ateliers montrait beaucoup de présomption, mais il exerçait peu d'autorité réelle sur les ouvriers. Il avait longtemps combattu en vain l'influence croissante de M. Louis Blanc ; il se laissait maintenant circonvenir par M. de Falloux et par les amis du prince Louis Bonaparte. Les brigadiers, les lieutenants, les chefs d'escouade et de compagnie, dont beaucoup étaient d'anciens militaires, avaient seuls de l'ascendant sur les ouvriers. Quoi qu'il en fût, le ministre des travaux publics et M. Garnier-Pagès conçurent un jour la singulière pensée de se délivrer de M. Émile Thomas, en le faisant enlever de vive force. Le procédé des lettres de cachet fut remis en pratique de la manière que nous allons voir, sans que, dans le moment même, ni plus tard, le public ait jamais eu l'explication de cette violation de la liberté individuelle, si peu d'accord avec l'ensemble des actes du gouvernement.

Le 26 mai au soir, M. Émile Thomas est mandé au ministère des travaux publics. Une voiture attelée attend dans la cour. Un commissaire de police et deux officiers de paix sont dans l'antichambre du ministre. A sa grande surprise, M. Émile Thomas, introduit auprès de M. Trélat, apprend de sa bouche que le gouvernement a décidé de le faire partir sur l'heure pour Bordeaux.

Dans quel dessein, pour quel motif, en vertu de quelle loi? A-t-on contre lui un mandat d'amener? Ne pourra-t-il du moins, avant de partir, aller prendre quelques dispositions dans sa demeure, voir sa mère?... A ces questions le ministre de la République répond, comme aurait pu le faire un lieutenant de police sous le régime du bon plaisir, « qu'il n'a pas de compte à rendre, et que les ordres du gouvernement doivent être exécutés sans délai ». Puis il sonne. Le commissaire de police paraît ; on dresse le signalement de M. Émile Thomas ; on le fait monter en voiture ; M. Trélat remet une bourse aux deux officiers de paix qui, armés de pistolets, prennent place aux deux côtés du prisonnier. Pour toute consolation, le ministre déclare à M. Émile Thomas qu'il sera remis en liberté à Bordeaux, où on lui fera connaître la mission de confiance dont le gouvernement juge à propos de le charger.

Arrivé à Bordeaux, le 29, M. Émile Thomas est arrêté par la gendarmerie sur un ordre du télégraphe. Relâché deux heures après sur un ordre nouveau, il est conduit chez le commissaire du département, M. Duclos. Celui-ci lui dit qu'il ne comprend rien aux instructions contradictoires reçues depuis vingt-quatre heures, lui rend la liberté et lui explique sa mission, qui consiste à aller étudier un projet de canalisation et l'embrigadement des ouvriers dans le département des Landes.

Cependant le bruit de l'enlèvement de M. Émile Thomas arrive aux ateliers nationaux et augmente l'inquiétude que la menace d'une prochaine dissolution y a déjà fait naître. On ne sait rien de précis. Quel est le motif de cette arrestation? est-ce prévarication dans l'administration? est-ce quelque complot contre l'Assemblée? Où se trouve le prisonnier? Personne ne peut le dire.

« Sans aucun doute, on veut se défaire de nous, disent les brigadiers ; cette violence n'est que le prélude de celles qu'on nous prépare. On commence par le directeur, puis viendra le tour des ouvriers. »

M. Trélat, connaissant ces discours et se flattant de calmer l'agitation par sa présence, se rend à Monceaux. Il fait réunir les délégués. Il leur annonce, en termes ambigus, la démission de M. Émile Thomas, son départ. On l'écoute d'abord en silence ; puis on l'interrompt. On exige des explications catégoriques. M. Trélat n'en saurait donner ; ses réponses évasives provoquent des murmures. Des murmures, on en vient aux menaces ; des menaces, on va passer à l'effet, quand les sous-directeurs s'interposent ; ils détournent l'attention des délégués en proposant de signer une pétition à l'Assemblée en faveur de M. Émile Thomas. Pendant qu'on se presse au bureau, ils font évader le ministre par une porte de derrière.

Le lendemain, malgré une si grande fermentation, M. Lalanne, ingénieur des ponts et chaussées, nommé directeur en remplacement de M. Émile Thomas, est bien reçu à Monceaux. Il trouve la plupart des ouvriers encore très-accessibles au langage de la raison. Ils consentent à rentrer chez leurs patrons, sous la garantie que leur donne la nouvelle loi des prud'hommes (1). Approuvant le recensement ordonné par M. Trélat pour détruire les fraudes et les abus, ils se prêtent à toutes les investigations nécessaires pour constater l'identité de l'individu, le domicile et la profession des hommes inscrits. Ils témoignent la meilleure volonté pour faciliter

(1) Cette loi avait été présentée par M. Flocon, alors ministre du commerce.

au gouvernement les moyens de diminuer le mal et d'y porter remède.

Voyons cependant ce qui se passait à l'Assemblée.

Dans la séance du 15 juin, à l'occasion d'un projet d'assimilation de l'Algérie à la France, l'angoisse d'une situation qui troublait les meilleurs esprits fut exprimée avec éloquence par un orateur qui paraissait pour la première fois à la tribune. En entrant à l'Assemblée, peu de jours auparavant, M. Pierre Leroux y avait causé un étonnement extrême. Il serait difficile, en effet, de peindre l'étrangeté de son apparition. La flamme subtile de son regard, sa lèvre sensuelle, son cou épais et court sortant d'une cravate à peine nouée, le geste de sa main amollie, sa chevelure inculte, et jusqu'au vêtement d'étoffe grossière dont l'ampleur informe accuse vaguement la forte stature un peu affaissée d'un homme entré dans la maturité de l'âge, tout cet ensemble d'une beauté à la fois épicurienne et rustique exprime avec une rare puissance le caractère de l'apostolat moderne. Son entretien achève l'impression que produit son aspect. Passant avec une insinuante souplesse de la contemplation des civilisations évanouies à l'anecdote du jour, qu'il conte avec une négligence piquante, M. Pierre Leroux possède et anime tous les sujets. Religions, arts, sciences, industries, mœurs, histoire, il sait tout ramener à sa conception primitive. Mais il emploie selon les esprits divers un mode différent de persuasion : pour les uns, les figures voilées d'un vague mysticisme; pour d'autres, le sentiment; pour très-peu, la logique; auprès de tous, la séduction des paroles flatteuses.

On conçoit qu'un discours de Pierre Leroux fût un événement dans une assemblée où il n'avait pas encore pris la parole, mais où sa conversation avait intéressé, charmé jusqu'à ses adversaires politiques les plus déclarés. Ses écrits n'y étaient connus que d'un petit nombre de personnes. Un silence de curiosité et de sympathie l'accueille. L'occasion du discours est, comme je l'ai dit, la colonisation de l'Algérie, mais on ne s'attend pas à ce que l'orateur s'en occupe.

L'Assemblée ne songe guère en ce moment à l'Algérie; elle pense aux ateliers nationaux, au paupérisme, à la révolution sociale. On sait que Pierre Leroux est l'un des apôtres les plus populaires du socialisme; plusieurs se disent que, peut-être, il ne tient qu'à lui d'allumer ou d'éteindre les brandons de la guerre civile. Peut-être, va-t-il exposer un moyen de satisfaire les ouvriers sans ruiner les chefs d'industrie; peut-être, possède-t-il le secret de faire transiger le capital et le travail, de réconcilier les intérêts en lutte. On écoute. M. Pierre Leroux, laissant de côté le prétexte de son discours, entre en plein dans le sentiment qu'il lit sur les physionomies. Il annonce qu'il va prendre les choses particulièrement dans leurs rapports avec la France.

Il débute par poser en fait et en principe que la France a besoin de colonisation, de migrations; qu'il lui faut des *communes républicaines*; qu'elle a besoin de faire sortir de son sein tout un peuple qui demande une *civilisation nouvelle*. Puis, voyant l'attention excitée par ses premières paroles, et s'abandonnant à l'inspiration intérieure :

« Je dis, reprend-il avec autorité, en se tournant vers la droite, que si vous ne voulez pas admettre cela; si vous ne voulez pas sortir de l'ancienne économie politique; si vous voulez absolument anéantir toutes les promesses, non pas seulement de la dernière révolution, mais de tous les temps de la révolution française dans toute sa grandeur; si vous ne voulez pas que le christianisme lui-même fasse un pas nouveau; si vous ne voulez pas de l'association humaine, je dis que vous exposez la civilisation ancienne à mourir dans une agonie terrible. »

Une sorte de frayeur anticipée émeut l'Assemblée. L'orateur continue. Après avoir produit une statistique, heureusement très-exagérée, du paupérisme (1); après avoir examiné

(1) Selon cette statistique, il y aurait en France, sur trente-cinq millions d'hommes, huit millions de mendiants et d'in-

un instant la situation de la propriété qu'il ne trouve guère plus favorable (1), il en vient à accuser le gouvernement d'agir sans ensemble, *sans une idée, faute de connaître la situation profonde de la société, faute d'avoir médité sur le problème que la révolution de Février a présenté aux esprits.* « Vous n'avez pas de solution, dit-il; pas d'autre que la violence, la menace, le sang, la vieille, fausse, absurde économie politique. Il y a des solutions nouvelles, le socialisme les apporte; ne le calomniez pas, comme vous faites depuis trois mois; *permettez au socialisme de faire vivre l'humanité.* Examinez les solutions du socialisme, et *si vous n'avez pas le temps, laissez le peuple les essayer, car il en a le droit; car il ne veut pas détruire le présent, mais le mettre d'accord avec l'avenir, réaliser dans un temps plus ou moins prochain la République.* »

Assurément, rien ne devait paraître plus singulier à cette assemblée, qui commençait à trouver qu'elle était trop en république, que de s'entendre dire qu'elle n'y était pas assez. Mais la gravité de la situation commandait d'écouter jusqu'au bout l'orateur socialiste. Pierre Leroux poursuit; il développe sa pensée en une image hardie et frappante, qui fut alors comprise d'un petit nombre. Selon lui, la république actuelle n'est pas la république vers laquelle l'humanité aspire, mais bien la mère d'une nouvelle république, d'une nouvelle société. Il ne faut pas que la mère se fasse avorter; il ne faut pas qu'elle détruise le germe qu'elle porte dans son sein, *de même qu'il ne faut pas que la république nouvelle tue sa mère* (2).

---

digents; sur trois hommes qui meurent à Paris, il y en aurait un qui meurt à l'hôpital; outre ces huit millions de mendiants et d'indigents, il y aurait quatre millions d'ouvriers dont le salaire n'est pas assuré.

(1) Selon M. Pierre Leroux, il existe cinq millions de cotes au-dessous de cinq francs; l'on compte en France plus de six millions d'hectares de terres incultes. Au total, un million d'hommes vivent en France de revenu net; et trente-quatre millions vivent de salaires à différents titres. Voir, au *Moniteur*, la séance du 15 juin 1848.

(2) Après les journées de juin, le journal de M. Proudhon, reprenant cette image, disait, en s'adressant au général Cavaignac : « Tu as tué l'enfant pour sauver la mère. »

Passant aux conseils, M. Pierre Leroux veut qu'on favorise l'association agricole, la colonisation, et, présentant cette pensée dans sa généralité la plus vaste, « *ce grand mouvement de migration qui s'est accompli à toutes les grandes époques de l'humanité,* dit-il, *doit s'accomplir encore, mais non pas de la même façon que dans l'antiquité. C'est la grande loi de migration qui a fondé toutes les grandes choses humaines. Ceux qui connaissent l'histoire savent que c'est ainsi que l'humanité s'est toujours régénérée. C'est toujours une civilisation nouvelle qui est venue se placer à une certaine distance de l'ancienne, en apportant à l'humanité une vie nouvelle, une conception nouvelle de la vie.* »

Et il termine ainsi :

« Nous marchons à l'association; souffrez-la, ouvrez-lui la terre, la terre, notre mère.

« Oui, c'est vers la terre, vers l'agriculture que l'association, que la commune républicaine doit marcher. Il faut lui ouvrir la route. Autrement, vous allez être obligés d'enfermer l'essaim dans la ruche, et alors ce qui s'observe dans les abeilles s'observera dans la société humaine : la guerre, la guerre implacable. Comment concentrer ce qui veut vivre? comment contenir ce qui veut sortir, ce que la loi divine veut qui sorte? »

Ce discours si inattendu, qui semblait adressé à un concile plutôt qu'à une assemblée politique, causa une impression singulière. On n'entrevoyait qu'à travers un voile nébuleux les horizons qu'embrassait la pensée du philosophe; mais on était monté au ton tragique; les âmes étaient remplies de tristes pressentiments; on sentait l'approche des mauvais jours. Personne n'imagina de railler les paroles prophétiques de M. Pierre Leroux. M. de Montalembert vint lui serrer la main avec effusion en signe d'assentiment. M. de Falloux traversa toute la salle pour lui mieux témoigner son admiration et sa sympathie.

Cependant les républicains politiques, ceux qu'on appelait encore les républicains de la forme, ou de la république bourgeoise, ne vou-

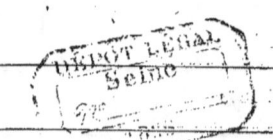

ATTAQUE DE LA BARRICADE DE LA PORTE SAINT-DENIS. (P. 433.)

lurent pas rester sous le coup des accusations du philosophe socialiste. Ils avaient à cœur de laver le gouvernement, dont ils avaient fait ou dont ils faisaient encore partie, des reproches si graves qui venaient de lui être adressés. Ils poussent en quelque sorte M. Goudchaux à la tribune. Le ministre des finances des premiers jours de la République venait d'être élu représentant. Il avait la faveur de l'Assemblée parce qu'on le savait adversaire prononcé des théories communistes. On n'ignorait pas non plus son opinion invariable sur la question des biens de la maison d'Orléans; son opposition constante à tout projet d'émission de papier-monnaie. Il est accueilli avec une bienveillance marquée.

M. Goudchaux s'attache à relever, dans le discours de M. Pierre Leroux, d'assez nombreuses erreurs de chiffres; il dit qu'à son avis on a beaucoup exagéré le péril, que l'on va chercher un *remède inouï pour un mal auquel il est très-facile de porter remède*; ce remède, affirme M. Goudchaux, il est très-simple, il est dans *l'organisation du travail*.

A ce mot, qui avait si fort offusqué l'Assemblée quand M. Louis Blanc l'avait prononcé pour la première fois, on se regarde avec une surprise extrême. M. Goudchaux explique sa pensée. « Sous Louis-Philippe, dit-il, les travailleurs qui sont le nerf, la vie du pays, étaient dans une situation insoutenable; ils ne jouissaient pas de l'égalité; ils l'avaient en droit, pas en fait; ils manquaient des choses nécessaires pour sortir de la position dans laquelle ils se trouvaient. Un conseil de prud'hommes les jugeait; ce conseil était composé d'une manière partiale et rendait des jugements partiaux. Les lois du pays étaient également défavorables aux ouvriers. A cette époque, la grève avait toutes mes sympathies. »

« Ce qui manquait aux ouvriers, continue M. Goudchaux, ce qui leur manque encore aujourd'hui, c'est l'instruction gratuite à tous les degrés; c'est une part au crédit, qui jusqu'à ce jour n'a existé que pour une certaine classe de la société. Il faut aussi les décharger des impôts trop onéreux. Il faut réformer enfin toutes les lois destinées à protéger le travail. Vous avez déjà réformé la loi des prud'hommes; d'une loi injuste vous avez fait une loi juste. Vous ne pouvez pas donner immédiatement l'instruction et le crédit, mais vous pouvez prendre l'engagement immédiat de les donner, et porter dans votre budget des sommes suffisantes pour réaliser ce que vous promettiez. »

M. Goudchaux confesse qu'on a trop différé, qu'on n'a pas exprimé d'une manière assez complète ce qu'on voulait faire pour la classe des travailleurs. A toutes ces propositions, que l'Assemblée écoute avec quelque étonnement, il ajoute une conclusion qui rachète aux yeux de la droite tout ce qui précède. « *Il faut*, dit M. Goudchaux, *que les ateliers nationaux disparaissent immédiatement à Paris ainsi qu'en province. Il ne faut pas qu'ils s'amoindrissent*, répète-t-il, comme s'il craignait qu'on ne le comprît pas assez, *il faut qu'ils disparaissent.* »

Il demande enfin que cette question soit portée sans retard devant la commission exécutive, et qu'une proclamation, adoptée par l'Assemblée entière, établisse, dans des termes *clairs*, *positifs et très-formels*, ce qu'on fera pour les ouvriers.

« On a trop cru, dit en terminant M. Goudchaux, que l'on pouvait ajourner la solution. Il fallait la résoudre immédiatement. On a perdu du temps, il n'en faut plus perdre. Il faut résoudre, aujourd'hui même, la question des ateliers nationaux. Si vous ne la résolvez pas, la République périra, et la société passera par un tel état de choses que je ne veux pas vous le dépeindre. *Le sol sous vous est maintenant très-miné.* J'ai jeté la sonde et je pourrais vous en dire la profondeur ! »

Cette conclusion du discours de M. Goudchaux, si contraire à son intention qui était de combattre ce qu'il avait appelé les exagérations de M. Pierre Leroux, augmente les terreurs de l'Assemblée. Elle ne s'attache pas à ce qu'il propose en faveur des ouvriers, elle ne retient qu'une chose, c'est qu'il faut dissoudre *immédiatement, aujourd'hui même,* les ateliers nationaux. En vain M. Trélat vient demander un peu de temps, promettant d'apporter dans quinze jours un ensemble de projets de colonisation, de défrichements, qui occuperont les ouvriers sur tout le territoire. *On veut en finir.* La presse royaliste continue de représenter les ateliers nationaux comme un réceptacle de monstruosités, où vingt mille forçats et quatre-vingt mille ouvriers, comparables à tout ce que les bagnes vomissent de plus abject, attendent en frémissant le signal du meurtre, de l'incendie, du pillage. *Il faut en finir;* jamais les mauvaises passions qu'enfantent les guerres civiles ne trouvèrent dans la peur publique une aussi déplorable crédulité pour de plus tristes mensonges.

Pendant que l'on parlait ainsi des ateliers nationaux, ils envoyaient incessamment au ministère des travaux publics des députations qui apportaient les propositions les plus justes et les plus raisonnables.

Les ouvriers demandent que l'entrepreneur ne pèse plus sur eux comme par le passé; qu'on les aide à s'associer; qu'on leur fasse une part légitime dans les bénéfices. Ils ne refusent pas de rentrer dans les ateliers privés, pourvu qu'on les y protége contre la puissance sans contrôle du patron.

Voici en quels termes ils répondaient, le 18 juin, par une affiche, posée sur tous les murs de Paris, au discours de M. Goudchaux :

Les travailleurs des ateliers nationaux

AU CITOYEN GOUDCHAUX

« Ce n'est pas notre volonté qui manque au travail; c'est un travail utile et approprié à nos professions qui manque à nos bras. Nous le demandons, nous l'appelons de tous nos vœux.

« Vous demandez la suppression immédiate des ateliers nationaux, mais que fera-t-on des cent dix mille travailleurs qui attendent chaque jour de leur modeste paye les moyens d'existence pour eux et leurs familles? *Les livrera-t-on aux mauvais conseils de la faim, aux entraînements du désespoir?* Les jettera-t-on en pâture aux factieux? Ouvriers appelés à la construction de l'édifice social, organisez, instruisez, moralisez les ateliers nationaux, mais ne les détruisez pas! »

Dans le même temps, ils rédigent, de concert avec les délégués du Luxembourg, la proclamation suivante :

République française.

À TOUS LES TRAVAILLEURS

« Nous, délégués des ouvriers au Luxembourg, nous, voués corps et âme à la République, pour laquelle, comme vous tous, nous avons combattu, nous vous prions, au nom de cette liberté si durement achetée, au nom de la patrie régénérée par vous, au nom de la fraternité, de l'égalité, de ne pas joindre vos voix et votre appui à des voix anarchiques, de ne pas prêter vos bras et vos cœurs pour encourager les partisans d'un trône que vous avez brûlé! Ces hommes sans âme, sans conviction, amèneraient inévitablement l'anarchie au milieu du pays, qui n'a besoin que de liberté et de travail.

« Nul ne doit prétendre désormais qu'au plus beau de tous les titres, à celui de citoyen. Nul ne doit essayer de lutter contre le véritable souverain, le *peuple*.

« Le tenter serait un exécrable crime, et quiconque l'oserait serait traître à l'honneur et à la patrie.

« La réaction travaille, elle s'agite ; ses nombreux émissaires feront luire à vos yeux un rêve irréalisable, un bonheur insensé.

« Elle sème l'or. Défiez-vous, amis, défiez-vous. Attendez encore quelques jours, avec ce calme dont vous avez fait preuve et qui est la véritable force.

« Espérez, car les temps sont venus, l'avenir nous appartient ; n'encouragez pas par votre présence les manifestations qui n'ont de populaire que le titre ; ne vous mêlez pas à ces folies d'un autre âge.

« Croyez-nous, écoutez-nous, rien n'est maintenant possible en France que la RÉPUBLIQUE DÉMOCRATIQUE ET SOCIALE.

« L'histoire du dernier règne est terrible, ne la continuons pas ; pas plus d'*empereur* que de *roi*. Rien autre chose que la *liberté*, l'*égalité*, la *fraternité*.

« Tel est notre vœu, tel doit être le vôtre, celui du peuple.

« Vive la République ! »

Certes, les hommes qui pensent et écrivent ainsi ne sont ni des brutes, ni des anarchistes. Si les représentants bien intentionnés avaient eu l'idée très-simple de constater la vérité par eux-mêmes, ils n'auraient pas servi, comme ils le firent, les passions des partis. Ces partis voulaient *en finir*; et ce n'était pas uniquement avec les ateliers nationaux qu'ils voulaient en finir, c'était avec la Révolution, avec la liberté, avec la République.

L'homme qui exerça dans ces jours mauvais l'influence décisive, celui qui, par une longue et habile tactique déjà signalée, contribua le plus à amener les esprits, dans la commission d'abord, puis dans l'Assemblée, à cette pensée à ce mot terrible : *il faut en finir*, ce fut sans contredit M. de Falloux. Il fut à ce moment l'organe principal, le seul courageux, le plus éloquent de la réaction. Son nom reste attaché à la mesure funeste de la dissolution violente qui jeta les ateliers nationaux dans l'insurrection.

Il ne sera donc pas sans intérêt de nous occuper un moment de ses antécédents et de son caractère afin de mieux apprécier le rôle qu'il lui a été donné de jouer dans des circonstances si grandes.

Né en Anjou, d'une famille aisée, récemment anoblie, en faveur de laquelle Louis XVIII créait, en 1823, un majorat avec le titre de comte, Alfred de Falloux avait reçu de la nature une intelligence déliée, un certain charme de paroles et de manières. Sa mère, dont la jeunesse s'était passée à la cour de Louis XVI, lui communiqua de bonne heure l'esprit d'insinuation et l'art de bien dire. Lorsque le jeune Falloux, en quittant le collége d'Angers, où il avait été élevé, vint à Paris pour y faire son entrée dans le monde, une autre femme, par une influence analogue, mais supérieure, acheva de le former dans la politique. C'était une étrangère, une Russe convertie au catholicisme par M. de Maistre, et qui s'était créé à Paris, par son esprit très-fin, par ses grâces mélangées de dévotion et de mondanité, un cercle nombreux où l'on voyait assidus les membres du haut clergé et les hommes actifs du parti clérical. Ce fut à cette époque, sous une inspiration féminine et sous un patronage jésuitique, qu'Alfred de Falloux, flatté et caressé comme un homme dont on attendait beaucoup pour la cause de l'Église, fut initié aux mystères de la politique cléricale. Dès l'année 1840, il publiait une histoire de Louis XVI, puis une brochure sur la Saint-Barthélemy, qui furent suivies bientôt de l'histoire de saint Pie V. Ces différents ouvrages révèlent, avec une audace propre à la jeunesse et avec une sincérité qu'on ne retrouvera pas plus tard, tout un ensemble de doctrines dont l'auteur fera constamment la règle de sa vie, et qu'il appliquera au gouvernement de l'État, le jour où la révolution lui donnera sa part de pouvoir. Dans l'histoire du pape Pie V, qu'il considère comme la plus haute personnification de ce qu'il appelle la *grande politique de l'Église*, M. de Falloux prend à tâche de glorifier l'institution de l'inquisition et de justifier tous ses actes. Par une suite de raisonnements tirés de l'axiome que la fin justifie les moyens, la guerre aux hérétiques y est proclamée légitime et sainte ; la tolérance y est présentée comme le résultat d'une indifférence coupable (1). A la vérité, suivant M. de Falloux et l'école dont il est un des plus fervents adeptes, l'État étant aujourd'hui athée, les moyens employés par l'Église aux temps de foi ne sont plus applicables. L'inquisition ne serait plus qu'une erreur, sans bénéfice pour la société. Il s'agit, avant toute chose, pour les croyants, de restaurer la foi, la théocratie ; cela ne peut se faire qu'en renversant les pouvoirs athées.

Pour renverser ces pouvoirs, il faut la liberté. M. de Falloux préconise en conséquence la liberté. Il la veut, il l'aime presque, non pas en elle-même, comme un principe sacré qui découle de la nature de l'homme et consacre sa dignité, mais comme un moyen transitoire, dont à l'occasion les gens habiles peuvent tirer un parti meilleur que le despotisme. Quand le gouvernement théocratique sera restauré, alors seulement, selon M. de Falloux, on pourra rétablir les institutions des siècles de foi, qui firent, avec la puissance des Pie V et des Philippe II, la félicité du monde.

C'est sous l'inspiration de ces doctrines, réprouvées par la partie saine du clergé, qui n'ose toutefois les désavouer publiquement, que M. de Falloux donna son adhésion au gouvernement républicain.

Entré, depuis 1846, dans la vie politique, ayant acquis déjà l'expérience de la tribune et la pratique des coteries parlementaires dans l'ancienne Chambre, où il avait brillamment débuté par un discours sur le mandat auquel M. Guizot avait répondu, M. de

(1) « Quand l'État et la religion sont solidaires, dit M. de Falloux, quand la société civile repose entièrement sur la foi religieuse, attaquer la foi, c'est ébranler l'ordre social. On a donc pu faire légitimement contre les hérétiques et les impies, ce qu'on fait aujourd'hui contre ceux qui prêchent, ou conspirent contre le gouvernement établi. » — « La tolérance, dit-il encore dans ce livre curieux, n'était pas connue des siècles de foi, et le sentiment que ce mot nouveau représente ne peut être rangé parmi les vertus que dans un siècle de doute. Autrefois, il y avait en immolant l'homme enduroi dans son erreur toute chance pour que cette erreur pérît avec lui, et que les peuples demeurassent dans la paix de l'orthodoxie. »

Falloux, que sa naissance et ses idées rendaient hostile au gouvernement du juste-milieu, comprit tout de suite l'avantage que donnerait à son parti la liberté absolue de discussion et de presse, proclamée par le gouvernement provisoire. Aussi, dans les réunions électorales de son département, donna-t-il des éloges immodérés à ce gouvernement, parlant en toutes circonstances, avec une chaleur qui ressemblait à de l'enthousiasme, de la liberté et des droits du peuple (1). Il allait jusqu'à proclamer, dans un discours prononcé à Angers, en mars 1848, que la *révolution ayant emporté ce qu'on appelait les boulevards de la société, ce qu'il appelait, lui, ses garde-fous, la société ne pouvait désormais être sauvée que par la liberté* (2).

Dans l'embarras où se trouvaient les partis monarchiques en face d'une révolution dont ils ne pouvaient triompher que par la ruse, M. de Falloux, avec son esprit pénétrant et ses aptitudes à l'intrigue, était assurément le guide le plus habile. Lui-même se sentait appelé à ce rôle.

A son arrivée à Paris, il déploya, malgré sa santé débile, une activité extrême. Se hâtant de reconnaître le terrain où il allait prendre ses dispositions, il observa avec attention les hommes sur lesquels il serait utile d'exercer de l'influence. Ses premiers empressements furent pour M. de Lamartine, le seul membre du gouvernement qui, par ses relations, tînt à l'ancienne société légitimiste, et qui, par sa femme, très-fervente catholique, n'était pas sans rapport avec le parti clérical;

mais, tout en cultivant M. de Lamartine, il ne négligeait pas M. Marrast. A peine eut-il entrevu les chances politiques du général Cavaignac, qu'il se tourna de son côté. En même temps, il flattait, en la personne de M. Pierre Leroux, le socialisme, et dès les premières manifestations favorables au prince Louis Bonaparte, il se rapprocha de M. de Persigny. Il jouait avec une facilité merveilleuse ce personnage multiple, en gardant toujours dans son langage sobre et contenu, dans ses manières pleines de réserve, une sorte de dignité modeste qui cachait à tous les yeux son ambition et ses haines profondes.

Ce fut lui qui, à l'ouverture de l'Assemblée, décida son parti à porter au fauteuil M. Buchez, dont les idées révolutionnaires, singulièrement rattachées au dogme catholique, convenaient mieux à sa politique que le républicanisme rationnel et libéral de la majorité. Il tâcha de se faire nommer membre de tous les comités importants. Il sut prendre de l'ascendant dans le comité du travail et dans la commission des ateliers nationaux; il y accusa, sans ménagements, le pouvoir exécutif, et particulièrement le ministre des travaux publics; il peignit les ateliers nationaux sous les couleurs les plus effrayantes. Du moment que M. de Falloux fut nommé rapporteur de la commission, la dissolution immédiate fut assurée. Cependant, comme il craignait toujours un retour de l'opinion, il se hâta, pensant ainsi engager ses collègues, d'annoncer au dehors une résolution qui n'était pas encore prise; il dit partout que la dissolution était prononcée (1).

Dans le même temps, sur l'ordre de la commission exécutive, le ministre des travaux publics signait, le 21 juin, un arrêté qui invitait tous les ouvriers de dix-huit à vingt-cinq ans à s'enrôler immédiatement dans l'armée, ou bien à se tenir prêts à partir pour aller faire, dans les départements qui leur seraient désignés, des terrassements à la tâche.

---

(1) Le 3 mars, il écrivait dans une lettre citée par *l'Univers* : « Les instincts du peuple de Paris sont d'une générosité, d'une délicatesse qui surpassent celles de beaucoup de corps politiques qui ont dominé la France depuis soixante ans. On peut dire que les combattants, les armes à la main, dans la double ivresse du danger et du triomphe, ont donné tous les exemples sur lesquels n'ont plus qu'à se régler aujourd'hui les hommes de sang-froid ; ils ont donné à leur victoire un caractère sacré. »

(2) On raconte qu'après le coup d'État du 2 décembre, M. de Falloux changeait d'avis. Visité au mont Valérien par M. de Persigny, il le félicitait de son heureuse audace. « Je l'avoue tout bas, à cause de mes collègues, disait le grand politique, mais au fond, je pense que vous avez bien fait. »

(1) Elle ne le fut qu'après l'insurrection, dans la séance du 28 juin, par l'Assemblée nationale.

Le lendemain, 22, un premier convoi d'ouvriers partait pour la Sologne.

Cette mesure était dure à l'excès et d'autant plus insupportable qu'il était impossible d'y reconnaître autre chose qu'un expédient pour se débarrasser, à Paris, d'une force à laquelle on ne savait pas trouver d'emploi. Cette espèce de recrutement arbitraire et superflu, dans un temps où l'on déclarait hautement ne pas vouloir la guerre ; ces travaux de terrassements assignés à des hommes appliqués jusque-là à des industries délicates ; cette première désignation d'un pays insalubre, ce n'était pas l'acte d'un gouvernement prévoyant, d'une République qui avait exalté au suprême degré, chez les prolétaires, le sentiment de l'honneur, l'orgueil individuel, le désir des grandes entreprises.

A la lecture de l'arrêt, l'indignation éclata dans les ateliers nationaux. Déjà, lorsqu'ils avaient vu le rapport de la commission confié à un homme dont les opinions royalistes leur étaient connues, les ouvriers étaient entrés en défiance ; maintenant, leurs soupçons semblaient confirmés.

Le soir même, plusieurs rassemblements se forment sur la place publique. « On veut nous envoyer mourir de la fièvre, se disent les ouvriers de l'un à l'autre ; on veut, sous prétexte de défrichements dans un pays qui ne saurait rien produire, nous réduire à gagner quinze sous par jour ; on nous proscrit ; on a juré notre mort, la ruine de nos familles. Nous ne partirons pas. » Et, comme pour faire connaître cette résolution, ils parcourent les rues par bandes, en chantant la Marseillaise. Entre chaque strophe, des hommes en blouse crient : Vive Napoléon ! Dans la nuit, les délégués des ateliers et les délégués du Luxembourg se réunissent et décident de faire une protestation en masse. On se donne rendez-vous sur la place du Panthéon pour neuf heures du matin.

Le 22, à neuf heures, douze à quinze cents ouvriers des ateliers nationaux et des corporations, portant leurs bannières, se dirigeaient vers le Panthéon. Sur leur route, ils rencontrent un de leurs lieutenants, nommé Pujol ; celui-ci les arrête ; il leur dit qu'ils se trompent ; que ce n'est pas au Panthéon qu'il faut aller, mais au siège même du gouvernement, au Luxembourg. A cette proposition, on bat des mains ; Pujol se place à la tête de la colonne ; on se remet en marche. Depuis un certain temps, cet homme exerce sur les ouvriers un ascendant extraordinaire. Il est doué d'une sorte d'éloquence naturelle, à laquelle il sait donner un tour mystique, qui répond à la disposition générale des esprits accoutumés dans les clubs et dans les banquets à entendre les orateurs socialistes emprunter leurs textes et leurs métaphores aux Écritures. Généralement le peuple était comparé, dans ces harangues, au Christ flagellé, outragé, crucifié par les grands sur la terre ; et jamais cette image, quoique incessamment répétée, ne manquait de produire un grand effet. A la réouverture du club de Blanqui, le 15 juin, on applaudissait avec frénésie le président Esquiros, qui représentait l'Assemblée nationale et la commission exécutive soufflétant tour à tour le peuple couronné d'épines, en lui criant : « Devine qui t'a frappé ! »

Pujol était l'auteur d'un pastiche des *Paroles d'un croyant*, intitulé la *Prophétie des jours sanglants*, où il mêlait le plus bizarrement du monde, *le vent de la colère de Dieu* avec *la griffe de Tarquin*, *le sang d'Abel et le baiser de Judas* avec les mousquets, les baïonnettes et les cavernes mystérieuses de la royauté.

La dernière strophe de ce dithyrambe politique faisait un appel direct aux ressentiments qui couvaient dans le cœur du peuple.

« Ils espèrent réserver les jours d'agonie pour le peuple, y disait le *Prophète des jours sanglants*, en parlant des hommes qui gouvernaient la République, et garder pour eux les fêtes et l'ivresse de l'or. »

Ces sortes de déclamations remuent fortement les esprits incultes. Pujol était devenu le harangueur favori des ateliers nationaux ;

En cette circonstance solennelle, où il s'agissait de porter devant le conseil du pouvoir exécutif la parole du peuple, on s'estima heureux d'avoir pour soi un pareil orateur dont l'éloquence paraissait irrésistible.

Ce fut M. Marie qui reçut Pujol, que suivaient quatre délégués choisis par les ouvriers; la masse attendait sur la place la réponse du conseil. Le rassemblement était en grande fermentation : « Nous ne partirons pas, répétaient les ouvriers; mieux vaut être tué d'une balle à Paris que d'aller mourir en Sologne, de la fièvre ou de la faim, loin de nos familles. » On entendait des murmures contre Lamartine, contre Marie, contre Thiers, contre l'Assemblée, contre les riches; le nom de Napoléon était fréquemment prononcé par ceux qui semblaient les meneurs, et le terrible mot : *Il faut en finir*, résumait énergiquement toutes ces colères. Pujol, introduit devant M. Marie, l'aborde d'un ton hautain.

« — Citoyen, dit-il, avant la Révolution de Février...

— Pardon, interrompt M. Marie, mais il me semble que vous remontez un peu haut; souvenez-vous que je n'ai pas de temps à perdre.

— Votre temps n'est pas à vous, citoyen, il est au peuple dont vous êtes les représentants...

— Citoyen Pujol, dit M. Marie, avec un geste de menace, nous vous connaissons depuis longtemps; nous avons l'œil sur vous. Ce n'est pas la première fois que nous nous rencontrons; vous avez parlementé avec moi, le 15 mai, après avoir, un des premiers, franchi la grille de l'Assemblée.

— Soit! dit Pujol, mais sachez que du jour où je me suis voué à la défense des libertés du peuple, j'ai pris vis-à-vis de moi-même, l'engagement de ne reculer devant aucune menace; vous me menacez donc inutilement. »

M. Marie, se tournant alors vers l'un des délégués qui accompagnaient Pujol : « Je ne puis, dit-il, reconnaître un organe du peuple dans un homme qui a fait partie de l'insurrection du 15 mai; parlez, vous, exposez vos griefs, je vous écoute.

— Nul ici ne parlera avant moi, dit Pujol, en étendant le bras entre M. Marie et les délégués.

— Non, non ! s'écrient-ils.

— Êtes-vous donc les esclaves de cet homme ? » reprend M. Marie, avec indignation.

Un murmure prolongé accueille ce mot.

« — Vous insultez les délégués du peuple, s'écrie Pujol.

— Savez-vous, lui dit M. Marie en le saisissant par le bras, que vous parlez à un membre du pouvoir exécutif ?

— Je le sais, dit Pujol en dégageant son bras, mais je sais aussi que vous me devez du respect; car si vous êtes membre du pouvoir exécutif, je suis, moi, délégué du peuple. »

En ce moment, plusieurs officiers qui étaient dans la salle voisine, entendant ce bruit de voix, entrèrent et entourèrent les délégués en silence.

« — Puisque vous ne voulez pas nous entendre, dit Pujol à M. Marie, en les voyant entrer, nous nous retirons.

— Puisque vous voilà, parlez, dit M. Marie.

— Citoyen représentant, reprit Pujol avec beaucoup d'assurance, avant la révolution de Février, le peuple des travailleurs subissait la funeste influence du capital. Pour se soustraire à l'exploitation de ses maîtres, il fit des barricades, et ne déposa les armes qu'après avoir proclamé la République démocratique et sociale, qui devait pour toujours le soustraire à la servitude. Aujourd'hui, les travailleurs s'aperçoivent qu'ils ont été indignement trompés; c'est vous dire qu'ils sont prêts à faire tous les sacrifices, même celui de leur vie, pour le maintien de leurs libertés.

— Je vous comprends, dit M. Marie; eh bien ! écoutez : si les ouvriers ne veulent pas partir pour la province, nous les y contraindrons par la force, entendez-vous ?

— Par la force, c'est bien ; nous savons maintenant ce que nous voulions savoir. »

— Et que vouliez-vous savoir ?
— Que la commission exécutive n'a jamais voulu sincèrement l'organisation du travail. Adieu, citoyen. »

A ces mots, Pujol, suivi des délégués, s'éloigne ; il redescend sur la place. L'impatience y était grande ; déjà l'on commençait à dire qu'il était retenu prisonnier. Quand on l'aperçoit, il se fait une explosion de joie dans la foule ; on se précipite à sa rencontre, on le suit jusqu'à la place Saint-Sulpice, où, étant monté sur le rebord de la fontaine, Pujol commence à haranguer le peuple, et rend compte de sa mission. A mesure qu'il parle, les délégués attestent par signes la vérité de son récit, ou répètent ce que l'éloignement et le bruit des cloches empêchent d'entendre.

C'est le 22 juin, on célèbre la Fête-Dieu ; la foule est à l'église, en prières.

Quelques ouvriers montent dans le clocher et font taire la sonnerie qui les gêne. Pujol reprend son discours, l'effet en est immense. Il le termine en convoquant ses hommes, pour six heures du soir, sur la place du Panthéon. On se disperse aux cris de : *Vive Barbès ! Vive Napoléon ! Vive Pujol !* et cette masse tumultueuse, divisée en plusieurs colonnes, se répand sur les quais, sur la place de Grève, dans le faubourg Saint-Antoine ; elle jette l'effroi dans Paris ; la physionomie des ouvriers est sinistre ; leur attitude les montre résolus à tout.

A six heures du soir, cinq ou six mille hommes sont rassemblés sur la place du Panthéon. Pujol arrive ; il monte sur le bord de la grille et s'écrie : « Citoyens, êtes-vous fidèles au saint drapeau de la République ? — Oui ! répondent, comme une seule voix, les voix de ces six mille prolétaires. — Eh bien ! gloire à vous, enfants de Paris ! vous allez donner à la France un exemple de votre patriotisme et de votre courage. Unissons-nous, et que ce cri retentisse aux oreilles de nos persécuteurs : *Du travail ou du pain !* S'ils sont sourds à la voix du peuple, malheur à eux ! Vous avez promis trois mois de misère à la République, mais vous saurez vous venger de trois mois de trahison. En avant ! » Les ouvriers se forment en colonne. Pujol les conduit ; il descend avec eux la rue Saint-Jacques, traverse la Seine, parcourt le faubourg Saint-Antoine, recrute en chemin trois à quatre mille hommes, et revient à huit heures sur la place du Panthéon. Cette promenade, à laquelle beaucoup de femmes viennent se joindre, exalte encore les esprits.

— « Mes amis, dit Pujol, je déclare au nom des vrais républicains, que vous avez bien mérité de la patrie ; vous avez, en 1830 et en 1848, versé votre sang pour la conquête de vos droits, vous saurez les faire respecter. — Oui ! oui ! crient à la fois plus de dix mille voix. — Aux promesses, continue Pujol, vous avez accordé la confiance, aux erreurs le pardon ; mais, aujourd'hui, l'on nous trahit, et il faut que la trahison s'éteigne dans le sang de nos ennemis ; elle s'y éteindra, je vous le jure ! — Nous le jurons ! répond la foule. — A demain, à six heures, dit Pujol. » Les torches s'éteignent et tout rentre dans le silence.

Je me suis étendu à dessein sur ce premier ébranlement donné à la masse des ateliers nationaux. J'insiste sur ce point de départ de l'insurrection, parce qu'il en marque à mes yeux le véritable sens et qu'il en détermine le caractère. Les prolétaires, insurgés en juin, ne formaient pas, comme l'esprit de parti l'a osé dire, le rebut de l'espèce humaine ; ce n'étaient pas cent mille forcenés se ruant tout à coup, dans un accès de cupidité brutale, sur les riches pour les égorger ; nulle part non plus on n'a vu, que je sache, *ces misérables aux gages de factions*, signalés par une presse envenimée, et auxquels on payait, à raison de tant par heure, le salaire d'une besogne de meurtre, de viol et d'incendie. S'il en eût été ainsi, une telle bande de malfaiteurs, en la supposant plus nombreuse encore, n'aurait pas tenu un seul jour, à la clarté des cieux, contre l'art et la discipline

ATTAQUE DU FAUBOURG DU TEMPLE. (P. 437).

d'une armée, contre l'horreur et l'exécration de la population entière.

Ce qui fit la puissance de l'insurrection de juin et son incroyable durée, bien qu'elle n'eût jamais ni plan, ni chef, c'est qu'elle avait à son origine, et qu'elle conserva jusqu'à la fin, dans l'esprit d'un grand nombre, le caractère d'une juste protestation contre la violation d'un droit; c'est qu'il y avait ainsi en elle, malgré les éléments impurs qui la corrompirent, malgré les violences qu'elle commit, un principe moral, un principe égaré, mais vrai, d'enthousiasme, de dévouement, d'héroïsme : un *mont Sacré* intérieur où le peuple sentait le droit.

L'insurgé de juin, ne l'oublions pas, c'est le combattant de février, le prolétaire triomphant, à qui un gouvernement, proclamé par lui-même, assure solennellement, à la face du pays qui ne proteste pas, le fruit modeste de sa conquête : le travail pour récompense de sa misère, le travail comme prix du combat.

Et ce prolétaire, à qui l'on confie en tremblant les embarras de la République, ajourne l'exécution de la promesse; il se montre désintéressé, patient; il donne du temps à l'État qui s'est reconnu son débiteur; il offre *trois mois de misère* à la patrie.

Trois mois sont écoulés.

Le prolétaire confiant vient réclamer son droit au travail; mais qu'entend-il alors? que rencontre-t-il? quelle réponse et quel accueil? Les mêmes hommes qui ont débattu avec lui, d'égal à égal, les conditions d'un pacte qu'ils ont ratifié, lui enjoignent, par un commandement subit et inexpliqué, de quitter sa famille, sa demeure, la ville où il est né, le séjour qui a vu ses triomphes, pour s'enrôler dans une armée qui n'ira pas, il le sait bien, au secours des peuples dont il souhaite la délivrance ; et, s'il refuse de devenir soldat, ces hommes, portés par lui au pouvoir suprême, le condamnent à gagner loin de leurs yeux, par des travaux insalubres qui ne sont pas de son choix, auxquels il n'est pas propre, un salaire dérisoire qui ne saurait suffire à la plus humble existence.

La simple exposition de ces faits inouïs, le seul rapprochement de ces deux dates : 28 *février* — 22 *juin*, me dispensent de réflexions plus longues. Le lecteur ne doit point perdre de vue ces dates, s'il veut apprécier avec équité les tragiques, les néfastes jours de juin ; s'il veut comprendre cette insurrection formidable, où le peuple de Paris, qu'on venait de voir si généreux, si plein de douceur et de sagesse, se jeta d'une aveugle furie dans une mêlée barbare, noya dans son sang, dans le sang de ses fils et de ses frères, la liberté qu'il avait voulu fonder sur la raison, et porta à la République, pour laquelle il croyait une seconde fois donner sa vie, une atteinte mortelle.

CHAPITRE XXXII

Premières barricades. — Dispositions militaires du général Cavaignac. — Positions prises par les insurgés. — Premiers engagements. — Opérations du général Lamoricière. — La garde mobile. — Opérations du général Bedeau — Séance de l'Assemblée. — Rapport de M. de Falloux sur la dissolution des ateliers nationaux. — Aspect de Paris à la fin de la première journée. — Séance du 24. — Chute de la commission exécutive. — Le général Cavaignac nommé chef du pouvoir exécutif. — Paris mis en état de siége.

« A demain, ici, à six heures ! » avait dit Pujol, en quittant, le jeudi 22 juin, à dix heures du soir, ses hommes fanatisés.

Le vendredi 23, à six heures du matin, sept à huit mille ouvriers, rassemblés sur la place du Panthéon, attendaient impatiemment sa venue. Du haut du péristyle il regarda pendant quelque temps cette masse agitée, fit signe qu'il allait parler ; tout bruit cessa : « Citoyens, dit Pujol, vous avez été fidèles à ma voix ; je vous en remercie. Vous êtes aujourd'hui les hommes d'hier. En avant ! » Et la masse se range avec ordre à sa suite. Elle marche, bannières déployées, jusqu'à la place de la Bastille ; elle entoure la colonne de Juillet. Pujol monte sur le piédestal : « Têtes nues ! » s'écrie-t-il. Toutes les têtes se découvrent. « Citoyens, reprend Pujol, vous êtes sur la tombe des premiers martyrs de la liberté. A genoux ! » Tous ploient le genou. Alors, au-dessus de ce vaste champ de têtes inclinées, au-dessus de cette multitude, frémissante tout à l'heure, mais soudain recueillie dans un silence religieux, on entend la voix grave de l'homme qui, en ce moment, commande à toutes les émotions et dispose de toutes les volontés : « Héros de la Bastille, dit Pujol, en levant les yeux vers le ciel, les héros des barricades viennent se prosterner au pied du monument érigé à votre immortalité. Comme vous, ils ont fait une révolution au prix de leur sang ; mais jusqu'à ce jour leur sang a été stérile. La révolution est à recommencer. Amis, continue-t-il, en ramenant son regard sur la foule agenouillée, notre cause est celle de nos pères. Ils portaient écrits sur leurs bannières ces mots : La liberté ou la mort. — Amis ! la liberté ou la mort ! » Et la foule, en se relevant sur un signe de sa main, répète à l'unisson : « La liberté ou la mort ! »

On voit alors une jeune fille, une marchande de fleurs, qui se détache de la foule et s'avance vers Pujol. Elle lui présente un bouquet ; il l'attache à la hampe d'un drapeau. Puis le dictateur en blouse fait un geste de commandement ; la masse s'ébranle et se remet en marche avec solennité.

Le peuple de Paris a le culte des morts. Ce peuple, incrédule et railleur à l'excès, est possédé d'un instinct de personnalité si fort, qu'il lui tient lieu de toute autre croyance. Il voit et il veut la personnalité partout ; il la restitue jusque dans la tombe. Ingénieux à en multiplier les emblèmes sur les restes muets de ceux qu'il a aimés, il semble vouloir ainsi les protéger contre la plus lointaine idée de destruction. C'était le bien connaître assurément que de le mener au tombeau de ses martyrs, à la première heure où l'on voulait de lui des actes surhumains de courage; c'était consacrer à ses propres yeux l'insurrection par le seul acte religieux qui ne le trouva jamais indifférent, frivole ou profane (1).

La masse populaire est arrivée par le boulevard à la hauteur de la rue Saint-Denis. Là, on s'arrête; un moment de silence se fait; puis tout à coup : « Aux armes! aux barricades! » crient les chefs. Aussitôt ils se mettent à l'œuvre. Ils tracent, en enlevant rapidement quelques pavés, les principales lignes de retranchement; ils ne semblent pas inquiets; ils ne craignent pas apparemment qu'on vienne les surprendre, car ils procèdent avec ordre et méthode. Ce sont pour la plupart d'anciens soldats, aujourd'hui brigadiers des ateliers nationaux. On les reconnaît au galon doré de leur casquette, à leur brassard tricolore. Tous portent la blouse des ouvriers; un mouchoir lié autour des reins leur sert de ceinture et de cartouchière.

A dix heures et demie, une première barricade est construite sur le boulevard Bonne-Nouvelle, une autre à vingt-cinq pas plus loin, une troisième en face de la rue Mazagran. On y plante les drapeaux tricolores des ateliers nationaux, dont plusieurs portent cette inscription : *Du pain ou la mort!* Le poste du boulevard Bonne-Nouvelle, qui compte à peine une vingtaine de gardes nationaux, n'a reçu aucun ordre et ne peut songer à s'opposer à quelques milliers d'hommes, que la population paraît favoriser, au moins de ses vœux. De tous côtés on leur apporte des armes. Dans le même temps, sur un ordre simultané, mystérieux, des barricades s'élèvent au faubourg Saint-Martin, au faubourg du Temple, au faubourg Saint-Antoine, sur la place de la Bastille et dans le faubourg Poissonnière. Sur la rive gauche de la Seine, la place du Panthéon, le faubourg Saint-Jacques, la Cité, sont occupés par des ouvriers. A onze heures, la moitié de Paris semble déjà leur appartenir, quand, pour la première fois, on entend battre le rappel; on n'a vu jusqu'alors, sur aucun point, paraître aucune troupe.

La probabilité d'une insurrection prochaine est cependant, depuis près d'un mois, le sujet de tous les entretiens. A différentes reprises, la commission exécutive en a délibéré avec le ministre de la guerre. Elle a discuté avec lui, non-seulement le chiffre des troupes nécessaires, mais encore le mode le meilleur de les disposer et de les faire agir.

Sur le premier point on est tombé d'accord. Une garnison effective de vingt mille hommes qui, avec les seize mille hommes de gardes mobiles, les deux mille six cents gardes républicains et les deux mille cinquante gardiens de Paris, formerait un total de plus de quarante mille hommes, suffirait et au delà pour le premier moment.

Plus de quinze mille hommes dans la banlieue et dans les garnisons voisines peuvent arriver en quelques heures. Avec une pareille armée, pour peu que la garde nationale se montre telle qu'on l'a vue au 16 avril et au

---

(1) J'ai eu fréquemment occasion d'observer cet étrange contraste d'un peuple railleur à l'excès envers les vivants et naïvement pieux envers les morts, en allant visiter, le dimanche, les cimetières de Paris. On voit la famille du mort qui s'est réunie pour lui rendre visite et lui porter quelque présent. L'un vient planter un rosier en fleurs sur la terre consacrée; un autre attache une couronne d'immortelles à la croix qui en marque le centre; celui-ci y suspend quelque emblème peint, un cœur, une pensée, etc. Chacun s'est vêtu de ses meilleurs habits. L'enfant mange en silence un gâteau qu'on lui achète sur le chemin afin qu'il soit sage; on est sérieux, ému, mais point trop affligé. La pensée d'une longue absence attriste les imaginations, mais la crainte d'une séparation éternelle n'en approche pas, moins encore celle des peines de l'enfer. L'idée de destruction, de néant ne serait pas même comprise.

J'ai quelquefois entendu de pauvres gens exprimer d'une manière touchante, en passant auprès d'un caveau de famille, le regret de ne pouvoir, eux aussi, rester unis dans le repos de la mort, comme ils l'avaient été dans le travail de la vie. Je conseille à tous ceux qui veulent bien connaître le peuple de Paris de passer de temps en temps quelques heures, le dimanche, au cimetière du Mont-Parnasse, par exemple.

15 mai, on doit se croire assuré de vaincre, et sans beaucoup de peine, le soulèvement populaire.

En ce qui concerne l'emploi des troupes, il s'est élevé deux avis. Plusieurs des membres de la commission exécutive souhaitaient qu'on prévînt l'insurrection générale ; qu'on la gagnât, pour ainsi dire, de vitesse ; qu'on l'étouffât avant même qu'elle ait eu le temps de naître, en s'opposant partout à la construction des barricades, en les défaisant une à une, à mesure qu'elles s'élèveraient. « Les barricades sont contagieuses, disait M. Ledru-Rollin, que soutenait M. Arago ; c'est la tentation, c'est la passion héréditaire de la population parisienne. Dispersez les faiseurs de barricades, dès qu'ils se mettront à l'œuvre, sinon, en un clin d'œil, vous verrez les faubourgs transformés en forteresses ; vous verrez les remparts mouvants, abritant des soldats invisibles, s'avancer, presser vos troupes des extrémités vers le centre, les écraser sans qu'elles puissent même combattre ; vous serez perdus, anéantis. »

Ce n'était pas l'opinion du général Cavaignac. Le désarmement de quelques bataillons pendant les journées de février, vingt-huit mille hommes réduits à l'impuissance par une insurrection très-mal conduite, avaient fait une forte impression sur son esprit. On a vu qu'il n'avait accepté le portefeuille de la guerre qu'avec une certaine hésitation, en stipulant qu'il n'aurait pas à sacrifier à son nouveau rôle politique *les convictions du soldat*, et que le gouvernement *rendrait à l'armée le sentiment de sa dignité*. L'honneur militaire était le sentiment dominant du général Cavaignac. Selon lui, l'armée avait été humiliée en 1830 et en 1848 ; il voulait à tout prix éviter qu'entre ses mains elle subît une disgrâce nouvelle. « Si une seule de mes compagnies était désarmée, disait-il, en discutant dans le conseil, avec MM. Garnier-Pagès, Arago, Ledru-Rollin, un système d'attaque qui nécessitait la dispersion des forces sur un grand espace, je me brûlerais la cervelle. »

Il avait conçu et arrêté un plan tout contraire, auquel il ne voulait pas souffrir la moindre modification.

Concentrer les troupes, les masser autour de l'Assemblée, afin de mettre hors de toute atteinte, même en cas de défaite, la souveraineté nationale ; laisser la garde nationale défendre, comme il le disait un peu dédaigneusement, ses maisons et ses boutiques ; en aucun cas ne disséminer ses troupes, ne pas les engager isolément dans les rues, mais les jeter par colonnes puissantes dans les directions menacées, en maintenant toujours la libre communication avec le point central ; et si, enfin, l'armée ne pouvait tenir dans Paris contre la masse du peuple, sortir des murs et livrer bataille en rase campagne ; tel était le plan stratégique du général Cavaignac (1). Que l'on dût acheter la victoire par des pertes plus ou moins considérables, que plus ou moins de sang dût être versé, ce n'était là pour lui qu'une considération secondaire. Il s'impatientait, il s'indignait presque de voir les membres du gouvernement insister sur ce point. Pour lui, il s'agissait de sauver, avec son propre honneur, celui de son armée. A quel prix ? Il ne s'en occupait même pas. Il était de ceux qui pensent que rien n'est perdu quand l'honneur reste. D'ailleurs, il se voyait fortifié dans son dessein par les officiers supérieurs dont il avait demandé l'avis. Le général Bedeau, commandant de la garde mobile, depuis le 15 mai, et le général Lamoricière, qui, tous deux, avaient pris l'engagement formel de servir sous ses ordres, dans le cas où il aurait à combattre une insurrection sérieuse ; le général Négrier, questeur de l'Assemblée ; le colonel Charras, M. Clément Thomas, qui gardait le commandement de la

(1) Ce plan fut très-fidèlement exécuté. A aucun moment de l'insurrection, le rayonnement des extrémités au centre ne fut interrompu ; les ordres arrivèrent toujours avec la plus grande célérité ; jamais non plus le soldat ne manqua de vivres, ni le cheval de fourrage. L'excellente administration du colonel Charras avait tout prévu ; la rapidité, la précision, l'ensemble de ses dispositions pendant le combat, eurent cet heureux effet. On se rappelle que, en 1830, l'armée de Paris avait manqué de tout.

garde nationale, en attendant l'arrivée du général Changarnier, tous étaient convenus qu'il fallait donner pour base d'opérations à l'armée un centre fixe, sur lequel chacune des ailes devrait pouvoir se replier au besoin, sans jamais risquer d'être coupée. Cette opinion était également soutenue dans le conseil par M. de Lamartine. Lui et M. Ledru-Rollin étaient les seuls qui connussent toute l'étendue du danger dont on était menacé. Mais tandis que M. Ledru-Rollin, suspectant les talents et surtout les intentions du général Cavaignac, que le bruit public désignait comme l'adversaire caché, comme le successeur probable de la commission exécutive (1), n'aurait voulu lui laisser qu'un pouvoir limité, M. de Lamartine, au contraire, toujours confiant et généreux, l'appuyait non-seulement comme chef d'armée, mais encore comme chef présumé et prochain du pouvoir exécutif (2). A plusieurs reprises, depuis le 15 mai, il avait engagé ses collègues à se retirer pour remettre aux mains d'un pouvoir militaire les affaires de la République, qu'il voyait périr par défaut de concert et de force dans le gouvernement ; ce pouvoir nécessaire, mais dangereux, il pensait qu'on pouvait le confier sans réserve à la loyauté du général Cavaignac.

Une fois, le 14 juin, il avait apporté au conseil sa démission, et, s'il l'avait retirée, c'était uniquement dans la crainte que sa retraite, à la veille d'une insurrection formidable, ne parût le calcul d'un égoïsme pusillanime.

Dans la séance qui se tint le 22 juin, après minuit, M. de Lamartine, tout en repoussant avec beaucoup de fierté, au nom de son propre honneur et de celui de ses collègues, l'avis de se retirer, que M. Martin (de Strasbourg) leur apportait de nouveau, au nom de la réunion du Palais-National, insista encore, et cette fois avec succès, pour que l'on concentrât toutes les forces militaires entre les mains du général Cavaignac. M. de Lamartine conseillait aussi, afin d'agir avec toute la célérité et tout l'accord désirables en des circonstances aussi graves, et pour rendre cet accord évident, qu'une partie du gouvernement demeurât auprès du général en chef, à l'hôtel du président de l'Assemblée (1).

L'opinion de M. de Lamartine ayant prévalu, et les choses étant ainsi réglées, le général Cavaignac prit ses dispositions. Pendant qu'on battait le rappel et que la garde nationale courait aux barricades, il appelait à lui les généraux Bedeau, Lamoricière, Damesme, Foucher, Lebreton, et leur remettait les commandements qu'il leur avait destinés. Selon le plan convenu, il faisait masser les troupes dans les Champs-Élysées, dans les Tuileries, sur la place de la Concorde, sur l'esplanade des Invalides, et le général Foucher recevait l'ordre de veiller à la sûreté de l'Assemblée. Deux divisions principales devaient se partager les opérations. La première division, confiée au général Bedeau, allait se porter à l'Hôtel-de-Ville. La seconde, sous les ordres du général Lamoricière, devait couvrir les faubourgs de la rive droite, sur toute la ligne des boulevards, depuis le Château-d'Eau jusqu'à l'église de la Madeleine. Une brigade de cavalerie commandée par le général Grouchy devait occuper les boulevards, depuis la rue du Helder jusqu'au faubourg Montmartre, et pousser des reconnaissances jusqu'au quartier

---

1) La *Presse*, du 22 juin, disait ouvertement que le *National* voulait, par l'insurrection, rendre nécessaire la dictature du général Cavaignac.

(2) Le *Bien public*, journal dirigé par M. de Lamartine, disait dans son numéro du 16 juin : « Le général Cavaignac porte de jour en jour davantage à la tribune l'attitude de l'homme d'État ; sa parole sobre et sévère va toujours toucher une vérité.

(1) On n'a pas assez remarqué, selon moi, le désintéressement politique qui inspira en ce moment la conduite et le langage de M. de Lamartine. Pour la seconde fois, il se sacrifiait au bien public. En refusant, après la journée du 16 avril, de se séparer de M. Ledru-Rollin, dont les ressentiments pouvaient, selon lui, jeter une force encore très-puissante dans l'opposition révolutionnaire, il avait renoncé à tout espoir d'influence sur l'Assemblée ; cette fois, en reconnaissant que l'opinion publique donnait au général Cavaignac une autorité supérieure à la sienne et nécessaire pour traverser une crise dangereuse, en s'effaçant devant un rival, il foulait aux pieds son orgueil, son ambition, tous les sentiments les plus forts du cœur humain.

général de M. de Lamoricière. Le général Damesme, à la tête d'une subdivision, était chargé de protéger la rive gauche, particulièrement le palais du Luxembourg, où siégeait une partie de la commission exécutive.

En donnant ainsi ses ordres à des généraux plus anciens que lui, et qui avaient été ses supérieurs dans la hiérarchie militaire, le général Cavaignac était très-ému. Lorsqu'il vit le général Lamoricière, avec lequel il avait eu, en Afrique, de vifs dissentiments, venir, avec une simplicité parfaite, prendre de ses mains un commandement périlleux, pour défendre une cause qui n'était pas la sienne, il eut peine à retenir ses larmes. Ses inquiétudes, d'ailleurs, étaient grandes. Il ne se formait aucune idée des forces de l'insurrection qu'il allait combattre. Quels étaient ses éléments, ses moyens d'attaque, ses chefs, son plan, son mot d'ordre? Avait-elle des armes, des munitions, des connivences secrètes? Que voulait-elle? Pour qui prenait-elle les armes? Aurait-on pour adversaires des communistes, des impérialistes ou des royalistes? Il ne le savait pas. Soit par habitude, soit par goût, soit plutôt par le besoin impérieux d'un tempérament mélancolique et d'un esprit concentré, le général Cavaignac a fait autour de lui une solitude où n'ont retenti que très-faiblement les idées qui meuvent les hommes politiques, les sentiments et les instincts qui passionnent les masses.

Quant aux forces dont il pouvait disposer pour la répression, il s'en était remis au colonel Charras, qui n'avait pas jugé possible, dans l'état de fermentation où étaient encore les esprits, de tenir dans Paris, comme l'aurait voulu la commission exécutive, une garnison de vingt-cinq mille hommes, dont une partie aurait été obligée de bivaquer (1), plus de la moitié des casernements qui suffisaient en temps ordinaire étant occupés depuis le mois de mars par la garde mobile. Il ne pouvait donc pas mettre à la disposition du général en chef plus de dix à douze mille hommes prêts au combat.

La garde mobile, forte de quinze à seize mille hommes, n'inspire aucune sécurité. Ce sont des enfants des faubourgs; les fera-t-on marcher contre le peuple? tireront-ils sur leurs parents, sur leurs frères? On sait, d'ailleurs, que les ouvriers comptent sur eux, qu'ils sont très-pratiqués par les factions. Ils ont élu, pour les commander, plusieurs partisans déclarés de Louis-Napoléon Bonaparte. On parle d'un complot qui se tramerait dans leurs rangs en faveur du prince; on dit que les chefs de bataillon se sont réunis, le 18 et le 20, pour décider ensemble si l'on se battrait, et de quel côté des barricades.

La garde républicaine, malgré les mesures prises pour sa réorganisation, n'éveille pas moins de défiance que la garde mobile. Quant à la garde nationale, outre que plusieurs légions, la 12e et la 8e, entre autres, appartiennent au parti de Barbès et que les légions de la banlieue sont généralement bonapartistes (1), le général Cavaignac ne fait aucun fonds sur elle. Il la juge bonne, tout au plus, à retarder de quelques heures l'engagement des troupes. Et ces troupes elles-mêmes, cette armée démoralisée par sa récente défaite et par les souvenirs de 1830, ces soldats dont il est peu connu, ces généraux, sur lesquels il ne se sent pas d'autorité, comment se porteront-ils à la rencontre de l'ennemi commun? Comment feront-ils cette guerre perfide des

---

(1) Quelques jours après la fête de la Fraternité (23 avril) le gouvernement provisoire avait cru pouvoir faire rentrer dans Paris le 29e régiment de ligne, commandé par le colonel Dulac. Arrivé à la barrière, le colonel se vit entouré d'une multitude très-animée et qui faisait mine de s'opposer à son passage. Avec un grand sang-froid : « Est-ce que le gouvernement provisoire est renversé? dit-il aux ouvriers qui se trouvaient le plus près de lui. — Non, répond la foule. — Eh bien! alors, voici son ordre, aidez-moi à l'exécuter. » — Et ces mêmes hommes, au cri de : « Vive le gouvernement provisoire! » entourent le colonel, le précédent, lui font faire place, et ne le quittent qu'à l'Hôtel-de-Ville. Cependant le gouvernement ne crut pas pouvoir laisser ce régiment dans Paris.

(1) Le 23 juin, la garde nationale de Grenelle, dirigée sur les Tuileries, se mit en marche au cri de : « Vive Napoléon! » et déclara que si on l'envoyait aux barricades, elle ne tirerait point.

rues, dans une ville qui leur est devenue presque étrangère après un long séjour en Afrique? Enfin, et ceci met au comble l'anxiété du général Cavaignac, on murmure, depuis le 15 mai, de vagues accusations contre la commission exécutive, et, s'il s'en rapporte à ses impressions personnelles, il croit avoir sujet de mettre en doute la loyauté de son concours; il apprend, sans pouvoir se l'expliquer, que l'ordre donné en conseil d'arrêter Pujol, Esquiros et cinquante-six délégués du douzième arrondissement, qui se sont réunis la veille au jardin des Plantes, n'est pas exécuté, et que ces hommes commandent aux barricades (1).

De telles perplexités sont cruelles; les rapports qui se pressent ne font que les tourner en certitudes accablantes. La garde nationale, à part la 1re, la 2e et la 10e légion, répond mollement à l'appel (2). Elle se défie, se plaint de manquer de munitions, murmure contre la commission exécutive; elle veut savoir pourquoi l'on se bat; elle demande à voir de la troupe de ligne. De tous côtés, on exige du renfort. On n'a pas assez de troupes à l'Hôtel-de-Ville; les maires voudraient en avoir dans toutes les mairies. MM. Marie et Garnier-Pagès demandent un régiment de cavalerie et deux régiments d'infanterie pour couvrir le Luxembourg. Les représentants qui ont parcouru les quartiers insurgés reviennent en proie au plus grand trouble, et jettent la panique dans tous les esprits. Le général Cavaignac est assailli de demandes, de conseils, de reproches. La bataille est à peine engagée, que déjà l'on vient lui annoncer qu'elle est perdue.

Il y a bien lieu, en effet, de s'alarmer. Pendant le peu d'heures qui viennent de s'écouler, les insurgés ont pris des positions très-fortes sur la rive droite de la Seine. Sur la rive gauche, ils sont maîtres du Panthéon, d'où ils descendent dans toutes les directions, par des rues barricadées de trente en trente pas, jusqu'au fleuve. Au centre, ils occupent toute la partie de la Cité qui s'étend au delà de la préfecture de police et du Palais de Justice. Partout, la population semble leur être favorable, ou tout au moins elle restera spectatrice du combat sans prêter aucun appui à la troupe.

Les premiers engagements qui ont eu lieu simultanément à la porte Saint-Denis et dans le voisinage du Panthéon, ont été très-meurtriers. Nous avons vu que, dès six heures du matin, huit à dix mille ouvriers s'étaient rassemblés sur la place du Panthéon. Ils y avaient construit quatre fortes barricades. Le maire du douzième arrondissement, M. Pinel-Grandchamp, fait battre le rappel. Trente hommes seulement y répondent. Une vive hostilité entre la 11e et la 12e légion complique la situation. On craint qu'en se rencontrant ces deux légions ne tournent leurs armes l'une contre l'autre. Le maire, qui exerce dans le quartier une certaine influence, parlemente avec les insurgés. Ils n'ont tous qu'une même réponse : ils ne veulent pas partir pour la Sologne; ils exigent du travail. M. Pinel-Grandchamp promet de porter leur requête à l'Assemblée; ils s'engagent, à leur tour, à se tenir tranquilles derrière leurs barricades, si les soldats ne viennent pas les y chercher. Comme on en était à ces pourparlers, une colonne de troupes paraît. C'est M. Arago qui l'envoie pour faire une reconnaissance, pour dégager la place du Panthéon, la mairie et les rues avoisinantes. Cette colonne se compose d'un bataillon de la 11e légion, commandé par le colonel Quinet; d'un détachement du 73e de ligne et d'un détachement de dragons.

---

(1) Cet ordre, envoyé par M. Recurt, le 22, à sept heures du soir, à la préfecture de police, avait été reçu par M. Panisse, directeur de la sûreté générale; mais le préfet, M. Trouvé-Chauvel, qui, depuis la veille, demandait avec instance des ordres précis et n'en pouvait obtenir, étant sorti pour dîner, n'en prit connaissance que le lendemain 23, à dix heures du matin. On ignorait le domicile de la plupart des hommes désignés sur la liste d'arrestation. Il fallut du temps pour le trouver. Pendant ce temps, les barricades s'élevaient, et ces hommes commandaient l'insurrection.

(2) Dans la 4e légion, entre autres, forte de douze à quinze mille hommes, on n'en réunit que deux à trois cents. Dans la 11e, il ne vint pas plus d'une vingtaine d'hommes par compagnie de trois cents.

M. Pinel-Grandchamp, s'adressant au commandant, le conjure de ne pas engager la lutte. Il témoigne des dispositions pacifiques de son arrondissement; il affirme que les barricades seront, avant peu, abandonnées de plein gré, pourvu que le sang ne coule pas. Les officiers, qui n'ont nulle envie de commencer la guerre civile, se laissent persuader, et la colonne retourne sur ses pas.

En voyant ses ordres inexécutés, M. Arago s'irrite et décide aussitôt de marcher en personne sur les barricades. Il renforce sa colonne d'un escadron de dragons, de deux détachements d'infanterie, emmène deux pièces de canon; il arrive ainsi, vers midi, sur la place, en vue d'une barricade qui ferme la rue Soufflot. Il s'avance seul, à une assez grande distance de la troupe et fait signe qu'il veut parler. M. Pinel-Grandchamp vient à sa rencontre. Deux ou trois chefs d'insurgés sont debout sur les pavés amoncelés, le fusil en main. Des groupes d'ouvriers, à droite et à gauche, suivent des yeux tous les mouvements de leurs chefs. On fait silence. M. Arago demande à ces hommes pourquoi ils se révoltent contre le gouvernement de la République; comment il se peut faire que de bons citoyens s'insurgent contre la loi, qu'ils aillent aux barricades... « Vous y étiez avec nous en 1832! lui crie une voix. Souvenez-vous du cloître Saint-Merry! — Monsieur Arago, vous êtes un brave citoyen, reprend un autre insurgé avec beaucoup de politesse; nous sommes, pour vous, pleins de respect, mais vous n'avez pas le droit de nous faire des reproches. Vous n'avez jamais eu faim; vous ne savez pas ce que c'est que la misère. »

M. Arago continue. Il leur parle avec éloquence des bonnes intentions du gouvernement, de son extrême désir de satisfaire à leurs vœux légitimes. « On nous a tant promis et l'on n'a rien fait, » reprend un homme en blouse, qui se sent ému malgré lui, en présence de ce vieillard courageux, dont le front et le regard sont animés de la double flamme du patriotisme et du génie. « On a fait ce qu'on a pu, » dit M. Arago d'un ton bref. « Cela n'est pas vrai! » s'écrie une autre voix; et une grande rumeur se fait dans les groupes. « Je ne puis parlementer avec des gens qui m'insultent, » dit M. Arago; et il s'éloigne en faisant un signe d'indignation.

A ce moment, on voit, dans un groupe d'insurgés, une carabine qui se relève et l'ajuste. Un brusque mouvement détourne le coup. « Tous mes efforts ont été inutiles, dit M. Arago, en s'adressant aux officiers de la garde nationale qui attendent son retour avec inquiétude; ces hommes sont insensés; je ne puis plus rien; il faut que la force décide. » Aussitôt on fait, sur son ordre, un roulement de tambours suivi des trois sommations légales; puis on braque les canons sur la barricade. La troupe avance au pas de charge. M. Arago marche à sa tête; il expose sa vie, une vie précieuse pour la France et pour le monde, avec la témérité d'un jeune soldat.

Soit que les insurgés ne se trouvent pas en nombre, soit que la vue du canon les intimide, ils quittent précipitamment la barricade et se jettent par les rues en criant : « Aux armes! » Alors M. Arago se dirige vers la place Cambrai et la rue des Mathurins-Saint-Jacques, où une forte barricade, commandée par un capitaine de la 12e légion, oppose à la troupe une longue résistance. On ne parvient à l'ébranler que par le canon. Il faut l'enlever à la baïonnette, en perdant beaucoup de monde. Après avoir pris deux ou trois autres barricades et dégagé le pourtour du Panthéon, M. Arago, suivi seulement des gardes nationaux, rentre au Luxembourg, laissant les canons et la troupe au général Damesme, qui vient d'établir son quartier général sur la place.

Vers la même heure, un engagement vif avait lieu sur le boulevard Bonne-Nouvelle. J'ai dit comment Pujol avait fait construire, à la hauteur de la porte Saint-Denis, la première barricade. Elle était flanquée de deux autres qui fermaient l'entrée des rues Mazagran et de Cléry.

ATTAQUE DE LA BARRICADE DU PETIT-PONT (P. 442).

Un détachement d'une cinquantaine d'hommes environ de la 2ᵉ légion, escortant les tambours qui battent le rappel, descendait le boulevard, sans se douter que les insurgés fussent si proches, lorsqu'il se voit inopinément en face de la barricade. Les gardes nationaux font signe de ne pas tirer et continuent d'avancer jusqu'à quarante pas environ; mais, soit qu'on n'ait pas compris leur signe, soit qu'on n'en tienne pas compte, une fusillade, partie de la terrasse d'une maison qui forme l'angle du boulevard Bonne-Nouvelle et du faubourg Saint-Denis, les prend en écharpe; une dizaine d'entre eux tombent morts ou blessés. Au bruit des coups de feu, plusieurs gardes nationaux accourent isolément; bientôt on voit arriver un bataillon de la 2ᵉ légion, commandé par le lieutenant-colonel Bouillon, et une compagnie de la 3ᵉ légion, sous les ordres du commandant Leclerc. Le représentant Coraly est avec eux.

Accueillis par un feu terrible, ils avancent résolûment sur la barricade; une seconde décharge les force à reculer. Les insurgés qui descendent de la barricade, d'autres qui sortent en foule des maisons, les enveloppent. Une lutte s'engage; on se bat corps à corps; douze gardes nationaux sont tués; une quarantaine d'autres, parmi lesquels MM. Thayer et de Sussy, sont blessés grièvement. Rien n'ébranle cependant les courages. Les gardes nationaux reviennent à la charge avec vigueur. Le chef des insurgés, qui, debout sur une voiture renversée, son drapeau à la main, commande le feu, est atteint mortellement.

On croit le combat terminé; mais, au moment où le drapeau échappe au chef, une jeune fille, qu'on n'avait pas aperçue jusque-là, le saisit; elle l'élève au-dessus de sa tête; elle l'agite d'un air inspiré. Les cheveux épars, les bras nus, vêtue d'une robe de couleur éclatante, elle semble défier la mort. A cette vue, les gardes nationaux hésitent à faire feu; ils crient à la jeune fille de se retirer; elle reste intrépide; elle provoque les assaillants du geste et de la voix; un coup de feu part; on la voit chanceler et s'affaisser sur elle-même. Mais une autre femme s'élance soudain à ses côtés; d'une main elle tient le corps sanglant de sa compagne, de l'autre elle lance des pierres aux assaillants. Une nouvelle décharge retentit; la voici qui tombe à son tour sur le cadavre qu'elle tenait embrassé. A ce moment terrible, au plus fort de la fusillade, un chirurgien de la garde nationale quitte les rangs pour venir porter secours à ces femmes. Les voyant sans vie, il retourne, toujours au milieu du feu croisé des balles, vers les blessés de la garde nationale. La barricade est prise d'assaut; les insurgés fuient vers le faubourg Saint-Denis. Le feu n'a pas duré moins d'une demi-heure.

Presque au même moment paraît sur le boulevard, venant du côté de la Madeleine, la tête de la colonne que commande le général Lamoricière. Il est environ deux heures et demie. Le général Lamoricière vient établir son quartier général au Château-d'Eau. Il commande en chef à quatre colonnes qui doivent opérer simultanément dans le faubourg Poissonnière, dans les faubourgs Saint-Martin, Saint-Denis et du Temple. Sa position est critique; on n'a pu lui donner que quatre à cinq mille hommes, avec lesquels il lui faut occuper la vaste surface qui s'étend, dans une direction, depuis l'extrémité du faubourg du Temple jusqu'à l'église de la Madeleine; dans l'autre direction, depuis le haut de la rue de Clichy jusqu'au palais du Louvre.

Son premier soin est d'envoyer reconnaître les positions de l'ennemi. Les rapports sont mauvais. La lutte est engagée partout et reste au moins indécise entre les insurgés, qui paraissent très-résolus, et la troupe qui montre peu d'ardeur. A la Villette, les insurgés se sont emparés de vingt-cinq caisses de mousquetons. Le général Clément Thomas, accompagné de MM. Jules Favre et Landrin, qui a parcouru au pas de charge la rue Saint-Antoine, et s'est avancé jusqu'à la rue Culture-Sainte-Catherine, près l'église Saint-Paul, à la tête d'un détachement de la première légion, du 21e de ligne et d'un escadron de dragons, a reçu deux balles dans la cuisse à l'attaque de la barricade, qu'il enlève au bout d'une demi-heure seulement, après quatre assauts où il laisse plus de cinquante tués ou blessés.

Le représentant Dornès, à la tête d'un détachement de gardes mobiles, a voulu essayer de parlementer à une barricade du faubourg Saint-Martin; il est atteint dangereusement. Sur la place des Vosges, deux cents gardes nationaux, tenus en échec par les insurgés, tirent, par mégarde, sur la garde mobile, qui arrive à leur secours; huit hommes morts et quinze blessés sont victimes de cette méprise. Dans le faubourg Poissonnière, les insurgés occupent les barrières Rochechouart, Poissonnière, de la Villette; ils s'appuient sur Montmartre et la Chapelle-Saint-Denis, où la population entière et la garde nationale font cause commune avec eux.

Il serait impossible au général Lamoricière, qui n'a en ce moment sous ses ordres que deux pièces de canon, deux escadrons de lanciers, deux bataillons de gardes mobiles, deux bataillons de la 2e légion et quelques détachements du 11e léger, de prendre l'offensive. Inquiet sur ses derrières, obligé d'attaquer à la fois les barricades du faubourg Saint-Denis et du faubourg Saint-Martin, celles du Temple qui avancent et menacent son aile droite, il ne peut songer qu'à barrer aux insurgés le chemin de l'Hôtel-de-Ville, en gardant le bas des faubourgs, principalement l'extrémité des rues qui ouvrent sur le boulevard. Mais cela seul est d'une difficulté excessive. Le général Lamoricière accomplit là des prodiges d'habileté. Forcé d'agir avec une poignée d'hommes sur une immense étendue de rues et de carrefours qu'il ne connaît pas, où l'insurrection occupe les positions les plus favorables, il parvient, pendant tout un jour, par la rapidité et l'audace de ses manœuvres, à tromper l'ennemi sur l'état des forces dont il dispose, et à étourdir ses propres troupes, auxquelles il ne laisse pas le loisir de se compter.

On le voit partout sur les points menacés. Tantôt il franchit, sur le pavé glissant où son cheval tient à peine, toute la longueur d'une rue; tantôt, au contraire, il ralentit le pas et s'avance nonchalamment, son cigare à la bouche, sous le feu croisé des balles, vers la barricade où tous les fusils l'ajustent, en gourmandant gaiement ses soldats, comme il le pourrait faire en un jour de parade. Et cette valeur brillante, cette intrépidité de tous les instants, qui étonne les plus intrépides, elle est d'autant plus admirable que Lamoricière, qui ranime et relève autour de lui tous les courages, loin de s'abuser sur les chances d'une lutte trop inégale, s'en exagère encore le péril. Il laisse échapper une exclamation de surprise en apprenant avec quelle bravoure la garde nationale a enlevé, sans le secours de la troupe, les premières barricades. Il la considérait à peu près comme nulle, dans son plan d'opérations, ou plutôt il craignait qu'elle ne se jetât, comme au 24 février, entre le peuple et l'armée. Plus que personne, il se défiait de la garde mobile; il soupçonnait partout la trahison; il appréhendait à toute minute de voir la démoralisation gagner les soldats. Enfin, il jugeait sa position tellement difficile, qu'il envoyait dire au général Cavaignac, que, à moins de prompts renforts, il ne répondait pas de tenir jusqu'au soir contre une insurrection dont la confiance semblait croître de minute en minute, et décelait à coup sûr des ressources cachées.

Sur la place Lafayette, et dans les rues voisines, un combat acharné durait depuis plusieurs heures. Les insurgés y ont construit, avec des tonneaux d'arrosage, des planches et des pavés, une barricade très-haute, que défendent les ouvriers mécaniciens de la Chapelle-Saint-Denis, commandés par le capitaine de la garde nationale Legénissel, dont la compagnie entière a passé à l'insurrection.

Les insurgés occupent aussi les maisons qui forment l'angle de la place et des rues Lafayette et d'Abbeville. Un peu plus bas, deux autres barricades, également fortes, barrent la rue Bellefonds et la rue du Faubourg-Poissonnière, à la hauteur de la fabrique de gaz. Cette position est formidable. Plusieurs bataillons de la deuxième légion, quelques compagnies du 7e léger et de la garde mobile, commandés par le général Lafontaine, arrivent successivement par le faubourg Poissonnière, où les insurgés n'ont pas opposé de résistance, en vue de la barricade qui traverse la place Lafayette. On fait les trois sommations, mais inutilement. Le feu commence. Les insurgés ripostent. Pendant vingt minutes, les balles pleuvent des deux côtés et frappent un grand nombre de combattants. Le général Lafontaine fait battre la charge; on marche sur la barricade la baïonnette en avant; une trentaine de soldats, pour protéger ceux qui montent à l'assaut, brisent les portes des maisons à coups de crosse et s'emparent des fenêtres de vive force. Enfin la barricade est enlevée; mais l'avantage est chèrement payé. Les insurgés ont montré un courage et un sang-froid qui étonnent la troupe. La garde nationale a perdu une vingtaine d'hommes. Le sang rougit les pavés. On voit passer sur un brancard le brave Lefèvre, qui commandait en second le troisième bataillon de la 2e légion, et qui s'est avancé avec quelques tirailleurs jusqu'à l'angle des rues de Dunkerque et de Denain. Atteint mortellement d'une balle au foie : « La barricade est-elle prise? dit-il d'une voix expirante à ceux de ses camarades qui viennent l'entourer. — Elle est à nous! lui répondent-ils. — Eh bien! vive la République! » murmure Lefèvre en élevant sa main avec effort; et chacun s'unissait en silence à la noble simplicité d'un patriotisme qui, à ce moment, remplissait et exaltait tous les cœurs.

Dans le même temps, une colonne de troupes, commandée par le général Rapatel, poussait jusqu'au faubourg Saint-Denis, attaquait au pas de course et prenait successivement, en moins d'une demi-heure, cinq barricades élevées à une très-petite distance l'une de l'autre dans la rue Saint-Laurent et autour de l'église du même nom. Le commandant Bassac, à la tête du 5ᵉ bataillon de la garde mobile, affrontait le feu avec une intrépidité qui électrisait sa jeune troupe. Quatre insurgés périssent de sa main ; il en désarme deux autres. Le général Rapatel, qui voit ces prodiges de courage, va vers lui, lui tend la main, et l'embrassant sous le feu de la barricade : « Vous et votre bataillon, lui dit-il, vous vous couvrez de gloire. »

Rien n'était plus vrai ; la bravoure des enfants de la garde mobile, en cette première et terrible épreuve, ne saurait même être imaginée par ceux qui n'en ont pas été témoins. Le bruit des décharges, le sifflement des balles, leur semblent un jeu nouveau qui les met en joie. La fumée, l'odeur de la poudre les excite. Ils courent à l'assaut, grimpent sur les pavés croulants, se cramponnent à tous les obstacles avec une agilité merveilleuse. Une fois lancés, nul commandement ne les saurait plus retenir ; une émulation jalouse les emporte et les jette au-devant de la mort. Arracher un fusil des mains sanglantes d'un combattant, appuyer sur une poitrine nue le canon d'une carabine, enfoncer dans des chairs palpitantes la pointe d'une baïonnette, fouler du pied les cadavres, se montrer, debout, le premier, au plus haut de la barricade, recevoir sans chanceler des atteintes mortelles, regarder en riant couler son propre sang, s'emparer d'un drapeau, l'agiter au-dessus de sa tête, défier ainsi les balles ennemies, c'étaient là, pour ces débiles et héroïques enfants de Paris, des ravissements inconnus qui les transportaient et les rendaient insensibles à tout.

Il ne fallut pas moins que ce transport de jeunesse et cette folie de gloire, soutenus par la valeur brillante et calme des officiers de l'armée, pour entraîner les régiments et la masse de la garde nationale. Si la garde mobile avait passé à l'insurrection, comme on l'appréhendait, il est à peu près certain que la victoire y eût passé avec elle.

Cependant un jeune garde national, M. Dreyfuss, qui s'était offert au général Lamoricière pour faire, à ses côtés, le service périlleux d'aide de camp, arrivait auprès du général Cavaignac. Il lui explique brièvement la situation des troupes ; les pertes nombreuses qu'elles ont déjà faites ; l'impossibilité où elles sont de garder leurs avantages dans un espace immense où la population protége l'insurrection. Il lui dit les actes presque insensés de valeur que fait le général pour animer les soldats. A ce récit, Cavaignac a peine à contenir son émotion ; son angoisse intérieure est cruelle. Il voit, à n'en pouvoir douter, qu'il n'a sous la main que des forces insuffisantes. Il écoute depuis quelques heures avec impatience ou dédain les récits confus et troublés par la peur que viennent, à toute minute, lui faire les officiers de la garde nationale, les maires et les représentants ; mais en apprenant que Lamoricière, dont les rapports ont été jusque-là pleins de confiance, demande qu'on vienne à son secours, il se sent saisi d'une inquiétude extrême.

Il connaît d'ancienne date la bravoure de Lamoricière ; il a vu avec quelle ardeur de dévouement, abjurant leurs anciennes querelles, il vient d'accepter de ses mains un commandement subordonné. S'il demande du secours, c'est qu'il est dans une situation désespérée.

« Dites au général que je vais moi-même lui conduire du renfort, » dit Cavaignac à M. Dreyfuss. Presque aussitôt il monte à cheval et s'avance par les boulevards vers le Château-d'Eau à la tête d'une forte colonne d'attaque.

Le général Cavaignac est escorté des représentants Flandrin, Jules Favre, Heeckeren, Flandin, Prudhomme, de Ludre. M. de Lamartine, accompagné par les représentants Pierre Bonaparte, Treveneuc et Duclerc, se joint à lui. Tous les deux, sans se le dire, sont atteints d'une tristesse profonde. Tous les deux roulent des pensées sinistres.

« Je n'étais encore à ce moment que ministre de la guerre, » a dit plus tard le général Cavaignac à des personnes qui ne rougissaient pas de lui demander compte, non-seulement de tous ses actes, mais encore de tous ses sentiments dans cette terrible journée, « j'étais libre d'aller me faire tuer si bon me semblait. »

Un orage qui obscurcissait tout le ciel, des éclairs suivis de coups de tonnerre prolongés, une pluie continue semblaient un fâcheux présage et abattaient encore les esprits attristés. On arrive ainsi au quartier général de Lamoricière. Il s'est établi dans un café situé à l'angle du boulevard et de la rue Saint-Denis. Là, il rend compte au général Cavaignac de ses opérations : il lui dit la froideur, l'hésitation de la troupe de ligne, les pertes nombreuses et les désertions qui diminuent de plus d'un tiers l'effectif de la garde mobile ; l'ardeur incroyable des insurgés. A plusieurs reprises, il a voulu essayer de les haranguer ; toujours ils lui ont répondu par des décharges à bout portant. Il a interrogé les prisonniers sur le but de l'insurrection ; on n'en peut tirer aucune réponse. Les uns disent qu'ils veulent la République démocratique et sociale, d'autres qu'ils veulent Louis Bonaparte. A chaque barricade, on entend, dans le silence que gardent les combattants, la voix d'un chef qui paraît commander militairement ; mais on ne sait si ces chefs obéissent eux-mêmes à un ordre supérieur. Pas un nom, pas un cri, pas un emblème ne révèle le caractère ou le but de l'insurrection. En inquiétant l'imagination du soldat, le mystère de cette guerre des rues en double la force.

Pendant ce court entretien, M. de Lamartine a continué sa route vers le faubourg du Temple. Sur le boulevard des Italiens, la foule considérable qui s'y trouve rassemblée, malgré l'orage, alors dans toute sa violence, accueille le passage du poëte par des cris de : *A bas Lamartine* ! Mais plus loin, il est reçu de toute autre façon. Reconnu par la foule, on vient à lui, on l'entoure. Ces insurgés, que le général Lamoricière a trouvés sourds à sa voix, parlent avec émotion au poëte, au citoyen, à l'ancien membre du gouvernement provisoire ; et comme il leur reproche leur révolte : « Nous ne sommes pas de mauvais citoyens, lui disent-ils, nous sommes des ouvriers malheureux. Nous demandons qu'on s'occupe de nos misères ; songez à nous ; gouvernez-nous, nous vous aiderons. Nous voulons vivre et mourir pour la République. » Et les hommes, les femmes et les enfants du faubourg, qui suivent leurs mères à la barricade, se pressaient autour de lui et voulaient serrer sa main. Il sentit encore à ce moment passer à son front, il crut respirer comme un dernier souffle de Février, comme un murmure expirant de popularité et d'enthousiasme.

Cependant, le général Cavaignac a repris sa marche par le boulevard. A la vue de sa colonne, plusieurs barricades sont abandonnées par les insurgés ; mais, arrivé à la hauteur de la rue Saint-Maur, on se trouve en face d'une barricade dont les assises sont formées de six rangs de pavés. S'élevant à la hauteur d'un premier étage, et reliée à trois autres dans la rue Saint-Maur, la rue des Trois-Couronnes et la rue des Trois-Bornes, elle forme une véritable redoute. Là, les insurgés se préparent à une résistance énergique. Une centaine hommes environ répondent aux sommations en attendant la troupe de pied ferme, le fusil haut. Cavaignac commande l'assaut. La 4e compagnie du 20e bataillon de la garde mobile s'avance au pas de course, le long des maisons, de chaque côté de la rue. Son commandant, le brave Huot, garde seul le milieu du pavé. Les ouvriers, qui espèrent toujours raviver chez ces enfants des barricades le souvenir de Février, crient :

Vive la garde mobile! Ceux-ci, sans répondre, continuent de marcher. Déjà ils ne sont plus qu'à vingt pas de la barricade; les insurgés font feu. En même temps, une grêle de balles épouvantable pleut de toutes les fenêtres.

Les hommes tombent par centaines; le sang rougit les trottoirs encombrés de cadavres. Un second assaut n'a pas d'autre effet. Cavaignac engage successivement les sept bataillons qui composent sa colonne, et sans plus de résultat. Alors, il fait avancer le canon. Seul, à cheval, au milieu du pavé, ajusté de toutes parts, il reste immobile et donne ses ordres avec un sang-froid parfait; les deux tiers des servants de pièces sont tués ou blessés à ses côtés. Le général envoie plusieurs détachements par les rues latérales pour essayer de tourner la barricade. Tout est en vain. Les heures passent; les munitions s'épuisent. Cavaignac, qui est venu pour porter du renfort à Lamoricière, est contraint de lui en faire demander. La nuit approche. Ce n'est qu'après une lutte de près de cinq heures que la barricade est enfin prise par le colonel Dulac, à la tête du 29e régiment de ligne. On compte près de trois cents soldats mis hors de combat; le général François est blessé; le général Foucher a reçu une contusion très-forte.

Cavaignac, le cœur navré de ce triste succès, reprend le chemin du Palais-Bourbon. Il y avait laissé M. Ledru-Rollin, en lui faisant promettre de ne donner aucun ordre en son absence. Près de quatre heures s'étaient écoulées. Pendant ce temps, plus de quatre cents personnes, gardes nationaux, représentants, adjoints des maires ou commissaires de police, étaient accourues à la Présidence.

Seul, en butte aux questions, aux reproches, aux soupçons les plus outrageants, M. Ledru-Rollin était en proie à de cruelles perplexités. On lui demande des ordres; il a promis de n'en pas donner. On veut savoir où est le général en chef, et il l'ignore. On murmure; on parle de trahison, on l'accuse, on le rend responsable de tout, lui qui ne peut rien.

Enfin, ne voyant pas revenir le général Cavaignac et ne sachant que croire, M. Ledru-Rollin prend sur lui, malgré sa promesse formelle, de faire jouer le télégraphe, pour mander au plus vite par les chemins de fer, les régiments de ligne, la garde nationale des départements et jusqu'aux marins des rades de Brest et de Cherbourg (1).

Il est nuit quand le général Cavaignac rentre à la Présidence. Il est accueilli par des reproches de M. Ledru-Rollin et par des nouvelles désastreuses. Le combat, dans la Cité et le faubourg Saint-Jacques, a été meurtrier; la troupe a fait des pertes considérables, sans remporter d'avantages décisifs. L'église du Panthéon est au pouvoir des insurgés. Le général Damesme envoie, coup sur coup, des aides de camp demander quelques bataillons de renfort.

Sans répondre à M. Ledru-Rollin, sans prendre un moment de repos, le général Cavaignac, après avoir donné quelques ordres à la hâte, remonte à cheval, afin d'aller porter en personne des instructions précises sur les centres d'opérations qu'il n'a pas visités. Il lui tarde surtout de voir le général Bedeau, dont la situation est plus grave, plus périlleuse encore que celle du général Lamoricière. Il est évident que tous les efforts des insurgés convergent vers l'Hôtel-de-Ville. La prise de la maison commune, qui est le siège traditionnel du gouvernement populaire, donnerait en quelque sorte un caractère légal à l'insurrection; aussi les insurgés font-ils des efforts inouïs pour s'en rendre maîtres. Ils l'enveloppent d'un réseau de barricades qui va se resserrant et se rapprochant avec une rapidité effrayante. Ils le menacent à la fois de quatre côtés : par la Cité, par la rue Saint-Antoine, par la rue du Temple et par la rue Saint-Martin. Leurs avant-postes

---

(1) Le deuxième régiment d'infanterie de marine, transporté très-rapidement de Brest à Paris par le chemin de fer, y arriva le lundi matin et prit part à l'affaire de la barrière Fontainebleau. Les officiers étaient très-animés; ils criaient en brandissant leurs sabres : « Nous venons mourir pour la République! »

ont déjà paru sur la place du Marché-Saint-Jean, sur la place Baudoyer, autour de l'église Saint-Gervais. Des feux de tirailleurs, qui partent des maisons situées entre la place de l'Hôtel-de-Ville et la place du Châtelet, harcèlent la troupe.

L'Hôtel-de-Ville est situé, comme on sait, sur la rive droite du fleuve, en face de l'île appelée la Cité, avec laquelle il communique par les deux ponts suspendus d'Arcole et de la Réforme, et par le large pont en pierres, appelé pont Notre-Dame, qui débouche sur la rue de la Cité, à l'extrémité de laquelle est le Petit-Pont, puis la rue du même nom, aboutissant à la rue Saint-Jacques qui monte par une pente rapide jusqu'au Panthéon. L'île de la Cité, labyrinthe de rues tortueuses, de ruelles, d'impasses, de carrefours, de quais étroits, de vieilles maisons à sept et à huit étages, et qui se relie à l'île Saint-Louis par le pont de la Cité et le pont de la Réforme, est l'antique berceau de Paris.

On considère généralement que prendre la Cité, c'est s'emparer de l'Hôtel-de-Ville. Comme, d'ailleurs, c'est le lieu le plus favorable pour s'y cantonner, en raison de la hauteur des maisons et de la multiplicité des courbes que forment ses rues très-étroites, il n'est pas étonnant que, dès le matin, les insurgés aient songé à s'en rendre maîtres.

Cela s'est fait sans bruit et sans empêchement. Des hommes en blouse sont venus tranquillement, silencieusement, prendre position à l'angle des rues. Toute la population et la garde nationale, en majeure partie, les secondent. Ils se sont fournis de poudre dans deux magasins; ils ont mis des combattants dans la plupart des maisons; ils ont construit des barricades au pont Saint-Michel et dans la rue de Constantine, faisant face au Palais de Justice qu'occupe la garde mobile. A une heure de l'après-midi seulement on a fermé le Palais, et les magistrats, en en sortant, entendent les premiers coups de feu échangés entre les soldats et le peuple.

Quand le général Bedeau arriva à l'Hôtel-de-Ville, il y trouva deux bataillons du 48e et du 52e régiments de ligne, plusieurs bataillons de la garde mobile et mille hommes environ de gardes républicains, venus sur l'ordre du maire de Paris pour protéger la Cité. Mais il apprit que deux bataillons de ligne, destinés également à opérer sous ses ordres, étaient arrêtés par les barricades, l'un au pont d'Austerlitz, l'autre rue Popincourt. L'adjoint, M. Edmond Adam, s'offre à les aller dégager à la tête d'un bataillon de la garde mobile. Il parlemente avec les insurgés; on voudrait encore éviter d'employer contre eux la force. Les insurgés eux-mêmes paraissent disposés sur ce point à retarder le combat; ils laissent passer la troupe; mais les officiers, ne pouvant faire franchir les barricades à leurs chevaux, les abandonnent au peuple, et arrivent, à pied, à la tête de leurs bataillons. Ce spectacle produit sur les soldats une sensation fâcheuse.

D'un autre côté, une compagnie de la garde républicaine, envoyée à onze heures du matin pour déblayer le Petit-Pont et la place Saint-Jacques, ne reparaît pas, et bientôt on vient dire qu'elle est restée prisonnière. On sait que ces hommes sont d'une bravoure éprouvée. Il n'est pas vraisemblable qu'ils se soient laissé désarmer; n'ont-ils pas plutôt passé à l'insurrection? Le colonel Vernon et le lieutenant-colonel Baillemont, qui les commandent, déclarent qu'ils ne sauraient répondre de l'impression qu'auront pu produire les discours des insurgés sur une troupe dont les relations avec le peuple sont aussi étroites.

Enfin le général Bedeau porte plus loin encore ses soupçons. Il doute de l'esprit qui anime l'artillerie de la garde nationale, dont le colonel, M. Guinard, représentant du peuple, ancien conspirateur et ami de Barbès, a siégé, depuis l'ouverture de l'Assemblée, sur les bancs de la gauche.

Nous allons voir tout à l'heure par combien d'héroïsme ces soupçons injustes seront dissipés. Nous assisterons à un élan inouï de courage et de dévouement qui va pousser les gardes mobiles, les gardes républicains, les chefs et les soldats les plus fortement attachés à la révolution, à défendre contre l'égarement des instincts populaires le principe même de la démocratie, c'est-à-dire la souveraineté du peuple, librement et légalement exprimée au sein de l'Assemblée constituante.

Ce fut là, à vrai dire, la véritable force, la force morale, qui fit le succès de la répression (1). Les républicains les plus convaincus, des hommes qui, pendant toute leur vie, avaient combattu pour le progrès des idées démocratiques, les Guinard, les Bixio, les Dornès, les Clément Thomas, les Edmond Adam, les Charras, les Charbonnel, les Arago, persuadés, cette fois, que le peuple, en s'insurgeant contre la représentation nationale, engloutirait, avec la loi et le droit, la République et peut-être l'État dans son calamiteux triomphe, se portèrent, le cœur navré, mais l'âme ferme, à la rencontre de cet étrange ennemi dont l'affranchissement était, depuis plus de vingt années, le but de leurs efforts. La conscience de ces hommes de bien commanda à leur pitié et fit taire jusqu'à la voix de leurs entrailles. Ils puisèrent dans la notion du droit un courage supérieur encore à la bravoure militaire, un dévouement égal aux dévouements les plus célébrés dans les cités antiques.

Quand le colonel Guinard parut devant le général Cavaignac pour prendre ses derniers ordres, quelques mots furent échangés entre eux, qui peindront mieux que tout ce que je pourrais dire l'angoisse d'une telle situation. Ils se connaissaient depuis leur enfance ; leur intimité était parfaite. Tous deux pâles et le visage contracté, tous deux se parlant d'une voix brusque cachaient avec peine leur émotion. « Qu'allons-nous faire? dit Guinard, que nous ordonnes-tu? Qu'exiges-tu de nous? Le sais-tu bien toi-même? Nous allons tirer sur le peuple, avec qui nous avons combattu toujours ! Peux-tu me jurer, du moins, me jurer devant Dieu, par la mémoire de ton père et de ton frère, que nous allons mourir ou vaincre pour la République? » Eugène Cavaignac lui serra la main avec une douloureuse effusion. « En peux-tu douter? répond-il à son vieil ami ; s'il en devait être autrement, crois-tu que je consentirais à commander une aussi terrible guerre, à laisser sur mon nom tant de sang? »

Guinard partit rassuré. Il connaissait la loyauté de Cavaignac. A partir de ce moment, il ne conçut plus aucun doute sur la légitimité de la répression. Son sang-froid et son héroïsme entraînèrent les troupes et décidèrent le succès dans l'une des actions les plus longues et les plus meurtrières de la journée.

Il était environ cinq heures de l'après-midi quand le général Bedeau disposa tout pour l'attaque. A ce moment, on lui annonça une députation des insurgés qui demandait à parlementer. Il s'empressa de la faire introduire. Le général espérait encore qu'il serait possible de prévenir le combat; il le souhaitait ardemment. Autant sa valeur réfléchie devait le rendre intrépide une fois l'action engagée, autant sa conscience et son esprit d'humanité lui commandaient de ne rien négliger pour empêcher la guerre civile. Le général Bedeau était de ces hommes rares chez lesquels, pour parler le langage d'un grand écrivain (1), « l'état militaire s'allie avec la moralité et n'affaiblit nullement ces vertus douces qui semblent les plus opposées au métier des armes. » Profondément chrétien par le cœur et par la raison, il avait gardé toujours, sous l'obéissance hiérarchique du soldat, l'indépendance de l'homme. Il ne relevait dans son for intérieur que de lui-même ; il ne reconnaissait pas de devoirs supérieurs à ceux que lui imposait sa conscience.

---

(1) Un fait qu'on n'a pas assez remarqué et dont l'influence morale fut très-grande sur la population, c'est que les jeunes gens des écoles, qui, en 1830 et en 1848, s'étaient battus dans les rangs du peuple, se prononcèrent cette fois et avec une ardeur extrême pour la répression. La vue de leurs uniformes dans les rangs de la garde nationale produisit beaucoup d'effet sur le peuple qui ne tirait pas sur eux.

(1) M. de Maistre, *Soirées de Saint-Pétersbourg*.

COMBAT AU CLOS SAINT-LAZARE (P. 454).

En cette circonstance si grave, il considérait comme un devoir rigoureux de ne rien épargner pour prévenir l'effusion du sang. Mais l'attitude et le langage des parlementaires lui enlevèrent bientôt toute espérance. « Général, lui dit en l'abordant d'un air hautain le chef de la députation, qui portait les épaulettes de capitaine de la garde nationale et qui, depuis le matin, commandait l'insurrection dans la Cité, je viens vous sommer d'obéir au peuple et à la garde nationale de Paris. Le peuple veut la reddition de l'Hôtel-de-Ville et la dissolution de l'Assemblée ; ce qu'il veut, il l'obtiendra de gré ou de force. L'armée ne tardera pas à se joindre à lui. Déjà, vous le voyez, la garde républicaine que vous avez envoyée contre nous a passé derrière nos barricades, le peuple... — Monsieur, interrompit le général avec indignation, je ne reconnais d'autre peuple que celui qui a nommé l'Assemblée constituante. Quant à l'armée, elle est fidèle à son devoir et vous le prouvera tout à l'heure en balayant vos barricades ! »

Un murmure prolongé accueillit ces paroles. Le général n'en tint pas compte ; il essaya encore, avec une patience admirable, de faire entendre la voix de la raison à ces hommes exaltés. Mais aucun raisonnement, aucune explication, ne touchaient ni leur esprit ni leur cœur. Le général Bedeau apprit en même temps que d'autres tentatives, faites par les hommes les plus connus du peuple, avaient été repoussées.

La proclamation du maire de Paris aux ouvriers, bien qu'elle leur promit que la constitution garantirait le *droit au travail* (1),

(1) Dans le premier projet de constitution, publié le

ne produisait aucun effet. MM. Bixio, Recurt, Edmond Adam, qui avaient parcouru, depuis le matin, à peu près toute la rive gauche, revenaient dire que désormais il y aurait folie à prolonger les pourparlers.

MM. Bixio et Recurt conseillent d'attaquer vivement les barricades de la rue Saint-Jacques, de la remonter au pas de course et de rejoindre ainsi le général Damesme, dont on entendait gronder l'artillerie sur la place du Panthéon. C'était une entreprise périlleuse. La rue Saint-Jacques, excessivement étroite, fort en pente et bordée de maisons très-hautes, était traversée de vingt en vingt pas, par des barricades que défendaient des hommes résolus et bien armés. Toutes les fenêtres étaient occupées : il ne semblait pas possible que, sous un feu croisé aussi rapproché et aussi continu, les soldats pussent s'ouvrir un passage. MM. Recurt et Bixio s'offrirent de le tenter et se mirent aussitôt en marche à la tête de cent cinquante hommes de la garde mobile.

Dans le même temps, le général Bedeau, après avoir tenu conseil avec MM. Marrast, Vernon et Guinard, divise ses troupes en deux colonnes : l'une montera vers le Panthéon par le pont Notre-Dame et la rue de la Cité ; l'autre se rendra par le pont d'Arcole sur le parvis Notre-Dame. A un signal de six coups de canon, on donnera simultanément l'assaut aux barricades.

Ce double mouvement s'exécute. Un détachement de la 9e légion et la garde républicaine, sous les ordres du commandant Vernon, s'avancent par le pont Notre-Dame. M. Edmond Adam, sans armes, ceint de son écharpe, marche à côté du commandant, afin de bien montrer à la troupe et aux insurgés que l'autorité civile est d'accord avec l'autorité militaire et d'appuyer ainsi d'une plus grande force morale la force matérielle assez faible dont on dispose. Au même moment, le général Bedeau et le colonel Guinard arrivent au parvis Notre-Dame ; ils y établissent une batterie et font braquer des canons dans l'Hôtel-Dieu. Le signal est donné. La garde républicaine attaque la première barricade du Petit-Pont du côté de la rue de la Cité et s'en rend maîtresse sans trop de peine ; mais, à la barricade qui, de l'autre côté du pont, fait face à la rue Saint-Jacques, elle rencontre une résistance opiniâtre. Les assaillants sont entièrement à découvert, exposés à des décharges continuelles, à bout portant, tandis qu'ils tirent presque au hasard sur des hommes masqués par d'énormes blocs de pierre. A chaque décharge, les rangs de la garde républicaine s'éclaircissent visiblement. Un moment, les insurgés ayant repris la première barricade, les soldats se trouvent entre deux feux. Pendant dix minutes le sang coule à flots. Cependant, soldats et officiers restent impassibles ; mais de part et d'autre, on essuie de telles pertes, on est si las de tuer qu'il se fait une espèce de trêve. Elle est de peu de durée. Le combat recommence avec plus de fureur. On fait pointer le canon sur la première barricade (1). Après une lutte de deux heures, elle est enfin ébranlée. La garde mobile s'élance, la baïonnette en avant, les insurgés fuient et cherchent un abri dans les maisons.

Les principaux combattants de la barricade se réfugient dans un magasin de nouveautés, à l'enseigne des *Deux-Pierrots*. Le commandant de la barricade, l'intrépide Belval, propose de s'y défendre jusqu'à la dernière extrémité, en se barricadant d'étage en étage ; mais on n'a plus de munitions, et, d'ailleurs, ses hommes sont frappés d'épouvante. Ces cruels enfants des faubourgs leur inspirent une terreur inouïe. Ils fuient de tous côtés, se dérobent, se cachent sous les comptoirs, se blottissent derrière les ballots de marchandises, dans les angles les plus obscurs des

---

20 juin, un article spécial garantissait, en effet, le droit au travail ;

(1) Cette barricade était défendue par des officiers de la 12e légion, anciens républicains, qui avaient été les compagnons de captivité de M. Guinard.

combles et des caves. Rien ne les protége contre la mort ; la baïonnette fouille partout. Ceux qui tentent d'échapper par les toits sont ajustés par les gardes mobiles restés sur la place, qui rient à voir rouler, tomber et se fracasser sur le pavé, ces figures humaines. De tous les combattants réfugiés là, un seul échappe miraculeusement. On emporte des charretées de cadavres (1).

Cependant, le général Bedeau, qui a dégagé le pont Saint-Michel et une partie de la rue de la Harpe, entre dans la rue Saint-Jacques. Le colonel Guinard et le chef d'escadron Blaise, après avoir essuyé des pertes considérables, ont emporté, à coups de canon, la première barricade qui en ferme l'entrée. Le lieutenant-colonel Vernon et M. Edmond Adam sont un peu plus haut ; MM. Recurt et Bixio sont plus avancés encore. On se bat là avec acharnement. Guinard reçoit deux balles dans son shako ; Blaise est blessé. Pendant deux heures environ on s'obstine sous le feu continu des barricades et des fenêtres ; mais les munitions vont manquer ; les barricades se multiplient à mesure qu'on avance (2). Plus de la moitié des soldats sont mis hors de combat. Trois fois, à la seule barricade du Petit-Pont, la troupe, saisie de panique, a refusé de marcher. La nuit tombe ; il n'est plus possible de songer à gagner la place du Panthéon ; le général Bedeau donne l'ordre de se replier sur l'Hôtel-de-Ville. On l'y ramène sur un brancard ; un coup de feu, parti de la rue des Noyers, vient de l'atteindre à la cuisse. A quelques pas de là, M. Bixio, qui marche en avant, sans armes, a reçu une balle en pleine poitrine. Le commandant Vernon est blessé au genou ; le chef de bataillon Masson a été frappé mortellement à la barricade du petit pont Saint-Michel, dès les premiers engagements de la journée. Tant de morts et de blessés, des pertes si disproportionnées avec les minces avantages qu'on a remportés, jettent une grande tristesse dans l'âme du général Bedeau. Le récit qu'il fait de la journée au général Cavaignac en est tout empreint. Sans songer à sa blessure, si grave pourtant que l'on craint pour ses jours, il ne s'occupe que de faire bien connaître au général en chef la situation des troupes qui lui ont été confiées. Mais il s'épuise en parlant ; Cavaignac le quitte pour lui laisser un peu de repos, après qu'ils sont convenus que le général Duvivier viendra prendre le commandement de l'Hôtel-de-Ville, et que le lendemain, à six heures, on recommencera l'attaque. Puis Cavaignac remonte à cheval et va rejoindre sur la place de la Sorbonne le général Damesme.

Il le trouve assis au bivac, tranquille sur l'issue définitive du combat. La journée a été chaude pourtant ; faute des renforts qu'il a inutilement envoyé demander à cinq ou six reprises, il n'a pu prendre l'offensive. La lutte s'est concentrée autour du Panthéon. On a perdu beaucoup de monde à l'attaque des barricades de la rue des Grès, de la rue des Mathurins, du carrefour Buci, de la place Cambrai. Le 10e et le 23e bataillon de la garde mobile, toujours les premiers au feu, ont essuyé des pertes considérables. Le 23e a pris, à lui seul, onze barricades ; mais une compagnie a été désarmée rue Mouffetard. La garde nationale est presque tout entière avec les insurgés ; les munitions manquent. Le petit nombre des gardes nationaux qui ont répondu à l'appel, en voyant combien l'affaire est sérieuse, abandonnent leur poste et disparaissent. Le général se dispose à attaquer le lendemain le Panthéon, où les insurgés se sont retranchés ; il répond, s'il reçoit du renfort, qu'il se rendra maître de tout le quartier Saint-Jacques.

Cependant l'Assemblée nationale s'était réunie à l'heure ordinaire. Elle est gardée par des forces imposantes. Toutes les issues de la place de la Concorde sont occupées par

---

(1) En face de la rue des Mathurins, les gardes mobiles, ayant formé avec des tréteaux une espèce de tribunal, simulèrent un conseil de guerre et rendirent des sentences de mort qui furent exécutées sur l'heure.

(2) On comptait dans la rue Saint-Jacques, environ trente huit barricades.

des détachements de la garde mobile. L'entrée du pont est défendue par deux pièces de canon; d'autres sont braquées sur le quai d'Orsay et stationnent tout attelées devant le péristyle. Les abords de la place de Bourgogne sont protégés par de l'artillerie, par les dragons du 2e régiment, que commande M. de Goyon, et par plusieurs compagnies d'infanterie de la ligne. Les sentinelles sont retirées à l'intérieur; les consignes les plus sévères sont données; la circulation est interrompue; on ne passe plus qu'avec des permis signés des autorités, ou sous l'escorte de quelque garde national. On craint une surprise à l'Assemblée. Déjà les insurgés ont essayé quelques barricades pour couper les communications entre le Palais-Bourbon et l'École militaire. On a vu passer une colonne de trois ou quatre cents hommes en blouse qui ont parcouru une grande partie du faubourg Saint-Germain, en criant : « A bas l'Assemblée! » Enfin le bruit général est que l'insurrection gagne du terrain et va se porter en masse sur le Palais-Bourbon.

A une heure, les représentants entrent en séance. L'agitation est extrême dans la salle et au dehors. Ceux des représentants qui appartiennent à l'armée ou à la garde nationale paraissent en uniforme. Cet aspect inusité produit une sensation très-triste. Des généraux, des aides de camp, des officiers d'ordonnance vont et viennent dans les couloirs. On voit passer le général Cavaignac qui s'installe sur le péristyle, d'où il observe les mouvements de la place de la Concorde. La physionomie du président Senard exprime la plus vive angoisse.

Le général Lebreton propose à l'Assemblée d'envoyer quelques-uns de ses membres pour haranguer le peuple. « Ils parcourraient la ville à la tête des colonnes de troupe, dit-il; ils prêteraient ainsi à l'armée une grande force morale. La vue des insignes de la représentation nationale produirait, sans aucun doute, sur le peuple de Paris, une impression salutaire. Les représentants pourraient, d'ailleurs, adresser au président des informations précises sur l'état des choses que l'on ne connaît jusqu'ici que par une foule de rapports vagues, exagérés ou contradictoires. » Plusieurs représentants émettent l'avis que l'Assemblée en masse se porte hardiment à la rencontre de l'insurrection. Mais ces propositions ne sont pas agréées; on en discute les avantages et les inconvénients au milieu du tumulte; le président, pour y mettre fin, annonce que l'on va passer à l'ordre du jour, c'est-à-dire à la suite de la discussion sur le rachat des chemins de fer.

Alors, plusieurs représentants lisent à la tribune des projets de rachat. M. Wolowski développe un projet de décret pour l'organisation du crédit territorial, que personne n'écoute. Les représentants entrent et sortent, s'interrogent, se communiquent des nouvelles, des conjectures; les tribunes publiques sont très-agitées. On y parle beaucoup du renversement de la commission exécutive, de la concentration des pouvoirs civils et militaires entre les mains du général Cavaignac. L'émotion est telle que la séance reste suspendue. Enfin M. Senard, qui, à plusieurs reprises, a quitté le fauteuil, monte à la tribune et communique à l'Assemblée des notes que lui envoie le préfet de police. Ces notes sont brèves et concises. Tout en annonçant qu'elles sont très-rassurantes, le président les lit d'une voix très-altérée dont l'émotion se communique.

M. Flocon lui succède à la tribune. Il vient, avec une véhémence extrême, dénoncer à l'Assemblée le caractère de l'insurrection. Selon lui, les agitateurs ne veulent que l'anarchie; si l'on parvient à saisir les fils de la conjuration on y trouvera plus que la main des ouvriers en désordre, plus que la main d'un prétendant; on y trouvera l'or et la main de l'étranger (1).

---

(1) Il ne sera pas sans intérêt, pour apprécier l'état des partis populaires dans Paris, de consulter une liste des principales arrestations politiques opérées du 15 au 22 juin.

Quelques protestations ayant accueilli ces paroles : « C'est aux républicains que je m'adresse, » reprend M. Flocon, en se tournant vers la gauche. « A tout le monde, alors, » s'écrie-t-on sur les bancs de la droite. « C'est aux républicains que je parle, » répète M. Flocon. « Il n'y a que des républicains ici, » s'écrient les mêmes voix. « Eh bien ! reprend encore M. Flocon, je parle non-seulement pour l'Assemblée, où il n'y a que des républicains, mais je le déclare bien haut, afin que du dehors on m'entende, tous ces efforts, tout ce désordre, n'ont qu'un but : c'est le renversement de la République et le rétablissement du despotisme. »

Une vive sensation est produite par ces paroles et par l'accent avec lequel elles sont prononcées ; chacun cherche à en pénétrer le sens caché. Mais tout à coup les regards se portent vers la tribune ; M. de Falloux vient d'y monter ; il attend que le silence soit rétabli. Sa physionomie est plus composée encore que d'habitude ; il tient un papier à la main ; c'est le rapport de la commission des ateliers nationaux. Un représentant, M. Raynal, se lève de son banc avec vivacité ; il s'oppose à une lecture inopportune, dit-il, et dangereuse dans un pareil moment. « Lisez ! lisez! » crie la droite à M. de Falloux.

Alors, M. de Falloux, sans émotion, sans trouble, et comme si l'on était en pleine paix dans Paris, en pleine sécurité dans l'Assemblée, commence la lecture du rapport. Il déclare que la seule voie de salut, dans la crise industrielle, commerciale et agricole qui inquiète le pays, c'est la dissolution, immédiatement opérée par le pouvoir exécutif, des ateliers nationaux. Et, de peur qu'on ne le comprenne pas suffisamment, il insiste, il répète sa pensée en en changeant l'expression. Il demande la dispersion radicale de ce foyer actif d'agitation stérile ; puis il propose un décret qui, sous trois jours, dissout les ateliers nationaux.

A peine M. de Falloux a-t-il achevé la lecture de ce rapport, que M. Corbon le remplace à la tribune et annonce à l'Assemblée, au nom du comité des travailleurs, un projet de décret sur la même question. C'est une sorte de protestation contre le rapport de M. de Falloux. M. Corbon dit que les ateliers doivent être modifiés, mais qu'il ne faut pas procéder à leur dissolution sans donner aux travailleurs les garanties *qu'ils exigent*. De violents murmures l'interrompent. « Qu'ils demandent, » dit-il en se reprenant. Puis, malgré la défaveur avec laquelle M. Corbon se voit écouté, il continue et donne lecture d'un projet de décret ainsi conçu :

« Art. 1er. Les associations de travail entre ouvriers sont protégées et encouragées par la République. Les conditions de chaque association sont librement débattues et arrêtées entre les intéressés.

« Art. 2. L'État n'intervient que par les encouragements qu'il fournit. Les encouragements de l'État sont indépendants des institutions de crédit destinées à favoriser le travail agricole et industriel. »

Le rapport de M. Corbon, dont toutes les expressions sont ménagées, son projet de décret qui, pour n'être pas la consécration du droit au travail, reconnaît cependant la légitimité et l'utilité des associations, aurait peut-être, s'il eût été adopté par acclamation, fait tomber les armes des mains de cette partie honnête et loyale de l'insurrection à laquelle les menées des factieux n'avaient point eu de part, et qui s'était soulevée uniquement dans la pensée que l'Assemblée nationale voulait, comme le pouvoir exécutif, se débarrasser des prolétaires. L'association était, en ce moment, l'idée fixe des ouvriers de Paris. Ils voyaient sous cette forme tous les progrès qu'ils avaient attendus de la proclamation de la République. On leur avait persuadé que la bourgeoisie et le gouvernement, influencés par les royalistes, s'opposaient à l'association, dans la crainte que le prolétariat y trouvât la force de s'arracher à la tyrannie des patrons, ou, comme on parlait alors, que le travail s'affranchît du capital.

M. Corbon, ouvrier lui-même, connaissait bien cette disposition du prolétariat; son projet était conçu dans un esprit d'humanité et de véritable politique, que l'Assemblée, troublée par la peur du socialisme, travaillée et trompée par des hommes de parti, ne voulut ou ne sut pas comprendre; elle ne donna aucune marque d'assentiment au rapport et prononça la question préalable.

Quelques instants après, M. Garnier-Pagès vint excuser la commission exécutive de ne s'être pas rendue plus tôt au sein de l'Assemblée. « Elle a été tout occupée, dit-il, à prendre des mesures de vigueur; elle en va prendre de plus vigoureuses encore. » Il déclare qu'il *faut en finir*. L'Assemblée répond par le cri de : « Vive la République ! »

M. de Lamartine paraît à son tour. Il conjure l'Assemblée de ne pas aller aux barricades comme on l'a annoncé. « C'est aux membres du pouvoir exécutif à s'y rendre; c'est à eux, dit-il, d'aller où la gloire les appelle. » Puis il monte à cheval pour se joindre à la colonne du général Cavaignac, dont j'ai dit plus haut la marche. Le président suspend la séance jusqu'à huit heures du soir.

Quand l'Assemblée se réunit de nouveau, l'aspect de Paris est lugubre; les maisons sont hermétiquement fermées, les rues désertes; un silence sinistre plane sur la ville. De loin en loin, quelques décharges, quelques coups de feux isolés, annoncent que la nuit n'apporte pas la fin, mais la suspension momentanée des hostilités, nécessitée par les ténèbres. On entend à distance, sur la rive droite, battre la générale. Le tocsin sonne dans les faubourgs. Les représentants voudraient paraître calmes, mais l'anxiété la plus vive se lit sur les visages. Chacun apporte des nouvelles de son quartier. Tous sont persuadés que l'insurrection se propage; on lui suppose un plan savamment combiné; on dit que les barricades sont construites selon toutes les règles de l'art des fortifications; les soldats, dit-on, sont peu animés. On doute beaucoup de l'efficacité des mesures prises par le gouvernement; la garde nationale, qui a perdu beaucoup de monde, se défie à l'excès de la commission exécutive; tout le monde est d'accord sur un point : c'est que, soit trahison, soit négligence, la troupe est partout insuffisante.

Cependant, M. Considérant est monté à la tribune. Il apporte une proclamation aux ouvriers qu'il a rédigée de concert avec M. Louis Blanc, et qu'ont signée M. Jules Simon et une soixantaine de représentants. « Cette proclamation a pour but, dit-il, de rassurer les ouvriers sur leur sort, de leur faire comprendre que leurs souffrances ont été engendrées par la fatalité des choses et non par la faute des classes ou des hommes ; elle leur annonce que l'Assemblée nationale veut consacrer, par tous les moyens possibles et pratiques, le droit qu'a tout homme en venant au monde de vivre en travaillant; qu'elle veut développer, par des subventions et des encouragements de toutes sortes, ce grand principe de l'association, destiné à unir librement tous les intérêts, tous les droits. » M. Considérant demande à l'Assemblée de nommer une commission, afin d'entendre la lecture de sa proclamation. M. Baze s'y oppose. « Il ne faut pas, dit-il, que l'Assemblée tienne un langage opposé aux actes du gouvernement; il faut laisser faire le général Cavaignac. » La proposition de M. Considérant est écartée. Quelques instants après, M. Caussidière la reproduit sous une autre forme. Il supplie l'Assemblée d'envoyer un certain nombre de représentants, accompagnés d'un membre de la commission exécutive, dans les faubourgs, ce soir même, à l'instant, sans perdre une minute, et de lire aux flambeaux, devant les barricades, une proclamation conciliante. C'est à peine si on écoute. « On ne raisonne pas avec les factieux, s'écrie M. Bérard, on les bat ! » M. Caussidière reprend avec chaleur, affirme qu'en accédant à ce qu'il propose, l'Assemblée ramènera l'ordre et fera cesser l'effusion du sang. Comme il sait qu'on le suspecte, il offre de se mettre à la tête de la députation, de se livrer en otage. « Mais, de grâce, dit-il, ne perdez pas de temps, empêchez Paris de s'entr'égorger demain ; n'attendez pas d'autres nouvelles. *Les clubs du désespoir sont en permanence!* — Vous parlez comme un factieux : à l'ordre! » s'écrie-t-on.

M. Duclerc, au nom du gouvernement, prie l'Assemblée de ne pas se faire « *pouvoir des rues.* » Une catastrophe peut arriver, dit-il, alors où serait le gouvernement?

L'Assemblée, après avoir rejeté la proclamation de M. Considérant et la proposition de M. Caussidière, adopte une proclamation à la garde nationale que propose M. Senard. Cette proclamation, en parlant *de l'incendie qui déjà désole la cité, des formules du communisme et des excitations au pillage, qui se produisent sur les barricades*, déclare que le crime des insurgés est à découvert, et que l'Assemblée ne reculera devant aucun effort pour faire son devoir, comme la garde nationale fait le sien.

C'était renoncer à tout espoir de conciliation. C'était donner à l'insurrection un caractère tellement odieux, qu'elle ne pouvait plus prendre conseil que du désespoir. Cependant l'Assemblée, en adoptant cette proclamation, n'est pas aussi résolue à la guerre à outrance qu'elle peut le paraître; elle hésite, elle ne sait ce qu'elle doit vouloir. Ceux qui parlent de clémence lui semblent des traîtres; ceux qui conseillent des mesures extra-légales étonnent sa conscience. M. Degousée, qui demande l'arrestation de tous les rédacteurs de journaux socialistes, n'est pas écouté. La séance reste un moment suspendue.

A dix heures, un vif mouvement de curiosité se manifeste; le général Cavaignac monte à la tribune; on l'écoute dans un silence profond. Le général en chef paraît extrêmement triste. Il regrette, dit-il d'une voix brève et saccadée, de n'avoir pas de renseignements complets à donner à l'Assemblée; il n'y a pas de rapports des généraux. La résistance a été malheureusement bien énergique. Les barricades sont encore debout; mais les régiments des environs de Paris sont en route. Il ne doute pas que la garde nationale des départements n'arrive promptement. Il annonce que pendant la nuit les troupes resteront massées autour de l'Assemblée.

On se sépare sur ces paroles peu rassurantes du général en chef. La consternation est dans tous les esprits. Le président, le bureau de l'Assemblée et un certain nombre de représentants, passent le reste de la nuit au Palais-Bourbon.

Le lendemain 24, à huit heures du matin, la séance est reprise. On entend gronder le canon et la fusillade. Les bruits les plus contradictoires circulent. Selon les uns, l'insurrection est refoulée et concentrée sur un point; selon d'autres, elle avance et menace à la fois l'Hôtel-de-Ville et l'Assemblée. M. Senard vient mettre fin à ces doutes. D'un ton grave, il lit un rapport d'après lequel les insurgés étendraient leurs moyens d'action : « Il est impossible, dit M. Senard, d'opérer une solution prompte, à moins d'une lutte énergique. Il faut que l'Assemblée réponde à l'admirable dévouement de l'armée et de la garde nationale. » Alors il propose un décret par lequel l'Assemblée adopte, au nom de la République, les veuves et les enfants des citoyens morts pour la patrie. Il donne des nouvelles des représentants Bixio et Dornès, des généraux Bedeau et Clément Thomas. L'affliction et l'anxiété sont sur tous les visages ; la séance est encore une fois suspendue.

Pendant cette suspension, une décision de la plus grande gravité est prise.

On se rappelle que, depuis quelque temps, le parti des républicains modérés voulait remplacer la commission exécutive par un chef unique du pouvoir exécutif.

Le 22 juin, trente ou quarante membres de la réunion du Palais-National, voyant l'imminence de l'insurrection, avaient délibéré sur le choix qu'il conviendrait de faire en des circonstances si difficiles. Les noms de MM. Dupont (de l'Eure), Arago, Lamartine et même celui de M. Ledru-Rollin, ayant été successivement proposés et écartés, on se prononça pour le général Cavaignac et l'on décida que trois membres de la réunion, MM. Landrin, Ducoux, Latrade, se rendraient auprès de lui, afin de sonder ses dispositions et de s'assurer qu'il accepterait le pouvoir, dans le cas où l'Assemblée renverserait la commission exécutive.

Dans le même temps, la réunion de la rue de Poitiers, composée exclusivement, à l'origine, de nouveaux parlementaires qui affectaient de n'appartenir à aucun autre parti qu'à celui qu'ils appelaient le parti de l'ordre, mais qui, en admettant tout récemment MM. Thiers et Berryer, avait pris un caractère politique beaucoup plus prononcé, délibérait également sur le renvoi de la commission exécutive et entrait, par l'entremise de M. d'Adelsward, en relations avec le général Cavaignac.

La réponse du ministre de la guerre aux membres de ces deux réunions fut la même. Le général était convaincu, disait-il, des inconvénients nombreux que présentait le partage du pouvoir dans les circonstances actuelles ; il était à la disposition de l'Assemblée, si elle avait confiance en lui ; mais il entendait agir loyalement envers la commission exécutive, dont il était en ce moment le subordonné et ne voulait entrer en arrangement que sous la condition expresse qu'elle en serait prévenue.

Cependant l'opinion publique était si favorable à la formation d'un nouveau pouvoir, que, le 23, dès qu'on vit éclater l'insurrection, le bruit se répandit que le général Cavaignac était nommé chef du pouvoir exécutif. Ce bruit était prématuré. Nous avons vu que la commission, pressée de se retirer, avait répondu qu'elle ne pouvait consentir à se déshonorer en abandonnant son poste à l'heure du péril ; mais, le 24, de grand matin, tout changea de face. L'insurrection prenait manifestement l'offensive ; elle cernait l'Hôtel-de-Ville. Le général Duvivier, qui remplaçait le général Bedeau, déclarait que, sans des renforts considérables, il ne pouvait plus tenir ; enfin, ce qui fut décisif, M. Recurt faisait savoir que la garde nationale, qui n'avait pas de confiance dans la commission exécutive, ne marcherait pas si l'on ne déclarait Paris en état de siège et si l'on ne concentrait tous les pouvoirs entre les mains du général Cavaignac.

Forts de cette déclaration, quelques représentants se rendent, à huit heures du matin, au conseil de la commission exécutive ; ils lui annoncent ce qui se passe ; ils ajoutent que la réunion du Palais-National et celle de la rue de Poitiers sont d'accord pour porter au pouvoir le général Cavaignac ; ils demandent, enfin, positivement à la commission de donner sa démission. MM. de Lamartine, Garnier-Pagès, Barthélemy Saint-Hilaire et Pagnerre s'y refusent encore formellement. Ils disent que leur honneur est engagé, qu'il faut avant tout en finir avec l'insurrection dans la rue ; puis qu'on verra ensuite à prendre des mesures politiques dans le conseil. Les partisans du général Cavaignac, voyant qu'il n'y a rien à obtenir de ce côté, décident d'agir directement par l'Assemblée.

Pendant ce temps, M. Senard et le général Cavaignac conféraient ensemble sur les conditions du pouvoir. Le général parlait en soldat. « Il ne connaissait pas la France, disait-il ; il ne connaissait pas l'opinion publique ; c'était aux hommes politiques à résoudre ce qui convenait au pays. Quant à lui, il était prêt à faire ce que l'on déciderait, à une condition toutefois, c'est qu'il resterait seul chargé du pouvoir exécutif et qu'il choisirait ses ministres là où il jugerait bon de les prendre. »

La réunion de la rue de Poitiers faisait quelques difficultés d'accepter cette dernière condition. M. Thiers n'ignorait pas que le général Cavaignac l'excluait positivement, lui et ses amis, de toute participation aux affaires ; mais le danger pressait. C'était beaucoup, d'ailleurs, de renverser, par les mains des républicains, la commission exécutive, qui était

ATTAQUE DU PANTHÉON. (P. 456.)

un dernier reste du gouvernement provisoire et de la révolution. M. Thiers croyait peu aux talents politiques du général Cavaignac; l'antipathie que le général lui témoignait le faisait sourire; et, par une sorte de générosité dédaigneuse que lui inspirait la certitude d'être bientôt, à la tête du parti dynastique, maître des affaires, il joignait ses efforts à ceux de MM. Senard et Marrast pour porter au pouvoir le général républicain.

Quant à la déclaration de l'état de siège, on sonda les bureaux avant d'en porter la proposition à l'Assemblée. Là, on rencontra une opposition sérieuse; l'état de siège répugnait profondément aux républicains de l'école libérale; un pouvoir tout militaire leur paraissait une énormité.

L'un des représentants qui parla le plus fortement dans ce sens, ce fut M. Grévy, représentant du département du Jura. C'était un esprit ferme et tempéré, à qui l'amour du bien et l'habitude des choses honnêtes traçaient toujours, sans qu'il eût besoin d'efforts, la ligne la plus droite. Sa parole était grave, lucide; il possédait cette logique invincible de la sincérité qui gagne tous les bons esprits. L'un des nouveaux venus dans l'Assemblée, il s'y était promptement acquis, sans intrigue et même sans ambition, une considération particulière. Républicain par réflexion plutôt que par entraînement, il ne concevait le progrès que par la liberté. Se tenant à cette notion très-simple, mais bien rare dans les querelles de parti, il parut constamment, au sein de l'Assemblée, comme une expression modeste de sa meilleure conscience, comme un exemple parfait de l'esprit parlementaire appliqué dans toute sa sincérité à l'affermissement et à l'extension des institutions démocratiques.

La répulsion de M. Grévy pour l'état de siége fut très-combattue par les membres actifs des partis dynastiques et surtout par ceux du parti clérical qui s'efforçait de démontrer que l'état de siége ne serait pas ce qu'on pensait. « On voulait simplement, disaient-ils, une plus grande concentration des pouvoirs pendant le combat, afin de rendre la résistance militaire plus énergique ; mais l'état de siége ne pourrait jamais signifier, pour une assemblée républicaine, ni l'arbitraire des jugements, ni la suppression de la liberté. » Cette opinion s'appuyait sur un grand fait contemporain. Lorsqu'en 1832 les ministres de Louis-Philippe, sans consulter les Chambres, eurent mis Paris en état de siége, un insurgé fut condamné à mort par le conseil de guerre. L'opinion se souleva ; M. Odilon Barrot plaida pour le condamné devant la cour de cassation. Il attaqua, non le droit du gouvernement de déclarer en certains cas l'état de siége, mais l'illégalité des commissions militaires. Il soutint que l'état de siége impliquait non pas les tribunaux d'exception, mais uniquement la prépondérance momentanée de l'autorité militaire sur l'autorité civile. M. Odilon Barrot fut éloquent et vrai ; il gagna sa cause devant la Cour et devant l'opinion publique.

Les républicains qui, en 1832, sous la monarchie, s'étaient fortement prononcés contre l'état de siége, ne pouvaient, sans la plus triste inconséquence, l'adopter sous la République. Aussi le projet de décret, lu par M. Pascal Duprat, le 24, à la reprise de la séance, fut-il d'abord mal accueilli. Plusieurs représentants protestèrent au nom des souvenirs de 1832. On hésitait beaucoup encore à prendre une mesure de cette gravité, qui paraissait, à bien des consciences, une violation manifeste du principe républicain. D'ailleurs, M. Pascal Duprat n'avait pas d'autorité dans la Chambre, et vraisemblablement sa proposition aurait été rejetée, si M. Bastide n'était monté à la tribune pour l'appuyer dans les termes les plus pressants. M. Bastide était très-ému ; il exhorta les représentants à ne pas perdre un temps précieux ; il les supplia de prendre une décision immédiate. « Citoyens, s'écria-t-il, au nom de la patrie, hâtons-nous ! Je vous conjure de mettre un terme à vos délibérations et de voter le plus tôt possible ; dans une heure peut-être l'Hôtel-de-Ville sera pris ! J'en reçois à l'instant des nouvelles. » Cet accent suppliant d'un homme qu'on connaissait incapable d'intrigue, la parole tremblante de ce cœur plein de fermeté, l'émotion de cette âme si calme, produisirent sur l'Assemblée une impression qui entraîna tout. L'état de siége fut voté par assis et levé.

Soixante représentants seulement, parmi lesquels MM. Odilon Barrot, Grévy et Considérant votèrent contre (1).

Une heure après, la commission exécutive envoyait à l'Assemblée sa démission rédigée par M. de Lamartine et conçue en ces termes : « La commission du pouvoir exécutif aurait manqué à la fois à son devoir et à son honneur en se retirant devant une sédition et devant un péril public. Elle se retire seulement devant un vote de l'Assemblée. En lui remettant les pouvoirs dont vous l'avez investie, elle rentre dans les rangs de l'Assemblée nationale pour se dévouer avec vous au danger commun et au salut de la République. »

Ainsi tomba, à la suite de quelques intrigues de parti, mais surtout devant le désir, le besoin général d'un pouvoir fort, la commission exécutive nommée le 10 mai par l'Assemblée.

Elle ne se retira pas glorieusement, comme l'avait fait le gouvernement provisoire ; l'Assemblée ne songea pas à décréter qu'elle avait *bien mérité de la patrie* ; mais elle put emporter du moins, malgré les calomnies auxquelles elle se vit en butte, la conscience d'avoir suivi l'exemple qui lui avait été légué,

---

(1) « Donnez-nous la chose, mais pas le mot, disait à un représentant M. Odilon Barrot ; j'ai voté contre en 1832, je ne saurais ainsi me contredire. »

de modération dans l'exercice du pouvoir et de respect pour les libertés publiques.

Accusée avec violence par deux partis passionnés, incapables en ce moment de toute justice, la commission exécutive, si elle manqua d'unité, d'initiative et d'un grand sens politique, ne fut coupable de presque aucune des fautes qui lui furent si amèrement reprochées. Des hommes tels que MM. de Lamartine, Arago, Garnier-Pagès, ne furent pas des despotes; eussent-ils voulu l'être, ils ne l'auraient pas pu, en présence d'une Assemblée dont ils dépendaient de la manière la plus complète. Ils ne furent pas davantage des sybarites, gorgés d'or et repus de festins; tout au plus, quelques-uns d'entre eux commirent-ils de légères fautes de goût, en souffrant qu'on ornât le palais du Luxembourg de meubles qui avaient décoré les appartements des princes; moins encore étaient-ce des démagogues, comme le disait la presse dynastique, ou des hommes inhumains, ennemis du peuple, comme on l'imprimait dans les feuilles révolutionnaires.

C'étaient, comme j'ai tâché de le faire voir, des hommes lassés, craintifs, non devant le danger, mais devant leur propre conscience; peu d'accord entre eux, ne sachant ni ce qu'ils devaient vouloir, ni ce qu'ils pouvaient oser, ni surtout ce que, dans un temps où tout était ébranlé, confus, contradictoire, les passions et les intérêts de la France commandaient davantage, ou bien l'application hardie des idées nouvelles, ou bien l'affermissement des institutions anciennes.

Le pouvoir, que nous allons voir passer en d'autres mains et prendre successivement des formes diverses, nous montrera, par son impossibilité à rien fonder, qu'en faisant peser, comme on l'a fait, sur le gouvernement provisoire d'abord, puis sur la commission exécutive et sur l'Assemblée constituante, la responsabilité entière et pour ainsi dire personnelle d'un état social sur lequel ils avaient si peu de prise, on a méconnu l'essence même et le caractère d'une révolution la plus vaste, la plus compliquée surtout et la plus inconnue à elle-même, qui ait jamais agité le monde.

CHAPITRE XXXIII

Proclamation du général Cavaignac à l'armée. — Opérations militaires pendant la journée du 24. — Le général Duvivier à l'Hôtel-de-Ville. — Le général Damesme au Panthéon. — Séance du 25. — L'Assemblée vote trois millions pour les ouvriers nécessiteux. — Le général Lamoricière. — Mort du général Bréa. — Combats autour de l'Hôtel-de-Ville. — Mort du général Négrier. — Mort de l'archevêque de Paris. — Quatrième journée. — Bombardement et reddition du faubourg Saint-Antoine. — L'Assemblée nationale décrète que le général Cavaignac a bien mérité de la patrie.

Le général Cavaignac, investi du pouvoir exécutif, n'eut qu'à compléter les mesures qu'il avait prises déjà comme ministre de la guerre. Il laissa son quartier général à l'Assemblée, sa réserve sur la place de la Concorde: il fit adresser l'ordre, par dépêches télégraphiques, aux chefs de corps de la subdivision de la Seine-Inférieure, à ceux de la deuxième et de la troisième division, de diriger sur Paris toute l'infanterie disponible. Il envoya dans les départements des officiers d'état-major chargés de presser l'envoi des troupes et de faire marcher sur Paris l'armée des Alpes. Enfin, il fit publier trois proclamations: l'une qui s'adressait au nom de l'Assemblée nationale, aux ouvriers; l'autre, en son propre nom, à la garde nationale; la troisième à l'armée.

Cette dernière proclamation, admirable par la grandeur des sentiments d'humanité qui l'inspirent, unique dans les fastes militaires par la dignité, par le respect de soi qu'elle suppose ou qu'elle veut faire naître chez ceux à qui elle s'adresse, mérite d'être retenue et méditée. On y verra quel langage la vertu républicaine sait parler, même dans la bouche d'un soldat. On comprendra comment, par cela seul que ce soldat est républicain et voit dans les soldats qu'il commande au nom de la loi, non des bras serviles façonnés à tuer par la discipline, mais des citoyens dont il respecte la conscience libre, quelques paroles de circonstance, oubliées d'ordinaire aussi vite qu'elles sont prononcées, s'élèvent à la hauteur d'un témoignage historique qui a le droit d'occuper la mémoire d'une nation et d'intéresser la pensée humaine.

« Soldats, » disait le général Cavaignac, le 24 juin, à onze heures du matin, au moment même où le combat recommençait dans les conditions les plus défavorables où il pouvait sembler nécessaire de surexciter les passions de l'armée, afin de rendre plus égale la force d'impulsion qui, jusqu'alors, avait paru tout entière du côté des insurgés, « soldats! le salut de la patrie vous réclame. C'est une terrible, une cruelle guerre que celle que vous faites aujourd'hui. Rassurez-vous, vous n'êtes point agresseurs; cette fois, du moins, vous n'aurez pas été de tristes instruments de despotisme et de trahison. Courage, soldats! imitez l'exemple intelligent et dévoué de vos concitoyens; soyez fidèles aux lois de l'honneur, de l'humanité; soyez fidèles à la République. A vous, à moi, un jour ou l'autre, il nous sera donné de mourir pour elle. Que ce soit à l'instant même, si nous devions lui survivre! »

Cette proclamation fit sur l'heure un très-grand effet. Elle est de nature à en produire un plus grand encore aujourd'hui que tant d'événements, en France et en Europe, éclairent d'un jour nouveau le sentiment qui l'a dictée. D'autres généraux ont été chargés, comme le général Cavaignac, de vaincre des insurrections populaires; de grandes capitales ont été reprises par la force armée; les Radetzky, les Wrangel, les Windischgraetz, ont fait marcher contre le peuple, au nom des rois et des empereurs, des troupes régulières. En est-il un seul qui, en envoyant ses soldats à l'assaut des barricades, ait songé à les rassurer sur la légitimité de la cause qu'ils allaient défendre? Un seul qui les ait félicités de n'être pas des *instruments de despotisme*, et qui les ait exhortés à rester *fidèles aux lois de l'humanité?* Que l'on me pardonne ce rapprochement et cette réflexion en l'honneur d'un soldat citoyen dont les actes ont été sévèrement jugés et les intentions souvent méconnues; en l'honneur aussi de la patrie républicaine, qui seule commande aux hommes, qu'elle rend égaux et libres, ces sentiments plus parfaits et ces devoirs supérieurs.

Revenons à l'action qui s'engage et considérons l'ensemble de la situation, à l'heure où je reprends mon récit.

Nous avons vu que la troupe, à cause de son petit nombre, encore réduit par les pertes énormes qu'elle a faites, n'a pu garder les barricades dont elle s'est emparée. A la chute du jour, il a fallu se concentrer et laisser ainsi aux insurgés le loisir de relever leurs retranchements. Le combat, néanmoins, n'a pas cessé entièrement, même au plus fort de la nuit. On échange des feux de tirailleurs autour de l'Hôtel-de-Ville et dans le voisinage du Panthéon. Les insurgés, quoiqu'ils n'aient remporté aucun avantage sur l'armée, et qu'ils aient perdu l'espoir d'entraîner la garde mobile, se considèrent comme assurés de vaincre. La Société des droits de l'homme qui, la veille, s'est tenue à l'écart, et la partie considérable des ateliers nationaux qui n'a pas donné encore, en voyant que la lutte se prolonge, ont décidé de s'y joindre. On répand le bruit que les populations de Rouen, du Havre et de Lille sont en marche et viennent prêter main-forte à l'insurrection. La famille de l'ouvrier se presse autour de lui et l'excite à la révolte. Sur beaucoup de barricades, à la place du drapeau tricolore des ateliers nationaux, qui n'a aucun sens, on arbore le drapeau rouge, devenu, depuis le 26 février, le signe de protestation du prolétariat. En réponse aux proclamations du général Cavaignac, les ouvriers placardent sur les murailles un appel aux armes dans lequel ils disent qu'ils veulent la république démocratique et sociale. L'insurrection se déclare: elle a désormais, si ce n'est un chef, du moins un nom et un caractère. Elle prend en quelque sorte conscience d'elle-même.

Le général Cavaignac, instruit par des rapports circonstanciés de ces dispositions du peuple, en conçoit de vives appréhensions. Il n'a pas fermé l'œil de la nuit. Son organisation très-nerveuse le fait souffrir plus qu'un autre de tout ce qui est incertitude et lenteur. Les hommes auprès desquels, en communiquant librement ses pensées, il trouverait l'appui moral dont il a besoin, les généraux Lamoricière, Bedeau, Damesme sont loin de lui. Il ne voit que des officieux, des importants, des gens troublés par la peur. Il vient d'apprendre, et sa colère n'a pu se contenir, que M. Thiers, dans une délibération de trois cents représentants de la droite, réunis dans l'ancienne Chambre des députés, s'étant levé précisément à la place qu'il occupait naguère, au banc des ministres, y a tenu un long discours pour blâmer les dispositions militaires prises depuis le 23. L'historien de l'Empire a particulièrement désapprouvé l'emploi de la cavalerie dans les rues, et, après avoir démontré à son auditoire l'impossibilité stratégique de résister au peuple, il a offert à M. Senard l'avis, que celui-ci transmet au général Cavaignac, d'abandonner Paris à l'insurrection et de se retirer dans quelque ville de province. On conçoit que de pareils avis et de telles critiques achèvent d'exaspérer le général Cavaignac (1). La situation devient, d'ailleurs, de plus en plus difficile. Les troupes qu'on attend impatiemment ne paraissent pas. Les munitions s'épuisent avec une rapidité effrayante ; au bout de cette première journée, il ne reste presque plus rien d'un approvisionnement de trois cent mille cartouches (2). On est douze heures sans nouvelles du colonel Martimprey, envoyé à Vincennes pour y chercher des munitions et de l'artillerie. Parti la veille, à onze heures et demie du soir, à la tête d'un régiment d'infanterie et d'un régiment de cuirassiers, le colonel Martimprey n'est arrivé à Vincennes qu'à quatre heures et demie du matin, à cause des détours qu'il lui a fallu faire pour ne pas se laisser surprendre par les insurgés, maîtres de tout le faubourg Saint-Antoine. A onze heures et demie du matin seulement, il ramène à Paris, les canons, les boulets, les bombes, les obus dont on va faire usage pour assiéger en règle et réduire la ville insurgée.

Le 24, à dix heures, le combat recommence partout à la fois. Comme la veille, les principaux engagements ont lieu sur trois points : dans la Cité, dans le haut des faubourgs Saint-Denis et Poissonnière, aux abords du Panthéon.

Dans la Cité, les insurgés ont repris, pendant la nuit du 23 au 24, les positions enlevées par le général Bedeau. Les barricades qu'ils ont construites depuis la rue Planche-Mibray jusqu'aux rues Rambuteau, de la Tixeranderie, Cloche-Perce, etc., n'ont pu être ni ébranlées par le canon, ni emportées à la baïonnette. Deux pièces d'artillerie, mises en batterie sur la place du Châtelet et sur la place Saint-Michel, ont été forcées de reculer. Le général Duvivier, qui a fait avec tant d'éclat la guerre d'Afrique, semble déconcerté par cette guerre des rues. On le voit étudier avec inquiétude le plan de Paris ; son commandement est incertain, sa mémoire le trompe ; il fait faire des marches et des contre-marches qui fatiguent la troupe ; on abandonne, par son ordre, des positions faciles à garder. Le vieux colonel Renaut, à la tête du 48ᵉ de ligne, reste tout le jour exposé au feu sans gagner de terrain ; un moment, les insurgés ne sont plus qu'à soixante pas de l'Hôtel-de-Ville. Les soldats et la garde nationale, sentant l'absence d'une impulsion forte, se découragent ; plusieurs compagnies reculent devant le feu et se débandent. Enfin, M. Marrast croit devoir aller trouver le général Cavaignac pour lui demander de remettre le commandement en d'autres mains. Cavaignac hésite à faire un pareil outrage à l'un des plus brillants géné-

---

(1) Il est juste de dire que, le lendemain, M. Thiers changeait d'avis. Après avoir passé quelques heures auprès du général Lamoricière, il revint dire à ses collègues que désormais il n'éprouvait plus de crainte sur le résultat final de la lutte, le général Lamoricière répondant de tout.

(2) « Les cartouches fondaient comme de la neige, » dit le général Cavaignac dans son discours du 26 novembre.

raux de l'armée ; cependant, vers six heures, il envoie à l'Hôtel-de-Ville le colonel Charras à la tête d'une colonne de renfort, composée d'un bataillon de la garde nationale et de deux pièces de canon. Ce renfort, et surtout la nouvelle certaine que l'état de siége est proclamé, que tous les pouvoirs sont remis au général Cavaignac, raniment les esprits. On reprend confiance ; on marche vivement aux barricades de la rue Saint-Antoine ; on attaque avec le canon l'église Saint-Gervais. Vers huit heures, l'Hôtel-de-Ville est dégagé ; on respire ; on rentre à la nuit, plein d'espoir pour la journée du lendemain.

Dans le faubourg Poissonnière, où le général Lebreton a pris le commandement, la troupe, qui avait poussé la veille jusque près des ateliers du mécanicien Cavé, a rétrogradé pour se concentrer autour de la prison Saint-Lazare. Tout est à recommencer. Les insurgés, pendant les quelques heures de répit qu'on leur a laissées, ont achevé de se fortifier. Ils ont crénelé et percé de meurtrières le mur d'octroi. La plupart des maisons sont à eux. Ils y ont pratiqué des communications au moyen desquelles ils se portent rapidement, à l'abri du feu, d'un point à un autre. Des hauteurs du clos Saint-Lazare, ils plongent sur toutes les rues qui descendent au boulevard. Les constructions inachevées de l'hospice de la République leur servent de retranchement. Les immenses blocs de pierre de taille, épars sur le sol inégal, et les palissades en planches qui les entourent, protégent leurs tirailleurs. Ils sont barricadés dans l'octroi, dans les abattoirs, dans le prolongement de l'embarcadère du chemin de fer de Strasbourg. Il semble y avoir sur ce point tout un ensemble de dispositions stratégiques qui dénotent un commandement militaire. On dit, en effet, que les insurgés ont mis à leur tête des soldats remplaçants de l'armée d'Afrique, d'anciens sous-officiers de l'Empire, et que leurs mouvements bien combinés convergent, de ces hauteurs dont ils sont maîtres, vers le centre de Paris. Ménagers de leurs munitions, il leur est ordonné de viser principalement les officiers supérieurs de l'armée ; ils restent silencieux ; un seul mot court à voix basse dans leurs rangs : « A l'Hôtel-de-Ville ! à l'Hôtel-de-Ville ! »

Il n'est pas difficile à l'insurrection, avec de pareils avantages, de tenir tête à la troupe pendant toute cette journée et toute la journée suivante. La seule barricade du faubourg Poissonnière résiste aux assaillants, depuis deux heures l'après-midi jusqu'à six heures du soir. La garde nationale de la 2e légion y essuie le feu, pendant très-longtemps, avec le courage singulier qu'inspire à des pères de famille, à des chefs d'industrie, à des hommes riches et considérables, la persuasion qu'il s'agit pour eux, dans cette guerre sociale, de risquer le tout pour le tout, et que, s'ils se laissent désarmer, s'ils sont vaincus, c'en est fait, non-seulement de leurs richesses actuelles qu'ils verront livrées au pillage, mais encore du droit héréditaire de leurs enfants à ces richesses. Assurément ce courage, un peu égoïste, est moins héroïque que le point d'honneur du soldat qui défend le territoire ; il est moins noble que le dévouement du sectaire ou du patriote à une cause religieuse ou politique, mais il n'en surmonte pas moins l'instinct naturel et produit, dans l'occasion, des actes tout à fait extraordinaires. « La crainte de perdre, dit Machiavel, engendre les mêmes passions que le désir d'acquérir (1). »

Les officiers de l'armée s'étonnent de voir des hommes déjà sur le retour de l'âge, étrangers à la guerre, ou tout au moins déshabitués des armes, se porter sans tactique, sans discipline et sans enthousiasme, il est vrai, mais de parti pris et délibérément sur des points si exposés que les plus intrépides soldats hésitent à s'y tenir.

Le feu était terrible à la barricade Poissonnière. On ne voyait pas les insurgés qui tiraient par les meurtrières du mur d'octroi

---

(1) « La paura de perdere genera le medesime voglie che sono in quelli che desiderano acquistare. »
(Machiavelli, *Discorsi*, lib I, cap. v.)

et à l'angle des fenêtres. La garde nationale, assez peu nombreuse, n'avait pas de canon. Vers trois heures seulement, un faible renfort de deux cents gardes républicains lui arrive; une heure après, le général Lebreton, qui vient faire une reconnaissance, promet d'envoyer de l'artillerie, et l'on voit bientôt déboucher une petite colonne de six cents gardes nationaux qui amènent avec eux une pièce de huit, escortée par une vingtaine de cuirassiers. Le représentant Théveneuc et M. Perrée, rédacteur en chef du *Siècle*, sont avec eux. Le combat recommence avec plus de vivacité, et l'on échange encore, pendant près d'une heure, des décharges à bout portant, sans le moindre résultat. Enfin la garde nationale de Rouen paraît de l'autre côté de la barrière; sa jonction décide la bataille. La barricade Poissonnière et la place Lafayette sont déblayées; les insurgés reculent et se retranchent derrière les constructions du clos Saint-Lazare.

Dans le faubourg Saint-Denis, où le colonel de Luzy d'abord, puis le général Korte, ont remplacé le général Lafontaine, les choses ne prennent pas une tournure plus décisive. Le général Korte n'a sous ses ordres que des détachements du 7e et du 9e bataillon de la garde mobile, du 7e léger et de la garde nationale de Pontoise. Quatre-vingts coups de canon ont été tirés vainement contre une barricade de la rue Saint-Denis, que défendent avec beaucoup d'énergie et d'habileté les mécaniciens du chemin de fer du Nord. Le général pointe lui-même une pièce; plusieurs fois il fait donner l'assaut, toujours sans succès. Le général Bourgon, entendant cette canonnade prolongée, accourt se mettre à la disposition du général Korte; presque aussitôt, il est atteint d'une balle à la cuisse. Korte, blessé au bras, refuse, malgré des douleurs très-aiguës, de quitter son commandement. Tant de courage, tant de persévérance restent à peu près inutiles. A la fin de la journée du 24, on n'a remporté sur ce point aucun avantage décisif.

Sur un autre champ de bataille, très-étendu, entre le quartier général de Lamoricière et celui de Damesme, dans les sixième, septième, huitième et neuvième arrondissements, les insurgés ont remporté des avantages considérables, mais dont ils ne savent pas profiter. Dès le matin, ils ont attaqué la place des Vosges et pris la mairie du huitième arrondissement, où trois cent cinquante soldats de la ligne ont mis bas les armes (1). On a planté sur la mairie le drapeau rouge et l'on y a installé, comme maire, un nommé Lacollonge, rédacteur en chef du journal *l'Organisation du travail*. Les insurgés ont trouvé à la mairie quinze mille cartouches, quinze mille sabres, des munitions de toute espèce et des uniformes de gardes nationaux qu'ils se partagent. Puis ils s'avancent par la rue Saint-Antoine et menacent l'Hôtel-de-Ville, dont les communications avec le corps d'armée du général Damesme restent toujours interceptées.

La position de Damesme est très-critique. Sept à huit cents hommes de troupes de ligne, deux pièces de canon et cinq cents gardes mobiles composent tout son effectif. La 11e légion, placée sous ses ordres, suffit à peine à garder les rues reconquises sur les insurgés, et c'est avec d'aussi faibles ressources qu'il conçoit et exécute le plan le plus hardi. Il veut, en premier lieu, rétablir les communications avec la division de la rive droite. Dans ce dessein, il va faire, en sens inverse, ce que le général Bedeau a tenté la veille: reprendre par le haut la rue Saint-Jacques, pousser jusqu'en bas, de barricade en barricade; puis, ceci fait, n'importe à quel prix, il attaquera le Panthéon, où les insurgés sont retranchés au nombre de quatre ou cinq mille.

Vers dix heures, le général Damesme quitte la place de la Sorbonne où il a bivaqué la nuit; il descend la rue Saint-Jacques à la tête de sa

---

(1) Un ordre du jour du général Lamoricière, en date du 8 juillet, annonçait à l'armée, en termes très-sévères, le licenciement de ce détachement « qui avait, disait-il, lâchement rendu ses armes aux factieux. »

colonne, reprend, comme il se l'est proposé, toutes les barricades jusqu'à la rue du Plâtre et revient vers le Panthéon, devenu le quartier général des insurgés. Leur position y est extrêmement forte. Du haut de la coupole, ils dominent les avenues qu'ils ont barricadées ; sur la place même ils ont construit une barricade énorme ; ils sont maîtres de l'École de droit qui fait face à l'église ; à gauche, ils occupent les bâtiments en construction de la mairie.

Pendant que le lieutenant-colonel Thomas, à la tête de deux bataillons du 14e et du 24e léger et d'un détachement de la garde républicaine, fait des efforts extraordinaires pour dégager les rues, la garde mobile essaye de s'emparer des bâtiments en construction qui entourent la place. Après une longue lutte, où plus de cent des leurs périssent, les gardes mobiles sont forcés de renoncer à leur entreprise. Mais, dans le même temps, la troupe de ligne, plus heureuse, a pénétré, par une porte de derrière, dans l'École de droit, et commence à tirer, par les fenêtres, sur le Panthéon. Les insurgés, installés dans la mairie, ripostent. Ce qui se passe là, pendant deux heures environ, est moins un combat qu'une horrible tuerie. Cependant le général Damesme, s'apercevant que les insurgés perdent plus de monde encore que lui et apprenant que le colonel Thomas a complètement réussi à déblayer les rues avoisinantes, donne l'ordre d'attaquer l'église. Il fait disposer ses troupes des deux côtés de la rue Soufflot et mettre les canons en batterie sur le milieu de la chaussée. Luimême, pour animer les soldats et diriger les canonniers, reste pendant une heure entière entre ses deux pièces, calme, impassible, sous le feu continu des insurgés qui tirent du haut des galeries. Par deux fois, il faut renouveler le service des canonniers. Enfin, vers midi et demi, les portes massives du Panthéon commencent à s'ébranler, le feu de l'ennemi se ralentit ; Damesme donne le signal de l'assaut, en y montant le premier. La garde mobile et les gardes nationaux de la 11e légion s'élancent vers les grilles, renversent tout devant eux, enfoncent les portes, se précipitent dans l'église, s'y battent corps à corps avec les insurgés, en désarment plus de mille ; le reste fuit par une porte de derrière, à travers les jardins du collège Henri IV, et se réfugie dans une enceinte de barricades qui relie la place et la rue de la Vieille-Estrapade, la place et la rue de Fourcy, avec la rue des Fossés-Saint-Jacques.

C'est à peine si Damesme laisse un moment reposer sa troupe ; dans le temps que le colonel Thomas attaque la barricade de la rue des Fossés-Saint-Jacques, il se porte à l'attaque de celle de la rue de l'Estrapade. Le canon et la fusillade grondent pendant près de cinq heures. A l'instant où l'on va s'emparer, après des pertes énormes, de la dernière barricade, rue de Fourcy, le général reçoit une balle dans la cuisse. Un cri de douleur retentit dans les rangs lorsqu'on le voit tomber. Un enfant de la garde mobile, qui ne l'a pas quitté, s'élance d'un bond sur la barricade, va droit à l'insurgé qui vient de tirer, lui applique son pistolet sur la poitrine, l'étend roide mort à ses pieds, le regarde un moment avec l'expression froide de la vengeance satisfaite, puis il rentre dans les rangs et éclate en sanglots (1).

Cependant on emportait le général Damesme à l'hôpital du Val-de-Grâce. Un représentant du peuple, M. Valette, qui se trouvait non loin de là lorsqu'il fut frappé, s'approche respectueusement, tristement. Il sait que la blessure est mortelle. « Général, lui dit-il, c'est au nom de l'Assemblée nationale que je viens vous serrer la main. — Je vous remercie, répond Damesme en souriant avec une admirable expression de résignation, presque de joie ; n'est-ce pas, monsieur, vous

---

(1) Ce jeune homme, nommé Georges, se noya, moins d'un mois après l'insurrection, en nageant dans la Seine. Il avait été décoré, mais n'avait pas encore reçu la croix. Son bataillon, où il avait constamment donné l'exemple de la bravoure et de la discipline, voulut faire les frais de ses funérailles.

MORT DU GÉNÉRAL BRÉA (P. 464.)

ferez connaître à l'Assemblée que j'ai rempli mon devoir? »

Arrivé au Val-de-Grâce, le blessé éprouve un tel épuisement qu'il s'endort. Pendant son sommeil, les chirurgiens examinaient la plaie: l'os est brisé en plusieurs éclats; l'inflammation commence; le moindre retard dans l'opération peut en compromettre le succès. M. Baudens, chirurgien en chef, éveille le général: « Votre blessure est grave, lui dit-il; il n'y a pas grand'chose à faire; mon avis serait de vous séparer de cette jambe... — Vous croyez? dit le général, sans trahir la moindre émotion; allons, que votre volonté soit faite! » Et presque aussitôt il se rendort.

Une seconde fois, quand les préparatifs de l'amputation sont terminés, on le réveille. Pendant l'opération, assez longue et très-dou- loureuse, il ne lui échappe pas une plainte. Après que l'amputation est faite : « Pourrai-je encore monter à cheval? dit-il en regardant le chirurgien en chef avec quelque inquiétude; et, sur sa réponse affirmative : « Eh bien! alors, je vaux autant qu'auparavant... *Vive la République!* »

Ainsi s'exhalaient de cette âme héroïque et douce, en présence de la mort, les plus purs sentiments de patriotisme. Pas un regret qui lui fût personnel, pas un retour sur lui-même et sur cette mutilation qui va le condamner à tant de privations et de souffrances. L'image même de sa jeune femme, enceinte de son premier enfant, ne trouble pas en lui une vertu plus haute. « Dites à l'Assemblée nationale que j'ai rempli mon devoir. » C'est, en tombant, sa première pensée. « Pourrai-je encore servir mon pays, la République? »

C'est la seule crainte qu'il exprime après une amputation cruelle.

Ô simplicité! ô grandeur! que vous sembliez naturelles alors et comme maîtresses des âmes!... Ô liberté! ô patrie républicaine! quelles pompes triomphales pourraient effacer jamais le caractère sacré, la majesté funèbre de tes jours de deuil!

Nous avons laissé le général Lamoricière, le soir du 23, après la prise de la barricade Saint-Maur, dans la nécessité d'abandonner tous ses avantages. A trois heures du matin, les insurgés ont réparé les brèches de la barricade; ils l'ont élevée à la hauteur d'un second étage; les montagnards licenciés de Caussidière y sont retranchés; il faut en recommencer l'attaque.

De ce côté, l'insurrection a pris, sur un vaste espace, des positions très-fortes. Elle occupe, à gauche du canal Saint-Martin, l'entrepôt de la Douane; à droite, le quai de Jemmapes. Toutes les maisons de la rue Saint-Maur sont percées jusqu'à la hauteur de la caserne, dont les insurgés sont maîtres. Postés aux fenêtres de quelques maisons avantageusement situées dans la rue du Temple, ils font, sur la troupe, un feu continuel qui part à la fois depuis le soupirail des caves jusqu'aux lucarnes des greniers; mais le général Lamoricière a pris la résolution d'en finir à tout prix. Irrité de ne recevoir aucun renfort et de voir disparaître les gardes nationaux dont beaucoup, dès que l'action se prolonge, abandonnent leur poste sans même prévenir leurs officiers; exaspéré à l'idée de trahison qui s'est emparée de son esprit, il ne veut plus rien ménager, ni les hommes, ni les propriétés, ni surtout lui-même.

L'œil en feu, la chevelure au vent, la voix presque éteinte, tant il a prodigué les ordres, les exhortations, les reproches à ses soldats qu'il trouve indécis: « Je me ferai tuer, mais je ne céderai pas! » répond-il aux personnes qui l'engagent à ne pas s'opiniâtrer, comme il le fait, sur des points qui paraissent imprenables. C'est à grand'peine qu'il revient sur l'ordre de fusiller deux brigadiers des ateliers nationaux sur lesquels on a trouvé la somme de quatre-vingts francs et un laissez-passer signé Lalanne. Il répète tout haut que l'administration des ateliers trahit. Il veut qu'on lui amène le directeur pour le faire passer par les armes [1]; il fait arrêter le commandant Watrin, de la 6ᵉ légion, parce que celui-ci, ignorant l'ordre qu'il vient de donner de jeter des bombes dans une maison de la rue du Faubourg-du-Temple, d'où l'on veut déloger les insurgés, est accouru pour éteindre l'incendie; il menace les soldats, il n'épargne pas les officiers; il se répand en injures contre la garde nationale [2].

Tandis que, par son ordre, le canon tonne incessamment contre les barricades, la sape et la mine ouvrent, dans l'intérieur des maisons, un chemin aux soldats qui vont de la sorte prendre l'ennemi à revers. Les bombes et les obus éclatent; l'incendie dévore les charpentes; une fumée épaisse remplit des rues entières, aveugle les combattants, enveloppe et cache à demi ces scènes de dévastation. Le colonel Dulac, avec son régiment, l'un des plus éprouvés de l'armée, seconde admirablement le général Lamoricière. C'est lui que le général choisit toujours pour l'envoyer sur les points périlleux; c'est lui qu'il charge d'enlever les barricades les plus formidables.

Toute cette longue journée du 24 se passe en combats sanglants; les insurgés se défendent pied à pied; c'est à peine si l'on s'aper-

---

[1] Le général Lamoricière se refusait à croire que M. Lalanne agît d'après les ordres du général Cavaignac et de M. Sénard. On espérait, en continuant la paye des ateliers nationaux, retenir un grand nombre d'ouvriers et les empêcher de se battre.

[2] Quelquefois aussi il plaisante : « En voilà de la fraternité! » s'écrie-t-il, en voyant tomber à droite et à gauche une pluie de balles. S'apercevant que les soldats hésitent à attaquer une barricade, il met son cheval au pas au milieu de la chaussée, s'avance tout seul sous le feu des insurgés, revient aussi lentement qu'il est allé : « Vous voyez bien que ce n'est pas difficile, » dit-il aux soldats. Une autre fois encore, voyant qu'un officier pâlit en s'apprêtant à passer devant une brèche d'où part une fusillade continue, il le prend par le bras, tout en causant, le couvre de son corps, passe lentement avec lui sous la brèche et ne le quitte que lorsqu'il n'y a plus de danger.

çoit qu'ils reculent. Vers le soir, seulement, Lamoricière, qui a voulu conduire lui-même l'attaque de l'entrepôt de la Douane, et qui vient d'y avoir un cheval tué sous lui, réussit à s'en emparer et coupe en deux l'insurrection. Tandis qu'il en rejette une moitié vers la Villette, l'autre moitié est repoussée vers Montmartre par les troupes que commande le général Lebreton.

Dès le matin, le général Lebreton a reconnu une excellente position dans les abattoirs Montmartre, d'où l'on domine les barricades construites à la barrière Rochechouart. Il y envoie une partie du 2e bataillon de la 3e légion et un peloton du 21e de ligne; il fait placer des hommes aux fenêtres des maisons qui plongent à la fois sur la barricade et sur la barrière et commande une décharge générale qui met la plupart des insurgés hors de combat. Ce qui reste s'embusque dans les bâtiments de l'octroi et dans les maisons voisines. Une vive fusillade s'engage et continue sans interruption pendant quatre heures. Les soldats réussissent à débusquer les insurgés de cette position; puis le général Lebreton les ramène à l'assaut de la barricade Poissonnière, dont on parvient, après des efforts inouïs, à se rendre maître.

Sur la rive gauche de la Seine, dans le faubourg Saint-Marcel, la lutte, qui se prolongeait, suivait à peu près les mêmes phases que sur la rive droite. Le 23, les barricades, construites en assez grand nombre dans les rues Mouffetard et de l'Arbalète, rue Pascal, rue de Lourcine, à la barrière d'Italie, ont été enlevées sans trop de difficultés par la garde mobile, qui a refoulé les insurgés jusqu'à la fabrique des Gobelins. Mais on n'a pu pousser plus loin faute de munitions, et, dans la nuit, les insurgés ont repris toutes leurs positions. Pendant la journée du 24, ils se sont défendus avec beaucoup d'énergie. La troupe n'a pu qu'à grand'peine reprendre les barricades dans un quartier où la population entière et les trois quarts de la garde nationale appartiennent à l'insurrection.

Quand la nuit descendit pour la seconde fois sur la ville ensanglantée et qu'une illumination sépulcrale éclaira les rues désertes, dont le silence n'était interrompu que par le cri lugubre et monotone du soldat en faction : « Sentinelle ! prenez garde à vous ! » ce ne furent plus seulement, comme la veille, la tristesse et l'angoisse qui serrèrent les cœurs; un frisson d'horreur glaça les imaginations, hantées par des scènes de meurtre et d'épouvante, par des cris, des gémissements, des malédictions, en proie à toutes les hallucinations qu'enfante le délire de la vengeance. Le combat, en se prolongeant au delà des prévisions, en prenant des proportions inaccoutumées, loin d'amener la lassitude et le désir de la paix, s'était empreint d'un caractère d'acharnement presque étranger à nos mœurs. En plusieurs rencontres, sur plusieurs points disputés longuement, on l'avait vu dégénérer en férocité. Quelques régiments, familiarisés avec les représailles cruelles de la guerre d'Afrique, exaspérés en voyant tomber leurs officiers dont la valeur ne s'était jamais montrée si brillante, fusillèrent, dans un premier mouvement de rage, leurs prisonniers; mais ce furent surtout les enfants de la garde mobile qui parurent avides de sang, emportés par « l'enthousiasme du carnage ». Cette horrible ivresse, que causent à tous les hommes, dans l'ardeur d'un premier combat, la vue du sang, l'odeur et la fumée de la poudre, a tourné en délire chez ces enfants des faubourgs, dont la misère et une débauche précoce altèrent ou dépravent toutes les facultés; l'orgueil aussi les exalte. D'une bravoure plus impétueuse que les soldats de la ligne qui marchent par obéissance, avec tristesse, à cette guerre civile, ils courent partout où retentit la fusillade; ils arrachent à tous ceux qui les voient des applaudissements qui achèvent de les étourdir. Dans les intervalles du combat, ils fument, ils boivent du vin frelaté, de l'eau-de-vie, à laquelle, par bravade, ils mêlent de la poudre. Ces boissons, ces excès de toutes sortes les jettent dans une allégresse farouche. Quand ils apprennent que l'état de siége est proclamé, ils s'imaginent qu'ils ont droit de tuer sans merci. Sourds à la voix de leurs chefs, ils n'écoutent plus qu'un instinct sauvage. Les cris, les supplications de leurs prisonniers, les excitent à des rires affreux; la face humaine ne leur impose plus; ils deviennent plus semblables à des animaux de proie qu'à des hommes.

Et tout ce sang répandu, ces pertes irréparables ne donnent encore aucune certitude sur l'issue du combat. L'insurrection a reculé, il est vrai; la prise du Panthéon a déterminé son mouvement rétrograde et l'a coupée en deux. L'Hôtel-de-Ville est sauvé; mais l'avis des officiers supérieurs est que la journée du lendemain sera vivement disputée; que l'on doit se résigner à de nouveaux sacrifices; qu'il faudra attaquer les maisons, les détruire par le boulet, recourir enfin, contre les faubourgs, aux moyens les plus extrêmes.

De leur côté, les insurgés sont montés au plus haut degré de l'exaltation. Leurs chefs, pour les animer à la résistance, leur persuadent qu'ils n'ont aucun quartier à attendre des vainqueurs. Ils ont encore des munitions. Ils y suppléent, d'ailleurs, par toutes sortes d'expédients. Ceux d'entre les ouvriers qui suivent les cours de chimie, au Conservatoire des arts et métiers, connaissent le procédé par lequel se fabrique la poudre; ils contraignent les pharmaciens à en faire sous leurs yeux; ils fondent le plomb des tables de comptoir, chez les marchands de vin, pour couler des balles. Ils chargent leurs armes avec toutes sortes de métaux; ils y emploient jusqu'à des caractères d'imprimerie. Les femmes, qui se sont jetées avec une sorte de frénésie dans l'insurrection, aident activement à la fabrication des cartouches; elles sont ingénieuses à inventer mille ruses pour porter aux combattants des vivres et des munitions. Elles surprennent les projets de l'ennemi, épient les mouvements de la troupe. L'une apporte aux insurgés de la poudre dans le double fond d'une boîte au lait; une autre en emplit des pains ou des pâtés, creusés à l'intérieur; celle-ci simule un état de grossesse; celle-là se fait des papillotes avec des feuilles de papier imprimées, sur lesquelles on a tracé au crayon quelque avis important. Les soldats, devenus très-défiants, renversent des civières dont les matelas se trouvent bourrés d'armes; ils arrêtent un faux enterrement et brisent un corbillard d'où s'échappent des fusils, des sabres et des pistolets. Il semble que, pour cette guerre grandiose et terrible, où se rallument tant de passions que l'on avait crues éteintes à jamais, un destin vengeur ait permis aux hommes de retrouver à la fois, pour les concentrer et les tourner contre eux-mêmes, les instincts rusés de la vie sauvage, la fureur des temps barbares, l'héroïsme de la chevalerie, l'exaltation des siècles de foi, la réflexion, la science et l'art de la civilisation moderne.

Le dimanche, 25 juin, à neuf heures du matin, le général Cavaignac fait donner pour la troisième fois le signal de l'attaque. De même que les deux jours précédents, le combat s'engage sur trois points : par la division du général Bréa, qui remplace le général Damesme, au faubourg Saint-Marcel; par la division Négrier, au faubourg Saint-Antoine; par la division Lamoricière, aux faubourgs Poissonnière, Saint-Denis, du Temple.

Les pertes que les insurgés ont faites la veille et leur mouvement rétrograde n'ont jeté aucune hésitation, aucun découragement dans leur esprit. Ils occupent encore, avec des forces considérables, les faubourgs Saint-Marcel, Saint-Antoine, Saint-Martin, du Temple, les boulevards extérieurs. Ils sont retranchés au clos Saint-Lazare comme dans une forteresse dont les ouvrages avancés touchent à l'église Saint-Vincent-de-Paul et à l'entrepôt de la Douane. Des secours continuels leur arrivent par les barrières de la Chapelle-Saint-Denis et de la Villette. La population de l'île Saint-Louis, restée neutre jusque-là sous la protection de la garde nationale, paraît s'agiter. Le caractère social de l'insurrection se prononce de plus en plus ; les agents des prétendants se dérobent et donnent à leurs hommes la consigne de ne plus crier que : Vive la République ! Le peu de drapeaux blancs qu'on a vus flotter le premier jour disparaissent ; les drapeaux rouges se multiplient. Où distribue, on jette sur les barricades des exhortations au combat à outrance ; on répand le bruit que Lagrange marche sur Paris à la tête de trente mille ouvriers lyonnais. On affirme que Caussidière est maître de l'Hôtel-de-Ville ; son nom est dans toutes les bouches (1) ; on s'étonne de ne pas le voir. Il circule des listes pour un gouvernement provisoire où se lisent, étrangement rapprochés, les noms de Barbès, Raspail, Cabet, Pierre Leroux, Proudhon, Louis Blanc, Albert, Blanqui, Caussidière, Louis-Napoléon Bonaparte. Tout annonce que la résistance sera désespérée.

Cependant l'Assemblée, qui n'a fait autre chose pendant la journée du 24 qu'entendre des rapports sur les différentes phases du combat, ouvre, le 25, sa séance en votant un décret qui destine une somme de trois millions pour être répartie en secours à domicile, dans les quatorze arrondissements de Paris et de la banlieue, entre les familles nécessiteuses.

En même temps qu'elle rend ce décret, dans l'espoir de détromper enfin les prolétaires auxquels d'odieux excitateurs ne cessent de répéter que l'Assemblée veut les voir massacrer tous, elle couvre d'applaudissements une proclamation que le général Cavaignac leur adresse dans le même dessein, et où s'exprime avec le laconisme énergique des grands écrivains de l'antiquité, un sentiment de compassion et de clémence qui n'appartient qu'aux temps de la philosophie chrétienne :

« Ouvriers, et vous tous qui tenez les armes levées contre la patrie et contre la République, disait le général Cavaignac, une dernière fois, au nom de tout ce qu'il y a de respectable, de saint, de sacré pour les hommes, déposez vos armes. L'Assemblée nationale, la nation tout entière vous le demandent. On vous dit que de cruelles représailles vous attendent ; ce sont vos ennemis, les nôtres, qui parlent ainsi. On vous dit que vous serez sacrifiés de sang-froid : venez à nous ; venez comme des frères repentants et soumis à la loi. Les bras de la République sont tout prêts à vous recevoir. »

Plusieurs représentants s'offrent à porter le décret et la proclamation aux barricades, se flattant que, à la lecture de ces nobles et touchantes paroles, ils verront tomber les armes des mains des insurgés ; mais ce n'était là qu'une illusion. L'excitation des faubourgs n'a fait que s'accroître pendant la courte suspension des hostilités. C'est à peine si quelques ouvriers consentent à écouter la proclamation et le décret de l'Assemblée nationale ; la plupart n'y voient qu'un piège tendu à leur crédulité. Le combat recommence plus opiniâtre et plus meurtrier qu'il n'a été encore.

A dix heures du matin, le général Bréa quitte la place du Panthéon et se met en marche à la tête d'une forte colonne composée de gardes mobiles, de troupe de ligne, d'une compagnie du génie et de deux pièces d'artillerie : en tout, à peu près 2,000 hommes. Le représentant de Ludre l'accompagne. Le général, dont le caractère est d'une extrême bonté, et que la vue de tant de sang versé inutilement a rempli de compassion, espère, en emmenant avec lui un membre de l'Assemblée nationale et en faisant connaître au peuple le décret qui accorde trois millions aux pauvres, obtenir qu'on mette bas les armes.

Il s'avance par le boulevard extérieur, en longeant le mur d'enceinte. Dès qu'il aperçoit un groupe populaire, il s'arrête et parle aux ouvriers avec simplicité et douceur. C'est le jour de sa fête ; il l'a remarqué avec plaisir ; il en tire un bon augure pour le succès de sa

---

(1) Les mots de ralliement au faubourg Saint-Antoine étaient : Caen et Caussidière; Caussidière et République.

tentative. En effet, il ne rencontre, pendant longtemps, d'autre obstacle sur sa route que des arbres coupés et jetés en travers sur la chaussée. Partout il se voit écouté favorablement ; sa confiance redouble. Il arrive ainsi, plein d'espoir, à la barrière dite de Fontainebleau ou d'Italie.

Là, on se trouve en face d'un pâté formé de quatre barricades. Deux d'entre elles ferment les deux côtés du boulevard intérieur et extérieur. La troisième barre l'entrée de la rue Mouffetard. La quatrième, la plus forte de toutes, couvre la barrière ; elle protége les insurgés réunis en nombre considérable sur les routes de Choisy et d'Italie, et qui occupent les bâtiments de l'octroi et le corps de garde.

La barrière est entièrement masquée par une masse énorme de pavés, dans laquelle on n'a ménagé qu'un étroit passage sur la droite. Un silence effrayant règne derrière cette barricade, au-dessus de laquelle on ne voit que des drapeaux. Beaucoup d'insurgés, accablés de fatigue, dorment la tête sur la pierre ; de temps en temps on surprend une tête qui s'élève au-dessus du rempart, comme pour observer le mouvement des troupes, et qui disparaît aussitôt. L'aspect de ce lieu a quelque chose de sinistre.

Le général Bréa ordonne à la troupe de faire halte et fait mettre les canons en batterie. Il se dispose encore à haranguer le peuple, comme il vient de le faire aux barrières d'Enfer, Saint-Jacques et de la Santé. Il espère un succès pareil. Sans hésitation, sans défiance, il s'avance vers la barrière, appelant à lui les hommes bien intentionnés qui veulent la paix. Plusieurs combattants se présentent ; il leur lit la proclamation de Cavaignac et le décret. Quelques applaudissements accueillent cette lecture. On invite le général à franchir la barrière, afin qu'il puisse s'entendre avec les chefs.

Comme il s'apprête à suivre ceux qui lui font cette invitation, le chef de bataillon Gobert, de la 11e légion, qui soupçonne quelque embûche, lui demande de permettre qu'il aille seul en avant pour faire une reconnaissance et s'assurer des dispositions de cette foule. Au bout de quelques minutes il revient dire au général qu'il serait imprudent à l'excès de se risquer parmi ces hommes ; ils paraissent très-exaltés, dit-il ; les physionomies n'expriment que la haine ; il y a là, non pas de braves ouvriers prêts à entendre la voix de la raison, mais des figures du bagne.

Le général Bréa accuse Gobert d'exagération ; il persiste dans son dessein, préférant, d'ailleurs, courir un danger personnel plutôt que d'exposer encore sa troupe sans une nécessité absolue. Entouré de trois ou quatre insurgés qui lui jurent qu'il n'a rien à craindre, il s'avance résolûment, gaiement, vers la petite porte latérale : « Venez-vous avec nous ? » dit-il, en se retournant, à M. de Ludre. — « Non ! » répond celui-ci.

Le colonel Thomas déclare également qu'il y a démence à se jeter dans une pareille embûche. Le général va franchir seul la barrière. Alors le major Desmarets, du 14e léger, s'adressant à Gobert, lui fait observer qu'il est contraire à toutes les règles militaires de laisser ainsi un général sans escorte. « Ce qu'il fait est insensé, répond Gobert, mais vous avez raison, c'est notre devoir de partager son sort. » Et tous deux se rangent à ses côtés sans ajouter une parole. M. Armand de Mangin, capitaine d'état-major, M. Saingeot, lieutenant dans la garde nationale, suivent leur exemple.

A peine ont-ils franchi la porte de la barrière qu'elle se referme sur eux brusquement. Ils font quelques pas vers l'octroi. Une foule armée les entoure, les fait prisonniers. On entend dans cette foule des murmures : « C'est Cavaignac ! nous le tenons ! » disent les uns. « C'est le bourreau du Panthéon ! » disent les autres.

« Ce n'est pas Cavaignac, c'est un vieux brave ! » répondent quelques hommes qui se pressent autour de Bréa pour lui faire un rempart de leur corps et qui le conduisent dans une maison voisine où demeure le maire de la commune. La foule, restée dehors, se répand en menaces.

Craignant que les portes de la maison ne résistent pas longtemps contre la pression de cette foule, les braves ouvriers qui ont pris à tâche de sauvegarder le général l'emmènent au fond du jardin et l'engagent à en franchir le mur, très-peu élevé en cet endroit. Le général hésite ; il croirait faire une lâcheté ; il veut attendre, présenter sa poitrine à ces hommes qu'il ne peut supposer des assassins. Pendant ces hésitations, le lieutenant Saingeot saute par-dessus la muraille et va chercher du secours ; Gobert, pressé d'en faire autant, déclare pour la seconde fois qu'il partagera le sort de son général.

Les cris de la multitude redoublent. Il n'est plus guère possible de se faire illusion. Au moment où le général se décide enfin à fuir et s'apprête à escalader le mur du jardin, les portes de la maison fléchissent ; elles sont enfoncées ; la foule s'y précipite avec des cris affreux. On met la main sur le général ; on l'entraîne, en l'insultant, dans une pièce du second étage.

Le maire et quelques gardes nationaux qui se trouvent là entourent Bréa et parviennent à le séparer de la foule ; ils le font asseoir ; ils lui conseillent, pour gagner du temps, et dans l'espoir d'un prompt secours, d'écrire, sous forme de déclaration, quelques lignes insignifiantes, mais qui soient de nature à apaiser pour un moment l'émotion populaire.

Le général, qui a passé tout à coup de l'extrême confiance à l'extrême abattement, cède à ce désir ; il écrit sous la dictée de ceux qui l'entourent ces quelques lignes : « Nous, soussignés, général Bréa, colonel Thomas, de Ludre, représentant du peuple, déclarons être venus aux barrières pour annoncer au bon peuple de Paris et de la banlieue que l'Assemblée nationale a décrété qu'elle accordait trois millions en faveur des classes nécessiteuses. Je suis entouré à la barrière de Fontainebleau de braves gens, républicains, démocrates, socialistes... »

Le maire, qui suivait avec inquiétude tous les mouvements de la foule, s'empare de cette déclaration avant même que le général ait achevé de lui donner un sens, et, s'approchant de la fenêtre, il s'apprête à en faire la lecture ; mais la foule ne veut rien entendre.

Des femmes, accourues du Panthéon, viennent de dire qu'on y massacre les prisonniers. Elles racontent la mort de Raguinard, l'un des chefs les plus populaires de l'insurrection, qu'elles ont vu fusiller. La multitude, de plus en plus agitée par ces récits, s'apercevant que le maire veut gagner du temps et sauver Bréa, envahit de nouveau la salle ; elle crie, elle vocifère, elle exige que le général signe un ordre à la troupe de se retirer.

Étourdi, étouffé, saisi au collet, le général Bréa cède encore à ces violences. Il commence à écrire d'une main mal assurée : « J'ordonne à la troupe de se retirer par le même chemin qu'elle a pris pour venir. »

On respire un moment ; les mêmes hommes qui, depuis le commencement de ces horribles scènes, entourent le général, l'entraînent au grand poste, où ils espèrent pouvoir le protéger plus efficacement. On y retrouve MM. Gobert, Desmarets, Mangin, qui ont subi les traitements les plus indignes. Ils sont là, gardés à vue par quelques gardes nationaux de la banlieue, qui voudraient les faire évader.

Déjà on a commencé à percer un mur mitoyen ; sous peu de minutes la brèche sera assez large pour qu'un homme y puisse passer ; mais, dans la hâte que l'on a mise à ce travail, on n'a pas aperçu un enfant. Celui-ci a tout vu et, se glissant hors de la chambre, il va dénoncer à la foule ce qui se passe. Aussitôt quelques hommes hors d'eux-mêmes enfoncent les portes, se ruent sur les gardes nationaux et demandent leur proie ; ceux-ci sont forcés de fuir. Alors le capitaine Mangin, s'avançant vers ces furieux : « Que nous voulez-vous? dit-il d'une voix ferme et hautaine. Nous fusiller? Voici nos poitrines; mais hâtez-vous! » Et, serrant une dernière fois la main de son général, il s'apprête à mourir.

A ce moment, un cri d'effroi retentit du côté de la barrière, des femmes échevelées se précipitent dans la cour en criant : « Trahison ! trahison ! Voici la garde mobile ! »

Six coups de fusil partent à la fois ; le général Bréa est atteint à la poitrine et chancelle ; Mangin pousse un cri perçant et s'affaisse en portant d'un mouvement convulsif les deux mains à sa tête, où une balle vient de le frapper. Les assassins, qui ont tiré du dehors par la porte et par les fenêtres, entrent dans la chambre et se jettent sur leurs victimes. L'un d'eux mutile le beau visage de Mangin et le rend méconnaissable ; un autre perce de sa baïonnette le corps inanimé de Bréa ; un troisième lui fracasse le crâne avec la crosse de son fusil ; un quatrième, croyant, comme on l'a dit, que c'est Cavaignac, le palpe pour s'assurer s'il est vrai qu'il porte sous ses vêtements une cuirasse.

Desmarets, caché sous un lit de camp, assiste, immobile, à ces atrocités ; Gobert, qui s'est réfugié sous un auvent, est découvert ; les fusils sont braqués sur lui. Mais, à ce moment, la porte s'ouvre ; la foule entre dans la chambre. A la vue de ces cadavres mutilés, de ces planches inondées de sang, elle recule, saisie d'épouvante. Les assassins ont peur du mouvement qui va éclater et s'enfuient. Presque au même instant, il était six heures de l'après-midi, les troupes du général Bréa franchissaient la barrière.

Le lieutenant-colonel Thomas, qui avait pris le commandement de la colonne, était demeuré, comme on peut croire, dans la plus vive anxiété. Lorsqu'il reçut l'ordre de faire retirer la troupe, il comprit que le général n'était plus libre. Sa perplexité fut extrême. Obéir à un pareil ordre n'était pas possible. Attaquer la barricade, c'était probablement donner le signal d'un meurtre. Après avoir, à différentes reprises, essayé de parlementer avec les insurgés, le colonel Thomas expédie un officier d'ordonnance au général Cavaignac, afin de l'informer du péril que courait le général Bréa et de prendre ses ordres.

« Le salut du pays avant celui des individus, répond Cavaignac. Si, d'ici à un quart d'heure, les insurgés ne se sont pas rendus, qu'on attaque la barricade. »

Aussitôt cet ordre reçu, le colonel Thomas forme les colonnes d'attaque.

L'artillerie, avec les sapeurs du génie, ouvre la marche ; la garde mobile s'embusque dans les arbres du boulevard et des jardins avoisinants. Des compagnies de la 2e légion, alternant avec des compagnies de la troupe de ligne, s'avancent vers la triple barricade qui défend la barrière.

On n'en était plus qu'à cinq cents pas, l'artillerie se disposait à ouvrir le feu, lorsque l'on voit sortir de la barricade un homme qui agite au-dessus de sa tête un mouchoir blanc. Arrivé à une portée de pistolet environ, cet homme se jette à genoux et s'écrie : « Fusillez-moi ! je vous avais promis la vie sauve du général Bréa, on vient de l'égorger. Fusillez-moi ! » C'était le maire de Gentilly. On le renvoie sans lui faire aucun mal ; on n'avait guère le temps de l'écouter. L'artillerie ouvrait son feu. En moins de dix minutes la brèche était praticable. La troupe s'avance ; elle se divise en deux colonnes qui tournent les insurgés et les serrent entre deux feux. Ils se débandent et fuient par la route de Gentilly ; ceux qui se réfugient dans les maisons y sont assiégés et forcés de se rendre.

Le colonel Thomas, heureux d'une si prompte victoire, cherche partout le général Bréa. Comme il entrait dans la salle de l'octroi, il voit son cadavre et celui de Mangin étendus sur un banc. Un prêtre, qui leur a fermé les yeux, est à genoux près d'eux, en prière.

La nouvelle de cette mort sinistre, de cet assassinat commis sur l'un des hommes les meilleurs, les plus respectés de l'armée, se répandit dans Paris avec une grande rapidité et

MORT DE L'ARCHEVÊQUE AFFRE. (P. 470.)

y causa une sensation d'horreur universelle. Elle fut pour les esprits les moins précipités dans leurs jugements, la confirmation de l'opinion que la peur et les haines politiques avaient, dès le premier jour, voulu faire concevoir de l'insurrection.

Le général avait écrit : « Je suis entouré de républicains socialistes. » Il avait été lâchement assassiné ; conséquemment les insurgés socialistes étaient tous des assassins, des meurtriers, des hommes dignes du bagne. Ce sont là de ces inductions simples et faciles qui se présentent tout d'abord au vulgaire. Lorsque l'on vit les imaginations frappées, la calomnie, qui jusqu'alors ne s'était essayée que timidement, devint systématique. La joie odieuse de l'esprit de parti ne ménagea plus rien. Elle ne respecta plus ni la douleur publique, ni l'honneur national, ni l'humanité.

Selon les feuilles réactionnaires (1), il n'y avait pas moins de vingt-deux mille forçats dans l'insurrection. Ces ouvriers, dont les mêmes feuilles avaient, pendant trois mois, loué avec une hypocrite exagération la sagesse, l'intelligence, la probité, formaient soudain une horde de malfaiteurs. Ils portaient sur leurs drapeaux d'infâmes inscriptions qui menaçaient Paris d'incendie et de pillage.

« Le feu, le poison, le poignard et le vitriol, écrivait-on, ont été employés, en des inventions de Néron, avec la sagacité de Satan. » Les détails les plus circonstanciés étaient complaisamment fournis à l'appui de ces assertions. Selon les uns, les insurgés dressaient sur leurs barricades des trophées de

(1) Voir particulièrement le *Constitutionnel* et la *Patrie*.

têtes et de membres coupés, disposés avec une horrible symétrie ; ils avaient enlevé, dans les pensions et dans les couvents, des jeunes filles des premières maisons de France, qu'ils dépouillaient de leurs vêtements et qu'ils exposaient ainsi, déshonorées, outragées, au feu de la troupe. Des cantinières soudoyées versaient aux soldats de l'eau-de-vie empoisonnée. Des marchands de tabac leur vendaient des cigares imbibés dans des substances vénéneuses. On avait vu un insurgé faire du crâne d'un soldat de la ligne, qu'il avait rempli de suif, un effroyable fanal, que ses camarades avaient promené en chantant le refrain : « Des lampions. » D'autres avaient enduit de térébenthine le corps d'un officier et l'avaient allumé tout vivant. On avait fabriqué enfin, avec un art infernal, des projectiles dont la forme et la composition, inconnues jusque-là, rendaient la douleur des blessures intolérables et les plaies mortelles.

On peut se figurer jusqu'à quel point de semblables calomnies, répétées chaque jour, exaspéraient les esprits. De fréquents accidents les accréditaient. La violence des passions, la peur surtout, la stupéfaction des honnêtes gens leur donnaient une puissance funeste (1).

La garde nationale, en particulier celle qui, venue de la province, n'avait pas pris part au combat et brûlait de montrer du zèle, s'emporta en fureur contre les socialistes. Dans la soirée du 24, le représentant Lagrange faillit être fusillé, sur le quai de la Ferraille, par un groupe de gardes nationaux qui l'accusaient d'être l'ami de Barbès et de s'être opposé à l'état de siège. M. Ledru-Rollin fut poursuivi, en sortant de l'Assemblée, jusqu'à la rue de Tournon, où il demeurait, par des menaces de mort. Le même jour, M. Louis Blanc, comme il regagnait sa demeure, accompagné de quatre de ses collègues, qui savaient qu'on

(1) L'historien est heureux de pouvoir aujourd'hui effacer, anéantir ces calomnies, qu'alors on osait à peine révoquer en doute. Il est maintenant avéré que les prisonniers faits par les insurgés n'eurent à subir aucun mauvais traitement. D'après les preuves les plus authentiques tirées de l'ensemble des interrogatoires, pendant trois mois consécutifs, devant les commissions militaires, d'après les rapports unanimes des maires et des commissaires de police, d'après le témoignage des principaux médecins et chirurgiens attachés aux hôpitaux civils et militaires, entre autres ceux de M. le docteur Pelouse, de M. Jacquemin, chirurgien en chef des hôpitaux, de M. le docteur Héreau, de M. de Guiss, chirurgien en chef de la garde nationale, ni les soldats, ni l'insurgés, ni la garde mobile ne commirent les atrocités qui leur furent imputées. Les drapeaux, pris en grand nombre sur l'insurrection et gardés à la présidence de l'Assemblée, ne portaient, pour la plupart, que le numéro de la compagnie des ateliers nationaux à laquelle ils appartenaient. Sur quelques-uns, on lisait ces mots sacramentels du prolétariat : « Organisation du travail par l'association. » Sur d'autres encore : « Abolition de l'exploitation de l'homme par l'homme, » ou, comme pour repousser l'accusation de pillage : « Respect aux propriétés; mort aux voleurs. » Quant aux blessures profondes et si souvent mortelles que les chirurgiens constatèrent d'abord avec surprise, ils ne tardèrent pas à en trouver l'explication naturelle. Presque tous les coups étaient tirés de haut en bas ou de bas en haut, dans une direction oblique. Les combattants étaient si proches les uns des autres, que les balles, animées de toute leur vitesse, traversaient le corps, brisaient les os et prenaient l'apparence de balles mâchées. Renvoyées par les murs, elles subissaient de singulières déformations. Quant aux balles coniques, tronquées, creuses et ciselées d'arêtes, qui parurent une invention féroce, il est résulté de la déposition du colonel de Goyon devant la commission d'enquête et de sa lettre datée du 3 juillet 1848, que c'étaient des balles d'un nouveau modèle destinées à l'armée et en essai à Vincennes. L'eau-de-vie des cantines a été scrupuleusement analysée sans qu'il ait été possible d'y surprendre la plus légère trace de poison. La femme Hervé, accusée d'avoir scié un garde mobile entre deux planches, a été acquittée à l'unanimité par le conseil de guerre. Quant à la fin tragique du général Bréa, elle est le crime individuel de quelques hommes.

Voici les faits et les renseignements qui s'y rapportent. Sur vingt-cinq accusés, quatre sont convaincus de meurtre et condamnés à mort. Ce sont : le nommé Daix, indigent, recueilli à l'hospice de Bicêtre; Vappereaux, maquignon; Choppart, surnommé le *Chourineur*, chez qui le penchant à tuer était passé à l'état de monomanie; Lahr, ancien soldat dans un régiment d'artillerie, puis logeur, marchand de vin et enfin maçon. Lahr dirigeait l'insurrection à la barrière Fontainebleau; il avait été en garnison à Ham et avait constamment gardé des relations avec les meneurs du parti bonapartiste. Très-arriéré dans ses affaires, par suite de la révolution de Février, très-accessible aux séductions, on lui avait vu, en ces derniers temps, plus d'argent qu'il n'avait coutume d'en avoir. Huit jours avant l'insurrection, Lahr eut, avec Nadaud, le maçon, représentant du peuple, une querelle très-vive au sujet de ses opinions napoléoniennes.

Le parti républicain a attaché une très-grande importance à bien établir que les assassins du général Bréa étaient, non des républicains, mais des bonapartistes. Ce soin extrême à rejeter la solidarité d'un tel crime fait honneur à la moralité d'un parti; mais je ne crois pas qu'elle soit très-utile, ni même très-rationnelle. L'histoire montre suffisamment, par les crimes nombreux commis au nom de toutes les idées, que ce ne sont pas les opinions des hommes qui les font assassins, mais leur nature. Les instincts individuels ont plus de part que les idées générales à ces actes atroces; il n'est pas, heureusement, en la puissance de quelques pervers de flétrir par leurs crimes les croyances qu'ils ont paru professer.

formait contre lui de mauvais desseins, fut assailli sur le boulevard par des gardes nationaux en armes et courut risque de la vie (1).

Mais revenons à l'insurrection, qui, bien que refoulée et aux trois quarts vaincue, ne se décourage pas, et dont le sombre acharnement semble s'accroître à mesure que s'éteint l'espérance.

Dans l'après-midi du 25, la lutte continuait aux abords de l'Hôtel-de-Ville; mais les insurgés perdaient du terrain, et, comme ils étaient complétement battus dans le faubourg Saint-Jacques et le faubourg Saint-Marcel, le général Duvivier espérait achever de les réduire en poussant jusqu'à la place de la Bastille, où devait s'opérer sa jonction avec le général Lamoricière. Dans ces vues, Duvivier partage ses forces en deux colonnes: l'une, qu'il veut conduire lui-même, va prendre le chemin des quais; il charge le colonel Renaut de s'avancer, à la tête de la seconde, par la rue Saint-Antoine, en dégageant, sur son chemin, les rues latérales.

La colonne du colonel Renaut rencontre de grands obstacles sur sa route. Il faut tout à la fois, avec des forces très-insuffisantes, enlever les barricades dont les rues sont hérissées, faire le siége des maisons, reliées entre elles par des chemins souterrains, et d'où les insurgés tirent sur la troupe. Pendant trois heures on se bat au marché Saint-Jean et derrière l'église; la mairie du neuvième arrondissement et les rues environnantes sont reconquises pied à pied. La troupe, qui fait des pertes énormes, s'abat et se décourage; un grand nombre de gardes mobiles disparaissent; les cartouches manquent. Le colonel Renaut et son régiment donnent l'exemple d'une bravoure intrépide et font là des prodiges de valeur. M. Marrast, qui en est témoin, se rend auprès du général Cavaignac et rapporte à Renaut les épaulettes de général. Comme il le retrouve à peu de distance du lieu où il l'a quitté, faisant le siége d'une barricade très-forte, élevée devant l'église Saint-Paul, il lui demande la permission de lui attacher lui-même les épaulettes de son nouveau grade: « Vous allez voir comment je les gagne, » lui dit Renaut. Un quart d'heure après la barricade était enlevée; mais Renaut recevait, à dix pas de M. Marrast, une balle en pleine poitrine (1).

Presque au même moment le général Duvivier est atteint d'un coup de feu au pied (2). Informé de ce malheur, le général Cavaignac offre le commandement de la colonne de renfort, qu'il envoie au faubourg Saint-Antoine, au général Baraguay-d'Hilliers; mais celui-ci l'ayant refusé avec une froide obstination, sans donner aucun motif de son refus (3), M. Charras, qui était présent à ce colloque et à l'embarras où se trouvait le général en chef, lui désigna le général Négrier, qui arrivait au même instant de Versailles, comme parfaitement capable de remplir avec honneur cette mission périlleuse.

Négrier accepte avec empressement le commandement qui lui est offert. Il part aussitôt, à la tête de deux escadrons de dragons, de quelques détachements d'infanterie et de gardes nationaux de la banlieue, pour recommencer l'attaque. La troupe remporte de continuels avantages. Vers deux heures environ

---

(1) C'était principalement comme fondateur et organisateur des ateliers nationaux que la bourgeoisie, très-mal informée, haïssait M. Louis Blanc.

(1) Le bruit se répandit, au moment même, que le général Renaut mourait de la main d'un prisonnier auquel il venait de sauver la vie. On raconta que ce malheureux, arraché par le général à la fureur des gardes mobiles, s'était avancé vers lui comme pour le remercier, et que, tirant de dessous sa blouse un pistolet qu'il y tenait caché, il l'avait étendu mort à ses pieds.

(2) Le général Duvivier mourut, le 8 juillet, des suites de cette blessure qu'on avait jugée légère. Jusqu'à sa dernière heure, il se montra très-vivement préoccupé du sort des insurgés qu'il avait combattus. « Ces pauvres ouvriers, disait-il, ils ont besoin d'être contenus, mais il faudra faire quelque chose pour eux; il faut leur donner du travail; il faut que la main de la patrie s'ouvre. » Ainsi que je l'ai déjà fait remarquer, ces sentiments d'humanité dominaient alors dans tous les cœurs; pas un des officiers supérieurs qui combattirent l'insurrection de juin n'oublia, tout en accomplissant son devoir de soldat, qu'il était citoyen et qu'il combattait des hommes dignes de compassion plutôt que de haine.

(3) On a prétendu que le dépit de s'être vu ôter le commandement des forces destinées à la défense de l'Assemblée avait inspiré au général Baraguay-d'Hilliers ce triste refus.

elle s'était emparée du pont Marie; elle avait enlevé les barricades du quai Saint-Paul, de la rue de l'Étoile, de la rue des Barres et de la rue du Petit-Musc; elle avait délogé les insurgés des Greniers d'abondance. Elle occupait le pont d'Austerlitz, elle touchait à l'entrée de la gare de l'Arsenal. Là, le général Négrier partage sa colonne. Il prend à droite, par le boulevard Contrescarpe ; M. Edmond Adam prend à gauche, par le boulevard Bourdon. On s'avance ainsi jusqu'à l'angle de la place de la Bastille.

De son côté, le général Perrot, qui commande à la place du général Renaut, dégageait la rue Saint-Antoine, où il emportait, une à une, soixante-huit barricades, les plus fortes qu'on eût encore eu à détruire (1) ; il chassait les insurgés de maison en maison, reprenait la mairie du huitième arrondissement et poussait enfin, après avoir enlevé la dernière barricade, jusqu'à l'angle de la rue Saint-Antoine et de la place. On était convenu d'y attendre la jonction des troupes du général Lamoricière, qui opérait simultanément dans le faubourg du Temple.

C'est le moment décisif. La place de la Bastille présente un aspect effrayant. Une immense barricade crénelée en ceint tout un côté, depuis la rue Bourdon jusqu'à la rue Jean Beausire, et se relie aux barricades du grand boulevard et à celles qui ferment l'entrée des rues de la Roquette, du Faubourg Saint-Antoine et de Charenton. Le drapeau rouge flotte sur la colonne de Juillet. D'un côté, les maisons sont occupées par les insurgés. Deux d'entre elles, démantelées par les boulets et les obus, sont toutes fumantes encore et semblent prêtes à s'écrouler. De l'autre côté, les soldats ont pris position dans un chantier, d'où ils tirent, abrités par les planches. Ils occupent aussi les maisons situées à l'angle de la rue Saint-Antoine et font de là des feux de mousqueterie. Des pièces de campagne, braquées contre les barricades, essayent, depuis quelques heures, mais sans aucun succès, de les ébranler et d'ouvrir un passage aux soldats.

Quand la colonne du général Négrier, déjà épuisée de fatigue, accablée par la chaleur et démoralisée par la disparition d'un assez grand nombre de soldats, aperçoit ce vaste espace vide que sillonnent les balles, elle est saisie de frayeur, elle hésite, elle recule presque. Le général feint de ne rien voir et continue d'avancer. Une décharge épouvantable part de la barricade ; elle fait onduler et ployer sa colonne. Négrier continue ; il va jusqu'au milieu de la place, suivi d'une douzaine d'hommes à peine. Rien ne le protége, rien ne le masque; l'ombre de la colonne de Juillet trace seule une ligne étroite sur le sol inondé de lumière.

Le feu de l'ennemi redouble; en vain on veut arracher Négrier à une mort presque certaine : « Laissez-moi, laissez-moi, » dit-il en se dégageant des bras de ceux qui essayent de le retenir ; et il avance toujours. Un coup de feu, parti du chantier, l'atteint ; le général chancelle : « Je meurs de la main d'un soldat, » dit-il avec une expression douloureuse à M. Trélat, qui le reçoit dans ses bras. Au même moment, le représentant Charbonnel est frappé mortellement et tombe à ses côtés.

Nobles victimes du patriotisme et de l'honneur ! De quels regrets l'on se sent pénétré en retraçant, d'une plume si rapide, vos derniers moments, dont aucune circonstance ne devrait rester inconnue ! Mais la mort, en ces jours néfastes, frappe des coups si prompts, si multipliés, si cruels, qu'elle nous force en quelque sorte à l'imiter et nous interdit les larmes.

L'honneur militaire et le courage civil ne devaient pas seuls, d'ailleurs, offrir à la patrie un sang généreux. Pour que l'immolation fût complète et que le génie de la France se montrât dans toute sa grandeur, il fallait que le sacerdoce, qui eut de tout temps une part si forte dans la gloire de la nation française, vînt

---

(1) Ces barricades étaient construites avec des charrettes remplies de pavés et des troncs d'arbres renversés.

témoigner, à son tour, comme le faisait la société politique, que son esprit était vivant encore et qu'il n'avait pas perdu, dans l'affaissement des mœurs, les inspirations de la charité et la puissance du martyre.

Un homme d'un cœur simple, un prêtre dont l'existence avait été sans éclat jusqu'à ce jour, était réservé à ce témoignage. Le martyre de l'archevêque de Paris allait renouveler, à la face du monde, ce grand spectacle, qui fut la force et qui restera la gloire de l'Église chrétienne. Il allait montrer aux hommes, qui l'oubliaient trop, la domination de la volonté humaine sur la nature, le triomphe de l'esprit sur la chair, l'immortalité conquise au sein de la mort.

Depuis les premières heures de l'insurrection, M. Affre avait laissé paraître un trouble extrême. Autant son esprit était demeuré toujours inébranlable dans l'exercice de ses droits et de ses devoirs spirituels, autant sa constitution physique le livrait, dans les actes ordinaires de la vie, aux conseils de la peur. La moindre agitation populaire, la possibilité seule d'un combat, quand il l'entrevoyait, lui causaient un effroi dont il ne se rendait pas maître. En plusieurs occasions on l'avait vu préoccupé de se soustraire à des dangers encore lointains, de manière à surprendre, à affliger ceux qui honoraient son caractère.

Comme il administrait, le 23, à Saint-Étienne-du-Mont, le sacrement de la confirmation, les barricades s'étant élevées inopinément autour de l'église, il n'avait pas osé rentrer dans sa demeure et il avait passé la nuit au collége Henri IV. Pendant toute la journée du 24, on put croire, à sa contenance, à ses paroles même, qu'il ne songeait qu'à son propre danger. Ce ne fut pas sans peine qu'on le décida, aux approches de la nuit, les abords du Panthéon étant complétement dégagés par la troupe, à regagner le palais épiscopal. Mais le lendemain, c'était le jour de la Fête-Dieu, après qu'il eut offert le sacrifice de la messe, il ne parut plus le même homme. Il avait passé la nuit seul, en prière. Ses esprits abattus s'étaient relevés; son âme s'était recueillie et fortifiée. Une inspiration simple et de source divine y était descendue; elle y ramenait la sérénité.

Ayant appelé auprès de lui ses deux grands vicaires, M. Affre leur communiqua, en peu de mots, la résolution qu'il venait de prendre. Il allait, disait-il, se rendre au milieu du peuple, l'exhorter, essayer de le ramener à la paix. Il ne se fiait pas, pour le succès d'une telle entreprise, au pouvoir de sa parole, car il la savait dénuée d'éloquence et paralysée par une timidité excessive; il s'abandonnait au Dieu qui l'envoyait et qui saurait bien parler par sa bouche.

Les vicaires, étonnés d'une pareille résolution, tentèrent de l'en dissuader; ce fut en vain : « Ma vie est si peu de chose! » disait le prélat, avec une simplicité parfaite, quand on lui peignait les dangers qu'il allait courir.

Cependant, comme il était possédé de la notion du devoir et de la règle, il voulut, avant d'aller aux barricades, faire acte de soumission au général en chef et obtenir de lui, en quelque sorte, la permission de mourir. Le 25, à dix heures, il sortit à pied de l'archevêché. Revêtu de ses habits pontificaux, suivi de ses grands vicaires, il s'achemina vers l'hôtel de la présidence.

En entendant sa requête, le général Cavaignac s'émut. Pénétré de respect pour une si grande résolution si simplement exprimée, il fit néanmoins tous ses efforts pour en détourner le saint prêtre. Il lui peignit l'état violent des esprits, l'échec de toutes les tentatives conciliatrices, la colère et la défiance avec lesquelles elles avaient été repoussées. Il lui apprit l'assassinat du général Bréa, la mort de plusieurs représentants. « D'autres, lui dit-il, qui sont allés dans les faubourgs, y sont retenus prisonniers, et l'on craint tout pour eux. »

L'archevêque reçoit sans se troubler ces avertissements sinistres; il n'oppose aucun raisonnement aux paroles du général Cavaignac. « Ma vie est si peu de chose! » Il n'a pas d'autre réponse, mais cette réponse porte avec elle la conviction, parce qu'elle émane d'une âme élevée désormais au-dessus de toute faiblesse et qui, déjà n'appartient plus au monde que par l'espérance du martyre. Le général Cavaignac s'incline devant une pareille force de volonté ; il remet à l'archevêque, qui lui demande quel gage de clémence il peut porter aux insurgés, la proclamation qu'il a fait publier le matin.

Après ce court entretien, l'archevêque, dont les forces physiques sont épuisées par les fatigues et les émotions des jours précédents, rentre chez lui pour prendre quelque nourriture ; ensuite il se dirige vers la place de l'Arsenal, à travers des rues dévastées, où l'insurrection, à peine vaincue, a laissé des traces sanglantes. Il voit passer des civières sur lesquelles on porte des blessés, des mourants, des morts ; il s'arrête à chaque pas pour bénir et pour absoudre. Les soldats, les hommes du peuple ploient le genou ; les officiers le conjurent de ne pas aller plus loin ; rien ne saurait plus le retenir. Il demande au général Bertrand, qui commande l'attaque du faubourg, de suspendre le feu ; celui-ci redouble d'instances pour le détourner d'une entreprise qu'il juge aussi périlleuse qu'inutile ; mais l'approche du danger rend plus inébranlable la sainte obstination du prélat. A sa prière, on envoie annoncer aux insurgés une trêve d'une heure ; puis, le feu ayant cessé de part et d'autre, l'archevêque s'avance lentement, le crucifix à la main, vers le milieu de la place. Un garde national, nommé Albert, porte devant lui un rameau de buis, en signe de paix.

Le prélat veut défendre à son domestique, qui l'a suivi jusque-là, de venir plus loin, et celui-ci, aussi simple, aussi héroïque dans son dévouement que son maître, lui répond par ces seules paroles : « S'il y a danger pour moi, il y a danger pour vous ; je ne saurais vous quitter. — Eh bien ! allons, » dit l'archevêque avec l'accent d'un homme qui ne tourne plus ses pensées vers la vie : et il hâte le pas, comme poussé par une force intérieure. Son visage s'illumine d'un rayonnement surnaturel. Lui, si timide, si pusillanime, il s'approche sans trembler de la barricade ; il franchit, sans regarder en arrière, l'étroite issue qu'on y a ménagée ; il entre résolûment dans le faubourg. Quand il se retourne, il se voit seul avec le brave Albert qui se tient à ses côtés et le serviteur obscur qui veut lui rester fidèle jusqu'à la mort.

L'agitation de la foule, au milieu de laquelle l'archevêque cherche à se faire place, est extrême ; les visages sont crispés de colère, les regards haineux et farouches ; ces hommes ruisselant de sueur, les mains et les vêtements noircis de poudre, les yeux enflammés, semblent dans le délire d'une fièvre ardente. On n'entend pas un ordre, pas une parole distincte dans ce tumulte, mais le bruit des fusils qu'on arme, le retentissement des crosses sur le pavé, les sourdes rumeurs d'une multitude hors d'elle-même.

Albert agite en l'air le rameau de paix. « Mes amis, écoutez-moi, » dit l'archevêque... Il ne parvient pas à se faire entendre. Un coup de feu a retenti. « Aux armes ! crie la foule, nous sommes trahis, aux armes ! » Aussitôt une triple décharge part des deux côtés de la barricade et des maisons voisines. L'archevêque, atteint d'une balle dans les reins, chancelle et s'affaisse. A cette vue, la foule s'émeut. Par un de ces mouvements soudains, par un de ces changements instantanés, si fréquents dans les émotions populaires, les combattants jettent loin d'eux leurs fusils, en donnant tous les signes du désespoir.

On s'empresse autour du prélat ; son domestique, Albert, et quelques insurgés le soulèvent et l'emportent dans la maison la plus prochaine ; mais cette maison est vide ; on n'y trouve pas un lit, pas un banc pour reposer le blessé. On en ressort aussitôt, afin de chercher un asile plus convenable. Cependant le jour baisse, la trêve est rompue ; le combat recommence de toutes parts ; les balles sifflent autour du groupe qui porte l'archevêque ; l'une d'elles atteint le brave Celliers, qui soutient les pieds de son maître. On entre enfin dans la boutique d'une pauvre femme, qui donne le seul matelas qu'elle possède ; on pose le saint prêtre sur un brancard, fait de fusils entrecroisés, et l'on gagne ainsi, non sans peine, par de secrètes issues, le presbytère du curé de Sainte-Marguerite. A chaque instant il faut s'arrêter et défaire cet étrange brancard pour traverser les barricades. Les insurgés portent alors le matelas sur leurs épaules ; ils s'inquiètent des souffrances du blessé ; ils craignent qu'il ne les en accuse ; ils ont à cœur de se justifier. « Ce n'est pas nous, monseigneur, lui disent-ils en pleurant, ce n'est pas nous qui vous avons fait du mal ; ce sont des traîtres ! c'est la garde mobile ; mais comptez sur nous ; vous serez vengé. » Et le blessé, pâle, mais calme, murmurait de sa voix brisée : « Mes amis, on vous trompe, écoutez-moi, croyez-moi, déposez vos armes ; il y a eu déjà trop de sang versé ; » puis il leur rendait grâce, avec une douceur infinie, des soins dont il se voyait l'objet.

Arrivé chez le curé de Sainte-Marguerite, on étend l'archevêque sur un matelas où, pendant quelques minutes, il paraît reposer ; entr'ouvrant ensuite les yeux, comme il voit son serviteur couché à terre, auprès de lui, il s'informe de sa blessure, avec l'accent de la plus tendre compassion.

Quant à lui, après l'engourdissement des premiers moments, il ressentait des douleurs aiguës. La balle avait pénétré très-avant et restait dans les chairs ; la moelle épinière était lésée ; il n'y avait aucune chance de salut. Des cris involontaires, des mouvements convulsifs, échappaient de temps en temps au martyr. Il le regrettait, il s'en accusait ; il priait les assistants de lui pardonner une faiblesse qu'il trouvait indigne d'un chrétien. Bientôt, il se rendit assez maître de lui pour étouffer toute plainte, et quand, sur ses instances, le vicaire Jaquemet, qu'il avait fait chercher, lui eut déclaré que sa blessure était mortelle : « Ma vie est peu de chose, » répétat-il, avec une sérénité parfaite, ainsi qu'il l'avait fait en quittant le général Cavaignac. Pendant les courts instants de répit que les ressources de l'art apportaient à ses souffrances : « Pauvres ouvriers ! disait-il à ceux qui l'entouraient ; allez leur parler de ma part ; dites-leur que je les conjure de cesser une lutte impie. Assurément le gouvernement ne les abandonnera pas. » Et comme, à sa demande, on s'apprêtait à lui donner le viatique : « *Parce, Domine*, murmurait-il à voix basse, *parce populo tuo.* »

A quatre heures du matin seulement, son médecin, le docteur Cayol, arriva au presbytère, conduit par les insurgés. Il voulait que le prélat fût immédiatement transporté à l'archevêché, afin que ses derniers moments fussent adoucis par plus de soins. Les hommes du peuple, qui gardaient la chambre du blessé, priaient qu'on le laissât parmi eux. « Qu'il ne nous quitte pas, disaient-ils avec une naïveté incroyable, qu'il reste avec nous ; il nous portera bonheur ; nous répondons de lui ; nous le veillerons ; nous nous ferons tuer tous, plutôt que de souffrir qu'il lui soit fait aucun mal. »

Cependant, le docteur Cayol insistant pour que le prélat soit ramené chez lui, les ouvriers préparent eux-mêmes un brancard. Ils le garnissent avec du linge blanc ; ils font un dais pour abriter la tête du blessé. Six d'entre eux réclament l'honneur de le porter ; six autres marchent auprès, pour relayer, au besoin, les premiers. Six soldats du 28e de ligne, autant de voltigeurs et de gardes mobiles font à l'archevêque de Paris une escorte militaire. Le peuple se prosterne sur son passage. A l'aspect du martyr chrétien, les sanglots, les gémissements éclatent partout ; toute colère s'apaise ; le regret, le repentir, le remords, s'emparent des âmes ; les fureurs de la guerre civile s'éteignent dans une désolation profonde.

On arrive ainsi au palais épiscopal où l'agonie allait bientôt commencer. A quatre heures et demie de l'après-midi, l'archevêque rendit le dernier soupir.

Sa fin parut exempte de souffrances. « Faites, ô mon Dieu, que mon sang soit le dernier versé ! » Ce furent ses paroles suprêmes. L'histoire les recueille avec respect. L'Église de France en reçoit une gloire nouvelle. La chrétienté a droit de s'en enorgueillir, et jamais la piété humaine ne s'attendrira sur rien de plus sublime.

Mais, hélas ! les prières du bon pasteur ne devaient point être exaucées. Pendant son agonie, les combattants ressaisissaient leurs armes ; l'artillerie foudroyait le faubourg ; le boulet, l'obus et la mitraille dévastaient les maisons. A travers les tourbillons de flamme et de fumée, la mort frappait encore des coups terribles.

Le faubourg Saint-Antoine, entré tardivement dans l'insurrection, y avait apporté le caractère de persévérance et de détermination particulier à sa population laborieuse. Cette population, composée d'ouvriers de mœurs probes (1), satisfaits de peu, très-chargés d'enfants, pas enthousiastes, nullement gagnés aux idées socialistes, mais attachés à la République et d'une énergie de volonté peu commune, ne s'était pas décidée le premier jour à prendre les armes. Depuis le 24 février, cependant, le travail ayant presque complétement manqué, les ouvriers étaient tombés dans une misère effroyable. On distribuait à la mairie jusqu'à 60,000 bons de pain par jour ; mais, avant de se prononcer pour l'insurrection, qui leur était annoncée par des faiseurs de barricades étrangers au quartier, les ouvriers avaient voulu en connaître avec certitude la cause et le but.

L'autorité et la garde nationale, qui ne paraissaient pas mieux instruites que les ouvriers, gardaient, de leur côté, la même attitude d'expectative ; de sorte que, pendant toute la nuit du 23 au 24, personne, dans le faubourg Saint-Antoine, ne donna ni ne reçut aucun ordre.

Le 24, des meneurs très-actifs se rendirent au milieu des ouvriers : le nommé Lacollonge, dont j'ai parlé plus haut, un ouvrier mécanicien nommé Racari, Pellieux et quelques autres clubistes exaltés vinrent dire dans le faubourg que les royalistes attaquaient la République, qu'ils étaient les maîtres dans l'Assemblée nationale et dans la commission exécutive, qu'ils voulaient exterminer le prolétariat ou le réduire à l'esclavage par la misère. En même temps, comme le canon ne cessait de gronder dans la direction de l'Hôtel-de-Ville, ils répandirent la nouvelle que Caussidière s'y était établi et qu'il s'y défendait contre les aristocrates (1).

Ces discours, et d'autres analogues, enflamment les esprits. Quand les gardes nationaux veulent enfin essayer de se réunir, ils sont maltraités, dispersés par les ouvriers en armes. Ceux-ci, enhardis par ce premier succès, courent à la caserne Reuilly, qu'occupe un capitaine du 48ᵉ de ligne avec cent vingt soldats ; ils l'assiègent, ils y mettent le feu ; plusieurs fois la caserne est prise et reprise, mais les insurgés perdent, en ces engagements insignifiants, un temps précieux (2). Au lieu de s'avancer vers l'Hôtel-de-Ville, ils usent sur place leur temps et leurs forces. Le 25, l'insurrection générale est déjà en voie rétrograde, quand les ouvriers du faubourg Saint-Antoine comprennent qu'il faut agir vigoureusement. D'odieux mensonges de leurs chefs, qui leur cachent les nouvelles des autres faubourgs et qui nourrissent en eux les illusions les plus folles, les jettent, sans aucune chance de succès, dans le combat à outrance dont nous allons voir la triste issue.

Dès le 24 au soir, trois représentants du peuple, MM. Larabit, Galy-Cazalat, Druet-

---

(1) Parmi ces ouvriers, on compte environ dix-huit mille ébénistes dont beaucoup sont d'origine allemande.

(1) Sans favoriser aucunement l'insurrection, Caussidière resta constamment en rapport avec les faubourgs par ses montagnards et par les membres de la société des Droits de l'homme.

(2) Le capitaine Cortizet se défendit vaillamment jusqu'à neuf heures du soir ; il n'eut qu'un seul homme tué et trois blessés, tandis que les insurgés, qui se ruaient contre la caserne avec une fureur aveugle, eurent soixante hommes mis hors de combat.

ATTAQUE GÉNÉRALE DU FAUB. UAG SAINT-ANTOINE. (P. 472.)

Desvaux, étaient entrés très-avant dans le faubourg afin d'y porter le décret de l'Assemblée et d'entamer quelques négociations avec les chefs de barricades. On les avait traités avec égard, mais en les retenant prisonniers. Ce n'était pas sans peine que M. Larabit avait obtenu sa liberté conditionnelle. Accompagné de quatre délégués, il s'était rendu auprès du général Cavaignac, pour lui faire connaître les vœux des insurgés, après avoir pris l'engagement de venir retrouver ses collègues, s'il n'obtenait pas une capitulation honorable. Vers la même heure, un écrivain du parti démocratique, M. Raymond des Mesnars, se rendait dans la même intention auprès du général Perrot; il était environ trois heures après minuit.

Le général Perrot avait établi son quartier général dans une maison située à l'angle de la rue Saint-Antoine et de la place de la Bastille. M. Recurt, ministre de l'intérieur, et Edmond Adam étaient près de lui. Les délégués, introduits en sa présence, y paraissent avec l'attitude la plus hautaine. Ils parlent, non en vaincus qui espèrent quelque grâce, mais en vainqueurs qui dictent des conditions : « Nous nous sommes battus pour nos principes, comme vous pour les vôtres, disent-ils; nous ne sommes pas vaincus; vous n'êtes pas parvenus à entrer ce soir dans notre faubourg, vous n'y entrerez pas demain. Nous offrons une capitulation, non une soumission; nous voulons rester armés et libres. » Puis ils exposent, de la manière la plus nette, les conditions auxquelles ils entendent capituler.

Ils exigent :

1° Que le décret sur les ateliers nationaux soit rapporté;

2° Que l'Assemblée nationale décrè; droit au travail;

3° Que l'armée soit éloignée de Paris à une distance de quarante lieues;

4° Que les prisonniers de Vincennes soient élargis;

5° Que le peuple fasse lui-même la constitution de la République.

Il n'y avait guère moyen de s'entendre sur de pareilles bases. Le général Perrot et le ministre en posaient de bien différentes : ils demandaient la délivrance immédiate des représentants retenus prisonniers; la destruction des barricades par les insurgés eux-mêmes; le désarmement du faubourg et son occupation par la troupe.

On essaye, pendant plus d'une heure, d'arriver, de part et d'autre, à une transaction. M. Recurt était d'avis de faire des concessions considérables. Dans ses entretiens particuliers avec les délégués, il leur avait promis l'amnistie. Sur ses instances, on préparait la rédaction d'une capitulation en forme, quand M. Edmond Adam, qui tenait la plume, la jette loin de lui, déclare qu'il ne se reconnaît pas le pouvoir d'entrer ainsi en composition avec une insurrection vaincue et qu'il faut en référer au général en chef.

Le général Perrot adopte cet avis et veut, lui-même, aller prendre les ordres du général Cavaignac. M. Edmond Adam se rend, de son côté, à l'hôtel de la présidence. Déjà le colonel Larabit, M. Raymond des Mesnars et trois autres délégués du peuple étaient en conférence avec M. Senard. Leur langage s'était modéré; ils n'imposaient plus de conditions.

En quittant le faubourg Saint-Antoine, M. Raymond des Menars avait envoyé aux chefs de section un avis ainsi conçu :

« Le citoyen Raymond, fourrier de la 6ᵉ compagnie du 4ᵉ bataillon, parlementaire des combattants du faubourg, prie tous les chefs de barricades de ne recommencer les hostilités que s'ils étaient attaqués eux-mêmes. Il peut se faire que les citoyens otages ne soient de retour que demain matin.

« Au camp, devant le faubourg, 25 juin 1848. »

Il apportait à M. Senard une adresse signée de plusieurs chefs de barricades :

« Citoyen président, disait cette adresse, nous ne désirons pas l'effusion du sang de nos frères. Nous avons toujours combattu pour la République démocratique. Si nous adhérons à ne pas poursuivre la sanglante révolution qui se prépare, nous voulons aussi conserver nos titres et nos droits de citoyens français. »

Au-dessous des signatures apposées à l'adresse on lisait ces mots :

« Les vœux exprimés ci-dessus nous paraissent si justes et si d'accord avec les nôtres, que nous nous y associons complétement, croyant que personne ne verra dans cette adhésion un acte de faiblesse.

Signé : LARABIT, DRUET-DESVAUX, GALY-CAZALAT. »

L'entretien des délégués du faubourg avec le président de l'Assemblée dura plus d'une heure. M. Senard a déclaré depuis qu'il avait été plusieurs fois, pendant cet entretien, ému jusqu'aux larmes. L'accent de ces hommes était d'une grande sincérité. « Le faubourg Saint-Antoine, disaient-ils, est dévoué à la République (1); les ouvriers ne combattent pour aucun prétendant, mais uniquement pour défendre le gouvernement républicain qu'ils croient en péril. On leur parle de doctrines anti-sociales; ils ne les connaissent pas. Ils les repousseraient avec indignation; et ce témoignage mérite croyance, car, depuis soixante-douze heures qu'ils sont maîtres du faubourg, pas un acte contre la propriété n'a été commis, pas une menace n'a été proférée par ces hommes armés qui manquent de pain. »

(1) Les ouvriers du faubourg Saint-Antoine étaient persuadés que la République était attaquée par les royalistes. A plusieurs reprises, ils exprimèrent un étonnement singulier en entendant la garde nationale et la garde mobile crier en montant à l'assaut des barricades : « *Vive la République !* »

Les délégués conjurent M. Senard de se faire leur médiateur; ils lui promettent que le faubourg se rendra, qu'il détruira lui-même ses barricades, à la condition que les armes ne seront pas enlevées militairement aux combattants, mais qu'ils les déposeront, après la pacification, dans les mairies.

Ils demandent aussi qu'il ne soit pas fait de prisonniers immédiatement et qu'on n'ôte la liberté qu'aux hommes que la justice devra atteindre, comme coupables d'excitation à la révolte. Ils expriment enfin le désir qu'une proclamation, rédigée par les parlementaires, approuvée par M. Senard, soit portée sur l'heure à l'imprimerie de l'Assemblée et affichée dans le faubourg.

Le président consent à demi; il supplie à son tour les délégués de rentrer, *en enfants soumis et repentants, dans le sein de la République*. Leur ayant fait servir quelques rafraîchissements, il porte avec eux un toast à la République *démocratique et sociale*, en donnant de cette formule une explication qui paraît acceptée. Puis, il conduit lui-même les délégués au général Cavaignac.

Ici l'accueil est tout différent. Le général a entendu le rapport du général Perrot; il a causé avec M. Edmond Adam. Dans l'intervalle, il a reçu une dernière dépêche du général Lamoricière qui l'adjure de ne consentir à aucune capitulation. Si l'armée, victorieuse enfin, après trois jours de combats héroïques, n'obtenait pas la reddition du faubourg sans condition, elle serait humiliée, démoralisée à jamais. C'est la conviction du général Lamoricière.

Depuis ses derniers succès au faubourg Saint-Denis, il traite d'insensé, de traître, quiconque lui parle de capitulation. Il a repoussé à plusieurs reprises des représentants, des officiers de la garde nationale qui sont venus lui parler dans ce sens. Tout à l'heure, il n'a répondu que par une exclamation d'une énergie soldatesque à un officier d'ordonnance du général Perrot, qui vient lui demander s'il faut accepter les propositions des insurgés. Il est résolu, dit-il, à se faire tuer plutôt que de céder. Cette résolution est trop conforme au sentiment du général en chef pour qu'il hésite à l'adopter.

Le général écoute avec froideur les propositions de M. Raymond des Mesnars. D'autres députations qui parlent un langage plus hautain, s'attirent des réponses plus sévères. C'est en vain que M. Raymond des Mesnars insiste pour que les conventions, qui semblaient acceptées par M. Senard, soient maintenues. Le général Cavaignac, au nom de la République, au nom de l'Assemblée nationale, au nom du Peuple lui-même, dont il défend le droit et l'honneur, déclare qu'il ne saurait pactiser avec la révolte. Il parle avec chaleur, avec une éloquence puisée dans une conviction inébranlable. Il s'attache encore à faire comprendre aux insurgés l'étendue de leur faute et ses conséquences funestes; il va jusqu'à leur démontrer l'impossibilité pour eux de résister plus longtemps à l'armée : « Croyez-moi, leur dit-il, je suis soldat, je connais mieux que vous vos ressources et vos chances de succès. Vous êtes cernés de toutes parts; vous ne pouvez plus échapper à la mort, à la ruine; vous ne pourrez plus qu'entraîner avec vous, dans un désastre épouvantable, vos femmes, vos enfants, vos concitoyens et peut-être la République. »

Mais à ces exhortations, à ces prières d'un citoyen ému, d'un général victorieux, les délégués ne répondent que par le silence. Ils s'apprêtent à retourner dans le faubourg. Le général, en les suppliant une dernière fois de réfléchir à ce qu'ils vont faire, et pour leur donner le temps de porter ses paroles aux insurgés, accorde que la trêve, dont le terme approche, soit prolongée jusqu'à dix heures.

MM. Larabit, Raymond des Mesnars et les autres délégués repartent pour le faubourg vers six heures et demie. Ils s'arrêtent un moment auprès du général Perrot et lui font connaître les décisions du général en chef. Puis, ils s'avancent seuls sur la place de la Bastille.

Le moment est solennel. Un silence profond règne de tous côtés. Tout ce peuple en armes reste immobile; tous les yeux suivent les pas des délégués. Ils marchent lentement vers la barricade du faubourg; ils y montent; ils prononcent quelques paroles que les insurgés seuls entendent.

Aussitôt, une clameur immense s'élève dans l'air; une sorte de mugissement sourd, plus sinistre que le bruit de la fusillade, gronde pendant quelques minutes, se prolonge d'une extrémité à l'autre du faubourg : « Mort à Cavaignac! crient à la fois plus de six mille voix; mort au bourreau du peuple! »

Cette dernière imprécation d'un désespoir impuissant vient retomber et expirer dans un effrayant silence.

A ce moment, le général Perrot tire sa montre. Elle marque dix heures : « Messieurs, dit-il aux officiers qui l'entourent, il ne faut pas se montrer trop rigoureux; accordons encore dix minutes de grâce. »

Les dix minutes s'écoulent. Personne ne paraît sur la place. On s'agite derrière la barricade. Le général Perrot donne le signal. Au même moment, on entend le premier coup de canon du général Lamoricière qui a repris, dès la veille, toutes les barricades du boulevard extérieur et qui ouvre le feu par le faubourg du Temple. Les soldats s'élancent en avant. Un jeune homme paraît sur la barricade; il agite en l'air un mouchoir. Il fait signe qu'on veut parlementer. Mais il n'est plus temps. Les soldats sont lancés au pas de course; il n'y a plus moyen de les retenir. Le bruit des détonations étouffe la voix du parlementaire. Il disparaît dans un nuage de fumée.

Après un quart d'heure de combat, le feu des insurgés s'éteint. La troupe franchit la barricade. M. Edmond Adam y monte un des premiers, au cri retentissant de : Vive la République!

La troupe s'arrête un moment. Les insurgés se retirent avec lenteur, derrière les barricades qu'ils s'apprêtent à défendre. Il n'y en a pas moins de soixante-cinq depuis la place de la Bastille jusqu'à la barrière du Trône.

M. Adam, MM. Ducoux et Lacrosse, représentants du peuple, s'avancent dans le faubourg pour tâcher de prévenir de nouveaux et inutiles combats. Ils s'adressent aux insurgés; ils les supplient de jeter leurs armes. Ceux-ci ne peuvent encore s'y résoudre. Déjà, cependant, on voit paraître, d'un côté, la tête de la colonne du général Perrot; de l'autre, l'avant-garde du général Lebreton qui s'avance par la route de Vincennes.

Les insurgés, qui d'abord ont battu lentement en retraite en brûlant leurs dernières cartouches, comprennent enfin que tout est perdu et commencent à défaire leurs barricades; les femmes qui sentent que c'est un moyen d'éviter les derniers malheurs s'y emploient avec eux. Les plus fiers d'entre les combattants, les plus énergiques, ceux qui ne sauraient se résigner à cette humiliation, se dispersent dans la plaine (1).

Moins d'une heure après, M. Corbon, vice-président de l'Assemblée, montait à la tribune et lisait, avec une émotion profonde, la lettre du général Cavaignac, qui annonçait à la représentation nationale son triomphe définitif sur le prolétariat révolté.

« Citoyen président, disait le général, grâce à l'attitude de l'Assemblée nationale, grâce au dévouement de la garde nationale et de l'armée, la révolte est détruite. Il n'y a plus de lutte dans Paris. Aussitôt que j'aurai la certitude que les pouvoirs qui me sont confiés ne sont plus nécessaires, j'irai les remettre respectueusement entre les mains de l'Assemblée. »

En même temps, on affichait sur les murs de Paris cette proclamation :

---

(1) Les communes de la Chapelle et de Belleville furent occupées simultanément; celle de la Villette ne se rendit qu'à sept heures du soir, après la prise d'une dernière barricade, à la barrière des Amandiers, où le général Courtigis fut blessé. On procéda immédiatement au désarmement de ces trois communes qui avaient été des centres d'insurrection très-ardents.

LE CHEF DU POUVOIR EXÉCUTIF

A la garde nationale et à l'armée

« Citoyens, soldats !

« La cause sacrée de la République a triomphé. Votre dévouement, votre courage inébranlable, ont déjoué de coupables projets, fait justice de funestes erreurs. Au nom de la patrie, au nom de l'humanité, soyez remerciés de vos efforts, soyez bénis pour ce triomphe nécessaire.

« Ce matin encore, l'émotion de la lutte était légitime, inévitable ; maintenant soyez aussi grands dans le calme que vous l'avez été dans le combat. Dans Paris, je vois des vainqueurs et des vaincus ; que mon nom reste maudit, si je consentais à y voir des victimes.

« La justice aura son cours. Qu'elle agisse ; c'est votre pensée, c'est la mienne.

« Prêt à rentrer au rang de simple citoyen, je reporterai au milieu de vous ce souvenir civique de n'avoir, dans ces grandes épreuves, repris à la liberté que ce que le salut de la République lui demandait lui-même, et de léguer un exemple à quiconque pourra être, à son tour, appelé à remplir d'aussi grands devoirs (1).

« Général E. CAVAIGNAC. »

A deux jours de là, le 28 juin, le général Cavaignac venait déposer ses pouvoirs entre les mains de l'Assemblée nationale, qui, en les lui conférant de nouveau pour un temps indéterminé, décrétait qu'il avait *bien mérité de la patrie.*

---

(1) Les passions politiques se sont efforcées d'enlever au général Cavaignac l'immortel honneur d'avoir conçu et écrit cette proclamation. L'histoire le lui restitue tout entier. Des témoins irrécusables ont vu le général Cavaignac l'écrire de sa propre main, d'un bout à l'autre, avec une émotion que la seule improvisation comporte. D'ailleurs, je n'ai jamais entendu ni lu, de la voix ou de la main des personnes auxquelles on a voulu en attribuer la rédaction, rien d'analogue.

QUATRIÈME PARTIE

LA RÉACTION

Ici s'arrête, à proprement parler, le mouvement révolutionnaire de 1848 et la tâche que j'ai entreprise de rechercher, jusque dans ses moindres oscillations, jusque dans ses manifestations les plus éphémères, son caractère essentiel.

La victoire remportée par le général Cavaignac sur l'insurrection de juin est le dernier terme de ce mouvement complexe, provoqué par l'action commune du prolétariat et de la bourgeoisie, auquel l'instinct populaire donnait, le 24 février 1848, le nom de révolution *politique et sociale*.

Par cette victoire, la scission à peine sensible au sein du gouvernement provisoire, mais toujours croissante depuis l'ouverture de l'Assemblée entre la révolution sociale et la révolution politique est consommée. Le prolétariat, qui a attenté deux fois au principe de la souveraineté du peuple, est châtié sévèrement et disparaît de la scène ; désormais le mouvement appartient exclusivement à la bourgeoisie.

Sous le gouvernement des républicains auxquels elle en remet la direction, il demeure un moment comme suspendu entre le flux et le reflux de l'opinion, entre la révolution et la réaction. Mais bientôt le courant naturel de l'opinion qui, laissé à lui-même, s'arrêterait à la République tempérée, grossit et déborde sous l'action des partis. Les hommes d'État des anciennes dynasties se croyant près de ressaisir le pouvoir poussent au renversement des institutions républicaines. De la réaction contre la révolution sociale la bourgeoisie se laisse emporter jusqu'à la réaction contre la révolution politique. Les républicains modérés sont écartés, après qu'ils ont servi à mettre hors de cause les socialistes et les radicaux. Tout recule, tout se précipite en arrière ; la société semble disposée à rentrer dans les formes qu'elle vient de détruire, quand un nom surgit tout à coup, dont la fascination attire et arrête à soi les courants les plus opposés de l'opinion, et, s'imposant avec une puissance inouïe à la révolution chancelante, lui annonce et promet de lui donner une forme, une impulsion, une existence nouvelle.

Le moment n'est pas venu encore d'écrire l'histoire circonstanciée de cette nouvelle phase du mouvement démocratique qui commence à l'élection de Louis-Napoléon Bonaparte à la présidence de la République ; moins qu'à tout autre, d'ailleurs, il m'appartiendrait de le tenter.

Profondément convaincu de l'excellence des institutions libres et certaine que la démocratie, le jour où elle aura une parfaite conscience d'elle-même, de ses principes, de ses besoins moraux et matériels, ne leur trouvera pas d'expression supérieure et rentrera dans les conditions rationnelles du progrès, j'expliquerais mal certaines crises de son développement, inévitables peut-être, mais bien douloureuses, puisqu'elles semblent exclure la liberté. Je me bornerai donc ici, afin d'éclairer encore de quelque reflet l'histoire qu'on vient de lire, à rapporter succinctement les principaux actes politiques du général Cavaignac et la fin rapide d'un gouvernement qui emporta dans sa chute le dernier simulacre de pouvoir resté encore à la bourgeoisie républicaine.

Certes, ce n'est point une exagération de dire que, après l'insurrection de juin, la société tout entière, qui demeurait, malgré sa victoire, en proie à un sentiment de terreur auquel on ne saurait rien comparer depuis l'invasion de Rome par les barbares, salua son libérateur d'une acclamation unanime et lui remit, dans un véritable transport de reconnaissance, le soin de la conduire et de la préserver de nouveaux périls.

Depuis longtemps prévue, souhaitée par l'opinion, nécessitée enfin par l'événement, l'élévation du général Cavaignac avait un sens profond, auquel peut-être on n'a pas donné jusqu'ici une attention suffisante.

Pour la troisième fois depuis le renversement du trône de juillet, ce qu'on appelle la force des choses, c'est-à-dire cette voix latente qui se dégage à certains moments décisifs dans la vie des peuples de l'état général des idées et des mœurs, se prononçait et proclamait la République; pour la troisième fois aussi, et à chaque fois d'un accent moins équivoque, elle marquait le caractère démocratique, mais le mouvement tempéré que le pays entendait donner au gouvernement républicain.

Le nom de M. de Lamartine au gouvernement provisoire, la popularité passionnée qui l'entoura et qui ne voulut voir que lui, même en ces heures d'ivresse où l'élément populaire débordé semblait assigner à quelques-uns de ses collègues le rôle principal, furent une première indication, mais déjà très-précise, des limites tracées à la révolution par le commun instinct les élections pour l'Assemblée constituante en furent un autre. Ces élections, aussi générales, aussi libres qu'il était possible de les concevoir, donnèrent à l'état républicain sa sanction, en même temps que son interprétation la plus large et la plus modérée.

Aussi, quand l'Assemblée constituante, en se réunissant, fit retentir le cri de : « Vive la République ! » ne parut-elle à personne ni hypocrite ni téméraire, car chacun sentait en elle et souhaitait qu'elle exprimât dans les lois l'esprit de liberté, d'égalité, de fraternité qui éclairait visiblement alors la raison et qui remuait les entrailles de la France.

J'ai tâché d'expliquer, en retraçant les fautes politiques des partis qui se formèrent au sein de l'Assemblée, comment s'opéra la scission entre les deux classes qui, dans Paris, avaient fait la révolution, si ce n'est de concert, du moins ensemble.

Cette scission funeste, née dans le cerveau malade de quelques fanatiques, rendue plus profonde par l'inaction du gouvernement, par les excitations des factieux et les prédications des sectaires, cet antagonisme plus factice que réel, entre la république politique et la république sociale, entre la bourgeoisie et le prolétariat, aboutit, comme nous venons de le voir, par une logique rapide à la révolte et à la défaite des prolétaires.

La victoire que l'Assemblée nationale remporta sur l'insurrection fut applaudie par la France et par l'Europe, comme une victoire de l'ordre sur l'anarchie. Cette appréciation était juste, mais incomplète. Réprimer une révolte contre la souveraineté nationale, c'était assurément rétablir l'ordre, mais non pas seulement un ordre apparent et tout matériel, tel que le concevait la peur du vulgaire, ou tel que le voulait, en attendant autre chose, l'hypocrisie des partis, c'était surtout rétablir cet ordre moral autant que politique, qui naît, dans une société libre, de la soumission des esprits à des institutions conformes à l'état des mœurs.

C'est ainsi que le comprit l'Assemblée constituante lorsqu'elle conféra le pouvoir suprême à un homme dont le nom et l'épée étaient tout à la fois un symbole et un gage de l'ordre républicain. De son aveu, de l'aveu du peuple qu'elle représentait, l'idée républicaine se concentra dans un homme, comme pour se rendre plus sensible. Afin d'imposer mieux à ses ennemis le sentiment de sa force, elle se personnifia dans un soldat.

En présence de ce grand fait, la société préservée de l'anarchie par les républicains, aucune opposition sérieuse à la République n'était plus possible. L'élévation du général Cavaignac, comme l'État républicain lui-même qu'il venait de sauver et qu'il était chargé de raffermir, avait un caractère de nécessité qui, sans en diminuer l'éclat, en doublait la force et devant lequel tous les partis rentraient dans le silence. Jamais plus soudaine élévation ne s'était produite avec moins de part de la personne exaltée. Le général Cavaignac n'avait pas été libre de la vouloir ou de ne la pas vouloir; la convoiter ou la repousser, lui eût été presque également impossible. Son absence prolongée de la France et la trempe de son caractère, en le rendant étranger aux partis qui se disputaient la conduite des affaires, étaient une cause principale, mais toute négative de sa fortune. Plus sa personne restait inconnue, mieux la double idée qui s'attachait à son nom républicain et à sa profession de soldat devait apparaître à l'heure où le besoin de contenir la révolution et l'impossibilité de fonder, en dehors de cette révolution même, une autorité capable de la dominer, éclataient à la fois de toutes parts et s'imposaient à la conscience publique.

C'est le propre des civilisations avancées qu'elles se soustraient davantage, dans leur marche plus compliquée et plus savante, aux influences personnelles, à ce qu'on pourrait appeler l'accident, le hasard. Les idées y engendrent plus manifestement les faits. Les événements semblent s'y ranger sous une loi supérieure que trouble de moins en moins l'action des volontés particulières. Par une contradiction qui n'est qu'apparente, plus la liberté humaine croit en puissance, plus aussi elle s'ordonne et se soumet à cette nécessité divine, à cette invisible souveraineté qui gouverne le monde. Aussi voyons-nous dans la suite des histoires qui transmettent d'une génération à l'autre les révolutions des empires, la tâche du narrateur s'amoindrir à mesure que s'étend celle du philosophe. Les aventures perdent leur vraisemblance, les faits ne s'expliquent plus par le caprice du sort; les héros même ne sauraient plus nous intéresser si l'on ne sait nous montrer en eux l'expression vivante d'un temps et le génie d'un peuple.

C'est ce genre d'intérêt et d'instruction sévère, mais supérieure, qu'offre à un haut degré, selon moi, la révolution de 1848. Le mouvement général des idées y est tout; la valeur relative et passagère de certains hommes que ce mouvement amène au premier rang y est peu de chose. Nous l'avons vu dans la popularité si instantanée et si vite évanouie de M. de Lamartine; l'élévation et la chute du général Cavaignac en seront un nouvel exemple; plus tard, l'exemple deviendra plus frappant encore dans la fortune prodigieuse du nom de Louis Bonaparte.

Il n'est presque personne en France qui ne crût, après l'insurrection de juin, le gouvernement républicain raffermi pour un long espace de temps. En voyant l'Assemblée nationale et le général Cavaignac, en parfait accord d'intentions, préparer ce gouvernement régulier, ce pouvoir constitutionnel après lequel chacun soupirait, on ne mettait plus guère en doute la possibilité de combiner, dans des institutions durables, la liberté et l'autorité dont on éprouvait un égal besoin.

La force mutuelle que se prêtaient en ce moment le pouvoir exécutif et le pouvoir législatif en paraissait un présage certain; toutes les difficultés de la situation politique semblaient aplanies. Le socialisme et ses

INSURGÉS CONDUITS DANS LES PRISONS. (P. 482.)

exigences outrées pour longtemps hors de cause; la majorité républicaine dans l'Assemblée, désormais confiante dans ses propres forces, mais disposée à suivre l'impulsion du chef qu'elle s'est donné; les partis royalistes réduits, une seconde fois, par la grandeur de l'événement, à feindre l'acquiescement à la République; l'armée rétablie dans Paris; des généraux victorieux qui ne réclament rien, après le péril, de l'honneur du succès et se rangent avec déférence derrière celui auquel ils commandaient encore la veille; la révolution, bien que domptée au dedans, assez puissante au dehors pour que les souverains ne puissent susciter à la France aucun embarras: tel était l'ensemble des faits qui créaient au général Cavaignac une situation plus grande et plus forte, en apparence, que ne l'avait eue, depuis longtemps, aucun des hommes qui avaient possédé le pouvoir. Mais si la situation d'un homme lui est faite le plus souvent par des circonstances où il n'a que peu ou point de part, l'avantage qu'il tire de cette situation est toujours son œuvre personnelle.

Ce fut un malheur pour la France que le général Cavaignac ne joignît pas au sentiment du bien, du beau, du juste, qui était en lui et qui le plaçait au niveau des situations les plus élevées, cette pénétration de l'intelligence qui les comprend tout entières et cette spontanéité d'action qui les domine. Si son génie lui eût révélé la triple force qui s'attachait à son nom, à son épée, à sa situation, il eût accompli une phase décisive de la révolution française, en fondant, pour une longue période de temps, le gouvernement républicain. Mais, ainsi qu'ont pu le faire pressentir quelques traits esquissés précédemment, le général Cavaignac ne devait comprendre sa tâche et son rôle que d'une manière incomplète. Tout au contraire de M. de Lamartine, qui, pour s'être formé un idéal trop vaste de la révolution, négligea de pourvoir à l'établissement de la République, le général Cavaignac, s'embarrassant dans une application scrupuleuse, défiante et timide du gouvernement républicain, fermera son esprit aux inspirations hardies de la révolution. Ces deux hommes, semblables en courage et en noblesse d'âme, mais qui formaient par d'autres côtés de leur nature un contraste très-accusé, devaient avoir une même fin politique. Lamartine, à force de rêver la gloire, laissa échapper l'autorité; Cavaignac, occupé à défendre son autorité et surtout à préserver son honneur, ne connut pas ces élans vers la gloire qui entraînent les hommes. L'un et l'autre, en présence d'une Assemblée qui ne demandait qu'à être dirigée, ne surent ou ne voulurent exercer sur elle aucune action; Lamartine, parce qu'il la dédaignait un peu; Cavaignac, parce qu'il la respectait trop. Tous deux se perdirent et perdirent la révolution; l'un, parce qu'il la croyait accomplie déjà; l'autre, parce qu'il la jugeait impossible.

J'ai dit qu'au moment où le général Cavaignac prit en main la conduite des affaires, la société tout entière s'abandonnait à un sentiment de terreur rétrospective qui survécut longtemps au danger qu'elle avait couru. Le combat acharné qu'on s'était livré pendant quatre jours laissait dans les imaginations une impression profonde que l'aspect de Paris ravivait à toute heure. La vaste étendue du champ de bataille dont chacun, pendant le combat, n'avait mesuré qu'un point circonscrit, étonnait la pensée. Sur un espace de plusieurs lieues et qui comprend plus de la moitié de la ville, le boulet, l'obus, la mitraille, le canon, la sape et la mine n'ont pas cessé, pendant près de cent heures, d'exercer leurs ravages. Les colonnades, les frontons des palais et des églises sont mutilés, des façades entières de maisons ont disparu. Des bivacs, des parcs d'artillerie, sont établis sur les places publiques; on voit passer des chariots remplis d'armes enlevées aux vaincus (1). De longs convois de prisonniers s'acheminent vers les forts; les prisons sont encombrées; les arrestations sont faites par masses. On assure que dans le premier moment il n'y en a pas eu moins de vingt-cinq mille. Bien des haines personnelles, bien des rivalités de professions ont saisi l'occasion inespérée de se satisfaire en paraissant servir la chose publique; les délations anonymes sont innombrables. Les enfants de la garde mobile, qui se considèrent comme les vainqueurs de Paris et qu'on ne parvient pas à faire rentrer sous la discipline, plus de cent mille gardes nationaux accourus de tous les points de la France et qui n'ont pas pris part au combat, amusent leur désœuvrement et signalent leur zèle par des perquisitions et des arrestations, dont leur caprice est la seule règle et l'unique prétexte. Au bout de quelques jours, l'autorité est si embarrassée de ses prisonniers, le danger de pareilles agglomérations d'hommes dans des espaces étroits et insalubres devient tel, qu'elle en fait relâcher, sans examen, plus de la moitié (2).

On craignait aussi, malheureusement ce n'était pas sans raison, que les ressentiments de la garde nationale ne la portassent à de tristes excès. Les factionnaires en sentinelle devant le caveau de la terrasse du bord de l'eau, dans le jardin des Tuileries, où quinze cents personnes sont entassées dans une boue fétide, ont tiré sur ces malheureux qui se disputaient les places voisines des soupiraux par lesquels leur venait un peu d'air et de lumière. Pour contenir les gardes mobiles, quelques officiers leur ont laissé entendre

---

(1) On a compté plus de cent mille fusils saisis dans les quartiers insurgés.

(2) Selon le rapport de la commission d'enquête, sur vingt-cinq mille personnes arrêtées pendant l'insurrection et immédiatement après, on n'en garda, au bout de quelques jours, que onze mille cinquante-sept.

que l'on procéderait incessamment à des fusillades en masse (1). La peur inouïe qu'inspiraient aux bourgeois de Paris les insurgés vaincus, tolérait, encourageait en quelque sorte les mauvais traitements auxquels ils étaient en butte. Pendant plus d'un mois après l'insurrection, l'annonce de quelque événement impossible venait chaque jour jeter l'alarme dans la population. Tantôt les insurgés, cachés dans les catacombes, allaient faire sauter en l'air le faubourg Saint-Germain; tantôt ils devaient couper tous les conduits de gaz et se livrer dans les ténèbres à un immense massacre. Le soir, on prétendait apercevoir des signaux qui se répondaient de maison en maison; on entendait dans les caves des bruits inexplicables; les orgues de Barbarie jouaient des refrains mystérieux. Les imaginations troublées attribuaient aux insurgés une volonté et une puissance du mal véritablement satanique (2). Le spectacle que présentaient les hôpitaux était navrant. Pendant les premiers jours, l'affluence y avait été si grande que, malgré le dévouement des médecins, on n'était parvenu à donner à tous les blessés que les premiers soins indispensables (1). En dépit de la surveillance des gardiens, les gardes nationaux, les gardes mobiles, les insurgés, qui gisaient là, dans les mêmes salles, dans les mêmes rangs, s'insultaient, se menaçaient d'un lit à l'autre. Ceux-ci gardent à leur chevet le drapeau qu'ils ont enlevé sur la barricade; ceux-là disent tout haut qu'ils ne tarderont pas à prendre leur revanche; quelques-uns trouvent dans le délire de la fièvre la force de se lever et se jettent avec rage sur le malheureux dont le lit est le plus voisin. D'affreux accidents nerveux, des folies furieuses se déclarent (2). On est obligé de mettre la camisole de force à plusieurs bles-

(1) On a parlé beaucoup de fusillades qui auraient eu lieu après le combat; aucun des récits que j'ai entendus n'établit à cet égard de faits positifs. Selon les témoignages les plus dignes de foi, on compterait environ cent cinquante insurgés fusillés par la troupe ou la garde mobile. M. Louis Blanc, qui n'est pas suspect d'indulgence pour les vainqueurs de juin, a constaté en termes énergiques le *caractère purement individuel* de quelques actes odieux. « Pas de responsabilité collective, pas d'accusations généralisées, s'écrie-t-il; grâce au ciel, il n'est pas de classe en France à qui l'on puisse légitimement imputer de tels excès; ils furent l'œuvre de forcenés, dignes d'être reniés par tous les partis, mais à qui, malheureusement, l'état de siége, la stupeur publique, la colère et la peur des uns, la douleur des autres, livrèrent une odieuse puissance. » (*Nouveau Monde*, n° 6, 1er mars 1851). Nulle part, quoi qu'on en ait dit, ces exécutions ne se firent sur l'ordre, ni même avec la tolérance des chefs. Le général Bedeau, M. Guinard et d'autres officiers supérieurs firent des efforts inouïs pour sauver les prisonniers. Sur la place de l'Hôtel-de-Ville, MM. Marrast et Edmond Adam luttèrent avec les gardes mobiles pour leur arracher leurs victimes.

(2) L'autorité fut obligée de donner quelque satisfaction à ces frayeurs absurdes. On fit des fouilles aux flambeaux dans les catacombes et des perquisitions dans les maisons signalées. Ces fouilles et ces perquisitions n'amenèrent aucun résultat. Les reflets de la lune sur le pavillon vitré d'un daguerréotypeur, la chandelle d'une pauvre ouvrière restée à son ouvrage très-avant dans la nuit, le piaffement des chevaux dans des écuries souterraines, avaient causé ces incroyables alarmes.

(1) Voici le relevé général des blessés reçus pendant les quatre jours de l'insurrection dans les principaux hôpitaux de Paris :

Charité	120
Val-de-Grâce	190
Hôtel-Dieu	451
Hôpital Dubois	90
Clinique	78
Saint-Lazare	75
Saint-Louis	580
Beaujon	110
Bon-Secours	16
Saint-Merry	47
Pitié	8
Saint-Antoine	60
Lourcine	11
Bicêtre	9
Cochin	11
Incurables	85
Hôtel-Dieu (annexe)	61
Hôpital Necker	11
Hôpital du Midi	4
Tuileries	78
Ambulances connues	364
Total général	2.529

(2) On a constaté que la plupart des folies furent, chez les insurgés, des folies d'orgueil. Presque tous se croyaient de grands hommes et des réformateurs. Ils dictaient des constitutions, abolissaient l'esclavage et la misère. Chez les femmes, c'était l'inquiétude pour leurs maris ou leurs enfants qui produisait généralement l'aliénation mentale. Malgré les accidents nombreux qui suivirent l'insurrection, le chiffre total des aliénations mentales, en 1848, ne dépassa que de très-peu le chiffre ordinaire. Les révolutions qui multiplient certaines causes d'aliénation en font disparaître d'autres. Les événements de la vie privée perdent de l'importance à mesure que ceux de la vie publique en prennent davantage.

sés; la sentinelle présente la baïonnette en allant et en venant dans les couloirs.

La mortalité dépasse toute proportion. Dans le seul hôpital Saint-Louis, elle est d'un blessé sur quinze pour les militaires; d'un sur six pour les insurgés (1).

L'exaltation et le désespoir des insurgés aggravent singulièrement leur état. Beaucoup d'entre eux, dans la crainte d'être fusillés, sont restés cachés longtemps dans des réduits d'où ils ne sortent que vaincus par d'intolérables souffrances et quand la gangrène ronge déjà leurs os. Privés des soins de leurs familles qui n'osent se présenter dans les hôpitaux, en butte aux mauvais traitements des gens de service qui, malgré les ordres sévères des médecins, n'ont de soins et d'égards que pour les blessés de la garde nationale, forcés de répondre aux interrogatoires du juge d'instruction (2), et certains que, s'ils guérissent, ce sera pour passer devant les conseils de guerre, leur condition est la plus misérable du monde. Plusieurs arrachent l'appareil de leurs blessures; d'autres essayent de se laisser mourir de faim, préférant la mort à de si douloureuses incertitudes.

On n'a pas connu avec exactitude le chiffre des morts (3). Encore aujourd'hui, on n'est parfaitement certain ni du nombre des détenus, ni du nombre des insurgés. D'après la statistique des journaux de médecine, il y aurait eu 2,529 blessés soignés dans les hôpitaux de Paris; le nombre de ceux qui ont été soignés à domicile a dû être beaucoup plus considérable, mais il est impossible de le constater. Selon le rapport du préfet de police, M. Ducoux, en date du 8 octobre, le nombre total des morts, civils et militaires, à la suite de l'insurrection, aurait été de 1,460; les deux tiers appartenaient à l'armée et à la garde nationale (1). Le général Cavaignac a dit, à la tribune, dans la séance du 3 juillet, que *personne n'évaluait à plus de cinquante mille le nombre total des insurgés, et que l'armée comptait en tout sept cent trois hommes tués ou blessés*.

Cependant les convois et les services funèbres se succédaient avec une continuité lugubre. Le 6 juillet, on fit une cérémonie générale en l'honneur de toutes les victimes de l'insurrection. Au pied de l'obélisque de Louqsor, un autel somptueux fut dressé où trois évêques, appartenant à l'Assemblée constituante, célébrèrent le service divin. L'Assemblée et son président, le général Cavaignac, le maire de Paris, la plupart des officiers supérieurs de l'armée, les chefs de la garde nationale, y assistaient. Un char symbolique, surmonté d'un catafalque et qui renfermait les corps d'un certain nombre de victimes s'avança par l'avenue des Champs-Élysées vers l'autel et fut béni par les évêques.

Mais, malgré l'appareil extraordinaire que l'on avait voulu déployer en cette solennité, elle parut vide et froide à tous ceux qui en saisirent le caractère. Tout y était officiel, contraint, plein de contradictions. On y voyait bien encore les emblèmes républicains; on y

---

(1) Voir les journaux de médecine : la *Gazette des hôpitaux*, l'*Union médicale*, etc.

(2) Il faut dire à l'honneur des médecins de la Faculté de Paris qu'ils s'opposèrent avec beaucoup de fermeté à ces interrogatoires. « Il n'y a ici pour moi que des malades et non des prévenus, » répond M. Michon, chirurgien de la Pitié, au juge d'instruction qui voulait savoir de lui le chiffre des insurgés reçus dans ses salles. « Je ne connais ici que des blessés, » dit le docteur Roux, à qui l'on demande combien il a dans son service de gardes nationaux et combien d'insurgés.

(3) La presse anglaise a prétendu qu'il y avait eu cinquante mille morts.

(1) La seule garde républicaine a eu 92 morts, dont deux officiers supérieurs. On a compté six généraux tués : ce sont les généraux Bourgon, Damesme, Renaut, Duvivier, Négrier, Bréa; et six blessés : Bedeau, François, Korte, Lafontaine, Foucher, Courtigis. Deux représentants ont été tués, MM. Dornès et Charbonnel. Pendant les trois journées de juillet 1830, il y avait eu 500 hommes tués. Au mois de février 1848, on n'en a compté que 200. Selon le général Lamoricière, deux millions cent mille cartouches auraient été distribuées aux soldats, et environ trois mille coups de canon auraient été tirés pendant les quatre jours du combat. Les insurgés avaient des armes en quantité; sur un seul point, dans le petit village de Gentilly qui compte à peine 1,200 habitants, on trouve 1,800 fusils de munition et 2,000 sabres ; mais ils avaient fort peu de munitions. Ils fabriquèrent eux-mêmes presque toute la poudre dont ils se servirent. Vers la fin du troisième jour, elle leur manquait.

lisait partout la devise : *Liberté, égalité, fraternité*, mais elle ne faisait plus naître d'autre sentiment que celui d'une amère ironie. Pour la première fois aussi depuis la révolution de février, le peuple était absent d'une cérémonie publique. Aucune corporation n'avait été convoquée; on ne voyait flotter nulle part les bannières populaires; la foule n'était plus mêlée, comme on l'avait vue jusque-là, de blouses et de vestes. Un très-petit nombre d'ouvriers étaient venus, et ils étaient tenus à distance par la haie des troupes.

Mille bruits sinistres s'étaient répandus; on parlait de machine infernale; on disait que le général Cavaignac devait être assassiné pendant la cérémonie. Le char funèbre qui, selon le programme, devait conduire les corps jusqu'au caveau de la colonne de Juillet, s'arrêta devant l'église de la Madeleine. On n'osait pas se rapprocher des quartiers populaires, tant la terreur qu'ils avaient inspirée était profonde encore.

C'est sous cette impression générale de tristesse et de terreur que le général Cavaignac eut à reconstituer un gouvernement et à composer son ministère.

On a vu que la réunion de la rue de Poitiers avait élevé quelques difficultés à ce sujet, se croyant assez forte déjà pour imposer ses choix au chef du pouvoir exécutif. Mais M. Thiers, qui jugeait prématurée son intervention directe dans les affaires, fit comprendre aux impatients qu'il ne serait pas d'une bonne politique de peser trop tôt sur l'opinion et qu'il fallait, avant d'écarter les républicains, les laisser s'user eux-mêmes, amoindrir, par les fautes qu'ils ne manqueraient pas de commettre, l'autorité que leur donnait l'insurrection vaincue.

En conséquence, une députation officieuse, composée de MM. Vivien, Degouzée, Desèze, de Falloux et de Vesins, s'était rendue, le 27 juin, dans la soirée, auprès du général Cavaignac pour lui donner l'assurance que l'on accepterait ses choix, quels qu'ils fussent, et que l'on soutiendrait son gouvernement. Mais à peine la composition du nouveau ministère fut-elle connue que l'on murmura. Il ne déplaisait point trop à la réunion de la rue de Poitiers de voir M. Senard à l'intérieur et le général Lamoricière au ministère de la guerre. Le rôle qu'ils avaient joué l'un et l'autre pendant l'insurrection nécessitait, d'ailleurs, leur entrée aux affaires. On acceptait même sans répugnance M. Goudchaux comme ministre des finances, M. Bastide comme ministre des affaires étrangères, M. Bethmont comme ministre des travaux publics; mais le nom de M. Recurt et surtout celui de M. Carnot, qui complétaient la liste ministérielle, soulevèrent l'opposition la plus vive.

M. Recurt était un républicain de la veille, accusé d'incliner aux mesures de clémence envers les insurgés. Quant à M. Carnot, le parti clérical, celui qui suivait la direction de M. de Falloux plutôt que celle de M. Thiers et qui n'avait abandonné qu'à grand'peine la prétention de porter son chef au ministère de l'instruction publique, ne pouvait supporter sa rentrée aux affaires. Ce parti haïssait particulièrement en lui le fondateur de l'école d'administration. Mais, comme il n'osait encore lever entièrement le masque et confesser sa répulsion pour une institution essentiellement démocratique qui, depuis 1789, était le vœu constant de l'opinion, il rappela les circulaires, le *Manuel républicain de l'homme et du citoyen*. Certain de réveiller sur ce point beaucoup de susceptibilités, même dans la majorité de l'Assemblée, il ouvrit l'attaque dans la séance du 5 juillet, à l'occasion d'un projet de décret sur l'amélioration de la condition des instituteurs primaires et força M. Carnot à donner sa démission.

Ce triomphe de l'opinion contre-révolutionnaire fut tempéré encore par la prudence de M. Thiers, qui, satisfait de voir que l'Assemblée pourrait être entraînée déjà à se séparer du général Cavaignac sur des questions de personnes, ne souffrit pas qu'on poussât le succès à l'extrême et fit accepter comme successeur de M. Carnot, M. Vaulabelle, qui n'était pas moins désagréable au parti clérical, mais qui avait l'avantage de ne s'être pas compromis encore dans l'action politique.

Ce fut pour le même motif que la réunion de la rue de Poitiers ne combattit pas la candidature de M. Marie à la présidence de l'Assemblée. M. Thiers et ses amis prétendaient encore, à ce moment, accepter sincèrement la République; ils se faisaient appeler républicains *honnêtes et modérés*, par opposition à ceux qu'ils désignaient sous le nom de *républicains rouges*, leur tactique étant de se mettre encore pendant quelque temps à couvert derrière la majorité républicaine et de la pousser à des mesures antidémocratiques dont on profiterait plus tard.

L'épouvante laissée dans les imaginations par l'insurrection servait, d'ailleurs, et surabondamment, ces projets et cette tactique. Malgré la facilité avec laquelle s'opéraient le désarmement de la garde nationale et la fermeture des clubs; malgré les bonnes nouvelles que l'on recevait des départements, où tout restait tranquille (1); malgré l'occupation de Paris par une armée de 80,000 hommes, on ne se rassurait pas. L'Assemblée tout entière était possédée d'un esprit de réaction qui l'emportait hors de toute mesure. Non contente d'avoir, dès le 26, pendant que l'on se battait encore au faubourg Saint-Antoine, voté la fermeture des clubs reconnus dangereux, le licenciement et le désarmement de trois légions, la formation d'une commission d'enquête chargée de rechercher les causes de l'insurrection en remontant jusqu'à l'attentat du 15 mai, elle avait fait afficher, le 28, une proclamation au peuple, dans laquelle elle traitait les insurgés vaincus de *forcenés armés pour le massacre et le pillage; de nouveaux barbares, sous les coups desquels la famille, la religion, la liberté, la patrie, la civilisation tout entière était menacée de périr.* Elle fermait maintenant les clubs et rétablissait

(1) Les ateliers nationaux de Marseille s'étaient insurgés, mais avant ceux de Paris et sans aucune connivence avec eux. L'insurrection avait été promptement réprimée.

un cautionnement de 24,000 francs sur les journaux (1). Elle votait enfin à la presque unanimité des voix, ce funeste décret de transportation, dont le caractère illégal et inhumain contraste si fortement avec la modération dont elle s'était montrée animée pendant longtemps qu'il deviendra impossible à comprendre le jour où la mémoire des contemporains ne se rappellera plus avec la même vivacité et ne se retracera plus avec une entière exactitude ce vertige de la peur auquel, à cette heure, les esprits les plus fermes et les âmes les plus nobles s'abandonnaient sans réserve et sans honte (2).

Le projet de décret, présenté, le 27, par M. Senard, et qui portait que : « Tout individu pris les armes à la main serait immédiatement déporté dans les possessions françaises d'outre-mer, autres que l'Algérie, » avait été soumis à l'examen d'une commission. Pendant qu'elle préparait son rapport, le général Cavaignac, en vertu des pouvoirs que lui donnait l'état de siége, ordonnait de son côté aux capitaines rapporteurs des commissions militaires de traduire les prévenus devant les conseils de guerre. Entre ces deux mesures contradictoires, le rapporteur de la commission, M. Méaulle, proposa une transaction qui fut adoptée. Il reconnut qu'une mesure exceptionnelle pour enlever à la capitale tous les ferments de discorde était nécessaire; que, dans l'impossibilité de juger suivant les formes ordinaires, on devait procéder sommairement

(1) En faisant paraître, le 11 juillet, un dernier numéro, bordé de noir, du journal le *Peuple constituant*, M. de Lamennais flétrissait ainsi le vote de l'Assemblée : « Il faut aujourd'hui de l'or, beaucoup d'or, pour jouir du droit de parler. Nous ne sommes pas assez riches. — *Silence au pauvre !* »

(2) MM. Caussidière, Sarrans et Pierre Leroux protestèrent seuls à la tribune, le 27 juin, contre le décret de transportation. M. Pierre Leroux obtint que les femmes et les enfants des transportés seraient autorisées à les suivre en exil. M. de Lamennais dit alors dans le *Peuple constituant* ces belles paroles (29 juin) : « Encore quelques mois, et vous n'aurez pas trop de bras pour défendre vos frères d'Italie et vos frontières de Belgique et d'Allemagne. Au lieu de déporter vos prisonniers, faites-en l'avant-garde de votre armée d'Italie. » Je trouve dans une note remise à la commission d'enquête par le chef de division de la sûreté générale, M. Panisse, une remarquable appréciation des causes de l'insurrection.

et administrativement par mesure de sûreté générale et de salut public. Il fallait que la loi, ajouta-t-il, se tût un instant et que les hommes qui avaient fait une guerre à mort à la société fussent déportés. Toutefois, distinguant entre les instigateurs de la guerre sociale et ceux qui n'en avaient été que les soldats, il demandait que l'instruction commencée contre les premiers suivît son cours.

Quelques expressions de ce rapport appelèrent le chef du pouvoir exécutif à la tribune. Ces expressions tendaient, dit le général Cavaignac, à faire croire qu'en attribuant à la juridiction militaire la connaissance de l'insurrection, il avait voulu se montrer plus sévère que la nation et que l'Assemblée. A sa demande expresse, le mot *transportation* qui n'impliquait pas la prison dans l'exil fut substitué au mot *déportation*. Allant plus loin encore, il s'engagea dans le conseil des ministres à ne pas faire exécuter le décret dans toute sa rigueur et à ne s'en servir que pour éloigner de Paris les prisonniers, dans un moment où il était dangereux pour eux-mêmes de les y garder. Il promit enfin de donner l'amnistie aussitôt que les terreurs de la bourgeoisie paraîtraient calmées.

En parlant et en agissant ainsi, le général Cavaignac était d'une sincérité parfaite. Étranger à la peur qu'avaient inspirée les combattants, il l'était également au ressentiment contre les vaincus. Il n'ignorait pas non plus que, si parmi ces prisonniers que l'on allait frapper en masse, condamner sans jugement et souvent même sans constater leur identité (1), il se trouvait des hommes pervers, le plus grand nombre étaient des ouvriers honnêtes, attachés à la République (2), et qu'il serait aussi impolitique qu'injuste et immoral de les châtier, eux et leur famille, d'un crime très-grand, il est vrai, mais que la conscience publique, si elle était équitable, ne pouvait imputer à eux seuls.

D'autres considérations encore, quoique secondaires, portaient le chef du pouvoir exécutif à user de clémence envers les vaincus. Ombrageux et défiant par nature, le général Cavaignac se tenait en garde contre les perfidies du parti dynastique. Son instinct l'avertissait que, s'il cédait aux premières exigences d'un parti qui ne faisait déjà que le tolérer au pouvoir, il perdrait bientôt toute autorité et ne serait plus qu'un instrument que l'on briserait dès qu'il aurait été jugé inutile. Cependant, par un effet regrettable de cette indécision dans la volonté qui ne provenait chez lui ni de l'indifférence, ni de l'inapplication aux affaires, mais de l'absence de ces vues larges et hautes de l'homme d'État qui mesure et domine les obstacles quotidiens et les incidents particuliers de la politique, le général Cavaignac n'entra pas résolûment dans les voies d'une politique généreuse et forte où il dépendait de lui d'entraîner l'Assemblée. S'exagérant les dangers que courait la République, il crut les conjurer en prolongeant le régime du pouvoir militaire et des mesures exceptionnelles. Au lieu de rentrer le plus promptement possible dans l'ordre légal, il demandait la prolongation de l'état de siège (7 juillet) pour un temps indéfini; il froissait une certaine délicatesse de l'opinion républicaine en décorant des soldats, des gardes nationaux et des gardes mobiles qui s'étaient signalés pendant l'insurrection (1); il suspendait un grand nombre de journaux (2); il retenait au secret, pendant onze jours, le rédacteur de *la Presse, dont les imprudentes*

---

(1) Il y eut un assez grand nombre d'individus transportés par erreur, que l'on relâcha après qu'ils eurent passé plusieurs mois sur les pontons.
(2) Dans son discours du 3 juillet, le général Cavaignac a dit des ouvriers des ateliers nationaux : « La plupart, il faut l'avouer, ne demandent qu'à travailler. » Et plus loin : « Ce qu'on appelle à Paris la Société du bâtiment ne fait que des demandes extrêmement mesurées. »

(1) Le général Changarnier fut obligé d'adresser à plusieurs colonels qui refusaient les décorations au nom de leurs légions une lettre dans laquelle il en appelait au principe de l'obéissance.
(2) Entre autres, la *Presse*, l'*Assemblée nationale*, la *Liberté*, la *Vraie République*, l'*Organisation du travail*, le *Napoléon républicain*, le *Journal de la canaille*, le *Père Duchesne*, le *Pilori*, la *Révolution de 1848*, le *Lampion*.

publications perdraient, disait-il, *la République, la nation et la société tout entière* (1); il se laissait arracher enfin, quoique avec beaucoup de répugnance, la déclaration que le gouvernement ne s'opposerait pas à la mise en accusation de MM. Louis Blanc et Caussidière, désignés par le rapport de la commission d'enquête comme coupables de complicité dans l'attentat du 15 mai et dans l'insurrection de juin (2).

La commission d'enquête, présidée par M. Odilon Barrot et dans laquelle les républicains étaient en très-petite minorité, après avoir siégé, sans désemparer pendant près de six semaines et entendu plus de deux cents témoins, avait nommé pour son rapporteur M. Quentin-Bauchart, l'un de ses membres les plus hostiles à la République. Le rapport qui, avec les pièces justificatives, ne formait pas moins de trois volumes in-4°, était un acte d'accusation en règle contre la révolution de Février. Remontant non-seulement au 15 mai, mais au 16 avril et au 17 mars, incriminant les conférences du Luxembourg, les bulletins et les circulaires du ministre de l'intérieur et du ministre de l'instruction publique, à peu près tous les actes enfin d'un gouvernement qui, d'après la sentence de l'Assemblée, avait *bien mérité de la patrie*, le rapport de M. Quentin-Bauchart était manifestement dicté par un étroit esprit de rancune, il reposait sur des faits si peu démontrés, il s'appuyait sur des témoignages si suspects ou si puérils, que le public et l'Assemblée, malgré l'excitation des esprits, ne purent s'empêcher de le désapprouver, du moins dans sa forme.

Les débats auxquels il donna lieu furent les plus passionnés qu'on eût encore vus. Ouverts le 25 août, à midi, ils durèrent, presque sans interruption, jusqu'au lendemain, six heures du matin. C'était la première fois que, dans l'Assemblée constituante, la révolution qu'elle représentait était sérieusement et presque ouvertement attaquée. M. de Lamartine traduit devant une commission d'enquête ; M. Ledru-Rollin forcé de venir défendre à la tribune les actes de son gouvernement ; MM. Louis Blanc et Caussidière ressaisis par leurs ennemis qu'une première défaite n'avait pas découragés, c'était là des signes manifestes du progrès qu'avaient fait les partis dynastiques.

Dans un discours chaleureux, M. Ledru-Rollin essaya d'arracher l'Assemblée à ces emportements de la peur qui la jetaient aveuglément dans des voies rétrogrades. « La république rouge est un fantôme, s'écria M. Ledru-Rollin. Il n'y a pas de république rouge. Il y a des hommes qui caressent des illusions, qui, abusés par les besoins, peuvent être entraînés ; mais soyez bien convaincus que l'immense majorité du pays se rattache à la République vraie. Dites-vous surtout, ajouta-t-il d'un accent ému et prophétique, que, en commençant l'ère des proscriptions, tous les partis peuvent y passer les uns après les autres ; et alors ce ne sera pas la perte de la liberté en France, ce sera la perte de la liberté en Europe ! »

Bien que l'Assemblée considérât M. Ledru-Rollin comme un révolutionnaire dangereux, elle fut sensible à son éloquence ; quand il descendit de la tribune, on sentit que sa cause personnelle était gagnée. Il n'en fut pas de même de M. Louis Blanc. Sa théorie de l'organisation du travail, sur laquelle il revint longuement, avec une obstination honorable, mais qui n'avait rien d'habile, refroidit l'auditoire que M. Ledru-Rollin avait vivement

---

(1) Ce sont les propres expressions du général Cavaignac dans une lettre en réponse à M. de Girardin.

(2) Je crois devoir rapporter ici le témoignage de M. de Lamartine, non suspect quand il s'agit de rendre justice aux socialistes. « Ceux-là même, parmi les membres du gouvernement les plus démocrates, que l'ignorance publique a accusés de connivence perfide avec l'insurrection étaient, au fond, les plus impatients et les plus actifs dans la préparation des mesures militaires destinées à écraser cette sédition. Les socialistes, chefs et disciples, furent des citoyens loyaux, pacifiques, intermédiaires, messagers de paix et de réconciliation sur tous les points, pendant toute la mêlée, et, s'ils ont démérité du bon sens avant, pendant et après la République, ils n'ont pas démérité un seul jour de la patrie et de l'humanité. La justice n'est pas un hommage, mais elle est un devoir. Les socialistes furent innocents de ces fatales journées. » (*Cours familier de littérature.* — Entretien LXXII, p. 24 et 30.)

FUNÉRAILLES DES VICTIMES DES JOURNÉES DE JUIN. (P. 484.)

ému. La nuit, d'ailleurs, s'avançait et amenait avec la lassitude le désir de terminer la discussion. Les pâles clartés de l'aube qui pénétraient par les fenêtres et se mêlaient à la lumière mourante des lustres donnaient à l'aspect de la salle quelque chose de lugubre. Les physionomies devenaient de plus en plus mornes. Dans les tribunes, qui s'étaient d'abord montrées sympathiques aux prévenus, le sommeil s'emparait des auditeurs les plus attentifs. En vain le discours de M. Caussidière vint-il remuer de nouveau les esprits et les intéresser par sa verve pittoresque; en vain le parti révolutionnaire, par l'organe de MM. Flocon, Bac, Lagrange, essaya-t-il de lutter encore et d'obtenir du moins de l'Assemblée qu'elle ne votât pas l'urgence; au moment où l'on pouvait croire qu'il allait obtenir ce faible succès, le président du conseil parut à la tribune. Un profond silence s'établit. La parole du chef du pouvoir exécutif allait mettre fin aux incertitudes; son opinion allait tout trancher; on ne la connaissait pas, on la croyait favorable aux prévenus. Dans une des séances précédentes, le jour de la lecture du rapport, on avait vu le général Cavaignac tendre la main à M. Ledru-Rollin, au moment où celui-ci descendait de la tribune après avoir réfuté avec éclat les principales accusations du rapport. Les personnes bien informées assuraient que le chef du pouvoir exécutif, déjà très-irrité des exigences de la réaction, avait résolu de rompre avec elle plutôt que de lui faire une concession nouvelle. La surprise fut donc extrême lorsqu'on entendit le général Cavaignac demander, *au nom de la tranquillité du pays, que l'Assemblée, dont la conviction devait être formée, ne prolongeât pas la discussion et n'ajournât pas son vote.* Mais, bien que cette surprise fût mêlée d'improbation, la majorité se rangea à l'opinion du gouvernement. Un seul représentant, M. Grévy, essaya de protester encore et demanda l'ajournement au nom de la justice, en démontrant jusqu'à l'évidence que le temps avait manqué pour examiner les documents fournis par l'enquête. D'ailleurs, ajoutait M. Grévy, à côté des documents de l'enquête, il y avait aussi les documents apportés par les prévenus, qu'il était d'autant plus nécessaire d'examiner que la commission avait violé toutes les formes judiciaires, en ne confrontant pas les accusés avec les témoins, en n'articulant devant eux aucun des faits produits à leur charge. « Au-dessus des intérêts momentanés de la politique qui pouvaient faire désirer au pouvoir de presser la solution, disait M. Grévy, n'y avait-il pas les intérêts éternels de la justice qu'une grande assemblée ne devait pas sacrifier? »

Mais ces considérations, d'un esprit élevé et indépendant, venaient trop tard. L'Assemblée était décidée. Sur 785 votants, 493, après avoir prononcé l'urgence, livrèrent MM. Louis Blanc et Caussidière à la justice.

Si la majorité républicaine n'avait pas trouvé dans sa conscience la condamnation de ce vote impolitique, elle n'aurait pas tardé à reconnaître l'étendue de sa faute à la joie extrême qu'en ressentit la minorité dynastique. Bien que le gouvernement eût favorisé l'évasion de MM. Louis Blanc et Caussidière et les eût ainsi soustraits aux rancunes de leurs ennemis, le triomphe des adversaires de la révolution n'en était pas moins complet. Du moment qu'ils avaient réussi à diviser les républicains, à compromettre le général Cavaignac et à lui arracher un gage de cette nature, ils ne devaient plus rencontrer d'obstacles insurmontables.

Le parti de l'ordre, comme on l'appelait alors, devait ce succès décisif à l'habileté de son chef, M. Thiers. Aussi longtemps que ce parti n'avait eu pour le conduire que la volonté indécise de M. Odilon Barrot et pour le représenter que les noms impopulaires de MM. de Falloux et de Montalembert, il avait fait peu de progrès dans l'Assemblée; mais, depuis l'arrivée de M. Thiers, tout avait changé de face.

Un moment déconcerté par la révolution de février, M. Thiers avait repris très-vite cette parfaite confiance en lui-même, cette liberté d'esprit et d'allures qui faisaient la plus grande partie de sa force. Il ne lui fallait pas, du reste, beaucoup d'efforts pour s'accommoder d'une République qui ne blessait chez lui ni des principes ni des sentiments bien profonds. Les origines, l'éducation, les travaux, l'ambition, toute la fortune de M. Thiers l'attachaient à la révolution. Il n'était pas dans la nature de son esprit de chicaner beaucoup avec elle et de lui demander un compte trop rigoureux de ses emportements. Comme historien, il l'avait expliquée et approuvée jusqu'à Danton; comme homme d'État, il avait combattu en son nom la politique conservatrice. La crise qui renversait cette politique en la personne de son rival donnait, jusqu'à un certain point, raison à la sienne. Quelque chose lui disait, d'ailleurs, que, à moins de circonstances inattendues, il ne pouvait manquer, sous un gouvernement libre, de reprendre tôt ou tard une grande influence. Patriote sincère, il n'était pas insensible à la pensée que la politique révolutionnaire allait relever en Europe le rôle de la France. Orateur et écrivain, qu'avait-il personnellement à perdre dans l'établissement d'une République parlementaire? L'institution de la présidence ne devait pas non plus déplaire beaucoup à l'un des hommes que sa fortune, son talent, sa célébrité conviaient si naturellement à y prétendre.

Aussi M. Thiers ne s'était-il pas oublié en de longs regrets. En se présentant aux électeurs pour l'Assemblée constituante, il avait annoncé l'intention de ne pas rester étranger aux destinées nouvelles de son pays. Attentif à tout et voyant qu'une première fois il avait échoué parce que le clergé lui demeurait hostile, il avait cette fois rendu hommage à la prépondérance des influences cléricales et n'avait épargné de ce côté ni avances ni promesses. Le clergé, dont la politique alors était de tout accueillir, feignit de le croire sincère et le porta sur sa liste (1). M. Thiers entra à l'Assemblée.

Il y entra modestement, sans bruit, en homme désabusé, dont la carrière politique était terminée. Tout au plus, disait-il à des amis chargés de répéter ses paroles, pourrait-il encore mettre au service de l'Assemblée un peu de bon sens pratique; ouvrir à l'occasion, dans quelque comité, un avis utile sur des questions spéciales. Puis il se rapprochait de tous les républicains qu'il voyait influents; il les flattait et s'efforçait de leur persuader qu'il voulait comme eux et avec eux la République.

Introduit dans la réunion de la rue de Poitiers que présidait le général Baraguay-d'Hilliers où se rencontraient encore des représentants de tous les partis, MM. Duvergier de Hauranne, Vivien, Dufaure, Degousée, d'Adelsward, de Montalembert, Falloux, Berryer, M. Thiers était devenu bientôt, par la souplesse et la grâce de son esprit, le lien de ces éléments hétérogènes. Contenant les uns, excitant les autres, donnant à tous l'exemple de l'oubli des torts passés, il sut les discipliner, les amener à une politique bien combinée qui consistait, d'une part, à soutenir en apparence la République, d'autre part, à défaire pièce à pièce tout ce qu'avait fait le gouvernement provisoire et à convaincre ainsi d'impuissance le parti républicain, pour, le jour venu, se substituer à lui sans effort et sans violence. On a vu que, fidèle à cette politique, M. Thiers s'était déclaré favorable au général Cavaignac. Mais déjà, à ce moment, il ne s'exprimait plus avec la même modestie; son influence sensible dans l'Assemblée, son ascendant sur la réunion de la rue de Poitiers, lui rendaient impossible l'humble rôle qu'il avait pris d'abord; il commençait à s'ennuyer de garder le silence et n'attendait qu'une occasion pour reparaître à la tribune avec éclat. Un homme, dont la renommée excentrique enflait de jour en jour la présomption, M. Proudhon, ne craignit pas d'entrer en lutte avec M. Thiers et lui fournit bientôt cette occasion désirée.

J'ai dit brièvement, dans la seconde partie de cet ouvrage, quels avaient été les premiers travaux de M. Proudhon et par quelles qualités singulières ils avaient attiré l'attention des esprits curieux de nouveautés.

Le journal qu'il publia après la révolution de Février fit connaître son nom au peuple et le posa en chef de parti. Après avoir, par sa vigoureuse dialectique, contribué plus que personne à ruiner dans l'opinion les systèmes communistes; quand, par suite des événements, les chefs d'écoles socialistes eurent disparu de la scène publique, M. Proudhon, dont l'avantage consistait à n'avoir pas de système et à nier plus hardiment que personne ne l'avait jamais fait les principes constitutifs d'une société que le prolétariat accusait de tous ses maux, demeura le seul représentant de l'instinct populaire et vit se diriger contre lui tous les ressentiments de la bourgeoisie.

Elle ne voulut voir dans son élection à l'Assemblée constituante qu'un défi jeté par les anarchistes à la moralité publique (1). La personne de M. Proudhon se prêtant, d'ailleurs, par je ne sais quel flegme puissant et ironique d'attitude, de physionomie et d'accent, au rôle extraordinaire que lui créait la peur; son orgueil, qui s'en trouvait flatté, l'accep-

---

(1) « Je ne suis pas obligé de me mettre à la place de Dieu et de sonder les consciences, disait l'abbé Fayet, évêque d'Orléans, représentant du peuple; mais apparemment, visiblement, M. Thiers est tout à fait revenu à nous. »

(1) Depuis l'insurrection de juin, la répulsion qu'inspirait M. Proudhon était devenue un véritable sentiment d'horreur. En entrant, le 25, dans le faubourg du Temple, les troupes y avaient rencontré M. Proudhon, qui, plus tard, sommé par la commission d'enquête d'expliquer sa présence, répondit simplement : « qu'il était allé contempler la sublime horreur de la canonnade. »

tant avec complaisance, on en vint à le regarder comme un être à part, exempt des sentiments qui animent la généralité des hommes ; comme une perversité incarnée qui souhaitait, méditait et préparait savamment la ruine de la société.

Mais, après la victoire de juin, les esprits s'étant un peu rassis, on commença dans l'Assemblée à s'étonner de l'importance que l'on y accordait à M. Proudhon et à son silence ; on pensa qu'il serait bon de le réduire à ses proportions véritables, en mettant cet adversaire audacieux de la propriété en demeure de produire enfin au grand jour ses théories sociales et surtout les moyens qu'il proposait pour les réaliser.

Pressé de toutes parts, non-seulement par ses collègues, mais par l'opinion publique, M. Proudhon consentit à déposer sur le bureau de l'Assemblée une proposition tendant, suivant ses propres expressions, à réaliser sans violence, sans expropriation, sans banqueroute, ce qu'il appelait *la liquidation de la vieille société*, c'est-à-dire *l'abolition de la propriété*. « Orgueil ou vertige, a dit plus tard M. Proudhon, je crus que mon heure était venue. »

M. Thiers, qui nourrissait en secret la même pensée, jugeant également et avec plus d'apparence de raison son heure venue, se chargea de combattre M. Proudhon dans le comité des finances d'abord, puis à la tribune.

La curiosité était excitée au plus haut point par l'annonce de ce débat. Beaucoup de gens considéraient encore comme une grande témérité à l'Assemblée de permettre la discussion publique des doctrines de M. Proudhon. Ce ne fut pas sans peine que M. Thiers obtint dans le comité du travail un peu de calme et qu'il parvint à dominer par son sang-froid les clameurs qui éclataient à chaque parole de son adversaire (1). Quand M. Proudhon parut enfin à la tribune, le mouvement extraordinaire qui agita l'Assemblée fit voir combien elle avait besoin d'efforts pour garder quelque bienséance envers un homme dont l'effronterie égalait, à ses yeux, la perversité.

Cependant, malgré de violentes interruptions, des injures, des éclats de rire qui partaient de tous côtés, M. Proudhon, qui n'en paraissait aucunement ému, occupa la tribune pendant près de quatre heures. Il exposa de nouveau, il développa tout l'ensemble de sa proposition que ni le comité ni M. Thiers, disait-il, n'avaient comprise.

Elle était pourtant, suivant lui, d'une simplicité parfaite. Selon M. Proudhon, la société était aux abois. Pour la sauver d'une ruine imminente, il fallait établir, au moyen d'un système de crédit gratuit et réciproque qui supprimât l'intérêt du capital, l'équilibre exact de la production et de la consommation. Il fallait une loi qui obligeât tous les capitalistes et rentiers à faire à leurs fermiers, locataires, débiteurs de tous genres, remise, à titre de prêt, d'un sixième de leur revenu (M. Proudhon évaluait ce sixième à la somme totale de 1500 millions), et à verser dans les caisses de l'État, à titre d'impôt, un autre sixième destiné à la création d'une banque d'échange. C'étaient là, d'après M. Proudhon, des moyens assurés de faire renaître la circulation, le travail, la concurrence, l'industrie, et de procéder graduellement à l'abolition de la propriété.

M. Thiers n'eut pas besoin d'une dialectique très-forte pour démontrer combien une pareille mesure serait violente et inapplicable. L'Assemblée tout entière, le parti républicain en particulier et surtout les quelques socialistes qui s'y trouvaient encore et qui s'indignaient de voir M. Proudhon compromettre par des formules absurdes et des projets vides de sens la cause qu'il prétendait défendre, protestèrent contre lui.

Dans un ordre du jour motivé qu'elle vota à l'unanimité moins une voix, l'Assemblée déclara que la proposition de M. Proudhon était *une attaque scandaleuse contre les principes de*

---

(1) « Il ne faut pas, disait M. Thiers, que les Erostrates du temps puissent s'en croire les Galilées, en disant qu'on a refusé de les entendre. »

la vraie morale, une menace à la propriété, et qu'il avait calomnié la révolution de Février en la faisant complice de ses propres doctrines.

Ainsi se termina cet étrange débat, qui fut jugé par l'opinion publique comme une dernière et définitive victoire du parti de l'ordre sur la révolution.

M. Thiers, si prudent et si modéré jusquelà, fut ébloui de son facile triomphe. Applaudi comme le sauveur de la propriété, ouvertement reconnu désormais par toutes les fractions du parti de l'ordre comme leur chef, il cessa de contenir leurs espérances ; il lâcha la bride à des passions qu'il ne partageait pas, mais qui servaient son ambition. Cette ambition n'allait à rien moins déjà qu'à se rendre l'arbitre des destinées du pays, en s'emparant d'une force morale assez considérale pour pouvoir, selon que tournerait l'événement, relever la dynastie déchue ou garder pour soi-même le gouvernement de la République.

Dans ces vues, il paraissait utile à M. Thiers d'entretenir les alarmes de la bourgeoisie, d'inquiéter surtout la propriété, de lui faire entendre qu'elle n'était pas suffisamment protégée par le gouvernement et qu'elle devait chercher ailleurs son point d'appui. C'est alors qu'il imagina de faire ouvrir une souscription dont le produit, qui dépassa bientôt la somme de 200,000 francs, servirait à la publication à bon marché et à la propagande de livres destinés à combattre les prétendus ennemis de la propriété, de la religion, de la famille, que l'on comprenait tous sous la dénomination générale et vague de républicains rouges.

La réunion de la rue de Poitiers seconda avec zèle l'initiative de M. Thiers, et l'on vit rapidement paraître une multitude de brochures et de pamphlets, écrits sans bonne foi, sans talent, et dont aucun en particulier n'avait de valeur, mais qui, par leur nombre et la publicité qu'on leur donna, produisirent sur les imaginations un effet général et continu de terreur dont les conséquences furent incalculables (1). Cette propagande détourna l'attention du pays de ses intérêts supérieurs et l'absorba dans des préoccupations aussi mesquines que déraisonnables. En lui persuadant que l'ordre social était constamment menacé, on le désintéressa de la lutte des idées. L'égoïsme étroit qui devint la seule politique de la classe influente se communiqua insensiblement aux masses ; le grand élan que la révolution de Février avait suscité dans les cœurs s'affaissa. A l'enthousiasme du patriotisme succéda je ne sais quelle défiance froide, égoïste et calculée de tous envers tous. Dans cet abaissement général des sentiments et des pensées, se prépara et se consomma peu à peu la ruine de la République.

La discussion sur le rapport de la commission d'enquête avait fourni aux orateurs du parti dynastique l'occasion d'attaquer les hommes de la révolution de Février. Dans les débats sur le projet de constitution, ils purent attaquer ses principes mêmes. Le droit au travail, reconnu dans le premier projet, puis effacé sous l'impression des journées de juin et repris par voie d'amendement par M. Mathieu de la Drôme et par M. Glais-Bizoin, fut définitivement écarté. Faiblement soutenu par M. Billault, dont le discours ne fut qu'une thèse brillante et paradoxale, par M. Arnaud de l'Ariége, qui se plaça au point de vue du sentiment chrétien, par les anciens membres

---

(1) Cette propagande a été très-bien appréciée plus tard par un ecclésiastique de mérite, M. l'abbé Bernard (*Mémoire adressé à M. le ministre de la police générale*, Avignon, 23 octobre 1852). « Quand des hommes, dit-il, unis par la peur seulement et divisés profondément dans leur foi religieuse et politique, s'associent pour une propagande basée sur de mutuelles concessions, où le croyant cache son symbole devant l'incrédule, où le monarchiste dissimule sa cocarde en présence de son voisin effrayé à l'endroit de sa caisse, mais démocrate intraitable sur tout le reste, en fait connue en principe il ne peut résulter de cet amalgame que des négations. J'ai été autorisé à écrire que la croisade de la rue de Poitiers devait être battue, que le flot continua à monter et que les idées socialistes ne rebrousseraient pas de l'épaisseur d'un cheveu, nonobstant les traités de l'Institut et les brochurettes prêchant le respect de la propriété et de la famille au nom de l'intérêt humain et par des déductions philosophiques très-controversables. »

du gouvernement provisoire, MM. de Lamartine, Ledru-Rollin, Crémieux, qui obéissaient évidemment, en le défendant, plutôt à une nécessité de situation qu'à une conviction sincère; vigoureusement attaqué par MM. Dufaure, Goudchaux, Duvergier de Hauranne, Thiers; compromis par un propos inconsidéré de M. Proudhon (1), le *droit au travail* fut remplacé dans la constitution par le *droit à l'assistance*, qui n'était qu'une formule un peu rajeunie de l'aumône, une sorte de constitution légale du paupérisme (2).

Convaincu qu'il venait ainsi de réduire à rien les dernières traces de la révolution sociale, le parti dynastique rassembla toutes ses forces pour tenter une vigoureuse attaque contre la révolution politique, en donnant à la République la forme la plus voisine de la monarchie. MM. Thiers, Duvergier de Hauranne, Odilon Barrot, soutinrent le principe de la division de la représentation nationale en deux Chambres. A l'appui de leur opinion, ils invoquèrent l'exemple de l'Angleterre et surtout celui des États-Unis; ils représentèrent avec beaucoup de vivacité le danger des entraînements d'une assemblée unique, d'un pouvoir non balancé et tendant nécessairement au despotisme; mais l'Assemblée ne se montra sensible à aucune de ces considérations. Elle était alors dominée par un sentiment très-opposé à la pondération des pouvoirs et se préoccupait assez peu des dangers que pouvait courir la liberté. Créer un pouvoir fort, c'était à ses yeux tout le secret de constituer l'État. M. Marrast, au nom de la majorité républicaine, soutint avec talent le principe de la représentation unique. Après avoir écarté l'exemple de l'Amérique et de l'Angleterre, comme inapplicable à la société française dont le caractère et les mœurs exigeaient une organisation politique qui leur fût propre, M. Marrast insista sur les inconvénients d'une dualité qui ne pouvait manquer d'enfanter la lutte entre les pouvoirs législatifs. Il fit valoir la nécessité de se prémunir contre la tendance toujours usurpatrice du pouvoir exécutif, en lui offrant un pouvoir législatif indivisible et concentré. Il rappela un exemple historique fameux : « Quand on a pour soi les Anciens, dit M. Marrast, en faisant allusion à un événement bien récent encore, on fait sauter les Cinq-Cents par les fenêtres ».

Aux arguments politiques de M. Marrast en faveur d'une assemblée unique, M. Dupin vint ajouter des raisons tirées de la nécessité d'opposer au communisme et à l'anarchie qui menaçaient la société la plus grande concentration possible du pouvoir. M. de Lamartine parla dans le même sens. Tout en déclarant qu'il préférait théoriquement le système des deux Chambres et en lui réservant l'avenir, M. de Lamartine, en présence des difficultés actuelles, reconnut l'avantage d'un pouvoir concentré, et l'Assemblée, qui s'était déjà prononcée dans ses bureaux avant la discussion publique, adopta à une immense majorité « l'unité du pouvoir législatif et sa délégation à une assemblée unique ».

La question du suffrage direct et universel ne fut pas discutée en principe. Tous les partis sentaient également qu'il n'y avait plus d'autre fondement possible à l'autorité politique que la souveraineté du peuple. Du moment que l'on décidait l'unité de la représentation, il aurait été illogique de scinder le corps électoral et de créer, par les deux degrés d'élection, la dualité à la base d'une institution dont on voulait faire l'instrument de l'unité démocratique. Mais lorsqu'on en vint à la constitution du pouvoir exécutif, trois opinions tranchées se prononcèrent et passionnèrent le débat.

La commission proposait un président res-

---

(1) M. Proudhon avait dit dans le comité du travail : « Donnez-moi le droit au travail et je vous abandonne le droit de propriété. »

(2) Voici quelle fut la rédaction adoptée par l'Assemblée : « La République doit par une assistance fraternelle assurer l'existence des citoyens nécessiteux, soit en leur procurant du travail, dans les limites de ses ressources, soit en donnant, à défaut de la famille, des secours à ceux qui sont hors d'état de travailler. »

ponsable, élu directement par le suffrage universel. C'était l'opinion presque unanime des bureaux et d'un grand nombre de représentants, de M. de Cormenin entre autres, qui croyaient sage, même dans l'intérêt de l'institution républicaine, de ne pas rompre trop brusquement avec les traditions du pays, et qui, à défaut d'un roi, souhaitaient un président le plus roi possible. D'autres, au contraire, animés d'un sentiment plus démocratique et se défiant du gouvernement personnel, voulaient établir nettement la subordination du pouvoir exécutif; ils demandaient que le président fût nommé par l'Assemblée. Enfin, un petit nombre de démocrates, en opposition complète avec l'opinion dominante, et qui parurent à ce moment emportés par l'esprit révolutionnaire au delà de toute raison politique, ne voulaient pas de président du tout et proposaient que l'Assemblée continuât à déléguer, comme elle le faisait actuellement, le pouvoir exécutif à un conseil de ministres, qui serait, ainsi que son président, toujours révocable.

Un représentant de la montagne, M. Félix Pyat, parla le premier en faveur de cette opinion. Il peignit avec force à l'Assemblée le danger pour la liberté de créer dans le pays un pouvoir égal, à son origine, au pouvoir de l'Assemblée, et d'établir ainsi une lutte qui ne pouvait manquer de se terminer à l'avantage du pouvoir personnel.

M. de Tocqueville, au nom de la commission, entreprit de réfuter les arguments de M. Pyat et de prouver que le président, dont le pouvoir serait suffisamment limité par la constitution, n'aurait aucun moyen d'usurpation. Mais ce qui fit plus que ces raisonnements assez faibles le succès de M. de Tocqueville, c'est qu'il se montra tout à coup plein d'enthousiasme pour le suffrage universel. Par une étrange inconséquence, M. de Tocqueville, qui, dans la discussion sur le droit au travail, avait dit le premier devant l'Assemblée *qu'il ne fallait pas que la révolution fût sociale* (1), la conjura de ne pas douter du peuple et de lui remettre avec une confiance entière l'élection du premier magistrat de la République.

L'Assemblée applaudit à ces sentiments exprimés en termes chaleureux. Quand des orateurs plus prévoyants que M. de Tocqueville vinrent lui demander de retenir la nomination du président, dans la crainte que l'élu du suffrage universel ne *fût plus qu'un roi* (2), elle trouva injustes et indignes d'elle de semblables défiances.

Un amendement présenté par M. Grévy, qui formulait ces défiances en proposant la nomination par l'Assemblée d'un président du conseil *élu pour un temps illimité et toujours révocable*, la jeta dans un étonnement profond. M. Grévy jouissait parmi ses collègues d'une réputation incontestée de rectitude d'esprit et de modération. En le voyant s'associer, comme il le faisait par son amendement, aux vœux du parti le plus extrême, la majorité ne revenait pas de sa surprise. Elle l'écouta néanmoins avec attention.

L'opinion de M. Grévy, qui parut si excentrique, n'allait cependant pas à autre chose qu'à supplier l'Assemblée *de garder la forme de gouvernement qu'elle avait éprouvée, avec laquelle elle venait de traverser les plus grandes difficultés*. Cette opinion reposait, d'ailleurs, sur des considérations très-fortes et s'appuyait d'un exemple frappant tiré de notre propre histoire. S'attachant à démontrer que le pouvoir exécutif, tel qu'on allait le constituer, n'était pas un pouvoir républicain, et qu'un président de la République nommé par le suffrage universel serait plus puissant que l'Assemblée, *plus formidable qu'un roi*, M. Grévy rappela que dans le passé toutes les républiques étaient allées se perdre dans le despotisme. Puis, voyant que

---

(1) Voir, au *Moniteur*, le discours de M. de Tocqueville, séance du 13 septembre.

(2) Voir, au *Moniteur*, le discours remarquable que prononça M. Martin (de Strasbourg) au nom de la minorité de la commission, séance du samedi 17 octobre.

l'Assemblée ne se laissait pas émouvoir par ces considérations trop générales, il particularisa sa pensée, il indiqua, par des allusions aussi directes qu'il était possible de les faire, de quel côté se portaient ses inquiétudes. Il rappela les élections de l'an X qui donnèrent à Bonaparte la force de relever le trône et de s'y asseoir : « Êtes-vous bien sûrs, s'écria M. Grévy, dans un beau mouvement d'éloquence inspiré par de tristes pressentiments, que dans cette série de personnages qui se succéderont tous les quatre ans au trône de la présidence, il n'y aura que de purs républicains empressés d'en descendre ? Êtes-vous sûrs qu'il ne se trouvera jamais un ambitieux tenté de s'y perpétuer ? Et si cet ambitieux est le rejeton d'une de ces familles qui ont régné en France, s'il n'a jamais renoncé expressément à ce qu'il appelle ses droits, si le commerce languit, si le peuple souffre, s'il est dans un de ces moments de crise où la misère et la déception le livrent à ceux qui masquent sous des promesses leurs projets contre sa liberté, répondez-vous que cet ambitieux ne parviendra pas à renverser la République (1) ? »

Mais l'Assemblée était si loin alors de songer au despotisme, elle puisait dans son honnêteté un tel désir de se montrer désintéressée, que les avertissements de M. Grévy ne produisirent sur elle aucun effet. M. de Lamartine, d'ailleurs, vint lever les derniers scrupules, les derniers doutes qui restaient encore dans quelques esprits.

Soit, comme on le lui a reproché plus tard, qu'il obéit à des préoccupations personnelles et à une secrète hostilité contre l'Assemblée qui lui avait préféré le général Cavaignac; soit plutôt qu'ayant vu de près, tout récemment, les dangers d'une autorité faible, il fût plus que personne possédé de la pensée générale qu'il fallait investir le pouvoir exécutif de toute la force possible, M. de Lamartine, niant résolûment le danger de l'usurpation,

(1) Voir, au *Moniteur*, séance du 6 octobre 1848.

proclama avec une regrettable éloquence le fatalisme politique que le découragement inspirait en cet instant de défaillance à son grand cœur. Il parla de la République comme d'un *beau rêve* qu'auraient fait *la France et le genre humain;* il reporta l'honneur de ce rêve au peuple; mais, prévoyant que ce peuple *allait s'abandonner lui-même, se jouer du fruit de son propre sang, déserter la cause gagnée de la liberté et du progrès de l'esprit humain pour courir après un météore,* M. de Lamartine s'écria, en achevant un discours qui entraîna toutes les opinions indécises : « Oui! quand même le peuple choisirait celui que ma prévoyance mal éclairée peut-être redouterait de lui voir choisir, n'importe : *Alea jacta est.* Que Dieu et le peuple prononcent ! »

L'Assemblée répondit à ce cri de M. de Lamartine en votant à la majorité de 627 voix contre 130 que le président de la République serait élu pour quatre ans par le suffrage universel. Seulement, par précaution contre les envahissements du pouvoir, elle statua que le président ne serait pas rééligible avant quatre années et se réserva, dans le cas où aucun candidat ne réunirait deux millions de voix, le droit de choisir entre ceux qui auraient obtenu le plus grand nombre de suffrages.

Alea jacta est. Le dé était jeté ! A partir du jour où l'Assemblée abandonna le droit de nommer le président de la République, l'attention du pays se détourna d'elle et de ses débats. On la laissa, sans presque y prendre garde, achever la constitution la plus démocratique et la plus libérale tout ensemble qui eût jamais été faite (1); confirmer par cette constitution les intentions généreuses du gouvernement provisoire : l'abolition de l'esclavage et l'abolition de la peine de mort en

(1) La Constitution fut votée le 24 novembre, à la majorité de 734 voix contre 30. Parmi ces trente opposants qui la déclaraient illégale parce qu'elle avait été faite pendant l'état de siège, sous le régime de l'arbitraire, dans le silence de l'opinion publique, on compte MM. Victor Hugo, Proudhon, Berryer, de Montalembert, la Rochejaquelein et Pierre Leroux.

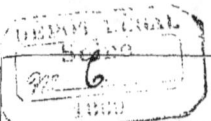

LECTURE DE LA CONSTITUTION SUR LA PLACE DE LA CONCORDE

matière politique, consacrer le droit d'association et la liberté d'enseignement. On eût dit qu'il n'y avait plus pour la France qu'un seul intérêt; on n'entendait qu'une seule question sur toutes les bouches : qui sera président de la République?

Aussi longtemps qu'on avait pu croire que l'Assemblée retiendrait le droit de nommer le président, le parti de l'ordre n'avait pas renoncé à la prétention de porter l'un de ses candidats. On avait cherché d'abord à s'entendre avec quelques républicains pour la candidature du prince de Joinville, espérant les amener à considérer cette candidature d'un prince du sang royal comme une conquête du droit républicain; mais les ombrages des légitimistes, qui formaient un groupe important dans le parti de l'ordre, firent abandonner ce projet, et M. Thiers résolut

alors de tenter pour lui-même les chances de la fortune électorale. Depuis son succès oratoire dans la discussion avec M. Proudhon et l'entreprise des publications à bon marché dont il avait eu l'initiative, il se croyait des chances sérieuses. Aux yeux de beaucoup de gens, en effet, il passait pour le sauveur de la propriété, et la grande masse des peureux, ne se rappelant déjà plus la victoire de juin, lui rapportait tout l'honneur de la sécurité qui leur était rendue. Le talent et l'habileté de M. Thiers lui faisaient dans l'Assemblée une situation si forte que, à l'aide de quelques alliances bien ménagées, la plus haute ambition devait lui sembler permise. Un rapprochement avec M. Marrast qui, par la part active qu'il avait prise à la rédaction et au vote de la constitution, avait acquis également beaucoup d'influence sur l'Assemblée dont il était réélu président pour la troisième fois, parut à M. Thiers le plus sûr moyen d'atteindre son but. Par l'entremise de quelques amis communs il s'efforça de renouer l'alliance électorale des années 1846 et 1847, offrant à M. Marrast, dans le cas où celui-ci l'aiderait efficacement à devenir président, la vice-présidence de la République. En même temps, il resserrait ses liens avec le parti clérical et légitimiste, et, sans se prononcer personnellement contre le général Cavaignac, il le faisait attaquer par le *Constitutionnel* dont la rédaction était alors entre ses mains. Les prétentions de M. Thiers n'étaient cependant pas assez généralement reconnues dans le parti de l'ordre pour qu'il ne se présentât pas d'autres candidats. Plusieurs, jugeant utile d'opposer à la candidature du général Cavaignac celle d'un autre chef militaire, mettaient en avant le nom du maréchal Bugeaud. Quelques-uns préféraient le général Changarnier, qui, par le commandement en chef de la garde nationale, exerçait dans Paris une certaine action. Le général se prêtait volontiers aux illusions de ses amis. Très-dépité, à son retour de l'Afrique, de voir les honneurs et le pouvoir aux mains de ses anciens rivaux et de n'être plus pour le public, en présence des hommes qui avaient triomphé de l'insurrection de juin, que le héros du 16 avril, il usait de tout son esprit pour les rabaisser dans l'opinion, les voyait avec plaisir perdre chaque jour de leur prestige et se préparait à profiter de leur disgrâce. Une fois maître du pouvoir, qu'en ferait-il? Ramènerait-il Henri V, comme le prétendaient les légitimistes? Resterait-il président constitutionnel, ou bien aspirerait-il à la dictature? Son attitude autorisait toutes ces suppositions; son silence n'en repoussait aucune.

Mais toutes ces espérances diverses du parti de l'ordre s'évanouirent ensemble le jour où l'Assemblée décida l'élection par le peuple. Le suffrage universel, c'était le triomphe de la démocratie pure; dès lors tous les candidats des partis dynastiques étaient mis hors de cause. Quatre noms seulement pouvaient encore être prononcés : les noms de MM. de Lamartine, Ledru-Rollin, Cavaignac et Bonaparte. Les amis de M. de Lamartine espéraient qu'une combinaison favorable des opinions modérées de la révolution et des politiques prudents de la réaction s'arrêterait à lui et voudrait lui confier, une fois encore, le soin d'établir sur des principes conservateurs la république des classes moyennes. Ils ne voyaient pas que cette combinaison se faisait, depuis les journées de juin, en faveur du général Cavaignac, qui personnifiait depuis lors l'état républicain tel que le concevait la bourgeoisie. Oubliant l'héroïsme et le dévouement du grand citoyen qui, pendant trois mois entiers, avait chaque jour exposé sa vie pour la défendre contre la révolution débordée, la bourgeoisie, depuis qu'elle se sentait un autre appui, se tournait ingrate et aveugle contre M. de Lamartine et repoussait par l'insulte et la calomnie une candidature que, six mois auparavant, elle n'aurait pas laissé discuter.

Quant à la candidature de M. Ledru-Rollin, les sentiments de la bourgeoisie étaient trop manifestes pour laisser subsister le moindre doute. Mais une propagande active avait répandu son nom dans les campagnes et les meneurs du parti révolutionnaire se flattaient qu'au moyen de l'alliance avec les socialistes, à laquelle on travaillait depuis quelque temps, on obtiendrait un chiffre de voix assez élevé, sinon pour balancer l'élection, du moins pour constater dans le pays une forte opposition aux tendances contre-révolutionnaires de la bourgeoisie. Afin de consolider cette alliance du radicalisme et du socialisme, et surtout pour la rendre apparente, on imagina d'imiter la fameuse campagne des banquets en 1847. On fit un grand bruit de toasts, un grand déploiement de drapeaux et d'emblèmes. M. Ledru-Rollin, qui avait pris avec les socialistes l'engagement, s'il était élu, d'abolir la présidence et de proclamer le droit au travail, s'assit au banquet du Chalet (25 septembre) à côté de la place vide de M. Barbès et porta un toast contre l'*infâme capital*. Mais ces démonstrations aussi vaines qu'imprudentes, en réveillant dans le pays des inquiétudes qui commençaient à s'assoupir et en signalant de nouveau à l'attention publique les prétentions outrées du parti révolutionnaire, n'eurent pas même pour effet l'alliance souhaitée par ceux qui les avaient organisées. Les socialistes, un moment ébranlés, revinrent à la candidature de M. Raspail; un grand nombre, sur l'avis de M. Proudhon, décidèrent de s'abstenir.

Alors toute illusion se dissipa et l'on vit avec une évidence à laquelle les esprits les plus obstinés furent forcés de se rendre que deux candidatures restaient seules debout : celle du général Cavaignac et celle du prince Louis-Napoléon Bonaparte.

Le premier de ces candidats avait pour lui des forces considérables. Son caractère bien connu, sa probité politique, sa moralité, son courage, l'immense service qu'il venait de rendre à la cause de l'ordre, lui assuraient les suffrages de la bourgeoisie de Paris, du clergé, de la noblesse légitimiste de province, de tous les hommes intelligents et honnêtes que l'esprit de parti n'aveuglait pas; il avait pour lui l'administration, les officiers de l'armée de terre et de mer. Le second n'apportait que son nom; mais déjà on pouvait voir de quel poids énorme ce nom allait peser sur le pays, puisque, même au sein d'une Assemblée hostile, il exerçait une pression à laquelle elle cherchait vainement à se soustraire.

Amené à l'Assemblée par cinq départements, le 17 septembre, en compagnie de MM. Fould et Raspail, le prince Louis-Napoléon, jugeant sa position suffisamment fortifiée par cette élection quintuple, avait déclaré cette fois qu'il estimait de son devoir de ne pas résister au vœu des électeurs. Une curiosité extrême avait accueilli son entrée à la Chambre. A la vérité, les premières paroles qu'il avait lues, d'un accent étranger, à la tribune, son attitude empruntée, n'y avaient produit qu'une impression très-peu favorable et ne donnaient de sa capacité que la plus médiocre opinion; son silence, son abstention dans tous les votes significatifs, étaient bientôt devenus un sujet de raillerie; mais pourtant je ne sais quelle inquiétude s'attachait à tous ses mouvements. L'émotion que sa présence causait dans Paris et dans l'armée semblait de mauvais augure; tout en votant, par une certaine nécessité rationnelle, l'abrogation de l'article 6 de la loi du 10 avril 1832, relatif au bannissement de la famille Bonaparte, l'Assemblée laissait paraître des craintes sérieuses qui se dérobaient mal sous l'ostentation de son dédain. Dans la discussion sur le pouvoir exécutif, ces craintes avaient inspiré tous les orateurs qui s'étaient élevés contre la présidence; on avait parlé, pour la première fois, de *prétendant*, d'*usurpation* et de *dictature*. Plusieurs républicains, malheureusement très-impopulaires, avaient tenté de provoquer des mesures exceptionnelles de précaution contre la famille Bonaparte. M. Anthony Thouret, par exemple, proposait qu'on déclarât inaptes à l'élection tous les membres des familles qui avaient régné sur la France; plus tard, M. Molé, qui favorisait ouvertement la candidature du général Cavaignac (1), demandait dans une même pensée de défiance, qu'on ajournât l'élection jusqu'après le vote des lois organiques; mais l'Assemblée ne se sentait plus l'énergie nécessaire pour entreprendre aucune lutte. Le général Cavaignac, d'ailleurs, loin de l'y encourager, repoussait toutes les avances qui lui étaient faites; il semblait, par son inaction complète, vouloir laisser le champ libre à son rival.

Depuis trois mois, les arrêts des conseils de guerre et le départ des convois de colons pour l'Algérie (2) sont à peu près le seul signe

---

(1) « Le général Cavaignac a sauvé la nation qui ne pourra jamais l'oublier, » disait M. Molé à la tribune, le 26 octobre.

(2) Voici le relevé exact des arrestations et des condam-

de vie que donne son gouvernement. En vain les amis du général Cavaignac, inquiets de voir l'intérêt, l'attention du pays se retirer insensiblement de lui et se porter ailleurs, le pressent de prendre quelque mesure énergique qui ranime son parti et fasse sentir sa force à ses adversaires. Les uns, frappés surtout des progrès de la réaction, lui conseillent de donner l'amnistie et d'intervenir en Italie, où les Piémontais, les Lombards et les Vénitiens implorent à la fois le secours de la France. D'autres, au contraire, persuadés qu'il ne peut plus se maintenir au pouvoir qu'avec le concours du parti de l'ordre, l'engagent à choisir un ministère dans la droite de l'Assemblée.

Mais le chef du pouvoir exécutif ne sait se résoudre à temps ni pour l'une ni pour l'autre de ces politiques. Incertain, plein de scrupules, il hésite, il se défie de lui-même et de tout le monde, il ne sait ce que veut l'opinion. Les avances que lui font quelques hommes éminents des partis dynastiques lui sont suspectes, il les repousse avec hauteur ; l'amnistie que lui demandent les républicains lui

nations faites à la suite de l'insurrection de juin : 11,057 individus sont arrêtés pendant et après l'insurrection. Une instruction spéciale confiée à des commissions militaires, partage en deux catégories les inculpés : 1° les auteurs, fauteurs ou instigateurs de la révolte qui sont envoyés devant les conseils de guerre; 2° ceux qui ont simplement mis les armes à la main. Après cet examen, 6,600 prisonniers sont immédiatement rendus à la liberté ; 4,348, désignés pour la transportation, sont conduits dans les ports. Sur des réclamations nombreuses, de nouvelles commissions, formées de magistrats, opèrent une révision complète de ces premières dispositions et désignent 991 condamnés à la clémence du gouvernement. Aucune transportation n'a été effectuée. (*Moniteur*, 26 octobre 1848.)

Bien que l'esprit des conseils de guerre fût de beaucoup meilleur et plus humain qu'on ne l'a vu en d'autres circonstances, il n'en était pas moins révoltant, pour l'idée de justice telle que la conçoivent les sociétés modernes, de voir des vainqueurs juger des vaincus, sans contrôle et sans appel. Des faits singuliers se produisirent. On vit des officiers, blessés pendant le combat, nommés rapporteurs près des conseils de guerre. Le chef d'escadron Constantin fut arrêté aux Tuileries dans l'exercice des fonctions de rapporteur et convaincu d'avoir pris part à l'insurrection. Un insurgé qu'il interrogeait lui exprima sa surprise de le trouver là et lui dit : « Rappelez-vous donc que vous deviez être notre ministre de la guerre. »

On avait décidé que 20,000 ouvriers libres seraient envoyés en Algérie. Le premier convoi partit le 3 septembre.

paraît dangereuse, il la refuse ; un parti considérable dans l'Assemblée désire ajourner l'élection du président jusqu'après le vote des lois organiques, il insiste pour que l'élection soit immédiate, comme s'il avait hâte de se délivrer d'un pesant fardeau. Quant à l'intervention, il déclare dans son conseil au général Lamoricière, qui en fait une question d'honneur national, qu'il ne se sent pas le droit, à la veille de l'élection présidentielle, au moment où il n'exerce plus qu'un pouvoir éphémère, d'engager le pays dans une telle expédition, qui, selon lui, serait infailliblement le signal d'une guerre européenne. Ses scrupules à cet égard vont si loin, qu'il refuse au général Bedeau l'autorisation de se rendre au vœu de l'armée piémontaise et de conduire avec Charles-Albert les opérations de la campagne prochaine.

Pour apprécier avec justesse cette politique de non-intervention dont les conséquences furent décisives et qui acheva de perdre la révolution en Europe, il est nécessaire de revenir un peu sur nos pas.

On se rappelle que le 29 mars, quelques jours après la délivrance de Milan, l'armée piémontaise passait le Tessin sous la conduite de Charles-Albert et de ses fils, qui levaient hardiment l'étendard de l'indépendance italienne.

L'enthousiasme du patriotisme et l'ivresse du succès étaient au comble. Lorsqu'on vit avec quelle précipitation le maréchal Radetzky abandonnait les plaines de la Lombardie pour se retrancher sur le Mincio et l'Adige dans les places fortes de Mantoue, Peschiera, Legnago, Vérone, personne ne mit en doute sa prochaine et complète défaite. La délivrance de l'Italie parut tellement assurée que les partis politiques, unis jusque-là dans un même sentiment de révolte contre l'oppression, et les jalousies d'États à États, étouffées par une commune horreur de l'étranger, reprirent leur vivacité ancienne et se disputèrent à l'avance le fruit d'une victoire qui n'était pas encore remportée.

Le gouvernement provisoire de Milan avait appelé Charles-Albert, en réservant à une future assemblée constituante le droit de décider du sort de la Lombardie. Mais ce prince, qui redoutait à l'excès le mouvement révolutionnaire en Italie et l'intervention de la république française, semblait disposé à se mettre lui-même en possession d'une province dont il se considérait déjà comme le libérateur. Les démocrates, à leur tour, qui se défiaient également de l'aristocratie lombarde et de la noblesse piémontaise, sans souhaiter néanmoins le concours actif de la France, dénonçaient au pays les vues égoïstes de Charles-Albert; ils disaient que ce prince déloyal négociait secrètement avec l'ennemi qu'il paraissait combattre afin d'accroître en toute hypothèse la puissance de sa dynastie, seule ambition, disaient-ils, à laquelle il fut accessible. Ces divisions, ces défiances mutuelles paralysèrent, dès le début de la campagne, le grand essor que le triomphe de l'insurrection milanaise avait imprimé à l'opinion. Charles-Albert n'était fait, ni comme homme politique, ni comme capitaine pour le ranimer. Très-indécis quant au but qu'il devait poursuivre, circonvenu depuis longtemps par la diplomatie anglaise, qui voulait se servir de lui pour affaiblir la maison d'Autriche, sans toutefois permettre qu'il lui fût porté de trop rudes coups, Charles-Albert, à la tête d'une armée de quatre-vingt-dix mille hommes que secondent ses vaisseaux et l'escadre napolitaine dans l'Adriatique, le mouvement des troupes auxiliaires qu'on lui amène de Naples et de Rome et les milices volontaires qui accourent à lui de toutes parts, ne sait pas profiter de deux avantages brillants qu'il remporte coup sur coup à Pastrengo et à Sainte-Lucie. Au lieu de porter secours à la Vénétie, d'envoyer Durando contre Nugent pour empêcher sa jonction avec Radetzky et d'isoler celui-ci du côté du Tyrol, Charles-Albert appelle à lui l'armée romaine et concentre toutes ses troupes sur le Mincio, devant la forteresse de Peschiera, où il attend jusqu'au 15 mai l'artillerie dont il a besoin pour commencer le siége.

Dans le même temps, il insiste auprès du gouvernement français pour qu'on éloigne de la frontière les troupes que M. de Lamartine, dans l'éventualité d'une intervention, a rappelées de l'Algérie, et il donne l'ordre à ses vaisseaux qui croisent devant Trieste de ne pas tirer sur les vaisseaux autrichiens, laissant ainsi l'ardeur de ses troupes et l'enthousiasme des populations se refroidir, tandis que les Autrichiens, revenus de leur première confusion, se raniment et vont bientôt recevoir des renforts qui les mettront en état de reprendre l'offensive.

Un autre effet, non moins déplorable, des lenteurs du siége de Peschiera, c'est qu'elles laissent aux souverains, entraînés malgré eux par le mouvement populaire dans la guerre de l'indépendance, le loisir de se reconnaître et de concentrer leurs moyens de résister à la révolution.

Le roi de Naples est le premier à revenir à lui. Jaloux plus que personne de la grande situation que la guerre crée au roi de Piémont, il commence par retarder, sous un prétexte puis sous un autre, la marche des troupes auxiliaires qu'il a promises et dont il a remis le commandement au général Pepe; puis il essaye d'entraver l'action des Chambres, qu'il s'est vu forcé de convoquer, par une formule de serment qui leur ôte le droit de modifier la constitution et de la rendre plus libérale. Le refus des députés de prêter ce serment et la menace de dissoudre les Chambres ayant fait éclater à Naples une insurrection, le roi ordonne le bombardement de la ville, qui, forcée de céder, est livrée aux brutalités de la soldatesque et à tous les excès d'une populace effrénée. A quelques jours de là, Messine subit le même sort. Alors le gouvernement victorieux dissout les Chambres et la garde nationale, met ses deux capitales en état de siége, dépêche à l'amiral Cosa l'ordre de quitter l'Adriatique et au général Pepe la défense de franchir le Pô.

« Le temps presse, écrivait à ce moment au général Pepe le libérateur de Venise, l'héroïque Manin, qui, tout en préparant la population à résister jusqu'aux dernières extrémités, sollicite par ses agents l'Angleterre, la France, le Piémont, toute l'Europe libérale à ne pas laisser périr en Italie la cause sacrée de l'indépendance; le temps presse : le Quirinal, le camp de Vérone et de Venise sont les trois centres autour desquels s'agitent les destinées de l'Italie! »

Un envoyé de Charles-Albert demandait également au général Pepe de faire la plus grande diligence. En quittant Paris, le général avait reçu de M. de Lamartine l'assurance que la France *ne se bornerait pas à former des vœux, mais qu'elle tirerait son épée pour l'indépendance italienne.* Il se croyait assuré des sympathies de l'Angleterre, assez fort pour désobéir à un maître parjure et pour entraîner son armée. Mais sa désobéissance avait été prévue et le commandement des troupes lui était retiré. Hormis un seul bataillon qui lui resta fidèle, l'armée entière opéra sans hésiter son mouvement de retraite. Pepe, au désespoir, franchit à peu près seul la frontière et courut se jeter dans Venise pour partager du moins ses périls, puisqu'il ne pouvait plus autre chose pour elle.

Au moment où le roi de Naples trahissait si odieusement ses promesses et retirait à la ligue italienne les troupes et le subside qu'il s'était engagé à fournir, la diplomatie autrichienne et le parti des cardinaux réussissaient aussi à lui enlever l'appui du Saint-Père.

Lorsqu'on eut appris à Vienne que Pie IX envoyait en mission extraordinaire au camp de Charles-Albert un prélat dévoué à la cause de l'indépendance, le gouvernement conçut les plus vives alarmes. La sanction du pape donnait à la ligue un caractère sacré. Sa bénédiction transformait la guerre en croisade. L'alliance de Pie IX et de Charles-Albert, l'union de la plus grande autorité morale avec la force matérielle la mieux organisée, portait un coup mortel à une domination étrangère qui ne s'était soutenue jusque-là que par la mésintelligence des souverains, la rivalité des États, la division des forces de l'Italie.

Aussi le cabinet de Vienne usa-t-il, pour rompre cette alliance et parer ce coup, de toutes ses ressources. Connaissant l'esprit timide, mais sincèrement croyant de Pie IX, il déroba, en cette circonstance, l'action de la diplomatie sous les doléances de l'épiscopat ; les nonces du pape, à Vienne et à Munich, les cardinaux de l'Allemagne, les évêques furent mis en avant. On les poussa à faire au Saint-Siége de douloureuses représentations. Le pape déclarer la guerre à la catholique Autriche! Rome tirer l'épée contre ses plus fidèles enfants! Quel scandale ne serait-ce pas donner à la chrétienté! N'était-ce pas vouloir provoquer un schisme! Pour achever d'ébranler la conscience timorée de Pie IX, on eut recours aux miracles; on troubla, on inquiéta son âme par des interventions surnaturelles ; on la remplit d'épouvante.

Quand la population romaine redoublait pour lui d'enthousiasme, dans l'espoir qu'il allait se rendre en personne auprès de Charles-Albert et bénir la croisade italienne, Pie IX, circonvenu par les ambassadeurs de Russie et d'Autriche, prononçait, le 29 avril, une allocution, par laquelle il reniait tout ce qu'il y avait eu jusque-là de libéral dans ses actes, et déclarait que, s'il avait autorisé la levée de quelques troupes, ce n'était pas assurément pour venir en aide aux ennemis de l'Autriche, mais uniquement en vue de protéger ses propres États contre les agitations révolutionnaires.

La nouvelle de cette défection exaspère le peuple de Rome. A la voix d'un Transtéverin, Angelo Brunetti, devenu fameux sous le nom de *Ciceruacchio*, il s'insurge et obtient pour la seconde fois du faible pontife, avec la rétractation de la nouvelle encyclique, la formation d'un ministère laïque sous la présidence du comte de Mamiani et la convocation des Chambres.

Mais bientôt Mamiani, en butte à des difficultés sans nombre que lui suscitent les cardinaux, désespérant d'amener le pape à une politique sincère, très-affaibli dans l'opinion par le ralentissement du mouvement révolutionnaire et l'inaction de l'armée piémontaise en Lombardie, se décourage et donne sa démission. Alors Pie IX, après plusieurs essais de ministères insignifiants, appelle à la tête des affaires un ancien carbonaro converti à l'école doctrinaire, récemment ambassadeur de Louis-Philippe à la cour de Rome, le comte Pellegrino Rossi, dont la politique déclarée en ce moment est d'unir les États italiens dans une ligue présidée par le pape et de procéder aux réformes intérieures en ajournant indéfiniment la guerre contre l'Autriche.

Le gouvernement autrichien se réjouit de la retraite de Mamiani comme d'un succès inespéré. Quand la nouvelle lui en arriva, il commençait à peine à se remettre de la frayeur extrême que la révolution survenue à la fois dans tous les États de l'empire lui avait causée.

Jamais, en effet, la maison d'Autriche n'avait été plus voisine de sa perte. Jamais la possibilité, la nécessité d'un démembrement de ses possessions n'avait paru plus imminente.

Pendant que la Lombardie se révoltait à main armée et rompait violemment ses chaînes, la Hongrie, par la seule force du droit historique invoqué avec constance et fermeté, obtenait une constitution indépendante et des libertés qui devaient, en peu de temps, la conduire à une régénération complète. En Bohême, quatre millions de Tchèques, qu'un mouvement de nationalité, purement littéraire à son origine (1), mais devenu insensiblement politique, soulève contre la domination des Allemands, rêvent de former avec les Serbes et les Croates un empire slave dont Prague serait la capitale. Ils convoquent, en opposition avec l'assemblée allemande de Francfort, une assemblée qui doit réunir les représentants de toutes les provinces de la race slave.

A peu près dans le même temps, l'assemblée de Francfort, réunie le 18 mai sous la présidence de M. de Gagern, chef du parti constitutionnel dans le sud de l'Allemagne, déclare qu'elle se reconnaît le droit et la mission de constituer l'unité de l'empire germanique.

Menacée de toutes parts, la cour d'Autriche ne fonde plus d'espoir que sur l'armée de Radetzky, qui, malgré ses échecs, tient encore tête à l'ennemi. Pour être plus à portée d'un secours dont elle pense avoir bientôt besoin, elle quitte Vienne, où l'esprit révolutionnaire fait des progrès rapides, et se réfugie à Inspruck, dans le Tyrol.

Nous avons vu que les longueurs du siége de la forteresse de Peschiera, qui ne fut prise que le 30 mai, avaient laissé à Radetzky le loisir de relever l'esprit de ses troupes, de recevoir des renforts et de combiner un nouveau plan de campagne. Le général Nugent a réuni 13,000 hommes sur l'Isonzo, repris Udine et remporté une victoire sur les troupes romaines à Cornuda. Par une fausse attaque, il a attiré à Trévise le principal corps de ces troupes, commandé par Durando qui abandonne ainsi sa position sur la Brenta et livre la route de la Lombardie; grâce à cette manœuvre habile il a rejoint Radetzky à Vérone, après avoir rallié en route le corps du général Welden. Ainsi fortifié, Radetzky se dispose à marcher sur Milan. Mais Charles-Albert l'arrête à Goïto et le repousse après une lutte sanglante où trois mille Autrichiens sont mis hors de combat. Radetzky se retire d'abord sur Mantoue, puis il se dirige sur Vicence que le général Durando défend vigoureusement. Forcée enfin de céder au nombre, la garnison romaine capitule et promet que de trois mois elle ne prendra pas les armes. Radetzky se hâte de retourner à Vérone pendant que le général d'Aspre prend Padoue, Trévise, Palma-Nuova et soumet toute la Vénétie, à l'ex-

---

(1) Le manuscrit d'un poëme ossianique, en langue tchèque, découvert en 1826 par l'écrivain Hańka, fut l'origine de ce mouvement, protégé d'abord par le gouvernement autrichien et secrètement favorisé par la Russie, dans un système de domination politique auquel on a donné le nom de panslavisme.

ception d'Osoppo et de Venise. Charles-Albert échoue dans une tentative sur Vérone et Radetzky reprend l'offensive.

Charles-Albert avait étendu ses lignes du Tyrol jusqu'à l'embouchure du Mincio; le gros de son armée était occupé au siége de Mantoue. Radetzky conçut le plan de rompre les lignes des Piémontais à Rivoli et de prendre le reste de leur armée à revers entre ses propres troupes et la ville qu'ils assiégeaient. Le combat s'engage à Rivoli où 5,000 Italiens défont 12,000 Autrichiens; mais ils sont contraints d'abandonner la position à des forces trop supérieures. Ils se retirent sur la rive droite du Mincio. Charles-Albert essaye à son tour de prendre les Autrichiens en flanc, de les repousser sur la rive droite du Mincio et de les séparer de Vérone. Si ce plan eût réussi, l'Italie était délivrée par une seule victoire; il échoua. Radetzky remporta un avantage signalé à Custoza, où il sut habilement engager 45,000 hommes contre 25,000 Piémontais (25 juillet). Charles-Albert, déconcerté, bat en retraite et repasse le Mincio. C'est le signal de ses revers. Les soldats piémontais ont perdu confiance dans des chefs qui ne savent pas les conduire; une mauvaise administration laisse l'armée manquer de tout; elle reste plusieurs jours sans vivres et sans munitions; elle se démoralise, se débande; Charles-Albert est atteint lui-même d'un abattement profond. Bien qu'il n'ait pas éprouvé de très-grandes pertes, bien que son artillerie et sa cavalerie soient encore presque intactes, il se retire précipitamment devant l'ennemi; sous prétexte de couvrir Milan, il abandonne la ligne de l'Adda. Le 3 août, il arrive devant Milan, dont la population qui compte sur lui se prépare à faire une résistance énergique. Les Milanais n'ont rien perdu de leur ardeur première; ils sont décidés, plutôt que de se rendre à Radetzky, à s'ensevelir sous les ruines de la ville. On fait à la hâte des travaux de tranchée; déjà de fortes barricades s'élèvent dans les rues. Un comité de défense, investi de pouvoirs extraordinaires, dirige ces préparatifs; il arme les citoyens qui s'animent et s'exhortent au combat. Charles-Albert, un moment entraîné par l'exaltation des Milanais, jure de les sauver ou de mourir avec eux. Mais à deux jours de là, cédant aux conseils de ses généraux, il fait proposer à Radetzky, qui a pris Crémone, et qui, à la suite d'un faible engagement, a pénétré les lignes de l'armée piémontaise, de lui ouvrir les portes de Milan, quitte furtivement la ville et rentre dans ses États, livrant la population héroïque qui s'est donnée à lui aux vengeances barbares d'un ennemi implacable.

L'armistice de six semaines, signé le 9 août, par le général piémontais Salasco, était dur et humiliant. Il rétablissait toutes choses dans l'état où elles se trouvaient avant la campagne, rendait aux Autrichiens les forteresses de Peschiera et de Rocca d'Anfo avec tout le matériel de défense. La flotte sarde devait quitter l'Adriatique; Venise était abandonnée.

C'est alors que le marquis Ricci, envoyé piémontais à Paris, sollicite enfin du général Cavaignac l'intervention de la France. Milan et Venise, de leur côté, ont envoyé des délégués qui implorent un prompt secours. Le péril de l'Italie est grand, mais il peut encore être conjuré. Le gouvernement autrichien, très-inquiété par les mouvements de la Hongrie, ne se sent pas suffisamment raffermi par les succès de Radetzky pour refuser de traiter. La probabilité de l'intervention française l'effraye et le dispose à faire des concessions (1). Il sait que l'armée piémontaise est encore presque intacte; que l'esprit révolutionnaire, loin de s'être éteint, se ranime en Lombardie; qu'à Venise enfin, le peuple, qui venait de voter avec une profonde douleur l'adjonction au Piémont, s'est soulevé en apprenant l'indigne capitulation de Milan, qu'il a chassé les commissaires sardes, annulé le

---

(1) Depuis la victoire de Goïto, l'Autriche, par la bouche de son envoyé à Londres, le baron de Hummelaner, parlait d'abandonner la Lombardie jusqu'à l'Adige, en la laissant libre de se joindre au Piémont ou de se constituer en État séparé, et promettait de donner à Venise une constitution analogue à celle de la Hongrie.

QUATRIÈME PARTIE 505

LE GÉNÉRAL CAVAIGNAC A LA SÉANCE DU 25 NOVEMBRE. (P. 510.)

vote de fusion, reconstitué la république, rétabli le triumvirat sous la présidence de Manin, et qu'il se dispose à une défense désespérée.

La diplomatie autrichienne n'a garde en de telles circonstances de se montrer exigeante. Elle n'a en ce moment qu'un but, c'est de tromper par des négociations d'une apparente bonne foi le gouvernement du général Cavaignac et d'empêcher à tout prix ou tout au moins de retarder indéfiniment l'entrée des troupes françaises en Italie. Elle y réussit. La médiation de l'Angleterre acceptée par le général Cavaignac, les lenteurs inévitables des correspondances diplomatiques entre Vienne, Londres, Turin et Paris, achèvent ce que la campagne si mal conduite par Charles-Albert et la capitulation de Milan ont déjà déplorablement compromis. L'opinion publique en France, bien que très-attiédie et peu disposée à la guerre, se montrait cependant encore assez favorable aux Italiens. L'Assemblée nationale en avait tout récemment donné la preuve en rappelant, dans une de ses précédentes séances, le vote du 24 mai, par lequel elle imposait à la commission exécutive un programme de politique étrangère qu'elle résumait ainsi : *Pacte fraternel avec l'Allemagne, reconstitution de la Pologne indépendante, affranchissement de l'Italie.*

Si le général Cavaignac eût voulu exercer sur l'Assemblée l'influence qu'il lui convenait de prendre en une telle occasion, elle n'aurait pas reculé devant l'intervention. Dans le conseil des ministres, le général Lamoricière, ministre de la guerre, et M. Bastide, ministre des affaires étrangères, se prononçaient, l'un, avec une vivacité extrême, le second, avec une grande persistance, pour que l'on secourût Venise. Un moment, celui-ci, croyant l'avoir emporté sur les résistances du ministre des finances et sur les scrupules du chef du pouvoir exécutif, annonçait au consul de France à Venise le départ de quatre bâtiments à vapeur, portant une brigade de trois mille hommes sous les ordres du général Mollière, et il expédiait à Marseille un aide de camp du général Lamoricière pour présider à l'embarquement. D'après les instructions qui étaient transmises à cet égard, le duc d'Harcourt croyait également pouvoir écrire à Manin : « Tenez bon jusqu'à l'arrivée des Français, et c'est par vous que viendra le salut de l'Italie. » Mais malheureusement des considérations d'une prudence méticuleuse, auxquelles l'esprit du général Cavaignac était trop accessible, arrêtèrent tout. Dans une nouvelle réunion du conseil, on décida, à la majorité d'une voix seulement, d'envoyer à Marseille un contre-ordre. Les troupes embarquées depuis cinq jours revinrent à terre. On remit les destinées de l'Italie aux délibérations d'un congrès à Bruxelles, qui ne devait jamais se réunir, et l'Autriche, délivrée ainsi de la crainte d'une intervention contre laquelle elle était résolue à ne pas lutter (1), retira une à une toutes les concessions qu'elle avait offertes et tourna contre ses autres États la politique de ruse dont elle n'avait plus besoin en Italie.

Déjà, selon le système traditionnel de cette politique, elle avait cherché à regagner en Hongrie le terrain qu'elle avait cru devoir céder, non pas en attaquant ouvertement l'indépendance des Hongrois, mais en leur suscitant des ennemis qui les missent hors d'état d'en profiter et de la défendre. Cela n'était pas difficile. La Hongrie, comme on sait, se compose d'une agglomération successive de populations magyares, valaques, croates, serbes, saxonnes, très-diverses d'origine, de religions, d'idiomes, et que de fréquentes luttes à main armée et des persécutions réciproques pendant plusieurs siècles ont rendues excessivement hostiles les unes aux autres. C'était là l'obstacle principal à l'organisation du nouvel État hongrois, dont la diète de Pesth, qui représentait presque exclusivement l'élément magyar, avait, avant la sanction de l'empereur, posé les bases constitutionnelles. Entre ces nationalités jalouses de la prépondérance des Magyars, les Croates et les Serbes, de race slave, étaient à la fois les plus fanatiques, les mieux organisés militairement et les plus capables par leur énergie de revendiquer leur indépendance particulière.

Ce furent ceux-là que le gouvernement autrichien excita tout d'abord contre ce qu'il appelait l'oppression des Magyars. Par de nombreux émissaires que secondait, quoique dans des vues opposées, la propagande russe du parti panslaviste (1), il souffla partout l'esprit de discorde ; il s'assura, au moyen de faveurs et de promesses de tout genre, un soldat croate, distingué parmi les siens par sa haine contre les Hongrois, par son zèle pour le panslavisme, par son intelligence, son activité et quelques talents militaires, le colonel Jellachich. Mandé à Vienne par le baron de Kulmer, qui l'avait désigné à la cour comme très-capable de jouer un rôle, il s'était vu en moins de huit jours promu au grade de feld-maréchal lieutenant, nommé commandeur de plusieurs ordres et enfin administrateur civil et militaire de la Croatie, avec le titre de ban. Le comte de Fickelmont, l'archiduc Louis et l'archiduchesse Sophie avaient noué avec lui des négociations secrètes. Fort des promesses qui lui étaient faites par de si grands personnages, Jellachich se hâta de convoquer à Agram une diète croate-esclavonne, dont le premier acte fut d'annuler toutes les décisions de la diète de Hongrie. On y brûla en effigie l'archiduc palatin et le premier ministre Bat-

---

(1) L'envoyé d'Autriche disait alors au cabinet anglais : « Si les Français entrent en Piémont, nous ne nous battrons pas ; nous nous retirerons derrière l'Adige d'abord, puis derrière l'Isonzo. »

(1) Ce parti prêchait partout l'unité d'un empire slave, sous le protectorat du grand czar moscovite, qui devait abattre la domination des Allemands et des Magyars.

thiànyi ; puis, après avoir conclu une alliance offensive et défensive avec le comité central des Serbes réunis à Carlowitz, qui de son côté décidait de faire de la Serbie une voïvodie indépendante, on fit serment de ne pas remettre l'épée au fourreau avant d'avoir abattu la domination des Magyars. Sur ces entrefaites, Jellachich levait de nombreuses troupes et s'apprêtait à entrer en campagne.

A ces nouvelles, l'archiduc palatin, vice-roi de Hongrie, court à Inspruck ; il obtient de l'empereur un manifeste dans lequel le ban Jellachich est déclaré traître à la patrie, destitué de toutes ses fonctions et mandé à la cour afin d'y expliquer sa conduite ; puis l'archiduc, avec l'assentiment de l'empereur, convoque à Pesth une assemblée nationale élue selon la nouvelle loi, et, comme pour confirmer à l'avance la parfaite légalité de tout ce qui va s'y faire, il vient l'ouvrir en personne et paraît dans la salle en donnant le bras aux deux ministres hongrois : Louis Batthiànyi et Louis Kossuth.

L'un des premiers actes de cette diète qui se signala par tant d'énergie, de talent, de patriotisme, ce fut de pourvoir à la défense nationale, en votant, sur la demande de Kossuth, une levée de deux cent mille hommes. Le danger était pressant ; Jellachich venait de passer la Drave (11 septembre) à la tête de quarante mille hommes, et, forçant les lignes du faible corps d'observation hongrois que commande le comte Adam Teleki, il marchait rapidement sur Pesth. Le 20 septembre, on apprend qu'il est à Veszprim, sur les bords du lac Balaton (Plattensee) au cœur même du pays. Le cabinet de Vienne, rassuré par les succès de Radetzky en Lombardie, croit pouvoir lever le masque. Il désavoue le manifeste contre Jellachich ; les officiers de l'armée autrichienne restée en Hongrie, malgré les dispositions de la nouvelle constitution et les réclamations de la diète, accourant auprès du ban, se concertent avec lui, certains de se rendre ainsi agréables au gouvernement impérial.

Cependant la diète décide la formation d'un comité de défense, où Kossuth exerce l'influence principale et qui va bientôt devenir le véritable gouvernement du pays : elle offre le commandement général des troupes hongroises à l'archiduc Étienne. Celui-ci feint d'accepter et se rend sur les bords du lac Balaton, afin, dit-il, d'entrer en conférence avec Jellachich et de le dissuader, s'il se peut, de la guerre ; mais le ban refuse l'entrevue ; l'archiduc, au lieu de revenir à Pesth, s'esquive, rentre dans Vienne ; presque aussitôt l'on apprend à Pesth qu'il abdique ; que le comte Lamberg, contrairement à la constitution, est nommé commandant en chef de toutes les troupes de la Hongrie et que sans doute il a mission de dissoudre la diète. A cette nouvelle, la diète indignée proteste contre les rescrits impériaux, se constitue en permanence et déclare la patrie en danger. Kossuth revient (27 septembre) des bords de la Theiss où, dans l'espace de trois jours, il a levé dix mille volontaires.

Au milieu de l'agitation causée par de si graves événements, le comte Lamberg est arrivé à Bude (28 septembre), et il se dispose à entrer en fonctions. Mais le peuple, dont le patriotisme s'exalte de jour en jour, ne peut supporter la pensée qu'on va dissoudre la diète nationale. La vue de l'envoyé autrichien l'exaspère. Le comte Lamberg est massacré sur le pont de Pesth dans un tumulte populaire.

Au récit de ce meurtre, l'empereur, malgré une déclaration de la diète de Pesth, qui, en déplorant l'événement, supplie encore Sa Majesté de faire cesser l'abus de son nom et la violation des lois, prononce la dissolution de l'assemblée, déclare la Hongrie en état de siége et proclame Jellachich son *alter ego*. Ce jour-là même, le ban entrait à Stuhlweissembourg ; il n'était plus qu'à une journée de Pesth.

Le général Moga, à la tête des jeunes levées amenées par Kossuth, lui offre la bataille à Pakozd (29 septembre), le bat et le met en fuite ; Perczel et Gœrgey, isolant et enveloppant à Ozora un corps de huit mille hommes commandés par les généraux Roth et Philippowitch, les forcent à mettre bas les armes (6 octobre). Mais Jellachich ayant passé la Laitha, qui marque la frontière autrichienne, Moga, encore plein de scrupules, n'ose le poursuivre.

Cependant la population viennoise applaudissait à la victoire de Pakozd et se passionnait pour la cause hongroise ; le 6 octobre, un bataillon de grenadiers italiens, qui avaient ordre de rejoindre Jellachich, refuse de quitter Vienne, mais placé entre deux régiments de cavalerie, il est contraint d'obéir et de se mettre en marche. En arrivant à l'embarcadère, les soldats y trouvent la légion académique des étudiants qui forme, depuis la révolution de mars, le noyau de tous les mouvements populaires, avec une masse d'ouvriers et de bourgeois rassemblés autour d'elle. Le combat commence ; les soldats, à demi gagnés, font volte-face. Le général Bréda qui les commande est tué. Le peuple se pousse en avant, chasse devant soi, de rue en rue, la cavalerie envoyée pour le disperser, prend l'arsenal, s'empare de l'église Saint-Étienne que défend la garde nationale, pénètre dans l'hôtel du ministre de la guerre, le comte de Latour, et le tue ; puis enfin, après un combat sanglant qui dure trois jours entiers, il force le commandant militaire d'Auersperg à sortir de la ville.

Une partie de la diète autrichienne, qui siégeait depuis le 22 juillet et discutait un projet de constitution, quitte Vienne ; l'autre, très-affaiblie, très-indécise, entame des négociations avec la cour réfugiée à Olmutz (1). Le gouvernement, suivant sa coutume, traîne les choses en longueur, place à la tête de l'armée le feld-maréchal Windischgrætz, qui vient de réprimer l'insurrection de Prague, le charge de bloquer Vienne, de concert avec Auersberg, et appelle à son secours le ban Jellachich. Cet instant est décisif : à la prise ou à la délivrance de Vienne se rattachent les dernières espérances de la révolution en Allemagne. Partout ailleurs la réaction triomphe.

Le parlement de Francfort, qui envoyait en ce moment à Vienne quatre délégués, MM. Robert Blum, Moritz Hartmann, Frœbel et Trampusch, pour donner à la population viennoise un gage de sa sympathie, n'était déjà plus capable d'exercer aucune influence.

Il avait perdu beaucoup de temps en intrigues et en discussions stériles. Les radicaux s'y étaient trouvés en minorité et sans expérience des affaires ; le parti monarchique-constitutionnel, où les Prussiens avaient la majorité et qui comptait de brillants orateurs, MM. de Vincke, de Radowitz, le prince Lichnowsky, déjà exercés par les discussions de la diète prussienne, s'était montré animé d'un très-mauvais esprit. Plein de haine contre la France, sans aucune sympathie ni pour la nationalité italienne, ni surtout pour la Pologne, un étrange orgueil germanique avait aveuglé ce parti. Il parlait hautement d'incorporer le grand-duché de Posen, Trieste, l'Illyrie et même Venise, à la Confédération. Il voulait, dans des vues de conquête, former une flotte allemande et ne s'intéressait en apparence qu'à une seule question : à qui donnerait-on l'empire d'Allemagne ? Le président de la diète, M. de Gagern, avait d'abord agi avec zèle en faveur du roi de Prusse ; mais bientôt les dédains de Frédéric-Guillaume pour le titre d'empereur par la grâce du peuple forcèrent d'abandonner cette combinaison. On se tourna alors vers l'archiduc Jean d'Autriche que sa longue opposition au prince de Metternich, ses goûts simples et ses idées démocratiques rendaient assez populaire et qui, ayant accepté le titre de vicaire général de l'Empire, fit son entrée solennelle à la diète le 12 juillet. A partir de ce jour, l'Autriche reprit son ancienne influence sur les affaires.

---

(1) La diète demande qu'on retire le rescrit relatif aux affaires de Hongrie, qu'on révoque Radetsky et qu'on donne un gouvernement civil à l'Italie. Elle exige l'exil de l'archiduc Louis, de l'archiduchesse Sophie et de son mari, l'éloignement des troupes et un ministère démocratique.

Sous l'impression des journées de juin, l'assemblée, d'ailleurs, entrait de plus en plus dans les voies rétrogrades. La minorité radicale, en perdant l'espoir de ne rien obtenir par les moyens légaux, décida de se séparer à la première occasion, de se former en Convention et d'appeler à soi la force populaire. L'armistice de Malmoë devint le signal de cette tentative.

Allemagne prenait un intérêt très-vif à la guerre que les duchés de Schleswig-Holstein soutenaient pour leur indépendance contre le Danemark. Frédéric-Guillaume s'était engagé à protéger les populations de ces duchés, qui, refusant de se laisser incorporer au Danemark, demandaient une constitution séparée et leur représentation à la Confédération germanique. Une armée confédérée, sous les ordres du général Wrangel, était entrée sur le territoire schleswig-holsteinois, et la campagne avait eu des succès divers ; mais l'opinion publique, très-favorable à l'indépendance des duchés, accusait le roi de Prusse de conduire trop mollement la guerre et le soupçonnait presque de trahison. Lorsqu'on apprend à Francfort que Frédéric-Guillaume vient de signer un armistice de sept mois, le peuple, à l'instigation de la minorité, se soulève contre la majorité de l'assemblée qui a ratifié l'armistice. On élève partout des barricades ; on se bat pendant douze heures avec courage. Deux députés de la droite, le prince Lichnowsky et M. d'Auerswald, sont impitoyablement massacrés par le peuple ; mais bientôt les insurgés, mal secondés par les députés qui les ont provoqués, abandonnés à eux-mêmes, enveloppés par les troupes hessoises, autrichiennes, prussiennes et wurtembergeoises accourues à l'appel de l'assemblée, sont vaincus ; l'état de siége est proclamé.

On apprend sur ces entrefaites que l'insurrection républicaine commandée par Struve dans le grand-duché de Bade est complétement dispersée. En de pareilles conjonctures l'appui moral du parlement de Francfort n'était plus d'une grande importance pour l'insurrection de Vienne. Néanmoins la population viennoise était encore pleine de confiance. On continuait avec ardeur les préparatifs pour soutenir un long siége. Le camp insurrectionnel de Vienne comptait environ quarante mille hommes ; un officier polonais, le colonel Bem, a pris le commandement de la garde mobile ; il dirige, de concert avec Messenhauser, commandant de la garde nationale, les opérations stratégiques. Le blocus se resserre de plus en plus. Le général Windischgrætz a rassemblé soixante mille hommes autour de la ville. Le siége devient très-rigoureux, les assauts se multiplient ; mais la population résiste héroïquement ; elle attend avec une confiance absolue une prochaine et forte diversion de l'armée hongroise.

Malheureusement, une irrésolution extrême régnait à cet égard dans l'esprit de l'armée et dans les conseils de la diète hongroise. On attendait l'appel de la diète autrichienne. Pensant qu'il ne pouvait tarder, deux fois le général hongrois passe la Laitha, et deux fois il revient en arrière. Les sociétés populaires de Vienne, à défaut de la diète, se résolurent enfin à réclamer les secours de la Hongrie. L'arrivée de Kossuth au quartier général de Pahrendorf vint donner l'impulsion décisive ; son éloquence triompha de toutes les hésitations. Malgré l'avis du général Moga, malgré l'opinion formelle du colonel Gœrgey, qui démontre l'impossibilité de vaincre une armée régulière avec des troupes levées à la hâte et mal exercées, Kossuth déclare que l'honneur et le devoir commandent impérieusement et à tous périls de secourir les Viennois insurgés pour la Hongrie. Il décide le passage de la Laitha.

Le 30 octobre, l'armée hongroise qui compte en tout trente mille hommes, dont seize mille seulement de troupes disciplinées, attaque à Schwechat les forces réunies de Windischgrætz, de Jellachich et d'Auersperg, s'élevant à soixante mille hommes. L'infériorité numérique des troupes hongroises est rendue plus sensible encore par les mauvaises dispositions stratégiques du général Moga, par l'irrésolution des officiers, par l'indiscipline et l'inexpérience des jeunes recrues. Un ordre mal compris jette la confusion dans leurs rangs, et Moga se décide à battre en retraite.

Comme on entendait à Vienne le canon de Schwechat, le peuple, qui se croit enfin secouru par les Hongrois, force la municipalité à déchirer la capitulation qu'elle vient de signer avec Windischgrætz. La générale bat dans les rues; on court aux armes. On s'apprête au combat, mais Messenhauser n'ose commander une sortie qui, peut-être, en prenant l'armée autrichienne à revers, aurait changé le sort de la bataille, et les Autrichiens, sans s'amuser à poursuivre les Hongrois qu'ils ont mis en déroute, reviennent sous les remparts de la ville dont ils recommencent le bombardement. L'incendie s'allume sur vingt-six points à la fois, les murailles s'écroulent, les portes sont prises d'assaut. Jellachich entre triomphant dans Vienne, à la tête de ses Croates; tout est mis au sac et au pillage. Le gouvernement ferme les yeux et laisse commettre, dans la capitale de l'Empire, des actes d'une férocité barbare. Il viole lui-même le droit des gens, en faisant fusiller Robert Blum, sujet saxon, envoyé de la diète germanique, qui, se fiant à son caractère inviolable, a refusé de fuir avec ses collègues. On ne connaît plus à Vienne d'autre droit que le droit de vengeance.

Un mois après ce triste triomphe, la camarilla faisait signer à Ferdinand son abdication et plaçait la couronne d'Autriche, encore trempée de sang, sur le front du jeune archiduc François-Joseph, fils de l'archiduchesse Sophie.

Le parlement de Francfort proteste, à la vérité, contre la mort de Robert Blum, mais timidement et comme un pouvoir abandonné de l'opinion. Bientôt la majorité et la minorité, que l'insurrection de septembre avait rendues irréconciliables, se séparent et tentent de constituer, l'une à Gotha, l'autre à Stuttgardt deux assemblées nationales.

Une pareille tentative ne pouvait manquer d'avorter. La réaction, devenue toute-puissante par la prise de Vienne, emporte les constitutionnels et les radicaux dans son courant rapide. La réunion de Stuttgardt est dispersée par les baïonnettes. Celle de Gotha renonce à continuer ses délibérations, devenues dérisoires. Avec elles disparaissent les derniers vestiges du pouvoir central et de l'unité germanique.

Pendant que ces déplorables événements s'accomplissaient en Autriche, la démocratie prussienne a subi des phases analogues. A la révolution succède la réaction; à l'exaltation de la liberté la honte d'une oppression devenue plus pesante et plus arbitraire.

Depuis le 21 mars, jour où Frédéric-Guillaume a pris les couleurs germaniques et convoqué l'assemblée constituante, une lutte sourde, mais opiniâtre, avait commencé entre le parti rétrograde, qui cherchait à éluder les promesses du roi, le parti avancé, qui en voulait déduire toutes les conséquences, et les hommes d'opinions mixtes qui, souhaitant une transition ménagée entre l'ancien et le nouvel état, s'efforçaient de faire accorder les partis extrêmes.

La majorité de l'assemblée où les électeurs avaient envoyé, avec les hommes les plus libéraux de la bourgeoisie, un grand nombre d'ouvriers et même de paysans, était pénétrée du sentiment de son droit et d'un esprit franchement démocratique. Une camarilla hautaine, aveugle et obstinée influençait le roi dans le sens contraire. Entre la camarilla et l'assemblée, les divers ministres qui se succédèrent aux affaires, MM. de Camphausen, Hansemann, de Beckerath, d'Arnim, d'Auerswald, essayaient de concilier les vues opposées et soutenaient alternativement les prétentions du pouvoir royal et les droits de la Chambre.

Mais il n'était pas de conciliation possible entre un prince sans loyauté et une assemblée sans confiance. Le projet de constitution présenté par les ministres était, d'ailleurs, complétement inadmissible. Les discussions de l'assemblée, à laquelle le roi refusait la qualité de *constituante* et qui refusait à son tour à Frédéric-Guillaume le titre de roi *par la grâce de Dieu*, allèrent s'animant et s'envenimant de plus en plus, jusqu'au jour où le roi, qui voyait la révolution partout arrêtée en Allemagne, se crut en mesure de braver l'opinion, quitta Berlin, s'établit à Potsdam, et de là, après avoir fait prendre au général Wrangel les dispositions militaires nécessaires pour réduire au besoin sa capitale, promulgua un décret (8 novembre) qui suspendait les séances de l'assemblée et la transférait à Brandebourg, sous le prétexte qu'elle était opprimée à Berlin par les sociétés révolutionnaires.

L'assemblée ne voulut pas céder. Quand le comte de Brandebourg se présenta, au nom du roi, pour lui intimer l'ordre de se dissoudre, son président Unruhe refusa de lever la séance. Deux cent cinquante-deux représentants contre trente déclarèrent qu'ils ne se sépareraient pas ; mais comme ils étaient décidés à n'agir que par les voies légales et ne voulaient pas faire appel à l'insurrection, la force armée les expulsa, les poursuivit partout où ils essayaient de se réunir ; la garde nationale, qui les soutenait, fut dissoute. La nouvelle de la prise de Vienne vint achever leur défaite. Frédéric-Guillaume, résolu à ne plus rien ménager, chargea le général Wrangel de soumettre Berlin. L'état de siége fut proclamé, et, le 5 décembre, le roi, portant au comble l'ingratitude, le mépris de sa parole et l'oubli de son honneur, octroya à la Prusse une constitution qui effaçait les dernières traces de ses concessions et remettait toutes choses à peu près dans l'état où elles étaient avant la révolution.

Pendant que les souverains absolus, secrètement encouragés par la Russie, agissaient de la sorte à Naples, à Vienne, à Milan, à Pesth, à Berlin, et reprenaient peu à peu, par la ruse d'abord, puis par la force, tous leurs avantages, la diplomatie française, depuis le ministère de M. de Lamartine jusqu'à celui de M. Bastide, suivait la même marche incertaine et se laissait partout effacer ou éconduire. Mal informée ou mal servie par des agents dont les uns, qui appartenaient à l'école révolutionnaire, s'étourdissaient du bruit d'une démagogie tapageuse et croyaient que les clubs menaient le monde, et dont les autres, suivant les anciens errements de la diplomatie dynastique, ne savaient ou ne voulaient pas faire parler la France au nom de la Révolution, elle entamait avec les princes des négociations timides, perdait un temps précieux, laissait s'engourdir l'opinion. Bientôt, entre la Russie qui menaçait d'intervenir et l'Angleterre qui l'abusait par une amitié feinte, entre la diète centrale qu'il négligeait, la Prusse et l'Autriche qui se jouaient de lui, le gouvernement du général Cavaignac se trouva réduit à l'impuissance. Il laissa succomber Milan, périr Venise ; il abandonna Charles-Albert ; et le jour où il montra enfin quelque volonté, ce fut pour tendre au pape Pie IX, chassé de ses États, une main que celui-ci ne daigna pas même prendre.

Nous avons vu que Pie IX, poussé par les cardinaux à rompre l'alliance piémontaise et à se retirer de la ligue nationale, avait mis à la tête de son gouvernement le comte Rossi (14 septembre). Cette nomination avait causé dans le parti démocratique et dans la population qui regrettait le comte Mamiani une irritation extrême. Le 15 novembre, jour de l'ouverture de l'Assemblée, comme le nouveau ministre descendait de voiture et traversait le vestibule du palais de la chancellerie, il fut entouré, séparé de sa suite par un groupe d'hommes inconnus, frappé à mort d'un coup de stylet.

Le parti des cardinaux et le parti populaire se renvoyèrent l'accusation de cet acte odieux, mais tout le monde en parut complice par l'indifférence avec laquelle on l'apprit et par la négligence qui fut mise à en poursuivre les auteurs. La Chambre n'interrompit même pas la lecture de son procès-verbal et ne fit pas la moindre mention de l'événement pendant la séance ; le peuple fit disparaître l'assassin et célébra l'assassinat par des promenades aux flambeaux ; la police refusa de prendre aucune mesure contre les démonstrations populaires ; la garde nationale, enfin, et les soldats fraternisèrent avec le peuple.

Le lendemain, une députation de l'assemblée et de la garde nationale, suivie d'une foule nombreuse, vint demander au pape un ministère libéral et le retour du comte Mamiani. Pie IX, entouré de ses cardinaux et de la plupart des membres du corps diplomatique, refusa d'abord de prendre un engagement explicite. Pendant les longues négociations qui s'entamèrent à ce sujet au Quirinal, le peuple et la garde nationale, accourus en masse autour du palais, le cernèrent et menacèrent d'en faire l'assaut. Les Suisses, qui en gardaient les portes, firent une décharge qui d'abord força le peuple à s'éloigner ; mais il revint bientôt avec la garde civique, la légion romaine, la troupe de ligne et la gendarmerie qui s'étaient jointes au mouvement, et recommença la fusillade contre le palais. Le pape, convaincu enfin qu'il n'avait plus le pouvoir de lutter contre le vœu général, feignit de s'y rendre ; il promit le retour de Mamiani, le renvoi des Suisses. Pour tout le reste, il s'en remettait, disait-il, à la décision des Chambres. Ayant réussi de la sorte à tromper encore une fois l'opinion, Pie IX échappe à la surveillance de ceux qui le gardaient, et, quittant furtivement son palais et ses États dans la voiture du comte de Spaur, ministre de Bavière, qui faisait les fonctions d'ambassadeur d'Autriche à Rome, il se réfugie à Gaëte.

Depuis longtemps déjà notre ambassadeur, le duc d'Harcourt, et, dans ces derniers jours, M. de Corcelle, envoyé par le général Cavaignac en mission extraordinaire à Rome, pressaient le pape, qui ne se regardait plus comme libre, d'accepter un asile en France. Pie IX semblait disposé à prendre ce parti et témoignait au général Cavaignac, dans les termes les plus affectueux, sa reconnaissance et son estime. Le saint-père n'élevait à sa venue en France qu'une seule objection sérieuse, fondée sur le peu de temps que le chef actuel du pouvoir exécutif avait encore à diriger les affaires. Si l'élection ne répondait pas aux vœux du pape, disait-on au Quirinial, si le prince Louis-Napoléon devenait président de la République, le saint-père, qui considérait la famille Bonaparte comme son ennemie, ne pourrait avec honneur accepter la protection du chef de cette famille.

Néanmoins, en ces derniers temps, les scrupules du pape semblaient dissipés ; en partant pour Gaëte, Sa Sainteté laissa croire au duc d'Harcourt qu'elle y attendrait un bâtiment français, afin de s'embarquer pour Marseille. En conséquence, l'ordre fut expédié au consul de Civita-Vecchia de faire chauffer le bateau, le *Ténare*, pour aller chercher immédiatement le pape à Gaëte. Le général Cavaignac décida de faire embarquer une brigade de 3,500 hommes sur quatre frégates à vapeur pour protéger la retraite du pape, et, sur l'avis reçu par dépêche télégraphique de Marseille et communiqué à l'Assemblée par le chef du pouvoir exécutif en personne, le ministre de l'instruction publique partit de Paris afin de se trouver au débarquement du saint-père et de le recevoir avec tous les honneurs qui lui étaient dus.

Mais tout d'un coup la nouvelle se répand et se vérifie que le pape a joué le gouvernement français ; que, loin de songer à demander un asile à la République, Pie IX s'est rendu à la cour du roi de Naples, d'où il annule tous les actes de son gouvernement à partir du 16 novembre, c'est-à-dire toutes les concessions faites à l'opinion libérale et au parti laïque.

Un pareil dénoûment à une négociation diplomatique à laquelle le gouvernement avait évidemment attaché une grande importance touchait au ridicule. Les adversaires du général Cavaignac saisirent avec empressement cette occasion de l'attaquer par l'épigramme. Depuis quelque temps, les hostilités de la

QUATRIÈME PARTIE 513

LE PRINCE LOUIS-NAPOLÉON PRÊTE SERMENT A LA CONSTITUTION.

presse dynastique redoublaient. Des calomnies politiques on en venait à des calomnies toutes personnelles, dont l'effet était plus certain encore sur le vulgaire; le *Constitutionnel* et l'*Assemblée nationale* unissaient leurs efforts pour ruiner dans l'opinion le chef du pouvoir exécutif. Le rédacteur en chef de la *Presse* ne laissait plus passer un seul jour sans attaquer le général Cavaignac, soit dans son propre honneur, en l'accusant d'avoir favorisé l'insurrection de juin, afin de se frayer une voie sanglante à la dictature (1), soit dans l'honneur de son père, dont on chargeait la mémoire de crimes odieux.

L'opinion, ainsi travaillée sans relâche, s'altérait; elle se retirait de celui qu'elle avait d'abord si fortement soutenu et se tournait insensiblement contre lui. L'Assemblée elle-même n'appuyait plus le général Cavaignac qu'avec une certaine mollesse; l'inertie du gouvernement attiédissait son zèle et paralysait son action. Depuis quelque temps, la majorité, qui ne se sentait pas conduite, hésitait, se troublait. Subissant malgré elle l'influence d'une minorité habile qui, à l'approche du jour décisif de l'élection présidentielle, mettait tout en œuvre pour achever d'éteindre ou d'égarer l'esprit républicain, elle n'apportait plus au gouvernement qu'un concours presque inefficace, tant il semblait de convenance plus que de conviction politique. Quelques amis particuliers du général Cavaignac, voyant se multiplier les symptômes de ce refroidissement de l'Assemblée, insistaient avec beaucoup de

(1) Pour se convaincre de la fausseté de ces accusations, il suffirait, à défaut d'autres preuves, de lire, au volume VII de l'*Encyclopédie moderne*, l'article *Juin*.

vivacité auprès de lui pour qu'il cédât au mouvement de l'opinion en éloignant de son conseil les républicains que l'on appelait encore *de la veille*, et en y appelant des représentants du côté droit. Le chef du pouvoir exécutif écoutait ces avis avec défiance. Il éprouvait une répugnance presque invincible à se séparer du parti républicain proprement dit et ne voulait pas acheter son élection au prix de ce qu'il regardait comme une trahison envers ses anciens amis politiques. Son antipathie instinctive pour M. Thiers n'avait fait que s'accroître dans leurs relations parlementaires. Il ne croyait pas à la sincérité des avances que M. Molé continuait à lui faire. Quand le général Lamoricière lui proposait d'appeler à lui M. Dufaure, qui, dans la discussion de la constitution, avait pris de l'autorité sur l'Assemblée et qui se ralliait loyalement à la cause républicaine, le général Cavaignac repoussait la pensée d'une telle concession. Il marquait, comme terme extrême des sacrifices que son honneur lui permettait de faire, le choix d'un ministère dans une petite fraction de l'Assemblée que l'on considérait comme à demi-révolutionnaire et dont M. Billault était l'expression la plus éloquente. Un vote hostile de l'Assemblée vint brusquement mettre fin aux irrésolutions du général Cavaignac. Le gouvernement, qui recevait de tous côtés des renseignements fâcheux sur la disposition du peuple des campagnes, sur les menées royalistes et sur les progrès rapides du parti napoléonien, proposait d'envoyer dans les départements un certain nombre de représentants, choisis dans l'Assemblée, avec mission d'éclairer l'opinion et de déjouer les manœuvres électorales des ennemis de la République. A l'instigation de M. de Falloux, qui rappela en cette circonstance les commissaires de M. Ledru-Rollin, l'Assemblée rejeta la proposition du ministère et mit ainsi le chef du pouvoir exécutif dans la nécessité absolue de changer son cabinet. Il le fit à contre-cœur et laissa paraître son déplaisir. Commencée le 12 octobre par la démission en masse du ministère et la levée de l'état de siège, la crise ministérielle ne se termina que le 24 par la démission de M. Goudchaux et par la formation définitive d'un cabinet mixte où entrèrent MM. Dufaure, Vivien, Freslon, et dans lequel restèrent, comme une dernière satisfaction donnée à l'opinion républicaine, MM. Thouret, Bastide et Marie.

Cette concession, très-importante si on l'envisage au point de vue purement théorique, fut absolument nulle dans ses résultats. Charger M. Dufaure de diriger les affaires de la République, c'était, en apparence, reculer au delà de la Révolution du 24 février, au delà du ministère Odilon Barrot, au delà même du mouvement réformiste de l'année 1847. Membre de ce qu'on appelait dans les anciennes Chambres le tiers-parti, entré dans le cabinet du 12 mai 1839, M. Dufaure n'avait jamais fait au gouvernement de Louis-Philippe qu'une opposition, non de principes, mais de détails et de circonstances, et tout récemment il avait professé ses opinions dynastiques en s'abstenant de paraître au banquet de Saintes, parce qu'on avait refusé d'y porter le toast : *Au roi!* Il n'était pas surprenant que les républicains prissent ombrage d'une concession de telle nature qu'elle amenait aux affaires un homme qui, à leurs yeux, était la personnification de la contre-révolution (1).

Mais en même temps le ministère Dufaure, composé d'hommes intègres, fermement résolus à servir la République, ne répondait aucunement aux prétentions de la droite et ne devait servir qu'à isoler davantage le général Cavaignac, à le faire dévier plus rapidement sur cette pente des concessions tardives, incomplètes, par lesquelles se déconsidèrent et se perdent tous les gouvernements qu'abandonne l'esprit politique.

La réunion de la rue de Poitiers voyait sans aucun plaisir l'entrée de M. Dufaure aux

---

(1) Ce furent les expressions par lesquelles M. Goudchaux motiva sa démission.

affaires. M. Thiers ne l'aimait pas et n'était nullement disposé à le soutenir. Il existait entre ces deux hommes d'insurmontables antipathies de caractère et d'anciens ressentiments politiques. La droite savait, d'ailleurs, que M. Dufaure n'entrait aux affaires ni traîtreusement, ni inconsidérément, mais avec la conviction raisonnée que la République était désormais le gouvernement le plus conforme à l'état de nos mœurs, et que la présidence du général Cavaignac serait le moyen le plus sûr et le plus honorable d'établir d'une manière durable les institutions républicaines. On ne lui pardonnait pas non plus d'accepter le concours des républicains *de la veille*.

Le parti de M. Thiers demeura donc très-indifférent au changement de ministère. Affectant, ainsi que son chef, une attitude dédaigneuse entre les deux concurrents à la présidence (1), il n'exerça plus désormais d'action politique active et n'eut qu'une part indirecte dans les événements.

M. Molé ne se trouvait pas plus satisfait que M. Thiers du ministère Dufaure, et prenait également la résolution de rester neutre. M. Odilon Barrot inclinait vers Napoléon. Quant à la fraction du côté droit où dominait l'esprit clérical, après avoir sondé, par l'entremise de M. de Falloux, le nouveau ministère et l'avoir trouvé aussi ferme à repousser ses prétentions outrées que les ministères précédents, elle entra en négociations avec le prince Louis Bonaparte, et, satisfaite de ses promesses, elle favorisa ouvertement sa candidature.

Ainsi abandonné par tous les hommes considérables de l'Assemblée, blâmé par un grand nombre de républicains, attaqué avec une violence qui ressemblait à de la rage par la presse de tous les partis, le général Cavaignac s'irritait de plus en plus et laissait percer dans ses discours une amertume excessive. Chaque fois qu'il paraissait à la tribune, c'était pour prononcer des paroles hautaines, qui, au moment même où il venait de faire une concession énorme à ses adversaires, en détruisaient tout l'effet. Ainsi, obéissant à un mouvement de piété filiale exagéré par les attaques récentes dont la mémoire de son père était poursuivie, il vient un jour (2 novembre), sans nécessité, déclarer à l'Assemblée « qu'il est heureux et fier d'appartenir à un tel homme. ». Un autre fois, dans un sentiment dont l'inspiration est la même, il trahit l'esprit de sa politique par ces paroles étranges à entendre dans une assemblée délibérante, au sein d'un État libre, en présence de partis puissants qu'on semble vouloir ramener à soi : « Ce que nous voulons détruire, c'est la faculté de nier le droit républicain. Quiconque ne voudra pas de la République est notre ennemi, notre ennemi sans retour. »

Cependant, durant ces derniers jours attristés d'un pouvoir dont la force s'alanguissait de plus en plus sans qu'on pût assigner à cette extinction de la vie une cause positive, le général Cavaignac devait encore remporter sur ses adversaires un triomphe inattendu, couvrir de confusion ses calomniateurs et faire briller aux yeux du pays, avec un éclat nouveau, son honneur et sa fierté vengés.

Quatre de ses anciens collègues à la commission exécutive, MM. Garnier-Pagès, Duclerc, Barthélemy Saint-Hilaire et Pagnerre, poussés par un médiocre esprit de rancune, et aussi, assure-t-on, par les excitations de la droite (1), avaient répandu un récit des journées de juin plein d'allégations inexactes et dans lequel ils cherchaient à établir que le général avait trahi la commission exécutive, ourdi contre elle un complot parlementaire et favorisé l'insurrection dans un dessein odieux.

---

(1) L'indécision de M. Thiers fut extrême et dura jusqu'aux approches de l'élection. Tantôt il lançait des épigrammes contre le prince Louis Bonaparte et disait que son élection serait une honte pour la France; tantôt il promettait aux partisans du prince sa neutralité bienveillante. Mais dans les derniers jours il se décida pour le candidat impérial et s'efforça de faire voter ses amis politiques en sa faveur.

(1) On cite, entre autres, MM. Thiers et de Maleville comme ayant poussé à cette attaque. On s'était flatté d'y entraîner M. de Lamartine, mais la noblesse de son esprit déjoua cette perfidie.

Le chef du pouvoir exécutif ressentit jusqu'au plus profond de son âme l'iniquité d'une imputation pareille. Comme il n'avait plus affaire à des calomniateurs vulgaires, mais à un homme tel que M. Garnier-Pagès, dont la réputation de loyauté était incontestée; comme on attaquait l'acte essentiel qui, bien ou mal compris et jugé, devait laisser sur sa vie un sceau suprême, il provoqua un débat public et voulut que l'Assemblée prononçât entre lui et ses adversaires. Le 25 novembre, après que M. Barthélemy Saint-Hilaire eut fait devant l'Assemblée la lecture du long récit en forme d'accusation sous lequel on croyait accabler le général, il monta à la tribune. Jamais on ne l'avait vu plus ému; mais son émotion, dominée par la fierté, loin de trahir l'expression de sa pensée, lui donna une puissance extraordinaire. Il occupa la tribune pendant quatre heures sans lasser un moment l'attention de l'Assemblée, dont il reconquérait, à mesure qu'il parlait, toutes les sympathies. Passant de l'émotion à l'ironie, de l'ironie à une précision mathématique, toujours vrai, simple, fier, toujours convaincant, le général Cavaignac écrasa ses ennemis personnels comme il avait écrasé les ennemis de l'Assemblée.

La séance se prolongea jusqu'à onze heures du soir sans que personne s'en aperçût, tant l'intérêt en était profond. Tout était grave dans la disposition des esprits. On se rappelait les transports de reconnaissance avec lesquels, au sortir d'un péril immense, on avait salué le vainqueur de Paris; on ne regardait pas sans une sorte d'attendrissement ce noble visage pâli par l'indignation, ces traits où la fatigue, la tristesse, l'amertume et le découragement des luttes politiques avaient prématurément marqué leur empreinte.

Quand le vieux Dupont (de l'Eure) parut à la tribune et proposa à l'Assemblée de consacrer une seconde fois, par un vote solennel, sa reconnaissance pour le vainqueur de juin, un applaudissement passionné lui répondit. Les misères de l'esprit de parti se turent un moment encore devant l'évidence et la justice. Cinq cents représentants contre trente-quatre (1) votèrent l'ordre du jour formulé de la manière qui suit par Dupont (de l'Eure):

« L'Assemblée nationale, persévérant dans le décret du 28 juin, ainsi conçu: « Le général Cavaignac, chef du pouvoir exécutif, « a bien mérité de la patrie, » passe à l'ordre du jour. »

Mais ce vote mémorable, ce triomphe éclatant, dont l'effet sur Paris fut sensible et put faire croire au gouvernement qu'il allait changer le courant de l'opinion et le résultat de l'élection générale, ne produisit presque aucune impression sur la province et ne modifia en rien l'état des esprits. Les calomnies de la presse, suspendues pendant quelques jours, recommencèrent avec acharnement. Le ministre de l'intérieur, ayant cru pouvoir retarder de six heures le départ des malles-postes, afin de faire connaître aux départements le vote de l'Assemblée, fut attaqué comme s'il avait commis un crime d'État. Une liste de récompenses nationales qui avait été faite dans les premiers jours de la Révolution servit de texte à de nouvelles attaques contre des ministres qui n'en avaient pas même eu connaissance.

Le congrès de la presse départementale, qui avait décidé de seconder l'élection de Louis-Napoléon Bonaparte, répétait à l'infini les attaques de la presse parisienne.

Pendant ce temps, le candidat impérial, retiré dans une maison de campagne à Auteuil, pour éviter, disaient ses amis, les ovations populaires, attirait à lui tous les hommes influents, à quelque opinion qu'ils appartinssent. Il s'entretenait avec tous, à peu près comme il l'avait fait au temps de sa détention à Ham,

---

(1) Parmi ces trente-quatre opposants, on remarque

Le général Baraguay-d'Hilliers.
Théodore Bac.
Victor Hugo.
Lucien Murat.
Pierre Leroux.
Proudhon.
Eugène Raspail

parlant avec simplicité et avec un désintéressement apparent de l'avenir de la France. Il ne repoussait ni ne dédaignait personne. Le socialisme avait semblé d'abord avoir une part sérieuse dans ses préoccupations. Avant son départ de Londres, il avait vu M. Louis Blanc et M. Cabet. Dès son arrivée à Paris, il avait exprimé le désir de connaître M. Proudhon. Mais, après un séjour de quelques semaines, son appréciation de la force des partis s'étant modifiée, il rechercha plus ouvertement les hommes de la droite, en particulier les légitimistes, M. de Genoude, entre autres, et surtout les ultramontains. Il ne négligeait pas non plus d'autres moyens de gagner à ses intérêts des personnages moins importants, mais qui disposaient de quelque publicité ou qui exerçaient quelque influence, fût-elle même subalterne, sur les esprits. Les hommes éminents de l'Assemblée, qui dans l'origine avaient été très-opposés à sa cause et à sa personne, ne luttaient plus contre ces influences, soit qu'ils fussent découragés par la connaissance qui leur venait du grand mouvement bonapartiste des campagnes, soit qu'ils préférassent courir toute espèce de chances inconnues plutôt que de voir se fonder le gouvernement républicain. L'opinion que les représentants de la droite s'étaient formée de la médiocrité d'esprit du prince Louis Bonaparte contribua beaucoup à la préférence qu'ils lui accordèrent sur le général Cavaignac. Les légitimistes et les orléanistes pensaient également que, pour revenir, ceux-là au gouvernement de la branche aînée, ceux-ci à la dynastie d'Orléans, la voie la plus sûre et la mieux ménagée serait la présidence temporaire d'un homme dont le nom rappellerait aux populations les formes monarchiques et dont la faiblesse personnelle n'opposerait, le moment venu, aucun obstacle sérieux au renversement du gouvernement républicain.

C'est ainsi que de toutes parts la pusillanimité, l'intérêt, la vanité, les petites ambitions, toutes les passions mauvaises aveuglèrent les hommes de parti et les poussèrent, contre toute raison, contre tout honneur et toute politique, dans un état incomparablement pire pour leur orgueil que celui auquel ils prétendaient se soustraire.

Cependant le 10 décembre approche, c'est le jour fixé par l'Assemblée pour l'élection. Déjà le peuple est convoqué; son droit est reconnu. Quel que soit le nom qu'il fasse sortir de l'urne, personne désormais n'imagine qu'il serait possible de contester son choix. Le voici maître de ses destinées.

Cette heure et l'acte qu'elle amène avec elle sont plus solennels encore qu'on ne le sent généralement. L'opinion, qui s'inquiète du résultat de l'élection à la présidence comme d'un grave événement politique, ne comprend pas que l'élection en elle-même et dans son principe constitue précisément cette révolution sociale dont on repoussait encore tout à l'heure avec tant d'énergie jusqu'à la plus lointaine pensée, et dont on se persuade avoir triomphé en envoyant sur les pontons quelques milliers de prolétaires. On ne voit pas que la convocation du peuple en une pareille circonstance, le mode et le but de cette convocation, quel qu'en doive être le résultat politique immédiat, marquent avec une précision rigoureuse la fin de l'ancien état social établi sur la division des pouvoirs et le balancement des droits historiques, et qu'ils fondent l'état nouveau sur le principe opposé d'un droit unique et indivisible : la souveraineté du peuple.

Mais bientôt l'instinct des masses et le nom de l'homme qu'elle choisit avec un prodigieux accord pour lui léguer la souveraineté viennent révéler aux esprits attentifs la profondeur et l'étendue de cette révolution qui passe inaperçue du vulgaire. Rejetant le nom de Cavaignac et même celui de Ledru-Rollin, qui tous deux représentent à des degrés différents la lutte politique et sous lesquels il sent encore une certaine individualité dont il se méfie, le peuple des campagnes, que l'on voit pour la première fois apporter à l'exercice de son droit un intérêt vif, parce qu'il va créer dans l'État une force véritablement souveraine, donne à cette force un nom qui ne représente pour lui aucun parti, mais qui signifie victoire : victoire de l'égalité sur le privilége, victoire de la démocratie sur les rois et les nobles, victoire de la Révolution française sur les dynasties européennes.

C'est là ce que, dans l'esprit du peuple, expriment de la manière la plus absolue le règne et le nom de l'empereur Napoléon ; c'est là ce qu'il veut et croit faire revivre par l'élection de Louis Bonaparte.

Les masses populaires, encore incultes, à demi-barbares et pour ainsi dire inorganisées (le mot même de *masse* l'indique suffisamment), sont, comme les sociétés primitives, uniquement inspirées et conduites par le sentiment et l'imagination. Incapables de concevoir des idées abstraites ni d'embrasser l'ensemble, le rapport et la succession des choses, elles personnifient dans un même nom, elles concentrent dans un même moment l'action des forces multiples qui concourent au progrès social, elles douent ces personnifications d'une puissance surnaturelle et d'une durée légendaire. Napoléon Bonaparte est dans les temps modernes le plus éclatant exemple de ce don de personnification. Tout ce que la pensée des philosophes avait conçu avant lui, tout ce que les assemblées politiques avaient réalisé de progrès, toute la puissance, toute la gloire qu'une suite ininterrompue de grands hommes avait donnée à la nation, le peuple en a investi ce nom prédestiné. L'œuvre des Jean-Jacques, des Condorcet, des Turgot, des Mirabeau, des Danton, des Hoche, des Marceau, le peuple injuste et ingrat par ignorance l'attribue à Bonaparte. Renouvelant de nos jours les merveilleuses fictions de la Grèce antique, il concentre sur un seul homme le respect, l'admiration, la reconnaissance que méritaient les inspirations et les travaux d'un grand nombre. Napoléon est pour lui tout à la fois le génie qui crée et la force qui exécute, l'Orphée et l'Hercule de la Révolution française.

Jamais, on peut l'affirmer, l'homme des campagnes n'a cru positivement à sa mort, et quand le neveu obscur du grand capitaine vient, après la chute de deux dynasties, revendiquer son droit à gouverner la France, il croit voir apparaître une seconde fois son empereur. L'évocation est magique, l'identification complète dans sa pensée ; si complète, qu'il ne songe seulement pas à demander quelle a été jusque-là l'existence, quelles sont les vertus, quel sera le génie de ce nouveau Bonaparte.

Cet instinct de personnification et de transmission qui est le signe et le caractère d'un état de développement inférieur, devient, au moment dont je parle, la raison du triomphe populaire. Il est dans l'ordre de la nature que ce qui veut devenir ait plus de force d'impulsion que ce qui veut seulement continuer d'être. Le principe de liberté qui a été la force des classes bourgeoises tant qu'elles ont eu une révolution politique à faire, s'éclipse momentanément ; le principe d'égalité, au nom duquel la masse populaire veut à son tour accomplir la révolution sociale, l'emporte. Aux quinze cent mille suffrages donnés par les classes cultivées au général Cavaignac, le peuple oppose les cinq millions de voix par lesquelles il proclame Louis-Napoléon Bonaparte (1). La démocratie, que personne n'a voulu ou n'a su comprendre, s'impose doublement par l'écrasante brutalité du nombre et par le choix d'un nom qui personnifie le pouvoir absolu. La loi du talion va peser en France. Les classes supérieures ont voulu la liberté pour elles seules ; le peuple à son tour

---

(1) On compte, le 10 décembre 1848, 7,326,345 votants.

Louis-Napoléon obtint	5,434,226 voix.
Cavaignac,	1,448,107
Ledru-Rollin,	370,119
Raspail,	36,920
Lamartine,	7,910

Le général Cavaignac eut la majorité des suffrages dans quatre départements : le Var, les Bouches-du-Rhône, le Morbihan, le Finistère. Ce furent les départements les plus socialistes, Saône-et-Loire, la Creuse, la Haute-Vienne, l'Isère et la Drôme, qui donnèrent le plus grand nombre de voix à Louis-Napoléon.

veut l'égalité à son profit. Pour n'avoir pas accompli par la liberté leur tâche civilisatrice en élevant jusqu'à elles les masses incultes, les classes dirigeantes vont se voir arrêtées dans le développement de leurs prospérités; elles vont être privées de tout mouvement.

L'expérience incomplète et le châtiment si doux du 24 février n'ayant pas suffi, le 10 décembre va les frapper d'un coup plus rude. Pendant qu'elles disputent encore et calculent les chances de leurs prétendants, un prétendant qui n'a cessé de grandir dans l'ombre s'est levé : il se produit tout à coup en pleine lumière et réclame son droit. Ce prétendant oublié ou méconnu, c'est le vieux Jacques devenu, de serf, prolétaire; de prolétaire, possesseur du sol; de possesseur, législateur; c'est Jacques l'opprimé qui veut opprimer à son tour et qui menace de tout absorber dans son sein, de tout niveler sous sa muette et formidable loi.

L'élection de Louis-Napoléon Bonaparte, cette résurrection du pouvoir impérial par l'évocation populaire, n'a pas d'autre sens. Le 10 décembre a, comme le 24 février, relativement aux classes inférieures, le caractère d'une émancipation légale venue par la faute des classes dirigeantes avant l'émancipation intellectuelle, et qui tourne, à cause de cela même, contre la liberté.

La démocratie du dix-neuvième siècle serait-elle réservée, comme on l'a dit, au triste sort de la plèbe romaine? Incapable de s'élever à la liberté, n'aurait-elle d'autre idéal que le pain et les spectacles, d'autre fin que l'invasion des barbares?

Trop de présages certains, trop de signes, trop d'évidences rationnelles sont là qui répondent à ces questions et dissipent ces craintes. Sans parler des vicissitudes politiques qui peuvent surgir dans un avenir non éloigné, une vue générale de la société et de son développement nous enseigne l'espérance.

La démocratie moderne n'est pas soumise à la loi du destin antique. Le christianisme dont elle est issue, la philosophie qui l'adopte, lui ont révélé le principe et lui préparent les voies d'un progrès indéfini. Ce n'est pas une aveugle énergie qui la pousse, c'est une force organique qui l'anime; une force qui cherche la forme et la loi d'une civilisation plus vaste et plus parfaite. Au sein de ce qui peut paraître une dissolution momentanée, ou du moins le retour à une sorte de barbarie relative, puisque c'est le triomphe de la masse sur l'élite, de l'instinct sur l'intelligence, on sent fermenter des germes puissants. Un progrès mystérieux se réalise par des moyens qui confondent notre esprit. De *masse* voici déjà le peuple devenu *nombre*. Dans le grand acte auquel il vient d'être appelé, on l'a compté, il s'est compté lui-même. Désormais il se connaît; il a acquis, avec le sentiment de sa force, la conscience de son droit; et dans les temps modernes, l'idée de droit engendre nécessairement le besoin et finit par produire la capacité de la liberté. Déjà nous voyons l'instinct social du peuple et la science politique des classes lettrées, tout en cherchant encore à se combattre parce qu'ils se croient ennemis, se pénétrer en quelque sorte malgré eux, dans la lutte qui les rapproche et les met en présence. Bientôt, réconciliés et se fortifiant l'un par l'autre, dans le mouvement ascendant d'une civilisation plus générale, ils institueront de concert les lois de la société nouvelle. Alors seulement, mais certainement alors, le génie de la France se réveillera; les mœurs et les institutions se retrouveront dans un accord dont le brisement se fait aujourd'hui sentir par de vives souffrances. Le règne de la démocratie sera fondé. La Révolution française, qui est devenue la révolution européenne, c'est-à-dire la plus vaste des révolutions sociales depuis l'établissement du christianisme, sera accomplie.

AU LECTEUR

« Certains auteurs, parlant de leurs ouvrages, disent : mon livre, mon commentaire, mon histoire. Ils sentent leurs bourgeois qui ont pignon sur rue et toujours un *chez moi* à la bouche. Ils feraient mieux de dire : notre livre, notre commentaire, notre histoire, vu que d'ordinaire il y a plus en cela du bien d'autrui que du leur. »

Que de fois, durant le cours de cette publication, ne me suis-je pas rappelé le conseil du moraliste, en pensant qu'il s'adressait à moi plus qu'à tout autre. L'*Histoire de la Révolution de* 1848, si imparfaite qu'elle reste encore, n'aurait jamais pu être achevée, en effet, sans le concours d'un très-grand nombre de personnes, dont les récits, le témoignage, les avis et les confidences m'ont rendu plus faciles l'exactitude et l'impartialité qu'on a bien voulu reconnaître dans mon travail, et qui en font à peu près tout le mérite. L'*Histoire de la Révolution de* 1848 est donc, en ce sens, une œuvre collective plutôt qu'une œuvre individuelle; mais, bien que mon amour-propre n'ait pas à s'en féliciter, je considère cette condition, généralement incompatible avec la perfection d'une œuvre d'art, comme favorable, en ce cas particulier, au succès que j'ambitionne. J'ose espérer qu'un livre où l'auteur disparaît complétement pour laisser parler les faits eux-mêmes n'en sera que plus propre à répandre certaines vérités que je crois utiles, et qu'il réalisera ainsi, mieux peut-être qu'un ouvrage moins défectueux et plus personnel, la pensée heureuse de Voltaire, qui dit : « Il en est des livres comme de nos foyers. On va prendre ce feu chez son voisin, on l'allume chez soi, on le communique à d'autres, et il appartient à tous. »

Ce feu que je souhaiterais de voir se propager, c'est une foi dans l'avenir, ardente et profonde, que les événements les plus inattendus ravivent chaque jour dans mon cœur. Puisse cette foi se communiquer à tous ceux qui daigneront me lire ! Puisse-t-elle les soutenir dans les épreuves que les amis de la liberté auront encore à supporter et les préserver de ce triste, de cet injuste et pernicieux esprit d'indifférence ou de réaction, que les maux inséparables des révolutions les plus légitimes font naître dans l'opinion publique ! S'il en pouvait être ainsi, j'aurais atteint mon but; aucun succès ne me paraîtrait plus enviable; les sévérités de la critique ne me causeraient nul déplaisir; mon ambition serait satisfaite.

www.ingramcontent.com/pod-product-compliance
Lightning Source LLC
Chambersburg PA
CBHW070834230426
43667CB00011B/1791